중국 공자문묘 연구

중국 공자문묘 연구

초판 1쇄 찍은날 2018년 12월 21일
초판 1쇄 펴낸날 2018년 12월 28일
지은이   공상림 · 공철
옮긴이   임려 · 장윤정 · 이향화 · 왕위령
펴낸이   한성봉
편집   안상준 · 하명성 · 이동현 · 조유나 · 박민지 · 최창문
디자인   전혜진 · 김현중
마케팅   박신용 · 강은혜
기획홍보   박연준
경영지원   국지연 · 지성실
펴낸곳   도서출판 동아시아
등록   1998년 3월 5일 제1998-000243호
주소   서울시 중구 소파로 131 [남산동3가 34-5]
페이스북   www.facebook.com/dongasiabooks
전자우편   dongasiabook@naver.com
블로그   blog.naver.com/dongasiabook
인스타그램   www.instagram.com/dongasiabook
전화   02) 757-9724, 5
팩스   02) 757-9726

ISBN   978-89-6262-260-7   93910

이 도서의 국립중앙도서관 출판예정도서목록(CIP)은
서지정보유통지원시스템 홈페이지(http://seoji.nl.go.kr)와
국가자료공동목록시스템(http://www.nl.go.kr/kolisnet)에서
이용하실 수 있습니다.(CIP제어번호: CIP2018041874)

이 번역서는 중화학술외역(中華學術外譯) 프로젝트(13WGJ001)에 의해
중국의 국가사회과학기금(中華社會科學基金, Chinese Fund for the Humanities and Social Sciences)의 지원을 받았습니다.

※ 잘못된 책은 구입하신 서점에서 바꿔드립니다.

만든 사람들
편집   김경아 · 박민지
본문조판   김경아
표지디자인   전혜진

중국 공자문묘 연구

공상림孔祥林, 공철孔喆 지음

임려林麗, 장윤정張允瀞, 이향화李向華, 왕위령王爲玲 옮김

동아시아

차례

일러두기

이 책은 공상림(孔祥林)·공철(孔喆) 저작인 『世界孔子廟研究』(2009, 中央編譯出版社)의 제1편 「중국의 공자문묘」를 선정하여 한국어로 번역한 것이다.

1. 중국 지명, 인명의 표기

중국 지명이나 인명의 경우, 중국어 원음대로 표기하지 않고 한국식 한자음으로 표기하였다.

> 예 장쑤성(江蘇省) → 강소성 / 베이징(北京) → 북경 / 마오쩌둥(毛澤東) → 모택동

2. 전문용어의 표기

전문용어는 원칙적으로 한국에서 일반적으로 사용되는 용어로 번역하였으나 양국 간 언어 습관의 차이가 있는 경우에는 한국어 사용 기준에 맞추어 번역하였다. 그러나 한국어에 적당한 번역용어가 없는 전문용어는 중국 원어 표기를 원칙으로 하였으며, 그 차이점을 주석에서 밝혔다. 또 번역이 곤란한 고대의 관청명·관직명은 원어로 표기하였고, 본문에서 괄호 안에 설명을 하고, 주석을 붙였다.

1) 언어 사용 습관의 차이로, 동일한 의미로 다른 용어를 사용하는 경우

> 예 서한(西漢) → 전한(前漢)='前漢'이라는 용어 사용.

2) 한국어에 없는 용어의 표기

> 예 두공(斗拱) ← 공포='斗拱'이라는 용어 사용.
> '두공(斗拱)'은 건축용어로 한국어의 '공포(栱包)'에 해당하는 말인데, 표현한 의미가 서로 다름.
> 이에 이 책에서는 각주를 달아서 그 의미를 밝힘.

3) 난해한 관청명이나 관직명의 표기

> ㉠ 헌현(軒縣: 제후 등급)으로 음악을 연주하고 6일무(佾舞)를 추며 희생물과 기구(器具)는 전부 상
> 공[上公: 공작(公爵)의 존칭]의 예를 따랐다.

---

3. 한자어의 표기

1) 일반적인 한자어의 표기

일반 한자용어는 최초로 사용할 때는 한자를 병기(並記)하고, 반복(反復) 사용할 때는 필요에 따라 한자 병기
를 생략하였다.

> ㉠ 섬서성(陝西省): 같은 장(章)에서 2~3회 표기될 경우
>
> 과거(過去) / 과거(科擧): 혼동할 수 있는 경우 계속 표기

2) 한국인에게 이미 익숙하고, 소수종족어로 발음된 한자 표기

해당 용어의 발음을 그대로 사용하고, 해당 한자를 괄호 안에 병기하였다.

> ㉠ 齊齊哈爾: 치치하얼(○) 제제합이(×)
>
> 呼和浩特: 후허하오터(○) 호화호특(×)
>
> 太行山: 태항산(○) 태행산(×)
>
> 투모터: 土默特(○) 토묵특(×)
>
> 哈爾賓: 하얼빈(○) 합이빈(×)

---

4. 인용문의 표기

1) 짧은 구(句)나 절(節)의 표기

인용된 중국 고문(古文)은 문장 길이에 따라 짧은 문구(文句)와 절(節)은 본문에 풀어서 번역하고, 그 뒤의 괄
호에 원문을 제시하였다.

> ㉠ 진(晉)나라 때에 "축대를 쌓아 청소하며 전(殿)으로 삼고, 장막(帳幕)을 쳐서 궁(宮)으로 삼았던
> (掃壇爲殿, 懸幕爲宮)" 것처럼, 제사 지낼 때에는 임시로 제단(祭壇)을 설치했을 가능성이 매우
> 크다.

2) 긴 문장의 표기

인용된 중국어 고문이 긴 경우 출처를 밝히고, 관련 내용을 각주로 달아 설명하였다.

> ㉠ 원제(元帝)는 즉위하자 공패(孔霸)를 불러들여 황제의 스승으로 삼았다. 그에게 작위를 내려

관내후(關內侯)로 삼고 식읍(食邑) 800호를 봉하였으며, 포성군(襃成君)이란 호를 내렸다. 급사중(給事中)[1]에 임명되었을 때 별도로 황금 200근과 주택 하나를 하사하고 호적(戶籍)을 장안으로 옮기게 하였다.

3) 편액(扁額)과 대련(對聯)의 표기

편액이나 대련을 번역한 경우, 중국고문을 그대로 표기하되, 편액은 본문에 괄호를 하고, 해당 한자를 병기하였다. 대련의 경우 각주를 달아 한국어로 풀이하였다.

> 예) 그는 이어 곡부 공자문묘의 대성전에 '여천지참(與天地參)', '시중입극(時中立極)', '화성유구(化成悠久)'라는 세 개의 편액을 하사하였다.

> 예) "氣備四時, 與天地鬼神日月合其德. 教垂萬世, 繼堯舜禹湯文武作之師"[2]라고 적힌 대련을 하사한 다음에 ……

4) 사자성어나 구호(口號)를 번역하는 경우

1) 한국인에게 익숙한 사자성어는 괄호를 넣어 한자를 병기하였지만, 해석하지는 않았다.

> 예) 진시황(秦始皇)의 분서갱유(焚書坑儒)는 유가(儒家) 학파에 심각한 타격을 주었지만 동시에 유가(儒家)의 저항을 촉구하였다.

2) 한국인에게 익숙하지 않은 사자성어와 구호(口號)는 본문에서 해석했으며, 괄호에 해당 한자를 병기하였다.

> 예) 한 무제(漢武帝)는 사상 측면에서 독존유술(獨尊儒術: 유학만을 존숭한다)을 확립했지만……

5. 형식

가급적 원저의 형식을 유지하면서, 원저에서 주요 내용을 선정(選定)·번역하였기 때문에 '절(節)'의 목록까지 표시하였다.

---

1) (옮긴이) 급사중(給事中)은 진(晉)나라 때 설치한 官名인데 한(漢)나라 때까지 그대로 사용되었다. '급사중'은 다른 관직에 부가된 호칭인데 예를 들어 장군 급사중, 열후 급사중, 구경 급사중 등이 그것이다. '급사중'이란 칭호를 부가하게 되면 궁을 자유롭게 드나들며 황제 옆에서 시중을 들 수 있었다.
2) (옮긴이) "기운이 사계절에 가득하니, 천지, 귀신, 일월과 그 덕을 합한다. 가르침이 만세에까지 드리우니, 스승이신 요, 순, 우, 탕, 문, 무를 계승한다."

머리말

　공자문묘(孔子文廟)는 중국에서 기원했는데, 세계 최초의 공자문묘는 공자 고향에서 공자의 옛집을 개조(改造)하면서부터 시작되었다. 공자가 세상을 떠난 뒤, 제자들은 공자를 기념하기 위해 공자의 옛집에 그가 생전에 사용했던 옷가지[衣]와 모자[冠], 서적[書], 금(琴), 타고 다닌 마차[車] 등을 보관했다. 그 내용은 『사기(史記)·공자세가(孔子世家)』의 "공자가 살던 집과 제자들이 쓰던 내실은 훗날 공자의 묘우(廟宇)로 만들어져, 공자가 사용하던 의관(衣冠)과 금(琴), 수레[車], 서적[書] 등을 보관하였다"라는 기록에서 확인할 수 있다. 그 뒤로 공자의 옛집은 그를 제사 지내는 문묘(文廟)로 바뀌었다. 이른 시기부터 공자의 옛집에는 공자의 유품들이 보관되어 있었기 때문에, 공자의 옛집이야말로 세계 최초의 유명인사 박물관이라고 말할 수 있다.

　한(漢) 고조(高祖) 12년(195) 10월 유방(劉邦)은 경포(黥布)를 공격하여 무찌르고 장안(長安)으로 돌아가던 도중, 군사 정무로 분망함에도 일부러 곡부(曲阜) 궐리(闕里)의 공자문묘를 찾아 태뢰(太牢: 소·돼지·양 각 한 마리씩을 제물로 바치는 제사)를 준비하여 공자에게 제사를 올렸다. 이것이 황제(皇帝)가 직접 공자(孔子)에게 제사를 올린 효시(嚆矢)이다. 후대 유가(儒家)들은 공자를 추숭(推崇)하기 위해 한 고조(漢高祖)를 선양하면서 "이(유방이 직접 공자를 제사 지낸 일)는 한대(漢代) 400년의 기초가 모두 여기에 있다(漢家四百年基業全在于此)"라고 평가하였다. 한 무제(漢武帝)가 "모든 학파를 배척하고, 오직 유학만을 존숭한다(罷黜百家, 獨尊儒術)"라는 정책을 실시한 후, 공자사상은 국가의 지도사상이 되었다. 공자에 대한 국가의 존숭을 뚜렷하게 보여주기 위해 '숭덕보공(崇德報功: 도덕을 숭상하고, 공로에 보답한다)'이라는 중국 전통에 따라, 공자를 국립학교에 봉사(奉祀)하였다. 동진(東晉) 시기에 제사의 필요를 만족시키기 위해, 국가는 최고학부(最高學府)인 국학(國學)에 공자문묘를 세웠다. 북제(北齊) 시기에는 "군학(郡學)은 성(城) 안에 공자와 안회(顏回)의 묘우를 한 곳씩 건립하였다(郡學則于坊內立孔顏廟一所)"라는 기록에서 볼 수 있듯이 공자문묘를 지방에도 건립하기 시작하였다. 당대(唐代) 정관(貞觀) 4년(630), 당 태종(唐太宗)은 각 주(州)·현(縣)의 학교에 모두 공자문묘를 건립할 것을 명하였고, 이때부터 공자문묘는 중국 각지에 보급되었다. 당대(唐代) 이후, 역대(歷代) 왕조(王朝)는 수시로 학교의 공자문묘를 수리하도록 하였으며, 청대(淸代)에 이르러서는 국자감(國子監), 부학(府學), 주학(州學), 현학(縣學), 청학(廳學), 향학(鄕學: 현(縣)이 폐지된 뒤에도 학교는 폐지되지 않고, 향학으로 개명하였다) 등 각급학교에 공자문묘가 1740개소 이상 존재하게 되었다. "천자(天子)로부터 군읍(郡邑) 수장(守長)에 이르기까지 천하의 제사를 모두 받는 대상은 오직 사직(社稷)과 공자(孔子)였다. 그러나 사(社)에서는 토지신(土地神)을 제사하고, 직(稷)에서는 곡신(谷神)에 제사할 때, 구룡(句龍)과 기(棄)도 함께 배향했으니, 오직 하나의 대상만을 제사 지낸 것은 아니었다. 또한 그들의 위패(位牌)는 집[家]이 아닌 제단(祭壇)에 모셔졌으니, 공자처럼 왕(素王)으로 섬겨진 것과는 다르다. 공자는 크고 높은 자리에 앉아 자신의 제자들을 거느리고, 천자(天子)와 신하(臣下)들은 북면(北面)하여 무릎을 꿇고 제사를 지냈다. 그들은 공경과 정성으로 제단에 나아가고 물러나니, 그 예(禮)를 올림은 공자제자(孔子弟子)가 하는 것과 같았다. 구룡(句龍)과 기(棄)는 그 공로로 말미암아 제사를 지낸 것이며, 공자는 그 도덕으로 말미암아 제사를 지낸 것이니, 본래 저절로 순서가 있는 것이다!"라는 기록과 같이 공자문묘는 국가 사전(祀典)의 예제(禮制) 묘우 중에 가장 일반적인 것이 되었다.

공자는 일생을 교육에 몸담았고, 사후(死後)에도 학교와는 떨어질 수 없는 인연을 맺는다. 만세(萬世)의 사표(師表)이며, 교육(敎育)의 시조(始祖)로 받들어져 묘우도 학교 내에 설립하게 되었다. 공자문묘의 전형적인 기능을 활용하고, 성현(聖賢)이 되는 교육을 실행하기 위해, 역대 봉건왕조들은 공자문묘의 종사(從祀) 인원을 끊임없이 증원해왔다. 민국(民國) 초기에는 공자문묘의 대성전(大成殿)의 종사 인원을 헤아려 보면, 4배(四配), 12철(十二哲)과 양무(兩廡)에 종사(從祀)된 선현(先賢), 선유(先儒) 등의 위패가 보인다. 그리고 숭성사(崇聖祠)에도 4배, 선현, 선유 등의 위패가 보이니, 종사된 인원은 189명에 이른다.

공자문묘는 봉건국가가 공자를 봉사(奉祀)함으로써, 공자사상을 표창(表彰)하고, 추숭(推崇)한 예제(禮制) 묘우이다. 공자문묘의 제사가 국가 사전(祀典)에 편입됨으로써 새로운 왕조가 건립될 때마다 오직 공자문묘에서만 사용한 제의(祭儀), 음악(音樂), 무용(舞踊)을 제정(制定)하였다. 그래서 남조(南朝) 양조(梁朝)와 수조(隋朝) 이래 역대로 제정된 가장(歌章), 당대(唐代) 이래 역대로 제정된 제의(祭儀), 송대(宋代) 이래 역대로 제정된 음악(音樂)과 명대(明代) 이래 제정된 역대의 무보(舞譜)가 현재까지도 보존되어 있다.

공자를 봉사(奉祀)하는 문묘는 중국 전역에 두루 펼쳐 있을 뿐만 아니라, 국외에까지 전파되었다. 중국에 지리적으로 가까운 한반도(韓半島), 베트남(越南)과 일본(日本)에서는 역사적으로 일찍이 중국을 본받아 공자제례[釋奠: 祭孔大典]를 국가의 중요제사에 포함하였으며, 국학(國學)과 지방학교[鄕學]에 공자를 봉사하는 문묘(文廟)를 세웠다. 이렇게 공자문묘는 국제적인 문묘가 된 것이다. 중국 공자문묘의 제사제도는 한반도, 베트남과 일본에도 깊은 영향을 끼쳤다. 세계의 공자문묘에 대한 보다 자세한 연구를 위하여, 이 책에서는 각국 공자문묘의 역사, 제사제도 및 공자문묘의 현황으로 나누어 연구를 진행하려고 한다.

2018년 초겨울에

공상림(孔祥林)

제1편
중국 공자문묘의 역사

1-1 공자 고택 대문.

❧　❧　❧

　세계 최초의 공자문묘는 곡부(曲阜) 궐리(闕里)의 공자 고택(故宅)을 개조한 것이다. 노(魯)나라 군주(郡主)인 노애공(魯哀公)은 일찍이 친히 공자를 제사하기는 했지만, 궐리에 세워진 공자문묘에서 하는 제사는 주로 공자의 자손들이 주관해왔다. 그리하여 후한(後漢) 시기에 국가가 제사를 지원하고 보호하기 전까지는, 줄곧 궐리의 공자문묘는 사설(私設)의 성격을 지니고 있었다. 그것은 공자 후손들의 가묘(家廟)였던 것이다.

　전한(前漢)*시대 이래로 궐리(闕里)의 공씨가묘 이외에도 공자를 봉사하는 기념 묘우가 계속 등장하였고, 동진(東晉) 시대에는 국가에서 투자하여 세운 경사(京師) 공자문묘와 공씨가묘도 등장하였다. 당(唐)나라 정관(貞觀) 4년(630)에는 모든 주현(州縣)에 학교와 공자문묘를 세우도록 명령했는데, 이때부터 공자문묘는 급속하게 발전하기 시작하여, 명(明)·청(淸) 시대에는 그 전성기를 맞이하였다. 청(淸)나라 광서(光緒) 32년(1906) 과거(科擧)제도 폐지로 공자문묘도 타격을 받았다. 또한 1911년에 일어난 신해혁명(辛亥革命)에 의해 청(淸)나라가 전복되고 봉건 군주제(郡主制)가 폐지된 뒤로부터 현대 교육을 실시하기 시작하여 과거 관청(官廳) 주도의 학교들은 대부분 신식학교로 바뀌었다. 이어서 1919년에 일어난 '5·4 운동'에서는 "공자 사상을 타도하자(打倒孔子店)"라는 구호를 외치고 봉건 시대의 옛 예교(禮敎)를 비판하면서 공자문묘의 제사가 폐지되었다. 공자문묘는 그때부터 쇠락의 길을 걷게 되었다.

....

*　[옮긴이] 유방(劉邦)이 건국한 한(漢)나라를 한국에서는 전한(前漢)이라고 하지만 중국인들은 서한(西漢)이라 명명하고, 광무제(光武帝)가 건국한 나라를 한국에서는 후한(後漢)이라고 하지만 중국에서는 동한(東漢)이라 명명한다. 이 책에서는 한국의 관습대로 '전한(前漢)', '후한(後漢)'이라는 용어를 사용한다.

제**1**장

공자문묘의 탄생
전국(戰國) 시대

　애공(哀公) 16년(기원전 479년) 공자가 세상을 떠났을 때, 노애공(魯哀公)은 공자를 위해 친히 추도사를 보냈다. 조문(弔文)에서 이르기를, "어진 하늘이 잘 대해주지 않아 국로(國老)를 세상에 더 머무르게 하지 않도다. 그가 이 '한 사람'을 보위하여 이 자리에 올랐는데, 이제 나는 고독하고 의지할 곳이 없으니, 근심하여 병에 걸리게 되었도다. 아, 슬프도다. 공자여! 애통하기 그지없구나"[1]라고 하였다. 공자의 제자인 자공(子貢)은 노애공이 공자가 생존할 당시에는 그를 중용하지 않고서, 공자의 사후에 조문(弔文)을 보내는 것과 주(周)나라 천자(天子)만이 스스로를 일컬을 수 있는 "한 사람[一人]"이라 자칭한 것은 예에 맞지 않는 행동이라 생각하여 이르기를, "군자가 노나라에서 선종(善終)할 수 있겠는가? 부자(夫子)께서는 '예를 잃으면 판단력이 흐려지고, 명분을 잃으면 잘못을 저지르게 된다'고 말씀하셨다. 뜻을 잃으면 판단력이 흐려지고 신분을 잃으면 잘못을 저지르게 된다. 살아 계실 때 중용하지 못하고 돌아가신 뒤 조사(弔辭)를 읽으니, 이는 예가 아니다. 또한 조문(弔文)에 천자만 쓰는 '일인(一人)'이라는 말을 사용한 것도 명분에 맞지 않다. 군주는 예와 명분 두 가지를 모두 잃은 셈"[2]이라고 하였다. 그리하여 노애공은 노나라에서 천수(天壽)를 다할 수 없으리라 단언하였다. 자공의 예언은 대단히 정확한 것이었다. 9년 뒤 노애공은 노나라의 정권을 장악한 대부(大夫)에게 위협을 받고 어쩔 수

---

1) 『左傳・哀公 十六年』(文淵閣四庫全書 電子版 참고). "旻天不弔, 不憖遺余一人以在位, 煢煢余在疚. 嗚呼哀哉, 尼父! 無自律."
2) 『左傳・哀公 十六年』. "君其不沒於魯乎? 夫子之言曰: '禮失則昏, 名失則愆', 失志爲昏, 失所爲愆. 生不能用之, 死而誄之, 非禮也; 稱 '一人', 非名也; 君兩失之."

없이 월(越)나라로 도망간 다음 해에 그곳에서 병사(病死)하였다.

노애공이 친히 공자를 위한 추도사를 보냈다는 사실은, 자공의 말대로 공자 생존 당시에 그를 임용하지 못하고 공자 사후에 친히 추도한 것으로 예의에 맞지 않는 행동이었다고 하더라도, 이는 공자가 당시 사회적 지위가 대단했다는 것을 보여준다. 『주례(周禮)』의 규정에 따르면, 지위가 있는 사람에게는 당연히 가묘가 있어야 한다. 『예기(禮記)』에서 말하기를 "천자는 태조(太祖)의 신주와 함께 2세, 4세, 6세는 소(昭)라 하여 왼편에, 3세, 5세, 7세는 목(穆)이라 하여 오른편에 모시어 3소 3목의 일곱 개 신주가 모셔진다. 제후(諸侯)는 태조의 신주와 함께 2소 2목을 합해 다섯 개 신주가 모셔지며, 대부(大夫)는 태조의 신주와 함께 1소 1목을 합해 세 개의 신주가 모셔졌다. 사(士)는 한 개의 신주를 모시며 서인(庶人)은 자기 집에서 제사를 지낸다"[3]고 하였다. 공자의 할아버지인 방숙(防叔)은 방읍(防邑)의 대부를 지낸 적이 있고, 아버지 숙량흘(叔梁紇)은 추읍(鄹邑)의 대부를 지낸 적이 있기 때문에 사(士) 계층에 속한다. 공자도 예전에 노나라의 사구(司寇)를 담당했고, 국가 간의 외교에 관한 직무를 대행하였으므로 경(卿)에 속한다. 이는 주(周)나라 천자의 대부에 해당되기 때문에, 공자의 경우에는 마땅히 대부 등급에 따라 세 개의 신주를 모신 가묘가 만들어져야 한다.

현재 많은 사람들이 공자가 관직에서 물러난 뒤에는 포의(布衣)지사에 지나지 않았다고 생각하는데, 이런 이해는 잘못된 것이다. 『논어』에 다음과 같은 기록이 있다: 공자가 가장 좋아한 제자 안회(顏回)가 세상을 떠난 뒤에 그의 부친인 안로(顏路)는 공자에게 수레를 팔아 안회를 위한 겉널을 마련해주기를 요청했지만, 공자는 제자들이 예제(禮制)를 위반하여 안회를 후하게 장사(葬事) 지내는 것에 찬성하지 않고, "나는 대부의 뒤를 따라야 하기 때문에 걸어 다닐 수 없다"[4]는 이유를 들어 그 요청을 거절하였다. 이러한 기록은 공자가 관직에서 물러난 뒤에도 여전히 대부의 신분을 유지하고 있었기 때문에, 외출 시에는 반드시 수레를 타야 했기에 걸어 다닐 수 없었다는 사실을 보여준다. 이에 관한 또 다른 기록이 『논어』에 있다. 제(齊)나라 진성자(陳成子)가 제간공(齊簡公)을 시해(弑害)했을 때, 공자는 목욕재계한 뒤에 노애공을 알현하고 병사를 일으켜 진성자를 공격하기를 요청하였다. 노애공은 노나라의 실권을 장악하고 있던 세 분의 대부에게 공자를 보내어 그 사실을 알렸지만, 이들은 출병(出兵)에 동의하지 않았다. 공자는 두 번 거절당한 뒤 자기를 위로하면서 말하기를, "나는 예전에 대부를 담당해 본 적이 있어 감히 보고하지 않을 수 없었다"[5]고 하였다. 이러한 기록은 공자가 관직에서 물

---

3) 『禮記·王制第五』(文淵閣四庫全書 電子版 참고). "天子七廟, 三昭三穆, 與大祖之廟而七; 諸侯五廟, 二昭二穆, 與大祖之廟而五; 大夫三廟, 一昭一穆, 與大祖之廟而三; 士一廟; 庶人祭於寢."

4) 『論語·先進』(文淵閣四庫全書 電子版 참고). "不可徒行也."

1-1-1 공씨가묘. 곡부 공자문묘에 위치한다.

러난 뒤에도 여전히 대부로서 대우를 받았기 때문에, 국가의 중대사에 관해 건의할 수 있었다는 사실을 보여준다. 공자는 대부로 자처했을 뿐만 아니라 노나라의 집정자들도 그를 은퇴한 대부로 대우하였다. 『좌전(左傳)』의 기록에 따르면, 계강자(季康子)는 전세(田稅) 제도를 실행하고자 하여, 공자의 제자인 염구(冉求)를 파견하여 공자의 의견을 구하였다. 전세 제도를 실행하는 일은 착취를 가중시킬 수 있었기 때문에, 공자는 마음속으로 당연히 반대하였다. 그러나 그때는 계강자가 공자를 국외에서 모시고 돌아온 지 얼마 안 되어선지 공자는 계강자에게 큰 기대를 품고 있었다. 그래서 직접적인 반대 대신 잘 모르겠다고 대답하였다. 염구는 "부자(夫子)께서는 국가의 어른이시니, 그 말씀을 기다려 시행하고자 합니다. 그런데 부자께서는 어찌 말을 하지 않으십니까?"[6]라고 했는데, 이 기록은 노나라의 실질적 권력자인 계강자(季康子)도 공자를 국로(國老), 즉 은퇴한 대부로 대우했던 사실을 보여준다. 이상의 기록들에서 공자는 관직에서 물러난 뒤에도 대부로 대접받았다는 것을 충분히 알 수 있다. 공자처럼 줄곧 온 힘을 다해 주례(周禮)를 추숭하고 제사를 특히 중시했던 사람이, 어찌 당시의 예제에 따라 가묘(家廟)를 세우지 않았겠는가? 따라서 공자는 세상을 떠난 뒤에 틀림없이 자가(自家)의 가묘

5) 『論語·憲問』(文淵閣四庫全書 電子版 참고). "以吾從大夫之後, 不敢不告也."
6) 『左傳·哀公 十一年』(文淵閣四庫全書 電子版 참고). "子爲國老, 待子而行, 若之何子之不言也."

에 봉사되었을 것이다.

그렇다면 공자를 위주로 봉사(奉祀)한 공자문묘는 언제부터 출현했을까? 역사서에는 이에 관한 기록이 없다. 최초로 공자의 전기(傳記)를 지은 사람은 전한(前漢) 시대의 역사가인 사마천(司馬遷)이다. 그는 『사기(史記)』에 특별히 공자를 위한 전기(傳記) 한 편을 짓고, 그 제목을 '공자세가(孔子世家)'라고 붙였다. 『사기』 가운데 '본기(本紀)'는 제왕(帝王)의 전기(傳記)이고 '세가(世家)'는 제후(諸侯)의 전기(傳記)이다. 공자는 제후(傳記)가 아닌데도 사마천(司馬遷)은 오히려 그의 전기(傳記)를 세가 범주에 포함시켰으니, 그가 공자를 대단히 존숭했다는 사실을 알 수 있다. 『사기(史記)·공자세가(孔子世家)』의 기록을 살펴보면, 당시 사람들은 공자문묘보다 공자의 무덤을 대단히 중시했던 것 같다. 이는 다음과 같은 기록에서 확인할 수 있다. "공자는 노나라 도성(都城) 북쪽의 사수(泗水) 부근에 매장되었다. 제자들은 모두 3년의 심상(心喪: 喪服 없는 服喪)을 치렀다. 그들은 마음에서 우러나는 슬픔으로 3년 상을 다 마치고 서로 이별을 고하고 헤어졌는데, 헤어질 때 한바탕 통곡하고 각자 다시금 애도를 다하였으며, 어떤 제자는 머무르고 또 얼마 동안 지켰다. 그중에 오직 자공(子貢)만은 무덤 옆에 여막(廬幕)을 짓고 3년을 더 지켜 총 6년을 지키다가 떠나갔다. 후에 공자의 제자들과 노나라 사람들이, 무덤가에 와서 집을 짓고 산 사람들이 100여 가구나 되었으며, 이로 인하여 이곳을 '공리(孔里)'라고 하였다. 노나라에서는 대대로 새해를 맞을 때마다 공자의 무덤에 제사를 지냈으며, 많은 유생들도 이곳에 모여서 예의를 논하고 향음례(鄕飮禮)[7]와 대사례(大射禮)를 거행하였다. 공자의 무덤은 크기가 1경(頃)이나 되었다. 공자가 살던 집과 제자들이 사용하던 내실이 훗날 공자문묘로 만들어져, 공자가 사용하던 의관과 금(琴), 수레, 서적 등이 소장되었는데, 그것은 한나라에 이르기까지 200여 년 동안이나 그대로 보존되었다. 한고조(漢高祖) 유방(劉邦)이 노나라를 지나가게 되었을 때 태뢰(太牢)[8]를 차리고 공자문묘에 제사를 지냈다. 그 후 제후(諸侯), 경대부(卿大夫), 재상(宰相)이 부임하면 항상 먼저 공자문묘에 가서 참배한 연후에 정사에 임하였다."[9]

----

7) (옮긴이) 향음례(鄕飮禮)는 향교에서 배움을 마친 자 중에서 우등생을 뽑아 왕에게 추천하고, 향리의 대부가 송별연을 벌이는 행사였다. 고례(古禮)의 활쏘기는 대사(大射)·빈사(賓射)·연사(燕射)·향사(鄕射) 등이 있었는데 대사(大射)의 규모가 가장 컸다. 대사례(大射禮)는 제사를 지내기 전에 행하는 것이며 대사례(大射禮)에서 떨어진 사람이 제사를 할 자격이 없었다.

8) (옮긴이) 태뢰는 고대에 제사를 지낼 때 최고 등급의 제수 명칭으로서, 소·양·돼지 이 세 동물로 제사 지내는 것을 말한다. 뢰(牢)란 제물로 바치는 가축을 기르는 우리를 뜻하는 말로, 가장 등급이 높은 것이 태뢰(太牢)가 된다.

9) 『史記·世家17·孔子』(文淵閣四庫全書 電子版 참고). "孔子葬魯城北泗上, 弟子皆服三年. 三年心喪畢, 相訣而去, 則哭, 各復盡哀, 或復留. 唯子贛廬於塚上. 凡六年然後去. 弟子及魯人往從塚而家者百有餘室, 因命曰孔里. 魯世世相傳以歲時奉祠孔子塚, 而諸儒亦講禮, 鄕飮, 大射於孔子塚. 孔子塚大一頃. 故所居堂弟子內, 後世因廟藏 孔

사마천(司馬遷)은 몸소 곡부(曲阜)에 가서 실제로 공자의 유적을 답사한 적이 있다. 기록에 따르면 그는 "20세가 되어서는 남쪽으로 장강(長江)과 회하(淮河)를 여행하였고, 회계산(會稽山)에 올라 우혈(禹穴)을 탐방하고 구의산(九疑山)을 살펴보았으며, 원(沅)과 상(湘) 두 강에서는 배를 탔다. 북쪽으로는 문수(汶水), 사수(泗水)를 건너가서 제(齊)나라와 노(魯)나라의 수도에서 학술을 강론하고, 공자(孔子)의 유풍(遺風)을 관찰하였다"[10]라고 한다. 확실히, 공자의 유적에 대한 그의 기록은 믿을 수 있는 것이다. 공자가 세상을 떠난 뒤로 해마다 공자의 무덤에서 예제(禮制)에 따른 제사가 거행되었고, 유생들도 공자의 무덤 앞에서 예의를 논의하고 향음(鄕飮)과 대사(大射) 등의 예제(禮制) 활동을 진행하였다. 공자의 옛집은 묘우로 개조되었고, 개조된 공자문묘는 고대 예제에 의해 제사 활동을 거행하는 중요한 장소가 되었으리라 추측되는데 사마천(司馬遷)은 어째서 공자 무덤의 제사만 기록하고 공자문묘의 제사 활동은 기록하지 않았을까? 어째서 한(漢) 고조(高祖)와 노(魯)나라 관원들이 공자문묘에서의 제사만 기록하고 다른 제사는 기록하지 않았을까? 내 생각에는, 사마천(司馬遷)이 답사하러 갔을 때 공자문묘는 공씨의 가묘였고, 가묘는 공자의 자손들이 제사를 지내는 곳이었기 때문에 일상적인 제사는 기록할 필요가 없었다. 그러나 유생(儒生)이나 황제(皇帝), 제후(諸侯)나 경상(卿相)이 올리는 제사는 일반적인 제사가 아니므로 공자의 영광을 한층 더 높일 수 있을 것으로 판단하여 그 사례들을 특별히 기록했을 것이다.

공자가 "살던 집과 제자들이 사용했던 내실은 훗날 공자의 묘(廟)로 만들어졌다(故所居堂弟子內, 後世因廟)"라는 사마천의 기록은 공자문묘가 언제부터 등장했는가를 설명해주지 않는다. 하지만 공자의 옛집은 후세에 묘우(廟宇)로 개조되었음에 틀림없다. 공자는 세상을 떠난 뒤 자가(自家)의 가묘에 봉사되었고, 옛집은 다만 공자 생전에 착용했던 의관, 올라탔던 수레와 사용했던 금(琴)과 책 등이 진열된, 단순한 기념관이었다. 그렇다면 공자만을 모신 묘우는 언제부터 출현했을까?

내 생각에, 공자만을 제향하기 위해 세워진 묘우는 공자 자손인 자사(子思)가 세상을 떠난 뒤에 등장했을 것이다. 공자는 노(魯)나라의 사구(司寇)를 역임하여 대부(大夫) 등급에 속했으므로, 세 묘우를 세울 수 있었다. 다시 말해 아버지와 할아버지의 독립적인 묘우를 세울 수 있었고, 태조를 제외한 조부(祖父) 이상의 선대(先代)에 대해서는 제사 묘우를 세울 수 없었다. 공자가 세상을 떠난 이후, 공자의 사상적 영향과 제자들이 떨친 명성은 사회적으로 대단한 유명

子 衣冠琴車書, 至於漢二百餘年不絶. 高皇帝過魯, 以太牢祠焉. 諸侯卿相至, 常先謁而後從政."

10) 『史記·太史公自序』(文淵閣四庫全書 電子版 참고). "二十而游江淮, 上會稽, 探禹穴, 窺九嶷, 浮於沅湘; 北涉汶泗, 講業齊魯之都, 觀孔子之遺風."

1-1-2 공택고정[孔宅故井: 공부(孔府) 옛 우물]. 명나라 시기에 비석을 세우고 난간으로 둘러쌌다.

세와 존경을 얻게 되었다. 공자의 아들인 공리(孔鯉)는 일찍 죽었고 저술도 없었기에 그 사회
적 영향력이 크지 않았지만 손자인 공급[孔伋, 자(字)는 자사(子思)이다. 후세에 그 자(字)로 인해 자
사(子思)라 불린대은 공자의 사상을 계승하고 발전시켰으며 도(道)를 맹자에게 전하여 사맹(思
孟) 학파를 형성하였다. 이로 인해 자사(子思)는 전국(戰國) 시기에 영향력이 대단한 철학가이
자 사상가로 지칭되었고 당대(當代)의 유명 인사가 되었다. 자사(子思)의 아들, 즉 공자의 증손
자인 공백(孔白)은 병서(兵書)에 통달하여 병법(兵法)에 밝았다. 제(齊)나라 위왕(魏王)이 두 차
례에 걸쳐 그를 재상(宰相)으로 초빙했지만 출사(出仕)하지 않았다. 자사(子思)가 세상을 떠난
뒤, 예제(禮制)의 규정에 따라 가묘(家廟)에는 공백(孔白)의 아버지인 자사(子思)와 할아버지인
공리(孔鯉)의 묘우는 있어야 했지만, 공자의 묘우까지 있어서는 안 되었다. 공자는 "옛날에 조
(祖)는 공로가 있고 종(宗)은 덕이 있어 조종(祖宗)이라 불린 것이니, 그 묘우는 훼손될 수 없
다"[11]라고 말하였다. 실제로 고대에는 공로가 있는 선조를 높여 조(祖)로 삼고, 덕이 있는 선
조를 높여 종(宗)으로 삼았으니, 그들을 제사하는 묘우는 훼손될 수 없었다. 공백(孔白)은 아버
지 자사(子思)가 세상을 떠난 뒤 예제(禮制)에 따라 가묘(家廟)에서 아버지와 할아버지를 봉사
(奉祀)한 까닭에, 증조부(曾祖父)인 공자를 여기에서 봉사(奉祀)하기 곤란했다. 그러나 덕이 있

---

11) 『孔子家語·廟制』. "古者祖有功而宗有德, 謂之祖宗者, 其廟皆不毀."

는 증조부(曾祖父) 공자를 종(宗)으로 삼을 수 있었으니, 공자도 자신의 묘우를 가질 수 있었다. 아마도 이런 상황에서 공백(孔白)은 아직 보존되어 있는 공자의 옛집을 공자에게 봉사하는 묘우로 개조했을 것이다. 그래서 사마천(司馬遷)은 "훗날 공자의 묘우로 만들어졌다(後世因廟)"라고 기록한 것이었다. 실은 공자가 세상을 떠난 뒤 옛집이 곧바로 묘우로 개조된 것은 아니었다. 후세 사람들은 이 내막을 알지 못하고, 공자 사후에 곧장 공자의 옛집이 그를 봉사하는 묘우로 개조되었다고 생각했던 것이다 .

공자 사후 옛집이 곧장 묘우로 개조된 일에 관한 최초의 기록은 남송(南宋) 소흥(紹興) 갑인(甲寅)년(4년, 1134년)에 출판된 『동가잡기(東家雜記)』로, "노애공(魯哀公) 17년에 옛집에 묘우를 세우고 묘우를 지키는 가호(家戶)를 100호(百戶)나 설치하였다"[12]라고 기록하고 있다. 『동가잡기』는 공자의 17대손인 공전(孔傳)이 지은 책으로, 공자 집안의 첫 번째 지지(地誌)이다. 그 이후의 지지(地誌)들은 모두 그에 따라 공자문묘가 노애공 17년(B.C. 478)에 출현했다고 기록하고 있다. 공자의 51대손인 공원조(孔元措)가 편집하고 금(金)나라 정대(正大) 4년(1227)에 출판된 『공씨조정광기(孔氏祖庭廣記)』에서 말하길, "노애공 17년에 옛집에 묘우를 세우고 그 묘우를 지키는 가호는 100호를 설치하였다. 이것이 곧 궐리(闕里) 선성(先聖)의 고택으로, 선성(先聖)을 위해 묘우를 세우는 일이 여기에서부터 시작되었다"[13]라고 하였고, 이어 공상임(孔尚任)이 편집한 『궐리지(闕里志)』에서도, "노애공 17년에 곧바로 공자 옛집에 묘우를 세우고 그를 봉사하였다"[14]라고, "노애공 17년, 옛집에 공자문묘를 세우고 그 묘우를 지키는 민호(民戶)를 설치하여 청소하게 하였다"[15]라고 적었는데, 사실 이상의 기록들은 아무런 역사적 근거도 없다. "훗날 공자의 묘우로 만들어졌다(後世因廟)"라는 사마천(司馬遷)의 말이 정확한 설명으로, 공자의 옛집은 공자가 세상을 떠난 뒤에 곧장 묘우로 개조되지 않았던 것이다. 자사(子思)가 주(周)나라 위열왕(魏烈王) 24년(B.C. 402)에 죽었으니, 공자의 옛집이 공자문묘로 개조된 시기는 그해이거나 약간 후로 추정되며, 그 시간적 차이는 크지 않았을 것이다.

---

12) 『東家雜記 · 歷代崇奉』(山東友誼書社, 1990, p.40). "魯哀公十七年, 立廟於舊宅, 守陵廟百戶."

13) 『孔氏祖庭廣記 권3』(山東友誼書社, 1990, p.101). "魯哀公十七年, 立廟於舊宅, 守陵廟百戶. 卽闕里先聖之故宅, 而先聖立廟自此始也."

14) 『孔尚任闕里志校註 · 祠廟誌三 · 修建』(徐振貴 · 孔祥林, 吉林人民出版社, 2004, p.76). "魯哀公十七年, 卽孔子舊宅立廟以祀之."

15) 『孔尚任闕里志校註 · 祠廟誌四 · 灑掃』(徐振貴 · 孔祥林, 吉林人民出版社, 2004, p.89). "魯哀公十七年, 立廟於舊宅, 置守廟戶以供灑掃."

제**2**장

공자문묘의 정초

한대(漢代)

공자문묘의 역사에서 한(漢)나라 시기는 발전기는 아니지만, 전한(前漢) 시대는 공자 존숭(尊崇)에 관한 수많은 최초를 새롭게 만들어냈다. 첫째, "기타 모든 학파들을 배척하고 유학만을 존숭한다(罷黜百家, 獨尊儒術)"라는 생각은 최초로 공자 사상을 국가의 지도적인 사상으로 만들었다. 둘째, 공자를 학교에서 봉사하기 시작했다. 셋째, 한(漢) 고조(高祖) 유방(劉邦)이 최초로 궐리(闕里) 공자문묘에서 친히 공자에게 제사 지냈다. 넷째, 최초로 공자를 추서(追敍)했다. 다섯째, 최초로 공자의 후손들에게 작위(爵位)를 봉하고 토지를 하사했다. 여섯째, 국가가 궐리의 공자문묘를 보수하고 공자문묘의 제사 비용을 책임졌다. 일곱째, 곡부(曲阜)의 궐리 이외에 공자를 봉사하는 묘우가 등장했다. 한나라 때는 훗날 공자문묘 발전을 위한 견고한 기초를 다진 시기이다.

진시황(秦始皇)이 육국(六國)을 통일하고 통일된 중앙집권적 전제군주제(專制君主制) 국가를 세운 뒤에, 사상 통제를 강화하기 위해 그는 승상(承相) 이사(李斯)의 건의를 받아들여 책을 불사르니, "사관(史官)에게 명하여 진(秦)의 전적(典籍)이 아닌 것은 모두 태워버리고, 박사관(博士官)[1]이 주관하는 서적을 제외하고서 천하에 소장되어 있는 『시경』, 『서경』 및 제자백가의 저작들을 전부 지방관에게 보내어 모두 태우게 하였다. 저잣거리에서 『시경』, 『서경』을 토론하는 자는 사형에 처하여 그들의 시체를 시장에 내버리며, 옛것으로 지금을 비난하는 자는 모두 멸족시켰다"[2]라고 하였다. 이듬해에 또 진시황은 유생들이 사사롭게 자신을 비난했다는 이

---

1) (옮긴이) 박사(博士)는 진(秦)나라 시기에 전국(全國) 역사 자료나 서적(書籍)과 예의를 주관하던 관리였다. 정사(政事)에 참가하여 황제의 고문(顧問)이 되어 주기도 하고 황제의 명을 받아 지방에 나가 순찰하기도 하였다.

1-2-1 노벽비(魯壁碑). 공부(孔鮒)가 진시황의 분서갱유 때 『논어(論語)』, 『효경(孝經)』, 『상서(尙書)』 등 유가의 경전을 공자 고택의 담벽 안에 숨겨놓은 후 남쪽으로 내려가 진승(陳勝) 봉기군에 참여하여 전사하였다. 한나라 경제(景帝) 때에 이르러서야 숨겨진 경전들이 비로소 발견되었다.

유로, 460여 명의 유생을 생매장하였다. 진시황의 분서갱유(焚書坑儒)는 유가(儒家) 학파에 심각한 타격을 주었지만 동시에 유가의 저항을 촉구하였다. 그중 공자의 9대손인 공부(孔鮒)가 남쪽으로 내려가 진승(陳勝)·오광(吳廣)의 농민 봉기군에 의탁했던 것은 그 대표적 사례이다.

한(漢) 고조(高祖) 유방(劉邦)은 본디 한 지방의 하급관리로 민란(民亂)에 편승하여 천하를 탈취한 사람으로 문화적인 소양이 높지 않았고, 줄곧 유생들을 업신여겼다. 기록에 따르면 "패공(沛公)은 사(士)를 좋아하지 않았다. 빈객(賓客) 중에 관을 쓰고 오는 사람이 있으면, 언제나 그 빈객의 관을 빼앗아 그 안에 오줌을 싸며 그 빈객들에게 이야기할 때 큰 소리로 욕하곤 하니, 유생으로서 유세할 수 없다"[3]라고 하였다. 유생의 모자를 잡아채어 그 안에 오줌을 누었으니, 그가 유생을 얼마나 혐오하는지 알 수 있다. 유생인 육가(陸賈)는 항상 한(漢) 고조(高祖)의 면전(面前)에서 『시경』과 『서경』을 인용하였다. 이에 황제는 입에 거품을 물고 큰 소리로

---

2) 『史記·本紀第六·秦始皇帝』(文淵閣四庫全書 電子版 참고). "史官非秦紀皆燒之; 非博士官所職, 天下敢有藏『詩』, 『書』, 百家語者, 悉詣守尉雜燒之. 有敢偶語『詩』, 『書』者棄市, 以古非今者族".

3) 『史記·酈生陸賈列傳』(文淵閣四庫全書 電子版 참고). "沛公不好儒, 諸客冠儒冠以來者, 輒解其冠, 溲溺其中. 與人言, 常大罵, 未可以儒生說也."

욕하면서 말했다. "나는 말[馬] 위에서 천하를 얻었다. 어찌 『시경』과 『서경』 따위를 신경 쓰겠는가!(乃公居馬上而得之, 安事『詩』, 『書』!)" 육가는 한 고조에게 팽팽하게 맞서며 "말 위에서 천하를 얻으셨지만 어찌 말 위에서 천하를 다스릴 수 있겠습니까?(居馬上得之, 寧可以馬上治之乎)"라고 묻고는, 한 걸음 더 나아가 그를 타일렀다. "상(商)나라 탕왕(湯王)과 주(周)나라 무왕(武王)은 무력을 기반으로 하여 천하를 빼앗았지만 그 뒤에는 형세(形勢)에 순응하여 문치(文治)로써 자신들이 이룩한 성과를 지켰으니, 문무(文武)를 아울러 사용하는 것이야말로 오랫동안 국가를 평안하게 다스리는 방법입니다. 진(秦) 왕조는 엄격하고 혹독한 형법을 맹목적으로 사용하기만 하고 그것을 바꿔야 함을 알지 못했기 때문에, 마지막에는 자신의 멸망을 초래했습니다. 만약 진(秦) 왕조가 통일한 뒤에 인의(仁義)의 도를 실행하고 선성(先聖)을 본받았다면, 당신이 어찌 천하를 가질 수 있었겠습니까?" 육가(陸賈)의 이러한 권고를 통해 유방은 깨달은 것이 있었다. 그는 육가를 시켜 진 왕조가 멸망하고 자신이 천하를 빼앗은 이유와 역대 흥망(興亡)의 원인을 총정리하게 하고 유가(儒家)의 정치적 주장을 받아들이기 시작했다.

유방(劉邦)이 황제가 되었을 때, 그와 함께 새로운 국가를 건설한 무장(武將)들은 대부분 출신이 천하고 문화적 수준이 낮고 교양이 부족하여 "신하들은 술을 마시면 서로의 공을 다투었고 술에 취해서는 함부로 큰 소리를 질렀으며, 검을 뽑아 들고 기둥을 치기도 하며(群臣飲酒爭功, 醉或妄呼, 拔劍擊柱)" 전혀 규율이 없었다. 유방(劉邦)이 화를 참기 매우 어려웠지만, 통제할 방법이 없었다. 박사(博士)인 숙손통(叔孫通)이 그에게 말하길, "대저 유(儒)라는 자들은, 함께 천하를 취하여 진취적인 일을 같이 하기에는 어렵지만 함께 성업(成業)을 지키기에는 적당합니다(儒者難與進取, 可與守成)"라고 하며, 자진해서 조정(朝廷)을 위해 예의범절(禮儀凡節)과 규율을 제정(制定)하고 신하들을 그 규율에 따르게 하니, 유방이 기뻐하며 말하길, "나는 오늘에서야 황제의 존귀(尊貴)함을 알았다"[4]고 하였다.

육가(陸賈)와 숙손통의 권유를 통해, 유방은 유가 사상이 나라를 지키고 안정시키는 기능을 한다는 것을 깨달았다. 그는 태자(太子)에게 준 편지에서 말하길 "내가 난세를 만나 그때 진(秦) 왕조가 학문을 금(禁)해서 나 스스로 기뻐하며 독서가 무익하다 생각하였다. 즉위한 뒤에야 비로소 독서의 중요성을 알게 되었다. 사람을 불러 책을 읽히니 작자의 뜻을 이해하기 시작하였다. 과거에 내가 행했던 바를 돌이켜보면 옳지 않은 일이 많았다"[5]라고 하였다. 과거에 독서를 경시(輕視)했던 행위를 뉘우쳤기 때문에, 남쪽에서 경포(黥布)를 정벌하고 수도로 돌아

---

4) 『史記·劉敬叔孫通列傳』(文淵閣四庫全書 電子版 참고). "夫吾乃今日知爲皇帝之貴也."

5) 『前漢文紀 권1』(文淵閣四庫全書 電子版 참고). "吾遭亂世, 當秦禁學, 自喜, 謂讀書無益, 洎踐阼以來, 時方省書乃使人之作者之意. 追昔所行, 多不是."

1-2-2 한고사노도(漢高祀魯圖: 한 고조 유방이 노나라에서 공자의 제사를 지내는 일을 소재로 창작한 그림).
명나라 때 제작한 것이다.

가던 길에 일부러 곡부(曲阜)에 가서 공자에게 제사 올린 것이다. "11월에 회남(淮南)에서 돌아
오던 중, 노(魯)나라를 지날 때 태뢰(太牢)를 차려 공자에게 제사 지냈다(十一月行自淮南還, 過魯,
以太牢祠孔子)." 궐리(闕里) 공자문묘에서 최고의 격식인 태뢰(太牢)를 차리고 공자를 제사했으
니, 이는 처음으로 봉건 황제가 공자를 제사하는 효시(嚆矢)를 연 것이다. 일부러 궐리 공자문
묘에 가서 공자를 제사한 것은 한(漢) 고조(高祖) 유방이 이미 공자의 사상적 가치를 인식하여
유가 사상을 존숭하는 태도를 취하기 시작했다는 사실을 분명하게 보여준다. 후세의 유가들
이 유방이 몸소 공자에게 제사 지낸 것은 한(漢) 왕조 400년의 토대를 다진 것이라고 칭송한
것은 일리가 있다.

　한 고조 유방이 공자 사상을 추숭하는 방향으로 입장을 바꾸기 시작했지만, 전한(前漢) 초기
에는 진(秦)나라 때에 행해진 가렴주구(苛斂誅求)와 진나라 말기의 전쟁으로 인한 파괴를 여러
차례 경험했기 때문에, 통치자들은 부역과 세금을 경감시키고 백성을 쉬게 하는 이른바 무위
(無爲)의 정책을 선택하였다. 혜제(惠帝) 이후부터 국가에서 황로(黃老) 사상[6]을 국가지도사상
으로 삼아 청정무위(清淨無爲)를 강조했는데, 이는 사회가 안정되고 경제가 발전하는 데 약간

----

6)　(옮긴이) 황로는 황제(黃帝)와 노자(老子)를 가리킨다. 황제는 중국 최고(最古)의 제왕으로 법칙의 발견자,
　　법률의 제정자로서 법가사상을 상징하며, 노자는 도가의 시조로서 허심(虛心)과 무위(無爲)의 심술(心術)로
　　세상에 대처함을 특징으로 한다. 황로 사상(黃老思想)은 법가와 도가 사상을 융합하여 한나라가 중국을 통
　　일했을 때 진나라의 억압적인 통치방법을 대신한 새로운 정치사상이다.

의 효과가 있었다. 그러나 '함이 없음으로 다스린다는 것(無爲而治)'은 사회 모순을 회피하는 태도를 취한 것으로, 의식 형태에서도 통일된 규범이 없었다. 전한(前漢) 초기 동성(同姓)의 왕에게 분봉(分封)하는 정책은 중앙 왕조를 유지하고 보호하는 효과가 없었을 뿐만 아니라, 여러 왕들의 반란(叛亂)이 도리어 사회적 혼란을 일으켰다.

대일통(大一統)의 중앙 왕조를 유지하고 보호하기 위해, 한(漢) 무제(武帝)는 유학(儒學)으로 전향(轉向)하기 시작했다. 그가 즉위한 이듬해에 조서(詔書)를 내려 현량방정(賢良方正)하고 직언극간(直言極諫)할 수 있는 인재를 선발하라고 명하였다. 동중서(董仲舒)가 그의 대책에서 건의하여 말하길, "『춘추(春秋)』에서 주장한 대일통(大一統)은 천지의 영원한 원칙이고 고금(古今)의 공통된 도리입니다. 지금 스승들의 도리는 서로 다르고 사람들의 의론도 각기 다릅니다. 제자백가(諸子百家)의 연구 방향도 같지 않고 의향도 서로 다릅니다. 그러한 까닭으로 위에 있는 군주는 통일된 표준을

1-2-3 한(漢) 무제(武帝) 인물상.
17세에 즉위한 한 무제 유철(劉徹: B.C. 156~B.C. 87)이 유가 사상으로 나라를 다스리고 대외적으로 흉노족을 철퇴시키게 하며 중원(中原)과 서역(西域)을 연결시키게 했으므로 한무성세(漢武盛世)를 개창하였다.

장악할 수 없어, 법령과 법도가 수차례 변하게 되고, 아래 있는 백성들은 무엇을 준수해야 할지 모르게 됩니다. 신(臣)이 생각하기에, 육예(六藝)의 과목과 공자의 학술에 속하지 않는 학설은 모두 금지하고, 그것들이 함께 발전되도록 허락해서는 안 됩니다. 사악한 학설이 사라진 연후에 기강이 통일될 수 있고 법제도 명백해질 수 있어, 인민이 복종해야 할 대상이 누군지 알게 됩니다"[7]라고 하였다. 한 무제는 동중서의 건의를 받아들여 기타 모든 학파들을 배척하

---

7) 『漢書·列傳第六十一·儒林·董仲舒』(文淵閣四庫全書 電子版 참고). "『春秋』, 大統一者, 天地之常經, 古今之通誼也. 今師異道, 人異論, 百家殊方, 指意不同, 是以上亡以持一統, 法制數變, 下不知所守. 臣愚以爲諸不在六藝之科, 孔子之術者, 皆絶其道, 勿使並進. 邪辟之說滅息, 然後統紀可一, 而法度可明, 民知所從矣."

고 유학만을 존숭했으니 그때부터 공자 사상이 중국 사회의 지도적인 사상이 되었다.

한(漢) 무제(武帝)는 사상적 측면에서 독존유술(獨尊儒術: 유학만을 존숭한다)을 확립했지만, 그 뒤로 소제(昭帝)나 선제(宣帝)는 정치적으로 오히려 "패왕(覇王)의 도는 학술을 섞어 쓴다(覇王道雜之)" 하여, 철저한 독존유술(獨尊儒術)은 단지 교육적인 차원에만 머물렀다. 원삭(元朔) 5년 (B.C. 124) 무제(武帝)는 태상(太常)인 공장(孔臧)과 박사(博士)인 평(平)의 건의를 받아들여, 오경박사(五經博士)[8]에게 제자원(弟子員: 태학 학생)을 모집해주고 제자원(弟子員)을 면밀히 살펴 시험적으로 사용하는 방법을 제정하였으니, 이른바 태학의 부흥(復興)이었다. 무제(武帝)는 또한 "천하의 모든 군국이 학교를 세우고 이와 관련된 학관(學官: 학교를 주관하는 관리관원)을 배치할 것을 명하여"[9] 지방의 교육을 크게 일으켰다. 무제(武帝)는 지방에 학교를 설립하는 법령을 내렸는데, 비교적 잘 시행되었다. 소제(昭帝) 시기에는 한연수(韓延壽)가 영천(潁川) 태수(太守)에 임명되어 "문학(文學),[10] 제생(諸生)들이 피변[皮弁: 흰 사슴 가죽으로 만든 고대의 관(冠)]을 쓰고 손에 제기(祭器)를 들어 제사를 집행하도록 명하고, 관리와 백성을 위해 관혼상제(冠婚喪祭)를 주관하였"[11]고, 동군(東郡) 태수(太守)로 전임되었을 때는, "학교를 정비하여 봄·가을로 향사례(鄕射禮)[12]를 거행하도록 하였다. 향사례를 거행할 때는 종고(鐘鼓)와 관현(管絃) 등 악기를 진열하고 사람이 경기장에 오르고 내릴 때 서로 읍하고 사양"[13]하였다. 두 군(郡)에 모두 학교가 있었으니, 학교가 이미 널리 보급되었다는 것을 알 수 있다. 전한(前漢) 원시(元始) 3년 (서기 3년)에는 천하의 군국(郡國)과 현읍(縣邑), 향취(鄕聚)에 전부 학교를 설립해야 한다고 명령하였는데, 학교가 있으면 제사를 지내야 했다. 탁고개제(托古改制: 옛것에 의탁하여 제도를 고친다)에 심혈을 기울인 왕망(王莽)은 틀림없이 각급 학교가 제사활동을 거행하도록 했을 것이다. 학교에서 봉사했던 인물에 관하여, 역사서에는 기록이 빠져 있다. 요새 사람 대부분은 그 당시 주공(周公)을 선성(先聖)으로 주요 제사 대상으로 삼아 제사하고 공자는 선사(先師)로 삼아 배향했으리라 생각하는데, 이 생각의 근거는 왕망이 당시에 자신을 주공(周公)에 비유했다

---

8) (옮긴이) 오경박사(五經博士)는 관직 이름인데 『역경』, 『시경』, 『서경』, 『예기』, 『춘추』의 오경에 능통한 사람에게 주던 칭호이다.

9) 『漢書·列傳第五十九·循吏·文翁』(文淵閣四庫全書 電子版 참고). "令天下郡國皆立學校官."

10) (옮긴이) 문학(文學)은 주(州)나 군(郡)의 관리였다. 한(漢)나라 때 군국에 문학연사(文學掾史)를 설치하여 '문학(文學)'이라는 약칭으로 부르기도 하였다. 문학(文學)은 군국 학관(學館)을 주관하고 유생들을 가르치는 교화의 일을 담당하였다.

11) 『漢書·列傳第四十六·韓延壽』(文淵閣四庫全書 電子版 참고). "令文學校官諸生皮弁, 執俎豆, 爲吏民行喪嫁娶禮."

12) (옮긴이) 향사례(鄕射禮)는 향학(鄕學)에서 3년의 수업을 마친 자 중에서 현자(賢者)·능자(能者)를 임금에게 추천할 때 그 선택을 위해 행하는 활 쏘는 의식이다.

13) 『漢書·列傳第四十六·韓延壽』. "修治學官, 春秋鄕社, 陳鐘鼓管絃, 盛昇降揖讓."

는 데 있다. 그러나 필자는 당시 학교에서 봉사한 대상은 주공이 아닌 공자였을 것이라고 생각한다.[14] 후한(後漢) 시기 명제(明帝) 영평(永平) 2년(59)에 이르러, 각급 학교는 모두 주공과 공자를 제사 지내어, "명제 영평 2년 3월에 황제는 여러 신하들을 이끌고 벽옹(辟雍)[15]에서 삼로오경(三老五更)[16]을 봉양하는 양로례(養老禮)를 행하고 대사례(大射禮)를 거행하였다. 군·현·도에서는 향음주례(鄕飮酒禮)를 거행하였는데, 모두 선성(先聖)인 주공(周公), 선사(先師)인 공자를 제사 지내며 개를 제물로 삼았다".[17] 학교는 주공을 선성(先聖)으로 삼고 공자를 선사(先師)로 삼았으니, 이때부터 공자는 전국의 각급 학교 안에서 봉사되기 시작했다. 광화(光和) 원년(178)에 국가는 문학예술만을 전문적으로 가르치는 학교인 홍도문학(鴻都門學)을 새롭게 세웠다. 학교 안에 그려진 공자와 공자의 제자 72명의 초상은 제사에 사용되지는 않았지만, 배우는 자들을 격려하기 위한 것으로 교화(敎化)라는 목적은 동일하였다. 후한(後漢) 시기에, 군현(郡縣)에는 이미 학교가 곳곳마다 세워졌는데 "온 천지에 학교가 숲처럼 빽빽했고, 학교는 학생들로 가득 찼다. 이들은 서로 빈번하게 묻고 답했고, 예기(禮器)가 무수히 많았으며, 아래에서는 춤을 추고 위에서는 노래하였으니, 모두 황제의 인덕(仁德)을 노래하고 찬양하고 있었다"[18]라는 기록에서 이를 확인할 수 있다.

한 고조 유방은 최초로 궐리(闕里)의 공자문묘에서 공자의 제사를 지냈는데, 그는 유일하게 전한(前漢) 시대에 궐리의 공자문묘에 가서 제사를 지낸 황제이다. 후한(後漢) 시대에 이르러서는 궐리의 공자문묘에 가서 공자에게 제사 지낸 황제가 많아지기 시작했다. 건무(建武) 5년(29)에 광무제(光武帝) 유수(劉秀)는 동헌(董憲)을 토벌하고 수도로 돌아갈 당시 노(魯)나라를 통과했는데, 대사공(大司空) 송홍(宋弘)을 궐리의 공자문묘에 보내어 태뢰(太牢)를 차려 공자에게 제사 지냈다. 영평(永平) 15년(72)에는 명제(明帝)가 몸소 노나라 궐리의 공자문묘를 찾아가 제

---

14) 이 책의 제2편 제4장 '1. 봉사(奉祀) 인물'의 '1) 주사(主祀)'에 상세히 보인다.

15) (옮긴이) 벽옹(辟雍)은 중국 주(周)나라 때 천자(天子)가 나라에 설치한 대학(大學)의 이름이다. 동쪽을 동서(東序), 남쪽을 성균(成均), 서쪽을 고종(瞽宗), 북쪽을 상상(上庠)이라 하며, 주위는 둥글며 물로 둘러싸여 있다. 한(漢)나라 때도 이 명칭을 그대로 사용하였다.

16) (옮긴이) 삼로(三老)와 오경(五更)은 관리가 아니지만 덕행이 있고 사람들 중에서 위엄이 있는 노인을 가리킨다. 국로(國老)에 해당하는 사람이므로 황제가 천하 사람들에게 효제를 보여주기 위하여 그 분들에게 부형처럼 예의를 갖추었다. 양로례(養老禮)는 나이와 덕이 있는 노인들을 숭상한다는 의미에서 삼로오경(三老五更)을 대우하고 잔치를 베푸는 의식을 가리킨다.

17) 『後漢書·志第四·禮儀上』(文淵閣四庫全書 電子版 참고). "明帝永平二年三月, 上始帥群臣躬養三老五更於辟雍, 行大射之禮, 郡縣道行鄕飮酒禮於學校; 皆祀聖師周公, 孔子, 牲以犬."

18) 『後漢書·列傳第三十下·班固』(文淵閣四庫全書 電子版 참고). "是以四海之內學校如林, 庠序盈門, 獻酬交錯, 俎豆莘莘, 下舞上歌, 蹈德詠仁."

1-2-4 시례당(詩禮堂). 공자 고택의 옛터에 위치한다.

사를 올렸다. "공자의 고택에 친히 왕림하여 공자와 72제자를 제사 지냈다. 황제는 친히 강당 위로 올라가 황태자와 여러 왕들에게 경전을 해설하도록 명하였고(幸孔子宅, 祠仲尼及七十二弟子, 親御講堂, 命皇太子諸王說經)", "황제가 묘당에 올라서 있고, 군신(群臣)들은 안뜰에서 북면한 상태로 모두 재배(再拜)하였다. 황제는 술을 올린 후 자리에 앉았다."[19] 원화(元和) 2년(85)에는 장제(章帝)가 동쪽을 순찰하며 노나라를 지날 때, "궐리에 친히 왕림하여 태뢰(太牢)를 차리고 공자와 72제자를 제사하고, 육대지악(六代之樂)[20]을 연주하고 20세 이상의 공씨 남자 63명을 대규모로 접견하고, 유자(儒者)에게 강론하게 하였다(幸闕里, 以太牢祠孔子及七十二弟子, 作六代之樂, 大會孔氏男子二十以上者六十三人, 命儒者講論)"라고 기록되어 있다. 장제(章帝)는 자신의 행동을 대단히 만족스러워하며 공자의 19대손인 공희(孔僖, ?~86)에게 묻기를, "오늘의 모임은 그대의 종족에게 영광스럽겠지?(今日之會, 寧於卿宗有光榮乎?)"라고 하니, 공희가 대답하기를 "신이 듣건대, 성명(聖明)하신 천자(天子)는 모두 스승을 존경하고, 학술을 추앙한다고 합니다. 지금 폐하(陛下)께서는 천자의 몸을 굽히시어 누추한 저희 마을까지 친히 납시었습니다. 이는 예의를 숭상하고 선사(先師)를 존경하는 것이니, 폐하의 성덕(聖德)을 더욱 영광스럽게 할 것입니

---

19) 『後漢書·帝紀第二·明帝』(文淵閣四庫全書 電子版 참고). "帝時昇廟立, 群臣中庭北面, 皆再拜, 帝進爵而後坐."
20) (옮긴이) 육대지악(六代之樂)은 역대 왕조에서 전해 내려온 여섯 종류 대형 악무(樂舞)로서 주로 제왕(帝王)을 찬송하는 대표적인 궁정(宮庭) 악무다. 즉, 황제(黃帝)의 '운문(云門)'과 요(堯)의 '함지(咸池)', 순(舜)의 '대소(大韶)', 우(禹)의 '대하(大夏)', 상탕(商湯)의 '대호(大濩)', 주(周)의 '대무(大武)'가 그것들이다.

다. 저의 종족(宗族)에게 영광이라 하신 데 대해서는 제가 감히 받을 수 있는 것이 아닙니다"21)라고 하였다. 공희는 황제가 공자에게 제사한 본뜻이 자신의 면목을 세우기 위한 것임을 지적하니, 장제(章帝)는 어쩔 수 없이 "성인의 자손이 아니라면 어찌 저렇게 말할 수 있겠는가"22)라고 찬탄한 것이다. 연광(延光) 3년(124) 3월, 안제(安帝)는 노나라에 이르러 "무술(戊戌) 일에 공자와 그의 72제자를 궐리에서 제사하였다. 노나라로부터 상(相), 령(令), 승(丞), 위(尉), 그리고 공씨 친족, 부녀자, 여러 유생들이 모두 모여드니, 포성후(襃成侯) 이하의 사람들에게 비단을 차등적으로 하사"하였다.23)

국가가 유가 사상을 추숭하자 공자의 지위 또한 그에 발맞추어 높아졌다. 원시(元始) 원년(서기 1년)에 평제(平帝)는 공자를 추서하여 포성(襃成) 선니공(宣尼公)으로 봉하였으니, 이것이 공자의 첫 번째 봉호(封號)이다.

유가 사상을 널리 시행하고 공자를 존숭하는 동시에, 한(漢) 왕조의 황제들은 또한 공자의 후예에게 작위를 내리고, 공자를 위해 영원히 세습(世襲)되는 주사인(主祀人)을 설치했다. 공씨의 지지(志誌)와 가보(家譜)는 기록하기를, 한(漢) 고조(高祖) 유방(劉邦)이 친히 궐리(闕里)의 공자문묘에서 제사 지내는 동시에, 또한 공자의 9대손인 공등(孔騰)을 봉사군(奉祀君)으로 봉하여 공자의 제사를 주관하게 하고, 공자 묘림(廟林)을 유지하고 정돈하게 하였다. 그리고 공등(孔騰)이 공부(孔鮒)의 동생이라는 점도 기록하였다. 하지만 『사기(史記)』나 『한서(漢書)』 등과 같이, 이른 시기에 저술된 역사서에는 이러한 일들이 하나도 기재되어 있지 않다. 『사기·공자세가(史記·孔子世家)』에서 말하길, "공부(孔鮒)의 아우 자양(子襄)은 57세까지 살았다. 일찍이 효혜(孝惠) 황제의 박사(博士)를 지냈고, 장사(長沙) 태수(太守)를 역임하였다. 키는 9척 6촌(鮒弟子襄, 年五十七. 嘗爲孝惠皇帝博士, 遷爲長沙太守, 長九尺六寸)"이었다고 하였는데, 만약 공부(孔鮒)의 동생에게 한(漢) 고조(高祖)가 내린 봉호가 있었다고 한다면, 사마천(司馬遷)이 이를 기록하지 않기란 불가능하다. 『한서(漢書)·공광전(孔光傳)』은 공자의 역대 자손들을 매우 상세하게 기록했는데, "공부(孔鮒)의 아우 자양(子襄)은 효혜(孝惠) 황제의 박사, 장사 태수를 지냈다(鮒弟子襄, 爲孝惠博士, 長沙太守)"라고 하였으니, 또한 한 고조가 봉호(封號)를 내린 내용이 아니다. 그러므로 『진서(晉書)·예지(禮志)』에서 말하길, "공자는 큰 성인이었지만 신하로서 생을 마감하여 봉

---

21) 『後漢書·列傳第六十九上·儒林上·孔僖』(文淵閣四庫全書 電子版 참고). "臣聞明王聖主莫不尊師貴道, 今陛下親屈萬乘, 辱臨敝里, 此乃崇禮先師, 增輝聖德. 至於光榮, 非所敢承."

22) 『後漢書·列傳第六十九上·儒林上·孔僖』. "非聖者子孫, 焉有斯言乎?."

23) 『漢書·帝紀第五·安帝』(文淵閣四庫全書 電子版 참고). "戊辰, 祀孔子及七十二弟子於闕里, 自魯相, 令, 丞, 尉及孔氏親屬, 婦女諸生悉會, 賜襃成侯以下帛各有差."

1-2-5 사신비(史晨碑).
후한(後漢) 건녕(建寧) 2년(169)에 세웠다. 사신 (史晨)이 노나라 재상으로 임명된 후에 공자문 묘를 배알하고 조정에 상서하여 제사 비용과 건물 수선비를 신청한 일을 기념하는 비석.

작(封爵)이 없었다. 한원제(漢元帝) 시기에 이르러 공패(孔霸)가 황제의 스승이었기 때문에, 황제는 그에게 작위를 내리고 포성군(褒成君)에 봉하였으며, 공자의 후손으로 대우해주었다"[24]라고 하였으니, 공자의 후손이 봉호와 작위를 받은 시점은 한원제(漢元帝) 시기까지 내려 잡아야 할 것이다. 이로부터 우리는 한 고조가 최초로 공등(孔騰)에게 공자를 봉사하는 작위를 내렸다는 것은 허구임을 알 수 있다.

공자의 후예에게 작위를 내리는 것은 사실상 공자의 13대 자손인 공패(孔霸)로부터 비롯된 것이다. 공패(孔霸)는 가학(家學)을 지키고 『상서(尙書)』를 연구하여 일찍이 태자(太子)에게 경서를 전수해주고 나중에 고밀(高密)의 상(相)을 맡았다. 이 태자(太子)가 바로 훗날의 한(漢)문제(文帝)였다. "원제(元帝)는 즉위하자 공패(孔霸)를 불러들여 황제의 스승으로 삼았다. 그에게 작위를 내려 관내후(關內侯)로 삼고 식읍(食邑) 800호를 봉하였으며, 포성군(褒成君)이란 호를 내렸다. 급사중(給事中)[25]에 임명되었을 때 별도로 황금 200근과 주택 하나를 하사하고 호 적(戶籍)을 장안으로 옮기게 하였다."[26] 원제(元帝)는 몇 차례나 공패(孔霸)에게 벼슬을 내려 재

24) 『晉書·志·禮(上)』(文淵閣四庫全書 電子版 참고). "孔子以大聖而終於陪臣, 未有封爵, 至漢元帝孔霸以帝師賜爵, 號褒成君, 奉孔子後."

25) (옮긴이) 급사중(給事中)은 진(晉)나라 때 설치한 官名인데 한(漢)나라 때까지 그대로 사용되었다. '급사중'은 다른 관직에 부가된 호칭인데 예를 들어 장군 급사중, 열후 급사중, 구경 급사중 등이 그것이다. '급사중'이란 칭호를 부가하게 되면 궁을 자유롭게 드나들며 황제 옆에서 시중을 들 수 있었다.

26) 『漢書·列傳第五十一·孔光』(文淵閣四庫全書 電子版 참고). "元帝卽位, 征霸以師, 賜爵關內侯, 食邑八百戶, 號

상(宰相)으로 삼고자 하였다. 그러나 공패(孔霸)는 이를 고사하며 벼슬길에 나아가지 않는 대신, 황제에게 글을 올려 공자에게 봉사하기를 요청하였다. 원제(元帝)는 그의 요청을 받아들여 "스승인 포성군(襃成君)이자 관내후(關內侯)인 공패(孔霸)에게 명을 내려 식읍(食邑) 800호로써 공자를 봉사하도록 하였고(其令師襃成君, 關內侯霸以所食邑八百戶祀孔子)", 그의 후손들이 이를 세습하여 공자를 계속 봉사하게 하였다. 원시(元始) 원년(元年)(서기 1년) 평제(平帝)는 공패(孔霸)의 증손자 공낭(孔莽)을 추가로 봉하여 포성후(襃成侯)로 삼았다. 작위는 19급인 관내후(關內侯)에서 최고 1급인 통후(通侯)로 올라갔기 때문에, 아울러 식읍 2000호를 내렸다.

『문헌통고(文獻通考)』에는 영원(永元) 4년(92년)에 공자의 후예들이 포존후(襃尊侯)에 대대로 봉해졌다고 기록되어 있고, 『후한서·공희전(後漢書·孔僖傳)』에는 "영원(永元) 4년에는 봉호(封號)를 바꿔 포정후(襃亭侯)로 봉했다(永元四年徙封襃亭侯)"라고 기록되어 있다. 공씨 가보와 지지(地誌)에도 영원(永元) 4년에 포정후로 다시 봉해졌다고 기록되어 있는데, 사실상 이런 기록들은 모두 잘못된 것이다. 영흥(永興) 원년(153년)의 『을영비(乙瑛碑)』에는 "포성후(襃成侯)가 철마다 와서 제사한다(襃成侯四時來祠)"라는 기록이 있고, 영수(永壽) 2년(156년)의 『예기비(禮器碑)』에도 "포성후인 노나라 공건수(孔建壽)가 1000개의 동전을 기부한다(襃成侯魯孔建壽千)"라는 제명(題名)이 있다. 정후(亭侯)는 한(漢)나라 열후(列侯)의 일종으로, 『후한서(後漢書)·백관지(百官志)』에서 "열후는 …… 이로써 공로를 세운 자에게 상을 내리는데, 공로가 큰 자는 현(縣)을 식읍으로 주고 공로가 작은 자는 향(鄕)이나 정(亭)을 식읍으로 준다(列侯…… 以賞有功, 功大者食縣, 功小者食鄕, 亭)"라고 씌어 있다. 후한(後漢) 시대에 향후(鄕侯)와 정후(亭侯)는 대단히 많았지만, 대부분은 지명으로 이름을 지었다. 익양정후(益陽亭侯), 안락정후(安樂亭侯), 노정후(盧亭侯), 기향후(祈鄕侯) 등이 그러한 사례이다. 영원(永元) 4년, 포성후의 식읍(食邑)은 2000호에서 1000호로 삭감되었는데, 정후(亭侯)가 되었을 가능성이 있다. 정후는 등급일 뿐이므로 봉호를 포정후(襃亭侯)로 고치는 것은 불가능하다. 공자의 후손이 포성후(襃成侯)로 봉해져 봉사하는 이유는 공자의 봉호가 포성선니공(襃成宣尼公)이었기 때문이다. 봉호는 어떤 의미가 있는데, '성(成)'은 시호(諡號)이다. 『시법(諡法)』에는 "백성을 안정시키고 정치를 확립하는 것을 일러 성(成)이라 한다(安民立政曰成)"라고 하였으니, 백성이 안정되고 정사가 확립되도록 할 때, 비로소 '성'이라는 시호를 내릴 수 있었다. 공자를 추서하여 포성선니공(襃成宣尼公)으로 봉한 것은, 바로 공자 사상의 '백성을 평안하게 하고 정치를 세우는(安民立政)' 기능이 통치자의 마음에 들었기 때문이다. 그리하여 공자 후예의 봉호는 공자 봉호의 일부분을 취한 것이다. 정후(亭侯)는 단지

襃成君, 給事中, 加賜黃金二百斤, 第一區, 徙名數於長安."

1-2-6 을영비(乙瑛碑)의 일부분. 공자문묘를 최초로 기록한 비석이다. "포성후(褒成侯)가 철마다 와서 제사한다(褒成侯四時來祠)"라는 기록은 "포존후(褒尊侯), 포정후(褒亭侯)"가 틀린 봉호임을 족히 증명한다.

후(侯)의 급별을 말해준다. 따라서 '포(褒)'만을 사용하여 후(侯) 이름을 짓는 것은 불가능하다.

한(漢)나라 때부터 공자의 후예는 은상(殷商)의 후예로서 별도의 작위를 보유했다. 수화(綏和) 원년(B.C. 8) 2월에, 공자 14대 자손인 공길(孔吉)이 은소가후(殷紹嘉侯)에 봉해졌다. 상탕(商湯)의 제사를 봉사하도록 하며 식읍은 1670호였다. 3월에 공작(公爵)으로 승진되었으며 식읍은 100리였다. 건평(建平) 2년(기원전 5년)에는 932호를 다시 봉하였다. 원시(元始) 4년(서기 4년)에는 송공(宋公)으로 바꾸어 봉하니 자손이 이를 세습하도록 하였다. 조위(曹魏) 초기에는 작위를 후(侯)로 강등시켰으며, 서진(西晉) 초기에는 봉토(封土)를 빼앗고, 송후(宋侯)인 공소(孔紹)의 자식 가운데 한 사람에게 부마도위(駙馬都尉)를 내렸다. 공씨 가보의 기록에 의거하면 공길(孔吉)은 공부(孔鮒)의 후손으로, 엄격한 종법 제도에 따르면 그의 지파(支派)가 비로소 공자의 적장손(嫡長孫)이라 할 수 있다.

비록 전한(前漢) 말기부터 국가는 태학을 설립하고 공자를 제사 지냈지만, 봉사하는 묘우는 세우지 않았다. 『삼황보도(三黃輔圖)』에는 장안(長安)의 태학에 대해 이렇게 기록하였다. "왕망(王莽)이 재형(宰衡)이 되어…… 성안 서쪽에 국학을 세웠다. 남쪽으로는 박사관(博士館)이 있고, 사문(寺門)은 북쪽으로 뻗어 있다. 정중앙(正中央)에는 사궁[射宮: 천자가 대사례(大射禮)를 거행하는 곳이자 유생들이 시험을 보는 곳]이 있고, 문은 서쪽으로 뻗어 있다. 전당(殿堂)은 남쪽으로 향하는데 담이 있어, 선발된 선비들이 그 안에서 자유롭게 활쏘기를 연마한다. 국학 밖에는 박사사(博士舍: 박사가 사는 집) 30채가 있어, 그것을 둘러싸고 있다. 동쪽에는 상만창(常滿倉: 곡식 창고)이 있고 북쪽에는 회시(會市: 시장)가 있는데, 다만 괴나무 수백 그루만이 나란히 심어져 있고 다른 건물은 없다. 제생(諸生)들은 삭망(朔望: 음력 초하루와 보름날)에 이 시(市)에 모여, 각자 군에서 물품이나 경서(經書), 전기(傳記), 생경(笙磬) 등을 가져와 서로 사고팔았다. 편안히 읍양(揖讓)하기도 하고 혹은 괴나무 아래에서 토론하기도 하였다. 그 동쪽으로는 태학관이 있는데 사문(寺門)은 남쪽으로 뻗어 있다. 국학에 령(令), 승(丞), 리(吏) 등을 배치하여, 범죄를 저지른 사람을 벌하고, 민사 소송을 처리했다. 오경박사(五經博士)는 제자원(弟子員) 360명, 육경박사(六經博士)[27] 30명, 제자 1만 800명, 그리고 주사(主事), 고제(高弟), 시강(侍講)[28] 각 24명이 설치되어 있었다. 학사(學士: 태학에서 학습하는 유생)들은 함께 기숙하였고 길은 멀고 가까움에 상관없이 모두 처마 밑으로 나 있기 때문에 비가 와도 발이 젖지 않았고, 여름에도 정수리가 뜨겁지 않았다."[29]

기록은 상세하다 할 수 있다. 박사관(博士館), 박사사(博士舍), 사궁(射宮), 회시(會市), 태학관(太學館), 상만창(常滿倉)이 있었지만, '묘(廟)'자 모양의 글씨는 전혀 없다. 이로 보아 태학에는 오로지 봉사만을 위한 건물은 없었다는 사실을 알 수 있다.

후한(後漢) 시기 낙양(洛陽)의 개양문(開陽問) 밖에 태학이 새롭게 세워졌다. "광무제(光武帝) 초흥(初興) 시기에 학교의 황폐함을 걱정하여, 태학 박사사(博士舍)와 내외 강당을 지어 제생(諸生)들이 그곳을 누비니, 나라 안에서 모여드는 곳이 되었다(光武初興, 愍其荒廢, 起太學博士舍, 內外講堂, 諸生橫巷, 爲海內所集)." 이것은 역시 전한(前漢) 시대의 태학을 모방한 것으로, 오로지 봉사만을 위한 건축물은 없었던 것으로 보인다. 광무제(光武帝)는 중원(中元) 원년(56)에 벽옹(辟雍)을 세웠지만, 아직 준공식(竣工式)을 치르기 전에 세상을 떠났다. 왕위를 계승한 명제(明帝)는 영평(永平) 2년(59)에 "여러 신하들을 이끌고 벽옹에서 삼로오경(三老五更)을 봉양하는 양로례(養老禮)를 행하고 대사례(大射禮)를 거행하였다. 군(郡), 현(縣), 도(道)에서는 향음주례(鄕飮酒禮)를 거행하였는데, 모두 선성(先聖)인 주공(周公), 선사(先師)인 공자에게 제사 지내며 개를 제물로 삼았다".[30] 벽옹(辟雍)과 지방학교에서 선성(先聖)인 주공(周公)과 선사(先師)인 공자

---

27) (옮긴이) 오경(五經)에 『악(樂)』을 덧붙여 육경(六經)으로 삼은 것이다.

28) (옮긴이) 주사(主事)는 벼슬이 낮은 관리를 점잖게 대접하여 이르는 말이고 고제(高弟)는 관리를 선발하는 시험에서 성적이 우수한 자를 칭하는 말로서 상제(上弟)라고도 부른다. 시강(侍講)은 황제나 태자 앞에서 경서를 강의하는 사람을 가리킨다.

29) "王莽爲宰衡…… 起國學於郭內之西. 南爲博士之宮(官), 寺門北出. 王(正)於其中央爲射宮, 門西出. 殿堂南向, 爲墻, 選士肆(肄)射於此中. 此之外, 爲博士舍三十區, 周環之; 此之東, 爲常滿倉; [此]之北, 爲會市, 但列槐樹數百行爲隊, 無墻屋, 諸生朔望會此市, 各執其郡所出貨物及經書, 傳記, 笙磬樂[器]相與賣買, 邑邑揖讓, 或議論槐下. 其東爲太學宮(官), 寺門南出, 置令, 丞, 吏, 詰奸究(宄), 理辭(詞)訟. 五[經]博士領弟子員三百六十, 六經三十博士, 弟子萬八百人, 主事, 高弟, 侍講各二十四人. 學士司(同)會, 行無遠近, 皆隨檐, 雨不溼足, 署不暴首."
괄호 안의 글자는 심흠한(沈欽漢) 씨가 『태평어람(太平御覽)』에 근거하여 인용한 『삼황보도(三黃輔圖)』를 따라 고치고 보충한 것이다. 왕선겸(王先謙)의 한서보주(漢書補注)를 참고하라.

를 제사 지냈으니, 이것이 국가가 공자에게 제사 지낸 최초의 기록이다.

상(商)나라 때에는 명당(明堂), 벽옹(辟雍), 태학(太學), 태묘(太廟)가 따로 없었기 때문에 제사 지내고, 교육하며, 잔치를 베풀며 활을 쏘는 것 모두 한 곳에서 진행되었다. 주(周)나라 초기에 벽옹(辟雍)은 서교(西郊)에 설립되어 있었고, 무왕(武王) 이후에는 태학을 왕궁의 왼편으로 옮기면서, 벽옹(辟雍)과 태학은 분리되어 두 곳이 되었다. 한(漢)나라 명제(明帝) 이후에는 주(周)나라 때의 제도를 채택하여 벽옹과 태학을 나누어 설립하였다. 벽옹에서는 석전(釋奠)과 향사(鄕射), 양로례(養老禮)를 거행하고 태학에서는 시학례(視學禮)[31]를 거행하였다. 한(漢)나라 때의 벽옹에는 예전(禮殿)이 있었는데, 한(漢) 명제(明帝)가 양로례를 거행할 때 "수레를 타고 먼저 벽옹의 예전에 도착"[32]하여 예전에서 거행했다. 이것으로 추측해보면 석전례와 향사례도 벽옹의 예전에서 거행되었을 것이다.

아직 벽옹을 세우기 이전, 태학에는 오로지 제사만을 위한 건축물이 없었다. 그렇다면 제사는 어디에서 진행했을까?

태학에서 제사한 횟수는 많지 않다. 진(晉)나라 때에 "축대를 쌓아 청소하며 전(殿)으로 삼고, 장막(帳幕)을 쳐서 궁(宮)으로 삼았던(掃壇爲殿, 懸幕爲宮)" 것처럼, 제사 지낼 때에는 임시로 제단(祭壇)을 설치했을 가능성이 매우 크다.[33]

한(漢)나라 때 공자를 제사하는 묘우 중 가장 중요한 곳은 공자 옛집의 공자문묘였다. 공자는 문화적 명사(名士)로서 그의 옛집은 묘우로 개조되어 한(漢)나라 때에 가장 중시되었다. 전한(前漢)시기에는 "제후(諸侯), 경대부(卿大夫), 재상(宰相)이 부임하면 항상 먼저 공자문묘에 가서 참배한 연후에 정사에 임하였으니(諸侯卿相至, 常先謁而後從政)", 노(魯)나라에 이르면 임명된 상국(相國)들은 항상 공자문묘를 가장 먼저 배알한 뒤에 비로소 임지(任地)로 가서 정무를 처리했다. 공패(孔霸)가 봉사하기 전에 제사, 수리비용은 공자의 후손들이 스스로 해결했다. 공패(孔霸)가 봉사한 뒤로는 식읍(食邑)은 자연히 제사나 수리 비용을 충당(充當)하게 되었다. 따라서 공패(孔霸)가 허가를 받아 자신의 식읍으로 봉사한 뒤로부터, 궐리(闕里)의 공자문묘는 국가가 봉사하는 묘우가 되었음을 알 수 있다. 후한(後漢) 영흥(永興) 원년(153)에 국가는 공자문묘를 위해 관리관원을 설치하고, 제사 전용 경비를 지급했다. 노상(魯相)인 을영(乙瑛)이 조정(朝

---

30) 『後漢書·志第四·禮儀上』(文淵閣四庫全書 電子版 참고). "始率群臣躬養三老, 五更於辟雍, 行大射之禮; 郡, 縣, 道行鄉飲酒於學校; 皆禮聖師周公, 孔子, 牲以犬."
31) (옮긴이) 황제가 몸소 태학에 와서 순찰하는 의식을 시학례(視學禮)라고 한다.
32) 『文獻通考·幸學養老』(馬端臨著). "乘輿先到辟雍禮殿."
33) 제3장에 상세히 보인다.

廷)에 글을 올려 말하길, "포성후(褒成侯)는 철마다 공자문묘에 와서 제사를 지내고, 일을 마치면 곧바로 떠납니다. 문묘에 예기(禮器)는 있었지만, 항상 문묘를 관장하는 사람이 없습니다. 그러므로 요청합니다. 백석(百石)의 소리(小吏: 하급 관리)와 졸사卒史: 관청의 속리(屬吏)인데 등급이 낮다I 한 사람씩을 배치하여 문묘를 담당하여 지키게 하고 봄·가을의 향례(鄕禮: 손님에게 잔치를 베풀어 대접하는 의식) 경비는 왕가(王家)의 재산에서 부담하여, 견주(犬酒: 고기와 술)의 값을 지급하게 해주십시오"[34]라고 하였다. 조정(朝廷)은 을영(乙瑛)의 요청을 수락하고, 공자문묘를 위해 봉록(俸祿)이 100석인 수호(守護), 소리(小吏)와 졸사(卒史)를 배치하여 공자문묘를 정식으로 국가의 관리(管理) 아래 두었다.

1-2-7 예기비(禮器碑) 일부분. 후한(後漢) 영수(永壽)2년(156년)에 세워진 것으로 노나라 재상인 한칙(韓勅)이 곡부 공자문묘를 수리하고 제기(祭器)를 만든 일을 기록한 비석.

궐리(闕里)의 공자 고택에 있는 공자문묘 외에도, 한(漢)나라 때에는 지방에도 공자문묘가 출현했다. 기록을 살펴보면, 가장 이른 시기의 공자기념묘우는 노자(老子) 고향에 있는 노자묘(老子廟)의 동쪽에 등장했다I지금의 하남성(河南省) 녹읍현(鹿邑縣)]. 『수경주(水經注)·음구수(陰溝水)』에서 말하길, "과수(渦水)는 북쪽으로 흐르고 노자묘의 동쪽을 경유한다. 노자묘 앞에는 비석 두 개가 있는데, 이는 남문 밖에 세워져 있다. 한환제(漢桓帝)는 중관(中官) 관패(管霸)을 파견하여 노자를 제사 지내고, 진상(陳相)인 변소(邊詔)에게 명을 내려 글을 짓게 했다. 비석 북쪽에는 한 쌍의 석궐(石闕)이 있는데, 매우 잘 정돈되어 있다. 석궐 남측은 위문제(魏文帝)가 황초(黃初) 3년에 초현(譙縣)을 지나면서 강제로 탈취(奪取)한 곳이다. 궐(闕) 북동쪽에는 공자문묘가 있다. 문묘 앞의 비석 하나가 서쪽을 향해 있는데, 이는 진(陳)나라 재상(宰相)을

<hr>

34) 을영비(乙瑛碑)의 비문(碑文)을 인용하였다. "褒成侯四時來祠, 事已卽去, 廟有禮器, 無常人掌領. 請置百石卒吏一人, 典主守廟, 春秋鄕禮, 財出王家錢, 給犬酒直." 을영비(乙瑛碑)는 현 곡부 공자문묘에 보존되어 있다.

지낸 노나라 사람인 공주(孔疇)가 건화(建和) 3년에 세운 것"35)이라 하였으니, 노자 고향의 노자묘 곁에 자리 잡은 공자문묘는 최초의 건축 시기가 불분명하고 건축자도 기재되어 있지 않다. 진상(陳相)인 공주(孔疇)가 비석을 세운 것으로 보아, 이 문묘는 공자 17대 자손인 공주(孔疇)가 건화(建和) 3년(149)에 건축한 것일 가능성이 매우 크다. 그것은 우리가 곡부의 공자문묘를 제외하고, 현재 알 수 있는 한 가장 이른 시기에 만들어진 공자문묘이다.

한(漢)나라 때에는 공자문묘가 단지 공자 옛집과 하남성 진주(陳州)의 노자묘 곁에 두 곳만 있었지만, 국가에서 공자 사상을 국가의 지도적인 사상으로 확립한 후로부터 전국의 각급 학교에서 공자의 제사는 두루 거행되었다. 이는 훗날 공자문묘가 번영할 수 있는 견고한 토대가 되었다.

송(宋)나라 때 왕응린(王應麟)이 『옥해(玉海)』에서 말하길, "한(漢)나라 초의 군국에는 종종 부자묘(夫子廟)는 있었지만 학관(學官)은 없었다. 또한 박사들에게 제자원(弟子員)을 선발해주지 않았으니, 그 학사들이 시험을 치거나 봉사(奉祀)했는지의 여부는 기록을 확인할 수 없다. 그러나 여러 유생들이 명경(明經)을 그 향(鄕)에서 가르치니, 따르는 자가 수백 명이었다. 이들은 항상 해당 경전의 학파로 호칭되었다. 제(齊), 노(魯), 연(燕), 조(趙)나라 사이에서, 『시경』, 『서경』, 『예기』, 『역경』, 『춘추』, 『논어』의 학파명이 대단히 번성했으니, 지금의 서원이 그것과 비슷할 것"36)이라고 하였는데, 그 근거가 어디에 있는지 모르겠다. 필자는 관련된 사적을 두루 조사했지만, 지금까지 한(漢)나라 군국의 부자묘(夫子廟)에 관한 기록은 보지 못했다. 전한(前漢)의 문옹(文翁)이 촉(蜀) 땅에서 세운 학교에 관한 기록이 가장 많이 남아 있기에 그 기록들을 모두 뒤져 보아도 공자문묘에 관한 자료가 안 보인다. 『한서(漢書)·문옹전(文翁傳)』에서 기록하기를, "성도(成都) 지역에 학교를 세우고, 성도 이외의 각 현의 젊은 자제들을 불러들여 학생으로 삼아 그들의 세금과 부역을 면제해주었다. 학업 성적이 좋은 자는 현의 관리로 보충하고, 성적이 약간 낮은 자들은 효제(孝悌)나 역전(力田)37)이라는 향관(鄕官)의 직무를 담당케 하니"38) "이로부터 교화가 성행하여 촉군(蜀郡)의 풍조가 변화하였다. 수도에서 학습하

---

35) 『수경주(水經注)·음구수(陰溝水)』. "渦水又北逕老子廟東. 廟前有二碑, 在南門外, 漢桓帝遣中官管覇祠老子, 命陳相邊韶撰文. 碑北有雙石闕, 甚整頓. 石闕南側, 魏文帝黃初三年經譙所勒. 闕北側有孔子廟, 廟前有一碑, 西面, 陳相魯國孔疇建和三年立."

36) 『玉海·宮室·院上』([宋] 王應麟). "漢初郡國往往有夫子廟而無校官, 且不置博士弟子員, 其學士嘗課試, 供養與否, 闕不見傳記. 然諸儒以明經敎於其鄕, 率從之者數百人, 輒以名其家, 齊魯燕趙之間詩, 書, 禮, 藝, 春秋, 論語家名甚盛, 則今書院近之矣."

37) (옮긴이) 효제(孝悌)와 역전(力田)은 한(漢)나라 시대의 관명(官名)이다. 효제는 부모에게 효도하고 형제간에 우애하는 도리를 백성에게 가르치고, 역전은 백성들에게 농사짓는 방법을 가르치는 향관이다.

38) 『한서(漢書)·문옹전(文翁傳)』(文淵閣四庫全書 電子版 참고). "修起學官於成都市中, 招下縣子弟以爲學官弟

는 촉군(蜀郡) 사람들 대부분은 제(齊)나라나 노(魯)나라 등 지역들과 서로 견줄 만큼 교양이 높아졌다. 무제(武帝) 시기에 이르러, 황제는 명을 내려 군국에 학교와 관련된 관리 관원을 두니, 이 제도는 문옹(文翁)에게서 처음 비롯된 것"39)이라고 하였다.

문옹은 "어릴 때 학문을 좋아하여 『춘추』에 통달하였으며(少好學, 通『春秋』)", "인자하고 타인을 아끼며 교화하기를 좋아하였으니(仁愛好敎化)", 학교를 창건할 때 『예기(禮記)』의 "대저 처음 학교를 세우는 자는 반드시 신성과 선사에게 석전을 올려야 한다(凡始立學者, 必釋奠於先賢先師)"라는 기록에 따라 석전례를 거행해야 한다고 건의하였다. 기록에 의거하면, "문옹(文翁)은 시운에 순응하고 하늘의 도수를 꿰뚫어보아 반궁(泮宮: 고대 제후왕이 설립한 학교)을 창건했는데, 당(堂)을 세울 때 밖에 관(觀)을 배치하고 묘문과 서로 연결시켰는데(文翁應期鑿度, 開建泮宮, 立堂布觀, 廟門相鉤)", 후한(後漢) 중평(中平) 연간 "거센 불길이 순식간에 타오를 때 일체의 사(舍)와 관민(官民)의 사실(寺室)은 하루아침에 전부 잿더미가 되었지만, 유독 문옹의 석실(石室: 돌로 만든 학당) 앞의 두 관(觀)은 남아 있었다"40)고 하였으니, 문옹(文翁)의 학교에 묘우가 세워졌다는 사실을 알 수 있다. 그 봉사(奉祀) 대상은 역사서에는 기록되어 있지 않지만, 중평(中平) 연간에 불이 난 뒤에 초평(初平) 5년(194)에 태수(太守) 고진(高眹)이 문옹의 학교 동쪽에 주공(周公)의 예전(禮殿)을 개수하고 "벽에 고대의 성현 전부를, 대들보 위에는 문선과 70제자를 새겼다(壁上悉圖古之聖賢, 梁上則刻文宣及七十弟子)"라는 기록으로 볼 때 다음과 같은 사실을 알 수 있다. 문옹의 학교에 있던 원래의 묘우는 바로 주공(周公)의 예전(禮殿)으로 제사 대상은 당연히 주공이었고, 따라서 고진(高眹)이 중건(重建)한 뒤에도 주공(周公)의 예전에서는 여전히 주공(周公)을 제사 지냈다. 고대 성현(聖賢)의 그림이 벽에 그려져 있고, 공자와 70제자들은 대들보에 새겨져 있었으므로, 공자와 제자들은 애당초 향사(享祀) 되기를 기대할 수 없었다. 사람들이 대들보에 어떻게 제사 용품을 진열해 놓을 수 있겠는가?

문옹(文翁)이 창립한 학교에 대한 후세의 기록은 대단히 많다. 동진(東晉) 상거(常璩)의 『화양국기(華陽國志)』에서 기록하길, "처음에 문옹이 학관(學館)을 세우고자 정사[精舍: 서재(書齋)]와 강당(講堂)을 돌로 지었다. 석실(石室: 돌로 만든 학당)이라고 하였고 또 옥실(玉室: 보통 돌보다 좋은 옥돌로 만든 학당)을 지었는데, 성 남쪽에 있었다. 영초(永初) 시기 후당에 불이 났을 때, 태수

子, 爲除更繇, 高者以補郡縣史, 次爲孝悌力田."

39) 『한서(漢書)』·문옹전(文翁傳)』. "由是大化, 蜀地學於京師者比齊魯焉. 至武帝時, 乃令天下郡國皆立學校官, 自文翁爲之始雲."

40) 『隷釋』 권1 「益州太守高眹修周公禮殿記」([宋], 洪適)(文淵閣四庫全書 電子版 참고). "烈火飛炎, 一都之舍, 官民寺室, 同日一朝合爲灰炭, 獨留文翁石廟門之兩觀."

(太守)인 고진(高睐)이 그것을 다시 개수하였고, 다시 석실 두 채를 더 지었다. 나중에 주(州)가 군(郡)을 흡수하여 학관(學館)은 주학(州學)이 되자, 군(郡)은 다시 이리교(夷里橋) 남안의 길 동편에 학관(學館)을 세웠으니, 작은 담장이 남아 있다"[41]라 하였고, 북위(北魏) 역도원(酈道元)의 『수경주(水經注)』에서 말하길, "처음에 문옹(文翁)이 촉(蜀)의 태수가 되어 학당을 세우자고 남쪽 성에 옥실을 지었다. 영초(永初) 시기 후당에 불이 났는데, 후임(後任) 태수가 다시 석실(石室) 두 채를 더 지었다. 후에 군학(郡學)이 주학(州學)과 합병되었고, 이성교(夷星橋) 남안의 길 동편으로 옮겼다"[42]라고 하였다. 이 기록들을 살펴보아도 공자문묘에 관한 정보가 없다. 당나라 영휘(永徽) 원년(650)의 『익주학관묘당기(益州學館廟堂記)』의 비석의 기록에서 이르기를, 헌제(獻帝) 흥평(興平) 원년(194) 진류(陳留)의 고진(高睰)이 익주(益州) 태수가 되어 성도(成都)의 옥당(玉堂: 돌로 만든 학당)을 다시 고치고, 석실 동쪽에는 별도로 석실 하나를 만들어 주공(周公)의 예전(禮殿)으로 삼았다고 하였다. 벽면에 그린 상고(上古) 시대의 반고(班固), 이로(李老) 등의 신들과 역대 제왕의 초상과, 대들보에 그린 중니(仲尼)와 72제자 그리고 삼황(三皇) 이래의 명신(名臣)들은, 명망 높은 노인들의 말씀에 의해 서진(西晉) 태강(太康) 연간에 익주(益州) 자사(刺史)였던 장수(張收)의 붓끝에서 탄생했다고 한다. 전에는 익주학당도(益州學堂圖)가 있었는데, 지금은 이미 별도로 여러 번 덧칠해놓아 옛 흔적조차 남아 있지 않다. 제(齊)나라 영명(永明) 10년, 성도(成都) 자사(刺史)였던 유전(劉悛)이 옥당(玉堂: 돌로 만든 학당)과 예전(禮殿)을 수리하니, 영우(靈宇)가 장엄하고 정중해졌다. 유전(劉悛)의 동생인 전(瑱)은 그림을 잘 그렸고 성품이 천진하며 때로는 신묘한 손놀림으로 예전(禮殿)에 중니, 4과(四科), 10철(十哲)의 초상과 수레, 의복, 예기를 그렸다.[43] 제나라 영명 10년(492)에 이르러서도 공자와 10철은 여전히 예전(禮殿) 안에 초상으로 그려져 있었다. 이로 보아 문옹(文翁)의 학당에는 공자문묘가 없었다는 사실을 알 수 있다. 문옹의 석실(石室)처럼 유명한 군국 학교에서도 공자문묘를 세운 적이 없었다. 또한 문헌 중에서도 한(漢)나라 초기의 군국 공자문묘와 관련된 기록은 보이지 않는다. 따라서 왕응린(王應麟)의 "한 초(漢初)의 군국에는 종종 부자묘(夫子廟)가 있었다(漢初郡國往往有夫子廟)"라는 말은 믿기 어렵다.

---

41) 『화양국지(華陽國志)』. "始文翁立文學精舍講堂, 作石室, 一作玉室, 在城南. 永初後堂遇火, 太守陳留高睰更修立, 又增造二石室. 州奪郡文學爲州學, 郡更於夷里橋南岸道東邊起文學, 有女牆."

42) 『수경주(水經注)』(酈道元). "始文翁爲蜀守, 立講堂, 作石室於南城. 永初後學堂遇火, 後守更增二石室. 後州奪郡學, 移夷星橋南岸道東."

43) 『蜀中廣記·畵苑傳第一』([明], 曹學佺)에서 재인용하였다(文淵閣四庫全書 電子版 참고).

제3장

경사(京師) 공자문묘의 출현

동진(東晉) 시대

　　동진(東晉) 태원(太元) 9년(384)에 상서(尙書)인 사석(謝石)이 글을 올려 학교를 세울 것을 건의하였다. "사람의 도를 세우는 것을 인(仁)과 의(義)라고 합니다. 선(善)과 본성을 돕는 것은 오직 예의와 학문뿐입니다. 사람의 천성(天性)은 타고난 것이라고 해도 올바르게 인도되어져야 합니다. 그러므로 공자의 학풍이 퍼지게 되고 『시경』과 『서경』은 교육의 경전으로 숭상되고 있습니다. 『시경』과 『서경』을 돈독히 공부하고 예의를 즐겁게 배우니, 왕의 교화는 이로써 융성해졌습니다. …… 지금 폐하(陛下)의 위엄은 멀리까지 떨쳐지고 전쟁은 끝나니, 장차 주위에서 현학(玄學)의 풍조를 쓸어버리고 지덕으로 백성을 인도하시려면 어찌 예악(禮樂)을 널리 퍼시지 않으실 수 있겠습니까. 그렇게 하시면 사람들이 깨닫게 되는 것을 볼 수 있을 것입니다. 청컨대 국학을 부흥시키십시요, 이로써 학생들을 가르치고 주와 군의 등급을 매겨 널리 향교를 정돈하십시오."[1] 효문제(孝武帝)는 그의 건의를 받아들여, "그해에 2000석 공경(公卿)[2]의 자제(子弟)[3]를 선발하여 제생으로 삼고, 묘우 155칸을 더 지었"다.[4] "묘우 155칸을 더 지었으니(增造廟屋一百五十五間)", 자연히 여기에는 묘우와 학사도 포괄된다. 학교에 문묘가 있었는데, 당연히 그것은 공자문묘였다. 동진(東晉)과 서진(西晉)의 태학에서는 모두 공자에게

---

1) 『宋書·誌第四·禮一』(文淵閣四庫全書 電子版 참고). "立人之道, 曰仁與義; 翼善輔性, 唯禮與學. 雖理出自然, 必須誘導. 故洙泗闡弘道之風, 詩書垂軌敎之典, 敦詩悅禮, 王化以斯以隆. ……今皇威遐震, 戎車方靜, 將灑玄風於四區, 導斯民於至德, 豈可不弘敷禮樂, 使煥乎可觀. 請興復國學, 以訓胄子, 班下州郡, 普修鄕校."
2) (옮긴이) 한 해에 2000석의 녹봉을 받는 공경(公卿)을 말한다.
3) (옮긴이) 자제(子弟)는 남을 높여 그의 아들을 이르는 말이다.
4) 『宋書·誌第四·禮一』. "其年選公卿二千石子弟爲生, 增造廟屋一百五十五間."

1-3-1 위(魏)나라 황초(黃初) 2년(221년)에 세워진 공
선(孔羨) 비석.

제사 지내고 안회(顔回)를 배향(配享)하였
다. 이는 중국에서 첫 번째로 세운 국가 최
고 학부의 공자문묘였다.

동진(東晉)은 양자강 좌측에 치우쳐 있
는 작은 조정(朝廷)이어서, 북방의 소수민
족 정권의 압박을 겪고 있었다. 국토는 나
날이 줄어들었고, 국력은 나날이 약해졌
다. 그러나 비수(淝水)의 전투에서 강력한
전진(前秦)을 물리친 뒤로 교육을 부흥시
키기 시작하고 경사(京師)의 태학에 공자
를 제사 지내는 묘우를 세운 것은, 한(漢)
나라 이래로 공자를 숭상하고 유학을 높
이는 사회적 분위기로 인한 필연적 결과
였다.

전한(前漢) 시기부터 국가는 유가 사상
을 추앙하였고, 300년 이상 그것을 널리
시행하는 과정을 통해, 유가 사상은 독존
(獨尊)의 지위를 거의 확립하게 되었다. 그
러나 후한(後漢) 말기부터 중국은 장기적
인 혼란기에 진입한다. 세 나라로 쪼개지
고 남북이 대치하다가 수(隋)나라에 이르

러 비로소 남북이 통일되었고, 당(唐)나라에 이르러서야 장기적인 안정기에 들어서게 된다.

한(漢)나라 말기에 "천하의 큰 난리를 만나, 모든 제사가 무너졌다. 옛집의 공자문묘도 훼손
되어 수리되지 않았고, 포성(褒成)의 후손들도 끊어져 계승되지 않았다. 궐리(闕里)에는 경전
을 강습하고 낭송하는 소리가 들리지 않았고 사계절 내내 증제(蒸祭)와 상제(嘗祭)의 위패를 볼
수 없게 되었다"[5]고 하였다. 궐리의 공자문묘는 감당할 수 없을 정도로 파괴되었고, 공자의
후손들은 세습된 작위가 끊겼으며 제사 또한 중단될 수밖에 없었다. 그리하여 궐리의 공자문

----

5) 위(魏)나라 시기에 세운 공선비(孔羨碑)의 비문에서 내용을 발췌했다. "遭天下大亂, 百祀墮坏. 舊居之廟毀而
不修, 褒成之後絶而莫繼, 闕里不聞講誦之聲, 四時不睹蒸嘗之位."

묘는 잠시 동안 쇠퇴기에 접어들게 되었다.

위진(魏晉) 남북조(南北朝) 시기에 정국(政局)은 뒤숭숭했고 현학(玄學)은 범람하였으며, 도불(道佛)은 성행하였다. 그 결과 유학의 지위는 하락했지만, 여전히 국가의 지도적 사상으로서의 지위를 유지하고 있었기 때문에, 주관이 있는 황제들은 여전히 공자를 존숭하였다. 세 나라 가운데 위(魏)나라가 유가 사상을 가장 추앙하였다. 조조(曹操)는 건안(建安) 8년(203)에, "각 군국은 모두 경학을 강습해야 하고 500호가 되는 현(縣)은 학관(學官)을 설치해야 하며, 향리의 우수한 인재를 선발하여 교육하라"[6]라고 명을 내린 적이 있다. 위문제(魏文帝) 조비(曹丕)는 즉위하기 전에 항상 "숙성문(肅城門) 안에 제유(諸儒)들을 모아 대의(大義)를 강의했는데 강직하여 게으르지 않았다(集諸儒於肅城門內, 講論大義, 侃侃無倦)"라고, 즉위한 뒤에는 공자를 찬송하여 "자신을 굽혀 도를 보존하고, 자신을 낮추어 세상을 구했고(屈己以存道, 貶身以救世)", "1000년 후에 사람들이 그의 문장을 보고 저술(著述)하게 되며, 그의 성훈(聖訓)에 따라 일을 하게 되니, 그는 한 시대의 뛰어난 대성인이자 억년의 사표(師表)라고 말할 수 있다(俾千載之後莫不宗其文以述作, 仰其聖以成謀謨, 可謂命世之大聖, 億載之師表者矣)"라고 하였다. 황초(黃初) 2년(221)에는 "노군(魯郡)에 명을 내려 옛 문묘를 재건하고 쌀 100석을 녹(祿)으로 주는 관리를 배치하여 그것을 지키게 하였다. 또한 그 외관을 확장하여 묘우를 짓고 학인(學人)들을 살게 하였다"[7]라고 기록되어 있다. 그리고 공자 후손의 작위 세습을 회복시켜 공자 20대손인 공이(孔羨)를 종성후(宗聖侯)로 봉하고, 공자의 제사에 관한 일을 주관하게 여 식읍 100호를 내렸다. 5년에는 다시 태학을 건립하고 오경(五經)으로 고과(考課)하는 법을 제정하였다. 명제(明帝)는 조서(詔書)를 내려 "유학을 높이고 학문을 귀하게 여기는 것이 왕교(王敎)의 근본(尊儒貴學, 王敎之本也)"이라 말하며, 군국의 공사(貢士)들이 "경학을 우선으로 하기를"[8] 요구하였다. 조위(曹魏)는 유학 교육을 대단히 중시하였다. 제왕(齊王) 조방(曹芳)이 즉위한 뒤 천자(天子)로서 귀한 신분이 되었지만, 여전히 경서를 읽는 데 부지런하고 경전 하나를 통달할 때마다 관원을 벽옹에 보내어 제사를 올리게 하였다. 정시(正始) 2년(241)과 5년, 7년에 각각 『논어』, 『상서』, 『예기』를 통달했기 때문에, 태상(太常)을 벽옹에 보내어 공자에게 제사 지내고 공자의 제자인 안회(顏回)를 배향(配享)하게 했다. 이 시기에 국가의 최고 학부(學府)인 벽옹은 공자를 선성(先聖)으로 안회

---

6) 『三國志·魏書·武帝操』(文淵閣四庫全書 電子版 참고). "令郡國各修文學, 縣滿五百戶置校官, 選其鄉之俊造而教學之."

7) 위(魏)나라 시기에 세운 孔羨碑의 비문에서 내용을 발췌했다. "令魯郡修起舊廟, 置百石吏卒以守衛之, 祐於其外廣爲屋宇以居學者."

8) 『三國志·魏書·明帝叡』(文淵閣四庫全書 電子版 참고). "以經學爲先."

를 선사(先師)로 삼아서, 국가 교육기구의 주요 제사 대상이라는 공자의 지위를 확고히 하고, 남조(南朝) 전체에 영향을 발휘하였다.

서진(西晉) 초기에 국가는 여전히 독존유술(獨尊儒術)의 정책을 채택하고 있었다. 태시(泰始) 3년(267), 진무제(晉武帝)는 태학과 노(魯)나라에서 철마다 세 마리의 산 제물로 공자에게 제사할 것을 명령하였다. 또한 공자 후손의 봉호를 종성후(宗聖侯)에서 봉성후(奉聖侯)로 바꾸어 봉사하게 하였으며, 향음주례(鄕飮酒禮)와 향사례(鄕射禮)를 거행하게 하였다. 6년에 무제(武帝)는 다시 친히 벽옹으로 가서 향음주례를 거행하였고, 7년에는 황태자가 『효경(孝經)』을 연구하여 통달했다는 이유로 친히 태뢰(太牢)로써 공자를 위해 석전(釋奠)을 지냈다. 이 당시 교육이 크게 일어나 태학생은 마침내 7000명 이상에 이르렀기 때문에, 태시(泰始) 8년에는 어쩔 수 없이 이미 경전을 시험 친 사람들만 남기고 그 나머지는 본국으로 돌려보냈다. 함녕(咸寧) 2년 (276)에는 또 국자학(國子學)을 설립하여 귀족 자제와 평민 자제를 구별하여 교육을 진행했다. 황태자(皇太子)가 유가 경서를 연구하여 통달할 경우 황제가 친히 공자를 제사한 사실은, 위 (魏)나라에서 관리를 파견하여 제사 지낸 것과 비교해볼 때, 국가가 나날이 유가 사상을 중시했다는 것을 알 수 있다. 그러나 좋은 날은 오래가지 않았다. 무제(武帝)는 오(吳)나라를 멸망시킨 뒤로 잔치를 벌이면서 향락에 빠졌고, 그 뒤에 즉위한 황제들도 어리석었다. 팔왕(八王) 의 난(亂)이 일어나자 국력은 나날이 쇠약해졌다. 비록 혜제(惠帝)가 원강(元康) 3년(293)에 벽 옹에 가서 향음주례를 거행하고, 국자감 좨주(祭酒)인 배외(裴頠)와 같은 개별 유신(儒臣)들이 대대적으로 유학을 제창하여 국학을 정돈하고 석경을 새겼지만, 교육은 무너져 갔다. 특히 국 자학(國子學)과 태학(太學)에서 귀족 자제와 평민 자제를 구별함으로써, 문벌(門閥) 귀족이 정치적 특권을 장악하게 만들었을 뿐만 아니라 교육적 특권까지도 장악하게 하였다. 여기에 이민족(異民族)의 약탈까지 더해지면서 서진(西晉)은 매우 빠르게 멸망했다.

동진(東晉) 시기에는 현학(玄學)이 성행하고 불교도 광범위하게 전파되어 상당한 발전을 이루었다. 또한 도교도 재차 성행하면서, 사상은 다원적인 양상을 띠게 되었다. 유가 사상의 독존적 지위를 회복하기 위해서 황제는 몸소 힘써 행하면서 유학을 추앙하는 한편, 학문을 일으키고 교육을 세우는 일을 힘껏 제창하였다. 함강(咸康) 원년(335)에 성제(成帝)는 『시경』을 연구하여 통달했다는 이유로, 승평(升平) 원년(357)에 목제(穆帝)는 『효경』을 연구하여 통달했다는 이유로, 영강(寧康) 3년(375)에 효무제(孝武帝)는 『효경』을 연구하여 통달했다는 이유로, 모두가 친히 석전례(釋奠禮)에 따라 공자에게 제사 지냈다. 성제(成帝)는 태학에 가서 제사를 지내고, 목제(穆帝)와 효무제(孝武帝)는 태학이 멀리 있었기 때문에 임시로 중당(中堂)을 태학으로 삼아 제사를 거행하였다. 혜제(惠帝)는 황태자였을 당시 『효경』과 『시경』, 『예기』를 연구하여 통달했기에, 수 차례나 몸소 태학에 가서 석전(釋奠)을 치렀다. 명제(明帝)는 황태자였을 당시 『논어』를 연구하여 통달했기에 마찬가지로 태학에 가서 제사를 지냈는데, 제사할 때 황태자는 친히 공자를 위해 술잔을 올렸다. 황제는 유가 경서를 연구하여 통달하면 친히 공자에게 제사 지냈고, 황태자가 제사를 지내면서 친히 술잔을 올렸다는 사실은 국가가 갈수록 유가 사상을 중시했다는 것을 보여준다.

동진(東晉) 시기에는 세 차례에 걸쳐 학교를 크게 일으킨 적이 있었다. 첫 번째로는 동진(東晉) 건국 초기에 왕도(王導)와 대막(戴邈)이 상소(上疏)를 올려 학문을 일으킬 것을 건의했다. 이들은 원제(元帝)의 동의를 얻어내어 태학을 설립하고 오경박사(五經博士)를 설치하였으며 석전을 거행하여 공자에게 제사 지냈다. 두 번째로는 성제(成帝) 시대인 함강(咸康) 3년(337)에 원괴(袁瓌)와 풍회(馮懷)의 건의 아래 "국학을 세울 것을 의논하여 생도들을 모았지만 세상은 노장(老莊)을 숭상하여 유교의 가르침에 마음을 기꺼이 기울이지 않았"다.[9] 그러나 영화(永和) 8년(352)에 전쟁이 다시 발발하여 은호(殷浩)가 서쪽을 정벌하면서, 학생들은 흩어졌고 국학도 문을 닫았다. 세 번째는 동진(東晉) 효무제(孝武帝) 태원(太元) 9년(384)에 상서(尙書)인 사석(謝石)의 건의에 따라 학교를 세우고, "묘우 155칸을 더 지으니(增造廟屋一百五十五間)", 경사(京師)의 태학 안에 오로지 공자만 봉사하는 문묘가 새롭게 만들어졌다.

한(漢)나라 때에 공자의 제사는 벽옹(辟雍)에서 진행되었고 오로지 공자만을 제사하는 건축물은 없었다. 삼국(三國) 시대도 마찬가지였다. 서진(西晉) 시기에는 향음주례(鄕飮酒禮)와 대사례(大射禮)를 벽옹(辟雍)에서, 철마다 지내는 석전과 태자가 경전에 통달했을 때 지내는 제사는 태학에서 거행하였다. 동진(東晉) 시대 최초로 태자가 경전에 통달하여 지냈던 석전도 태학에서 거행하였고, 황제가 경전에 통달하여 지냈던 석전은 태학과 거리가 비교적 멀어 임시로 중당(中堂)을 태학으로 삼아 거행하였다. 그러나 태학에도 오로지 공자만을 봉사하는 묘우는 없었다.

태학에서 공자문묘를 세우기 전에는 공자를 어디에서 제사했을까? 공자를 봉사하는 일이 이미 국가의 주요 제사에 포함되었고 제사 활동이 매우 빈번했던 만큼, 후한(後漢)은 "춘추향례(春秋享禮: 봄·가을 제사)"를 봉행하였고 전한(前漢)의 제사는 태학에서 "철마다 세 희생물(犧牲物)을 갖추어 공자에게 제사했으니(四時備三牲以祀孔子)", 틀림없이 상대적으로 일정한 장소가 있었을 것이다. 후한(後漢) 명제(明帝) 이후와 조위(曹魏) 시대에는 벽옹(辟雍)에서 제사 지냈는데, 벽옹의 예전(禮殿)에서 진행했을 것이다. 서진(西晉) 시기에는 태학에서 제사 지냈는데, 태학에는 봉사만 전문적으로 담당하는 건물이 없었다. 서진(西晉) 반니(潘尼)의 『석전송(釋奠

---

9) 『宋書·誌第四·禮一』(文淵閣四庫全書 電子版 참고). "議立國學, 征集生徒, 而世尙老莊, 莫肯用心儒訓."

頌)』에는 원강(元康) 2년(292) 황태자가 『효경』을 연구하여 통달했다는 이유로 태학에서 석전을 거행했던 상황을 기록하고 있다. "축대(築臺)를 청소하여 전당(殿堂)으로 삼고 장막을 쳐서 궁실(宮室)로 삼으니, 부자(夫子)의 위패는 서쪽 방에 봉사하고 안회의 위패는 북쪽 담에 놓아두어 배향하였다."[10] 이로 볼 때, 당시에는 제단에 임시로 막을 치고 제사를 지냈다는 것을 알 수 있다. 궁에서는 임시적이었지만, 제단은 고정된 것이었다. 고대에는 생산력이 낮았기 때문에, 제사를 만족시킬 만큼의 수많은 궁전을 짓기 어려웠다. 그래서 중요한 제사들은 전부 제단에서 진행되었으며, 명(明)·청(淸) 시기에도 국가의 큰 제사의 경우 태묘(太廟)를 제외하고는 줄곧 제단에서 천지(天地), 일월(日月), 사직(社稷), 선농(先農)을 제사 지냈다. 따라서 공자문묘가 출현하기 이전에는 태학에서 공자의 제사를 제단에서 거행했지만, 제단은 고정적으로 설치했다고 필자는 생각한다. 예제(禮制)적 차원에서 역대 왕조는 모두 역사적으로 연속되었던 제도에 특별히 주의를 기울였다. 서진(西晉) 시기에 임시로 제단에 막을 치고 이를 궁으로 삼아 공자에게 제사 지낸 것도 이전 왕조의 제도를 계속 사용했기 때문이며, 한(漢) 명제(明帝)가 벽옹에서 제사 지내기 이전까지 국가 제사를 제단에서 거행한 것도 그 때문이었다.

태원(太元) 9년경의 이 공자문묘는 수도에 세워진 첫 번째 공자문묘이다. 그 위치는 진(陳) 왕조의 고야왕(顧野王)이 지은 『여지지(興地志)』에 근거해서 말하자면, 국학은 "금(今) 강녕현(江寧縣) 동남쪽으로 2리 100보 떨어진 고어가(古御街) 동쪽에 있는데, 동쪽으로는 회수(淮水)와 가까웠으니 당시 사람들은 그것을 국자학(國子學)이라 불렀다. 이 건물 서쪽에는 부자당(夫子堂)이 있는데 거기에는 부자(夫子)와 제자 10명의 초상이 그려져 있었다. 서쪽에는 또 황태자당(皇太子堂)이 있고 남쪽에는 제생중성(諸生中省)이 있으며, 문 밖에는 좨주성(祭酒省)과 이박사성(二博士省)이 있는데, 박사(博士) 두 명을 두었다".[11] 공자문묘는 국자학의 서편에 세워졌는데, 이는 우묘좌학(右廟左學: 오른쪽에는 문묘, 왼쪽에는 학교)의 구조에 속한다. 황태자당(皇太子堂)은 또한 문묘 서쪽에 있는데, 그렇다면 공자문묘는 동편으로 학교가 있고 서편으로 황태자당이 있어, 세 건물의 정중앙(正中央)에 자리 잡고 있는 셈이니, 위치가 대단히 두드러진다 하겠다.

국자학의 공자문묘 외에도 국가에서는 건강(建康)에 공자의 종손(宗孫)을 위해 공씨가묘를

---

10) 『晉書·列傳第二十五·潘尼』(文淵閣四庫全書 電子版 참고). "乃掃壇爲殿, 懸幕爲宮, 夫子爲於西序, 顔回侍以北墉."

11) 당나라의 허숭(許嵩)이 태원(太元) 10년에 『建康實錄 卷九 「晉中下 列宗孝武皇帝」』에 대한 주석에서 인용하였다. "在江寧縣東南二里一百步右御街東, 東逼淮水, 當時人呼爲國子學. 西有夫子堂, 畵孔子及十弟子像. 西又有皇太子堂, 南有諸生中省, 門外有祭酒省, 二博士省, 舊置二博士."

1-3-2 강녕부학(江寧府學) 공자문묘 대성전. 진회하(秦淮河) 동안(東岸)에 있다. 동진(東晋) 시기에 국자학이 태묘(太廟) 남쪽에 자리 잡았다는 기록이 있었으니 이와 가깝다고 추측된다.

지어줬는데, 이것이 기록에 남아 있는 첫 번째 공씨가묘이다. 『건강실록(建康實錄)』에서 기록하기를, 태원(太元) 11년(386) 8월 경오(庚午)일에 "조서(詔書)를 내려 공정지(孔靖之)를 봉성정후(奉聖亭侯)로 봉하여 선니(宣尼)[12]를 봉사하고 선니묘(宣尼廟)를 세우게 하였다. 묘(廟)는 단양군성(丹陽郡城)의 사잇길 동남에 있었다(詔封孔靖之爲奉聖亭侯, 奉宣尼祀, 立宣尼廟. 在故丹陽郡城前隔路東南)". 남조(南朝) 제(齊)나라 때에 이 공자문묘는 진회하(秦淮河) 이북으로 옮겨졌다. 하지만 건강(建康)이라는 지명은 송(宋)나라 때까지 줄곧 유지되어왔다. 당(唐)나라 때 허숭(許嵩)이 상소문(上疏文)의 뒷면에 주를 달아 말하길, 『지지(地誌)』에서 이르길, 제(齊)나라는 묘(廟)를 회수(淮水) 북쪽으로 옮겨 산에 그것을 세웠다. 그리고 그 옛터에는 공자사(孔子寺)를 세웠는데, 또한 그 마을을 '공자마을[孔子巷]'이라고 불렀으니, 지금의 현(縣) 동남쪽으로 5리 200보 떨어진, 장락교(長樂橋) 동쪽으로 1리 떨어진 곳에 있다"[13]라고 하였다. 남송(南宋) 조언위(趙彦衛)의 『운록만초(雲麓漫鈔)』 4권에는 "『건강경도(建康經圖)』에 공자마을이 있다. 진(晉)나라 효무제(孝武帝)가 태원 11년에 선니묘(宣尼廟)를 세웠는데, 나중에 묘(廟)를 진회하(秦淮河) 이북으로 옮기면서, 옛터를 공자사(孔子寺)로 삼아 공자마을이라고 하였다"[14]라고 기록되어 있다.

12) (옮긴이) 공자 사후 전한(前漢) 평제(平帝) 원년에 공자를 선니공(宣尼公)으로 봉하였다.
13) 당나라의 허숭이 태원(太元) 11년에 『建康實錄 卷九「晉中下 列宗孝武皇帝」』중의 「地誌」부분에 대한 주석에서 인용하였다(文淵閣四庫全書 電子版 참고). "齊移廟過淮水北將山置之, 以其舊處立孔子寺, 亦呼其巷爲孔子巷, 在今縣東南五里二百步, 長樂橋東一里."

1-3-3 남경부자묘(南京夫子廟) 조벽(照壁). 진회하(秦淮河) 북쪽에 있다. 동진 시기의 공씨가묘가 이 근처에 위치한다.

단양(丹陽)의 선니묘(宣尼廟), 즉 공자묘(孔子廟)는 공자 종손의 가묘로서, 또한 관묘(官廟)의 성격을 갖고 있었다. 공자의 종손에게 봉성정후(奉聖亭侯)의 작위가 있었던 이유는 바로 공자에게 제사하기 위해서였다. 서진(西晉) 말기에 중원(中原)에 난(亂)이 발생하자, 공자의 종손도 다른 중원의 씨족(氏族)들과 마찬가지로 남쪽으로 내려가서 건강(建康)에 터를 잡고 곡부(曲阜)의 가묘를 버렸던 것이다. 이러한 까닭에 동진(東晉)에서는 공자의 종손(宗孫)을 위해 공자문묘 하나를 더 세워주었다.

진(晉) 왕조는 궐리(闕里)의 공자문묘에 관심이 많았다. 태시(泰始) 3년(267)에는 노(魯)나라에 명하여 철마다 세 희생물을 갖추어 공자에게 제사 지내도록 하였다. 또한 공자의 종손을 봉성정후(奉聖亭侯)로 봉하여 제사를 주관하게 하고, 태녕(太寧) 3년(325)에는 조서(詔書)를 내려 봉성정후(奉聖亭侯) 공정(孔亭)에게 철마다 공자에게 제사할 수 있는 경비를 지급하였다. 동진(東晉) 시기에는 곡부가 차례로 석륵(石勒), 전연(前燕), 전진(前秦)에게 점령당한 적이 있기 때문에, 궐리의 공자문묘도 파괴되고 훼손되었다. 태원(太元) 10년(385)에는 사신(使臣) 이요(李遼)가 "궐리를 지나면서 공묘(孔廟)를 보았는데, 건물들은 무너져 내렸고, 법도(法度)는 사라졌으니",[15] 조정(朝廷)으로 돌아온 뒤 공자문묘를 재건하기를 요청하였다. 태원(太元) 14년에 조정에서 "연주(兗州)의 노군(魯郡)에 명을 내려 옛 모습에 의거하여 건축하고 장식하도록 하였다".[16] 그러나 일을 주관하는 관원이 세상을 떠나고 명문화(明文化)된 법규가 없어서, 중건을 주장하는 상소를 올려도 아무런 소용이 없었다.

---

14) 『운록만초(雲麓漫鈔) 4권』([南宋], 趙彦衛). "『建康圖經』有孔子巷. 晉孝武太元十一年立宣尼廟, 後移廟過秦淮水北, 以舊處爲孔子寺, 巷曰孔子巷."

15) 『宋書·志第四·禮一』(文淵閣四庫全書 電子版 참고). "路經闕里, 過觀孔廟, 庭宇傾頓, 軌式頹弛."

16) 『宋書·志第四·禮一』. "下兗州魯郡准舊營飾."

_____

제4장

지방학교 공자문묘의 시작

북제(北齊) 시대

『수서(隋書)·예의지(禮儀志)』에서 말하길, "후제(後齊)의 제도: 학문을 새롭게 세우면 반드시 석전을 행하여 선성과 선사에게 예를 올렸다. …… 군학에서는 성안에 공자와 안회(顏回)의 묘우를 한 곳씩 세웠다"1)라 하였는데, 이는 지방학교인 군학(郡學)에서 공자문묘를 건립한 최초의 기록이다. 이 책에는 공자와 안회(顏回)의 묘우를 세운 시기가 기록되어 있지 않다. 『북제서(北齊書)·문선제기(文宣帝記)』의 기록에서 말하길, 천보(天保) 원년(550) 6월에 고양(高洋)이 조서(詔書)를 내려 공자 후손을 "숭성후(崇聖侯)로 봉하고 식읍 100호를 내려 공자의 제사를 받들게 하였다. 그리고 노군(魯郡)에게 명을 내려 일정한 시간 내에 묘우를 수리하고 그 업적을 기리는 데 온 힘을 기울이도록 하는"2) 동시에, 다시 조서(詔書)를 내려 "사신을 5악(五嶽)과 4독(四瀆)3)에 따로 보내어 제사하게 하고, 요(堯)임금, 순(舜)임금, 공자(孔子), 태상노군(太上老君) 등 사전(祀典)에 등재되어 있는 인물들을 순서에 따라 빠뜨리지 않도록" 하였다.4) 또한 "8월에 각 제후국(諸侯國)에 학교를 세우게 하고 뛰어난 인재들을 광범위하게 초청하여 유교의

_____

1) 『隋書·禮儀志』(文淵閣四庫全書 電子版 참고). "後齊製, 新立學, 必釋奠, 禮先聖先師. …… 郡學則於坊內立孔顏廟."

2) 『北齊書·帝紀 第四·文宣』(文淵閣四庫全書 電子版 참고). "崇聖侯邑一百戶, 以奉孔子之祀, 幷下魯郡以時修治廟宇, 務盡褒崇之至."

3) (옮긴이) 5악(五嶽)은 중국의 5대 명산으로 중악(中嶽)인 숭산(崇山), 동악(東嶽)인 태산(泰山), 서악(西嶽)인 화산(華山), 남악(南嶽)인 형산(衡山) 그리고 북악(北嶽)인 항산(恒山)을 말한다. 4독(四瀆)은 중국에서는 네 개의 큰 강을 가리키는데 양자강(揚子江), 황하(黃河), 회수(淮水), 제수(濟水)가 그것이다.

4) 『北齊書·帝紀 第四·文宣』(文淵閣四庫全書 電子版 참고). "分遣使人致祭於五嶽, 四瀆, 其堯祠, 舜廟下及孔父, 老君等載於祀典者, 咸秩罔遺."

1-4-1 임기(臨沂) 공자문묘 대성전. 북제(北齊) 시기에 임기(臨沂)는 낭아군(琅琊郡)의 군치(郡治)[6]니 공자문묘
가 지어졌을 것이다.

풍조를 숭상하고 따랐다. 국자학 학생들이 옛 법에 따라 관리로 선발되었고, 스승의 학설에
복종하였으며, 『예경(禮敬)』을 연구하고 강습했다".[5] 고양(高洋)은 그해 5월에 동위(東魏)를 멸
망시키고 북제(北齊)를 창건하였다. 새로운 왕조가 처음 세워졌을 때, 고양(高洋) 황제는 관례
에 따라 조서를 내려 유학을 추앙하고, 교육을 크게 일으켰다. 따라서 제후국에 공자와 안회
의 묘우가 세워진 시기는 바로 그해였을 것이며, 또한 8월에 군국이 학교를 정돈하여 세우도
록 명을 내린 시기였을 가능성이 크다. 북제(北齊)는 단명한 할거(割據) 정권으로, 28년 동안 존
속되었을 뿐이었다.

남북조(南北朝) 시기에 북방에서 정권을 잡은 자들은 문화적으로 낙후되었던 소수민족이었
다. 북방의 문화 수준이 높은 사람이 난리를 피하여 남쪽으로 내려갔기 때문에, 남방의 문화
수준은 북방보다 훨씬 높았다. 그런데 사상과 문화의 상징인 공자문묘가 오히려 남방이 아닌
북방에서 출현한 이유는 무엇일까?

남북의 두 왕조가 유가 사상을 다루었던 정책에서 그 원인을 찾아보도록 하자.

『남사(南史)·유림전(儒林傳)』에서 말하기를, "위(魏)나라 정시(正始) 이후부터 현허(玄虛)를
숭상하니, 공경(公卿) 대신(大臣)과 선비, 평민 중 경학에 통달한 이가 드물었다. …… 강좌(江
左: 양자강 동쪽)로 옮긴 뒤 창업에 전력을 쏟는 가운데 날마다 분주하여 유학(儒學)에 신경 쓸

---

5) 『北齊書·帝紀 第四·文宣』. "八月詔郡國修立黌, 廣延髦俊, 敦述儒風. 其國子學生亦仰依舊銓補, 服膺師說, 研習
禮經."
6) (옮긴이) 군치(郡治)는 군청(郡廳)의 소재지를 말한다.

여유가 없었다. 송(宋), 제(齊)나라 시기에 이르러서 국학이 때에 따라 열리거나 설치되었지만, 학문에 대한 격려나 장려는 널리 시행되지 않았고 그것을 세운 지 10년도 되지 않아 형식적 기관으로 전락하였다. 이때 향리에는 학관이 열리는 경우가 없었고, 공경(公卿) 중에는 경술에 통달한 자가 드물었다. 조정(朝廷)의 대유(大儒)들은 홀로 공부하여 백성을 기르는 것을 달가워하지 않았고, 후생은 보고 들은 것 없이 경전만 끌어안고 있어 강습하는 것이 없었으니, 대도(大道)가 막힌 지 오래되었다"[7]고 하였다. 사대부(士大夫)들은 현학(玄學)만을 숭상하였고, 국학은 열렸다 닫혔다 하면서 형식적 기능만을 수행하였으며, 공(公), 경(卿), 사(士)들 중 경전에 통달한 자는 아주 드물었기 때문에, 유학의 수준은 심각할 정도로 떨어졌다. 다만 양(梁) 왕조에 이르러 유학이 비로소 중시되었다. "양 무제(梁武帝)가 창업했을 때 학문의 붕괴를 깊이 걱정하여, 천감(天監) 4년에 조서를 내려 오관(五館)을 열고 국학을 세웠으며 『사서오경(四書五經)』을 강의하도록 하고 오경(五經) 각 과목에 박사 한 명씩을 두어…… 그들에게 학관(學館)을 하나씩 주관하게 하니 각 학관의 학생 수가 몇백 명이 되어 조정에서 식량과 생활비용을 지급해주었으며, 사책(射策) 시험에서 뛰어난 자를 뽑아 관리로 임명하니 온 천하(天下)의 사자(士子)들이 책 보따리를 들고 많이 모여들었다. …… 또한 박사(博士)와 좨주(祭酒)를 주군(州郡)에 보내 학관(學館)을 세우게 하였다. 7년에 다시 조서를 내리니, 황태자와 왕실 왕후(王侯)들에게 학관으로 나아가 학업을 배우기 시작하라 하였다. 무제(武帝)는 친히 수레에 올라 선사(先師)와 선성(先聖)에게 석전(釋奠)을 올리고, 이야기함으로써 그들을 격려하고 예폐(禮幣)로 그들을 위로해주었다. …… 학교가 장경(莊敬)하고 학생이 많으니 대도를 이행함이 이렇게 성대한 정도에 이르렀다."[8] 그러나 유학의 중흥(重興)은 잠시 반짝이다 이내 사라졌고, 진(陳) 왕조 시기에 이르러서는 "정국(政局)이 혼란스러워 백성들은 헐벗었고 도적들로 백성들이 편할 날이 없었으며 국가의 장려책이 제대로 시행되지 않았다. 천가(天嘉) 이후로 가끔 학관을 설치하여 생도들을 두루 초청했지만, 학업을 이룬 사람이 드물었다"[9]라고 한 기록들은 남조(南朝)에 대한 객관적인 평가라고 할 수 있다.

7) 『南史·儒林傳』. "泊魏正始以後, 更尚玄虛, 公卿士庶罕通經業. …… 逮江左草創, 日不暇給, 以迄宋齊, 國學時或開課而勸課未博, 建之不能十年, 蓋取文具而已. 是時鄕里莫或開館, 公卿罕通經術, 朝廷大儒獨學而弗肯養衆, 後生孤陋擁經而無所講習, 大道之郁也久矣乎."
8) 『南史·儒林傳』. "至梁武創業, 深愍其弊, 天監四年乃詔開五館, 建立國學, 總以五經敎授, 置五經博士各一人, …… 各主一館. 館有數百生, 給其餼廩, 其射策通明經者卽除爲吏, 于是懷經負笈. …… 分遣博士, 祭酒到州郡立學. 七年又詔皇太子, 宗室王侯始就學受業. 武帝親屈興駕, 釋奠于先師先聖, 申之以宴語, 勞之以束帛, 濟濟焉, 洋洋焉, 大道之行如是也."
9) 『南史·儒林傳』. "時經喪亂, 衣冠殄瘁, 寇賊未寧, 敦奬之方所未遑也. 天嘉以後, 稍置學官, 雖博延生徒, 成業蓋寡."

제4장_ 지방학교 공자문묘의 시작: 북제(北齊) 시대   51

동진(東晉)이 멸망하고 수(隋) 왕조가 통일되기까지 매우 짧았던 170년 동안, 중국 남방에서는 연속해서 송(宋), 제(齊), 양(梁), 진(陳) 네 개의 단명 왕조가 세워졌다. 이 기간 동안 사회는 어지러웠다. 문벌세족(門閥世族)의 지위는 하락하였고, 그들을 대체하여 한문(寒門) 서족(庶族)이 일어났다. 사회 질서를 쇄신하기 위해 통치자들은 수시로 학문을 일으키고 학교를 설치할 것을 제창하였다. 그러나 대부분은 이를 실행에 옮기지 못했고, 실행한 사람들도 대부분 용두사미(龍頭蛇尾)가 되어 별 효과를 얻지 못했다.

남조(南朝)의 송(宋)나라는 그런대로 유학을 중시했지만, 유학의 지위는 이미 낮아졌다. 영초(永初) 3년(422)에 송무제(宋武帝)는 학교를 일으키는 조서를 공표하여, "옛날에 나라를 세울 때에는 교육을 우선으로 삼고 풍조를 대대로 선양하여 세상 사람들을 인도하였으니, 이보다 더 중요한 것은 없었다. 어리석음을 깨치고 의문을 깨쳐주는 것은 전부 반드시 이러한 방식에서 비롯된다"[10] 고 하고, "귀족 자제들을 널리 불러들여 연소자(年少者)를 교육하고, 유학관원을 선발하여 학술을 널리 진작시켜야" 한다고 선포하였다.[11] 하지만 이 계획은 송무제(宋武帝)의 서거로 인해 실현되지 못했다. 문제(文帝)는 멀리 있는 대유(大儒) 뇌차종(雷次宗)을 북경으로 초청하여, 계롱산(鷄籠山)에 유학관을 설립하였다. 그리고 그는 다시 명령을 내려, 상서(庠序: 학당)를 설립하여 왕족과 귀족의 적장자들을 널리 가르쳤다. 원가(元嘉) 22년(445)에는 황태자가 국학에서 석채례(釋菜禮: 봄·가을에 공자를 제사하는 의식)를 거행하였고, 문제(文帝)도 친히 연회(宴會)에 참석하였다. 23년에는 문제(文帝)가 몸소 국학에 가서 학생을 책문하고, 특별히 조서를 내려 표창하며 "상서(庠序: 학당)가 설립된 지 여러 해에 귀족 제자들의 학문도 성취되었다. 근래에 친히 책문으로 시험하여 뛰어난 많은 인재들을 보게 되니 매우 기쁘다"[12]고 하였으니, 이때 유학이 일시적으로 번창했다고 말할 수 있겠다. 하지만 8년 뒤에 문제(文帝)가 태자(太子)에게 시해되고, 국가는 혼란에 빠져들었으니, 교육 또한 그 영향을 입어 쇠락하게 되었다. 유학의 지위 하락은 국가가 시행하는 교육과정 가운데 유학이 이미 독존적 지위를 차지하지 못하고 단지 교육내용 중 하나가 된 것에서 뚜렷이 드러난다. 송문제(宋武帝)는 유학관(儒學館)을 설치한 동시에 현학관(玄學館)과 문학관(文學館), 역사관(歷史館)을 설치하였고, 태시(太始) 6년(470)에 국학이 폐지되고 총명관(總明觀)[13]이 새롭게 세워지니, 유학은 유(儒), 도(道),

10) 『宋書·帝記第三·武帝下』(文淵閣四庫全書 電子版 참고). "古之建國, 教學爲先, 弘風訓世, 莫尙於此, 發蒙啓滯, 咸必由之."
11) 『宋書·帝記第三·武帝下』. "博延冑子, 陶獎童蒙, 選備儒官, 弘振國學."
12) 『宋書·帝記第五·文帝』(文淵閣四庫全書 電子版 참고). "庠序興立累載, 冑子肄業有成. 近親策試, 睹濟濟之美."
13) (옮긴이) 총명관(總明觀)은 남조(南朝) 송(宋) 왕조 때 학교의 특색을 지닌 관서(官署)였다. 유(儒), 현(玄), 문(文), 사(史) 네 과목을 설치하여 학생을 과목당 10명씩 선발하였다.

문(文), 사(史), 음양(陰陽) 다섯 가지 학문 중 하나에 지나지 않게 되었다.

남조(南朝)의 송(宋)나라는 공자와 공자문묘를 비교적 중시하였다. 원가 19년(442)에 송 문제(武帝)는 조서를 내려 공자의 "덕은 백성의 의표(儀表)가 되었고 공업은 백대에 이르렀다(德表生民, 功被百代)"라고 칭송하고, 신하에게 명하여, "성인을 봉사하는 후손이 작위를 세습할 수 있도록 하기 위해 어서 논의해야 하며 공자묘(廟) 터에 특별히 건물을 짓고, 옛 제도에 의거하여 제사하고 전용 건물을 설치하여 철마다 제사 지내도록 하였다. 또한 궐리(闕里)는 옛날에 전란을 겪어 학교가 파괴되었기 때문에 명을 내려, 노나라의 학교를 수리하여 복구하고 학생들을 선발하여 가르치게 하였다"[14]라고 하였다. 공자의 "무덤은 잡초와 가시나무가 무성한데도 돌보는 이가 없으니(墳塋荒蕪, 荊棘弗翦)", "마땅히 무덤 곁의 여러 호(戶)의 부역(賦役)을 면제해주어 청소를 담당하게 해야 한다(可蠲墓側數戶, 以掌洒)"라고 명령하였다. 공은지(孔隱之)를 봉성정후(奉聖亭侯)로 봉하였으며, 공자 무덤 옆에 있는 노(魯)나라의 상민(上民)인 공경(孔景) 등 다섯 호에 대한 부역(賦役)과 세금(稅金)을 면제해주었다. 그리고 공자 무덤만을 전적으로 담당하여 청소하게 하고 소나무와 잣나무 600그루를 심게 하였다. 그중에 "공자의 묘(廟) 터에 특별히 건물을 지은(於先廟地特爲營造)" 것은 경사(京師) 건강(建康)이 공씨가묘를 만든 일을 가리킨다.

효건(孝建) 원년에 효무제(孝武帝)는 조서를 내려 "중니는 천명(天命)을 체득하고 은덕을 내려주어 주(周)나라 왕실을 보호하고 한(漢) 왕조를 번성하게 하였다. 천지인(天地人) 삼극(三極)의 일을 다스리니 그 공덕은 백왕보다도 뛰어났다"[15]라고 칭송하고, "나라의 어려움이 매우 심할 때, 충직하고 용감한 사(士)가 떨쳐 일어나는 것은 확실히 성인의 학술과 가르침에 의거하기 때문이다"[16] 고 하였으며, 효무제가 명하기를 "문묘를 새로이 건립하고 제후와 동일한 의례를 향유하도록 하고, 밝고 건조한 고지(高地)를 꼼꼼히 골라 제사를 후하게 지내"[17]라고 하였다. 조서에서는 그 창건한 묘우가 어느 곳의 공자문묘인지를 명확하게 지시하지 않았지만, 아마 경사(京師)의 공자 가묘였을 것이다. 곡부의 공자문묘와 경사(京師) 국학의 공자문묘 모두 잘 만들어져 있어 "밝고 건조한 고지(高地)를 꼼꼼하게 골라(詳擇爽塏)" 다시 지을 필요가 없었기 때문이다. 조서에서 이르기를, "주관하는 사람이 없어 제사가 중단되었으니(典司失人, 用

---

14) "奉聖之胤, 可速議繼襲. 於先廟地特爲營造, 依舊給祠直, 令四時饗祀. 闕里往經寇亂, 黌校殘毁, 幷下魯郡, 修復學舍, 采招生徒."

15) 『宋書·帝記第六·孝武帝』(文淵閣四庫全書 電子版 참고). "仲尼體天降德, 維周興漢, 經緯三極, 冠冕百王."

16) 『宋書·帝記第六·孝武帝』. "國難頻深, 忠勇奮厲, 實滋聖義, 大教所敦."

17) 『宋書·帝記第六·孝武帝』. "開建廟制, 同諸侯之禮, 詳擇爽塏, 厚給祭秩."

闕宗祀)", "조서를 내려 문묘를 세우도록 하였는데, 세상에 변고가 일어나 이를 방해했기 때문에 일이 이루어지지 못했다(有詔繕立, 世故妨道, 事未克就)"라고 하였다. 전자는 3년 전 공혜운(孔惠雲)을 봉성정후로 봉한 뒤 오래지 않아 봉사를 폐지한 것을 가리키고 후자는 원가(元嘉) 19년의 "공자의 묘(廟) 터에 특별히 건물을 지은(於先廟地特爲營造)" 일을 가리키는 것으로 보아, 저번에 봉성정후가 가묘를 세우는 일은 물거품이 되었을 것이다. "공자의 묘(廟) 터에 특별히 지은 건물(於先廟地特爲營造)"과 "문묘를 새로이 건립한다(開建廟製)"는 데서 나온 '건물이나 문묘는' 곡부에 있는 공자문묘를 가리킨 것이 아니다. 원가(元嘉) 19년에 궐리(闕里)에는 학교의 잔해(殘骸)만 있었는데, 노군(魯郡)에 명을 내려 학사(學舍)를 원상태로 복구하도록 하였다. 원가(元嘉) 27년에 북위(北魏)는 노군을 점령한 적이 있었는데, "살인과 노략질은 이루 말할 수 없었다. 장정(壯丁)의 목을 베고 손발을 잘랐고, 어린 아이를 창에 꿰어 빙빙 돌리며 춤추는 것으로 놀이를 삼았다. 적들이 지나간 군현은 황무지가 되어 남은 것이 없었기 때문에, 봄에 제비가 돌아오면 숲 속에 들어가 둥지를 틀었다"[18]라고 하였다. 하지만 공자문묘를 파괴하고 훼손한 적은 없었다.

　남제(南齊)는 겨우 23년이라는 아주 짧은 기간 동안만 국가를 유지했기 때문에, 대대적으로 유학을 표창했지만 효과는 미미했다. 남제(南齊)는 세 차례에 걸쳐 학문을 일으키라는 조서를 내렸다. 건원(建元) 4년(482)에 고제(高帝)는 "직책을 맡은 관료들이 모여 논의하고 아뢴 결과(有司群像, 奏議咸集)"로 조서를 내려 국학을 창건하고 학생 150명을 초빙하였다. 무제(武帝)는 영명(永明) 3년(485)에 학문을 일으키라는 조서를 내려, 당우(堂宇)를 창건하고 학생 수를 200명 가까이 늘렸다. 4년에 황태자(皇太子)는 태학에서 공자를 위한 석전(釋奠)을 지내고 『효경(孝經)』을 강의하였으며, 무제(武帝)도 친히 학교에 가서 그 강의를 듣고 국자 좨주(祭酒)와 박사(博士), 조교(助敎)들에게 비단을 하사하였다. 그러나 11년에 태자(太子)가 세상을 떠난 뒤에는 오히려 국자학을 폐지하였다. 명제(明帝)가 즉위했을 당시 국가는 동요하여 불안정하였고 교육은 쇠락하였다. 건무(建武) 4년(497년)에 황제는 학교를 일으키도록 하는 조서를 내려 "옛 법령과 규칙에 따라 이를 모방하고, 국자감에 귀족 자제들을 널리 불러들이고 대업을 널리 펴서 광명이 후손에게 미치도록(便可式依舊章, 廣延國胄, 弘敷景業, 光被後昆)" 하였다. 그러나 영태(永泰) 원년(498)에 이르러서는 다시 영명(永明) 11년의 선례를 모방하여 국자학을 폐지하였다.

　남송(南宋)과 마찬가지로 북제(北齊)도 공자와 공자문묘를 매우 중시했다. 영명(永明) 3년 조

---

18) 『曲阜縣誌』 권21(潘相, 山東友誼書社, 1998, p.134). "魏人殺掠不可勝計, 丁壯者卽加斬截, 嬰兒貫於槊上盤舞以爲戲, 所過赤地無餘, 春燕歸巢於林木."

정(朝廷)에서는 공자에게 제사하기로 결의하여, "헌현(軒縣: 제후의 등급)으로[19] 음악을 연주하고 6일무(佾舞)[20]를 추며 희생물과 기구(器具)는 전부 상공[上公: 공작(公爵)의 존칭]의 예를 따랐다".[21] 영명(永明) 7년 제무제(齊武帝)는 조서에서 공자는 "문덕(文德)을 널리 펴고 고결함이 하늘에 이르니, 그가 품어내는 빛이 7대(七代)에 미치고 만물에 고루 은덕을 주었다. 영특하고 걸출한 풍채를 눈에 띄게 보여줌으로써 누가 소왕(素王: 백성 중의 왕으로 공자를 가리킨다)과 필적하겠는가? 비록 공적(功績)은 당년(當年)에 감추어졌지만 도(道)는 일월(日月)보다 심원하다"[22]고 찬양하고, "제사에 위패가 없고(饗尙乏主)", 침묘(寢廟)에 "잡초가 무성한(鞠爲茂草)" 까닭에 "공자 종묘를 재건하고, 밝고 높은 터를 잡는 데 힘쓰며, 제사 물품을 헤아려 지급하여 그 의례가 제후와 동일하게 하고, 성인을 봉사하는 작위는 시대에 따라 세습"[23]하도록 명하였다. 이때 개축된 종묘는 경사의 공씨가묘였으니, 그 당시에는 이미 "공자의 학문은 인멸(湮滅)"되었고 공자의 고향은 이미 북위의 손아귀에 있었기 때문에, 궐리(闕里)의 공자가묘에 가서 그것을 보수하는 일은 불가능했다.

영태(永泰) 원년(498)에 명제(明帝)는 공자를 찬양하여 이르기를 "공자의 성명(聖明)은 몸소 실천한 데 있다. 선철(先哲)의 사상을 빛나게 하고 정도(正道)를 널리 선양하여 크게 백성을 가르치고 인도하여 역대 제왕의 모범이 되셨다. 그 뒤의 천대(千代)를 위해 예의와 규범을 확립하시니, 사람들이 몸을 세워 추앙하고 사모하는 대상이 되셨고, 충효(忠孝)가 나오는 근원이 되셨다. 그러므로 그의 공적은 비록 감추어졌지만, 고상한 덕은 오히려 나날이 뚜렷해졌다"[24]라고 하였다. "근년(近年)에 이르러 제사 제도가 폐지되고 제사 활동은 쇠락하여 조두(俎豆: 제사)[25]가 적막하고 올릴 제물이 없었기"[26] 때문에, 조서를 내려 "전통적인 제전(祭典)에

---

19) (옮긴이) 『주례』에서 천자의 악(樂)은 궁현(宮懸)으로 종(鐘)과 경쇠(磬) 등의 악기를 四面에 걸고, 제후의 악(樂)은 헌현(軒懸)으로 남면에 걸지 않고 三面에만 매달아 놓았다고 한다.

20) (옮긴이) 일무(佾舞)는 종묘·문묘 등 제향 때와 예전 회례연(會禮宴) 때 줄을 지어서 추는 춤으로 무(佾)는 열(列). 천자는 64명의 8일무를, 제후는 36명/48명의 6일무를, 대부는 16명/32명의 4일무를, 사(士)는 4명/16명의 2일무를 거행할 수 있다.

21) 『南齊書·志第一·禮上』(文淵閣四庫全書 電子版 참고). "設軒縣之樂, 六佾之舞, 牲牢器用悉依上公".

22) 『南齊書·本紀第三·武帝』(文淵閣四庫全書 電子版 참고). "誕敷文德, 峻極自天, 發揮七代, 陶鈞萬品. 英風獨擧, 素王誰匹? 功隱於當年, 道深於日月."

23) 『南齊書·本紀第三·武帝』. "改築宗枋, 務在爽塏, 量給祭秩, 禮同諸侯. 奉聖之爵, 以時紹繼."

24) 『南齊書·本紀第六·明帝』(文淵閣四庫全書 電子版 참고). "明聖在躬, 允光上哲, 宏厥雅道, 大訓生民, 師範百王, 軌儀千載. 立人斯仰, 忠孝攸出, 玄功潛被, 至德彌闡."

25) (옮긴이) 조두(俎豆)의 조(俎)는 희생물을 신 앞에 바치는 대(臺)이고 두(豆)는 나무로 만든 제기이다. 여기서 조두는 제례(祭禮)를 상징하기 위한 용어이다.

26) 『南齊書·本紀第六·明帝』. "頃歲以來, 祀典陵替, 俎豆寂寥, 牲奠莫擧."

따라 면밀하게 제사 순서를 회복하고, 제사 용품을 제례(祭禮)에 완전히 부합되게 하여 공경스
럽게 제사하는 방법을 모두 밝히도록"[27] 명하여 공자문묘의 제례(祭禮)를 회복하였다.

남제(南齊) 시기에는 지방에도 공자문묘가 있었다. 강사(江祀)가 남동해(南東海)의 태수가 되
었을 때, "부(府)와 주(州)의 일을 처리할 때 그의 관할 아래 선니묘(宣尼廟)가 있었다. 그것은
오랫동안 버려져 수리되지 않았으므로, 사(祀)를 새롭게 수리하고 청소하여 다시 일으켜 세웠
다"[28] 하였다. 선니묘는 곧 공자문묘인데, "오랫동안 버려져 수리되지 않았다(久廢不修)"라는
것은 공자문묘의 역사가 비교적 오래되었다는 사실을 보여준다. 남제(南齊) 시기에 남동해군
(南東海郡)은 지금의 진강(鎭江) 부근에 설치되었는데, 이곳은 공자의 발길이 닿은 적이 없는 지
방이었기 때문에 그 공자문묘는 공자를 기념하는 묘우일 수 없었다. 또한 그 당시에 남쪽으로
내려온 공자의 후손들이 매우 적었기 때문에, 공씨가묘일 수도 없었다. 만약 그것이 공씨가묘
였다면, 강사(江祀)는 "새롭게 수리하고 청소하여 다시 세운다(開堊)"라고 명할 것이 아니라,
공씨 후손에게 재정적 도움을 주어 보수(補修)하게 해야 했을 것이다. 남제(南齊)는 겨우 23년
동안 국가를 유지했고, 그 이전의 유송(劉宋)도 59년 동안만 국가를 유지했기 때문에 이 선니
묘가 "오랫동안 버려져 수리되지 않았다(久廢不修)"라는 말은 그것이 이미 오랜 시간 존재했다
는 사실을 보여준다. 따라서 그것은 동진(東晉) 시대의 지방관(地方官)이 국학의 공자문묘를 모
방하여 건축한 지방학교의 공자문묘일 가능성이 크다. 이 공자문묘는 동진(東晉) 지방관원이
세운 건축물이든 아니든 상관없이, 우리가 현재까지 알 수 있는 남조(南朝) 최초의 지방(地方)
공자문묘라고 말할 수 있다. 따라서 그것은 현재까지 알 수 있는 한, 가장 이른 시기에 세워진
지방학교의 공자문묘일 가능성이 크다.

확실히 『남사·유림전(南史·儒林傳)』에서 말한 것처럼, 남조(南朝)의 유학은 양 무제(梁武帝)
재위기(在位期)에 가장 번창했다. 양 무제(梁武帝)는 "어렸을 때는 학문에 독실하고 유학과 현
학에 통달(少而篤學, 洞達儒玄)"하였고, 집정(執政)한 뒤에는 유불도(儒佛道) 삼교(三敎) 융합을 모
색했지만, 유가 사상을 보다 중시하여 나라를 다스렸다. 그가 조서에서 말한 것처럼, "짐(朕)
은 정치 기강을 생각하고 연구함에 매번 유가학술에 부지런하였으며, 줄곧 덕이 있는 자를 지
극히 존경하고 학관을 열었으니, 이를 끊임없이 실행하였다. 그러므로 사람들이 외지(外地)에
서 책 보따리를 짊어지고 찾아와 학문적 분위기를 조성하였다. 갑과(甲科) 시험을 간혹 시행하
여, 그들을 안배(按排)하고 조정의 관리로 출사하게 하여 고관의 작위를 수여"[29]하고, 유가 사

27) 『南齊書·本紀第六·明帝』. "式循舊典, 祥復祭秩, 使牢饩備禮, 飮饗兼申."
28) 『南齊書·列傳第二十三·江祏』(文淵閣四庫全書 電子版 참고). "行府州事, 治下油宣尼廟, 久廢不修, 祀更開掃構立."
29) 『梁書·本紀第二·武帝中』(文淵閣四庫全書 電子版 참고). "朕思闡治綱, 每敦儒術, 軾閭辟, 造次以之, 故負帙成

상으로 국가를 다스렸기 때문에 유학을 학습하는 자들을 더욱 중용하였다. 천감(天監) 4년(505)에 조서를 내려 말하기를, "지금 9품(九品) 관리를 선발할 때 나이가 서른이 채 되지 않은 사람 가운데 경전 하나라도 정통하지 못하면 출사할 수 없다"[30] 하니, 유가 경전을 통달하지 못하면 벼슬길에 나아가 관료가 될 수 없었다. 천감(天監) 8년의 조서에서는 거듭 표명하기를, "경전 하나를 정통할 수 있어 하루 종일 게으르지 않은 자는, 시험을 치른 뒤 재능을 헤아려 등급을 매겨 선발하도록 한다. 비록 소나 양을 기르고 파는 자들로 신분이 미천하다 할지라도, 모두 그 재능에 의거하여 관리로 출사하게 하여 누락되지 않도록 할 것이다"[31]라고 하니, 유가 경전에 통달할 경우 비천한 가문의 자제라 할지라도 한 명도 빠뜨리지 않고 모두 그 재능에 따라 채용했음을 알 수 있다. 그래서 천감(天監) 4년에는 "오경박사(五經博士)를 설치하여 학관(學館)을 많이 열어 후생(後生)을 초빙하도록(五經博士各一人, 廣開館宇, 招內後進)" 하였고, "오경박사들에게 학관(學館)을 각 하나씩 주관하게 하고 각 학관(學館) 안에 학생 수가 몇백 명이 되어 조정에서 식량과 생활 비용을 지급해주었으며 사책(射策) 시험[32]에서 뛰어난 자를 뽑아 관리로 임명했으니 온 천하(天下)의 사자(士子)들이 책 보따리를 짊어지고 많이 모여들었다. 학생들을 뽑아 그들을 회계(會稽) 운문산(雲門山)에 보내 하윤(何胤)에게 학문을 배우게 하였고 박사와 좨주를 파견하여 주(州)나 군(郡)에 가서 학관(學館)을 설립하도록 하였다".[33] 경사(京師)에는 오관(五館)을 설치하고 주군(州郡)에는 학당을 설치했으며, 학생을 유명한 학자가 있는 곳으로 보내어 배우게 하였다. 경사(京師)의 오관(五館)만 해도 학생이 1000명을 웃돌았으니, 이로 보건대 교육의 규모가 대단했다는 사실을 알 수 있다. 7년에 다시 조서를 내려 "대대적으로 학교를 열어 왕실과 귀족 자제들을 불러들일 것(大啓庠斆, 博延冑子)"을 명하였고, 9년에는 "황태자와 왕후(王侯)의 아들 중 공부할 나이가 된 자제들을 입학시키도록(皇太子及王侯之子年在從師者可令入學)" 명하였다. 유학을 표창하기 위해 국가가 스승을 존경하고 도를 중시함을 보여주었으니, 천감(天監) 4년에는 공자문묘를 세울 것을 명하고, 9년에는 몸소 국자학에 찾아가 유가 경전을 학습했다. 또한 이 외에도 공자문묘에 친히 찾아가 선성과 선사를 위해 석전을

風, 甲科間出, 方當置諸周行, 飾以靑紫."

30) 『梁書・本紀第二・武帝中』. "今九流常選, 年未三十, 不通一經, 不得解褐."

31) 『梁書・本紀第二・武帝中』. "其有能通一經, 始末無倦者, 策實之後選可量加敍錄. 雖復牛監羊肆, 寒品後門, 倂隨才試吏, 勿有遺隔."

32) (옮긴이) 사책(射策)은 경서의 의의(疑義) 또는 시무책에 관한 여러 문제를 여러 개의 댓조각에 하나씩 써서 늘어놓고, 응시자에게 하나씩 쏘아 맞히게 하고, 그 댓조각에 나온 문제에 대하여 답안을 쓰도록 하는 과거(科擧) 시험이다.

33) 『梁書・列傳第四十二・儒林』(文淵閣四庫全書 電子版 참고). "各主一館, 館有數百生, 給其廩餼, 其射策通明經者卽除爲吏, 十數月間, 懷經負笈. 又選遣學生如會稽雲門山, 受業於廬江何胤, 分遣博士, 祭酒到州郡立學."

거행하였다. 양 무제(梁武帝)는 46년 동안 재위(在位)에 있었기 때문에 국가는 안정되었고, 그의 이러한 조치들도 전부 실행되었다. 그리하여 『양서(梁書) · 유림전(儒林傳)』에서도 이르길, "학교가 장경(莊敬)하고 학생이 많으니 대도(大道)를 이행함이 이렇게 성대한 정도에 이르렀다 (濟濟焉, 洋洋焉, 大道之行如是也)"라고 한 것이다. 그러나 유감스러운 일은 양 무제가 만년(晚年) 에 불교에 빠져들었고, 후경(侯景)의 난리도 겪게 되면서 국가는 그 후로 질서가 유지되지 못했다는 사실이다. 태평(太平) 2년(557) 정월에 경제(敬帝)는 조서를 내려 공자를 추앙하면서, "공부자(孔夫子)께서는 하늘로부터 영명하심을 품부(稟賦)받아 총명함을 체현하셨다. 인(仁)과 의(義)를 몸에 담고, 소왕(素王)34)의 영예를 떨쳤다. 현묘한 공업을 널리 펴시니, 그를 우러르는 사람은 더욱 그를 높이 보았고 부자(夫子)는 다른 사람들을 가르치면서도 피로함을 몰랐다. 충효(忠孝)를 세우시니 덕이 백성들에게 미쳤고, 예(禮)와 악(樂)을 제정하시니 도덕은 오히려 세속의 군주들을 능가함이 있었다"라고35) 칭송하였다. 그리고 공자의 후손을 물색하여 봉성후(奉聖侯)로 봉하여, "아울러 묘당을 수리하고 제사를 준비하는 의전(儀典)을 제공하여 철마다 제사 지내지도록 하되, 이는 모두 옛 제도를 따르도록"36) 하였다. 이 조서의 명령은 실제로 실현되지 못했을 것이다. 왜냐하면 8월에 경제(敬帝)가 진패선(陳覇先)에 의해 폐위(廢位)되고 국가는 멸망했기 때문이다.

남조(南朝)에서 문교(文敎)가 가장 번창하지 못한 시기는 진(陳)나라 때였다. 진(陳) 왕조는 42년 동안 국가를 유지했는데, 학문을 일으킨 기록이 없다. 공자를 높이고 유학을 추앙하는 사업에는 다만 두 차례에 걸친 태자의 공자 석전이 있었는데, 처음에는 공자 후손을 봉하고 다음에는 공자문묘를 수리할 것을 명하였다. 제1차 행사였던 태자의 석전은 태강(太康) 3년 (571) 8월 신축(辛丑)일에 "황태자가 친히 태학에서 석전을 거행하고 이부[二傳: 태부(太傅)와 소부 (少傅)로서, 태자(太子)의 학업을 도와주는 스승이다], 좨주(祭酒) 이하에게 비단을 차등적으로 하사하였다".37) 제2차 행사는 지덕(至德) 3년(585) 12월 신묘(辛卯)일에 "황태자가 태학에 나가 『효경』을 강하여, 무술(戊戌)일에 강론을 마친 것이다. 신축(辛丑)일에 선사에게 석전을 지내고, 의례를 마친 후에는 금석악(金石樂)38)을 연주하여 왕공경사(王公卿士)에게 연회(宴會)를 베

---

34) (옮긴이) 소왕(素王)은 왕위는 없지만 왕으로서의 덕을 갖춘 사람을 이르는 것을 기본 의미로 하는데 공자를 가리킬 수도 있다.

35) 『梁書 · 本紀第六 · 敬帝』(文淵閣四庫全書 電子版 참고). "夫子降靈體喆, 經仁緯義, 允光素王, 載闡玄功, 仰之者 彌高, 誨之者不倦. 立忠立孝, 德被蒸民, 製禮作樂, 道冠群後."

36) 『梁書 · 本紀第六 · 敬帝』. "倂繕廟堂, 供備祀典, 四時荐秩, 一皆遵舊."

37) 『陳書 · 本紀第五 · 宣帝』(文淵閣四庫全書 電子版 참고). "戊皇太子親釋奠於太學, 二傅, 祭酒已下可賚帛各有差."

38) (옮긴이) 금석악(金石樂)은 鍾이나 경쇠 등 악기로 연주한 음악인데 주로 廟堂에서 연주한 음악을 가리킨다.

푼"[39] 일이었다. 공자 후손을 봉한 가장 이른 시기는 광대(光大) 원년(567) 12월로서 "아울러 중랑직을 맡았던 공영철(孔英哲)을 봉성정후(奉聖亭侯)로 봉하여 공자의 제사를 봉사하게" 하였다.[40] 공자문묘를 수리한 때는 지덕(至德) 3년이었다. 후주(后主)는 조서를 내려, 공자는 "최상의 지혜를 품부받으셨으니, 자질이 가장 뛰어난 성인이시다. 그분은 규범이 되는 전장(典章)을 본받으시어 천지와 덕을 함께하시고, 그가 지은 예악은 아(雅)와 송(頌)의 심오한 도리를 확립하시어 일월(日月)과 명철함을 함께하셨다. 후세 사람들에게 예절의 모범을 보이시고 이를 전하여 백성들의 눈과 귀를 열어주셨다"[41]라고 찬양하였다. 그리고 "양(梁)나라 말기에 국가가 쇠락하여 묘우에 제사 지냈던 곳을 망각하니, 잡초만 무성하게 자란 지 30여 년이 된(梁季湮微, 靈寢忘處, 鞠爲茂草三十餘年)" 까닭에, "예전(禮典)에 상세히 의거하여 옛 묘(廟)를 다시 세우고, 방의 마루와 대들보는 모두 아름답게 꾸며 새롭게 만들고, 향기롭고 깨끗하게 하여 때에 맞춰 제사를 지내라"[42]고 명하였다. 보수(補修)한 대상은 건강(建康)의 공씨가묘였을 것이다. 공자의 고향은 진(陳) 왕조가 장악한 지역에 없었기 때문에, 태학의 공자문묘에서 황태자가 예전에 두 차례 석전을 지낸 것은 "잡초가 무성하게 자란 지 30여 년이 될(鞠爲茂草三十餘年)" 수 없었다.

남량(南梁) 시기에는 수도 이외의 지방학교에도 공자문묘가 등장하였다. 소역[蕭繹: 양원제(梁元帝)]이 형주(荊州) 자사(刺史, 526~539)로 부임했을 때, "주(州)의 학교 안에 선니묘(宣尼廟)를 건립하였고(起州學宣尼廟)", "황제가 친히 선니의 초상을 그리고 그를 위해 찬미하여 글을 지었으니, 당시 사람들은 그를 삼절(三絶)이라 불렀다".[43] 이러한 지방학교의 공자문묘는 북제(北齊)의 군국 학교에 세워진 공자문묘보다 빠르고, 남동해군(南東海郡)의 선니묘와 북위(北魏) 시기에 항농(恒農) 지역의 태수(太守)인 유도빈(劉道斌)이 세운 공자문묘보다 늦다고 하더라도, 모두 개인이 우연히 세운 것으로 국가 시설은 아니었다. 따라서 이것은 지방학교 공자문묘의 시작이라고 볼 수 없다. 서진(西晉) 시대 이후로 중국의 북방은 소수민족의 손아귀에 떨어졌다. 북방의 유목민족(遊牧民族)은 역사상 16국(國)과 북조(北朝)로 지칭되는 지역적 할거정권을 연

---

39) 『陳書・本紀第六・後主』(文淵閣四庫全書 電子版 참고). "皇太子出太學, 講『孝經』, 戊戌講畢. 辛丑釋奠於先師, 禮畢, 設金石之樂, 會宴王公卿士."

40) 『陳書・本紀第六・後主』. "以兼從事中郎孔英哲爲奉聖亭侯, 奉孔子祀."

41) 『陳書・本紀第六・後主』. "誕膺上哲, 體資至聖, 祖述憲章之典, 竝天地而合德, 樂正雅頌之奧, 與日月而借明, 垂後昆之訓範, 開生民之耳目."

42) 『陳書・本紀第六・後主』. "祥之禮典, 改築舊廟, 蕙房桂棟, 咸使維新, 芳蘩潔潦, 以時饗奠."

43) 『南史・梁本紀下第八・元帝』(文淵閣四庫全書 電子版 참고). "帝工書善畫, 自圖宣尼像, 爲之贊而書之, 時人謂之三絶."

달아 세웠다. 16국 중 전량(前涼), 서량(西涼), 북연(北燕)을 제외한 나라들은 한인(漢人)이 세웠고, 북조(北朝)는 선비족화(鮮卑族化)된 한인(漢人)인 북제(北齊)의 고양(高洋)을 제외하고는 모두 흉노(匈奴), 선비(鮮卑), 갈(羯), 저(氐), 강(羌) 등의 소수민족이 세웠다. 중원에 진입한 이들 소수민족은 본디 대부분 물이 있는 데에만 살고 방목으로 생계를 꾸리는 유목 민족으로, 대체로 원시부락(元始部落) 시대의 상태였기 때문에, 문명화 정도가 중원의 한족보다 훨씬 낮았다. 사실, 무력으로 중원을 정복한 소수민족이 중원에서 입지를 확고하게 굳히기 위해서는 반드시 한족의 선진문화를 흡수하여 자기 민족의 문화 수준을 높여야 했다. 그리하여 북방의 소수민족 정권은 대부분 유학을 추숭하고 학문을 일으키는 정책을 실행하였고, 유학의 정치적 지위도 이에 상응하여 높아졌다. 바로 이러한 상황 속에서 유목민족이 점령한 북방 지역에 정규 지방학교와 지방학교의 공자문묘가 가장 빨리 세워졌다.

북방의 유목민족은 보편적으로 유가 사상을 중시하였고, 유가 사상을 중심에 둔 교육을 실행했다. 전조(前趙)의 임금이자 흉노족인 유요(劉曜, ?~329)는 "장락궁(長樂宮) 동편에 태학을 세우고 미앙궁(未央宮) 서편에 소학(小學)을 세워 25세 이하 13세 이상의 백성 중 총명하고 의지가 강해 가르칠 만한 사람 총 1500명을 선발하였다. 그리고 조정(朝廷)의 현신(賢臣)들과 나이 많고 박학한 유생, 경술에 통달하고 공부에 부지런한 사람들에게 그들을 가르치라 하였다. 중서감(中書監)인 유균(劉均)에게 국자 좨주(國子祭酒)를 통솔하게 하고 숭문좨주(崇文祭酒)[44]를 설치하여 국자 좨주에게 차등적으로 봉록을 지급하였"[45]으니, 학생이 1500명으로 통일된 서진(西晉) 왕조보다 훨씬 많았다. 후조(後趙)의 임금이자 갈족(羯)인 석륵(石勒, 274~333)은 글자를 몰랐지만, "평소에 문학을 좋아하여 군대에 있다 하더라도 항상 유생을 시켜 역사서를 읽게 하고 그것을 들었다".[46] 군사적 업무로 바쁜 와중에도 "태학을 세우면서 경전에 통달하고 독서에 능한 관리들을 뽑아 문학연(文學掾)으로 삼아,[47] 장수(將帥)와 좌리(佐吏)의 자제 삼백 명을 선발하여 가르쳤으며"[48] "양국(襄國)의 네 문에 선문(宣文), 선교(宣敎), 숭유(崇儒), 숭훈(崇訓) 등 10여 개의 소학(小學)을 추가로 설치하고 장수(將帥)와 좌리(佐吏), 호족(豪族)들의 자

---

44) (옮긴이) 국자 좨주(國子祭酒)는 국자학을 주관하는 學官으로 지금의 대학교 총장직과 비슷하다. 숭문 좨주(崇文祭酒)는 문화 사업을 주관하는 관리이다.

45) 『晉書·載記第三·劉曜』(文淵閣四庫全書 電子版 참고). "立太學於長樂宮東, 小學於未央宮西, 簡百姓年二十已下, 十三已上, 神誌可敎者千五百人, 選朝賢宿儒明經篤學者以敎之. 以中書監劉均領國子祭酒, 置崇文祭酒, 秩次國子."

46) 『晉書·載記第五·石勒下』(文淵閣四庫全書 電子版 참고). "雅好文學, 雖在軍旅, 常令儒生讀吏書而聽之."

47) (옮긴이) 문학연(文學掾)은 관직 이름이다. 학관(學館)을 주관하는 관리로서 약칭으로 '문학(文學)'이라고 불러지기도 하였다.

48) 『晉書·載記第五·石勒下』. "立太學, 簡明經善書吏爲文學掾, 選將佐子弟三百人敎之."

제 100여 명을 선발하여 가르쳤다"49)라고 하였다. 건국(建國) 후에는 "중랑(中郎)직을 맡고 있는 배헌(裵憲), 참군(參軍)인 부창(傅暢), 두하(杜嘏)에게 모든 경학좨주(經學祭酒)를 총괄하라 하고"50) "또한 공경(公卿) 백료(百寮)들에게 명을 내려 매년 현량방정(賢良方正)의 과(科), 직언극간(直言極諫)의 과(科), 무재이등(茂才異等)의 과(科), 지효청렴(至孝淸廉)의 과(科)51)에서 각 한 명씩을 천거하게 했으며, 책문(策問)에 답한 자들 가운데 상등인 자는 의랑(議郎)을 제수하고, 중등인 자는 중랑(中郎)을, 하등인 자는 낭중(郎中)을 제수하였다. 천거된 자들은 서로 천거하여 쓰이게 하니, 현인을 불러들이는 길이 넓어졌다. 명당(明堂), 벽옹, 령대(靈臺)를 양국성(襄國城)의 서쪽에 세웠다".52) 태학에 학생이 300명, 경성(京城)에 소학(小學)이 10군데 이상으로 교육 규모가 엄청났다. 석륵(石勒)은 교육을 중시하여 "친히 크고 작은 학교에 왕림하여 제생들을 경전 해석으로 시험했다(親臨大小學, 考諸生經義)"라고 하였다. 더욱 주목할 것은 지방에 명하여 각 지방의 학교를 세우게 함으로써 학교를 지방에까지 확산시킨 것으로, "각 지방에 명을 내려 학관을 세우고 각 군마다 박사, 좨주 두 사람과 제자 150인을 두도록 하였다(命郡國立學官, 每郡置博士, 祭酒二人, 弟子百五十人)". 이 명령은 대략 건평(建平) 3년(322)에 공표된 것인데, 공표된 지 얼마 지나지 않아 석륵이 세상을 떠났기 때문에, 실행되었을 가능성은 크지 않다. 건무(建武) 3년(337년)에 석호(石虎, 295~349)가 천왕(天王)으로 즉위하여 태학을 세웠는데, 아마 이듬해에 "조서를 내려 여러 군국에 오경박사(五經博士)를 설치하도록(下書令諸郡國立五經博士)" 하여 학교를 지방까지 확산시켰을 것이다.

전연(前燕)을 세운 선비족(鮮卑族) 모용씨(慕容氏)는 유학을 중시했다. 모용외(慕容廆, 269~333)는 유학으로 귀족 자제들을 교육하고 "평원(平原) 사람 류찬(劉讚)은 유학에 대해 통달하지 않은 것이 없었는데, 동상[東庠: 학관(學館)]53)의 좨주로 임명되니, 세자 황(皝)이 귀족 자제들을 데리고 와서 좨주를 뵙고 가르침을 받았다. 모용외(慕容廆)는 정사를 처리하고 난 뒤 여가 있을 때 친히 왕림하여 강학(講學)를 들었다".54) 모용황(慕容皝, 297~348)은 "경학을 숭상"하여(尙

---

49) 『晉書·載記第五·石勒下』. "增置宣文, 宣教, 崇儒, 崇訓十餘小學於襄國四門, 簡將佐豪右子弟百餘人以教之."

50) 『晉書·載記第五·石勒下』. "從事中郎裵憲, 參軍傅暢, 杜嘏幷領經學祭酒."

51) (옮긴이) 현량방정(賢良方正), 직언극간(直言極諫), 무재이등(茂才異等), 지효청렴(至孝淸廉)은 한(漢)나라 때 설치한 관료를 천거하는 과시(課試)이다. 한나라 때부터 수재(秀才)가 과거의 과목으로 실시되어 여기에 응시하는 사람들을 수재라 하였는데, 광무제 때 와서 그의 휘(諱)가 수(秀)였으므로 이를 피하여 무재이등(茂才異等)으로 고친 것이다.

52) 『晉書·載記第五·石勒下』. "又下書令公卿, 百寮歲薦賢良方正, 直言秀異, 至孝淸廉各一人, 答策上第者拜議郎, 中第中郎, 下第郎中. 其擧人得遞相薦引, 廣招賢之路. 起明堂, 辟雍, 靈臺於襄國城西."

53) (옮긴이) 동상(東庠)이라는 이름은 하(夏) 왕조 때 궁(宮)의 동쪽에 학교를 세웠다는 데서 유래되었다. 동상(東庠)은 하 왕조 때의 태학을 가리키다가 훗날 학교의 통칭으로 되었다.

經學) "옛 궁에 동상(東庠)을 세우고(立東庠於舊宮)", 매달 찾아가 우열(優劣)을 고과(考課)하고, 경전을 통달하는 데 유달리 뛰어난 자는 측근(側近) 시종(侍從)으로 뽑아 보충하였다. 그는 또한 "문집 읽기를 좋아하였으며, 강의하고 가르치는 데 부지런하니, 학생들이 매우 많아 1000여 명에 이르렀다"[55] 하였으니, 역사상 학생 수가 가장 많았던 국왕이었다고 말할 수 있다. 전진(前秦)은 저(氐)족 정권이 세운 나라로, 임금 부견(苻堅, 338~385)이 유학을 추숭하여, "정도(正道)와 정통학문이 아닌 일체를 금지(非正道典學一皆禁之)"하고, 노장(老莊)과 도참(圖讖)을 강론하는 학자를 중형(重刑)에 처했다. 그리고 영흥(永興) 원년(357)에 즉위한 뒤에 곧바로 학교를 세우고, 오래 지나지 않아 다시 "학궁(學宮)을 대대적으로 수리하고 경전 하나 이상에 통달한 군국의 학생을 초청하여 관직을 보충하였다(廣修學宮, 召郡國學生通一經以上充之)"라고 하였다. 또한 태자와 공후(公侯)·관료(官僚)의 자제들에게 수업 듣기를 촉구하였고, 심지어는 후궁에서 총명하고 지혜로운 환관(宦官)과 여종(女從)을 뽑아 박사를 따라 배우도록 하였다. 그는 매달 한 번씩 친히 태학에 왕림하여 학생의 경전 해석 실력을 시험했는데, 시험 성적이 우수한 83명의 학생을 한 번에 선발하여 중용하기도 하였다. 학생을 시험했을 뿐만 아니라, 선생들도 시험했는데, "오경에 대해 어려운 문제를 던지니, 박사들이 대부분 대답하지 못했다".[56] 위령(韋逞)의 어머니인 송(宋)씨는 가학(家學)을 계승하여 『주관(周官)』에 정통했다. 마침 태학에 『주관』을 가르치는 선생이 없었기 때문에 부견(苻)은 명하길, "송씨의 집에 가서 강당을 세우고 학생 120명을 두어, 붉은 비단 휘장(揮帳)을 사이에 두고 수업하게 하였으니, 송씨에게 호를 내려 문선군(宣文君)이라 하였다"[57]라고 기록하고 있다. 이러한 까닭에 진서(晉書)에서는 "영가(永嘉)의 난(亂) 이래로 학교는 이미 보이지 않게 되었는데, 부견이 왕위를 찬탈했을 때 유학을 중시하였다. 왕맹(王猛)이 풍속을 정돈하여 정무가 깨끗해지니, 학교가 점점 흥성하게 되었다. 관롱(關隴) 지역은 평화스러워졌으며, 백성들은 물자가 풍족하고 안정되었다"[58]라고 하며 그를 매우 높게 평가하였다.

후진(後秦)은 강족(羌族) 정권이 세운 나라로, 줄곧 유가 사상을 추숭하여 유가 교육을 크게

54) 『晉書·載記第八·慕容廆下』(文淵閣四庫全書 電子版 참고). "平原劉贊儒學該通, 引爲東庠祭酒, 其世子皝率國胄束修受業焉. 廆覽政之暇, 親臨聽之."

55) 『晉書·載記第九·慕容皝』(文淵閣四庫全書 電子版 참고). "雅好文集, 勤於講授, 學徒甚盛, 至千餘人."

56) 『晉書·載記十三·苻』(文淵閣四庫全書 電子版 참고). "問難五經, 博士多不能對."

57) 『晉書·列傳第六十六·烈女·違逞母宋氏』(文淵閣四庫全書 電子版 참고). "就宋氏家立講堂, 置生員百二十人, 隔絳紗幔而受業, 號宋氏爲宣文君."

58) 『晉書·載記十三·苻』(文淵閣四庫全書 電子版 참고). "自永嘉之亂, 庠序無聞, 及堅之僭, 頗留心儒學. 王猛整齊風俗, 政理稱學, 學校漸興, 關隴淸晏, 百姓豊樂."

일으켰다. 후진(後秦)의 건국자인 요익중(姚弋仲, 280~352)은 중원 문화의 영향을 깊게 받았다. 때문에 아들들에게 경계하여 말하길 "예부터 반신(叛臣) 중에서 천자가 된 자가 없었다. 내가 죽은 뒤에 너희들은 진(晉)나라로 돌아가 신하의 절의를 다하고 불의한 짓을 해서는 안 된 다"59)라고 하였다. 그리하여 그의 아들 요양(姚襄)은 "학문을 좋아하여 박학했으며, 평소에 담론을 즐겨하였고(好學博通, 雅善談論)", 다른 아들인 요장(姚萇)은 후진(後秦)(386)을 세운 다음 즉위하여, "태학을 세우고, 선현의 후손을 예우하였다".60) 요장(姚萇)의 아들인 요흥(姚興, 356~416)은 재위(在位) 기간에 유학 교육을 적극적으로 지지하여, "천수(天水)의 강감(姜龕), 동평(東平)의 순우기(淳于岐), 풍익(馮翊)의 곽고(郭高) 등의 덕이 높고 명망 있는 석학들은 경학에 정통하고 품행이 단정하여 각자 문도가 수백여 명 정도나 따랐다. 이들이 장안에서 가르칠 때 멀리서 찾아온 사람이 만 수천 명에 이르렀다. 요흥은 정사를 처리하다가도 겨를이 생기면 강감(姜龕) 등을 동당(東堂)으로 불러와서 도의(道義)를 강론하고 명(名)과 리(理)의 관계를 분석하였다."61) 제생(諸生)이 만 몇천 명에 이르렀다고 하니 요흥(姚興)의 관할 지역인 장안(長安)은 당시 교육의 요충지였다는 것을 알 수 있다. 양주(涼州)의 학자인 호변(胡辯)은 낙양(洛陽)에서 강학할 때 제자가 천여 명 정도 모여들었다. 요흥의 통치하에 있던 관중(關中) 지역의 자제들도 직접 찾아가서 학문을 배웠다. 요흥(姚興)은 특별히 변경(邊境) 수비군에게 명령을 내려, "제생들이 도(道)와 예(藝)를 배우고 자기 몸을 닦으려고 가는 것이니 내왕하는 데는 제한을 두어서는 안 된다"62)라고 하며, 변경(邊境)을 출입하는 유생들에게 편의를 제공하였다. "덕분에 배우는 이들이 모두 고무되어 유가의 기풍이 크게 일어났다."63) 요흥의 교육 장려책으로 유학이 크게 흥성할 수 있었던 것이다.

북위(北魏)의 선비족(鮮卑族)은 한화(漢化)64)를 적극 장려하여 유가 사상을 가장 추숭(推崇)한 소수민족이기도 하다. 도무제(道武帝) 탁발규(拓跋珪, 371~409)가 "처음 중원을 평정하여 날마다 눈코 뜰 새 없이 바빴음에도, 도읍을 세운 뒤에 곧바로 경학을 토대로 태학(太學)을 세우고 오경박사(五經博士)를 설치하니, 생원 수가 1000여 명이나 되었"으며,65) 황시(皇始) 원년(396)

---

59) 『晉書·載記第十六·姚弋, 姚襄, 姚萇』(文淵閣四庫全書 電子版 참고). "自古以來未有叛臣作天子者, 我死, 汝便歸晉, 當竭盡臣節, 無爲不義之事."

60) 『晉書·載記第十六·姚弋, 姚襄, 姚萇』. "立太學, 禮先賢之后."

61) 『晉書·載記第十七·姚興上』(文淵閣四庫全書 電子版 참고). "天水姜龕, 東平淳于岐, 馮翊郭高等皆耆儒碩德, 經明行修, 各門徒數百, 教授長安, 諸生自遠而至者萬數千人. 興每於聽政之暇, 引龕等於東堂講論道義, 錯綜名理."

62) 『晉書·載記第十七·姚興上』. "諸生詣訪道藝, 修已屬身, 往來出入, 勿拘常限."

63) 『晉書·載記第十七·姚興上』. "于是學者咸勸, 儒風盛焉."

64) (옮긴이) 한족의 언어·문화·풍속·습관에 융합되는 것.

65) 『北史·儒林傳上』(文淵閣四庫全書 電子版 참고). "初定中原, 雖日不暇給, 始建都邑, 便以經術爲先, 立太學, 置

에 "최초로 대성(臺省)[66]을 만들고 백관(百官)을 두었으며 공후(公侯)를 봉하고 장군(將軍), 자사(刺史), 태수(太守), 상서랑(尙書郞) 이하는 모두 문인(文人)으로 했다".[67] 천흥(天興) 원년(398)에는 평성(平城)으로 천도(遷都)하고, 2년에는 "최초로 각 오경(五經)마다 박사(博士)를 두고, 국자감, 태학의 생원을 3000명으로 늘렸다".[68] 4년에는 "악사(樂師)를 학교에 불러와서 악무를 하도록 명하였고, 공자에게 석채례(釋菜禮)를 올렸다".[69] 그 외에 "박사 및 유생들을 모아 여러 경서의 글자들을 비교하여 뜻[義]대로 분류 정리하여 4만여 자 정도 되었는데, 이를 『중문경(衆文經)』이라고 했다".[70] 태무제(太武帝) 탁발도(拓跋燾, 408~452)는 시광(始光) 3년(426)에 "성(城) 동쪽 편에 태학을 세워 공자에게 제사를 올리고 안연(顔淵)을 배향했다".[71] 태평진군(太平眞君) 11년(450)에는 노군(魯郡)을 함락한 뒤 관리를 보내 태뢰(太牢)를 차리고 궐리(闕裏) 공자문묘에서 공자에게 제사를 올렸다.[72] 헌문제(獻文帝) 천안(天安) 원년(466)에 "최초로 향학(鄉學)을 세우고, 군에는 박사 2명, 조교 2명, 학생 60명을 두었으며",[73] 지방에 학교를 설립하여 학관(學官)을 배치하고 정원(定員)을 정해주기도 하였다. 황흥(皇興) 2년(468)에는 중서령(中書令) 고윤(高允, 390~487)을 보내어 연주(兗州) 궐리 공자문묘에 가서 태뢰로 공자에게 제사를 올렸다.

가장 적극적으로 한화 정책을 펼친 황제는 효문제(孝文帝)였다. 그는 낙양으로 수도를 이전하고 선비어 사용과 호복(胡服) 착의(著衣)를 금지시켰다. 선비족의 복성(復姓)을 단성(單姓)으로 바꾸고, 교사(郊祠) 및 종묘(宗廟) 제도와 관제(官制), 율령(律令)을 개정했다. 요컨대 모든 방면에서 한인(漢人)의 제도를 모방하고 채택함으로써, 유학을 추앙하고 주창하였다. 연흥(延興) 2년(472)에는 다음과 같은 조서를 내려 공자를 칭송하기도 했다. "공자는 현명한 성인의 모습을 이어받아 생지(生知)를 체화했으며, 만물의 이치를 궁구하고 본성을 다하여 도의 빛을 사해(四海)에 두루 비춘다."[74] 특별히 궐리 공자문묘에서 무녀나 박수, 광대들의 기복 활동을 금지한다는 명령을 내렸다. 연흥(延興) 3년 공자의 28대손인 공승(孔乘)을 숭성대부(崇聖大夫)로 봉

五經博士, 生員千有余人."

66) (옮긴이) 북위 시기에 중서성(中書省)에 해당하며 황제를 대신하여 정령(政令)을 반포하는 기관이었다.

67) 『北史·儒林傳上』. "初建臺省, 置百官, 封公侯, 將軍, 刺史, 太守, 尙書郞已下悉用文人.."

68) 『魏書·太祖道武帝紀』(文淵閣四庫全書 電子版 참고). "初令五經群書各置博士, 增國子, 太學生員三千人."

69) 『魏書·太祖道武帝紀』. "命樂師入學習舞, 釋菜于先聖先師."

70) 『魏書·太祖道武帝紀』. "集博士, 儒生比衆經文字, 義類相從, 凡四萬余字, 號曰‘衆文經’."

71) 『魏書·世祖太武帝紀下』(文淵閣四庫全書 電子版 참고). "起太學于城東, 祀孔子, 以顔淵配."

72) 『魏書·世祖太武帝紀下』.

73) 『魏書·顯祖獻文帝紀』(文淵閣四庫全書 電子版 참고). "初立鄉學, 郡置博士二人, 助敎二人, 學生六十人."

74) 『魏書·高祖孝文帝紀』(文淵閣四庫全書 電子版 참고). "尼父稟達聖之姿, 體生知之量, 窮理盡性, 道光四海."

하고, 10호(戶)를 배정하여 청소하도록 했다. 태화(太和) 13년(489)에는 "수도에 공자문묘를 세 웠는데(立孔子廟于京師)", 즉 경사(京師) 공자문묘를 만들었던 것이다. 국학(國學)의 공자 제사 외에 중서성(中書省)에서도 공자에게 봉사(奉祀)했다. 16년에는 공자 시호(諡號)를 바꾸었다. "선니(宣尼)란 시호를 문성니부(文聖尼父)로 개정하여 공자문묘에도 이를 고지했으며",75) "황 제가 중서성(中書省)에서 재계하고, 친히 문묘에서 제사를 지냈다"76)라는 기록이 있다. 효문 제는 궐리의 공자문묘에도 직접 가서 제사를 드렸다. 태화(太和) 19년 4월, "경신(庚申)일에는 노성(魯城)으로 행차하여 공자문묘에서 친히 제사 지내고, 신유(辛酉)일에는 공씨 네 사람과 안 씨 두 사람을 관리로 한다는 조서를 내렸다".77) "여러 공씨 후손들 중 한 명을 뽑아 숭성후(崇 聖侯)로 봉하고, 100호를 하사하여 공자 제사를 지내도록 했다".78) 동시에 "연주(兗州)에 조서 를 내려 측백나무를 심고 무덤을 가꾸었으며, 다시 비명(碑銘)을 고쳐 새겨 성덕(聖德)을 기리 라고 명령했다".79) 북위 시대에는 "공자와 주공(周公)의 제사는 모두 목수(牧守)80)가 주관했 다. 그러나 중서성에서 공자의 위패를 모시고 있어 제사 지낼 때 (황제가) 친히 지냈다".81) 이 기록에서 볼 수 있듯이 중서성(中書省)의 공자 제사는 황제가 직접 지냈으며, 지방의 공자와 주공의 제사는 본지 행정장관이 주관했다.

태화(太和) 19년, 효문제(孝文帝)는 낙양(洛陽)으로 천도(遷都)한 뒤 그곳에 국자학(國子學), 태 학, 사문학(四文學), 소학(小學) 등 일련의 교육 시설을 세우라고 명했다. 그러나 곧바로 착공에 들어가지 못했고, 정시(正始) 원년(504)에 선무제(宣武帝)가 국학 건축에 대해 다음과 같은 조서 를 내렸다. "황제의 기반을 옮긴 뒤 중앙의 터를 닦고 국방과 정사에 온 힘을 쏟느라, 경학에 신경 쓸 겨를이 없었던 것이 조용히 되돌아보면 조상에게 너무 송구스럽다. 유사(有司)에게 명 해 한위(漢魏) 시기의 옛 관례대로 국학을 정비한다."82) 정시(正始) 4년에는 다시 국자학(國子 學), 태학, 소학(小學) 건립에 관한 조서를 내렸다. "이제는 천하가 태평하고 변경(邊境)이 안정 됐으니 유사에게 명해 이전의 양식을 조사토록 해서, 국자와 태학을 세우고, 사문(四門)에 소학

<hr />

75) 『魏書 · 高祖孝文帝紀』. "改諡宣尼曰文聖尼父, 告諡孔子廟."
76) 『魏書 · 高祖孝文帝紀』. "帝齋中書省, 親拜祭于廟."
77) 『魏書 · 高祖孝文帝紀』. "庚申行幸魯城, 親祠孔子廟, 辛酉詔拜孔氏四人, 顔氏二人爲官."
78) 『魏書 · 高祖孝文帝紀』. "詔選諸孔宗子一人封崇聖侯, 邑一百戶, 以奉孔子之祀."
79) 『魏書 · 高祖孝文帝紀』. "詔兗州爲孔起園柏, 修飾坆壠, 更建碑銘, 褒揚聖德."
80) (옮긴이) 목수(牧守)는 지방의 행정 장관을 가리킨 것이다. 목(牧)은 주(州)의 행정장관이고 수(守)는 군(郡) 의 행정장관이다.
81) 『魏書 · 高祖孝文帝紀』. "祀孔子及周公皆令牧守執事, 其宣尼之主祀于中書者親行拜祭."
82) 『魏書 · 世宗宣武帝紀』(文淵閣四庫全書 電子版 참고). "自皇基徙構, 光宅中區, 軍國務殷, 未遑經建, 靖言思之, 有慚古烈. 可勅有司, 依漢魏舊章營繕國學."

1-4-2 낙양문묘의 대성전(大成殿). 현존하는 낙양문묘의 전신은 송대 서경국자묘(西京國子廟)와 명·청대 하남부학문묘(河南府學文廟)이다.

을 만들도록 하라."[83] 하지만 7, 8년 후에도 완공되지 못하자 연창(延昌) 원년(512)에 다시 다음과 같은 조서를 내렸다. "숭현(嵩縣)으로 천도한 지 24년이 되었는데, 궁궐에서는 장막을 치고 음악을 연주하는 소리만 들리고 사문소학(四門小學)에서는 가르치고 낭송하는 일이 끊어졌다. …… 유사에게 엄격한 명을 내려, 국자학은 맹동(孟冬: 음력 10월)까지, 태학과 사문(소학)은 내년 늦봄까지 완공하도록 하라."[84] 수도에 있는 모든 교육시설은 기한 내에 완공하라는 명령이 내린 후에야 마침내 모두 설립되었다. 정광(正光) 원년(520)에 효명제(孝明帝)는 다음과 같이 국학 정비를 명하여 석전(釋奠)을 준비했다. "내년 봄 중양(仲陽: 두 번째 달)은 계절이 좋고 날씨가 습해서 공자와 안연에게 석전을 올리기 좋은 때이다. 유사는 미리 국학을 수리하고 성현(聖賢)을 그림으로 장식하며, 관리를 두어 제물을 검사하고 기일을 택하여 예식을 준비하라."[85]

북위(北魏) 말기부터는 비록 몰락하기 시작했지만, 황제는 여전히 공자와 공자 사상을 추앙했다. 효명제(孝明帝)는 "나라를 세우고 백성을 다스리는 데 교육을 근본으로 한다. 스승을 존경하고 도리를 중히 여기며, 현재의 제도는 과거에서 비롯된다"[86]라는 조서를 내려 관계 기관

---

83) 『魏書·世宗宣武帝紀』. "今天平地寧, 方隅無事, 可勅有司準訪前式, 置國子, 立太學, 樹小學于四門."
84) 『魏書·世宗宣武帝紀』. "遷京嵩縣, 年將二紀, 虎帷闕唱演之音, 四門絶講誦之業. …… 可嚴勅有司, 國子學孟冬使成, 太學, 四門明年暮春令就."
85) 『魏書·肅宗孝明帝紀』(文淵閣四庫全書 電子版 참고). "來春仲陽, 節和氣潤, 釋奠孔顔乃其時也. 有司可豫繕國學, 圖飾聖賢, 置官簡牲, 擇吉備禮."
86) 『魏書·肅宗孝明帝紀』(文淵閣四庫全書 電子版 참고). "建國緯民, 立教爲本; 尊師重道, 兹典自昔."

에서는 이듬해 제사를 잘 준비하도록 명했다. 그리고 정광(正光) 2년에는 친히 국자학에 가서 공자에게 제사를 올렸으며, 영희(永熙) 3년(534), 효무제(孝武帝)도 공자의 석전대제를 직접 거행했다.

무정(武定) 8년(550) 5월, 고양(高洋)은 동위(東魏)의 효정제(孝靜帝)를 폐위시키고 북제(北齊)를 수립한 뒤 연호를 천보(天保)로 바꾸었다. 20일 후에는 공자의 장손 공장숭성후(孔長崇聖侯)를 공성후(恭聖侯)로 봉호를 바꾸고, 식읍(食邑)으로 100호를 하사하여 공자의 제사를 주봉(主奉)하도록 조서를 내렸다. 동시에 노군(魯郡)에 제때에 궐리(闕里) 공자문묘를 수리하여 "지극한 존경의 뜻을 다하도록(務盡褒崇之至)" 명령을 내렸으며, 관리를 파견하여 궐리(闕里) 공자문묘에 가서 제사를 지내도록 했다. 8월에는 군국(郡國: 군과 제후왕의 지역 통칭)에 조서를 내려 학교를 세우고 "널리 인재를 초청하여 유풍(儒風)을 계승(廣延髦俊, 敦述儒風)"하게 했는데, 같은 해에 군국(郡國) 학교에 공자문묘를 세우도록 하여 공자문묘 건설을 지방에서도 추진시켰다.

북제(北齊) 시기에 "군학(郡學)은 패방 안쪽으로 공자와 안회의 묘우를 한곳씩 건립하였다(郡學則于坊內立孔顔廟一所)"라는 기록이 있었다. 이 기록을 보면 당시 군국(郡國)에서는 이미 학교가 설립되었음을 알 수 있다. 왜냐하면 학교가 있어야 공자문묘를 세울 수 있었던 것이다. 한(漢) 무제(武帝) 때부터 중국은 지역마다 학관(學官: 학교 장관)을 배치하였는데, 이들은 정부의 관리로서 백성을 교화하는 일을 맡았다. 소제(昭帝, B.C. 86~B.C. 74 재위) 때에 한연수(韓延壽, ?~B.C. 57)는 영천태수(穎川太守)로 임명되어 "학관(學官: 학교)을 정비하고(修治學官)", "학교의 교관과 학생들이 관모(冠帽)를 쓰고 제사 지내며 관리와 백성에게 관혼상제를 치르도록 하였다".[87] "한 원제(漢元帝)는 유학을 선호했기 때문에 군국에 『오경』 백석리(百石吏)를 두었는데(漢元帝好儒, 郡國置『五經』百石吏)", 이는 군국에 매월 식량 100석을 받는 오경(五經) 관리를 두었다는 뜻이다. 전한(前漢) 원시(元始) 3년에 왕망(王莽, B.C. 45~B.C. 23)은 지방학교에도 교원(敎員)를 두기 위해 다음과 같은 내용으로 주청을 올렸다. "군(郡)에서는 학(學)을, 현(縣), 도(道), 읍(邑), 후(侯)에서는 교(校)를 설치합니다. 교와 학에 경사(經師)를 한 명 두십시오. 향(鄕)에서는 상(庠), 취(聚)에서는 서(序)를 설치합니다. 서와 상에 효경(孝經) 선생을 한 명 두십시오"[88]라고 건의하였다. 하지만 학생 정원에 대해서는 언급하지 않았다. 향상(鄕庠)과 취서(聚序)에 『효경』 강사만 둔 것을 보면 사회를 교화하는 역할 정도만을 한 것 같다. 학과 교에는 건물, 경

---

87) 『漢書·趙伊韓張兩王傳韓延壽』(文淵閣四庫全書 電子版 참고). "令學校校官, 諸生皮弁, 執俎豆, 爲吏民行喪嫁娶禮."

88) 『漢書·平帝紀』(文淵閣四庫全書 電子版 참고). "郡國曰學, 縣, 道, 邑, 侯國曰校, 校, 學置經師一人; 鄕曰庠, 聚曰序, 序, 庠 置『孝經』師一人."

1-4-3 제남문묘(濟南文廟)의 대성전. 제남(濟南)은 북제(北齊) 시기 때 제주(齊州)와 제남군(濟南郡)으로 되어 있었는데, 분명 이곳에 공자문묘를 세웠을 것이다.

사, 학생이 모두 있었기 때문에 완비된 편이었다. 북조(北朝) 후조(後趙) 시기에는 군국 학교에 학생 정원수를 일정하게 하기 시작했다. 석륵(石勒, 274~333)은 "군국에 학관을 세우고, 군(郡)마다 박사, 제주(祭酒) 2명, 학생은 150명으로 하고, 세 번의 시험을 거쳐 대부(臺府)에 오를 수 있다"[89]고 명했다. 이 명은 대략 건평(建平) 3년(332)에 반포되었지만, 얼마 지나지 않아 석륵(石勒)이 세상을 떠났기 때문에 실행되지 못했을 것이다. 석륵이 군국에 학관을 배치하고 학생 정원을 정한 것은 중국의 지방 국립학교 개혁에서 중대한 의미를 가진다. 지방의 학교에는 학관뿐만 아니라 학생 수에 대해서도 규정을 갖추게 되었다. 건무(建武) 3년(337)에 석호(石虎, 295~349)가 황제로 등극한 뒤 태학을 세웠고, 이듬해에 "각 군국에 오경박사를 두라고 명했다(下書令諸郡國立五經博士)". 이 명령의 내용은 석륵의 방안에 따라 군국에 학관을 설치하고 학생 정원을 둔 것이었다. 석호의 오경박사 설치 명령은 그가 죽기 전 약 11년 동안 실행되었을 가능성이 매우 크다. 중국 최초의 국립 정규 학교는 바로 갈족인(羯族人)인 후조(後趙) 때부터 시작되었다. 이 명령은 실행되었을 가능성이 매우 크기에 아마도 중국 최초의 국립 정규 학교는 갈족인에 의해 후조 때부터 시작되었을 개연성이 높다.

전진(前秦)의 부견(苻堅, 338~385)은 "널리 학궁을 세워서 하나 이상의 경전에 능통한 군국 학생들을 선발(廣修學宮, 召郡國學生通一經以上充之)"하여 태학의 인원을 보충하였다. 이는 『부견재

89) "命郡國立學官, 每郡置博士, 祭酒二人, 弟子百五十人, 三考修成, 顯昇台府."

기(符堅載記)』에 연도가 기재되어 있지 않았지만, 내용으로 보면 연호를 감로(甘露)로 개정하기 전(359년 6월)이었던 것 같다. 부견(符堅)이 즉위하고 "학교를 세우라(立學校)"라는 명령을 내린 후로 2년을 넘기지 않았는데, 이 시기에 벌써 하나의 경(經) 이상에 능통한 인재를 육성해냈다는 것은 불가능했을 것이다. 부견의 집권 초기에는 전진(前秦)의 강역은 주로 후조(後趙), 전조(前趙)의 영토였기 때문에 후조(後趙)의 군국학교를 계속 사용했을 가능성이 크다.

북위(北魏)에서는 여전히 군국학교에서 학관을 배치하고 정원을 두는 방식을 계승하고 있었다. 천안(天安) 원년(466)에는 "처음으로 향학을 세우고, 군에 박사 2명, 조교 2명, 학생 60명을 두었다(初立鄕學, 郡置博士二人, 助敎二人, 學生六十人)". 학교 설립에 대한 건의는 상주자사(相州刺史) 이흔(李訢)이 한 것으로, 그는 황제에게 다음과 같은 내용의 상서를 올렸다. "신이 듣건대 국가의 번영은 문덕(文德)이 아니면 왕도(王道)를 경륜할 수 없고, 태평성세는 인재가 아니면 황화(皇化)를 찬양할 수 없다고 했습니다. 그래서 옛날의 훌륭한 군왕(君王)은 경기(京畿)에 상서(庠序)를 만들고 군읍에 학관을 세우고 나라의 자제(子弟)에게 도예(道藝)를 가르친 뒤 준재(俊才)를 선발하여 사자(士子)로 육성했습니다. ……제가 도착하고 나서 각 문학(文學: 관리명)을 방문했는데, 연세가 많고 덕망 높은 자가 계시지만 후진들이 아직 양성되지 못했습니다. 연초에 제도에 따라 유능한 자를 추천받았지만, 직접 대화하는 날에 (가르치는 일을) 담당할 자신이 없다고 하였습니다."[90] 인재가 극히 부족하기에 그는 "옛 법도에 따라 주군(州郡)에 장소를 마련하고 각각 학관을 세우고, 명망 가문의 자제들과 황제나 귀족 후손들을 입학시켜 교육시킨다면, 아마도 인재 양성이 가능할 것입니다"[91]라고 건의했다. 헌문제(獻文帝)는 이를 받아들여 주요 정책 결정에 참여하는 대신인 고윤(高允, 390~487)에게 중서성(中書省), 비서성(秘書省)과 함께 상주 내용을 상의하도록 했다. 고윤(高允)은 다음과 같은 내용을 건의했다. "대군(大郡)에는 박사 2명, 조교 4명, 학생 100명, 차군(次郡)에는 박사 2명, 조교 2명, 학생 8명, 중군(中郡)에는 박사 1명, 조교 2명, 학생 60명, 하군(下郡)에는 박사 2명, 조교 1명, 학생 40명으로 합니다. 박사는 경전을 두루 섭렵하고 대대로 충직하고 청렴하며, 40세 이상으로 스승이 될 만한 사람이어야 합니다. 조교는 기본적으로 박사와 동일하며, 나이는 30세 이상이어야 합니다. 만일 이른 나이에도 인품이 성숙하고 가르칠 만한 재능이 있다면, 나이에 제한을 두지 않습니다. 학생은 그 지역에서도 평판이 좋고 행실이 바르며 가르침을 잘 따를 만한 사람이어야 합니다.

---

90) 『魏書·李訢傳』(文淵閣四庫全書 電子版 참고). "臣聞至治之隆, 非文德無以經綸王道; 太平之美, 非良才無以光贊皇化. 是以昔之明主, 建庠序于京畿, 立學官于郡邑, 敎國子弟, 習其道藝, 然後選其俊異, 以爲造士. …… 自到以來, 訪諸文學, 舊德已老, 後生未進. 歲首所貢, 雖依制遣, 對問之日, 惧不克堪."

91) 『魏書·李訢傳』. "仰依先典, 于州郡治所各立學官, 使士望之流, 冠冕之胄, 就而受業, 庶必有成."

권세 있는 가문의 자제들을 우선으로 하고 그다음으로 중등 가문에서 선발합니다."[92] 헌문제(獻文帝)는 이 건의를 수락한 듯하지만, 교원과 학생의 숫자는 줄였다. 『북사(北史)·유림전(儒林傳)』에 따르면 그 후에는 군의 크기에 따라 교원과 학생 숫자를 결정하자는 고윤의 의견이 수락되어 그대로 실행되었다.

북위(北魏) 시기에 군국 학교는 태학(太學)이라고도 했다. 학생들은 초기에 각 주군(州郡)에서 시험을 치렀는데, 이에 관해서는 다음과 같은 조항이 있었다. "학령(學令): 각 주군학교의 학생들은 3년에 한 번 학교에서 출제하는 유가경전에 관한 시험을 치러야 한다. 이에 따라 학생들의 순서를 매긴 뒤 조정에서 관리를 보내 군에 2차 시험을 치른다."[93] 후에 남안왕(南安王) 원영(元英)은 효문제(孝文帝)에게 경사(京師) 사문학(四門學: 교육기관)의 박사를 지방학교에 보내서 시험을 치르자고 다음과 같이 건의했다. "오경에 통달한 사문박사를 지방학교에 파견하여 시험을 치르도록 하고, 명령에 따라 관직의 등급을 조정해야 합니다."[94] 아울러 태학과 지방학교의 관계자, 지방학교에 대한 감독을 강화시켰다.

북위 시기 군국의 학교뿐만 아니라 일부 현향(縣鄕)에서도 학교를 세웠다. 효문제(孝文帝) 시대의 서연주자사(西兗州刺史) 고우(高祐, ?~499)는 "군국에는 태학이 있듯이, 현(縣)과 당(黨)[95]에도 횡서(黌序: 고대 학교)가 있어야 하며", "현(縣)에는 강학(講學)을, 당(黨)에는 교학(敎學)을, 촌(村)에는 소학(小學)을 세워야 한다"[96]라고 생각해서 군·현·당·촌에 각급 학교를 세웠다. 학교에서 공자 제사를 지냈는데, 일부 학교 안에는 공자와 그의 제자들의 초상화를 그려놓고 제사를 지내기도 하였다. 상주자사(相州刺史) 이평(李平)은 "태학을 수리하고, 유학에 정통한 사람들을 간단한 시험을 거쳐 박사 인력을 보충하고 오군(五郡)에서 인재들을 선발하여 교육시켰다. 그리고 묘당에 공자와 그의 제자 72명의 그림을 두고, 직접 칭송하였다".[97] 공자와 제자들의 초상을 묘당에 두는 것은 이후 군국학교에서 공자문묘가 건립될 전조나 다름없었

---

92) 『魏書·高允傳』(文淵閣四庫全書 電子版 참고). "大郡立博士二人, 助敎四人, 學生一百人; 次郡立博士二人, 助敎二人, 學生八十人; 中郡立博士一人, 助敎二人, 學生六十人; 下郡立博士一人, 助敎一人, 學生四十人. 其博士取博關經典, 世履忠淸, 堪爲人師者, 年限四十以上; 助敎亦與博士同, 年限三十以上; 若道業夙成, 才任敎授, 不拘年齒. 學生取郡中淸望, 人行修謹, 堪循名敎者, 先盡高門, 次及中第."

93) 『魏書·南安王楨傳』(文淵閣四庫全書 電子版 참고). "學令: 諸州郡學生三年一校所通經數, 因正使列之, 然後遣使就郡練考."

94) 『魏書·南安王楨傳』. "遣四門博士明通五經者道別校練, 依令黜陟."

95) (옮긴이) 고대에 500호(戶) 정도를 관할하는 지방 행정 단위다.

96) 『魏書·高祐傳』(文淵閣四庫全書 電子版 참고). "郡國雖有太學, 縣黨宜有黌序", "乃縣立講學, 黨立敎學, 村立小學."

97) 『魏書·李平傳』(文淵閣四庫全書 電子版 참고). "修飾太學, 簡試通儒以充博士, 選五郡聰敏者以敎之, 圖孔子及七十二子于堂, 親爲立贊."

다. 이평(李平)이 상주자사(相州刺史)를 지내던 때는 경명(景明) 2년(501) 무렵이었는데, 이 일은 그 당시 혹은 조금 뒤에 일어났을 것이다.

북위(北魏) 시기 항농태수(恒農太守) 유도빈(劉道斌)은 "학관과 공자문묘를 세우고, 초상화를 그렸다".[98] 지방학교 안에 공자문묘를 세우는 일은 북방의 지방학교에서 시작되었다. 유도빈은 정광(正光) 4년(523)에 기주자사(岐州刺史)를 지내면서 사망했는데, 이전에는 전술한 대로 항농태수(恒農太守)였다. 이를 토대로 추측하면 북위 시기 지방학교의 공자문묘는 520년 쯤에 지어지기 시작했을 것이다.

북위 시기 회주(懷州)에서도 공자를 기념하기 위한 묘우를 세웠다. 공자가 여러 나라들을 주유(周遊)할 때 진(晉)나라의 조간자(趙簡子, ?~B.C. 476)를 만나려고 한 적이 있었다. 황하(黃河) 강변에서 그가 진(晉)나라의 현인(賢人) 두명독(竇鳴犢)과 순화(舜華)를 죽인 사실을 듣게 되었고, 곧바로 위(衛)나라로 되돌아왔다. 후세 사람들은 공자를 기념하기 위해 황하(黃河) 강변에 공자문묘를 세웠다. 연흥(延興) 4년(474)에 태상황(太上皇) 헌문제(獻文帝)가 사람을 보내 제사를 지낸 일이 있었는데, 당시 제문을 비석에 새겨두었다. 태화(太和) 원년(477)에 회주자사(懷州刺史)는 하내태수(河內太守)에게 수리하라는 명령을 내리고 비석에 기록했다.

『북사·유림전(北史·儒林傳)』에는 북조(北朝) 시대 유학 숭상과 학교 건립에 대한 내용이 상세히 기록되어 있는데, 특별히 북위에 대해 칭송하는 내용이 많았다. 북위 초년, 학교 건립 후 "사람들은 열심히 공부하고 학문을 존중했으며, 유학은 더욱더 발전했다(人多砥尚, 儒術轉興)". 효문제(孝文帝) 시기에는 "문화가 찬란하니 주나라나 한나라와 비교할 만했다(斯文郁然, 比隆周漢)". 선무제(宣武帝) 시기에는 "천하는 태평하고 학업은 창성해서, 연, 제, 조, 위나라에서 글을 읽고 쓰는 사람들이 이루 다 헤아릴 수 없었다. 많은 때에는 천여 명, 적은 때에도 수백 명이나 되었다. 주(州)에서는 능력과 인품이 출중한 사람을 추천하고, 군(郡)에서는 효성이 지극하며 정직한 사람을 선발했다. 황제의 뜻을 받들어 널리 백성들에게 알릴 수 있는 사람들이 해마다 늘어났다".[99] 이때가 한나라 이래 유학이 가장 발전했던 시기였을 것이다. 비록 북위 시기에는 지방학교에 공자문묘 건립을 명령하지 않았지만, 교육이 보급되면서 이후 지방학교의 공자문묘가 예법을 갖추는 데 튼튼한 기초를 다졌다.

북조(北朝) 시기 조정에서는 유학과 학교의 발전을 중시했을 뿐만 아니라, 지방 관리들도 적극적으로 공자문묘를 수리하고 보호했다. 동위(東魏) 흥화(興和) 원년(539)에 연주자사(兗州刺

---

98) 『魏書·劉道斌傳』(文淵閣四庫全書 電子版 참고). "修立學館, 建孔子廟堂, 圖畵形象."
99) 『隋書·禮儀志四』(文淵閣四庫全書 電子版 참고). "天下承平, 學業大盛, 故燕齊趙魏之間橫經著錄不可勝數, 大者千餘人, 小者猶數百. 州擧茂異, 郡貢孝廉, 對揚王庭, 每年逾衆."

史) 이중선(李仲璇)은 궐리(闕里) 공자문묘를 보수하면서, 공자와 제자 10명의 조각상을 만들고 비석에 이를 기록하였다. 북제(北齊) 건명(乾明) 원년(560)에 연주자사(兗州刺史) 정술조(鄭述祖)가 다시 공자문묘를 수리하면서, 문묘 안에 비석을 세우기도 했다.

1-4-4 이중선(李仲璇)이 세운 공자문묘 수리비의 일부분.

북제(北齊) 시기에는 공자문묘 건축과 제사 제도 제정에 큰 성과가 있었는데, 군국 학교에서 공자문묘를 세운 것 외에도 공자문묘의 제사 제도도 만들었다. 황제가 경전을 강론하고 공자문묘에서 제사를 지내는 예의는 다음과 같다. "천자에게 강론하기 전에 먼저 공자문묘에서 경전을 정한다. 집경(執經) 한 명, 시강(侍講) 두 명, 집독(執讀) 한 명, 적구(摘句) 두 명, 녹의(錄義) 여섯 명, 봉경(奉經) 두 명을 둔다. 강학할 날에 황제는 통천관(通天冠)을 쓰고 현사포(玄紗袍)를 입고, 상로(象輅: 상아로 장식한 마차)를 타고 학교에 간다. 묘당 안에 앉아 강학이 끝나면, 편전(便殿)으로 돌아간다. 강사포(絳紗袍)로 갈아입고 상로(象輅)를 다시 타고 궁으로 돌아간다. 강학이 끝난 뒤 태뢰로 공자에게 석전을 지내고, 안회를 배향한다. 헌현악(軒懸樂: 고대 제후 악대(樂隊)의 행렬)과 6일무[六佾舞: 고대 제후 악무(樂舞)의 행렬]를 하며 3헌례(三獻禮)를 한다. 예식이 끝난 후 황제는 통천관을 쓰고 강사포를 입고 당 앞의 동쪽 계단[阼]에 올라앉는데, 연회(宴會)가 끝나면 궁전으로 돌아간다."100) 황태자가 경전 한 권을 학습한 뒤 석전을 드리는 예식은 다음과 같다. "황태자는 경전 한 권을 공부할 때마다 역시 석전을 지낸다. 삼사[三師: 태사(太師), 태부(太傅), 태보(太保)]가 앞에, 삼소[三少: 소보(少保), 소부(少傅), 소사(少師)]가 뒤에 있는 석산안차(石山安車)를 타고 학당으로 간다."101) 경사(京師) 학교 공자문묘의 예식은 다음과 같다. "학교를 새로 지으면, 반드시 석전을

100)『隋書·禮儀志四』. "將講于天子, 先定經于孔父廟. 置執經一人, 侍講二人, 執讀一人, 摘句二人, 錄義六人, 奉經二人. 講之旦, 皇帝服通天冠, 玄紗袍, 乘象輅至學, 坐廟堂上, 講訖, 還便殿, 改服絳紗袍, 乘象輅還宮. 講畢, 以一太牢釋奠孔父, 配以顏回, 列軒懸樂, 六佾舞, 行三獻. 禮畢, 皇帝服通天冠, 絳紗袍, 升阼卽坐, 宴畢還宮."

지내고 공자에게 제사를 올린다. 매년 봄·가을의 두 번째 달마다 항상 예식을 거행한다. 매월 초, 제주가 박사부터 국자학의 학생들까지 모두 데리고, 대학(大學)과 사문박사는 당(堂) 위에, 조교 이하 및 학생들은 계단 아래에서 공자에게 배(拜)하고 안연에게 읍(揖)한다. 이 모든 예식은 해가 뜰 무렵 거행된다.”[102] 지방학교에 있는 공자문묘의 제례는 다음과 같다. “박사 이하는 매월 아침에 참배한다.”[103] 봄·가을의 두 차례 석전 외에도 매월 초하루에 공자의 제사를 지내야 한다.

북제의 교육에서 또 하나 중요한 사건은 바로 국자사(國子寺)를 세운 것이다. 이는 국가 교육이 종묘와 분리되어 진정으로 독립했다는 것을 보여준다.

1-4-5 북제(北齊)의 문묘 수리비.

『북제서(北齊書)·효소제기(孝昭帝紀)』에 따르면, 황건(皇建) 원년(560)에 “국자사(國子寺)에서 관리를 두고 학생을 모집하며, 경전을 교육하고 해마다 시험을 치르며 …… 경사(京師) 이외의 각 주(州)의 대학에서도 전사(典司)들은 열심히 감독하고 가르치도록 명했다”.[104] 국자사(國子寺)는 진(晉) 이래의 국자학(國子學)과는 달라서, 국자학은 단지 교육기관이었지만 국자사에서는 “학생을 모집했다(依舊置生)”. 이는 교육 기능뿐만 아니라 모든 주(州)의 대학에 관리와 전사(典司)를 두어서 감독과 교육에 충실하도록 하여 행정관리를 담당하도록 했다는 것을 보여준다. 국자사는 교육을 담당하는 것에서 교육과 교육 관리 두 가지 역할을 하는 것으로 변화되었다. 국자학은 국자사로 한 글자만 바뀌었을 뿐이지만, 그 역할은 매우 크게 바뀌었다. 학(學)은 교육 기관일 뿐이었지만, 사(寺)는

101) 『隋書·禮儀志四』. “皇太子每通一經亦釋奠. 乘石山安車, 三師乘車在前, 三少從厚而至學焉.”
102) 『隋書·禮儀志四』. “新立學, 必釋奠, 禮先聖先師. 每歲春秋二仲常行其禮. 每月旦, 祭酒領博士已下及國子諸學生已上, 大學, 四門博士昇堂, 助教已下, 大學諸生階下, 拜孔揖顔. 日出行事.”
103) 『隋書·禮儀志四』. “博士已下, 亦每月朝雲.”
104) “詔國子寺可備立官屬, 依舊置生, 講習經典, 歲時考試. …… 外州大學亦仰典司, 勤加督課.”

관청, 관서이자 교육적 역할도 담당했던 것이다.

『수서(隋書)·백관지(百官志)』에서 북제(北齊)의 관제(官制)에 대해, 태상(太常) 등 여덟 개의 사(寺) 뒤에 국자사를 두고 그 역할과 관리를 상세하게 기록하고 있다. "국자사에서 생원[胄子]을 교육한다. 제주 1명과 공조(功曹), 오관주부(五官主簿), 녹사원(錄事員)을 두고, 박사 5명, 조교 10명, 학생 72명, 태학박사 10명, 조교 20명, 태학생 200명, 사문학박사 20명, 조교 20명, 학생 300명을 관리한다."[105] 국자사는 교육을 주관하고, 공조(功曹), 주부(主簿) 등의 관리를 두며, 아래로 태학, 사문학을 관장하는 주요 관리 기구이다. 그리고 국자사에서 박사 5명, 조교 10명, 학생 72명을 둔 것을 보면, 동시에 교육 기구이기도 하다.

한(漢)대부터 학교 교육 업무와 교육 행정 조직은 줄곧 태상(太常)에서 관장해왔다. 『후한서(後漢書)·백관지(百官志)』에서는 '태상(太常)'에 대해 다음과 같이 설명한다. "예의와 제사를 관장한다. 모든 제사는 사전에 군왕에게 주청한 후에 예식을 행한다. 항상 천자를 도와준다. 박사를 선발할 때마다 채용 여부를 여쭙는다. 대사(大射: 제사하는 데 드리는 射禮), 양로(養老: 덕망이 높고 나이가 드신 사람에게 드리는 예절), 대상(大喪: 황제, 황후와 세자의 상례) 때 사전에 예식을 주청한다. 매월 그믐날에 능묘를 시찰한다."[106] 이것으로 보아 태상은 종묘 제사 등 각종 예식을 관장하고 박사 선발을 담당했지만, 국가 종교 업무를 중심으로 국가의 종교를 주관하는 기관이었던 것이다. 위(魏)나라 황초(黃初) 5년(224)에 태상에서는 태상박사(太常博士)라고 불리는 『주역』, 『상서』, 『시경』, 『논어』, 『주례』, 『의례』, 『예기』, 『좌전』, 『곡량전』 등 각 경의 박사들을 두었는데, 이들은 태학의 교육을 책임지고 있었다. 태상은 조정의 예식을 주관하던 박사와는 역할이 이미 분리되었지만, 여전히 교육은 담당하고 있었다. 북제(北齊)는 국자사를 설립하여 국가 종교 업무를 담당하던 태상사(太常寺)로부터 분리시킴으로써, 교육 담당 기구가 진정한 의미에서 독립하게 된 것이다.

북제(北齊)는 중국의 공자문묘가 크게 발전하던 첫 번째 시기이기도 하다. 고양(高洋. 529~559)의 재위 10년 동안, 분명 모든 학교에서 공자문묘를 건축했다. 북제가 멸망할 당시 주(州)는 50개, 군(郡)은 162개, 현(縣)은 380개가 있었는데, 군국과 주에는 모두 학교가 있었다. 모든 학교에는 공자문묘가 있었으며, 그 숫자는 212개였을 것이다.

건덕(建德) 6년(577)에는 선비족(鮮卑族)이 창건한 북주(北周)가 북제(北齊)를 멸망시키면서

---

105) "國子寺掌訓敎胄子. 祭酒一人, 亦置功曹, 五官主簿, 錄事員. 領博士五人, 助敎十人, 學生七十二人, 太學博士十人, 助敎二十人, 太學生二百人, 四門學博士二十人, 助敎二十人, 學生三百人."

106) "掌禮儀祭祀, 每祭祀先奏其禮儀, 及行事常贊天子; 每選試博士, 奏其能否; 大射, 養老, 大喪皆奏其禮儀; 每月前晦, 察行陵廟."

북방 대부분의 지역을 통일했다. 대상(大象) 2년(580)에 주정제(周靜帝)는 공자를 추국공(鄒國公)으로 추봉하고, 다음과 같은 내용의 조서를 내려 공자를 크게 찬양했다. "공자의 덕은 옛일을 마음속에 간직하고 도는 생지와 부합했으며, 대성(大聖)의 재능으로 천고의 운명을 짊어지고 유학을 널리 발전시키고 대대로 변하지 않을 도를 펼치셨다. 천인(天人)의 이치를 드러내고 예악의 일을 완성함으로써, 후대 왕들에게 모범이 되고 대대로 영향력을 끼치실 것이다."[107] 그리고 공자를 추국공(鄒國公)으로 추봉하고 후손이 작위를 물려받도록 했다. 공자의 31대 후손인 공장(孔長)이 작위를 잇도록 하여 식읍 100호를 하사하는 동시에 "경사 이외의 곳에 문묘를 지어, 때맞춰 제사를 지내도록"[108] 명했다. 그전에 북주(北周)는 이미 태학인 노문학(露門學)을 세운 데다가 서위(西魏)의 수도를 계속 사용했는데, 수도에는 이미 공자문묘가 있었을 것이다. 다시 "경사 외 다른 곳에 문묘를 만들(別于京師置廟)"라고 명하고, "추국공으로 추봉하고 읍 수는 기존과 동일하게 하며, 후세에게 작위를 물려주고 수도 외에 문묘를 지어서 때맞춰 제사를 지내도록 하라"[109]라는 조서를 내렸다. 이는 수도에서 공자 후손에게 가묘(家廟)를 만들어주었다는 것을 보여준다. 북주(北周) 시기 경사 장안(長安)에는 공자문묘가 두 곳에 있었는데, 하나는 노문학(露門學) 공자문묘고 하나는 공자 후손의 가묘(家廟)였을 것이다.

북제(北齊)는 멸망되었어도 공자문묘는 여전히 남아 있었다. 『수서(隋書)·양언광전(梁彦光傳)』에 따르면 양언광(梁彦光)이 상주자사(相州刺史)로 있을 때 다음과 같은 기록이 있다. "부양현(滏陽縣) 초통(焦通)은 술주정이 심하고 부모에게 함부로 대해서 사촌에게 고소당했다. 그런데 양언광이 그에게 죄를 선고하지 않고 주학에 가서 공자문묘를 둘러보게 했다. 당시 문묘 안에 한백유(韓伯瑜)가 어머니의 매가 아프지 않자 기력이 쇠하셨다는 것을 슬퍼하며 어머니 앞에서 슬피 울던 그림이 있었다. 초통은 바로 깨닫는 바가 있었으며, 슬프기도 하고 부끄럽기도 해서 차마 얼굴을 들 수가 없었다. 언광은 그를 깨우쳐 준 뒤 보냈다. 후에 초통은 잘못을 뉘우치고 선한 사람이 되었다."[110] 상주(相州)는 지금의 하남(河南) 안양(安陽) 근처에 있는데 원래 북제(北齊)의 수도가 이곳에 있었다. 이 공자문묘는 분명 북제 시기의 문화유산일 것이다.

107) 『周書·宣帝記』(文淵閣四庫全書 電子版 참고). "孔子德惟藏往, 道實生知, 以大聖之才, 屬千古之運, 載弘儒業, 世敍彝倫. 至如幽贊天人之理, 裁成禮樂之務, 故以作范百王, 垂風萬葉."
108) 『周書·宣帝記』. "別于京師置廟, 以時祭享."
109) 『周書·宣帝記』. "可追封爲鄒國公, 邑數準舊, 幷立后承襲, 別于京師置廟, 以時祭享."
110) 『隋書·梁彦光傳』(文淵閣四庫全書 電子版 참고). "有滏陽人焦通, 性酗酒, 事親禮闕, 爲從弟所訟. 彦光弗之罪, 將至州學, 令觀于孔子廟. 憂時廟中有韓伯瑜母杖不痛, 哀母力弱, 對母悲泣之像, 通遂感悟, 旣悲且愧, 若無自容, 彦光訓諭而遣之, 後改過勵行, 卒爲善士."

제5장

공자문묘의 확대기

당대(唐代)

『신당서(新唐書)・예악지(禮樂志) 제5(第五)』에는 당(唐) 정관(貞觀) 4년(630)에 "주현(州縣) 학교는 모두 공자문묘를 세우라(詔州縣學皆作孔子廟)"라는 명령이 기록되어 있는데, 이는 역사상 최초로 공자문묘를 전국적으로 보급한 것이다. 당 정관 4년을 전국적 공자문묘 설립의 원년으로 보는 이유는 북제(北齊)가 비록 "군학에는 패방 안쪽으로 공자와 안회의 묘우를 세웠지만(郡學則于坊內立孔顔廟一所)", 북제는 지방 할거 정권으로 현재 산동성(山東省), 하북성(河北省), 산서성(山西省), 북경시(北京市), 천진시(天津市)와 강소성(江蘇省), 안휘성(安徽省) 양자강 북쪽 지역 및 하남성(河南省)의 대부분, 그리고 요녕성(遼寧省) 서남부, 내몽고 자치구(內蒙古自治區) 중부지역만을 관할했고, 게다가 공자문묘는 군학(郡學) 내에만 세워졌기 때문이다.

주현 학교에 일률적으로 공자문묘가 세워진 것은 우연이 아니라, 남북통일 후 수(隋)・당(唐) 조정에서 유가 사상을 추앙했던 것의 필연적 결과였다.

대정(大定) 원년(581)에 양견(楊堅, 541~604)이 주(周)를 대신하여 수(隋)나라를 세웠고, 8년 후에는 남진(南陳)이 멸망하면서 300여 년 동안이나 분열되어 있었던 중국을 통일시켰다. 통치기간은 비록 30여 년 정도였지만, 수나라는 통일된 중앙집권제도를 새롭게 만들고 교육제도를 독립된 국가정치제도로 정립하면서, 중국 봉건사회의 정치제도와 교육제도를 마련했다. 특히 유학 교육을 부흥시키고 과거제도를 시행함으로써 공자문묘가 크게 발전하는 데 확고한 기초를 다져놓았다.

수(隋) 문제(文帝)는 재위 초기에 유학을 매우 중시했고, 통일 후에는 "무사(武士) 가문의 자제들도 모두 문(文)을 배워야 하며", "공신(功臣)은 겸손히 문예를 닦고, 가문의 자제들은 최소

1-5-1 천주문묘(泉州文廟)의 대성전(大成殿). 당 개원(開元) 말기에 처음 설립되었다.

한 하나의 경은 잘 익혀야 한다"[1]라는 조서를 내렸다. 아울러 널리 유가 서적을 수집하고 남북 유학의 통일과 융화를 적극적으로 추진하여 유학 교육을 발전시켰으며, 중앙 및 각 지역에 학교 숫자를 대폭 확대하고 성대한 예를 갖춰 각지의 저명한 유학 대사(大師)를 초빙하여 수도 및 군현 학교에서 가르치도록 명했다. 개황(開皇) 5년(585)에는 현학에서 매년 1회 향음주례(鄕飮酒禮)를 행하라고 명하기도 했다. 『대명일통지(大明一統志)』에 따르면, 수(隋) 개황(開皇) 연간에 지금의 사천성(四川省) 남부, 파현(巴縣), 협강(夾江), 위원(威遠) 등 지역에 학교를 세웠다고 한다. 유학을 주창하기 위해 문제(文帝)는 친히 백관(百官)을 통솔하여 국자학에서 석전례(釋奠禮)에 참관하고 주공과 공자의 제사를 지냈으며, 유가 경서의 강의를 듣고 교사에게 상을 내렸다. 문제 말기에는 "유학을 좋아하지 않고 형명학(刑名學)만을 선호했다(不悅儒術, 專尙刑名)". 인수(仁壽) 원년(601)에는 태학, 사문학, 군현 학교를 폐쇄하고 국자학을 태학으로 개명한 뒤, 박사 5명, 국자학생 72명만 남겨두었다. 3년 후에 문제가 세상을 떠나고 왕위를 계승한 양제(煬帝)는 공자가 "성덕(聖德)을 갖추고 있고 천부적인 지혜와 재능을 지녔으며, 주(周)나라 문왕과 무왕의 도(道)를 본받았다"며[2] 그를 칭송했다. 그리고 유학을 강력하게 제창하면서, 폐쇄된 학교를 회복시키고 학생들을 증원하여 교육을 활성화시켰는데, 이는 개황 초기보다 더 나아진 상황이었다. 수나라는 유학 교육을 대대적으로 발전시키고 경학 교육제도를 확립하였으며, 체계적인 경학 교육 시스템을 만들었다. 중앙에서 독립된 국자사[대업(大業) 3년에

---

1) 『隋書·高祖紀下』(文淵閣四庫全書 電子版 참고). "武力之子, 俱可學文", "有功之臣, 降情文藝, 家門子姪, 各守一經."
2) 『隋書·煬帝紀下』(文淵閣四庫全書 電子版 참고). "聖德在躬, 誕發天縱之姿, 憲章文武之道".

국자감(國子監)에서 개칭를 설립하여 교육을 관장케 했고, 아래로 국자학, 태학, 사문학, 서학(書學), 산학(算學)도 설립했다. 학교 교육은 유학을 중심으로 했으며, 국자학 정원은 처음에는 140명으로, 대업(大業) 중기에는 무제한으로, 태학 정원은 360명에서 대업 중기에는 500명으로 증원했다. 사문학 정원은 360명이었으며, 서학(書學)과 산학(算學)의 정원은 각각 40명, 80명이었다. 경학 학생의 지위는 높은 편이어서 국자학 학생은 종7품(從七品), 태학학생은 종8품(從八品), 사문학학생은 종9품(從九品)이었다. 서학과 산학의 경우 박사라도 종9품(從九品) 이하였기 때문에 사문학 학생의 지위보다도 낮았다.

수나라의 가장 선구적 업적은 바로 과거제도를 확립한 것이다.

상(商)・주(周) 시기 중국에서는 관직과 녹봉은 세습되었으며 한(漢)대부터 관리 선발 제도를 시행하기 시작했다. 중앙과 지방 관리들의 추천을 통해 현명하고 품행이 바르고 효성이 지극하며, 재능이 뛰어나고 경서에 능통한 사람들을 관리로 선발했던 것이다. 위진(魏晉) 시기에는 관리 선발 제도로 9품중정제(九品中正制)를 시행했는데, 중앙에서 임명한 각 주의 대중정(大中正)과 각 군의 소중정(小中正)은 품행에 따라 1품에서 9품까지 나누어 3년에 한 번씩 평가하였다. 소중정이 품제(品第)를 기준으로 한 인물 자료를 대중정(大中正)에게 제출하면, 대중정은 확인한 후 조정의 이부(吏部)로 보냈다. 사도(司徒)는 다시 이를 심사한 뒤 상서(尙書)에게 보내서 최종적으로 선발했다. 9품중정제는 사람들을 평가할 때 개인의 품행뿐만 아니라 가문도 함께 조사했는데, 특히 중정 개인의 주관적인 선호도에 영향을 받았다. 중정의 권리가 지나치게 크고 감독도 부족했기 때문에, 중정은 "사람의 지위를 마음대로 결정하고, 영욕(榮辱)을 수중에 두었다. 황제의 화복(禍福)을 조종하고 조정의 권세를 빼앗았으며, 호오(好惡)도 진위(眞僞)도 자기 마음대로 결정했다". 결국 "상품(上品)에는 가난한 집안 출신이 없고, 하품(下品)에는 명문 집안 출신이 없는"[3] 결과를 초래했다. "귀족 집안 출신들은 출세하여 대대로 영화를 누리고, 일반 백성이나 미천한 집안 출신들은 성공할 수 있는 길이 없었으며(高門華閥有世及之榮, 庶姓寒人無寸進之路)", 관직은 명문 세가에 의해 완전히 독점되었다. 수(隋) 문제(文帝)는 9품중정제 폐지와 함께, 개황(開皇) 7년(587)에는 매년 각 주에서 문장력이 뛰어난 학생 세 명을 추천하도록 명령했다. 개황 18년에는 "경관(京官) 5품 이상, 총관(總管), 자사(刺史)는 지행수근(志行修謹)과 청평간제(淸平干濟) 두 과목에 합격한 자가 담당케 한다"[4]고 명령했다. 대업(大業) 3년(607)에는 문무(文武) 관원 중에 효성이 지극하고 겸손하며, 덕행이 돈후하고, 절개와 의리

---

3) 『論魏九品之非・秤編 권112』(劉毅)(文淵閣四庫全書 電子版 참고). "高下任意, 榮辱在手, 操人主之威福, 奪天朝之權勢, 愛憎決于心, 情僞由于己", "上品無寒門, 下品無世族."

4) 『隋書・高祖紀下』(文淵閣四庫全書 電子版 참고). "京官五品以上, 總管, 刺史以志行修謹, 淸平干濟二科擧人."

가 남다르며, 행실이 바르고, 강인하고 정직
하며, 법을 공평하게 집행하고, 학업도 우수
하며, 글재주가 뛰어나고, 장수다운 지략이
있고, 용감하고 용맹한 자라는 열 가지 조건
에 부합하는 사람을 선발하라고 명했으며,
같은 해 진사과(進士科)를 개설하기도 했다.
수나라는 양한(兩漢) 이래 오랫동안 실행되었
던 중앙 및 지방의 각급 관원들이 "하급 관리
를 직접 선발하는(自辟掾屬)" 제도를 폐지했
다. 관원들이 스스로 아랫사람을 선택하는
권한을 박탈하고 모든 관리는 전부 이부(吏
部)에서 선발했던 것이다. 이부(吏部)는 각지
에서 선발, 파견하거나 고급 관리가 추천한
인재들에게 통일된 시험을 치르게 하여, 우
수한 자와 그렇지 못한 자들을 구분한 뒤 임
용했다. 수나라가 9품중정제와 관원이 "하급
관리를 직접 선발하는" 제도를 폐지함으로
써, 하층 지식인들의 관직 진출 기회가 넓어
졌고 관리 추천제 폐지의 발판을 마련했으
며, 새로운 인재 선발 제도를 만들게 되었다.

1-5-2 수나라 진술의(陳述毅)가 세운 공자문묘의
비석.

  역사서에는 수나라 때 공자문묘를 지었다
는 기록은 보이지 않고, 다만 공자 후손의 벼슬이나 직위를 봉해주었다는 조서만이 남아 있
다. 대업(大業) 4년 양제(煬帝)는 "공자 후손을 소성후(紹聖侯)로 봉하여 유사(有司)가 그의 후손
을 찾아 기록, 보고하라"[5]라고 명했는데, 공자의 32대손 공사철(孔嗣哲)을 소성후로 봉하여 공
자 제사를 주관케 하였다.

  수나라는 비록 공자문묘를 새로 세우지 않았지만 북제 시기의 공자문묘를 잘 보존하였다.
이는 앞 절에서 양언광(梁彦光)이 상주주학(相州州學) 공자문묘에서 초통(焦通)을 교육했다는 사
실을 통해 증명할 수 있다. 지방 관리도 공자문묘를 보호하는 일에 앞장섰다. 대업 7년(611)에

---

5) 『隋書·煬帝紀上』(文淵閣四庫全書 電子版 참고). "可立孔子後爲紹聖侯, 有司求其苗裔, 錄以申上."

곡부현(曲阜縣) 현령(縣令) 진술의(陳述毅)는 공자문묘를 수리하면서 문묘 안에 비석을 세웠다.

당(唐)나라 건국 이후 유가 사상은 나라와 백성을 다스리는 정치 이념으로 정해졌고, 이 때문에 유학은 크게 추앙되었다. 당 고조(高祖)가 나라를 세운 이듬해(武德 2년, 619)에 유가 사상을 칭송하며 다음과 같은 내용의 조서를 내렸다. "주공 희단(姬旦)은 주나라를 바르게 이끌고 보좌하여 예경(禮經)을 창설하고, 법전에 특히 밝아 사람들을 깨우치고 법도의 근원을 강구했으며", 공자는 "타고난 성품이 영명하고……, 사과[四科: 덕행(德行), 언어(言語), 정사(政事), 문학(文學)]의 가르침은 대대로 영원하며, 삼천 문장은 풍채가 비범해서", "오직 이 두 성인만이 만물의 본질을 드러내니", "짐이 천하를 통치함에 유학을 존숭하고 발전시키겠다"[6]라고 공개적으로 선언했다. 유학을 추앙하고 도리를 중시하는 것을 드러내기 위해, 무덕(武德) 2년에는 국자감(國子監)에 주공과 공자문묘를 설립하도록 명했으며, 7년에는 직접 국자감으로 가서 석전례를 거행하고 주공과 공자의 제사를 지냈다. 당(唐) 태종(太宗)이 즉위한 후에는 다음과 같은 내용으로 공자를 칭송했다. "대성의 덕과 하늘이 내려준 많은 재능으로 왕도는 완성되었고 인륜에 교의를 보여줌으로써, 맹자는 그를 '생민(生民) 이래에 한 사람뿐'[7]이라고 말했다." 또한 "짐이 지금 좋아하는 것은 오직 요순(堯舜)의 도와 주공(周孔)의 가르침일 따름이다. 이는 새가 날개가 있고, 물고기가 물에 사는 것과 같아서 없으면 반드시 죽기 때문에 잠시라도 떠날 수 없다"[8]고 표명했다. 이는 유가 사상을 정치의 근본으로 삼은 것이다. 정관(貞觀) 2년에 학교의 제사 제도를 개정하면서, 공자를 교육의 조상으로 추대하고 선성으로 모셨다. 정관 4년에는 주현의 모든 학교에 공자문묘를 세우도록 명하였고, 11년에는 공자를 선부(宣父)로 존숭하였으며, 14년에 태종(太宗)은 국자학에 직접 가서 석전례를 거행하여 공자에게 제사를 지냈으며 공영달(孔穎達)의 『효경(孝經)』 강의를 들었고, 21년에는 좌구명(左丘明)을 비롯한 22명의 선대 유학자를 공자문묘에 배사(配祀)하도록 명했다.

당나라에서는 성인을 추앙하고 유학을 존숭하는 교육 정책을 추진하였다. 유학 교육은 크게 발전하였고, 유가 경전을 주요 시험 과목으로 하는 과거제도를 추진함에 따라 존공숭유(尊孔崇儒)의 분위기를 형성했다.

당 고조(高祖) 이연(李淵)은 즉위 이전에 관할 지역에서 교육을 적극 장려했다. 각 학교에는

---

6) 『舊唐書 · 儒學傳上』(文淵閣四庫全書 電子版 참고). "姬旦匡翊周邦, 創設禮經, 尤明典憲, 啓生人之耳目, 窮法度之本源", "天姿睿哲, 四科之敎, 歷代不刊, 三千之文, 風流無歎", "惟玆二聖, 道被群生", "朕君臨區宇, 興化崇儒."

7) 당 태종은 공자 후손을 포성후로 봉한다는 조서(詔書)를 내렸다. 관련 내용은 곡부 공자문묘에 보존된 大唐贈泰師孔宣公碑의 비석 뒤쪽에 새겨져 있다. "以大聖之德, 天縱多能, 王道借以裁成, 人倫資其敎義, 故孟子稱 '生民以來一人而已'."

8) 『貞觀政要 · 愼所好』"朕今所好者, 惟在堯舜之道, 周孔之敎, 以爲如鳥有翼, 如魚依水, 失之必死, 不可暫無耳."

1-5-3 산서성(山西省) 노성문묘(潞城文廟). 당나라 때 처음 세워졌다.

정원(定員)을 두었는데, 국자학에는 72명, 태학에는 140명, 사문학에는 130명, 지방학교 상군(上郡)에는 60명, 중군(中郡)에는 50명, 상현(上縣)에는 40명, 중현(中縣)에는 30명, 하현(下縣)에는 20명으로 했다. 그는 황제가 된 후에 비서외성(秘書外省)[9]에서 소학(小學)을 설립하여 황족 자손과 공신 자제를 특별히 교육시키기를 명했다. 무덕(武德) 4년에는 다시 모든 주, 현, 향에 학교를 설립하도록 명했다. 『대명일통지(大明一統志)』, 『대청일통지(大淸一統志)』 등에 따르면, 섬서성(陝西省) 기산(岐山), 절강성(浙江省)의 부양(富陽)과 송양(松陽), 사천성(四川省)의 가정(嘉定), 공현(邛縣) 영현(榮縣) 영경(榮經) 등에 있는 학교는 바로 무덕(武德) 연간에 세워진 것이다.

당 태종(太宗)이 교육에 각별했다는 것은 다음을 통해서도 알 수 있다. 첫째, 국자사를 국자감으로 개명하고 태상사(太常寺)에서 분리시켜 독립된 교육기구로 만들면서 3성(三省), 6부(六部), 9사(九寺), 3감(三監)의 정부기구 중 하나로 둔 것이다. 둘째, 동궁(東宮)에 황족 학교인 숭문관(崇文館)을 설립하여 왕들을 전문적으로 교육했다. 셋째, 귀족 자제 학교인 홍문관(弘文館)을 설립하여 문무백관의 자손들을 교육했다. 넷째, 학교에서 사용할 통일된 교재를 정리하고 배포했다. 정관(貞觀) 4년에는 안사고(顔師古, 581~645)에 오경(五經)을 교정하도록 명령했고, 7년에는 『오경정본(五經正本)』을 전국에 배포했으며, 12년에는 공영달(孔穎達)이 『오경정의(五

---

9) (옮긴이) 비서성(秘書省)은 국가의 장서(藏書)를 관리하는 중앙 기관이며 주로 궁 안에 설치하였다. 비서외성(秘書外省)은 궁월 이외의 지역에서 설치한 국가 장서 기관을 말한다.

1-5-4 산서성 대주문묘(代州文廟)의 대성전(大成殿). 당나라 때 처음 세워졌다.

經正義)』 편집을 주관하도록 했다. 정관(貞觀) 16년, 영휘(永徽) 2년(651) 두 차례 수정을 거쳐 영휘(永徽) 4년에는 "공영달의 『오경정의』를 전국에 배포하여, 매년 이를 기준으로 시험을 치르게 했다".[10] 이는 학교 공부와 과거 시험을 위한 표준 교재를 제정한 것이다. 다섯째, 중앙의 관학 교육을 적극 발전시키면서, 중앙 관학을 확대시켰다. 정관 2년에는 "학사(學舍) 1200 칸을 증설하고 태학과 사문박사의 정원도 늘리면서, 서(書), 산(算)에 각각 박사, 학생을 두고 예술과 문학을 공부시켰는데, 모두 3260명이었다".[11] 정관 말년에는 국자감에서 강학할 때, "북을 치고 상자를 연다는 입학식을 치른 후에 강연소에는 생원이 8000여 명이나 될 정도로 많이 모였는데, 유학의 발전이 이와 같은 적은 옛날에도 없었다".[12] 여섯째, 전국의 "인품이 돈후하고 덕망이 있는 스승(惇師老德)"을 학관으로 모셔서 젊은 선비들이 "책을 짊어지고 경사에 모두 모여, 문치(文治)는 점점 왕성하게 발전했다(挾策負素, 坌集京師, 文治焣然勃興)". 일곱째, 유학생 제도를 만들어서 외국 유학생들에게 무료로 옷과 먹을거리를 제공했기 때문에, 고려, 신라, 백제, 일본, 고창(高昌), 토번(土蕃) 등 나라에서 지속적으로 귀족자제들을 당나라에 유학 보냈다. 더 중요한 것은 공자가 교육에서 독보적인 지위를 차지했다는 점이다. 무덕(武德) 2년

---

10) 『舊唐書·高宗紀上』(文淵閣四庫全書 電子版 참고). "頒孔穎達『五經正義』于天下, 每年明經令依此考試."
11) 『舊唐書·儒學傳上』(文淵閣四庫全書 電子版 참고). "增築學舍一千二百間, 太學, 四門博士亦增置生員, 其書, 算各置博士, 學生, 以備藝文, 凡三千二百六十員."
12) 『舊唐書·儒學傳上』(文淵閣四庫全書 電子版 참고). "鼓篋而升講筵者八千余人, 濟濟洋洋焉, 儒學之盛, 古昔未之有也."

고조(高祖)는 국자학에 주공과 공자 문묘를 설립하도록 하고, 주공을 선성(先聖)으로 공자를 선사(先師)로 명명했다. 정관 2년에는 주공의 제사를 중지하고, 한(漢)나라 이래의 제도를 회복시켜서 공자를 선성으로 바꾸면서 "최초로 국학에 공자문묘를 세웠다(始立孔子廟堂于國學)". 영휘(永徽) 연간에 다시 주공을 선성으로 회복시킨 적이 있었지만 현경(顯慶) 2년(657)에 조정 관리인 장손무기(長孫無忌, 594~659) 등의 건의로 이전대로 공자를 선성으로 하였다. 그 이후로 공자의 교육에서의 독존적 지위는 다시 바뀌지 않았다.

당나라에서는 국자감뿐만 아니라, 황제가 정무를 처리하거나 거주하던 궁궐 안에도 공자문묘를 세웠다. 이 공자문묘의 위치에 대해 『당량경성방고(唐兩京城坊考)』에서는 태극궁(太極宮) 동북쪽의 자운각(紫雲閣) 밖에 위치한다고 하였지만 『대전각본태극궁도(大典閣本太極宮圖)』에서는 태극궁 서쪽의 월화문(月華門) 밖에 위치

1-5-5 당대 개성(開成) 2년(837) 비석에 새겨진 구경(九經)의 일부분. 본래 국자감 안에 있었는데 천우(天祐) 원년 주온(朱溫)의 위협으로 당 조종(昭宗)이 낙양으로 동천(東遷)하면서 서안(西安)이 파괴되었다. 송(宋)대 지금의 서안문묘(西安文廟)로 옮겨졌다.

한다고 기록되었다. 이상의 사료(史料)에서 공자문묘의 정확한 위치에 대해 이의(異議)가 있지만 궁궐 안에 공자문묘가 지어졌다는 사실이 틀림없다고 알 수 있다. 그 위치에 대해 태극궁 동북쪽이었을 가능성이 크다고 생각된다. 그 이유는 태극궁 근처에는 공신(功臣)을 표창하는 공신각(功臣閣)과 능연각(凌煙閣)이 위치하였는데, 월화문 앞과 서쪽에는 각각 황제가 청정시사(聽政視事)를 하는 양의전(兩儀殿)과 신하나 소수민족 사자(使者)를 초대하는 승경전(承慶殿)이 위치하였기 때문이다.

학교에서는 주로 유가 경전을 학습했다. 그중 『논어』, 『효경』은 필수 과목이었고, 『좌전』, 『예기』, 『모사』, 『주례』, 『의례』, 『주의』, 『공양전』, 『곡량전』, 『상서』는 전문 과목, 『사기』, 『한서』, 『후한서』, 『삼국지』, 『국어』, 『설문해자』, 『자림』, 『삼창』, 『이아』는 선택 과목이었다. 과거시험의 주요 내용 역시 유가 경전이었다.

과거제도는 비록 수(隋)나라 때 시작되었지만 정식으로 시행되지는 않았고, 시험은 단지 시책(試策)에 지나지 않을 뿐이었다. 당(唐)대에 와서야 과거 제도가 자리 잡게 된다. 무덕(武德) 4년(621)에는 다음과 같은 내용의 조서를 내렸다. "각 주의 학자와 백성 중에 경전에 능통하고 수재(秀才), 준사(俊士), 진사(進士) 시험에 합격했으며 이치를 체득하고 향리에서 칭찬받는 사람이 있으면, 본 현에서 시험을 치르고 주장(州長)의 심사를 거쳐 상등인을 선발하고 매년 10월에 공물을 함께 들이면서 조정에 추천한다."[13] 학자와 백성을 막론하고, 이치에 밝고 향리에서 인정받은 사람이라면, 현과 주장관(州長官)의 시험을 본 뒤 조정에 추천할 수 있었던 것이다. 이듬해 각 주에서 모두 수재 6명, 진사 30명, 준사 39명, 명경(明經)[14] 143명을 추천했고, 이부(吏部)의 시험을 거쳐 수재 1명, 진사 4명을 채용했다. 준사(俊士)와 명경(明經)의 숫자는 분명하지 않지만, 수재와 진사의 선발 인원을 감안하면 그리 많지는 않았던 것 같다. 이번 시험에는 한(漢)나라 이래의 '찰거(察擧: 살피고 추천하기)' 시험 방식과 결합하여 인재를 선발하였지만 다음과 같은 두 가지 점에서 '찰거(察擧)'와 차이가 있다. 하나는 예전의 '찰거'는 추천받은 사람이 거의 모두 선발될 수 있었지만, '과거(科擧)'는 시험 성적의 고하(高下)에 따라 등용한 것이어서 선발 비율이 낮은 편이었다. 다른 하나는 찰거의 기준은 덕행, 명망, 경학에 대한 소양, 관리로서의 재능 등 매우 다양했지만, 추천인과 감독관의 주관적인 인상에 의해 결정되었기 때문에 매우 유동적이었다. 그렇지만 과거시험은 성적에 의해서만 결정되었기 때문에 인재 평가의 기준이 표준화될 수 있었던 것이다. 특히 무덕(武德) 5년부터는 "포부와 행실이 등용할 만한 사람이 재능을 발휘하지 못하고 있을 경우, 스스로 추천하여 지식과 능력을 마음껏 펼치게 한다(其有志行可錄, 才用未中, 亦聽自擧, 具陳藝能)"라고 하여 자기 추천을 허가했다. 지방 관리의 추천이 없어도 자유롭게 응시할 수 있게 된 것이다. 과거시험은 국가에서 공개적으로 인재를 모집하는 방법이 되었다.

당나라의 과거시험은 명칭이 아주 많았다. "수재, 명경, 준사, 진사, 명법(明法), 명자(明字), 명산(明算), 일사(一史), 삼사(三史), 개원례(開元禮), 도거(道擧), 동자(童子) 등이 있다. 명경은 오

---

13) 『唐摭言·雜記』(文淵閣四庫全書 電子版 참고). "諸州學士及白丁, 有明經及秀才, 俊士, 進士, 明于理體, 爲鄕里 所稱者, 委本縣考試, 州長重覆, 取上等人, 每年十月隨物入貢."

14) (옮긴이) 과거 시험 중의 한 과목명.

경(五經), 삼경(三經), 이경(二經), 학구일경(學究一經), 삼례(三禮), 삼전(三傳), 사과(史科)로 나눌 수 있다. 이는 매년 시험으로 선발하는 상선(常選: 고대 관리를 선발한 제도)"이다.15) 상선 중 명경(明經)의 각 과목은 주로 유가 경전의 의미에 관해, 진사과(進士科)는 문학을 위주로 하면서도 유가 경전에 관한 시험이 출제되었다. 과거는 수재의 지위가 가장 높고, 그다음이 진사와 명경이었으며, 그 외 나머지는 전공 시험이었기 때문에 중요하지 않았다. 수재과(秀才科)는 매우 엄격해서 합격자가 부족해도 인원을 그냥 채우는 법은 없었다. 매년 합격자가 한두 명에 지나지 않았으며, 오래 실행되지는 않았다. 진사는 평균적으로 매년 24명이, 명경은 약 100명이 선발되었다. 진사나 명경에 합격한 뒤에는 다시 이부의 심사를 거쳐야 관리가 될 수 있었기 때문에, 많은 지식인들은 유가 경서를 공부하는 데 몰두하게 되었다.

교육이 발전하고 학교 수가 증가함에 따라 공자문묘도 점차 많아졌다. 당(唐)대 공자문묘의 발전 과정은 대체로 네 단계로 나눌 수 있다.

첫 번째 단계는 정착기로, 주로 당 고조(高祖)와 당 태종(太宗)부터 당 현종(玄宗) 이전까지이다. 고조는 무덕 4년에 주, 현, 향에 일률적으로 학교를 설립하도록 했고, 섬서성(陝西省) 기산(岐山), 절강성(浙江省) 부양(富陽)·송양(松陽), 사천성(四川省) 가정(嘉定)·공현(邛縣)·영현(榮縣)·영경(榮經), 강서성(江西省) 평향(萍鄉) 등의 지역에 학교를 세웠다. 문헌에 따르면 당시까지만 해도 아직 공자문묘 건설에 관한 규정이 없었지만, 이들 지역에서는 조정의 방침에 따라, 정관(貞觀) 4년에 매우 빠른 속도로 공자문묘를 세웠다. 태종은 즉위한 직후 공자의 후손을 포성후(襃聖侯)로 추봉하여 수도에 공자문묘를 세웠다. 정관 4년(630)에는 모든 주현 학교에 공자문묘를 세우도록 명하여 공자문묘를 전국적으로 확대시켰다. 고종도 함형(咸亨) 원년(670)에 다음과 같은 명령을 내려, 각 주현이 공자문묘를 수리하고 신축하기를 재촉했다. "각 주현의 공자문묘나 학관 중에 훼손되었거나 미처 세워지지 못한 것이 있으면, 학생들이 공부할 곳과 제사를 통해 선사에게 예를 갖출 곳도 없을 것이다. 이러한 초라한 상태가 지속되고 방치되면 공경의 마음도 사라지게 된다. 담당자는 속히 세우도록 하라."16) 두 황제의 명령에 따라 대부분 주현 학교에는 공자문묘가 지어졌을 것이다. 이 시기의 공자문묘 건축에 관한 내용이 기록된 비석으로는 무덕 9년(626) 우세남(虞世南, 558~638)의 『당공자묘당비(唐孔子廟堂碑)』, 영휘

---

15) 『新唐書·選擧志上』(文淵閣四庫全書 電子版 참고). "有秀才, 有明經, 有明法, 有明字, 有明算, 有一史, 有三史, 有開元禮, 有道擧, 有童子. 而明經之別, 有五經, 有三經, 有二經, 有學究一經, 有三禮, 有三傳, 有史科. 此世擧之常選也."

16) 『舊唐書·高宗紀下』(文淵閣四庫全書 電子版 참고). "諸州縣孔子廟堂及學館有破坏幷先來未造者, 遂使生徒無肄業之所, 先師闕奠祭之儀, 久致飄露, 深非敬本, 宜令所司速事營造."

1-5-6 하남성(河南省) 노산문묘(魯山文廟)의 대성전. 당(唐) 정관(貞觀) 4년(630)에 처음 세워졌다.

원년(650)의 『당익주학관묘당기(唐益州學館廟堂記)』, 건봉(乾封) 원년(666) 최행공(崔行功, ?~674)의 곡부 『당공선니비(唐孔宣尼碑)』와 수공(垂拱) 원년(685) 어경지(於敬之)의 『당양주공자묘당비(唐襄州孔子廟堂碑)』, 양형(楊炯, 650~692)의 『수주장강현선성공자묘당비(遂州長江縣先聖孔子廟堂碑)』 등이 있다. 『신당서(新唐書)』에는 위기(韋機)가 단주(檀州)에 학궁을 만들었다는 기록이 있다. 문헌에 따르면 같은 시기에 산서성 태평(太平), 영화(永和), 개휴[介休, 함형(咸亨) 연간], 강서성 평향(萍鄕), 사천성 염정(鹽亭), 면주(綿州), 대읍(大邑, 함형 연간), 노주(瀘州, 함형 연간), 절강성 신성[新城, 장수(長壽) 연간] 등에도 학교가 건립되었다고 기록되어 있다.

두 번째 단계는 발전기로, 주로 당(唐) 현종(玄宗) 개원(開元), 천보(天寶) 연간이다. 개원(開元), 천보(天寶) 연간에는 국력이 강성해지고 경제적으로 번영했으며, 게다가 현종(玄宗)은 유학을 추앙했기 때문에 개원 13년(725)에는 직접 곡부 공자문묘에 가서 공자 제사를 지냈고, 27년에는 공자를 문선왕(文宣王)으로 추봉하면서 공자 지위를 천자와 대등하게 만들었다. 개원 20년에는 국가에서 공자 제사에 관한 예식을 반포했고, 26년에는 현종이 전국 주현의 향마다 학교 하나씩을 짓도록 명했다. 개원 연간 교육은 크게 발전해서, 국자학의 학생은 80명에서 300명으로, 태학의 학생은 70명에서 500명으로, 사문학의 학생은 300명에서 1300명으로 각각 몇 배 이상으로 대폭 증가했다. 주현의 학생은 6만 710명으로 더욱 많았다. 중앙의 각 관학(官學)의 학생들까지 합하면, 전국의 학생은 6만 4047명이나 되었던 것이다. 교육이 융성하자 공자문묘도 크게 발전했다. 이 시기 공자문묘 건축에 관한 내용이 기록된 비석으로는 개원 7년(719) 주호(周灝)의 『당익주부학공자묘당비(唐益州府學孔子廟堂碑)』, 이옹(李邕)의 곡부 『당공자묘비(唐孔子廟碑)』, 천보(天寶) 8년(749) 왕암(王巖)의 『미원부자묘비(美原夫子廟碑)』 등이 있

다. 『신당서(新唐書)』는 예약수(倪若水, ?~719)
가 변주(汴州)에 공자문묘를 증설했다고 기록
하고 있다. 문헌에 따르면 같은 시기에 건립
된 또 다른 학교로는 하북성(河北省)의 당현(唐
縣), 평산(平山), 산서성(山西省)의 직산(稷山),
강서성(江西省)의 원주(袁州), 사천성(四川省)의
봉계(蓬溪) 등이 있다고 한다.

　세 번째 단계는 회복기이다. 안사(安史)의
난(亂) 때 주현의 학교와 공자문묘가 파괴되
었는데, 안사의 난 이후에 교육이 점차 회복
되면서 공자문묘도 복원되었다. 당대(唐代) 문
집과 비석에는 공자문묘 건축에 관한 여러 글
이 남아 있다. 예를 들어 상원(上元) 2년(761)
에 이양빙(李陽氷)의 진운(縉雲) 『당중수문선
왕묘기비(唐重修文宣王廟記碑)』, 보응(寶應) 2년
(763)의 낙곤후현(樂坤鄠縣) 『당수문선왕묘비
(唐修文宣王廟碑)』, 대력(大曆) 2년(767)의 『봉
상부부풍현문선왕신묘기(鳳翔府扶風縣文宣王新
廟記)』, 정원(貞元) 4년(788) 명주(明州) 『당문
선옹묘비(唐文宣王廟碑)』, 원화(元和) 9년(814)
유종원(柳宗元)의 『도주문선왕묘비(道州文宣王
廟碑)』, 원화(元和) 10년 유종원(柳宗元)의 『유
주문선왕신묘비(柳州文宣王新廟碑)』, 장경(長慶)
연간 이정경(李正卿)의 귀평(貴平) 『문선왕묘
비(文宣王廟碑)』, 대화(大和) 3년(829) 한유(韓
愈)의 『처주공자묘비(處州孔子廟碑)』, 대화(大

1-5-7 이옹(李邕)의 당공자묘비(唐孔子廟碑).

和) 6년 배도(裵度)의 『당문선왕묘기비(唐文宣王廟記碑)』, 개성(開成) 2년(837) 유우석(劉禹錫)의
『당문선왕신묘비(唐文宣王新廟碑)』와 연도 미상의 『허주문선왕신묘비(許州文宣王新廟碑)』, 대중
(大中) 3년(849) 정언(鄭言)의 호주(湖州) 『당문선왕신묘비(唐文宣王新廟碑)』, 대중 13년(859) 노
조(盧肇, 818~882)의 『당정주문선왕묘기(唐定州文宣王廟記)』 등이 있다. 문헌에 따르면 같은 시

1-5-8 하북성(河北省) 평산문묘(平山文廟). 당 개원 연간에 처음 세워졌다.

기에 건립된 또 다른 학교들로 강서성(江西省) 원주[袁州, 건원(乾元) 연간에 옮겨 지음], 신유[新喩, 대력(大歷) 연간], 도창[都昌, 함통(咸通) 연간], 복건성(福建省) 복주[福州, 대력(大歷) 연간], 사천성(四川省) 수녕[遂寧, 정원(精元) 연간], 비현[郫縣, 원화(元和) 연간], 창명[彰明, 대중(大中) 12년(858)], 절강성(浙江省) 상산[象山, 회창(會昌) 6년(846)], 호남성(湖南省) 영주[永州, 대중(大中) 연간], 산동성(山東省) 연주[兗州, 대중(大中) 연간] 등이 있다고 한다.

네 번째 단계는 공자문묘의 쇠퇴기이다. 당나라 말기에는 번진(藩鎭)[17]이 할거하고 황소(黃巢, 835~884)가 봉기했다. 이후 곧바로 5대 10국(五代十國)의 분쟁이 이어지면서, 중국 사회는 또 하나의 분열기로 들어섰다. 교육은 뒷전이었고, 공자문묘도 파괴되었다. 번진(藩鎭)이 할거하던 지역에서는 무장(武將) 세력이 집권했고, 해당 지역을 지키기 위해 군대를 강화시켜야 했기 때문에 교육은 경시되었다. 예를 들어 이정기(李正己)는 청(青), 운(鄆) 12주를 점령하면서 "4대까지 세습하면서 50년 동안 집권했는데, 사람이 저속하고 오만하며 예교를 몰랐다".[18] 조정에서 이 지역을 수복한 후 조화(曹華)를 연해관찰사(兗海觀察使)로 파견했는데, 그는 장리(將吏)에게 "추나라와 노나라는 유학자들의 고향이므로 예의를 잊으면 안 된다"[19]라고 말했

17) (옮긴이) 중국 당나라 때의 군직(軍職)인 절도사(節度使)이다.
18) 『舊唐書·曹華傳』(文淵閣四庫全書 電子版 참고). "傳襲四世, 垂五十年, 人俗頑驁, 不知禮敎."
19) 『舊唐書·曹華傳』. "鄒魯儒者之鄕, 不宜忘于禮義."

1-5-9 정주문묘(定州文廟)의 대성전 정원. 당 대중(大中) 2년(848)에 처음 만들어졌다.

다. 그래서 "유사(儒士)에게 예의를 다하고 제사를 지내며, 공자문묘에서 봄·가을 두 차례 석전을 올렸다. 학교를 짓고 경전을 강의하니 유생들이 사방에서 모여들었다".[20] 번진이 할거하던 시기에는 공맹의 고향에서조차 예교를 전혀 몰랐던 것이다. 이는 교육의 쇠퇴와 공자문묘의 침체를 보여준다. 그렇지만 건부(乾符) 4년(877년)의 복건성(福建省) 장낙(長樂), 광계(光啓) 연간의 강서성(江西省) 남창(南昌)에서처럼, 일부 지방에서는 관리가 학교와 공자문묘를 세우기도 했다.

5대 10국(五代十國) 시기에는 전란이 빈번했기 때문에 할거 정권은 학교와 공자문묘를 짓는 데 신경 쓸 겨를이 없어서였는지, 정사(正史)에도 학교를 세우고 제사를 지냈다는 기록은 거의 찾아보기 힘들고 일부 지방지(地方志)에만 소량의 기록이 남아 있을 뿐이다. 『순희삼산지(淳熙三山志)』에는 양(梁) 용덕(龍德) 원년(921)에 복건(福建) 지역을 할거하던 왕심지(王審知, 862~925)가 복주(福州)에 "사문학을 세우고 각지의 인재를 불러 모았으며", "오월(吳越) 시기에 새로 궁을 짓고 사학(使學)이라고 이름하였다".[21] 이로써 복주(福州)의 주학은 계속 이어져 왔던 것이다. 지방에서는 지식 교육에 적극적인 관원들이 학교와 공자문묘를 세우기도 했다. 후당(後唐) 청태(淸泰, 934~936 재위) 연간에 빙도(憑道, 882~954)는 동주문선왕묘(同州文宣王廟)를 옮겨

20) 『舊唐書·曺華傳』, "躬禮儒士, 習俎豆之容, 春秋釋奠于孔子廟, 立學講經, 儒冠四集."
21) "置四門學, 以招徠四方之秀", "吳越時作新宮, 號使學."

1-5-10 복주문묘의(福州文廟) 대성전. 당 대력(大歷) 8년(773)에 처음 세워졌다.

지었다. 『오대사보(五代史補)』에는 다음과 같은 기록이 있다. "빙도가 주관하던 진(鎭)은 주(州)와 같다. 주무리(酒務吏)[22] 한 명이 자기 가산(家産)으로 부자묘(夫子廟)를 세우겠다고 청하자 빙도는 판관(判官)에게 글을 보내 사정을 자세히 살피도록 했다. 판관은 본래부터 익살스러운 데가 있어 기발한 내용의 글을 보내왔다. '무성한 가시덤불은 행단(杏壇)을 휘감았는데도, 유관(儒官)은 고귀한 신분으로 안일만을 꾀하는구려. 주무리를 시켜 부자(夫子)를 세우라고 한다면, 자신의 부끄러움을 깨닫기가 매우 어렵겠구나'. 빙도는 글을 읽고 매우 부끄러운 나머지, 녹봉을 들여 다시 세웠다."[23] 명청일통지(明淸一統志)를 통해 후당(後唐) 장흥(長興) 연간에 곡옥(曲沃), 익성(翼城), 강현(絳縣)의 학교를 세웠다는 것도 알 수 있다. 당 천우(天祐) 15년(918)에는 정주문선왕묘(定州文宣王廟)를, 같은 기간에 사천성(四川省)의 관현(灌縣) 학교를, 후진(後晉) 천복(天福) 연간에는 산서성(山西省) 혼주(忻州) 학교를 지었고, 강서성(江西省) 석성(石城) 학교처럼 연대가 기록되어 있지 않은 경우도 있다. 후주(後周) 시기에 진주(陳州) 방어사(防禦使) 이곡(李穀)이 진주문묘(陳州文廟)를 세운 적이 있었는데, 『오대사보(五代史補)』에는 다음과 같은 기록이 있다. "이상곡(李相穀)이 진주 방어사로 있을 때 하루는 부자묘에 참배하러 간 적이 있었다. 집 몇 칸이 허물어져 있는 와중에 초상화 한 점이 있는 것을 보고 긴 숨을 내쉬며 탄식했다. 갑자기 악관(樂官) 이화개(李花開)라는 사람이 앞으로 나가서 노래 한 곡을 바쳤다. '허물어

....

22) (옮긴이) 술을 양조하고 주류 매매를 주관하는 관리.
23) "馮道之鎭同州也, 有酒務吏乞以家財修夫子廟, 道以狀付判官參祥其事, 判官素滑稽, 因以一絶書之判後云: '荊棘森森繞杏壇, 儒官高貴盡偸安. 若敎酒務修夫子, 覺我羞慚也大難'. 道覽之有愧色, 因出俸重創之."

1-5-11 정정현학문묘(正定縣學文廟)의 대성전. 양사성(梁思成) 선생의 감정(鑑定)에 따르면 이는 5대(五代) 시기의 건축물이다.

진 집 세 칸, 쓸쓸한 나그네 한 명. 무슨 일이 있었는지, 생사는 진(陳)에 달려 있네.' 이상곡은 놀란 나머지 악관의 노래대로 정말 그렇다고 생각해서 바로 돈을 내어 지었다."[24] 금석문(金石文)의 기록을 통해 남당(南唐) 정미(丁未, 947)년에 경현문선왕묘(涇縣文宣王廟)를, 후주(後周) 갑인(甲寅, 954)년에 여주(汝州) 어느 현에 문선왕묘(文宣王廟)를 지었다는 것을 알 수 있다(郭忠恕의 『後周文宣王廟記』가 있음). 문헌에 따르면 후촉(後蜀) 시기에는 화양(華陽)에 태학을, 광정(光正) 2년(939)에 사천성(四川省) 화양현학(華陽縣學)(張俞의 『華陽縣學館記』)을 창건했으며, 무소예(母昭裔)는 개인 돈 100만을 기부하여 학관을 지었다고 한다. 당시 문화에 관심 있는 일부 지방 관리들은 학교를 지어 교육을 실시하고, 문묘를 세워 제사를 지냈던 것 같다. 후주(後周) 시기, 하남성(河南省) 겹현(郟縣)의 공자 후손은 현령(縣令) 곽충서(郭忠恕)의 전폭적인 후원하에 공씨가묘(孔氏家廟)를 신축했다. 후당(後唐) 명종(明宗) 장흥(長興) 3년(932)에는 국자감에서 구경(九經)을 교정하고 판목에 새겨 판매하도록 했다. 후주(後周) 광순(廣順) 3년(953)에는 구경서(九經書)가 판각된 후 대량으로 인쇄되었고, 후촉(後蜀) 무소예(母昭裔) 역시 성도(成都)에서 구경(九經)을 새겨 인쇄했다. 전란 중에도 유가 경전이 널리 전해졌다는 것은 그나마 다행이었다.

앞서 언급했던 대로 비교적 연대가 정확한 공자문묘가 있는가 하면, 산서성(山西省)의 노안(潞安), 강서성(江西省)의 여간(餘幹), 호남성(湖南省)의 도주(道州)·영원(寧遠)·강화(江華)·형산

<hr />

24) "李相穀嘗爲陳州防禦使, 一日謁夫子廟, 但見破屋數間, 中有一像巍然而已, 穀歎息久之. 俄而伶人中有李花開趨進而前獻口號云: '破落三間屋, 蕭條一旅人. 不知負何事, 生死厄于陳'. 穀驚以爲伶人之詞趣向有如此者, 遂出俸以修之."

1-5-12 동안문묘(同安文廟)의 대성문. 5대(五代) 말기에 처음 세워졌다.

(衡山), 안휘성(安徽省)의 노주(盧州), 사천성(四川省)의 면죽(綿竹)·간현(簡縣)·광원(廣元)·정원 (定遠), 광서성(廣西省)의 오주(梧州)·북류(北流) 등과 같이 연대가 알려져 있지 않은 곳도 있다. 문헌기록에 따르면, 당(唐)대에 공자문묘는 이미 전국 각지에 널리 분포되어 있었다. 당시 비교적 외진 지역이었던 사천성, 광서성, 절강성, 복건성, 강서성, 호남성 등에도, 궁벽한 곳이었던 서남쪽 속국(屬國)인 남조(南詔)에까지지도 공자문묘가 세워졌다.

남조(南詔)는 백족(白族)과 이족(彝族)이 수립한 지방정권으로, 현재 운남성(雲南省) 지역에 위치했다. 당나라 초기부터 공자 사상의 영향을 받았는데, 처음 나라를 세운 세노나(細奴羅)는 "백성들에게 한나라의 유학 서적을 읽고, 효(孝), 제(第), 충(忠), 신(信), 예(禮), 의(義), 염(廉), 치(恥)의 일을 행하도록 권했다".[25] 4대 왕인 성나피(盛羅皮)는 "당나라에 공물을 바치러 간 적이 있어 중화의 예악교화를 알게 되고, 공자를 공경하여 제사를 올렸으며 부친의 명을 받들고 문묘를 세웠으며, 개원 14년에는 당나라를 모방하여 공자문묘를 지었다".[26] 이처럼 개원 14년(726) 남조(南詔)에 첫 번째 공자문묘가 세워졌다.

국립 학교의 공자문묘 외에 공자와 도교의 인물을 함께 제사 지내는 문묘도 있었다. 보력(寶曆) 3년(827) 이덕유(李德裕)는 모산(茅山)의 숭원성조(崇元聖祖) 내에서 노자, 공자, 윤희(尹喜)의 초상을 만들어 같이 제사 지냈다.

---

25) "勸民間讀漢儒書, 行孝, 弟, 忠, 信, 禮, 義, 廉, 恥之事."
26) 『白古通記淺述』. "入貢于唐, 故知中華禮樂敎化, 尊祀孔子, 爰遵父命而建文廟", "開元十四年, 效唐建孔子廟." 이상 내용은 공우덕(龔友德)의 「유학과 남조문화」(『공자 연구』, 1989년 제4기)에서 재인용한 것이다.

오래전의 일이어서인지 당나라 때의 공자문묘 건물은 오늘날까지 온전하게 남아 있는 것이 없을 뿐만 아니라, 문헌에 당나라까지 거슬러 올라갈 수 있는 기록도 많지 않다. 문헌에 따르면 당나라와 5대까지 거슬러 올라갈 수 있는 곳은 전국에 73개뿐이다. 그중 사천성에 21개, 산서성에 11개, 절강성에 여덟 개, 강서성에 일곱 개, 호남성에 다섯 개, 하남성에 네 개, 섬서성에 네 개, 광서성과 하북성에 각각 세 개, 복건성과 안휘성에 각각 두 개, 산동성에는 학교한 개, 공자문묘 한 개[곡부(曲阜)], 운남성(云南省)에 한 개가 있다. 당나라 때 문화 수준이 높은 편이었던 산동성, 하남성, 섬서성 세 곳을 합쳐도 사천성의 절반 정도에 지나지 않는다. 호북성, 강소성에는 놀랍게도 한 곳도 없는데, 분명 그럴 리가 없을 것이다. 이러한 성(省)의 학교와 문묘의 역사를 당(唐)대까지 거슬러 올라갈 수 없는 이유는, 학교와 문묘를 세웠던 자료들이 다 소실되었기 때문이다. 이를 통해 당나라 이전 공자문묘 건립에 관한 문헌들이 얼마나 심각하게 훼손되었는지 알 수 있다. 그럼에도 당나라 때 공자문묘는 매우 널리 분포되어 있었다. 유우석(劉禹錫)은 재상(宰相)에게 "오늘날 기(夔)의 현 네 곳에서 해마다 석전 비용으로 16만을 들이는데, 전국 주현을 모두 합하면 4000만이 될 것입니다"[27]라는 이유로 지방학교에서 행해지는 석전을 중지시키기를 청했다. 기주(夔州) 네 개 현(縣)에서 해마다 석전에 16만이 든다면 현마다 4만이, 전국에서 1년에 석전에만 4000만이 필요할 것이다. 즉 석전을 지내는 학교나 문선왕묘(文宣王廟)가 1000개쯤 있었을 것이다. 문선왕묘가 1000개 있었다는 것은 믿을만하다. 『신당서(新唐書)』의 「지리지(地理志)」에 따르면, "개원 28년 호부(戶部)의 장부에는 군부(郡府)가 328개, 현은 1573개가 있었다"라고 한다. 군현에는 총 1901개가 있었는데, 1000개의 학교와 문선왕묘는 주현의 과반수 정도가 된다.

당(唐)대에는 공자문묘를 전국으로 확대했을 뿐만 아니라, 공자문묘의 봉사(奉祀) 및 제사제도 등을 포함한 각 제도도 확립하였다(상세한 내용은 제2편 제4장 참조).

---

27) 『新唐書·劉禹錫傳』(文淵閣四庫全書 電子版 참고). "今夔四縣, 歲釋奠費十六萬, 擧天下州縣, 歲凡費四千萬."

제6장

공자문묘의 성숙기
송대(宋代)

송 태조(太祖) 조광윤(趙匡胤, 927~976)은 원래 북주(北周)에서 군대를 통솔하던 장군이었는데, 진교병변(陳橋兵變)을 일으켜 주(周) 공제(恭帝)를 쫓아내고 황제가 되었다. 비록 그는 부하들의 요구에 못 이겨 어쩔 수 없이 황포(黃袍)를 몸에 걸쳤다는 핑계를 댔지만, 당나라 말기 5대 10국이 혼란에 빠진 근본적인 원인이 바로 황제 권력의 약화와 무장 세력들의 횡포라는 것을 잘 알고 있었다. 따라서 천하를 평정하자마자 송 태조는 "술 한 잔으로 병권을 제거했으며(杯酒釋兵權)", 중앙집권을 강화시켰으며 무신(武臣)의 병권을 약화시키고 문관을 중용했다. 송대에는 유가 사상을 대대적으로 추앙하고 유학 교육을 발전시켰다. 숭문억무(崇文抑武)의 정책을 채택하여 수차례 학교 설립을 명하였고, 과거 선발 규모를 확대시켰다. 학문은 크게 발전하여 이학(理學) 계통의 많은 학파가 생겨나면서, 공자문묘도 두 번째 발전기로 접어들었다.

송나라 황제들은 모두 존공숭유(尊孔崇儒)를 제창했다. 송 태조가 즉위한 그해에 직접 경사(京師) 공자문묘로 가서 공자 제사를 지냈다. 또 공자문묘를 증설하고 선성(先聖), 선현(先賢), 선유(先儒)의 초상화를 그려놓고, 영안지악(永安之樂)으로 석전을 지내며 궁현(宮懸)을 만들라고 명하였다. 건륭(建隆) 3년(962)에는 공자 제사에 일품례(一品禮)로 하고 공자문묘 문앞에 16개 극(戟)을 세우라고 명했다. 송 태조는 총 세 번 국자감 공자문묘에 가서 배알했고, 공자와 안자에 바치는 시도 직접 지었다. 「공자찬(孔子贊)」이라는 시는 다음과 같은 내용이다. "왕의 은혜가 쇠락하고, 문무의 도는 땅에 떨어졌는데. 공자님이 세상에 나시니 강물과 바닷물도 다르게 흐르는구나. 요순의 도(道)를 근간으로 서술하였는데도 덕만이 있고 지위가 없었다. 철인(哲人)이 병들어 떠나시니 봉황새도 오지 않았단다."[1] 송 태종도 세 차례 직접 경사의 공자문묘에 가서 석전을 올렸으며, 공자의 44대 손 공의(孔宜)를 문선왕으로 추봉하여 문선공 가문의 용(庸)[2]과 조(調)[3]를 면제해주었다. 태평흥국(太平興國) 8년(983)에는 곡부 공자문묘를 "새로운 규정을 만들고 낡은 제도를 혁파(鼎新規, 革舊制)"하기 위해, "역사상 단 한 번도 없었던(振古莫儔)" "이 시대에 가장 성대한(于今爲盛)" 증축을 진행했다.

진종(眞宗) 때는 송대(宋代) 존공숭유(尊孔崇儒)의 첫 번째 절정기였다. 대중상부(大中祥符) 원년(1008) 진종은 직접 곡부 공자문묘에 가서 제사를 지냈다. 예의 관원이 제정한 예식 규정에 따르면 황제가 숙배(肅拜)[4]하면 되는데 진종은 예복을 갖춰 입고 재배(再拜)를 했을 뿐만 아니라 공자 묘지에 가서 직접 배알하기도 했다. 그리고 공자를 현성문선왕(玄聖文宣王)으로 추봉하고(5년에는 피휘(避諱)를 위해 지성문선왕(至聖文宣王)으로 바꾸었다), 공자의 아버지 숙량흘(叔梁紇)을 제국공(齊國公)으로, 어머니 안씨(顔氏)를 노국태부인(魯國太夫人)으로 추봉했다. 이듬해에 곡부 공자문묘에 공자상에 환규(桓圭)를 사용하고 구류면(九旒冕), 구장복(九章服)을 착용하도록 하였으며, 직접 다음과 같은 시를 써서 공자를 칭송하였다. "그의 말씀

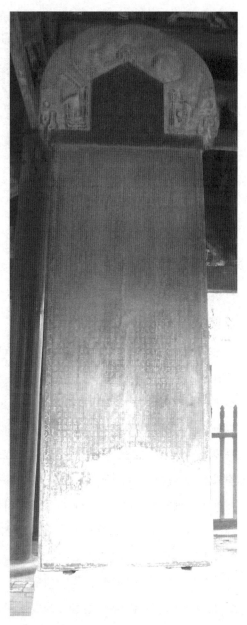

1-6-1 송 진종(眞宗) 연간 곡부 공자문묘를 수리했다.

---

1) 『東家雜記』([宋], 孔傳)(山東友誼書社, 1990, p.15). "王澤下衰, 文武將墜. 尼父誕生, 河海標異. 祖述堯舜, 有德無位. 哲人其萎, 鳳鳥不至."

2) (옮긴이) 용(庸)은 공적인 토목 공사 등을 위해 1년에 20일씩 의무 노역(勞役)에 종사하게 한 것이다.

3) (옮긴이) 조(調)는 각호(各戶)마다 그 지방의 토산물을 바치게 한 것이다. 보통은 견물(絹物)을 조(調)로 바치게 했고, 누에를 칠 수 없는 지역에서는 삼(麻) 등으로 대신 납부하게 했다.

4) (옮긴이) 공수(拱手)하여 공경히 절하는 방식이다.

1-6-2 송나라 선성(先聖), 선현(先賢), 선유(先儒) 찬양비.

은 영원하며, 그의 가르침은 무한하네. 찬란한 덕을 가지신 위대한 소왕(素王)이시여. 인류의 모범이고 제도(帝道)의 중심이구나. 그의 공덕은 훌륭하고, 역할은 완벽하다. 제사가 끝나면 성대한 의식으로 드높이네. 위대한 이름은 빛나고, 아름다운 모범은 더욱 드러나는구나."5) 그리고 공자의 제자와 종사(從祀)된 선유들에게 작위를 내려 추봉하였으며 조정의 대신들 모두 공자 제자와 선유들에 대한 찬미시를 짓도록 한 뒤 곡부 공자문묘의 비석에 새겨두었다. 경덕(景德) 4년(1007)에는 공자문묘의 석전 의주(儀註)를 반포했고, 대중상부(大中祥符) 2년에는 태상(太常)에게 명하여 주현 학교에 공자 제사를 위한 예기(禮器) 제도를 만들도록 했으며, 3년 에는 공자문묘의 석전 의주(儀註)와 예기도(禮器圖)를 전국에 반포했다. 천희(天禧) 2년(1018)에 는 곡부 공자문묘를 대대적으로 수리하도록 명했다.

진종(眞宗)은 공자 후손들을 특별 대우했다. 그가 즉위한 해에 공자의 45대손 공연세(孔延世) 를 문선공(文宣公) 겸 곡부 현령(縣令)으로 추봉하면서, 태종어서(太宗御書)와 유가의 구경(九 經), 30만 전(錢)과 비단 300필(匹)을 하사했다. 그리고 조서를 내려 해당 도(道)의 전운사(轉運 使)와 주(州)의 장리(長吏)가 문선공에게 예를 갖추도록 했다. 천희(天禧) 2년에는 문선공에게 공자 제사 때 사용할 면복(冕服)을 하사했고, 5년에는 문선공이 곡부 지현(知縣)을 겸하도록 했

5) "立言不朽, 垂敎無疆. 昭然令德, 偉哉素王. 人倫之表, 帝道之綱. 厥功茂實, 其用允臧. 升中旣畢, 盛典載揚. 洪名 有赫, 懿范弥彰."

다. 대중상부(大中祥符) 2년에는 공자 후손들에게 묘학(廟學)을 세워주고, 이후 학관을 짓고 학전(學田)을 하사하도록 명했다.

인종(仁宗)부터 철종(哲宗)까지 존공유승의 업적은 전보다 적은 편이었다. 인종은 공자문묘에 두 번 배알했는데, 모두 재배의 예를 갖추었고 공자문묘의 제사에서 사용할 응안구성락장(凝安九成樂章)을 만들어서 반포했다. 그리고 직접 '선성묘(宣聖廟)'와 '대성전(大成殿)'의 현판을 써서 곡부 공자문묘에 하사했고, 니산산신(尼山山神)을 육성후(毓聖侯)로 추봉하여 대성전 뒤 공자의 부모만을 제사 지내는 전사(專祠)를 짓도록 명했다. 공자문묘에 청소부 50명을 보내주었고, 공자의 46대손 공종원(孔宗願)의 봉호를 연성공(衍聖公)으로 개정하였으며, 공자 자손 중에 곡부 현령을 선발하였다. 신종(神宗)은 맹자를 추국공(鄒國公)으로 추봉하여 공자문묘에서 배향하였고, 순황(荀況), 양웅(揚雄), 한유(韓愈)도 함께 제사 지내도록 했다. 철종(哲宗) 역시 직접 공자문묘에 가서 술을 한 번 올리고 재배를 했으며, 공자 47대손 공약몽(孔若蒙)을 봉성공(奉聖公)으로 추봉한 뒤 공씨 가문에 제전(祭田) 200경(頃)을 하사했다. 그리고 공씨, 안씨, 맹씨 자손들을 위한 학교를 세우고, 학관교수(學官教授), 학정(學正), 학록(學錄)을 두었는데, 그중 학정(學正)과 학록(學錄)의 경우 봉성공(奉聖公)의 장자만을 전문적으로 교육을 했다.

휘종(徽宗) 연간은 북송(北宋) 시기 존공유승의 두 번째 절정기였다. 휘종(徽宗)은 직접 두 차례 공자문묘에 가서 공자의 제사를 지냈으며, 다음과 같은 시를 지어 공자를 찬양했다. "대대손손 스승이시며 사람을 기르는 근본이시다. 도와 인륜이 있으시고 대대로 후세에 전해질 가르침을 보이셨다. 그러므로 집대성하여 영원히 따를 만하다."[6] 그리고 공자 초상을 천자의 복식으로 바꾸어서 면(冕)은 12류(旒)으로 복(服)은 12장(章)으로 했고, 진규(鎭圭)를 쥐게 했으며, 문묘 문에 24극(戟)을 세웠다. 공자의 아들 공리(孔鯉)를 사수후(泗水侯)로, 손자 공급(孔汲)을 기수후(沂水侯)로 추봉했으며, 왕안석(王安石)을 배향에 추가했고 공급(孔汲)과 왕방(王雱)을 종사했다. 공자문묘의 석전 악장(樂章)을 개정하고 곡부 공자문묘에 악기와 제기(祭器)를 하사했다.

남송(南宋) 고종(高宗) 연간은 존공유승의 세 번째 절정기였다. 고종(高宗)은 전란 이외 시간에『논어』,『맹자』,『주의』,『모시(毛詩)』,『상서』,『좌전』을 친필로 써서 태학에 하사하고 비석에 새겨서 태학 안에 세웠으며, 각 주의 주학에 반포했다. 그리고 직접 태학 공자문묘에 가서 제사를 지냈으며, 공자와 72제자를 찬미하는 시를 써서 공자를 찬양했다. "위대하도다, 선왕(宣王)이여. 제왕의 모범이고 고금의 스승이시다. 뜻은 역사에 두었고 도는 충서(忠恕)에서 비롯되는구나. 요순보다 현명하시니 해와 달에 비견될 만하다."[7] 이 시는 공자의 덕이 요순

---

6) "百世之師, 立人之道. 有彝有倫, 垂世立教. 爰集大成, 千古允蹈."

1-6-3 강음문묘(江陰文廟)의 대성전. 송 경우(景祐) 3년(1036)에 세워졌다.

(堯舜)을 뛰어넘고 그의 공이 해와 달에 비유될 수 있다고 찬양한 것이다. 소흥(紹興) 10년 (1140)에는 태학 공자문묘의 제사를 대사(大祀)로 올려, 변두(邊豆)는 12개로 하고 예의는 사직 (社稷)과 같았다.

남송 시대에는 공자문묘 제사의 측면에서 많은 업적이 있었다. 함순(咸淳) 3년(1267)에는 안 회(顔回), 증삼(曾參: 증자), 자사(子思), 맹자를 4배(四配)로, 전손사(顓孫師)를 10철(十哲)에 추가 했고, 주돈이(周敦頤), 정이(程頤), 정호(程顥), 장재(張載), 주희(朱熹), 여조겸(呂祖謙), 장식(張栻), 소옹(邵雍), 사마광(司馬光), 공리(孔鯉)를 종사 인원에 늘렸으며, 황태자가 공자에 석전을 올리 는 예의를 회복시켰다.

송나라에 정치적으로는 공자를 존숭하고 유가를 추앙했으며, 문(文)을 숭상하고 무(武)를 억 제했는데, 이는 문화적으로는 교육의 발전으로 드러났다. 송(宋)대는 중국 교육 발전 과정에 서 가교 역할을 했던 시기로, 당대 형성된 중국 봉건사회의 국가 교육체제의 기본적인 구조를 더욱 확장시키고 완벽하게 했다. 수당(隋唐) 이래 교육제도의 장단점을 역사적으로 고찰하여, 심사숙고하고 잘못된 점을 개선한 후 점차 그 형태를 완성시켜갔다. 송대 교육 체제와 제도는 이후 원(元), 명(明), 청(淸)까지 계승되어서 구조적으로 큰 변화는 없었다고 할 수 있다.

정치적으로는 숭유상문(崇儒尙文)을 했다. 북송(北宋) 초부터 국가에서는 관리와 백성들이

---

7) "大哉宣王, 斯文在玆. 帝王之式, 古今之師. 志在春秋, 道由忠恕. 賢于堯舜, 日月其喩."

1-6-4 수주공자묘(壽州孔子廟)의 대성전.

글을 읽고 문장을 배우도록 적극 권장하면서 유학 교육이 크게 발전되었다. 송나라가 세워진
이후 국자감을 수리 및 증축했고, 지방에서도 지방 관리나 민간에서 직접 자금을 모으거나,
조정에서 후원하고 관계자가 집행하는 방식으로 주현 학교를 많이 세웠다. 이런 과정을 통해
학교 교육은 점차 회복되기 시작했다. 경덕(景德) 2년(1005)에 조정에서는 조서를 내려 학문을
권장했고, 3년에는 왕흠약(王欽若)의 상주에 따라 조서를 내려 각 전운사(轉運司)가 관할하던
주(州), 부(府), 군(軍), 감(監)에 공자문묘를 정비하도록 했다. 얼마 지나지 않아 "문묘에서 강당
을 짓고 학생들을 모아, 학문이 깊고 스승이 될 만한 사람을 뽑아 교육을 실시하라"[8]는 조서
를 내렸다. 그리고 국가에서는 경제적으로 후원하면서 교육 경비를 제공했다. 건흥(乾興) 원
년(1022) 처음으로 연주주학(兗州州學)에 학전(學田) 10경을, 이후 강녕부(江寧府), 수주(壽州),
경조부(京兆府), 수주(秀州), 응천부(應天府), 진정부(眞定府), 천주(泉州) 등 10여 개 주부(州府) 학
교에 5~30경의 학전(學田)을 하사했다.

경력(慶歷) 3년(1043)부터 북송에서는 대규모로 학교를 세우라는 내용의 조서를 세 차례 내
린 적이 있었다. 경력(慶歷) 연간의 학교 건립[慶歷興學]은 범중엄(范仲淹)이 주관하여 진행되었

---

8) 『重建袁州府學記』([淸], 袁繼梓). 『江西通志』 권134에서 인용했다(文淵閣四庫全書 電子版 참고). "廟中起講
堂, 聚學徒, 選儒雅可爲人師者以敎焉."

1-6-5 제남부학문묘(濟南府學文廟) 중정문(中正門). 송 희녕(熙寧) 연간에 중건했다.

다. 주요 내용은 첫째, 조서를 내려 주현에서 학교를 만들어 소속 관리나 일반 백성 중 학문이 깊은 사람을 교수로 선발하고, 학생들은 반드시 학교에서 300일 이상 공부하고 100일 이상 추천을 받아야 비로소 과거에 응시하도록 규정했다. 둘째, 태학을 창립하고 사문학(학교을 새로 건설하며, 저명한 학자 석개(石介), 손복(孫復)에게 태학교육을 담당하도록 했다. 호원(胡瑗)의 교육방법을 채택하여 경세치용(經世致用)을 제창하고, 중요한 경의(經義) 연구에 중점을 두면서 시부(詩賦)를 숭상하는 풍조에 반대했다. 셋째, 시험 방법을 개혁했다. 시부(詩賦)보다는 책론(策論)을 중시하고 첩경(帖經)과 묵의(墨義)를 폐지시켰다. 경력흥학(慶歷興學)은 비록 1년 남짓만 유지되었을 뿐 경력신정(慶歷新政)의 실패로 중도에 폐지되었지만, 이러한 조서는 주현의 학교 건립에 법률적 근거를 제공하였고 경력신정의 참여자가 지방임직으로 좌천된 것도 주현 학교 발전에 도움을 주었다. 태학 신축하면서 국자학의 교육제도를 개선하고 경세치용(經世致用)을 주장했던 유명한 경학자들로 강사 자리를 메움으로써, 실속 없고 거짓된 국학의 분위기를 변화시켰으며 지방학교의 본보기가 되었다. 문헌에 따르면 경력 연간에 새로 지어진 학교로는 하북성(河北省)의 고읍(高邑), 강소성(江蘇省)의 단양(丹陽)·태주(泰州), 안휘성(安徽省)의 휴녕(休寧)·이현(黟縣), 산서성(山西省)의 곡옥(曲沃), 섬서성(陝西省)의 빈주(邠州)·포성(襃城), 절강성(浙江省)의 금화(浙江金華)·동양(東陽)·의오(義烏)·구주(衢州)·상우(上虞), 강서성(江西省)의 요주(饒州)·파양(鄱陽)·귀계(貴溪)·팽택(彭澤)·건창부(建昌府)·숭인(崇仁)·만재(萬載)·

감주(贛州), 호북성(湖北省)의 무창부(武昌府), 사천성(四川省)의 소화(昭化)·검주(劍州)·순경(順慶)·서주(敍州)·의빈(宜賓)·부순(富順)·무릉(武隆)·아미(峨眉), 복건성(福建省)의 민현(閩縣)·후관(侯官)·복녕(福寧)·사현(沙縣)·우계(尤溪)·장주(漳州)·광동성(廣東省)의 조주(潮州), 해남성(海南省)의 경주(瓊州), 광서성(廣西省)의 전주(全州) 등 40개가 있었다고 한다. 이는 북송(北宋)대에 건립 연대가 확실한 학교 중에서 가장 많이 등장하는 연호이기도 했다. 그다음이 황우(皇祐), 지화(至和), 가우(嘉祐) 연간으로, 각각 아홉 개, 여섯 개, 10개를 신축하거나 이전했다.

왕안석(王安石)의 변법(變法) 시기는 두 번째로 학교가 많이 세워지고 교육에 대한 개혁이 진행된 때였다. 희녕흥학(熙寧興學)은 첫째, 삼사법(三舍法)을 실시하고 태학의 규모를 확대시켰으며 학생을 외사(外舍), 내사(內舍)와 상사(上舍)에 나누어서 학생의 학업 햇수에 따라 시험을 치르고 차례로 진급했다. 생원은 각각 경전 한 권을 가지고 강관(講官)과 함께 공부하면서 매월, 매분기, 매년 말에 모두 시험을 보았는데, 성적이 우수한 생원은 발해[發解: 예부회시(禮部會試)]와 성시[省試: 예부(禮部)시험]를 면제받을 수 있었고 상사생(上舍生)의 경우 바로 관리가 될 수 있었다. 학생 정원도 개혁 전 200명에서 2400명으로 대폭 증가했으며, 그중 외사생(外舍生)은 2000명, 내사생(內舍生)은 300명, 상사생은 100명이었다. 둘째, 교재를 통일시켰다. 관리 시험과 강경의 표준으로 『삼경신의(三經新義)』를 반포했다. 셋째, 지방 관학(官學)을 확대하고 정비했다. 각 노(路)와 주현에 학관을 세워서 주현에 학교는 있어도 교육은 이루어지지 않고 있던 상황을 변화시켰다. 그리고 지방학교에 학전(學田)을 지원해서 주현 학교의 부족한 경비 문제를 해결해주었다. 희녕흥학(熙寧興學)은 17년 동안 진행되었는데, 송 신종(神宗)이 세상을 떠난 후 선임태후(宣任太後)가 섭정하면서 신정이 폐지되고 흥학을 위한 각 대책들도 이에 따라 폐지되면서, 희녕흥학도 종결되었다.

채경(蔡京, 1047~1126)의 주도하에 숭녕(崇寧) 원년(1102)에 세 번째로 숭녕흥학(崇寧興學)이 진행되었다. 구체적인 안건으로는 첫째, 주현에 학교 건립을 다시 명령했고 현학에서도 소학(小學)을 지어야 했다. 현학의 정원은 대현에는 50명, 중현에는 40명, 소현에는 20명으로 했다. 현학의 학생은 선고[選考: 전시(殿試)]를 거쳐 주학으로 올라갈 수 있었고, 주학의 학생은 3년에 한 번씩 태학으로 추천되었으며, "각 주군에서 1/3씩을 뽑아서 공사(貢士) 인원을 보충했다(諸州郡額各取三分之一添充貢士額)". 태학에서는 시험을 통해 상등은 중사(中舍)[9]로, 중등은 하사(下舍)로, 하등은 내사(內舍)로 보충되었고, 나머지는 외사(外舍)에 들어갔다. 국가에서는 태학생을 특별 대우해서, 내사생은 호역(戶役)을, 상사생은 부역을 면제시켰다. 정화(政和) 4년

---

9) (옮긴이) 중사(中舍)는 태자의 속관(屬官)이다.

1-6-6 광동성 교요문묘(高要文廟)의 대성전. 고요문묘(高要文廟)는 송 숭녕(崇寧) 연간에 처음 세워졌다.

(1114)에는 지방학교의 수를 늘리고, 모든 소학교에서 태학의 방식대로 삼사법(三舍法)[10]을 실행하도록 명령했다. 정화(政和) 6년에는 전국의 학사(學舍)를 늘리도록 재차 명하여, 전국 주현의 학교 교육체계를 마련하였다. 둘째, 태학을 확장했다. 수도의 남교(南郊) 구역에 태학 밖으로 기둥 1872개의 벽옹(辟雍)을 세웠다. 태학생 정원도 상사는 200명, 내사는 600명, 외사는 3000명으로 늘렸다. 숭녕흥학(崇寧興學)은 20년 동안 지속되면서, 교육은 크게 발전하고 학교와 학생 수는 대폭 증가했다. 대관(大觀) 3년(1109)에 전국 24노(路)[11]에서 교육받는 대소(大小) 학생은 16만 7622명, 학사는 9만 5298채, 학전(學錢)의 1년 수입은 305만 8872관(貫), 학량(學糧)의 1년 수입은 64만 291곡(斛), 학전(學田)은 10만 5990경(頃)이 있었다.[12] 학생과 경비와 학사가 넘쳐났던 것이 역사상 최고여서, "숭녕, 대관 연간에 천하의 교육이 흥성해서, 제학(提學)[13]에는 관리가 있고 섬학(贍學: 학교를 돕는다)에는 세금이 있었으며", "학교가 흥성하고 인재가 넘쳐나면서 역사에 부끄럽지 않았다".[14]

---

10) (옮긴이) 삼사법(三舍法)은 문학, 유교 경전의 지식으로써 관료를 선발하는 과거제의 폐단 시정을 목적으로 상사·내사·외사라는 3단계의 학교제(삼사)를 통해 관료를 양성하고자 하는 법안이다.
11) (옮긴이) 노(路)는 송나라의 행정구역으로, 현재의 성(省)과 비슷하다.
12) 『乞以學書上禦府幷藏辟雍劄子』([宋], 葛勝仲), 『丹陽集』에서 인용했다(文淵閣四庫全書 電子版 참고).
13) (옮긴이) 제학(提學)은 송나라 때의 관직명이다. 숭녕 2년에 각 노(路)에 제거학사사(提擧學事司)를 설치했으며 주현 학교를 주관했다.
14) 『重修瑞安縣學記』(陳傅良), 『止齋文集』 참조. "崇, 觀之際, 天下之學盛矣. 提學有官, 贍學有賦", "庠序之盛, 多士濟濟, 視古無愧."

북송(北宋)대에 대대적으로 학교가 설립되면서 공자문묘도 크게 발전했고, 전국 현 이상의 각급 정부기관 소재지와 군사 요충지에까지도 두루 세워졌다. 관련 자료의 통계에 따르면, 북송(北宋)에는 확실한 건립 연도가 기록된 학교는 310여 개, 남송에는 134개가 있었으며, 확실한 연대는 남아 있지 않지만 송(宋)대에 세워졌다는 것은 명시되어 있는 학교가 156개가 있었다. 이상의 학교를 모두 합하면 600개나 되는 셈이다.

송대 공자문묘의 발전사는 회복기, 발전기, 전성기, 지속발전기 네 단계로 나눌 수 있다.

회복기는 북송 건국부터 경덕(景德) 3년까지 조정에서 공자문묘 수리와 흥학을 명하기 전까지이다. 북송 건국 후 송 태조(太祖)는 공자문묘에 많은 관심을 기울였다. 건륭(建隆) 3년(962)에는 주세종(周世宗, 921~959)이 세웠던 국자감을 확장 및 수리하도록 "문묘를 수리하고 증설하며, 선성, 선사, 선유의 초상을 그리도록 하라(增葺祠宇, 塑繪先聖, 先師, 先儒之像)"라는 내용의 조서를 내렸다. 태종(太宗)은 곡부 공자문묘를 대폭 수리하도록 다음과 같이 명하였다. 태종이 "편전(便殿)에 오르서서 신하들을 바라보며 말하기를 '짐이 황제의 자리에 오른 이후 (예의 제도에 관한) 문자 기록이 남아 있지 않다. 사당을 두루 세우거나 수리하였는데 …… 유독 노나라의 부자묘만 수리하지 못했으니, 잘못이 매우 크구나. 게다가 초상화는 예에 맞지 않고 건물은 남루하고 훼손되어, 황량하고 가시덤불만 무성하다. 계단은 스승이 오르지 못하게 하고, 방에는 책을 보관할 수 없으며, 큰 규모도 아니면서 우뚝 솟아 있기만 하다. 이처럼 훼손된 지 오래되었으니 백성들이 어떻게 보겠느냐? 황제로서 새로운 규정을 마련하고 옛 제도를 개혁해야 한다"[15]라고 하였다. 수리한 후에 "담은 구름처럼 높이 솟아 있고, 처마는 날개를 펼친 듯했다. 중문(重門)은 활짝 열려 있고, 개개의 대문이 열려 있으며, 건물들은 층층이 잘 정리되어 있었다".[16] 그리고 "두공은 겹겹으로 되어 있고, 단청은 해와 달처럼 밝게 빛났다. 서까래는 용 모양이고 문미(門楣)는 구름 모양이며, 이금(泥金)과 석청(石淸)은 안개와 노을처럼 빛났다. 웅장하고 아름답기가 이전에는 찾아볼 수 없었고, 수리의 공적도 매우 훌륭했다".[17] 공자문묘 수리는 백성들에게 국가가 유학을 숭상하고 도의를 중시한다는 것을 보여주었다. 공자의 사상으로 백성의 풍속을 교화시키고 국가의 장기간 안정을 도모하였으며, 백성에게 좋은 본보기를 보여주었다. "공자는 왕의 자리에 오르지 않았지만 교육을 확립하고 문행충신(文行

---

15) 『大宋重修兗州文宣王廟碑銘』([宋], 呂蒙正). 비석은 곡부 공자문묘에 있다. "禦便殿, 故謂侍臣曰:'朕嗣位以來, 咸秩無文, 邊修群祀. …… 唯魯之夫子廟堂未加營葺, 闕孰甚焉. 況像設庫而不度, 堂廡陋而毀黷, 觸目荒涼, 荊棘勿剪, 階序有妨于函丈, 屋壁不可以藏書, 旣非大狀之規, 但有歸然之勢, 傾圮寢久, 民何以觀?' 上乃鼎新規, 革舊制."
16) 『大宋重修兗州文宣王廟碑銘』([宋], 呂蒙正). "繚垣云廬, 飛檐翼張, 重門呀其洞開, 層闕郁其特起."
17) 『大宋重修兗州文宣王廟碑銘』([宋], 呂蒙正). "重櫨疊栱, 丹靑晃日月之光, 龍梮云楣, 金碧焜煙霞之色. 輪奐之制振古莫儔, 營繕之功于今爲盛."

1-6-7 복건성 안계문묘(安溪文廟)의 극문(戟門). 안계문묘(安溪文廟)는 함평(咸平) 4년(1001)에 처음 세워졌다.

忠信)으로 사람들을 가르쳤으며 관혼상제(冠婚喪祭)로 풍속을 교화시켰다. 백성에게 영원한 모범이 되었다. 이렇게 된다면 창성하고 그렇지 않으면 망하게 될 것이다."[18] 천희(天禧) 5년(1021)에 곡부 공자문묘를 다시 대폭 수리하면서 316칸의 규모로 확대시켰다.

황제가 공자문묘를 수리하면서 지방 관리들도 이에 가세했다. 건륭(建隆) 3년에 경조부(京兆府) 윤왕(尹王) 언초(彦超)는 자신의 녹봉을 들여서 장안(長安)의 문선왕묘를 수리했는데, 그가 쓴 『중수문선왕묘기(重修文宣王廟記)』에서 그 동기에 대해 다음과 같이 밝히고 있다. "공자의 도는 높이 행해져서 해와 달과 함께 걸려 있다. 공자의 덕은 널리 퍼져서 장강과 황하와 함께 흐르고 있다. 황제의 대업을 도왔고, 하늘에서 내려준 능력을 받았다. 황제에게 보조를 해준 재능을 태어나서 받았다. 우주의 모든 공로를 말씀하셨으며, 나날이 성인의 업적을 드러내셨다."[19] 공자 사상 "세상을 돕고 백성을 깨우칠(扶世道民)" 수 있으니, 이는 난세를 다스리는 최상의 방법이었다.[20] 옹희(雍熙) 2년(985)에는 사주(泗州)에서 문선왕묘를 수리했고, 옹희(雍熙) 3년에는 곤산현(昆山縣)에서 현학 공자문묘을, 함평(咸平) 2년(999)에는 황주(黃州), 강주(絳州),

....

18) 『大宋重修兗州文宣王廟碑銘』([宋], 呂蒙正). "夫子無位立敎, 化人以文行忠信, 敦俗以冠婚喪祭, 爲民立防, 興世垂範, 用之則昌, 不用則亡."

19) 『重修文宣王廟記』. 『金石萃編』 권123 참조. "仲尼之道, 揭而行之, 興日月以俱懸; 仲尼之德, 推而廣之, 與江河而同潤. 輔相皇王之大業, 天縱全能; 彌論宇宙之全功, 日彰聖積."

20) 『重修文宣王廟記』. 『金石萃編』 권123 참조.

1-6-8 서안부학문묘(西安府學文廟)의 반지(泮池)와 태화원기방(太和元氣坊).

홍화군(興化軍), 소응현(昭應縣)에 각각 주·군·현의 문선왕묘를 세웠다. 함평(咸平) 4년에는 조주통판(潮州通判) 진요좌(陳堯佐)가 공자문묘와 한유사(韓愈祠)를, 경덕(景德) 4년(1004)에는 선현(單縣)에서 현학 공자묘를 세웠다. 대중상부(大中祥符) 2년(1009)에는 영흥군(永興軍)에서 문선왕묘의 대문을 새로 만들고 제기를 제작했으며, 대중상부와 경우(景祐) 연간에는 남전(藍田)과 강음(江陰)에서도 각각 공자문묘를 세웠다. 여러 지방의 관리들도 학교와 공자문묘를 새로 만들었으며, 태평흥국(太平興國) 연간에는 목주(睦州), 복주(福州)에서도 주학을 창립했다. 이들 학교는 모두 옛 제도를 지키고 학교와 함께 문묘를 지었으며, 공자문묘를 세웠다.

공자문묘의 회복기는 전쟁이 끝난 직후부터였다. 국가적으로 새로운 사업을 시작하면서 대규모로 지을 수 있는 여력은 없었기 때문에, 공자문묘의 수리와 건설은 주로 지방 관원의 기부와 지방 인사들의 후원으로 진행되었다. 장안(長安) 공자문묘의 수리 경비는 경조부윤(京兆府尹) 왕언초(王彦超)가 기부한 것이었다. 황주(黃州) 문선왕묘는 지주(知州)가 "동료 속관(屬官)을 데리고 군(郡)에 있는 유생들에게 가서 수천을 얻어"[21] 중수한 것이었다. 홍화군(興化軍)에서는 "진사(進士) 방의(方儀)가 문묘가 낡고 훼손되어 다른 불교나 도교의 사당만 못하다고 해서, 향 사람들을 데리고 정전(正殿)을 짓기 시작했다".[22] 단현문묘(單縣文廟)는 지방 유력인사

21) 『黃州重修文宣王廟壁記』([宋], 王禹偁). 『小畜集』 참조. "率同僚屬官洎郡之縫掖者得數十千."
22) 『興化軍文宣王廟碑』. 『清源文獻』 권14 참조. "進士方儀以舊廟卑毁, 不若諸浮屠, 伯陽之祠, 率鄉之人始構正殿."

1-6-9 덕경문묘(德慶文廟). 송 원풍(元豊) 4년(1081)에 처음 세워졌다.

곽지미(郭知微)의 기부로 수리했다. 소응현(昭應縣)에서 공자문묘를 지을 때 관리와 백성들이 50만을, 강음(江陰)에서는 같은 일로 현지의 부상(富商)이 한 번에 500만 민(緡: 돈꿰미)을 기부했다. 공자문묘 건설은 사람들의 후원과 지지를 받았던 것이다. 강주문묘(絳州文廟)는 "백성들이 몰려들어 100만 관을 기부"[23]한 것으로 중수하고, 공현문묘(鞏縣文廟)는 "백성들이 문묘에 기부한 6만을 보태서(得民施他祠錢六萬以濟其役)" 지었다. 구용문묘(句容文廟)는 "백성들이 70만을 기부하여 시장에서 목재와 기와를 구매한 뒤, 공인을 고용하여 전당 400채를 만들었다(衆輸金七十萬, 市材陶瓦, 擇匠湵工, 作殿屋四百椽)". 남전문묘(藍田文廟)는 현령(縣令)이 "먼저 기부금을 내며(首出俸資)", "가산이 줄이면서까지 집집마다 돈을 기부하는 등(家輸錢緡, 戶減儲蓄)", 전부 백성들의 돈으로 지은 것이다. 이처럼 관리와 백성들이 공자문묘를 지은 것은 역사상 처음이었다. 문헌에 따르면 경덕(景德) 원년 이전에 건립 연대가 확실한 학교와 공자문묘는 모두 40여 개인데, 그중 건륭(建隆) 4년에 두 개, 건덕(乾德) 5년에 세 개, 개보(開寶) 8년에 네 개, 태평흥국 8년에 10개, 옹희(雍熙) 4년에 다섯 개, 순화(淳化) 5년에 세 개, 지도(至道) 3년에 두 개, 함평(咸平) 6년에 15개가 세워졌다.

비록 일부 지역에서는 공자문묘를 짓기도 했지만, 전체적인 상황을 보면, 북송 초년 공자문묘의 보존 상황은 그다지 좋았다고 할 수 없다. 북송 학자 왕우칭(王禹偁)은 "각 지방의 주, 부,

---

23) 『大宋絳州重修夫子廟記』. 『山右石刻叢編』 권12 참조. "庶衆优优, 符緡百萬."

군, 감(監) 문선왕묘는 대부분 무너졌는데, 그중 수리를 완벽하게 마친 건물은 담당 관원이나 사신들에 의해 마감사(磨勘司)·마감원(磨勘院)으로 사용되었다"24)라고 했다. 많은 공자문묘가 황폐해지거나 수리 후에도 다른 용도로 사용되었다.

북송(北宋)대 공자문묘의 발전기는 경덕(景德) 3년(1006)부터 경력흥학(慶曆興學) 이전까지였다. 경덕(景德) 3년 2월에 자정전(資政殿) 대학사 겸 상서(尙書) 겸 지통진은대사(知通進銀臺司)인 왕흠약(王欽若)은 조정에 상소문을 올려 각 지방에 공자문묘를 짓거나 중수하고, 다른 용도로 점용되고 있던 공자문묘를 학교로 반환해달라는 명을 내려달라고 청했다. 그가 올린 글의 내용은 다음과 같다. "풍속을 변화시킬 때는 유가를 근본으로 하고, 백성을 가르칠 때에는 학교를 우선으로 해야 합니다. 저명한 인재들은 경전을 모범으로 만들고 역대 왕들은 이를 본받아 대대로 숭상했습니다. 만일 문묘의 모습이 엄숙하지 않다면 전장제도가 어찌 귀하다고 할 수 있겠습니까? 지혜가 이어지고 예악이 흥성한 시대가 실현되기를 원합니다. (전 시대에 남겨진 예악 제도를 참고하려고 찾아보았으나) 이에 관한 기록들은 없었습니다. 도처를 방문하다 보니 반궁(泮宮)이 정돈되지 못하고 위인들의 사당이 오래도록 황폐화되어 있는 것을 보았는데 이는 어찌된 일입니까? 여전히 수업하거나 심문하는 장소로 사용하거나, 현악기를 다른 악기들과 섞어서 연주하고, 제기를 형법 기구들과 헷갈리는 것은 덕을 숭상하는 것이 아니라 유학을 우습게 만드는 행위와 같습니다. 지금 그러한 풍토를 바꾸기 위해 부디 명확한 제도를 반포하시고 특별한 칙령을 내리셔서 문선왕묘가 파괴된 곳을 창고부가세를 활용하여 수리하도록 하십시오. 또한 마감사(磨勘司)·추감원(推勘院)으로 점용되거나 사신이나 관원들이 문묘를 점거하지 않게 하셔서, 이 사문(斯文)을 빛나게 하고 학교를 더욱 흥성하게 하며, 예의를 갖춘 분위기와 제사가 잘 거행될 수 있도록 해주십시오."25) 황제는 제의를 받아들여, "이 내용에 따라 실행하라(敕如所奏施行)"라고 명하였다. 참지정사(參知政事) 왕단(王旦), 풍증(馮拯)은 중서문(中書文) 공문을 발행하여, "각 노(路)의 전운사(轉運司)는 관할 주, 부, 군, 감을 지휘하여 왕흠약의 상소에 따라 실행하라"26)라고 명하였다. 조령이 반포된 후 6월에는 황제가 다시 권학(勸學)을

---

24) "諸道州, 府, 郡, 監文宣王廟多是摧塌, 及其中修, 盖完葺者被勾当事官員, 使臣占射作磨勘司, 磨勘院."

25) 『敕修文宣王廟牒碑』. 비석은 현 곡부 공자문묘에 있다. "伏以化俗之方, 儒術爲本; 訓民之道, 庠序居先. 況傑 出生人, 垂範經籍, 百王取法, 歷代攸宗. 舊廟貌之不嚴, 卽典章而何貴? 恭以叡明繼通, 禮樂方興, 威秩無文, 邊走 群望, 豈可泮宮遺烈, 教父靈祠, 頗闕修崇, 久廢盛業? 仍令講誦之地或爲置對之司, 混挎撻于弦歌, 亂桎栲于籩豆, 素非尙儒, 有類戲儒. 方大振素風, 望俯頒于明制, 乞特降敕, 令文宣王廟摧毀處量破倉庫頭子錢修葺, 仍禁占射充 磨勘司, 推勘院及使臣官員等居于廟內, 庶斯文載耀, 學校弥光, 克彰鼓簇之風, 用洽舞雩之理."

26) 『敕修文宣王廟牒碑』. 비석은 현 곡부 공자문묘에 있다. "宜令諸路轉運司變指揮轄下州, 府, 郡, 監, 依王欽若所 奏施行."

1-6-10 소주문묘(蘇州文廟) 대성전. 경우(景祐) 원년(1034) 범중엄(范仲淹)이 창건하였다.

명하였다. 대중상부 4년(1011) 황제는 주성(州城)에 공자문묘를 세우도록 명했고, 그리하여 주, 부, 군, 감 및 일부 현에서는 잇달아 학교와 공자문묘를 수리하거나 새로 지었다. "군부에서 학교를 세우고 공자문묘를 만든 비율이 60~ 70%"[27]일 정도로 겨우 30~40년 사이에 60~70%의 군부에서 공자문묘를 지었고, 일부 현에서도 이와 비슷한 현상들이 있었다. 이는 북송 시대에 공자문묘 건립에서 첫 번째 절정기였다.

경덕(景德) 4년에 태상예의원(太常禮儀院)에서는 조정에 상소를 올려 "각 주의 석전 장리(長吏)는 직접 예를 갖추지 않는 것은 스승과 교육을 존중하는 행위가 아니다(諸州釋奠長吏不親行禮, 非尊師重敎意)"라는 이유로, 공자문묘의 석전례(釋奠禮)를 전국에 반포하고, 지주(知州)는 반드시 직접 공자를 제사 지낸다는 규정을 거듭 확인했다.

북송(北宋)대 공자문묘 건립의 두 번째 절정기는 바로 경력흥학(慶曆興學) 때였다. 경력 3년(1043) 범중엄(范仲淹)이 정무를 주관하는 당시 교육 개혁을 실시했고, 조정에서도 이어서 흥학에 관한 조서를 내려 주현 모두에 학교 설립을 의무화하는 명을 내렸다. 송대에도 계속해서 묘학합일(廟學合一) 구조를 채택하고 있었기 때문에, 흥학은 곧 흥묘(興廟)를 의미하기도 했다. 경력흥학(慶曆興學)은 비록 1년 남짓 정도만 유지되었지만, 현에 학교를 세우라는 명령은 지방

27)『鞏縣孔子廟記』([宋], 尹洙).『河男先生文集』권3(文淵閣四庫全書 電子版 참고). "郡府立學校, 尊先聖廟, 十六七."

1-6-11 문창문묘(文昌文廟) 영성문. 송 경력(慶曆) 연간에 처음 세워졌다.

에서도 학교와 문묘를 짓는 데 박차를 가해서, "관리와 백성들은 기쁨에 가득 차 바삐 움직였고, 실무자들은 뒤처지는 것을 부끄럽게 생각(吏民感悅奔走, 執事者以後爲羞)"했을 정도였다. 길주(吉州) 인사들은 개인적으로 250만을 기부하여 학교를 지었다. 노동자 2만 1000명을 고용했는데, "그들은 고생으로 생각하지도 않았으며(而人不以爲勞)", 학교가 크고 웅장하다고 해서 "사치스럽다고 생각하지도 않았다(而人不以爲侈)". 이 기간에 학교와 문묘 건립은 보편화되었다. 범중엄의 『건주학기(建州學記)』, 윤수(尹洙)의 『악주주학기(嶽州州學記)』, 왕안석(王安石)의 『건주학기(虔州學記)』, 구양수(歐陽修)의 『길주학기(吉州學記)』 등에는 이 기간 동안 학교와 문묘 건립이 얼마나 성황리에 이루어지고 있었는지 기록되어 있다. 구양수(歐陽修)는 "연해 지방과 변경 곳곳에도 학교가 없는 곳이 없다", "송나라 흥학 운동이 84년이 되었는데 전국의 학교가 넘쳐나니, 어찌 아름다운 일이 아니겠는가"[28]라고 감탄했다. 명청일통지(明淸一統志)에 따르면 경력(慶曆) 연간에 건립된 것이 명확한 학교는 56개라고 한다. 희녕(熙寧) 연간의 2차 흥학 이전까지 20년간 다시 56개 학교를 설립했는데, 그중 11개는 황우(皇祐) 6년에, 여섯 개는

---

28) 『吉州學記』([宋], 歐陽修), 『歐陽修全集·居士集』 권39(文淵閣四庫全書 電子版 참고). "海隅徼塞四方萬里之外, 莫不皆有學", "宋興盖八十有四年, 而天下之學始克大立, 豈非盛美之事!"

1-6-12 절강성 황암문묘(黃岩文廟). 송 원풍(元豊) 6년(1083)에 처음 세워졌다.

지화(至和) 3년에, 18개는 가우(嘉祐) 8년에, 11개는 치평(治平) 4년에 세운 것이다.

희녕(熙寧) 2년(1069) 왕안석(王安石)의 변법(變法) 중에 조정에서는 2차 흥학 명령을 내렸다. 지방에서는 주로 주현의 학교를 확대하거나 정비했지만, 학교와 공자문묘를 새로 짓는 경우도 있었다. 건립 시기가 희녕 10년으로 기록된 학교와 공자문묘는 모두 17개인데, 그중 13개는 원풍(元豊) 8년에, 16개는 원우(元祐) 9년에, 아홉 개는 소성(紹聖) 4년에, 세 개는 원부(元符) 3년에, 네 개는 건중정국(建中靖國) 1년에 세워진 것이다. 희녕 2년에 홍학을 반포하여 숭녕(崇寧) 원년에 다시 명령을 내리기까지 33년 동안 학교와 공자문묘 70개를 지었다.

숭녕(崇寧) 원년(1102) 채경(蔡京)이 정무를 주관하는 당시, 조정에서는 3차 홍학을 발표했고, "각 주학을 설립하지 못한 곳에 학교를 증가하라(增諸州學未立者)"라는 명을 내려 주현에 학교를 세우도록 하는 입장을 재차 확인했으며, 이로써 공자문묘는 한층 더 발전하게 되었다. 문헌에 따르면 숭녕 5년에는 학교 공자문묘 29개를, 이후 대관(大觀) 4년에는 18개를, 정화(政和) 8년에는 일곱 개를 지었다. 북송 말까지 공자문묘는 이미 주, 현 및 각급 정부 소재지와 군사 요충지까지 널리 퍼져 있었다. 『삼산지(三山志)』에 따르면 복주(福州) 12개 현에서 모두 북송대에 단독으로 학교만을 지었는데, 그 후 의곽현(依郭縣)에서는 학교를 유지하지 못하게 했지만 민현(閩縣)과 후관현(侯官縣)에서는 순희(淳熙) 연간까지 경력(慶曆), 희녕(熙寧) 연간에 세워진 공자문묘를 유지시켰다. 숭녕 원년에 국자감의 학생 수가 늘어남에 따라 수도 남흥(南興)

1-6-13 자계문묘(慈溪文廟) 대성문.

에 외학(外學)을 지었고, 황제는 새로 지은 외학에도 "제사를 위해 문선왕묘를 세우라(建文宣王廟以便薦獻)라고 명했다. 이로써 국자감에는 학교 두 개와 공자문묘 두 개가 있게 되었다.

북송 말기에는 금(金)나라 군대가 남하하면서 일부 공자문묘는 전쟁으로 파괴되었지만, 그러나 전쟁이 평정되면서 남송의 학교와 공자문묘는 회복되었다. 소흥(紹興) 10년(1140)에는 공자문묘의 제사를 대사(大祀)로 격상하라는 명을, 12년에는 각 주군(州郡)에서 교관(教官)을 세우고 각 지방의 주학을 회복하라는 명을 내렸다. 14년에는 주현의 문신이 취임한 후에 가장 먼저 공자문묘를 참배한 후에 정무를 처리할 수 있다는 명을 , 18년에는 각 지방의 현학을 회복시키라는 명을, 21년에는 호부(戶部)에 사원의 부동산을 교육용 자금으로 사용하라는 명을 내렸다. 주현의 관리들은 학교를 회복하거나 더 나아가 확장시키는 데 적극적이었다. 문헌에 따르면 소흥(紹興) 32년에 학교 공자문묘 58개를 세웠다고 한다. 절강(浙江)성 자계문묘(慈溪文廟)는 건염(建炎) 4년(1130) 금나라 군대에 의해 파괴당했지만, 소흥(紹興) 12년(1142)에 복원되었다. 소흥 이후에 공자문묘의 역사는 완만한 발전기로 접어드는데, 남송 멸망까지 110년간, 문헌에 건립 연대가 확실히 기록되어 있는 공자문묘는 78개뿐이다.

남송(南宋)대 역시 문묘의 대발전기이며, 주로 송 고종(宋高宗)과 효종(孝宗) 연간이었다. 고종(高宗)의 재위 37년 동안 문헌에 기록된 신설 학교 및 문묘는 대략 60개였고, 그중 소흥 32년간 신설 학교 및 문묘는 58개였다. 효종(孝宗)의 재위 28년 동안 신설된 학교 및 문묘는 30개였

1-6-14 가정문묘(嘉定文廟) 대성전. 가정(嘉定) 11년(1218)에 지어졌다.

다. 이러한 발전은 주로 과거에 학교 문묘가 세워지지 않았던 강서성, 광동성, 복건성, 광서성, 사천성에서 이루어졌는데, 대부분은 현학이었다. 남송 시대에 현학 설립은 더욱 보편화되었다. 북송 시대에 의곽현(依郭縣: 府州와 같은 성에 있는 현)에는 학교를 세우지 못하도록 했는데, 남송 시대에는 그런 제한이 없었다. 남송 시대의 학자 섭적(葉適, 1150~1223)은 "이제 주현에는 학교가 있고 건물과 물자 등은 모두 갖추어져 있으며 관리와 교사도 두었으니, 이는 한당(漢唐)대보다 훨씬 넘어선 것이다"[29]라 했다. 주현 학교에 "건물과 물자가 완비되어 있었는데(宮室廩餼無所不備)", 학교가 많아지면 문묘도 많아지는 법이어서 학교가 보편화되자 공자문묘도 이에 따라 보편화되었다.

국립학교 공자문묘 외에 송나라에는 서원(書院) 공자문묘도 나타났다. 서원은 당나라에 처음 세워졌는데, 북송 시대에는 조금 발전하다가 남송 시대에 와서 크게 발전되었다. 『속문헌통고(續文獻通考)』의 통계에 따르면 남송 대에 약 167개 정도가 지어졌다. 국립학교의 영향을 받아 일부 서원에서도 공자문묘를 짓기 시작했다. 악록서원(嶽麓書院)은 북송 개보(開寶) 9년(975)에 처음 세워졌다. "개보 연간에 상서랑 주동(朱洞)은 장사를, 좌습유(左拾遺) 손봉길(孫逢吉)은 군(郡) 사무를 관장했는데, 이들은 악록산 포황동(抱黃洞)에 서원을 열어 학생들을 모았

---

29) 『水心集·學校』([宋], 葉適)(文淵閣四庫全書 電子版 참고). "今州縣有學, 宮室廩餼無所不備, 置官立師, 其過于漢唐遠矣."

다."[30] 두 사람이 사직한 후 서원은 방치되었지만, 함평(咸平) 2년(999)에 담주지주(潭州知州) 이윤칙(李允則, 953~1028)이 부임한 후에 다시 서원을 회복시켰다. "옛 장소를 그대로 사용하되 문옥(門屋)을 확장시키고 가운데에 강당을 세우며, 서루(書樓)를 만들어 손님들이 사용할 수 있는 장소로 한다. 선사(先師), 10철(十哲)의 인물상을 만들고 72현인을 그려놓았는데, 화려한 곤룡포나 면류관의 구슬, 옷매무새 등이 모두 옛 제도를 그대로 따르고 있어 마치 살아 있는 것 같다. 논을 개간하여 춘추석전에 사용할 수 있도록 했다."[31] 서원에는 공자, 10철, 72현인들을 공양하고 춘추석전을 지내며, 국립학교와 마찬가지로 지금까지도 악록서원(嶽麓書院)에는 독립된 공자문묘가 세워져 있다. 백록동서원(白鹿洞書院)의 전신은 당나라 정원(貞元) 연간(785~804)에 이섭(李涉), 이발(李渤) 형제가 은거하면서 독서하던 장소였다. 남당(南唐) 승원(昇元) 연간(938~942)에 "당시 그곳에서 학생들이 모여 학교를 세우고 밭을 개간했기 때문에 국자감 구경(九經) 이선도(李善道)를 동주(洞主)로 임명하고 '여산국학(廬山國學)'이라 불렀다".[32] 북송 대에 백록동서원(白鹿洞書院)은 세 번에 걸쳐 대대적인 수리와 확장 공사를 했다. 남송 주희(朱熹)가 절동제거(浙東提擧)로 있을 때 "다시 30만을 보내 군수(郡守) 전문시(錢聞詩)에게 전무(殿廡)를 세우고 인물상을 만들도록 했다. 2년 후에 군수 주단장(朱端章)이 판벽을 세워서 종사하는 각 현인들의 인물화를 그렸다".[33] 예성전(禮聖殿)을 증축하여 공자에게 제사를 지냈다면, 예성전(禮聖殿)은 실제로 공자문묘나 다름없었다. 송대에 서원에서 공자 제사를 위해 건물을 짓는 것은 일반적인 현상이었다. 석고서원(石鼓書院)에는 "대중상부 초에 공자문묘를 이전했다"[34]는 것으로 보아, 북송 진종(眞宗) 연간에 공자 제사를 위한 문묘가 있었을 것이다. 상산서원(象山書院)은 소흥(紹興) 5년(1232)에 원보(袁甫)가 직접 가서 "선성에게 제사를 지냈으며(奠先聖)", 공자에게 제사하는 성전(聖殿)도 있었다. 학도서원(學道書院)은 함순(咸淳) 6년 준공될 때 "선현을 제사하는 건물을 연거(奉先賢之殿曰燕居)"라고 했으며, 7년에는 "강당 서쪽에 선현사(先賢祠)를 짓고, 중간에는 안자·증자·자사·맹자를 제사 지내며, 담대자우(澹臺子羽)는 이들 왼쪽 편에 놓는다. 양서(兩序)에는 학도지사(學道之師) 주정(周程)을 비롯하여 9명을 종사한다"[35]고 해서, 공자를 제사 지내는 연거전(燕居殿)도 있었고, 4배(配)와 주정구자(周程九

---

30) 『潭州嶽麓書院記』([宋], 王禹偁). 『小畜集』 권17(文淵閣四庫全書 電子版 참고). "開寶中, 尙書郎朱洞典長沙, 左拾遺孫逢吉通理郡事, 于岳麓山抱黃洞下肇啓書院, 廣延學徒."

31) 『潭州嶽麓書院記』([宋], 王禹偁). 『小畜集』 권17. "肯構舊址, 外敞門屋, 中開講堂, 揭以書樓, 序以客次. 塑先師, 十哲之像, 畵七十二賢, 華袞珠旒, 縫掖章甫, 畢按舊制, 儼然如生. 請辟水田, 供春秋之釋奠."

32) 『沿革志』. 『白鹿洞書院志』 권1 참조. "因卽其地聚徒建學置田, 乃命國子監九經李善道爲洞主, 號曰'盧山國學'."

33) 『江西通志』 권82[淸]. "復遣錢三十萬屬郡守錢聞詩建殿廡幷塑像. 後二年, 郡守朱端章加板壁, 繪從祀諸賢像."

34) 『石鼓書院田記』([宋] 廖行之). 『省齋集』에서 인용했다(文淵閣四庫全書 電子版 참고). "祥符初元奉夫子廟遷焉."

1-6-15 니산서원(尼山書院) 조감도(鳥瞰圖). 송 경력(慶歷) 3년(1043)에 중건되었다.

子)를 제사 지내는 선현사(先賢祠)와 양서(兩序)도 있었다. 명도서원(明道書院)의 "연거당(燕居堂)은 주경당(主敬堂) 뒤에 있었는데, 산장(山長) 장현張顯)은 선성 및 14현인을 연거당 안에 모셨다".36) 화정서원(和靖書院)은 "함순(咸淳) 초에 제형(提刑) 이불(李芾)이 연거당(燕居堂)을 지어 선성에게 제사 지냈다(咸淳初, 提刑李芾建燕居堂以奉先聖)". 백로주서원(白鷺洲書院)을 지으면서 "문선왕묘과 영성문(欞星門)도 만들었다".37) 안호서원(安湖書院)은 "앞에 연거(燕居)가 있어서 행단(杏壇)으로 이어져 있다".38) 상강서원(相江書院)은 "선성전(先聖殿)을 지었다".39) 한산서원(韓山書院)은 "공사(公祠) 앞에 부자연거실(夫子燕居室)을 다시 세웠다(復立夫子燕居室于公祠之前)". 경산서사(京山書舍)은 "결국 사당 세 개를 세웠는데, 안정(安定)은 왼쪽으로 창려(昌黎)는 오른쪽으로 했다. 공손히 참배하고 성사(聖師)에게 제사를 드렸다".40) 죽림서원(竹林書院)은 "연거

35) "又建先賢祠于講堂之西, 中祠顔, 曾, 思, 孟, 列澹臺子羽次四子之左, 兩序則從祀學道之師周程以下九人."
36) 『景定建康志』 권29([宋], 周應合)(文淵閣四庫全書 電子版 참고). "燕居堂在主敬堂之後. 山長張顯設先聖及十四賢位于堂中."
37) 『江西通志』 권81 [淸]. "立文宣王廟, 欞星門."
38) 『贛州興國縣安湖書院記』([宋], 文天祥). 『文山集』 권12에서 인용했다(文淵閣四庫全書 電子版 참고). "前爲燕居, 直以杏壇."
39) 『韶州相江書院記』([宋], 歐陽守道). 『巽齋集』 권14에서 인용했다(文淵閣四庫全書 電子版 참고). "且立先聖殿."

1-6-16 구주(衢州) 공씨가묘. 명(明) 정덕(正德) 15년(1520)에 옮겨 지었다.

가 있어서 사채(舍菜: 고대에 입학할 때 공자에게 음식으로 드리는 제사)를 올렸다(有燕居以行舍菜)".
연거당(燕居堂), 연거실(燕居室), 선성전(先聖殿), 문선왕묘 등 이름은 달랐지만, 모두 공자에게
제사 지내는 건물이었다. 함순(咸淳) 7년에 세워진 대산서원(岱山書院)은 "선성에게 제사 지내
고 그들이 남긴 글을 강의하기 위해"[41] 지은 곳이었다. 광평서원(廣平書院)에서는 "봄과 가을
에 선성에게 사채례를 올리고 해마다 초하루와 보름날에 사당에 가서 배알했다".[42] 찰계서원
(剷溪書院)은 번개로 쓰러진 오동나무를 "도끼를 사용하지 않고 마련한 재료로 공자와 유학자
들의 상을 만들어 섬긴다. 그 모습을 참배하고 아침저녁으로 예를 갖춘다".[43] 이들 서원에는
분명 공자에게 제사를 지내는 건물이 있었던 듯하다.

　송대에는 향학 공자문묘도 나타났다. 향학은 향교(鄕校)라고도 하는데 이는 농촌이나 도시

---

40) 『潮州海陽縣京山書舍記』([宋], 林希逸)(文淵閣四庫全書 電子版 참고). 『竹溪鬳齋十一稿續集』 참조. "最後聳以
　　三祠, 安定左而昌黎右, 瞻儀肅肅, 侑我聖師."

41) 『岱山書院記』([宋], 黃震). 『延祐四明志』 권14에서 인용했다(文淵閣四庫全書 電子版 참고). "祠先聖而講求其說."

42) 『廣平書院記』([宋], 王應麟). 『四明文獻集』 권1에서 인용했다(文淵閣四庫全書 電子版 참고). "春秋舍菜先聖,
　　歲時朔望謁祠."

43) 『剷溪書院記』([宋], 程珌). 『洺水集』에서 인용했다(文淵閣四庫全書 電子版 참고). "不煩斧斤, 乃以其材像洙泗
　　聖人而事之, 用瞻儀刑, 以肅朝夕."

에 있던 사립 학교였다. 송대에는 우문숭유(右文崇儒) 정책으로 교육이 매우 발달했기 때문에, 국립학교와 서원 외에도 많은 사립학교들이 생겨났다. 이들 사립학교 중 일부는 국립학교를 모방하여 공자문묘를 세우기도 했다. 송대 사람의 필기록인『빈퇴록(賓退錄)』에 따르면 사천성(四川省) 미주(眉州), 가정부(嘉定府) 근처에 여러 향학이 세워졌는데, "가미(嘉眉)는 학자가 많은 지역인데, 학사가 많은 지방인데 한번 모이면 반드시 함께 힘을 모아 공자문묘를 세워 춘추석전을 지내고 사자(士子)들이 개인적으로 예를 강의했기 때문에 학교라 했다. 학자를 양성하는 곳도 있는데, 이는 산학(山學)이라 했다. 미주(眉州) 네 개 현에는 모두 13개, 가정부 5현에는 모두 18개가 있었다. 다른 군의 경우 수녕(遂寧)에 네 개, 진주(晉州)에 두 개만 있을 뿐이었고, 나머지는 들어본 적이 없었다".[44] 성도평원(成都平原)은 전한(前漢) 문옹(文翁)이 처음 학교를 세웠을 때부터 지속적으로 문화가 발달하였다. 송나라에는 민간교육도 성행해서 향학과 공자문묘도 많이 지어졌다. 향학 공자문묘는 송대에 나타났는데 미주(眉州), 가정부(嘉定府) 일대에 그렇게나 많은 향학 공자문묘를 세운 것은 실로 전무후무한 일이었다. 왜냐하면 그 후에 향학 공자문묘에 대한 기록이 별로 남아 있지 않기 때문이다.

북송 말기에 금나라 군대가 남하하면서 송 고종(高宗)이 남쪽 지역으로 옮겨갔다. 그때 공자 48대손과 연성공(衍聖公) 공단우(孔端友)도 그를 따라 남쪽으로 옮겨가서 결국 절강(浙江)성 구주(衢州)에 자리 잡았다. 소흥(紹興) 6년(1136)에는 주학문묘(州學文廟)를 공씨가묘로 하기를 명했으며, 보우(寶祐) 원년(1253)에는 성 동북쪽에 있는 능당(菱塘)에 가묘를 새로 만들었는데, "200여 영(楹: 채, 가옥을 세는 단위)에 이르니, 규모가 곡부와 비슷했다(廣至二百余楹, 規矩略同曲阜)". 이곳은 국가에서 공자 장손을 위해 지은 세 번째 가묘였다.

송대에는 또한 개인이 지은 공자문묘도 등장했다. 현재 복주시(福州市)에 있는 나주(螺州) 공자문묘가 바로 송대에 처음 세워졌고, 명(明)·청(淸)대에 수차례 중수를 했다고 전해진다.

---

44)『빈퇴록』(賓退錄) 권1([宋], 趙與峕). "嘉眉多士之鄉, 凡一成之聚必相與合力建夫子廟, 春秋釋奠, 士子私講禮焉, 名之曰鄉校. 亦有養士者, 謂之山學. 眉州四縣, 凡十有三所; 嘉定府五縣, 凡十有八所; 他郡惟遂寧四所, 晉州二所, 余未之聞."

제**7**장

공자문묘의 침체기

요(遼) · 금(金) · 서하(西夏) · 원(元)

5대(五代) 시기부터 중국의 북방 지역에서는 요(遼), 서하(西夏), 금(金), 몽고(蒙古) 등 소수민족들이 잇달아 지방 정권을 세웠다. 그중 몽고 정권은 1227년에는 서하(西夏)를, 1234년에는 금(金)나라를, 1279년에는 남송(南宋)을 멸망(滅亡)시킨 뒤 중국을 통일하였으며, 유라시아 대륙을 넘나드는 방대한 제국을 건립했다. 소수민족(少數民族)의 지방 정권들도 점차 '존공숭유(尊孔崇儒)' 정책을 채택했지만, 낙후된 문화, 빈번한 전쟁, 경제 미발달(未發達) 등 여러 이유로 인해, 교육은 정체되고 학교는 방치되었으며, 공자문묘도 이에 따라 감소하였다. 요, 서하, 금, 몽고 정권들이 할거(割據)한 지역은 대부분 당나라 전기의 관할(管轄) 구역이었다. 당 정관(貞觀) 4년에는 지방`의 주현(州縣) 학교에 공자문묘를 세우라는 조령(詔令)을 반포(頒布)했고, 그때부터 공자문묘는 점차 전국 현 이상 관청 소재지에 널리 퍼지게 되었다. 그러나 장기간의 전란(戰亂)으로 인해 원래의 공자문묘들은 훼손(毀損)당한 상태로 신속히 수리(修理)되거나 복원(復原)되지 못했기 때문에, 필자는 이 시기를 공자문묘의 침체기(沈滯期)로 부르고자 한다.

1. 요(遼)나라의 공자문묘

요나라는 거란족(契丹族)이 세운 정권이다. 거란족은 염제(炎帝)의 후손으로 자처(自處)했지만, 오랫동안 "초야에 머물면서 정처 없이 떠도는(草居野次, 靡有定所)" 유목(遊牧) 생활을 해왔으며 성씨(姓氏)도 문자도 없이 "나무에 새기거나 밧줄을 이어서 기록을 남기는(刻木結繩)" 매우 낙후된 문화를 가지고 있었다. 916년, 야율아보기(耶律阿保機)는 내몽고(內蒙古) 시라무룬(西拉木倫) 강 유역(流域)에서 거란국(契丹國)을 건국했고, 신책(神冊)이라는 첫 연호(年號)를 만들었다. 회동(會同) 10년(947)에는 다시 국호(國號)를 요(遼)로 바꾸었다.

거란 건국 이후, 한족(漢族)의 문화를 적극적으로 배우고 한족 선비들을 모아, 한족의 예제(禮制)를 도입했다. 신책(神冊) 3년(918)에 태조(太祖) 야율아보기는 근신(近臣)에게 "명을 받은 임금으로서 마땅히 하늘을 섬기고 신을 공경함에 공이 있어야 하는데, 짐이 이를 따르려면 무엇을 먼저 해야 하는가"[1]라고 물었다. 근신(近臣)이 불교에 귀의할 것을 건의하자, 야율아보기는 "불교는 중국 종교가 아니다(佛非中國教)"라고 하면서 그 건의를 타당하지 않다고 여겼다. 태자(太子) 야율배(耶律倍)는 "공자는 대성(大聖)이시어 만세의 존경을 받으시니, 마땅히 먼저 모셔야 합니다(孔子大聖, 萬世所尊, 宜先)"라고 제의했다. 야율아보기는 매우 기뻐하며 "즉시 공자문묘를 세우고 황태자에게 춘추석전을 올리라"[2]라고 명했다. 이로써 요나라는 '존공숭유(尊孔崇儒)' 정책을 확립하게 되었다.

요나라의 통치자들 역시 유가 사상에 기반(基盤)한을 둔 교육과 교화를 중시했다. 개국 초 야율아보기는 박학다식한 한족 지식인 장간(張諫)을 태자(太子) 야율배(耶律倍)의 근신(近臣)으로 배치했는데, 야율배는 "정식으로 스승으로 모시지는 않았지만 스승님이나 다를 바가 없다"[3]라고 하면서 장간(張諫)을 매우 존중했다. 그 후 동궁(東宮)과 종실(宗室) 교육체계를 확립하고, 태자에 대해서도 송대(宋代)와 마찬가지로 삼태(三太: 太子太師, 太傅, 太保)와 삼소(三少: 太子少師, 少傅, 少保)라는 명예직(名譽職)과 태자빈객(太子賓客)·첨사(詹事)·좌우유덕(左右諭德)·태자문학(太子文學)·좌우찬선(左右贊善) 등 실무관리, 그리고 문학관(文學館)·사경국(司經局) 등 기관을 두었다. 이와 동시에 종실의 왕들에게는 박사(博士)와 반독시신(伴讀侍臣), 그리고 문학(文學)을 두었다. 동궁(東宮)과 종실(宗室) 교육에 대한 결과로 황제는 유학(儒學)을 중시하게 되었다. 요 흥종(興宗)은 "유가를 선호했고(好儒術)", 특히 요 도종(道宗)은 문화와 교육 영역에서 여러 사업을 시도했다. 청녕(淸寧) 원년(1055)에는 "학교를 세워 인재를 양성하고 오경전소(五經傳疏)를 발행하였으며, 박사(博士)와 조교(助敎) 각 한 명씩을 모집한다"[4]라는 내용의 요대 첫 번째 지방 흥학령(興學令)을 반포했다. 중경(中京), 서경(西京) 국자감(國子監)을 설치하여 "1년에 네 차례씩 선성선사(先聖先師) 제사를 지내도록 명하였다(命以時祭先聖先師)". 요나라에

---

1) "受命之君, 當事天敬神有大功者, 朕事之, 何先 ?."
2) 『遼史·義宗傳』(文淵閣四庫全書 電子版 참고). "即建孔子廟, 詔皇太子春秋釋奠."
3) 『張正嵩墓誌』, 『全遼文』 권4 참조. "雖非拜傅, 一若師焉."
4) 『遼史·道宗紀一』(文淵閣四庫全書 電子版 참고). "詔設學養士, 頒五經傳疏, 置博士, 助教各一員."

서는 유가의 충효(忠孝) 사상을 교육의 기초로 삼았다. 요 성종(聖宗)은 조카를 교육하면서 다음과 같이 말했다. "재능이 있다고 해서 사람을 무시하면 안 되고, 부와 명예가 있다고 해서 사람을 멸시해선 안 된다. 오직 충과 효로써 집안과 자신을 지킬 수 있다."[5] 통화(統和) 원년(983)에는 전국에 조령(詔令)을 반포했다. "민간에 부모가 살아 계시는데도 다른 곳에 적(籍)을 두고 사는 자는 동네 사람들이 그것을 알아차렸을 경우 벌을 내린다. 부모에게 효도하고 3대가 한 집에 같이 사는 경우 마을 입구에 이를 기리는 깃발을 세워 표창(表彰)한다."[6] 요대의 사회 교화로 거란인(契丹人)들은 유가 사상을 더욱 존숭하게 되었다. 송왕(宋王) 야율인선(耶律仁先) 5형제의 이름은 각각 인선(仁先)·의선(義先)·예선(禮先)·지선(智先)·신선(信先)이었는데, 이를 통해 유가 윤리가 이미 거란 귀족들의 마음에 깊이 파고들었다는 것을 알 수 있다.

요나라 개국 후 오래 지나지 않아 당대(唐代) 과거제도(科擧制度)를 통한 인재 선발제도를 도입했다. 과거제도의 시행(施行) 연도는 분명하지 않지만, 실방(室昉, 920~994)은 "회동(會同) 초기 진사(進士)에 급제하여 노용순포관(盧龍巡捕官)이 되었는데",[7] 이는 태종(太宗) 회동(會同, 938~947) 초기부터 이미 과거제가 실시되었다는 것을 보여준다. 통화(統和) 6년(988)부터 과거제도는 정상 궤도로 들어섰는데, 시행 첫해에는 1년에 한 번 치렀지만, 통화(統和) 18년부터는 3년에 한 번으로 바뀌었다. 그러나 요대 초기의 과거 시험의 규모는 매우 작아서 매회 한두 명 선발되는 정도였으며, 가장 많은 경우가 6명, 통화(統和) 24년에는 22명으로 늘어나기도 했다. 후기로 갈수록 규모도 점차 커져서, 도종(道宗)과 천조제(天祚帝) 연간에는 100명가량으로 늘어났다. 가장 많은 합격자가 배출된 시기는 창수(昌壽) 원년으로 130명의 진사(進士)가 선발되었다. 요대 관리 계층의 문화 수준이 전반적으로 낮았던 것은 과거제를 통한 선발 인원이 적었기 때문이었다. 『금사·선거지(金史·選擧志)』에는 다음과 같은 내용이 기록되어 있다. "요나라는 당나라를 계승하여 과거제도로 인재를 선발했는데, 국가에 벼슬하는 자들 중 과거 출신자는 10명 중 1~2명밖에 되지 않았다."[8]

요대 과거제도에는 경의(經義), 시부(詩賦), 율과(律科)가 포함되어 있었고, 그중에 시부(詩賦)와 경의(經義)가 중시되었다. 시험 내용에 관해서는 역사적 기록이 거의 남아 있지 않으나, 원대(元代) 이세필(李世弼)이 『금등과기·서(金登科記·序)』에서 다음과 같이 언급한 내용이 있다.

---

5) 『契丹國志』권40. "勿以才能陵物, 勿以富貴驕人, 惟忠惟孝, 保家保身."

6) 『遼史·聖宗紀一』(文淵閣四庫全書 電子版 참고). "民間有父母在別籍異居者, 聽鄰裡覺察坐之. 有孝于父母, 三世同居者, 旌其門閭."

7) 『遼史·室昉傳』(文淵閣四庫全書 電子版 참고). "會同初登進士第, 為盧龍巡捕官."

8) "遼起唐季, 頗用唐進士法取人, 然仕于其國者, 考其致身之所, 自進士才十之一二耳.."

"사부(詞賦)는 처음에는 경전자사(經傳子史)에서 출제했지만, 그다음부터는 해마다 경전 하나를 가지고 시험을 치렀다. 또한 『서』, 『역』, 『시』, 『예』, 『춘추』의 순서로 주석에서도 출제되었다. 이는 요대의 옛 제도를 따르는 것이다."[9] 이처럼 요대 과거 시험의 내용은 주로 유가 경전(儒家經典)을 위주로 하고 있으며, 경전(經典) 본문뿐만 아니라 주소(註疏)에서 출제(出題)되기도 했던 것이다. 하지만 요대 과거 시험은 한족(漢族)만을 위한 것이었고, 거란족은 응시(應試) 자체가 금지되었다. 거란인 야율포노(耶律蒲魯)는 "숭희(崇熙) 연간에 과거에 급제하여 진사(進士)가 되었는데 국가 규정에 거란인이 진사가 될 수 있다는 조항이 없었기 때문에, 그의 아버지 서잠(庶箴)도 연루(連累)되어 채찍 200대를 맞는 형벌을 받았다".[10] 거란인 야율포노(耶律蒲魯)는 급제를 했음에도 상을 받기는커녕, 도리어 그의 부친 서잠(庶箴)까지도 채찍 200대를 맞게 되었던 것이다.

요대 초기에는 국학(國學)만 중시되었고 말기(末期)에 와서야 지방교육도 중시되기 시작했기 때문에, 요대 교육은 전반적으로 그다지 발달하지 못한 편이었다. 오경학(五京學)이라 불렸던 중앙의 국학은 상경(上京)·동경(東京)·남경(南京)·서경(西京)·중경(中京)에 개설되었는데, 상경 국자감(上京 國子監)에서 이들 학교를 주관했다. 신책(神冊) 원년(916) 거란은 현재 내몽고(內蒙古) 파림좌기(巴林左旗)에 도읍을 정하게 되고, 3년에 국자감(國子監) 및 태학(太學), 공자문묘를 세웠다. 회동(會同) 원년(938)에는 수도 이름을 상경(上京)으로 바꾼 뒤 국자감도 이에 따라 상경 국자감으로 변경하였다. 남경(南京)은 처음에는 동평군(東平郡)에 세워졌고 회동(會同) 원년에 유주(幽州)로 이전하여 남경 유도부(幽都府)로 불렸는데, 국자감 설립 시기는 분명하지 않다. 이에 관한 최초의 기록은 통화(統和) 13년(995) "9월 무오(戊午)일, 남경 태학생(太學生)이 너무 많아 특별히 수애장(水磑莊) 지역을 하사(下賜)한다"[11]는 것이다. 이는 남경 태학은 통화(統和) 연간 이전, 특히 회동(會同) 원년에 세워졌을 가능성이 매우 크다는 것을 시사하는데, 같은 해에 남경 유도부(幽都府)가 설립되고 수도 이름도 상경(上京)으로 바뀌었기 때문이다. 중경(中京)은 통화(統和) 25년에 세워졌고, 현재의 내몽고(內蒙古) 영성현 대명성(寧城縣 大名城)에 중경(中京) 대정부(大定府), 청녕(淸寧) 6년(1060) 6월에는 중경 국자감(中京 國子監)이 설립되었다. "병인(丙寅)년에 중경에 국자감을 설립하여 선성선사께 1년에 네 차례씩 제사를 올리도록 명

---

9) "詞賦之初, 以經傳子史內出題, 次又令逐年考一經, 亦許注內出題, 以『書』, 『易』, 『詩』, 『禮』, 『春秋』為次, 蓋循遼舊也."

10) 『遼史·耶律庶成傳』 권89(文淵閣四庫全書 電子版 참고). "崇熙中擧進士第, 主文以國制無契丹試進士之條聞與上, 以庶箴擅令子就科自鞭之二百."

11) 『遼史·聖宗紀四』(文淵閣四庫全書 電子版 참고). "九月戊午, 以南京太學生員寔多, 特賜水磑莊一區."

하였다."[12] 서경(西京)은 중희(重熙) 13년(1044)에 세워졌고, 대동군(大同軍)이 서경(西京) 대동부(大同府)로 승격(昇格)되었는데, 서경 국자감의 창건 연대는 분명하지 않다. 장기암(張起岩)은 『숭문당기(崇文堂記)』에서 서경 "국자감은 웅장하면서 고요하여 견줄 곳이 없다"[13]고 했는데, 이는 서경(西京)에도 국자감이 설립되어 있었다는 것을 보여준다. 동경(東京)은 요양(遼陽)에 세워졌으며, 천현(天顯) 3년(928)에 발해(渤海) 거주민들을 동평군(東平郡)으로 이주시킨 뒤 남경(南京)으로 개칭(改稱)하였다. 회동(會同) 원년 유주(幽州)가 남경(南京)으로 바뀌었기 때문에, 원래 남경(南京)은 동경(東京) 요양부(遼陽府)로 개칭(改稱)되었다. 동경(東京)에서 국자감이 설립된 시기는 분명하지 않으며, 『요사·백관지사(百官志四)』에도 목차만 있을 뿐 상세한 기록은 없다. 동경(東京)의 건설 시기는 매우 이른 편이라서 국자감 설립 시기도 분명 빨랐을 것이다. 현재 이와 관련된 문헌을 찾을 수 없다는 점은 매우 안타깝다.

『요사·지리지(遼史·地理志)』의 상경 왕궁 "서남쪽에 국자감이 있고, 국자감 북쪽에는 공자문묘가 있다"[14]는 내용은 상경에 공자문묘가 있었다는 것을 보여준다. 『요사·도종기(道宗紀)』의 "중경에 국자감을 설립하여 선성선사에게 1년에 네 차례씩 제사를 지내도록 명한다"[15]는 내용에 따르면, 선성선사에게 시제를 지내는 묘우가 있었으며, 다른 삼경(三京)에도 공자문묘가 있었다는 것을 알 수 있다.

요대(遼代) 초기 학교와 공자문묘는 심각하게 훼손되었다. 『선부진지(宣府鎭志)』에 따르면, "거란족이 처음 흥기했을 때는 무예(武藝)만을 숭상하였다. 연조(燕趙) 연간의 학교는 당대(唐代)의 모습을 그대로 이어받았지만, 전란(戰亂)을 입어 10개 중 두세 개만이 남았다".[16] 연조(燕趙) 연간의 학교와 공자문묘는 70~80% 정도 파괴되었던 것이다. 요(遼) 성종(聖宗) 이전에는 국가에서 지방학교 설립에 관한 통일된 법령을 반포한 적이 없었기 때문에, 지방학교와 공자문묘의 수리나 건립은 일부 자발적인 지방 관리들에 의해 산발적(散發的)으로 이루어졌고 관련 기록도 매우 적다. 기록으로 남아 있는 최초의 학교는 탁주주학(涿州州學)으로, 청(淸) 광서(光緒) 연간의 『기보통지(畿輔通志)』에는 탁주주학이 요(遼) 통화(統和) 연간에 설립되었다는 내용이 있다. 그러나 응력(應歷) 10년(960)에 세워진 『숭성원비기(崇聖院碑記)』에는 "탁주(涿州)의 늠선생원(廩膳生員)[17] 노진달서(盧進達書)"라는 글귀가 새겨져 있는데, 이는 응력(應歷) 10년 이전

---

12) 『遼史·道宗紀一』(文淵閣四庫全書 電子版 참고), "丙寅, 中京置國子監, 命以時祭先聖先師", "國子監玄敞靜深冠它所", "西南國子監, 監北孔子廟."

13) "國子監玄敞靜深冠它所."

14) "西南國子監, 監北孔子廟."

15) "中京置國子監, 命以時祭先聖先師."

16) 『遼史拾遺』 권16(文淵閣四庫全書 電子版 참고). "契丹初興, 惟尙武藝, 燕趙間學校俱仍唐舊, 間罹兵燹, 十存二三."

1-7-1 양향문묘(良鄕文廟), 요대(遼代)에 처음 세워졌다.

부터 탁주(涿州)에 이미 주학(州學)이 있었다는 것을 말해준다. 탁주는 수대(隋代)에는 탁현(涿縣)으로, 당대(唐代) 초기에는 범양현(范陽縣)으로 개칭되었다. 대력(大曆) 4년(769)에는 범양현(范陽縣)에 탁주 주치(州治)를 세웠는데, 당대(唐代)에는 분명 학교가 있었고 요대(遼代)에 와서 옛 학교를 복원했을 것이다. 『속문헌통고·학교고(續文獻通考·學校考)』에 따르면, 통화(統和) 원년(983) 12월에 "귀주(歸州) 주민들은 신라(新羅)에서 이주(移住)해 왔는데 글을 배운 적이 없었다. 학교를 세워 가르쳐달라고 청하였으며 이를 받아들였다".[18] 귀주는 요대(遼代)에 신설된 행정구역으로, 당대(唐代)에는 건안주(建安州) 도독부(都督府)가 이 지역에 있었다. 그러나 성지(城池)가 없는 것으로 보아 학교는 없었던 것으로 보이며 이 주학(州學)은 분명 요대(遼代)에 와서 설립되었을 것이고 두 학교는 모두 예제(禮制)에 따라 공자문묘를 만들었을 것이다.

요대(遼代) 지방학교 건립은 도종(道宗) 청녕(淸寧) 원년(1055)에 지방 흥학령(興學令)을 반포하면서부터 본격적으로 시작되었다. 요 도종(道宗)은 학교를 세우고 선비를 양성한다(設學養士)라는 내용의 다음과 같은 조서를 내렸다. "그리하여 서경학(西京學)·봉성(奉聖)·귀화(歸化)·운(云)·덕(德)·울(蔚)·규(嬀)·유(儒) 등 팔주학(八州學)이 생겼다. 각 학교에는 공자문묘를 세워 오경(五經)과 제가(諸家)의 전소(傳疏)를 하사하여 박사(博士)와 조교(助敎)들이 이를 강의하

---

17) (옮긴이) 제생(諸生) 중에서 경의(經義)를 가장 우수하게 해독하는 자.
18) "歸州言其居民本新羅所遷, 未習文字, 請設學以敎, 從之."

도록 하고 속현(屬縣)들에서는 이를 따르도록 명한다."19) 서경(西京)에 속한 대부분의 주(州)에서는 학교와 공자문묘를 세웠다. 그 외 명청일통지(明淸一統志)에 언급된 청녕(淸寧) 4년 란주학교(灤州學校)와 청녕(淸寧) 연간의 응주학교(應州學校)가 있다. 『요사(遼史)·백관지(百官志)』에는 황룡부학(黃龍府學)·흥중부학(興中府學)·서경주학(西京州學)·상경주학(上京州學)·동경주학(東京州學), 대공정(大公鼎)이 설립한 양향현학(良響縣學)과 창수(昌壽) 원년(1095)에 소살팔(蕭薩八)이 세운 영청현학(永淸縣學), 마인망(馬人望)이 세운 신성현학(新城縣學), 건통(乾統) 연간에 설립된 옥전현학(玉田縣學)과 천주주학(川州州學)·삼하현학(三河縣學) 등이 기록되어 있다. 요대(遼代)에도 국립학교에 공자문묘가 세워졌는데, 『전요문(全遼文)』에 수록된 『삼하현중수문선왕묘기(三河縣重修文宣王廟記)』를 통해 이를 증명할 수 있다. 요대(遼代) 학교에 관한 기록은 매우 적은 편인데, 특히 공자문묘에 관한 기록은 터무니없을 정도로 적기 때문에, 현재로서는 요대(遼代) 공자문묘의 전반적인 상황을 파악할 방법이 없다. 하지만 관련 문헌이 거의 없다는 것은 그만큼 당시 공자문묘에 관한 활동이 많지 않았다는 것을 반증(反證)하는 것이다. 요대(遼代) 공자문묘는 크게 발전하지 못했는데, 그나마 전대(前代)의 숫자를 유지할 수 있었다면 그럭저럭 다행인 셈이다.

2. 서하(西夏)의 공자문묘

서하(西夏)는 당항족(黨項族)이 세운 지방 할거(割據) 정권으로, 현재의 감숙성(甘肅省), 영하(寧夏)와 섬서성(陝西省), 내몽고(內蒙古) 그리고 청해성(靑海省) 지역이 그 영역이다. 당항족(黨項族)은 강족(羌族)의 분파로서 당 정관(唐 貞觀) 연간에 내지(內地)로 귀속(歸屬)되었는데, 당시 수령(首領)은 당(唐) 황제로부터 이씨(李氏) 성을 하사(下賜)받고 서융주(西戎州) 도독(都督)으로 임명되었다. 송(宋) 개국 이후 태위(太尉)로 봉해졌고, 경덕(景德) 3년(1006)에 송 진종(宋眞宗)에게서 평서왕(平西王)으로 봉해졌다. 경우(景祐) 원년(1034)에 원호(元昊)는 개국 연호를 광운(廣運)으로 하였고, 대경(大慶) 3년(1038)에 원호는 스스로를 황제로 칭한 뒤 국호를 대하(大夏)로 정하였다. 그리하여 송나라, 요나라와 함께 세 나라가 서로 병립(竝立)하는 양상이 되었다.

당항인(黨項人)이 당나라에 귀속된 이후로 중원(中原)의 황제에게서 많은 작위(爵位)와 재산을 하사받고 한족(漢族)과의 교류가 빈번해지면서, 점차 한족 문화를 받아들이게 되었다. 서하

---

19) "於是有西京學, 有奉聖, 歸化, 雲, 德, 蔚, 嬀, 儒八州學, 各建孔子廟, 頒賜五經諸家傳疏, 令博士, 助教教之, 屬縣附焉."

건국 이후, 정치·문화·경제·교육 등의 영역에서 한족제도를 배워 왔다. "관직에 관한 제도
는 대부분 송나라와 같게 하고 조하(朝賀) 예의는 당나라와 송나라 예의를 혼용(混用)하였으며
악기(樂器)와 악곡(樂曲)은 당나라를 계승했다."[20] "중원의 제도에 따라 관직을 임명하고 강족
제도와는 완전히 달랐다. 유학자들을 불러들이면서 중국 풍습들이 점차 행해졌다."[21] "중서
령(中書令), 재상(宰相), 추사(樞使), 대부(大夫), 시중(侍中), 태위(太尉) 이하 관직은 소수민족(少
數民族)과 한족(漢族)을 나누어서 임명(任命)하였다."[22] 이러한 기록을 통해 당시에 이미 한족
(漢族) 유사(儒士)들을 등용(登用)했다는 것을 알 수 있다.

중원(中原)의 한족 문화 영향으로 서하에서도 유가 사상을 추숭했다. 인경(人慶) 2년(1145)에
인종(仁宗)은 직접 공자 제사를 지내고, 이듬해에는 공자를 문선제(文宣帝)로 추봉했다. 서하는
건국 초기에 번학(蕃學)과 한학(漢學)을 수립하고, 유가 경전과 한문(漢文) 및 티베트어로 쓰인
불교 전적(典籍) 번역에 착수했다. 서하(西夏) 문자로 번역된 유가 경전 중 후대에 전해지는 것
으로『논어(論語)』,『맹자(孟子)』,『효경(孝經)』등이 있고, 기록으로만 남아 있는 것으로『논어
주(論語注)』와 저술서인『논어소의(論語小義)』와『주역복서단(周易卜筮斷)』등이 있다. 정관(貞
觀) 원년(1101)에 한족 관리인 어사중승(御史中丞) 설원례(薛元禮)는 "국가를 다스리는 데 유학
보다 더욱 중요한 것은 없다(經國之謨, 莫重於儒學)"라고 지적하면서, 지식인을 육성하고 현인
(賢人)을 구하고 인재를 양성해야 한다고 주장했으며 유가 사상을 강력하게 제창했다. 그런데
어사대부(御史大夫) 모녕극임(謀寧克任)은 설원례(薛元禮)의 관점에 반대했다. 그는 "(서하는) 서
쪽 변경에 세워진 나라로서 사냥에 힘써야 하는데, 지금 국가적으로 인재 양성과 학문 중흥(中
興)에만 힘쓴다면 병력(兵力)은 날로 약화될 것"[23]이라고 지적하면서, "문치(文治)를 중시하는
것 이상으로 국방력을 강화해야 한다. 쓸데없이 선비를 아낀다는 허명(虛名)만 좇아가지 말고,
국경을 수비하는 실무를 잊지 말아야 한다"[24]고 주장했다. 그가 이렇게 주장했음에도, 숭종
(崇宗)은 결국 한학(漢學)을 서하의 국학(國學)으로 결정했다.

서하에서는 유가 교육을 널리 시행하고, 한족 제도를 모방하여 학교 시스템을 구축했다. 숭

---

20)『宋史·夏國傳下』(文淵閣四庫全書 電子版 참고). "其設官之制多與宋同, 朝賀之儀雜用唐, 宋, 而樂之器與曲則
唐也."
21)『續資治通鑑長編』권50(李燾)(文淵閣四庫全書 電子版 참고). "潛設中官, 全異羌夷之體, 曲延儒士, 漸行中國之
風."
22)『宋史·夏國傳上』(文淵閣四庫全書 電子版 참고). "自中書令, 宰相, 樞使, 大夫, 侍中, 太尉以下, 皆分命蕃漢人為
之."
23) "立國西陲, 射獵為務, 今國中養賢重學, 兵政日弛."
24)『西夏書事』권32. "既隆文治, 尤修武備, 勿徒慕好士之虛名, 而忘禦邊之務實也."

종(崇宗) 정관(貞觀) 원년에는 수도에서 국학을 설립하고 교수(敎授)를 배치하며 유가 경전을 강의함으로써, 황족(皇族)과 귀족, 한족(漢族) 관료의 자제들을 교육시켰다. 국가에서는 국학(國學)에 돈과 식량을 공급하였으며, 정원(定員)은 300명이었다. 인경(人慶) 원년에는 "최초로 국가 전역에 학교를 설립하고 궁중에는 소학(小學)을 세워서, 직접 교육했다".25) 송대(宋代)의 주현(州縣) 학교처럼 주현에도 소학을 세웠는데, 정원(定員)은 3000명이었다. 궁중에는 황족(皇族) 자제들을 전문적으로 교육하는 소학을 세워 인종(仁宗)이 직접 교육하기도 했다. 천성(天盛) 2년(1150)에 인종(仁宗)은 또한 "내학(內學)26)을 재건(再建), 저명한 유학자(儒學者)를 선발하여 황족(皇族) 자제들의 교육을 주관하도록 하였다".27)

서하에서도 과거시험을 실시한 적이 있다. 과거시험에 관한 최초의 기록은 인경(人慶) 4년 8월에 "거인(擧人)에게 책시(策試)를 실시하고 창명법(唱名法)28)을 세우며 동자과(童子科)29)를 다시 개설한다. 그리하여 인재 선발에 날로 사람들이 몰려들었다"30)라는 내용이다. "동자과(童子科)를 다시 개설한다(複設童子科)"라는 것은 이전에 동자과를 개설한 적이 있었다는 것을 의미한다. 역사 자료에 따르면 인종(仁宗) 연간(1140~1194)의 명재상(名宰相) 알도충(斡道沖, ?~1183)은 "8세 때『상서(尙書)』로 동자과(童子科)에 급제(八歲以『尙書』中童子擧)했다"라는 기록이 있는데, 이를 통해 동자과가 이미 오래전부터 시행되었음을 알 수 있다. 서하(西夏)의 과거시험은 번(蕃), 한(漢) 두 과(科)로 나뉘어 있었으며, 모두 경의(經義)와 부(賦)에 관한 것으로 시험 내용은 동일했고 다만 언어만 다를 뿐이었다".31) 당항족(黨項族)은 이로써 문화 수준이 높아졌다. 신종(神宗) 준욱(遵頊)은 종실(宗室) 책시(策試)를 통해 진사(進士)에 급제했고, 알도충(斡道沖)은 『논어소의(論語小義)』와 『주역복서단(周易卜筮斷)』을 저술했다.

서하(西夏)의 공자문묘 건립 상황은 분명하지 않다. 그러나 송나라를 모방하여 중앙부터 주현(州縣)까지 각급 학교를 설립하고, 공자를 문선제(文宣帝)로 추봉(追封)했으며, 인종(仁宗) 이 직접 태학(太學)에 가서 석전(釋奠)을 지내는 등 서하의 학교에 공자문묘가 있었다는 점에는 의심의 여지가 없다. 서하의 주현(州縣)학교는 3000명을 정원으로 했으며, 『중국역사지도집(中

---

25) "始建學校于國中, 立小學於禁中, 親爲訓導."
26) (옮긴이) 황족의 자제들을 교육시키는 교육기관을 말한다.
27) 『宋史·夏國傳下』(文淵閣四庫全書 電子版 참고). "複建內學, 選名儒主之."
28) (옮긴이) 창명(唱名)이란 황제가 전시(殿試)를 거쳐 진사 급제를 획득한 자들의 이름을 창(唱)하고 순서를 짓는다는 것을 말한다.
29) (옮긴이) 총명하고 뛰어난 어린 아이를 선발하는 과거시험의 일종이다.
30) 『西夏書事』 권36. "策擧人, 立唱名法, 複設童子科, 於是取士日盛."
31) 『廟學典禮·秀才免差發』 [元] (文淵閣四庫全書 電子版 참고). "夏設蕃漢二科以取士, 蕃科經義, 賦, 與漢等, 特文字異耳."

國歷史地圖集)』에 의하면 서하에는 주 17개, 부 네 개, 군사(軍司) 12개, 군(軍) 한 개를 설치했다. 현(縣)의 구체적인 숫자는 알 수 없지만, 당대(唐代) 이 지역에 40여 개의 현(縣)이 있었다는 점을 감안한다면 서하 시기에도 그다지 큰 변화는 없었던 것 같다. 이를 감안하면 서하의 지방 행정 단위는 대략 70여 개, 학교의 평균적인 학생 수는 40명가량 있었고, 학교가 이미 널리 보급되었으며 이에 따라 공자문묘도 분명 일반화된 듯하다.

3. 금(金)나라의 공자문묘

금(金)나라는 여진족(女眞族)이 중국 북방에 세운 지방 할거(割據) 정권이다. 여진족은 흑룡강(黑龍江) 유역(流域)에서 살아왔던 민족인데, 고대(古代)에는 숙신(肅愼)으로 불렸다. 당대(唐代) 중후기에 여진족 중 속말(粟末) 부락(部落)은 현재 동북(東北) 3성(三省)의 동쪽에서 동해(東海)에 달하는 지역에 발해(渤海)를 세웠고, 흑수부락(黑水部落)과 말갈부락(靺鞨部落)은 당나라에 귀순(歸順)하여 수령은 도독(都督)과 자사(刺史)로 임명되었다. 5대(五代) 시기에는 거란(契丹)에 종속(從屬)된 여진족을 숙여진(熟女眞)으로, 독립한 여진족을 생여진(生女眞)으로 불렀다. 주로 흑룡강 유역에서 유목(遊牧)과 고기잡이와 사냥을 통해 살아갔다. 11세기 전기 및 중기에 여진족의 완안(完顔) 부락이 점차 강대해지면서 다른 부락과 연합하였고, 일련의 정복 전쟁을 통해 수령 아골타(完顔旻)는 1115년에 대금(大金)이라는 국가를 세우고 연호를 수국(收國)이라고 했다.

금(金) 건국 이후 대규모 대외 확장을 실시했다. 천회(天會) 5년(1125)에는 요(遼)나라를 멸망시키고 이듬해에는 개봉(開封)을 함락하면서 북송(北宋)도 멸망시켰다. 정원(貞元) 원년(1153)에 연경(燕京)으로 천도(遷都)한 뒤 드디어 중원(中原)의 주인이 되었다.

금(金) 태조(太祖) 아골타는 한족(漢族) 유학자(儒學者) 양박(楊朴)의 도움으로 국가의 기반을 닦았으며, 건국 후 한족의 제도를 토대로 국가를 경영했다. 천보(天輔) 2년(1118)에는 박학다식한 인재를 구하기 위한 조령(詔令)을 내렸다. "조령을 내리노니, 학문에 능통한 자들을 선발하고 박학다식한 인재들은 궁궐로 모이도록 하라."[32] 5년에는 요(遼)대의 예악 문헌(禮樂 文獻)을 수집하여 상경(上京)으로 옮기라는 조령을 내렸다. "중경(中京)을 정복하여 얻게 된 예악의 장(禮樂儀仗)에 관한 도서와 문서들은 순서대로 궁궐로 보내도록 한다."[33] 천회(天會) 원년

---

32) "國書詔令, 宜選善屬文者為之, 其令所在訪求博學雄才之士, 敦遣闕下."

1-7-2 계주문묘(薊州文廟) 반교(泮橋)와 대성문. 금대(金代) 천회(天會) 연간에 처음 세워졌다.

(1123)에 태조(太祖)는 한족 제도에 따라 과거(科擧) 시험을 실시하고 유가 경전에 의거하여 인재를 선발했다.

천회(天會) 5년부터는 남선(南選)과 북선(北選)이라는 양선(兩選) 제도를 실시하기 시작했다. 이는 옛 송(宋)나라 땅에서는 남선을 실행하여 경의(經義)와 책론(策論)을, 옛 요나라 땅에서는 북선을 실행하여 사부(辭賦)와 경의(經義) 두 과를 설치했다. 처음에 남선으로 150명을, 북선은 사부(辭賦)로 150명, 경의(經義)로 50명을 선발했는데, 후대로 오면서 남선(南選)은 변화가 없었지만 북선(北選)으로 선발하는 인원은 각각 70명과 30명으로 변경되었다.

희종(熙宗, 1136~1149 재위) 때부터 금나라는 본격적으로 유가 사상을 국가의 지도 이념으로 삼았다. 천회(天會) 15년에는 상경(上京)에 공자문묘를 세우고, 황통(皇統) 원년(1141)에는 희종(熙宗)이 직접 공자문묘로 가서 공자 제사를 지냈다. 그는 북쪽을 향해 재배(再拜)하면서 "공자가 비록 직위는 없었지만, 그의 도는 존경할 만하고 영원히 추앙받으실 분이다. (그런 공자가) 무릇 선을 행하셨으니, (우리도) 힘쓰지 않을 수 없다",[34] "짐은 어려서부터 방탕하여 마음대로

---

33) 『金史·太祖紀』(文淵閣四庫全書 電子版 참고). "若克中京, 所得禮樂儀仗圖書文籍, 並先次津發赴闕."

34) 『金史·熙宗紀』(文淵閣四庫全書 電子版 참고). "孔子雖無位, 其道可尊, 使萬世景仰. 大凡為善, 不可不勉."

1-7-3 금대(金代)의 비각(碑閣). 곡부(曲阜) 공자문묘에서 현존하는 가장 오래된 건축물이다.

놀기만 하고 학업에 뜻을 두지 않았다. 세월이 흐를수록 가슴 깊이 후회가 된다"[35]고 했다. 이후 열심히 공부했는데, "이로부터 『상서(尙書)』, 『논어(論語)』 및 5대(五代)와 요나라 역사에 관한 서적들을 밤새도록 읽었다".[36] 희종(熙宗)은 존공숭유 측면에서 많은 업적을 남겼다. 천권(天眷) 원년(1138)에는 "경의와 사부 두 과로 인재를 선발하도록 명했으며(詔以經義詞賦兩科取士)", 3년에는 공자의 49대 후손인 공번(孔璠)을 송대(宋代)의 봉호(封號) 그대로 연성공(衍聖公)으로 봉하였지만, 조명(詔命)이 내리기도 전에 이미 세상을 떠나고 말았다. 황통(皇統) 2년에는 공번(孔璠)의 아들 공증(孔拯)을 다시 연성공(衍聖公)으로 봉했으며, 행대(行臺)[37]에 칙서(勅書)를 내려 4만 관(貫)의 돈을 곡부 공자문묘 수리에 사용하도록 했다. 공자 후손의 부역(賦役)을 면제시켰으며, 관리가 사적(私的)으로 공자문묘의 토지를 점용(占用)하지 못하도록 했다. 4년에는 공자문묘 수리를 위해 동전(銅錢)을 추가로 지급했다.

몇 대에 걸쳐 황제들이 한족 문화를 적극 장려함으로써, 세종(世宗) 때에는 금(金)나라 사회가 전반적으로 한화(漢化)되었다. 황태자(皇太子)와 여러 군주(郡主)들은 "어릴 적부터 한인의 풍습에 익숙해져서 여진족의 순박한 풍습을 모르고 문자와 언어도 능통하지 못했다".[38] 이에

---

35) "朕幼年遊佚, 不知志學, 歲月愈邁, 深以爲悔."
36) "自是頗讀 『尚書』, 『論語』及五代, 遼史諸書, 或以夜繼焉."
37) (옮긴이) 출정 시에 점령지에 일시적으로 설치한 기구로서, 중앙의 상서성과 비슷한 기능을 하였다.
38) "自幼惟習漢人風俗, 不知女直純實之風, 至於文字語言或不通曉."

1-7-4 산서성 노성문묘(潞城文廟). 금 천회(金 天會) 연간에 중건하였다.

대해 세종(世宗)은 염려하여, 여진(女眞)의 풍속과 한족의 전통적 도덕은 길은 달라도 목적은 같다는 점을 강조하면서, 종실 자제들과 대신들에게 여진의 풍속을 잊지 말라고 당부했다. "경적(經籍)이 성행한 지 이미 오래되었으니, 후세에 이 가르침을 베푸는 것에 최선을 다하지 않을 수 없다",39) "여진의 옛 풍속은 가장 소박하고 이치에 맞아서 비록 글은 몰랐지만, 천지에 제사를 지내고, 부모와 형제를 공경하며, 노인에게 공손하고, 빈객을 대접하며, 친구를 신임했다. 이처럼 예의에 담긴 뜻이 진실한 것은 모두 자연에서 비롯되었기 때문이며 그 훌륭함은 옛 책에 실린 것과 다를 바가 없다. 너희들은 마땅히 이를 잘 배워서 옛 풍습을 잊어서는 안된다".40) "여진인(女眞人)들에게 인의도덕(仁義道德)의 본질을 알리기"(女直人知仁義道德所在) 위해 금(金) 세종(世宗)은 유학자들을 소집하여『주역』,『상서』,『논어』,『맹자』,『노자』,『문중자(文中子)』,『양자(楊子)』,『유자(劉子)』,『신당서(新唐書)』등 한족 문화의 전적(典籍)들을 여진어(女眞語)로 번역하도록 했다. 금 세종이 "짐이『오경』을 번역하게 한 이유는 바로 여진인(女眞人)들에게 인의도덕의 본질을 알리고자 함이다"41)라고 말했던 것처럼 여진인들에게 유가의 윤리도덕을 보급하기 위해 힘썼다.

금 장종(章宗)은 어려서부터 유가 경서(經書)를 공부했는데, 유가 경서가 "성현의 완전한 도(聖賢純全之道)"라고 생각해서 여러 차례 국학 공자문묘에 가서 공자에게 제사를 지냈다. 승안(承安) 2년(1197) 음력 2월 정제[丁祭: 중춘(仲春)과 중추(仲秋)의 상순 첫 정일(丁日)에 공자에게 지내는 제사를 지낼 때 장종은 직접 정헌관(正獻官)을 맡아 예식(禮式)을 거행했고 절을 올렸다. 그

---

39)『金史·世宗紀中』(文淵閣四庫全書 電子版 참고). "經籍之興, 其來久矣, 垂敎後世無不盡善."
40) "女直舊風最爲純直, 雖不知書, 然其祭天地, 敬親戚, 尊耆老, 接賓客, 信朋友, 禮意款曲, 皆出自然, 其善與古書所載無異. 汝輩當習學之, 舊風不可忘也."
41)『金史·世宗紀下』(文淵閣四庫全書 電子版 참고). "朕所以令譯『五經』者, 正欲女直人知仁義道德所在耳."

리고 친왕(親王: 황제의 아들이나 형제)에게 아헌(亞獻)과 종헌(終獻)을 맡아 황족이 제사를 수행하고 여러 문신(文臣), 무신(武臣)들이 이를 도우라고 명했다. 그리고 직접 찬문(贊文)을 쓰고 공자문묘에서 배향(配享) 및 종사(從祀)하는 인물들에게 작위(爵位)를 봉해 공진(公晉)은 국공(國公)으로, 후진(侯晉)은 국후(國侯)로, 백진(伯晉)은 후(侯)로 삼았다. 장종(章宗)은 공자의 장손(長孫)을 특별히 대우해서, 연성공(衍聖公)의 관등(官等)을 8품에서 4품 중의대부(中議大夫)로 승격시켰다. 아울러 공자의 자손들을 위해 문묘 내 학교[廟學]를 만들어 문묘의 13세 이상의 공씨 자제들이라면 누구나 입학해서 공부하고 부학학생의 대우를 받을 수 있도록 명했다. 묘학에는 학생 정원(定員)에 대한 규정은 없었지만, 부시(府試)에 합격하고 종장(終場)을 면제받고 회시(會試)에 참가 가능한 정원은 20명을 초과하면 안 된다는 규정은 있었다. 당시 국가에서 규정한 재학생 수는 총 2755명이었는데, 그중 21개의 방어주학(防禦州學)에는 235명, 39개의 절진학(節鎭學)에는 615명, 24개의 부학(府學)에는 905명, 17개의 경부학(京府學)에는 1000명이 있었다. 주(州) 1급 시험을 통해 3명 중 1명을, 부학(府學) 시험에서는 4명 중 1명을 뽑았고, 가장 큰 경부학(京府學)에서는 평균적으로 60명 미만, 매번 회시(會試)에 참가하는 인원은 25명 미만이었다. 그러나 공씨 묘학이 20명을 넘으면 안 된다고 했다는 것은, 전국에서 가장 큰 학교였다고 할 수 있다. 장종(章宗)은 곡부(曲阜) 공자문묘 보호를 매우 중시해서, 명창(明昌) 원년에는 수리를 명하였고 전란으로 잃은 제전(祭田) 약 50경(頃)을 하사(下賜)했다. 5년에는 제전(祭田) 65경(頃)과 건물 400칸을 추가로 하사했고, 6년에는 제사 때 사용하는 등가악(登歌樂) 한 부와 연성공(衍聖公)을 위한 3헌(三獻) 의복을 하사했다.

금대(金代)에는 교육도 중시되었다. 천덕(天德) 2년(1150)에 연경(燕京)으로 천도(遷都)한 뒤 이듬해에 경사(京師) 국자감(國子監)을, 대정(大定) 6년(1166)에는 태학(太學)을, 13년에는 여진(女眞) 국자학을, 28년에는 여진 태학을 연이어 설립하였다. 국자감에서는 황족(皇族), 외척(外戚), 공신(功臣) 및 3품 이상 관리들의 형제와 자손들을 모집했는데, 정원은 100명이었고 15세 이하가 다니는 소학(小學)의 정원은 100명이었다. 태학에서는 5품 이상 관리의 자제들 150명, 부(府)에서 추천을 받은 사람과 종장인(終場人) 250명을 모집하였다. 금대(金代)의 지방 관학은 당대(唐代)와 송대(宋代)보다는 못했지만, 대정(大定) 16년(1176)에 경부학(京府學) 17개, 29년에 부학 24개를 설립했고 그 후 절진학(節鎭學)[42] 39개, 방어주학(防禦州學) 22개를 설립했다. 그러나 73개의 자사주(刺史州)와 632개의 현(縣)에서는 학교를 세우지 않았는데 당대(唐代)와 송대(宋代)에는 모든 주, 현마다 공자문묘를 세웠다는 점을 감안하면 분명 후퇴했다고 할 수밖에

---

42) (옮긴이) 절도사(節度使)를 설치한 진(鎭)의 학교.

1-7-5 청원문묘(淸源文廟) 대성전. 금(金) 태화(泰和) 3년(1203)에 건립되었다.

없다. 상술한 관학 외에도 금대에는 22개의 여진부학(女眞府學)도 세워졌다. 한족 학교든 여진 학교든 간에 모두 유가 경전과 한족 정사(正史)를 공부했다. 국자학의 경학 교재는 기본적으로 송대를 계승하고 있었는데, 『금사(金史)・선거지(選擧志)』는 『의례(儀禮)』를 뺀 유가 팔경(八經) 을 개설했다. 여진 학교의 교재는 한족 학교보다는 적어서 『상서(尙書)』, 『주역(周易)』, 『논어 (論語)』, 『맹자(孟子)』, 『노자(老子)』, 『양자(楊子)』, 『문중자(文中子)』, 『유자(劉子)』, 『신당서(新 唐書)』 정도였다. 과거(科擧) 시험도 한족과 여진족으로 나누어 진행되었는데, 여진족의 시험 은 처음에는 간단하여 500자 이상의 책문(策文)만 쓰면 되었다. 나중에 점차 논(論), 시(詩) 등 이 추가되었지만, 난이도(難易度)는 여전히 한족보다 낮은 수준이었다. 금대(金代)에는 합격자 명칭도 간단하게 "사부(詞賦), 경의(經義) 그리고 책론(策論)에 합격한 자는 진사(進士), 율과(律 科)와 경동과(經童科: 13세 이하의 아이를 선발하는 과거시험)에 합격한 자는 거인(擧人)"[43]이라고 했다.

금나라가 점령한 요나라 땅은 본래 공자문묘가 많지 않았는데, 점령했던 송(宋)나라 옛 땅에 는 공자문묘가 원래 많았지만 오랜 세월 전쟁을 거치는 동안 무수히 파괴되었다. "전우(殿宇) 는 낡고 무너지고 재무(齋廡)는 거칠어지고 벗겨져 비바람조차 피하지 못한다"[44]라고 훼손된

---

43) "其試詞賦, 經義, 策論中選者謂之進士, 律科, 經童中選者曰擧人."
44) "殿宇傾漏, 齋廡疏剝, 殆不避風雨."

정황이『분주중수유학기(汾州重修儒學記)』에 묘사되어 있는데, 이것이 단지 분주유학(汾州儒學)만의 상황은 아니었을 것이다. 금대(金代) 초, 조정(朝廷)에서 학교를 지으라는 조서(詔書)를 내리지는 않았지만 일부 지방 관리들이 학교 문묘를 보수하기도 했다. 천권(天眷) 연간(1138~1140) 박주학정(博州學正), 학록(學錄),[45] 교수(敎授)는 힘을 모아 박주묘학(博州廟學)을 복구했다. 이때는 금(金)나라에서 학교와 학관이 설립되지 않은 시기였으니 박주의 학관은 아마도 유학사상을 수용한 북송(北宋)의 관리였을 것이다.

금나라는 공자문묘를 매우 중시했다. 정원(貞元) 3년(1153) 이전에는 공자문묘를 수리한다는 절문(節文)이 있었다. 이 해에 작성된『경조부중수부학기(京兆府重修府學記)』에 "삼가 생각건대, 상서성에서는 예부에 절문(節文)을 보내서 선성묘가 즉시 수리되도록 해야 한다"[46]라는 구절이 있다. 이는 사료(史料)로 남아 있지는 않고 경조부(京兆府)에서 조정(朝廷)의 동의를 요청한 이후 보낸 절문일 것이다.

금대(金代) 공자문묘가 대대적으로 건립된 시기는 장종(章宗) 연간이었다. 명창(明昌) 2년(1191) 5월 21일 유사(有司)는 다음과 같이 말했다. "전례(典禮)에 따르면 주군(州郡)마다 선성묘에서 제사를 지냈으며, 현재 주부(州府)에서는 관례에 따라 춘추 중월(仲月)에 석전대제를 지내고 있다. 그러나 관에서 별도로 사용할 수 있는 재물(財物)이 없었기 때문에 생폐(牲幣)와 주연(酒筵)이 매우 조촐했다. 자사군(刺使郡)[47] 및 그 이상의 지역 외에 선성묘가 없는 지역에서는 (공자문묘을) 직접 짓는데, 춘추석전에 섬학공전(贍學公田)[48]에서 비용을 제공하지 못하는 경우 관에서 지급해주어야 한다."[49] 장종(章宗)은 이에 따라 조서(詔書)를 내려 "각 군읍의 선성묘·풍우사·사직신단(社稷神壇)이 훼손되면 복원했다".[50] 태화(泰和) 4년(1204)에는 또 조서를 내려 "자사주군(刺使州郡)에 선성묘가 없는 경우 증축했고",[51] 두 번의 조령(詔令)으로 전국 102개의 경부(京府), 산부(散府), 절진(節鎭), 방어주(防禦州)의 학교에는 모두 공자문묘를 세워야 했다.

----

45) (옮긴이) 송나라 때 학교의 교칙과 훈도의 집행과 감독을 맡도록 한 관직명.
46)『金石萃編』권154. "謹按: 尚書省批送禮部節文, 應有宣聖廟去處即便修整."
47) (옮긴이) 자사를 설치하는 군(郡).
48) (옮긴이) 공전(公田)은 옛날 학교가 스스로 가지는 땅으로서 학전(學田)이라고도 하여 섬학(贍學: 학교를 돕다)하는 비용을 제공해주었다.
49)『孔氏祖庭廣記』권5 ([金], 孔元措)(中國 濟南: 山東友誼書社, 1989, p.157). "五月二十一日, 有司言: 典禮所載, 州郡通祀宣聖廟, 今隨州府雖亦循例于春秋仲月釋奠, 然別無官破錢物, 其所有牲幣酒醑等往往減裂. 乞除刺郡以上無宣聖廟處自來已許創行起蓋, 其春秋釋奠無贍學公田用錢處並官為應付."
50)『金史·章宗紀一』(文淵閣四庫全書 電子版 참고). "諸郡邑文宣王廟, 風雨師, 社稷神壇隳壞者複之."
51)『金史·章宗紀四』(文淵閣四庫全書 電子版 참고). "刺史州郡無宣聖廟學者並增修之."

『대명일통지(大明一統志)』와 『대청일통지(大淸一統志)』의 학교에 관한 기록에 따르면, 금대(金代)에 모두 73개의 학교가 세워졌다. 건립 연대에 따라, 천회(天會) 연간에 아홉 개, 황통(皇統) 연간에 세 개, 정원(貞元) 연간에 세 개, 정융(正隆) 연간에 네 개, 대정(大定) 연간에 18개, 명창(明昌) 연간에 네 개, 승안(承安) 연간에 여섯 개, 태화(泰和) 연간에 일곱 개, 대안(大安) 연간에 네 개, 정우(貞祐) 연간에 두 개, 지대(至大) 연간에 한 개, 연대가 불분명한 학교 14개로 나눌 수 있다. 황제에 따라 나누면, 태종(太宗) 재위 13년 동안 아홉 개, 희종(熙宗) 재위 14년 동안 세 개, 완안량(完顏亮) 재위 13년 동안 일곱 개, 세종(世宗) 재위 29년 동안 18개, 장종(章宗) 재위 19년 동안 17

1-7-6 임기문묘(臨沂文廟) 정원의 은행나무.
금대(金代) 정우(貞祐) 연간에 재건하였다.

개, 완안영제(完顏永濟) 재위 5년 동안 두 개, 선종(宣宗) 재위 12년 동안 두 개, 애종(哀宗) 재위 12년 동안 학교를 하나 세웠다. 또한 지역에 따라 나누면, 하북성(河北省) 13개, 하남성(河南省) 17개, 산서성(山西省) 22개, 산동성(山東省) 17개, 섬서성(陝西省) 두 개, 강소성(江蘇省) 한 개, 호북성(湖北省) 한 개가 있었다. 금대(金代) 학교 공자문묘의 건립 상황을 보면 절정기(絶頂期)는 없었지만 건국 초와 쇠퇴기(衰退期)를 제외하면 지속적으로 건립되었다고 볼 수 있다.

금대(金代)만의 특이한 현상이 하나 있는데, 바로 공자문묘의 숫자가 학교보다 더 많다는 것이다. 이는 금대(金代)에 방어주(防禦州) 이상의 지방 정부에서는 반드시 학교를 설립해야 한다는 규정이 있었지만 방어주(防禦州) 이하의 지방 정부에는 이러한 규정이 없었으며 북송(北宋) 때에는 부(府), 주(州), 현(縣)을 막론하고 모두 학교와 공자문묘를 세웠기 때문이다. 금대(金代) 학자 단승기(段承己)는 "수당대(隋唐代) 이래 외진 군현에도 학교가 있을 정도로 전국 곳곳에다 학교가 있었다. 학교에는 반드시 문묘를 세워서 공자 제사를 지내야 한다"[52]고 했다. 군현(郡縣)마다 학교를 세우는 것은 비단 금대(金代)만의 현상이 아니라 당대(唐代)와 송대(宋代)에

1-7-7 이장촌(李莊村) 공자문묘 대성전.

도 계속되었다. 금대(金代)에는 방어주(防禦州) 이하에는 학교를 설립한다는 규정이 없었음에
도, 일부 주현(州縣)에서는 학교를 복원하기도 했다. 예를 들어 대정(大定) 22년에 탁주(涿州)는
묘학을 중수했고, 보덕주(保德州)와 양릉현(襄陵縣)도 이어서 묘학을 중수했다. 이런 사업은 주
현(州縣) 관리의 개인적인 결정으로 이루어진 것이었고 각 주현(州縣) 관리들 모두가 이런 생각
을 했을 가능성은 매우 희박하다. 명창 2년 5월 장종(章宗)은 "각 군읍(郡邑)의 선성묘, 풍우사
(風雨師), 사직신단(社稷神壇)이 훼손되면 이를 복원하라"[53]라는 조서를 내려, 지방정부에서 훼
손된 공자문묘를 수리하도록 명문화했다. 송대(宋代)와 요대(遼代)에는 지방정부가 조정의 뜻
에 따라 주현의 공자문묘를 수리했는데, 학교 건물도 이와 함께 수리했을 것이다. 그러나 학
교 건물을 수리했다고 해서 반드시 학생들을 모집하여 교육했던 것은 아니었다. 교육을 하기
위해서는 교사들과 경비가 필요했는데, 공자문묘 수리는 조정의 명령이어서 수리 경비가 지
급될 수 있었지만 교사 봉급과 학생 보조금은 그렇지 않아서 예산으로 책정되지 않았기 때문
이다. 만약 주현 관리가 교육의 중요성에 대한 인식이 없을 경우 학교 자체가 개설되지 않았
을 수도 있었기 때문에 필자는 금대의 공자문묘가 학교보다 분명 더 많았을 것이라고 생각한
다. 산서성 청원(山西省 淸源)은 금대(金代)에는 현(縣)이었는데 태화(泰和) 3년 지현(知縣) 장덕

52) 『河中府重修廟學碑』. 『金文雅』 권8 참조. "隋唐以來, 學遍天下, 雖荒服郡縣皆有學, 學必立廟, 以祀孔子先聖先
師."
53) "諸郡邑文宣王廟, 風雨師, 社稷神壇隳壞者復之."

1-7-8 북경 국자감 공자문묘. 원(元) 대덕(大德) 6년(1302)에 처음 세워졌다.

원(張德元)이 이곳에 문묘를 세웠다.

학교 문묘 외에 금대(金代)에는 예제에 맞지 않는 공자문묘도 등장했다. 현재의 산서성(山西省) 노성시(潞城市) 황우제향(黃牛蹄鄉) 이장촌(李莊村)에 보존되어 있는 공자문묘는 정전(正殿) 벽과 지붕 유리에 적힌 글귀를 통해 금 흥정(興定) 5년(1221)에 중수했다는 것을 알 수 있다. 이후 원(元) 지원(至元) 원년(1335)과 지정(至正) 원년(1341), 명 만력(明 萬曆) 연간에도 중수되었다. 현장 조사 당시, 현지 거주민들은 이장촌(李莊村) 공자문묘가 원래 가묘로 지어졌지만 예제를 벗어났기 때문에 지방관은 가묘로 사용하지 못하도록 했고 결국 공자문묘로 바뀌었다고 했다.

4. 원대(元代)의 공자문묘

원(元)나라는 몽고족(蒙古族)을 중심으로 세워진 소수민족 정권으로, 중국 역사상 소수민족이 세운 첫 번째 통일 봉건왕조이기도 하다. 송(宋) 개희(開禧) 2년(1206) 칭기즈칸(成吉思汗)으로 불리는 몽고인 테무친(鐵木眞)은 몽고왕조를 세웠다. 그 후 오래지 않아 강대한 몽고 정예기병들은 파죽지세(破竹之勢)로 서하(西夏) 보의(寶義) 2년(1227)에 서하를 멸망시켰고 태종(太宗) 오고타이(窩闊臺) 6년(1234)에는 금(金)나라도 멸망시켰다. 태종 13년(1241)에는 발칸 반도까지 진출하였고 헌종(憲宗) 몽케(蒙哥) 4년(1255)에는 대리(大理)도 멸망시켰다. 세조(世祖) 지원(至元) 8년(1271)에 국호(國號)를 대원(大元)으로 바꾸고 지원(至元) 16년에는 남송(南宋)까지도 멸망시키면서 중국을 통일하고 유라시아를 넘나드는 방대한 제국을 세웠다. 몽고가 서쪽에 세운 킵차크한국(欽察汗國), 일한국(伊利汗國), 차카타이한국(察合臺汗)에서는 내륙에서처럼 학교 교육제도를 채택하지 않았으므로 학교 공자문묘는 주로 현재 중국 국내에 위치하였다.

몽고 귀족이 중원(中原)으로 들어온 이후에는 역사적으로 중원으로 들어왔던 다른 소수민족처럼, 한족의 문화를 받아들이고 존공숭유의 정책을 승인할 수밖에 없었다. 칭기스칸은 연경(燕京)으로 들어간 뒤 왕읍(王揖)의 건의를 받아들여 금대(金代) 추밀원(樞密院)을 공자문묘로 바꾸었다. 몽고 초 숭유(崇儒) 정책의 기반을 다진 사람이 거란족(契丹族) 야율초재(耶律楚材, 1190~1244)였는데 그는 칭기즈칸(成吉思汗)에게 중용(重用)되었다. 한번은 화살 제조에 능한 상팔근(常八斤)이 칭기즈칸의 눈에 들었는데, 수시로 거들먹거리며 말했다. "국가는 무릇 무력만 있으면 되지 야율 같은 유학자들은 어디에 쓰는가(國家方用武, 耶律儒者何用)." 야율초재(耶律楚材)는 이를 듣고 대답했다. "화살 하나 만드는 데도 장인이 필요한데 천하를 다스리는 데 어찌 전문가가 필요하지 않겠는가?"[54] 유학자를 국가 경영 전문가로 추앙한다는 말에 칭기즈칸은 "매우 기뻐했다(聞之甚喜)". 야율초재는 칭기즈칸, 오고타이(窩闊臺), 내마정후(乃馬貞后) 세 명의 황제를 연이어 보좌(輔佐)하면서 유가 사상 채택을 적극적으로 주장했다. 유학자 출신의 관리가 횡령을 하다가 치죄되었는데 오고타이는 "경(卿)은 공자의 가르침이 행해진다면 유학자는 좋은 사람이 될 것이라 했는데 무슨 이유로 이 같은 사람들이 생기는가"[55]라고 야율초재를 책망했다. 야율초재는 이렇게 답했다. "군부(君父)는 신하들이 불의에 빠지지 않도록 합니다. 삼강오상(三綱五常)은 성인의 명교(名敎)이며 나라를 다스리는 자라면 이에 따르지 않을 수 없습니다. 이는 하늘에 해와 달이 있는 것과 같습니다. 어찌 한 사람의 실수가 있었다고 해서 만세의 도를 폐지할 수 있겠습니까"[56] "황제는 그제서야 의혹을 풀었으며(帝意乃解)" 황제의 유감도 해소되었다. 몽고인이 불교를 신봉하는 현상에 대해 야율초재는 "이치를 궁구하여 성을 다하는 것[窮理盡性]으로 불교를 따를 것이 없고 세상을 다스리고 백성을 안정시키는 것으로

---

54) "治弓尚須用弓匠, 為天下者其可不用治天下匠耶？."
55) "卿言孔子之教可行, 儒者為好人, 何故乃有此輩？."
56) 『元史·耶律楚材傳』(文淵閣四庫全書 電子版 참고). "君父教臣子亦不欲令陷不義, 三綱五常, 聖人之名教, 有國家者莫不由之, 如天之有日月也, 豈得緣一夫之失使萬世常行之道獨見廢於我朝乎?."

유교보다 나은 것이 없다"[57]라고 했는데, 이는 오직 유가 사상을 통해서만 국가와 백성을 다스릴 수 있다는 뜻이었다. 그는 존공숭유 정책을 실행하는 데 많은 업적을 세웠다. 몽고가 금나라 수도인 개봉을 함락한 뒤 야율초재(耶律楚材)는 공자 51대손 공원조(孔元措)를 찾아 연성공(衍聖公)으로 봉할 것을 황제에게 건의했다. 그리고 "양척(梁陟), 왕만경(王萬慶), 조저(趙著) 등 저명한 유학자들에게 구경(九經)을 해석하고 동궁에 가서 강의하도록 했다. 또한 대신(大臣)의 자제들을 데리고 경의(經義)를 해석하여 성인의 도를 알게 했다".[58] 태종(太宗) 오고타이 8년(1237)에는 "기명(器皿)을 만들 때는 양공(良工)을 써야 하듯이 국가를 다스릴 때는 유신(儒臣)을 써야 합니다. 유신을 양성하는 일은 수십 년의 시간을 들여도 쉽게 완수되지 않습니다"[59]라고 상주(上奏)를 올려 과거(科擧) 시험 재개(再開)를 건의하였다. 경의(經義), 사부(辭賦), 논(論) 세 과의 시험을 거쳐 "학자 4300명이 합격하였다".[60] 그중 1/4은 몽고 귀족에 의해 노예로 붙잡혔던 유학자들이었는데, 그들은 모두 평민의 신분을 되찾게 되었다.

헌종(憲宗) 몽케(蒙哥)가 즉위한(1251) 뒤 서하의 진사(進士) 고지요(高智耀)가 알현(謁見)하여 말했다. "유학자가 배우는 것은 요, 순, 우, 탕, 문(주 문왕), 무(주 무왕)의 도인데, 자고로 국가를 다스리는 자가 이를 사용하면 나라가 다스려지고 이를 사용하지 않으면 나라가 다스려지지 않습니다. 유학의 인재를 양성하여 그들의 역할에 의지해야 합니다." 황제께서 "그렇다면 유가는 무의(巫醫)에 비하면 어떠하냐"라고 물으니, "유교는 강상(綱常)으로 세상을 다스리는 데 어찌 방술(方述) 따위와 비교할 수 있겠습니까"라고 답하였다.[61] 『묘학전례(廟學典禮)』에 따르면 고지요(高智耀)는 다음과 같은 상소(上疏)를 올렸다. "유학자들의 능력을 말씀드리자면, 삼강오상으로 국가를 다스리고 세상을 안정시킵니다. 예로부터 유가 사상을 운용하면 잘 다스려졌기에, 하루라도 없을 수 없는 것입니다. 그러므로 국가에서는 요역을 감면하여 그들을 양성하는 것입니다. 요, 순, 우, 탕, 문, 무, 주공, 공자의 도를 상세히 진술하여 세상에 도움이 되도록 하는데 이는 사소한 기술자들이 조금이라도 할 수 있는 것이 아닙니다."[62] 헌종(憲宗)은 그의 말을 듣고 매우 기뻐하여 "그런 것도 있는가? 이처럼 좋은 것을 이전에 짐에게 말해준

---

57) 『湛然居士文集 권6「寄用之侍郎」』. "窮理盡性莫尚佛法, 濟世安民無如儒敎."
58) "召名儒梁陟, 王萬慶, 趙著等使直釋九經, 進講東宮, 又率大臣子孫執經解義, 俾使知聖人之道."
59) "制器者必用良工, 守成者必用儒臣, 儒臣之事業非數十年殆未易成也."
60) 『元史·耶律楚材傳』. "得士凡四千三十人."
61) 『元史·高智耀傳』(文淵閣四庫全書 電子版 참고). "言儒者所學堯舜禹湯文武之道, 自古有國家用之則治, 不用則否, 養成其材以資其用也. 帝問'儒家何如巫醫?' 對曰'儒以綱常治天下, 豈方技所得比!'."
62) "陳儒者之所能, 三綱五常治國平天下, 自古以來用者則治, 不可一日無者, 故有國家蠲其徭役以養成之. 因備陳堯, 舜, 禹, 湯, 文, 武, 周公, 孔子之道有補於世, 非區區技術者所能萬一."

1-7-9 안휘성 몽성문묘(蒙城文廟). 원(元) 지원(至元) 21년(1284)에 처음 세워졌다.

이가 없었구나"[63]라고 하면서 고지요의 건의를 받아들였다. "곧바로 한족이 사는 지역인 하서의 유학자 집안의 요역을 모두 면제하여, 조금도 부담하지 않도록 한다는 조서를 내려서"[64] 서하 옛 땅의 유학자 집안의 모든 부세(賦稅)를 면제시켰다. 이듬해에는 "유학을 업으로 하는 사람들을 시험하여 하나의 경에 능통한 사람들은 일반 호적에 편입된 주민과는 다르다는 것을 법령의 1조로 명시해서"[65] 중원 한족 유학자들의 인두세[丁稅]를 면제시켰다.

원(元) 세조(世祖) 쿠빌라이(忽必烈) 즉위 초 한족 정치가(政治家) 유병충(劉秉忠)은 "말 위에서 천하를 얻을 수는 있지만, 다스릴 수는 없습니다(以馬上取天下 不可以馬上治)"라는 이치를 피력하고, "공자는 대대로 왕의 스승이셨으며, 영원히 무너지지 않을 법을 세우셨습니다(孔子爲百王師, 立萬世法)"라며 유학을 추앙하는 상소를 올렸다. 그리고 학교를 짓고, 과거를 시행하고 공자에게 제사를 지내도록 건의했다. "현재 군현에 비록 학교는 있지만 관리를 두지 않았으므로 과거의 제도를 따라 삼학(三學)을 만들고 교수(敎授)를 두고, 인재를 선발하십시오",[66] "공자는 대대로 왕의 스승이셨으며 영원히 무너지지 않을 법을 세우셨습니다. 현재 묘당은 훼손되었

---

63) "有是乎? 此至美之事也, 前未有與朕言者."
64) "遂詔漢地河西儒戶徭役悉除之, 無所與."
65) 『廟學典禮·秀才免差發』(文淵閣四庫全書 電子版 참고). "凡業儒者, 試通一經即不同編戶, 著爲令甲."
66) 『元史·劉秉忠傳』(文淵閣四庫全書 電子版 참고). "今郡縣雖有學, 並非官置, 宜從舊制修建三學, 設敎授, 開選擇才."

지만 보존되어 있는 것도 많습니다. 주군에 명하여 과거 예의에 따라 석전을 지내도록 하십시오".[67] 원(元代) 세조(世祖)는 이 중 일부를 받아들였다. 중통(中統) 2년(1261) 6월에 "성묘(聖廟) 및 관내(管內) 서원에서 유사들이 해마다 제사를 지내고 매월 석전을 지내며 관리·사신·군마(軍馬)가 침입하여 이를 방해하는 것을 금한다. 만일 이를 어길 경우 엄벌에 처하겠다는 조서를 내렸다".[68] 유학자 허형(許衡)은 지원(至元) 2년(1265) 원 세조에게 『시무오사소(時務五事疏)』를 통해 한법(漢法) 시행을 건의하였다. "전대(前代)를 돌아보면, 북방에는 중하(中夏)가 있었는데 한법을 실행하여 오래갈 수 있었습니다. 위·요·금은 한법을 실행해서 오래 지속되었지만, 이를 실행하지 않았던 나라들은 모두 잇따라 멸망하였습니다. 역사서는 이런 사실을 모두 싣고 있어 훤히 그 이치를 고구할 수 있습니다. 북쪽 지역에 머물 때는 이를 논할 필요가 없었지만, 이제 국가를 다스리려면 반드시 이를 중시해야 합니다."[69] 아울러 전국에 학교를 설립하도록 건의하기도 했다. "도읍부터 주현까지 모두 학교를 세워 황제의 자손부터 서민 자제에 이르기까지 예외 없이 학교에 입학하게 하여, 부자, 군신의 큰 윤리와 쇄소응대(灑掃應對: 물을 뿌려 마당 쓸고 손님을 공손하게 맞이한다는 뜻)처럼 매사 기본에 충실할 도리부터 세상을 다스리는 이치까지 깨닫도록 해야 합니다. 10년 후면 상지(上知)는 아랫사람을 다스리고 하지(下知)는 윗사람을 섬겨서 위아래가 화목하게 되니, 오늘날과 많이 달라질 것입니다. 이 두 가지(농업과 교육의 발전 － 인용자 주)를 시행하면 세상의 이목이 집중될 것이고 그렇지 않으면 (다른 방면의) 발전은 기대하지 않아도 될 것입니다."[70] 원 세조는 그의 제의를 받아들여 허형(許衡)과 유병충에게 한인(漢人) 제도를 참조하여 원(元)나라 관제(官制)를 제정하라고 명하였다.

유학자들의 간언(諫言)에 따라 몽고 귀족들이 점차 유가 사상을 수용하면서 유가 사상은 국가의 지도 이념으로 확정되었다. 원 세조는 "사서(四書) 및 역사의 치란(治亂)에 관해 진술하느라, 밤늦게까지 잠자리에 들지 못했으며",[71] 원 성종(成宗)이 즉위한 해(1294)에 "공자의 도는 만세에 드리우니, 국가를 다스리는 자라면 마땅히 받들어 모셔야 한다"[72]라는 것과 같이 공자를 숭배하라는 내용의 조서(詔書)를 중앙과 지방에 내리고 학교를 설립하였다. 원 무종(武宗)

---

67) "孔子爲百王師, 立萬世法, 今廟堂雖廢, 存者尙多, 宜令州郡祭祀釋奠如舊儀."
68) "詔宣聖廟及管內書院有司歲時致祭, 月朔釋奠, 禁諸官員, 使臣, 軍馬毋得侵擾褻瀆, 違者加罪."
69) "考之前代, 北方奄有中夏, 必行漢法, 可以長久. 故魏, 遼, 金能用漢法, 歷年最多, 其他不能實用漢法, 皆亂亡相繼, 史冊俱載, 昭昭可見也. 國朝仍處遠漠, 無事論此, 必若今日形勢, 非用漢法不可."
70) 『元史·許衡傳』(文淵閣四庫全書 電子版 참고). "自都邑而至州縣皆設學校, 使皇子以下至於庶人之子弟皆入於學, 以明父子君臣之大倫, 自灑掃應對以致平天下之要道. 十年已後, 上知所以禦下, 下知所以事上, 上下和睦, 又非今日之比矣. 二者(指重農桑和興學校一摘者注)之行, 萬目斯舉, 否者他皆不可期也."
71) 『元史·㠉㠉傳』(文淵閣四庫全書 電子版 참고). "陳說『四書』及古史治亂, 至丙夜不寐."
72) 『廟學典禮』권1(文淵閣四庫全書 電子版 참고). "孔子之道, 垂憲萬世, 有國家者所當崇奉."

1-7-10 영양문묘(寧陽文廟) 대성전. 원(元) 지원(至元) 연간에 건립되었다.

이 즉위한 해(1307)에는 공자를 대성지성문선왕(大成至聖文宣王)으로 봉하는 내용의 조서(詔書)를 내렸다. "공자의 전대 성인들은 공자가 아니면 밝혀질 수 없었고, 공자의 후대 성인들은 공자가 아니면 법을 세울 수가 없었으니, 이른바 요순을 조술(祖述)하고 문무[주문왕과 주무왕]를 본받아 후대 왕들의 모범이 되고 만세의 스승이 되셨다는 것이 그것이다. 짐은 국가의 대업을 계승하고 미풍양속을 흠모하고 옛날의 아름다운 규범을 따르며 추봉하는 성대한 의식을 거행할 것이다",73) "부자 사이의 친애(親愛), 군신 사이의 의리 모두 성인의 가르침을 깊이 생각한 것이다. 천지의 넓음과 일월의 밝음은 어떤 신비로운 말로도 다할 수 없다. 이를 높이 받들어 내가 황제가 되었다".74) 그 후 원(元) 인종(仁宗)은 "자신을 수양하고 국가를 다스리는 데(修身治國) 유학의 도가 가장 적합하다(儒道為切)"라고 했으며, 원(元代) 영종(英宗)은 진덕수(眞德秀)의 『대학연의(大學衍義)』를 "수신치국에 더할 나위 없는 책(修身治國, 無逾此書)"으로 칭했다. 원대(元代) 중기 이후의 몽고(蒙古) 황제는 이미 공자 사상의 독실한 신도와 열정적 추진자가 되었던 것이다.

황제는 공자를 존숭하고 유학자들도 우대하기 시작했다. 원대(元代) 호적(戶籍)은 민족과 직

---

73) 『加封孔子為大成至聖文宣王詔旨碑』[元]. 비석은 현 곡부 공자문묘에 있다. "蓋聞先孔子而聖者非孔子無以明, 後孔子而聖者非孔子無以法, 所謂祖述堯舜, 憲章文武, 儀范百王, 師表萬世者也. 朕纂承丕緒, 敬仰休風, 循治古之良規, 舉追封之盛典."
74) "父子之親, 君臣之義, 永惟聖教之尊; 天地之大, 日月之明, 奚罄名言之妙. 尚資神化, 祚我皇元."

업에 따라 분류되었는데, 유학자들은 별도로 유호(儒戶)로 편입되었다. 태종(太宗) 8년(1237)에는 조령(詔令)을 반포하여 각 노(路)에서 책론(策論), 경의(經義), 사부(詞賦) 세 과(科)로 유학자를 선발하여 "합격자들에게 그 집을 되돌려주고(儒人中選者則複其家)", 정세(正稅) 이외 모든 잡세(雜稅)를 면제하라고 명하였다. 헌종(憲宗) 원년(1251)에는 서하(西夏)의 옛 땅에 살고 있는 모든 유학자들까지 우대정책을 확대하여 모두 부역(賦役)을 면제시켰고, 이듬해에는 중원(元代) 유호(儒戶)까지 확대하여 모든 유호(儒戶)의 인두세(人頭稅)를 면제시켰다. 중통(中統) 원년(1260) 유호(儒戶)에게는 포은(包銀)과 명주세 이외의 다른 세금을 면제해주었다. 대덕(大德) 11년(1307)에는 유호(儒戶)의 "잡범(雜泛) 부역도 더불어 면제했다(雜泛差役並行蠲免)". 국가에서는 유학자들에 대한 우대를 거듭 명했지만, 귀족과 권신들의 반대에 거듭 부딪치게 되었다. "유사는 봉행하지 못했으며 유학자들은 호적부에 뒤섞여 있거나(有司奉行不至, 儒者雜於編戶)" 심지어 일부 유학자는 노예로 취급당하기도 하였다. 원대(元代) 유호(儒戶)의 수는 형편없이 적었다. 지순(至順) 이전 진강(鎭江) 토착민의 가구 수 10만 65호 중 유호(儒戶)는 735호뿐이었고, 외지인 가구 수 3845호 중 유호(儒戶)는 8호뿐이었다. 지원(至元) 연간 창국주(昌國州)의 2만 2640호 중 유호(儒戶)는 58호, 남경 상원현(上元縣)의 2만 9277호 중 유호(儒戶)는 74호, 강녕현(江寧縣)의 2만 2640호 중 유호(儒戶)는 58호밖에 없었다. 유호(儒戶)가 차지하는 비율이 높은 곳에서도 1%에 못 미치는 0.3% 정도였다.

　몽고 황제가 점차 공자 사상의 독실한 신도와 열정적인 추진자가 되어갔지만, 대부분의 몽고 귀족들은 감화되지 않은 상태였다. 그들은 특권과 이익을 포기하길 원치 않아서 여러 가지로 방해하였다. 그리고 원대(元代)에는 민족 차별 정책을 실시했는데 전 국민을 몽고인, 색목인(色目人), 한인(漢人), 남인(南人)으로 나누었다. 이 중 몽고인과 색목인을 중용한 반면 한인과 남인, 특히 옛 남송(南宋) 지역에 사는 한족인 남인에 대해서는 "성(省), 원(院), 대(臺)[75]에서는 남인을 채용하지 말라",[76] "사숙위(四宿衛), 흥성궁(興聖宮) 및 지역의 왕부(王部)에서는 남인을 채용하지 말라"[77]라는 규정을 두어 특별히 더 차별했다. 원대(元代)에는 과거를 통해 선발되는 학자들이 매우 적었는데, 선발한 관원들 중에서도 관리를 중시하고 유학자는 홀대하였으므로, 관리의 수준이 매우 낮았고 교육도 발달하지 못했다. 원대는 봉건사회 중에서도 문화적으로는 가장 낙후되었던 통일 왕조였던 것이다.

　몽고에서도 과거제도가 시행된 적은 있었지만, 태종(太宗) 오고타이(窩闊臺) 9년(1237) 과거

---

75) (옮긴이) 성(省), 원(院), 대(臺)는 고대 중앙 관서의 이름이다.
76) 『元史·百官志八』(文淵閣四庫全書 電子版 참고). "省院台不用南人."
77) 『元史·英宗紀二』(文淵閣四庫全書 電子版 참고). "四宿衛, 興聖宮及諸王部勿用南人."

1-7-11 문상문묘(汶上文廟) 대성전. 원(元) 지원(至元) 연간에 건립되었다.

제 시작부터 지정(至正) 26년(1366) 까지 100여 년 동안 세 번 건의되었으나 실제로 건의가 받아들여져 시행된 과거시험은 16차례뿐이었다. 합격자 수가 확실하지 않은 첫 번째 과거시험을 제외하고, 나머지 15번을 통해 선발된 사람은 1061명에 그쳤다.

첫 번째 건의는 태종(太宗) 9년(1237) 야율초재(耶律楚材)의 건의였다. "경의, 사부, 책론 세 과를 개설하여 노예가 된 유학자들도 참가할 수 있었다. 만일 주인이 이를 은닉하여 시험에 참가하지 못하게 하면 사형에 처할 것이라고 했다. 과거시험을 통해 4030명의 인재를 뽑고 그중 1/4은 노예 신분을 면해주겠다고 발표했다."[78] 그러나 이 시험은 유학자들이 노예 신분에서 벗어나고 요역(徭役)을 면제받으면 귀족들의 이익에 영향을 줄 수 있었기 때문에 몽고 집권자들의 강력한 반대에 부딪쳤다. 결국 이 시험은 단 한 차례만 시행된 뒤 바로 폐지되었다.

두 번째 건의는 지원(至元) 초 철저한 준비 끝에 많은 중신들의 수차례 건의를 거쳐, 60년이 지난 황경(皇慶) 2년(1313)에 와서야 정식으로 과거제(科擧制)를 회복시킨다는 조서(詔書)를 내림으로써 실현되었다. 이듬해에는 각 지역에서 향시(鄕試)를, 그 후년에는 회시(會試)가 시행되었지만 몽고 귀족들의 반대로 일곱 차례만 시행된 후 또 다시 중지되었다.

----

78) 『元史·英宗紀二』. "以經義, 辭賦, 策論分為三科, 儒人被俘為奴者亦令就試, 其主匿弗遣者死. 得士凡四千三十人, 免為奴者四之一."

세 번째 과거제(科擧制) 회복은 지정(至正) 2년(1342)에 이루어졌는데, 여덟 차례 시행된 이후 사회 동란으로 인해 중지되었다.

원대(元代) 과거(科擧)제도에도 민족 차별 정책은 이어졌다. 몽고인과 색목인(色目人), 한인(漢人)과 남인(南人) 합격자들은 여러 가지 면에서 분리되었다. 몽고인과 색목인의 경우 경의(經義)와 책(策)만 치렀고 극히 일부만 사부(詞賦) 시험을 보았다. 내용은 간단했으며 몽고인과 색목인은 관직 등급도 1급 더 높았다. 몽고인과 색목인 중에서 "한인과 남인의 과목에 응시해서 합격한 자는 관직을 한 등급 더 높여주었다"[79]라는 기록이 있다.

원대에는 15차례의 과거(科擧)시험을 통해 겨우 1061명을 뽑았는데, 이는 송대(宋代) 함평(咸平) 2년(999) 한 차례의 시험으로 1800명을 선발했던 것의 60%에 못 미치며 북방의 할거(割據) 정권인 금나라 승안(承安) 2년(1197)에 한 차례의 시험으로 925명을 선발했던 것보다 조금 많은 정도였다. 원대에는 '이원출직(吏員出職)' 제도를 시행하여, 정부에서 일하는 하급 관리가 그 직을 떠나 더 높은 관직을 맡을 수 있었다. 대덕 연간에는 해마다 1000명 정도의 하급관리가 그 직을 떠나 관직을 맡았다. 원(元)나라 100여 년 동안 과거(科擧)를 통해 선발된 관리의 숫자는 단 1년간 하급 관리직을 벗어나 상위 관직을 맡았던 하급관리 숫자에 해당하는 것이었다. 이는 원대(元代) 관리 계층의 소양(素養)이 역대 봉건사회 중에서도 가장 낮은 결과를 초래했다.

관리 계층의 낮은 소양은 국가 교육의 질에도 반드시 영향을 끼치게 되어 있다. 원(元)나라는 교육 수준이 가장 낙후했던 통일왕조라고 할 수 있다. 몽고가 남송(南宋)을 멸망시킨 뒤 몽고 귀족들은 강남 지역 학교의 학전(學田)을 강점하였다. 조정과 재야에서 치열한 논쟁을 거쳐 지원(至元) 24년(1287)에 상서성(尚書省)에서 성지(聖旨)에 의거하여 학전(學田)을 각 도의 유학제거사(儒學提擧司)에게 맡겨 관리한다는 공문을 반포했다.

그렇다고 원나라가 교육을 완전히 경시한 것은 아니어서 중앙의 집현원(集賢院)에서 교육을 주관하고 예부(禮部)에서 공거(貢擧)를 주관했다. 행성(行省), 도(道), 노(路)에는 각각 유학제거사(儒學提擧司)와 제거학교관(提擧學校官)을 두었고, 노(路)·부(府)·주(州)·현(縣)에는 학교를 설립했다. 노학(路學)에는 교수(敎授)·학정(學正)·학록(學錄)·부학(府學)을, 상중주학(上中州學)에는 교수(敎授)를, 하주(下州)에는 학정(學正)을, 현학에는 교유(敎諭)를, 서원에서는 산장(山長)을 두었다. 그러나 중앙과 지방의 학교 시스템을 만들고 특별히 몽고 국자학과 회회국자학(回回國子學)도 설립하였지만 학생 수는 매우 적었다. 국자학의 정원수는 200명이었는데, 그중 몽고인은 50명, 색목인(色目人) 20명, 한인(漢人) 30명, 반독생(伴讀生) 20명, 생원 80명이었다. 몽

---

79) 『元史·英宗紀二』. "願試漢人, 南人科目中選者, 加一等注授."

1-7-12 상해문묘(上海文廟) 대성전 정원. 원(元) 연우(延祐) 원년(1314)에 처음 세워졌다.

고 국자학의 학생 수는 100명뿐이었고, 회회국자학(回回國子學)은 존폐를 반복하면서 50~60년 간 지속되었는데 "학관 및 생원은 50명가량 되었다".[80] 지방학교의 학생 수 역시 매우 적었다. 지원(至元) 6년(1269) 중서성(中書省)에서는 "각 노(路)와 부(府)의 관원 자제는 상로(上路) 2명, 하로(下路) 2명, 부 1명, 주 1명이 입학할 수 있고, 서민 자제는 상로 30명, 하로 25명이 입학할 수 있다"[81]라고 결정했다. 대덕(大德) 5년(1301)에는 부학과 주학으로 확대되어 "생원과 산부(散府)는 20명, 상중주(上中州)는 15명, 하주는 10명"으로 정해졌다.[82] 이 두 가지 규정에 따르면 학생의 정원은 상로학교(上路學校) 32명, 하로학교(下路學校) 27명, 부학 27명, 상중주학 16명, 하주 11명이었다는 것을 알 수 있고 현학의 학생 수에 대한 언급이 없는 것으로 보아 현급(縣級) 학교의 정원에 대한 규정이 없었던 것 같다. 학교마다 학전(學田)이 있기는 하지만 관청(官廳)이나 사원, 유력자들에게 빼앗기는 경우가 많았고 심지어 상도(上都) 묘학에서는 "제

80) 『元史 · 英宗紀二』. "學官及生員五十餘人."
81) 『元史 · 英宗紀二』. "諸路府官子弟入學, 上路二人, 下路二人, 府一人, 州一人; 餘民間子弟, 上路三十人, 下路二十五人."
82) 『元史 · 選擧志一 · 學校』(文淵閣四庫全書 電子版 참고). "生員, 散府二十人, 上中州十五人, 下州十人", "祭田, 廟墺, 學廩為兵民豪奪."

전(祭田), 문묘의 공터, 학름(學廩)이 군민(軍民)들에게 약탈당하는(祭田, 廟堧, 學廩為兵民豪奪)" 현상도 있었다.

원대(元代)의 교육은 발달하지 못했다. 몽고 군대가 남하(南下)할 때 방화, 살인, 노략질을 하면서 공자문묘도 재난을 면치 못했고 매우 심하게 훼손되었다. 정우(貞祐) 2년(1214) 정월 24일 몽고 군대가 곡부(曲阜)를 함락한 뒤 공자문묘를 불태웠다. "전당(殿堂)과 낭무(廊庑)는 모두 잿더미로 변했으며, 선조 때 심겨진 전나무 세 그루까지도 재난을 면하지 못했다."[83] 중통(中統) 2년(1261)에 몽고에서는 공자문묘를 보호하기 위해 '선성묘에서는 철마다 제사를 지내며 소란을 피우는 것을 금한다(先聖廟歲時祭祀, 禁約騷擾按下)'는 조서를 하달했다. 조서에서는 다음과 같이 규정하였다. "지금부터 각 관원, 사신, 군마들은 문묘에 정착할 수 없고, 송사 처리, 연회 활동도 금지하며 인부들이 작업하고 관물을 보관할 수도 없다. 이를 어기는 사람은 죄를 물을 것이다."[84] 그러나 몽고 군대는 전쟁을 치르면서 위의 규정을 빈번하게 어겼다. 지원(至元) 12년(1275)에 원(元)나라 군대가 남경(南京)을 함락했을 때 "평장(平章: 벼슬 이름) 아주(阿珠)는 명도서원(明道書院)을 점거한 뒤에 군사들이 성상(聖像)을 야외에 버렸다".[85] 서원의 공자상을 황야에 내다 버린 것이다. 지원(至元) 13년 원나라 군대가 광주(廣州)를 함락한 뒤 "학교에 군대를 주둔시킨 뒤 학교 건물의 대부분을 파괴하였으며 대성전 한 곳만이 남았다".[86] 이처럼 광주주학은 전부 훼손되었던 것이다. 강소성(江蘇省) 구용현학(句容縣學)은 원(元)나라 군대가 남진할 때 "전화(戰火)로 거의 소실(頗毀於兵火)"되면서 심각한 손상을 입었고, 가흥선공서원(嘉興宣公書院)도 전란으로 대부분 파괴되었다. 한족 고위 장교는 공자 사상의 영향으로 공자문묘를 보호하려는 의식이 있었다. 한족 고위 장교인 장유(張柔)는 정해년(丁亥年, 1227)에 보주(保州)에 군대를 주둔시키면서 "성 동남쪽으로 묘학을 이전하여 옛 제도에 따라 증축했다(遷廟學于城東南, 增其舊制)". 헌종(憲宗) 원년(1251)에는 박주(亳州)에 진을 옮기면서 "공자문묘를 복구하고 교관 및 제자원을 두었다".[87] 그러나 다급했던 전쟁 기간 중에 이처럼 열정적으로 공자문묘를 보호하는 관원들은 매우 적었다.

원나라 황제는 공자문묘를 중시하는 편이었다. 칭기즈칸(成吉思汗)이 처음 연경을 평정하면서 선무(宣撫) 요추(姚樞)의 제의로 금대 추밀원(樞密院)을 공자문묘로 바꾸었는데 태종(太宗) 5

---

83) 『孔氏祖庭廣記』 권9([金], 孔元措)(山東友誼書社, 1990, p.240). "殿堂廊庑, 灰燼什五, 祖檜三株亦遭厄數."
84) 『廟學典禮』 권1[元]. "今後禁約諸官員, 使臣, 軍馬, 勿得於廟宇內安下, 或聚集理問詞訟及藝瀆飲宴, 管工匠官不得于其中營造, 違者治罪."
85) 『金陵新志 권9·學校志』[至正](文淵閣四庫全書 電子版 참고). "平章阿珠佔據明道書院, 軍士异棄聖像野中."
86) 『南海志 권9·學校』([大德])(文淵閣四庫全書 電子版 참고). "重屯於學, 毁拆始盡, 所存惟一大成殿."
87) 『元史·張柔傳』(文淵閣四庫全書 電子版 참고). "復建孔子廟, 設校官弟子員."

1-7-13
곡부(曲阜) 공자
문묘의 원대(元
代) 비각. 지원
(至元) 5년(1339)
에 세워진 곡부
(曲阜) 공자문묘
는 현존하는 가
장 오래된 건물
중 하나이다.

년(1233)에 재차 수리를 명하였다. 8년에는 "국가에서 비용을 지급하여(官給其費)" 곡부(曲阜) 공자문묘를 수리하도록 했다.

공자문묘의 보호와 공자문묘 제사 의례 제정은 주로 원 세조 쿠빌라이(忽必烈) 연간에 이루어졌다. 중통(中統) 2년(1261) 6월에 공자 제사와 공자문묘 보호를 위한 조서(詔書)를 내렸다. "이 선성묘에서 국가적으로 때마다 제사를 올리고 유학자들은 매월 초하루에 석전을 올린다. 항상 청결을 유지하도록 청소하도록 하라. 지금부터 각 관원, 사신, 군마들은 문묘에 정착할 수 없고 송사 처리, 연회 활동도 금지하며, 인부들이 작업하고 관물을 보관할 수도 없다. 이를 어기는 사람은 죄를 물을 것이다."88) 8월에는 임시 수도에서 "개평(開平) 장관들이 선성묘에서 석전을 지냈다(開平守臣釋奠于宣聖廟)". 지원(至元) 4년(1267)에는 수도에 공자문묘를 중건하라고 명하였고, 지원(至元) 6년에는 중서성에 명하여 조례를 반포하여 각 노(路)에 문서를 전달하고 소속 지역에서 실행되도록 했다. "음력 초하루와 보름날에 장리(長吏) 및 그 이하의 정관(正官)은 부하 관리들을 데리고 문묘에 가서 분향한다. 의례가 끝난 후 학관(學官)과 주선(主善)이 강당으로 찾아가 제생과 민가 자제들이 학자들의 경사(經史)에 관한 강의를 듣고 싶을 경우

88) 『廟學典禮』 권1 「先聖廟歲時祭祀, 禁約騷擾安下」[元](文淵閣四庫全書 電子版 참고). "該先聖廟, 國家歲時致祭, 諸儒月朔釋奠, 宜恒令灑掃修潔. 今後禁約諸官員, 使臣, 軍馬, 勿得於廟宇內安下, 或聚集理問詞訟及藝瀆飮宴, 管工匠官不得于其中營造, 違者治罪."

1-7-14 운남성 곤명부학문묘(昆明府學文廟) 영성문. 지원(至元) 13년(1276)에 건립되었다.

함께 강의를 한다."[89] 지원(至元) 10년에는 어사중승(御使中丞) 겸 영시의사(領侍儀使)가 다음과 같이 상주했다. "지성문선왕(至聖文宣王)에게는 왕의 예악을 사용하고 왕의 의관을 입히며 남면하여 앉게 하고 천자가 제물을 바치니, 만세토록 존경하고 천대에 걸쳐 제사를 드릴 분은 우리 스승님(공자)만 한 분이 없습니다. 삼가 다른 노(路)의 관원, 제학(提學), 교수(敎授)들이 춘추 정일(2월과 8월의 丁日)이 되어도 평상복을 갈아입지 않은 채 제사를 집행하는 것을 보니 이는 예의에 맞지 않습니다."[90] 원 세조(元 世祖)는 이에 대해 다음과 같은 조서(詔書)를 내렸다. "춘추 정일에 집계 관원들은 등급에 따라 공복(公服)을 입고 유학자들은 난삼(襴衫)과 당건(唐巾)을 차리고 예식을 거행하라."[91] 지원(至元) 23년에는 운남 지역의 각 노(路)에 학교를 세우고 공자에게 제사 지내도록 명하였다.

원 세조 쿠빌라이(忽必烈) 연간은 원대 공자문묘가 발전했던 시기였다. 『명청일통지(明淸一

89) 『廟學典禮』 권1 「官吏詣廟學燒香講書」. "如遇朔望, 自長次以下, 正官同首領官率領僚屬吏員俱詣文廟燒香. 禮畢, 從學官主善詣講堂, 同諸生並民家子弟願從學者講議經史, 更相授受."

90) 『闕裡文獻考』 권14(山東友誼書社, 1990, p.276). "至聖文宣王用王者禮樂, 禦王者衣冠, 南面當坐, 天子供祠, 其萬世之絶尊, 千載之通祀者莫若吾夫子也. 竊見外路官員, 提學, 敎授, 每遇春秋二丁, 不變常服, 以供執事, 於禮未宜."

91) "春秋二丁, 執事官員各依品序, 公服陪位, 諸儒襴衫唐巾行禮."

1-7-15 동성문묘(桐城文廟) 영성문. 원 연우(延祐) 원년(1314)에 건립되었다.

統志)』에 따르면 원대에 세워진 학교 공자문묘는 약 355개였는데 그중 중통(中統) 연간에는 세 개, 지원(至元) 연간에는 92개가 세워졌다. 비록 지원(至元) 6년이라고 별도로 표기되어 있지 않아서 확인할 수 없지만, 이전의 지순(至順)부터 원통(元統)까지 5년간 일곱 개, 지정(至正) 28년간 35개의 학교를 세웠는데, 이는 연평균 두 개에도 미치지 못하는 것이었다. 지원 연간에 세워진 것을 제외한다면 쿠빌라이 시기에 세워진 학교 공자문묘는 80개 정도였을 것이며, 이는 원대(元代)의 20%가량에 해당된다. 『원사(元史)』에 따르면 지원 23년에 "노(路)의 학교를 모두 합하면 2만 166개"라고 해서 전국에 학교가 2만 166개가 있었는데, 이 중 사학(社學)이 가장 많았다. 몽고 초년에 세워진 공자문묘의 규모는 그리 크지 않았다. 산서성(山西省) 여성현학(黎城縣學)은 금대(金代) 말기에 훼손되었다가 몽고 중통(中統) 초년에 조정의 뜻에 따라 묘학이 복구되어 3칸짜리 정전만을 세웠다가 지원 연간이 되어서야 본래의 모습을 회복하게 되었다.

원 세조는 공자문묘를 수리하여 제사 지내라는 조령을 여러 번 내렸지만, 각 지역 관리들은 제대로 실행하지 않았다. 때문에 원 성종(成宗)은 4월에 즉위한 뒤 7월에 곧바로 조서(詔書)를 내려 원 세조의 조령을 재차 반포하였다. "곡부(曲阜)의 임묘(林廟)와 상도(上都), 대도(大都), 노·부·주·현의 묘학·서원의 경우 세조의 성지(聖旨)에 따라 각 관원, 사신, 군마들은 문묘 내에 정착할 수 없고, 송사 처리나 연회 활동도 금지하며 인부들이 공사하거나 관물(官物)을 보관하는 장소로 이용할 수도 없었다."92) 성종(成宗)은 공자문묘의 제도 면에서 많은 업적을 세웠다.

대덕(大德) 원년(1297)에는 지방 관리가 부임하면 먼저 공자문묘에 가서 배알한 뒤 다른 신묘(神廟)에 가서 배알하도록 규정했다. 6년에는 대도에 공자문묘를 세우도록 명했으며 10년에 완공했고 같은 해 공자문묘 제사 악장을 제정하였다. 성종(成宗) 연간도 공자문묘가 비교적 많이 세워졌던 시기로, 재위 13년 동안 학교 공자문묘 48개를 세웠다.

성종 이후에는 황제들도 공자문묘 건립을 중시했다. 무종(武宗)은 5월에 즉위한 뒤 7월에 곧바로 공자를 대성지성문선왕(大成至聖文宣王)으로 봉하였고, 곡부(曲阜) 공자문묘에 관원을 보내 제사 지내도록 했으며, 『면려학교조(勉勵學校詔)』를 반포했다. "섬학전토(贍學田土)[93] 산업 및 공사장(貢士莊)[94]은 다른 사람들이 침탈할 수 없다. 얻은 돈과 식량은 춘추 이정(二丁)과 삭망(朔望) 제사 및 사제 후원에만 사용된다. 많은 사람들의 존경을 받는 빈곤한 노약자에게 매달 식량을 제공하여 부양한다. 문묘가 파손되면 즉시 수리해야 한다."[95] 지대(至大) 2년(1309)에는 춘추 이정의 석전에 모두 태뢰를 사용해야 한다고 규정했다. 인종(仁宗)은 즉위 후 곡부(曲阜) 공자문묘에 관리를 파견하여 제사 지내도록 했는데, 공자에게 황제 즉위를 알리는 제사의 선례를 남겼고 후에 이는 제도로 자리 잡게 된다. 황경(皇慶) 원년(1312)에 조서(詔書)를 내려 "섬학전토 및 공사장(貢士莊)은 다른 사람이 빼앗을 수 없다. 문묘가 훼손되면 즉시 수리하고 만약 학전(學田)이 없는 경우 현지 관리가 배치해준다"[96]라고 거듭 표명하였다. 이듬해에는 주돈이(周敦頤), 정이(程頤), 정호(程顥), 장재(張載), 소옹(邵雍), 사마광(司馬光), 주희(朱熹), 장식(張栻), 여조겸(呂祖謙), 허형(許衡) 등을 공자문묘에 종사하도록 명하였다. 연우(延祐) 3년(1316)에 춘추석전에서는 안자(顔子), 증자(曾子), 자사(子思), 맹자(孟子)를 배향함으로써 공자문묘의 제사 제도를 통일하였다. 영종(英宗), 태정제(泰定帝), 문종(文宗)이 즉위한 이후 곡부 공자문묘에 관원을 보내 공자 제사를 지내도록 했고, 문종 지순(至順) 원년(1330)에는 공자의 부모를 계성왕(啓聖王)과 계성왕 부인으로 봉하였다.

무종(武宗) 이후부터는 학교 공자문묘 설립이 그리 활발하지 않았다. 건립 연대가 확실하게 표기되어 있는 것으로는 무종(武宗) 4년에 두 개, 인종(仁宗) 9년에 27개[황경(皇慶) 연간 10개, 연

---

92) 『通制條格』 권5. "曲阜林廟, 上都, 大都, 諸路, 府, 州, 縣廟學, 書院, 照依世祖聖旨, 禁約諸官員, 使臣, 軍馬毋得于內安下, 或理問詞訟, 褻瀆飲宴, 工役造作, 收貯官物."

93) (옮긴이) 학교 운영비로 충당하기 위해 지급된 토지.

94) (옮긴이) 과거 준비 때문에 종족과 지역사회가 그들의 구성원을 원조하려고 만들었던 사회 조직이다.

95) 『鎮江志』 권11 『學校』[至順]. "贍學田土産業及貢士莊, 諸人勿得侵奪; 所得錢糧, 以供春秋二丁, 朔望祭祀及師生廩膽, 貧寒老病之士爲衆所尊敬者月支米糧, 優恤養贍; 廟宇損壞, 隨即修完."

96) 『金陵新志』 권3 하 「金陵表七」[至正]. "贍學地土, 貢士莊田, 諸人勿得侵奪, 廟宇損壞, 隨即修完, 無學田去處, 系官地內摽撥."

1-7-16
청원(淸源) 공자문묘의
반지 및 대성문. 원 연
우(延祐) 연간에 중건되
었다.

우(延祐) 연간 17개], 영종(英宗) 3년에 세 개, 태정제(泰定帝) 5년에 13개, 문종(文宗) 6년에 10개[천
력(天曆) 연간 여섯 개, 지순(至順) 연간 네 개], 혜제(惠帝)때부터 지원(至元) 6년까지 30년 동안 38개
였다.

   몽고 초기 사려 깊은 귀족이나 관원들은 교육의 중요성을 잘 알고 있었다. 쿠빌라이(忽必烈)
는 갑인년(甲寅年, 1254)에 진왕(秦王)으로 봉해져서 섬서(陝西) 지역에 주둔하였는데, 당시 허
형(許衡)을 초청하여 경조제학(京兆提學)으로 임명하면서 "군현마다 학교를 세워 백성들이 크
게 교화되었다(郡縣皆建學校, 民大化之)". 지원(至元) 초기 강족(羌族) 귀족인 조중희(趙重喜)는 임
조부(臨洮府)의 달노화적(達魯花赤)으로 임명되어 "군에서 농민들을 권면하고 학교를 세우며,
형벌을 줄이고 교육을 발전시켰다(在郡勸農興學, 省刑敦教)". 몽고 귀족인 아리걸실철목아(阿里
乞失鐵木兒)는 홍평(興平) 등 행성(行省)에서 도원수(都元帥)로 임명되었고, "선정(先政)을 본받아
다스리기 위해, 학교를 세우고 인재를 기르며 형벌과 세금을 줄였다(爲治一遵先政, 興學養士, 輕
刑薄賦)". 회족(回族) 색전적섬사정(塞典赤瞻思丁)은 지원(至元) 전기에 운남성에서 6년 동안 머
무르면서, "공자문묘와 명륜당을 세우고 경사(經史)를 구입하며 학전을 수여하였다. 이로 인
해 문(文)을 존숭하는 풍습이 어느 정도 일어나게 되었다".[97] 그의 아들인 호손(呼遜)도 "각 군
읍에 묘학을 세우도록 명했다(複下諸郡邑遍立廟學)". 한족 유학자들은 학교 건립에 더욱 매진하

---

97) "創建孔子廟, 明倫堂, 購經史, 授學田, 由是文風稍興."

였다. 태종(太宗) 연간 송자정(宋子貞)은 동평행대(東平行臺)인 엄실(嚴實)에게 상의관(詳議官) 겸 제거학교관(提擧學校官)으로 임명되면서부터 "새로운 묘학을 짓고, 연전진사(延前進士) 강엽(康曄)과 왕반(王磐)을 교관으로 삼았다. 학생 수백 명을 모집하여 양식을 주어 후원하고 경서를 학습하게 하고, 계절마다 정시(程試)에 반드시 응시하게 하니, 제(齊)·노(魯) 지역의 유풍이 변화되었다".[98] 양과(楊果)는 "하내(河內)의 지방관을 맡게 되었는데 초라한 묘학의 모습에 탄식하면서 예전(禮殿)을 다섯 기둥 정도의 크기로 만들고 선성선사(先聖先師) 10철상을 조각하여 이를 모셨다".[99] 지원(至元) 전기 요수(姚燧)는 섬서(陝西), 사천(四川), 중흥(中興) 등 각 노(路) 학교의 제거(提擧)를 겸임하면서 "학교를 세우고 백성들을 구제하는 데 힘썼다(興學賑民, 孜孜如弗及)". 지원(至元) 3년(1266)에 진호(陳祐)는 위휘노총관(衛輝路總管)을 맡았는데, 부임한 뒤 "공자문묘를 세웠다(創立孔子廟)". 지원(至元) 10년에 장립도(張立道)는 운남에 부임하여 "운남 지역에서는 공자를 존숭할 줄 모르고, 왕희지(王羲之)를 스승으로 모시고 제사 지내고 있다. 그는 먼저 공자문묘를 세우고 학사를 만들어 선비 자제들이 공부하도록 권면하였다. 촉 지역의 훌륭한 인재를 뽑아 제자들의 스승으로 삼고 때에 맞춰 제생(諸生)을 거느리고 석채례(釋菜禮)를 올렸다".[100] 이렇게 함으로써 운남성 각지로 학교 문묘가 널리 보급되었다. 한화(漢化)된 소수민족 유학자들도 교육을 적극 장려하였다. 여진족(女眞族) 진사 조양필(趙良弼)은 지원(至元) 19년(1282)에 퇴직한 이후, 온현(溫縣)의 3000묘[畝]의 토지를 회주(懷州)와 맹주(孟州)에 기부하여 "모두 묘학의 토지[학전]로 영원히 충당하도록 하고 생도(生徒)들을 후원하여, 자신의 본바탕이 유학자임을 잊지 않도록 하였다".[101]

원대(元代)의 공자문묘와 학교 중 강북 지역에 있는 것은 주로 금대(金代)의 유산, 강남 지역에 있는 것은 주로 남송(南宋)의 유산, 서부에 있는 것은 서하(西夏)의 유산이었다. 몽고의 정복 과정에서 비록 무수히 훼손되었지만 상당수가 남아 있다. 유병충(劉秉忠)은 원(元) 세조(世祖) 초년에 "현재 문묘는 비록 파괴되었지만, 남아 있는 것도 매우 많습니다",[102] "현재 군현마다 학교가 있으나 관에서 세운 것은 아닙니다(今郡縣雖有學, 並非官置)"라고 상소를 올렸다. 이는 금과 서하

---

98) 『元史·宋子貞傳』(文淵閣四庫全書 電子版 참고). "作新廟學, 延前進士康曄, 王磐為教官, 招致生徒幾百人, 出粟贍之, 俾習經藝. 每季程試, 必親臨之, 齊魯儒風為之一變."
99) 『元名臣事略』 권10 「參政楊文獻公」. "判河內, 歎廟學卑陋, 創為禮殿五楹, 塑先聖先師十哲像事之", "興學賑民, 孜孜如弗及."
100) 『元史·張立道傳』(文淵閣四庫全書 電子版 참고). "先是雲南未知尊孔子, 祀王逸少為先師, 立道首建孔子廟, 置學舍, 勸士人子弟以學, 擇蜀士之賢者迎以為弟子師, 歲時率諸生行釋菜禮."
101) 『元史·趙良弼傳』(文淵閣四庫全書 電子版 참고). "皆永隸廟學, 以贍生徒, 自以出身儒素, 示不忘本也."
102) 『元史·劉秉忠傳』(文淵閣四庫全書 電子版 참고). "今廟堂雖廢, 存者尚多."

제7장_ 공자문묘의 침체기: 요(遼)·금(金)·서하(西夏)·원(元) 151

의 공자문묘가 많이 보존되었으며 일부 군현에서 학교를 복구하였다는 것을 보여준다. 중통(中統) 2년(1261)에 원 세조(元 世祖)는 성지(聖旨)를 반포하여 제거학교관(提擧學校官)을 설치하여 지방 관원들이 "항상 권면(常切主領敎勸)"하도록 했다. 지원(至元) 6년에 반포한 조서(詔書)에는 각 도의 제형안찰사(提刑按察使)가 "학교를 권면함으로써 밝게 교화해야 한다(勉勵學校, 宣明敎化)"라고 규정했다. 지원(至元) 23년에는 중통(中統) 2년의 정부가 반포한 문묘 금약(禁約) 정령을 다시 강조하여 각 행성에서 "소속 지역에 문묘 금약이라는 내용의 방문(榜文)을 붙이고 이를 두루 준수하도록 했다(遍行所屬, 出榜禁約施行)". 이로써 공자문묘와 학교를 보호했던 것이다.

원대(元代)에는 세조 때부터 서원 보호를 중시했다. 중통(中統) 2년(1261) 6월에는 공자문묘를 보호한다는 성지와 동시에 "관할 지역에 서원이 있는 경우 다른 사람이 소란을 피우지 못하도록 신하들이 잘 관리하도록 하라"[103]라고 명하였다. 지원(至元) 25년(1288)에 상서성(尙書省)에서 문서를 내려 재차 금지 사항을 안내했다. 지원(至元) 28년에 강회행성(江淮行省)은 방문(榜文)을 통해 "과거(過去) 승려들이 강점했던 다른 사람의 가옥, 전토(田土), 산림, 연못이나 도교사원, 묘우(廟宇), 학사(學舍), 서원을 원래 주인에게 되돌려준다는 규정에 의거하여 원래 주인에게 돌려준다"[104]고 공지하였다. 지원(至元) 31년 7월에는 새로 즉위한 성종 역시 묘학과 서원을 보호한다는 조서(詔書)를 내렸다. "곡부(曲阜), 상도(上都), 대도(大都), 각 노(路)·부(府)·주(州) 현읍(縣邑)에 반드시 묘학과 서원을 세워야 한다. 세조의 성지에 따라 관원, 사신, 군마들은 문묘에 정착할 수 없고 송사 처리·연회 활동도 금지했으며, 인부들이 작업하고 관물을 보관할 수도 없다. 섬학, 전토 및 공사장은 다른 사람들이 빼앗을 수 없다."[105] 원대(元代)에는 서원에 대한 관리를 강화하여 서원을 국가 관리 영역으로 편입시켰고, 서원의 학관은 조정이나 각급 관부에서 일률적으로 임명 및 해임하며 국가에서 녹봉을 받았다. 지원(至元) 19년에 강절(江浙) 행성(行省)은 제일 먼저 서원에 산장(山長) 두 명, 전량관(錢糧官) 한 명, 학록(學錄) 한 명, 학정(學正) 한 명, 재장(齋長) 한 명, 유(諭) 한 명을 두었는데, 이러한 인원은 산부(散府)와는 비슷했고(산부보다 전량관 한 명이 적을 뿐이었다) 현학보다는 학록과 학정(學正)이 각각 한 명씩 더 많은 것이었다.

원대(元代)에 서원을 적극적으로 후원하면서 서원은 더욱 발전하게 되었다. 경자(庚子, 1240)

---

103) "管內凡有書院, 亦不得令諸人騷擾, 使臣安下."

104) "擬將在前僧人强行佔據諸人房屋, 田土, 山林, 池蕩並宮觀, 廟宇, 學舍, 書院, 照依歸附時爲主, 盡行給還元主."

105) 『廟學典禮』[元](文淵閣四庫全書 電子版 참고). "曲阜, 上都, 大都, 諸路, 府, 州, 縣邑應設廟學, 書院, 照依世祖皇帝聖旨, 禁約諸官員, 使臣, 車馬毋得于內安下, 或聚集理問詞訟, 褻瀆飮宴, 工役造作, 收貯官物. 其瞻學地土產業及貢士莊, 諸人毋得侵奪."

1-7-17 악록서원(岳麓書院) 대성전.

와 신축(辛丑) 연간에 연도(燕都)에서 가장 먼저 태극서원(太極書院)을 설립한 이래로 서원은 점차 남쪽에서 북쪽과 서남쪽으로 발전해나가기 시작했다. 『속문헌통고(續文獻通考)』에 따르면 송·원대에 모두 349개의 서원이 설립되었는데 그중 116개는 원대(元代), 170여 개는 송대에 세워진 것이며, 나머지 60개는 연대가 분명하지 않다. 송대 서원들은 대부분 원대(元代)로 오면서 복구되었기 때문에 원대(元代)의 서원은 대략 300개 정도가 있었을 것이다. 원대(元代)에는 서원을 국가 관리 영역으로 편입시킴으로써 관학의 영향을 받게 되었고 대부분 내부에 공사자당을 짓게 되었다. 백로주서원(白鷺州書院)·회암서원(晦庵書院)에는 부자묘, 남양(南陽)의 제갈서원(諸葛書院)에는 공자문묘, 회해서원(淮海書院)에는 선성묘, 화정서원(和靖書院)·계산서원(稽山書院)·남양서원(南陽書院)·병산서원(屛山書院)·벽리서원(壁里書院)·숭의서원(崇義書院)·천문서원(天門書院) 등에는 대성전을, 조대서원(釣臺書院)에는 연거전(燕居殿), 남계서원(南溪書院)·동산서원(東山書院)에는 연거당(燕居堂), 고정서원(考亭書院)에는 연거묘(燕居廟)가 지어졌다. 그 외에 한산서원(韓山書院), 선성서원(宣成書院), 용면서원(龍眠書院), 운암서원(雲巖書院), 가헌서원(稼軒書院), 용천서원(龍川書院), 경주서원(慶洲書院), 설재서원(雪齋書院), 영곡서원(穎谷書院), 낙서서원(洛西書院), 이천서원(伊川書院), 노재서원(魯齋書院), 석실서원(石室書院)에도 각각 공자를 모시는 건물이 세워졌다. 회해서원(淮海書院)의 공자문묘의 규모가 가장 크고 "선성묘의 대성전은 3칸으로 되어 있으며, 원정(元貞) 황일룡(黃一龍) 교수(敎授)가 세웠다. 영성문을 세우고, 성사10철상(聖師十哲像)을 조각했다. 극문 3칸은 대덕 3년 산장 양여산(楊如山)이, 동서 양무 20칸은 9년에 산장 조감건(趙鑒建)이 만들었다. 벽에 제사 지내는 성현을 그려놓았고, 극문의 남쪽에는 연못을 파고 그 위에 다리를 세웠다".106) 공자문묘는 영성문, 반지와 다리, 극문, 대성전, 동무와 서무를 모두 갖추고 있다. 대성전에는 공자・4배・10철 조각상이, 동서 양무에는 선현 선유의 초상화가 있고 양무는 무려 20칸이나 되는 등, 국립학교 공자문묘와 비교해도 전혀 손색이 없다.

서원의 공자문묘 역시 관립학교의 배치 형식을 취하였다. 남양서원(南陽書院)은 제갈량(諸葛亮, 181~234) 사당의 동쪽에 있었는데 "사당의 동쪽에는 공자문묘가 있고, 묘학 뒤에는 학교가 있다. 대청(大廳)과 회랑, 주방과 욕실, 창고와 곳간, 수업하는 공간[齋], 책을 보관하는 누각, 관원이 집무를 보는 장소 모두 갖추어져 있다. 가옥들은 칸[間]으로 계산하면 전문 사당은 12칸, 묘학은 46칸으로, 모두 화려하지 않고 단정하며 웅장했다".107) 이처럼 전묘후학(前廟後學)의 형식을 채택했던 것이다.

유의해야 할 점은 각 노(路) 부(府) 주(州) 현(縣)의 학교와 서원 공자문묘 외에도 원대(元代)에는 사학(社學)과 사숙(私塾)에도 공자에게 제사 지낼 수 있는 전문적인 건물을 세웠다. 원(元) 세조(世祖) 지원(至元) 7년 농촌에서는 편사제도(編社制度)를 실시하여 50호마다 하나의 사(社)를 편성하여 각 사마다 사학(社學)을 설립하였다. "사(社)마다 학교 하나를 세우고 경서에 능통한 자를 뽑아 교사로 임명하여, 농한기 때 농민의 자제들을 입학시킨다."108) 일부 사학에서는 공자상을 만들어 제사 지내기도 했다. "수현윤(儶縣尹, 수현의 지사) 여사성(呂思誠)은 주민들을 3등급으로 나누어 요역을 평균화한다. 그리고 공자상을 만들어 사학(社學)에서 제사 지내도록 했다."109) 물론 이는 정부의 규정이 아니라 정부 관원의 개인적인 행동일 뿐이었다.

원대(元代)에 서원이 정부에 의해 국가 관리 영역으로 편입되면서 민간교육도 어느 정도 영향을 받게 되었다. 이러한 상황에서 가숙(家塾)과 사숙(私塾) 등 사학이 발전하기 시작했고, 일부 사숙(私塾)에서는 공자에게 제사 지내는 건물을 짓기도 했다. 안성(安城)의 이신옹(李辛翁)

---

106) 『鎭江志』 권11[元 至順]. "先聖廟大成殿三間, 元貞元年敎授黃一龍建立, 並立欞星門, 塑聖師十哲像; 戟門三間, 大德三年山長楊如山建; 東西廡二十間, 九年山長曹鑒建, 並繪從祀諸賢於壁, 鑿池戟門之南而橋其上."

107) 『南陽書院碑』. 『雪樓集』([元], 程巨夫)에서 인용했다(文淵閣四庫全書 電子版 참고). "祠之東爲孔子廟, 廟之後爲學. 凡堂序門廡, 庖湢庫庾, 肄業之齋, 庋書之閣, 官守之舍鹹備. 屋以間計, 祠十有二, 廟學四十有六, 皆端莊廣直, 不務侈麗."

108) 『新元史・食貨志』. "每社立一學, 擇通曉經書者爲學師, 農閒使子弟入學."

109) 『欽定續通典』 권7(文淵閣四庫全書 電子版 참고). "呂思誠爲儶縣尹, 差民戶爲三等, 均其徭役, 又刻孔子像, 令社學祀之."

1-7-18 산서성 평요현 금장촌 공자문묘 및 동배(東配).

은 사립 안현의숙(安賢義塾)에 제사 지낼 수 있는 예전(禮殿)을 만들었다. "안성주(安城州)의 서쪽 교외에 최초로 안현의숙을 세웠다. 서원과 정사(精舍)의 구조를 본떠서 예전, 무문, 강당, 재사 등을 모두 갖추고 있다."[110] 여릉(廬陵) 만안현(萬安縣)의 유계평(劉桂平)은 유림의숙(儒林義塾)을 창립했는데, "가운데에는 선성을 모시는 연거당이 있고, 좌우 양쪽으로 동무와 서무가 세워져 있다".[111] 어떤 학자들은 직접 문묘를 짓고 공자에게 제사 지내기도 했다. 요추(姚樞)는 "가족들을 데리고 휘주(輝州)에 와서 가묘를 세우고 별도의 공간을 마련해 공자 및 송나라 유학자 주돈이 등의 상을 모셨다".[112] 산서성 평요현(平遙縣) 금장촌(金莊村)의 학자 10여 명은 원 연우(延祐) 2년(1315)에 출자하여 마을에 공자문묘를 짓고, 문묘 안에는 공자상을 만들었다. 이 공자문묘와 공자상은 지금까지도 보존되어 있으며, 현존하는 공자상 중에서 가장 오래된 것이다.

공자문묘의 발전사에서 원대(元代)의 중요한 공헌은 바로 운남성(雲南省)에 학교와 공자문묘를 세우기 시작했다는 것이다. 운남 지역은 당대(唐代)에 남조국(南詔國)으로 불렸는데, 제4대 임금인 성라피(盛羅皮)는 개원 14년(726)에 공자문묘를 세운 적이 있었다. 남조(南詔) 시기에는

110)『圭齋文集』권5「安成李氏重修安賢義塾記」([元] 歐陽玄)(文淵閣四庫全書 電子版 참고). "初作安賢義塾於州西郊, 一仿書院, 精舍之制, 禮殿, 廡門, 講堂, 齋舍, 各得其所."
111)『吳文正集』「儒林義塾記」([元] 吳澄)(文淵閣四庫全書 電子版 참고). "中創先聖燕居之室, 二廡翼其左右."
112)『元史·姚樞傳』(文淵閣四庫全書 電子版 참고). "攜家來輝州, 作家廟, 別為室, 奉孔子及宋儒周惇頤等像."

포로(捕虜)로 잡힌 명경과(明經科: 과거시험의 일종)를 합격한 수주(嶲州) 서로(西瀘) 현령(縣令)인 정회(鄭回)를 청평관(清平官: 재상)으로 임명하여, 잇따라 봉가이(鳳伽異)와 심몽주(尋夢湊)의 손자들을 교육시키도록 했기 때문에 남조국 군주들은 높은 수준의 교양을 갖추고 있었다. 정원 이후의 50여 년 동안 1000여 명의 귀족 자제들을 성도(成都)로 보내 공부시켰고, 유가 사상은 널리 보급되었다. 송대에는 운남 지역은 대리국(大理國)이 되었다. 이때 유석(儒釋)이나 석유(釋儒)로 불리는 유가 사상에도 통달한 승려들이 등장하기도 했지만 당시 학교와 공자문묘를 세웠다는 기록은 찾을 수 없다. 몽고 헌종(憲宗) 몽가(蒙哥) 4년(1254)에 대리(大理)국이 멸망한 후, 몽고의 영역으로 편입되었다. 지원(至元) 23년(1286)에 "운남 지역 각 노(路)마다 학교를 세우고 선성에게 제사를 지내도록 명했다(命雲南諸路皆建學祀先聖)". 이로써 운남 지역에서도 공자문묘가 세워지기 시작했다. 그 후 건안주학(建安州學), 임안로학(臨安路學), 운남주학(雲南州學), 안녕주학(安寧州學), 징강노학(澂江路學), 하서현학(河西縣學), 숭명주학(崇明州學), 석평주학(石平州學), 대리노학(大理路學) 등 학교와 공자문묘가 설립되었다.

이에 관한 원대(元代)의 조령을 조사해 본 결과, 문묘를 보호한다는 내용의 조문이 대부분이었으며 지방에 학교와 공자문묘 설립을 명하는 내용은 극히 드물었다. 운남성을 제외하고 원대(元代)의 학교와 공자문묘는 주로 전대(前代)의 유산이거나 재건한 것이었다. 다행히도 원대에는 학전의 수입으로 언제든지 공자문묘를 수리할 수 있다는 규정이 있었고 송대, 금대의 학교와 공자문묘가 널리 보급되어 있었기 때문에 원대에도 공자문묘는 확산된 편이었다. 『대명일통지(大明一統志)』에 따르면 명 홍무(洪武) 연간에 보수한 부학은 10개, 주학은 16개, 현학은 55개이고 재건한 부학은 62개, 주학은 70개, 현학은 513개이며 새로 지은 부학은 16개, 주학은 44개, 현학은 229개였다. 새로 지었다는 것은 과거(過去)에는 아예 없었던 지역에 새롭게 지었다는 의미이고, 보수·재건했다는 것은 과거(過去)에 있었던 것을 수리하거나 기존의 건물을 토대로 다시 지었다는 의미이다. 이를 감안하면 원대에서 명대로 계승된 부학은 72개, 주학은 86개, 현학은 568개, 모두 726개라는 의미이다.[113] 이 숫자는 『청일통지(清一統志)』에 적힌 355개라는 수량보다는 두 배나 더 많은 편이다. 비록 이 수치가 청일통지의 355개의 두 배를 넘지만, 『대명일통지(大明一統志)』가 원(元)이 멸망한 지 100년이 채 되지 않은 천순(天順) 5년(1461)에 작성되었다는 점을 고려한다면 이 기록은 믿을 만한 것이다. 원대 국립학교에는 반드시 공자문묘를 지어야 했기 때문에 국자감을 포함하여 원대에는 최소 727개의 국립학교 공자문묘가 있었다.

---

113) 『中國教育制度通史』 권4(李國鈞·王炳照, 山東教育出版社, 2000).

제**8**장

공자문묘의 중흥기

명대(明代)

명대는 공자 사상이 가장 추앙되었던 왕조 중 하나였다. 명 태조(太祖) 주원장(朱元璋, 1328~1398)은 "공자의 가르침을 실행함으로써 국가를 정비하고 인심을 다스리려고(行先師之敎, 淑海內, 治人心)" 했기 때문에, "(국가 수립에 필요한) 전쟁이 그치기 전에 이미 제사를 지냈다(武功 未戢, 已事俎豆)". 즉위하기 전이었던 지원(至元) 22년(1362)에는 "강회부(江淮府)에 들어가 먼저 공자문묘에 참배했고(入江淮府, 首謁孔子廟)", 즉위했던 해(洪武元年, 1368)에는 공자문묘의 제사 의례를 제정했다. "매년 춘추 상정일 석전 전 날에, 황제는 변복(弁服)을 입고 천전(天殿)에서 제사를 올린다. 향을 피워[降香] 제견관(制遣官)에게 전한 후 승상이 초헌(初獻)을, 한림학사(翰 林學士)가 아헌을, 제주(祭酒)가 종헌을 한다. 희생제로 태뢰를 쓰고 육주(六奏)를 연주하며 6일 무(六佾舞)를 춘다. 사(司)·부·주·현·위학(衛學)의 각 제조관(提調官)들은 제사 지낼 때 소뢰 (少牢)를 쓰고 태학과 같은 예식으로 하며, 음악이 준비되지 않았을 경우 음악은 연주하지 않 아도 무방하다. 경부(京府)와 부부(附府)의 현학(縣學)에서는 석채례를 지낸다."[1] 2월에는 곡부 (曲阜) 공자문묘에 사자(使者)를 보내 제사를 지냈는데, 의식을 거행하기 전에 사신을 불러 다 음과 같이 당부했다. "공자의 도는 광대하고 유구하여 천지와 함께하니, 천하를 다스리는 자 는 경건하게 제사 지내지 않을 수 없다. 짐은 천하의 주인으로서 크게 교화를 펼치고자 하여 선성의 도를 행하는 것이다. 이제 성균관 석전에 그대를 보내 궐리에서 제사를 지내는 것이

---

1) 『闕裡文獻考』권14 「祀典一」(山東友誼書社, 1990, p.281). "每歲春秋上丁釋奠前一日, 皇帝皮弁服, 禦奉天殿, 降香傳制遣官, 以丞相初獻, 翰林學士, 祭酒亞, 終獻, 牲用太牢, 樂六奏, 文舞六佾. 司, 府, 州, 縣, 衛學各提調官 行事, 用少牢, 禮如太學, 樂不能備則已. 京府及附府, 縣行釋菜禮."

1-8-1 주원장(朱元璋)과 공극견(孔克堅)의 담화를 기록한 비석. 공부(孔府) 이문(二門)에 있다.

니, 그대는 공손히 받들어야 한다."[2] 그리고 공자의 55대 적손인 공극견(孔克堅)을 만나서 "유학자들의 지도자가 되셔서 공자의 도가 세상에 펼쳐지도록 해주십시오"[3]라며 부탁했다. 홍무(洪武) 3년에 조서(詔書)를 내려 5악(五嶽), 5진(五鎭), 4해(四海), 4독(四瀆), 성황(城隍) 및 모든 충신열사(忠臣烈士)들의 작호(爵號)를 없애고, 공자의 작호만을 남겨두었다. "공자는 선왕의 도의 핵심을 잘 알고 있어서 천하의 스승이 되어 후세를 구제할 것이다. 누구와도 비교할 수 없을 정도로 공이 크기 때문에 그의 작호를 그대로 보존할 것이다."[4] 비록 명 태조 주원장(朱元璋)은 한때 국자감문묘와 곡부(曲阜) 공자문묘 이외의 다른 문묘에서 제사를 지내지 못하도록 금지한 적이 있지만, 홍무(洪武) 15년에 다시 군현 학교의 문묘에서 춘추석전을 지내도록 명하였다. 명 성조(成祖)가 언급한 대로, 명 태조는 "무공이 완성되었음을 고하고 문화와 교육을 일으켜서 공자의 도를 크게 밝히셨다. 경사(京師)에서 천하에 이르기까지 묘학을 세우고 경적(經籍)을 하사하며 학자들을 양성하여 제도를 갖추었으니 이는 이전 시대를 훨씬 넘어서는 것이

---

2) 『明史·禮志四』(文淵閣四庫全書 電子版 참고). "仲尼之道廣大悠久, 與天地並, 有天下者莫不虔修祀事. 朕為天下主, 期大明教化, 以行先聖之道. 今既釋奠成均, 仍遣爾修祀事於闕裡, 爾其敬之."

3) 『明史·孔希學傳』(文淵閣四庫全書 電子版 참고). "領袖世儒, 益展聖道之用於當世."

4) 내용은 『大明詔旨碑』에서 발췌하였다. 비석은 현 곡부 공자문묘에 있다. "孔子善明先王之要道, 為天下師以濟後世, 非有功于一方一時者可比, 所有封爵宜仍其舊."

1-8-2 번우문묘(番禺文廟) 반지(泮池). 명 홍무(洪武) 3년(1370)에 건립되었다.

다. 대대로 공자의 자손을 연성공(衍聖公)으로 봉하여 1품을 내리셨으며, 세대마다 한 사람을 뽑아 곡부현령(曲阜縣令)으로 삼았으며 학관을 세워 공자, 안자, 맹자의 자손들을 가르치셨다. 항상 태학으로 행차하셔서 공자에게 석전을 올리시고, 엄숙하고 정중하게 배알하셨으니 공자의 도를 존숭하는 분위기가 이처럼 활발했던 때가 없었다".[5] 이처럼 주원장은 존공숭유(尊孔崇儒)의 측면에서는 누구도 이루지 못한 업적을 이뤘다.

명 성조 주체(朱棣)는 다음과 같이 공자를 칭송했다. "천지의 운행에 참여하여 만물을 기르시고, 왕도를 밝히셨으며 천륜을 바르게 하셨다."[6] "옛 성인을 계승하여 학문을 개척하시니 그 공이 요순보다 더 뛰어나시다. 따라서 인간이 출현한 이래로 공자보다 더 뛰어난 사람은 없었다."[7] 영락(永樂) 12년(1414)에는 『사서대전(四書大全)』, 『오경대전(五經大全)』, 『성리대전(性理大全)』 편찬을 명하였다. 그 목적은 바로 명 성조가 『오경사서성리대전서(五經四書性理大全序)』에서 다음과 같이 언급한 것과 같다. "천하 사람들이 모든 경서를 보게 하여 성현의 도리를 깨닫도록 하라. 이로써 이치를 궁구하여 도를 밝히고, 근본에 서고, 몸을 닦고, 집안을 정제하고, 나라를 다스리고, 천하를 평정한다. 그리하면 나라에는 정치가 다르지 않게 되고, 집안에 다른 풍속이 없게 되어, 옛날의 순박한 풍속으로 돌아감으로써 선왕의 전통을 계승하

---

5) "武功告成, 即興文教, 大明孔子之道. 自京師以達天下, 並建廟學, 遍賜經籍, 作養士類, 儀文之備, 超乎往昔; 封孔氏子孫襲封衍聖公, 秩視一品, 世擇一人為曲阜令, 立學官以教孔顏孟三氏子孫; 常幸太學, 釋奠孔子, 竭其嚴敬; 尊崇孔子之道未有如斯之盛也."

6) 『御製孔子廟碑』[成祖]. 비석은 현 곡부 공자문묘에 있다. "參天地, 贊化育, 明王道, 正彝倫."

7) "繼往聖, 開來學, 其功賢於堯舜, 故曰自生民以來未有盛於孔子者也."

고 빛나는 통치를 이루게 된다."[8] 이처럼 유가 사상으로 몸과 마음을 닦아 수양하고 집안을 돌보고 국가를 다스리고 천하를 평정하고자 했다. 책이 편찬된 후 6부(六部), 북경과 남경의 국자감, 그리고 전국의 군현 학교에 하사하여 유가 사상을 통치 기반으로 더욱 확고히 하고자 하였다.

명 헌종(憲宗)은 태자 때부터 훌륭한 유가교육을 받았는데, 공자 58대 적손 공공순(孔公恂)과 사마광(司馬光)의 후손인 사마순(司馬恂)이 같은 날에 동궁 소첨사(少詹事)에서 태자에게 예를 갖춘 적이 있었다. 이는 한때 미담으로 전해졌다. 즉위 했던 날 명 헌종(憲宗) 은 직접 태학으로 가서 공자에게 제사를 지냈고, 얼마 후 곡부(曲阜) 공자문묘 건립을 명하였다. 완공된 이후에는 곡부 공자문묘 안에 어제비문(御製碑文)도 새겼다. 비문은 공자를 칭송하는 내용으로 되어 있다. "짐이 생각하기로 공자의 도는 천하에 하루라도 없을 수 없다. 왜 그러한가? 공자의 도리가 있어야 강상이 바로서고 윤리가 밝아지며 만물이 각자 자기의 자리에 있게 되기 때문이다. 그렇지 않으면 이단이 횡행하고 사설(邪說)이 분분하니, 강상이 어찌 스스로 바르게 될 수 있으며 윤리는 어떻게 스스로 밝아질 수 있겠는가? 천하 만물은 또한 어찌 각자의 자리에 있을 수 있는가! 때문에 백성의 화복이 이에 달려 있고, 국가의 치란이 이와 관련되어 있으므로, 천하를 다스리는 자는 진실로 하루라도 공자의 도가 없으면 안 되는 것이다." "하늘에서 공자를 목탁으로 삼지 않고 공자를 낳지 않았다면 요, 순, 우, 탕, 문, 무의 도를 후세 사람들이 어떻게 알고 따를 수 있었겠는가. 분명 깜깜한 꿈속에 있는 것과 다르지 않았을 것이니 이른바 영원히 기나긴 밤과 같았을 것이다. 이를 통해 하늘이 공자를 낳은 것은 실로 천지의 마음을 세우고 백성이 명을 세우고 성현의 학문이 계승되고 만세토록 태평하기 위해서라는 것을 알 수 있다. 크나큰 쓰임은 천지와 다르지 않을 것이다. 아! 대단하도다! 인류 역사상 이런 분은 없으셨다."[9] 공자를 칭송하는 이 비문은 전무후무한 것이었다. 헌종(憲宗)은 공자 제사를 천자와 같은 등급으로 격상시켜서 8일무를 행하고 12변두를 사용하도록 했다.

홍치 12년(1499)에 대성전에 벼락이 떨어지면서 곡부 공자문묘 대부분이 소각되었다. 이 소

---

8) "使天下之人獲睹經書之全, 探見聖賢之蘊, 由是窮理以明道, 立誠以達本, 修之於身, 行之於家, 用之於國, 而達之天下, 使國不異政, 家不殊俗, 大回醇古之風, 以紹先王之統, 以成熙皞之治."

9) 『禦制重修孔子廟碑』[明] 憲宗. 비석은 현 곡부 공자문묘에 있다. "朕惟孔子之道, 天下一日不可無焉. 何也? 有孔子之道則綱常正而倫理明, 萬物各得其所矣. 不然, 則異端橫起, 邪說紛作, 綱常何自而正? 倫理何自而明? 天下萬物又豈能各得其所哉! 是以生民之休戚系焉, 國家之治亂關焉, 有天下者誠不可一日無孔子之道也", "天將以夫子為木鐸, 使天不生孔子, 則堯舜禹湯文武之道後世何從而知之, 將必昏昏冥冥無異於夢中, 所謂萬古如長夜也. 由此觀之, 則天生孔子實所以為天地立心, 為生民立命, 為往聖繼絕學, 為萬世開太平者也. 其功用之大, 不但同乎天地而已矣. 噫! 盛矣哉! 誠生民以來自所未有者."

식이 수도에 전해지면서, 명 효종(孝宗)은 태상사소경(太常寺少卿) 이걸(李傑)을 곡부(曲阜) 공자문묘로 보내 위제(慰祭)를 지내는 동시에 중건을 위한 자금을 지급했다. 준공 후 비석을 세웠는데, 명 효종(孝宗)은 비문에서 다음과 같은 내용으로 공자를 칭송했다. "육경을 완비하여 후세에 모범이 되도록 하셨다. 이때부터 천하의 군주들이 이것을 지키면 잘 다스려졌고, 이것을 어기면 잘 다스려지지 않았다. 세상에서 누구도 대신할 수 없는 분이셔서 만세 제왕의 스승이 되셨다."[10]

공자를 존숭하는 이러한 분위기 속에서 명대에는 교육이 크게 발전되고 학교가 널리 설립되었다. 공자문묘에 종사되는 인물들도 늘어나고 공자의 제사 등급이 격상되면서, 공자문묘는 전례 없는 전성기로 들어서게 된다.

황제가 되기 전부터 주원장(朱元璋)은 교육의 중요성을 인식하고 있었다. 원 지정(至正) 18년(1358), 주원장(朱元璋)은 무주로(婺州路)

1-8-3 곡부(曲阜) 공자문묘 안에 있는 명 성화비(成化碑).

를 함락시킨 뒤 영월부(寧越府)로 개명시키고 유학자 왕종현(王宗顯)을 지부(知府)로 임명하였다. 이듬해 5월 주원장(朱元璋)은 왕종현(王宗顯)에게 부학을 설립하고, 유학자 송렴(宋濂), 엽의(葉儀)를 『오경』 교사로, 대량(戴良)을 학정(學正)으로, 오침(吳沉)과 서원(徐原) 등을 훈도(訓導)로 초빙하도록 명하였다. 이는 주원장과 관련된 첫 번째 지방학교이다. 지정(至正) 20년에는 강남(江南)에 유학제거사(儒學提擧司)를 만들고 송렴(宋濂)을 유학제거로 임명하면서 "세자를 보내 경학을 배우게 했다(遣世子受經學)". 강남 유학제거사의 설립은 이미 당시에 지방학교가 많이 설립되었다는 것을 보여준다. 지정(至正) 24년(1364)에 주원장(朱元璋)은 금릉(金陵)에

---

10) 『敕制重建孔子廟碑』([明] 孝宗. 비석은 현 곡부 공자문묘에 있다. "定為六經, 以垂法後世. 自是凡有天下之君, 遵之則治, 違之則否. 蓋有不能者, 真萬世帝王之師也."

1-8-4 안휘성(安徽省) 곽구문묘(霍邱文廟). 명 홍무(洪武) 5년(1372)에 건립되었다.

서 오왕(吳王)으로 자처하면서, 백관의 관직을 만들었는데, 첨동(詹同)·오동(吳彤)을 박사로 삼고 위관(魏觀)·오림(吳琳)을 국자조교(國子助敎)로 삼아, 궁중에서 왕과 귀족의 후손들을 교육시켰다. 이듬해 9월에는 원대(元代) 집경로로학을 국자학으로 변경시켜서 박사, 조교, 학정(學正), 학록, 전악(典樂), 전서(典書), 전선(典膳) 등의 관원을 두고 정식으로 교육을 실시했다.

건국 1년 전(1367) 주원장은 대장(大將) 등유(鄧愈) 등과 대화하면서, 이미 교육을 치국(治國)의 가장 중요한 임무 두 가지 중 하나로 결정했다. 그리고 다음과 같이 말했다. "세상을 다스릴 때 마땅히 그 중요하고 급한 것은 먼저 해야 하고, 그리 중요하지 않거나 급하지 않은 것은 나중에 해도 된다. 이제 천하가 곧 평정되면 가장 급한 것은 먹고 입는 것, 중요한 것은 교화이다. 의식(衣食)이 공급되면 민생이 이루어지고, 교화가 행해지면 풍속이 아름다워진다. 의식이 풍족한 것은 농업에 달려 있고, 교화가 밝아지는 것은 학교를 세우는 것에 달려 있다. 학교가 발전하면 군자는 덕에 힘쓰게 되고, 농업이 발전하면 소인은 근본에 힘쓰게 된다. 이렇게 하여 나라를 다스리면 힘쓰지 않아도 정치가 발전하게 될 것이다."[11] 주원장은 나라를 다스리는 이치를 간파하여, 건국 전 대책을 확정하고 학교 교육의 목적을 표명했다.

하지만 건국 후 처리해야 할 일들이 산적해 있었기 때문인지 주원장은 곧바로 교육을 크게

---

11) 『明太祖寶訓』 권1. "治天下當先其重且急者, 而後及其輕且緩者. 今天下初定, 所急者衣食, 所重者教化. 衣食給而民生遂, 教化行而習俗美. 足衣食在於勸農桑, 明教化在於興學校. 學校興則君子務德, 農桑舉則小人務本. 如是而治, 則不勞而政舉矣."

1-8-5 순천부학문묘(順天府學文廟) 반지. 명 홍무(洪武)에 세워졌으며, 현재 북경 동성부학(東城府學) 골목에 위치한다.

일으킬 수는 없었다. 홍무(洪武) 원년(1368)에 칼을 찬 사인(舍人) 주종(周宗)은 주원장에게 주, 부·현에 각급 학교를 세우고 학관을 두어 "공경대부부터 서민 자제들까지 모두 교육시키자(自公卿大夫至於庶人子弟皆教養之)"라고 건의했지만, 그의 제안은 주원장에게 받아들여지지 않았다. 이듬해 10월이 되어서야 "전국 군현에 학교를 세우라는 조서(詔書)를 내렸다(詔天下郡縣立學)". 조서(詔書)에서 주원장은 "짐은 항상 치국에서 가장 우선하는 것이 교화이고, 교화에서 가장 근본이 되는 것이 학교라고 말해왔다"12)라고 밝혔다. 이처럼 교육의 발전을 치국의 제1순위로 삼았다. 교육 발전의 목적은 그가 홍무(洪武) 17년(1384)에 요동도(遼東都) 지휘사사(指揮使司)에 유학 설립을 명한 후 예부 관원과 나눈 대화에서 알 수 있다. "성인의 가르침은 하늘과 같은데, 하늘에서 비, 바람, 서리, 이슬이 내려서 베풀어지지 않는 곳이 없듯이 성인의 가르침 역시 행해지지 않는 곳이 없다."13) "어떤 사람들은 변경에는 학교를 세울 필요가 없다(或言邊境不必建學)"라고 하지만, "무신 자제들은 변경에 오래 머물러 예교를 제대로 배우지 못하면,

12) 『明太祖實錄』 권46. "朕恒謂治國之要, 敎化爲先; 敎化之要, 學校爲本."
13) 『明太祖實錄』 권168. "夫聖人之敎猶天也, 天有風雨霜露, 無所不施, 聖人之敎, 亦無往不行."

점차 그 성품이 나빠질 수 있다. 이제 그들이 시서를 읽게 하고 예의를 익히면, 인재로 기를 수 있을 뿐만 아니라 훗날에도 쓸모가 있을 것이다".[14] 학교를 세움으로써 교육받은 이들을 인재로 양성하고 유가 경서에 능통하며 예의를 체득하게 하여, 국가의 쓰임이 되도록 하고자 했던 것이다. 황제는 나라를 다스릴 수 있는 인재를 기르는 것을 교육 방침으로 하여 학교에서 양성된 인재는 민생 안정이라는 중요한 임무를 담당하도록 했다. "조정에서 중시하는 것은 백성을 안정시키는 것이다. 백성이 복을 받지 못하면 목수(牧守)의 탓이고, 목수의 탓은 또한 학교 교육의 탓이다"[15]라는 명 인종(仁宗)의 이러한 언급은 국가가 교육에 얼마나 큰 기대를 걸고 있었는지를 분명하게 보여준다.

명대 관원들도 교육의 중요성을 잘 알고 있었다. "학교를 설립함으로써 인재를 기르고, 이치를 탐구하고 마음을 바로 하여, 실효를 거두게 될 것이다",[16] "학교는 풍속 교화의 근원지이며 인재를 배출시키는 곳으로, 그 요체는 경서의 뜻을 밝히고 실천에 응용하는 데 있다",[17] "학교에서 자제들을 모아 그들을 교육시킴으로써 기질을 바꾸고 예의를 몸에 익히며, 마음을 가다듬고 도리로 나아가게 한다. 강한 자들은 부드럽게, 그릇된 자들은 올바르게, 우둔한 자들은 영민하게, 어두운 자들은 밝게, 어리석은 자들은 통달하게 한다. 집에서는 부모에게 효도하고 형에게 공손하고, 밖에서는 충정을 다하고 신의를 지키게 되니, 어찌 교육으로부터 연유함이 아니겠는가."[18] 학교는 국가를 다스리는 인재를 양성하는 역할뿐만 아니라, 사회 풍속을 바꾸고 개선하는 역할도 맡고 있었던 것이다.

학교가 이처럼 중요한 임무를 담당하고 있었기 때문에, 명대 학교 교육은 매우 중시되었다. 교육을 주관하는 관원뿐만 아니라 지방 각급 정부 관원들도 학교를 관리하고 인재를 추천하는 책임을 맡고 있었다. 명대의 규정에 따르면, 부·주·현의 정관(正官)은 매월 음력 초하루와 보름날에 반드시 학교에 가서 학생들의 성적을 점검해야 했다. 명 초, 학교에서는 각급 지방 정부 관원이 책임을 지고, 순안어사(巡按御史)와 안찰사(按察使)가 감독을 했다. 정통 원년(1436)에는 학교를 전문적으로 관리하는 독학(督學)을, 남직례(南直隷)와 북직례(北直隷)에 감찰어사

---

14) "武臣子弟久居邊境, 鮮聞禮教, 恐漸移其性. 今使之誦詩書, 習禮儀, 非但可以造就其材, 他日亦可資用."

15) 『明仁宗實錄』 권3 해[永樂22년10월]. "朝廷所重, 安百姓, 而百姓不得蒙福者, 率由牧守非人, 牧守非人, 率由學校失教."

16) 『明太祖實錄』 권146 「禦史趙仁奏文[홍무 15년 7월]. "學校之設, 本以作養人才, 窮理正心, 俾有實效."

17) 洪熙元年閏七月, 『明宣宗實錄』 권6 「範濟建言」[홍희 원년 윤7월]. "夫學校風化之源, 人才之所自出, 其要在明經致用."

18) 『清江貝先生文集』 「學校論」(貝瓊). "學校合子弟而教之, 折其氣而約於禮, 收其心而進於道, 剛者矯而巽, 邪者正而中, 鈍者攻而銳, 昏者發而明, 愚者變而通. 入焉有孝悌之行, 出焉有忠信之言, 豈非由於教而然邪."

1-8-6 광서공성문묘(廣西恭城文廟). 명 영락(永樂) 8년(1410)에 건립되었다.

를 두었고, 나머지 각 성에는 제독학정(提督學政)을 두었다. 절강성(浙江省)에서 안찰사부사(按察使副使)가 담당했던 것 외에 대부분 지역에서는 안찰사첨사(按察使僉事)가 맡았다. 제독학교(提督學校) 관원들은 주로 학교를 감독하는 역할을 맡았고, 안찰사 관원이 이를 담당했다. 그러나 관원 중에 좋은 관원과 나쁜 관원이 섞여 있다는 이유로 14년 후에 폐지되었지만, 교육에서는 관리가 계속해서 필요했으므로 12년 후 다시 회복되었다. 성이라는 단위는 매우 커서 제독학사 혼자서 관리하기는 매우 어려웠기 때문에 정덕(正德) 10년(1515)에는 각 도의 순관(巡官)이 겸하여 관리하도록 명했다. 국가는 제독학교관을 매우 중시해서 정통 원년, 천순 6년(1462), 만력(萬曆) 3년(1575)에 특별히 칙어(勅語)를 반포하여, 제독학교관의 직책과 권한을 상세히 규정했다. 천순 6년에는 제독학교관은 학교 업무만을 처리하고 법률에 관해서는 관여하지 않으며 포정사(布政司), 안찰사, 순안감찰어사(巡按監察御使)가 제독학교관의 직권에 침범하지 못하도록 규정했다. 제독학교관을 두어서 학교에 대한 관리를 강화시켰고, 이로써 유학 교육은 더욱 발전할 수 있었다.

유학교육이 발전하면서 공자문묘도 발전하게 되었다. 명대 각급 유학19)마다 공자문묘가

---

19) (옮긴이) 유학(儒學)은 원·명·청대에 府, 州, 縣에 설치된 생원들이 공부하던 학교.

홍무 연간 설립된 유학·문묘 현황표[20]

(단위: 채)

연도	신축	중건[21]	중수[22]	합계
홍무 원년	4	6	3	13
홍무 2년	19	36	4	59
홍무 3년	68	102	7	177
홍무 4년	21	28	9	58
홍무 5년	19	28	2	49
홍무 6년	12	16	3	31
홍무 7년	16	33	3	52
홍무 8년	14	28	3	45
홍무 9년	4	12	2	18
홍무 10년	5	5		10
홍무 11년	4	8		12
홍무 12년	1	3		4
홍무 13년	4	7	2	13
홍무 14년	12	18	1	31
홍무 15년	5	15	2	22
홍무 16년	6	3	2	11
홍무 17년	4	5		9
홍무 18년	7	5	1	13
홍무 19년	2	2		4
홍무 20년		2		2
홍무 21년	1			1
홍무 22년	2	2	1	5
홍무 23년	2	1		3
홍무 24년	2	2		4
홍무 25년	2	1		3
홍무 26년		2	1	3
홍무 27년	3	7		10
홍무 28년	3	2	1	6
홍무 29년	4	2		6
홍무 30년	2	1		3
홍무 31년		1		1
홍무 초기	39	156	10	205
홍무 중기	17	107	24	148
홍무 말기		2		2
합계	304	648	81	1033

있었기 때문에, 명대 학교 발전사가 바로 공자문묘 발전사가 되는 것이다.

학교와 공자문묘 발전의 절정기는 바로 명 태조 연간이었다. 홍무(洪武) 2년(1369) 10월 주원장(朱元璋)은 두 번 연달아 군현에 학교 설립을 명하였다. 11월 18일에 예부에서 의정(議定)한 『황명입학설과분교격식(皇明立學設科分教格式)』을 전국적으로 반포하여 "각 부·주·현에서는 홍무 3년 정월에 학교를 설립한다"라고 명시했다(各府州縣於洪武三年正月為始開學). 홍무 2년 11월 격문이 반포된 후 각급 지방 행정장관은 잇달아 학교를 설립했고, 7년간 각급 학교 471개를 중건하고 복구했다. 『대명일통지(大明一統志)』에 따르면, 홍무(洪武) 연간에 유학 304개를 신축했고, 648개를 중건하였으며, 81개를 보수했다. 홍무(洪武) 말년까지 전국적으로 각급 유학 1033개가 설립되었다.

홍무제 사망 이후 연왕(燕王) 주체(朱棣, 1360~1424)가 군대를 동원하여 조카 주윤문(朱允炆, 1377~1402?)에게서 황제의 자리를 찬탈하는 사건이 일어나자 사회는 얼마간 뒤숭숭해졌지만 금세 안정을 되찾았다. 영락(永樂)과 정통(正統) 연간을 거치면서 더욱 활성화되기 시작해서 천순(天順) 5년(1461) 『대명일통지(大明一統志)』를 완성하였을 무렵에는 중앙에서 지방까지 각종 학

---

20) 이 표는 『中國教育制度通史』 4권(李國鈞, 王炳照)에서 발췌했다.
21) 중건(重建)은 명 이전에 이 지역에 있었지만 없어진 학교와 공자문묘를 짓는 일이다.
22) 중수(重修)는 명 이전에 세워진 학교와 공자문묘를 수리하거나 보수하는 일이다.

1-8-7 명 정통 원년(1436)에 설립된 천진부학문묘(天津府學文廟).

교가 1400개나 설립되었다. 그중에는 남경과 북경의 국자감(國子監) 두 개, 부학(府學) 133개, 직례주학(直隷州學) 21개, 주학(州學) 132개, 현학(縣學) 1045개, 선위사학(宣慰司學) 두 개, 선무사학(宣撫司學) 세 개, 장관사학(長官司學) 한 개, 염운사학(鹽運司學) 한 개, 도사학(都司學)[23] 두 개, 행도사학(行都司學) 두 개, 지휘사학(指揮司學) 세 개, 위학(衛學) 다섯 개, 천호소학(千戶所學) 두 개도 있었다. 이 당시 전국에는 부(府) 145개, 직례주(直隷州) 34개, 주(州) 191개, 현(縣) 1091개, 선위사(宣慰司) 일곱 개, 선무사(宣撫司) 여덟 개, 안무사(安撫司) 15개, 장관사(長官司) 159개, 만이부(蠻夷府) 두 개, 어이주(禦夷州) 네 개가 있었다. 사천성, 호광성[湖南·湖北], 광서성, 운남성, 귀주성과 같은 소수민족의 행성(行省)[24]을 제외한 다른 행성에는 두 개 주와 일곱 개 현에만 학교가 설립되었다. 그중 두 개 주는 산동성의 요동도지휘사(遼東都指揮使)[25]가 관

------

23) (옮긴이) 도사(都司)는 명대에 각 지역의 군사문제를 담당하던 관직이다. 도사는 도지휘사사(都指揮使司)의 약칭으로, 명대 초기에 항주(杭州), 강서(江西), 연산(燕山), 청주(青州)의 4위(衛)를 도지휘사사로 승격하면서 생겨났다. 명 태조 주원장은 봉건 전제주의 중앙집권을 강화하면서 중앙과 지방의 통치 기구를 전반적으로 조정했다. 지방에서는 중서성(中書省)을 승선포정사사(承宣布政使司)로 개정하고 행성(行省) 제도를 폐지하였고, 승선포정사사(약칭 포정사), 제형안찰사사(提刑按察使司, 약칭 안찰사), 도지휘사사(都指揮使司, 약칭 도사)를 개정하여 하나의 성의 행정, 사법, 군사로 나누어 관리했으며 이 세 가지를 삼사(三司)라 통칭했다. 삼사는 서로 통속하지 않으며 각각 중앙 정부와 직접 관계를 맺었다. 도지휘사사는 관할 지역 내의 위소 및 군사와 관련된 각종 업무를 담당했는데, 이는 지역의 최고위 군사 기구로 중앙의 오군도독부(五軍都督府)에 속해 있으면서 동시에 병부에서 직접 임무를 하달하기도 했다.

24) (옮긴이) 본문에는 행성(行省)으로 표기되어 있다. 행성은 행중서성(行中書省)의 준말로, 원나라 때 지방 통치 기관을 일컫는 말이었다. 오늘날 중국의 지방 행정 구역인 성(省)의 기원이 되는 용어이다.

25) (옮긴이) 요동도지휘사사는 명나라 요동지역에 설립된 군정기구이다. 편제로는 승선포정사사(承宣布政使司)에 속해 있다. 명대 홍무 4년(1371)에 요동에 정료도위(定遼都衛)를 설치했고, 6년(1373) 6월에 요양부

명대 각 왕조별 유학문묘 설립 현황[26]

황제	부학			주학			현학			기타		합계	신설 지역	신설 학교
	신축	중건	중수	신축	중건	중수	신건	중건	중수	신건	중건			
홍무	16	62	10	44	70	16	229	513	55	15	3	1033		
건문		1			1		4	2		1		9		
영락	11	5	3	4	4	2	6	34	15	2		86		
홍희				1				1	1	1		4		
선덕		4	1				4	5	5	8		27	4	
정통	2	5	1	2	2	4	1	18	19	28	1	83	1	
경태		1		2	2		6	6	6	3		26	8	2
천순														
성화	2	1					14	4				21	32	7
홍치			1				5	5				11	9	5
정덕							7	7				14	10	6
가정	3			5			9	7		3		27	19	9
융경	1			2			7					10	5	4
만력							9					9	10	9
태창														
천계														
숭정													4	
명(明)	2	3	1	3	8		26	43	2			88		
명대 이전	7			5			27				3	42		
미상	3			1			9					13		
합계	47	82	16	70	87	22	363	645	103	64	4	1503	102	42
		145			179			1111		68				

1. 기타는 선위사학(宣慰司學), 선무사학(宣撫司學), 장관사학(長官司學), 염운사학(鹽運司學), 도사학(都司學), 행도사학(行都司學), 지휘사학(指揮司學), 위학(衛學), 천호소학(千戸所學)을 가리킨다.
2. '명(明)'은 명대에 세워지기는 했으나 설립연도가 불확실한 학교를 가리킨다.
3. '미상(未詳)'은 수립 시기가 확실하게 기록되어 있지 않은 학교를 가리킨다.
4. '원건(原建)'은 명 이전에 건축되었지만 명대에도 계속 사용되었던 학교를 가리킨다.
5. 통계수치가 서로 중복되지는 않는다.

(遼陽府)와 현(縣)을 설치했다. 8년(1375)에 정료도위(定遼都衛)를 요동도사(遼東都司)로 개칭하였고 치소(治所)는 정료(定遼)에 위(衛)[현재 요녕성(遼寧省) 요양시(遼陽市)]를 설치했는데, 관할 구역은 현재 요녕성의 대부분에 달한다. 10년(1377) 부와 현은 모두 폐지되었고 위소(衛所)만이 남았다. 명 영종(英宗) 정통 연간 후에 몽고의 올량합족(兀良哈族)이 남하하면서 명나라는 점점 요하(遼河)의 하투(河套) 지역(현재 요하의 중간 양안 지역)을 상실했다. 명 희종(熹宗) 천계(天啓) 원년(1621)부터 사종(思宗) 숭정(崇禎) 15년(1642)까지, 요동(遼東)의 전 지역이 누르하치(努爾哈赤)와 황태극(皇太極) 부자가 통치하게 되면서 후금(後金, 즉 청(清)]에 의해 겸병되었다.

할하는 지역에 속해 있었고, 일곱 개 현은 대부분 부학이나 주학 내에 부설되었기 때문이었다. 명대의 모든 학교는 반드시 공자문묘를 세워야 했는데 이 시기 전국에 이미 1400여 개의 공자문묘가 있었던 것도 이런 이유에서였다.

천순 연간 이후 학교·공자문묘의 숫자는 완만한 속도로 증가하기 시작했다. 주로 신개발지역이나 소수민족지구, 혹은 군사지역에 학교와 공자문묘가 새로 지어졌다.

명대 공자문묘의 가장 큰 특징은 군대학교의 공자문묘, 소수민족자치구에서의 소위 토관(土官)학교의 공자문묘와 전문 기구 학교의 공자문묘가 출현했다는 점이다.

『명사·직관지사(職官志四)』에 따르면, 군대가 학교와 문묘를 설립한 것은 홍무 17년(1384)에 시작되었다. "도사유학(都司儒學)의 경우 홍무 17년 요동 지역에, 행도사유학(行都司儒學)은 홍무 23년 북평(北平)에 최초로 설립되었다. 위유학(衛儒學)은 홍무17년 민주(岷州)·태녕(大寧) 등의 위(衛)[27]에 세우기 시작했다."[28] 『명태조실록(明太祖實錄)』에도 이와 비슷한 내용이 기재되어 있다. 그러나 『대명일통지』에는 이와 달리 홍무 7년에 섬서도사(陝西都司)에 속한 하주위학(河州衛學)이, 홍무 8년에는 요동도사(遼東都司)에 속한 해주위학(海州衛學)이, 홍무 14년에는 요동도사학(遼東都司學)이, 홍무 16년에는 요동도사에 속한 개주위학(蓋州衛學)과 호광(湖廣) 지역에 속한 시주위학(施州衛學)이 설립되었다는 기록이 나온다. 이 기록에 따르면 이 다섯 개의 군대유학은 모두 『명사』와 『명태조실록』의 기록보다 일찍 등장했는데, 왜 이러한 상황이 발생했을까? 『대명일통지』와 『명태조실록』·『명사』 중 어느 쪽이 잘못된 기록일까?

『명사』·『태조실록』과 『대명일통지』의 내용이 불일치하게 된 이유는 다음과 같다. 『명사』·『명태조실록』에는 국가가 정식으로 설립을 명했던 때가 기록되어 있고, 『대명일통지』에는 군대 학교 설립 이전부터 존재했던 주현 학교의 설립 시기로 잡거나 학교가 실제로 설립된 시기를 기록하고 있기 때문이다.

해주위학, 시주위학의 설립 시기가 위(衛)의 설치 시기보다 빠른 것도 이전에 있었던 주학의 설립 시기까지 거슬러 올라가 학교의 역사로 간주했기 때문이다. 해주에는 홍무10년에 위가 설치되었는데, 그전에는 '해주'였기 때문에 당연히 홍무 8년에 주학이 세워졌던 것으로 추정된다. 그래서 『대명일통지』에는 해주위학이 "홍무8년에 세워졌다(洪武八年建)"라고 나와 있는 것이다. 홍무 9년 철주(撤州)는 위(衛)로 변경되었지만, 철주가 위로 바뀔 때 이에 따라 주학을

---

26) 이 표는 『中國敎育制度通史』 4권(李國鈞, 王炳照)에서 발췌하였다.

27) (옮긴이) '위(衛)'는 명나라 때 행정구역을 편성하는 단위 중에 하나로서 주로 군대를 주둔한 지역에 '위'를 설치했다.

28) "又有都司儒學, 洪武十七年置遼東始. 行都司儒學, 洪武二十三年置北平始. 衛儒學, 洪武十七年置岷州, 大寧等衛始."

위학으로 바꾸지 않았다. 『명태조실록』에 따르면, 홍무28년 4월에 비로소 금주(金州), 복주(複州), 해주, 개주 유학을 위학(衛學)으로 바꾸었다. 시주위(施州衛) 군민지휘사사(軍民指揮使司)는 홍무 23년에 설치되었는데, 『대명일통지』에 나오는 "시주위학은 위 소재지 동북삼리에 있는데, 이는 홍무 16년에 세웠다"[29]라는 표현도 위학의 설립 시기를 주학으로 있었던 시기까지 거슬러 올라간 것이다. 시주위치소(施州衛治所)는 원대(元代)에는 시주의 주치(州治)였다. 명 홍무 23년 주를 없애고 대신 위를 설치했기 때문에 홍무 16년에는 당연히 시주에 주학이 세워졌고 주가 위로 변경된 이후에 위학으로 개칭되었다. 『대명일통지』에는 위학의 역사를 주학이었을 때부터 기록하고 있다.

하주위학(河州衛學)·요동도사학(遼東都司學)과 개주위학(蓋州衛學)은 국가가 학교 설립을 승인하기 이전에 자체적으로 세운 것이다. 하주는 명 홍무 초년에는 위를, 5년에는 하주부(河州府)를 설치하였고, 영하현(寧河縣)을 관할하였으며, 7년에는 섬서행도사(陝西行都司)를, 10년에는 하주좌우이위(河州左右二衛)를 설치했다. 12년에는 행도사(行都司)와 하주부(河州府) 및 영하현(寧河縣)을 폐지했고 하주좌위(河州左衛)를 조주(洮州)에 편입시켰으며 우위(右衛)를 하주위 군민지휘사사(軍民指揮使司)로 개칭하였다. 『대명일통지』에는 "하주위학은 위치(衛治)의 서북쪽에 있었는데, 원나라 때는 주학이었다가 명대 홍무 7년에 위학으로 바뀌었다"[30]라고 기록되어 있다. 하주위학은 원래 원대에는 하주주학이었다가, 홍무초년에 하주위를 설치하고 7년에 섬서행도사(陝西行都司)를 설치한 후에 주학을 위학으로 바꾸었던 것 같다. 개주위는 원대에 개주였다가 홍무 9년에 주가 위로 바뀌었다. 『대명일통지』에서 개주위학은 "홍무 16년에 만들어졌다"라고 하는 것을 보면 위를 바꾸고 머지않아 위학을 설립했던 것 같다. 요동도사의 전신은 홍무 4년에 설치한 정료도위(定遼都衛)였고, 8년에 요동도지휘사사로 바뀌었다. 10년에는 요동주현을 모두 없애고 하나도 빠짐없이 위로 바꾸라는 명령이 있었다. 『대명일통지』에는 요동의 "도사학은 사치(司治)의 동남쪽에 있고 홍무 14년에 세워졌으며, 정통 11년에 수리하였고 경태 5년에 중수하였다"[31]라는 기록이 있는 데 반해, 『명사·직관지』와 『명태조실록』에는 모두 홍무 17년에 세워졌다고 기록되어 있다. 홍무 17년 이전에 설립한 군대학교가 있는 지역에는 원대에 모두 지방정부가 주둔하고 있었고, 요동도사치소(遼東都司治所)는 원래 원대 요양로(遼陽路)와 동녕부치소(東寧府治所)였다. 홍무 2년에 지방학교 설립을 명했을 때 문화 교육에 열정을 가지고 있던 장교(將校)와 지방관원이 원래의 학교를 복구하였을 가능성이

29) "施州衛學, 在衛治東北三裏, 洪武十六年置."
30) "河州衛學, 在衛治西北, 元建爲州學, 本朝洪武七年改爲衛學."
31) "都司學, 在司治東南, 洪武十四年建, 正統十一年修, 景泰五年重修."

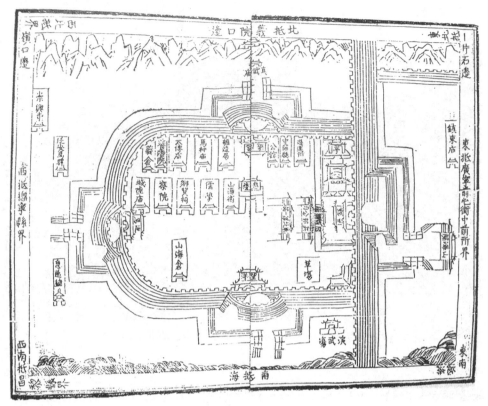

1-8-8 산해관(山海關) 평면도. 유학은 관성(關城)의 중심에 자리 잡고 있다.

크다. 때문에 이들 지역에서는 당시(홍무 17년) 황제가 학교 설립을 승인하기 이전에 이미 학교 설립을 추진했을 것이다. 군대가 학교를 설립하는 문제는 황제가 충동적으로 결정한 것이 아니었고, 신하들이 먼저 건의한 이후 황제가 여러 의견을 종합하여 결정한 것이었다.

『대명일통지』는 정보를 상세하게 기록하고 있는 데다가 관련 자료를 다 해당 지역에서 제공하였기 때문에 믿을 만하다. 그러나 학교의 설립은 관원이 직접 결정한 것이었지 국가에서 지시를 내린 것은 아니었다. 『명태조실록』과 『명사·직관지』는 국가가 명한 시기, 즉 국가 정책이 발표된 시기를 기준으로 기록하고 있다.

군대학교는 홍무 연간에 세워지기 시작했는데 대략 19개 정도였다. 건문(建文)·영락(永樂) 때 침체기를 거쳐(영락 연간에는 겨우 한 개가 세워졌을 뿐이다), 홍희(洪熙) 원년(1425)부터 크게 늘어나기 시작해 경태(景泰) 3년(1452)까지의 28년간 대략 50개가 신설되었다. 성화(成化) 연간은 14개가 세워졌다는 기록이 있지만 그중 여덟 개는 산서행도사가 중건한 것이었다. 이 여덟 개 위(衛) 중 홍무 4년에 설치된 천성위(天成衛)를 제외하면 나머지 일곱 개는 모두 홍무 25

1-8-9 천진부학문묘(天津府學文廟) 예문(禮門). 전신은 바로 천진위학문묘이다.

년과 26년에 설치된 것이다. 학교는 모두 홍무 연간에 설립되었을 가능성이 높은데, 성화 12
년(1476)이 되어서야 중건할 수 있었다. 위학의 마지막 발전기는 정덕 5년(1510)부터 가정 28
년(1549)까지였고, 40년 동안 13개가 신축되었다.

『명사·지리지』에 따르면, 전국에는 모두 도사 16개, 행도사 다섯 개, 유수사 두 개, 위 493
개, 천호소 2908개가 있었고, 요동도사, 만전도사를 제외하면 다른 14개 도사에는 설립된 학교
가 없었다. 섬서행도사 이외에 다른 네 개의 행도사도 학교를 설립하지 않았다. 493개의 위에
는 96개의 학교가, 2908개의 천호소에는 여섯 개의 학교가 설립되었다. 설립 상황으로 보면,
군대학교는 주로 위에 설립되었는데, 이러한 학교를 설치한 위는 주로 국경지대와 해안지역에
집중되어 있었고 내륙지역에 있는 위(衛) 중에서는 극히 일부에서만 학교가 설립되었다.

기록된 군대학교는 모두 105개이며, 군대학교와 지방유학 모두 어떤 것은 유학으로 어떤
것은 묘학으로 불렸지만 동일하게 공자문묘는 없었다. 양주위(涼州衛) 위학은 유학으로 불렸
는데, 현존하는 무위문묘(武威文廟)는 바로 위학의 공자문묘고 지금까지도 대성전의 도리[桁]
아래에는 여전히 '대명정통(大明正統)', '삼년조건(三年肇建)'이라는 글씨가 남아 있다. 양주위학
(涼州衛學)은 『명실록』에 따르면 정통 원년 5월에 세워졌다. 문묘 안에 남아 있는『양주위학학
기』에는 정통 2년에 시공했다고 기록되어 있고 대성전의 현판 글씨는 정통 3년에 쓴 것으로

명대 군대 유학 일람표[32]

도 사 (都司)	행도사 (行都司)	학교[32]	시공(施工) 시기	내용	비고
운남 (雲南)		경동위(景東衛)	정통(正統) 7년(1442)	위성(衛城) 태안문(泰安門) 내에 위치.	『실록』에는 정통 11년 4월로 기 록.
		금치위군민지도사사(金 齒衛軍民指揮使司)	정통 1년(1436)	정통 9년에 옮김.	
		동고위(銅鼓衛)	정통 11년 12월(1446)		『실록』을 토대로 보충.
		등충위군민지휘사사(騰 沖衛軍民指揮使司)	성화(成化) 21년 2월 (1485)		『실록』을 토대로 보충.
		평이위(平夷衛)	정덕(正德) 12년 8월 (1517)		『실록』을 토대로 보충.
귀주 (貴州)		보정위군민지휘사사(普 定衛軍民指揮使司)	선덕(宣德) 8년(1433)	위성(衛城): 衛의 정부 소재지 도시내 서쪽에 위치.	『실록』에는 홍무 27년 1월로 기록.
		신첨위군민지휘사사(新 添衛軍民指揮使司)	정통 9년(1444)	위치(衛治): 衛의 정부 소재 지) 서쪽에 위치.	위와 같음.
		평월위군민지휘사사(平 越衛軍民指揮使司)	정통 8년(1443)	위치(衛治) 동쪽에 위치.	위와 같음.
		용·리위군민지휘사사(龍 裏衛軍民指揮使司)	정통 1년(1436)	위치(衛治) 동쪽에 위치.	위와 같음.
		필절위(畢節衛)	정통 3년(1438)	위치(衛治) 동쪽에 위치.	『실록』에는 기록이 없음.
		위청위(威淸衛)	선덕 8년(1433)	위치(衛治) 동쪽에 위치.	『실록』에는 기록이 없음.
		안장위(安莊衛)	홍희 1년(1425)	위치(衛治) 북쪽에 위치.	『실록』에는 기록이 없음. 1000 호를 관할.
		청평위(淸平衛)	선덕 7년(1432)	위치(衛治) 북쪽에 위치.	『실록』에는 기록이 없음. 장관사 (長官司) 두 개가 존재했음.
		평패위(平壩衛)	선덕 8년(1433)	위성(衛城) 내 서쪽에 위치.	
		도균위군민지휘사사(都 勻衛軍民指揮使司)	홍무 28년 9월(1395)		『실록』을 토대로 보충. 1493년 에 부(府)로 고침.
		오살위(烏撒衛)	정통 8년(1443)	위치(衛治) 서쪽에 위치.	
		적수위(赤水衛)	정통 5년(1440)	위치(衛治) 서북쪽에 위치.	
		안남위(安南衛)	가정 18년(1539)		『대청일통지』를 토대로 보충.
		부용위(敷勇衛)	숭정 2년(1629)		위와 같음.
		흥륭위(興隆衛)	『대청일통지』에 기록.		1681년 황평주학(黃平州學)으 로 바뀌었고, 명대에 세워졌다.
		영녕위(永寧衛)	정통 8년(1443)		『대청일통지』를 토대로 보충.
복건 (福建)		평해위(平海衛)	정통 7년(1442)	위성(衛城) 내 위치.	흥화부(興化府)에 위치.
		진해위(鎭海衛)	가정 2년 6월(1523)		『실록』을 토대로 보충.
사천 (四川)	사천 (四川)	송반등처군민지휘사사 (松潘等處軍民指揮使司)	경태(景泰) 3년(1452)	사성(司城) 내 위치.	
		첩계수어군민천호소(疊 溪守禦軍民千戶所)	경태 3년(1452)	소치(所治: 所의 정부 소재 지)동쪽에 위치.	송번(松潘)에 속함.
		청천천호소(青川千戶所)	성화 22년(1486)		『실록』을 토대로 보충.
		건창위군민지휘사사(建 昌衛軍民指揮使司)	원대 설립, 홍무 19년 중건	사치(司治: 司의 정부 소재 지) 서남쪽에 위치.	사천 행도지휘사사(行都指揮使 司)에 속함.
		염정위군민지휘사사(鹽 井衛軍民指揮使司)	홍무 29년(1396)	위치(衛治)의 남쪽에 위치.	『실록』에는 홍무 28년 1월로 기록되어 있다.
		회천위군민지휘사사(會 川衛軍民指揮使司)	홍무 29년(1396)	위치(衛治)의 서북쪽에 위치.	

지역		위	설립 연도	위치	비고
호광 (湖廣)		영번위군민지휘사사(寧番衛軍民指揮使司)	홍무 28년(1395)	위치(衛治)의 동북쪽에 위치.	
		월휴위군민지휘사사(越巂衛軍民指揮使司)	홍무 28년(1395)	위치(衛治)의 북쪽에 위치.	
		영정위(永定衛)	정통 6년(1441)	위치(衛治)의 서남쪽에 위치. 악주(嶽州)에 있음.	
		구계위(九溪衛)	정통 9년(1444)	위치(衛治)의 서쪽에 위치.	『실록』에는 정통 1년 5월로 기록되어 있다.
		시주위군민지휘사사(施州衛軍民指揮使司)	홍무 16년(1383)	위치(衛治)의 동북쪽으로 3리 떨어진 곳에 위치.	
		평계위(平溪衛)	가정 1년 7월(1522)		『실록』을 토대로 보충.
		개태위(開泰衛)		『대청일통지』에 기록.	1727년 현학으로 바바뀌었으므로 명대에 세워진 것이다.
		편교위(偏橋衛)		위와 같음.	1687년 시병현학(施秉縣學)으로 바뀌었으므로, 명대에 세워진 것이 분명하다.
경사 (京師)		천진위(天津衛)	정통	천진(天津) 왼쪽, 위성(衛城) 동쪽에 위치.	
		산해위(山海衛)	정통 7년(1442)	위성(衛城) 내 서북쪽에 위치.	
		융경위(隆慶衛)	정통 6년 9월(1441)		『실록』을 토대로 보충.
		밀운후위지휘사사 (密雲後衛指揮使司)	성화 21년 4월(1485)		『실록』을 토대로 보충.
		연경위(延慶衛)		『대청일통지(大淸一統志)』에 기록.	위학(衛學)이 있었던 걸로 보아 명대에 세워진 것이 분명하다.
만전 (萬全)		만전도사(萬全都司)	선덕 7년(1432)	성 내 동남쪽에 위치.	
		개평위(開平衛)	정통 8년(1443)	위치(衛治) 동쪽에 위치.	
		만전우위(萬全右衛)	정덕 5년(1510) 5월		『실록』을 토대로 보충.
		보안위(保安衛)	정덕 5년(1510) 3월		『실록』을 토대로 보충.
	북평 (北平)	대녕위(大寧衛)	홍무 23년(1390) 9월		『실록』에 등위가 나타나지만, 실제로는 한 곳도 없다.
	남경 (南京)	진해태창위(鎮海太倉衛)	선덕 7년(1432)	태창성(太倉城) 내 위치.	『실록』에는 정통 1년 5월로 기록되어 있다.
		금산위(金山衛)	정통 7년(1442)	위 동북쪽 변경에 위치.	송강부(松江府)에 위치.
요동 (遼東)		요동도사(遼東都司)	홍무 14년(1381)	정통 11년, 경태 5년에 수리.	25위 2주.
		해주위(海州衛)	홍무 8년, 정통 4년 수리	위치(衛治) 서쪽에 위치.	『실록』에는 홍무28년 4월에 주학을 위학으로 고쳤다는 기록이 나온다.
		개주위(蓋州衛)	홍무 16년(1383)	위치(衛治) 남쪽에 위치.	
		복주위(複州衛)	홍무 18년(1385)	정통 1년에 위치(衛治) 동남쪽에서 서북쪽으로 옮김.	위와 같음.
		금주위(金州衛)	정통 1년(1436)	위치(衛治) 남쪽에 위치.	위와 같음.
		광녕위(廣寧衛)	홍무 27년 중건	정통 6년 오른편에 있던 위치(衛治)에서 가운데로 옮김.	위치(衛治) 북쪽.
		의주위(義州衛)	홍무 21년, 정통 8년에 중수.	위치(衛治) 남쪽에 위치.	『실록』에는 홍희(洪熙) 원년 6월로 기록.
		광녕중좌둔위(廣寧中左屯衛)	정통 1년(1436)	중돈(中屯) 위치(衛治) 서쪽에 위치.	
		광녕우둔위(廣寧右屯衛)	경태 3년(1452)	위치(衛治) 서북쪽에 위치.	『실록』에는 가정 14년 8월로 기록되어 있다.
		광녕전둔위(廣寧前屯衛)	정통 7년(1442)	위치(衛治) 서북쪽에 위치.	
		영원위(寧遠衛)	선덕 5년(1430)	경태 4년에 중건.	위치(衛治) 동쪽에 위치.

	침양중위(瀋陽中衛)	정통 1년(1436)에 오래되어서 지었다.	위치(衛治) 서북쪽에 위치.	『실록』에는 홍희(洪熙) 원년 6월로 기록되어 있다.
	철령위(鐵嶺衛)	정통 1년(1436)	위치(衛治) 동남쪽에 위치.	
	삼만위(三萬衛)	홍무 25년 오래된 토대 위에 영락(永樂) 4년 수리.	위치(衛治) 북쪽에 위치.	『실록』에는 홍희(洪熙) 원년 6월로 기록되어 있다.
산동 (山東)	오산위(鼇山衛)	정통 6년 10월(1441)		『실록』을 토대로 보충.
	대숭위(大嵩衛)	정통 6년 2월(1441)		『실록』을 토대로 보충.
	영산위(靈山衛)	정통 8년 5월(1443)		『실록』을 토대로 보충.
	덕주좌위(德州左衛)	가정 10년 10월(1531)		『실록』을 토대로 보충.
	덕주우위(德州右衛)	가정 10년 10월(1531)		『실록』을 토대로 보충.
섬서 (陝西)	성산위(成山衛)	선덕 초기		『대청일통지』를 토대로 보충.
	안동위(安東衛)		『대청일통지』에 기록되어 있다.	1742년에 위가 없어졌기 때문에 명대에 지어졌을 것이다.
	동관위(潼關衛)	정통 4년(1439)	위치(衛治) 동북쪽에 위치.	
	녕강위(寧羌衛)	정통 4년(1439)	위치(衛治) 서쪽에 위치.	
	녕하위(寧夏衛)	홍무 29년(1396) 초 영하중둔위 등이 되었다.		위학은 영락 3년에 영하등위학으로 바뀜. 『실록』에는 홍무 28년으로 나온다.
	녕하중위(寧夏中衛)	정통 4년(1439)	위성(衛城) 내 동북쪽에 위치.	
	녕하전위(寧夏前衛)	홍무 28년 2월(1395)		『실록』을 토대로 보충.
	녕하좌위(寧夏左衛)	홍무 28년 2월(1395)		『실록』을 토대로 보충.
	녕하후위(寧夏後衛)	가정 28년 10월(1549)		『실록』을 토대로 보충.
	조주위군민지휘사사(洮州衛軍民指揮使司)	영락 17년(1419)	위치(衛治) 서쪽에 위치.	『실록』에는 그해 5월로 나온다.
	민주위군민지휘사사(岷州衛軍民指揮使司)	홍무 17년(1384)	위치(衛治) 서쪽에 위치.	
	하주위군민지휘사사(河州衛軍民指揮使司)	원대에는 주학이었다가 홍무 7년에 바뀌었다.	위치(衛治) 동남쪽에 위치.	
	정로위군민지휘사사(靖虜衛軍民指揮使司)	정통	위성(衛城) 남쪽에 위치.	
	문현수어군민천호소(文縣守禦軍民千戶所)	홍무. 실록에는 정통 2년으로 기록되어 있다.	소치(所治) 서남쪽에 위치.	
	유림위(榆林衛)	성화 8년(1472)		『대청일통지』를 토대로 보충.
	영주소(靈州所)	정덕 13년(1518)		『대청일통지』를 토대로 보충.
	섬서행도사(陝西行都司)	홍무 28년, 정통 12년에 수리.	도사성(都司城) 내 동북쪽에 위치	
	산단위(山丹衛)	정통 5년(1440)	위치(衛治) 동남쪽에 위치.	
	양주위(涼州衛)	정통 2년(1437)	위치(衛治) 동남쪽에 위치.	
	영창위(永昌衛)	정통	위치(衛治) 동북쪽에 위치.	
	서녕위(西寧衛)	선덕 2년(1427)	위치(衛治) 동쪽에 위치.	『감숙통지(甘肅通志)』에는 선덕 3년으로 나온다.
	숙주위(肅州衛)	성화 3년(1467)		『대청일통지』를 토대로 보충.
	진번위(鎮番衛)	성화 11년(1475)		위와 같음.
	장랑위(莊浪衛)		『대청일통지』에 기록되어 있다.	위학은 1680년에 이전하여 신축되었으며, 명대에 세워진 것으로 보인다.
하남 (河南)	영정위(永定衛)	정통 1년 5월(1436)		『실록』을 토대로 보충.
산서 (山西)	대동좌위(大同左衛)	성화 12년 5월(1476)	중건	『실록』을 토대로 보충.
	운천위(雲川衛)	성화 12년 5월(1476)	중건	『실록』을 토대로 보충.

대동우위(大同右衛)	성화 12년 5월(1476)	중건	『실록』을 토대로 보충.
옥림위(玉林衛)	성화 12년 5월(1476)	중건	『실록』을 토대로 보충.
천성위(天城衛)	성화 12년 5월(1476)	중건	『실록』을 토대로 보충.
진로위(鎮虜衛)	성화 12년 5월(1476)	중건	『실록』을 토대로 보충.
양화위(陽和衛)	성화 12년 5월(1476)	중건	『실록』을 토대로 보충.
고산위(高山衛)	성화 12년 5월(1476)	중건	『실록』을 토대로 보충.
위원위(威遠衛)	가정 7년 12월(1528)		『실록』을 토대로 보충.
평로위(平虜衛)	가정 9년 9월(1530)		『실록』을 토대로 보충.
영무소(寧武所)	가정		『대청일통지』를 토대로 보충.
편관소(偏關所)	홍치		위와 같음.

1-8-10 요녕성의 흥성문묘(興城文廟) 영성문. 흥성문묘(興城文廟)는 원래 영원위의 위학문묘였으며, 명 정덕 5년(1430)에 시공했다.

보아, 『명실록』의 기록은 건축을 명 받은 시기이지 결코 완공된 시점이 아니다. 반면『대명일통지』에는 대부분 실제로 완공된 시기가 기록되어 있는데, 이점이 바로 학교 건축 시기에 관해 두 책의 기록이 다른 중요한 원인 중 하나이다. 운남성 금치위위학(金齒衛衛學)은 묘학으로 불렸고, 현재까지도 정통 11년의 『금치신건묘학기비(金齒新建廟學記碑)』와 천순삼년의 『금치군민지휘사사묘학기비(金齒軍民指揮使司廟學記碑)』가 남아 있어서 위학에서도 공자문묘를 세웠다는 것을 알 수 있다.

소위 토관아문(土官衙門)은 소수민족지역의 관리 기구에 설치되었다. 명대 선위사(宣慰司),

_____

32) 『大明一統志』와 명대의 각 왕조실록을 토대로 하였다.

명대 토관유학 일람표[34]

성(省)	학교 설립주체[34]	『일통지(一統志)』에 기록된 시기	『명실록(明實錄)』에 기록된 시기	내용
운남 (雲南)	곡정군민부(曲靖軍民府)	영락 2년(1404)		부치 동남쪽에 위치. 4주2현.
	요안군민부(姚安軍民府)	영락 초기		군민부는 부성(府城) 남쪽에 위치. 1주 1현.
	학경군민부(鶴慶軍民府)	홍무 연간		군민부는 부성(府城) 남쪽에 위치. 2주.
	영창군민부(永昌軍民府)			정통 11년 완공. 『문물지도집(文物地圖集)』을 토대로 보충.
	검천주(劍川州)	홍무 연간		주치 서쪽에 위치.
	원강군민부(元江軍民府)	홍무 26년(1393)에 학교 설립	홍무 25년 11월	영락 7년(1409) 건축. 장관사 한 개.
	무정군민부(武定軍民府)		영락 10년 3월	『실록』에는 융경 2년 12월이라고도 나와 있음.
	심전군민부(尋甸軍民府)	기록 없음	영락 10년 3월	『실록』에는 홍치18년 정덕 12년이라고도 나와 있음.
	보산주(寶山州)	기록 없음	영락 16년 2월	여강군민부(麗江軍民府)에 속함.
	거택주(巨澤州)	기록 없음	영락 16년 2월	여강군민부(麗江軍民府)에 속함.
	통안주(通安州)	기록 없음	영락 16년 2월	여강군민부(麗江軍民府)에 속함.
	난주(蘭州)	기록 없음	영락 16년 2월	여강군민부(麗江軍民府)에 속함.
	나평주(羅平州)		만력 18년 8월	곡정군민부(曲靖軍民府)에 속함.
	영평현(永平縣)		가정 11년 9월	영창군민부(永昌軍民府)에 속함.
	보산현(保山縣)		가정 11년 9월	영창군민부(永昌軍民府)에 속함.
	첨익주(沾益州)		가정 28년 6월	곡정군민부(曲靖軍民府)에 속함.
	대요현(大姚縣)		가정 28년 6월	요안군민부(姚安軍民府)에 속함.
귀주 (貴州)	귀주선위사(貴州宣慰司)	원대	홍무 25년, 28년	명 홍무 26년에 이전하여 건축. 23개의 장관사를 관할.
	평랑장관사(平浪長官司)	기록 없음	홍무 28년 9월	종종 도균위군민지휘사사(都勻衛軍民指揮使司)에 속함.
	오라부(烏羅府)	기록 없음	영락 10년 3월	영락 11년에 부로 바뀐 후 오라장관사(烏羅長官司)로 변경.
	정번부(程番府)	기록 없음	성화 14년 4월	성화 12년 부 설치, 만력 14년 주 설치.
광서 (廣西)	사은군민부(思恩軍民府)	정통 12년(1437)	정통 12년 2월	부치(府治: 府의 정부 소재지) 남쪽에 위치.
사천 (四川)	유양선무사(酉陽宣撫司)	영락 6년(1408)	영락 6년 4월	사치 동쪽에 위치. 중경부(重慶府)에 속함.
	파주선위사(播州宣慰司)	영락 4년(1406)	홍무 28년 9월	건문 2년 파주장관사학(播州長官司學)으로 승격.
	영녕선무사(永寧宣撫司)	원대元至元年		장관사 한 개.
	구성장관사(九姓長官司)	홍무 4년(1371)	홍무 30년 2월	사치(司治) 남쪽에 위치. 영녕(永寧)에 속함.
	구주선무사(九州宣撫司)	송대 대중상부주학(大中祥符州學)이었다가 원대에 파괴됨.		홍무 31년(1398)에 중건.
	건창부(建昌府)		홍무 16년 11월	홍무 26년에 위군민지휘사사로 변경.
	오살군민부(烏撒軍民府)	기록 없음	영락 12년 1월	
	오몽군민부(烏蒙軍民府)	기록 없음	선덕 8년 3월	
호광 (湖廣)	사남주선위사(思南州宣慰司)	사남부학(思南府學), 영락 12년에 건축.	홍무 28년 9월	영락 11년에 부로 바뀌고 귀주성(귀주)에 부속.
	사주선위사(思州宣慰司)	사남부학(思南府學), 영락 6년에 건축.	영락 5년 5월	영락 연간에 부(府)로 바뀜.
	오채만이장관사(五寨蠻夷長官司)		천계 7년 12월	

1-8-11 봉황문묘(鳳凰文廟) 대성전. 봉황문묘(鳳凰文廟)는 명대에 오채만이장관사(五寨蠻夷長官司)³⁵⁾로 바뀌었고, 천계 7년 학교와 문묘가 세워졌다.

선무사(宣撫司), 안무사(安撫司), 초토사(招討司), 장관사(長官司), 만이장관사(蠻夷長官司)와 군민부(軍民府), 기미주(羈縻州), 기미현(羈縻縣) 등은 사천성, 운남성, 광서성, 귀주성과 호광성 지역의 다섯 개 포정사(布政司)에 설치되었다. 소수민족 자치치구에 설립된 유학은 홍무 25년(1392) 귀주성(貴州省)의 선위사(宣慰司)에 설립한 유학이 최초였고, 선무사유학(宣撫司儒學)은 영락 6년(1408)에, 사천성 중경위유양선무사(重慶衛酉陽宣撫)가 처음이었다. 장관사유학(長官司儒學)은 귀주성 평랑(平浪) 등과 같은 장관사를 시작으로, 홍무 28년부터 설립되었다. 명대에 토관유학 설립은 매우 일반적인 현상이었다. 『명사·직관지』에는 "그 후 선위, 안무 등의 토관에는 모두 유학을 설립하였다"³³⁾라는 기록이 있으며 실제 선위사·안무사 외에 일부 선무사·장관사와 많은 군민부(軍民府) 및 개별 토주, 토현도 유학을 건립하였다.

앞의 표를 보면 소수민족자치지구에서는 33개 학교가 설립되었는데, 그중에는 군민부에 설립된 학교 10개, 선위사 네 개, 선무사 세 개, 토주 여덟 개, 토현 세 개, 장관사 네 개, 개위 한 개가 있었다. 『명사·지리지』에 따르면, 전국에는 모두 기미부 19개, 기미주 47개, 기미현 여

33) "其後宣慰, 安撫等土官俱設儒學."

섯 개, 토관 선위사 11개, 선무사 10개, 안무사 22개, 초토사 한 개, 장관사 169개, 만이장관사 다섯 개가 있었다. 학교 설립 비율이 가장 높았던 곳은 기미부(군민부), 기미현(토현)이었고, 그 다음은 선위사와 선무사였다. 장관사는 가장 적게 설립되었으며, 안무사, 초토사는 아예 세워지지도 않았다.

토관학교에도 공자문묘가 세워졌다. 운남성 학경문묘(鶴慶文廟)는 원대에 시공했다는 말이 있었지만 문헌에는 명 홍무19년에 학경군민부(鶴慶軍民府)의 토동지(土同知) 고중(高仲)이 이전했다고 기록되어 있다. 『중국문물지도집(中國文物地圖集)』·운남분집(云南分集)』에는 영창군민부(永昌軍民府), 보산현(保山縣), 나평주(羅平州), 대요현문묘(大姚縣文廟)의 역사를 각각 명대 정통 11년, 가정 12년, 만력 19년, 가정 연간까지 거슬러 올라가서 기록하고 있다. 게다가 이들 학교의 문묘에는 지금까지도 대성전과 같은 건물이 남아 있어서 이를 통해 토관학교에도 다른 학교처럼 공자문묘가 있었다는 것을 알 수 있다.

전문 기구 학교로는 염관유학(鹽官儒學)과 원마사유학(苑馬司儒學) 두 종류가 있다. 최초의 염관유학은 도전운염사사(都轉運鹽使司)에 세워졌는데, 이는 염지(鹽池) 개발과 소금 운송을 책임지고 관리하는 가장 높은 기구였다. 염상(鹽商)의 자제들을 교육하기 위해 정통 5년(1440)즈음 하동염운사(河東鹽運司)에서는 최초로 염운사유학(鹽運司儒學)을 설립하였다. 『명영종실록』에 따르면 정통 5년 8월 무인일(戊寅日)에 "하동섬서도전운사유학(河東陝西都轉運司儒學)에 유학 선생을 한 명 파견했고",[36] 정통 7년 7월 계유일(癸酉日)에 "하동섬서도운전사유학에 유학 훈장을 한 명 파견했다"[37]라는 기록이 있는데, 유학 선생이 파견되었다면 학교는 분명 존재했을 것이다. 명대 도전운염사사(都轉運鹽使司)를 세운 여섯 곳은 각각 양회(兩淮), 양절(兩浙), 장노(長蘆), 하동(河東), 산동(山東)과 복건(福建) 지역이었고 섬서(陝西)는 이 중에 없었지만 『명영종실록』에는 하동섬서도전운사 유학이 설립된 기록이 있다. 그러나 『명세종실록』에는 가정 2년(1523) 5월에 하동도전운사가 유학을 신축하여 『사서대전』, 『오경대전』과 『성리대전』 각 한 부를 하사하였다는 기록으로 보아, 이 학교가 존재했던 기간은 매우 짧았을 것으로 추정된다.

기록에 남아 있는 염관유학으로는 장노염운사(長蘆鹽運司)와 영하소염지(寧夏小鹽池), 운남염

---

34) 『大明一統志』와 명대의 각 왕조실록을 토대로 하였다.

35) (옮긴이) 장관사는 각 왕조마다 서남 지역의 소수민족 거주 지역에 있는 토사에 설치된 관직으로 모두 武官 직책이었다. 오채(五寨)[혹은 동(洞)] 장관사(長官司)는 송대부터 청대까지 진간성(鎭竿城)(현재 鳳凰縣 城 沱江鎭)에 설치되었는데, 오채사 혹은 오채장관사에서는 송타동(宋㐌洞), 조인동(鳥引洞), 두망동(杜望洞), 노적동(蘆荻洞), 백암동(白岩洞) 등을 관할하였다.

36) "置河東陝西都轉運司儒學教授一員."

37) "置河東陝西都轉運司儒學訓導一員."

정(雲南鹽井)에 설립된 유학이 있다. 장노염운사유학의 설립 시기는 분명하지 않지만,『명신종 실록』에는 만력 20년 7월 "예부 장관이 순염어사의 상주문에 대답하기를 '장노(長蘆)에는 원 래 유학 선생, 훈장을 각 한 명씩 설치했지만 오래도록 폐지되었고 다시 복구되지 않았다. 이 제 전부 하동의 사례를 비추어 학궁과 문묘를 세우고, 유생을 교화하라"38)고 기록되어 있는 데, 이는 만력 20년(1592)에 회복되었다. 영하소염지유학(寧夏小鹽池儒學)은 천계 7년(1627)에 시공되었고, 같은 해 2월 16일, 영하순무사(寧夏巡撫史) 영안(永安)이 "산서운학(山西運學), 평량 원학(平涼苑學)의 사례에 비추어 소지(小池)에 다른 소학을 마땅히 세워야 합니다"라고 주청하 여, 조정의 동의를 거친 후 유학을 설립하였다. 운남염정의 학교 설립은 천계 때에 시작되었 다. 묵염정(黑鹽井)과 낭정(琅井)의 염과제거사(鹽課提擧司)에 사학을 설립하였고, 숭정 연간에 는 백염정(白鹽井)에도 사학을 설립하였다.

염관유학에도 공자문묘를 세웠는데, 앞에서 인용했던『명신종실록』에는 장호염운사유학 이 "하동에 설립된 학궁·문묘의 사례에 따라" 하동과 장호염운사유학에도 공자문묘를 세웠 다고 되어 있다. 앞서 인용한 영하순무사 영안이 소지(小池)에 학교 설립을 청한 상주문에는 "그 문묘, 학궁에 대해 상의하셔서 건물을 짓는 데 필요한 자금을 보내주시기를 원하옵니 다"39)라는 표현이 있는 것으로 보아, 영하소염지유학에도 공자문묘가 지어진 것 같다.

원마사(苑馬司)는 군마 사육을 주관하는 기구인데, 영락 4년에 북직례(北直隸), 요동, 평량, 감숙 네 곳에 사(司)를 짓기 시작했다. 원마사유학의 설립 시기는 분명하지 않지만,『명신종실 록』에는 만력 26년 순안섬서어사(巡按陝西禦史) 우영청(于永淸)이 섬서원마사(陝西苑馬司)에 유 학을 세워서 목군(牧軍) 자제를 교육할 수 있기를 주청하였는데, 이후 예부에서 비용이 너무 많이 들고 군인과 백성을 구별하기가 어렵다고 판단했기 때문에 허락받지 못했다고 기록되어 있다. 그러나 위에서 말한 영하순무사 영안의 상주문에는 도리어 "산서운학·평량원학 사례 에 따라" 소지에 염학을 설립했다는 기록이 있는 것으로 보아, 평량원마사는 천계 7년 이전에 이미 유학을 설립했다고 볼 수 있다.

명 천순 5년『대명일통지』를 편찬할 때 전국에는 국립학교 공자문묘가 총 1403개가 있었는 데, 그중 남경과 북경에 국자감이 각각 한 개, 부(133)학은 132개, 직례주(34)학은 21개, 속주 (191)학은 131개, 현(1091)학은 1045개, 토관선위사(7)학은 두 개, 선무사(8)학은 세 개, 장관사 (159)학은 한 개, 군민부(12)학은 다섯 개, 토주학은 한 개, 군대도사학은 두 개, 행도사학은 한

---

38) "禮部複巡鹽禦史黃卷題稱長蘆原設儒學教授, 訓導各一員, 久廢未複. 議照河東一體設置學宮, 文廟, 師生, 以興教 化."
39) "其於文廟, 學宮, 各商旣願輸資修建."

1-8-12 명 정덕 연간에 시공한 성보문묘(城步文廟) 전경.

개, 지위사학은 세 개, 위학은 52개, 천호소학은 두 개가 있었다. 이를 통해 중원지역에 학교와 공자문묘를 세우는 것이 매우 보편적인 현상이었고 소수민족자치구는 비교적 적은 편이었지만, 이전 왕조와 비교해보면 훨씬 발전된 상황이라는 것을 알 수 있다.

『명사·직관지』에 따르면 명 말에는 전국적으로 부 159개, 주 234개, 현 1171개, 토관선위사 11개, 초토사 한 개, 선무사 10개, 안무사 19개, 장관사 173개, 소수민족자치구 번이도지휘사사 세 개, 위지휘사사 385개, 선위사 세 개, 초토사 여섯 개, 만호부 네 개, 천호소 41개가 있었는데,[40] 이 중 공자문묘를 세운 학교는 대략 1503개 정도였다.

명대에는 중원에서 비교적 떨어져 있었던 소수민족지구는 문화 수준이 낮은 편이었기 때문에 조정(朝廷)은 학교 설립을 허락하지 않았다. 그러나 한족 관원의 공자 제사에 대한 수요를 만족시키고 지역에서 보다 빨리 학교 설립이 가능케 하기 위해, 많은 지방관들이 공자문묘를 먼저 세운 후 중앙정부에 학교 건립 신청서를 제출하였다. 귀주로(貴州路) 남주(南州)에서는 가정 35년(1556) 사학(社學) 우측에 공자문묘가 만력 26년 조정에 승인을 요청하여 주학이 지어

---

40) 『명사·지리지』에는 전국적으로 부 140개, 주 193개, 현 1138개, 기미부 19개, 기미주 47개, 기미현 여섯 개, 토관선위사 11개, 선무사 10개, 안무사 22개, 초토사(招討司) 한 개, 장관사 169개, 소수민족장관사 다섯 개가 있었다고 기록되어 있는데, 이는 『명사·직관지』의 기록과 서로 어긋난 데가 있다.

1-8-13 명대 성화 연간에 짓기 시작한 하남성 휘현백천서원문묘(輝縣百泉書院文廟)의 극문.

졌다. 양종현(陽宗縣)에서는 만력 18년(1590) 이전에 공자문묘를 세운 이후, 천계 2년(1622) 승인을 요청하면서 학교를 세웠다. 순주(順州)는 영락 연간에, 신평(新平)은 만력 21년에, 운주(雲州)는 만력 34년에, 녹권주(祿勸州)는 천계 3년에 모두 공자문묘를 지었지만, 천계 연간에『전지(滇志)』가 편찬되었을 때까지도 여전히 학교 설립에 대한 조정의 허가는 얻지 못했다. 이러한 후보(候補) 학교문묘들은 대부분 전적으로 문묘의 규제에 따라 지어졌다. 녹권주문묘는 "문묘 건물에 계성사도 갖추었다"라고, 신평문묘는 "선사묘, 동서양무, 극문, 영성문, 중문, 계성사" 심지어 학교의 명륜당까지도 모두 온전하게 갖추었다.

명대에는 각급의 국립 학교뿐만 아니라 지역에 많은 사학(社學)이 들어섰으며 각각의 사학에는 공자문묘가 세워졌다. 귀주로 남주는 가정 35년에 사학 우측에 공자문묘를 지었고 만력 26년에 주학 설립을 허가받은 후 문묘도 지었다. 사종주(師宗州)는 만력 48년에 사학을 짓고 8년 후에 공자문묘를 만들었다. 공자문묘의 규모는 큰 편이어서 "정전(正殿)은 기둥 다섯 개, 계성사는 기둥 세 개, 양무는 기둥 14개" 정도의 크기였고, 일반적인 주학문묘 못지않게 잘 지어졌다. 이렇게 사학이 공자문묘를 지은 사례는 보기 드물었는데, 사종주(師宗州)에서 사학에 공자문묘를 지은 까닭은 이 주에 여전히 주학을 설립하지 않았기 때문이었다.

국립학교 공자문묘 외에도 명대에는 서원(書院) 공자문묘도 크게 발전하였다. 명대는 중국의 서원이 크게 발전했던 시기였다. 홍무 연간부터 성화 연간까지 100여 년을 거치면서는 완만하게, 정덕 연간부터는 급속히 발전하게 된다. 비록 그 사이에 가정 12년(1537)·17년, 만력 7년(1579), 천계 5년(1625) 네 차례 서원이 금지되거나 철폐되기도 했지만, 금지 및 철폐의 대상은 주로 사립 서원이었다. 제1차 금지·철폐의 대상은 남직례(南直隸) 일대의 담약수(湛若水), 왕수인(王守仁) 및 그 제자가 설립한 서원이었고, 제2차 금지 대상은 관원이 자의적으로 아문을 개조한 서원과 개인적으로 세운 서원이었으며, 제3차와 제4차 대상도 사적(私的)으로 세운 서원이었다. 3차에는 64곳만이 훼손되었고, 4차에 금지 및 훼손된 숫자는 분명하지 않지만 그리 많지는 않았던 것 같다. 명대의 서원 금지는 정치 투쟁의 부산물이었다는 점에 특징이 있다. 당시 정치투쟁이 빈번하게 일어나면서 위정자(爲政者)는 서원을 금지하였는데, 후임자는 이를 전임의 과실로 간주하고 서원 회복을 도모한 덕분에 서원금지의 부작용은 결코 심각하지 않았다. 비록 서원의 발전에 전혀 영향을 끼치지 않은 것은 아니지만, 결코 대규모로 서원을 철폐하는 현상은 일어나지 않았다. 기록에 따르면 명대 이후로 2122개의 서원이 신축되었고 전대부터 이어져 온 223개의 서원을 중건하거나 중수하였으므로, 총 2345개의 서원이 지어진 셈이다. 비록 모든 서원이 명 말까지 지속적으로 운영된 것은 아니었지만, 이러한 숫자는 매우 많은 것이어서 이미 국립학교 전체 수를 뛰어넘은 것이었다.

명대 서원은 많은 편이었지만, 모든 서원에서 공자문묘를 짓지는 않았으며 이를 지은 서원은 극히 일부에 지나지 않았다. 명대 서원은 사람들을 모아서 강학하는 것을 더는 주목적으로 하지 않았고, 어떤 서원은 실제로 지방 선현을 제사 지내는 전사(專祠)[41]가 되기도 했다. 가령 사람들을 모아서 강학하는 서원이라 해도, 더는 공자에 대한 제사만을 주로 하지는 않았고 성리학자[理學家]에게 제사를 지내기도 했다. 그렇다 하더라도 많은 서원들에서는 공자에게 제사 지내는 묘우나 전당이 세워졌다. 홍치(弘治) 11년(1498)에 창건된 항주 만송서원(萬松書院)은 "공자전(孔子殿) 3칸을 수리하고, 공자 및 4배[안자(顔子), 증자(曾子), 맹자(孟子), 자사(子思)] 상을 만들고, 10철[안연(顔淵), 민자건(閔子騫), 염백우(冉伯牛), 중궁(仲弓), 재아(宰我), 자공(子貢), 염유(冉有), 계로(季路), 자유(子遊), 자하(子夏)] 위패를 내부에 세웠으며", "전문(前門)의 큰 길 동서로 석방 2좌를 더 세우고 왼쪽에는 '덕모천지(德侔天地)', 오른쪽에는 '도관고금(道冠古今)'"[42]이라고 새겨두었다. 만력 32년(1604)에 중건한 동림서원(東林書院) 의용당(依庸堂)은 "당(堂) 뒤쪽 문에다 기둥을 하나 얹혔는데, 그 위에 '연거(燕居)'라고 쓰여 있고, 좌우 대련에는 '반드시 그 문

---

41) (옮긴이) 전사(專祠)는 특정한 사람이나 신을 제사 지내기 위해 세운 사당을 말한다.
42) 『重修萬松書院碑記』([明], 洪鍾). "前門大道東西增石坊二座, 左曰 '德侔天地', 右曰 '道冠古今'."

1-8-14 항주(杭州) 만송(萬松) 서원의 패방.

을 열고 들어가되 계단으로 올라갈 수는 없음'이라는 동현재(董玄宰)의 글이 적혀 있다".43) "입
구에서 계단을 한참 올라가면 위에는 기둥 하나가 세워져 있고, 몇 개의 탁자가 설치되어 있
으며, 지성선사 공자를 제사 지내는 위패가 있으며, 좌우 대련에는 '성(性)을 다하고 명(命)이 이
르러 천·지·인의 지극함을 세워 만세의 스승이 되셨다'라는 장금(張琴)의 글이 적혀 있다".44)
만력(萬樂) 37년(1609) 창건한 관중서원(關中書院)은 3년 후 "포정사(布政使) 왕도순(汪道亨)이
'사도중천각(斯道中天閣)'을 세워 선사에게 제사 지냈다".45) 이는 모두 공자만에게 제사 지내는
건물이었다.

   명대에는 공자를 기념하는 많은 묘우가 건축되었다. 공자를 기념하는 묘우가 최초로 세워
진 시기는 한나라 때였다. 후한(後漢) 건화(建和) 3년(149)에 노자(老子)의 고향인 하남성 녹읍
현(鹿邑縣) 노자묘 옆에 공자의 고향 이외 지역으로는 최초로 공자문묘가 세워졌다. 하남성 장
원현(長垣縣)에는 한나라 때 공자의 강학을 기념하는 공자문묘를 지었다고 전해온다. 이 문묘
는 원나라 때 전화(戰火)로 파괴되었다가, 명 순천 3년(1459)에 중건되었다. 북위(北魏) 시기 회
주(懷州)에는 공자의 서하반가(西河返駕)46)를 기념하는 묘우가 있었다. 공자가 여러 군국(郡國)

---

43) "堂後廟門一楹, 顏曰'燕居', 左右聯曰'得其門而入, 不可階而升', 董玄宰書."

44) 『東林書院志』권1. "入門淩級而上爲廟一楹, 設幾案, 奉木主祀至聖先師孔子, 左右聯曰'盡性至命立三才極, 繼往
開來爲萬世師', 張琴書."

45) "布政使汪道亨建'斯道中天閣'祀先师."

1-8-15 문진서원.

들을 돌아다닐 때, 진나라에서는 조간자(趙簡子)에게 의지한 적이 있었지만, 황하 강변에 이르렀을 때 조간자가 진나라의 현인 두명독(竇鳴犢)과 순화(舜華)를 죽이려 한다는 얘기를 듣고 즉시 위국으로 되돌아왔다. 이 공자문묘의 연대는 명확하지 않지만, 연흥(延興) 4년(474)에 태상황(太上皇) 헌문(獻文) 황제가 사람을 보내 제사를 드린 적이 있었는데 제문을 비석에도 새겼다. 태화(太和) 원년(477) 회주 자사(刺史)는 하내(河內) 태수에게 수리하라고 명하고 수리 과정을 비석에 새겼는데, 이 공자문묘는 명대까지도 계속 존재했다. 『대명일통지』에는 다음과 같은 기록이 있다. "공자문묘는 태항산(太行山)에 있으며 문묘 앞 돌길에는 수레바퀴 자국이 있는데 이것은 공자가 돌아올 때 남긴 수레바퀴 자국이라고 전해진다."[47] 원나라 때는 호북성 황강시(黃崗市)에도 공자문묘가 하나 있었는데, 이는 공자가 여러 군국을 순회할 때 자로(子路)를 보내 나루터를 물어보던 것을 기념하기 위해 지은 것이다. 송나라 때 여기에 문진서원(問津書院)을 지었고, "문진서원에는 송·원대부터 사당이 있었다"라는 기록이 남아 있다. 이 사당이 지어진 연대는 명확하지 않고, 원 말에 파괴되었다.

---

46) (옮긴이) 조간자(趙簡子)를 만나려고 길을 떠났으나 황하 강변에 도착해서 진나라가 현명한 사대부인 두명독(竇鳴犢), 순화(舜華)를 죽였다는 말을 전해 듣고 '군자는 같은 군자를 해치지 않는다'며 가마 머리를 돌렸다.

47) "孔子廟, 在太行山中, 廟前石上有車轍跡, 相傳爲孔子回轍遺跡."

1-8-16 망탕산 공자문묘.

1-8-17 태산 공자문묘 전경.

송나라 때 하남성 영성현(永城縣)에서는 공자가 비를 피하던 망탕산(芒碭山)에 공자문묘를 지었다고 한다.

하읍현(夏邑縣)에서는 공자가 고향에 돌아가는 것을 기념하는 환향사(還鄕祠)를 지었다. 명대 이후 공자를 기념하는 묘우는 급격히 증가했고, 태산(泰山) 정상에는 공자가 "태산에 올라 세상을 작게 여겼다는 것"을 기념하기 위해 공자문묘를 지었고, 공자가 유람한 곳에 패방을 만들었다.

하남성 장원현(長垣縣)의 현재 만촌향(滿村鄕)(장원현 북부)의 학당강촌(學堂岡村)에는 성묘(聖廟)를 지었고, 회양현(淮陽縣)에서는 공자가 7일 동안 식량이 떨어졌어도 현악기를 타며 노래 부르기를 그치지 않았다고 전해오는 현가대(弦歌台)에 성묘를 세웠다. 노씨현(盧氏縣) 문욕향(文峪鄕) 문욕촌(文峪村)에서는 공자가 여러 나라를 돌아다닐 때[周遊列國] 여기에서 강학한 것을 기념하기 위해 명 경태 5년(1458) 연거당(燕居堂)을 지었고, 사하향(沙河鄕) 사하촌(沙河村)에서는 공자가 여러 군국을 순회할 때 도를 전한 것을 기념하기 위해 명 융경 원년(1567)에 전도당(傳道堂)을 지었다.

서평현(西平縣) 의봉촌(儀封村) 북쪽에는 봉인견성사(封人見聖祠)[48]를 지었고, 공자가 진채절량[49]의 어려움을 겪었던 상채현(上蔡縣) 채구진(蔡溝鎭)에서는 액대(厄台) 공자문묘를 지었다. 엽현(葉縣) 등리향(鄧李鄕) 장두촌(妝頭村)에서는 공자가 여러 군국을 순회할 때 이 길을 지나간 적이 있었기 때문에 홍무 연간에 성인각(聖人閣)을 지었고, 현재 위휘시(衛輝市) 남관촌(南關村)은 공자 격경정(擊磬亭)을, 양성현(襄城縣) 쌍묘향(雙廟鄕) 화행촌(化行村)은 공자를 기념하기 위한 성인묘(聖人廟)를 지었다[청대에 관우(關羽), 장비(張飛), 조운(趙云), 마초(馬超), 황충(黃忠)을 제사 지내기 위한 오호사(五虎祠)로 개조되었다].

---

48) (옮긴이) 서평현(西平縣) 의봉촌(儀封村) 백성은 성인을 뵈는 사당.
49) (옮긴이) 공자가 제자들과 함께 수레를 타고 주유천하를 하는 도중, 초나라 이웃 소국인 진채의 국경에 다다랐을 때 7일 동안 굶었던 어려운 시기를 가리킨다.

제9장

공자문묘의 전성기

청대(清代)

청나라는 소수민족인 만주(滿洲)족이 전국을 통일한 (중국 역사상) 두 번째 소수민족 정권이었다. 청나라는 광활한 영토를 다스리고 한족이 백성의 대다수를 차지하는 방대한 제국을 효율적으로 통치하기 위해 전제(專制) 정치를 더욱 강화하였다. 정권의 정통성을 구현하기 위해, 사상적으로는 공자 사상을 추앙하고 정주리학(程朱理學)을 제창하였다. 유학 교육을 정비하고 과거제(科擧制)를 널리 시행하면서 다른 한편으로는 문자옥(文字獄)[1]을 일으켜 문헌서적을 정리하고 만주족 통치에 이롭지 않은 세력과 문헌을 완전히 제거해버리는, 당근과 채찍을 병용하는 정책으로 한족 사대부 계급을 탄압하였다. 만주족 통치자들이 존공숭유(尊孔崇儒) 정책을 실행한 덕분에 유학교육뿐만 아니라 공자문묘도 전례 없는 전성기를 맞이하게 되었다.

만주족 귀족은 공자 사상의 중요성에 대해 잘 알고 있었다. 일찍이 명 만력(萬曆) 35년(1607)에 누르하치(努爾哈赤)는 청나라의 발상지인 허투알라성[赫圖阿拉城, 현 요녕성(遼寧省) 신빈(新賓)]에 공자문묘를 세웠고, 입관(入關)[2] 전 성경(盛京)에도 공자문묘를 세웠다. 숭덕(崇德) 원년(1636)에는 이곳에 관리를 보내 공자에게 제사를 지냈고, 숭덕 5년에는 봄·가을 두 차례(음력

---

1) (옮긴이) 문자옥(文字獄)이란 본래 자기가 쓴 문장 때문에 화를 당하는 일을 일컫는다. 중국에서 왕조시대에 황제의 이름에 들어간 한자를 쓰거나 황제가 싫어하는 글자를 사용했다는 죄를 뒤집어 씌워 관직을 박탈하거나 비판적 지식인을 사형까지 시킨 황제의 전횡을 일컫는 말이다. 반대파 학자나 관료들을 제거하기 위한 수단으로 악용되기도 했다. 하지만 일반적으로 '문자옥'이라고 할 때는 청대 강희·옹정·건륭 연간에 집중적으로 나타난 필화 사건을 가리키는 용어로 사용된다. 이민족이었던 청조의 지배층은 한족을 지배해야 했기 때문에, 특히 반청적(反淸的) 경향이 흐르고 있던 강남 향신층의 비판적 동향을 검열하였다.

2) (옮긴이) 입관(入關)은 산해관을 넘어 중원으로 들어가는 것을 의미한다.

1-9-1 허투알라성(赫圖阿拉城)의 공자문묘.

5월·8월) 석전례(釋奠禮)를 올렸으며, 입관 후에는 '숭성학(崇聖學)'을 전국을 다스리는 중요한 수단으로 삼았다. 순치(順治) 원년(1644) 산동순무(山東巡撫) 방대유(方大猷, 1597~?)가 조정에 상주하는 글에는 다음과 같은 내용이 있다. "선성 공자는 만세 도통의 선조이십니다. 나라를 건국한 왕조 초기 한 왕조의 강상윤리의 근본이 모두 여기에 있습니다. 예의에 관해서는 관리에게 칙령을 내려 제사를 받들도록 하고 연성공을 비롯해 박사 네 명을 새로 봉하면, 나라의 명맥이 영원토록 유지되고 인문(人文)이 무성히 일어날 것을 기약할 수 있을 것입니다."3) 조정은 방대유의 건의를 받아들여 공자의 장손(長孫)이 명대에 누리던 모든 특권을 전면적으로 승인했을 뿐 아니라, 순치(順治) 2년 공자를 대성지성문선선사(大成至聖文宣先師)로 승격시켜 봉함으로써, 공자문묘의 대성전은 본래의 이름을 회복하였다. 한족 문화를 승인하고 공자에 대한 존숭을 표시하기 위해 순치 9년과 17년에는 황제까지도 국자감 공자문묘에 와서 친히 공자에게 제사 지냈다.

강희제는 "육경을 편찬하고 정리하여 의미를 밝히셨고, 전장(典章) 제도를 본받아 널리 계승하여 많은 뜻을 하나로 꿰셨다. 과거 성인들을 위해 끊어진 학문을 계승하시고 만세를 위해 인심을 바루셨다"4)라며 공자를 드높였다. 그리고 "예로부터 제왕들은 널리 교화하고 풍속을

---

3) 『孔府檔案』0079권. "先聖孔子爲萬世道統之宗, 本朝開國之初, 一代綱常培植於此, 禮應敕官崇祀, 複衍聖公並四氏博士等之封, 可蔔國脈靈長, 人文蔚起."
4) 『禦制重修闕裏孔子廟碑』[清 聖祖]. 비석은 현 곡부 공자문묘에 있다. "贊修刪定, 闡經義於六經, 祖述憲章, 會衆理於一貫. 爲往聖繼絕學, 爲萬世正人心."

1-9-2 강희황제가 친히 지은 글이 적혀 있는 공자
문묘의 비석. 이 비석은 현재 곡부 공자문묘
에 있다.

아름답게 하기 위해 유도(儒道)를 존숭하는
것 만한 것이 없기에 학문을 중시하고 시서
(詩書)의 풍성함을 활용하였으며 깊고 오묘
한 도덕의 원리를 마땅하게 한다"5)라고 생
각했다. 이 때문에 강희 23년(1684)에는 황
제가 친히 곡부(曲阜)로 가서 공자에게 제사
지냈는데, 영신(迎神)과 송신(送神) 때는 직
접 세 번 무릎을 꿇고 아홉 번 조아리는 대
례(大禮)를 거행하였다. 몸소 '만세사표(萬世
師表)'라고 쓴 편액을 공자문묘에 남겨서 대
성전에 걸고, 이를 전국 문묘에 걸어두라고
명하였다. 연성공(衍聖公)이 곡부 공자문묘
보수를 주청하였을 때 공부(工部)6)에서는
"일이 번거롭고 많다"라는 이유로 일시적으
로 정지시켰는데, 강희제는 "궐리 공자문묘
에 선사들을 모셔 만대에 걸쳐 존경하도록
해야 하는데, 지금 나날이 훼손되고 있으니
마땅히 수리해야 할 것이다. 공부(工部)와
내무부(內務府) 관원들은 제대로 평가하여
해당 날짜에 다시 상의하도록 하라"7)고 명
하였다. 견적을 낸 후 은 8만 6000여 냥을
들여 중수했다. 공사를 마치고 강희제는 황
자(皇子)를 곡부로 보내 대신하여 제사를 지내게 하고, 황제가 준공(竣工)을 기념하기 위해 직
접 다음과 같은 내용의 비문을 새겼다. "나의 백성들은 문묘의 담을 우러러보면서 엄숙함과

5) 『闕裏文獻考』 권32 「禦制幸魯盛典 序」[淸, 聖祖](山東友誼書社, 1990, p.691). "自古帝王聲敎翔洽, 風俗茂美,
   莫不由於崇儒重道, 典學右文, 用能發詩書之潤澤, 宣道德之閫奧."
6) (옮긴이) 당나라의 중앙부서인 상서도성(尙書都省)의 우사(右司) 관할 밑에 있으면서 토목사업에 관한 일을
   맡아보았다. 그 밑에 공부(工部)·둔전(屯田)·우부(虞部)·수부(水部)의 4사(司)를 두어 업무를 분장하고,
   낭중(郎中)과 원외랑(員外郎)을 두어 다스렸다. 이 관서는 한산한 부서였으나, 청나라 때 황하(黃河)의 공사
   를 감독하면서 중요성이 커졌다.
7) "闕裏聖廟崇奉先師, 萬代瞻仰, 今旣日漸毀敝, 理宜修葺. 著差工部, 內務府官員前往確估, 到日再議."

경건함을 더하고, 덕을 돈후히 하고 의를 존중하는 것을 숭고히 여기고, 윤리 강상을 연마하여, 짐이 스승을 존경하고 도를 중시하는 뜻에 어긋나지 않도록 하라"8)라고 적힌 비문에는 공자에 대한 존경심이 드러나 있다.

명 초기에는 정주리학을 존숭하다가 중기 이후부터는 왕양명(王陽明) 심학을 존숭했지만, 청 초기에는 왕양명 심학이 전성기를 지나 쇠퇴기로 접어든다. 양명학파(陽明學派) 학자들은 대대적으로 서원을 짓고 강회를 열었으며 조정에 대해 논의하였다. 이는 만주족의 통치 강화에 이롭지 않았기 때문에 청 초부터는 다시 정주리학을 정통으로 삼았다. 순치 9년 과거시험에서는 "송나라 유학자들의 경전 해석에 대해 글을 쓰는 것을 주요 과제"9)로 결정하였다. 강희제 역시 주희를 지극히 높였는데, 대학사(大學士) 웅사리(熊賜履), 이광지(李光地) 등에게 명하여 『어찬주자전서(禦纂朱子全書)』를 편집하도록 하였다. 그가 직접 썼던 서언(序言)에는 아래와 같은 내용이 있다. "주자에 이르러 집대성되었으며 오랫동안 끊어져 있던 학문을 다시 전수하는 시초가 되어 어리석음을 깨우치고 영원한 규범을 세우셨다. 이치를 궁구하여 앎에 지극하였으며, 몸소 돌이켜서 이를 실천한 것이 그것이다. 『대학』을 해석하여 순서를 새롭게 편집하셨는데, 치지(致知)에서 평천하(平天下)까지, 명덕(明德)에서 지어지선(止於至善)까지 후대 사람들을 이끌어주고 가르쳐주는 것이 아닐 수 없다."10) "비록 성인이 다시 오신다 하더라도 이를 뛰어넘을 수 없을 것이다."11) "짐이 이 글을 읽으니 그 이치를 궁구하면 이는 천지와 인간이 더불어 참여할 수 있고, 만방을 다스릴 수 있으며, 세상에 어진 마음과 어진 정치를 펼칠 수 있고, 안과 밖을 한 집안으로 만들 수 있을 것이다."12) 그런 조부의 영향으로 건륭제(乾隆帝)도 강력히 정주리학을 제창하였고, 정주리학에 대해 다음과 같이 극찬하며 정통적 지위를 부여했다. "천인(天人)과 성명(性命)의 근본이 여기에 있어, 공부의 상세한 절목을 갖추고 있고 공맹의 심법(心法)의 전통을 잇고 있으며 공(公)과 사(私), 의(義)와 이(利)의 경계가 분명하다. 이를 잘 따르면 군자가 되고 어긋나면 소인이 되며, 국가도 이 학문을 토대로 하면 잘 다스려지고 그렇지 않으면 어지러워질 것이다. 실로 백성을 교화하고 풍속을 이루며 자기를 닦고 남을 다스리는 데 요강이 되니 이것이 이른바 성인이 되는 단계와 도를 추구해가는 길이다. 배

---

8) "凡我臣民, 瞻仰宮牆, 倍增嚴翼, 尚思敦德崇義, 砥礪倫常, 以不負朕尊師重道之意."

9) "說書以宋儒傳注爲宗."

10) "至於朱夫子集大成, 而緒千百年絕傳之學, 開愚蒙而立億萬世一定之規, 窮理以致其知, 反躬以踐其實, 釋大學則有次第, 由致知而平天下, 自明德而止於至善, 無不開發後人而教來者也."

11) "雖聖人複起必不能逾此."

12) "朕讀其書, 察其理, 非此不能知天人相與之奧, 非此不能治萬邦於衽席, 非此不能仁心仁政施於天下, 非此不能外內爲一家."

1-9-3 곡부 공자문묘의 대성전 정문에 있는 편액과 대련, 청 옹정제(雍正帝)가 직접 썼다.

우는 자들이 힘써 배우고 행하면, 그 사상은 덕행이 되니 이러한 학문은 진실된 학문이며, 그 실천은 사업(事業)이 되니 이러한 다스림은 모두 진정한 업적이 된다."[13]

옹정제는 수차례 친히 공자에게 제사를 지냈으며, 다음과 같이 그를 찬양하는 시도 지었다. "강상(綱常)을 확고히 하고 대대로 계승하니 하늘에서 공자에게 백성을 깨우치라 한 것이다. 제왕이 그의 사상을 본받으면 나라가 융성해지고, 천하의 백성들이 그의 사상을 따르면 순박해진다. (유가의) 도리가 옛날부터 오늘날까지 이어지고 모든 문명이 우러러보니 성스럽고 신묘하도다. 공자의 공은 인류가 탄생한 이래 제일 크고 천지개벽 이후 가장 위대하도다."[14] 옹정 2년(1724) 곡부 궐리(闕里) 공자문묘가 번개로 인해 큰 화재를 당하였는데, 이 소식이 수도인 북경에 당도하자 옹정제는 깊이 반성하며 다음과 같이 말했다. "짐은 오직 공자만이 도와 덕이 높고 두터워 만세의 스승이 될 수 있기에, 세상에 가르침을 유지하고 인류의 지극함을 세워 천지와 동일하게 영원할 수 있을 것이라 생각한다. 짐이 황제의 자리에 오른 이래로

---

13) 『欽定學政全書』 권5 「崇尚實學」. "於天人, 性命大本大原之所在, 與夫用功節目之詳, 得孔孟之心傳, 而於理學公私義利之界辨之至明, 循之則爲君子, 悖之則爲小人. 爲國家者由之則治, 失之則亂, 實有裨於化民成俗, 修己治人之要, 所謂入聖之階梯, 求道之途轍也. 學者察而力行之, 則蘊之爲德行, 學皆實學. 行之爲事業, 治皆實功."

14) 『祭文廟詩』[淸, 世宗]. 비석은 현 북경 국자감문묘에 있다. "扶植綱常百代陈, 天將夫子觉斯民. 帝王师法成隆治, 兆庶遵由臻至淳. 道统常垂今与古, 文明共仰圣而神. 功能遡自生民后, 地辟天开第一人."

공자를 존숭하고 앙모하기 위하여 정성을 다해왔다. 지금 공자문묘가 불타버렸는데 스승을 존경하고 도를 존숭하는 마음을 더욱 진실되게 하지 않을 수 있겠는가."[15] 옹정제는 소복을 입고 재계(齋戒)[16]하였으며 음악을 끊고 식사를 줄였다. 재계 이틀째 천자의 행렬을 갖추지도 않고 소복을 입은 상태로 직접 국자감 공자문묘에 가서 제사를 드리면서, 예부시랑(禮部侍郞)을 곡부에 보내 위로하고 제사를 올렸으며, 15만 7600냥의 은(銀)을 들여 중건하였다. 옹정제는 공사 진행 과정에 무척 관심을 가졌는데, "전(殿)과 무(廡)에 관한 제도 및 제기와 예물 모두 그림으로 그려볼 수 있게 하고 짐이 직접 지시할 것이다. 뛰어난 기술자를 선발하고 재료를 잘 갖추어 짓도록 하라"[17]라고 명하였다. 또한 공자문묘 대문, 이문(二門)을 성시문(聖時門), 홍도문(弘道門)이라 명명하였으며, 대성문에는 "先覺先知爲萬古倫常立極, 至誠至聖與兩間功化同流"[18]라는 대련을, 대성전에는 "德冠生民, 溯地辟天開, 咸尊首出; 道隆群聖, 統金聲玉振, 共仰大成"[19]라는 대련을

1-9-4 옹정제가 문묘를 방문했을 때의 시비(詩碑). 현재 북경 국자감문묘에 있다.

썼다. 특히 대성전에는 친히 '생민미유(生民未有)'라고 적은 편액을 적었는데, 전국 각 학교 공자문묘에도 이를 사용하도록 하였다.

건륭제는 여덟 번이나 직접 곡부에 가서 공자에게 제사 지냈는데, 세 번 무릎 꿇고 아홉 번

---

15) "朕惟孔子道德高厚, 爲萬世師表, 所以維世敎, 立人極者, 與天地同其悠久. 朕臨御以來, 思極尊崇之典, 用申仰止之忱. 今闕裏聖廟被災, 豈朕尊師重道之心誠有未至歟？."

16) (옮긴이) 재계(齋戒)는 몸과 마음을 깨끗이 하고 불순한 일을 멀리하는 것을 의미한다.

17) 『孔府檔案』 4991권. "凡殿廡制度規模以至祭器儀物皆令繪圖呈覽, 朕親爲指授. 遴選良工, 庀材興造

18) (옮긴이) "(공자는) 선지선각(先知先覺)하여 만세에 강상이 되었으며 그 지극함을 세웠도다. 지성지성(至誠至聖)함으로써 그 교화함이 천지의 공과 같으리라."

19) (옮긴이) "천지개벽 이래로 공자의 덕이 가장 높으며 뛰어나도다, 여러 성인 중에서도 가장 뛰어나 아름다운 악기 중에서도 최고에 비유될 수 있으니 모두가 그 뛰어남을 우러르고 있도다."

1-9-5 청 건륭제가 등극하였다는 사실을 알리는 고제비(告祭碑).[23]

머리를 땅에 조아리거나, 두 번 무릎 꿇고 여섯 번 머리를 땅에 조아릴 정도로 경의를 표했다. 열 개가 넘는 비석을 새겼으며, 100편가량의 시문을 적었다. 건륭제(乾隆帝)는 역대 황제 중에서도 공자에게 최고의 경의를 표했던 황제였다. 그는 곧이어 곡부 공자문묘의 대성전에 '여천지참(與天地參)', '시중입극(時中立極)', '화성유구(化成悠久)'라고 적은 세 개의 편액, "氣備四時, 與天地鬼神日月合其德. 教垂萬世, 繼堯舜禹湯文武作之師"[20]와 "覺世牖民, 詩書易象春秋永垂道法. 出類拔萃, 河海泰山麟鳳莫喻聖人"[21]라고 적힌 두 장의 대련을 하사한 다음에 전국 각지 학교 공자문묘에 일제히 그것들을 걸어두라고 명하였다. 이 외에 영성문(欞星門), 성시문(聖時門), 홍도문(弘道門), 대중문(大中門), 동문문(同文門), 시례당(詩禮堂), 금사당(金絲堂), 규문각(奎文閣), 행단(杏壇)의 편액을 쓰기도 했다. 공자문묘 앞에 있는 곡부 정남문에는 '만인궁장(萬仞宮牆)'이라고 적힌 편액을 썼으며, 시례당(詩禮堂)에는 '칙고칭선(則古稱先)'이라고 적힌 편액과 "紹緒仰斯文識大識小, 趨庭傳至教學禮學詩"[22]라고 쓴 대련을 하사했다.

강희제 이후 새로운 황제가 등극하면 곡부 공자문묘의 편액에 글을 쓰는 것이 관례가 되었다. 가경제(嘉慶帝)는 '성집대성(聖集大成)', 도광제(道光帝)는 '성협시중(聖協時中)', 함풍제(咸豊帝)는 '덕

---

20) (옮긴이) "기운이 사계절에 가득하니, 천지, 귀신, 일월과 그 덕을 합한다. 가르침이 만세에까지 드리우니, 스승이신 요, 순, 우, 탕, 문, 무를 계승한다."

21) (옮긴이) "백성들을 깨우쳐 『시(詩)』, 『서(書)』, 『역(易)』, 『춘추(春秋)』 등을 널리 본받게 하여라, 그 뛰어남이 강과 바다, 태산과 기린 봉황에 비견되니 다른 성인과 비할 바가 없으리라."

22) (옮긴이) "사문(斯文)을 이어받아 크고 작은 지혜·품행을 배우며 지극한 가르침을 전하여 예와 시를 배우도다."

23) (옮긴이) 고제(告祭)는 국가나 집안에 대사가 있을 때 문묘에 고하며 지내는 제사이다.

1-9-6 곡부 공자문묘의 대성전 조정(藻井)과 편액.

제주재(帝齊幬載)', 동치제(同治帝)는 '성신천종(聖神天縱)', 도광제는 '사문재자(斯文在玆)'라고 쓴 편액을 각각 하사하였다. 이들 편액은 전국 각지의 학교 공자문묘에 내걸렸고 공자문묘의 대성전 안팎으로 장식되었다.

청 황제들이 이토록 공자를 존숭했던 것은 무엇 때문이었을까? 청 세종(世宗)은 다음과 같이 아주 명백하게 말하였다. "제왕이 성인을 존숭하는 것은 도(道)를 존숭하는 것이고, 도를 존숭한다는 것은 그 도를 힘써 행하는 것을 귀하게 여기는 것이다. 도를 행하는 자리에 거하여 이를 확충하고 빛내면 수신, 제가, 치국, 평천하의 요강을 얻을 수 있고 기강과 법도가 그 뜻에 합하며 예악과 문장이 번성하게 될 것이다. 당대(當代)에 성인의 도가 시행되지 않더라도 후대에라도 시행될 것이다. 비록 성인이 시간적으로는 멀리 떨어져 있지만 마음의 근원을 서로 접할 수 있으니 한 방에 앉아서 직접 만나 그 가르침을 받는 것과 같으니 천년 전으로 돌아가 고요히 인증받는 것과 다르지 않다. 이와 같으니 존경과 찬양의 마음이 진실로 드러나 세상을 다스림이 나날이 융성해질 것이다. 성인의 도를 존숭하는 까닭이 여기에 있다."[24] 황제의 공자 존숭은 실제 공자 사상을 존경한 것이다. 위대한 공자 사상을 널리 전하여 국가를 다스렸는데, 공자가 생전에 현실화시키지 못했던 주장을 자기 시대에 실행함으로써 황제가 바로 공

---

24) 『御制重修闕裏孔子廟碑』[清, 世宗]. 비석은 현 곡부 공자문묘에 있다. "帝王之尊聖, 尊其道也. 尊其道, 貴行其道. 居行道之位而能擴充光大, 達之政令, 修齊治平得其要, 紀綱法度合其義, 禮樂文章備其盛, 舉凡聖道之未行於當世者悉行於後世, 雖去聖久遠, 心源相接, 不啻親授於一堂之上, 默證於千載之前, 如是而欽崇褒顯, 由於中心之誠服而治化日盛, 聖道斯尊."

1-9-7 곡부 공자문묘 13비정(碑亭). 비정을 건축한 금나라, 원나라, 청나라는 모두 소수민족 정권이 세운 왕조(王朝)다. 이 점으로 볼 때 소수민족 정권일수록 공자존숭 사상을 더 추행했을 것이다.

자의 직속 제자와 같아질 수 있었다. 그러나 청 고종(高宗)은 한걸음 더 나아가서 다음과 같이 언급했다. "황조(皇祖)·성조(聖祖)·인황제(仁皇帝: 강희제)가 갑자년에 궐리를 순찰하고 친히 공자문묘에 가서 배알하셨다. 그 성대함이 굉장하여 기록에 남아 있다. 선황(先皇) 세종 헌황제(憲皇帝)가 (공자를) 왕으로 추봉하신 뒤 문묘의 면모를 일신하셨다. 성인을 극히 숭경(崇敬)하여 세상에 서응(瑞應)25)이 드러난 것이다. 그들이 모두 마음속으로부터 성인을 탄복하고 믿은 (그래서 정책을 펼쳤던) 것이다. 오직 성인이라야 성인의 도를 알 수 있어 오늘날의 평화스러운 세상을 만들 수 있었을 것이다"26)라 했다. 황제의 공자 존경이 그가 말한 대로 성인이 성인을 알아보는 것이라면, 황제 자신이 바로 성인이 된다. 즉 공자를 존숭하는 동시에 자신의 입지도 넓혔던 것이다. 청 황제의 이러한 공자존숭 배경에는 말 못할 사정이 있었다. 만주족 귀족이 관내에서 입지를 다지려면, 인구의 절대 다수를 차지하는 한족, 특히 한족 사대부 계층의 인정을 얻어내야 했다. 이를 위해 그들은 반드시 한족의 문화를 수용하고 공자를 존숭하며

25) (옮긴이) 임금의 선정(善政)이 하늘에 감응하여 나타난 길한 징조를 말한다.
26) 『禦制闕里孔子廟碑』([淸, 高宗]. 비석은 현 곡부 공자문묘에 있다. "皇祖聖祖仁皇帝甲子之歲東巡闕裏, 躬謁殿庭, 盛典蕭皇, 垂於冊府; 皇考世宗憲皇帝追晉王封, 鼎新廟貌, 崇敬誠切, 瑞應章顯. 實由心源孚切, 先後同揆. 惟聖人能知聖人, 所由躋海宇於蕩平仁壽之域也."

공자 사상을 시행해야 할 필요가 있었다.

이처럼 황제가 공자존숭의 분위기를 만드는 가운데, 중국 공자문묘는 청대에 전성기를 맞이할 수 있었다.

함풍(咸豊) 연간의 『대청일통지(大淸一統誌)』 기록에 따르면, 명(明) · 청(淸) 교체기에 공자문묘는 그다지 큰 손상을 입지는 않았고, 20개 미만의 묘학, 즉 섬서성 네 곳, 호북성 세 곳, 강서성 4곳, 광서성 4곳, 사천성 · 호남성 · 강소성 각각 한 곳 등에서만이 명 말(明末) 혹은 숭정제(崇禎帝) 말기에 훼손되었을 뿐이라고 하는데, 실은 그렇지 않았다. 기록에는 순치 연간에 중건된 묘학은 91개였고, 강희 연간 중건된 묘학은 127개라고 되어 있다. 수리 기록에 따르면 이러한 묘학은 대부분 1690년대 이전에 중건되었는데, 이는 청나라가 통일한 지 50년이 지난 시간이다. 중건된 학교와 공자문묘 절대다수의 중건 이유에 대해서는 설명하고 있지 않지만, 일부는 전쟁으로 파괴되고, 일부는 장기간 방치되어 있었기 때문일 것이다. 계주주학문묘(薊州州學文廟)의 경우 명 숭정 15년(1642)에 청나라 군사들이 입관하면서 훼손되었다. 그러나 이는 명 · 청 교체기에 파괴된 묘학의 전부가 아니다. 광서(光緒) 연간의 『강서통지』에 따르면, 강서성 한 곳에서만 명 말과 청 초 순치(順治) 초년에만 청강(淸江), 광신(廣信), 감주(贛州), 여강(廬江), 요주(饒州), 정남(定南)의 5부(府) 1청(廳)과 신건(新建) 등 31개 주현의 묘학 37개가 훼손되었다. 광서(光緒) 연간의 『호남통지』에 따르면 호남성도 같은 시기 상덕(常德), 진주(辰州), 예주(澧州), 봉황(鳳凰) 2부 1주 1청과 장사(長沙) 등 26개 주현의 묘학 30개가 훼손되었다. 어떤 묘학은 매우 심하게 파괴되기도 했다. 광동성의 영산현학(靈山縣學)은 "명 말 군사들에 의해 훼손되어 형체마저 사라졌으며(明季毀於兵, 蕩然無存)", 안휘성의 여강현학(廬江縣學)도 "명 말에 모두 훼손되었다(明末盡毀)." 이와 같은 상황 때문에 청 초 공자 제사는 노천(露天)에서만 이루어졌다. 순치 4년 지현(知縣)[27]과 거인(擧人)[28]들은 세 칸짜리 임시 건물을 지어 공자문묘

---

27) (옮긴이) 진한대 이래 군현제(郡縣制)에서 하나의 현을 다스리는 사람을 현령이라고 했는데, 당나라 때는 현령의 업무를 대신하는 사람을 '知縣事'라고 불렀고, 송대에 조정의 관리를 현에 파견하여 행정을 총괄하게 하면서 '지현사'라고 불렀는데 이것을 줄여서 '지현'이라고 했다. 지현은 해당 지역에 군대가 주둔해 있을 때는 군대 업무까지 총괄했다. 원대에는 현의 장관을 현윤(縣尹)이라고 했다. 명 · 청 시대에 지현은 해당 지역의 정식 장관으로서 정칠품에 해당하는 관리였기 때문에 속칭 '칠품지마관(七品芝麻官)'이라고도 불렸다.

28) (옮긴이) 거인(擧人)은 한대 지방관들이 조정에 천거한 인재를 가리키는 말이었다. 당송 시대에는 과거시험, 특히 진사과가 실시되면서 응시한 과목의 채점관[司貢]에게 추천을 받은 이들을 아울러 '거인'이라고 불렀다. 그러나 명 · 청 시대에는 향시에 급제한 이들을 '거인' 또는 '대회장', '대춘원'이라 불렀고, 거인에 급제한 것을 일컬어 '발해(發解)', '발달(發達)' 또는 '발(發)'했다고 했다. 일반적으로 세속에서는 거인을 가리켜 '나리[老爺]'라고 불렀고, 고상하게 칭할 때는 '효렴(孝廉)'이라고 불렀다. 이후 조정에서 치르는 회시에 급제하면 '진사'가 되었다.

1-9-8 계현문묘 대성전. 명 숭정 15년 청 군사들이 입관하면서 훼손되었다.

로 사용했다.

청 왕조 건립 이후 묘학 중건과 보수가 시작되었다. 앞서 언급했던 중건된 218곳을 제외하면 다른 묘학들은 대부분 순치에서 건륭 연간에 수리가 진행되었다.

청나라 때는 공자문묘도 늘어났는데, 가경 24년(1819)에 전국적으로 묘학 151개를 신축했다. 연대에 따라 살펴보면 순치 연간 네 개, 강희 연간 51개, 옹정 연간 38개, 건륭 연간 46개, 가경 연간 12개이며, 지역에 따라 살펴보면, 직례주 두 개, 산서성 여섯 개, 성경(盛京, 현재 심양시) 여덟 개, 강소성 다섯 개, 절강성 두 개, 복건성 세 개, 강서성 한 개, 대만 여섯 개, 광동성 네 개, 광서성 13개, 호북성 여덟 개, 호남성 10개, 운남성 16개, 사천성 10개, 섬서성 일곱 개, 귀주성 28개, 감숙성 22개이다. 묘학이 늘어난 원인의 하나는 토사(土司)[29]를 폐하고 중앙 관리를 파견했기 때문이다. 원래 토사(土司)가 다스리고 있던 지역을 국가에서 파견한 관리가 직접 관리하도록 바꾸면서 학교와 공자문묘를 증설하였다. 두 번째는 새로 생긴 행정단위에 학교와 공자문묘를 증설했기 때문이다. 세 번째는 원래 부학이나 주학 내에 부설되어 있던 현학을 독립시켜 새로운 학교와 공자문묘로 세웠기 때문이다.

---

29) (옮긴이) 남송·원·명·청대의 서남 지방에 둔 지방 벼슬. 소수민족의 회유 수단으로 그 지역의 추장들을 주로 임명한 세습 족장 제도.

1-9-9 숭주문묘. 송 지화(至和) 연간에 세워졌으며, 청 강희 6년(1667)에 중건되었다.

학교와 공자문묘 건설이 시대의 추세가 되자, 대청제국(大淸帝國)의 황제라도 막을 수 없었다. 청 왕조 황제들이 모두 동북 지역(현 길림성, 흑룡강성, 요녕성) 출신이기 때문에 만주족의 말타기와 활쏘기 전통을 지키기 위해 옹정제는 길림에 학교와 공자문묘를 건립하는 것을 강력히 반대했다. 그러나 만주족의 한(漢)문화에 대한 존숭으로 말미암아 결국에는 길림에도 학교와 공자문묘가 세워졌다. 옹정 2년(1724)에 길림성 업무를 주관하는 급사중(給事中) 조전최(趙殿最, 1668~1744)는 조정에 상소를 올려 길림에도 학교와 문묘를 세우자고 다음과 같이 주청하였다. "선창(船廠)[30] 지역에 반드시 문묘와 학교를 세워서 만주족·한족의 젊은이들이 공부하고 과거를 볼 수 있게 해주십시오."[31] 옹정제는 이러한 상소문을 받고 매우 분노하였으며, 다음과 같이 호되게 질책하였다. "우리 만주인은 한족의 땅에서 살고 있기 때문에 부득이하게 본래의 풍습으로부터 나날이 멀어지고 있는데, 오직 오라(烏拉), 영길탑(寧古塔) 등의 병사들만이 만주 본래의 풍습을 지키고 있다. 이제 문예(文藝)를 숭상한다면 자제들 중에 뛰어난 이들이 모두 글을 읽는 데에만 뜻을 두고 무예에는 마음을 두지 않을 것이다."[32] 이에 "오로지 만

---

30) (옮긴이) '길림(吉林)'의 원래 이름은 길림오랍(吉林烏拉)였으며 만주어로 풀이하면 '강가의 도시'라는 뜻이다. 명 영락 18년 요동(療東) 지휘사(指揮使) 유청(劉淸)은 명을 받아 송화강(松花江)에서 조선(造船)하였기 때문에 이 지역은 선창(船廠)이라고도 했다.
31) "船廠地方應建文廟, 設立學校, 令滿漢子弟讀書考試."

1-9-10 길림문묘 영성문.

주족의 전통을 배우는 데(무예 연마) 힘쓰라"[33]고 요구하면서 학교와 공자문묘 건립에는 반대
했다. 옹정 5년 길림오라(吉林烏拉)[34]에서 영길주(永吉州)를 만들었음에도, 누구도 감히 제도
에 따라 주학과 공자문묘를 세우자고 건의하지 못했다. 그러나 옹정제가 승하하자마자 바로
변화가 생겼다. 건륭 원년(1736) 7월, 즉위 후 얼마 되지 않아 청 고종(高宗)이 영길주주학(永吉
州州學) 건립을 명하였고, 건륭 7년 주학과 문묘에 대한 개략적인 제도를 만들었다.

청 가경 연간에 전국의 학교공자문묘는 모두 1710개였다. 학교 등급에 따라 나누면 다음과
같다. 국학국자감문묘 한 개, 부학학교문묘 184개, 직례주(直隷州) 학교문묘 77개, 직례청(直隷
廳) 학교문묘 19개[2청(廳)은 세워지지 않음], 주속(州屬) 학교문묘 144개[1주(州)는 세워지지 않음, 1
주는 부학 내에 부설], 현학문묘 1257개[1현(縣)은 세워지지 않음. 15현은 부학 혹은 주학 내에 부설],
청속(廳屬) 학교문묘 14개(1청은 세워지지 않음), 토주(土州) 학교문묘 두 개, 토사(土司) 학교문묘
네 개, 향학(鄕學) 문묘 여덟 개[원래는 현학(顯學)·현(縣)을 철폐한 후에도 생원의 정원과 학교·문묘
는 유지]. 성(省)에 따라 나누면 다음과 같다. 직례주 152개, 성경 13개, 산서성 112개, 산동성
105개, 강소성 75개, 절강성 89개, 복건성 84개, 광동성 99개, 광서성 77개, 운남성 83개, 귀주

---

32) "我滿州人等, 因居漢地, 不得已與本習日以相遠, 惟賴烏拉, 寧古塔等處兵丁不改易滿州本習耳. 今若崇尚文藝, 則
　子弟稍穎悟者俱專意於讀書, 不留心武備矣."
33) 『吉林通志·聖訓志』. "但務滿州本習(習武)."
34) (옮긴이) 만주어로 '길림'은 沿, '오라'는 江이라는 뜻이고 '길림오라'는 강물을 따라 내려간다는 뜻이다.

1-9-11 청 옹정 4년(1726)에 건립된 대만의 창화문묘 대성전.

성 63개, 사천성 150개, 호남성 84개, 호북성 77개, 강서성 92개, 안휘성 68개, 하남성 117개,
섬서성 94개, 감숙성 75개이다.

청나라 때 공자문묘는 거의 모든 지역에 분포했는데, 이전에는 학교공자문묘가 없었던 대
만, 신강과 같은 지역에서도 공자문묘가 새로 세워졌다.

가경 연간 『대청일통지』 출판 이후 학교공자문묘는 지속적으로 발전했다. 가경 22년(1817)
대만의 신죽현(新竹縣)에서는 학교와 문묘를(1824년 완공) 새로 세웠고, 도광 원년(1821) 운남성
에서는 타랑청청학(他郞廳學)과 문묘를 새로 세웠다. 도광 23년 운남성에서는 사모청학(思茅
廳學)과 문묘를, 함풍 원년(1851) 흑룡강성에서는 치치하얼(齊齊哈爾) 학교와 문묘를, 동치 3년
(1864)에는 호남성에 지강학교(芷江學校)와 문묘를, 동치 4년 대만에서는 선란청학(宜蘭廳學)과
문묘를, 광서 3년(1878)에는 내몽고에 후허하오터 현학(呼和浩特縣學)과 문묘를, 광서 6년 운남
성에서는 서쇄(西灑) 학교와 문묘를, 광서 7년 대만에서는 대북부학과 문묘를 새로 지었다. 광
서 21년 대만의 병동동산서원(屛東東山書院)과 팽호문석서원(澎湖文石書院)은 공자문묘로 개칭
되었고, 광서 22년 운남성은 개원학교(開遠學校)와 문묘를 새로 지었다. 가경 이후 묘학이 가
장 많이 지어진 곳은 신강 지역과 길림 지역이었다. 신강은 행정상 성(省)으로 편입된 이후, 4
도 6부 11청 2직례주 1주 21현 2분현(分縣)을 설치하였는데, 묘학이 세워지지 않은 도(道)를 제
외하면 총 43개의 행정 단위가 있었다. 광서 33년(1907)까지 건륭 연간에 세운 1부 4현과 함께
6부 6청 2직례주 8현 1분현에 23개의 공자문묘를 세웠다. 길림이 성(省)으로 편입된 이후 2부

1-9-12 팽호문묘(澎湖文廟)의 대성전. 대만의 조화민(趙化民) 제공.

4청 1주 2현 5진성(鎭城) 16개 군사 행정 단위가 있었는데, 청 광서 17년 2부 3청 4진성에 아홉 개 묘학을 세웠고, 광서 28년 길림 유하(柳河)가 현(縣)으로 편입된 이후 현학 제도에 따라 표준적인 문묘를 세웠다.

각급 지방 정부에 학교 공자문묘가 설립되었을 뿐만 아니라, 일부 군사 요지(要地)와 역참(驛站)까지도 학교와 공자문묘가 세워졌다. 하북성의 회래계명역참(懷來鷄鳴驛站)에는 정전과 동서무 각각 세 칸으로 된 공자문묘가 지금까지도 남아 있다. 청나라 때 변방(邊防) 지역 외의 군사 요지에서는 일반적으로 학교를 세우지 않고 주현(州縣) 학교를 교육을 담당시키게 하였는데, 거용관(居庸關)은 변방지역은 아니었지만, 유학을 설립하고 공자묘도 세웠다.

청대에는 예제 문묘만이 아니라, 예제에 맞지 않은 공자문묘도 지었다. 선통(宣統) 3년(1911) 불산(佛山)에서 공자를 존숭하는 일부 인사들이 자금을 모아 불산조묘(佛山祖廟內) 내에 공자문묘를 지었다. 이러한 공자문묘는 공성전(孔聖殿) 하나만 갖춘 채, 전(殿) 감실 안에는 곡부 공자문묘의 공자 석상(石像) 탁본에 따라 새로 새긴 공자 석상을 모시고 있다. 이 문묘는 존공회(尊孔會)의 활동 장소이며, 응접실, 사무실, 화원, 정자 등이 있다.

청대에는 서원(書院) 공자문묘도 현격히 늘어났다. 청나라 초에는 한족 사대부들이 서원을 반청복명(反淸復明) 활동 기반으로 활용할 것을 경계하였기 때문에, 통치자들은 서원 숫자를

1-9-13 후허하오터(呼和浩特) 투모터(土默特) 만주족 문묘. 옹정 2년(1724) 투모터 도통(都統)이 조정에 동의를 주청한 후 세워졌다.

제한하는 정책을 유지하였다. 순치 9년(1652)에는 "새로이 서원을 세우고 많은 사람이 모여 무리 짓는 것을 허락지 않는다"[35]라고 명하였다. 그리고 옹정 원년(1723)에는 다시 "각 성에서는 사서(祠書)를 의학(義學)으로 바꾸고 선생을 늘리고 학생을 받아들여 문교(文敎)를 확대시키라"[36]고 명하였다. 옹정 4년 조정에서 강서순무(江西巡撫)가 백록동서원(白鹿洞書院)에 장교(掌敎)를 선임할 때, 그가 서원 설립에 동의하지 않는 이유는 서원에 여러 선비들이 모여, "백성들을 규합하고 회맹하여(糾衆盟會)" 반청(反淸) 역량을 모을까 염려되기 때문이라고 하였다. 서원을 제한하면서 청조 통치자들은 기만적인 책략을 사용하였다. 순치 14년, 세조(世祖)는 무신(撫臣: 巡撫)의 건의를 받아들여 석고서원(石鼓書院)을 복원하였고, 성조(聖祖)는 잇따라 백록동서원, 악록서원(嶽麓書院), 휘주(徽州)의 자양서원(紫陽書院)에 '학달성천(學達性天)'이라고 쓴 편액을 하사했다. 산동성성서원(山東省城書院)에는 '학종수사(學宗洙泗)'라고 쓴 편액을, 소주(蘇州)의 자양서원(紫陽書院)에는 '학도환순(學道還淳)'이라고 쓴 편액을 하사했다. 이처럼 강희 연

---

35) 『禮部志稿』 권24(文淵閣四庫全書 電子版 참고). "不許別創書院, 群居徒黨."

36) 『皇朝文獻通考』 권69 「學校八」[淸](文淵閣四庫全書 電子版 참고). "命各省改生祠書院爲義學, 延師授徒, 以廣文敎."

1-9-14 휘주(徽州) 자양서원(紫陽書院)의 패방.

1-9-15 학달성천(學達性天) 편액.

간에는 지속적으로 서원이 수리되고 신축되었다. 서원의 최전성기는 옹정 후기로, 만주족의
통치가 기본적으로 안정되었던 시기였다. 한족 사대부들을 회유하기 위해 옹정제는, 각 성
(省)의 정부 소재지에 설립된 서원에 명하여 서원의 관리 규정을 만들고 대다수 성급(省級) 서
원에는 은 1000냥을 하사하였다. 국가에서 성 정부 소재지에 서원을 세우면서 각 부주현(府州
縣)에도 다음과 같이 명하여 서원에 대한 관리를 강화하였다. "각 성의 부·주·현의 서원은 신
사들이 자금을 모아 서원을 세우고 지방 관리들은 본업 외에 서원을 관리하며, 이에 대한 내

용을 모두 서면으로 보고하라." 이처럼 서원에 대한 관리는 보다 강화되었다.

국가의 후원으로 청나라 시기 서원은 크게 늘어났다. 『중국서원사전(中國書院詞典)』의 통계에 따르면 청대 신축 및 중건된 서원은 3885개였다. 구체적으로 살펴보면 현재 북경 14개, 천진 13개, 요녕성 18개, 길림성 10개, 흑룡강성 여섯 개, 내몽고 네 개, 하북성 132개, 산서성 87개, 산동성 147개, 강소성 141개, 상해 40개, 안휘성 108개, 절강성 303개, 대만 52개, 복건성 157개, 강서성 322개, 광동성 355개, 홍콩 아홉 개, 마카오 여덟 개, 해남도 43개, 광서성 252개, 운남성 220개, 귀주성 132개, 사천성 386개, 호남성 319개, 호북성 125개, 하남성 274개, 섬서성 124개, 감숙성 57개, 청해 13개, 영하 11개, 신강 세 개이다. 서원은 이미 서장(西藏)을 제외한 각 성(省)의 시내에는 두루 분포하고 있었던 것이다.

청나라 시기 공자문묘가 있는 서원의 숫자는 정확하지 않다. 문헌과 현존하는 서원을 살펴보면, 공자에게 제사 지내는 건물이 있는 서원이 그리 적지만은 않았던 것으로 보인다. 호남성에 남아 있는 19개의 서원 중 규정대로 제반 시설을 모두 갖추고 있는 문묘는 한 개, 대성전과 숭성사가 있는 문묘는 한 개, 대성전이 있는 문묘는 일곱 개, 선사당(先師堂), 부자당(夫子堂)이 있는 문묘가 각 한 개, 안채에 공자상을 모시고 있는 문묘 한 개, 공자 제사를 위한 건물이 없는 문묘가 여섯 개, 그 시설 현황을 정확하게 알 수 없는 곳이 한 개이다. 그 시설 현황을 정확하게 알 수 없는 문묘를 제외하면, 공자에게 제사 지내기 위한 건물이 있는 곳은 문묘 중의 2/3에 달한다. 그러나 성속서원(省屬書院) 중에서 공자에게 제사 지내는 건물이 있는 곳은 비교적 많지 않다. 전국의 22개 성속서원(省屬書院) 중에서 문묘가 있는 서원은 두 곳, 대성전, 예전(禮殿), 성전(聖殿)이 있는 서원은 세 곳뿐이며, 성속서원(省屬書院)에 공자 제사를 위한 건물이 있는 비율이 매우 낮은 것은 서원이 모두 성(省) 정부 소재지에 세워졌기 때문이다. 성(省) 정부 소재지에는 모두 부학이 있었고, 부학에는 공자문묘가 있었다. 이것만으로도 공자 제사를 위한 수요를 충족시킬 수 있었기 때문에 굳이 새로 돈을 들여 공자 제사를 위한 건물을 새롭게 지을 필요가 없었기 때문이다.

청나라 시기에는 여전히 공씨 가문의 사람들이 세운 가묘(家廟)가 많이 생겨났다.

공씨가묘는 공자의 후손이 조상인 공자에게 제사 지내기 위해 세운 묘우이다. 후한(後漢) 시기부터 공자 후손들은 고향을 떠나 다른 지역으로 옮겨가기 시작했다. 그 이유는 첫째, 다른 지역에서 관리로 일하면서 고향으로 돌아오지 못했기 때문이고, 둘째, 사회 동란(動亂)이 일어나자 공자 후손들이 이를 피해 다른 지역으로 이주했기 때문이다. 한대 말기에 공자 후손들 중한 파(派)가 남부인 절강성으로 이주했는데, 당대(唐代) 10여 개 파(派) 족인들이 하남성 자현(郟縣), 하북성 헌현(獻縣), 하남성 노산(魯山), 하남성 낙양(洛陽), 호남성 계동(桂東), 강소성 단양

1-9-16 반우 공씨가묘.

(丹陽), 강서성 임강(臨江), 절강성 평양(平陽), 안휘성 여강(廬江)과 광동성 보창(保昌) 등지로 흩어졌다. 북송(北宋) 말기에 여진(女眞)족의 침입으로 장손(長孫)도 절강성으로 내려왔고, 원대(元代)에는 자손들이 하남성 준현(浚縣), 무안(武安), 산동성 환대(桓台), 모평(牟平), 수광(壽光) 안휘성 동성(桐城), 강서성 신건(新建) 등으로 이주하기도 하였다. 심지어 멀리 사천성 낭중(閬中)까지 갔던 사람들도 있었다. 명·청 시기에 자손들은 전국 각지로 흩어지게 되었고, 티벳을 제외하면 공자 자손은 이미 전국 각지에 분포되어 있었다고 할 수 있다.

곡부 이외의 공씨가묘는 동진(東晉) 시기에 와서야 세워졌는데, 진(晉)나라 태원(太元) 11년(386) 8월에 "공정(孔靖)을 봉성정후(奉聖亭侯)로 봉하고 공자의 제사를 지내고 문묘를 세우도록 명했다".37) 단양(丹陽)에서는 남쪽으로 이주한 공자의 자손들을 위해 공자에게 제사 지내는 가묘를 지었다. 송나라 때는 타향인 하남성 정주시(현 鄭州市 古滎鎭)에 살고 있던 공씨 족인들이 공씨가묘를 세웠다. 남송 때 황제는 남쪽으로 이주한 공자 장손을 위해 절강성 구주시(衢州市)에 가묘를, 황제를 호위하는 공단궁(孔端躬)을 위해 절강성 반안현(磐安縣)에 거계가묘(櫸溪家廟)를 세웠다. 이 두 채의 가묘는 지금까지도 남아 있으며 모두 전국 주요 보호 문화재

---

37) "詔封孔靖之爲奉聖亭侯, 奉宣尼祀, 立宣尼廟."

1-9-17 절강성 반안현(磐安縣) 거계촌(欅溪村)에 있는 공씨가묘의 전경.

로 지정되었다. 명·청 시대 국가에서는 공자의 후손들을 우대하였다. 공자 후손들에게는 잡
차(雜差)[38]를 면제해주었고, 공자 적장손(嫡長孫)인 연성공(衍聖公)에게는 전국 공 씨 족인들을
관리하는 권력을 허락했다. 반드시 연성공의 증명을 거쳐야 부역(賦役) 면제라는 공자의 후손
으로서의 권리를 누릴 수 있었다. 이는 연성공의 공자 자손에 대한 권력을 강화시켰을 뿐만
아니라 공자 자손들 사이의 응집력도 강화시켰다. 외지(外地)로 이주한 공자 자손들은 하나 둘
씩 공자에게 제사 지내는 가묘를 세우기 시작했다. 하남성 기현공채(杞縣孔寨), 정주시 고형(古
滎), 절강성 온령시(溫嶺市), 섬서성 상주시(商州市), 광동성의 후손들 모두 가묘를 세웠다. 가묘
가 가장 많은 지역은 영남파(嶺南派)였고, 광동성 조양화평(潮陽和平), 봉개양심채(封開良心寨),
반우(番禺), 첩공(疊滘), 공촌(孔村), 남촌(南村) 등지의 공자 후손들은 모두 본파(本派)·본지(本
支)·분지(分支) 심지어 본당(本堂)의 가묘까지도 세웠다. 현재 대부분의 가묘들이 아직까지도
잘 보존되어 있다.

....

38) (옮긴이) 전근대 賦役의 한 종류다.

제 10 장

공자문묘의 쇠퇴기

청 말(淸末)

공자문묘는 청나라 중·후기에 전성기를 구가한 이후 청나라 말기에 이르면 쇠퇴기로 접어든다. 공자문묘가 쇠퇴하게 되는 첫 번째 원인은 국가 재정과 백성들의 생활이 궁핍해졌기 때문이었다. 이로 인해 공자문묘를 손볼 여력이 없었고 자연적으로 훼손되어갔다. 두 번째 원인은 전쟁으로 인한 문묘의 파괴와 훼손이었다. 태평천국(太平天國) 운동과 운남성(雲南省)의 회족 봉기(回族蜂起), 그리고 외국에서 온 침략자들에 의해 문묘가 파괴되었다. 마지막으로 청 말에 과거제도(科擧制度)가 폐지되고 많은 학교 문묘가 신식학교로 전향되면서 문묘가 타격을 입은 것이다.

공자문묘가 대규모로 훼손된 것은 역사상 단 한 차례였는데, 그것이 바로 태평천국 시기였다. 홍수전(洪秀全)은 본래 지식인이었는데, 수차례 과거에 낙방하면서 중국에 들어온 기독교를 수용하고 중국 전통사상을 융합하여 배상제회(拜上帝會)를 창건했다. 그리고 자신은 상제(上帝)의 둘째 아들이며 속세에 내려와 악을 처벌하고 세상을 구원하라는 명령을 받았다고 주장하였다. 상제의 아들로서 속세에 내려와 유일무이한 현세적 권위를 수립하고 '獨一眞身(유일한 참 인간)'으로서 상제의 초월적 권위를 내세우려면 당시 최고 권위를 가지고 있던 공자를 무너뜨려야 했다. 그렇기 때문에 상제가 공자를 비난했다는 이야기를 꾸며냈으며 공자를 다음과 같이 질책했다. "그대는 어찌하여 이렇게 사람들을 혼란으로 몰아넣고 세상 사람들이 짐을 모르게 만들어놓았느냐? 어찌 그대 명성이 오히려 짐보다 더 클 수 있는가"?[1] 도광 23년

---

1) "爾因何這樣敎人糊塗了事, 致凡人不識朕, 爾聲名反大過朕乎?"

1-10-1 함풍 3년 태평천국운동 중에 훼손된 동성문묘(桐城文廟). 후에 중건되었다.

(1843) 홍수전이 배상제회를 창건했을 무렵 가장 먼저 그의 사숙(私塾)에서 공자 위패를 없애 버렸다. 태평천국 운동이 일어난 이후 광서성 영안주(永安州)에서는 공자를 비판하면서 유가 경전들을 오물통에 처박아 버렸다. 함풍(咸豊) 2년(1852) 호남성 침주(郴州)를 점령했을 때는 공자문묘까지도 태워버리고 공자, 4배(四配), 10철(十哲)의 위패를 모조리 부숴버렸다. 이후 태평군이 점령한 지역마다 공자상과 위패들을 부숴버렸고 공자문묘를 마굿간이나 군화창고로 사용하기도 하였다. 남경(南京)으로 수도를 정하고 나서 남경 공자문묘를 도축(屠畜)을 감독하는 재부아문(宰夫衙門)2)으로 바꿔버리기도 하였다. 태평군이 주로 출정했던 지역인 강서성(江西省)의 서주(瑞州)·임강(臨江)·청강(淸江)·건창(建昌)·요주(饒州)·남강(南康)·구강(九江)·남안(南安)·연화(蓮花) 등 아홉 지역의 부학(府學)·청학(廳學) 문묘와 의녕(义宁)·진현(進賢) 등 39곳의 주현 학교 문묘는 파괴되었다. 안휘성(安徽省)의 영국(寧國)·지주(池州)·태평(太平) 세 곳의 부학문묘와 태화(太和) 등 18곳의 현학문묘, 그리고 호남성의 장사(長沙)·영수(永綏)·다릉(茶陵)·상음(湘陰) 등 7곳의 부, 청, 주, 현 학교 문묘가 파괴되었다. 이 외에 호북성(湖北省) 안륙현학문묘(安陸縣學文廟, 함풍 5년), 운남성 석림문묘(石林文廟, 함풍 연간), 안휘성 육합현학문묘(六合縣學文廟, 함풍 8년), 강소성(江蘇省) 강음현학문묘(江陰縣學文廟), 운남성 초웅부학문묘(楚雄府學文廟, 함풍 10년)와 남경 공자문묘도 파괴되었다. 상해현학문묘 역시 함풍 3년(1853) 소도회(小刀會) 봉기3) 때 청나라 군대의 포화(砲火)로 훼손당하였다. 그중 강서성의 우도(雩都), 동향

---

2) (옮긴이) 요리를 담당하는 관공서.

1-10-2 상해문묘(上海文廟). 청군이 소도회의 봉기를 진압하는 과정 중에 훼손되었다가 함풍 5년(1855)에 현재 있는 곳으로 이전하였다.

(東鄉), 봉신(奉新)은 두 차례나 파괴되기도 했다. 가장 심각했던 것은 동릉현학(銅陵縣学)이었다. 화를 입고 나서 동치(同治) 연간에 정전(正殿)·양무(兩廡)·영성문(欞星門)·극문(戟門)·숭성사(崇聖寺)·괴성각(魁星閣)과 주변 담벽을 중건하였다는 기록으로 보아 그 당시에 철저하게 파괴되었던 것으로 보인다. 동성문묘(桐城文庙)는 함풍 3년에 영성문 하나만 남을 정도로 파괴되었다. 물론 이러한 파괴를 모두 태평군이 한 것은 아니지만 그 파괴의 심각성만큼은 짐작하고도 남음이 있다. 태평천국이 실패한 뒤 훼손된 학교 공자문묘는 대부분 빠른 속도로 중건되었지만, 태평천국의 참화를 겪으면서 청 왕조의 재정적 상황은 매우 위태로워졌다. 그렇기에 많은 학교 공자문묘의 원상 복구는 간신히 이루어졌지만 그 복구 수준은 대단히 미흡한 것이었다. 더구나 어떤 지방 정부의 경우에는 거의 중건할 능력이 없었던 것이 사실이다. 안휘성 오하현학문묘(五河縣學文廟)는 복구할 여력이 없어서 단지 문묘 동편에 건물 10여 개 정도를 지어서 임시 제사 장소로 사용했고 광서 4년까지도 회복하지 못했다.

　동치·함풍 연간에 운남성에서 회족 봉기가 일어났던 시기에 운남성의 일부 학교문묘는 파괴되었다. 대리부학문묘(大理府學文廟)는 훼손되었으며 조주주학문묘(趙州州學文廟)도 청진사

---

3)　(옮긴이) 소도회(小刀會)는 1853년 평등사상을 바탕으로 청나라와 외세를 배격했던 태평천국의 궐기가 확산되자, 이에 호응해 하문(廈門), 상해(上海)에서 봉기한 비밀결사조직이다. 18세기 후반 동남아시아 지역 화교들이 복건성(福建省)에서 조직한 비밀 결사 천지회(天地會)의 일파로 알려져 있다. 허리에 작은 칼을 차고 다녀 소도회라는 명칭이 붙었다. 태평천국군과 미처 합류하기 전에 청나라 군대에 진압당했다.

1-10-3 대북문묘. 대북부학문묘는 청 광서 7년(1881)에 시공되었다. 1907년에 일본군에 의해 파괴되었다가 1927년 지역 유지들에 의해 중건되었다.

(清眞寺)로 바뀐 다음에 훼손되었다. 대리(大理) 지방 정부는 중건할 수 있는 여력이 없었기 때문에 어쩔 수 없이 명대의 보국사(報國寺)를 문묘로 사용했다. 조주(趙州) 지방 정부는 광서 12년(1886)에 와서야 문묘를 새로 중건했다.

청나라 말기에 공자문묘는 외국 군대의 침략으로도 파괴되었다. 1898년 1월 독일 침략군이 산동성 즉묵현(卽墨縣)을 침략하여 공자문묘에 군대를 주둔시키면서, 네 구(軀)의 성상(聖像)을 훼손시키고 자로상(子路像)의 양쪽 눈을 뽑아버렸다. 북경에 있는 회시(會試) 응시생들은 이에 격분하여 각 성(省)의 응시생과 수도 관원 2000여 명이 앞다투어 여덟 차례나 조정과 도찰원(都察院)에 상소문을 올려 정부가 반드시 관련 문제를 엄격하게 해결하기를 요구하였다. 1900년에는 러시아 병사들이 요양문묘(療陽文廟)의 제기(祭器), 위패 등을 노략질해 가고 고건축(古建築)까지 파괴하면서 문묘가 더욱 쇠퇴하게 된다. 일본이 대만을 점령한 후에는 1895년 대북(台北) 공자문묘에 군대를 주둔시켜 위패, 제기 등을 파괴하였고, 1907년 공자문묘를 모조리 헐어버리고 일본어 학교를 새로 세웠다. 대만 신죽(新竹) 공자문묘는 일본군에 의해 군대 병영으로 점용되다가 1906년에 학교로 바뀌었고, 연이어 예문(礼门), 의로(义路), 명환사(名宦祠), 향현사(鄉賢祠) 및 명륜당(明倫堂) 등 문묘 관련 건축물은 모두 철거되었다. 대만 문묘는 처음부터 일본군 주둔지로 사용되다가 후에 민정국(民政局) 지점의 직원 기숙사로 사용되었다. 1896년에는 일본어 학교가 창립되면서 대성전·절효사(節孝祠)를 제외한 나머지는 모두 학교 건물로 사용되었다. 담수청문묘(淡水廳文廟) 또한 일본군이 병영으로 점용하기 시작해 후에 학교로 바뀌면서 부속 건물은 계속 철거되어갔다.

1-10-4 교실로 개조된 덕경주학(德慶州學) 양무.

공자문묘의 전면적 쇠퇴는 과거제 폐지를 기점으로 시작되었다. 광서 31년(1905) 9월 2일 "병오(丙午)년 과거 시험을 기점으로 모든 향시와 회시를 일률적으로 중지하고, 각 성의 세과 (歲科)4)도 역시 중지한다"5)라는 조서가 반포되면서 과거(科擧) 제도는 정식으로 폐지되었다. 과거 제도 폐지 이후, 원래 있던 많은 학교들이 신식 학교로 개조되었다. 절강성 자계현학(慈 溪縣學)은 광서 28년(1902)에 소학당(小學堂)으로, 산서성 기현현학(祁縣縣學)과 광동성 덕경주 학(德慶州學)은 광서 31년에 학당으로 바뀌었다.

번우현학(番禺縣學)은 광서 32년에 신식학교로 개조되었고, 하북성 감단문묘(邯鄲文廟)는 선 통 원년(1909)에 여자 초등학교로 창건되었다. 내몽고 투모터문묘(土默特文廟)는 원래부터 국 립학교가 없고 관학만이 있었는데, 후에 문묘를 토대로 계운서원(啓運書院)을 설립하였다. 1907년 문묘와 서원 내에는 토묵특 고등 소학당이 설립되었다. 하북성(河北省) 평산현(平山縣) 은 신해혁명 전 현학의 훈도아택(訓導衙宅)에 고등소학을, 교유아택(教諭衙宅)에 여자학교를 열 었다. 산서성(山西省) 평요현학은 평요현 실업학교를, 강소성 강음현학(江陰縣學)은 학당을 열 었다. 운남성 영이현학(寧洱縣學)은 굉원서원(宏遠書院)으로, 정변현학(定邊縣學)은 육수서원(毓 秀書院)으로 개칭하고, 덕경주학은 고등 소학으로 개조되었다. 이처럼 많은 공자문묘가 학교 로 바뀌었다. 신식 학교가 개설되는 것만으로 당시에 원래 있던 학교와 문묘의 건물에 많은 손상을 가져오지는 않았지만, 미래의 화근(禍根)을 심어놓은 것이나 다름없었다. 학교가 발전

4) (옮긴이) 부(府), 주(州), 현(縣)의 재학생 모두에게 치르게 하는 시험.
5) "著即自今丙午科爲始, 所有鄉會試一律停止, 各省歲科考試亦即停止."

1-10-5 하남성 휘현문묘(輝縣文廟). 학교로 바뀐 후 원래의 모습은 온데간데없다.

하는 과정에서 교실이 부족한 데다가 당시 국가 재정과 백성들의 생활이 궁핍했기 때문에 이전(移轉)하여 중건할 여력은 없었고 오로지 원래의 터 위에다가 확장하거나 개조하는 수밖에 없었던 것이 현실이었다. 그래서 문묘의 양무, 전당, 가옥 등의 건물들은 계속해서 교실로 개조되었다. 나중에는 심지어 대성전까지도 교실로 사용되었다. 학교는 수리할 능력이 없었고, 건축물은 점차 파괴되고 천천히 무너져 갔다. 학교 측도 원형을 토대로 중건할 능력이 없어서 부족하나마 성(省) 정부의 자금으로 신식 건물들을 지을 수밖에 없었다. 학교와 문묘의 모습은 서서히 변화되어갔으며, 공자문묘는 심각하게 파괴되었다.

청나라 말기에 일부 문묘는 인위적으로 파괴되기도 했다. 광서 24년(1898) 황하가 범람하자 수재민이 이를 피해 동평문묘(東平文廟)로 들어왔다. 이때 부주의하게 불을 사용하는 바람에 문묘 대부분이 불에 타서 없어졌고 지방정부마저 수리할 능력이 없어서 동평문묘는 사라지게 되었다.

제**11**장
공자문묘의 파괴
민국(民國) 이후

  신해혁명(辛亥革命)으로 인한 청 왕조의 멸망은 중국 역사상 최초로 피비린내를 풍기지 않고 왕조를 바꾼 사건이라 할 수 있다. 그 덕분에 공자문묘는 입은 손상이 비교적 경미했다. 그러나 신해혁명 이후 중국은 장기간의 혼란 속으로 빠져 들어갔다. 민국 초기 군벌들의 난투, 1930년대 일본의 침입, 8년 동안의 항전(抗戰) 이후 연이은 삼 년 동안의 국공내전(國共內戰)[1] 등 30여 년간 계속된 전쟁은 공자문묘를 크게 손상시켰다. 민국 시기부터 문화대혁명이 끝나기까지 60여 년 동안 공자문묘는 심각하게 파괴되었다. 이 시기도 민국 시기와 중화인민공화국 창립 이후 두 시기로 나눌 수 있는데 특히 1930~1940년대의 전쟁과 문화대혁명을 거치면서 가장 심각하게 파괴되었다. 이 시기에 많은 공자문묘는 심하게 훼손되었는데 일부는 전쟁 중 잿더미로 변했으며 또 일부는 흔적도 없이 허물어졌다.

  민국 시기에 공자문묘는 크게 파괴되었는데, 그 원인은 다음과 같은 네 가지로 구분할 수 있다. 첫 번째는 전쟁으로 인한 파괴, 두 번째는 다른 용도로 사용하기 위한 인위적인 개조, 세 번째는 관리 및 수리 소홀로 인한 파괴, 네 번째는 인위적 파괴이다.

  전쟁으로 인한 파괴 중 일본군의 중국 침략은 문묘를 가장 심각하게 파괴시켰다. 일본군 항공기의 무차별 폭격은 문묘를 심각하게 파괴하였다. 1937년 일본군 항공기는 두 차례 운남성(雲南省) 개화부학문묘(開化府學文廟)의 대성전을 폭격했고, 같은 해 8월 13일 일본군이 상해(上

---

1) (옮긴이) 국공내전(國共內戰)은 장개석(蔣介石)이 이끄는 국민당과 모택동(毛澤東)이 이끄는 공산당 간의 중국 내부 전쟁을 가리킨다.

1-11-1 1980년대 재건된 남경 공자문묘.

海)를 점령했을 때 보산문묘(寶山文廟)의 대성전을 제외한 건축물 전체를 폭파시켰다. 1938년 일본군 항공기는 악록서원(岳麓書院)의 공자문묘를 폭파했고, 호북성(湖北省) 희수(浠水)에 있는 기수문묘(蘄水文廟)의 대성문, 존경각, 향현사(鄕賢祠) 또한 폭파시켰다. 1939년에는 난주부문묘(蘭州府文廟)와 광동성(廣東省) 요평현문묘(饒平縣文廟)의 대성전을 폭파했고, 1941년 1월 29일 일제(日帝) 항공기는 곤명문묘(昆明文廟)의 대성전, 대성문, 존경각 등의 건물과 숭성사(崇聖祠)를 폭격으로 파괴시켰다. 1944년 일제 항공기는 절강성(浙江省) 자계현학문묘(慈溪縣學文廟)의 대성전 일부를 폭파시켰고, 사천성(四川省) 부순현학문묘(富順縣學文廟)도 일본군 항공기에 의해 서무(西廡)와 대성전 일부가 폭파되었다.

형주문묘(荊州文廟)는 일본군의 폭격 후 무너져 버렸으며, 겨우 대성전과 영성문(欞星門) 패방(牌坊)2) 세 채만이 남게 되었다. 두 번째는 일본군과의 전투 중에 직접적으로 파괴된 경우다. 1937년 일본군이 남경(南京)을 점령했을 때 공자문묘를 파괴했으며, 1938년 산동성 어대(魚臺)를 점령하였을 때 대성전을 포화로 파괴했다. 1940년에는 금산현학(金山縣學) 문묘를, 1944년에는 하남노씨문묘(河南盧氏文廟)의 양무(兩廡)를 불태워버렸으며, 같은 해 일본군이 예릉(醴陵)을 함락했을 때는 예릉 문묘를 파괴시켰다. 일본군이 광동성(廣東省) 삼수(三水)를 침략했을 때는 삼수문묘(三水文廟) 전체를 파괴했으며, 광동 신회(新會)를 침략했을 때는 신회현

---

2) (옮긴이) 위에 망대가 있고 문짝이 없는 대문 모양의 중국 특유의 건축물로 궁전·능을 비롯하여 절의 앞면과 도시의 십자로 따위에 장식이나 기념으로 세운다. 지붕은 2~6개이며 지붕을 여러 층으로 얹는 것도 있다.

1-11-2 일본군에 의해 마구간으로 사용되었던 강음문묘 대성전.

학문묘(新會縣學文廟)의 영성문, 반지(泮池)³⁾와 대성전 외의 건축물 전부를 파괴했다. 상담(湘潭)을 침략했을 때는 상담문묘의 대성전·양무, 아성전(亞聖殿)과 종고루(鐘鼓樓) 외 기타 건축물을 전부 파손시켰다. 일본군은 두 차례 절강 구주(衢州)를 침략하여 공씨남종가묘(孔氏南宗家廟)의 예기(禮器)와 악기(樂器) 전부를 약탈하여 현재 아무것도 남아 있지 않다. 세 번째는 일본군의 점용으로 파괴된 경우이다. 1937년 침화일군(侵華日軍)⁴⁾이 하북성(河北省) 평산문묘(平山文廟)를 사령부(司令部)로, 1938년 평요문묘(平遙文廟)를 병영(兵營)으로 불법 점거하였다. 1942년에는 일본군이 숭명학궁(崇明學宮)을 강제로 점령하여 병영으로 사용하였고, 대성전과 양무는 이 과정에서 전화(戰火)로 불타버렸다. 일본군이 강소(江蘇) 강음(江陰)을 점령하였을 때, 공자문묘는 일본군의 기병(騎兵) 주둔지로 사용되었고 대성전은 마구간으로 사용되었다.

일본군이 광동성 번우(番禺)와 산서성(山西省) 분양(汾陽)을 점령하였을 때는 문묘를 일본군의 양마장(養馬場)으로, 낙양(洛陽)을 점령하였을 때는 하남부학문묘(河南府學文廟)를 경비사령부(警備司令部)로 삼았다. 여주(汝州)를 점령하였을 때는 문묘 내에 주둔하면서 문묘 건축 물 전부를 심하게 파괴시켰다. 문묘는 일본군뿐만 아니라 일본군과 전쟁에 돌입한 미군의 항공기 폭격으로도 파괴되었다. 일본군이 진주만(眞珠灣)을 기습하면서 미군도 참전하게 되었던 것이

---

3) (옮긴이) 대성문 정면에 위치한 반월형의 못이며 관학을 나타낸다.
4) (옮긴이) 중국 항일 전쟁 기간에 중국 침략에 참여했던 모든 일본군을 가리키는 용어이다.

1-11-3
대만 의란문묘(宜蘭文廟). 청 동치(同治) 4년(1865)에 건축되기 시작하였고, 2차대전 때 폭격을 받아 1953년에 자리를 옮겨 중건되었다.

다. 대만은 일본군의 점령으로 미군 항공기의 폭격을 받았고 이때 대만의 공자문묘에까지도 화가 미쳤다. 의란문묘(宜蘭文廟)는 일본군에 의해 육군의 식량 창고로 개조되어 미군 항공기의 폭격을 받았으며, 대남문묘(臺南文廟)의 대성전도 미군 항공기의 폭격을 받았다.

일본 침략기에 공자문묘는 전쟁의 참화를 입었을 뿐만 아니라, 일본군과 일본, 위만주국(僞滿洲國) 관리에 의한 인위적 손상과 관리 소홀에 따른 자연적 손상도 입었다. 상해 남회문묘(南匯文廟)는 일본군이 점령한 동안 파괴되어 겨우 대성전만이 남았다. 항주부학문묘(杭州府學文廟)의 대성전은 진귀한 녹나무로 건축된 것인데, 매국노 왕오권(王五權)이 수리를 한다는 명목으로 대성전의 녹나무 구조재를 질 낮은 잡목으로 바꾸고, 관재포(棺材鋪)5)에 팔아 이익을 챙겼다. 대만 봉산현학문묘(鳳山縣學文廟)는 일제 강점기에 오래도록 보수하지 않아 흰개미가 좀 먹어 심각하게 손상되었으며, 대성전 이외 다른 모든 건축물은 무너져 버렸다.

호남성(湖南省) 예릉현학문묘(醴陵縣學文廟)는 1918년 심하게 파괴되었다. 하남성(河南省) 신채문묘(新蔡文廟)는 민국 초기에 군인들이 수 차례 주둔하면서 군대와 토구(土寇)로 인해 규성루(奎星樓)와 일부 사(祠), 정(亭), 재(齋), 랑(廊)이 무너져 버렸다. 상해(上海) 보산현학문묘(寶山縣學文廟)는 1924년, 1925년 군대에 점용되면서 크게 손상되었다. 섬서(陝西) 연천현학문묘(延川縣學文廟)는 1935년 6월 불탔고, 하남(河南) 서화현문묘(西華縣文廟)는 1946년에 전부 파괴되

---

5) (옮긴이) 관구(棺柩)를 파는 가게.

1-11-4 축소된 항주 문묘 대성전.

었으며, 산동(山東) 교주문묘(膠州文廟)는 1945년 7월부터 1947년 11월까지 잇따라 일본, 위만 주국 산동성(山東省)의 특별 임무군 4려(旅), 임시 편성군 12사(師), 54사(師)가 불법 주둔하면서 건물을 허물고 나무를 베어 보루와 진지를 세우고 문묘를 마구 사용하는 바람에 대성전만이 겨우 남았다. 산동성 거야문묘(巨野文廟)는 1947년 심하게 파괴되어 대성전만이 운좋게 남았으며, 어대문묘(魚臺文廟)도 1945년에서 1948년 사이에 부서져 대성전만 남았으며, 광주부학문묘(廣州府學文廟)는 해방 전 또다시 치명적인 타격을 받아 건물 전체가 파괴되어버렸다.

　민국 연간에 일어난 두 번째 파괴는 공자문묘를 다른 용도로 사용하기 위해 인위적으로 개조하면서 일어났다. 신해혁명으로 청 왕조가 멸망하고 공화국이 건립되면서, 유학이 국가 지도 이념이 되는 역사는 막을 내렸다. 1912년 공포한 『대학령(大學令)』에서 경과(經科)를 폐지하고 유학경전을 다른 학과로 배속하였으며, 학교에서 "공자 존숭과 경전 학습"[尊孔讀經]을 금지하였다. 이로써 유가 경전이 전한(前漢) 이래로 학교의 주요 교과서로서 역할을 해왔던 2000여 년의 역사가 종결되었다. 원세개(袁世凱)는 스스로 황제에 오르려는 망상을 실현하기 위해, 1913년 『통령존숭공성문(通令尊崇孔聖文)』을 발포하여 전국 곳곳에 '존공독경'을 회복하도록 명령하였고, 각급 학교마다 독경 과정을 개설하도록 결정했다. 1914년 9월에는 『제공령(祭孔令)』을 반포하여 공자 제사를 전면적으로 재실시하도록 명하였으며, 강유위(康有爲) 등 봉건시대 문인들은 원세개(袁世凱)의 지지하에 제멋대로 '존공숭유(尊孔崇儒)'를 주창했다. 참의원(參議院)과 중의원(衆議院)에 상서를 올려 "공교(孔敎)를 국교로 삼는 것을 헌법에 명시하라"라고 요구하면서, 한동안 전국적으로 존공숭유의 열기가 뜨거웠다. 그러나 존공숭유의 열기

1-11-5
대성전만 남은
거야문묘(巨野文廟).

1-11-6
다른 용도로
개조된 안휘(安徽)
곽구문묘(霍丘文廟).

속에서 1916년 원세개의 칭제(稱帝)와 1917년 7월 1일 청의 마지막 황제 부의(溥儀)의 복벽(復辟)이라는 양대 역사적 사건이 발발하였고, 1919년에는 "공자 사상을 타도하자"라는 의미에서 타도공가점(打倒孔家店) 운동이 발발하였다. 이로 인해 공자와 유가 사상의 사회지위는 급격히 하락하였고, 공자문묘도 갈수록 관심에서 멀어지면서 점차 다른 용도로 사용되었다.

　민국 연간에 공자문묘는 주로 학교로 변모하였다. 지방학교의 규모는 점점 커졌지만, 해당 정부에서는 학교를 증축할 여력이 없었기 때문에 공자문묘를 부분적으로 학교 건물로 개조하였고, 이 과정에서 공자문묘는 심하게 파괴되었다. 숭명학궁(崇明學宮)이 1913년부터 학교로 개설되면서 숭성사, 존경각 등도 전부 교실로 바뀌었다. 복건성(福建省) 태녕현학(泰寧縣學)이 1934년에 현립(縣立) 신태소학교(新泰小學校)가 되면서 양무도 교실로 개조되었다. 대성전도 학교 강당으로 사용되면서 문묘 건물은 잇따라 철거되었다. 호남성 봉황청학(鳳凰廳學)은

1-11-7 미처 복구되지 못한 문상문묘(汶上文廟)의 원형.

1944년에 학교로 개조되었는데, 학교를 확장하면서 대성전을 제외한 나머지 건축물은 전부 철거되었으며, 반지는 메워서 운동장으로 사용하였다. 호남성 악주부학(岳州府學)은 민국 초년에 신식학교로 개조되면서 공자문묘의 건물을 점차 개조하거나 철거하였는데, 대성전 및 부속건물과 반지, 장원교(壯元橋)를 부분적으로 개조한 것 외에 다른 건축물은 전부 철거하였다. 건주청학(乾州廳學)은 1938년부터 1946년까지 안휘(安徽) 국립팔중학교(國立八中學校) 여자사범대학[女師部]의 교정이 되었다. 1946년 이후에는 소학교로 개조되었는데, 건물은 대부분 보존되어왔지만 이미 매우 손상되어서 옛 모습을 전혀 찾아볼 수 없다. 귀주(貴州) 여평부학(黎平府學)은 학교로 사용되면서 겨우 대성전만 남았을 정도로 훼손되었다. 대성전은 다행히도 1934년 12월 장정(長征)에 오른 홍군(紅軍)이 그 지역을 지나갈 때 군중대회가 열렸던 장소였기 때문에 보존되었다. 섬서성(陝西省) 순양현학문묘(旬陽縣學文廟)는 민국 시기에 한 차례 곡식 저장고로 개조된 적이 있었는데 주둔군에 의해 빈번하게 훼손되었으며, 1944년 현참의회(縣參議會)에 의해 점용되었다. 강서성(江西省) 풍성문묘(豊城文廟)는 학교로 장기간 사용되었는데 "위험한 곳, 절대 가까이 가지 말 것"이라는 경고 문구가 적혀 있던 대성전만이 결국 살아남았다. 어떤 학교문묘는 정부기관으로 개조되기도 했다. 운남성 서주현현학문묘(西疇縣縣學文廟)는 현정부(縣政府)에, 하남성 허창부학문묘(許昌府學文廟)는 허창현정부(許昌縣政府)에 의해 점용되었다. 섬서 순양현학문묘(旬陽縣學文廟)는 1944년 현참의회(縣參議會)에 의해, 요평현학문묘(饒平縣學文廟)는 국민당 현정부에 의해 점용되었다. 어떤 학교 문묘는 군대가 진주하기도 하였는데, 안휘성 숙천문묘(宿遷文廟), 섬서성 순양문묘(旬陽文廟)는 민국 초년에 수차례 군

1-11-8
우루무치(烏魯
木齊) 문묘.

대에 의해 점거되었고, 사천성 자현(資縣)의 자중주학문묘(資中州學文廟)는 병영으로 전락한 후에 심각하게 파괴되어서 1942년 다시 지을 수밖에 없었다. 또 다른 문묘는 도서관·교육관 등 공공시설이나 임시 기구로 개조되었고, 태원부학문묘(太原府學文廟)는 1919년 교육 도서관으로 개조되었다. 운남성 곤명부학문묘(昆明府學文廟), 석병현학문묘(石屛縣學文廟), 상해현학(上海縣學)은 모두 민중교육관으로 용도가 전환되었다. 광동성 번우학궁(番禺學宮)은 1924년부터 1926년까지 농민운동 강습소의 부지가 되었고, 대성전은 교실로, 숭성사는 식당으로, 낭무(廊廡)6)는 기숙사로 사용되었다.

민국 연간의 세 번째 파괴는 관리 및 보수 소홀로 인한 자연적 훼손과 파괴이다. 민국 시기 국가는 가난하고 민생은 피폐하여 수리할 여력이 없었기에 절대 다수의 공자문묘가 제대로 보수되지 못하고 무너져 갔다. 치명적인 포격을 당해서 파손된 것은 아니었지만 이런 식으로 훼손되었던 공자문묘가 아주 많았다는 것을 감안하면 오히려 이런 식의 파손이 더 심각했다고 할 수 있다. 1946년 9월 숭명문묘(崇明文廟)의 양무는 관리 소홀로 인한 화재로 소실되었다. 인위적으로 파괴되는 상황은 비교적 적은 편이었다. 광서(廣西) 남녕문묘(南寧文廟)는 반봉건(反封建)·반예교(反禮敎)라는 신문화(新文化) 운동 과정에서 헐려서 대성전만이 남았다. 욱림문묘(郁林文廟)는 도로를 확장하는 과정에서 문병(門屛), 영성문, 예문(禮門), 의로(義路)가 모두 철거되었다.

민국 연간에 공자문묘는 크게 파괴되었지만, 일부 지역에서는 공자문묘를 새롭게 짓기도

---

6) (옮긴이) 正殿 아래에 동서로 붙여 지은 건물.

1-11-9 하얼빈(哈爾濱) 문묘 영성문.

하였다. 1904년에 현(縣)으로 승격된 흑룡강성(黑龍江省) 경성현(慶城縣)에서는 1919년에 새로운 문묘를 건설하였다. 1922년 신강도독(新疆都督) 양증신(楊增新)은 '상제교(上帝敎)'를 창건하였는데, 청대 소충사(昭忠祠)를 상제묘(上帝廟)로 개칭하고 하늘[상제]과 공자에게 제사 지냈다. 1944년 오충신(吳忠信)은 신강성(新疆省) 주석(主席)으로 취임한 후 상제묘를 문묘로 개칭하고 공자만 제사 지냈다.

  1926년 흑룡강성(黑龍江省) 하얼빈(哈爾濱)에서는 공자문묘를 새로 짓기 시작해서 1929년에 준공했다. 이 문묘는 2~3만 m² 정도의 넓이에, 중심에서 순서대로 조벽(照壁), 영성문, 대성문, 대성전, 숭성사 및 대성전 동무와 서무, 숭성사 동무와 서무, 덕배천지방(德配天地坊)과 도관고금방(道貫古今坊)가 있었다. 대성전 크기는 11칸이며, 건물의 지붕은 겹처마로 되어 있는데 이는 최고급·최대 규모의 공자문묘 중 하나였다. 1927년 흑룡강성 호란현(呼蘭縣)에서는 공자문묘 착공에 들어갔지만, 일본군의 침입으로 1936년이 되어서야 완공되었다. 이 문묘의 규모는 면적이 2만여 m²에 이를 정도로 매우 컸다. 영성문, 장원교, 대성문, 대성전, 동서무, 숭성사와 덕배천지방(德配天地坊), 도관고금방(道貫古今坊) 등으로 구성되어 있었는데 이는 문묘예제를 엄격히 적용하여 건축한 것이었다. 1927년 길림성(吉林省) 서안현[西安縣, 현재 요원시(遼源市)]에서도 문묘를 세웠다. 예제문묘를 제외하고, 민국 연간에는 일부 예제에 맞지 않는 공자문묘를 새로 짓기도 했다. 1937년 8월 조선족 공교회(孔敎會)는 길림성(吉林省) 연길(延吉)에 돈을 기부하여 공자문묘를 새로 지었는데, 면적은 800m² 정도였고 한 전(殿)에 문을 하나씩만 세웠다. 규모는 작지만 조선족들이 자발적으로 건축한 첫 번째 민간 공자문묘였다.

1-11-10 1925년 보수된 평산문묘(平山文廟) 대성전.

　민국 연간에는 일부 공자문묘가 수리, 정비되기도 하였다. 1914년에 보수되었던 호남(湖南) 상담문묘(湘潭文廟)는 항일전쟁 기간에 심각하게 파괴되었지만 1947년에 다시 복구되었다. 1915년 강음현의회(江陰縣議會)는 300원을 지원하고 지역 유력인사들이 900원을 기부하여 문묘를 정비하였다. 남녕(南寧)은 삼황묘(三皇廟)를 판 돈 2000원으로 문묘를 중수하였다. 1917년 섬서성(陝西省) 교육청은 서안부학문묘(西安府學文廟)를 정비하였고, 1920년, 1925년, 1936년, 1943년 길림은 손상 정도에 따라 문묘를 보수하였고, 1923년 호남은 안화문묘(安化文廟)를 일부 수리하였다. 1924년 홍성(興城) 출신 직례성(直隷省) 성장(省長) 왕승빈(王承斌)은 혼자서 출자하여 홍성 전(前) 녕원부학문묘(寧遠府學文廟)를 중수하였다. 같은 해 장춘현(長春縣)에서는 장춘문묘(長春文廟)를 수리했고, 1925년 하북성 평산현(平山縣)에서는 독자적으로 경비를 조달하여 평산문묘(平山文廟)를 수리했다.

　1927년과 1932년 흑룡강성에서는 치치하얼문묘(齊齊哈爾文廟)를 보수하였다. 1934년 복건성에서는 장주문묘(漳州文廟)를, 요녕성(療寧省)에서는 제정 러시아(1547~1917)에 의해 파괴된 요양문묘(遼陽文廟)를 중수하였다. 1935년 광동성에서는 신회문묘(新會文廟)를 보수하였고, 길림성에서는 유하문묘(柳河文廟)를 중수하였다. 유하문묘(柳河文廟)는 예제를 엄격히 적용하여 중수했고 그 안에는 문병(門屛)·영성문·대성문·대성전·숭성사·비각과 동무·서무·명환사와 절효사 등이 있다. 1936년 하북성에서는 계주문묘(薊州文廟)를 중수하였고, 대성전·동서양무·영성문 및 덕배천지(德配天地)와 도관고금(道冠古今) 두 개의 패루를 정비하였다. 1936년 투모터(土默特)에서는 문묘를 보수하였고, 1938년 하남성 영성(永城)에서는 공자가 비를 피한

1-11-11 요녕성 흥성문묘(興城文廟)의 반지. 전 녕원주학문묘(寧遠州學文廟).

다는 의미에서 지어졌던 공자문묘를 보수하였으며, 1941년 사천성 자현(資縣)에서는 신상(紳商)[7]과 각계 인사들이 협의하여 병영으로 전락해 무참히 파괴되어버린 자주문묘(資州文廟)를 자금을 모아 보수하였다. 1942년 광동성 요평문묘(饒平文廟)에서는 일본군 항공기에 의해 폭파된 대성전을 복구하였고, 1945년 안휘 곽산(霍山)에서는 문묘를 정비하였다. 1946년 곤명(昆明)에서는 일본군 항공기에 의해 폭파된 운남부학문묘(云南府學文廟)를 중수하였고, 항일전쟁에서 승리한 후 예릉(醴陵)과 부순현학문묘(富順縣學文廟) 모두 전쟁 중 파괴되어버린 대성전을 복원하였다. 상담문묘(湘潭文廟)는 부분적으로 파괴된 건축물들을 복원하였다. 1947년 절강성 구주(衢州)에 있는 공씨가묘(孔氏家廟)는 중수되었고, 1940년대 일본 항공기에 의해 폭파된 악록서원(岳麓書院) 공자문묘는 민간에서 자발적으로 중수하였다.

중화인민공화국 성립 이후 방치되어왔던 여러 사업이 다시 시작되었다. 교육을 재정비하고 공장을 설립하며 각종 정부 기관을 신설하기 위해서는 건물을 새로 지을 필요가 있다. 그러나 국가에서는 새로운 건물들을 신축할 여력이 없었기 때문에 많은 학교와 공자문묘가 학교·공장·기관 등으로 점용되었다. 당시 국가 재정 상태가 열악했기 때문에, 확장 및 재건할 여력이 없었다. 공자문묘가 위에 서술한 여러 사업들에 전용(轉用)되면서 필요한 관리나 보호를 받게 된 측면도 있었기에 대다수 공자문묘는 크게 손상되지 않았고, 단지 일부만이 훼손되었다. 광

---

7) (옮긴이) 신사(紳士)와 상인(商人)을 일컫는 용어. 전통적 사(士) 계층을 명·청 시대에는 특히 신사(紳士)라고 지칭했는데, 명 중기 이후 경제가 발전하면서 신사와 상인이 합류하는 현상이 생겼다. 이로 인해 생겨난 새로운 계층을 일컬어 신상(紳商)이라고 한다.

1-11-12
훼손되기 전의 서
안부학(西安府學)
대성전.

동성 남해현학문묘(南海縣學文廟)는 해방 초기에 파괴되었고, 운남성 석천부학문묘(石阡府學文廟)는 같은 시기에 영성문·숭성사·반지 및 장원교가 파괴되었다. 하북성 무청문묘(武淸文廟)는 1952년 인민 강당 건설을 위한 자재의 부족으로 대성전 이외의 건축물 전부를 철거하였고, 찬황문묘(贊皇文廟)도 1956년 인민 강당 건설을 위해 대성전을 허물었다. 절강성 온령현학문묘(溫岭縣學文廟)는 1958년 신도시 도로 건설 과정에서 일부 철거되었고, 이후 점차 완전히 철거되었다. 광서성 수인문묘(修仁文廟)는 1952년 공급수매합작사[8]에 의해 점용되면서 건물이 개조 및 철거되어, 본래의 모습을 찾아볼 수 없게 되었다. 해주문묘(海州文廟)는 1959년에 대성전과 양무가, 가흥부학문묘(嘉興府學文廟)는 1950년대에 대성전이 철거되었다. 임하(臨賀) 하현문묘(賀縣文廟) 는 학교에 점용되면서 건물들이 계속해서 철거되었고, 현재는 훼손되어버린 영성문만이 남아 있다. 부천문묘(富川文廟)는 내부에 제련소를 설치하는 바람에 건물이 심하게 파괴되었다. 해남성 안정현학문묘(安定縣學文廟) 대성전은 1954년 태풍으로 일부가 날아가 버렸는데, 신속히 수리하지 않아서 붕괴되었다. 서안부학문묘(西安府學文廟) 대성전은 1959년 천둥 번개로 화재가 일어나 소각되었다. 강서성 숭의문묘(崇義文廟)는 왕양명(王陽明)이 지었는데, 그는 당시 농민 봉기를 진압한 적이 있었기 때문에, 1964년 문묘와 왕양명 사당 전부

---

8) (옮긴이) 공급수매합작사는 국가에서 설립한 기구로서 농산물의 공급과 수매뿐만 아니라 비료라든가 하는 농업에 필요한 물품을 농민들에게 공급하는 역할을 주로 했다.

1-11-13
1966년 북경사범대 홍위병(紅衛兵)이 파괴한 곡부 공자문묘 편액.

가 철거되었다.

공자문묘가 크게 파괴되었던 두 번째 시기는 바로 문화대혁명(文化大革命)시기이다. 이때부터 공자문묘는 대규모로 파괴되었는데, 문화대혁명이 시작되던 때 "사구(四舊)를 일소"한다는 기치 아래 그나마 남아 있던 공자문묘의 감실, 신주, 편액 등 문화재의 대부분이 파괴되었고, 비석 대부분도 파괴되었다. 일부 공자문묘는 '사구(四舊)[9]'로 간주되어 허물어졌고 1966년에 기현(杞縣)에서는 문묘 영성문을 허물어버렸다.

1970년대에 공장이 늘어나고 학교가 세워지면서, 일부 점용된 공자문묘가 계속해서 철거되었고 이 과정에서 파괴는 더욱 가속화되었다. 문화대혁명 중에 하남 기현문묘(淇縣文廟), 호남성 안향현학문묘(安鄕縣學文廟)·안복현학문묘(安福縣學文廟)·자리현학문묘(慈利縣學文廟)·영정현학문묘(永定縣學文廟), 요녕성 요양문묘(遼陽文廟), 해남안정문묘(海南安定文廟) 등이 모조리 파괴되었고, 산동성 이진현학문묘(利津縣學文廟)도 전부 철거되었다. 운남성 곡정문묘(曲靖文廟), 호남 상식현학문묘(桑植縣學文廟)는 해체되어 겨우 대성전 한 채만이 남았고, 나평문묘(羅平文廟)는 1973년 파괴되어 대성문만 남았다. 노남주문묘[路南州文廟, 석림(石林)에 있음]는 1966년 파괴되어 대성전만, 광서성 관양문묘(灌陽文廟)는 파괴되어 대성문과 반지만 남았다. 안휘성 곽산문묘(霍山文廟)는 반지, 반교, 문병이 헐렸으며, 해주문묘(海州文廟)는 겨우 남아 있던 영

---

9) (옮긴이) 사구(四舊)란 낡은 사상, 낡은 문화, 낡은 풍습, 낡은 습관을 가리킨다.

1-11-14
곤명 운남부
학문묘 반지.

성문이 파괴되고 반지는 메워졌다. 사천성 중강현학문묘(中江縣學文廟)는 영성문과 존경각이
훼손되었고, 길림문묘(吉林文廟)는 반지, 반교(泮橋)와 영성문이, 산동성 내양문묘(萊陽文廟)는
대성전이 철거되었다. 북경 양향문묘(良鄕文廟)는 대성전과 배전(配殿) 외에는 전부 파괴되었
고(현재는 대성전만이 남아 있다), 섬서성 안강현학문묘(安康縣學文廟)는 1970년대 파괴되어 대성
전만이 남아 있으며, 원 지원(至元) 2년(1265)에 증축된 산서성 양원현학문묘(襄垣縣學文廟) 대
성전의 유리로 된 동물상이 전부 파괴되었다. 연천문묘(延川文廟)는 1935년 6월 화재로 소실
되었는데, 유일하게 타지 않고 남은 천립극방(天立極坊)도 1966년에 사구로 간주되어 파괴되
었다. 태원문묘(太原文廟)는 1958년 양돈장 건축과 도로 확장으로 문병과 패루가 파괴되었고,
문화대혁명 중 지붕의 유리로 된 동물상의 머리와 대성전 기둥에 새겨진 용도 파괴되었으며,
1970년대 다시 중학교로 점용되어 대성전 뒤에 있던 건물 전체가 철거되었다. 섬서성 한중부
학문묘(漢中府學文廟)는 1968년 영성문 외 거의 모든 건축물이 해체되는 등 심하게 파괴되었
다. 복건성 함강문묘(涵江文廟)는 1972년 점용되면서 대성전 등 주요 건축물이 파괴되었다. 운
남성 곤명부학문묘(昆明府學文廟)는 1941년 1월 일본군 항공기에 의해 폭파된 후 1946년에 중
건되었고 해방 후 수차례 보수되었지만, 문화혁명 때 완전히 파괴되어 겨우 영성문과 반지만
이 화를 면할 수 있었다.

안휘성 동성현학문묘(桐城縣學文廟)는 문화대혁명 때 심하게 파괴되었다. 문루는 철거되었
고, 대성전은 현정부 식당으로 사용되었으며 대성문, 양무는 농업국(農業局)·임업국(林業局)·
수전국(水田局)의 직원 기숙사로 개조되었다. 낙양(洛陽) 하남부학문묘(河南府學文廟)도 문화대

혁명 기간 중에 심하게 파괴되었다. 많은 건물이 훼손되었고, 그나마 남은 대성전·극문(戟門)·명륜당 등도 본래의 모습을 찾아볼 수 없을 정도로 방치되었다.

하북성 평산현문묘(平山縣文廟)는 대성전 및 부속건물과 존경각, 신주 외에는 완전히 철거되었다. 항주부학문묘(杭州府學文廟)는 헐려서 겨우 대성전 한 채만 남았고, 하북성 승덕(承德)의 열하 문묘(熱河文廟)는 문화대혁명 기간에 대성전이, 서안부학문묘(西安府學文廟)는 1973년 대성문 양옆의 관청이 파괴되었다. 태평부학문묘(太平府學文廟)도 같은 시기에 대성전·대성문과 장원교가 철거되었고 반지가 메워졌으며, 요평문묘(饒平文廟)의 4배·12철·79명의 선현과 77명의 선유의 위패는 담 벽에서 꺼내져 목욕탕 마루청을 깔거나 돼지우리를 짓는 데 쓰였다. 허창부학문묘(許昌府學文廟)는 1934년에 허창현의 도서관으로 개조되었고, 이후 현 정부도 학교 안에 설치되었다. 이 건물들은 위와 같은 용도로 1950년대까지 계속 사용되다가 1960년대 초대소[10]·문화국·문화관·도서관·문화재관리소 등으로 점용되면서 난잡해졌고, 건물은 비록 남아 있지만 모두 개조되어 옛 모습을 거의 찾아볼 수 없다. 섬서 순양현학문묘(旬陽縣學文廟)는 민국 시기에 양식 창고로 개조된 적이 있는데, 주둔군에 의해 누차 파괴되었다. 게다가 1944년에는 현의 참의회(參議會)로 점용되고 1949년 이후 한동안 직원 주택으로 사용되다가 후에 초대소로 개조되면서 옛 모습은 거의 남아 있지 않다.

학교로 점용된 문묘는 대부분 심각하게 파괴되었다. 건물은 학교가 확장되면서 점차 철거되었고 심지어 완전히 허물어버리기도 했다. 1919년이 되어서야 세워진 흑룡강성 경성현문묘(慶城縣文廟)는 학교로 개조되었지만 문화대혁명 중 전부 파괴되었다. 광동성 화현학궁(花縣學宮)은 중학교로 전용(轉用)된 후 잇따라 철거되어, 현재는 겨우 "문무관원 이곳에서 말에서 내린다"라고 쓰인 하마비(下馬碑) 하나만 남아 있을 따름이다. 호남성 봉황문묘(鳳凰文廟)는 1944년에 중학교로 개조되었는데 학교가 증축되면서 점차 파괴되었고, 현재는 대성전만 남아 있다. 예릉문묘(醴陵文廟)는 중학교로 전용되면서 현재 대성전만이 남아 있다. 하남성 내향문묘(內鄉文廟)는 학교로 전용된 후 건축물 대부분이 훼손되었고, 현존하는 대성전도 붕괴될 위험이 있다. 정주문묘(鄭州文廟)는 전력학교(電力學校)로 전용되었다가 후에 베어링 공장에 귀속되면서 건축물들이 점차 철거되었다. 문화대혁명 기간에도 파괴되지 않았던 영성문, 반지도 훼손을 면할 수는 없었던 것이다. 운남성 회택현학문묘(會澤縣學文廟)는 중학교로 전용되었

---

10) (옮긴이) 초대소란 원래 관공서나 대학 기관 등에서 개설해 관련 기관의 출장온 사람들이 묵을 수 있게 만든 어둔 시설로서, 무엇보다도 안전하며 요금이 보통 여관보다 저렴하다. 옛날에는 관련된 사람만이 묵을 수 있었는데 지금은 일반 손님에게도 개방되었다. 그러나 시대가 바뀜에 따라 지금은 '초대소'란 말이 점점 사라지고 '호텔'이란 말로 대체되고 있다.

1-11-15 흡현문묘(歙縣文廟)의 반지. 문묘는 중학교로 사용된 후 파괴되어 반지만이 겨우 남았다.

고, 현재는 겨우 대성전과 숭성사만이 남아 있다. 안녕주학문묘(安寧州學文廟)와 선위주학(宣威州學)은 소학교, 중학교로 각각 전용되어 현재는 모두 대성전만이 남아 있다. 하북성 승덕열하문묘(承德熱河文廟)는 중학교로 전용되면서 건축물이 계속 훼손되었고, 겨우 문병·양무·숭성사와 명륜당 등의 일부만이 남아 있다. 하남성 탕양현학문묘(湯陽縣學文廟)는 민국 연간 학교로 개조되면서 건물이 계속 파괴되었고, 현재는 대성전 한 채만이 남아 있다. 하북성 당현문묘(唐縣文廟)는 중학교로 전용되고 나서 1953년에 대성전을 강당으로 개조하였다. 이후 계속철거되어 현재 대성전과 반지만이 남아 있다. 안휘성 숙천문묘(宿遷文廟)는 민국 초년에 수차례 주둔군에 의해 점령되었다. 1929년에는 성립숙천중학교(省立宿遷中學校)에 의해 장기간 점용되면서 학교 건물로 사용되었는데, 건물은 점차 훼손되어 대성전·양무·반지 등만이 겨우남을 수 있었다. 요평현학문묘(饒平縣學文廟)는 민국 연간에 학교로 전용되었는데, 국민당 현정부도 그 안으로 옮겨가면서 양무는 새롭게 교실로 사용되었지만, 영성문은 파괴되었고 반지는 메워졌다. 서주문묘(徐州文廟)는 중학교로 전용되었고, 문화대혁명이 일어나기 전까지는여전히 잘 보존되고 있었지만, 문화대혁명의 거센 비바람을 피하지 못하고 결국에는 대성전과 대성문만이 남게 되었다.

인위적인 파괴를 제외하고도 일부 공자문묘는 오랜 세월 동안 관리 소홀과 자연 재해로 훼손되었다. 호남 성보문묘(城步文廟)의 숭성사·문창각은 1974년 붕괴되었고, 섬서 포성문묘(蒲城文廟)의 대성전은 1976년 화재로 소실되었고, 향하문묘(香河文廟)는 1976년 당산 대지진으로파괴되었다.

문화대혁명 이전에는 당연히 많은 문묘들이 비교적 잘 보호되었다. 광동성 번우현학(番禺縣學)은 1926년 제6회 농민운동 강습소가 열렸던 적이 있었는데, 당시 소장이 모택동(毛澤東)이었다. 그 덕분에 그곳은 혁명의 성지(聖地)가 되었고, 1953년에는 기념관으로 창건되었다. 1961년 전국 주요 보호 문화재로 지정되어 공자문묘와 학교는 줄곧 보호를 받으면서 관리되었다. 서안문묘(西安文廟)는 1953년 대대적으로 정비된 이후 지금까지도 일상적인 관리가 잘 이루어지고 있다. 하북성 정주문묘(定州文廟)는 1959년 박물관으로 재건되면서 잘 보호되어, 지금까지도 비교적 온전하게 보존된 편이다. 산서성 평요문묘(平遙文廟)는 1953년 소규모로 수리된 적이 있었는데, 1957년 지진의 영향으로 대성전 들보에 균열이 생기면서 지붕이 내려앉았다. 그해 경성현(經省縣)은 관련 부서에서 "모든 기와를 벗기고 일부 기둥을 허물어서 원형을 토대로 복구하는" 대공사를 진행했다. 4개월 동안 공사 비용으로 3만 9300원이 들었으며, 준공 후 기념비를 세웠다. 이 외에도 문묘 수리와 관련된 기록들을 더 찾아볼 수 있다. 1953년 정부는 자금을 들여 서안부학문묘(西安府學文廟)를 대규모로 정비했고, 1956년 사천성에서는 한중부학문묘(漢中府學文廟)를 수리했다. 광동성에서는 신회문묘(新會文廟)를 수리하면서 일제에 의해 손상된 대성문, 양무, 존경각 등을 중건하였다. 1956년과 1960년 상해에서는 보산문묘(寶山文廟)의 대성전을, 문화대혁명이 일어나기 전 두 차례 가정문묘(嘉定文廟)를 수리하였다. 1957년 강소성에서는 소주문묘(蘇州文廟)의 대성전, 동서무, 대성문과 담벽을 보수했다. 1958년 사천성의 부순문묘(富順文廟)는 외형을 수리하면서 한층 새로워졌고, 1963년 광동성에서는 요평문묘(饒平文廟)를, 광서에서는 공성문묘(恭城文廟)를 수리했다, 1964년 섬서성에서는 흥평현학문묘(興平縣學文廟)의 대성전을 보수하였고, 1965년 길림성에서는 20여만 원을 들여 길림문묘(吉林文廟)의 대성전을 재건하였다. 천진문묘(天津文廟)는 1954년 시립 보호 문화재로 지정된 다음 예산에 의해 수리 및 관리되었다.

학교 문묘 외에 비교적 잘 보호된 다른 공자문묘도 있었다. 1956년 하남성에서는 휘현백천서원(輝縣百泉書院) 공자문묘를 수리했는데, 동무를 복구하였고, 대성전·동무·담벽을 보수하였다. 1959년과 1961년 절강성 문화청과 구현(衢縣) 현정부는 예산을 들여 구주공씨남종가묘(衢州孔氏南宗家廟)를 수리했다. 곡부에 있는 공자문묘는 1950년 이래 거의 매년 국가 예산으로 수리되었기에 잘 보존될 수 있었다.

문화대혁명 때 공자문묘가 크게 파괴되었지만, 일부는 다시 수리되었다. 1970년 누군가 태산 문화재가 심하게 파손되었다는 내용을 편지에 적어 국무원(國務院)에 보낸 적이 있는데, 주은래(周恩來) 총리가 이 편지를 받은 후 가장 먼저 곡부의 공자문묘를 떠올렸다. 이 일로 산동성의 관련 책임자에게 곡부, 태산으로 인원을 파견하여 문화재 파손 상황에 대한 조사를 요청했다. 보고를 받은 직후 국무원(國務院)에서는 바로 13만 원, 황금 29냥을 지급하여 대성전을 수리하였다. 해남에서도 1973년에 자금을 들여 문창문묘(文昌文廟)를 보수하였다.

1-11-16
공성문묘. 줄곧
비교적 잘 보호
되어왔으며 현재
는 기본적인 원
형이 복원되었다.

1-11-17
절강성 구주남종
가묘(衢州孔氏南
宗家廟). 비교적 잘
보존되어 있다.

    1960~1970년대의 자연적인 손상과 인위적인 파괴부터 문화대혁명이 종결되기까지 1700여 개의 학교 공자문묘는 500여 곳만이 남았고, 그나마 비교적 보존이 잘 된 곳은 대략 100여 곳 정도이고, 그 원형이 잘 보존된 곳은 단지 몇십 곳에 지나지 않는다.

    청 말 이래 공자문묘가 심하게 훼손되었지만, 이 정도나마 공자문묘가 보존된 것도 그리 쉬운 일만은 아니었다. 공자문묘 등 문화유산을 보호하기 위한 당과 정부 및 사회 각계 인사들의 노력이 있었기 때문에 그나마 보존될 수 있었던 것이 사실이다. 전쟁 시기 옛 수도 북경의 문화유산을 보호하기 위해 평화적 해방 노선이 채택되었다. 1948년 곡부를 해방시키면서 부대에 발포 금지를 명하였고, 공자문묘 주위에서는 수류탄을 사용하지 못하도록 했다. 문화대혁명 시기에 많은 사람들이 개인의 안위를 돌아보지 않으면서 공자문묘를 보호하였다.

1-11-18 1966년 곡부의 홍위병 토공대회(討孔大會).

1-11-19 홍위병은 곡부 공자문묘에 있는 4배의 조각상을 파괴하였다.

1966년 11월 진백달(陳伯達)은 담후란(譚厚蘭)에게 북경 사범대 홍위병을 곡부로 데려와 공자를 토벌하라고 지시했다. 곡부현(曲阜縣) 정부·인민위원회는 홍위병과 논쟁을 벌이면서 되도록 문화재를 보호하였다. 그들은 밤에도 대성전 안에서 농업 전시회를 거행하였는데 신주, 소상, 편액, 대련 등의 문화재 전부를 가려두었다. 비록 홍위병을 끝내 막을 수는 없었지만 그들은 끝까지 최선을 다했다. 담후란 등의 사람들이 학생, 농민을 선동하여 대대적으로 공자문묘를 파괴했던 중대한 고비를 맞아 곡부현 인민위원회의 책임자는 산동성 인민위원회에 전화를 걸어 신속히 보고하였다. 당시 산동성 인민위원회의 당직자는 곡부에 있는 직원에게 수화기를 내려놓지 말라고 요청하면서, 즉시 국무원에 전화로 보고하였다. 국무원 비서 주영흠(周榮鑫)은 산동성 인민위원회의 당직자에게 전화를 내려놓지 말라고 하면서 그는 즉시 주은래(周恩來) 총리에게 보고하였다. 주 총리는 당장 "곡부의 공부·공묘·공림은 어느 누구라도 결코 훼손시킬 수 없으며, 담후란은 반드시 삼일 내에 북경으로 돌아올 것을 통보한다"[11]라는 내용을 지시하였다. 3일 후 담후란은 북경으로 되돌아왔고, 곡부의 공자문묘는 대

---

11) "曲阜三孔建築絶不允許任何人破壞, 通知譚厚蘭務必在三日內返回北京."

참사를 면할 수 있었다. 곡부현 문화재 관리위원회의 직원들도 문화재를 보호할 수 있는 다양한 수단과 방법을 고안해냈다. 그들은 돌사자를 나무판으로 봉쇄하고 사방에 모택동(毛澤東) 어록을 적어두었고, 이로 인해 돌사자도 화를 면할 수 있었다. 진백달(陳伯達)이 "공자 무덤은 파헤칠 수 있으며, 청대 비석은 실어 나갈 수 있다"[12]라고 지시하자, 문화재 담당 직원들은 이에 저항할 능력이 없었다. 그들은 홍위병이 한바탕 소란을 피울까 염려하여 조속히 담후란과 협상하였다. 그 결과 담후란의 타협(妥協)으로 보호해야 하는 비석과 진백달에 의해 파괴된 수많은 청대 비석에도 밤새도록 붉은 물감으로 '留' 자를 써 두게 되어 많은 문화재가 화(禍)를 면할 수 있었다.

1-11-20 홍위병은 곡부 공자문묘의 비석을 파괴하였다.

1979년 호남성 예현(澧縣) 정부는 예주문묘(澧州文廟)를 철거하고 정부 청사를 짓기로 결정하였다. 문화재 부서의 담당 직원들이 이 소식을 접한 후 개인적인 일을 뒤로 하고 직접 가서

1-11-21 훼손되기 전의 곡부 공자문묘의 대성전 내경. 1912년 촬영되었고, 현재는 프랑스에 보관되어 있다.

....
12) "孔墳可以挖, 清碑可以拉."

1-11-22
곡부 공자문묘의
비석에 새겨진
'留' 자.

국가의 문화재 정책과 문화재 보호의 중요성을 알려주었다. 결국 정부는 결정을 변경하여 새로운 부지를 선정하여 정부 청사를 지었고, 문묘는 보존될 수 있었다.

제12장

공자문묘의 복원
개혁개방 이후

　1976년 '4인방'을 대대적으로 비판하고 문화대혁명의 종결을 선언하면서, 공자문묘에도 봄
은 찾아왔다. 사상적인 혼란이 수습되고 전통 문화와 문화재의 중요성에 대한 인식이 높아지
면서, 공자문묘도 점차 보호받게 되었다. 이로 인해 공자문묘는 회복기로 들어선다.

　30여 년 동안 이루어졌던 공자문묘의 보호 사업은 1990년을 기준으로 두 시기로 나눌 수 있
다. 앞 시기에는 주로 수리가 시급한 공자문묘를 보수했다면, 뒤 시기에는 역시 이를 위주로
하면서 파괴되어 없어진 건물들을 재건하기도 하였다. 이로써 많은 공자문묘가 역사적 원형
을 되찾을 수 있었다.

　북경 국자감의 공자문묘는 줄곧 제대로 보호받아왔던 편이었는데, 해방 후에는 북경시의
간부관리학교(幹部管理學校)로, 1959년부터 1964년까지는 북경시 회곡학교(戱曲學校)로 사용되
었다. 1966년부터 1978년까지는 북경시 문물관리처(文物管理處)의 문물 창고로 사용되면서 다
행히 문화대혁명의 참화를 면할 수 있었다. 이후 1979년에는 수도박물관설립사무소(首都博物
館設立事務所)의 사무실로 사용되었고, 1984년에는 대성전의 진열품을 복원한 후 대외적으로
개방하였는데 1980년대부터 지속적으로 수리가 이루어졌다. 2005년 북경시정부는 국자감을
다시 북경시 문물국(文物局)에 인계하고 수도박물관(首都博物館)을 이전하였으며, 공자문묘와
국자감 관리소(國子監管理所)·박물관이 만들어지면서 대규모 수리를 진행하였다. 동시에 공자
기념회와 공자문묘 소개 등의 전시회를 개최하였다. 순천부학문묘(順天府學文廟)는 소학교로
사용되었는데, 20세기 말 학교측이 투자하여 전면적으로 보수작업에 들어가면서 모든 건물이
새로 단장되었다. 비록 문묘의 역사적 기능까지 복구하지는 못했고 문묘도 예제에 따라 회복

1-12-1 새로 수리된 순천부학문묘(順天府學文廟).

1-12-2 통주문묘(通州文廟)의 대성문과 반지.

되지는 못했지만 문묘의 모든 건물이 온전히 보호되었다. 통주문묘(通州文廟)는 2004년에 전반적으로 수리되었는데 원대에 만들어진 반지(泮池)를 유리로 덮음으로써 역사적 원형을 거의 회복하였다.

천진문묘(天津文廟)는 1984년 시급(市級) 지정(指定) 보호 문화재로 공시된 이래로 지속적으로 재정을 들여 수리 및 정비하였다. 1985년 천진(天津)시정부는 80만 원을 들여 보수하고, 현

1-12-3 새롭게 보수한 천진문묘(天津文廟).

학 문묘의 문병(門屛)·반지와 영성문을 중건하였다. 1987년 문묘박물관을 설립하고 대성전의 진열품을 복원하면서 정식으로 대외 개방하였으며, 2006년 다시 큰 수리를 진행하였다. 계주문묘(薊州文廟)는 2006년에 학교를 이전시키고 전면적으로 정비하였고, 역사적 원형을 거의 회복하였다.

하북성에서는 1981년에는 창주문묘(滄州文廟)의 대성전을, 1985년부터 1992년까지는 평산현학문묘(平山縣學文廟)를 보수하였고, 대성전과 대성문 두 건물 모두 원상(原狀)대로 복구하였다. 1997년에는 정정현학문묘(正定縣學文廟)를 보강, 수리하였는데, 이 문묘의 대성전은 중국에 현존하는 공자문묘 중에서 최고(最古)의 건축물이다. 2000년에는 무너져 내린 난성문묘(欒城文廟)의 대성전을 대대적으로 수리하였다. 20세기 말 정주문묘(定州文廟)를 전면적으로 수리하면서 문병과 반지 외에는 기본적으로 역사적 원형을 회복하였는데, 하북성에서 현존하는 문묘 중에서도 가장 오래되었으며, 학교 부분도 온전히 보존되어 있다. 안타깝게도 학교는 실업학교(實業學校)로 전용되어버렸는데 '묘학일체(廟學一體)'의 원래 모습을 회복한다면 문묘와 학교가 하나의 체계 속에 운영되어 더 좋은 역할을 할 수 있을 것이다.

산서성은 1983년에 산서성 대동부학문묘(大同府學文廟)의 대성전을, 1884년에는 양성문묘(陽城文廟)를 전반적으로 수리하였다. 같은 해 문희현학문묘(聞喜縣學文廟)도 수리에 들어갔는데, 대성전을 재건하고 반지를 청소하였으며 2002년에는 정문(正門)도 재건하였다. 평요현학(平遙縣學)은 과거제도가 폐지된 후 평요현실업학교(平遙縣實業學校)라는 이름으로 설립되었고,

1-12-4 새롭게 보수한 정주문묘(定州文廟).

1923년에는 평요여지중학교(平遙勵志中學校)로 바뀌었다. 1950년에는 평요중학교(平遙中學校)의 학교 부지로 사용되면서, 1950년대에 잇따라 영성문·서학(西學)·경일정(敬一亭)·존경각(尊經閣) 등의 건물들이 철거되었으나 대성전만은 온전하게 보존되어왔다. 1997년 평요현(平遙縣)이 세계 문화유산에 등재되면서 문묘는 정부의 보호를 받게 되었다. 2003년 평요중학교를 이전한 후 남아 있는 건물을 보수하였고 훼손된 건축을 중건하면서 묘학의 역사적 원형을 회복하였다. 신강(新絳)의 전(前) 강주문묘(絳州文廟)는 2002년 시민들의 기부금으로 수리될 때 정문을 중건했다. 노성문묘(潞城文廟)는 금세기 초 전반적으로 수리되면서 영성문을 새로 지었고 부근의 건물들을 철거하였으며, 광장을 만들면서 광장 북쪽에 문묘를 두어 도시의 문화적 분위기를 조성하였다. 이러한 방법은 다른 도시의 문묘를 복원할 때도 참고할 만한 가치가 있다. 산서성의 많은 문묘는 몇 차례에 걸쳐 수리를 받았는데, 태원(太原)·대주(代州) 등의 문묘도 비교적 양호하게 보존되었다. 2008년 산서성의 분양시(汾陽市) 시민인 공상생(孔祥生)은 자발적으로 7000만 원을 투자하여 분양부학(汾陽府學)과 문묘를 중건하였다.

내몽고자치구(內蒙古自治區)는 1984년·1995년 투모터문묘(土默特文廟)를 수리했는데, 현재 대성전이 유일하게 남아 있다. 후허하오터(呼和浩特)의 북문묘(北文廟)는 최근 몇 년 동안 수리했는데 현재 대성전만이 남아 있다. 2009년 다륜현(多倫縣)은 문화서원을 중건해서 공자문묘를 복원하였고, 공자전시회도 개최하였다.

요녕성 흥성문묘(興城文廟: 전 寧遠州學文廟)의 문묘는 1949년 이후 수차례 수리했고 2002년

1-12-5 새로 수리한 평요문묘(平遙文廟).

1-12-6 새로 수리한 노성문묘(潞城文廟) 광장.

1-12-7 분양문묘(汾陽文廟).

1-12-8 길림문묘.

지방정부가 500여만 원을 들여서 전면적인 수리를 하면서 문묘의 형상(形狀)과 구조가 복원되었다. 새로 공자상을 세우고, 공자·4배·12철의 감실위패를 복원하였다. 누르하치(努爾哈赤)가 명 만력 35년(1607) 건축한 허투아라성(赫圖阿拉城) 공자문묘는 근년에 전면적으로 수리되어 역사적 원형을 회복하였다.

길림문묘(吉林文廟)는 1909년 준공 후, 몇 차례 수리했지만 해방 당시 문묘는 텅 빈 상태였고, 해방 후 예닐곱 번 점용되면서 건물이 여기 저기 개조되어 본래의 모습은 전혀 남아 있지 않았다. 1985년 정부가 340만 원을 들여 수리했는데, 문화대혁명 때 철거된 영성문·반지와 다리를 중건하면서 역사적 원형을 회복할 수 있었다. 2002년 장춘시(長春市)는 장춘공자문묘를 보수하였고 원상태를 거의 회복하였다. 요양문묘(遼陽文廟)는 문화대혁명 때 훼손되었는데, 최근 원래의 터를 공자광장으로 만들었고, 영성문과 반지를 중건하였다.

흑룡강성 하얼빈(哈爾濱) 공자문묘는 1946년 후 잇따라 하얼빈 의과전문학교·하얼빈 의과대학·하얼빈 군사공정대학(軍事工程大學)의 도서관과 흑룡강성 군사 시설의 창고로 사용되었다. 50여 년이 지났지만 수리를 하지 못해 여전히 담은 무너져 황폐하고 잡초만이 무성하였다. 1985년 흑룡강성 정부는 문묘 내에 흑룡강성 민족박물관을 설립하였고, 같은 해 국가문물국(國家文物局)과 흑룡강성 재정청(財政廳)이 300여만 원을 들여 전면적으로 정비하고 대성전 내의 인물상과 감실·현판·대련을 새로 만든 뒤, 1988년부터 대외적으로 개방하였다. 1996년에는 전국 주요 보호 문화재로 지정되었으며, 2007년 다시 크게 수리하였다. 아성문묘(阿城

1-12-9 새롭게 정비된 상해현학문묘.

文廟)는 오랜 세월 제대로 수리하지 않고 여러 차례 다른 용도로 전용되면서 문병·반지·장원교·영성문·대성문·숭성사 모두 훼손되었는데, 1977년 정부가 재정을 들여 수리하고 대성문을 중건하였고, 2006년에는 다시 전면적으로 수리하였다.

상해현학문묘(上海縣學文廟)는 비교적 양호하게 보존된 문묘 중 하나였다. 1911년 신해혁명이 끝나고 문묘 공원으로 만들었는데 1933년에는 민중교육관(民衆敎育館)으로, 1949년 이후 문화관(文化館)으로 바뀌었다. 정부가 수차례 돈을 들여 보수하여 양호한 상태를 유지하고 있다. 문화대혁명 중에는 상당히 파괴되기도 했지만, 1980년대부터 보수가 진행되었다. 1995년에는 청대의 모습을 근거로 전면적으로 정비되었고, 존경각을 중건하였으며 대성전 내의 현판과 대련을 복구하였다. 공자와 안자(顔子), 증자(曾子)의 목조상(木彫像)을 제작하고 『논어』 석각(石刻)까지 새기면서, 현재는 역사적 원형을 거의 회복하였다. 상해가정현학(上海嘉定縣學)은 1982년 수리를 시작해서 2년 후 준공되었으며, 현재 문묘·학교와 동쪽의 당호서원(當湖書院) 모두 잘 보존되어 있다. 숭명현학문묘(崇明縣學文廟)는 1986년 문묘를 점용하고 있던 다른 기관들을 이전시키고, 문화재 담당 부서에서 관리하고 있다. 1997년 대성전과 동무(東廡)·서무(西廡)를 재건하였고 2001년 명륜당과 의문(儀門) 등을 복원하였지만, 애석하게도 문묘는 선박 박물관이 되어버렸다. 가정문묘(嘉定文廟)는 비교적 잘 보호받아왔다. 상해시에서 수시로 재정을 들여 수리하였기 때문에 역사적 원형이 거의 보존되어 있다.

1-12-10 중건된 강녕현학(江寧縣學) 부자묘.

    강소성의 남경(南京) 공자문묘는 1937년 일본군에 의해 전쟁 중에 불타버렸고, 문화대혁명을 거치고도 다행히 살아남은 거성정은 '사구(四舊)'중의 하나로 간주되어 철거되었으며, 존경각은 벽돌과 시멘트로 지어진 문화관으로 개조되었다. 1984년 남경시정부와 진회구정부(秦淮區政府)의 투자로 문묘가 재건되면서, 역사적 원형을 거의 회복하였다. 소주부학문묘(蘇州府學文廟)는 과거(科擧) 제도가 폐지된 후에 점차 축소되었는데, 1957년에 수리를 받은 적이 있고, 1960년 이후 창고·공장·기숙사 등으로 사용되었다. 1966년부터는 심하게 파괴되기 시작했는데, 1978년 5월부터 그나마 남은 건물 보수 작업에 들어갔다. 강소성의 강음현학문묘(江陰縣學文廟)는 신해혁명 이후 잇따라 현립제일고등소학교(縣立第一高等小學校)와 현립중학교(縣立中學校)로 전용되었다. 1970년대 학교 건물을 개축하고 대로를 확장하면서 영성문·동서석방(東西石房)과 숭선사 등의 건물이 철거되었다. 1955년부터 1996년까지 강소성의 강음(江陰)시 정부는 총 600여만 원을 들여 수리에 들어갔다. 영성문을 중건하고, 현판과 대련을 복구하면서 학교와 문묘의 원형을 기본적으로 회복할 수 있었다. 강소성 회안시(淮安市)는 적극적으로 운하(運河) 도시를 조성하고 옛 운하의 정취를 느낄 수 있는 긴 회랑을 만들면서, 2002년 원래 산양문묘(山陽文廟)로 불렸던 곳의 문묘 건물 외에 다른 건물들을 철거하고 대성전·숭성사 등을 수리하였다. 남경시의 조천궁(朝天宮)은 청나라 말기에 강녕부학(江寧府學)으로 바뀌었는데, 후에 박물관으로 되면서 건물이 매우 잘 보존되었다. 서주문묘(徐州文廟)는 1989년에 남아 있는 대성전과 대성문을 수리하였다.

1-12-11 새롭게 수리한 황암문묘(黃巖文廟).

　절강성의 자계현학문묘(慈溪縣學文廟)는 1902년에 소학당(小學堂)을 열었다. 1991년에 와서
야 학교가 옮겨갔지만, 노인협회(老人協會)·공회(工會) 도서실 등으로 전용되면서 문묘는 전혀
딴판이 되어버렸다. 2001년 영파시(寧波市)와 강북구정부(江北區政府)는 1900여만 원을 투자하
여 전면적으로 수리하기로 결정하였다. 2년에 걸쳐 모든 건물을 보수하고 1953년에 일제(日
帝)에 의해 일부 폭파되어 붕괴되어버린 대성전과 등교(螣蛟), 기봉방(起鳳坊)을 중건하면서,
본래의 모습이 거의 복원되었다. 그 외에도 문묘 동편의 주택가를 다른 곳으로 이전시키고 공
자문묘 공원을 지었다. 절강성의 황암현학문묘(黃巖縣學文廟)는 1929년에는 황암현립사범강
습소(黃巖縣立師範講習所) 부지로 점용되고 해방 후 황암사범학교(黃巖師範學校)와 황암문화관
(黃巖文化館)으로 사용되면서, 영성문·숭성사·명환사·향현사·존경각 등 건물이 오랜 세월
동안 관리가 제대로 이루어지지 않아 민국 연간과 1950년대에 잇따라 철거되었다. 1987년 정
부는 황암사범학교를 이전하여 "우선 수리, 일부 복원(重點修繕, 局部復原)"이라는 원칙에 따라
1992년부터 1998년까지 190만 원을 투자해 대규모 공사를 하였고, 이때 남아 있던 모든 건물
이 보수되었다. 구주시정부(衢州市政府)는 1984년 자금을 들여 공씨남종가묘(孔氏南宗家廟)를,
1988년에는 2차 자금을 투입하여 성택루(聖澤樓)를 재건하였고, 2005년 5월 공자문묘의 서로
(西路)와 동쪽 공부(孔府)를 복원하였다. 항주시정부(杭州市政府)는 1.3억여 원을 투자해 항주문
묘(杭州文廟) 일부를 복원하였고, 동서 양무·대성전과 영성문 등의 건물을 재건하였다. 숭덕
문묘(崇德文廟)는 문화대혁명을 거치면서 대성전과 대성문 등 일부 건물들만 겨우 살아남았는
데, 1990년 도로 확장 공사로 인해 중산공원(中山公園) 안으로 옮겨졌다. 그러나 대성문은 불

1-12-12 수리 중인 곽구문묘(霍丘文廟)의 대성전.

행히 큰 화재로 소실되어 2006년 해당 지방정부(所在鄕政府)에서는 130만 원을 투자해 재건하기로 결정하였다. 약 1년에 걸쳐 영성문·대성문과 양무 등을 재건하고, 공자상도 새로 만들었다. 임해시(臨海市)의 태주부학문묘(台州府學文廟)는 2003년에 2600여만 원을 투자해 대대적으로 수리했고, 대성전·숭성사 등 전체 건물을 보수했다.

안휘성의 동성현학문묘(桐城縣學文廟)는 1985년부터 3년에 걸쳐 전면적으로 정비하였는데, 현존하는 건물들을 수리함으로써 문묘의 본래 모습을 거의 회복할 수 있었다. 곽산현학문묘(霍山縣學文廟)는 1984년부터 수리를 시작해 반지, 반교(泮橋)와 묘문을 중건하여 본래의 모습을 회복할 수 있었다. 곽구현학문묘(霍丘縣學文廟)는 1999년 수리를 시작하여 남아 있던 대성전 및 부속건물 모두가 잘 보호되어왔다. 태화현(太和縣)은 2007년 300만 원의 자금을 들여 태화문묘(太和文廟)를 수리하고, 양무와 존경각을 재건하고, 문묘의 입구를 개조하였다. 몽성문묘(蒙城文廟)는 남은 대성전 및 부속건물을 수리했고, 2005년에는 채색을 다시 하였다.

복건성의 복주부학문묘(福州府學文廟)는 일찌감치 학교·상가(商家)·소선궁(少先宮)으로 점용되었다가 최근에 그 시설들을 이전하면서 전면적인 정비에 들어갔다. 안계현학문묘(安溪縣學文廟)는 1937년 난을 피해 이동해 온 집미학교(集美學校)의 임시 건물로 사용되었다가 1949년 이후에는 식량 창고·중학교 건물로, 1969년 이후에는 가난한 농민이나 하층민의 숙박 시설 및 안계여관으로 사용되었다. 문화대혁명이 끝나고 나서는 1984년 현정부(縣政府)가 문화재

1-12-13 보수된 영춘문묘(永春文廟).

담당 부서로 인계하여 관리하고 있다. 1982년과 1986년 성정부(省政府)의 재정으로 대성전·
양무와 극문을 보수했고, 1992년 교포의 기부금으로 전면 수리하였으며 학교의 교유아(敎諭
衙)[1]를 중건하였다. 2001년 현정부는 거액을 들여 문묘광장을 지었는데 나무와 화초를 심어
주변 환경을 아름답게 정비하였다. 복건성의 동안현학문묘(同安縣學文廟)는 1911년부터 학교
건물로 사용되기 시작했는데, 1985년에 정부는 학교를 이전시키고 문화재 담당 부서에 관리
에 맡겼다. 1987년 국가 재정으로 전면 보수하였고, 1988년에는 박물관을 세웠다. 복건성의
천주부학문묘(泉州府學文廟)는 민국 초년부터 소학교로 전용되면서 건물이 개조되었고, 1970
년대 청소년궁(靑少年宮)[2]으로 바뀌어 1985년에야 문화재 담당 부서에 맡겨지면서 수리가 진
행되었다. 정부는 1997년에 청소년궁·채소 시장과 문묘 내 주택 이전을 결정하고 2000년에
자금을 투입해 대대적으로 문묘를 수리하였는데, 문묘 앞의 광장을 확장하고, 2004년에는 박
물관도 이전시키면서 점차 문묘 본래의 모습을 회복하였다. 건녕부학문묘(建寧府學文廟)는 사
무실로 사용되면서 건물들이 창고와 작업장으로 변해버렸다. 1985년 건구현(建甌縣)이 상급
기관의 허락을 받아 점용하고 있던 다른 기관을 이전시키고 29만 원을 들여 수리하여 석구(石
構) 영성문을 재건하면서, 거의 본래의 모습을 되찾았다. 영안문묘(永安文廟)는 민국 초년부터

1) (옮긴이) 교유(敎諭)는 현급 학교의 주관(主管)으로서 선생의 역할도 했던 사람이다.
2) (옮긴이) 청소년궁은 청소년수련관과 같이 청소년과 관련된 다양한 프로그램을 진행하는 곳이다.

학교로 전용되다가, 해방 후 영안전서(永安專署)[3]와 영안현정부(永安縣政府) 소재지가 되었는데, 2004년에 500만 원을 들여 대규모 수리를 진행하면서 옛 모습을 거의 되찾았다.

강서성 신여시(新餘市)의 원 신유현학(新喩縣學)은 중학교로 전용되면서, 건물은 방치되고 점차 훼손되었다. 그나마 남아 있는 대성전을 비롯한 일부 부속 건물들에 대해서는 1987년 4월에 정비 공사가 진행되었다. 1990년에는 안복문묘(安福文廟)에 남아 있는 대성전과 동서 양무를 수리하였고, 감현문묘(轚縣文廟)는 1987년에 성급(省級) 지정 보호 문화재로 공인되면서 1990년부터 국가 문물국·강서성 문물국과 감주시 정부가 지속적으로 중수하였고, 2004년에는 약룡지(躍龍池)와 다리를 중건하였다.

산동성의 제남부학문묘(濟南府學文廟)는 2005년 9월부터 수리에 들어갔다. 점용하고 있던 다른 기관을 이전시키고, 대성전·문묘 입구를 크게 수리하였으며, 영성문·동서 양무를 중건하였고, 대성전과 양무 조각상을 복원하면서, 역사적 원형을 거의 회복하였다. 이전에 기주부학문묘(沂州府學文廟)로 불렸던 임기시(臨沂市)의 문묘는 1984년부터 수리를 시작해 대성문 뒤쪽 건물들의 본래 모습을 거의 되찾았다. 문상현학문묘(汶上縣學文廟)는 1991년부터 수리를 시작해 반지와 대성전 및 부속건물과 명륜당을 복원하였다. 영양문묘(寧陽文廟)는 1985년에 중수를 시작했다. 2003년 300여만 원을 투자해 전면 수리하고, 영성문·반지·반교 등을 중건하면서 원래의 모습을 거의 되찾았다. 거야현학문묘(巨野縣學文廟)는 1982년 대성전을 수리하면서 문묘 부지에서 다른 용도로 사용되던 기관들을 이전시켰다. 1995년 대성문을 중건하였고, 공자와 4배 조각상을 새로 만들고, 대성전 안에 있던 감실·현판·대련 등을 복원하였다. 2005년 진(鎭) 인민대표대회(人民代表大會)의 결의 후 이전에 당읍현학문묘(堂邑縣學文廟)로 불렸던 문묘에 대한 중수가 시작되었는데, 하루만에 28만 원의 자금을 모은 뒤 200여만 원을 투자해 전면 수리하였다. 평양현학문묘(平陽縣學文廟)는 1983년부터 몇 번에 걸쳐 수리되면서 거의 원형을 유지할 수 있었다.

하남성의 정주주학문묘(鄭州州學文廟)는 본래부터 대성전과 극문만이 남아 있었는데, 1987년과 1991년에 수리하였다. 2004년 정주시정부는 정주문묘의 일부를 복원하는 공사에 "옛 정주 상가(商街) 보호 및 환경 개선 공정(工程)"이라는 항목으로 약 2000만 원을 투자하였고, 문병·영성문·반지·동서 양무와 존경각 등을 지었다. 비록 점유 면적은 축소되었지만, 주요 건물은 복원될 수 있었다. 애석하게도 시민 활동 구역을 확장하기 위해 대성문 앞쪽에 광장을 만들면서, 영성문·반지·덕배천지방(德配天地坊)과 도관고금방(道冠古今坊)을 모두 광장에 세

----

3) (옮긴이) 치안 기구 또는 한국의 경찰서나 파출소와 같은 역할을 하는 관청이다.

1-12-14 새롭게 수리한 제남부학문묘(濟南府學文廟).

우니 문방 세 채와 대성전 및 그 부속건물이 격리되었다. 여주부학문묘(汝州府學文廟)는 1985
년과 2001년 두 차례 대규모로 수리되면서 대성전 내 공자·4배·12철 조각상을 새로 만들었
다. 양무내 64명의 선현 선유 인물상을 약 200m² 벽화로 제작하였는데, 공야장(公冶長)·고시
(高柴)·한유(韓愈)·범중엄(范仲淹) 등이 독서에 집중하는 모습도 그려져 있다. 허주부학문묘
(許州府學文廟)라고 불렸던 허창시(許昌市)의 문묘는 민국 연간부터 다른 기관으로 전용되었다.
1934년 정문이 도서관으로 사용되고, 이후 현 정부에 의해 '문화대혁명' 이래 초대소·문화국
(文化局)·문화관(文化館)·도서관 등으로 전용되면서, 건물들은 본래의 모습을 완전히 잃어버
릴 정도로 개조되었다. 1991년 시정부가 70만 원을 투자하여 문묘 내 주민을 이주시키고,
1995년부터 1997년까지 정부가 주관하고 민간이 협력하는 방식으로 1700만 원을 모금하여
전면적으로 문묘와 인근 춘추루(春秋樓)를 정비하였으며 대성전 내 공자와 4배 인물상도 새로
만들었다. 대성전과 숭성사만이 남아 있는 노산현학문묘(魯山縣學文廟)는 중학교로 전용되다
가, 최근에 와서야 수리를 시작했다. 엽현(葉縣) 현위원회(縣委員會)와 현정부는 2002년부터 문
묘 수리를 위한 대책을 마련하였다. 2005년에 문묘 내에 있던 현정부 기관을 이전시키고 300
만 원을 들여 대규모 수리를 진행하였다. 이전에 하남부학문묘(河南府學文廟)로 불렸던 낙양시

1-12-15 수리된 정주문묘(鄭州文廟).

(洛陽市)의 문묘는 학교로 점용되면서 남겨진 건물들이 본래 모습을 찾아보기 힘들 정도로 개
조되었는데, 근래에 와서 학교가 이전되고 중수되었다.

　　호북성의 기수현학문묘[蘄水縣學文廟, 현재 이름은 희수(浠水)]는 1951년부터 박물관으로 개조
되면서 지속적으로 보호를 받아왔다. 1983년에는 국가와 호북성의 재정으로 중수되었고, 현
재 대성문을 제외한 대부분의 건물은 잘 보존되어 있다. 통산현학문묘(通山縣學文廟)는 근래
수리를 거쳐 주요 건물들이 본래의 모습을 거의 회복하였다.

　　호남성의 악주부학문묘(岳州府學文廟)는 1981년과 1990년 두 차례 수리되어 숭성사와 예문,
의로 두 패방 외에는 본래의 모습을 거의 되찾았다. 영릉현학문묘(零陵縣學文廟)는 비록 대성
전과 동서 양무만이 남았지만, 1982년 수리되면서 건물들은 비교적 잘 보호되고 있는 편이다.
그래도 당시 문과 창문이 복원되지 못한 것은 아쉬움으로 남는다. 석문현학문묘(石門縣學文廟)
는 1982년부터 전면적으로 수리되면서 반지·장원교(壯元橋)와 도관고금(道冠古今) 패루를 복
원하였다. 숭성사를 복원하지 못한 것을 제외하면 본래의 모습을 거의 회복하였다. 상음현학
문묘(湘陰縣學文廟)는 1984년에 수리를 시작해 3년에 걸쳐 남아 있던 건물 전부를 수리했고, 숭
성사와 종고루(鐘鼓樓)가 남아 있지 않은 것을 제외하면 나머지는 잘 보존되어 있는 편이다.
하지만 안타깝게도 도로 건설로 인해 공자문묘가 대성문 앞뒤로 해서 두 부분으로 분할되어
버렸다. 유양현학문묘(瀏陽縣學文廟)는 1987년부터 1990년까지 전면적인 수리를 거침으로써
이미 훼손된 반지를 제외하면 거의 본래 모습을 되찾았다. 풍주주학문묘(澧州州學文廟)는 민국
연간에 상풍(常澧) 주둔본부·구풍중학교(九澧中學校)·병역국(兵役局)으로 전용되었고, 1949년
이후 정부대회당(政府大會堂)·숙박시설·간부(幹部)기숙사로 사용되었다. 1979년 지방정부는

1-12-16 수리된
악주문묘(岳州文廟).
ⓒ 추율자

문묘를 철거하고 현정부의 안마당으로 개조해 버렸는데, 문화재 담당 부서의 합리적인 문제 제기와 지속적인 노력으로 현 위원회는 새로운 부지에 다시 건물을 지었고 문묘는 문화재 담당 부서에 맡겨졌다. 1981년부터 성 문화재 담당 부서의 지속적인 투자와 100만 원의 자체 조달금으로 전면 보수를 진행하였고, 1989년 주요 건물에 칠도 새로이 했다. 1992년에 반지 장원교를 중건하면서 역사적 원형을 거의 되찾았다. 상향문묘(湘鄕文廟)는 상향제일중학교(湘鄕第一中學校)로 전용되었는데, 1994년 중학교에서 다방면으로 모은 기부금 100여만 원으로 수리하면서 반지 및 장원교 외에는 본래의 모습을 대부분 회복했다. 호남성의 신전현학문묘(新田縣學文廟)는 근래 보수를 거친 후 대외적으로 개방하고 있다.

광동성의 신회문묘(新會文廟)는 1956년부터 대성전 등 현존하는 건물들을 수리했는데, 이미 훼손된 대성문·동서무(東西廡)·동서고(東西庫)·양랑(兩廊) 등은 새로 지었다. 1989년 성 지정 보호 문화재로 공시되면서 수리를 시작하여 현재는 본래의 모습을 거의 회복하였다. 덕경주학(德慶州學)은 1909년부터 학교로 운영되었다. 문화대혁명 후 남아 있던 대성전과 훼손된 양무는 20세기 초 전면적으로 보수 작업에 들어갔는데, 손상된 건물 전체를 중건하면서 현재는 청나라 때의 모습을 되찾았다.

해양현학문묘(海陽縣學文廟)는 1986년에 금성문(金聲門)·옥진문(玉振門)과 반지를, 1992년에 대성전을 크게 수리하였고, 1994년에는 동서 양무를 재건하였다. 게양문묘(揭陽文廟)는 1987년부터 수리를 시작해 270만 원을 들여 전면적으로 정비하고, 숭성사·규광각(奎光閣)을 중수하였으며, 장장 4년에 걸친 수리 끝에 본래의 모습을 되찾을 수 있었다. 종화문묘(從化文廟)는 1992년부터 2006년까지 세 차례 수리하였고, 영성문을 중건하였다. 화주문묘(化州文廟)는 1997년 시정부의 앞선 노력과 시민들의 기부로 모은 800만 원으로 대대적으로 수리하였다. 6년에 걸쳐 동무(東廡) 등의 건물을 중건하면서 본래의 모습을 거의 되찾았으며 2005년에 다시 개방하였다. 매주시(梅州市)는 약 1000여만 원을 투자해 2004년에 가응주주학(嘉應州州學)을

1-12-17 회복된 덕경문묘(德慶文廟) 전경.

1-12-18 재건한 조양 공자문묘 조벽.

중수했는데 문화재가 아닌 건물은 철거하거나 이주시키고 묘학 부지에 공자문묘와 공원을 새로 지었다. 삼수시(三水市)에서는 홍콩과 마카오 등지에 거주하는 동포들이 2500여만 원을 투자해 삼수문묘(三水文廟)를 새로 지었는데, 1997년 10월 완공된 이 문묘는 매우 큰 규모를 자랑했다. 나정시정부(羅定市政府)는 2006년에 320만 원을 투자하여 나정주학문묘(羅定州學文廟)를 재건하기로 결정하였고, 그해 12월 착공에 들어갔다. 조양(潮陽) 출신 기업가 정립평(鄭立平)은 독자적으로 자금을 마련하여 조양공자문묘를 재건하였다.

　광서성에서는 1995년 무선문묘(武宣文廟)의 대성전과 대성문 등 주요 건물을 수리했고, 2005년 2차 공사에서 장원교 등의 건축물들을 수리했다. 공성문묘(恭城文廟)는 1963년에 수리

1-12-19 새로 지은 삼수문묘 동무(東廡).

1-12-20 새로 지은 유주문묘(柳州文廟) 대성전.

한 적이 있긴 했지만, 1985년 정비 후에야 대외적으로 개방하였다. 1990년대에 들어서 전면적으로 정비하면서 본래 모습을 거의 회복할 수 있었다. 부천문묘(富川文廟)는 1979년에는 주민들의 기부금으로, 2007년에는 현정부가 자금을 들여 중수하였다. 욱림문묘(郁林文廟)는

1-12-21 수리된 애주문묘(崖州文廟).

2009년에 남아 있는 대성전을 수리하였다. 북류문묘(北流文廟)는 1962년 현급(縣級) 보호 문화재로 지정되면서 1985년 수리에 들어갔고, 2006년에는 양무와 극문도 중건하였다. 최근 몇 년 동안 광서성에 있는 많은 문묘들이 새로 지어졌다. 2003년 남녕시정부(南寧市政府)는 부지를 이전하여 남녕문묘(南寧文廟)를 중건하기로 결정하여 2010년에 완공하였는데, 건물 규모가 이전보다 확대되었다. 2008년 능운현(凌云縣)에서는 자금을 들여 사성부학문묘(泗城府學文廟)를 중건하였고, 2009년 유주시정부(柳州市政府)는 유주문묘(柳州文廟) 재건을 결정하고 다음 해에 완공했다.

　해남시의 문창현학문묘(文昌縣學文廟)는 1987년 대성전 안의 감실을 복원했고, 공자·4배·12철 인물상도 새로 만들었다. 1988년부터 1992년까지 한 차례 전면 수리를 하고 대성문·영성문·숭성사 등을 복원함으로써, 본래 모습을 거의 되찾았다. 삼아시(三亞市)는 1988년에 48만 원을 들여 이전에 애주주학문묘(崖州州學文廟)로 불렸던 애성진(崖城鎭) 문묘의 대성전 주요 건물을 수리했고, 2003년에는 100만 원을 들여 허물어진 곳을 대대적으로 수리했다. 2006년에 다시 552만 원을 들여 문병·영성문·예문·의로·반지·반교·충효사·절의사(節義祠)와 대성문 앞에 있던 동서 양무 등을 수리하면서 역사적 원형을 복원하였다. 궁주시정부(瓊州市政府)는 문묘 수리를 주요 건설 항목에 포함시키고 1000만 원을 들여 반지·규성문과 동서 양무

1-12-22 새로 수리한 덕양문묘(德陽文廟) 대성전 정원.

를 중건하였다. 임고현학문묘(臨高縣學文廟)는 1992년부터 전면적으로 수리했고, 영성문을 재건하였다.

  사천성의 부순현학문묘(富順縣學文廟)는 일본군 항공기에 의해 폭파된 대성전 일부와 서무를 1958년에 수리하였다. 그해에 본격적으로 수리를 시작하고 문묘 내의 도서관·문화관과 거주하고 있던 직원들을 이주시키면서 본래의 모습을 거의 되찾았고, 공자 및 4배 인물상을 새로 만들었다. 덕양현학문묘(德陽縣學文廟)는 1984년부터 1996년까지 약 10년에 걸쳐 수리하였다. 이 과정에서 남아 있던 건물 모두를 보수하고 부분적으로 재건하였으며, 문묘 앞에 광장도 새로 만들었다. 풍도현학문묘(豊都縣學文廟)는 문화대혁명 중에 심하게 파괴되었는데, 1988년 삼협(三峽) 저수지를 수리하면서 쌍계산(雙桂山) 삼림공원(森林公園) 안으로 옮겨 중건했다. 사천성의 숭주주학문묘(崇州州學文廟, 중경시(重慶市)에 있음)는 1980년대에 본격적으로 수리에 들어가면서 1994년이 되어서야 본래 모습을 거의 되찾았다. 사천성의 거현(渠縣)은 1997년 문묘 안의 문화관과 도서관을 이전시키고, 400만 원의 예산을 들여 대대적으로 수리하면서 대성문도 복원하였다. 건위문묘(犍爲文廟)는 2003년에 크게 수리하였고, 2006년 전국 주요 보호 문화재로 지정되었다. 이전에 자주문묘(資州文廟)로 불렸던 자현(資縣)의 문묘는 지속적으로 잘 보호되어왔다. 정부가 수시로 자금을 들여 수리한 덕분에 지금까지도 원형대로 잘 보존되어 있다. 송 함평(咸平) 원년(998)에 시공하여 청 강희(康熙) 8년(1669)에 완공된 성도시(成都市) 온강문묘(溫江文廟)는, 민국 시기에 중학교로 사용되었다가 해방 후에 정부 기관으로 이용되기도 하였고, 1984년에는 화재로 대성전이 소실되기도 했다. 2000년에 온강구(溫江區) 인

1-12-23 수리된 건수문묘(建水文廟) 대성전 정원.

민위원회와 구청(區廳) '문화명소' 프로젝트를 실행하면서, 유적지에 특별 예산을 지출하였는데 이때 온강문묘도 중건에 들어가 2005년 10월에 완공되었다. 그 과정에서 낡은 건물을 보수하고 대성전을 재건하였다. 새로 지은 대성전 및 부속건물은 겹처마 9칸의 황색 기와 헐산(歇山)지붕 건물이다. 이는 대성전 중에서 최대 규모다. 낭중문묘(閬中文廟)는 2006년 100만 원을 들여 크게 수리하였고, 영성문과 반지를 복원하였다.

귀주성의 안순현학문묘(安順縣學文廟)는 비교적 잘 보존되었던 문묘 중 하나이다. 숭성사·금성옥진방(金聲玉振坊)·존경각이 철거된 것을 제외하면 다른 건물들은 모두 잘 보존된 편이다. 최근 몇 년간 수리하면서 역사적 원형을 거의 회복했다.

현(現) 운남성에 자리 잡고 있는 전(前) 광서주학문묘(廣西州學文廟, 瀘西縣에 위치)는 1989년부터 1992년까지 세 차례 수리를 했고, 영성문을 제외하면 거의 원형을 되찾았다. 건수현(建水縣)의 원 임안부학(臨安府學)은 1980년대부터 수리를 시작했다. 학교를 이전시키고 모든 건물을 수리했으며, 행단정(杏壇亭)을 재건하면서 문묘와 학교를 원상태로 돌려놓을 수 있었다. 석천부학문묘(石阡府學文廟)는 영성문을 중건하였고, 2003년 반지와 장원교를 복원하는 등 전면적으로 수리를 하였다. 초웅부학문묘(楚雄府學文廟)는 1985년에 남아 있던 대성전과 대성문을 수리하였다. 강천문묘(江川文廟)는 대성전 등 건물들이 잘 보존된 편이었는데, 1998년에 양무와 사사(四祠)를 수리하였다. 통해현학문묘(通海縣學文廟)는 통해제일중학교(通海第一中學校)를 이전시키고, 2005년부터 수리에 들어갔다. 경동문묘(景東文廟)는 1983년부터 수리를 시작해

문묘 대문·영성문과 육각정 두 채를 재건하였고 반지도 복원하였다. 옥계시(玉溪市)의 신흥주학문묘(新興州學文廟)는 1984년 남아 있던 대성전과 괴성각(魁星閣)을 수리하였고, 2005년에는 대성문과 패방을 중건하면서 기본적인 원형을 회복하였다. 부원문묘(富源文廟)(前 平彝縣學文廟)는 1991년에 18만 원을 들여 대성전을, 1998년에는 정부 후원과 민간 기부금을 합한 20만 원을 들여 양무를 수리하였고, 공자 감실과 인물상을 다시 만들었다.

섬서성의 함양문묘(咸陽文廟)는 1962년부터 함양박물관으로 전용되면서 줄곧 잘 보호되어 왔다. 요주주학문묘(耀州州學文廟)에는 1925년 삼민군관학교(三民軍官學校)가 설립되었고, 1949년 이후 수차례 점용되었다. 1994년 문화재 담당 부서로 귀속되었고 근래 각급 정부에서 잇따라 200만 원을 들여 수리를 진행하면서, 현재는 본래의 모습을 거의 되찾았다. 순양현학문묘(旬陽縣學文廟)는 민국 연간에 잦은 군대의 주둔으로 파괴되었는데, 후에 식량 창고로 개조되었다가 1944년에는 순양현정부의 회의실로, 1949년 이후에는 기관 간부의 기숙사로 사용되기도 했다. 이후에는 초대소가 되었다가 1984년 봄에 와서야 정부가 초대소를 이전시키고 문묘를 박물관으로 사용하였으며, 근래 지속적으로 수리를 하고 있다. 포성문묘(蒲城文廟)는 전면적으로 수리를 진행하였는데, 1976년 모택동을 애도하기 위해 화환(花環)을 쌓아 두었다가 불타버린 대성전을 2004년에 중건하였다.

감숙성 무위시(武威市)의 양주부학문묘(凉州府學文廟) 내에는 문화재 관리 위원회·문화재 보관소 및 박물관이 설립되었으며 이후 지속적으로 잘 보호되어왔다. 건물 구조도 거의 완벽하고 건물들도 잘 보존된 편이어서 1996년에는 전국 주요 보호 문화재로 지정되었다. 회녕현학문묘(會寧縣學文廟)는 장정(長征)[4] 후 홍군(紅軍) 제1·제2·제4부대가 집결대회를 거행하기 위한 장소로 사용되기도 하였는데 근래 문묘를 수리한 후 기념관으로 대외에 개방하였다. 고란현학문묘(皐蘭縣學文廟)는 2000년에 터를 옮겨 중건하였고, 영성문도 재건하였다. 진안문묘(秦安文廟)의 대성전, 예현문묘(禮縣文廟)의 대성전, 양당문묘(兩當文廟)의 대성전처럼 온전하게 남아 있던 건축물도 각각 1978년, 1985년, 2004년에 수리되었으며, 성급(省級) 보호 문화재로 지정되었다.

청해성(青海省) 서녕시(西寧市)의 문묘는 명 선덕(宣德) 3년(1428)에 시공되었는데, 건물이 점차 훼손되어 현재는 겨우 대성전만 남아 있다. 1995년에 긴급히 수리가 진행되었고, 2004년 서녕시 정부의 재정으로 중수한 다음 대외적으로 개방했다. 귀덕문묘(貴德文廟)는 2008년 3월

---

4) (옮긴이) 1934~1935년에 중국 홍군(紅軍)이 강서성(江西省) 서금(瑞金)에서 산서성(山西省) 북부까지 국민당군과 전투를 하면서 12000km를 걸어서 이동한 행군이다.

1-12-24 수리된 우루무치문묘(烏魯木齊文廟) 대성문. ⓒ 魏廣平

에 수리에 들어갔다.

　신강자치구(新疆自治區) 우루무치시(烏魯木齊市)의 원 적화문묘(迪化文廟)는 청 건륭(乾隆) 34
년(1769)에 세워졌는데, 시간이 지나면서 황폐화되어 청 광서(光緒) 10년(1884)에 이 지역이 신
강(新疆)이라는 이름으로 편입된 이후 전사한 장병을 애도하기 위한 소충사(昭忠祠)로 재건되
었다. 그 후 공자 위패를 옮겨와 받들고 공자를 제사 지냈고, 문창제군(文昌帝君)을 제사 지내
기도 했다. 1922년에 신강자치구 도독(都督) 양증신(楊增新)은 하늘을 상제(上帝)로 여기고, 문
묘를 상제묘(上帝廟)로 이름을 바꿔 상제(上帝)와 공자를 함께 제사 지냈다. 1945년 오신충(吳
信忠)이 신강 주석(主席)을 맡았을 때 대성전을 세우고 제천의식(祭天儀式)을 중지하였으며, 공
자만을 제사 지내면서 공자문묘로 이름을 바꾸었다. 1988년부터 1990년까지 국가 예산 100
만 원을 들여 수리하고 대성전의 현판과 대련을 복구하였으며, 공자상과 4배상을 새로 만들
고 고부조(高浮彫)5)로 된 12철 입상도 만들었다.

　예제학교문묘가 잘 보호되었던 것을 제외하고도, 다른 종류의 공자문묘도 잘 보호되었으며
많은 공자기념묘우가 수리되었다. 하남성 영성시(永城市)에 있는 망탕산(芒碭山)의 피우처(避雨
處)6)와 공자문묘는 2002년에 하남성 문물국의 승인 후 수리되었고, 대성전 안의 공자와 4배

---

5)　(옮긴이) 모양이나 형상을 나타낸 살이 매우 두껍게 드러나게 한 부조.

1-12-25 망탕산(芒碭山)의 공자문묘. ⓒ 陳欽元

상 및 양무의 72현 인물상도 새로 만들어졌다.

　남아 있던 많은 서원(書院) 공자문묘도 보호를 받아왔다. 호남성 장사시(長沙市)의 악록서원(岳麓書院)과 하남성 휘현(輝縣)의 백천서원(百泉書院)은 2001년에 국가 주요 보호 문화재로 지정되면서 새롭게 정비될 수 있었다. 많은 공씨가묘도 잇따라 수리되었다. 절강성의 구주공씨남종가묘(衢州孔氏南宗家廟)는 1984년 9월부터 1988년 10월까지, 4년에 걸친 공사가 이루어졌다. 그때 남은 건물 모두가 수리되었고 문묘 입구도 중건했으며, 1992년에는 성택루(聖澤樓)도 중건했다. 절강성 반안현(磐安縣), 하남성 기현(杞縣) 공채(孔寨), 정주시(鄭州市) 고영(古榮), 절강성 온령(溫嶺), 섬서성의 상주(商州), 광동성 조양(潮陽)·화평(和平)·봉개현(封開縣) 양심채(良心寨)·번우(番禺)·첩공(疊滘)·공촌(孔村)·남촌(南村) 지역 등의 공자 후예들이 세운 가묘 모두 지속적으로 수리되었다. 일부 비공식적 공자문묘도 수리되었다. 복주시(福州市)의 라주(螺洲) 공자문묘는 송대에 사립 공자문묘로 세워졌는데, 명·청 시대에 여러 번 수리되었고 최근까지 새로 수리되기도 했다. 산서성 평요현(平遙縣)의 금장(金莊) 공자문묘는 원대의 선비들이 자발적으로 만들었는데 현재까지도 당시의 공자·4배·12철 인물상이 보존되어 있고

6)　(옮긴이) 공자와 그의 제자들이 천하를 주유하다가 비를 피한 곳으로 알려져 있다.

근년에 수리되기도 했다. 비교적 역사적 원형을 잘 보존하고 있다.

이처럼 각 지역에서 공자문묘를 수리하는 것 외에, 일부 문묘가 훼손된 지역에서도 공자문묘를 중건하고 있다. 광동성의 삼수현학문묘(三水縣學文廟)는 일제 침략기에 훼손되었는데, 1994년 홍콩 교포들과 홍콩 공교학원(孔教學院) 원장 탕은가(湯恩佳) 선생의 제안하에 해외교포와 삼수시 관련기관, 그리고 개인적인 참여로 5000여만 원을 모아 삼림공원(森林公園) 내 공성원(孔省園)이라 불리는 공자문묘를 중건하였다. 새로 지은 공성원은 면적 300여 묘[畝]에 영성문·반지·대성문·대성전·숭성사 등 문묘가 필수적으로 갖추어야 할 예제 건물들을 가지고 있으며, 대성전의 공자·4배·12철과 공자 제자들의 인물상을 새로 만들었다. 시대와 발맞추고자 대성전 동서 양무를 예식장과 사례당(師禮堂)으로 부르며 사람들이 결혼식과 학습용으로 사용할 수 있도록 했다. 그리고 실내에는 24효도(孝圖) 등 전통 풍습을 알려줄 수 있는 그림도 걸어두었다.

남창문묘(南昌文廟)는 1935년쯤에 훼손되었는데 2003년 남창시정부가 약 천 만 원을 투자해 재건하기로 결정하였다. 새로 지은 문묘는 승금탑(繩金塔) 관광지구 안에 자리하고 있다. 광서성의 남녕문묘(南寧文廟)는 송대에 착공되었는데, 해방 후 지속적으로 철거되는 수모를 겪었다. 1982년 겨우 남은 대성전도 남녕(南寧) 호텔의 확장 공사로 철거되었는데, 다행히도 정책 입안자가 중건을 결정하면서 대성전의 건물 구조는 온전하게 보존할 수 있었다. 2002년 남녕시정부는 부지를 옮겨 문묘를 중건하기로 결정하였고, 중국 공자문묘 보호협회에서 전문가를 파견하여 고증하는 과정을 돕도록 했다. 당시 남녕시정부는 광서장족자치구(廣西壯族自治區) 자치 정부의 소재지와 어울리면서도 시대의 특징을 살릴 수 있도록 중건할 공자묘의 규모를 확대할 것을 제안했으나, 일부 현지 전문가는 문화재 보호 원칙에 따라 대성전을 복원하기를 제안했고 결국 확장할 수는 없었다. 필자는 원래의 대성전을 복원한 후에 숭성사로 바꾸고 그 내용을 비석에 새기고 대성전을 새로 짓기를 제안하였다. 이처럼 문화재 보호 원칙에 위배되지 않으면서도 시대상과 도시에 어울릴 수 있는 신식 공자문묘를 짓고자 한 이 제안은, 결국 시정부와 지역 전문가의 승인을 받았다. 현재까지 5000여만 원을 들여 문묘제도에 따라 대성전 등을 지은 상태다. 유주문묘(柳州文廟)는 1920년대에 훼손되었는데, 2009년 유주시(柳州市)가 중건을 결정하여 2010년 9월에 거의 완공되었다. 산서성의 분양부학문묘(汾陽府學文廟)는 감옥으로 전용되면서 건물이 전부 훼손되었다. 2008년 기업가 공상생(孔祥生)이 독자적으로 중건할 기금을 마련하였고, 2011년 완공하였다. 요나라의 수도였던 요양시(遼陽市)에는 요나라 때부터 공자문묘를 지었고, 명 홍무(洪武) 연간과 청 강희 27년(1688)에 또한 두 차례 중건하였다. 안타깝게도 문화대혁명 기간에 훼손되었는데, 최근 요양시정부가 2100만 원을 투자

1-12-26 새로 지은 삼수문묘(三水文廟).

하여 중건하기로 결정하였다. 서녕문묘(西寧文廟)는 명 선덕(宣德) 3년(1428)에 착공하여 10년 동란(動亂)을 거치면서 겨우 대성전만이 남았고, 최근 서녕시 정부가 복원을 결정하면서, 시민들에게 휴식·오락 공간을 제공하기 위해 문묘 광장을 만들었다.

각지 공자문묘를 수리한 것을 제외하고도 지속적으로 공자문묘의 내부를 복원하고 있다. 감실·목주(木主)·현판·대련이 복원되고 있으며, 많은 문묘가 공자 등의 인물상을 새로 제작하고, 새로운 진열품들도 생겨나고 있다. 곡부(曲阜)에 있는 공자문묘는 1979년에는 대성전의 예악기(禮樂器) 등 진열품들을, 1982년부터는 대성전 내의 인물상, 감실, 현판, 대련 등을 복원하였으며, 1984년에는 대성전 내부의 본래 모습을 회복하였다. 1997년에는 양무의 감실 56개와 목주 156개를 복원하였다. 사천성 숭경(崇慶)·길림(吉林)·하북성 평산(平山)·해남성 문창(文昌)·산서로(山西潞)·해남성 삼아시(三亞市)의 애주(崖州)·하남성 여주(汝州) 등에 있는 수많은 문묘들이 대성전의 공자·4배·12철 인물상을 복원하였다. 복주부학문묘(福州府學文廟)는 공자·4배와 72현인의 청석(靑石)조상을 세웠고, 제남부학문묘(濟南府學文廟)는 양무의 선현 인물상 60여 개를 복원하였다.

문화대혁명이 끝난 후 문묘가 인위적으로 파괴되는 경우는 급속히 줄어들었지만, 아직 완전히 끝난 것만은 아니다. 산동성 등주문묘(騰州文廟)의 대성전은 1978년에 철거되었고, 영하부학(寧夏府學)은 유일하게 남은 대성전이 1984년에 철거되었다. 그리고 매우 드문 경우이긴 하지만, 자연 재해나 화재를 입기도 했다. 1982년 하북성 영년현(永年縣)의 광평부학문묘(廣平府學文廟)는 대화재로 불타버렸고, 1984년에는 온강문묘(溫江文廟)의 대성전이, 1990년에는 숭덕문묘(崇德文廟)의 대성전이 모두 화재로 소실되었다.

제**2**편

중국 공자문묘의 제도

✣　✣　✣

　학교 공자문묘는 출현 당시부터 국가 사전(祀典)의 예제건물에 포함되었다. 중국은 예제를 매우 중시하는 국가였기 때문에 대대로 공자문묘에 관한 사전(祀典)이 매우 중시되었다. 당(唐)나라 이래로 새로운 왕조가 건립될 때마다 공자문묘의 제사제도를 제정해야만 했지만, 이상하게도 공자문묘의 건축제도는 정비되지 않았다. 이 제2편은 문헌과 건축의 실례를 종합하여 공자문묘와 학교의 배치 관계, 공자문묘의 건축 형태, 봉사(奉仕)제도와 제사제도에 대해 체계적으로 다루고자 한다.

제1장

공자문묘와 학교의 배치관계

공자는 평생 교육에 종사했고, 사후에도 학교와 매우 밀접한 관련을 갖게 된다. 그는 영원한 스승[萬世師表]이자 교육의 시조(始祖)로 봉해졌으며, 그에게 제사를 올리는 문묘도 학교 내에 설치되었다. 그렇다면 공자에게 제사 지내는 문묘는 왜 학교 안에 세워졌을까? 송대 거인(擧人)인 두덕기(杜德機)는 이에 대해 명확하게 말하고 있다. "선성은 도를 스스로 행하지만, 도는 학교가 아니면 행해질 수 없으므로 세상의 고을[州縣]마다 선성(先聖)에 제사 드리는 문묘를 세우고 도를 중시하는 것이다. 문묘가 있는 곳에 학교도 있다. 그래야 도를 전할 수 있다."[1] 공자의 사상은 반드시 학교를 통해 널리 전해질 수 있기 때문에 학교에 문묘를 설립하는 것보다 공자 사상을 전파하는 데 더 좋은 방법은 없었던 것이다.

공자문묘는 학교 안에 위치하기 때문에 후세 사람들은 학교가 먼저 생긴 다음에 거기서 공자문묘를 세웠다고들 하였다(因學設廟). 실제 공자문묘의 건축 등급은 학교보다 상당히 높았으며 위치도 학교보다 더 중요하게 부각되어 있었다. 그래서 실제로 공자문묘가 먼저 생긴 다음에 거기서 학교를 세웠다(因廟設學)는 말이 더 정확해 보인다. 따라서 당대(唐代)에는 학교를 자의적으로 문선왕묘(文宣王廟)라 부르기도 했다. 유우석(劉禹錫)은 개성 원년(836)에 허주(許州)에 학교를 새로 지으면서 '문선왕묘 및 학사는 서쪽 모퉁이에 만들었다'[2]고 했다. 신축한 학교에는 "강연(講筵)하는 자리가 있고, 북을 치고 예식을 하는 공간이 있고, 경전 수업을 하는

---

1) 『涇陽縣重修孔子廟記』([宋], 杜德機). 『續修四庫全書』890권(上海古籍出版社版, p.446). "先聖者, 道之所自出, 而道非學校不行, 故世之州縣因先聖有廟所以重道也, 卽廟有學, 所以傳道也."
2) "作文宣王廟曁學舍於兌隅."

박사(博士)가 있고, 수업을 감독하는 조교(助敎)가 있었다".3) 분명 문묘와 학교 모두 있었지만, 비석에는 『허주문선왕신묘비(許州文宣王新廟碑)』라고 되어 있다. 고풍(高諷)은 천우(天祐) 13년(916)에 북평왕(北平王)이 학교를 세운 비문에서 "정전(正殿)을 만들기 시작하다(始修正殿)", "다음으로 삼례당(三禮堂)을 수리하다(次葺三禮堂)", "다음으로 재원(齋院)을 만들다(次創齋院)", "다음으로 학원(學院)을 만들고 강서당(講書堂)을 세우다(次修學院及特建講書堂)", "다음으로 줄행랑과 넓은 실(室)을 지어 선비가 독서하는 데 머물도록 한다(次列長廊廣室, 以止青衿橫經之子)"라고 기록했는데, 분명 문묘와 학교를 세웠음에도 "공자문묘가 완비되었다(夫子之廟宇大備矣)"라고 했으며, 비명에도 "태사(太師), 중서령(中書令), 북평왕(北平王) 문선왕묘 재건 원기(院記)"4)라고 했다. 이상의 기록들을 보면 당대(唐代)에는 학교와 공자문묘를 통칭해서 문선왕묘라고 했으며, 학교는 공자문묘에 부속되어 있었다. 송나라 사람들의 기록에는 항상 "문묘를 지으면 학교를 세운다(卽廟設學)"라는, 즉 공자문묘가 지어진 곳에 학교를 세웠다는 표현이 나온다.

학교 안에서 선성(先聖)과 선사(先師)를 제사 지내는 제도는 최소한 주대(周代)까지로 올라가지만, 이상하게도 제사에 관한 건물인 문묘가 학교의 어느 방향에 위치하는지 학교와 어떤 배치 관계인지에 대해 역대 왕조 모두 구체적인 규정을 마련하지 않았으며 문헌 기록도 아주 적게 남아 있다. 공자문묘와 학교의 배치 관계에 대한 최초의 기록은 당나라 허숭(許嵩)의 『건강실록(建康實錄)』에 보인다. 그는 태원(太元) "10년 봄 상서령(尚書令) 사석(謝石)은 학교가 황폐하다는 이유로 태묘 남쪽에 국학을 다시 세우자고 상소를 올렸다"5)라고 했다. 이 글의 주석에서는 진(陳)나라 고야왕(顧野王)이 지은 『여지지(輿地志)』를 인용하여, "(이 건물은) 강녕현(江寧縣)과 2리 정도 떨어진 동남쪽에 100보로 된 우어가(右御街) 동쪽에 자리잡으며 회수(淮水)와 맞닿아 있었다. 당시 사람들은 이 건물을 국자학이라고 불렀다. (이 건물의) 서쪽에는 부자당(夫子堂)이 있었는데 공자와 그의 제자 10명의 인물상을 그려놓았고, 또 황태자당(皇太子堂)도 있었다. 남쪽에는 제생중성(諸生中省)이 있었고, 문 밖의 좨주성(祭酒省), 이박사성(二博士省)에는 박사 2명이 있었다"6)라고 했다. 이는 국가가 최초로 세운 공자문묘이다. 국자학(國子學)은 동쪽에 태자당(太子堂)은 서쪽에 공자문묘는 그 가운데에 있어서 위치상으로 매우 부각되었다. 태자당은 학교가 반드시 갖추어야 할 건물은 아니었기 때문에 중국 최초의 국가 최고 학

---

3) "講筵有位, 鼓篋有室, 授經有博士, 督課有助敎."

4) "太師, 中書令, 北平王再修文宣王廟院記."

5) "十年春, 尚書令謝石以學校淩遲, 上疏請興復國學於太廟之南."

6) 『建康實錄』 권9・「晉中下, 烈宗孝武皇帝」([唐], 許嵩). "在江寧縣東南二裏一百步右禦街東, 東逼淮水, 當時人呼爲國子學. 西有夫子堂, 畫夫子及十弟子像. 西又有皇太子堂, 南有諸生中省, 門外祭酒省, 二博士省, 舊置博士二人."

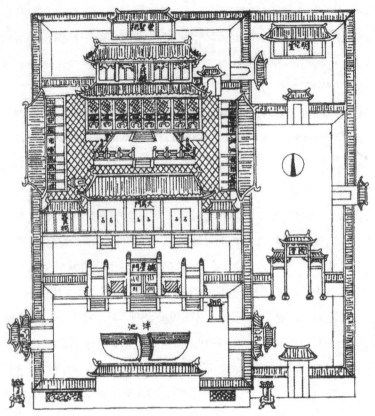

2-1-1 악주부학(嶽州府學) 평면도. 우묘좌학(右廟左學)의 배치는 학교에서 일반적으로 볼 수 있는 배치형식 중 하나이다.

부(學府)는 우묘좌학(右廟左學)의 배치형식을 채택한 것이다.

당대 국자감 문선왕묘의 배치형식에 대해서는 『대일본사(大日本史)』에 다음과 같은 기록이 있다. "선대구(膳大丘)는 승보(勝寶) 4년 견당사(遺唐使)로 파견되어 당나라에 왔으며, 일본으로 돌아가서 대학의 조교(助敎)가 되었다. 경운(景雲) 연간에 다음과 같이 진언했다. 신이 예전에 당나라에 갔을 때 선성(先聖)의 유풍(遺風)에 대해 물었고 남아 있는 교상(膠庠: 주대(周代) 학교 이름)의 모습을 둘러보게 되었습니다. 국자감은 두 문이 있는데 그 위에는 '문선왕묘(文宣王廟)' 라 적혀 있었습니다. 국자학 학생 정현(程賢)은 신에게 이렇게 말했습니다. '지금 주상께서는 유학을 모범으로 숭상하셔서 (공자를) 왕으로 추존하셨다. 그 덕의 영향력이 오늘날까지 미치고 있습니다.'"[7] 국자감에는 문이 두 개 있고 그중 하나의 문 위에는 '문선왕묘(文宣王廟)'라는

---

7) 『大日本史・列傳・膳大丘』116권[日本, 德川光國]. "膳大丘, 勝寶四年隨遣唐使如唐, 歸爲大學助敎. 景雲中上言: 臣前如唐, 問先聖之遺風, 覽膠庠之餘烈. 國子監有兩門, 題曰'文宣王廟'. 有國子學生程賢語臣曰: "今主上大崇儒範, 追尊爲王, 鳳德之征於今至矣."

이름이 붙어 있는데 두 문 모두 '문선왕묘'라 하는 것은 불가능하기 때문에 다른 하나는 분명히 '국자감'이었을 것이다. 국자감의 두 문이 병렬로 되어 있기는 하지만 국자감과 문선왕묘는 동서병렬로 되어 있지 전후로 배열되어 있지는 않았던 듯하다. 게다가 국자감은 남북으로 200m에 달하였는데 남북으로 앞뒤로 배치하는 것은 전혀 불가능했다. 선대구(膳大丘)는 일본에서 승보(勝寶) 4년(752)에 당나라로 유학 왔는데, 이 해가 당 현종(玄宗)이 공자를 문선왕으로 추봉(追封)한 지 13년이 되는 해였다는 그의 기록은 믿을 만하다. 비록 이에 근거하여 좌묘우학(左廟右學)인지 우묘좌학(右廟左學)인지를 확정하기는 어렵지만 한번 추측해보자. 장영록(張永祿) 주편(主編)의『당대장안사전(唐代長安詞典)』에 따르면 국자감은 황성(皇城) 남벽의 동문(東門)인 안상문(安上門) 앞에 위치하여 동쪽의 무본방(務本坊)을 마주하고 있는데 이 방(坊)을 고고학적으로 실측하면 동서 넓이가 700m, 남북 길이가 500m였고, 방(坊)의 남북으로는 문이 없고 동서 방향으로만 문이 있었다. 중앙에는 동서로 가로 놓인 길이 있었으며, 길의 서북쪽, 즉 이 방(坊)의 서북쪽은 국자감이었다. 국자감 안에는 국자학(國子學), 태학(太學), 사문학(四門學), 율학(律學), 산학(算學), 서학(書學)의 6학(六學)이 설치되어 있었다. 당(唐) 현종(玄宗) 천보(天寶) 연간에 증설된 광문관(廣文館)은 국학의 서북쪽 가장자리에 세워졌으며 안상문과는 서로 마주하고 있었다. 이를 통해 학교는 서쪽, 문선왕묘는 동쪽인 좌묘우학식이었다는 것을 알 수 있다. 무본방 중앙에는 동서 가로로 길이 있었으며 거리의 넓이를 제외하면 거리 북쪽의 남북 길이도 약 200m가량 된다. 만일 문선왕묘가 서쪽에 있었다면 문묘의 뒤쪽에 광문관(廣文館)을 세울 곳이 없었을 것이다. 문선왕묘 건물 자체는 작아도 무방하지만, 제사 때 많은 관리와 사제(師弟)들을 수용해야 하기 때문에 전정(殿庭)의 면적이 작아서는 안 되었다. 이것으로 국자감 학교와 공자문묘가 확실히 동서병렬이라는 것을 증명할 수 있다.

현재 남아 있는 문묘 건물과 문헌자료를 살펴보면, 중국 묘학의 배치 형식은 네 가지로 정리할 수 있다. 첫째, 문묘는 왼쪽, 학교는 오른쪽에 있는 좌묘우학식(左廟右學式)이다. 둘째, 문묘는 오른쪽, 학교는 왼쪽에 있는 우묘좌학식(右廟左學式), 셋째 문묘는 앞, 학교는 뒤에 있는 전묘후학식(前廟後學式), 넷째 문묘와 학교를 함께 세우지 않는 묘학분리식(廟學分離式)으로 구분할 수 있다. 위의 네 가지는 중국 각급 국립 예제 학교의 기본적 배치형식이라고 말할 수 있다. 이 외에도 학교는 앞, 문묘는 뒤에 있는 전학후묘(前學後廟)의 형식도 있기는 하지만, 한국에서 일반적이었을 뿐 중국의 국립학교에서는 아직 발견된 예가 없다. 서원 중에 이러한 배치형식을 따른 것이 있는데 항주시의 만송서원(萬松書院)이 바로 그 경우에 해당한다.『요사(遼史)』「지리지(地理志)」의 상경(上京)에 관한 기록에는 용사가(龍寺街)의 "서남쪽에는 국자감, 국자감의 북쪽에는 공자문묘(西南國子監, 監北孔子廟)"라고 되어 있다. 학교국자감은 남쪽에, 공

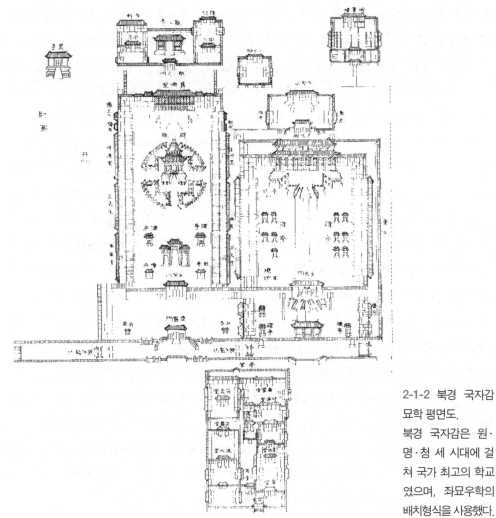

2-1-2 북경 국자감 묘학 평면도.
북경 국자감은 원·명·청 세 시대에 걸쳐 국가 최고의 학교였으며, 좌묘우학의 배치형식을 사용했다.

자문묘는 북쪽에 있어서 마치 전학후묘의 형식 같다. 그러나 다음의 기록을 보면 두 가지는 각각 독립된 기관이지 일체(一體)를 이루는 것이 아니었다. "거리의 동남쪽에는 유수사아(留守司衙), 그다음에는 염철사(鹽鐵司), 그다음에는 남문(南門)이 있다. 용사가(龍寺街) 남쪽은 임황부(臨潢府)이고, 그 옆에는 임황현(臨潢縣), 임황현의 서남쪽에는 숭효사(崇孝寺)가 있으며, 승천(承天) 황후가 세운 것으로 숭효사 서쪽에는 장태현(長泰縣)과 천장관(天長觀)이 있다. 서남쪽에는 국자감, 국자감 북쪽에는 공자문묘, 동쪽에는 절의사(節義寺)가 있다. 그리고 서북쪽에 있는 안국사(安國寺)는 태종(太宗)이 세운 것이다. 안국사 동쪽에는 재천(齊天) 황후의 고택이 있고, 고택 동쪽은 원비(元妃)의 거처로 이는 법천(法天) 황후가 세운 것이었다."8) 이 내용에서도

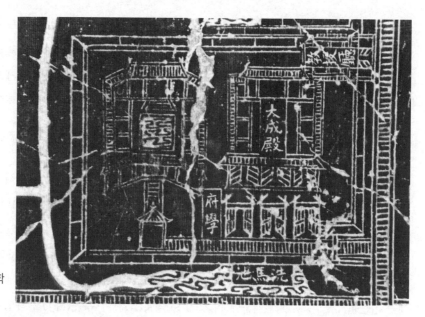

2-1-3 평강부학
도(平江府學圖).

알 수 있듯이 국자감과 공자문묘는 독립된 기관이었는데 그렇지 않았다면 이 둘을 따로 기록하지 않았을 것이다. 이처럼 별도의 기관이었던 국자감과 공자문묘는 전학후묘식이 아닌 묘학분리식으로 분류해야 한다.

최초의 좌묘우학식은 당대(唐代)의 국자감이 분명하고, 그다음은 여러 문헌에서 확인되듯이 신안현학(新安縣學)이다. "소흥(紹興) 11년 한림학사 왕(汪) 씨가 다시 짓기 시작했는데 문묘는 왼쪽 학교는 오른쪽이었으며 규모가 웅장하고 아름다웠다."[9] 소흥 11년(1141) 중건 당시 좌묘우학식이었다. 이에 대한 최초의 도판(圖版)은 소정(紹定) 2년(1229)에 그려진 평강도(平江圖) 속 평주부학(平州府學)인데, 그림을 보면 부학은 오른쪽, 문묘는 왼쪽에 있다.

소주문묘(蘇州文廟)는 지금도 이러한 배치 양식을 따르고 있다. 북경 국자감도 전형적인 좌묘우학식이다. 태학은 서쪽에, 문묘는 동쪽에 있으며, 각각 정문이 설치되어 있긴 하지만 담장 하나로 연결되어 있다. 문앞의 길 남쪽에도 청 옹정(雍正) 9년(1731)에 중설된 남학(南學)이라는 이름의 건물이 있다. 남학은 본래 국자감 학생과 교사들의 기숙사로 사용하려고 지은 건

8) 『遼史·地理志·上京』(文淵閣四庫全書 電子版 참고). "正南街東留守司衙, 次鹽鐵司, 次南門. 龍寺街南曰臨潢府, 其側臨潢縣, 縣西南崇孝寺, 承天皇后建, 寺西長泰縣, 又西天長觀. 西南國子監, 監北孔子廟, 東節義寺. 又西北安國寺, 太宗所建. 寺東齊天皇后故宅, 宅東有元妃宅, 即法天皇后所建也."
9) 『新安志 권1·廟學』([宋], 羅愿)(文淵閣四庫全書 電子版 참고). "紹興十一年, 汪內相始複營建, 左廟右學, 規制雄麗."

물이었다. 그러나 국자감은 국가가 관리하는 국가 최고의 학교라는 것 외에도, 귀족의 자제들을 교육하는 팔기관학(八旗官學)이자 과학·기술 인재를 양성하는 산학(算學) 및 러시아학을 배울 유학생을 교육하는 관할기구로서, 수도에서 소관(小官)과 귀족자제들이 참가할 순천향시(順天鄕試)의 자격시험을 담당해야 했으며 교학과 교육행정 관리 두 가지 역할을 겸하고 있었기에 이를 분리시키기 위해 교실을 남학으로 이동시키면서 원래의 태학이 전문적인 교육행정 담당 기관이 되었다.

우묘좌학식은 중국 최초의 묘학 배치형식으로 알려져 있다. 동진(東晉)초 세워진 국자학이 바로 이러한 양식이었으며, 이후에도 묘학에서 가장 일반적인 배치형식 중 하나가 되었다. 호남성(湖南省) 악주부학(嶽州府學)은 전형적인 우묘좌학식인데, 문묘는 서쪽에 있고 학교는 동쪽에 있으며, 담장이 있어 하나로 연결되어 있다. 중간에는 격벽(隔壁)을 통해 문묘와 학교를 두 구역으로 나누었으며, 격벽 남북 양쪽 끝에는 각각 문이 있어서 서로 통하게 되어 있다. 문묘에는 정문을 만들지 않았기 때문에 예문(禮門), 의로(義路) 두 측문(側門)을 출입구로 사용했는데, 예문은 학교 대문 안쪽으로 통했기 때문에 문묘에 들어가면 반드시 학교로 먼저 들어가게 되어 있었다. 문묘로 바로 출입할 수 없는 배치는 명대의 일반적인 양식이었으며, 청대에는 매우 보기 드물었다. 천주부학(泉州府學)도 문묘는 서쪽, 학교는 동쪽에 위치했으며, 문묘의 문과 학교의 문은 나란히 세웠지만 학교는 문묘의 영성문 뒤에 설치되어 있었다. 숭성사(崇聖祠)는 문묘와 학교 사이에, 교수서(教授署)와 훈도서(訓導署), 존경각은 학교 밖에 있다. 비록 잘 정돈된 배치는 아니었지만, 여기에는 그만 한 이유가 있었다. 현재의 천주부학은 남송 소흥(紹興) 7년(1137)에 세워진 것인데, 규모가 작은 편이어서 이후에 건물을 확장시키거나 늘리는 것이 매우 어려웠다. 숭성사의 전신(前身)인 계성사(啟聖祠)는 명 가정 9년(1530)에서야 증설되었는데, 문묘의 배치가 이미 정해져서 문묘 안에 증축하는 것은 어려웠기 때문에 문묘와 학교 사이에 세웠던 것이다. 그리고 문묘의 반지(泮池)가 대성전 앞에 있는 것도 일반적이지 않으며, 현재 남아 있는 유일한 실례(實例)이다. 그 원인을 따져보면 대성전이 확대되면 이와 연관된 건물인 양무(兩廡)도 확대되어야 했는데, 반지가 이미 자리잡고 있었기 때문에 원래의 자리에 남겨둘 수밖에 없었기 때문이었다. 반지가 대성문 밖에 있지 않고 대성문 안에 홀로 남아 있게 된 것이다. 천주부학의 부속 제사 건물은 명환향현사(名宦鄕賢祠) 하나뿐이었으며, 기타 충효(忠孝), 절의(絶義), 효제(孝悌) 등의 사당은 없었다, 그러나 문묘의 서쪽과 학교 문 양쪽 및 학교 밖 동북쪽에 명사(名士)를 제사 지내는 전사(專祠)[10] 10여 개가 늘어서 있었는데, 이는 전

---

10) (옮긴이) 특정 인물이나 신을 제사지내기 위해 세운 사당.

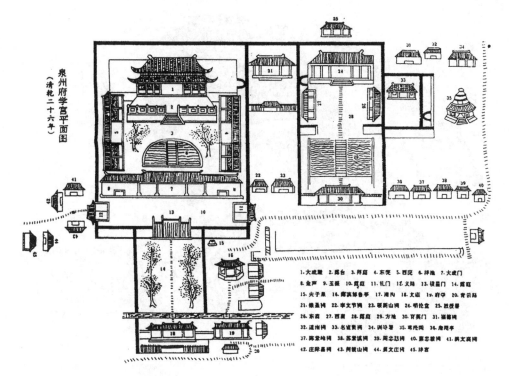

2-1-4 천주부학(泉州府學) 평면 안내도.

국 각지에 있는 다른 각급 학교에서는 보기 힘든 것이었다.

전묘후학식(前廟後學式)은 중국에서 일반적 양식 중 하나이다. 사명부학(四明府學)은 건염(建炎) 연간 금나라 군사들이 남하했을 때 심각하게 파괴되어서 선성전(先聖殿) 하나만 남아 있었다. 소흥(紹興) 7년(1137)에 중건되어서 "앞에는 의문(儀門), 의문 앞에는 대문(台門)을 만들고 뒤에는 명륜당(明倫堂)과 계고당(稽古堂)을 세웠다".11) 봉화현학(奉化縣學)은 남송 경원(慶元) 2년(1196) 중수하면서 "직전(直殿) 뒤에는 '이훈(彝訓)'이라는 이름의 당(堂)을 세웠고, 동서로 '양정(養正)', '달재(達材)', 성덕(成德), 승준(升俊)이라는 이름의 사재(四齋)를 만들었다".12) 은현현학(鄞縣縣學)은 보경(寶慶) 2년(1226) 중수할 때 "직전(直殿) 뒤에 강당(講堂)을 만들었고(直殿後爲講堂)", 영가현학(永嘉縣學)은 송 소정(紹定) 때 문묘 뒤에 학교를 세웠으며, 오흥현학(吳興縣學)은 가태(嘉泰) 5년(1205) 창건 당시 "강당(講堂)은 대성전 뒤에 두라는 명(命講堂在大成殿後)"13)을

---

11) 『四明志』[宋, 寶慶](文淵閣四庫全書 電子版 참고). "前爲儀門, 又前爲台門, 後爲明倫堂, 稽古堂."
12) 『四明志』[宋, 寶慶]. "直殿後作堂曰'彝訓', 東西四齋曰'養正', 曰'達材', 曰'成德', 曰'升俊'."
13) 『吳興志』[宋, 嘉泰](文淵閣四庫全書 電子版 참고).

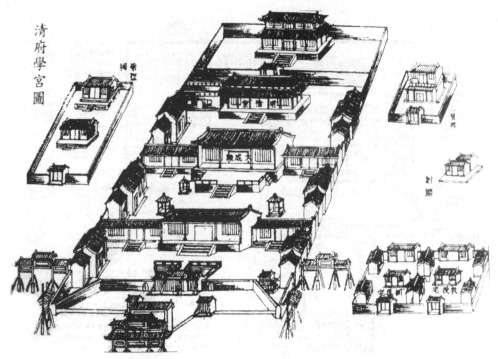

2-1-5 분주부학(汾州府學) 평면 안내도.

받았다, 경정(景定) 연간의 건강부학(建康府學)도 전묘후학식이다. 이처럼 전묘후학은 송대의 일반적 양식이었으며, 명대의 융경주학(隆慶州學)과 영녕현(永寧縣) 현학도 모두 전묘후학식이었다. 문묘는 앞, 학교는 뒤에 있지만, 사람들이 문묘 안으로 출입할 수 없었기 때문에 문묘의 서쪽에 학문(學門)을 별도로 만들었다. 출입이 매우 불편했기 때문에 이러한 배치 양식은 과학적이지 못하다는 평가를 받고 있다.

묘학분리식은 현재 감숙성 양주부학(凉州府学)의 사례를 통해서만 겨우 확인할 수 있는 정도이다. 문묘는 성안 동남쪽 한 켠에 위치해 있는데, 앞쪽은 성벽과 맞닿아 있고 동쪽에는 문창궁, 서쪽에는 공원(貢院)이 있으며, 부학은 의외로 문묘 서북쪽에, 즉 동문으로 들어가면 길의 오른쪽에 위치해 있다. 부학과 문묘의 남북 사이에는 길로 만들어진 구역이 있고, 동서 사이에도 큰 길이 있어 분리되어 있다.

물론 특수한 배치형식도 있었지만 위의 네 가지 양식의 변형인 셈이어서 새로운 양식으로 분류될 수는 없다. 예를 들어 현재 운남성(雲南省) 건수시(建水市) 학교의 경우 1묘 2학으로 되어 있는데, 문묘는 가운데 있고, 왼쪽에는 임안부학(臨安府學), 오른쪽에는 건수현학(建水縣學, 원래는 주학이었는데, 청 건륭 35년에 현학으로 바뀜)이 있다. 겉으로만 보면 중묘측학(中廟側學)인 것 같지만 실제로는 두 학교가 하나의 문묘를 사용한 것이다. 배치 형식에서 임안부학은 우묘좌학식, 건수현학은 좌묘우학식이고, 전체적으로 보면 문묘를 하나 줄인 것이다. 감숙성(甘肅省) 경양묘학(慶陽廟學)도 1묘 2학이었는데, 문묘는 오른쪽에, 학교는 왼쪽에, 현학은 앞에, 부학은 뒤에 있는 매우 특이한 양식이다.

감숙성 평량묘학(平涼廟學)도 특이한 양식을 가지고 있다. 역시 1묘 2학으로 현학은 오른쪽에, 문묘는 왼쪽에 나란히 위치해 있고, 부학은 문묘의 왼쪽에 있긴 했지만 문묘 북쪽으로 밀려나 있다. 부학 대부분이 문묘 뒤의 동쪽에 있기 때문에, 전묘후학이라고 부를 수는 없다.

천진시(天津市)에서도 부학, 현학을 세웠지만, 문묘를 줄이지 않고 두 문묘는 중간에 세웠고, 두 학교가 바깥쪽에서 지키고 있는 양식이었다. 천진부학은 우묘좌학식, 천진현학은 좌묘우학식이었다. 일부 학교는 대칭을 추구했기 때문에, 문묘 한 켠에 명륜당을 세우고 또 다른 한 켠에는 훈도서(訓導署) 혹은 교유서(教諭署)[14]를 만들거나, 문묘 뒤에 명륜당을 세우고 문묘 양쪽에 교유서와 훈도서를 만들었다. 그러나 이러한 양식을 모두 중묘측학이라고는 할 수 없는 것은 학교의 중심은 명륜당이어서 명륜당과 문묘의 위치관계로 묘학의 배치형식을 결정하기 때문이다. 예를 들어 강소성(江蘇省) 술양현학(沭陽縣學)은 문묘를 중간에 세우고 뒤에는 명륜당, 동쪽과 서쪽에 각각 교유서와

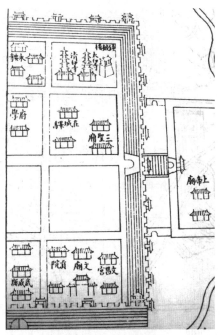

2-1-6 양주부성도(涼州府城図).
『감숙통지(甘肅通志)』에서 발췌했다.

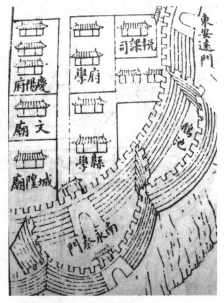

2-1-7 경양부성도(慶陽府城圖).
『감숙통지』에서 발췌했다.

---

14) (옮긴이) 훈도서(訓導署), 교유서(教諭署)는 각각 훈도택(訓導宅), 교유택(教諭宅)로 부르기도 하였다.

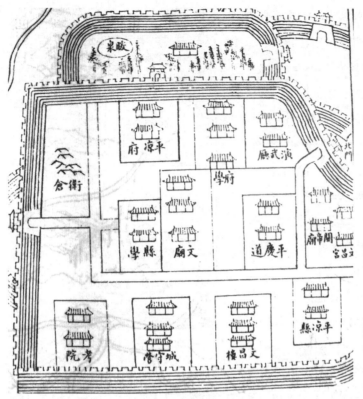

◀ 2-1-8

평량묘학(平涼廟學) 위치도.
『감숙통지』에서 발췌했다.

▼ 2-1-9

술양현학(沭陽縣學) 평면 안
내도. 가경 연간의 『해주직
례주지(海州直隷州志)』에서
발췌했다.

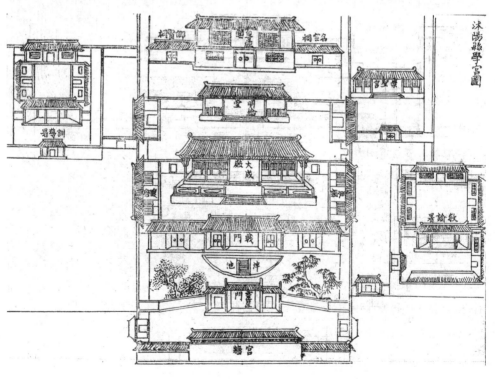

훈도서를 만들었는데, 명륜당은 문묘 뒤쪽에 있기 때문에 전묘후학식이다.

　같은 예는 산서성(山西省) 평요현학(平遙縣學)에서도 찾아볼 수 있다. 앞쪽은 문묘, 뒤쪽은 학교로 되어 있고, 동서 양쪽은 각각 교유서와 훈도서가 있어서, 일각에서는 1묘 3학, 또 다른 일각에서는 동학궁(東學宮), 서학궁(西學宮)이라고도 했지만, 실제 모두 정확하지 않은 표현이며 평요현학은 전묘후학 양식에 속한다.

　일부 학교의 경우 중간에 문묘, 왼쪽이나 오른쪽에는 학교가 있고, 다른 한쪽에는 서원이나 문창사(文昌祠)를 지었다. 절강성 영가현학(永嘉縣學)의 경우 명 정덕(正德) 연간에 오른쪽에는 서원, 중간에는 문묘, 왼쪽에는 학교를 세웠다. 청 광서(光緒) 연간에 오면 서쪽의 서원은 문창궁(文昌宮)으로 되었다. 서원과 문창궁은 법에서 제정한 학교의 구성요소가 아니었기 때문에 우묘좌학식으로 분류해야 한다.

　광동성 게양현학(揭陽縣學)은 동서 4로(四路)로 이루어진 비교적 복잡한 양식으로 되어 있다. 왼쪽부터 제1로는 남쪽에서 북쪽으로 차례로 충효사(忠孝祠), 명륜당(明倫堂), 교유서(教諭署), 교유대당(教諭大堂), 교유내택(教諭內宅), 왼쪽부터 제2로는 문묘였는데, 남쪽에서 북쪽으로 차례대로 조벽(照壁), 영성문(欞星門) 및 동서 담에 있는 협문(夾門), 금성문(金聲門)과 옥진문(玉振門), 반지, 대성문 및 명환사(名宦祠), 대성전과 동서 양무, 숭성사 및 동

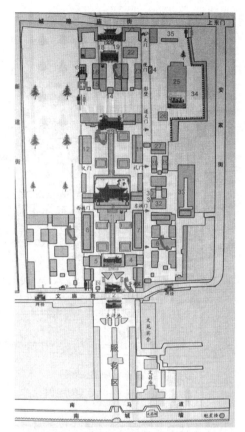

2-1-10 평요현학(平遙縣學) 평면 안내도.

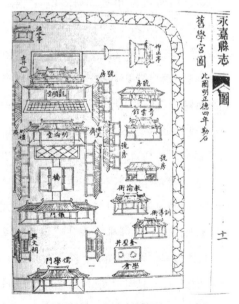

2-1-11 명 정덕(正德) 영가현학도(永嘉縣學圖).

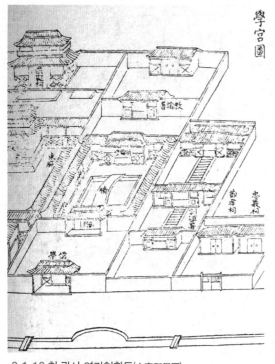

서 양상(兩廂), 존경각, 왼쪽부터 제3로는 남쪽에서 북쪽으로 순서대로 토지사(土地祠), 문창사(文昌祠), 문창각(文昌閣), 절효사(文昌閣), 향사(享祠), 왼쪽부터 제4로는 남쪽에서 북쪽으로 원무(園廡), 훈도서(訓導署), 훈도대당(訓導大堂), 훈도내택(訓導內宅)이 있다. 학교 담장 동쪽으로 관천헌(觀泉軒), 규광각(奎光閣) 등의 건물이 있다.

왼쪽부터 제1로의 중심 건물은 명륜당이고, 뒤쪽은 교육하는 아재(衙齋), 앞쪽은 제사건물인 충효사였는데, 모두 예제학교의 구성 요소이다. 왼쪽부터 제2로는 일반적인 문묘와 같다. 왼쪽부터 제3로의 토지사, 절효사와 향사는 학교의 구성 요소이긴 하

2-1-12 청 광서 영가현학도(永嘉縣學圖).
『영가현지(永嘉縣志)』에서 발췌했다.

지만, 중심 건물인 문창사, 문창각은 학교의 예제건물은 아니었다. 왼쪽부터 제4로는 교육을 담당하는 아택(衙宅)이다. 그러므로 전체적으로 보면 계양현학은 우묘좌학식에 속한다.

절강성(浙江省) 자계현학(慈溪縣學)은 전체 3로의 복잡한 양식으로 되어 있다. 중로(中路)의 앞쪽에는 문묘, 뒤쪽에는 명륜당과 제운정(梯雲亭)이 있다. 서로(西路) 앞쪽에는 순서대로 절효사(節孝祠), 충의사제사(忠義孝悌祠). 명환향현사(名宦鄕賢祠) 등의 제사건물이 있고, 뒤쪽에는 훈도서와 훈도내택이 있다. 동로(東路) 앞쪽에는 순서대로 유학문(儒學門), 윗층은 괴성각(魁星閣), 문창사(文昌祠), 재생소(宰牲所), 토지사(土地祠)와 숭성사(崇聖祠)가 있고, 뒤쪽에는 교유서와 교유내택이 있다. 예제건물, 제사건물, 민속신앙건물이 모두 갖추어진 복잡한 배치였지만 기능은 명확하게 구분되어 있었다. 대성전 뒷담을 경계로 앞쪽은 제사구역, 뒤쪽은 학교구역이었기 때문에 전묘후학식에 속한다. 게다가 건축 설계자는 특별히 문묘의 제사건물과 부사(附祀)건물을, 문묘 예제에 속하지 않는 민속신앙 제사건물과 엄격하게 분리시켰다. 서로(西路)의 절효사와 동로(東路)의 괴성각(魁星閣), 문창사도 별도의 문을 만들어 문묘와 서로 연결되지 않았다. 문묘의 부사(附祀)건물에 속하는 충의효제사(忠義孝悌祠), 명환향현사(名宦鄕賢祠)를 지으면서 동향(東向)의 문을 만들었고, 서협도(西夾道)를 통해 문묘의 첫 번째 정원과 연결

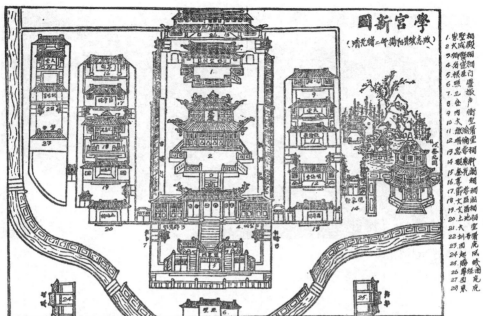

▲ 2-1-13 게양현학(揭陽
縣學) 평면 안내도.

▶ 2-1-14 자계학궁(慈溪
學宮) 평면 안내도.

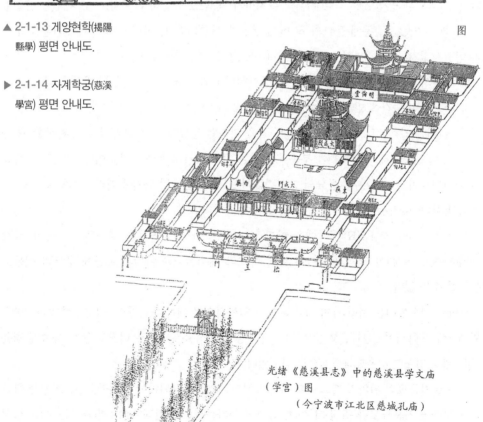

光緒《慈溪县志》中的慈溪县学文庙
（学宫）图
（今宁波市江北区慈城孔庙）

2-1-15 동안현학(同安縣學)의 전경.

되었다. 동일한 방식으로 동로(東路)의 토지사와 재생소, 숭성사도 서향(西向)의 문을 만들었고, 동협도(東夾道)를 통해 문묘의 첫 번째 정원과 연결되었다. 이렇게 하여 예제건물을 문묘와 연결시켰지만, 비예제건물은 문묘 밖에 구역별로 나누어놓았다.

또 하나의 특이한 예로 복건성(福建省) 동안현학(同安縣學)을 들 수 있다. 대성문, 대성전 및 부속 건물들이 중간에 있고, 왼쪽에는 반지와 패방(牌坊)이, 오른쪽에는 명륜당과 부사건물이 있다. 이러한 양식으로 만들어진 원인은 처음 지었던 문묘가 매우 작아서 후에 확장할 때 문묘 앞 성벽으로 인해 확장하려는 부분을 묘의 왼쪽에 배치해야 했기 때문이다. 명륜당은 학교의 중심건물이고, 대성전은 문묘의 중심건물이므로, 두 건물의 위치에 따라 묘학의 관계를 확정해야 한다. 따라서 동안현학은 좌묘우학식에 속한다.

장춘시(長春市) 공자문묘 서쪽에는 공씨가묘(孔氏家廟)가, 동쪽에는 맹자묘가 있는데, 각각 공맹후손(孔孟後孫)이 만든 가묘이지 국립 학교의 예제건물은 아니기 때문에 문묘의 건물로 분류할 수는 없다.

묘학의 배치형식은 여러 가지 이유로 인해 역사적으로 계속 변화했다. 덕경주학(德慶州學)은 원래 전묘후학식이었는데, 청 강희 58년 명륜당을 계성사(啟聖祠)로 바꾸고 문묘 동쪽에 명륜당을 새로 지으면서 우묘좌학식으로 바뀌었다.

비록 공자문묘의 위치가 학교보다 더 중요하고, 보다 부각되어야 하지만, 명대 이전에 학교의 규모는 공자문묘보다 훨씬 더 컸다. 당대의 공자문묘는 일반적으로 1전(殿) 1문(門)을 설치했다. 일부 공자문묘의 경우 2문(門) 혹은 2무(廡)를 설치했지만, 학교 규모가 더 큰 편이었다.

탁주(涿州)학교는 '양식과 봉급[食錢] 200만, 학생 3000명가량의 규모를 이룸'[15] 정도였다. 강도묘학(江都廟學)은 당대(唐代)에도 이미 삼례당(三禮堂), 학원(學院) 등의 건물이 있었는데, 5대 10국(五代十國)[16] 시대에는 강서당(講書堂)과 학생들이 공부할 수 있게 줄행랑과 넓은 실(室) 및 제사를 위해 재계(齋戒)할 수 있는 재원(齋院) 등을 증설하였고, 건물 규모도 공자문묘보다 훨씬 더 컸다. 송대로 오면서 학교 규모는 더욱 확장된다. 항주부학(杭州府學)은 선화(宣和) 원년 (1119) 확장 이후 학습하는 공간으로 경덕(經德), 진덕(進德), 병문(炳文), 이정(頤正), 분문(賁文), 몽양(蒙養), 시승(時升), 익명(益朋), 이신(履信), 복고(復古), 보현(寶賢) 등 12재(齋)가 있었다. 남송 경정(景定) 연간에 건강부학(建康府學)의 대성전은 원래 3칸이었는데 양쪽에 이방(耳房)[17]을 지었고, 양무는 각각 3칸이었으며, 대성문도 원래 3칸이었는데 6칸의 이방을 늘렸다. 영성문까지 포함하면 문묘 안의 건물 수는 총 25칸이었다. 이에 비해 학교부분은 2당(堂) 7재(齋)로 이루어졌고, 기타 부속 건물까지 합하면 모두 70여 칸으로 문묘의 두 배보다 많은 수치였다. 비록 학교 건물이 많기는 했지만 평면도를 보면 학교 건물들이 삼면으로 둘러싸여 있고, 공자 문묘는 한가운데에 있어서 그 지위는 여전히 부각되어 있었다. 소흥 7년(1137) 중건한 사명부학(四明府學)도 학교는 크지만 문묘는 작다. 건염(建炎) 연간 금나라 군사들이 남하한 후 사명부학은 훼손되었고, 선성전(先聖殿)만이 다행히 화를 면했다. 중건 후 대성전은 "전 앞은 의문과 대문(臺門)이 있었고, 뒤에는 명륜당, 계고당(稽古堂)이 있었다. 옛날에 당 위쪽에는 오경각 (五經閣), 팔재(八齋), 포름(庖廩), 선현사가 있었는데 이것들은 옛날 지방지에 나와 있었다".[18] 문묘는 1전(殿) 2문(門)으로 되어 있고, 학교는 2당(堂), 8재(齋), 포름(庖廩) 등으로 되어 있어서 학교 건물은 문묘보다 훨씬 더 많았다. 건도(乾道) 7년(1171) 중건한 선계현학(仙溪縣學)은 "전 (殿)의 이름은 대성(大成), 강당의 이름은 존도(尊道)이다. 재(齋)는 충고(忠告), 명륜(明倫), 독지 (篤志), 의문(懿文), 선철(宣哲), 성의(誠意) 여섯 개였다. 위(位)는 학장(學長), 직학(直學), 학유(學 諭), 교유(敎諭) 네 개였다. 육경(六經)은 각(閣)에, 제기(祭器)는 고(庫)에, 서협(瑞筴)은 당(堂)에 있었으며, 토지사(土地祠)와 포벽사(庖湢舍)도 있었다."[19] 학교 건물이 문묘 건물보다 훨씬 더

<hr />

15) 『涿州新置文宣王廟碑』([唐], 韋稔], 『全唐文』 권480 참조. "置食錢二百萬, 徒三千員."
16) (옮긴이) 907년 당나라의 멸망한 뒤 960년 송나라가 성립하여 979년 전국을 통일하기까지 중원을 중심으로 흥망성쇠를 거듭한 다섯 왕조와 중원 이외의 여러 지방에 할거 및 흥망한 열 개의 나라 또는 그 시대를 말한다.
17) (옮긴이) 정방(正房)의 양쪽 옆에 있는 작은 방을 가리킨다.
18) 『四明續志』[元, 至正二年]. "前爲儀門, 又前爲台門, 後爲明倫堂, 稽古堂, 堂之上舊有五經閣, 八齋, 庖廩, 先賢祠, 備見舊志."
19) 『仙溪志』([宋], 寶祐]. "殿曰大成, 講堂曰尊道, 齋有六. 曰忠告, 明倫, 篤志, 懿文, 宣哲, 誠意. 位有四. 曰學長, 直學, 學諭, 敎諭. 六經有閣, 祭器有庫, 瑞筴有堂, 土地有祠, 庖湢有舍."

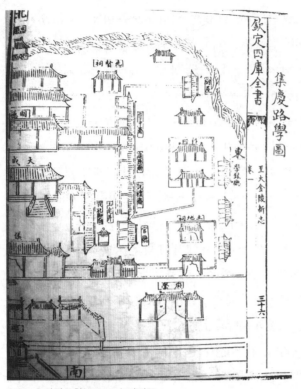

많았다. 원대에도 학교 규모가 문묘보다 컸다. 태정(泰定) 3년 (1326)에 지어진 남해현학(南海縣 學)은 현재까지도 유일하게 건물 의 상세한 길이에 대한 기록이 남아 있는 지방묘학이다. 기록 에 따르면 대성전의 넓이는 60 척(尺),[20] 길이 45척, 높이는 30 척이다. 의문(儀門)은 9칸 9표(標: '檩'과 통함, 들보도리)로 되어 있었 으며, 넓이 104척, 길이 26척, 높 이 18척이다. 명륜당은 11표, 넓 이 72척, 길이 25척, 좌우협실(左 右夾室)은 각각 넓이 41척, 길이 25척이다. 동서 곁채는 총 11실, 넓이 120척, 길이 25척이다. 학 교의 면적은 문묘의 1.8배이다.

2-1-16 경집로학(集慶路學) 평면도.
『금릉신지(金陵新志)』에서 발췌했다.

집경로학(集慶路學)의 평면도를 보면, 학교건물이 많고 면적은 문묘의 두 배 정도로 컸다.

명대부터 학교와 문묘의 규모가 점점 비슷해졌다. 학교 건물 수는 일반적으로 공자문묘보 다 좀 더 많았지만, 공자문묘의 건물은 학교보다 훨씬 높고 컸다. 특히 대성전은 묘학의 중심 건물이어서 높이나 면적, 길이를 막론하고 다른 건물과는 비교할 수 없을 정도였다. 대성전은 거의 학교 절반 정도의 면적과 맞먹는다. 이러한 변화의 원인은 다음과 같다. 첫째, 공자의 지 위가 높아짐에 따라 공자문묘의 건물이 점점 많아졌기 때문이다. 당·송·원 시기에 일반적인 1전 1문 혹은 2문과 양무를 제외하고, 계성사(啟聖祠, 청 옹정 시기 숭성사로 바뀜)와 문방(門坊) 등 기념건물이 증가했다. 게다가 공자에 대한 공경심이 커질수록 공자문묘의 건축규모도 점 점 커졌다. 대성전은 3칸에서 5칸, 7칸, 9칸 심지어 11칸으로 확장되었고, 양무도 3칸에서 5 칸, 7칸, 9칸, 11칸, 13칸, 17칸으로, 어떤 것은 심지어 19칸으로 확장되기도 했다. 둘째, 학교 정원수에 따라 학교의 규모가 결정되었기 때문이다. 학교의 학생 수가 줄어들면 학사(學舍)도

---

20) (옮긴이) 길이의 단위. 1척(尺)은 1장(丈)의 1/10로 약 33.3cm 정도가 된다.

2-1-17 순천부학(順天府學) 문묘.

동시에 줄어들었다. 송대 학교는 일반적으로 10재(齋), 8재(齋), 적은 경우 4재(齋)도 있었다. 명·청 시대로 오면 학사는 일반적으로 2재(齋)로 되어 있었는데, 학궁(學宮)의 아택(衙宅) 면적은 커졌지만 학사(學舍)가 줄어드는 경우도 적지 않았다. 따라서 학교의 면적은 점점 작아졌다. 이런 상황 속에서 공자문묘의 건물들은 점점 학교를 추월하여 묘학의 중심이 되었다.

옛날에는 일반적으로 하나의 학교에 하나의 문묘를 세웠지만, 어떤 지역에는 하나의 문묘에 두 개, 심지어는 세 개의 학교를 세우기도 했다. 이러한 상황은 일반적으로 부·주·현이 같은 성(城)에 있고, 주학과 현학은 문묘를 짓지 않고 주학이나 부학 내에 부설한 경우이다. 예를 들어 운남성(雲南省) 임안부학(臨安府學)은 건수주학(建水州學, 후에 현학으로 바뀌었다)을 부설하였는데, 문묘는 중간에, 부학은 동쪽, 주학은 서쪽에 위치했다. 명 가정 연간 감주부학(贛州府學)은 감현현학을 부설하였고, 문묘는 중간에, 부학은 동쪽, 현학은 서쪽에 위치했다. 서안부학문묘(西安府學文廟)는 동쪽에는 감녕현학(鹹寧縣學), 서쪽에는 부학과 장안현학(長安縣學)을 만들었는데, 세 학교 모두 하나의 문묘를 사용했다. 북경 순천부학(順天府學)도 부학 외에 여전히 대흥(大興), 원평(宛平)이라는 두 개 현학을 부설했던 1묘 3학이었다. 그리고 두 개의 현학이 하나의 문묘를 함께 사용한 경우도 있었다. 예를 들어 남경 상원현(上元縣)과 강녕현(江寧縣) 두 학교가 하나의 문묘를 함께 사용했는데 이것이 바로 현재의 남경 공자문묘이다.

제**2**장

공자문묘의 건축구조

중국은 당(唐) 정관(貞觀) 4년에 주·현 학교에 공자문묘 설립이 지시된 이래로 지속적으로 공자문묘의 건설과 수리에 대한 명령이 있었음에도, 공자문묘의 건축구조에 관해 역사상 정식 문서로 규정한 적이 없다. 현재 공자문묘의 건축구조를 분석할 때 특히 초기 건축구조의 경우 자료 부족으로 인해 어려움을 겪는다.

1. 공자문묘 건축구조의 변천사

국가에서 최초로 건립한 공자문묘는 동진(東晉) 시기의 국자학 공자문묘이다. 그 규모에 대해서는 『송서(宋書)·예지(禮志)』에서 "문묘 건물을 155칸으로 늘려서 짓는다(增造廟屋一百五十五間)"라는 기록을 통해 알 수 있는데 이는 결코 공자문묘의 건물 총수를 말하는 것이 아니라 국자학(國子學)과 공자문묘의 건물을 합한 숫자이다. 진(陳)나라 고야왕(顧野王) 『여지지(輿地志)』에 따르면 동쪽에는 학교가, 학교 서쪽에는 공자문묘가 세워져 있고 공자 및 공자의 제자 10명의 초상이 그려져 있다. 공자문묘 서쪽에는 황태자당(皇太子堂)이, 공자문묘 남쪽에는 제생성(諸生省)이 있으며 문밖에는 좨주성(祭酒省)·이박사성(二博士省)이 있다. 이처럼 많은 기구들이 155칸에 달하는 건물을 차지하고 있었으며, 학교는 "2000석을 봉급으로 받는 공경(公卿)의 자제들 중에서 학생을 선발하였으니(選公卿, 二千石子弟爲生)" 그 숫자 또한 결코 적지 않았다. 공자를 제사 지내는 문묘를 부자당(夫子堂)으로 불렀는데, 부속 건물은 그다지 많지는 않앞을 것이며 중심건물은 하나의 당(堂)으로 되어 있었을 것이다. 이 외에는 묘문(廟門) 등의 건물 정도가 있었다.

당대 문선왕묘(文宣王廟)의 건축구조에 대한 자료는 매우 희귀하다. 『반궁예약전서(頖宮禮樂全書)』에 실린 당 태종 국자학 '석전위도(釋奠位圖)'를 보면, 국자학 문선왕묘의 사방에는 문이 설치되어 있고 중간에서 약간 북쪽으로 가면 정전(正殿) 하나만이 있다. 위와 같은 책에 수록된 '당 개원 제주 석전도(唐開元諸州釋奠圖)'를 보면, 주(州)의 문선왕묘는 문묘 문이 이중으로 되어 있고 정전 하나가 있다.

이 책은 청 순치(順治) 연간에 출판되었는데 이 두 장의 그림 모두 후대 사람들이 추측하여 그린 것으로 전적으로 믿기는 어려운 면이 있다. 『대당개원례(大唐開元禮)』의 『황태자석전어공선부(皇太子釋奠於孔宣父)』에 따르면 문묘에는 동문·남문이 있고, 곁채도 있었을 것이다. 『황태자석전어공선부』의 「진설(陳設)」편에는 "선성신(先聖神)은 당상(堂上)의 서쪽 기둥 사이에 동쪽을 향하여 앉아 있도록 진설했다. 선사신(先師神)은 선성신의 동북쪽에 남쪽을 향하여 서쪽 위로 앉아 있도록 진설했다. 만일 전당(前堂)에 있지 않은 경우, 실외 동쪽 건물에 동쪽을 향하여 남쪽 위에 진열하였다"[1]와 같은 구절이 있다. 석

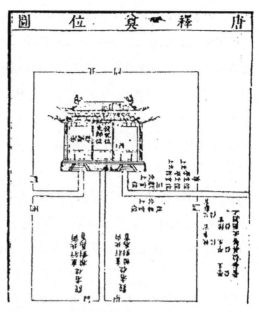

2-2-1 당 정관(貞觀) 국자학 '석전위도(釋奠位圖)'. 『반궁예악전서』에서 발췌했다.

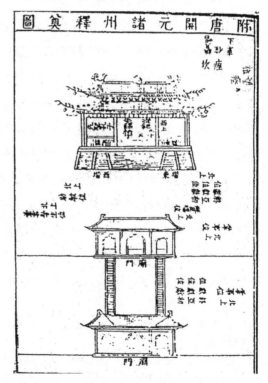

2-2-2 『반궁예악전서』에서 발췌한 당 개원(開元) 제주 석전도.

전(釋奠)의 축문(祝文)에서 알 수 있듯이 당시 문선왕묘는 공자 제사 이외에도 배향했던 인물들이 많이 있었다. 황태자는 안회(顔回)의 제사 때 "선사 안자 등 72현께 아뢰오니 중춘·중추 때 모두 고전(故典)을 존봉하여 선성 공선부(孔宣父)에 공경하는 몸가짐으로 석전을 지냅니다. 오직 안자 등 72현 선사들이 성인의 가르침을 신봉하여 사과(四科)에서 으뜸이셨거나 가장 먼저 유학의 가르침을 밝히셔서 천년의 모범이 되셨습니다. 이에 생(牲)·폐(幣)·예제(醴齊)·자성(粢盛) 등에 쓰이는 서품(庶品)을 진열하여 바쳤으니 종사(從祀)된 여러 성인께서는 흠향하옵소서"[2]라는 내용의 축문을 읽었다. 공자 제자들 외에도 배향했던 후대의 유생[後儒]들이 있었다. 그들은 당 정관 21년(647)에 공자 제자들은 개원(開元) 8년(720)에 배향되었다. 당시의 제도에 따라 공자, 공자제자 및 후유들 모두 좌상(坐像)을 세웠다. 『국자석전어공선부(國子釋奠於孔宣父)』「진설(陳設)」편에는 다음과 같은 구절이 있다. "선사신(先師神)은 선성 동북쪽에 남향으로 진열되어 있고 그 제자 염백우 및 21현 좌구명 등은 그 옆에 동쪽으로 진열되어 있는데 모두 남향을 한 채 서쪽을 바라보고 있다."[3] 두 서술이 다른 것은 『황태자석전어공선부(皇太子釋奠於孔宣父)』에는 이 좌상들이 정전에 수용이 안 되면 정전 밖의 동쪽 곁채에 배치한다고 기록되어 있는 반면, 『국자석전어공선부(國子釋奠於孔宣父)』에는 정전의 북벽 앞에 수용이 안 되면 동벽 앞에 설치하고, 동벽 앞에 수용이 안 되면 남벽 앞에 배치한다고 기록되어 있기 때문이다. 필자가 황태자 석전에 대한 기술이 정확하다고 생각하는 이유는 전내(殿內) 공자를 모시는 일 외에도 배향했던 제자들은 『당회요(唐會要)』와 『신당서(新唐書)·예악지(禮樂志)』기록에 따르면 77명[두우(杜佑)의 『통전(通典)』에는 83명], 선유(先儒)들은 22명으로, 배향된 인물은 총 99명이었기 때문이다. 그들 모두 조각상으로 만들어졌는데, 조각상을 실물보다 작게 만들지 않았던 이유는 그렇지 않을 경우 인형과 다를 바 없어서 존경심을 잃게 되기 때문이었다. 좌상의 경우 사람마다의 넓이는 70cm보다 작아서는 안 되고 좌상진(坐像陣)의 총길이는 최소 69.3m는 되어야 했으며, 대전(大殿)의 동서 사이가 7칸을 넘어서는 안 되었다. 현존하는 당(唐) 대중(大中) 11년(857)에 세워진 산서성 오대산(五台山) 불광사(佛光寺) 대전의 동서 사이는 7칸, 남북 사이는 4칸이며 실측에 따르면 동서로 총넓이는 약 33m, 남북으로 총길이는 17m이다. 이 전(殿)은 남면(南面)에 5칸으로 된 벽문(辟門)이 있고, 이용할 수 있는 총길이는 단지 71m 정도이다.

1) "設先聖神坐於堂上西楹間, 東向. 設先師神坐於先聖神坐東北, 南向, 西上(若前堂不容, 則又於室外之東屋陳而北, 東向, 南上)."
2) "敢昭告於先師顔子等七十二賢, 爰以仲春(仲秋), 率遵故典, 敬修釋奠於先聖孔宣父. 惟子等或服膺聖教, 德冠四科, 或先闡儒風, 晻範千載. 謹以制幣犧齊, 粢盛庶品, 式陳明獻, 從祀配神, 尚饗."
3) "設先師神坐於先聖東北, 南向, 其餘弟子冉伯牛…… 等坐, 及二十一賢左丘明…… 等坐, 以次東陳, 皆南向, 西上(若東陳不容, 則又於東壁屈陳而南, 西向)."

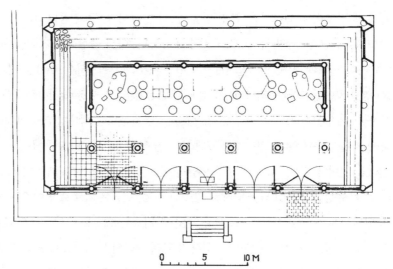

2-2-3 오대산 불광사(佛光寺) 대전(大殿)의 평면도.

0   5   10 M

　그러나 공자문묘에는 서쪽 벽에 공자상을 설치해야 했다. 공자상이 서벽과 일정한 거리를 유지해야 했던 이유는 공자상의 두께를 포함한 제사상의 넓이와 제사 때 사용하는 공간 때문이었다. 서쪽 끝에 있는 방에 설치해도 4m의 남북 거리로는 부족해서 조각상을 역시 넣을 공간이 없었다. 그러나 남북 양쪽 벽 앞과 동벽 앞에도 조각상을 놓아두어야 했는데 동쪽 끝에 있는 방에 설치한 후에 남북 양쪽 벽 모두 1m가량의 공간을 남겨두어야 했다. 그렇게 되면 이용할 수 있는 길이가 최대 61m 정도 되기 때문에 99명의 조각상을 수용할 수 없었다. 그러므로 조각상을 둘 수 있는 다른 건물을 만들 수밖에 없었던 것이다. 『황태자석전어공선부(皇太子釋奠於孔宣父)』에서 동옥(東屋)에 조각상을 배치한다고 했던 기록이 타당한 까닭은 동옥에 설치해야만 서벽에 있는 공자상을 직면할 수 있었기 때문이다. 그러나 '동향(東向)'이라는 표현은 틀렸다고 할 수 있는데, 만일 '동향'이라고 한다면 조각상들이 벽을 마주한 채 공자를 등지게 된다. 위치로 보면, 동옥은 대체로 정전 동북쪽에 있었고 그래서 "북쪽으로 배열해서[陳而北]", 남쪽을 위로 하고 있었다. 국자감 공자문묘는 곡부 공자문묘와 마찬가지로 곁채가 있다. 청 초(淸初) 공상임(孔尙任)의 『궐리지(闕裏志)』에 기록된 당대 묘제에는 다음과 같은 내용이 있다. "5칸으로 된 정묘(正廟)는 문선왕(文宣王)을 제사 지내는 곳으로 남향으로 앉아 있고, 안자는 서쪽을 마주하여 배사(配祀)하였으며 민자건(閔子騫) 이하 10철 및 증자는 동서 양쪽으로 열을 맞춰 앉아 있는데 모두 조각상으로 되어 있다. 양무는 20칸으로 72현에 제사를 지내는 곳이며 벽에는 초상화가 그려져 있다. 문묘 뒤에는 침전(寢殿)이 있는데 공자 부인 기관씨(亓官氏)를 모셨다. 앞에는 3칸으로 된 묘문이 있는데 매우 웅장하고 아름답다."[4] 이러한 기록은 비록 후대의 추술(追述)이지만, 분명 믿을 수 있는 글이다. 당 건봉(乾封) 원년(666) 공자를 태사(太師)로 추봉(追封)하면서 "문묘 구조가 초라하니, 다시 증설하고 지어야 한다(其廟宇制度鄙陋, 宜更加修造)"라고 했다. 연주도독(兗州都督)·곽왕(霍王) 이원궤(李元軌)는 명을 받들어 "(공자문묘) 병장(屛障)을 크게 수리하고(大葺藩維)", "반궁 숲의 옛 제단과 연결하도록 하고 영광전의 앞부분을 제거했다(接泮林之舊壇, 削靈光之前殿)." 공자문묘를 확대하면서 한대(漢代)의 영광전(靈光殿) 터를 점용하였다. 개원(開元) 7년(719) 연주자사(兗州刺史) 위현규(韋玄圭)는 "방어를 위해 엔담을 지어야 해서(樹繚 垣以設防)" 엔담을 만들었다. 대력(大曆) 8년(773)에는 곡부(曲阜) 현령(縣令) 배유상(裴有象)이 남문을 새로 만들면서 "큰 건물은 가로로 뻗어 있고 양쪽 문은 활짝 열려 있다(大屋橫亘, 雙扉洞開)"라고 했다. 이러한 기록들에는 동서 양무가 언급되어 있지 않았다. 그러나 정전(正殿)·정문(正門)만 지었다면 원래 옛터의 면적만으로도 충분하기 때문에 영관전의 터를 점용할 필요가 없었다. 이것으로 보아 당시에 동서 양무 등 부속 건물들도 동시에 건축되었다고 할 수 있다.

문헌에 따르면 당대 주·현 학교의 문선왕묘는 모두 작은 편이었다. 개원(開元) 27년에 내려진 명에 따라 문선왕묘 공자상을 남면으로 바꾸었고 공자와 배향된 제자들은 작위를 올려주었기 때문에 조각상이나 초상화의 면복(冕服)을 바꾸어야 했다. 칙령(勅令)에서는 "남경과 북경 그리고 연주(兗州)의 옛 문묘는 모두 면복을 바꾸어야 한다. 다만 주현의 문묘 건물은 작아서 남쪽을 향하도록 하기만 하고 의복은 고치지 않아도 된다"5)고 했다. 조정의 칙령에서도 주현의 문묘는 작다고 했지만 어느 정도로 작은지는 언급하지 않았다. 수묘비(修廟碑)의 기록을 통해 주·현 학교의 공자문묘가 대체로 1전(殿) 1문(門) 혹은 2문 정도였다는 것을 알 수 있다. 진류군학(陳留郡學) 문선왕묘는 "두 기둥 아래[1전 1문]는 4과(四科)6)로 나누어 배열하였고(兩楹之下, 四科以班)", "나머지 방에 들어가지 않는 자는 네 면의 벽에 초상을 그려 제사 지냈다".7) 배향된 인물은 모두 전정 안에서 제사 지내졌는데, 곁채를 따로 짓지 않았을 것이다. 서주주학(舒州州學)의 공자문묘는 "이중문으로 입구를 만들고 주위는 엔담으로 둘러싸여 있다(重門以深之, 周垣以繚之)". 이처럼 이중 대문까지 설치했으니 규모가 비교적 큰 편이었을 것이다.

당대 주·현 학교 공자문묘의 전체 규모에 대해서는 기록이 보이지 않는다. 현존하는 수묘

---

4) 『孔尚任新〈闕裏志〉校注』(徐振貴·孔祥林, 2004:70), "孔子夫人漢至金碑均作並官氏: 正廟五間, 祀文宣王, 南向坐, 顏子面西配, 閔子以下十哲及曾子東西列坐, 皆爲塑像. 兩廡二十餘間, 祀七十二賢, 圖繪於壁上. 廟後爲寢殿, 祀亓官夫人. 前爲廟門, 三間, 甚壯麗."

5) "兩京及兗州舊宅廟皆改冕服, 其諸州縣廟宇既小, 但移南面, 不須改衣服."

6) (옮긴이) 4과(四科)는 유학의 4학과인 덕행, 언어, 정사, 문학을 의미한다.

7) 『陳留郡文宣王廟堂碑』(陳兼). 『全唐文』 권373 참조. "其餘未入室者, 畫衣冠於四堵配祭."

비의 기록에서 관련된 소식을 알 수 있다. 천우(天祐) 15년(918)의 『태사(太師)·중서령(中書令)·북평왕재수문선왕묘원기(北平王再修文宣王廟院記)』에서 다음과 같이 말하고 있다. 정전을 짓기 시작하면서, "역대 선현에 대한 예의를 갖추기 위해 삼례당(三禮堂)을 수리하였다. 다음으로 재원(齋院)을 만들어 3헌(三獻)이 재계하는 곳으로 삼았다. 다음으로 근사절문(近思切問)[8]하는 선비들을 위해 학원(學院)을 짓고 강서당을 세웠다. 또한 회랑을 늘리고 건물을 확장하여 선비들이 머무르도록 하는 데를 지었다. 전에 범양공(范陽公)이 지은 건물 외에 당(堂)과 실(室)을 많이 늘렸다. 이로써 공자문묘의 모습을 제대로 갖추게 되었다".[9] 문묘에 속한 건물은 정전을 비롯하여 헌관(獻官)[10]이 제사 지내기 전에 재계하는 재원(齋院)만이 있고, 학교에 속한 건물은 삼례당(三禮堂), 학원(學院), 강서당(講書堂) 및 학생들이 학습하기 위해 지은 줄행랑과 넓은 교실이 있다. 재원, 강서당을 새로 만든 것 외에 다른 부분은 대중(大中) 연간에 중수했다. 이처럼 학교의 규모는 비교적 큰 편이었다. 재미있는 사실은 학교 건물도 공자문묘의 일부로 간주하여, 학교의 건물이 완공되었을 때 "공자문묘가 완비되었다(夫子之廟大備矣)"라고 하면서, 당대의 방식을 여전히 계승하여 학교를 공자문묘에 귀속시키고 있다는 점이다.

문묘 정전의 규모도 그리 크지 않았을 것이다. 5대(五代) 시기 진주(陳州) 방어사(防禦使) 이상곡(李相穀)은 공자문묘에 배알하였다. 건물 세 칸은 허물어져 있고 조각상 하나만 우뚝 서 있었는데, 영인(伶人)[11] 이화개(李花開)는 "허물어진 세 칸의 집, 쓸쓸한 나그네 한 명. 무슨 일을 짊어지고 있는지 모르겠네, 생사와 액운을 만남이 모두 진(陳)에 달려 있네. ……"[12]라는 시를 지었다. 주학은 지방학교 중에 등급이 가장 높은 학교였는데, 정전이 세 칸으로 되어 있었다는 기록으로 보면 당대 문묘의 건물 규모가 그리 크지 않았다는 것을 알 수 있다.

송대 문묘의 건축구조에 대한 문헌은 비교적 많은 편이다. 문헌을 통해 송대에 문묘의 규모가 확대되었음을 알 수 있다. 이 시기 공자문묘는 일반적으로 양무(兩廡)가 증가했고, 영성문(欞星門), 반지(泮池), 사당(祠堂) 등의 건물과 구조물들이 등장했다.

경력(慶曆) 8년(1048)에 절강성 섬학현학(剡學縣學)을 완공하면서, "전(殿)을 이곳으로 옮기고

---

8) (옮긴이) "근사절문(近思切問)"은 "절문근사(切問近思)"라고 쓰기도 하며 "많이 묻고 최근 발생한 일을 많이 생각한다"라는 뜻이다.

9) 『唐文續拾』 권7. "次葺三禮堂, 覽之見歷代禮備矣. 次創齋院, 以爲三獻修齋之所. 次修學院及特建講書堂, 以俟近思切問之士. 次列長廊廣室, 以止青衿橫經之子. 然猶於范陽公前所制置之外, 復添建堂室至多, 則夫子之廟大備矣."

10) (옮긴이) 임시 제관(祭官).

11) (옮긴이) 악공(樂工)과 광대를 통틀어 이르는 말이다.

12) "破落三間屋, 蕭條一旅人. 不知負何事, 生死厄於陳."

2-2-4 소주문묘(蘇州文廟)의 영성문. 3좌(座), 단칸이며 송대 오두문(烏頭門)의 특징을 지니고 있다.

공자상을 만들었으며, 수제자 10명을 좌우에 모셔놓았다. 신문(新門)은 장엄하고 응문(應門: 정문)은 엄숙하고 양서(兩序)는 양쪽에 위치하며 정원은 평평했다".[13] 이 기록으로 보아 현학문묘에는 이미 이중대문, 대성전과 동서양무가 있었다는 것을 알 수 있다. 함평(咸平) 5년(1002) 선계현학(仙溪縣學)은 현의 남쪽으로 이전했는데, "앞에는 전이 있어서 선성에게 제사를 지내고, 뒤에는 당이 있고 좌우로 회랑이 있어서 종사하는 인물의 그림을 그려 제사를 지냈다".[14] 배향하는 인물들도 두 줄로 서 있었다는 것을 알 수 있다. 엄주주학문묘(嚴州州學文廟)는 "성의 서북쪽 모퉁이에 학문(學門)에서 시작하여 동쪽으로 굽어 나가는 방향으로 있다. 건도(乾道) 5년에 지주(知州) 장선공(張宣公)이 처음으로 문을 남향하여 세웠다. 정북쪽에 영성문을 만들고, 그 외 북쪽에 다시 반수와 대성전문도 만들었다. 전은 학교 가운데 위치하고 있었고 전무(殿廡)에서 종사(從祀)했으며 앞쪽으로 회랑이 있었다. 양무에는 협랑(俠廊)이 있고 양무 동쪽으로 전량고(錢糧庫)가 있으며 전문에서 동쪽으로 숙의(肅儀)와 괴성루가 있다. 서쪽에는 공주(公廚)가 있고 대성전 북쪽으로 명륜당이 있다".[15] 건도(乾道) 5년(1169)에 정전·양무·전문(殿門)·

13) 『修廟碑』([宋], 丁寶臣). 『四庫全書』 485冊 「刻錄」 참조. "遷殿於其中, 塑孔子像, 高弟十人配左右. 新門岩岩, 應門耽耽, 兩序翼翼, 中庭砥平."
14) 『仙溪志』([宋], 寶祐). 『續修四庫全書』 660冊 참조. "前爲殿, 祠先聖, 後爲堂, 左右爲廊, 繪從祀以祠之."
15) 『嚴州續志』([宋 景定]. 『四庫全書』 487冊 참조. "在城西北隅, 始學門屈折東出, 乾道五年張宣公知州始辟南向.

영성문·반지가 있었다는 것으로 보아 후대 문묘의 기본시설을 이미 갖추고 있었을 것이다. 봉화현학(奉化縣學)은 경원(慶元) 2년(1196)에 "대성전 및 문무(門廡)를 철거하고 새로 지으면서 더욱 커지고 견고해졌으며, 선사 10철 인물상을 다시 세우고 종사 인물도 양무에 나누어서 나란히 모셨다".16) 은현현학(鄞縣縣學)은 보경(寶慶) 2년(1226)에 보수 후 "전 바로 뒤에는 강당을 만들고 종사 인물은 전 앞으로 나란히 모셨으며 재사(齋舍), 문무(門廡), 포(庖), 벽(湢)도 각각 자리하고 있었다"17)라는 기록으로 보아, 두 곳 모두 양무를 세웠던 것으로 보인다. 진해현학(鎭海縣學)의 규모는 더 컸다. 가정(嘉定) 4년(1211)에 "돌을 쌓아서 반수교를 만들고 다리 바깥으로 겹문을 설치하고 극문 안쪽에 새로 양무를 만들었다".18) 양무·반교를 새로 지었는데 공자문묘에는 이미 대성전과 양무, 극문, 반지와 다리 및 다리 바깥의 대문이 있었다.

남송 시기 공자문묘에는 영성문과 반지가 생겨났다. 현존하는 자료를 통해 다음과 같은 사실을 알 수 있다. 최초로 영성문을 세운 곳은 엄주주학(嚴州州學)이다. 건도(乾道) 5년(1169)에 "정북쪽에는 영성문을 만들었고 그 외 북쪽에 반수와 대성문도 만들었다(直北爲欞星門, 又北爲泮水, 爲大成殿門)". 그다음은 상주주학(常州州學)이다. "소희(紹熙) 연간(1190~1194)에 성 교수가 양무를 보수하고 영성문을 새로 지었다".19) 그다음은 복건성 천주문묘(泉州文廟)이다. 남송 가태(嘉泰) 원년(1201)에 영성문을 세웠으며, 선거현학(仙居縣學)도 가정 원년(1208) 현령(縣令) 요악(姚偓)이 "명륜당과 영성문을 만들었다".20) 대주주학(台州州學)과 항주부학문묘(杭州府學文廟)는 각각 가정 4년과 9년에 영성문을 세웠고, 단평(端平) 원년(1234) 상숙현(常熟縣)에서도 영성문을 세웠다. 이에 대해 "군상(郡庠)21) 건설 제도에 따라 동쪽에는 사당을 짓고 사당 앞에는 전문(殿門)을 세웠다. 또 앞에는 영성문을 세우고 양무에는 종사된 인물들의 초상화를 그렸다"22)는 기록이 남아 있다. 이 기록들은 군상(郡庠)의 제도에 따라 군학(郡學)에도 영성문을 만들었다는 것을 보여준다. 『경정건강지(景定建康志)』 부학도(府學圖)에서도 문 세 개, 단칸, 쌍문의 영성문이 등장하며 평강도(平江圖)에 나오는 평강부학(平江府學) 구조와 서로 비슷하다. 『사

直北爲欞星門, 又北爲泮水, 爲大成殿門, 殿於一學爲中, 殿廡爲從祀, 爲前廊位, 兩廡有俠廊, 錢糧庫在其東, 由殿門而東爲肅儀位, 爲魁星樓, 西爲公廚, 大成殿之北爲明倫堂."

16) "徹大成殿及門廡而新之, 益宏且堅, 更立先師十哲之像, 從祀分列兩廡."

17) 『四明志』[宋 寶慶]. 『續修四庫全書』705冊 참조. "直殿後爲講堂, 從祀分列於殿之前, 齋舍門廡庖湢各有攸處."

18) 『鎭海縣志』[清 光緒]. 『續修四庫全書』707冊 참조. "疊石爲泮水橋, 設重門於橋之外, 戟門內新列兩廡."

19) 『重修毗陵志』[宋 咸淳]. 『續修四庫全書』699冊 참조. "紹熙間, 盛教授庶修兩廡, 作欞星門."

20) 『赤城志』[(宋], 陳耆卿]. 『四庫全書』486冊 참조. "創明倫堂, 欞星門."

21) (옮긴이) 지방 교육 기관인 향교를 이르는 말이다.

22) 『重修琴川志』[宋 寶祐]. 『續修四庫全書』698冊 참조. "仿郡庠之制, 東爲廟, 廟之前爲殿門, 又前爲欞星門, 兩廡繪從祀."

2-2-5 영춘문묘(永春文廟)의 반지.

원(辭源)』의 '영성문'이라는 글자가 "공자문묘에 사용된 것이 『경정건강지(景定建康志)』, 『금릉신지(金陵新志)』에서 처음으로 확인된다"[23]는 기록은 정확하지 않다. 경정(景定) 연간 총 5년, 즉 1260년에서 1264년까지는 엄주주학문묘에 비하면 90년이, 상주문묘와 비교하면 60여 년이 늦은 셈이다.

반지는 의외로 송대에 처음 보인다. 영해문묘(寧海文廟)는 송 소흥(紹興) 7년(1137)에, 엄주문묘는 건도 5년(1169)에 반지를 만들었다. 광주부학(廣州府學)도 순희(淳熙) 4년(1177)에 "정재(亭齋), 반지(泮池)를 더 지었고(增創亭齋泮池)", 해녕주학(海寧州學)도 이 해에 못을 파서 다리를 만들었고, 자계현학(慈溪縣學)은 "경원 원년(1195)에 주당(朱堂)에게 반지 밖에 왼쪽은 해, 오른쪽은 달을 의미하는 6비(扉)의 장문(牆門)을 만들도록 명하였다"[24]는 기록으로 보아 당시에 이미 반지가 있었다는 것을 알 수 있다. 정해현학(定海縣學)은 가정 4년(1211)에 "돌을 쌓아 반수교(泮水橋)를 만들었고(疊石爲泮水橋)", 8년에 "반수(泮水) 둘레에 벽돌을 쌓았는데(環泮水之岸皆甃之)" 이는 반지를 벽돌로 보호한 것이다. 송 『경정건강지』의 부학도(府學圖)를 보면 반지는 반원 모양으로 되어 있고, 난간(欄干)으로 둘러싸여 있으며 영성문 앞에 위치해 있다.

남송 시기 문묘 앞에 과가방(過街坊)이 생겨났다. 과가방을 최초로 지은 곳은 가정문묘(嘉定文廟)였는데, 남송 순우 9년(1249)에 문묘 앞에 동서로 흥현방(興賢坊)과 육재방(育才坊)을 지었다.

<hr />

23) "其移用於孔子廟, 始於宋『景定建康志』, 『金陵新志』所記."
24) 慶元元年, 令朱堂於泮池外建牆門六扉, 左日右月.

2-2-6
가정문묘의 흥현방.

　송대 문묘는 반드시 필요한 제사 건물을 이미 갖추고 있었지만, 규모는 모두 작은 편이었다. 평강부학문묘(平江府學文廟) 앞에는 현재 단칸패방과 모양이 비슷한 오두문(烏頭門) 세 개가 있는데, 이는 영성문이었을 것이다. 영성문 뒤에는 모두 3칸으로 된 대성문, 대성전과 동서 양무가 있다. 평강부학은 범중엄(範仲淹)이 지은 것이므로, 송대의 대표적인 양식이라고 볼 수 있다. 건강부학(建康府學)의 규모는 큰 편이었으며, 명·청 시기의 부학과 비교해 봐도 조금도 손색이 없지만, 공자문묘의 규모는 그리 크지 않았다. 중추선에는 남쪽에서 북쪽으로 순서대로 반지, 3좌 1칸의 영성문,[25] 3칸의 극문(戟門)과 그 좌우로 각각 3칸씩이 딸린 액문(掖門), 동서 이방(耳房)을 갖춘 3칸의 대성전과 각 3칸짜리 동서 양무가 있었다. 가정 8년(1215) 중수한 섬현문묘(剡縣文廟)는 "대성전부터 양무, 중문에 이르기까지(自大成門至於兩廡, 重門)"라는 기록으로 보아 이중문, 양무, 대성전만을 갖추고 있었다는 것을 알 수 있다. 당시 대성전 내에서는 공자만을 제사 지냈고, 안회(顔回), 맹가(孟軻)를 배향하고, 성문(聖門) 4과(科)의 9명의 제자와 증삼(曾參: 증자)을 부사(附祀)했으며, 양무에서 공자의 제자와 선유(先儒)를 종사했는데, 이는 건물이 제사의 수요를 충분히 만족시킬 수 있었다는 것을 의미한다. 이것이 각 지역 문묘의 기본적인 배치였으며, 건물 및 건물의 칸수가 더 적을 수 없었다. 더 적을 경우 제사의 수요를 채울 수 없었기 때문이다.

---

25) (옮긴이) 단칸으로 된 영성문 세 개를 말한다.

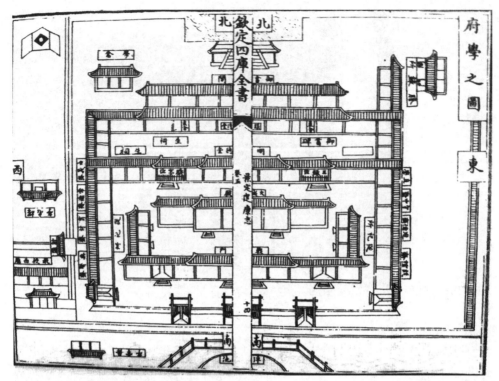

2-2-7 송 경정(景定) 연간 건강부학의 평면도.

송대 묘학은 건축제도가 없었기 때문에 각지의 묘학에서는 자의적으로 건물을 지었다. 이는 명·청 시기와 비교하면 매우 다른 점인데, 이 같은 방식으로 지어졌던 건물 중 첫 번째는 부사(附祀) 건물이었다. 적성주학(赤城州學)은 명환(名宦) 필사원(畢士元)·장덕상(章德象)을 제사 지내는 사현당(思賢堂), 향현(鄉賢)인 제형(提刑) 나적(羅適)·시랑(侍郎) 진공보(陳公輔)·첨사(詹事) 진량한(陳良翰)을 봉사하는 삼로당(三老堂), 학교에 공이 있는 태수 종영(宗穎)·황장(黃章)·주강(朱江)·당중우(唐仲友)·강을조(江乙祖)를 봉사하는 송희당(頌僖堂), 주돈이(周敦頤)·정이청(程伊川)·정명도(程明道)·주희(朱熹)를 봉사하는 선생사(先生祠)를 지었으며, 이 외에도 사승상사(謝丞相祠)와 사상채사(謝上蔡祠)도 있었다. 놀랍게도 일반적인 주학은 전문 사당을 6곳이나 만들었던 것이다. 두 번째는 양정현학(涼亭縣學)이다. 영해현학(寧海縣學)에는 여택정(麗澤亭)·당게정(棠憩亭)·영귀정(詠歸亭) 세 개의 정자를 지었고, 건강부학(建康府學)도 3칸짜리 양정을 지었다.

금대 공자문묘에 관한 자료는 적은 편이며 대체적으로 송대의 제도를 답습하였던 것으로 추정된다. 원대 일부 공자문묘의 구조는 발전된 바가 있었다. 광동성 조주부학(潮州府學)은 원(元) 지원(至元) 21년(1284)에 벽돌을 쌓아서 반지를 만들었고, 만주묘학(萬州廟學)은 원 연우(延

2-2-8 가정문묘의 영성문.

祐) 3년(1316)에 '계수(溪水)를 끌어와 반지를 만들고(引溪水爲泮池)', 등운교(登雲橋)도 세웠다. 절강성 진해현학(鎭海縣學)은 원(元) 연우(延祐) 5년 반지 서쪽에 행단(杏壇)을 추가로 지었으며, 정중(正中) 연간에는 반지 동쪽에 제광정(霽光亭)을, 순의현학문묘(順義縣學文廟)는 태정(泰定) 3년(1326)에 영성문을 첨건했다. 상산현학(象山縣學)은 지원 2년(1336)에는 "영성문을 세웠고(創立欞星門)". 지정(至正) 원년(1341)에는 "학교 앞에 동서 가방(街坊)26) 두 개를 세웠는데, 하나는 선화(宣化), 다른 하나는 문명(文明)"27)이라고 되어 있었다. 가정현학문묘(嘉定縣學文廟)는 지정 13년(1353)에 영성문을 세웠다. 하지만 원대 공자문묘의 규모는 큰 변화가 없었고, 원 지대(至大) 연간의 집경로학(集慶路學) 안내도를 보면, 여전히 단칸으로 된 영성문 3좌가 있고, 대성전·대성문·양무도 각각 3칸으로 되어 있다. 대성문 양쪽에는 각각 1칸으로 된 이방(耳房)이 있었고, 대성전 양쪽에 복도가 있고, 양무와 서로 연결되어 있었다. 문묘의 건축 규모는 송대와 비교하면 크게 변하지 않았는데, 달라진 점이 있다면 문묘 앞에 비석정(碑石亭) 하나를 세웠고 영성문 양쪽에 여덟 팔(八)자 담을 증설했으며 3좌의 영성문 사이에 두 개의 작은 문을 만들었다는 것이다.

송·원(宋元) 시기에는 일부 문묘 외에 대부분의 공자문묘는 부속건물이 적고 규모가 작았

---

26) (옮긴이) 거리에 세워진 본관 옆에 있는 별채를 가리킨다.
27) 『四明续志』[元 至正二年]. "于学前建东西街坊二座, 曰'宣化', 曰'文明'."

다. 송대 평강부학(平江府學)·건강부학(建康府學)과 원대 집경로학 문묘는 모두 영성문이 단칸 3채식으로 되어 있었고, 대성문·대성전·양무는 각각 3칸이었다. 이 외에 건강부학문묘의 대성문 양쪽에는 각각 액문(掖門) 3칸, 대성전 양쪽에는 각각 이방(耳房) 1칸이 있었고, 원대 집경로학문묘의 대성문 양측에는 각각 이방 1칸이 있고, 문묘 앞에 비석정도 하나 있다. 일부 묘학의 건축은 확대되었다. 광동성 증성현학문묘(增城縣學文廟)의 구조는 "전은 모두 기둥 여섯 개로 되어 있고, 높이는 4심(尋)[28] 3촌(寸), 넓이는 6연[筵: 10척(尺)] 5자이며 길이는 넓이보다 1연(筵) 8자가 짧아졌다".[29] 대성전의 동서 사이는 5칸, 높이 32.3자(약 10m), 넓이 65자(약 20m), 길이 47자(약 14.7m)이다. 태정(泰定) 3년(1326) 향산현학묘(香山縣學廟)의 구조는 "대성전의 높이는 3심 6자[尺]로, 넓이는 높이의 2배이고 길이는 넓이의 1/4이다"[30]라고 되어 있다. 대성전은 높이 30자, 넓이 60자, 길이 45자로, 이상 두 개의 대성전은 면적의 차이가 크지 않아서 둘 다 동서 사이가 5칸, 남북 사이가 3칸이었을 것이다. 기록에 따르면 향산문묘(香山文廟)는 "의문 9칸 9표(標), 높이는 2자, 넓이는 13심(尋), 길이는 3심 2자[尺](儀門九間九標, 其崇常有二尺, 廣十有三尋, 深三尋二尺)"로 되어 있다. 그런데 높이 18자, 넓이 104자, 길이 26자[尺]이며, 대성전은 5칸이라고 하면 일리가 있지만, 의문이 9칸이 될 수는 없었다. 아마도 의문 양쪽에 다른 건물이 있었을 가능성이 크며, 의문은 3칸, 양쪽 건물은 각각 3칸이었을 것이다. 남해현학문묘(南海縣學文廟)의 규모는 증성현학문묘(增城縣學文廟)보다 더 컸으며, 원 원정(元貞) 원년(1295)에 대성전은 5칸, 15가(架)로 확장되었고, 줄행랑의 넓은 교실도 지원(至元) 31년(1294)에 총 30칸, 13가(架)로 확장되었다. 지방학교문묘가 확대되기 시작하면서 북경국자감 공자문묘는 국가 최고 학부(學府)로서 규모가 더욱 커졌으며, 전(殿)·무(廡)·문(門)·고(庫) 등 총 478개의 기둥이 있었다. 주전(主殿)은 더욱 높고 컸는데, 오징(吳澄)은 "전은 사아(四阿)[31]로 되어 있고[廡殿頂] 높이는 17인(仞)[32], 남북으로 5심(尋), 동서로 13연(筵)으로 되어 있다"[33]고 기록하고 있으며, 정거부(程巨夫)는 "전은 사아(四阿)로 되어 있고 높이는 65자이고 배로 확장시키며 길이는 높이보다 10자를 더 늘렸다"[34]라고 기록하였다. 동서 길이가 같았지만 높이는 3척 차이가 났지만,

---

28) (옮긴이) 심(尋)은 두 팔을 벌린 길이로 8자[尺]를 의미한다.

29) 『廣州增城縣學記』([元], 揭奚斯). 『文安集』권11(文淵閣四庫全書 電子版 참고). "凡爲殿六楹, 崇四尋有三寸, 廣六筵有五尺, 深如廣而去其筵有八尺."

30) "大成殿崇三尋有六尺, 廣倍其崇, 深視其廣殺四之一."

31) (옮긴이) 사아(四阿) 전정(殿頂)은 "아(阿)"자 원래의 뜻을 살려 처마의 낙수홈통이 네 개로 되어 있고 4면의 언덕을 가진 지붕 모양을 말하는 것이다. 사아 전정(四阿殿頂)이라는 용어는 송나라 때 많이 사용하는 용어이고 후세에 '무전정(廡殿頂)'이라는 용어를 많이 사용했다.

32) (옮긴이) '인(仞)'은 옛날 높이나 길이를 재는 단위로서 1인은 7자[尺]에 해당한다.

33) "殿四阿, 崇十有七仞, 南北五尋, 東西十筵者三."

2-2-9 북경국자감문묘의 대문. 원대의 특징을 현재까지도 간직하고 있다.

현격하게 차이가 나는 것은 아니다. 남북으로 길이의 차이는 매우 컸으며, 각각 40자와 75자
였으며, 거의 두 배에 가까웠다. 하지만 정거부의 기록은 명대의 길이 71자와 비슷하기 때문
에 그의 기록이 더 정확할 것이다. 무전정(廡殿頂)형35) 지붕인 대성전은 높이 65자(약 20m), 넓
이130자(약 40m), 남북 길이 350자(약 119.5m)가 되는 것으로 보아, 대성전은 동서 넓이가 7칸
정도이고 남북 길이가 5칸 정도인 겹처마로 된 건물일 가능성이 높다. 양무는 "남쪽에서 북쪽
까지 약 70보(自北而南七十步)"라는 기록을 보면 남북 길이는 약 350자(119.5m)에 30칸 정도였
을 것이다. 명대 문묘 제도에 따라 대성전 동쪽과 서쪽에는 제기고(祭器庫), 악기고(樂器庫) 각
각 11칸이 있었고, 동서 양무는 각각 19칸이었다는 기록이 있다. 따라서 앞에서 거론된 원대
의 대성전 건물 30칸은 고(庫)와 무(廡)의 총수였을 것이다. "중문의 높이는 7인(仞) 4자에 절반
만 만들어졌으며, 넓이는 11보(步)36)37)"라는 기록으로 보아, 대성문의 높이는 32자(약 10m),

....

34) 『國子學先師廟碑』([元], 程巨夫). 『學樓集』 권6(文淵閣四庫全書 電子版 참고). "殿四阿, 崇六十有五尺, 廣倍之,
　　 深視崇之尺加十焉."
35) (옮긴이) 중국의 건축용어로, 모임지붕을 갖는 전각(殿閣)이다. 본래 무(廡)는 무랑(廡廊)이라고도 하고, 정
　　 전의 앞쪽 좌우 배전이나 벽이 없고 기둥만 있는 행랑의 뜻이다. 청조에서는 가장 높은 등급의 건물에 사용
　　 되는 지붕형식을 말한다. 또 다른 용어로 사아(四阿), 오척전(五脊殿) 등이 있었다.
36) (옮긴이) 보(步)는 중국 고대 길이의 단위로서 시기마다 의미하는 길이가 다르다. 여기서 5재尺에 해당한
　　 다.
37) 『賈侯修廟學記』([元], 吳澄). 『欽定國子監志』 권9(文淵閣四庫全書 電子版 참고). "中門崇七仞有四尺, 修半之,

2-2-10 건수문묘(建水文廟) 향현사.

넓이 55자(약 17m), 길이 16자(약 5m)이며, 크기는 5칸 정도였을 것이다.

명대는 공자문묘의 규모가 크게 확장되었다. 첫 번째 건물이 증가하였고, 두 번째 건축물의
규모가 확대되었다.

명대 공자문묘에 증가된 건물은 명환사(名宦祠)·향현사(鄕賢祠)·계성사(啓聖祠) 및 묘문 앞
의 패방과 패루였고, 영성문과 반지도 점차 일반화되었다.

명환, 향현을 부사하는 사당은 명 홍무(洪武) 초년에 시작되었다. 홍무 원년(1368), 명 태조
주원장(朱元璋)은 군현(郡縣)에 조서를 내려 봉사(奉祀)를 할 만한 신지(神祗), 성제(聖帝), 명왕
(明王), 충신(忠臣), 열사(烈士)와 국가에 공이 있고, 백성들의 삶에 이바지했던 인물을 사전(祀
典)에 넣어 제사 지낼 것을 명했다. 홍무 2년에 또 전국 학교에 선현사(先賢祠)를 짓고, 왼쪽에
서는 현지에서 공적이 뛰어난 관리에게, 오른쪽에서는 현지의 현인에게 제사 지내며, 문묘에
서 봄·가을로 제사 지낼 때 함께 제사를 지내라고 명하였다. 이리하여 각지 학교는 명령에 따
라 선현사를 시공했고, 명환과 선현을 봉사하였다. 원화현학(元和縣學)은 홍무 7년에 선현사를
지었고, 광동성 반우현학(番禺縣學)은 홍무 25년(1392)에 선현사를 첨건했다. 후에 명환과 선
현을 분리시키고, 각각 명환사·향현사를 지어 그들에게 제사 지냈다. 그러나 이들의 분설 시
기에 대해서는 정확한 기록이 남아 있지 않다. 남아 있는 기록으로 보아 최초로 분설된 곳은

廣十有一步."

연경위학(延慶衛學)이었을 것이다. 천순(天順) 7년(1463) "명환사, 향현사 등의 사(名宦 鄕賢祠 等)"를 지었다. 그 후 해녕주학(海寧州學)은 정덕(正德) 12년(1517)에 첨건했고, 흥녕현학(興寧縣學)·오정현학(烏程縣學)은 가정 13년(1534)에 첨건했고, 화평현학(和平縣學), 고순현학(高淳縣學), 영가현학(永嘉縣學), 양춘현학(陽春縣學)과 원화현학(元和縣學), 낙회현학(樂會縣學)은 각각 가정 2년, 3년, 13년, 15년, 24년에 세웠다. 운남성 대리부학(大理府學)·곡정부학(曲靖府學)·임안부학(臨安府學)은 각각 가정(嘉靖)19년, 29년, 30년에 첨설했다. 노남주학(路南州學)과 남해현학(南海縣學)은 각각 만력(萬曆) 26년(1508)과 34년에 첨건했다.

계성사(啓聖祠)는 가정 9년(1530)에 와서야 지어졌다. 안회(顔回)와 증삼(曾參)은 공자의 수제자였기 때문에 대성전 안에 배향되었고, 공자의 손자 자사(子思)는 그의 저술 『중용』과 맹자에게 도(道)를 전수했다는 공으로 인해 대성전 내에 배향되었다. 그러나 안회의 부친인 안로(顔路), 증삼의 부친 증점(曾點)과 자사(子思)의 부친인 공리(孔鯉)는 공자의 일반 제자였기 때문에 양무에 종사되었다. 아들이 아버지보다 높은 등급에 위치하면 아무리 신령(神靈)이라 하더라도 어찌 편안할 수 있겠는가? 학교는 본래 인륜을 밝히는 곳인데 어떻게 이렇게 완전히 반대로 할 수 있는가? 송대 홍매(洪邁)는 일찍이 이러한 문제를 제기한 바 있었다. 대학사(大學士) 장총(張璁)은 웅화(熊禾)의 건의를 받아들여 문묘 내에서 "별도로 방 하나를 만들어서 제국공(齊國公) 숙량흘을 남면하고, 안로(顔路), 증점(曾點), 공리(孔鯉), 맹손씨(孟孫氏)를 동향 혹은 서향으로 마주하도록 하며 유식(侑食: 신에게 많이 흠향하기를 권하는 것)하도록 했습니다(以齊國公 叔梁紇居中南面. 顔路, 曾點, 孔鯉, 孟孫氏侑食, 東西向)". "이와 같이 하면 공경심을 보일 수 있으며 백성들에게 효를 가르칠 수 있을 것입니다(如此則可以示有尊而敎民孝矣)"라고 조정에 건의하였다. 조정에서는 상의 끝에 "무릇 학교에서는 별도로 계성사를 세워서 중사(中祀) 등급으로 숙량흘을 제사 지내면서 '계성공(啓聖公) 공씨를 모신 곳'이라고 적어두라. 그리고 안무요(顔無繇), 증점, 공리, 맹손씨를 모시도록 하고 그들을 각각 선현 모씨(某氏)라고 부르도록 하며, 양무에는 정향(程珦), 주송(朱松), 채원정(蔡元定)을 모시고 그들을 선유라고 부르도록 하라"[38]라고 명을 내렸다. 이때부터 각지 묘학은 국가의 규정에 따라 여기저기서 계성사를 지었다.

공자문묘의 반지는 남송 시기부터 출현하긴 했지만, 그 당시에 남방에는 일부 묘학에만 만들어졌고 북방은 금, 원의 통치 아래 있었기 때문에 반지가 만들어진 문묘가 드물었다. 현재까지 남아 있는 원대 묘학 제도와 관련된 자료를 통해서 남방(南方)의 일부 문묘에서는 반지를

---

38) 『闕裏文獻考·祀典』([淸], 孔繼汾), "凡學別立啓聖祠, 中祀叔梁, 題'啓聖公孔氏之位', 以顔無繇, 曾點, 孔鯉, 孟孫 氏配, 俱稱先賢某氏, 兩廡以程珦, 朱松, 蔡元定從祀, 俱稱先儒."

2-2-11 덕양문묘(德陽文廟)의 숭성사. 명대에는 계성사로 불렸다.

지었지만 일반적인 현상은 아니었다는 것을 알 수 있다. 당시 최고 등급의 지방학교였던 원대 집경로학의 전신인 남송의 건강부학은 물이 많은 강남(江南)[39]에 위치했음에도 두 왕조를 거치면서도 반지가 만들어지지 않은 것으로 보아 반지는 원대에도 여전히 일반적이지 않았던 것 같다.

명대에는 반지가 일반화되었다. 광동성 고요현학(高要縣學)은 정통(正統) 연간에 반지를 만들었고, 절강성 오정현학(烏程縣學)은 경태(景泰) 2년(1451)에 "반지를 팠고, 다리의 벽돌을 쌓았다(鑿泮池, 甃橋)". 광동성 남해현학(南海縣學)은 천순(天順) 원년(1457)에 반지를 팠으며, 옹원현학(翁源縣學)은 천순 8년에 반지를 만들었다. 순덕현학(順德縣學), 복주부학(福州府學)은 각각 성화 원년(1465)과 13년에 반지 벽을 만들고, 반지를 팠다. 광동성 회동현학(會同縣學), 귀주성 진녕주학(晉寧州學)은 각각 홍치(弘治) 원년(1488)과 17년에 반지를 팠다. 봉주현학(封川縣學)은 정덕 6년(1511)에 반지를 만들었고, 분양현학(汾陽縣學)은 정덕 16년에 안팎으로 반지를 팠고, 사회현학(四會縣學)은 정덕 14년 반교를 만들었고, 영창부학(永昌府學)은 정덕 15년 반지를 파고 다리를 세웠다. 요녕성 광녕현학(廣寧縣學)은 가정 무자년(戊子, 7년, 1528) '영성문 밖에 반지를 팠고'(鑿泮池於欞星門外) 영국현학(寧國縣學)·대리부학(大理府學)·태평현학(太平縣學)·강보현학(江浦縣學)·휘현현학(輝縣縣學)과 순의현학문묘(順義縣學文廟)는 각각 가정 14년·19년·30

39) (옮긴이) 중국 양자강 남쪽의 지역을 통틀어 이르는 말이다.

2-2-12 안계문묘(安溪文廟)의 반지 및 조벽.

년·36년·37년에 반지를 팠으며, 장사부학(長沙府學), 요안부학(姚安府學)도 모두 가정 연간에 반지를 팠다. 이상의 기록들을 보면 가정 연간에 와서야 반지가 일반화되었다는 것을 알 수 있다. 현재까지 남아 있는 가정 시기의 묘학도 중에서 현재 절강성·강소성·안휘성·하남성·산동성·강서성에 속하는 용계(龍溪)·소흥(紹興)·여고(如皋)·소산(蕭山)·오현(吳縣)·영덕(寧德)·경현(涇縣)·순안(淳安)·건양(建陽)·숙주(宿州)·양성(襄城)·치천(淄川)·하읍(夏邑)·감주(贛州) 등 14개의 공자문묘문 앞에 모두 반지를 만들었다. 이 외에 건평현학묘(建平縣學廟) 앞에는 방지(方池)가 있고, 문묘 앞 동편에 반지가 있다. 같은 시기에 반지가 없는 곳은 위현(威縣)·복녕(福寧)·복안(福安)·남강(南康)·안계(安溪)·사남(思南)·난양(蘭陽)·하진(夏津)·내천(萊蕪)·허주(許州)·서금(瑞金) 등 11개의 묘학이었다. 이렇게 보면 반지가 있는 곳이 절반 이상을 차지한다. 명대 지방지를 보면, 가정 연간에 면양주학(沔陽州學)·심전부학(尋甸府學)·경릉현학(景陵縣學)·영국부학(寧國府學)·남릉현학(南陵縣學)·서창현학(瑞昌縣學)·동향현학(東鄕縣學)·태평현학문묘(太平縣學文廟)에도 반지를 만들었으며 반지를 만들지 않은 곳은 상덕부학(常德府學)·인화현학(仁化縣學)·흠주주학(欽州州學)·언사현학(偃師縣學) 네 곳뿐이었다. 어떤 학교문묘는 반지를 두 개 만들었다. 분양현학(汾陽縣學)은 정덕 16년에 안팎으로 두 개의 반지를 팠고, 양춘현학(陽春縣學)은 융경(隆慶) 연간 "영성문 내에 반지를 팠으며(鑿泮池於欞星門內)", 만력 4년에 "영성문 밖에도 반지를 팠다(鑿泮池於欞星門外)". 가정 이후 반지를 파는 묘학이 지속적으로 늘어났다. 운남성 태화현학(太和縣學)은 융경 6년(1572) 반지를 팠고, 경산현학(瓊山縣學)·운남부학(雲南府學)·남안주학(南安州學)·회유현학문묘(懷柔縣學文廟)는 각각 만력 원년(1573)·5년·22년에 반지를 팠고, 섬서성의 안색(安塞)과 감천(甘泉)도 만력 연간에 반지를 팠으며, 노안주학(路安州學)은 천계(天啓) 원년(1621)에 "영성문 안쪽에 반지를 팠다(鑿泮池於欞星門內)".

영성문은 송대에 와서야 비로소 공자문묘 앞에 등장하지만 당시에는 극히 일부 문묘에만 지어졌다. 원대부터 본격적으로 증가되기 시작해서 명대에는 크게 늘어나게 된다. 기록에 따르면 유원현학(乳源縣學)·광주부학(廣州府學)·문창현학(文昌縣學, 현재 해남성에 속함)과 밀운현학문묘(密雲縣學文廟, 현재 북경시에 속함)는 각각 성화 원년(1465)·4년· 10년·11년에 영성문을 세웠다. 하남성 휘현현학문묘(輝縣縣學文廟)는 홍치 8년(1495), 연경위학문묘(延慶衛學文廟, 현재 북경시에 속함)는 천순 7년, 광동성 종화현학(從化縣學)과 사회현학문묘(四會縣學文廟)는 정덕 9년(1514)과 가정 33년에 영성문을 세웠으며, 장사부학(長沙府學)도 가정 연간에 영성문을 세웠다. 가정 연간에는 앞서 말했던 26개의 명 가정 연간의 묘학도(廟學圖) 중 22곳이 영성문을 세웠다. 이는 영성문이 이미 매우 보편화되었다는 것을 보여준다. 앞에서 반지에 대해 거론된 명대 지방지에 따르면 면양주학(沔陽州學) 등 13개의 학교문묘 중에서 동향현학(東鄕縣學) 외에 기타 12곳 학교 문묘 모두 영성문을 만들지 않았다.

명대 공자문묘의 또 다른 발전은 문묘 앞에 패방(牌坊)·패루(牌樓)·문병(門屛)이 새로 생기고, 문묘 내 기념건물을 첨건했다는 것이다. 해남성 경산현학(瓊山縣學)은 홍무 9년(1376)에 문묘 앞에 '도의지구(道義之衢)'라고 적힌 패방을 만들었고, 반우현학문묘(番禺縣學文廟)와 밀운현학문묘(密雲縣學文廟)는 각각 성화 4년(1468), 11년에 현관방(賢關坊)과 성역방(聖域坊)을 만들었다. 고명현학(高明縣學)은 가정 35년(1566)에 반지 위에 행단(杏壇)을, 신회현학(新會縣學)은 융경 6년(1572)에 천조문헌방(天朝文獻坊)을 세웠다. 용계묘학(龍溪廟學)과 숙천묘학(宿遷廟學)은 문앞을 동서로 가로지르는 기봉방(起鳳坊)과 등교방(騰蛟坊)을, 여고묘학(如皐廟學)과 건양묘학(建陽廟學) 앞에는 홍현방(興賢坊)과 육재방(育才坊)을 세웠다. 영산묘학(營山廟學) 앞에는 현관방(賢關坊)과 성역방(聖域坊)을, 임강묘학(臨江廟學) 문앞에는 앙성방(仰聖坊)과 성현방(成賢坊)을 세웠다. 남릉현학(南陵縣學)은 숭정(崇禎) 연간에 금성옥진방(金聲玉振坊)과 강한추양방(江漢秋陽坊)을 첨건했고, 소흥묘(紹興廟) 문앞에는 반궁방(泮宮坊)을 만들었으며 길 건너 동서쪽에도 방(坊) 하나를 세웠다. 오현묘(吳縣廟) 문앞에는 장원방(狀元坊)을 세웠고, 길 건너 동쪽에 회원방(會元坊)이 있었으며, 서쪽 방(坊)의 이름은 분명하지 않지만 해원방(解元坊)이라고 했을 가능성이 높다. 감주부학(贛州府學)과 감현부학(贛縣府學)은 현학(縣學)과 공자문묘를 함께 사용했기 때문에 묘학 앞 길 건너에 등교(騰蛟), 기봉(起鳳), 숭정학(崇正學), 육진(育眞) 패방 네 개를 세웠다. 위현묘학(威縣廟學)은 문묘방(文廟坊)을, 허주묘학(許州廟學)은 대성방(大成坊)을, 하읍묘학(夏邑廟學) 앞에는 육현방(育賢坊)을 세웠다. 장주현학(長洲縣學) 영성문 앞에는 패루를 만들었고, 길 건너에 한 칸의 장원방을 세웠다. 문병(門屛)도 명대에 출현했는데, 안계문묘(安溪文廟)와 영덕문묘(寧德文廟) 앞에도 모두 문병을 만들었다. 문묘 내에서 건물을 첨건한 일은 흔하지 않았는데 광주부학(廣州府學)만 천순 3년(1459) 행단과 연거정(燕居亭)을 첨건했다.

명대 문묘에 보편적으로 확대된 건물은 주로 대성전과 양무였다. 안계현학(安溪縣學)·용계현학(龍溪縣學)·평호현학(平湖縣學)·소산현학(蕭山縣學)·경현현학(涇縣縣學)·남강현학(南康縣

2-2-13 곡부 공자문묘의 서무. 양무는 명 성화 연간 확대될 때 28칸이 되었고, 연첨(連簷)의 예기고(禮器庫)와 악무기고(樂舞器庫) 및 측문각(側門各)조차도 각각 50칸이 되었다.

學)·순안현학문묘(淳安縣學文廟)의 대성전은 여전히 세 칸으로 되어 있었지만, 겹처마로 바꾸었다. 소흥부학(紹興府學)·상덕부학(常德府學)·숙천현학(宿遷縣學)·영덕현학(寧德縣學)·허주주학(許州州學)·영벽현학(靈璧縣學)·서창현학(瑞昌縣學)·내황현학(內黃縣學)·언사현학문묘(偃師縣學文廟)의 대성전은 다섯 칸으로, 여고(如皋)·오현(吳縣)·서금(瑞金)·신창(新昌) 현학(縣學)과 악주부학문묘(嶽州府學文廟)의 대성전은 다섯 칸 겹처마로 확장되었다. 하남성 난양현학(蘭陽縣學)의 대성전은 일곱 칸 홑처마[40]로, 곡부 공자문묘의 대성전은 명 성화(成化) 19년에 아홉 칸 겹처마로 확장되었다. 대부분 문묘의 양무 규모도 세 칸을 넘어섰고, 위현(威縣)·복녕(福寧)·난양(蘭陽)·영벽(靈璧)·인화(仁化)·서금(瑞金)· 서창(瑞昌)의 현학문묘(縣學文廟)의 양무 모두 각각 다섯 칸으로, 언사현학(偃師縣學)·태평현학(太平縣學)·숙주주학(宿州州學)·흠주주학(欽州州學)·사남부학문묘(思南府學文廟) 양무는 각각 일곱 칸으로 확대되었고, 하남성 난양현학(蘭陽縣學) 문묘 양무는 각각 아홉 칸으로 확장되었으며, 상덕부학문묘(常德府學文廟) 양무는 각각 13칸으로 확대되었다. 하남성 내황현학문묘(內黃縣學文廟)는 양무 주위의 건물들이 총 56칸이었다고 기록되어 있지만, 이는 양무의 총수가 아니라 양무 주위의 다른 건물까지도 포함한 것이다. 상덕문묘(常德文廟)의 정전은 5칸 정도이기 때문에 양무가 각각 28칸이 될 리가 없다. 그러나 명대 곡부 공자문묘의 양무는 각각 28칸의 규모로 확장되었다는 기록이 남아 있다.

청대는 문묘제도가 크게 발전한 시기이자 문묘의 구조가 정해진 시기이기도 했다. 문묘 구

---

40) (옮긴이) 홑처마는 부연을 달지 않고 처마 서까래만으로 된 처마다.

2-2-14 문창문묘(文昌文廟)의 반지.

조의 발전은 주로 건물의 증가, 건축규모의 확대 및 건축 등급의 승격 세 가지 방향으로 나타났다.

건물이 증가했다는 것은 주로 대성문 앞쪽 건물인 패루와 패방 등 부속 건물이 늘어났다는 것을 의미한다. 해남성 임고현학(臨高縣學)은 순치(順治) 18년(1661)에 만인궁장(萬仞宮牆)과 돌패방을 첨건했고, 강희(康熙) 6년(1667) 문병 좌우에 예문방(禮門坊)과 의로방(義路坊)을 첨건했다. 광동성 삼수현학(三水縣學)은 강희 9년(1670)에 성역방(聖域坊)과 현관방(賢關坊)을, 화평현학(和平縣學)은 강희 54년에 성역문(聖域門)과 현관문(賢關門)을 증건했다. 해남성 문창현학(文昌縣學)은 강희 57년(1718)에 반지, 돌다리를 부설했고, 정덕현학(旌德縣學)은 옹정(擁正) 10년에 반지 돌다리와 덕배천지(德配天地坊)·도관고금방(道觀古今坊) 및 문병을, 창화현학(昌化縣學)은 건륭(乾隆) 9년(1744)에 금성옥진문(金聲玉振門)과 강한추양문(江漢秋陽門)을 만들었다. 능수현학(陵水縣學)은 건륭(乾隆) 19년에 의로(儀路)와 예문(禮門)을 첨건했고, 광동성 개평현학(開平縣學)은 건륭 50년에 영성문 밖에 문명문(文明門)과 측문금성문(側門金聲門), 옥진문(玉振門)을 첨건했다.

그다음으로 부사(附祀)건물이 증가되었다. 청 옹정 7년(1729)에 역대 충정(忠貞)을 위해 목숨을 버렸던 인물과 지조 있고 효심 깊은 부녀들을 봉사하는 충의사(忠義祠)와 절효사(節孝祠)를 늘리라는 명이 있었다. 따라서 어떤 지역에서는 문묘 내에 이들을 제사 지내는 사당을 짓기도

2-2-15 대남문묘(台南文廟). 사사(四祠) 모두 대성문 양쪽에 세워졌다.

했다. 예를 들어 감유현(贛楡縣)에서는 충의사를 대성문 동쪽의 명환사 동편에 세웠다. 해주(海州)에서는 충의사를 대성전 뒤에 세웠다. 청 말의 문묘 규범에 따라 부사 건물로 명환사, 향현사, 충의효제사(忠義孝弟祠)와 절효사가 있어야 했다. 청 광서(光緒) 연간의 『안휘통지(安徽通志)』에 따르면 안휘성의 모든 부현(府縣)학교에서는 위의 네 개 사당을 모두 지었다고 한다. 그러나 『강서통지(江西通志)』에는 명환사, 향현사와 충의효제사만이 수록되어 있고, 절효사에 관한 기록이 없다. 『산서통지(山西通志)』에는 청 광서제(光緖帝)때 명환사가 문묘 왼쪽, 향현사가 문묘 오른쪽에 설치되고, 충의효제사(忠義孝悌祠)는 학궁 안에, 절효사는 학궁 밖에 설치되어 있다고 기록되어 있다. 하지만 실제 모든 학교가 이와 같이 건물을 세웠음을 의미하는 것은 아니다. 예를 들어 평요현학(平遙縣學) 명환사와 향현사는 대성문 앞 동서 양쪽에 설치되어 있는데, 이 두 건물은 동서로 마주보고 있어서 마치 대성문의 두 곁채로 보인다. 충효사[충효절의사 아님]는 명륜당(明倫堂) 서쪽 한 켠에 세워져서 마치 명륜당의 이방(耳房)으로 보인다. 절효사는 학궁만 있었는데 숭성사 앞쪽에 세워졌다.

건축 규모가 확대된 곳은 주로 봉사(奉祀) 건물이었고, 많은 문묘의 대성전은 일곱 칸, 아홉 칸으로 확장되었다. 광서(光緒) 34년(1908)에 공자문묘의 제사가 대사(大祀)로 승격된 이후 길림성 부학문묘 대성전의 동서 사이는 11칸, 남북 사이는 5칸 정도를 수용 가능한 크기로 확장되었다. 다른 많은 대성전도 홑처마에서 겹처마로 바뀌었다. 많은 문묘의 동서양무는 일곱 칸(南陵縣學文廟), 아홉 칸(雲南武定府學), 11칸(熱河文廟, 寧國府學文廟), 13칸, 15칸, 17칸(西安府學文廟)으로 확대되었고, 심지어 19칸(北京國子監文廟, 濟南府學文廟)으로 확장되기도 했다. 많은 문

2-2-16 제남문묘(濟南文廟)의 대성전.

묘에서 숭성사를 5칸으로 확장시켰고, 숭성사의 처마를 홑처마에서 겹처마로 바꾸었다. 상향
현학문묘(湘鄕縣學文廟)와 부순현학문묘(富順縣學文廟)의 숭성사 동서 길이는 다섯 칸으로 확장
되었고, 중첨헐산정(重檐歇山頂)⁴¹⁾으로 바뀌었다.

　건축예제의 승격으로 주요 건물인 대성전의 규모가 확장된 것 이외에 기와색도 변화되었
다. 건륭(乾隆) 2년(1737)에 황제는 대성전, 대성문에 황색 기와 사용, 숭성사는 녹색 기와 사용
을 명하였다. 광서(光緒) 31년(1905) 공자문묘의 제사등급이 중사(中祀)에서 대사(大祀)로 승격
되면서 공자문묘도 국가 최고 제사를 지내는 묘우 중 하나가 되었다. 이에 따르면 각지 공자
문묘는 대사 등급에 맞춰 건물을 개조할 수 있지만 위태로운 상황이었던 청 왕조 각급 정부는
이를 수행할 능력이 없었다. 곡부 공자문묘를 개조하는 일도 연의(廷議)⁴²⁾에서 재정부족과 재
료 획득의 어려움으로 폐기될 수밖에 없었다.

---

41) (옮긴이) 중첨헐산정(重檐歇山頂)의 등급은 무전정(廡殿頂)보다 한 단계 낮다. 정척(正脊) 한 개, 수척(垂脊)
　　네 개, 창척(戧脊) 네 개로 이루어져 있기 때문에 구척전(九脊殿)이라고도 불린다. 이것도 홑첨과 중첨의 형
　　식이 있다.
42) (옮긴이) 명대부터 이어진 조정의 의사제도이다. 조정에서 신하들이 모여서 회의하는 것을 가리킨다.

2. 공자문묘 건축구조의 정착

중국문묘의 형식에는 일관된 규정은 없었지만, 건축 양식은 기본적으로 대동소이했다. 주전(主殿)은 대성전이고 문묘별로 대성전을 선사전(先師殿)이라 하기도 했는데, 이는 명 가정 9년에 개조된 명칭을 유지했다. 전(殿) 뒤에 일반적으로 숭성사(崇聖祠)가 설치되어 있었다. 숭성사는 명 가정 9년에 계성사(啓聖祠)를 개조하여 증설한 건물이다. 일부 문묘는 지형에 따라 제약이 있어서 다른 지역에 숭성사를 세우기도 했다. 전(殿) 앞 양쪽에는 양무가 있었고, 바로 앞은 대성문이었으며 어떤 경우에는 대성문을 극문이라고도 했다.[43] 대성문 양쪽에 어떤 곳은 향현사, 명환사를, 어떤 곳은 관청(官廳)이나 예기고(禮器庫)를 세웠다. 대성문 앞에는 반지와 영성문을 만들었고, 어떤 곳은 못이 앞에, 어떤 곳은 문이 앞에 있었고, 못 위에는 다리가 있었다. 어떤 곳은 반지 두 개를 만들기도 했는데, 강소성 감유문묘(贛楡文廟)는 영성문 앞뒤로 각각 하나씩의 반지가 있었다. 어떤 영성문 양쪽에는 측문(側門)을 만들어 금성(金聲), 옥진(玉振)과 의로(義路), 예문(禮門) 등의 이름을 붙였다. 영성문 앞에는 대부분 '만인궁장(萬仞宮牆)'이라는 문병을 만들었는데, 일부에는 '수인궁장(數仞宮牆)'이라고도 되어 있었다. 어떤 경우는 아무 이름도 붙이지 않기도 했고, 또 어떤 경우는 유리나 석조로 장식하기도 했다. 정문 앞에는 문무관원이 새겨진 하마비를 만들기도 했다. 중추선 위의 건물들의 차이는 크지 않았다. 어떤 문묘에는 비정(碑亭), 예악정(禮樂亭)이 있고, 사천성, 호남성, 귀주성 등의 대성전 앞에는 종루(鐘樓)와 고루(鼓樓)가 있다. 어떤 곳에는 문창사(文昌祠), 충의사(忠義祠), 절효사(節孝祠), 충효사(忠孝祠), 충의효제사(忠義孝弟祠), 효우사(孝友祠), 절렬사(節烈祠) 등의 부사건물이, 어떤 곳에는 규문각(奎文閣), 존경각(尊經閣) 등 장서(藏書) 건물이 있었다. 극히 드물게 행단(杏壇) 등의 기념건물이 세워졌던 문묘도 있었다. 가장 크게 달라진 곳은 묘문(廟門)이었다. 어떤 묘문은 정문이 없었는데, 전해지는 바에 의하면 장원급제자가 나오지 않은 곳에서는 정문을 설치할 수 없었다고 한다. 묘문의 정면에는 문병이 세워져 있고, 문병 양쪽이나 동서쪽 문묘 담에는 문(門)이나 방(坊)을 만들어서 문묘의 출입구로 사용했다. 정문을 세운 문묘라 할지라도 정문으로는 일반인이 출입할 수 없었기 때문에 사람들이 출입할 수 있도록 측문을 별도로 만들어야 했다. 문방(門坊)의 명칭으로는 성역(聖域)과 현관(賢關), 예문(禮門)과 의로(義路), 금성(金聲)과 옥진(玉振), 등교(騰蛟)와 기봉(起鳳), 홍현(興賢)과 육재(育才), 덕모천지(德侔配天地)와 도관

---

43) (옮긴이) 송 건륭(建隆) 3년(962) 문묘 문에 극(戟)을 세웠기 때문에 '극문'이라는 이름을 붙였다. 일부 지역에서는 여전히 명 가정의 옛날 명칭인 선사문(先師門)을 유지하고 있다.

고금(道冠(貫)古今) 등이 있다. 정문 앞에는 일반적으로 하마비가 설치되어 있었다. 어떤 문묘는 정문 앞 길에 패방을 세웠는데, 천진문묘(天津文廟)와 안휘성 흡현문묘(歙縣文廟)를 그 예로 들 수 있다. 천진문묘는 정문 앞에 덕모천지방과 도관고금방을 세웠고, 안휘성 흡현문묘(歙縣文廟)는 정문 앞에 3칸[間] 4주(柱) 5루(樓)[44]의 돌로 된 패방을 세웠다. 그리고 그 앞면에 '갑제(甲第)'·'장원(狀元)'·'회원(會元)'·'해원(解元)', 뒷면에는 '과명(科名)'·'방안(榜眼)'·'탐화(探花)'·'전려(傳臚)'라는 글자를 새겼다. 광동성 해양문묘(海陽文廟)로 가는 길에 정갑방(鼎甲坊), 해원방(解元坊) 등이 있는데, 이러한 패방은 공자문묘와는 전혀 관련이 없었지만, 문묘와 학교는 하나로 되어 있었으므로 문묘 앞에 과거에 합격했던 명사들을 위해 패방을 만든 것은 선현에 대한 표창이자 학생들을 위한 격려 차원이었다.

이제 몇 개 문묘의 실례를 통해 공자문묘의 구조를 살펴보기로 하자.

사천성 부순현학문묘(富順縣學文廟)는 최초 북송(北宋) 경력(慶曆) 4년(1044)에 지은 것인데, 현재 남아 있는 건물들은 청 도광(道光) 16년(1836)에 세운 것들이다. 문묘에는 정문을 설치하지 않았고, 문묘 정면에는 '수인궁장(數仞宮牆)'이라고 적힌 문병을, 문병 양 끝에는 각각 작은 문을 만들어 동쪽에는 '성역(聖域)', 서쪽에는 '현관(賢關)'이라고 하였다. 문병 안쪽으로 반지(泮池)를 만들었고 반지 위에는 다리를 지었는데, 주(主) 다리는 중간에 있고 옆에 부속 다리 두 개도 있었다. 다리 뒤 문묘의 동서 담에 각각 문을 만들었는데 동문의 이름은 의로, 서문의 이름은 예문이었으며 문묘로 출입할 수 있는 주요 통로였다. 못 뒤에는 중간은 영성문, 동쪽은 덕배천지, 서쪽은 도관고금의 세 방(坊)이 있었는데, 이러한 형식은 비교적 독특한 형식이지만, 덕배천지와 도관고금 방은 문묘에서 쉽게 볼 수 있는 건축물로 일반적으로 동서쪽 문묘 담에 만들어졌다. 방 북쪽의 동서 양쪽에는 극문(戟門) 옆의 두 곁채와 비슷한 명환사, 향현사가 세워져 있는데, 이는 문묘의 부사건물에 속한다. 영성문 뒤에는 대성문이라고도 하는 극문이 있었고, 대성문 뒤에는 대성전이, 전 앞에는 노대(露台)가, 동서로는 두 곁채가 있었다. 이곳에서 공자 제자와 역사적으로 저명한 유가 인사(人士)들을 제사 지냈다. 대성전 뒤에는 숭성사가 있었는데 공자의 5대 조상만을 제사 지내는 곳이었다.

운남성 건수문묘(建水文廟)는 원래 임안부학(臨安府學)과 현학이 함께 사용하는 문묘였다. 원대 지원(至元) 22년(1285)에 시공되었으며, 곡부 공자문묘를 제외하고 중국 최대의 지방 문묘 중 하나였다. 문묘 앞에는 목조로 된 태화원기(太和元氣) 패방이 있고, 방(坊)에 들어와서 면적

---

44) (옮긴이) 중국의 패방(牌坊)은 기둥 수에 따라 '1칸[間] 2주(柱), 3칸[間] 4주(柱), 5칸[間] 6주(柱)' 등의 형식으로 나눌 수 있다. 누(樓)는 패방의 층수를 말한다.

2-2-17
흡현문묘(歙縣文廟)의 돌패방.

3만 m²의 학해(學海)라는 이름의 못이 있다. 못 가운데는 섬이 있는데 그 섬에는 사락정(思樂亭)을 만들었다. 못 북쪽에는 작은 광장이 있고 동서쪽으로 돌로 된 예문, 의로 패방이 있으며 패방 바깥으로 하마비(下馬碑)가 있다. 광장 한 가운데에는 수사연원(洙泗淵源)이라는 이름의 목조 패방이 세워져 있다. 수사연원방 내 북쪽에는 영성문이 있고, 동서 문묘 담에는 각각 덕배천지(德配天地)와 도관고금(道冠古今)의 목방(木坊)이 있고, 양 방 바깥은 각각 현학과 부학이었다. 각각 성역유자(聖域由茲)와 현관근앙(賢關近仰)이라는 이름의 목방이 세워졌으며, 묘방(廟坊)과 동서로 마주보고 있다. 주요 통로 서쪽에는 문창각(文昌閣)이 있었고 동쪽에는 원래 괴성각(魁星閣)도 있었지만, 이 둘은 문묘의 필수 건물은 아니다. 영성문은 각지에서 흔히 보이는 방식인 패루식(牌樓式)이 아니라 문옥식(門屋式)이었지만 네 기둥은 지붕을 관통하며 구름무늬로 장식되어 있었고, 패방의 흔적도 남아 있었다. 영성문 북쪽 정원 한가운데에는 행단이 있다. 행단은 공자가 강학했던 곳으로 곡부 공자문묘 안에만 설치되어 있었다. 청대에도 지역 문묘들에는 이 건물이 보이지 않는다.

건수문묘(建水文廟)는 공자 행단 강학도(講學圖) 비석을 보존하기 위해 특별히 세워졌던 것이다. 정원 내 북쪽에는 문묘 담을 등지고 각각 명환사, 향현사가 있었는데, 두 곳은 동서로 마주보고 있었다. 문묘의 북쪽엔담에 각각 금성문(金聲門), 옥진문(玉振門)이 있었으며, 이는 문묘의 제2통로의 측문이었다. 정원 북쪽의 정중앙에는 대성문이 있었다. 대성문 내 북쪽은 선사

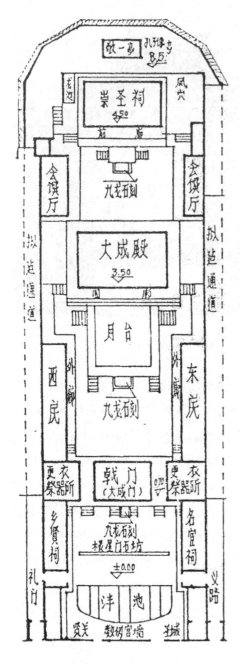

2-2-18 부순현학문묘(富順縣學文廟)의 평면도.

전(先師殿)이었으며, 명 가정 시기의 이름을 그대로 사용하고 있다. 전(殿) 내에는 동서 양무가 있었으며, 동서쪽에 각각 비석정이 있었다. 정전 뒤에는 숭성사(崇聖祠)가 있고, 숭성사 동쪽에는 창성사(倉聖祠)·이현사(二賢祠)가 있다. 실제 이들 모두 부학의 건물이었는데 현재에는 엔담이 없어져서 경계 지을 수 없게 되었다. 건수문묘(建水文廟)는 곡부를 제외하고 건물이 가장 많은 문묘 중 하나이다.

귀주성(貴州省) 안순부학문묘(安順府學文廟)는 명 선덕(宣德) 8년(1443)에 시공되었는데, 우학좌묘(右學左廟)의 형식이긴 하지만 문묘 앞부분은 매우 독특하다. 문묘는 정문을 세우지 않았고, 문묘 앞 양쪽에는 도관고금방(道冠古今坊)과 덕배천지방(德配天地坊)을 만들었다. 문병에는 "궁장수인(宮牆數仞)"이 적힌 편액을 붙였으며, 양쪽에는 각각 예문과 의로 두 개의 수화문(垂花門)을 만들어 문묘의 통로로 삼았다. 문묘 입구에는 반지를, 반지 뒤에는 영성문을, 영성문 양쪽에는 향현사(鄕賢祠)와 순효사(純孝祠)를 만들었다. 두 사(祠) 뒤에 부속 건물로 규문각(奎文閣)과 존경각(尊經閣)이, 영성문 뒤에는 대성문이 있었다. 문 양쪽에 명환사와 충의사를 만들었고, 문 안쪽으로 정전(正殿)의 전정(殿庭)이 있었다. 양무의 남단(南端)에는 각각 종루(鍾樓)와 고루(鼓樓)가, 동남쪽 구석에는 하나의 작은 과원(跨院)[45]이 있었으며, 절효사도 세웠다. 명환

---

45) (옮긴이) 중앙의 뜰 양옆에 있는 작은 뜰.

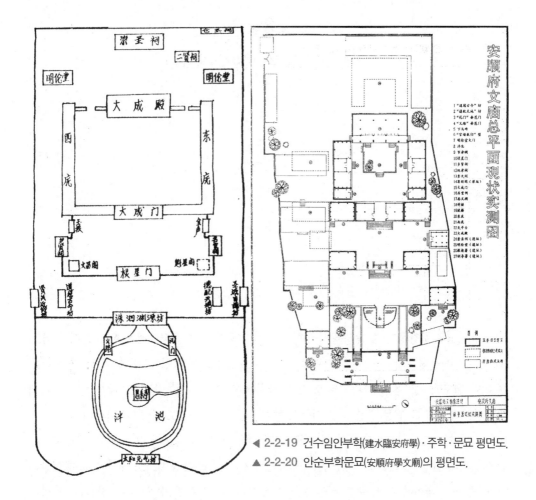

◀ 2-2-19 건수임안부학(建水臨安府學)·주학·문묘 평면도.

▲ 2-2-20 안순부학문묘(安順府學文廟)의 평면도.

사는 향현사와는 마주하지 않았지만, 규문각과 존경각은 마주보고 있었다. 이러한 형식은 매우 특이하다고 할 수 있다.

장춘(長春) 공자문묘의 형식 또한 특이한 편이다. 예제건물 외에도 문묘 서쪽에는 공자 후손의 가묘가, 동원(東院)에는 맹자 후손 가묘가 있었던 이유는 장춘으로 이주해 온 공자와 맹자의 후손이 있었기 때문이었다. 원칙대로라면 공자와 맹자의 후손은 가족으로부터만 출자하여 각자의 조상에 제사 지낼 수 있는 가묘를 지었어야만 했으며 학교 내에 세울 수는 없었다.

제**3**장

공자문묘의 건축제도

예치(禮治)를 주장했던 공자 사상의 영향을 받아서 중국의 역대 왕조들은 예외 없이 예의(禮儀) 제도를 제정했는데, 그중에는 묘우의 건축제도도 포함되어 있었다. 비록 국가에서는 문묘에 대한 별도의 제도를 만들지는 않았지만, 공자에게 제사 지내는 문묘는 국가 사전(祀典)에 포함되었기 때문에, 건물의 칸 수와 지붕의 형식, 두공(斗栱)[1]의 포(包) 수,[2] 기와의 색깔과 재질, 채색화의 색깔과 문양, 건물의 높이와 크기 등 예제 규정이 적용되지 않는 것이 없었다. 청말 이전까지 일정 시기를 제외하면 문묘 제사는 국가 사전(祀典) 중에서도 중사(中祀)에 해당되었다. 중사의 규정에 따라, 주요 건물은 녹색 유리기와를 사용할 수 있었고, 정전은 7칸까지 갖출 수 있었으며, 중첨(重檐) 헐산정(歇山頂)[3] 양식에, 두공은 7포(包), 선자점금(旋子點金)[4] 채

---

1) (옮긴이) 중국에서는 '두공(斗栱)'이라고 부르는 것으로 큰 규모의 목조건물에서 지붕의 하중을 받칠 목적으로 기둥머리에 짜 올린 나무쪽들의 총체를 가리키는데, 한국에서는 '공포(栱包)'라고 한다. 중국의 두공이라는 명칭은 주두(柱頭)와 첨차(檐遮)가 합쳐진 명칭이다. 즉 두공을 구성하는 가장 대표적인 부재의 명칭에서 유래된 것으로 볼 수 있다. 그러나 한국의 공포는 두(斗), 주두(柱頭), 소로, 첨차(檐遮, 제공), 살미(山彌, 쇠서, 하앙), 도리(道里), 방(枋), 장예라는 네 개의 주요 구조체로 구성되며 중국의 '두공'이라는 용어의 내포 의미에 차이가 난다.

2) (옮긴이) 공포에서 기둥의 중심에서 벗어나 도리를 받치는 나무토막이 출목(出目)이라고 한다. 포의 숫자는 첨차의 숫자를 가지고 헤아리는데 1출목은 일반적으로 첨차가 세 개 있다는 의미이다. 그러나 때에 따라서는 출목 수와 첨차의 개수가 일정치 않은 경우가 있으므로 통상적으로는 "출목 수× 2+1+=포 수"로 한다. 예로 1출목인 경우에는 "1×2+1=3"이므로 3포집이 되고, 2출목인 경우에는 "2×2+1=5"이므로 5포집이 되는 것이다. 따라서 중국에서는 1출목일 경우 3채(踩) 두공(斗栱), 2출목일 경우 5채 두공, 3출목일 경우 7채 두공, 4출목일 경우 9채 두공, 5출목일 경우 11채 두공이라고 한다. 즉 중국어의 '채수(踩數)'는 한국어의 '포수(包數)'에 해당하는 것이다.

2-3-1 길림문묘의 대성전. 건물은 기본적으로 대사 예제에 부합하지만, 월대와 계단 등은 모두 대사 제도에
맞지 않는다.

색화로 장식되어야 했다. 청 광서(光緒) 32년(1906) 문묘 제사는 대사(大祀)로 승격되었고, 천지
종묘(天地宗廟)와 같이 최고 제사 규모를 갖춘 문묘가 되었다. 예제 규정에 따르면 문묘는 마땅
히 황색 유리기와를 사용해야 했고, 대성전은 9영(楹) 3계(階) 5폐(陛)의 규격을 갖추어야 했
다. 즉 정면은 9칸, 측면 5칸, 전 앞의 월대(月臺)는 3층으로 설치하고 매층 월대를 평난간으로
둘러싸며, 정면에는 3좌(座)로 된 계단, 동서 양쪽에는 각각 3층 계단으로 된 1좌(座)의 월대를
만들어야 했다. 건물은 중첨 무전정(廡殿頂)에 9포 두공, 금룡화새(金龍和璽)5) 채색화가 그려져

---

3) (옮긴이) 중국 전통 건축물의 지붕 형식은 무전정(廡殿頂), 헐산정(歇山頂), 현산정(懸山頂), 경산정(硬山頂)
등으로 분류할 수 있다. 무전정은 권위 있는 건물에 사용하는데, 우진각 지붕이며 추녀가 용마루까지 올라
가 있는 구조이다. 추녀가 45도로 되어 있는 것도 있으나 입면에서 45도 이상이 되도록 보이도록하기 위해
무전 추산법을 사용하기도 한다. 헐산정은 팔작지붕 우진각 지붕에 합각(合閣)을 설치하는 형식을 말한다.
중국에서는 무전정을 최고급으로 간주하지만, 한국에서는 팔작지붕 우진각이 권위 있는 건물에 주로 사용
되어왔다.

4) (옮긴이) 선자점금(旋子點金) 채색화는 중국 전통 건물에 사용되는 채색화 중의 하나이다. 중국의 전통 건축
채색화는 등급에 따라 화새(和璽), 선자(旋子) 등이 있는데 그중 최고 등급은 화새 채색화이며 두 번째로 등
급이 높은 채색화는 선자 채색화이다. 선자 채색화에는 혼금(混金), 금탁묵석년옥(金琢墨石碾玉), 금선대점
금(金線大點金), 묵선대점금(墨線大點金), 묵선소점금(墨線小點金), 아오묵(雅五墨), 웅황옥(雄黃玉)의 8 등
급으로 나뉜다. '선자'는 꽃잎의 모양이 와문(소용돌이 무늬)으로 되어 있다는 뜻이고, '점금'은 꽃술 부분이
나 두드러진 부분을 도금한다는 뜻이다.

있어야 했다.

그러나 문묘 사전에는 대사로 승격되었으나 당시는 청 왕조가 매우 불안정할 때여서 국가 차원에서 대사(大祀)의 규정대로 공자문묘를 개조할 재정적 여유가 없었다. 곡부 공자문묘는 조정에서 재건 일정에 대한 논의가 제기된 적은 있었지만, 결국 재정이 부족하고, 건축 자재를 구하기가 어려우며, 개조 이후의 견고함이 이전 같지 않을 것으로 판단되어 중단되었다. 경사(京師) 국자감문묘는 재건 공사를 통해 대성전 정면 9칸, 측면 5칸, 무전정 지붕으로 개조했지만, 월대 및 계단 등은 개조되지 못했다. 많은 문묘가 정전과 정문을 황색 유리기와로 바꾸었지만, 건물 자체를 개조하는 경우는 매우 드물어서 대부분의 문묘는 여전히 중사(中祀)의 규모를 유지하고 있었다. 문묘가 대사로 승격된 후 새로 지어진 길림문묘(吉林文廟)와 하얼빈 문묘(哈爾濱文廟)의 정전은 모두 정면 11칸, 측면 5칸, 중첨무전정, 황색 유리기와라는 대사(大祀)의 요건을 갖추고 있었지만, 월대 및 계단 등은 여전히 예제에 부합하지 않았다. 따라서 전국에 완전한 대사 예제에 따라 세운 공자문묘는 하나도 없는 셈이었다.

각 지역의 문묘가 세워진 시기는 같지 않고, 지역마다 공예가의 수준과 건축법도 다 다르며 지형, 재정 등 여러 면에서의 제한 때문에 중국 문묘의 건축 양식은 풍부하고 다채로운 양상을 보이고 있다. 대성전의 예만 들자면 정면은 3칸, 5칸, 7칸, 9칸, 11칸, 기와는 유리기와나 포와(布瓦), 기와 색은 황색, 녹색, 회색, 지붕 형식은 무전정, 헐산정, 현산정(懸山頂), 경산정(硬山頂)[6]으로 모두 달랐다. 어떤 것은 두공(斗拱)이 있고 어떤 것은 없었으며, 있더라도 1두(斗) 2승(升)[무출목 두공],[7] 3포, 5포, 7포, 9포로 달랐다. 어떤 것은 채색화, 어떤 것은 무채화였는데, 채색화에는 아오묵(雅五墨),[8] 선자(旋子), 선자소점금(旋子小點金), 선자대점금(旋子大點金), 금룡화새(金龍和璽) 등으로 다 달랐고, 건축의 양식도 북방과 남방이 서로 달랐다. 종합적으로 보면, 황하강 유역 및 북방 지역의 문묘는 기본적으로 관방식 건축이었고, 장식도 드물었다. 건축물은 웅장하고, 단정하고 엄숙한 자태를 띤다. 황하 유역 이남의 건축물들은 대부분 해당 지역에서 결정한 법에 따라 지어졌는데, 화려한 장식에, 처마가 한껏 높이 들려 있고,

---

5) (옮긴이) 화새 채색화에도 5등급이 있는데 그중 최고등급인 금룡화새(金龍和璽) 채색화는 일반적으로 황제가 등극하고 정무를 보는 곳이나 종교 건축 등 정치적·종교적으로 중요한 장소에 장식되어 있었다.

6) (옮긴이) 현산정은 맞배지붕으로 박공면이 캔틸리버로 되어 있는 구조이며 경산정은 맞배지붕으로 박공면이 캔틸리버로 되어 있지 않은 구조이다. 경산정은 하부 측면벽이 지붕 끝까지 올라간 구조로 측면벽은 벽돌을 사용하여 방수에 대비한다. 지붕 양식의 등급 순서는 무전정 > 헐산정 > 현산정 > 경산정이다.

7) (옮긴이) 하나의 첨차에 두 개의 소로가 달린 양식을 가리킨다.

8) (옮긴이) 아오묵 채색화는 선자 채색화 중의 한 종류이다. 묵으로 선을 긋고 꽃술은 도금하지 않으며 꽃잎은 남색, 녹색, 흰색, 흑색으로 그린 것으로 선자 채색화 중에 등급이 낮은 편이다.

2-3-2 복건성 안계문묘(安溪文廟)의 대성전.

건물들도 격조 있고 우아하다. 하지만 실제로 이는 건축 양식에 따른 대략적인 구분일 뿐이다. 가령 북방 건축에도 그 나름의 차이가 있어서, 표준 관방식 건축의 정척(正脊)에는 장식을 하지 않았다. 산서성, 섬서성, 하북성에서는 정척에 문양을 새겨 넣곤 했고, 남방 건축물 중에서도 강소성·절강성·상해·민북(閩北)9)·환북(皖北)10)·사천성·귀주성·운남성·호남성·호북성·광서성·광동성·해남성의 건축 양식은 서로 비슷하며, 민남(閩南)·대만의 양식도 서로 비슷하다. 환남(皖南)·호남성·광서성은 대부분 봉화장(封火墻)11)을 설치했으며, 광동성·민남·대만·사천성 등지에는 장식을 하는 것을 좋아하는 데다가 회소(灰塑)12)를 자주 사용했다.

　각 지역 문묘 주요 건축물의 배치, 명칭, 기능은 대체로 비슷하지만, 큰 차이가 있는 것도 있다. 기능을 기준으로 전도건축(前導建築), 봉사건축(奉祀建築), 부사건축(附祀建築)과 기타건축(其他建築) 이렇게 네 가지로 나누어서 분석하고자 한다.

---

9) (옮긴이) 중국 복건성의 북부 지역을 가리킨다. 복건성의 약칭은 '민(閩)'이다.

10) (옮긴이) 중국 안휘성의 남부 지역을 가리킨다. 안휘성의 약칭은 '환(皖)'이다.

11) (옮긴이) 건물과 건물 사이의 담은 방화벽의 역할을 하므로 봉화장(封火墻)이라고 하는데, 그 모양이 말머리와 비슷해서 마두장(馬頭墻)이라고도 한다. 이는 명·청 시대 휘파(徽派) 건축의 대표적인 양식이다.

12) (옮긴이) 명·청 시기에 중국 영남 지역의 대표적인 건축 양식으로, 주로 회색 시멘트로 벽을 조각하거나 장식하는 것을 가리킨다.

1. 전도(前導) 건축물

문묘는 주로 제사를 지낼 때 사용되었다. 공자와 역대 유가의 대표적인 인물에게 제사를 지냄으로써, 국가는 유가 사상을 기리고 보급할 수 있었다. 문묘 앞부분에 위치한 건물과 구조물에는 제사 기능은 전혀 없었고, 오직 명칭으로만 공자의 사상과 그의 역사적 공적을 찬양함으로써 분위기를 만들어내는 역할을 했다. 제사 지내는 이에게 경건하고 존경하는 정서를 기르게 했기 때문에, 전도건축물과 구조물이라고 부르는 것이다.

전도건축물과 구조물로는 주로 문방(門坊), 조벽(照壁), 반지(泮池)와 하마비(下馬碑) 등이 있다. 문묘 앞에 설치된 문방은 상주주학(常州州學)에 처음으로 보인다. 대관(大觀) 3년(1109) 상주에서 중앙으로 진출한 공사(貢士)13)는 53명이었다. 황제는 조서를 하사해서 공사(貢士)들에게 표창하였고, 군수(郡守)와 학관(學官)도 한 등급씩 품계가 올랐다. 지방관원들은 이러한 황제의 은혜에 감사하며 문화를 발전시키기 위해 학교 앞 장원교의 남쪽으로 '진현(進賢)'방을 지었고, 방 옆에 영사정(榮賜亭)을 세웠다.14)

다음은 가정문묘(嘉靖文廟)이다. 남송 순우(淳祐) 9년(1249) 문묘 앞에 '앙고방(仰高坊)'을 지었고, 동서 양쪽에 '흥현방(興賢坊)'과 '육재방(育才坊)'을 지었다. 현존하는 흥현방은 초기 건물이며, 육재방은 원대 지정(至正) 14년(1354)에, 앙고방은 명대 만력 14년(1586)에 중건하였다. 문방의 명칭은 비록 책임자의 호불호에 따라 지속적으로 바뀌어 형식상으로는 많이 변했지만 공자와 그의 사상을 찬양한다는 점에서 본질과 목적은 변하지 않았다. 가정문묘의 앙고문은 명 정덕(正德) 원년(1506)에 응규방(應奎坊)으로, 만력(萬曆) 14년(1586)에 앙지방(仰止坊)으로, 천계(天啟) 5년(1625) 또한 앙고방으로 개칭되었다. 흥현방은 원대 지정(至正) 연간부터 명대 가정(嘉靖) 연간까지 지속적으로 빈흥방(賓興坊), 등교방(騰蛟坊), 해원방(解元坊)으로 개칭되었고, 가정 31년(1552)에는 예전 이름을 되찾았다. 등교(騰蛟), 기봉(起鳳)15)을 문묘 앞 패방의 명칭으로 사용한 것은 그런대로 괜찮은 편이었다. 지방 인사들이 인재가 많이 나오기를 기대했다는 것을 고려하면 등교와 기봉 명칭으로 사용한 데는 그럴 만한 이유가 있어 보인다. 그러나 해원(解元), 회괴(會魁)16)를 문묘 앞 패방의 명칭으로 사용한 것은 성인 앞에서 문자 쓰는 듯

---

13) (옮긴이) 과거 시험에서 회시(會試)에 합격한 사람.

14) 『重修毗陵志』[宋 咸淳].

15) (옮긴이) 등교(騰蛟)와 기봉(起鳳)은 올라가는 교룡과 날아오르는 봉황이라는 뜻으로 재능이 뛰어남을 비유적으로 표현한 것이다.

16) (옮긴이) 해원(解元)은 명·청 시대의 과거 시험 중에서도 향시의 수석 합격자를 의미한다. 그리고 5경(五經)을 주제로 한 시제(試題)에서 수석으로 합격한 다섯 명을 오경괴(五經魁)라 했는데, 회시(會試)의 오경괴를

2-3-3 곡부 공자문묘문 앞의 여러 개의 문방.

한 느낌이 있어 적합하지 않다.

주전(主殿) 앞에 문방이 가장 많이 세워진 곳은 곡부 공자문묘와 운남성 건수문묘(建水文廟)다. 곡부 공자문묘 앞 중추선에는 남쪽부터 북쪽을 향해 순서대로 '금성옥진(金聲玉振)', '영성문(欞星門)', '태화원기(太和元氣)', '지성묘(至聖廟)' 이렇게 네 개의 문방이 있고, 동서 양쪽에는 '덕모천지(德侔天地)'와 '도관고금(道冠古今)'이라고 쓰인 문방 두 개가 있다. 운남성 건수현(建水縣)의 임안문묘(臨安文廟) 중추선에는 '태화원기(太和元氣)'와 '수사연원(洙泗淵源)' 문방 두 개가 있지만, '수사연원' 패방 앞 양쪽에는 '예문(禮門)' 방과 '의로(義路)' 방이, '수사연원' 문방내 동서쪽 담장에는 '덕배천지(德配天地)' 방과 '도관고금' 방이 각각 한 쌍씩 세워져 있다. 임안문묘(臨安文廟)는 임안부학과 건수주학17) 두 학교가 함께 사용하는 문묘였기 때문에, 문묘는 가운데에 부학과 주학은 각각 좌우로 위치해 있었다. 학교의 외벽에는 한 쌍의 '덕배천지' 문방과 '도관고금' 문방, 마주보고 있는 '현관근앙(賢關近仰)' 문방, '성역유자(聖域由茲)' 문방이 있다. 비록 '현관근앙' 문방과 '성역유자' 문방이 학교에 속하고 문묘에는 속하지 않았지만, 문묘와 하나로 연결되어 있었으며 문묘에 부합하는 글귀이기도 했다. 이처럼 빽빽하게 즐비한 문방은 그야말로 장관이었다. 안타까운 것은 현재 학교 담 밖에는 빈터가 없어서 그 장관을 다시 복원할 방법이 없다는 것이다. 가장 특색 있는 곳은 천진문묘(天津文廟)였는데, 부학문묘와 현

회괴(會魁)라 했다.

17) 건륭 연간에 현학으로 바뀌었다.

학문묘의 문앞 동서 양쪽 모두 '예문' 문방과 '의로' 문방이 세워져 있었다. 두 문묘 한 가운데로부터 긴밀하게 연결되어 있고 중간에는 두 개의 문방이 위치할 틈이 없었기 때문에 한 개의 문방 양쪽을 다른 이름으로 명칭을 부여하였다. 부학은 동쪽에 현학은 서쪽에 있어서 동향의 한 면은 '의로', 서향의 한 면은 '예문'이라는 글자를 새겼다. 이로써 한 개의 문방이 두 가지 이름을 갖게 되었다. 안타까운 것은 근년에 두 문묘 대성문 앞에 있는 중간의 격벽(隔壁)을 허무는 바람에, 양쪽 묘의 앞부분이 하나로 연결되면서 두 문묘의 독자성이 사라졌다는 것이다.

문은 패방보다 훨씬 이른 시기에 생겼는데, 이는 제사의 전당(殿堂)과 동시에 등장한 것이 분명하다. 왜냐하면 중국 건축은 줄곧 폐쇄식이었기 때문에 제사 지내는 전당이 독립된 건물일 리가 없기 때문이다. 주위는 담장으로 둘러싸여 있었으며, 담장에는 반드시 다른 사람이 출입하는 문을 별도로 만들어야 했던 것이다. 초기 공자문묘에는 대문이 하나 있었는데, 공자의 지위가 높아짐에 따라 제사 지내는 문묘도 점점 커져갔고 건물도 많아졌으며, 대문 이외에 액문(掖門)과 편문(偏門)도 생겨났다. 대문과 액문, 편문을 포함해 각종 문이 가장 많았던 곳은 곡부 공자문묘였다. 정전 앞에는 성시문(聖時門), 홍도문(弘道門), 대중문(大中門), 동문문(同文門)과 대성문(大成門) 이렇게 다섯 개의 정문이 세워졌다. 중국에서 '천자오문(天子五門)'이라는 말이 있듯이 다섯 개의 문을 세운다는 것은 중국의 건축 예제 중 최고 등급으로, 이는 황제에게만 가능한 것이었다. 그런데 곡부 공자문묘에 오문(五門)이 세워졌으니, 이는 실제로 천자의 예우를 받은 것이나 다름없다. 곡부 공자문묘는 액문과 편문도 가장 많았는데, 중추선에 있는 이 다섯 개의 문에 각각 세 개의 소문(小門)을 설치하였다. 그 밖에 홍도문, 대중문 좌우에는 소편문(小便門)이 있었고, 대성문에는 액문과 편문을 세웠는데, 다시 그들 옆에는 덕모천지와 도관고금, 쾌관문(快觀門)과 앙고문, 육수문(毓粹門)과 관덕문(觀德門), 세 쌍의 문을 세웠다. 이렇게 많은 편문과 액문이 설치되어 있었던 이유는 예제의 요구에 맞추기 위함이었다. 정문의 가운데 문은 황제나 황제의 조서를 두 손으로 받드는 사자(使者)만이 사용할 수 있었고, 제사에 참여하는 관원은 편문으로만 문묘에 들어올 수 있고, 들어온 후에도 정문의 측문이나 액문으로만 다닐 수 있었다. 시중드는 하인의 경우 대문 밖의 액문이나 편문으로만 출입할 수 있었다. 또한 모든 사람들은 왼쪽 문으로만 다닐 수 있었다. 그러나 황제가 제사를 지낼 때에는 문관은 동쪽, 무관은 서쪽을 사용해야 했기 때문에 모든 문에는 문 세 개와 액문이나 편문 두 개를 설치해야 했다. 해남성 문창문묘(文昌文廟)에는 편문이 비교적 많은 편이었는데, 조벽 양쪽 옆에는 예문과 의로를 세웠다. 대성문 앞 좌우로 각각 왼쪽에는 '성역(聖域)'과 '천구(天衢)', 오른쪽에는 '현관(賢關)'과 '운로(雲路)'라는 이름의 두 개의 원문(圓門)이 있다. 예문과 의로가 문묘로 들어가는 통로라는 것을 제외하면, 다른 문들은 모두 문묘 안에서 각 사당과 연결되는

2-3-4 문창문묘의 원문.

통로라서 문묘 밖과는 전혀 연결되어 있지 않았다. 성역, 현관, 운로, 천구는 문묘 출입구의 이름으로는 흠잡을 데가 없지만, 성역문(聖域門) 안쪽으로 절효사(節孝祠)와 경의정(更衣亭)이, 현관문(賢關門) 안쪽으로 효의사(孝義祠)와 경의정(更衣亭), 천구문 안쪽으로 명환사(名宦祠), 운로문 안쪽으로 향현사(鄕賢祠)가 있었다. 이러한 문들 모두 문묘를 향해 있었지만 사(祠), 정(亭)들이 모두 다른 통로가 없어 이들 문을 사용할 수밖에 없었기 때문에 문의 명칭이 실제 기능과 부합하지 않는 면이 있다.

문묘 건물은 주로 입구부분의 차이가 가장 컸다. 문방도 약간 달랐고, 이름과 구조도 같지 않았으며, 건물 배치에서도 그러했다. 이해를 돕기 위해 아래에 제시되어 있는 문묘의 문방과 조벽 등 건물과 구조물들을 하나씩 살펴보자.

1) 조벽(照壁)

조벽은 다른 이름으로 병장(屛牆), 궁장(宮牆)이라고도 하며 문묘의 묘문 앞에 위치해 있다. 정문을 설치한 문묘의 경우는 일반적으로 문앞 도로의 건너편에 조벽을 세우고, 정문을 설치하지 않은 경우는 문묘 맨 앞에 지은 담장이 조벽의 기능을 담당했다.

2-3-5 북경 국자감문묘의 조벽.

　조벽은 송·원대 문묘도와 기록 중에도 찾기 어렵지만, 곡부 공자문묘에서는 가장 많이 나타난다. 명 영락(永樂) 15년(1417)에 묘문 앞에 담을 증건했는데, 그 담장이 바로 조벽이었다. 다음으로 명 홍치(弘治) 원년(1488)에 출판된 『악주부지(1488年)』 문묘도 중에는, 문묘 묘문 앞에 담 하나와 묘 넓이만 한 조벽이 있다. 세 번째로는 국자감 공자문묘이다. 홍치 14년(1501)에 "사탁(謝鐸)은 다음과 같이 아뢰었다. '영성문 밖의 골목에 지저분한 도랑들이 많이 모여 있습니다. 마땅히 높이 병장을 올려서, 이를 막아야 합니다, 동서 길이를 7장 5자[尺], 넓이는 4자[尺] 정도의 땅을 구입해서 병장(屛墻)을 두르며, 지붕은 청색 유리기와로 덮고, 양쪽에는 낮은 붉은 담[小紅牆]을 쌓아 반원통형 기와를 얹고, 난간으로 보호해야 합니다'".[18] 조벽 양쪽 끝에는 북쪽을 향한 담장이 세워져 있어서 이러한 조벽을 팔(八)자형 조벽이라고 한다. 현재에도 이 같은 형식으로 되어 있다.

　뒤이어 조벽을 세운 곳은 회안부학(淮安府學)이었는데, 명 정덕 11년(1516)에 궁장(宮牆)을 증축했다는 기록이 있다. 가정 연간까지 많은 문묘들이 조벽을 세웠는데, 안해(安溪), 영덕(寧德), 심전(尋甸)의 묘학도에서도 조벽을 지은 흔적을 찾을 수 있다. 심전부학도(尋甸府學圖)의 '병장(屛墻)', 안해묘학도(安溪廟學圖)에 있는 '조벽'이라는 글자가 쓰여진 '일(一)'자형 담장이 바로 그

---

18) 『欽定國子監志』([淸], 文淸·李宗昉 외)(北京: 北京古籍出版社, 2000, p.55). "謝鐸上言, '欞星門外有小巷. 橫溝穢集. 宜高築屛牆, 以爲障蔽'. 乃貿地東西廣七丈五尺, 深四尺, 築屛牆, 上覆靑色琉璃瓦, 兩旁築小紅牆, 覆以筒瓦. 護以欄."

것이다. 그 후 담수문묘(溧水文廟)와 고순문묘(高淳文廟)는 만력(萬曆) 5년(1577)과 32년에 각각 병장을 지었으며, 숭명현학(崇明縣學)도 만력 29년에 만인궁장(萬仞宮牆)을 세웠다. 명대에는 많은 문묘에서 조벽을 지었지만, 일반적인 현상은 아니었다. 현재 남아 있는 문묘도를 보면, 절대다수의 문묘에서는 조벽이 지어지지 않았고, 청대에 와서야 조벽이 일반화되기 시작해서 청 말이 되면 조벽이 세워지지 않은 문묘는 거의 없을 정도였다.

　문묘 앞이 더러워지는 것을 막고 앞쪽의 쓰레기들이 바람에 문묘 안쪽으로 날아오는 것을 방지하기 위해 조벽을 세우게 된 것이었다. 조벽을 세워야 한 이상 왜 잘 활용하지 않을까? 문묘 앞의 패방에 공자를 찬양하는 문구를 새긴 것처럼, 조벽에도 글자를 새겨서 공자를 찬양할 수 있다는 생각에 조벽을 글자로 장식하기 시작했다. 정덕 연간의 문묘도(文廟圖)를 보면 곡부 공자문묘는 일(一)자형 조벽을 가지고 있었다. 정덕 6년(1511)에 유육(劉六) · 유칠(劉七) 농민봉기군들이 곡부성을 점령하여 현성(縣城, 현 정부 소재지)을 태워버렸는데, 그날 저녁에 곡부 공자문묘에 군대를 주둔시키자 지방관들은 현성위묘(縣城衛廟)를 옮기자고 건의했다. 조정의 승인을 거쳐 가정 원년에 공자문묘를 중심으로 하는 새로운 현성(縣城)을 지었다. 당시 공자문묘 앞에는 성문이 없었기 때문에 성벽에 산동성 순무(巡撫) 호찬종(胡纘宗)이 직접 쓴 '만인궁장(萬仞宮牆)'이라는 돌로 된 편액을 만들었다. 석액(石額)을 처음 만든 연대는 분명하지 않지만, 공자문묘 문앞 호찬종이 쓴 '금성옥진(金聲玉振)'이라는 방의 편액이 가정 17년(1538)에 만들어진 것이어서 두 가지는 동시에 쓴 것으로 추정된다. 현재 곡부 공자문묘의 문앞에 있는 성문에는 지금도 '만인궁장(萬仞宮牆)'이라고 적힌 돌로 만든 편액이 보존되어 있는데, 이는 청 건륭제의 글씨로 바꾼 것이다. 조벽에 새겨진 '만인궁장'이라는 구절은 숭명현학(崇明縣學)에서 최초로 나타나며, 명 만력 29년(1601)에 세워졌다. 숭정(崇禎) 연간의 오현묘학도(吳縣廟學圖)의 조벽에도 '만인궁장'이라는 네 글자가 있지만, 조벽이 문묘와 학교의 사이에 있지 문묘 앞에 위치한 것은 아니다. '만인궁장'이라는 말은 『논어 · 자장(子張)』편에 나오는데, 노나라 대부(大夫)인 숙손무숙(叔孫武叔)이 조정에서 자공(子貢)이 공자보다 어질다고 말했고, 자공이 이를 들은 후 사람의 학문을 대궐의 담장에 비유하면서 "나의 담장은 어깨에 미친다. 그래서 집안의 좋은 것들을 들여다볼 수 있지만, 스승의 담장은 여러 길이 된다. 그래서 그 문을 얻어 들어가지 못하면 종묘의 아름다움과 백관의 많음을 볼 수 없는 것이다"[19]라고 한 데서 유래한다. 이처럼 공자의 학문은 높고 깊어서 다른 사람이 완벽하게 이해할 수 없다고 했다. 후대 사람들은 여러 길이라는 말로도 공자를 찬양하기에 부족하다고 생각했기 때문에 '만인궁장'이라고 했던

---

19) "賜之牆也及肩, 窺見室家之好. 夫子之牆數仞, 不得其門而入, 不見宗廟之美, 百官之富."

2-3-6 대북문묘(台北文廟)의 조벽.

것이다.

조벽에 있는 구절로는 '만인궁장'이 가장 많은데, 일부 다른 글귀가 새겨져 있기도 하다. 사천성 부순문묘(富順文廟)에는 '수인궁장(數仞宮牆)', 황암현학문묘(黃岩縣學文廟) 조벽에는 '궁장만인(宮牆萬仞)', 게양문묘(揭陽文廟)에는 '태화원기', 통해문묘(通海文廟)에는 '예악명방(禮樂名邦)'이라고 새겨져 있다. 청평문묘(清平文廟)의 조벽 가운데에는 투각(透刻)으로 '태화원기(太和元氣)'라고 새겨져 있다. 호남성 안화문묘(安化文廟)의 조벽 바깥쪽 면에는 '영주(瀛洲)', 안쪽 면에는 '용문(龍門)'이라고 새겨져 있는데, 이는 명 만력 연간의 지현(知縣)이었던 진명양(陳明揚)이 쓴 것이다. 조벽에 새겨진 문구는 서로 다르지만, 한결같이 공자를 찬양하는 내용이다. 조벽의 위치를 생각하면 공자를 찬양하는 내용을 담은 문구가 가장 적절하지만 '예악명방(禮樂名邦)'이라는 문구는 문묘 앞 조벽에는 알맞지 않다. 조벽의 글자로는 '만인궁장'이 가장 적합했기 때문에, 어떤 문묘에서는 조벽이 없을 경우에도 '만인궁장'을 문묘 앞에 새겨놓기도 했다. 절강성 자계문묘(慈溪文廟)의 영성문은 거리에 맞닿아 있기 때문에, 전면에는 조벽을 세울 곳이 없어서 '만인궁장' 네 글자를 영성문과 두 측문 사이의 네 벽 위에 있는 돌에 상감(鑲嵌)하여 새겼다.

조벽의 양쪽 면에 글자가 있는 경우는 강녕부학문묘(江寧府學文廟)에서 찾아볼 수 있다. 조벽의 지붕은 황색 기와 무전정(廡殿頂)으로 되어 있고, 가장자리는 검은색인 붉은 담이며, 벽 안팎의 가운데에는 모두 '만인궁장' 네 글자가 새겨져 있다.

많은 문묘 조벽에는 새겨진 글자도, 장식도 없었다. 홍성시(興城市) 영원주학문묘(寧遠州學文

2-3-7 고웅문묘(高雄文廟)의 조벽.

廟)의 조벽 앞뒤로 양쪽 면 모두 글자가 새겨져 있지 않고 청벽돌[靑磚]과 회색 기와로 되어 있으며, 천진문묘(天津文廟)의 조벽은 회색 기와와 붉은 담으로 되어 있다. 이러한 조벽은 간소하면서도 소박했다. 남경부자묘의 조벽은 진회하(秦淮河) 맞은편 기슭에 있으며, 팔(八)자형으로 회색 기와에 무전정, 벽심은 붉은색이며, 중국에서 가장 큰 문묘의 조벽을 자랑한다.

　의란문묘(宜蘭文廟)는 삼단식(三段式)으로 중간은 높고 옆쪽은 낮고, 황색 기와 현산정(懸山頂), 전부 벽돌로 쌓여 있으며 아무것도 칠하지 않아 벽돌색 그대로를 띤다. 안계문묘(安溪文廟)의 조벽은 황색 기와 무전정으로 기와 색은 검은 빛을 띠며 벽심은 붉은 벽돌을 사용했는데 색을 칠하지 않았다. 영춘문묘(永春文廟)의 조벽은 황색 기와 헐산정이고, 받침대는 돌로 되어 있으며, 벽심은 벽돌로 만들어 붉은색으로 칠했기 때문에 조잡해 보인다. 광서성 공성문묘(恭城文廟)의 조벽은 삼단(三段) 계단식에, 중간은 높고 옆쪽은 낮고 바깥쪽으로 돌출되어 있으며 양쪽 엔담을 접하고 있지만 엔담의 높이는 조벽보다 낮았다. 조벽의 받침대는 수미단(須彌壇) 모양에 전체가 붉은색으로 칠해져 있고 기와지붕이 있으며 벽심 중앙에는 아치형문이 설치되어 있다. 이 아치형 문은 최근 몇 년 사이에 편의를 위해 설치된 것이지만, 이로 인해 문묘의 전체 구조가 손상된 점은 매우 안타까운 일이다.

　어떤 조벽의 정면에는 글자가 새겨져 있고, 반대편에는 조소(彫塑) 도안(圖案)이 있다. 고웅문묘(高雄文廟)의 조벽은 녹색 기와의 무전정이고, 방목구조(倣木構造)이며,[20] 양쪽 끝에는 기둥 두 개가 서 있다. 좌우 전후 모두 액방(額枋)으로 연결되어 있고, 처마 아래는 1출목 3포의

....

20) (옮긴이) 실제 사용한 재료는 시멘트지만 겉으로 나무 무늬로 그린 것이다.

두공(斗拱)이 있으며, 액방에는 금룡화새(金龍和璽) 채색화가 장식되어 있고 벽심은 검은색으로 칠해져 있다. 문묘 방향 한쪽에는 양각(陽刻)으로 '만인궁장'이 장식되어 있고, 문묘 바깥쪽 한 쪽에는 '협곡회제(夾穀會齊)',21) '행단설교(杏壇設教)',22) '진채절량(陳蔡絶糧)',23) '산술육경(刪述六經)'24) 등 공자에 관한 고사를 부조로 만들어놓은 장식이 있다.

2-3-8 대북문묘(台北文廟)의 견탐도(犭貪圖).

정주문묘(鄭州文廟)의 조벽 정면에는 '태화원기'가 새겨져 있었고, 반대편에는 잉어가 용문을 뛰어넘는 그림이 채도(彩陶)로 장식되어 있었다. 대북문묘(台北文廟)의 조벽은 역시 삼단식으로 되어 있는데, 중간은 높고 옆쪽은 낮으며 등마루 모양으로 담 양쪽 끝은 높이 솟아 있고, 이를 정면으로 보면 꽃이 소조(塑造)되어 있다. 등마루 위에는 용 두 마리가 구슬을 가지고 노는 모습이 조각되어 있고 바깥쪽 벽심에는 '만인궁장'이라는 네 글자가 상감되어 있으며, 안쪽 벽심에는 '견탐(犭貪)'25) 그림이 장식되어 있다. '견탐' 그림은 일반적으로 관아에서 사용되었기 때문에 문묘

---

21) (옮긴이) 공자가 노나라의 정공(定公)을 모시고, 협곡(夾谷)에서 제나라 임금을 만나 회담하는 장면을 가리킨다. 공자는 노나라의 정공을 모시고 협곡에서 자국을 자주 괴롭히는 제나라 경공(景公)과 회담을 하게 되었다. 두 군주의 회동이 끝나자 제나라 측에서 흥을 돋운다며 창칼과 방패를 들고 무대에서 춤을 추려고 했다. 공자는 이런 군무가 군주의 회동에 어울리지 않다며 제지했지만 다시 또 제나라 측의 광대와 난쟁이가 무대에 나와 춤을 추려고 했다. 공자는 군주의 신성한 회동을 어지럽히는 자를 처형해야 한다고 요구했다. 이에 노나라 측 장수가 춤추려는 자들의 허리를 베어버렸다. 제나라 경공은 자신들의 예에 어긋난 행동에 사과하며 이전에 노나라로부터 빼앗았던 영토를 반환했다.

22) (옮긴이) 행단(杏壇)을 설치하여 교육하다.

23) (옮긴이) 공자가 제자들과 함께 수레를 타고 주유천하를 하는 도중, 광(匡) 땅에서 악정자(惡政者) 양호(陽虎)로 오해를 받게 되어 옥에 수감되어 7일 동안 굶었다는 이야기이다.

24) (옮긴이) 역경, 서경, 시경, 춘추, 례기, 악기의 여섯 가지 경서를 저술 및 편집하다.

25) (옮긴이) '견탐(犭貪)'은 덩치가 엄청나게 크고 식욕이 가공할 만한 하늘의 신수(神獸)로서, 항상 입을 크게 벌리고 있어서 이와 관련된 여러 가지 신화가 전해왔다. 지상(地上)의 모든 것을 먹어치우고 동쪽에서 떠오르는 태양을 삼키려고 돌진하다가 동해에 빠져 죽었다는 신화가 그중 하나이다. 공자와 관련된 글에도 견탐에 대한 글이 인간의 지나친 욕심을 경계하는 우화로 실려 있다. 따라서 '견탐'을 새긴 조각이나 비석은 욕심을 경계하는 의미로 항상 관아(官衙)에 설치하였다.

에 이 그림을 사용한 것은 적합지 않다.

어떤 조벽은 장식이 약간 있기도 하다. 덕양문묘(德陽文廟)의 조벽은 황색 기와의 무전정으로 되어 있고, 정척에는 여덟 마리 용이 구슬을 향하고 있는 장식이 있다. 처마 부분에는 두공(斗拱)이 있으며, 벽심은 유리를 사용해서 세 부분으로 나뉘어 있다. 중간에는 용 도안으로 장식되어 있으며, 앞뒤 모두 아무런 문구도 없다. 대중문묘(台中文廟)는 당대(唐代) 건축 양식에 따라 새로 지어졌는데, 조벽 역시 당대 건축 양식을 따르고 있다. 방목구조(倣木構造)의 황색 기와 무전정에, 겹처마 아래에는 1출목 3포의 두공(斗拱)이 있다. 양쪽 끝으

2-3-9 서안문묘(西安文廟)의 조벽.

로 액방이 튀어나와 있으며, 벽 중앙에는 아무런 글자도 없다. 서안문묘(西安文廟)는 벽돌로 지었고 회색 기와로 지붕을 만들었으며 처마 밑에는 기둥 위에 무출목 두공(斗拱)을 설치했는데 기둥머리 쪽은 꽃모양으로 되어 있다. 벽심에는 양각으로 '공묘(孔廟)'라는 두 글자가 새겨져 있는데, 이는 현대에 와서 새겨진 것으로 보인다. 문묘 앞에 공묘라고 그대로 쓴 것은 품위가 좀 떨어지는 듯하다.

해남성 문창문묘(文昌文廟)의 조벽은 벽심만 장식되어 있다. 중앙에는 용 두 마리가 구슬을 받들고 있는 장면을 투조(透彫)했고 상운(祥雲)으로 장식했으며 오색(五色)으로 그림을 그렸다.

어떤 문묘의 조벽은 매우 정교하고 아름답다. 태원문묘(太原文廟)의 조벽에는 돌받침대가 있고, 담장의 하반부와 담 등마루는 남색 유리로 장식하였다. 수미단(須彌壇) 받침대와 무전정 양식에 처마 밑은 2출목 5포의 두공으로, 아래의 기둥머리는 꽃봉오리 모양으로 되어 있다. 벽심은 붉은색이며, 중간에는 오색룡 두 마리가 구슬을 가지고 노는 형상으로 되어 있고, 바다와 상서로운 구름, 그리고 꽃잎 등으로 이들을 받쳐주고 있다. 네 모퉁이는 각각 오색룡이 있고 양쪽 끝은 벽돌로 만들어져 있으며, 벽심과 결합된 곳은 남색 유리로 된 대나무가 경계로 막고 있다. 비례가 정확하고 매우 조화로웠으며, 깔끔하고 우아하여, 조벽 중에서도 뛰어난 건축으로 꼽힌다.

▲ 2-3-10
태원문묘(太原文廟)의 조벽.

◀ 2-3-11
태원문묘(太原文廟) 조벽 중앙의 장식.

자주문묘(資州文廟)에는 두 개의 조벽이 설치되어 있는데, 앞의 조벽은 문묘 밖에 있고 길이 36m, 높이 7.6m에 달하며 수미단 받침대가 설치되어 있다. 와문 풀 무늬가 새겨져 있고, 황색 기와의 무전정에, 정척은 유리로 조소되어 있다. 정중앙(正中央)에는 보탑(寶塔)이 세워져 있고, 양쪽에는 각각 네 마리의 용이 탑을 향하고 있으며 입체로 투조되어 있다. 벽심에는 '만인 궁장' 네 글자가 새겨져 있고 매우 정교하고 아름답다. 뒷조벽이 바로 문묘 남쪽의 담장이다. 좌우는 활모양 담으로 예문, 의로 두 측문과 연결되어 있다. 조벽은 길이 19m, 높이 8m에 수미단이 있고, 둘레에 와문 풀 무늬가 있으며 무전정이다. 정척은 유리로 조소되어 있으며 정중앙에는 패루가 설치되어 있고, 양쪽에는 각각 용 네 마리가 앞다투어 달리는 모습이 입체로 투조되어 있다. 처마 아래에는 두공이 설치되어 있고, 벽 중앙에는 일곱 개의 직경(直徑)

2-3-12 자주문묘(資州文廟)의 앞 조벽. ⓒ 李建初, 李向東

1.80m의 입체 투각으로 장식된 작은 창문이 있고, 망루(望樓)와 누각 등도 조소되어 있어 매우 아름답다.

섬서성 포성현학문묘(蒲城縣學文廟)의 조벽은 명 만력 44년(1616)에 세워졌고, 높이 6m, 길이 17m에 황색과 녹색 유리를 사용하여 장식했다. 정면은 세 쌍을 이룬 두 마리 용이 마주보며 날고 있는 그림으로 되어 있고, 뒷면은 용과 사자가 춤추는 그림으로 되어 있어서 역시 매우 아름답다.

조벽 장식 중 어떤 것은 지식인들의 공부의 발전을 독려하는 의미에서, 물고기가 용으로 변화하는 도안으로 되어 있다. 섬서성 한성문묘(韓城文廟)의 조벽은 명 만력 연간에 세워졌으며, 길이 17m, 높이 4.2m로 되어 있다. 높이 솟아 날아오르려는 용 다섯 마리가 유리로 조각되어 있고 양쪽 옆에는 잉어가 튀어 오르는 벽돌 조각품이 놓여 있는데, 그 모습이 마치 살아 있는 생물과 같이 느껴질 정도로 공예가 매우 정교하다. 자주문묘의 뒷조벽은 청 동치(同治) 연간에 세워졌는데, 직경 1.8m의 원형 투각(透刻) 조소가 일곱 개 설치되어 있으며, 그림은 각각 운해파도(雲海波濤),[26] 해하어룡(蟹蝦魚龍),[27] 수궁룡부(水宮龍府),[28] 정탑원림(亭塔園林),[29] 응상어약(鷹翔魚跃),[30] 용봉정상(龍鳳呈祥),[31] 어약룡문(魚跃龍門)[32] 등으로 되어 있다. 이는 지식인이

26) (옮긴이) 구름 속의 바다와 파도.
27) (옮긴이) 게와 새우와 물고기와 용.
28) (옮긴이) 수중 궁궐.
29) (옮긴이) 정자와 탑이 있는 정원.
30) (옮긴이) 하늘을 나는 매와 튀어 오르는 물고기.
31) (옮긴이) 상서로운 기운을 나타내는 용과 봉황.

2-3-13 자주문묘(資州文廟)의 뒷조벽. ⓒ 李建初, 李向東

2-3-14 정승문묘(靜升文廟)의 조벽.

강하에 있는 잉어처럼, 부단히 노력하고 분발하고 발전하여 유가의 교화를 거치면 출세길을 뛰어넘어 물고기에서 용이 되는 성과를 이룰 수 있다는 것을 의미한다.

산서성 정승현학문묘(靜升鄕學文廟) 앞의 조벽은 높이 약 7m, 길이 10m에 양면 투각(透刻) 잉어가 용문으로 뛰어오르는 도안이다. 용문은 우뚝 솟아 있고, 두 마리 용은 머리를 드러내고 꼬리는 감추고 있으며 파도와 운무(雲霧) 사이에서 날아오른다. 용 한 마리는 입을 벌려서 용

---

32) (옮긴이) 용문으로 튀어 오르는 물고기.

문을 향하여 물을 뿌리고 있고, 머리는 이미 용이 되었지만 꼬리는 아직 변화하지 않은 잉어 한 마리가 파도에 맞서며 용문으로 돌진하고 있다. 다른 일곱 마리 잉어는 파도를 따라, 막 뛰어오르고자 기회를 찾고 있는 모습이다. 생동감이 있고 조각이 아름다워서 조각 예술의 진수를 보여준다. 잉어는 용문으로 뛰어오르면 바로 용으로 변화될 수 있는데, 물고기가 용으로 변화되는 장식 도안은 지식인들의 노력과 학습을 격려하는 그림으로 일단 과거에 합격하기만 하면 승진할 수 있다는 것을 의미한다.

조벽에 일반적으로 문을 설치하지는 않았지만, 여고문묘(如皋文廟)는 '만인궁장' 글자 밑에 세 개의 동문(洞門, 통로문)을 설치했는데 이러한 예는 매우 보기 드물다. 길림문묘(吉林文廟), 공성문묘(恭城文廟)는 현재 남아 있는 조벽에 모두 아치형 문이 있는데 이는 후대에 새로 만든 것이다. 이들 조벽은 그 나름대로의 역할을 담당하고 있기는 하지만, 조벽에 문을 설치한 것은 적합하지 않다.

대부분의 조벽은 일(一)자형이지만, 북경의 국자감문묘와 하얼빈공자문묘의 조벽은 팔(八)자형으로 되어 있고, 대북문묘와 의란문묘는 삼단식으로 되어 있다. 조벽은 대부분 벽돌로 지었지만, 일부 조벽은 담에 투각(透刻)이 되어 있다. 안순문묘(安順文廟)의 조벽은 하반부(下半部)을 제외한 전부가 투각 석조로 되어 있다. 정승문묘(靜昇文廟)의 조벽도 투각 석조로 되어 있고, 황색 기와로 지붕을 지은 방목구조에 정척(正脊)은 구불구불한 황룡이 유리 소조로 되어 있어서 매우 아름답다.

조벽의 받침대 재료는 돌로 된 것도 있고 벽돌로 된 것도 있으며, 양식은 방좌(方座)로 된 것도 있고 수미단 모양으로 된 것도 있다. 그리고 장식은 조각으로 된 것도 있고 소박하게 글이 새겨지지 않은 것도 있다. 홍성문묘 조벽의 받침대는 돌로 지은 수미단으로 되어 있는데, 가운데 부분에 모란꽃과 가지가 얽힌 형상이 잘록한 부조(浮彫)로 생생하게 조각되어 있다. 이는 명대에 조각한 것으로 추정된다.

이상에서 살펴본 바와 같이 조벽은 통일적인 예제규정이 없었기 때문에, 조벽의 여러 양식은 건축되었을 당시의 건축가가 선호하는 설계양식에 따라 지어진 것이 대부분이다.

2) 하마비(下馬碑)

문묘 앞의 동서 양쪽에 있는 하마비는 금대(金代) 명창(明昌) 2년(1911)에 처음으로 세워졌다. 금대 장종(章宗)은 공자문묘 앞에 하마비를 세우라고 명령했으며, "문무관원(文武官員)·군(軍)·민(民) 등은 여기에서 말을 세우고 내린다(文武官員軍民人等至此駐驕下馬)"라는 글을 새겼

2-3-15 곡부 공자문묘 하마비. 명 영락 15년에 새김.

다. 명 헌종(憲宗) 성화(成化) 16년(1480)에는 문묘를 지나가는 사람이 모두 말에서 내리라고 명했고, 청 강희(康熙) 29년(1690) 국가적 차원에서 "문묘 앞 좌우에 하마비를 세우고 문무관원(文武官員)·군(軍)·민(民) 등은 여기에서는 말에서 내려야 한다(文廟前左右竪下馬碑, 一應文武官員軍民人等在此下馬)"라고 재차 천명했다.

공자문묘 문앞의 하마비는 공자의 존귀(尊貴)와 공자문묘의 위엄을 드러낸다. 공자문묘를 거쳐 가는 사람이라면 문무관원이든 서민이든 누구를 막론하고, 모두 가마나 말에서 내려 걸어서 지나감으로써 공자에 대해 존경을 보여야 했다. 실제로 관원뿐만 아니라 황제조차도 공자문묘 제사에 오면 걸어서 들어가야 했다. 곡부 공자문묘는 금 명창(明昌) 2년(1191)에 하마비를 세웠고, 명 영락(永樂) 15년(1417)에 다시 새로 세웠다. 최초로 하마비를 세웠던 곳은 곡부 공자문묘며 나머지 문묘에서는 대부분 명·청 시대에 세웠다.

통일된 규정이 없었기 때문에 각 지역 하마비의 문구도 일치되어 있지 않았다. 곡부 공자문묘에는 "관원 등은 여기에서 말에서 내린다(官員人等至此下馬)"라고 적혀 있으며, 안휘성 곽산문묘(霍山文廟)에는 "황제의 뜻을 받들어 모든 문무 대소 관원 및 사(士)·농(農)·공(工)·상(商)·군(軍)·민(民) 등은 여기에서 말에서 내린다(奉聖旨凡文武大小官員及士農工商軍民人等 至此下馬)", 복건성 안계문묘(安溪文廟)에는 "황제의 뜻을 받들어 문무관원 등은 여기에서 말에서 내려야 한다(奉旨文武官員人等到此下馬)", 영춘문묘(永春文廟)는 "황제의 뜻을 받들어 대소 문무 관원과 군·민 등은 여기에서 말에서 내려야 한다(奉旨大小文武官員軍民人等至此 下馬)", 강소성 무진문묘(武進文廟)는 "문무관원과 군·민 등은 여기에서 말에서 내린다(文武官員軍民人等至此下馬)", 절강성 자계문묘(慈溪文廟)에서는 "모든 문무관원과 군·민 등은 여기에서 말에서 내린다(一應文武官員軍民人等至此下馬)", 강음문묘(江陰文廟)에는 "모든 문무 대소 관원은 여기에서 말에서 내린다(一應文武大小官員至此下馬)", 운남성 건수문묘(建水文廟)는 "관원·군·민 등은 여기에서 말에서 내린다(官員

2-3-16 북경 국자감 공자문묘의 하마비.
2-3-17 절강성 자계문묘(慈溪文廟) 하마비.
2-3-18 운남성 건수문묘(建水文廟)의 하마비.

軍民人等于此下馬)", 귀주성 안순부학문묘(安順府學文廟)에는 "문무백관·군·민 등은 여기에서 가마나 말에서 내린다(文武百官軍民人等至此下轎馬)", 섬서성 한성문묘(韓城文廟), 대만 창화문묘(彰化文廟)에는 "문무관원·군·민 등은 여기에서 말에서 내린다(文武官員軍民人等至此下馬)", 감숙성 진원문묘(鎭遠文廟)에는 "문관은 가마를 멈추고 무장은 말에서 내린다(文官止騎, 武將下馬)"라고 새겨져 있다. 사천성 부순문묘(富順文廟)에는 두 비석에 글귀가 새겨져 있는데, 그중 하나는 "문관은 가마에서 내린다(文官下轎)"이고 다른 하나는 "무관은 말에서 내린다(武官下馬)"이다. 대남문묘(臺南文廟)에 새겨진 글자는 "문무관원·군·민 등은 여기에서 말에서 내린다(文武官員軍民人等至此下馬)"이며, 만주어와 한자의 두 종류로 새겨져 있다. 북경 국자감문묘 앞의 하

2-3-19 하북성 정주문묘(定州文廟)의 하마비.
2-3-20 산서성 평요문묘(平遙文廟)의 하마비.
2-3-21 대만 대남문묘(臺南文廟)의 하마비.

마비에는 "관원 등은 여기에서 말에서 내린다(官員人等至此下馬)"라는 글귀가 새겨져 있고, 돌 비석 앞뒤에 만주어, 한문, 몽고어, 회족어, 탁특어(托忒語)[33]와 티베트어 여섯 종류의 문자로 새겨져 있다.

　위의 기록에 따르면 하마비는 통일된 규정이 없고 지역마다 형태가 다르다는 것을 알 수 있다. 북경 국자감문묘의 하마비는 가장 정교하다. 전후좌우는 네 개의 석고(石鼓)로 둘러싸여 있고, 글귀 하단에는 두 마리 용이 구슬을 가지고 노는 도안을 부조했다. 정주문묘(定州文廟)의 하마비 좌우에는 석고가 세워져 있고 비석 위에는 석각(石刻) 지붕을 덮어서 보호하였다. 안계문묘(安溪文廟) 하마비의 비석에도 지붕을 짓고 기왓등에도 입체로 조각했다. 그러나 안계문묘와 건수문묘(建水文廟)의 하마비는 매우 단순하며 모두 소박한 돌 비석 하나로만 되어 있다.

----

33) (옮긴이) 탁특어는 중국 신장 준가얼[准噶尔] 분지 지역에서 사용하는 몽고어의 일종이었다.

3) 문묘의 문[34]

2-3-22 복건성 안계문묘(安溪文廟)의 하마비.

당대에 문묘 대부분은 하나의 전(殿)에 하나의 문만 있었다. 그러나 송대부터는 문묘의 건물이 증가하면서 전(殿)앞에는 겹겹의 문방이 생겨났는데, 가장 앞의 건물은 문묘의 묘문이 되었다. 청대에 많은 문묘들이 정문을 설치하지 않았던 이유는 그 지역에서 장원급제자가 나오지 않았기 때문이다. 그러나 묘문은 필수적으로 갖추어야 하는 것이기 때문에 많은 문묘에서는 영성문을 대문으로 삼았고 일부 문묘에서는 별도로 묘문을 짓기도 했다.

공자문묘에 설치한 영성문은 엄주주학문묘(嚴州州學文廟)에서 최초로 보이는데, 송(宋) 건도(乾道) 5년(1169)에 영성문을 세웠다. 그다음으로 상주주학문묘(常州州學文廟)가 남송(南宋) 소희(紹熙) 연간에 영성문을 세웠으며, 복건성의 천주(泉州)(1201), 선거(仙居)(1208), 적성(赤城)(1211), 상숙(常熟)(1234), 건강(建康), 평강(平江) 등 부(府)·현학문묘(縣學文廟)에서 차례로 영성문을 세웠다. 원명(元明) 시대에는 많은 문묘들이 영성문을 세우기 시작했는데, 청대에 오면 영성문은 거의 모든 문묘가 반드시 갖추어야 할 건물 중 하나가 되었다. 북경 국자감문묘, 복건성 동안현학문묘(同安縣學文廟) 등 일부 문묘에서는 이를 별도로 세우지 않았지만, 묘문을 영성문이라고 부르는 경우도 있었다.

현존하는 송원묘학도(宋元廟學圖)를 보면, 영성문은 대부분 문묘의 가장 앞쪽에 위치해 있는데, 실제로는 문묘의 대문이나 다름없었다. 명 가정(嘉靖) 시기 대다수의 문묘들이 영성문을 묘문으로 삼았지만 청대로 오면서 변화가 생겼다. 정문을 만들었던 일부 문묘는 영성문을 대문으로 사용하는 것이었다. 많은 문묘에서 정문을 만들지 않았는데, 이러한 경우에 영성문이 문묘 대문의 역할을 했지만, 정원 안쪽으로 위치하여 일종의 정원 장식이 되면서 문의 기능을 상실하기도 했다. 술양현학문묘(沭陽縣學文廟)는 정문을 세우지 않았으며, 앞쪽은 조벽과 양쪽의 담장으로 폐쇄된 공간을 이루고 있다. 동서쪽 문묘 당장에는 각각 측문을 설치하여 문묘의

---

34) (옮긴이) 여기서 말한 '문묘의 문'은 문묘의 크고 작은 문들을 통틀어 이르는 말이다.

2-3-23
소주문묘(蘇州文廟)
의 영성문. 소주문
묘의 영성문은 지
금까지도 송대 영
성문의 모습을 유
지하고 있다.

출입구로 삼았다. 영성문은 변함없이 문묘의 문으로 사용되고 있지만 위치상으로 보면 정원 안으로 물러나 있다. 사천성 부순현학(富順縣學)은 정문을 만들지 않았다. 문묘 정면에는 '수인 궁장(數仞宮墻)'이라고 써진 조벽이 있고, 조벽 양쪽에는 성역(聖域), 현관(賢關) 두 개의 편문(偏門)이, 영성문 조금 앞의 동서쪽 담장에는 의로(義路), 예문(禮門) 두 개의 측문이 설치되어 있었다. 이 때문에 영성문은 대성문 앞, 반지 뒤쪽으로 물러났으며 정원 내의 문방이 되었다. 동류현학문묘(東流縣學文廟)에서도 정문을 만들지 않고 정문의 조벽 양쪽에 두 개의 패방을 설치하여 출입구로 삼았다. 이렇게 하여 영성문이 정원 안으로 물러나고 반지 앞에 위치하게 되면서 정원 내의 패방이 되었다.

① 영성문(欞星門)

명대 전기에 영성문은 확장되어서 3칸, 5칸 규모가 등장하기 시작했고, 청대 말기에 이르면 3칸이 영성문의 주류가 되었다. 영성문은 건축 규모가 각각 달라서 3좌(座) 2칸 2기둥식, 3칸식, 5칸식 등의 종류가 있었다. 건축 양식도 무루식(無樓式), 유루식(有樓式)[35]과 문옥식(門屋式) 세 가지 종류가 있었다. 기본 재료로는 석조, 목조, 목석혼합식이 있었다. 유루식(有樓式)의 종류로는 충천주식(冲天柱式), 불출두식(不出頭式)[36] 두 가지가 있고, 재료로 구분하면 석조와 목

---

35) (옮긴이) 무루식(無樓式)은 패루(牌樓)가 없는 양식, 유루식(有樓式)은 패루가 있는 양식을 가리킨다.

2-3-24 자계문묘의 영성문, 문묘의 대문(자계문묘의 영성문은 문묘의 대문으로 사용되었다).

조가 있었다. 지붕 형식으로는 무전정, 헐산정, 현산정이 있었고, 기와 종류는 석조와 목조에 따라 차이가 있었다. 처마 밑 두공(斗拱)으로는 일반적인 두공과 여의두공(如意斗拱)[37]이 있었으며, 두공은 5포, 7포, 9포, 11포, 13포로 모두 달랐다. 석조 건축 중 일부는 단출하여 아무 조각도 없었고, 어떤 조각은 매우 아름다워 운룡, 봉황, 모란 등의 그림이 있었다. 조각 기법은 음평각(陰平刻),[38] 음양각(陰陽刻),[39] 천부조(淺浮雕), 고부조(高浮雕),[40] 심지어 입체 조각도 있었다. 많은 패방들이 아름다운 조각 공예품이라 할 정도로 매우 정교하다. 결론적으로 말하면

....

36) (옮긴이) 패루의 형태 중에서 한 줄로 서 있는 기둥 위에 문루를 올려 하늘로 솟구친 형상을 충천주식(冲天柱式), 또는 주출두식(柱出頭式)이라 하고, 기둥이 문루 위로 솟구치지 않게 만든 형상을 불출두식(不出頭式)이라 한다.

37) (옮긴이) 명·청 시기에는 두공의 구조적 기능이 약화되고 장식으로서의 역할이 더 강화되었는데, 미관을 위하여 1층짜리 두공이 아닌 여러 층계의 두공을 만들기 시작했다. 45도 비스듬하게 연결된 여러 층계의 두공을 중국에서 여의두공이라고 한다.

38) (옮긴이) 글자의 테두리를 음각으로 파내고 바닥면을 평면으로 고르는 서각 작업이 음평각이다.

39) (옮긴이) 그림이나 문자 따위를 오목하게 새긴 음각과 도드라지게 새긴 양각을 아울러 이르는 말이다.

40) (옮긴이) 부조(浮彫)는 평면상에서 요철 기복을 가한 조형표현으로 조소 기법의 하나로, 평면에 형상이 도드라지게 보이도록 하는 효과를 준다. 평면 위에 표현된다는 점에서는 회화에 가깝지만, 입체적인 감각으로 표현된다는 점에서는 조각의 일종이다. 형상이 돌출된 정도에 따라 고부조(高浮彫), 저부조(低浮彫), 반부조(半浮彫)로 구분된다.

2-3-25 대중문묘(臺中文廟)의 영성문.

제도 규정이 없었기 때문에 영성문 건물은 다채로운 모습을 보여주었다.

단칸 2기둥 3좌(座) 식은 영성문에서 가장 먼저 사용되었던 형식이었다. 송·원(宋元) 시대의 영성문과 현재 북경 천단이나 방택단(方澤壇)의 영성문도 이와 같은 형식이다. 송대『영조법식(營造法式)』이라는 책에서는 오두문(烏頭門)으로 불리기도 했다. 명대 중기에는 많은 문묘들이 여전히 이런 양식을 답습하면서 단칸 3좌식 영성문이 주류를 이루었는데 일부 문묘는 단칸 1좌식으로 되어 있는 경우도 있었다. 청대로 오면 3칸 4기둥 식의 영성문이 주류가 되기는 하지만 동부(東部) 지역의 산동성의 거야(巨野), 절강성의 자계(慈溪), 상해의 상해현(上海縣)과 가정(嘉定), 강소성의 소주(蘇州)와 강음(江陰), 복건성의 복주(福州)와 영춘(永春), 광동성의 반우(番禺), 덕경(德慶), 게양(揭陽) 및 서남부(西南部) 지역의 사천성의 자주(資州) 등의 문묘에서는 단칸 3좌의 옛날식을 지키고 있다. 그리고 자계와 강음문묘의 영성문 양식은 송대 오두문의 특징을 지니고 있다. 소주문묘와 강음문묘의 영성문 가운데 문의 기둥에는 구름 더미가 그려져 있고 정면에는 각각 태양[金烏]과 달[玉兔][41]을, 뒷면에는 각각 '일(日)'자와 '월(月)'자를 새겨 공자의 덕행과 사상이 해와 달과 함께 빛난다는 것을 보여준다. 영춘문묘(永春文廟)의 영성문은 3좌 단칸 식이지만 견고하게 하기 위해 서로 이웃하는 두 기둥을 돌판으로 연결하였다. 만일 연접한 석판이 너무 짧지 않았다면 6기둥 7칸이라고 할 수도 있을 것이다. 1974년 새로 지은 대중문묘의 영성문도 3좌 단칸 2기둥 충천식(冲天式)을 이용해 석조로 지었다.

....

41) (옮긴이) 해 속에 세 발 달린 까마귀가 살고, 달 속에는 토끼가 산다는 전설에서 유래된 된 말로 '해[日]와 달 [月]'을 의미한다.

무루식(無樓式) 영성문의 대부분은 충천주식(沖天柱式)이며 석조 건축이다. 3좌 단칸 2기둥식으로 된 영성문은 대부분 이러한 양식을 따르고 있다. 이러한 양식의 3칸, 5칸으로 된 영성문도 있기는 하지만, 비교적 적은 편이다. 곡부 공자문묘의 영성문은 충천식 3칸 4기둥에, 맨 꼭대기에 하늘로 솟아 있는 부분은 화염(火焰) 모양으로 조각된 석방(石坊)이다(이하 화염석방). 돌기둥머리에는 구름이 새겨져 있고 구름 속에 사대천장(四大天將)[42]이 입체적으로 조각되어 있다. 가운데 칸의 액방[43]은 2층으로 되어 있으며(이중 편액: 중간에 공간을 띄우고 상하로 포개어 있는 양식), 양쪽 칸의 액방은 단층으로 되어 있다. 이 영성문의 조각은 단순하며 구조는 균형 잡혀 있어서 전체적으로 깔끔하다. 게다가 10m에 달하는 기둥머리는 구름 속에서 높이 솟아 있는 느낌을 주고 있어서 매우 성공적인 설계라 할 수 있다. 동성문묘(桐城文廟)의 영성문은 충천식 3칸 4기둥의 석방이며 조각으로 장식하지 않았다. 기둥머리에는 '운관(雲罐)[44]'이라는 방수(防水) 장치에 구름더미 무늬로 장식되어 있다. 액방은 2층으로 되어 있는데 2층 액방 가운데에는 꽃무늬로 그려진 나무판이 끼워져 있다. 무릇 충천주식 영성문은 보통 3칸 4기둥으로 이루어진 석방으로, 호남성 영원(寧遠), 신전(新田), 성보(城步), 사천성 부순(富順), 귀주성 안순(安順), 해남성 문창(文昌) 등의 문묘는 모두 이 같은 석방으로 되어 있다. 5칸 6기둥식도 비교적 흔한 편으로, 호남성 악주(嶽州), 상음(湘陰), 상향(湘鄉), 광서성 공성(恭城) 등의 문묘 모두 이러한 양식으로 되어 있다. 상음문묘의 영성문은 충천식 5칸 6기둥 석방으로 기둥 위에는 입체적으로 돌짐승이 조각되어 있으며 액방은 2층으로 되어 있다. 가운데 칸 2층 액방 가운데에 끼워진 화판(花板)[45]에는 방명(坊名)이 새겨져 있으며, 다른 장식은 투조(透彫)로 되어 있다. 윗층의 용문방(龍門枋) 액방은 조각하지 않고 아래층의 액방은 부조로 되어 있다. 견고하게 만들기 위해 기둥을 '협간석(夾杆石)[46]'으로 둘러쌌는데 협간석의 상반부는 투조(透彫)로 되어 있어서 매우 정교하다. 상향문묘(湘鄉文廟)의 영성문은 5칸 6기둥으로 되어 있는데, 기둥머리에는 입체로 된 돌짐승이 있고, 액방은 3층으로 되어 있으며 화판은 그 가운데에 끼워져 있지 않다. 가운데 칸 액방에 약간의 조각을 한 것을 제외하면 나머지는 아무런 장식이 없어서, 깔끔하기

---

42) (옮긴이) 사대천장(四大天將)은 사천왕(四天王)을 가리킨다. 세계의 중심에 위치하고 있다고 생각되는 수미산(須彌山)의 중턱에 있는 사천왕의 주신(主神)인 네 명의 외호신이다.

43) (옮긴이) 중국 고대의 영성문은 보통 두 개의 기둥에다가 하나의 나무판을 걸쳐놓았다. 기둥 위에 걸쳐 있는 나무판을 '액(額)'이라 하기 때문에, 본문에서는 '액방(額枋)'으로 번역한다.

44) (옮긴이) 기둥머리에 방수(防水) 기능으로 설치한 검은색 장치는 중국 당대와 송대에 '오두(烏頭)'라고 부르다가 청대에 '운관(雲罐)'이라고 개칭되었다.

45) (옮긴이) 2층 편액 가운데에 끼워진 나무판은 보통 꽃무늬로 그려져 있어서 '화판(花板)'이라고 부른다.

46) (옮긴이) 협간석(夾杆石)은 견고하게 만들기 위해 돌로 밑을 둘러싼 패루의 특유한 부속 장치로서, '포고석(抱鼓石)'이라고도 부른다.

2-3-26 악주문묘의 영성문. ⓒ 郗率姿

2-3-27 광한문묘(廣漢文廟)의 영성문. ⓒ 王錫寬

는 하지만 지나치게 단출한 편이다. 악주문묘(嶽州文廟)의 영성문은 5칸 6기둥 충천주식 석방이다. 단순한 양식에, 기둥머리는 '운관(雲罐)'이라는 방수 장치에 구름과 용으로 부조되어 있으며, 위아래 액방에는 두 마리 용이 구슬을 가지고 노는 도안이 부조로 되어 있다. 두 층 편액 사이의 화판에는 글자가 새겨져 있는데, 정면 가운데 칸에는 '영성문', 그 옆에 동서쪽 칸에는 각각 '덕모천지(德侔天地)'와 '도관고금(道冠古今)', 끝부분 칸 동서 양쪽에는 각각 '금성(金聲)'과 '옥진(玉振)'이라고 새겨져 있다. 뒤쪽 가운데 칸에는 '태화원기(太和元氣)', 두 번째 칸 동서쪽으로 '산술육경(刪述六經)'과 '수헌만세(垂憲萬世)', 끝부분 칸 양쪽에는 각각 '홍도(弘道)'와 '성시(聖時)'라고 새겨져 있으며, 현재까지 글귀가 가장 많은 패방으로 알려져 있다.

유루식(有樓式) 영성문은 석조도 있고 목조도 있다. 석조는 대부분 충천식이며 주로는 3칸 4기둥 3문루(門樓) 식인데 5칸 6기둥 5문루식의 것도 적지 않다. 사천성 덕양문묘(德陽文廟)의 영성문은 충천식 3칸 4기둥 3문루식의 화염 목석방(木石坊)이다. 패루 재료는 목석(木石) 혼합으로 네 기둥은 충천식이고, 하늘로 솟아 있는 부분에 운룡(雲龍)이 부조로 되어 있으며, 석조 용마루는 무전정이다. 다음 층은 안쪽 옆부분이 끊겨 있고, 화척(花脊)과 기와고랑이 새겨져 있으며 처마 밑 부분은 투조로 되어 있다. 용문방과 액방 부조는 운룡(雲龍)과 화초로 되어 있다. 용문방의 양쪽 끝에 바깥 방향으로 용머리 모양의 조각이 되어 있고, 그 양옆에는 각각 1좌 단칸 2기둥이 붙어 있는 방(坊)이 있으며, 양식은 가운데 칸과 같다.

석조 충천주식 영성문 중 어떤 것은 5칸 6기둥에 달하기도 한다. 공성문묘(恭城文廟), 광한문묘(廣漢文廟), 악주문묘(嶽州文廟), 상음문묘(湘陰文廟)와 상향문묘(湘鄉文廟)의 영성문 모두 이러한 규모를 갖추고 있다. 광한문묘의 영성문은 충천식 5칸 6기둥에 5문루(門樓)로 이루어진 화염석방이며 5칸 중에 세 개의 문이 열린다. 그 양쪽 칸에는 투각으로 된 석판이 상감되어 있고, 기둥 외 액방과 화판 등은 모두 부조로 되어 있다. 액방 이상으로는 투조가 없기 때문에 건

2-3-28 덕양문묘(德陽文廟)의 영성문.

2-3-29 공성문묘(恭城文廟)의 영성문.

물은 장중하지만 생동감은 부족해 보인다.

목조 유루식 영성문은 머리 부분이 튀어 나와 있는 것[出頭式]과 그렇지 않은 것[不出頭式] 두 가지 종류로 되어 있다. 북경 순천부학(順天府學), 섬서성 순양현학(旬陽縣學), 강소성 남경시 강녕부학(江寧府學), 호남성 석문현학(石門縣學), 사천성 숭경시(崇慶市) 숭주주학(崇州州學), 감숙성 무위시 량주부학(涼州府學), 요녕성 흥성시(興城市) 영원주학(寧遠州學) 등 학교 문묘와 하

2-3-30 강녕부학문묘(江寧府學文廟)의 영성문.

얼빈 공자문묘 모두 3칸 4기둥 3문루인 불출두식의 목조 패루이다. 순천부학문묘의 영성문은 회색 기와의 무전정(廡殿頂)이고, 양쪽 칸 안쪽의 한쪽 끝이 현산정처럼 절단되어 있다. 명루(明樓: 본채)[47]의 두공(斗拱)은 3중설앙[3겹의 앙세] 7포, 다음 층은 이중앙서[昂][48] 5포였으며 아오묵(雅五墨) 채색화[49]로 그려져 있다. 하얼빈문묘의 영성문은 황색 기와의 무전정이고 명루의 두공(斗拱)은 주심첨차(柱心檐遮) 하나에 3중설앙 9포, 다음 층의 두공(斗拱)은 주심첨차 하나에 이중앙서 7포이며, 금룡화새(金龍和璽) 채색화로 되어 있다. 순양문묘(旬陽文廟)의 영성문은 회색 기와의 무전정이고, 명루의 두공은 3중설앙 7포, 다음 층은 이중앙서 5포이며 선자소점금(旋子小點金) 채색화로 장식되어 있다. 석문문묘(石門文廟)의 영성문은 황색 기와 무전정이며, 북방의 관방식 건축양식과 비슷하다. 강녕부학(江寧府學)의 영성문은 황색 기와 무전정이고, 명루 두공은 주심첨차 하나에 5중설앙 13포, 다음 칸은 주심첨차 하나에 3중설앙 9포이며, 색채화로 장식되어 있지 않다. 흥성문묘(興城文廟)의 영성문은 현산정으로 채색되어 있지 않다. 숭주문묘(崇州文廟) 영성문의 양쪽 두 번째 칸은 45도 앞으로 기울어져 있는 듯 보이고 문 뒤에 곁채가 접해 있으며, 여의두공(如意斗拱)를 사용하고 있지만 채색되어 있지는 않다.

....

47) (옮긴이) 가운데 칸은 보통 '명루(明樓)', 양쪽 칸은 '익루(翼樓)'라고 한다.

48) (옮긴이) 앙서란 끝이 위로 삐죽하게 휘어져 오른 쇠서받침이다.

49) (옮긴이) 아오묵 채색화는 선자 채색화 중의 한 종류인데 묵으로 선을 긋고 꽃술은 도금하지 않았으며 꽃잎은 남색, 녹색, 흰색, 흑색으로 그린 것으로, 선자 채색화 중에 등급이 낮은 종류이다.

2-3-31
천진문묘(天津文
廟)의 영성문.

2-3-32
천진현학문묘
(天津縣學文廟)의
영성문.

요주문묘(耀州文廟)의 영성문도 3칸 4기둥에 불출두식의 목조 유루(有樓) 패방이지만, 3층이
아닌 겹처마로 되어 있어서 처마 밑의 3칸은 높이가 같다. 윗처마는 중간 칸에만 있고, 녹색
기와 무전정이며 장중해 보이지만 생동감은 부족하다.

유루 출두식 목조 영성문은 비교적 적은 편이다. 산서성 평요현학(平遙縣學), 하북성 정주주
학(定州州學), 천진부학(天津府學), 천진현학(天津縣學) 문묘의 영성문이 충천식에 3칸 4기둥 3층
의 건축 양식이라는 것은 이미 알려져 있다. 평요문묘 영성문의 네 기둥은 머리가 튀어나와
있고, '운관(雲罐)'이라는 방수 장치가 설치되어 있으며 헐산정 지붕 양식으로 되어 있다. 녹색
유리로 가장자리를 장식한 회색 기와로 덮여 있다. 명루 처마 밑의 두공은 5중설앙 11포이고
다음 층은 4중설앙 9포이며, 관방식과 소주(蘇州)식의 채색화가 혼합되어 있다. 정주문묘의

2-3-33
태원문묘(太原文
廟)의 영성문.

2-3-34
대주문묘(代州文
廟)의 영성문.

2-3-35
건수문묘(建水文
廟)의 영성문.

영성문은 녹색 기와 무정전이며 명루는 4중설앙 9포로 되어 있다. 다음 층은 3중설앙 7포에, 선자대점금채화(旋子大點金彩畵)로 황색룡과 초원으로 이루어진 운룡(雲龍) 도안이 그려져 있고, 기둥머리 위에는 유리로 된 운관(雲罐)이 덮여 있다. 천진 현학문묘와 부학문묘의 영성문 양식은 서로 비슷한데 기둥 위는 다 운관(雲罐)으로 덮여 있는 현상정이다. 다만 부학문묘는 황색 기와를 사용하고 선자소점금채화(旋子小點金로彩畵)로 그려져 있지만 현학문묘는 회색 기와를 사용하였고 선자채화(旋子彩畵)로 그려져 있다.

유루식 영성문 중에는 삼루식이 있다. 태원문묘(太原文廟)의 영성문은 3칸 6기둥에 단층(單層)으로 이루어진 충천주식 패루다, 녹색 기와 현산정에 가운데 칸의 두공은 5중설앙 11포로 되어 있고, 양쪽 칸의 두공은 4중설앙 9포로 되어 있으며, 3칸 사이는 조벽으로 서로 연결되어 있다. 조벽은 녹색 유리로 장식되어 있고 목석 혼합 구조이며 처마 부분은 단앙[1겹의 앙서] 3포 두공을 설치했다. 벽심(壁心)에는 유룡(遊龍: 나는 용), 가운데 칸 양쪽 조벽에는 승룡(升龍: 위로 올라가는 용), 양쪽 칸 밖으로 연결되는 조벽에는 강룡(降龍: 내려오는 용) 도안이 조각되어 있어 매우 아름답다.

대주문묘(代州文廟) 영성문의 3칸은 모두 두 기둥의 충천식으로 되어 있으며, 지붕은 녹색 기와로 덮인 헐산정이다. 가운데 칸의 두공은 4중설앙 11포이며 양쪽 칸의 두공은 주심첨차 하나에 3중설앙 9포로 되어 있다. 3칸 사이는 조벽으로 연결되어 있고 조벽 위에는 녹색 기와 헐산정 양식의 지붕이 있다. 액방은 양쪽 기둥과 서로 연결되어 있고 2중앙서 5포의 양식으로 되어 있어 매우 아름답다. 연결되어 있는 협루(夾樓: 지붕으로 덮여 있는 조벽)가 작지 않았다면 5루식(五樓式) 영성문이라고도 부를 수 있었을 것이다.

문옥식(門屋式) 영성문은 매우 보기 드문 편인데, 운남성 건수현(建水縣) 임안부학문묘(臨安府學文廟)의 영성문이 이 유형에 속한다. 용마루 위에 구름 도안이 새겨진 기둥은 하늘로 솟아 있어 '내가 바로 영성문이다'라는 것을 보여주는 듯하다.

안계문묘(安溪文廟)의 대문도 문옥식으로 민남(閩南) 지역 특유한 건축 양식을 따르고 있다. 정면은 5칸으로 이 중 가운데 3칸이 본채이다. 본체는 높고 양쪽의 낙아간(落鵝間)[50]은 그보다 약간 낮다. 본체와 낙아간은 별도의 용마루가 있다. 비록 문 위에 '문묘'라는 편액이 세로로 걸려 있지만 용마루 위 기둥의 위치에 모두 기둥머리형의 장식을 설치해서 마치 문옥의 기둥이 지붕을 뚫고 있는 듯 보인다.

가의문묘(嘉義文廟)도 이러한 형식을 따르고 있다. 본채의 용마루에는 여섯 개의 기둥머리형 장식이 있지만, 기둥 바로 위에 설치된 것은 아니다. 낙아간 지붕 위에는 아무런 장식이 없다. 이러한 건축물들을 영성문이라고 부를 수 있는 이유는 그들이 영성문 본래의 의미를 담고 있기 때문이다. 대북문묘의 영성문과 안계문묘의 영성문은 서로 비슷하지만 용마루에 기둥

---

50) 북방 지역에서는 가운데 칸을 보통 '명루'로, 양쪽 칸을 '익루'라고 한다. 민남(閩南) 지방에서는 양쪽 칸을 '낙아간(落鵝間)'이라고 부른다.

2-3-36
안계문묘(安溪文廟)의 영성문.

2-3-37
대북문묘(臺北文廟) 영성문.

머리형의 장식이 없다. 북경 국자감문묘의 대문도 그러하다. 비록 문헌에는 이것들까지도 영성문으로 불렸다고 되어 있으나, 영성문의 의미가 전혀 없었기 때문에 그렇게 불러서는 안 될 것이다.

이러한 내용을 통해 영성문이 지역적 특징을 잘 담고 있으며, 단간 2기둥 3좌식은 주로 동남연해(東南沿海) 지역에, 석조식(石造式)은 주로 강남(江南) 지역에, 목조식(木造式)은 주로 북방 지역에 분포되어 있다는 것을 알 수 있다. 이러한 영성문을 일일이 상세하게 열거하는 까닭은 바로 다른 지역 영성문의 건축 특징을 쉽게 이해하기 위해서다.

영성(欞星)은 즉 영성(靈星)으로 천전성(天田星)이라 하기도 했다. 옛날 사람들은 이 별이 농사를 주관한다고 생각해서 진일(辰日)에 동남쪽 방향을 향해 제사를 지내면서 오곡이 풍성해지길 기원하고 은혜에 감사했다. 한나라 고조(高祖) 유방(劉邦)은 하늘에 제사 지낼 때 먼저 영성에 제사 지냈기 때문에 후대 사람들도 영성(靈星)에 제사 지내는 것을 하늘에 제사 지내는 것과 동일하게 생각했다. 송 인종(仁宗) 천성(天聖) 6년(1028)에는 천체를 모방하여 대(臺)를 높이 쌓아올리고 [제단(祭壇)으로 사용] 담을 만들었으며 영성문(靈星門)을 세웠다. 남송시대로 오면 공자문묘도 이를 모방해서 영성문을 설치함으로써 존공(尊孔)이 존천(尊天)과 같음을 보여주었다. 송 함순(咸淳) 연간의 『중수비릉지(重修毗陵志)』에 기록된 바와 같이 송대에는 문묘를 영성문(靈星門)으로도 불렀다. 지금까지도 호남성의 신전문묘(新田文廟)는 영

2-3-38 호남성 신전문묘의 영성문.

성문(靈星門)이라고 부르고 있다. 그러나 후대 사람들은 한대의 영성(靈星) 제사가 풍년을 기원하기 위함이며, 이는 공자문묘와 전혀 무관하다고 생각했다. 영성문(靈星門)의 문 모양은 격자창과 같았기 때문에 '영성문(靈星門)' 중의 '영(靈)'자를 '영(欞)'자로 바꿨다. 보통 사람들은 '전부 판으로 된 문을 사용했는데, 옛 왕은 격자창[欞]으로 장식한 문을 사용했다. 가로와 세로가 서로 얽혀 있어서 이를 별처럼 생각하였다. 문을 열어 현인을 구한다는 뜻으로 오직 공자문묘에서만 그것을 사용할 수 있었는데 이는 성인을 존중함이 지극함에 이른 것이라고 볼 수 있다.[51] 이와 같이 영성문에 현인을 구한다는 뜻을 더한 것이다.

영성문은 '영성문(欞星門)'이라고 새겨져 있는 것이 일반적이며 어떤 경우에는 다른 글자로 적혀 있기도 하다. 열하문묘(熱河文廟)의 영성문 편액에는 '화성구도(化成久道)', 해주문묘(海州文廟)의 영성문 좌우 양 칸에는 각각 '성역(聖域)'과 '현관(賢關)', 장춘(長春)공자문묘의 영성문 좌우 양 칸에는 각각 '취사(取士)'와 '필득(必得)', 건위문묘(犍爲文廟)의 영성문 좌우 양 칸에는 '덕

51) 『武定府志·學校』[淸 康熙], 『續修四庫全書』 715冊 참조. "門皆用板, 古王者用欞, 縱橫相錯, 望之如星, 取辟門
求賢之意, 惟孔子廟得用之, 尊聖人之至也."

참천지(德參天地)'와 '도관고금(道冠古今)'이라고 새겨져 있다. 어떤 영성문은 전후좌우에 모두 글귀가 있었다. 호남성 신전문묘(新田文廟)의 영성문은 4기둥 3칸이며, 앞뒤로 가운데 칸에는 '영성문(靈星門)', 좌우 양 칸 앞뒤로는 각각 '태화(太和)', '원기(元氣)'와 '금성(金聲)', '옥진(玉振)'이라고 새겨져 있었다. 글귀가 많은 곳은 앞에서 소개했던 악주(嶽州)부학문묘의 영성문이었다.

영성문은 비록 문묘에 반드시 설치되어야 하는 건물이지만, 국가적으로 통일된 규정이 없었기 때문에 각양각색으로 존재했다. 영성문은 문묘의 정문 역할을 담당했기 때문에 평요현(平遙縣) 문묘의 영성문 같은 경우 양쪽에 팔(八)자형 담이 설치되어 있기도 했다. 이는 영성문의 웅장함을 더하였다.

② 묘문(廟門)

문묘 앞에는 단독으로 '문묘'라고 새겨진 문이 많지는 않았다. 명 가정(嘉靖) 연간의 귀주성 사남부학도(思南府學圖)에는 문묘의 문이 보이고 3칸이라고 기록되어 있다. 현재 이를 볼 수 있는 건물은 동성(桐城), 안계(安溪), 정주(定州) 등 몇 개의 지방(地方) 문묘에서이다. 안휘성 동성문묘의 영성문은 길가에 있지 않았고 정원의 패방으로 독립되어 있기 때문에, 영성문 앞에 문이 하나 설치되었고 처마 밑에는 '묘문'이라는 세로로 된 편액이 걸려 있다. 문은 3칸으로 되어 있고, 가운데 칸은 양쪽 칸보다 훨씬 높이 서 있어서 2층처럼 보인다. 비록 건물은 매우 아름답지만, 다른 문묘 앞의 패방과는 다르기 때문에 전체적으로 보면 문의 웅장함을 충분히 보여 주지 못하는 듯하다.

복건성 안계문묘는 패루식 영성문이 아니기 때문에, 조벽 뒤 대성문 앞에 묘문을 세웠는데 가운데 칸에는 세로로 '문묘'라고 쓴 편액이 걸려 있다. 어떤 자료에는 이를 영성문이라고 부르고 있지만, 중국 전통에서 건물 편액의 명칭이 건축물의 명칭이기 때문에 묘문이라고 하는 것이 적합하다. 물론 문옥(門屋) 위에는 기둥머리형의 장식이 있어서 영성문식 건물이라고 부를 수 있다. 정주문묘의 정문은 본래 길과 접하고 있지 않아서 장원급제자가 배출되지 않은 문묘 중 하나로 꼽혔다. 조벽 뒤에는 4기둥 3칸의 목조 패루를 세웠고, 패루에는 세로로 쓴 '문묘'라는 편액이 걸려 있었다. 일부 자료에서는 영성문이라고 소개되어 있지만, 패방에 걸린 편액에는 '문묘'라고 되어 있으니 마땅히 '문묘방(文廟坊)'이라고 불려야 한다. 패루는 충천식으로 되어 있기 때문에 영성문식의 건축 양식이라고 말할 수 있을 것이다.

안휘성의 수주주학문묘(壽州州學文廟) 묘문은 가장 특이하다. 묘문은 각각 3칸으로 된 세 채로 이루어진 문옥식 묘문이다. 매 채의 가운데 칸은 높고 양옆 칸은 낮고, 회색 기와 헐산정이며, 양옆 칸은 안쪽 면이 절단된 듯한 구조로 되어 있는데 매우 생동감이 있고 아름답지만 아

2-3-39
동성문묘(桐城文
廟)의 묘문.

2-3-40
정주문묘(定州文
廟)의 패루.

2-3-41
수주문묘(壽州文
廟)의 묘문.

쉽게도 손상이 매우 심했다. 최근 수리가 되었는지 여부는 미지수이다.

북경 국자감문묘의 대문은 명대 홍치 연간에는 영성문으로 불렸다가, 건륭 33년(1768)에 선사문(先師門)으로 명명되었다.

③ 측문(側門)

명대의 문묘는 대부분 정문을 만들었기 때문에 명대 묘학도에서도 측문이나 편문(偏門)은 매우 드물게 나타난다. 가령 어떤 문묘가 이를 설치했더라도 도로와 직접 연결되지는 않았다. 예를 들어 가정 연간의 건양묘학도(建陽廟學圖)를 보면 대성문 앞에는 동서 편문이 있어서 각각 관공서[公廨]나 과거 시험방[號舍]으로 통하고 있었지만 길과 접하지는 않았다. 융경(隆慶) 연간의 임강묘학도(臨江廟學圖)를 보면 대성문 앞 동서쪽 담에 소측문(小側門)이 문묘 밖으로 통할 수 있었다. 청대의 많은 문묘가 본지에서 배출된 장원급제자가 없었기 때문에 정문을 설치하지 않았고, 단지 조벽 양옆에 설치한 문이 문묘의 출입구 역할을 했다. 가령 장원급제자가 나와서 문묘에 정문을 만들었다 하더라도, 정문은 누구나 드나들 수 없었기 때문에 반드시 옆에 소문(小門)을 설치하여 사람들이 출입할 수 있도록 해야 했다. 사람들이 출입하는 소문(小門)에는 세 가지 종류가 있었는데, 하나는 조벽 양옆에, 다른 하나는 정문 양옆에, 하나는 동서쪽 묘 담에 설치한 것이다. 필자는 조벽 양쪽에 설치한 것을 측문(側門), 정문 양쪽에 설치한 것을 액문(掖門), 동서 묘 담에 설치한 것을 편문(偏門)이라고 부른다. 어떤 문묘는 조벽 양쪽에 측문과 함께 동서 문묘 담에 편문을 설치했지만, 측문과 편문의 용도는 각각 달랐다. 예를 들어 부순문묘(富順文廟)의 측문은 제사 지낼 때만 사용했고, 편문은 평소의 출입구로 사용했다.

측문의 건축 양식은 매우 다양하고 그 이름도 동일하지 않았다. 사천성 부순문묘(富順文廟)는 문묘 담에 두 개의 문동(門洞)[52]을 설치하고, 각각 '성역', '현관'이라고 새겨놓았는데 그 양식이 매우 단순하다. 영춘주학(永春州學)의 측문은 비교적 복잡한 양식을 취하고 있다. 부순문묘와 같이 문묘 담에 두 개 문동을 설치했지만 문동 위치의 담장 부분을 높이 쌓고 황색 기와 헐산정 지붕을 만들어 두 문에는 각각 '금성', '옥진'이라는 글자를 써놓았다.

귀주성의 안순문묘는 독립된 수화문(垂花門)식의 건물이다. 앞뒤 한쪽 부분을 돌로 만든 석고(石鼓)로 장식했으며, 아래에는 일곱 개의 계단을 설치하고 있다. 수화문식의 건물 양옆에 설치한 측문에 '예문(禮門)', '의로(義路)'라는 이름을 붙였다.

동류현학(東流縣學)의 측문은 특이하게도 4기둥 3칸의 패루 양식을 취하고 있다. 조벽을 두드러지게 보이기 위해 양옆의 패루를 각각 동남쪽과 서북쪽을 향해 밖으로 만들었다. 산서성 포성문묘(蒲城文廟) 조벽의 양옆에는 1칸 2기둥의 석조 패루를 만들었고, 각각 '문장조(文章祖)'와 '제왕사(帝王師)'라는 글자가 적혀 있다. 패루의 기둥, 문틀, 문미(門楣)에는 조각이 가득해서 가장 아름다운 측문으로 꼽힌다. 이 패루는 문비(門扉), 문틀, 문미가 완벽하게 갖추어져 있고

---

52) (옮긴이) 굴처럼 생긴 문.

2-3-42 영춘문묘(永春文廟)의 조벽 및 편문.

2-3-43 안순문묘(安順文廟)의 측문. ⓒ 곽병홍(郭秉紅).

각 문비 윗부분에는 조각이 아홉 개 격자로 조각되어 있지만, 문이 열리지 않아 이러한 패루는 단지 장식에 지나지 않았다.

④ 액문(掖門)

액문(掖門)은 정문 양옆에 있는 작은 문이다. 명확한 존비관념과 왼쪽 입구, 오른쪽 출구라는 필요에 따라, 문묘 중추선상의 문방은 일반적으로 모두 세 쌍의 문이었다. 그 외 일부 문묘에서는 정문 양옆에 액문을 세우기도 했다. 어떤 액문은 문묘 내에 설치되기도 했다. 곡부 공자문묘의 중추선상에는 홍도문(弘道門), 대중문(大中門), 대성문(大成門) 각각 세 개의 문을 만들었고, 이 외에 정문의 양옆에는 액문과 소각문(小角門)을 설치했다. 영춘주학문묘(永春州學文

2-3-44 영춘문묘(永春文廟)의 영성문 및 측문.

2-3-45 서안부학문묘(西安府學文廟) 측문. 서안부학문묘는 '덕배천지', '도관고금'을 문묘 문의 측문 명칭으로 사용하고 있다.

廟)는 조벽 양옆에 '금성'과 '옥진'이라는 두 측문을 설치한 것 외에도 정원 안의 영성문 양옆에 측문 '덕모천지'와 '도관고금'을 세웠다.

천주문묘(泉州文廟) 대성문 양옆에는 '금성'과 '옥진' 한 쌍의 액문이 있고, 북경 국자감 묘문

2-3-46 평요문묘(平遙文廟)의 대문 및 두 측문.

대성문 양옆에도 액문 한 쌍이 있다. 서안부학문묘(西安府學文廟)는 첫 번째 정문에 '문묘', 문 양측에는 '덕배천지'와 '도관고금' 한 쌍의 측문이 있다. 실은 이 세 문은 송대의 영성문 양식을 따르고 있고 모두 2기둥 1칸의 충천주식 석방으로 되어 있다.

일부 문묘의 액문은 대문 양옆에 설치되어 있다. 평요문묘(平遙文廟)는 비록 길가에 접하도록 정문인 영성문을 세웠지만, 일반 사람들은 절대 사용할 수 없어서 영성문 양옆에 측문인 '광대문(廣大門)'과 '고명문(高明門)'을 세웠다. 곤명문묘(昆明文廟)도 이와 같아서 영성문 양옆에 각각 '예문'과 '의로'라는 2기둥 1칸의 충천주식 석방을 지었다.

⑤ 편문(偏門)

정문을 설치하지 않은 문묘는 동서쪽 묘 담에 편문을 설치한 경우가 많았다. 정문을 설치했더라도 일반인이 출입할 수 없었기 때문에, 동서쪽 담에 편문을 세워야 했기에 거의 모든 문묘에서 편문을 세웠다. 어떤 문묘는 단순히 편문 한 쌍 정도가 아니었다. 곡부 공자문묘는 건물 남북 길이가 600m나 되었고 동서쪽 묘 담에는 '덕모천지'와 '도관고금', '쾌도문(快覩門)'과 '앙고문', '육수문(毓粹門)'과 '관덕문(觀德門)'의 세 쌍의 편문을 세웠다. 이는 편문을 가장 많이 세운 공자문묘이기도 했다. 편문은 일반적으로 한 쌍이었는데, 유독 국자감문묘에서만 서쪽 담에 '지경문(持敬門)'을, 동쪽 담에 이에 대응하는 우물에 정자를 세웠다. 그 주원인을 분석해 보면 국자감이 우학좌묘(右學左廟)의 양식이기 때문이다. 모든 예식에 관한 준비는 태학에서 이루어졌기 때문에 지경문으로 직접 출입할 수 있었다. 제사 용품을 준비하는 신주(神廚), 성생정(省牲亭) 모두 동쪽에 있었지만 동쪽에는 도로로 이어지는 도로가 없었기 때문에 매우 불편했다. 더군다나 문묘에 들어가려면 왼쪽으로 가야 하고 오른쪽에서는 들어갈 수 없었다는 점을 감안하면 이런 설계는 매우 비합리적이라고 볼 수 있다.

편문의 건축 양식과 명칭은 매우 다양했다. 건축 양식으로는 패루식, 문방식, 문옥식 세 종류가 있었다. '덕배천지'와 '도관고금', '예문'과 '의로', '금성'과 '옥진', '성역'과 '현관', '등교(騰蛟)'와 '기봉(起鳳)', '육성(育聖)'과 '선교(宣敎)'(太倉州學文廟) 등의 이름으로 불렸다.

패루식은 편문에 비교적 자주 보이는 건축 양식이다. 곡부 공자문묘의 첫 번째 편문 한 쌍은 모두 목조식 패루이다. 3칸 4기둥 5문루(門樓)식을 취하고 있으며, 두 방(坊)은 명 영락(永樂) 13년(1415)에 와서야 만들어졌는데, 각각 '덕모천지'와 '도관고금'이라 이름 붙였다. 길림문묘(吉林文廟), 하얼빈문묘(哈爾濱文廟), 건수문묘(建水文廟), 강녕부학문묘(江寧府學文廟), 덕양문묘(德陽文廟) 모두 패루식이고 모두 '덕배천지', '도관고금'이라고 명명했지만, 길림문묘의 편문은 4기둥 3칸 3 문루(門樓)의 충천주식 패루에 황색 기와 헐산정이었다, 하얼빈문묘, 건수문묘 모두 4기둥 3칸 3문루의 패루였고, 하얼빈은 황색 기와 무전정이었고, 건수문묘는 회색 기와 헐산정이었다. 남경 강녕부학문묘와 사천성 덕양문묘 모두 벽돌로 지어진 목석 혼합 구조이고 3칸 4기둥 3문루식으로 되어 있다. 악록서원(嶽麓書院) 공자문묘 편문은 '성역'과 '현관'이라고 불렸고, 4기둥 3칸 3문루의 석조 패루였고, 적목(積木)식으로 층층이 쌓아가는 형식이었다. 천진부학, 현학문묘의 편문 명칭은 모두 '예문', '의로'였는데, 두 문묘는 서로 밀접하게 연결되어 있어서 중간의 한 채는 하나로 두 가지 역할을 하는 셈이다. 부학문묘 쪽으로는 '의로'라는 글씨가 적혀 있고, 현학 쪽으로는 '예문'이라고 적혀 있는 것이 매우 재미있다. 패루는 모두 목조식 4기둥 3칸 3문루의 충천주식이었고 회색 기와 현산정이었다.

문옥식은 비교적 흔히 볼 수 있는 편문 건축 양식이다. 자주문묘(資州文廟) 동서쪽 편문에는 각각 '예문'과 '의로'라는 이름을 지었고, 문옥 3칸에 분심식(分心式)[53] 목조로 되어 있고, 가운

---

53) (옮긴이) 분심식 구조란 기둥을 문옥의 정중앙에 세워놓고 문옥의 정척을 직접 지탱하는 구조다. 중국 대부

2-3-47
길림 공자문묘
의 '도관고금(道
冠古今)' 패루.

2-3-48
남경강녕부학
문묘(南京江寧府
學文廟)의 '도관
고금(道冠古今)'
패루.

데 칸은 약간 높고 황색 기와의 현산정이다. 부순문묘(富順文廟) 동서 편문은 각각 '성역'과 '현
관'이었으며, 1칸으로 되어 있는 황색 기와 현산정의 건물이다. 거야문묘(巨野文廟)의 편문 이
름은 동화문(東華門)과 서화문(西華門)이었고, 안악문묘(安嶽文廟)의 편문 이름은 '성역'과 '현관'

분의 전통 문옥은 대부분 분심식 구조를 채택하였다.

2-3-49 대남문묘(臺南文廟)의 예문.

2-3-50 안계문묘(安溪文廟) '등교(騰蛟)' 문방(門坊).

이었으며 묘도(廟圖)를 보면 둘 다 단출한 작은 건물이다. 게양학궁(揭陽學宮)·해양학궁(海陽學宮) 문묘의 편문 이름은 '금성'과 '옥진'이었으며 묘도를 보면 역시 단출한 작은 건물이다. 대북문묘 동서 편문의 이름은 '의로'와 '예문'이었으며, 벽돌로 지어진 단출한 황색 기와의 헐산정 건물이었다. 정주(定州), 무녕(撫寧), 항주(杭州) 문묘의 편문이름은 모두 '예문'과 '의로'였으며 단출한 작은 건물이었다. 복건성 천주문묘(泉州文廟)의 양측문은 건륭(乾隆) 연간에 만들어진 문옥식 건물이다. 문묘 안쪽 면은 각각 '성역'과 '현관', 바깥쪽 면은 각각 '예문'과 '의로'라고 되어 있다. 대남부학문묘(臺南府學文廟)의 동서 편문 이름은 '예문'과 '의로'였고, 벽돌로 만든 단출한 황색 기와의 경산정(硬山頂) 건물이었다. 일본 점령 기간에 동서쪽 묘의 담을 허물었고, 두 문을 정원 내 건물로 독립시켰으며 원래 학교의 편문인 대성방(大成坊)을 문묘의 편문으로 강등시켰다. 동쪽의 대성방(大成坊)에는 지금도 '전대수학(全臺首學)'이라는 편액이 걸려 있다. 많은 문묘의 편문은 이름이 없고 동서 각문(角門)으로 불러왔다. 이러한 편문 건물은 매우 단출했는데 홍성문묘(興城文廟)는 그중 하나로서 회색 기와 경산정(硬山頂)의 작은 건물이다.

문방식 편문은 보기 드물다. 안계문묘(安溪文廟)의 편문은 석조 문방이었고, 4기둥 3칸의 충천주식이었으며, 각각 '등교(騰蛟)', '기봉(起鳳)'이라고 쓰여 있다.

문묘의 편문 이름의 종류는 세 가지가 있는데, 공자를 찬양하는 내용을 첫 번째로 꼽을 수 있다. '덕배천지', '도관고금', '금성', '옥진'은 공자의 사상과 인품을 찬양하는 용어였다. 두 번째는 문묘에 대한 찬양이었다. '성역', '현관', '예문', '의로'처럼 문묘를 높이는 내용을 통해 사람들이 성인과 현인이 되도록 격려할 수 있었고, 문묘 편액의 명칭으로 적합했다.

세 번째는 묘학에 대한 기대를 담고 있다. '등교', '기봉', '육성(育聖)'은 그 지역에서 인재가 나오기를 바라는 희망을 담고 있지만, 이는 반드시 공자의 사상에 의지해야 했으므로 문묘 편문의 명칭이 될 수 있었다. '육성'이라는 이름은 성인을 배출한다는 뜻으로 편문의 이름으로 쓰이는 것은 도를 넘는 듯하지만, 유가에서는 "사람은 모두 요순(堯舜)이 될 수 있다(人皆可以爲堯舜)", 즉 모든 사람이 자신의 도덕적 능력을 길러서 성인이 될 수 있다고 주장했기 때문에, '육성'이라는 용어를 문묘 편문의 명칭으로 사용하는 것도 괜찮은 선택이었다.

4) 과가방(過街坊)

송대부터 공자를 찬양하고 학교에 기대하는 마음을 표현하기 위해 사람들은 문묘 앞 큰 길에 길을 가로지르는 패방을 만들었다.

현재 볼 수 있는 가장 오래된 문묘 앞 과가방은 가정문묘(嘉定文廟) 앞에 있는데, 이는 남송 순우(淳祐) 9년(1249)에 문묘 앞 동서쪽에 지은 홍현방(興賢坊)과 육재방(育材坊)이다. 문묘 앞에 과가방을 짓는 것은 명대 중기부터 점차 일반화되기 시작했다.

명 홍치(弘治) 연간의 악주묘학도(嶽州廟學圖)와 가정(嘉靖) 연간의 허주(許州), 하읍(夏邑), 오현(吳縣), 사남(思南), 소흥(紹興), 여고(如皋), 용계(龍溪), 건양(建陽), 감주(贛州), 순안(淳安) 등의 묘학도를 보면 모두 과가방이 있었다. 2기둥 1칸 혹은 4기둥 3칸, 유루식 혹은 무루식이었고, 명칭은 '홍현(興賢)'과 '육재(育材)', '현관(賢關)'과 '성역(聖域)', '등교(騰蛟)'와 '기봉(起鳳)', '숭정학(崇正學)'과 '육진재(育眞才)', '정갑(鼎甲)'과 '해원(解元)'(海陽文廟), '문명'과 '선화'(象山文廟), '회원(會元)'과 '해원(解元)' 등이 있었다. 청대로 오면 과가방은 더욱 보편화 되어서 많은 문묘들에서는 문묘 앞에 이를 지었는데, 학교에 대한 기대에서 공자에 대한 찬양으로 이름도 바뀌었다. 과가방을 가장 많이 지은 곳은 감주문묘(贛州文廟)였다. 이 문묘는 감주부학과 감현현학이 함께 사용했으며, 문묘 앞 큰 길에는 유루식 과가방 4채를 지었다. 문묘도를 보면 바깥쪽 두 채는 3칸 4기둥 3문루식의 '등교'와 '기봉'이었고, 안쪽 두 채는 3칸 4기둥 2문루식의 '숭정학'과

2-3-51 가정문묘(嘉定文廟)의 육재방(育材坊).

'육진재'였다. 천진문묘 앞에는 2기둥 1칸 3문루식으로 된 패루 한 쌍을 지었는데, 각각 '덕배 천지'와 '도관고금'이라고 적혀 있다. 어떤 과가방은 양쪽 면에 글귀가 새겨져 있다. 승덕(承德) 열하(熱河)의 경우 과가동방(過街東坊)의 동서쪽에는 각각 '교수만세(教垂萬世)'와 '집중함화(執 中含和)'가, 과가서방(過街西坊)의 동서쪽에는 각각 '도흡팔연(道洽八埏)'과 '참천양지(參天兩地)' 라고 써 있다. 평요문묘는 동서 과가방을 새로 지었는데, 안쪽에는 각각 '덕모천지', '도관고 금', 바깥쪽에는 각각 '조술요순(祖述堯舜)'과 '헌장문무(憲章文武)'라고 쓰여 있다.

　문묘 앞의 과가방의 이름으로는 '덕배천지(德配天地)'와 '도관고금(道冠(貫)古今)', '현관'과 '성 역'이 가장 적당하다. '홍헌'과 '육재', '등교'와 '기봉', '숭정학'과 '육진재', '문명'과 '선화'라는 용 어들은 문묘가 학교와 같이 지어져 있어서 적절한 편이라 할 수 있다. 그러나 '정갑(鼎甲)'과 '해 원(解元)', '회원(會元)'과 '해원(解元)'은 조금은 적합하지 않다. 오현(吳縣)의 명가정묘도(明嘉靖廟 圖)에는 문묘 앞에 장원방(狀元坊)이 있고 과가방으로 회원방과 해원방이 있다. 지역에서 배출 된 과거 합격자를 문묘의 문앞에 자랑하는 것은 성인 앞에서 『삼자경(三字經)』을 읽는 것과 같 다는 느낌을 주기 때문에, 이러한 글귀를 과가방(過街坊)의 이름으로 쓰는 것은 적합하지 않다.

　과가방의 건축 양식에는 주로 무루식과 유루식 두 종류가 있다.

　유루식은 가장 흔히 볼 수 있는 과가방 양식이다. 앞에서 언급했던 명가정묘도 중에서 악주

(嶽州), 허주(許州), 사남(思南), 소흥(紹興), 여고(如皋), 용계(龍溪), 건양(建陽), 감주(贛州), 순안(淳安) 문묘의 과가방은 모두 유루식이고, 청대의 열하(熱河), 정주(定州), 해주(海州), 게양(揭陽), 은현(鄞縣), 회안(淮安) 등의 문묘도 유루식 과가방이다. 현존하는 과가방 중에는 유루식이 가장 많다. 20세기 이래 도시의 도로 확장으로 과가방은 대부분 철거되었다. 현재 남아 있는 것은 극소수이며, 북경(北京), 천진(天津), 자계(慈溪), 한성(韓城), 가정(嘉定), 평요(平遙), 건수(建水) 등지에서만 보인다. 아마 교통에 불편을 끼치지 않기 위해서 과가방 대부분을 2기둥 식으로 지었을 것이다. 북경 국자감문

2-3-52 평요문묘(平遙文廟)의 과가방(過街坊).

2-3-53 천진문묘(天津文廟)의 도관고금방(道冠古今坊).

묘의 과가방 두 쌍 중에서 한 쌍은 대로에 있는 '성현가(成賢街)'라는 이름의 패방이고 한 쌍은 '국자감'이라는 이름의 패방이었으며, 모두 2기둥 3문루의 충천주식이다.

구체적인 모양은 기둥 위로 액방이 바깥쪽으로 뻗쳐 있으며, 액방 끝에는 짧은 기둥이 걸려 있다. 짧은 기둥의 아래 끝에는 꽃봉오리가 새겨져 있고, 상단에는 운관(雲罐)으로 덮여 있으며 운관 위에는 조천후(朝天吼)[54]가 설치되어 있다. 세 문루는 모두 경산정이고, 처마 아래는

....

54) (옮긴이) 조천후(朝天吼)는 중국 전설에 등장하는 동물인 용생구자 가운데 하나로, '망천후' 혹은 '후'라고 부

이중앙서 5포의 두공을 사용했으며, 본관은 7찬(欑),[55] 곁채는 2찬(欑)이었다.

천진문묘 앞의 과가방의 이름은 각각 '덕배천지'와 '도관고금'이었고, 모두 2기둥 1칸 3문루식의 패방이었다. 구체적인 모양은 액방 위에 기둥을 세웠고 2기둥 1문루식의 작은 패루를 만들었는데, 세 문루는 모두 회색 기와의 무전정이었다.

자계문묘(慈溪文廟) 앞의 과가방 이름은 각각 '등교'와 '기봉'이었으며, 모두 2기둥 1칸 1문루식의 작은 패방이었다. 방(坊)은 최근에 중건되었는데, 돌기둥으로 지탱하는 목조 건물로 회색 기와로 된 지붕이 있다. 한성문묘(韓城文廟) 앞 과가방의 이름은 각각 '덕배천지'와 '도관고금'이었는데, 모두 2기둥 1칸 1문루식 회색 기와의 현산정이었다. 가정문묘(嘉定文廟) 앞 과가방의 이름은 각각 '예문'과 '의로'였는데, 모두 돌로 조각된 4기둥 3칸 3문루식의 패방이었다. 이는 현존하는 과가방 중 가장 정교하고 세련된 것으로 꼽힌다. 유루식 과가방 중에 문묘와 학교의 길잡이 역할을 했던 '반궁(泮宮)[56]'이 있는데, 그 예로 순안현학(淳安縣學)을 들 수 있다. 순안현학은 명 가정 때에 문묘 서쪽 길에 묘학을 안내하는 역할을 했던 2기둥 1칸 1문루식의 패방을 지었다.

무루식 과가방은 비교적 적은 편이다. 명 만력(萬曆) 연간의 숙천묘학(宿遷廟學)와 안순문묘(安順文廟) 앞에는 모두 4기둥 3칸 충천주식의 패방이다. 안순문묘의 과가방은 각각 '도관고금'과 '덕배천지'라는 이름의 석조 패방이다.

5) 문묘 앞 패방

많은 문묘는 묘문과 과가방에 그치지 않고, 묘문 앞에는 다른 패방을 더 지었다. 국가에는 문묘에 관한 통일된 제도가 없었기 때문에, 각지 문묘 앞의 패방 명칭과 건물 구조 모두 달랐다. 아래에서는 문묘 앞 패방의 명칭에 대해 일일이 설명할 것이다. 그리고 같은 이름의 건물이 다른 문묘에 등장하기도 하기 때문에, 문묘 앞쪽에 있는 건물을 먼저 소개하고 난 다음에 뒤쪽에 있는 건물에 대해서 소개하고자 한다.

르기도 한다. 망을 보는 습성을 갖고 있으며 화표 기둥머리에는 하늘을 향해 포효하는 모습으로 새겨져 있는데 이는 하늘의 뜻과 지상의 민심을 전달한다는 뜻이라고 한다.

55) (옮긴이) 찬(欑)은 원대 이전에 두공(頭栱)의 단위를 뜻하는 의미로 사용되었다가 명·청 시대 이후에는 '타(朶)'가 두공의 단위로 사용되기 시작했다.

56) (옮긴이) 반(泮)은 중국 고대 주대(周代) 제후의 학교를 지칭하는 용어이다.

① 금성옥진방(金聲玉振坊)

곡부 공자문묘의 금성옥진방은 공자문묘의 가장 앞에 있었는데, 이는 명 가정 17년(1538)에 산동성 순무(巡撫)인 호찬종(胡纘宗)이 세운 것이다. 방(坊)은 3칸 4기둥 3문루식의 석조로 된 충천주식(沖天柱式)이었다. 위에는 돌짐승이 웅크리고 있고 조형은 간결하다. 단층으로 된 액방과 지붕이 있었으며 지붕에는 기왓등을 조각했다. 방의 이름은 『맹자·만장(萬章) 하』에 나오는데, 맹자는 "공자를 일러 집대성했다고 하는데 집대성했다고 하는 것은 쇠로 된 '종(鐘)'을 치는 것이 제례악의 시작이고, 옥으로 된 '경(磬)'을 치는 것이 제례악의 끝인데 공자가 학문의 시작과 끝을 하나로 집대성했다는 의미이다. 종으로 소리를 퍼뜨리는 것은 조리를 시작하는 것이고, 경쇠로 거둔다는 것은 조리를 끝내는 것이다. 조리를 시작하는 것은 지혜로운 일이고, 조리를 끝내는 것은 성스러운 일이다"[57]라고 했다. 음악을 연주할 때 종[金]을 쳐서 다양한 소리를 만들고 경쇠[玉]를 쳐서 다양한 소리를 모으는 것에 빗대어 공자의 학문과 덕행을 찬양했고, 후대 사람들은 이 때문에 금성과 옥진으로 명성이 널리 퍼져나가는 것을 비유했다.

각지 문묘에는 건물이 많지 않았기 때문에, 금성옥진방을 만든 곳은 극히 드물었다. 남릉현학문묘(南陵縣學文廟)는 명 숭정 연간에 금성옥진방과 강한추양방(江漢秋陽坊)을 만들었다. 이는 한 쌍으로 대칭되는 건물이었는데 문묘 앞의 과가방이었을 것이다. 창화현학문묘(昌化縣學文廟)는 청 건륭 9년(1744)에도 금성옥진문과 강한추양문(江漢秋陽門)을 지었는데 이러한 대칭문은 아마도 문묘의 동서 측문이었을 것이다. 태창주학(太倉州學)은 영성문 양쪽에 '금성', '옥진' 두 방을 지었다. 각지의 문묘 건물은 적었고 독립된 금성옥진방을 세우기 어려웠지만, 이로써 공자를 찬양할 수 있었기 때문에 금성, 옥진을 각각 측문 혹은 측방(側坊)의 명칭으로 삼았다. 영춘주학(永春州學)은 금성, 옥진을 조벽 좌우 양쪽 측문의 이름으로, 곡부 공자문묘, 자주 주학문묘, 천주문묘 등은 모두 금성, 옥진을 각각 대성문 동서 액문의 이름으로 삼았다. 공성문묘(恭城文廟)는 '금성', '옥진'을 문묘의 두 번째 문의 동서 편문의 이름으로 하고, 대성문 앞 동서 문묘 담에 써 넣었다. 호남성 신전문묘(新田文廟)는 금성, 옥진을 각각 영성문 뒤 두 측문의 액방에 새겼고, 덕양문묘(德陽文廟)와 상음문묘(湘陰文廟)는 영성문 양쪽에 '금성', '옥진'이라는 이름으로 3칸 4기둥식의 독립된 문방을 지었다. 복주문묘(福州文廟)는 흥미롭게도 건물이 없었고, 아예 '금성옥진'과 '강한추양'을 돌 현판으로 만들어 묘문 양쪽의 팔(八)자 담에 상감해 놓았다.

---

57) "孔子之謂集大成. 集大成也者, 金聲而玉振之也. 金聲也者, 始條理也; 玉振之也者, 終條理也. 始條理者, 智之事也; 終條理者, 聖之事也."

◀ 2-3-54 신전문묘의 태화원기 패루.
ⓒ 鄔率姿

▼ 2-3-55 만송서원(萬松書院)의 패루.

② 태화원기방(太和元氣坊)

태화원기방(太和元氣坊)은 곡부 공자문묘에 최초로 보이는데, 영성문 안쪽에 있으며 3칸 4기
둥 3문루로 된 충천주식의 석조 패방이다. 건축 양식은 단순하며 금성옥진방과 비슷하고, 명
가정 23년(1544)에 세워졌다.

같은 이름의 패방은 상음(湘陰), 건수(建水), 부원(富源), 서안학교문묘(西安學校文廟)에도 있다. 상음문묘의 태화원기방은 영성문 앞에 있는데, 3칸 4기둥 3중 처마로 된 5문루식의 석조 건물이다. 화판, 용봉판(龍鳳板), 처마부분은 투조로 되어 있고, 액방은 부조로 되어 있으며, 문수(吻獸)[58]는 입체로 되어 있어서 매우 아름답다. 운남성 건수문묘의 태화원기방은 가장 앞에 위치해 있는데, 3칸 4기둥 3문루식의 목조 건물이다. 운남성 부원문묘의 태화원기방도 문묘의 가장 앞에 위치해 있는데, 이 역시 3칸 4기둥 3문루식의 목조 건물이다. 가운데 칸에는 '태화원기', 좌우 양쪽 칸에는 각각 '성역'과 '현관'이라고 쓰여 있다. 기록에 따르면 양쪽 칸 뒷면에는 '학해(學海)', '문란(文瀾)'이라는 글귀를 쓰기도 했다. 서안문묘의 태화원기방은 조벽내 반지 앞에 지었는데, 3칸 4기둥 3문루식이었고, 가운데 칸은 녹색 기와의 무전정이었다. 양쪽 칸의 안쪽 면은 절단되어 있으며 선자채화로 장식되어 있다.

일부 문묘에는 이처럼 건물이 많지 않고, 이를 다른 건물에 써 놓았다. 무위문묘(武威文廟)는 영성문의 뒤에, 호남성 신전문묘는 '태화'와 '원기'를 영성문 패방 정면의 좌우 양쪽 칸의 화판에 새겼다.

항주시(杭州市) 만송서원(萬松書院)은 전학후묘의(前學後廟)의 배치로 되어 있다. 근년에 복구 작업을 할 때 서원 앞에 석조 패루 세 채를 새로 세웠다. 패루의 안쪽 면에 각각 만송서원(萬松書院), 부문서원(敷文書院), 태화서원(泰和書院) 등 시기마다 달랐던 이름을 써놓았으며, 바깥 면에는 태화원기, 덕모천지, 도관고금을 새겨놓았다.

태화(太和)라는 용어는 『易』「乾」의 "태화의 원기가 보전되고 합하여 만물이 이롭고 안정된다[59]"라는 구절에서 나왔다. 대화(大和) 즉 태화는 음양의 회합(會合), 온화한 원기(元氣)를 가리키며, 이는 천지만물을 구성하는 근본적인 물질이다. 명 영종(英宗)은 '태화원기'라는 말로 공자를 찬양했고, 산동성 순안(巡按) 정운(鄭芸)은 곡부 공자문묘에 태화원기방을 만들었다.

③ 문명방(文明坊)/문명문(文明門)

묘문 앞에 방을 만들어 세운 곳으로 원모현학(元謀縣學)이 있었고, 이는 청 강희 연간부터 이미 존재했다. 북승주학(北勝州學)은 명 만력 18년(1590)에 부지를 이전하여 중건했고, 28년에 문명방과 등교방, 기봉방을 지었다. 세 방은 동시에 지어졌는데, 문명방은 묘문 앞에, 등교방, 기봉방은 과가방이었을 것이다. 묘문 앞에 문을 만들어 세운 곳으로 개평현학(開平縣學)이 있

---

58) (옮긴이) 문수(吻獸)는 용마루 끝에 있는 동물형상의 조형물이다.
59) 『易』「乾」. "保合大和, 乃利貞."

2-3-56 대남문묘(臺南文廟) 동쪽의 대성방.

고, 청 건륭 50년(1785) 영성문을 바깥쪽에 지었다. 문명문의 좌우에는 금성과 옥진 두 채의 액문이 있었을 것이다. 대성문 앞에 위치한 곳으로 통해현학문묘(通海縣學文廟)가 있다.

문명방 중 일부는 문묘 앞의 도로에 지었다. 상산현학(象山縣學)은 원대 지정(至元) 원년(1341)에 문묘 앞의 도로에 선화(宣化)와 문명(文明)이라는 과가방 한 쌍을 세웠다. 이는 최초의 '문명'으로 명명된 묘학 건물이다. 명 융경(隆慶) 6년(1572) 부양현학(富陽縣學)에 문명문을 세웠다는 기록이 있지만, 그 위치에 대해서는 자세히 남아 있지 않다. 청 강희 연간에 전 녹권주학(前 祿勸州學) 존경각 앞에 문명문을 만들었다는 기록이 남아 있다.

'문명(文明)'으로 명명된 문방이 만들어진 여섯 개 묘학 중에서 원모현학(元謀縣學), 녹권주학(祿勸州學), 북승주학(北勝州學) 세 곳은 운남성에 있는데, 이는 신설된 주현(州縣)의 소수민족 지역에 속했다. 상산(象山)은 절강성 동부의 반도에 있었는데, 원대에는 문명이 그다지 발전하지 않은 편이었다. 개평(開平)은 남부 연안에 있었는데, 일찍부터 현이 있었지만 원대에는 폐지되었었다. 청 강희 6년(1667) 새로 학교를 지으면서 '문명'이라는 이름으로 묘학을 세웠던 까닭은 빨리 지역을 발전시킬 수 있을 것이라는 기대 때문이었다.

④ 대성방(大成坊)

문묘는 일반적으로 '대성(大成)'이라는 이름을 정전과 정문에 사용했지만, 어떤 문묘는 여전히 묘 앞 패방의 명칭으로 사용했다. 명 가정 연간, 허주문묘(許州文廟)의 영성문 앞에는 대성방이 세워졌다. 청대 강희 58년(1719)에 절강성 임안현학(臨安縣學)은 대성방과 성역방(聖域坊), 현관방(賢關坊)을 지었다. 성역방과 현관방은 과가방이나 편문, 혹은 측문이었을 가능성이 크고, 대성방은 문묘 앞 중간에 있는 방이었을 것이다. 안휘성 영국현학문묘(寧國縣學文廟)의 영성문 앞에는 '대성'이라는 이름의 석방을 만들었고 건평현학(建平縣學)도 도광(道光) 5년(1825)에 대성방을 지었다. 대남부학(臺南府學)은 청 강희 51년(1712)에 동서쪽 대성방을 세운 뒤 묘학의 출입구로 사용했다.

⑤ 운로방(雲路坊)

'운로'라는 이름의 방이 세워진 문묘는 많지 않은데, 문헌을 보면 운남성 임안부학(현재 건수문묘)은 명 만력 3년(1575)에 운로방을 반지 남쪽에 세웠고, 방 위에는 현판 '진남추로(滇南鄒魯)'가 있었다. 광동성 양춘현학(陽春縣學)은 명 만력 4년 영성문 밖에 운로방을 지었는데, 이 두 채의 운로방 모두 문묘 중추선상에 있었다. 운남성 몽화부학(蒙化府學)은 명 만력 연간에도 운로방을 지었는데, 애석하게도 문헌에는 방의 위치가 기록되어 있지 않아서 현재는 그 정확한 위치를 찾을 수 없다.

2-3-57 건수임안부학(建水臨安府學)의 태화원기방.
방은 반지 남쪽에 있었는데, 당시에는 명대의 운로방이었지만 청 옹정 연간에 이름을 바꿨을 것이다.

⑥ 용문방(龍門坊)

'용문'이라는 이름의 방이 세워진 문묘도 많지 않다. 절강성 진해묘학(鎭海廟學)은 명 가정 33년(1554) 학교 남쪽에 용문방을 지었는데, 구체적인 위치는 알려져 있지 않다. 운남성 영창

2-3-58 평요현학(平遙縣學)의 용문방.

부학(永昌府學)은 만력 13년 "반지 남쪽에 석방을 세웠고, 용문이라는 편액이 있었다(建石坊于泮池南, 扁曰'龍門')"라는 기록으로 보아 문묘의 중추선에 위치해 있었다는 것을 알 수 있다. 평요문묘(平遙文廟)의 용문방은 명륜당 뜰 안에 세워져 있다.

2-3-59 천하문추방(天下文樞坊).

⑦ 천하문추방(天下文樞坊)

이는 남경부자묘에만 보이며, 명 만력 14년(1586)에 만들어졌다.

⑧ 만대종사방(萬代宗師坊)

이는 원화현학(元和縣學)과 장주현학문묘(長洲縣學文廟) 앞에 보인다. 명 융경 연간의 장주 문묘도를 보면, 방은 3칸 4기둥 3문루식이었으며 문묘 문앞에 있다. 청 건륭 연간의 문묘도를 보면 방은 3칸 4기둥의 충천식으로 되어 있다. 건수문묘의 수사연원방(洙泗淵源坊) 뒤에는 '만세종사(萬世宗師)'라고 새겨져 있으며, 명칭은 비슷하다.

⑨ 천개문운방(天開文運坊)

등주문묘(滕州文廟)에 보이며, 묘문 앞에 새워져 있다. '천개문운'이라는 네 글자는 황암문묘(黃岩文廟)에도 보이며 이는 대성전의 용마루를 장식하고 있다. '천개문운(天開文運)'은 본토 사람의 간절한 기대와 축원을 표현하고 있다.

⑩ 고산앙지방(高山仰止坊)

병남문묘(屏南文廟)에 보이며 극문(戟門) 앞에 있다. 정면 가운데 칸에는 '고산앙지(高山仰止)', 양쪽 칸에는 각각 '금성옥진'과 '강한추양'이라고 쓰여 있다. 뒷면 중간에는 '앙지미고(仰之彌高)', 양쪽 칸에는 각각 '도관고금'과 '덕배천지'라고 쓰여 있다.

⑪ 앙고방(仰高坊)

가정문묘(嘉定文廟) 정문 앞에 보이며, 앙고방 및 동서쪽의 홍현방(興賢坊)과 육재방(育才坊), 석란(石欄)으로 폐쇄된 공간을 이루고 있다. 이는 문묘 특유의 양식이고 이와 비슷한 것은 곡부 안자사당(顏子祠堂)밖에 없다. 가정문묘 문앞의 석란은 72개의 란주(欄柱)가 설치되어 있고, 매 기둥머리에는 사자상(獅子像) 한 기가 조각되어 있다. 이는 공자의 제자 72현을 의미한다.

2-3-60
황암문묘 대성전 용마루[正脊]의 '천개문운'.

2-3-61
가정문묘(嘉定文廟)의 앙고방.

2-3-62
건수문묘의 수사연원방(洙泗淵源坊).

⑫ 수사연원방(洙泗淵源坊)

　건수(建水)의 임안문묘(臨安文廟)에만 보이며, 앞에는 '수사연원' 뒤에는 '만세종사'라고 쓰여 있고, 영성문 앞, 태화원기방 뒤에 위치하고 있다. 패방 앞 동서 양쪽에는 하마비(下馬碑)와 예문(禮門), 의로방(義路坊)이 있으며, 실제 이는 문묘의 대문이라고 생각해도 무방하다.

2-3-63 대주문묘(代州文廟)의 만인궁장 패방.

⑬ 만인궁장방(萬仞宮牆坊)

'만인궁장'은 일반적으로 문묘 앞의 조벽의 글씨라고 생각되는데, 대주문묘(代州文廟)에서는 이와 달리 문묘 앞 패방의 명칭으로 사용되었다. 패방은 3칸 4기둥 3문루의 충천주식이고, 녹색 기와 헐산정이며, 두공은 본채 4중설앙 9포, 양쪽 칸은 3중설앙 7포였다. 현재 만인궁장방의 양측에는 담이 있어서 문묘의 첫 번째 문처럼 보이지만, 영성문 양쪽에 조벽을 설치한 것을 보면 패방은 원래 독립적이어서 담이 없었을 것이다. 첫 번째 문에는 조벽을 설치하지 않으면서 두 번째 문에만 조벽을 설치할 가능성은 매우 낮기 때문이다. 재미있는 것은 '만인궁장'은 패방의 뒷면에만 적혀 있는데, 남쪽을 향하는 정면에는 도리어 편액이 없다.

문헌에 따르면 명 만력 11년 중수한 분주부문묘(汾州府文廟)의 영성문 밖에는 '선사(先師)'방이, 반지 남쪽에는 '청운득로(靑雲得路)'방이 있었다. '청운득로'방의 동서 양쪽 칸에는 각각 '용등분수(龍騰汾水)'와 '붕저복산(鳳翥葡山)'이 쓰여 있었다. 신회묘학(新會廟學)은 명 융경 6년(1572) '천조문헌(天朝文獻)'방을, 경산묘학(瓊山廟學)은 명 홍무 9년(1376)에 '도의지구(道義之衢)'방을 지었고, 청강포묘학(淸江浦廟學)은 명 천계 6년(1626)에 '사문재자(斯文在玆)'방을 만들었다. 이 세 패방의 구체적인 위치에 대해 남아 있는 기록은 없지만 모두 1채였으며, 기록을 참고하면 분명 문묘 앞에 세워져 있었을 것이다.

2-3-64
강녕문묘(江寧文
廟)의 덕배천지방.

6) 패방의 시공(施工) 시기

문묘의 과가방, 편문, 측문은 일반적으로 모두 쌍으로 설치되었고, 명칭도 일반적으로 대칭적이었다. 이상에서 패방의 위치에 대해서 종합적으로 검토해보았다. 일부는 최초 등장 시기를 소개했지만 일부는 처음 시공 위치가 정확하지 않아서 소개하지 못하고 있다. 위치에 대한 소개를 참고하더라도 그 양상은 매우 복잡하다. 독자들의 이해를 돕기 위해 아래에서는 각 명칭이 등장한 시기와 위치를 다시 간략하게 설명하고자 한다.

① 덕모천지방(德侔天地坊)과 도관고금방(道冠古今坊)

일부 패방은 '덕배천지(德配天地)'와 '도관고금(道貫古今)'으로 되어 있는데 이 두 가지 표현은 모두 공자문묘에서 비교적 보편적으로 사용되었던 패방 이름이다. 일부는 문묘 앞의 과가방의 이름으로, 일부는 측문의 이름으로, 또 다른 일부는 편문의 이름으로 사용되었다. 건물 형식은 방(坊)이나 문(門)이었다. '덕모천지'방과 '도관고금'방은 곡부 공자문묘에서 처음 등장했고, 명 영락 13년(1415)에 세워졌다. 명대 문묘에서는 매우 드물게 나타나고, 절대다수는 청대 세워지고 명명되었다. 이 패방들은 일반적으로 동쪽을 '덕배천지(德配(侔)天地)', 서쪽을 '도관고금(道冠(貫)古今)'이라고 명명했으며, 명대 광녕좌둔위위학(廣寧左屯衛衛學)에서는 그것이 정반대로 되어 있다.

② 등교방(騰蛟坊)과 기봉방(起鳳坊)

등교와 기봉은 일반적으로 패방의 이름이며 대부분은 묘학 앞의 과가방을 지칭하는 것이다. 섬서성 부시(膚施, 현재 延安)현학은 명 정덕 연간에, 강소성 원화현학(元和縣學)은 융경 2년(1567)에, 운남성 북승주학(北勝州學)은 명 만력 28년(1600)에, 미륵주학(彌勒州學)은 천계 2년(1622)에 모두 이러한 이름의 패방을 세웠다. 가정 연간의 감주부학(贛州府學) 용계현학(龍溪縣學), 숙천현학(宿遷縣學)과 청대의 진해현학(鎭海縣學), 영국부학(寧國府學), 자계현학(慈溪縣學) 문묘 앞의 길에도 같은 이름의 과가방을 세웠다. 어떤 문묘 앞에는 이 두 패방의 이름을 네 글자로 늘려서 지방의 색채를 가미하기도 했다. 광동성 조경부학(肇慶府學)은 명 만력 9년에 과가방을 '숭산기봉(崧山起鳳)'과 '단수등교(端水騰蛟)'로 이름 지었고, 고명현학(高明縣學)은 명 만력 33년 원래의 패방 이름을 '옥산기봉(玉山起鳳)'과 '주해등교(珠海騰蛟)'로 개명하기도 했다. 어떤 문묘는 이것을 측문의 이름으로, 어떤 묘학은 학교의 편문 이름으로 사용했다. 경현현학(涇縣縣學)은 전묘후학식이었는데, 명륜당 뜰 동서쪽 담장에 있는 이 두 문을 학교의 출입구로 사용하였다. 일반적으로 '등교'는 동쪽에, '기봉'은 서쪽에 위치했지만, 어떤 문묘는 이와는 정반대였다. 용계현학(龍溪縣學)은 '기봉'은 동쪽에 '등교'는 서쪽에 있었다. 어떤 문묘는 단지 '등교'만을 사용했다. 해남성 임고문묘(臨高文廟)가 이에 해당하는데, 반지 주변의 패방에 이 이름을 붙였다.

③ 예문(禮門)과 의로(義路)

예문과 의로는 일반적으로 문묘 편문의 명칭이다. 이 이름은 가정 연간의 양성묘학도(襄城廟學圖) 중에도 기록이 있지만 문묘 앞에 세운 것은 아니었고, 대성전 뒤에 설치되어 명륜당으로 출입할 수 있는 동서쪽 작은 문 두 채였다. 명대 문묘에서는 정문을 많이 세웠기 때문에 측문과 편문이 있는 경우는 극히 드물다. 청대에는 문묘에서 동서 편문을 설치하는 사례가 급격히 증가하여, 임고현학문묘(臨高縣學文廟)는 강희 6년(1667)에, 능수현학문묘(陵水縣學文廟)는 건륭 17년(1752)에 모두 이러한 이름의 편문을 세웠고, 무녕현학(撫寧縣學), 숭명현학(崇明縣學), 부순현학(富順縣學), 자주주학(資州州學), 항주부학(杭州府學), 술양현학(沭陽縣學), 정주주학(定州州學), 악주부학(嶽州府學) 등의 학교문묘에서도 예문과 의로라는 이름의 편문을 세웠다. 무녕문묘(撫寧文廟)에는 정문을 세우지 않았는데, 조벽과 문묘 정문이 조성한 폐쇄식 정원의 동서쪽 문묘 담에는 이러한 이름의 편문이 세워져서 문묘의 출입구로 사용되었다. 어떤 문묘는 측문의 이름으로 사용했다. 안순부학문묘(安順府學文廟)는 정문을 설치하지 않고 조벽 양쪽에 이러한 이름의 수화식(垂花式) 편문(偏門)을 세워 문묘의 출입구로 사용했다. 어떤 문묘는 예문, 의로를 동서 출입구가 아닌, 문묘 앞 정문 과가방의 이름으로 사용하기도 했다. 건수현(建水縣) 임안문묘(臨安文廟)의 경우 수사연원방(洙泗淵源坊) 앞 동서쪽 양측에 예문과 의로 석방을 세웠다. 두 패방의 위치는 일반적으로 예문은 동쪽에 의로는 서쪽에 있었지만, 부순, 상음, 무녕문묘처럼 이와는 정반대로 의로는 동쪽에 예문은 서쪽에 있는 경우도 있었다. 어떤 학교에서는 예문과 의로를 학교 명륜당의 측문으로 사용하기도 했다. 영국부학(寧國府學)의 경우 학교 명륜당 앞의 동서쪽 엔담에 예문과 의로 두 개의 측문을 설치하고 명륜당의 출입구로 사용했다. 평요현학(平遙縣學)도 명륜당 동서쪽 엔담에 한 쌍의 문을 설치하고 측문으로 사용했으며 예문(禮門)과 의문(義門)이라고 불렀다. 예문방과 의로방의 앞쪽과 뒤쪽에 모두 이름을 새긴 문묘도 있는데, 천주문묘(泉州文廟)는 뒤쪽 면에 각각 '현관'과 성역'이라고 새겨 넣었다. 어떤 묘학은 예문을 명륜당의 대문으로 사용했는데, 가정묘학이 그런 경우이다.

④ 홍현방(興賢坊)과 육재방(育才坊)

'홍현'과 '육재'가 문묘 앞 패방의 이름으로 최초로 사용된 것은 가정문묘(嘉定文廟)였다. 가정문묘는 남송 순우(淳祐) 9년(1249) 문묘 앞 동서쪽에 홍현

2-3-65 자계문묘(慈溪文廟) 기봉방(起鳳坊).

2-3-66 안순부학의 예문.　ⓒ 郭秉紅

2-3-67
자주문묘의 예문.
ⓒ이건초, 이향동

방과 육재방을 세웠다. 명대에는 묘학 앞에 과가방을 세우는 것이 유행했는데, 가정 연간의
건양현학(建陽縣學), 여고현학(如皐縣學)은 모두 이 같은 이름의 과가방을 세웠다. 이와 동일한
의미로 사용된 글귀들로는 흥현(興賢)과 육수(毓秀), 흥현(興賢)과 달재(達材), 앙성(仰聖)과 양현
(養賢), 숭정학(崇正學)과 육진재(育眞材) 등이 있다. 회안부학문묘(淮安府學文廟)는 명 홍치 17년
(1504)에 세운 과가방을 흥현(興賢)과 육수(毓秀)로 명명했고, 원화현학(元和縣學)은 명 융경 6년
(1572)에 성역방(聖域坊), 현관방(賢關坊)을 흥현방(興賢坊)과 달재방(達材坊)으로 이름을 바꾸었
다. 창평주학(昌平州學)은 명 숭정 12년(1639)에 앙성방과 육현방을 지었고, 임치문묘(臨淄文廟)
는 숭정학방과 육진재방을 세웠다.

⑤ 성역방(聖域坊)과 현관방(賢關坊)
　이는 일반적으로 과가방의 명칭으로 사용되었다. 번우현학(番禺縣學)은 명 성화 4년(1668)에
지은 과가방의 이름을 이것으로 했다. 밀운현학문묘(密雲縣學文廟)는 성화 11년 이 두 방을 세
웠고, 신흥현학(新興縣學)은 萬曆 24년(1596)에 문묘 앞 두 방의 이름으로 이를 사용했다. 영산
현학(營山縣學)은 명 만력 연간에, 삼수현학(三水縣學)은 청 강희 9년(1670)에, 화평현학(和平縣
學)은 강희 54년에, 임안현학은 강희 58년에 이와 같은 이름의 패방을 세웠다. 어떤 문묘는 이
를 문묘의 측문과 편문의 명칭으로 삼았다. 부순문묘(富順文庙)는 조벽 동서 양쪽 소문의 이름
으로, 한성문묘(韓城文廟)는 첫 번째 뜰 진입로인 동서쪽 편문의 이름으로 삼았다. 그리고 어떤
문묘에서는 이를 다른 패방의 동서 양쪽 칸의 이름으로 삼기도 했다. 해주문묘(海州文廟)는 이
명칭을 영성문 동서 양쪽 칸의 액방에 새겼다. 일반적으로 동쪽은 성역, 서쪽은 현관이라고
명명했지만, 어떤 문묘는 이와 정반대였다. 번우현학과 신흥현학의 경우 동쪽은 현관, 서쪽은

2-3-68
자재천상방
(子在川上坊).
ⓒ王新堂

2-3-69
가정앙고방
(嘉定仰高坊).

성역으로 되어 있다.

⑥ 기타 문방

　상술한 문방의 명칭 외에 다른 이름으로 명명된 문방도 있지만 드물다. 하남성 백천서원(百泉書院)의 공자문묘 앞에는 '자재천상(子在川上)'석방이 있었는데, 패방 양쪽 칸에는 각각 '참천(參天)'과 '양지(兩地)'라고 새겨져 있다. 동안현학문묘는 성벽(城壁) 앞에 지어져 있기 때문에 앞쪽으로 확장하기는 어려워서 천순(天順) 연간에 문묘 좌측으로 '흥현육재(興賢育才)' 방을 새로 만들었다. 패방이 한 쌍으로 된 것은 포성문묘(蒲城文廟) 조벽 양쪽의 '문장조(文章祖)'와 '제왕사(帝王師)' 석각 패방으로 알려져 있다. 분주부학문묘(汾州府學文廟) 대성문 앞에는 '부교방

(敷教坊)'과 '관덕방(觀德坊)'이 있었다. 쌍으로 되어 있었는지 알 수 없는 곳으로 삼수문묘(三水
文廟)의 '운로(雲路)'방과 '천구(天衢)'방(명 만력 46년에 건축), 계양문묘(揭陽文廟)의 '도덕곤오(道
德闥奧)'방과 '문치광화(文治光華)'방(청 강희 46년에 중건), 염성문묘(鹽城文廟)의 '용상(龍翔)'방과
'봉저(鳳翥)'방, 운남부학(雲南府學)의 '성덕(成德)'방과 '달재(達材)'방(명 경태 연간에 건축), 임안부
학(臨安府學)의 '성세인문(盛世人文)'방과 '희조도화(熙朝道化)'방(명 만력 34년, 1606년 건축) 등이
있다. 단방(單坊)으로 위치를 알 수 없는 곳으로 전당현학(錢塘縣學)의 '제일류(第一流)'방이 있
다. 이는 명 만력 28년(1600)에 만들었는데 청 강희 24년(1685)에 '궁장제일류(宮牆第一流)'라고
개칭되었다.

'덕모(배)천지(德侔(配)天地)', '도관(관)고금(道冠(貫)古今)', '금성옥진(金聲玉振)', '태화원기(太和
元氣)', '만대종사(萬代宗師)' 등은 공자의 공적을 칭송하는 용어, '앙고(仰高)'는 공자에 대해 앙
모하는 마음을 표현한 용어, '예문(禮門)', '의로(義路)', '용문(龍門)', '운로(雲路)'는 공자 사상의
역할을 강조한 용어, '등교(騰蛟)', '기봉(起鳳)', '흥현(興賢)', '육재(育才)', '성덕(成德)', '달재(達
才)', '용상(龍翔)', '봉저(鳳翥)' 등은 지역에서 걸출한 인물이 나오기를 기대하는 마음을 표현한
용어였다. 이들 명칭은 적합한 것이라 볼 수 있다.

7) 반지(泮池)

반지(泮池)는 문묘에 반드시 있어야 하는 시설이었기 때문에, 북방 지역에서는 물이 많지 않
음에도 반지 모양의 마른 연못을 만들어야 했다. 반지가 처음 등장하는 시기는 노(魯)나라 때
다. 『예기·명당위(明堂位)』에는 '반궁은 주나라의 학교이다(泮宮, 周學也)'라는 말이 있다. 반궁
(頖宮)은 '반궁(泮宮)'이라고도 하는데, 동쪽·남쪽·서쪽 세 면이 물로 둘러싸인 궁으로, 구체적
인 시공 연대는 정확하게 알 수 없다. 『시경·노송(魯頌)』에는 '반수(泮水)'라는 시가 있는데, 노
나라 희공(僖公)이 반궁을 짓고 학문과 가르침을 베풀어서 회이(淮夷)[60]를 굴복시킨 이야기를
찬송하는 시이다. 노나라 희공은 기원전 659년부터 기원전 627년까지 재위하면서 통치했는
데, 이를 통해 기원전 7세기의 춘추 시대 초기부터 노나라에 반궁이 있었다는 것을 알 수 있
다. 한(漢) 문제(文帝)는 박사(博士)에게 명령하여 『왕제(王制)』를 쓰게 했는데, 이는 천자의 학
교로 벽옹(辟雍)이, 제후의 학교로 반궁이 있었다는 것을 말해준다. 이를 통해 학계에서는 반
궁이 학궁으로, 지방 제후의 학교였다고 생각하게 되었다.

---

60) 춘추 시기 강소성에 살던 부족. 역주자.

2-3-70 노나라 반지(泮池). 현 곡부시에 위치한다.

2-3-71 자계문묘(慈溪文廟)의 반지.

　남송 시기 주·현 학교에서는 반지를 만들기 시작했다. 기록에 따르면 최초의 반지가 설치된 학교는 영해문묘(寧海文廟)인데, 송 소흥(紹興) 7년(1137)에 반지를 만들었다. 그다음은 엄주주학(嚴州州學), 광주부학(廣州府學)과 해녕주학(海寧州學)이었다. 엄주주학은 건도(乾道) 5년(1169)에 반수(泮水)를 만들었고, 광주부학은 순희(淳熙) 4년(1177)에 '정재(亭齋)와 반지를 증축

2-3-72 천주문묘(泉州文廟)의 반지.

하였으며',(61) 해녕주학도 이 해에 "연못을 파서 다리를 만들었다".(62) 남송 시기에 반지를 설치한 곳으로는 자계현학(慈溪縣學), 정해현학(定海縣學)과 건강부학(建康府學)이 기록에 나타난다. 자계현학, 정해현학은 각각 경원(慶元) 원년(1195)과 가정(嘉靖) 4년(1211)에 반지를 만들었고, 건강부학은 경정(景定) 연간에 반지를 만들었다. 『경정건강부지(景定建康府志)』의 묘학도를 보면, 반지는 반원형이고 난간으로 둘러싸여 있으며, 영성문 앞에 위치해 있다. 반지는 원·명·청 세 왕조를 지나는 동안 계속 발전되어왔는데 청대 말기에 이르면 거의 모든 학교 문묘에 반지가 설치되었다.

반지는 일반적으로 중앙에 있는 정원의 앞쪽, 즉 대성문의 앞에 만들었다. 그러나 대성문 내에 혹은 공자문묘 문 밖에 짓는 특별한 경우도 있었다. 천주문묘(泉州文廟)는 대성문 안쪽, 즉 대성전 앞에 반지를 세웠는데 이는 매우 독특한 것이다. 그 원인을 분석해보면 아마도 반지가 원래 대성문 밖에 있었는데 나중에 대성전이 확대되고 대성문이 남쪽으로 이동하면서 반지가 대성문 내에 남겨졌을 가능성이 크다. 하북성 정주문묘(定州文廟)의 반지는 원래 문묘 정문 밖, 조벽 안쪽에 있었는데, 안타깝게도 도로 확장으로 철거되었다. 산동성 역성현학문묘(曆城縣學文廟)의 반지도 문묘 밖에 위치해 있다. 복건성 안계현학문묘(安溪縣學文廟)의 반지는 조벽과 멀리 떨어진 바깥에 세워졌다. 반지를 문묘 밖에 만든 역사는 오래되었다. 남송 경정(景定) 연간의 건강부학 반지는 영성문 밖인 문묘 앞의 도로 남쪽에 세웠다.

61) 『廣東通志·學校』[淸 道光]. "增創亭齋, 泮池."
62) 『杭州府志·學校』[淸] 乾隆]. "鑿池造橋."

2-3-73 부순문묘의 반지교. 반지에는 다리 세 개가 있었는데, 그중 가운데쪽 다리에는 부조로 된 용이 있으며 매우 아름답다. ⓒ 王明瞳 외

　절대다수의 문묘에 하나의 반지가 존재했지만, 어떤 문묘의 경우 두 개가 있기도 했다. 복건성 동안문묘(同安文廟) 대성문 밖에는 반지로 불리는 방형(方形)의 못이 있고, 문묘 좌측에도 반원형의 큰 못이 있다. 이렇게 된 원인은 처음 문묘를 성벽 앞쪽에 지었기 때문에, 큰 반지를 만들 공간이 없어서 작은 방형의 반지를 만들었던 까닭이다. 명 순천(順天) 연간에는 문운(文運)을 불러오기 위해, 문묘 동쪽에 "홍현육재(興賢育才)"라는 석방을 새로 세우고 방 앞에 새로운 반지 하나를 만들었다. 새 반지는 반원형으로 되어 있었고, 직경이 30m에 달했으며, 그 위에는 오공석교(五孔石橋)[63]가 있었다. 강소성 감유현학(贛榆縣學), 안휘성 영국현학문묘(寧國縣學文廟)는 모두 영성문 안팎으로 각각 하나씩의 반지가 있다. 사천성 자주문묘(資州文廟)에는 두 개의 반지가 있는데, 하나는 대성문 앞에, 다른 하나는 문묘 앞에 있다. 문묘 앞에 있는 반지의 앞쪽에는 "만인궁성"이라고 새겨진 조벽이 있다. 원화현학문묘(元和縣學文廟)의 반지 하나는 문묘 안에, 다른 하나는 문묘 앞 동쪽에 있다. 한주주학문묘(漢州州學文廟)의 반지 하나는 대성문 앞에 다른 하나는 조벽 앞에 있다. 분양현학(汾陽縣學)은 명 정덕 16년에 안팎으로 반지를 팠다.
　반지에는 일반적으로 다리를 만들어야 했는데, 못 위에 세운 다리는 송대 순희 4년(1177)에

----

63) (옮긴이) 여섯 개의 아치로 이루어진 다리.

2-3-74 가정문묘(嘉靖文廟)의 반지와 다리.

처음으로 보인다. 해녕주학은 같은 해 못을 파고 다리를 만들었다. 정해현학도 가정 4년(1211)에 "겹겹이 돌을 쌓아 반수교(泮水橋)로 만들었고(疊石爲泮水橋)", 8년에는 "반수 주변을 벽돌로 둘러쌓았다(環泮水之岸皆甃之)". 명·청 시대에는 못 위에 다리를 만드는 것이 관례가 되어서, 반지를 먼저 파더라도 일정 시간이 지나면 다리를 꼭 만들어야 했다. 해남성 임고현학(臨高縣學)은 가정 연간에 반지를 만들었지만 숭정 11년에 와서야 못 위에 다리를 만들었다. 해남성 경주부학(瓊州府學)의 반교(泮橋)는 만들었다가 철거하고, 철거했다가 다시 만들었는데 이것은 아마도 풍수지리 때문이었을 것이다. 경주부학문묘(瓊州府學文廟)의 반지에는 본래부터 다리가 있었는데, 명 만력 39년(1611)에 지부(知府) 옹여우(翁汝遇)가 다리를 철거하였다가 100년 후 청 강희 51년(1712)에 제학부사(提學副使) 신대성(申大成)이 새로 다리를 만들었다.

다리는 대부분 아치형이었고, 어떤 곳은 하나, 어떤 곳에는 세 개가 있었다. 상해가정문묘의 경우 삼교(三橋)가 있었는데, 중간이 주교(主橋), 양쪽이 보교(輔橋)였다.

다리의 이름은 지역마다 달랐다. 대부분 장원교(狀元橋)로 불렸는데, 등영교(登瀛橋)로 불리기도 했으며(蓟州文廟), 비홍교(飛虹橋, 崇明文廟), 등운교(登雲橋, 萬州文廟), 청운교(靑雲橋), 보운교(步雲橋, 新會文廟), 욕기교(浴沂橋, 新會文廟), 승룡교(升龍橋, 元和文廟 바깥에 있는 반지) 등의 명칭도 사용되었다. 반지와 다리에는 보통 난간이 없었다. 사천성 자주문묘와 부순문묘의 가운데 다리에는 난간을 설치하지 않았지만, 고부조(高浮雕)로 된 승천하는 용이 조각되어 있어서 매우 아름답다. 어떤 다리의 바닥에는 도안이 새겨져 있다. 강음문묘(江陰文廟)에는 잉어가 용문으로 튀어 오르는 모습이 새겨져 있는데, 물고기가 용으로 변하는 것은 학생들의 성공을 기대한다는 의미를 담고 있다. 가정문묘 가운데 다리에는 쌍룡상운(雙龍翔雲) 석각(石刻)이 있다.

반지는 반원형이어야 했지만, 반원형의 반지는 실제로는 매우 적었고 대부분 반원에 미치지 못해서 활 모양이나 초승달 모양으로 되어 있다. 영양문묘(寧陽文廟)의 경우 활 모양의 반지 밑에 아직도 초승달형 반지의 옛 모습을 볼 수 있다.

2-3-75
영양문묘(寧陽文
廟) 반지의 옛터.

2-3-76
건수문묘(建水文
廟)의 학해(學海).

어떤 반지는 고립된 못이 아니라 흐르는 강을 개조해서 만들어지기도 했다. 게양현학문묘 앞에는 강이 흐르는 물길을 조금 바꾸어 문묘 앞에 호형(弧形)으로 돌아서 지나가도록 했다. 영가현학(永嘉縣學)과 진해현학(鎭海縣學)은 각각 영성문 앞뒤로 강이 지나가는데, 강 위에 다리를 만들었다. 진해문묘는 흐르는 강물을 그대로 둔 채 다리를 지었고, 영가문묘는 약간 개조하여 문묘의 중추선에 반원형의 못을 만들었다. 어떤 곳은 자연 그대로의 못을 사용했다. 운남성 건수현의 임안부학은 문묘의 첫 번째 뜰 안에 면적이 40무(畝)[64]에 달하는 반원형의

64) 옮긴이 무(畝)는 중국 주공(周公)이 처음으로 제정한 것으로 알려져 있는데, 길이가 19.496cm인 주척(周尺) 8척이 만드는 정사각형 면적의 100배인 주척 6400평방척의 넓이이다. 그것이 뒷날 한(漢) 고조(高祖)에 의하여 한나라 전제(田制) 제도의 묘로 되었을 때는 주척의 신장(伸長)으로 6000평방주척으로 하였는데, 이는 주척 5척을 한 변으로 한 정사각형의 240배로 정하였다. 이때의 1묘 넓이는 243m²이다. 중국에서 1묘의

2-3-77 곡부 공자문묘의 행단정(杏壇亭).

못이 있는데, 이를 학해(學海)라고 불렀다. 학해 북쪽 끝에는 작은 섬이 있으며 섬에는 사락정(思樂亭)이 있었다. 삼공석교(三孔石橋)와 육지가 서로 연결되어 있었다.

8) 행단(杏壇)

행단은 본래 공자가 강학했던 곳이었다. 『장자(莊子)·어부(漁夫)』에는 "공자가 치유(緇帷)의 숲에서 노닐고 행단 위에서 휴식을 취했는데, 제자들은 글을 읽고 공자는 금(琴)을 퉁기며 노래를 불렀다"[65]는 기록이 있다. 송 천희(天禧) 5년(1021)에는 곡부 공자문묘를 크게 수리하면서 대전(大殿)은 북쪽으로 옮기고 원래 대전의 위치에는 벽돌로 단을 쌓았으며, 그 주위에 살구나무를 심은 뒤 행단이라고 명명하였다. 금대에는 단 위에 십자 용마루의 방정(方亭)을 세웠고, 명 융경 3년(1569)에는 정자를 겹처마로 확대했다. 곡부 공자문묘의 영향을 받아 일부 문묘에서도 행단을 지었는데, 진해문묘는 원나라 연우(延祐) 5년(1318)에 "반지의 서쪽에 행단을 지었고(築杏壇於泮池之西)", 남해현학(南海縣學)은 원나라 태정(泰定) 4년(1327)에, 항주부학문묘는 명 선덕(宣德) 3년(1428)에 모두 대성전 뒤에 행단을 세웠고, 광주부학문묘(廣州府學文廟)는 천순(天順) 3년(1459)에, 영가현학(永嘉縣學)은 명 성화(成化) 18년(1482)에, 고요현학(高要縣學)은 정덕(正德) 12년(1517)에, 고명현학(高明縣學)은 가정 35년(1556)에 행단을 만들었다. 행단의 위치는 진해문묘는 반지의 서쪽에, 고명문묘는 반지의 위쪽에, 건수문묘는 영성문과 대성문 사잇길에, 고요문묘는 서루(書樓: 책을 보관하는 곳)의 북쪽에 있었다. 행단은 기념건물이다. 곡부 공자문묘에는 금대 승안(承安) 3년(1198)에 당회영(黨懷英)이 전서(篆

넓이는 시대가 흐르면서 많이 변화했는데 현재 1묘는 666.67m²에 달하는 면적이다. 한국의 묘는 중국과는 다르다. 시대의 흐름에 따라 역시 많은 변화가 있었으며 일제강점기에 30평(坪: 99.174m²)으로 표시된 적이 있다가 오늘날에는 법정 기량단위가 아니므로 특별한 경우 이외에는 거래 또는 증명용으로의 사용이 금지되어 있다.

65) "孔子遊乎緇帷之林, 休坐乎杏壇之上, 弟子讀書, 孔子弦歌."

書)로 쓴 '행단'비를, 남해문묘도 범가인(范可仁)이 전서로 쓴 '행단'비를 세웠다. 건수문묘는 정자 안쪽에 공자행단강학도(孔子杏壇講學圖)를 석각하여 세웠다. 그러나 행단이 보존된 경우는 극히 일부여서, 현재 곡부 이외에 건수 한 곳에만 있는데 이 행단은 근년에 와서야 중건된 것이다. 문헌에 따르면, 행단은 주로 원대와 명대에 증축되었고 청대에 지어졌다는 기록은 보이지 않는다. 행단은 공자의 강학을 기념하는 건축물이기에 청대에는 곡부 공자문묘 이외의 각지 문묘들의 경우 공자가 직접 강학했던 곳은 아니었다는 이유로 세우지 않았다.

9) 대성문(大成門)

대성문은 정전 앞의 정문이며, 의문(儀門), 극문(戟門)으로 불리기도 했다. 당대(唐代) 공자문묘 대부분은 하나의 전(殿)에 하나의 문을 설치했고, 전 앞의 대문이 곧 공자문묘의 문이었으며 문 위에는 보통 '문선왕묘(文宣王廟)'라는 편액이 걸려 있었다. 송대에는 공자를 지성문선왕(至聖文宣王)으로 봉한 후 대부분의 문묘 문에는 '지성문선왕묘(至聖文宣王廟)'라는 편액으로 고쳐서 걸었다. 송 인종(仁宗)이 공자문묘의 정전을 대성전으로 명명한 후에 이에 따라 전 앞 대문의 이름이 대성문으로 개칭되었고, 송 고종 때에는 대성전문(大成殿門)으로 개칭되기도 했다. '극문' 역시 송대에 나온 이름이다. 건륭(建隆) 3년(962)에 송 태조가 공자 제사를 일품례(一品禮)로 시행하도록 명령하면서 묘문 앞에는 16극(戟)을 세웠는데, 이로부터 극문이라 불렸다. 숭녕(崇寧) 4년(1105) 휘종(徽宗)이 공자 제사를 왕의 제례(祭禮)와 같은 등급으로 시행하도록 명하면서 묘문 앞에는 24극을 세우게 되었다. 명 가정 9년(1530) 문묘사전(文廟祀典)을 개정하면서, 왕호(王號)를 취소하고 공자의 봉호를 '대성지성문선왕(大成至聖文宣王)'에서 '지성선사(至聖先師)'로 고쳤다. 그리고 대성전도 '선사묘(先師廟)'로, 대성문은 '묘문(廟門)'으로 개칭되었다. 청 순치(順治) 2년(1645)에 국자감 좨주(祭酒) 이약림(李若琳)이 공자를 '대성지성문선선사(大成至聖文宣先師)'로 칭하자고 상주(上奏)하면서 대성전, 대성문의 명칭을 회복하였다. 옹정(雍正) 7년(1729)에 세종(世宗) 황제는 곡부 공자문묘의 대성문에 액방(額枋)과 대련을 친필로 썼는데, 그 후 일부 문묘에서는 곡부 공자문묘를 따라 옹정 황제가 쓴 액방과 대련을 만들어서 걸었다. 현재 대다수의 문묘에서는 대성문이라는 명칭을 사용하고 있으며, 일부 문묘만이 옛 명칭을 사용하고 있다. 예를 들어 극문이 가장 많은 건수, 안계(安溪), 한성 등의 문묘에서는 여전히 '극문'이라는 명칭을 사용하고 있다.

대성문은 문묘에서 가장 중요한 건물 중 하나이다. 건축 규모는 일반적으로 비교적 큰 편이며 등급도 높은 편이다. 중사(中祀)의 규정에 따라 대성문은 5칸, 녹색 기와 헐산정으로 지을

2-3-78 강녕부학문묘(江寧府學文廟)의 대성문.

수 있었으며, 명대에는 고급스러운 청록금채화(靑綠金彩畵), 청대에는 선자점금(旋子點金) 색채화로 장식할 수 있었다. 대사(大祀)의 규정에 따라 대성문은 황색 기와 무전정에다가 금룡합새(金龍合璽)색채화로 장식할 수가 있었지만, 그 당시 문묘 건축에 대한 구체적인 예제 규정이 없고 각지 문묘는 재정, 지형, 지방의 건축 형식 등의 제한 때문에 대성문의 건축규모와 양식, 장식방법 등에서 다양한 양상을 보이고 있다.

북경 국자감문묘의 대성문은 문묘의 문 중에서도 가장 높은 등급의 건축물이다. 정면은 5칸, 홑처마 황색 기와 무전정이며, 두공은 주심첨차 하나에 이중앙서 7포로 되어 있다. 실내의 천정은 평기천화(平棊天花)이고 그 안에 단룡(團龍)[66]이 그려져 있으며 채색화의 윤곽은 금선대점금(金線大點金)으로 장식되어 있다. 바깥 두공은 금탁묵(金琢墨)[67] 채색화로 되어 있지만, 실내를 향한 부분은 묵선(墨線)으로만 윤곽을 그려놓고 금박을 입히지는 않았다. 노대는 수미좌이고, 전후에 석란이 있었으며 3폐 13계로 이루어져 있고 가운데 폐는 운룡(雲龍)으로 부조되어 있었다.

하얼빈문묘의 대성문은 문묘가 대사(大祀)로 승격된 이후 세워졌는데, 국자감문묘를 모방하여 대성문 5칸 3문, 3폐(陛) 9계(階), 홑처마의 황색 기와 무전정이었으며, 앞뒤는 석란으로 둘러싸고 선자점금 채색화로 장식하고 있었다. 그러나 이러한 건물은 모두 대사 예제 규정에 부합하지 않았다. 곡부 공자문묘의 대성문은 중사 등급에 따라 지어졌고 홑처마 헐산정, 1폐(陛) 6계(階)로 되어 있었다. 대사 건축의 일부 요소를 갖추고 있어서 황색 기와, 금룡(金龍) 채색화가 있었다.

....

66) (옮긴이) 단룡(團龍)은 원형 안에 용 도안을 그린 것이다.

67) (옮긴이) 금탁묵(金琢墨) 채색화는 중국 청대 선자점금 색채화 중의 등급이 제일 높은 것이다. 금선으로 윤곽을 그리고 꽃봉우리나 꽃잎을 청색이나 녹색으로 사용하는 기법이다.

▲ 2-3-79 길림문묘의 대성문.

▶ 2-3-80 복건성 영춘문묘(永春文廟)의 대성문.

길림문묘는 문묘 제사가 대사로 승격된 이후 건축되었지만, 대사의 규정에 따라 세워진 것은 아니었으며 5칸에 황색 기와 헐산정이었다. 다른 문묘의 대성문은 등급은 더욱 낮아졌다. 순천부학문묘의 대성문은 3칸 3문, 3폐 3계, 녹색 기와 헐산정, 주심첨차 하나에 3포 두공, 선자채화로 되어 있었다. 낙양시 하남부학문묘의 대성문은 3칸 녹색 기와 현산정, 이중앙서 5포였으며 등급이 높지 않았지만, 건축 연대는 이른 편이었다. 액방은 가늘고 긴 편이고 화판은 넓으며 두공은 크고 굵어서 원대 건축의 특징을 보존하고 있었다. 관방식 건축 중 등급이 가장 낮은 것은 흥성시(興城市) 영원주학문묘(寧遠州學文廟)의 대성문이었는데, 3칸 회색 기와의 현산정이다. 전통 분심식(分心式) 구조를 사용하고 있지 않고 태량식(抬梁式)[68]을 채택하였고 문은 전면 처마 밑에만 설치할 수 있었다. 금룡채색화를 사용하였지만, 관방식 양식에 적합하지 않다.

복건성과 대만의 건축 양식이 비슷하여 대성문은 대부분 3칸 3문의 경산정이다. 영춘문묘(永春文廟) 대성문은 비교적 단순한 편이었다. 회색 기와를 사용했으며, 용마루에 용 두 마리가

----

[68] (옮긴이) 분심식 구조란 기둥을 문옥의 정중앙에 세워놓고 문옥의 정척을 직접 지탱하는 구조다. 태량식 구조란 두 개의 기둥을 문옥 양쪽에 세워놓고 서까래와 인접시키고, 서까래 위에 짧은 기둥을 세워 정척을 지탱하는 구조다. 중국 대부분의 전통 문옥은 대부분 분심식 구조를 채택하였다.

2-3-81
안계문묘(安溪文
廟)의 대성문.

2-3-82
창화문묘(彰化文
廟)의 대성문.

보탑을 받들고 있는 모양의 조각을 세워놓았다.

　안계문묘 대성문은 약간 복잡해서 3칸 3문, 3폐 3계의 양식이다. 옥척은 삼천척(三川脊)[69]으로 되어 있으며, 가운데 칸의 수척(垂脊: 내림마루)은 양쪽 지붕보다 1/3 정도 더 높이 있다. 옥척의 높낮이가 다르지만 처마는 높낮이 없이 나란히 보인다. 가운데 칸의 첨주(簷柱)[70]는 고부조로 된 운룡(雲龍) 조각으로 장식하고 있어 매우 아름답다.

　창화문묘(彰化文廟)의 대성문은 3칸이었으며 양쪽에 낙아간(落鵝間)이 각각 하나씩 붙어 있다. 대성문은 일반적으로 분심식 목조 건물이었고 문은 중추선에 세웠지만, 일부 문묘에서는

---

69) (옮긴이) 삼천척이란 중국 고대 지붕 건축 양식 중 하나로서, 하나의 온전한 지붕 위에 정척 가운데 부분을 높이고 양쪽에 수척을 증건하는 양식이다. 결국 지붕은 3단(三段)이 되고 가운뎃부분은 높고 양쪽이 낮아 보인다.
70) (옮긴이) 첨주(簷柱)는 문옥의 처마를 지탱하는 기둥을 말한다.

2-3-83
요녕성(遼寧省)
흥성시(興城市)
영원부학문묘(寧
遠府學文廟)의 대
성문.

태량식(抬梁式) 목조를 채택하여 문은 앞뒤의 기둥 앞으로 세울 수밖에 없었다. 대북문묘의 대
성문은 측면으로 3칸이었고, 문은 앞의 금주(金柱)에 의지하여 만들었다. 호남성 석문문묘(石
門文廟)의 대성문도 측면으로 3칸이었는데 앞의 금주와 뒤의 첨주(簷柱)에 의지하여 각각 문을
만들었다. 홍성문묘 대성문은 측면으로 1칸이었고, 앞의 첨주에 의지하여 문을 만들었다.

대성문은 일반적으로 홑처마인데, 황암현학문묘(黃岩縣學文廟)와 남경의 강녕부학문묘(江寧
府學文廟) 대성문은 정면 5칸으로 이루어진 겹처마 헐산정 건물이다. 황암문묘는 회색 기와,
강녕문묘는 황색 기와를 사용하고 있다. 강녕문묘는 대성문 중의 3칸에 문을 설치했고 문의
넓이를 각 폐(陛)의 계단 넓이와 같이 했으며, 3폐의 계단 사이에 수대석(垂帶石)[71]을 놓아 서
로 연결하고 있는데 이는 매우 보기 드문 경우이다.

북경의 대사를 지내는 단묘(壇廟)에는 정문이 겹처마로 되어 있는 것이 없다. 천단(天壇)의
기년문(祈年門)과 태묘(太廟)의 극문은 모두 5칸 홑처마 무전정이고, 숭기석란(崇基石欄)으로[72]
둘러싸며 3폐의 계단으로 되어 있다. 고궁의 태화문(太和門)만 겹처마 헐산정에 금룡합새 채
색화로 되어 있다. 태화문 앞은 숭기석란(崇基石欄)으로 둘러싸여 있고 5폐의 계단으로 이루어
져 있어 등급이 제일 높은 문이라 할 수 있다. 대성문은 일반적으로 단층으로 된 건물이다. 강
서 신유문묘(新喻文廟)의 대성문은 두 층으로 되어 있고 그 양쪽 끝에 2층으로 올라가는 계단

---

71) (옮긴이) 수대석(垂帶石)은 일반적으로 수대(垂帶)라고도 한다. 기울어진 양쪽 계단을 따라 아래쪽으로 이어
져 있으며 대부분 표면은 평평하고 긴 모양의 한 덩어리의 돌로 되어 있기 때문에 수대석이라 부른다.
72) (옮긴이) 숭기석란(崇基石欄)은 토대를 높게 쌓은 단 위에 석란으로 둘러쌓은 중국의 대표적인 건축 양식으
로, 건물의 웅장함을 더해준다.

도 만들어놓았다. 이는 아마도 후대에 개조된 것인 듯하다.

2. 봉사(奉祀) 건축물

문묘는 일반적으로 대성전에서 공자, 4배(配), 12철(哲)을, 양무(兩廡)에서 선현선유(先賢先儒)를 봉사(奉祀)했다. 그리고 숭성사(崇聖寺)에서 공자의 5대 조상을 봉사하고 4배의 부친 등을 배향했으며, 주희(朱熹) 등 송대 이학가(理學家)의 부친을 종사(從祀)했다. 북경 국자감문묘나 안계문묘의 숭성사 등 일부 문묘에는 양무가 있었는데 이곳에서는 종사(從祀) 대상자들을 봉사했다.

1) 대성전(大成殿)

문묘의 정전은 당대에 문선왕전(文宣王殿)으로 불렸다. 송대 가우(嘉祐) 6년(1061)에 송 인종은 맹자의 '공자가 집대성했다(孔子之謂集大成)'며 공자를 찬양했던 말에 근거하여 대성전이라 명명하였으며, 곡부 공자문묘에 직접 쓴 '선성묘(宣聖廟)' 편액(渥金으로 된 篆書)과 비백체(飛白體)[73]로 '대성전'이라고 쓴 액방(額枋)을 하사했다. 숭녕 2년(1103) 송 휘종은 전국 문묘의 문선왕전을 대성전으로 이름을 고치라고 명했고, 대관(大觀) 4년(1110)에 곡부 공자문묘 전액(殿額)을 하사했다.

대성전은 문묘의 중심 건물이었다. 건축 규모가 크고 등급도 높았으며, 장식도 가장 화려했다. 그러나 통일된 예제 규정이 없었기 때문에 대성전의 규모에는 큰 차이가 있었다. 정면 11칸, 9칸, 7칸, 5칸, 3칸, 측면 5칸, 3칸, 1칸, 지붕은 홑처마나 겹처마, 무전정, 헐산정, 현산정, 경산정, 기와 색은 황색 유리기와, 녹색 유리기와, 회색 기와, 녹와황연(綠瓦黃緣), 회와녹연(灰瓦綠緣)[74] 등으로 서로 달랐다. 어떤 곳에는 두공이 있었고, 어떤 곳에는 두공이 없었는데, 두공이 있는 것 중에서도 9포, 7포, 5포 등으로 서로 달랐다. 관방식 표준 두공, 여의두공(如意斗栱), 정두공[丁頭栱: 정(丁)자형 두공] 등으로 서로 달랐다. 강남 지역에는 대부분 채색화가 없었지만, 강북 지역에는 채색화도 금룡합새, 선자대점금, 선자소점금, 선자불점금(旋子不點金)으

---

73) (옮긴이) 비백체는 서예 서법의 일종이며 붓을 잡는 사람의 응축된 힘을 느낄 수 있는 서법이다.
74) (옮긴이) 녹와황연(綠瓦黃緣)은 녹색 기와에 가장자리는 황색으로 장식하는 양식이며, 회와녹연(灰瓦綠緣)은 회색 기와에 가장자리는 녹색으로 장식하는 양식이다.

2-3-84
강녕문묘(江寧文
廟)의 대성전.

로 서로 달랐다. 유리기와는 대부분 유약을 입힌 도기(陶器) 기와인데 회색 기와는 대부분 유약을 입히지 않은 도기 기와였다. 감주문묘(贛州文廟)의 대성전 지붕에 사용된 것은 경덕진(景德鎭)에서 고온으로 구운 자기(瓷器) 기와였다. 자기(瓷器) 기와로 지붕을 덮은 문묘는 중국 국내에서 찾기 힘든데 아마도 문묘가 중국 도자기의 수도인 경덕진에 위치했기 때문이었을 것이다.

강녕부학문묘는 태평천국(太平天國) 평정(平定) 후 "전쟁을 그만두고 학문연구를 하자(戢幹戈, 修文事)"라는 의미에서 지은 것으로 규모가 매우 크다. 대성전은 정면 7칸 겹처마 황색 기와 헐산정이며, 높게 쌓은 노대(露臺)에 3폐(陛)75)의 계단으로 이루어져 있다. 정면 계단 사이에는 수대석(垂帶石)이 놓여 있는데, 가운데의 계단 위는 작은 용폐(龍陛)76)로 장식했다. 노대는 비록 1층이었지만 계단은 22칸으로 되어 있었다. 두공은 하앙식(下昻式)77) 구조가 아닌 3중주심첨차에 7포였다. 위아래 처마의 양식이 서로 같았으며, 거리가 매우 가까워 건축물로서의 진가는 발휘되지 못했다.

북경 국자감문묘의 대성전은 대사로 승격된 후 대사 예제에 따라 개조되었다. 정면 9칸, 측면 5칸이었고, 겹처마 황색 기와의 무전정에, 아래 처마 두공은 이중앙서 5포, 윗처마 두공은

---

75) (옮긴이) 폐(陛)는 궁의 섬돌을 뜻하는 용어로 3폐는 일반적으로 세 개의 독립된 계단을 가리킨다.

76) (옮긴이) 용폐(龍陛)는 임금이 다니는 어노(禦路)로 신교(神轎)가 다니는 통로였지만 일반 사람은 다닐 수 없었다. 일반적으로 용 모양으로 조각되어 있다.

77) (옮긴이) 하앙(下昻)은 두공을 구성하는 부재다. 하앙식 구조는 보 방향으로 하앙이라는 별도의 큰 부재를 설치하고 그 위에 도리를 설치한다. 하앙 부재의 크기는 거의 보와 버금가기 때문에 하앙을 바깥 기둥 밖으로 길게 뺄 수 있다. 이렇게 길게 뺀 하앙에 다시 도리를 올리기 때문에 도리를 기존의 도리보다 기둥 밖으로 더 멀리 설치할 수 있다. 따라서 처마를 더욱 깊이 할 수 있는 장점이 있다.

2-3-85
북경 국자감문묘의 대성전.

주심첨차 하나에 이중앙서 7포였다. 높게 쌓은 월대는 석란으로 둘러싸여 있고 3폐 단층의 계
단으로 이루어져 있고, 계단의 층계는 16계(階)로 되어 있다. 채색화는 안과 밖이 서로 달랐고,
바깥 처마는 금용합새, 실내는 선자 대점금으로 되어 있다. 부분적으로 대사의 건축 요소를
갖추고 있었지만, 월대는 1층이고 한 바퀴의 난간으로 둘러싸여 있으며 실내는 선자채화로
되어 있어서 대사 예제 규정에는 부합하지 않는다. 이를 통해서 북경 국자감문묘 대성전도 전
적으로 대사 표준에 따른 것은 아니었다고 할 수 있다.

곡부 공자문묘의 대성전은 명나라 성화 23년(1487)에 현재의 규모로 확대되었는데, 당시 문
묘 제사는 이미 대사로 승격되었지만 건축은 여전히 중사 규모였다. 청 옹정 2년 불에 타버린
후 원래의 규모로 중건했다. 정면 9칸, 측면 5칸으로 되어 있었지만, 회랑은 각각 2칸의 면적
을 차지하고 있어서 전 안쪽의 면적은 실제로 정면, 측면 3칸이었다. 지붕은 황색 기와 겹처마
헐산정이며, 아래 처마의 두공은 주심첨차 하나에 이중앙서 7포이며, 윗처마는 주심첨차 하
나에 3중설앙 9포였다. 계단은 3폐의 2층으로 이루어져 있고 매 층의 계단 층계는 6계로 되어
있다. 가운데 폐의 위쪽과 아래쪽은 각각 용폐가 하나씩 설치되어 있다. 채색화는 안팎 모두
금룡합새였으며, 두공은 금탁묵(金琢墨) 채색화[78]로 되어 있다. 중사 규모에 따라 지어졌지만,
기와색과 채색화는 대사의 규정을 따르고 있다. 곡부 공자문묘의 설계도는 옹정 황제의 심의
로 결정되었다. 원래의 녹색 기와를 황색 기와로, 상등(上等)의 청록간금(靑綠間金) 채색화[79]를
역분금(瀝粉金)[80] 운룡 채색화로 바꾸었는데, 이는 모두 옹정 황제의 허가를 거친 것이었다.

----

78) (옮긴이) 금탁묵 채색화는 청나라 선자 채색화 중의 최고 등급으로서, 금선으로 윤곽을 그리고 꽃봉우리나
꽃잎을 청색이나 녹색으로 그리는 기법이다.
79) (옮긴이) 청록간금(靑綠間金) 채색화는 청색과 녹색으로 그려 금선으로 장식하는 채색화이다.

2-3-86
곡부 공자문묘
대성전.

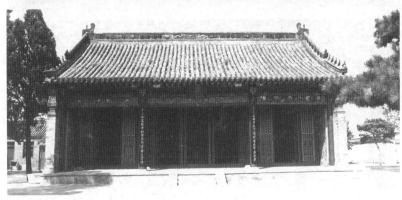

2-3-87
흥성문묘(興城文
廟)의 대성전.

　가장 낮은 등급의 대성전은 흥성시(興城市)의 영원주주학의 대성전이다. 회색 기와 경산정으로 되어 있으며, 정면은 3칸, 측면은 1칸, 전후로 복도가 있는 목조 건물이다. 처마에 두공을 설치하지 않았고 금색으로 된 운룡 채색화가 그려져 있다. 이는 건축 격식과 예제에 전혀 부합하지 않는 것이다.

　대성전 건물은 일반적으로 전당식(殿堂式)이지만, 광서성 공성문묘의 대성전은 누각식(樓閣式)이다. 정면 5칸에 황색 기와로 덮인 겹처마의 대성전 건물이 회랑으로 둘러싸여 있고, 실내에 동쪽 담을 따라 2층으로 올라가는 계단이 설치되어 있다. 2층으로 올라가 보면 회랑이 한 바퀴 둘러져 있고, 실내로 들어갈 수 있다. 실내 1층에는 천정(天井)을 아름답게 장식하고 있고, 중간에는 조정(藻井)[81]이 설치되어 있다.

---

80) (옮긴이) 역분첩금(瀝粉貼金)은 한족의 건축 채색화 기법 중 하나로 아교와 흙을 혼합한 유동 물질을 끝이 뾰족하게 구멍 난 관에 넣어 채색화의 도안을 따라 꽃무늬가 도드라지도록 그린다. 윗면에 진흙 아교를 바른 후에 금박을 입혀서 도안이 입체적이도록 한다.

81) (옮긴이) 조정(藻井)은 천정 위에 우묵하게 들어간 부분을 가리킨다. 조정은 일반적으로 정전(正殿) 가운데

2-3-88

공성문묘(恭城文廟)의 대성전.

2-3-89

공성문묘(恭城文廟) 대성전 2층의 전랑(前廊).

상음문묘 대성전의 건축 양식은 매우 독특하다. 정면은 5칸에 21.5m, 측면은 5칸에 17m, 높이는 18.3m로 되어 있고 회랑으로 건물 본체를 두르고 있으며 겹처마 황색 기와 혈산정의 건물이다. 석조와 목조를 함께 사용했으며, 실내에 있는 네 개의 금색 기둥 외에는 전부 돌로 되어 있다. 특이한 점은 윗처마 가운데 명간(明間)[82]이 있는 위치에 작은 문루 양식의 건축물이 있어서 건물 정면이 생동감 있게 보인다. 대전의 정척과 문루의 정척에 봉황 조각을 치문(鴟吻)[83] 대신 세워놓았고, 중간에는 보병(寶瓶)이 놓여 있다.

....

칸의 천정 중앙 위치[황제의 어좌(禦座)나 신령의 패위에 설치되어 있고 사각형, 직사각형, 팔각형, 원형, 두사(頭四) 형, 두팔(頭八) 형 등 형식이 다양하다.

82) (옮긴이) 몇 칸으로 이루어진 방 가운데 바깥으로 직접 통하는 방이다. 일반적으로 정중앙에 있는 방을 가리킨다.

2-3-90
상음문묘(湘陰文廟)의 대성전.
ⓒ 郇率姿

　북방 지역의 대성전의 대부분은 두공을 사용하고 있고 관방식 표준을 따르고 있다. 두공은 3포, 5포, 7포로 되어 있고 가장 많게는 9포로 되어 있다. 남방 지역에서는 대부분 관방식 두공을 사용하지 않았다. 호남성 상음문묘, 무강문묘(武岡文廟), 지강(芷江)의 원주부학문묘(沅州府學文廟)의 대성전 모두 여의두공을 사용했다. 동성문묘(桐城文廟) 대성전의 아랫처마에는 중교 5포 두공을 사용했다. 사용된 두공은 두 종류가 있는데 하나는 주두과식(柱頭科式)[84] 두공이고 또 하나는 평신과식(平身科式)[85] 두공이다. 주로 주두과식 두공을 사용했지만 평신과식 두공도 사용했다. 평신과식 두공은 횡공(橫栱)[86] 없이 앞쪽으로 60도 기울어진 이중 주심첨차 두공 형식으로 되어 있다. 윗처마에는 주두과식 두공을 사용하지 않고, 기둥 위쪽에는 정두공(丁頭栱)[87]을 설치하여 도리를 받치게 했는데, 간접적으로는 상인방을 받치는 역할도 했다.

　대성전의 옥척은 관방식 건물 정척 양쪽 끝에 치문을 설치하는 것이 일반적이다. 이문은 항상 입을 벌리고 정척을 꽉 물고 있는 모습으로 되어 있다. 수척(垂脊)은 보통 돌짐승으로 장식되어 있었다. 최고 등급의 건물[皇宮太和殿]은 처마 끝부터 기봉선인(騎鳳仙人: 봉황을 탄 신선)과

---

83) (옮긴이) 치문(鴟吻)은 꼬리가 잘린 도마뱀처럼 생긴 용의 새끼로 궁궐 옥척의 장식물에 많이 쓰였다. 치문은 만물을 삼킬 수 있어 건물을 수호하는 역할을 한다고 한다. 높은 곳에서 아래를 내려다보는 것을 좋아해 민간에서는 비를 내리게 하거나 화재 예방을 위한 장식물로 사용했다.
84) (옮긴이) 주두과식 두공은 첨주 머리의 바로 위에 설치한 두공으로 처마 하중의 역할을 하는 표준식 두공이다. 주두식 두공은 한국의 주심포에 해당한다.
85) (옮긴이) 평신과식 두공은 청대 대형 건축물에 많이 사용했던 두공의 형식으로서 두 개의 기둥 사이에 첨주가 아닌 창방 위에 올려놓은 것이다. 평신과 두공은 한국의 간포에 해당한다.
86) (옮긴이) 횡공은 송대 두공의 양식 중 하나이다. 두공 한 세트에서 출도(出跳) 화공(华拱)과 직각으로 교차하는 두공을 통칭해서 횡공이라고 부른다.
87) (옮긴이) 정두공은 대들보 아래 중간 정도에 위치한다. 원래는 관방(串枋)의 돌출된 부분에 만들어졌지만 후에 대들보 머릿쪽 장식이 되었다.

2-3-91 무강문묘(武岡文廟) 대성전의 두공.

2-3-92 곡부 공자문묘 대성전 옥척의 척수.

2-3-93 곡부 공자문묘의 대성전 치문(鴟吻).

용, 봉황, 사자, 기린, 천마, 해마, 압어(押魚: 비늘 가진 짐승), 산예(狻猊: 용의 여덟째 아들), 해치(獬豸: 선악을 가릴 줄 아는 동물), 두우(頭牛: 이무기와 닮았고 뿔이 두 개이며 물을 좋아함) 이상 열 종류의 척수(脊獸)가 차례대로 놓여 있다. 천안문, 단문(端門), 건청궁(乾清宮) 등에는 아홉 개의 돌짐승만 있다. 곡부 공자문묘, 국자감 공자문묘의 대성전에는 제일 마지막 동물인 두우 없이 아홉 종류만 있다.

하얼빈문묘의 대성전 윗처마에는 짐승 아홉 종류, 아랫처마에는 일곱 종류만 설치되어 있다. 길림문묘의 대성전에는 더욱 적어 네 종류만 설치되어 있다. 겹처마 무전정으로 된 길림문묘는 분명 척수가 적지 않았을 텐데 아마도 후대에 보수하는 과정에서 현재와 같은 모습으로 되었을 것이다. 옥척의 문수(吻獸)는 보통 척문(脊吻)이라 하는데, 북방 지역에서는 대부분 치문으로 되어 있다. 남방 지역에서는 대부분 용문(龍吻)88)으로 되어 있지만, 어떤 곳은 어형(魚形) 조각물[魚吻], 어떤 곳은 어룡(魚龍)형 조각물[魚龍吻]을 세워놓았다.

관방식 건축 양식을 사용하는 대성전의 정척에는 일반적으로 장식을 하지 않는다. 양자강 하류 지역에서는 일반적

---

88) (옮긴이) 치문(鴟吻)은 꼬리 잘린 도마뱀처럼 생긴 동물로서 처음에 비를 내리게 하거나 화재 예방을 위한 장식물로 사용했다가 후대에 들어오면서 용 모양으로 조각하게 되어 용문(龍吻)이라고 부르기도 하였다. 오늘날에는 치문과 용문을 구별 없이 사용한다.

2-3-94 산서성(山西省) 대주문묘(代州文廟) 대성전의 치문(鴟吻).
2-3-95 안휘성(安徽省) 동성문묘(桐城文廟) 대성전의 어문(魚吻).

2-3-96 대북문묘(臺北文廟) 대성전의 정척·수척.

으로 투각으로 된 벽돌 조각품을 즐겨 사용했다. 이는 남방 지역에 바람이 많이 부는 것과 관련이 있는데, 정척위의 투각 조각품이 풍속을 줄일 수도 있기 때문이다. 어떤 대성전 정척 위에는 글자가 장식되어 있다. 상해문묘의 대성전 정척에는 '해빈추로(海濱鄒魯)', 황암문묘(黃岩文廟) 대성전 정척에는 '천개문운(天開文運)'이라고 쓰여 있다. 민남 지역, 대만 지역의 대성전

2-3-97 상해현학문묘(上海縣學文廟)의 대성전 정척.

2-3-98 광동성(廣東省) 조양(潮陽) 공자문묘 대성전의 정척.

정척은 일반적으로 양쪽 끝이 위로 들려 있고, 용 모양의 조각품을 문수(吻獸)[89]로 했으며, 정척은 쌍룡희주(雙龍戲珠)나 쌍룡봉탑(雙龍捧塔)[90]의 양식으로 되어 있다. 광동성, 광서성, 해남성에서는 도소(陶塑)[91], 회소(灰塑)[92] 등을 이용해서 장식하고 있고, 대성전 정척에도 쌍용희주 조각품을 많이 사용했다. 사천성, 호남성 정척 한 가운데는 보탑 조형물을 많이 사용했다. 남방지역 일부 문묘의 대성전에는 물고기 조각품을 이용해서 장식하기도 했다. 남녕부학문묘의 대성전 정척 가운데 후광 모양의 조각품 안에는 꼬리가 하늘을 향해 있는 붉은 잉어 조각품을 세워놓았는데 이는 잉어가 용문으로 도약하는 것을 상징한다.

대성전의 실내 장식은 차이가 매우 컸다. 대체로 건축 규모가 클수록 천정의 등급도 높았고 이에 따라 대성전 천정의 양식도 달랐다. 곡부 공자문묘, 북경 국자감문묘, 길림문묘, 하얼빈문묘, 천진부학문묘, 대주문묘의 대성전, 상음문묘의 대성전과 근래 대만에서 신축된 고웅(高雄)공자문묘 대성전의 천정 모두 평기천화(平棊天花)[93] 채색화가 그려져 있다. 동성문묘, 유양

89) (옮긴이) 중국식 건축의 용마루 끝에 있는 동물 조각품으로 흔히 도기로 되어 있다.

90) (옮긴이) 쌍용희주는 용 두 마리가 구슬을 가지고 노는 모양이고, 쌍용봉탑은 용 두 마리가 보탑을 받들고 있는 모양을 말한다.

91) (옮긴이) 도소(陶塑)는 도기로 만든 조각품이다.

92) (옮긴이) 회소는 영남 지역에 살고 있는 한족의 전통 건축 공예 양식이다. 회소의 주재료는 석회로, 특수 가공을 거쳐 형태를 건조시킨 후에는 매우 촘촘하고 견고해져서 빗물이 스며들 수 없기 때문에 매우 실용적인 기법이다. 일반적으로 산장(山牆) 꼭대기, 처마 기와 등마루, 정자와 누대의 패방 등을 장식하는 데 사용되었다.

93) (옮긴이) 평기천화는 바둑판 모양의 격자로 설치한 각목 위에 판을 설치하고 일종의 天花를 채색화로 그려

2-3-99 산서성(山西省) 이장(李庄) 공자문묘의 대성전 정척.

2-3-100 길림문묘(吉林文廟) 대성전의 정척.

2-3-101 해남 애주문묘(崖州文廟) 대성전의 정척.

2-3-102 광서성(廣西省) 공성(恭城文廟) 대성전의 정척.

2-3-103 산서성(山西省) 직산문묘(稷城文廟)의 대성전 정척.

것이다. 이런 종류의 용으로 용에게는 용(龍)이라는 명칭이 붙었다. 용두 조에 연접하는 긴 용을 생기 화로 장식한다. 이것은 대성전(稷城文廟)에 대해 화판(花板)으로 부른다.

2-3-104 요녕성(療寧省) 흥성문묘(興城文廟)의 대성전 정척.

2-3-105 대남문묘(臺南文廟)의 대성전 정척.

2-3-106 사천성(四川省) 덕양문묘(德陽文廟) 대성전 정척.

2-3-107 복건성(福建省) 영춘문묘(永春文廟) 대성전 정척.

2-3-108 황암문묘(黃巖文廟) 대성전 정척.

2-3-109 강소성(江蘇省) 강음문묘(江陰文廟)의 대성전 천정.

2-3-110 제남문묘(濟南文廟)의 대성전 천정.

2-3-111
제남문묘(濟南文廟)의 대성전 가운데 칸의 조정(藻井).

2-3-112
고웅문묘(高熊文廟) 대성전의 조정(藻井).

문묘(瀏陽文廟)의 대성전은 목판천화(木板天花)[94]로 되어 있고, 강음문묘, 소주문묘 등의 대성전은 부분적으로 천정을 장식하였다.

평기천화(平棊天花)에 채색화로 장식한 대성전 중 곡부 공자문묘, 상음문묘, 대주문묘, 고웅 공자문묘는 천정 가운데에 두팔조정(頭八藻井)[95]이, 제남문묘 대성전 가운데 칸의 천정은 복

....

94) (옮긴이) 목판천화는 나무판으로 천정을 장식하는 천장 양식이다.

95) (옮긴이) 두팔조정은 송대 조정의 주요 양식 중 하나이다. 조정은 3단으로 나뉘어 있는데, 아랫단은 방정(方井) 모양으로, 방정 위에는 두공이 설치되어 있다. 가운데 단은 팔각정(八角井) 모양으로, 팔각정과 방정 사이에는 각선(角蟬)으로 부르는 삼각형으로 되어 있으며, 각선은 네 개로 이루어져 있고 두공이 설치되어 있지 않다. 윗단은 돔형으로 되어 있는데 여덟 개 조각[瓣]으로 되어 있어서 두팔(头八)이라고 부른다.

2-3-113
대주문묘(代州文
廟)의 대성전 조
정(藻井).

2-3-114
안계문묘(安溪文
廟)의 대성전 조
정(藻井).

두정(覆頭頂)[96]으로 장식되어 있다.

상음문묘의 대성전 조정(藻井)은 운룡(雲龍) 채색화 도안만으로 그려져 있고, 곡부 공자문묘 대성전 조정은 금박을 입힌 목구조의 중심에 반룡(蟠龍)[97]이 입체로 조각되어 있다. 고웅(高雄) 공자문묘 대성전 가운데 칸의 천정에 설치된 두팔조정의 중심에는 용 도안이 그려져 있다. 그 동서 양쪽 칸에도 남북으로 긴 직사각형의 조정이 설치되어 있는데, 단룡(團龍)[98] 두 마리가 그려져 있다.

96) (옮긴이) 복두정은 사다리꼴의 모양으로 두공의 두(枓)를 뒤집은 형태를 말한다.
97) (옮긴이) 승천하지 못하고 몸을 서리고 있는 용이다.
98) (옮긴이) 단룡은 원형의 도안 안에 용이 그려져 있는 것이다.

길림문묘의 대성전은 대들보 밑에 천화가 설치되어 있고 대들보 각재도 밀폐되어 있으며, 실내 천화 하나의 높이는 높낮이의 변화가 거의 없기 때문에 매우 평범해 보인다. 동성문묘의 대성전에는 조정이 설치되어 있지 않다. 조정의 위치에는 위쪽으로 두 층 쑥 들어가게 만들고, 2층으로 된 공간이 형성되어 있다. 유양문묘(瀏陽文廟)의 대성전에는 두팔조정이 설치되어 있고 소주부학문묘는 대성전 가운데 칸에만 평기천화가 설치되어 있다. 강음문묘 대성전은 정면 5칸, 측면 3칸의 규격을 갖추고 있고, 가운데 칸(間)에는 5줄 5 네모 칸으로 된 평기천화가 설치되어 있다. 동서 양쪽 칸에는 천정을 2줄 5 네모 칸으로 부분적 설치했다. 호남성 무강문묘(武岡文廟)의 대성전은 20여 개의 천화판으로 이루어진 천정에 밀화화법의 채색화로 되어 있고, 도안에는 단룡(團龍), 일월쟁휘(日月爭輝: 해와 달이 밝게 빛난다), 편복축수(蝙蝠祝壽: 박쥐로 장수를 빈다), 옥수경화(玉樹瓊花: 나무에 눈꽃이 핀다),[99] 용봉정상(龍鳳呈祥: 용과 봉황이 상서로움을 드러낸다) 등 다양한 모양이 담겨 있다.

대부분의 대성전은 천정을 장식하지 않았으며 모든 들보와 서까래는 한 눈에 다 보인다. 어떤 문묘 대성전의 천장은 조정으로만 설치되어 있다. 안계문묘와 대북문묘 대성전의 조정 모양은 매우 비슷하며 8괘 모양으로 공중에 걸려 있다. 다른 점이 있다면 안계문묘 대성전 조정은 연꽃 두공으로 구성되어 있다는 것이다.

대부분의 대성전에는 조각이 많이 사용되어 있는데, 가장 흔히 볼 수 있는 것은 처마기둥에 부조로 된 운룡 도안이다. 산동성 곡부, 귀주성 안순, 복건성 안계, 영춘과 동안(同安), 대만 창화(彰化)와 대북, 사천성 광한(廣漢), 하남성 겹현(郟縣), 호남성 영릉(零陵), 봉황과 영원 등 문묘의 대성전에는 모두 조각된 용주(龍柱)를 세워놓았다. 가장 웅장하게 조각되어 있는 곳은 곡부 공자문묘의 대성전인데, 앞 처마를 지탱하는 10개 돌기둥 전체가 쌍용희주 도안으로 고부조(高浮彫)되어 있다. 용주(龍柱)가 가장 정교하게 조각되어 있는 곳은 안순문묘의 대성전이 꼽힌다. 가운데 칸의 양쪽 기둥에 각각 용 한 마리가 부조로 되어 있고, 용머리는 기둥에서 밖으로 뻗어 나와 있으면서 입을 벌린 채 서로 쳐다보고 있다. 기둥 주춧돌은 입체로 조각된 돌사자가 장식되어 있고 머리를 든 채 주위를 둘러보는 모습이 씩씩하다.

대성전 앞에는 보통 노대(露臺)가 있다. 노대는 일반적으로 한 층으로만 되어 있지만, 곡부 공자문묘만은 두 층으로 되어 있다. 노대의 토대는 대부분 수미좌로 되어 있는데, 남방 지역에서는 수미좌 토대에 조각한 경우가 많았다. 예를 들어 천주문묘 노대의 토대에는 앙련(仰

---

99) (옮긴이) 옥수경화는 백색의 물체를 사용하여 맑고 투명해서, 마치 옥으로 조각한 것과 같다. 모양이 다양하고 아름답다.

▶ 2-3-115 대북문묘(臺北文廟)의 대성전 조정(藻井)과 신위(神位).
▲ 2-3-116 해남성(海南省) 애주문묘(崖州文廟) 대성전의 천정(天井).

2-3-117 곡부 공자문묘 대성전의 부조(浮彫) 용주(龍柱).
2-3-118 복건성(福建省) 안계문묘(安溪文廟) 대성전의 부조(浮彫) 용주(龍柱).

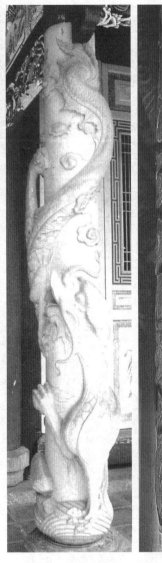

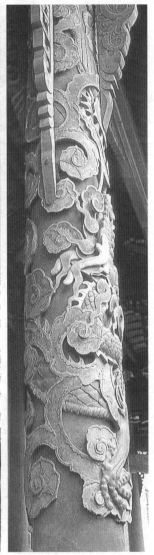

2-3-119 귀주성(貴州省) 안순문묘(安順文廟)
　　　　 대성전의 용주. ⓒ 郭秉紅

2-3-120 대만 창화문묘(彰化文廟) 대성전의
　　　　 부조(浮彫) 용주(龍柱).

2-3-121 사천성(四川省) 광한문묘(廣漢文廟)
　　　　 대성전의 부조(浮彫) 용주(龍柱).
　　　　　　　　　　　　　　 ⓒ 王錫寬

蓮), 복련(覆蓮), 부상(扶桑), 산차(山茶), 부용(芙蓉) 등의 꽃이 새겨져 있다. 노대로 올라가는 계단은 일반적으로 정면과 좌우편으로 동서쪽에 각각 하나씩 세 군데에 설치되어 있다. 동서쪽의 계단은 일반적으로 1폐로 되어 있고, 정면에 설치된 계단은 3폐로 되어 있다. 가운데 폐에는 부조로 조각된 운룡 용폐가 있고 좌우편에 각각 1폐의 계단이 설치되어 있다.

　남방 지역은 비가 많이 내리기 때문에 비를 맞지 않기 위해, 일부 문묘에서는 회랑, 파산랑(爬山廊)[100]으로 건물을 하나로 연결하기도 했다. 감주문묘는 동무, 서무, 명환사, 향현사를 이용해 대성전과 대성문의 지붕 전체를 하나로 연결했으며 남방 지역에서 쉽게 볼 수 있는 천정

2-3-122
요녕성(療寧省)
영릉문묘(零陵文
廟)의 대성전 노
대(露臺) 및 용폐.

2-3-123
강녕문묘(江寧文
廟)의 파산랑(爬
山廊).

식(天井式) 정원이 형성되어 있다. 남경 강녕부학 문묘는 대성전 양쪽에 파산랑(爬山廊)을 만들어서 동서 양무와 서로 연결되도록 했다.

사람들은 대성전 및 그 전정(殿庭)을 건축할 때 의미를 부여하는 것을 좋아했다. 복건성 천주문묘 앞의 노대에는 3000개 돌판을 깔았는데, 이는 공자의 제자 3000명을 의미한다. 복건성 안계문묘는 3000개의 돌판을 깔았을 뿐만 아니라 주위 건물에 72개의 돌 기둥을 세웠고 대성전 처마 밑에 108찬(欑)의 여의두공(如意頭栱)을 설치했다. 이는 공자의 3000 제자와 현인 72명, 그리고 108명의 문곡성(文曲星)의 화신(化身)을 의미한다.

100) (옮긴이) 파산랑(爬山廊)은 건축용어로, 높은 곳과 낮은 곳의 위아래를 연결하는 긴 회랑이다.

2-3-124
고웅문묘(高熊文
廟)의 동무(東廡).

2-3-125
대주문묘(代州文
廟)의 양무. 각각
15칸이다.

2) 양무(兩廡)

양무는 대성전 앞 좌우 양쪽에 위치한 선현과 선유를 제사 지내는 곳으로 제사 건물들 중 등급이 제일 낮았고 건물 높이도 낮았다. 그러나 봉사 인물이 매우 많기 때문에 건물을 항상 넓게 지었다. 상세한 예제 규정이 없기 때문에, 양무는 3칸, 5칸, 6칸, 7칸, 9칸, 10칸, 11칸, 12칸(가정문묘), 13칸, 15칸, 17칸, 19칸, 28칸 등으로 각각 다르게 되어 있다. 양무 건물이 가장 많은 곳은 곡부 공자문묘이며, 두 양무는 각각 28칸으로 되어 있다. 그다음은 국자감과 제남부학으로 두 양무는 각각 19칸이다. 문헌에 따르면 항주부학문묘는 명 선덕 3년에 42칸으로 확장되었다고 하지만, 이 42칸 모두를 선현과 선유에 제사 지내는 용도로 사용한 것은 아니다. 강음현학문묘도 마찬가지로 양무는 각 20칸이지만 이 중 7칸만이 선현선유에 제사 지내기 위한 곳으로 사용되었다.

2-3-126
하남성(河南省)
여주문묘(汝州文
廟)의 계성궁(啓
聖宮).
ⓒ 劉品

2-3-127
남경(南京) 강녕
부학문묘(江寧府
學文廟)의 숭성사.

3) 숭성사(崇聖祠)

숭성사는 선성과 일부 선현·선유의 조상(祖上)을 제사 지내는 곳으로 명 가정 9년(1530)에 처음으로 세워졌다. 한때 계성사(啓聖祠)로 불리다가 청 옹정 원년에 숭성사로 개명되었다. 숭성사는 후대로 오면서 등장한 건물이고 국가에서도 통일된 규정이 없었기 때문에, 문묘 안에서의 위치 역시 일정하지 않았다. 어떤 지역에서는 문묘 안 대성전 뒤에, 어떤 지역에서는 학교 내에 세웠다. 전묘후학식의 경우 묘학의 동서쪽에 독립적으로 짓는 것이 일반적이었다.

숭성사 건물은 일반적으로 대성전보다 한 등급 낮게 지어졌다. 주로 녹색 기와로 되어 있지만 황색 기와 혹은 회색 기와로 된 곳도 있으며, 5칸 혹은 7칸 등으로 되어 있다. 건물은 홑처마, 드물게는 겹처마로 되어 있고, 지붕은 무전정도 있지만, 대부분은 헐산정이고, 경산정도 드물게 있다. 사천성 부순현학문묘의 숭성사는 정면 5칸에 겹처마이고 녹색 기와의 헐산정

2-3-128
자계문묘(慈溪文
廟)의 숭성사 및
양무.

2-3-129
대주문묘(代州文
廟)의 숭성사 및
양무.

건물로 등급이 가장 높은 숭성사로 꼽힌다. 정척에는 쌍룡봉탑(雙龍捧塔) 조각물이 있고 그 보탑 밑에는 조각물이 세워져 있다. 남경 강녕부학 숭성사는 정면 7칸에 녹와황연(綠瓦黃緣)[101]의 헐산정이고, 2층으로 된 노대가 이중 난간으로 둘러싸고 있다. 계단의 위쪽 부분에 용폐가 설치되어 있고 계단 수는 23계(階)에 달했다. 계단의 층수는 대성전 앞 계단보다 한 층 많았고, 노대도 대성전의 노대보다 한 층 높았다. 이는 중국에서 가장 웅장한 숭성사이다.

숭성사에서 제사 지내는 인물은 일반적으로 숭성사 정전(正殿) 안에 모셔져 있었다. 북경 국자감문묘, 대주문묘와 자계문묘와 같은 일부 문묘의 숭성사에는 양무가 딸려 있어서 주사(主

---

101) (옮긴이) 녹색 기와로 지붕을 덮었지만 가장자리는 황색 유리기와로 장식하는 지붕 양식이다.

2-3-130
하남성河南省) 휘
현문묘(徽縣文廟)
의 아성전.
ⓒ 王新堂

2-3-131
호남성(湖南省)
상담문묘(湘潭文
廟)의 아성전.
ⓒ 鄒率姿

祀)와 배향(配享)은 숭성사 정전에서 제사 지냈고, 종사(從祀)와 선유는 양무에서 제사 지냈다.

4) 아성전(亞聖殿)·아성사(亞聖祠)

금 대정(大定) 17년 당시 국자감 공자문묘 안에는 맹자묘가 있었다. 이는 "현재 맹자는 연
(燕)나라 옷을 입고 후당(後堂)에 있다"라는 기록과, 국자감이 이 사실에 근거하여 상주한 "선
성상(先聖像) 옆에는 한 자리가 비어 있는데, 예의에 따르면 맹자상은 선성 오른쪽으로 옮겨

안자와 서로 마주보게 하고, 관모(冠帽) 장식을 다시 만들며, 복장은 옛 예제에 따라 만들어야 한다"[102]라는 기록에서 확인할 수 있다. 이는 공자문묘 내 최초의 맹자묘로 알려져 있다. 현재 하남성 휘현문묘(輝縣文廟)에는 아성전이 있는데 대성전 앞에 위치해 있고 정면 5칸에 회색 기와 헐산 권붕정(卷棚頂)[103] 지붕으로 되어 있는 복도가 있는 작은 건축이다. 완공된 해는 분명하지 않지만 현지에 남겨진 자료를 통해 청 강희 25년, 건륭 20년, 건륭 24년 모두 이 전(殿) 담에 비석을 세워 두웠다는 기록으로 추정하면 청 강희 연간에 최초로 세워졌다는 것을 알 수 있다. 현존하는 건물의 기둥이 매우 가늘다는 것을 보면, 이는 청 말기에 축조된 것이라고 추정된다. 상담문묘(湘潭文廟)에 있는 아성사는 대성전 뒤에 위치해 있는데, 정면은 3칸에 황색 기와 경산정이고 봉화산장(封火山牆)[104]이 있는 작은 건축이다.

3. 부사(附祀) 건축물

문묘는 공자 사상을 널리 알리기 위한 국가 예제 건물이다. 각급 국립 학교 내에 공자문묘를 짓고 공자 및 역대 유가의 대표적인 인물을 제사 지내는 것은 유가의 내성외왕(內聖外王)[105] 이념에 따라 지식인들에게 성인과 선현이 되는 교육을 하기 위해서였다. 그러나 성인과 현인이 되어 문묘에 들어가 배향이나 종사될 수 있는 인물은 극히 일부였다. 민국 초년에 이르면 문묘에서 봉사하던 인물은 겨우 173명뿐이었다. 봉건국가에서 교육의 목적은 바로 임금을 충성으로 모시는(事君以忠) 충신, 부모에게는 효도를 다하는(事親以孝) 효자, 백성들에게 은혜를 베푸는(使民以惠) 현리(賢吏)를 기르는 것이었다. 이를 위해 관리 예비 집단을 배양하는 각급 학교 안에 선성, 선현과 선유를 봉사하는 것 외에 학생들에게 본보기가 될 수 있는 청렴 결백하고 백성을 사랑했던 본지의 관리, 국가와 사회에 공이 있는 본지 출신의 현인, 임금에

---

102) 『金史·禮八』(文淵閣四庫全書 電子版 참고). "宣聖像側還虛一位, 禮宜遷孟子像於宣聖右, 與顏子相對, 改塑冠晃妝飾, 法服一遵舊制."

103) (옮긴이) 권붕정은 고대 한족의 지붕 건축 양식 중 권붕 양식을 일컫는 용어로, 원보정(元宝頂)이라고도 부른다. 양쪽으로 경사진 지붕으로, 양면이 서로 맞닿아 있지만 대척(大脊)을 사용하지는 않았다. 기왓고랑이 직접 지붕면을 활모양으로 말아 올라가 있어서 권붕정의 전체 모습은 경산, 현상과 같은데, 유일하게 다른 점은 정척이 없다는 것이다. 지붕 앞쪽이 중추선 부분을 호형으로 말아 올려서 지붕 뒤쪽까지 이어져 있기 때문에, 곡선이 매우 독특하고 부드러우며 아름답다.

104) (옮긴이) 봉화산장은 담장을 지붕보다 높게 쌓았으므로 정전(正殿)의 화재를 예방하는 역할을 했다.

105) (옮긴이) 내성외왕은 안으로는 성인이며, 밖으로는 임금의 덕을 함께 갖춘 사람이라는 뜻으로, 학식과 덕행을 모두 지닌 사람을 이르는 말이다.

게 충성하고 부모에게 효도하며 윗사람을 공경하고 아랫사람에게 자비로웠던 각계 인사를 부사(附祀)하기도 했다. 그리고 일반 백성들을 충효와 절의로 교화하기 위해 국가에서는 학교 내에 명환사, 향현사와 충의효제사, 절효사를 지으라고 명했다. 국가는 학교 안에만 명환사, 향현사, 충의효제사를 짓고 절효사는 성(城) 안에 짓기를 명했지만, 일부 지방관원은 명환사, 향현사, 충의사, 효제사를 문묘 안에 만들거나 심지어 극히 일부에서는 절효사를 문묘 안에 만들기까지 했다. 따라서 이 글에서는 문묘 안에 지은 건물들을 문묘의 부사(附祀) 건물로 간주하고 연구 대상에 포함시켰다.

이 외에도 문묘에는 세 종류의 부사 건물이 있었다. 첫 번째는 공명과 녹봉과 직위를 주관하는 문창제군(文昌帝君)을 봉사하는 문창사(文昌祠)와 문창각(文昌閣)이고, 두 번째는 문운을 주관하는 괴성(魁星, 혹은 奎星)의 괴성각(혹은 규성각)이며, 마지막은 묘학의 토지를 주관하는 토지신을 봉사하는 토지사(土地祠)이다.

1) 명환사(名宦祠)와 향현사(鄉賢祠)

명환사(名宦祠)와 향현사(鄉賢祠)는 각각 본지에서 업적이 있는 관원과 저명인사를 봉사하는 전사(專祠)이다. 북위(北魏)의 유도빈(劉道斌)은 업적이 두드러진 관리로서 학교에서 제일 먼저 봉사되었던 인물이다. 그가 항농태수(恒農太守)를 맡고 있을 때 "학교를 수립하고, 공자문묘를 세우고, 공자상을 그려놓았다. 군(郡)을 떠난 후 백성들이 그를 그리워했기 때문에, 공자상 서쪽에 유도빈 상을 그려놓고 배알했다".[106] 유도빈은 북위 정광(正光) 4년(523)에 기주자사(岐州刺史) 임무를 수행하던 중에 사망했는데, 그전에 항농태수를 맡았었다. 여기서 지역에서 선정(善政)을 베풀었던 관원을 부사했던 것은 6세기 초기부터라는 것을 알 수 있다. 북송 때는 공자문묘 안에서 국가예제에 따라 제사를 받는 인물이 아닌 다른 사람을 봉사하는 전문 사당이 등장했다. 곡부 공자문묘와 회안현학문묘(懷安縣學文廟)의 경우 각각 경우(景祐) 5년(1038)과 가우(嘉祐) 2년(1057)에 맹자, 순자, 양웅(揚雄), 왕통(王通), 한유(韓愈) 다섯 명을 모시는 오현당(五賢堂)을 세웠지만, 그들은 현지인이 아니었을 뿐만 아니라 관리도 아니었기 때문에, 명환사나 향현사의 시작으로 볼 수 없다. 그러나 명환과 향현을 봉사하는 전사가 북송시기부터 설립되었던 것은 사실이다. 소성(紹聖) 초년에 복주묘학(福州廟學)은 선현인 진양(陳襄), 정목

---

106) 『魏書·劉道斌』(文淵閣四庫全書 電子版 참고). "修立學館, 建孔子廟堂, 圖畫形象. 去郡之後, 民故追思之, 乃複畫道斌形於孔子像之西而拜謁焉."

2-3-132 동안문묘(同安文廟)의 소공사(蘇公祠).

(鄭穆), 유이(劉彛), 주희맹(周希孟), 진열(陳烈)을 봉사하는 오현당을 세웠고, 이후 정화(政和), 선화(宣和), 소흥(紹興), 건도(乾道) 연간에 13명으로 계속 늘어났다. 남송 소흥 연간 동안주부(同安主簿) 주희는 동안현학에서 천문학자이자 약물학자인 소송(蘇頌)을 봉사하는 소공사(蘇公祠)를 세웠다.

대주태수(台州太守) 우무(尤袤, 1127~1194)는 대주주학 내에 명환 필사원(畢士元), 장득상(章得象)을 봉사하는 사현당(思賢堂)과 향현 노적(羅適), 진공보(陳公輔), 진량한(陳良翰)을 봉사하는 삼로당(三老堂)을 세웠고 그 이후 학교에 공이 있는 태수 종영(宗穎), 당중우(唐仲友) 등을 제사 지내는 송희당(頌僖堂)을 세웠다. 봉사하는 인물들을 보면, 사현당과 송희당은 후대의 명환사에, 오현당과 삼로당은 후세의 향현사에 해당한다. 남송 시기부터 학교 내에는 개인의 기념사당을 짓기 시작했다. 대주주학에는 남송의 우정승(右政丞)인 사심보(謝深甫)를 기념하는 사승상사(謝丞相祠)가 있었고, 상숙현(常熟縣)에는 단평(端平) 원년(1234) 전에 이미 오공사(吳公祠)[107]가 있었다. 안계현학은 단평 연간에 천주태수(泉州太守) 진덕수(眞德秀)의 뜻에 따라 직강사(直講祠)를 지었는데, 소성(紹聖) 연간에 묘학을 보수(補修)한 직강(直講) 장독(張讀)을 봉사했다. 원화현학(元和縣學)도 경정 3년(1262)에 범중엄(范仲淹)을 기념하는 경문당(景文堂)을 세웠다.

....

107) (옮긴이) 오공사(吳公祠)는 춘추 말기 공자의 제자인 자유(子遊)를 기념하는 사당이다.

2-3-133 흥성문묘(興城文廟)의 명환사(名宦祠).

원대에는 학교 내 선현사(先賢祠)라는 건물이 등장했다. 지대(至大) 연간의 집경로노학도(集慶路路學圖)에는 묘학의 동북쪽과 서북쪽 변두리에 각각 선현사가 있었고, 지정(至慶) 2년(1342)의 『사명속지(四明續志)』에 기재된 경원로노학(慶元路路學) 내에도 선현사가 있었다. 선현사의 봉사 인물에 대한 규정이 없었기 때문에 각 학교마다 봉사하는 인물이 달랐다. 원대 지순(至順) 시기에 단도현학(丹徒縣學)의 선현사에서는 "염계(濂溪), 명도(明道), 이천(伊川), 회암(晦庵), 남헌오선생(南軒五先生)",108) 즉 송대의 주돈이, 정이, 정호, 주희, 장식 다섯 명의 이학가(理學家)를 봉사했다. 진강부학(鎭江府學)은 선현사가 등장하기 전에 있었던 숭보사(崇報祠)에서 학교에 공이 있는 현령(縣令)을 봉사했고, 존현사(尊賢祠)에서는 백성들을 교육했던 선유를 봉사했다. "선현사는 본래 동서쪽에 있는 직사(直舍)였고,109) 각각 3칸이었다. 동쪽은 숭보(崇報)라 하여 현령 중에 학문적 업적이 있는 자를 제사 지냈다. …… 서쪽은 선현(先賢)이라 하여 백성을 교육했던 선유를 제사 지냈다. 염계(濂溪), 명도(明道), 이천(伊川), 회암(晦庵), 남헌(南軒), 만당(漫塘), 실재(實齋), 소양(少陽) 여덟 명의 선생이 그들이다."110)

....

108) 奉祀濂溪, 明道, 伊川, 晦庵, 南軒五先生.

109) (옮긴이) 관원이 공무를 처리하는 곳이다.

110) 『鎭江志』([元 至順], 『續修四庫全書』698冊(上海古籍出版社) 참조. "先賢祠本東西直舍, 各三間, 東曰崇報, 以祀縣令之有德於學者, …… 西曰尊賢, 以祀先儒之有教於民者, 濂溪, 明道, 伊川, 晦庵, 南軒, 漫塘, 實齋, 少陽八

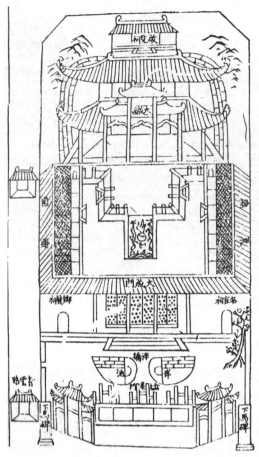
2-3-134 청(淸) 가경(嘉慶) 연간의 동류문묘도(東流文廟圖).

명 홍무(洪武) 원년(1368) 주원장(朱元璋)은 "군현에서는 국가에 공이 있고 백성을 아끼고 사랑했던 지신(神祇), 성제(聖帝), 명왕(明王), 충신(忠臣), 열사(烈士)에 제사 지내고, 사전(祀典)에 이들을 싣도록 하라"[111]고 명령했다. 이듬해에는 "전국 학교마다 선현사를 세워서 왼쪽에는 현목[賢牧: 현명한 주현(州縣)의 관원]을 제사 지내고 오른쪽에는 향현(鄕賢)을 제사 지내라"[112]라고 명령했다. 당시에는 하나의 건물 안에 왼쪽에서는 본지에서 관리를 하는 동안 업적이 뛰어난 관원을 제사 지내고, 오른쪽에서는 본지의 현인을 제사 지내도록 명령했다. 그러나 지방지에 기록된 것을 보면, 각급 학교에서는 조정의 뜻을 받은 후에 즉시 건물을 지었던 것이 아니라 각자의 상황에 따라 이를 시행했다. 홍무 7년에 원화현학(元和縣學)은 최초로 선현사를 지었다. 광동성 반우현

학은 홍무 25년(1392)에 선현사를 지었고, 복주부학은 영락 4년(1406)에 학청(學廳)을 선현사로 바꾸었다. 그 뒤 각지학교에서 명환과 선현을 각각 나누어 제사 지내면서, 명환사와 향현사로 명명했다. 영가현학(永嘉縣學)은 홍치(弘治) 10년(1497)에 선현사와 명환사를 나누어서 지었고, 흥녕현학(興寧縣學), 오정현학(烏程縣學)은 가정 13년(1534)에 이들을 첨건(添建)했으며, 원화현학은 가정 15년에 이들을 세웠다. 남해현학은 만력 34년(1606)에 첨건했고, 강소성 술양문묘는 가정 말년에야 세웠는데, 두 사(祠)를 한 건물 안에 배치하였다. 천일각(天一閣)에 소장된 명대

先生."

111) "郡縣訪求應祀神祇, 聖帝, 明王, 忠臣, 烈士, 久有功於國, 遺愛及民者, 載諸祀典."

112) 『頖宮禮樂疏』([明], 李之藻). 『四庫全書』 651冊(上海古籍出版社, pp.301~302) 참조. "令天下學校各建先賢祠, 左祀賢牧, 右祀鄕賢."

2-3-135
영양문묘(寧陽文
廟)의 대성문 및
명환사·향현사.

2-3-136
평요현학문묘(平
遙縣學文廟)의 명
환사.

지방지의 묘학과 관련된 자료를 보면, 대부분의 묘학에서 명환사와 향현사를 각각 세웠는데, 영덕현학(寧德縣學)과 치천현학(淄川縣學)에만 한 건물 안에 이 둘을 함께 두었다. 청대에 이르면 대부분의 학교에서 명환사와 향현사를 세웠다고 되어 있다.

청대에 이르면서 명환사와 향현사는 대부분 문묘 내에 세워졌는데, 그중 많은 경우가 대성문 부근에 세워졌다. 어떤 곳은 대성문의 동서 양쪽에, 어떤 곳은 대성문 앞쪽에 세웠다. 대성문 양쪽에 세운 경우는 두 가지로 나눌 수 있다. 하나는 두 사당이 대성문과 연접하고 있는 경우이다. 진해현학(鎭海縣學), 동류현학(東流縣學), 게양현학(揭陽縣學)과 건양현학문묘(建陽縣學文廟)는 이에 해당한다. 다른 하나는 대성문 좌우에 독립적으로 건물을 세운 것이다. 감유현학

2-3-137
정주주학문묘(定
州州學文廟)의 향
현사.

(赣榆縣學), 은현현학(鄞縣縣學), 건평현학(建平縣學), 대주주학(臺州州學)과 복녕주학문묘(福寧州
學文廟)가 이에 해당한다. 대성문 양쪽에 세워진 경우도 방향에 따라 두 가지로 나눌 수 있다.
하나는 북쪽에 있으면서 남쪽을 향하고 있는 것이다. 흥성(興城)의 전(前) 영원주학(寧遠文廟),
무녕현학(撫寧縣學), 가정현학(嘉定縣學), 노주부학(蘆州縣學), 동류현학, 진해현학, 은현현학문
묘 등은 모두 이러한 형식을 따르고 있다.

다른 하나는 남쪽에 있으면서 북쪽을 향하고 있는 것이다. 사문(祠門)이 대성전 원내에 열려
있는데, 이러한 형식은 비교적 드물어서 광서성 공성문묘(恭城文廟) 정도에만 보일 뿐이었지
만, 근래 지어진 영양문묘(寧陽文廟)도 이러한 형식을 따르고 있다. 그러나 청 광서(光緒) 연간
의 문묘도를 보면 모두 남향의 사당문을 설치했다.

대성문 앞쪽에 설치한 것도 두 가지로 나눌 수 있다. 하나는 대성문과 수직을 이루고 있어
서 대성문의 곁채처럼 보인다. 이런 형식을 따른 문묘는 운남성의 건수임안부학(建水臨安府
學), 대주주학, 영청현학(永淸縣學), 영가현학(永嘉縣學), 평요현학(平遙縣學), 정주주학(定州州學),
부순현학(富順縣學), 자주주학(資州州學), 경현현학(涇縣縣學)과 무위양주부학문묘(武威涼州府學
文廟) 등이다. 다른 하나는 대성문과 평행을 이루면서 대성문 앞 양쪽으로 약간 바깥쪽에 있
다. 요녕성 흥성의 영원주학문묘, 한성현학(韓城縣學) 문묘 등은 이에 해당한다.

문묘의 다른 위치에 설치된 명환사와 향현사는 비교적 적은 편인데, 오정현학문묘(烏程縣學
文廟)는 대성전 뒤 숭성사 동서 양쪽에 설치되었다.

명환사와 향현사가 문묘 건물 안에 세워지지 않은 것도 적지 않았다. 신창현학(新昌縣學)은 학
교 내 명륜당 양쪽에, 술양현학(沭陽縣學)은 존경각 양쪽에 세워졌다. 명륜당 뒤 존경각 동서 양

쪽에 세워진 곳으로 오정현학이 있다. 그리고 순안현학(淳安縣學), 허주주학(許州州學), 하진현학(夏津縣學)처럼 문묘 동쪽 옆에 세우거나, 여고현학(如皋縣學)처럼 문묘 서쪽에 세운 경우도 있었다. 여고현학은 문묘 서쪽 훈도택(訓導宅)의 앞쪽에 세웠다. 또한 문묘 동서 양쪽에 세웠던 복녕현학(福寧縣學)이 있으며, 학교 밖인 문묘 건물의 서쪽에 세운 역성현학(歷城縣學)도 있다.

지역에 선정(善政)을 베풀었던 관원과 지역의 저명한 인사를 부사(附祀) 지내는 사당을, 명초에는 선현사(先賢祠)라고 불렀다가 후대 각각 명환사와 향현사로 나누어 제사 지내게 되었고, 이후 전국적으로 명칭이 통일되었다. 이는 청대도 마찬가지였지만, 광동성 박라현(博羅縣)은 명 홍치 13년(1500)에 명환과 향현을 함께 제사 지내는 사당을 세웠고, 이를 앙고사(仰高祠)로 명명했다. 이는 제도에 위배되었을 뿐만 아니라, 이름 또한 부적합했다. '앙고(仰高)'라는 이름은 『시경』「차할(車舝)」의 한 단락 중 "높은 산 우러러보며 넓은 길을 따라간다(高山仰止, 景行行之)"라는 말에서 유래했다. 사마천은 자신이 공자에 대해 앙모하는 마음을, 안회가 공자의 인품과 학문에 대한 공경심을 담아 표현했던 『논어』의 "우러러볼수록 더욱 높고 뚫을수록 더욱 단단하게 느껴진다(仰之彌高, 鑽之彌深)"라는 구절에서 인용하기도 하였다. 지역 명환과 향현을 제사 지내는 사당을 앙고로 명명한 것은 지나치다고 할 수 있다.

2) 충의사(忠義祠)

충의사·효제사(孝悌祠)와 절효사(節孝祠)는 청 옹정 원년(1723)에 조정이 각지에 명령을 내려 지은 것이다. 지역의 각급 정부는 대부분 조정의 뜻에 따라 학교 내, 학교 근처 심지어 도시 근교에 점차 세워갔지만, 어떤 지역은 충의사와 효제사를 충효사(忠孝祠) 혹은 충의효제사(忠義孝悌祠)로 합하여 부르기도 했다. 이 세 사당(혹은 두 사당)은 대부분 학교 건물 안이나 밖에 세웠지만, 일부 지역에서는 문묘 내에 짓기도 했다. 여기서는 문묘 내에 지은 충의사·효제사(충의효제사)와 효의사를 간략하게 소개하고자 한다.

문묘 내에 충효사나 충의효제사를 지은 문묘는 적지 않은 편이었다. 해남성 문창문묘(文昌文廟)의 충의효제사는 대성문 앞에 세웠다.

가정현학(嘉定縣學)은 대성문의 동쪽에는 명환사와 토지사를 세웠고, 서쪽에는 향현사와 충효사를 세웠다.

숭명현학문묘(崇明縣學文廟)는 "향현사 세 기둥이 전문(殿門)의 서쪽에 있고, 충의효제사 세 기둥은 향현사 오른쪽에 있으며",[113] 충의효제사는 대성문 서쪽 옆 향현사의 서쪽에 지어졌다. 임치문묘(臨淄文廟)의 충의효제사는 대성문 서쪽 옆 향현사 서쪽에, 하남성 휘현문묘(輝縣

2-3-138
해남성(海南省)
문창문묘(文昌文
廟)의 충의효제
사(忠義孝悌祠).

2-3-139
가정문묘. 가정문
묘의 충효, 명환,
향현 등의 문묘는
모두 대성문 양쪽
에 지었다.

文廟)의 충의효제사는 대성문 앞 좌측의 명환사 남쪽에, 산동성 거야충의사(巨野忠義祠)는 대성
문 앞 서쪽 옆 향현사 남쪽에, 요양문묘(遼陽文廟)의 충효사는 극문 앞쪽에, 상담문묘(湘潭文廟)
의 충효사는 대성문 한 켠에, 안순부학문묘의 충의사는 대성문 오른쪽에 세워졌다. 감천현학
문묘(甘泉縣學文廟)는 대성문 앞 동쪽에 명환사를 서향으로 세웠고, 대성문 앞 서쪽에 향현사
와 충현사는 모두 동향으로 세웠다. 해주문묘는 우묘좌학(右廟左學)의 구조인데, 대성전 뒤쪽
의 정원에는 정방(正房)을 세우지 않았으며, 동쪽에는 명환사, 향현사를, 서쪽에는 복신사(福神
祠)를 세웠다. 조정에서 충의사를 세우라고 명한 뒤, 충의사를 서쪽에 세워 복신사와 마주하

---

113) "鄕賢祠三楹在殿門西, 忠義孝弟祠三楹在鄕賢祠右."

2-3-140
대남문묘의 절
효사. 대남문묘
의 절효사와 효
자사는 한 건물
에 같이 있고, 대
성문 서쪽에 서
있다.

게 하였다.

3) 절효사(節孝祠)

문묘 내에 절효사를 세운 경우는 극히 드문데, 해남성 문창문묘, 대만 대남문묘, 절강성 황암
문묘, 하북성 평산문묘(平山文廟), 요양문묘와 운남성 강천문묘(江川文廟) 6곳이 그러하다. 문창
문묘의 절효사는 대성문 앞의 왼쪽에 세웠는데 편액에 '성역(聖域)'이라고 쓰여 있는 원형의 문
이 문묘와 서로 통한다. 강천문묘는 대성문 앞에 세워져 있고, 동서쪽에 각각 효의사와 절효사
를 세웠다. 황암 효우사(孝友祠)는 대성문 앞 서쪽, 선현사의 남쪽에 세워졌다. 대남부학문묘의
절효사와 효자사(孝子祠)는 모두 대성문 동쪽에 세웠으며, 서쪽에는 명환사와 선현사를 세웠
다. 평산문묘의 충효사와 절열사(節烈祠)는 모두 대성문 앞에 세웠으며, 동쪽에는 명환사와 충
효사가, 서쪽에는 선현사와 절열사가 있었다. 요양문묘는 극문의 앞쪽에 절열사를 세웠다.

4) 문창사(文昌祠)

문창사는 사천성에서 최초로 등장했는데, 그곳에 봉사됐던 장아자(張亞子)는 월(越)나라 휴
(巂) 지역 사람이었다. 그는 어머니의 원수를 갚기 위해 사천성 검주(劍州) 칠곡산(七曲山)에 살
았는데, 진(晉)나라 때 전사(戰死)한 뒤 재동현(梓潼縣)에 그를 위한 사당을 짓고 제사 지냈다.

당대 초기에 장아자를 봉사하는 사당은 산서성에도 등장했다. 대장군인 이정(李靖)은 응주(應州)에 이를 세웠다. 당말 이극용(李克用)의 어머니가 사당 안에서 기도할 때 갑옷을 입은 신선이 벽을 깨고 나왔는데, 마침내 임신을 하게 되어 이극용을 낳았다는 이야기가 전해온다. 남송대에는 양자강 남쪽 지역에도 이를 짓기 시작하였다. 강희 연간 사천성은 몽고족에게 점령되면서 많은 사천인들이 전당(錢塘)으로 피신하였는데, 촉(蜀)나라 사람인 모자재(牟子才) 등이 오산(吳山)에서 장아자를 봉사하는 재동제군묘(梓潼帝君廟)를 지었다. 원 말(元末)에 오산의 문창사는 파괴되었지만 서일기(徐一夔)가 앞장서서 중건하자고 건의하였는데 그 상소문은 다음과 같은 내용으로 되어 있었다. "문창사는 촉(蜀) 지역의 동천(潼川)에 있었는데, 과거시험과 관련된 일을 주관하는 곳이었습니다. 송나라가 남하(南下)한 후에는 오산(吳山) 꼭대기에 묘우를 만들면서 촉 지역의 선비들도 과거에 합격하기 시작했습니다. 전란을 겪은 후 무너져도 관리하지 않았다. 왕조가 바뀐 후에 과거를 통해 선비를 뽑으라고 명령을 내리자 지원자들도 늘어나고 점차 과거시험에도 사람이 몰리게 되었습니다. 이는 신명(神明)께서 사문(斯文)을 이룰 수 있도록 도우시는 것입니다."[114] 절강성 서쪽 지역에서 과거 합격자가 많이 배출된 것은 재동제군(梓潼帝君)의 공으로 돌아갔다.

문창제군(文昌帝君)은 인간의 명예, 녹봉, 지위를 주관했던 만큼, 당연히 이를 추구하는 문인(文人)의 신봉을 받았으며 많은 지역에서 점차 사당을 세워 제사 지냈다. 송대의 문창사는 산속에 많이 지어졌는데, 학교와는 상관이 없었다. 귀주성 파주(播州)에서는 봉산(鳳山) 산속에 세웠다. 원대 문창사는 문묘에 가까이 짓기 시작했는데, 원 지순 연간 진강시(鎭江市)에는 "문창사 3칸이 문묘의 동쪽에 있다(文昌祠三間, 在廟之東)"라는 기록이 남아 있다.

명 경태(景泰) 5년에 황제가 문창궁에 사액(賜額)을 내린 적도 있었다. 홍치 초년 예악(倪嶽)의 『정사전소(正祀典疏)』에는 다음과 같은 내용이 있다. "도가(道家)에서는 재동(梓潼)이 촉 지역에서 효, 덕, 충, 인으로 현현(顯現)한다고 하여 사당이 그 지역을 먹여 살리고 예의에 적합하도록 했지만, 수도에 있는 사당에서도 (그를 모시는 것은) 사전에 부합하지 않는다. 문창성(文昌星: 지혜를 주관하는 별)은 재동과는 본래 관련이 없는데 오늘날 (재동신과 문창신이) 하나로 합해 버리는 것은 억지로 끌어다 붙인 격이기 때문에 이 제사를 폐지시키기를 요청했다. 전국의 학교에서 이 명령을 집행하여 옛날에 문창사가 있었던 학교는 문창사를 철거한다."[115] 조정

114) 『西湖遊覽志』 권12([明], 田汝成). "文昌祠在蜀之潼川, 实司科舉之事, 宋南渡后有祠在吳山之顚, 盖蜀士赴舉者所創也. 自经兵变, 頹圯弗治, 圣朝更化, 首诏科舉取士, 乃者賓兴, 而浙司得人為盛, 此皆神明陰佑斯文所致."
115) 『名臣經濟錄』 권29([明], 黃訓). "道家謂梓潼以孝德忠仁顯靈於蜀, 廟食其地, 於禮為宜, 祠之京師不合祀典, 至於文昌之星與梓潼無幹, 今乃合而為一, 誠出傅會, 所有前項祭祀伏乞罷免, 仍行天下學校, 如舊有文昌祠者亦合拆毀."

2-3-141
자계문묘(慈溪文廟)의 문창각. 문묘의 동쪽에 있다.

의 동의를 거쳐 학교 내의 문창사를 모두 철거하였다. 그러나 문창제군은 공명(功名)과 관록(官祿)을 주관했던 만큼 사람들이 자연히 신봉하고 경배하며 따랐기 때문에 얼마 지나지 않아 학교 내에 문창사를 다시 짓기 시작했다. 그러나 명대 학교 내에 문창사를 세운 경우가 그렇게 많지 않았던 것은 아마도 홍치 연간에 철거를 명령했던 영향 때문일 것이다. 30폭의 명대 학교도(明代學校圖)를 보면 단지 사남부학(思南府學), 숙천현학(宿遷縣學)과 경현현학(涇縣縣學) 세 곳에서 문묘 동쪽의 학교 내에 문창사를 지었다. 명대에는 문창사가 문묘 내에 지어진 경우도 있었다. 천순(天順) 원년(1457)에 여간현학(餘幹縣學)은 "문창사를 극문 왼쪽에 세웠고(筋文昌 祠于戟門左)", 경태 연간 혜주부학(惠州府學), 가정 연간 남녕부학(南寧府學) 모두 문창사를 극문 왼쪽, 문묘 대성문의 동쪽에 지었다. 청대에 이르면 학교 내에 문창사를 세운 곳이 많아졌는데, 하남성만해도 17곳의 학교 내에 문창사를 지었다. 그러나 문묘 내에 문창사를 지은 경우는 여전히 적은 편이었는데, 현재 감숙성의 진반현학(鎭番縣學)이 그에 해당한다. 문헌에는 산서성 임분현학(臨汾縣學)은 영성문 서쪽에 있다고 기록되어 있지만, 청대 분양현학궁도(汾陽縣學宮圖)를 보면 문묘 내 문창사는 찾아볼 수 없다. 문헌에 오채현학(五寨縣學)은 영성문 동쪽, 감주부학은 반지 동쪽, 혜주부학은 극문 왼쪽에 위치해 있다는 기록이 남아 있는데, 아마도 모두 문묘 근처이지 문묘 안에 지어진 것은 아닌 듯하다.

문창제군은 명예와 녹봉을 주관하기 때문에 지역 관원들이 숭배했으며, 문창사 건축은 그들의 정치 및 행정에서 중요한 일이 되었다. 『지북우담(池北偶談)』 권9에는 명대 예부상서(禮部尙書) 양박(楊博)이 지관(地官)에게 길지를 선택하라고 명하였고, 지관은 포주(蒲州) 동문 밖

2-3-142 대남문묘(臺南文廟) 문창각(文昌閣). 명륜당 뒤편에 있다.

두 언덕이 구불구불 이어져 있는 이곳이 길지라고 생각했다. 그러나 양박은 "이곳이 과거에 합격하기 위해 중요한 관문인데, 어찌 나 혼자 소유할 수 있겠는가(此關闔郡文章科第, 我曷爲私之)"라 하여, 혼자서 이 길지를 점용할 수 없다고 하며 지역 선비들을 위하여 이곳에 문창사를 지었다. 후에 그는 복을 받아 5명의 아들 모두가 출세했고, 장남이 호부상서(戶部尙書)까지 관직을 맡았으며, 손자들 중에는 첨사(詹事), 한림(翰林) 등의 관직을 맡은 사람도 나왔다.

5) 문창각(文昌閣)

문창각도 문창제군을 봉사하기 위해 지은 건물이며, 송대에 남강지군(南康知軍)이 남강부학(南康府學)에서 문창각을 세운 것이 처음인 듯하다. 명·청 시기에 많은 학교에서 문창각을 점차 지었지만, 대부분은 문묘 밖에 지어졌고 그중 대부분은 문묘 동쪽 혹은 동남쪽에 지어졌다. 이는 주로 풍수의 영향 때문이었지만, 일부 학교에서는 다른 곳에 세우기도 했다. 영화현학(永和縣學)은 문묘의 서남쪽, 장치현학(長治縣學)은 학교의 북쪽, 천진현학(天津縣學)은 학교의 동북쪽에 세웠다. 문묘 내에 세운 경우는 극히 드물었는데, 건수문묘(建水文廟)는 문창각과 괴성각(魁星閣)을 각각 영성문과 대성문 사이의 뜰 동서 양옆에 지었다. 문창각을 세운 목적은 지역에서 과거 합격자를 많이 배출하고 문운(文運)이 왕성해지기를 기원하기 위해서였다. 이무영(李茂英)은 청강현(淸江縣)에서 "학궁(學宮)의 왼쪽에 문창각을 세웠는데, 규모가 웅장하고 화려하여 이때부터 많은 선비들이 과거에 합격하였다",[116] 나의칙(羅儀則)은 삼수현(三水縣)에서 "문명문(文明門)을 만들고 청운로(靑雲路)를 닦고 문창각을 세웠는데,

---

116) 『江西通志·名宦五·李茂英』. "建文昌閣於學宮之左, 規制壯麗, 自是士子多登第者."

2-3-143 건수문묘(建水文廟) 문창각.

이때부터 읍의 선비들의 학문이 나날이 발전했다".117) 그러나 선비들이 과거에 합격하고, 학문이 진보한 것이 문창각을 만들었기 때문인지는 알 수 없다.

6) 괴성각(魁星閣)

괴성은 규성(奎星)이라고도 하는데, 본래 북두칠성 별 이름 중 하나이다. 어떤 사람은 북두의 첫 번째부터 네 번째까지의 별이라고도 하고, 또 어떤 사람은 첫 번째 별이라고도 한다. 옛날사람들은 괴성은 문운을 주관한다고 생각해서 남송부터 묘학 내에 괴성각을 세우기 시작했다. 『경정속수엄주지(景定續修嚴州志)』에는 다음과 같은 기록이 있다. "괴성루는 학교의 웅장한 건물이다. 전 지주(知州) 오반(吳槃)은 통나무로 건축하였으나 그 후 재정에 여유가 생기자 백토를 칠하고 괴성상을 모셨다. 군인(郡人) 방봉진(方逢辰)이 (괴성루의) 편액을 썼다. 그 밑에는 모여서 식사하는 곳이고 미산(眉山) 양동(楊棟)의 기록에 따르면 원래 '육미(育美)'라는 이름으로 불렸다가 오늘날에 '등운(登雲)'으로 개명되었다."118) 같은 책을 참고하면 오반(吳槃)은 보우(寶祐) 2년(1254) 8월 13일에 부임했고, 보우 4년 정월 27일에 사임했다는 것을 알 수 있

---

117) 『江西通志·人物五·羅儀則』. "開文明門, 築青雲路, 建文昌閣, 自是邑土文學日興."
118) "魁星樓爲一學偉觀, 前知州吳槃旣勤樸斲, 今侯錢可則始丹堊其上, 以奉魁星, 郡人方逢辰書其扁, 其下爲會食之所, 始名育美, 眉山楊棟爲記, 今改爲登雲."

2-3-144 문묘 동쪽에 위치한 황암문묘의 규성각. ⓒ 符藝楠

다. 이것으로 보아 괴성루(魁星樓)가 지어진 시기는 아마도 보우 3년이었을 것이다. 괴성루의 위치는 이 책에서 "전문 동쪽은 숙의위고 괴성루다(由殿門而東爲肅儀位, 爲魁星樓)"라고 기록되어 있는데, 이를 보면 문묘 동쪽에 있었을 것이다.

괴성각(또는 괴성루)은 명대부터 문묘 가까이에 짓기 시작했는데 문창각처럼 주로 문묘 동쪽에 지어졌다. 위치를 보면 대부분은 동남쪽에 지어졌는데 가정 연간의 순안현학, 남강부학, 용계현학('괴루'라고 함), 건룡 때의 은현현학, 오정현학, 영청현학 등은 이에 해당한다. 이렇게 지어진 것은 역시 풍수의 영향 때문이다. 기록에 따르면 괴성각이 문묘 내에 지어진 경우는 극히 드물었다. 건수문묘와 부원(富源)의 전(前) 평이현학문묘(平彝縣學文廟)는 대성문 앞 정원의 작은 길 동쪽에 세워졌다는 기록이 남아 있다. 그러나 건수문묘의 괴성각은 현재 남아 있지 않아서 지금 부원문묘 안에 있는 괴성각만이 남아 있다. 각(閣)의 평면은 8각형 모양이고, 대각선(對角線)은 10.06m다. 3층 비첨(飛簷)으로 되어 있고, 높이는 17.6m에 달한다. 하북성 정주문묘의 괴성각은 문묘 대문의 동쪽 정원 내에 있으며 정원 뒤쪽으로는 숭성사가 있기 때문에, 문묘의 일부분에 속해 있다. 산서성 정승(靜升)공자문묘는 민간 인사(人士)가 원대에 자발적으로 지었는데, 청 강희 원년(1662)에 문묘의 동남쪽 한 켠에 괴성루를 지었고, 민국 22년(1933)에 2층에서 3층으로 증축했다.

7) 토지사(土地祠)

토지사는 후토사(後土祠)라고 부르기도
했으며, 토지신을 제사 지내는 사당이다.
토지사는 비록 작지만 중국에 가장 많이 있
는 사당이기도 하다. 위로는 관청의 문묘
부터, 아래로는 산간벽지의 촌락까지 없는
곳이 없었으며, 묘학도 예외는 아니었다.
원 지순 연간 진강묘학(鎭江文廟) 지령사(地
靈祠)는 4칸이었으며 무(廡)의 뒤 서남쪽 모
퉁이에 있었다(地靈祠四間, 在廡後西南隅). 지
대 연간의 집경로노학도를 보면 문묘 동쪽
의 학교 내에 토지사가 있었는데 독립된 정
원 안에 남향으로 된 하나의 전(殿)과 문이
있었다. 특이한 점은 문묘 서쪽에 있는 학
교 내에 동향의 토지묘 하나가 있었다는 것
이다. 청대에 오면 일반적으로 묘학 내에
토지사가 세워졌지만, 절대다수는 학교 구
역 내에 지어졌다. 현재는 곡부 공자문묘
와 가정현학에만 문묘 내에 세워진 것으로
보인다. 곡부 공자문묘는 성적전(聖跡殿)
담 밖에 있고 가정문묘는 대성문 동쪽 옆,
명환사 동쪽에 있다.

토지사 건물은 단출한 편이었다. 가정문
묘는 1칸으로 되어 있었고, 곡부 공자문묘
는 독립된 정원이었다. 독립된 정원 안에
지어졌지만 하나의 문과 3칸으로 된 전(殿)

2-3-145 정승문묘의 괴성루 및 조벽.

2-3-146 정주문묘(定州文廟)의 괴성각.

으로만 이루어져 있다. 국자감문묘 토지사의 규모가 유난히 컸는데, 전은 3칸, 양측 곁채는 2

2-3-147 곡부 공자문묘의 후토사.

칸, 동서 사랑채는 각각 2칸, 대문 1칸, 조벽 하나로 이루어져 있었다. 사당 내 국자감 사업(司業)인 팽정구(彭定求)가 '學解成, 閑官一席曾三仕起衰力任, 巨制千秋本六經'119)이라고 쓴 대련, 전부(典簿) 장선(張璿)이 '태산북두(泰山北門)'라고 쓴 편액과 '貫日矢天, 正氣衍千秋之俎豆; 驅邪辟異, 精英振八代之文章'120)이라고 쓴 대련, 쵀주 손악반(孫嶽頒)이 '호기독존(浩氣獨存)'이라고 쓴 편액과 '道統接鄒魯而後, 功在千秋; 儒修開濂洛之先, 澤流多士'121)라고 쓴 대련, 조교(助教) 숭령(嵩齡)이 '소수우주(昭垂宇宙)'라고 쓴 편액, 쵀주 법식선(法式善)이 '사문재자(斯文在兹)'라고 쓴 편액과 '起八代衰, 自昔文章尊北門; 興四門學, 即今俎豆重東膠'122)라고 쓴 대련, 조교 김특혁(金特赫)이 '우입성역(優入聖域)'이라고 쓴 편액, 백아경(伯阿慶)이 '충직정대(忠直正大)'라고 쓴 편액이 걸려 있다. 자그마한 토지사 안에는 의외로 편액 여섯 개와 대련 여덟 장이 걸려 있었다. 문묘의 토지신은 문장의 화신(化身)이 되었을까.

일부 묘학에는 다른 부사(附祀) 건물도 있었다. 운남성 건수묘학에는 글자를 만든 창힐(蒼頡)을 봉사하는 창성사(蒼聖祠)와, 객지로 와서 10수 년 동안 강학을 했던 인물을 봉사하는 '이현

119) (옮긴이) 학해(學海)가 이루어지니 한관을 3번 역임하여 쇠한 것을 일으키고 임무에 힘써서 육경(六經)을 크게 일으키고 창제하였다.
120) (옮긴이) 하늘에 맹세하건대, 정기가 천년동안의 제사에 흐르도록 하고 사악함을 몰아내고 이단을 물리쳐 팔대의 문풍을 진흥토록 하겠나이다.
121) (옮긴이) (유교의) 도덕 전통은 추나라와 노나라에서 이어받아 (계승하여) 그 공은 만세토록 있다. 유학의 전승(傳承)은 염락(濂洛) 이전 시기에 이루어졌고, 그 은택은 여러 사람에게 내려졌다.
122) (옮긴이) 팔대의 쇠한 문풍을 일으켜 옛 문장으로부터 북두를 높이고 사문학을 진흥하니 지금의 제사는 학교의 일보다도 중하다.

사(二賢祠)'도 있었다. 하지만
이러한 건물은 모두 학교에 세
워졌을 뿐 문묘와는 관련이 없
었으며 문묘의 부사건물로 연
구되지는 않았다.

4. 기타 건축물

기타 건축은 여섯 종류가 있
다. 첫째는 위패를 모셔둔 신고
(神庫), 둘째는 제사에 참여하는
사람들에게 제공하는 재숙소
(齋宿所)와 경의청(更衣廳), 셋째

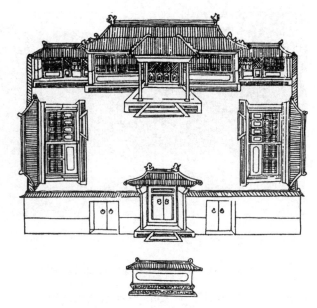

2-3-148 국자감문묘 토지사의 평면 안내도.

는 제물을 준비하는 곳인 신포(神庖)와 신주(神廚), 넷째 제사 때 음악을 연주하고 춤을 추는 예악
정(禮樂亭) 등, 다섯째는 종과 북을 두는 종고루(鍾鼓樓) 등, 여섯째는 제사 때 사용되는 예기(禮
器), 악기 등을 보존하는 고방(庫房)이다.

신고(神庫)는 오로지 공자문묘의 위패를 보존하는 곳이다. 평소에는 신고 안에 위패를 보존
하다가 제사 영신 때 위패를 대성전과 기타 전무(殿廡)로 가져다 두었다. 그러나 신고를 설치
한 문묘는 드문 편이었다. 북경 국자감문묘의 신고는 5칸으로 대성문 앞 서쪽 지경문(持敬門)
북쪽에 위치해 있다.

1) 재숙소(齋宿所)

재숙소는 재거(齋居)라고도 하며, 제사에 참여하는 이들이 제사 전에 목욕재계하는 곳이다.
당나라 말기에 일부 문묘에서는 재원(齋院)이라고도 했으며, "재원을 만들어 석채례 때 3헌을
드리기 위해 재계하는 장소로 사용했다".[123] 송대에 이르면 일부 문묘에서는 숙의위(肅儀位)

---

123)『太師, 中書令, 北平王再修文宣王廟院記』([五代], 高諷).『唐文續拾』권7 참조. "次創齋院, 以爲釋菜三獻修齋
之所."

2-3-149
곡부 공자문묘의
동재숙(東齋宿).

라고도 했으며, 건도 5년 엄주문묘의 "숙의위는 전문(殿門) 동쪽에 있었다(由殿門而東爲肅儀位)"
라는 기록에서 확인할 수 있다. 원대 일부 문묘에서는 숙용소(肅容所)라고도 했으며, 지순(至
順) 연간 진강문묘(鎭江文廟)의 "숙용소는 극문 동쪽에 있었다(肅容所在戟門之東)"라는 기록이 남
아 있다. 명·청 시대의 일부 문묘에서는 치재소(致齋所)나 재숙소라고도 했다.

당대부터 국가의 규정에 따라, 각급 학교문묘에서는 지방 행정장관이 제사를 주관했다. 예
를 들어 현학문묘의 석전에서는 현령(縣令), 현승(縣丞), 주부(主簿)나 현위(縣尉)124)가 3헌(三
獻)125)을 해야 했다. 제사 삼일 전부터 관원은 형사소송 같은 업무를 처리할 수 없었으며, 제
사 하루 전에는 문묘의 재거로 가야 했다. 재숙소는 일반적으로 문묘 안에 있었는데, 대부분
은 대성문 좌우 혹은 앞쪽에 있었다. 한성문묘(韓城文廟)의 재숙소는 대성문 앞쪽에, 장주현학
(長洲縣學)의 재숙소는 대성문 서쪽에 있었다.

재숙소 건물은 일반적으로 단출했다. 명 융경 연간의 장주묘학도(長洲廟學圖)를 보면 재숙소
는 대성문 앞, 남향으로 위치해 있으며, 규모는 매우 작았다. 청대에는 일부 재숙소는 학교 안
에, 일부는 문묘 안에 설치해 두었는데, 문묘 안에 지어진 경우는 대부분 대성문 좌우에 있었
다. 안화문묘(安化文廟)의 재숙소와 경의청(更衣廳)은 대성문 양쪽 명환사와 향현사의 좌우에
있었으며 모두 1칸으로 되어 있었고, 다른 문묘의 재숙소들도 크지 않았다. 북경 국자감문묘
의 치재소(致齋所)는 3칸으로 되어 있었고, 곡부 공자문묘의 경우는 큰 편이었는데, 원래는 두
그룹으로 독립된 건물이었다. 한 그룹은 공자 장손인 연성공(衍聖公)이 사용하던 곳이고, 다른

....

124) (옮긴이) 현위(縣尉)는 현령(縣令)보다 낮은 지위이며, 치안(治安)을 주관하는 관원이다.
125) (옮긴이) 3헌(三獻)은 제사 때 술잔을 세 번 드리는 것, 즉 초헌(初獻) 아헌(亞獻) 종헌(終獻)을 말한다.

2-3-150 정주문교(定州文廟) 우관청(右官廳).

한 그룹은 수사관원(隨祀官員)이 사용했던 곳이다. 두 그룹의 건물 규모는 서로 비슷하다. 정청(正廳) 하나에 두 곁채가 있었는데, 정청은 5칸, 곁채는 3칸이며, 그 외 병문(屛門), 원문(院門)도 각각 한 채씩 있었다. 정청, 곁채는 모두 청대 관방식의 작은 건축물이었으며 7름(檁) 4주(柱)에 목조 회랑으로 둘러싸여 있었다. 앞쪽 회랑은 복도가 나와 있었고, 정청 처마 아래에는 1두(斗) 2승(升)[126] 두공을 사용했으며 병문에는 7포 두공을 사용했다. 청대 강희, 건륭 두 황제가 공자 제사 전에 모두 동재숙에서 옷을 갈아입고 휴식을 취해야 했기 때문에 건물 채색화의 등급도 높았다. 정청과 곁채에는 모두 점금(點金) 채색화, 병문에는 용봉(龍鳳) 도안의 대점금(大點金) 채색화, 두공에는 금탁묵(金琢墨) 채색화가 그려져 있었다.

2) 경의정(更衣亭)/경의청(更衣廳)

경의정은 관청(官廳)이라고도 했으며, 제사 관원이 제사 전 옷을 갈아입는 곳이다. 원대의 집경로노학은 경의청을 문묘 동쪽의 학교 안에 세워놓았다. 명·청 시대의 경의정은 대부분 대성문 근처에 지었다. 정주문묘(定州文廟)의 관청은 대성문 양쪽에 위치해 있었으며 독립적인 건물이었다. 안순문묘(安順文廟)에서는 대성문 양쪽 끝의 칸[間]을 점유하고 있었는데, 왼쪽

126) (옮긴이) 중국에서는 주두와 소로를 두(斗)와 승(升)으로 칭한다.

2-3-151 곡부 공자문묘의 신포(神廚).

은 문관청(文官廳), 오른쪽은 무관청(武官廳)이었다. 항주부학문묘(杭州府學文廟)의 경우 대성문
좌우에 있었고, 각각 문관관(文官館), 무관관(武官館)이라고 했다.

경의청 건물은 보통 단출한 편이어서 북경 국자감문묘조차도 1칸으로 되어 있다. 하북성
정주문묘의 경의청은 대성문 좌우에 있는 2칸 건물이었고, 앞에 복도가 나와 있었으며 회색
기와의 권붕정(卷棚頂)이었다. 호남성 석문문묘의 문무관청은 각각 대성문 양쪽에 있었는데,
3칸으로 되어 있었으며 녹색 기와지붕이었다. 건물 앞에는 복도가 나와 있어서, 가장 생동감
있는 경의정이었을 것이다.

3) 신포(神庖)와 신주(神廚)

신포는 재성소(宰牲所), 성성소(省牲所), 재성방(宰牲房), 성방(牲房) 등이라고도 불렸다. 신포
는 제사에 사용하는 동물을 도축하던 곳이며, 신주는 제물을 만드는 곳이었다. 일반적으로 묘
학에는 이들 중 하나만 있었다. 예를 들어 원대의 집경로학(集慶路學), 명 가정 연간의 태평현
학(太平縣學)에는 신주만 있었고, 명 가정 연간의 안계현학, 사남부학(思南府學)과 건평현학(建
平縣學), 소흥부학(紹興府學)에는 성성소나 재성소만 있었다. 그러나 신포와 신주 모두를 설치
한 묘학도 있었는데, 언사(偃師), 한성(韓城), 가정(嘉定) 등의 현학 등이 그 예이다. 신포와 신주
둘 다 학교 안에 세웠던 경우가 일반적이었지만, 문묘 안에 세웠던 경우도 있었다. 가정현학
에서는 신포와 신주 모두 대성문 앞 서쪽에 세웠으며, 흠주주학(欽州州學)의 경우 대성문 서쪽
에 재성소를 세웠다.

2-3-152 덕양문묘(德陽文廟)의
예악정(禮樂亭).

　신포, 신주 건물은 일반적으로 크지 않았다. 가정학교의 경우 각각 겨우 한 채의 독립적인 건물에 지나지 않았지만 규모가 꽤 큰 편이었다. 북경 국자감문묘의 신주는 5칸, 재성소는 3칸이었다. 곡부 공자문묘의 신포와 신주는 규모가 비교적 컸는데, 각각 문묘 내의 동북쪽, 서북쪽 한켠에 위치해 있었으며 모두 독립적인 정원이 있었다. 정청, 곁채는 모두 5칸이었고, 회색 기와 경산정이었으며, 5름(檩) 3주(柱)식 목조 건물에 앞에 복도가 나와 있었다. 대문은 1칸에, 회색 기와 현산정으로, 5름(檩) 분심식의 목조건물이었으며, 1두 2승 교마엽 두공을 사용하고 있다.

　4) 예악정(禮樂亭)

　양자강 이남(以南) 지역에는 비가 많이 오는데, 제사의 연주와 무용에 영향을 주지 않기 위해서, 많은 문묘에서는 대성전 앞에 무정(舞亭), 예정(禮亭), 악정(樂亭) 등의 건물을 세웠다. 사천성 덕양문묘(德陽文廟)는 대성전 노대 앞에 네 개의 예악정을 세웠다. 호남성 유양문묘(瀏陽文廟)는 대성전 노대 위에 무정을 세웠다.

　4) 종고정(鐘鼓亭)

　종고루(鍾鼓樓)라고도 한다. 문묘의 제사 때에는 북을 치고 종을 울려야 했는데, 일반적으로 종고를 대성문 옆에 두었지만 호남성, 사천성, 산서성에서는 모두 대성문 앞뒤에 종고정을 세

2-3-153 사천성(四川省) 관현문묘(灌縣文廟)의 종고루(鐘鼓樓).

2-3-154 국자감문묘의 예기고.

웠다. 종고정은 보통 한 쌍으로 되어 있는데, 동쪽에는 종을, 서쪽에는 북을 두었다.

5) 제기고(祭樂器)와 악기고(樂器庫)

제사 때 사용할 예기, 악기를 보관했던 고방(庫房)은 묘학마다 반드시 만들어야 했지만, 제기고와 악기고가 분설되어 있는 경우는 많지 않았으며 일반적으로 이들을 합해서 제기고로 불렀다. 제기고는 학교 내에 혹은 문묘 내에 설치했다. 문묘에 만든 경우 이를 위해 별도로 건물을 짓지는 않았고 대부분은 다른 용도로 사용하고 있는 건물을 차용했다. 부순문묘의 경우 제기고는 대성문 좌우 양쪽에 위치해 있었으며, 경의제기소(更衣祭器所)라고 불렀다. 제사 전 제사에 참여하는 사람들이 옷을 갈아입는 장소로 제공되었고, 제사 후에는 제기를 보관했다. 묘학의 건물이 많지 않은 경우 한 건물이 두 가지 용도로 사용되는 경우도 있었다.

제기고 건물은 일반적으로 크지 않아서 문묘의 다른 건물에 비하면 규모도 작고 등급도 낮은 건물이었다. 곡부 공자문묘는 건물이 많고 규모도 커서 복무 건물도 많았으며 크기도 큰 편이어서, 독립적인 예기고와 악기고를 만들어 제사 때 사용하는 예기와 악기를 따로 보관했다. 예기고와 악기고는 정면 9칸에 회색 기와 녹연(綠沿)의 경산정이었으며, 5름 4주의 목조 회랑에, 앞으로는 복도가 있고 처마 밑에는 1두 2승 두공을 사용했다. 북경 국자감문묘는 각

각 12칸으로 대성문 동서에 위
치했으며, 현재까지 알려져 있
는 제기고와 예기고 중 가장 크
다고 할 수 있다.

6) 규정(規亭)과 거정(矩亭)

이 둘은 제남부학문묘(濟南府
學文廟)에만 보이며, 문묘 안에
있다. 반지 앞 동서쪽에 세워져
있고, 규정은 원형, 거정은 방
형으로 되어 있다. 이 건물의
이름은 중국 옛말 중 "규구(規
矩) 없이 사각형과 원을 그릴 수
없다(沒有規矩不成方圓)"[127]라는
말에 근거하여 문묘에 들어온
사람들을 교육하고 경계시키는
의미가 담겨 있다.

비예제(非禮制) 문묘는 예제문
묘의 영향으로, 건축 형식은 예
제문묘의 양식을 채택하는 경
우가 있었다. 복주시(福州市) 나
주(螺洲)의 공자문묘는 남송 보
경(寶慶)(1225~1227) 연간에 세
워졌는데, 명·청 시대에 수차
례 중수되었다. 앞뒤로 정원 세
곳이 있고, 중추선 앞에서 뒤로

2-3-155 제남부학문묘(濟南府學文廟)의 규정(規亭).

2-3-156 제남부학문묘(濟南府學文廟)의 거정(矩亭).

---

127) (옮긴이) 중국어에는 '규(規)'는 컴퍼스를 뜻하며, '거(矩)'는 곱자를 의미하는 것이다. 이 말은 컴퍼스와 곱
자가 없으면 사각형과 원형이 이룰 수 없듯이 일정한 표준이나 규칙이 없으면 성사할 수 없다는 뜻이다.

영성문, 반지와 반교, 대성문, 대성전, 양쪽에 낭무(廊廡)와 명환사, 향현사가 있다.

5. 풍수(風水)가 공자문묘 건축에 끼친 영향

　풍수학은 건축 분야에서 자연에 순응하면서 자연을 이용 및 개조하기 위해 확립된 중국인의 독창적 학문이다. 서주(西周) 이래 줄곧 중국의 성지(城池), 궁전, 묘우, 주택, 묘지 등 지상과 지하 건축에 많은 영향을 끼쳤다. 공자문묘는 중국 건축중 중요한 일부로서 풍수학의 영향을 받지 않을 수 없었다.

　첫째, 풍수학은 공자문묘의 택지 선정에 영향을 끼쳤다. 공자문묘는 국가 사전(祀典)의 예제건축에 포함되어서 자의적으로 지을 수 있는 건물이 아니었다. 다만 부·주·현 등의 각급 정부 아문이 있는 도시에서는 건축할 자격이 있었다. 풍수학에 따르면, "문묘는 간(艮), 갑(甲), 손(巽)괘에 따라 짓는다. 뒤쪽은 붓과 창처럼 우뚝 솟아 있어야 하고, 왼쪽은 충분히 공간을 확보하여 환하게 비워두어서 한 눈에 여러 건물들[閣, 奎, 樓]을 볼 수 있어야 과거 합격자를 배출하는 데 도움이 된다".[128] 이에 따르면 문묘는 도시의 동남쪽, 또는 동쪽과 동북쪽에 지어야 지역 문화 발전에 기여할 수 있다고 생각했다. 역사적으로 특히 봉건사회 후기에 새로 조성된 도시의 경우 거의 예외 없이 모두 남쪽 성문(城門)의 동쪽이나 동쪽 성문의 북쪽에 문묘를 세웠다. 도시가 먼저 세워지고 문묘가 뒤에 세워졌던 경우는 이와 다른 위치에 세워지기도 했다. 송대에 공자문묘를 지을 때에도 풍수는 중시되었다. 선화 원년(1119) 절강성 봉화에서 묘학을 이전했을 때 "음양의 조화를 잘 살펴서 옛터에서 20보(步)만큼 떨어져 서쪽으로 약간 옮겼다". 이렇게 문묘의 터를 선택했던 까닭은 사람들이 풍수학을 신봉했고, 문묘의 위치가 좋지 않을 경우 지역 지식인들의 과거 합격에 영향을 줄 수 있다고 생각했기 때문이다. 광동성 징매현학문묘(澄邁縣學文廟) 이전 후 제학부사(提學副使)는 과거 시험에 특별한 이점이 없다고 생각해서, 징매(澄邁)의 지현(知縣)에게 묘학을 원래의 자리로 옮겨놓으라고 명했다. 명 숭정 12년(1639) 지부(知府) 황립언(黃立言)은 부학의 위치가 적합하지 않아 과거에 영향을 끼친다고 생각해서 술사(術士)의 감정 후 묘학을 성 밖으로 옮기라고 명하였다. 안휘성 동류현학(東流縣學)은 아문(衙門)의 서쪽으로 이전한 후 지관의 학교 위치가 높고 기울어져 음양의 조화가 깨

---

128) 『相宅經纂』권2「都郡文武廟吉凶論」([淸], 高見南). "文廟建艮, 甲, 巽三方爲得地, 廟後宜高聳, 如筆如槍, 左宜空缺明亮, 一眼看見文閣奎樓, 大利科甲."

2-3-157 남향의 건수문묘. 문묘가 남쪽 산과 마주하게 된 것은 풍수학의 영향 때문이다.

지는 바람에 과거에 유리하지 않다는 판단하에, 명 홍치 9년 학교문묘를 아문의 동북쪽으로 다시 옮겼다. 광동성 개건현학(開建縣學)은 명 홍무 8년(1375) 성 북쪽으로 이전한 후 과거 합격자가 늘어났지만, 성안으로 이전한 후 줄어들었다. 이로 인해 가정 39년에는 현지의 수재(秀才)들과 지역 인사들이 묘학의 지형이 낮아서 과거 합격률이 저조하다는 내용으로 안원(按院)[129]에게 탄원하였고, 경제학사(經提學使)의 동의를 거친 후 다시 원래의 위치로 옮겼다.

둘째, 풍수학은 문묘의 좌향(坐向)에 영향을 끼쳤다. 중국의 남면을 중시하는 풍습에 따라 절대다수의 문묘는 좌북남면(坐北面南)이었지만, 일부 문묘에서는 좌서면동(坐西面東)처럼 다른 방향을 택하기도 했다. 운남성의 검주주학문묘(劍州州學文廟), 보산현학문묘(保山縣學文廟), 부민현학문묘(富民縣學文廟), 나평주학문묘(羅平州學文廟), 경동현학문묘(景東縣學文廟), 광서성 태평부학문묘(太平府學文廟), 광동성 염주부문묘(廉州府文廟), 섬서성 낙천현학문묘(洛川縣學文廟) 등이 좌서면동의 구조를 취했다. 좌동면서의 형식을 취한 문묘도 있었다. 운남성 빈천현학문묘(賓川縣學文廟), 석천부학문묘(石阡府學文廟), 옥계(玉溪)의 신흥주학문묘(新興州學文廟), 복건성의 태녕현학문묘(太寧縣學文廟), 호남성의 신전현학문묘(新田縣學文廟)가 이에 속한다. 운남성의 회택현학문묘(會澤縣學文廟), 통해현학문묘(通海縣學文廟)처럼 좌남면북 구조의 문묘도 있었다. 그리고 일부 문묘는 정방향(正方向)으로도 지어지지 않았다. 호남성의 강화현학문묘

---

129) (옮긴이) 명나라 시기의 관직명이고 '순안어사(巡按禦使)'로 부르기도 하였다.

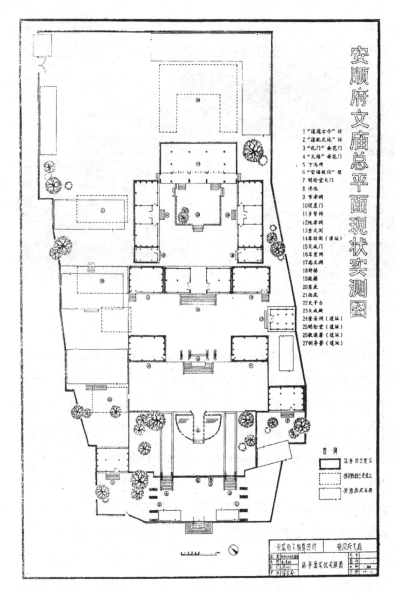

安順府文廟总平面现状实测図

1 "遠冠古今" 坊
2 "德配天地" 坊
3 "扎门" 棂花门
4 "义路" 棂花门
5 下马碑
6 "宫墙数仞" 壁
7 明伦堂大门
8 泮池
9 聚奎楼
10棂星门
11乡贤祠
12纯寅祠
13重大阁
14奎经阁（遗址）
15大成阁
16名宦祠
17忠义祠
18钟楼
19鼓楼
20东庑
21西庑
22天平台
23大成殿
24崇圣祠（遗址）
25明伦堂（遗址）
26敬读斋（遗址）
27制丰斋（遗址）

2-3-158

안순문묘(安順文廟)의 평면도.

(江華縣學文廟)와 복건성 혜안문묘(惠安文廟)는 좌서북면동남(坐西北面東南), 귀주성 안순부학문묘에서는 좌북동면남서(坐北東面南西)의 구조를 택했다. 호남성 건주문묘는 남쪽으로 치우친 동향이었으며, 동안문묘와 남경부자묘는 동남향이었다. 문묘 건물의 방향이 일치하지 않았던 이유에는 지형의 한계·풍수학설의 영향 등 여러 가지가 있었다. 감주문묘는 동쪽으로 37도 기울어진 남향이었는데, 이는 중추선이 봉산(峰山)의 가장 높은 봉우리와 바로 마주보게 하기 위해서였다. 풍수학은 묘학이 동남쪽의 높은 봉우리와 마주하는 것이 문운을 일으키는

데 도움이 되고 과거 합격자를 많이 배출한다고 주장했다. "모든 성·부·주·현·향촌의 문인들에게 이롭지 못하여 과거 합격자가 나오지 않으니, 갑(甲), 손(巽), 병, 정 방위에 길지(吉地)를 택하고, 문필의 높은 봉우리를 세워 다른 산보다 더 높게 만들면 합격자가 나올 것이다. 혹은 산 위에 문필을 세우거나 평지에 높은 탑을 세워 모두 문필봉으로 한다."130) 이에 따르면 묘학 앞에 산이나 산 정도의 높은 곳이 없을 경우 탑을 세우기도 했던 것 같다. 감주성 밖 동북쪽에는 산이 있었는데, 만일 문묘 방향이 조금 기울여 그것이 가능하다면 왜 기꺼이 하지 않겠는가? 풍수학의 영향 때문에 일부 문묘에서는 지속적으로 문묘의 방향을 바꿨다. 강소성 감유문묘(贛榆文廟)는 "처음에는 자오(子午) 방향으로 했다가 나중에 추미

2-3-159 공성문묘(恭城文廟)의 전경. 문묘는 지세에 따라 앞에서 뒤로 갈수록 계단이 높아졌다.

(醜未) 방향으로 바꾸었지만, 다시 자오 방향으로 바꾸었다(方向先子午後丑未, 後復子午)"라는 기록이 남아 있다. 명 홍무 4년(1371)에 아문 동남쪽으로 이전했을 때 자오 방향인 좌북면남의 형식을 취했다가, 만력 43년(1615) 축미 방향인 좌동북면서남으로 바꾸었다. 숭정 13년(1640) 자오 방향으로 다시 바꿨는데, "풍기(風氣)에 따르면 상서로운 기운이 따른다(循風氣, 趨吉昌也)"라는 기록으로 보아 풍수학의 영향을 많이 받았을 것으로 짐작된다. 광동성 귀선현학(歸善縣學)은 명 만력 43년(1625)에 지현이 유수당(柳樹塘)에 다리를 만들면서 학궁의 지맥(地脈)을 끊게 되었고, 이 때문에 학궁을 정(丁) 방향으로 옮겨졌다. 청 강희 52년(1713) 지현 구가혜(邱嘉惠)는

---

130) 『相宅經纂』 권2 「文筆高塔方位」([淸], 高見南). "凡都省府州縣鄕村文人不利, 不發科甲者, 可於甲, 巽, 丙, 丁四字方位上擇其吉地, 立一文筆尖峰, 只要高過別山, 即發科甲, 或於山上立文筆, 或於平地建高塔, 皆爲文筆峰."

다리를 철거하고 지맥을 회복시키고, 학궁도 미(未)방향으로 회복하였다.

셋째, 풍수학은 공자문묘 건물 배치에 영향을 주었다. 광서성 공성문묘는 『역경』의 '기제(既濟)'괘의 6효(爻)에 따라 설계했고, 산세(山勢)에 순응하여 건물을 지었는데 다층적으로 등급을 나누어 건물을 배치했다. 양효는 첫째, 셋째, 다섯째 자리에, 음효는 둘째, 넷째, 여섯째 자리에 놓였는데, 음양이 각각 제자리가 있으면 물과 불이 서로 조화를 이루어 온전하고 매우 운이 좋은 상(象)이 될 수 있다. 다섯 번째 효의 자리가 가장 중요한 이유는 대성전이 바로 그 자리에 있었기 때문이었다. 건물들이 이 원리에 따라 배치된 문묘는 더욱 엄숙하고 웅장해 보였다.

해주주학(海州州學)은 명 가정 31년(1552) 명륜당을 대성전 뒤로 옮긴 뒤 수년(數年) 동안 과거 합격자가 배출되지 않았다. 풍수학의 해석에 따르면 대성전 앞쪽에는 건물을 세울 수 있었지만 뒤에는 세울 수 없었다. 명륜당을 대성전 뒤에 세우는 것은 '좌공조만(坐空朝滿)'131)이라는 대성전 배치 원칙을 위배하는 것이기에 과거 합격자 배출이 부진했던 것이다. 이 때문에 청 건륭 49년(1784)에 명륜당을 대성전 뒤쪽에서 동쪽으로 이전시켰고, 얼마 가지 않아 과거 합격자가 생겨났다. 또한 풍수학에 의하면 공자문묘 서남쪽에 건물을 짓는 것은 적당하지 않은데, 후대 사람들이 이곳에 건물을 지었기 때문에 결과적으로 학교의 스승과 제자 모두에게 좋지 않은 영향을 끼친 것이다. 이에 따라 지관의 건의에 따라 건물을 철거한 뒤 스승과 제자들도 일상을 회복할 수 있었다. 지관은 문묘 앞 바깥쪽 반지 주위는 주민들에 의해 채소밭으로 점용되었기 때문에, 문곡구(文曲溝)132)가 파괴되고 옥대하(玉帶河)133)는 물이 말라버려 결국 기맥이 통하지 않게 되었다고 했다. 그 외에 존경각이 대성전 뒤에 위치해 있는 것도 현지 학생들의 과거 합격에 도움이 되지 않는다.134)

광동성 덕경문묘(德慶文廟)도 풍수학에 따라 이전한 적이 있었다. 명 가정 41년(1562) 지현 양정(楊征)은 문묘는 지세가 낮으나 성황묘(城隍廟) 부근에는 필가봉(筆架峰)135)이 있다고 판단하여, 문운이 번성하도록 문묘와 성황묘의 자리를 바꾸었다. 그러나 의도대로 되지 않았고 덕경문묘의 과거 합격자 배출은 이후에 더욱 부진해졌다. 만력 29년(1601) 지주(知州) 심유엄(沈有嚴)은 문묘를 원래의 위치로 옮기고 아문의 동남쪽에 있는 산 위에 높은 탑을 세워 문운이 발전하기를 기대했다. 그 후로 문묘 이전의 효과가 어떠했는지 지지(地誌)에는 기록되어 있지

---

131) (옮긴이) 풍수학에 의하면 '좌공조만(坐空朝滿)'은 좌후(坐後)에 산도 없고 물도 없는 좋은 구조이다.

132) (옮긴이) 문곡구는 문묘 앞에 문곡성[장원]을 배출할 수 있다는 기맥을 담아 있는 도랑이다.

133) (옮긴이) 옥대하는 문묘 앞에 기맥을 담아 흐르는 냇물을 가리킨다.

134) 『嘉慶海州直隸州志·學校』([清], 唐仲冕).

135) (옮긴이) 필가봉은 '산'을 가리키는데 고대 사람이 글씨를 쓰고 나서 붓을 얹혀놓는 데 사용하는 붓걸이의 모양과 비슷해서 이름이 유래되었던 것이다.

않다. 그러나 『선거지(選擧志)』를 보면 가정 41년 문묘가 성황묘와 바뀌고 만력 29년 문묘가 원래 자리로 돌아가기까지 39년간, 만력 4년(1576)에만 거인 한 명이 배출되었을 뿐이었다. 또한 만력 29년 문묘가 원래 자리로 이전한 후부터 명나라가 멸망하기까지 43년 동안에는 천계(天啓) 원년(1621)에만 거인 한 명이 배출되었을 뿐이었다. 이상의 기록들을 보면 문묘 이전(移轉)의 효과는 그리 크지 않았던 것 같다. 청대에 들어서면서 과거 시험을 통한 인재 선발이 활발해지면서 이곳의 과거 합격률이 높아지기 시작했다. 청 강희 14년(1675)부터 47년까지 34년 동안 거인(擧人) 7명이 배출되었고, 강희 48년에는 진사(進士) 한 명이 나왔다. 명 성화 23년(1487)에 진사 한 명이 나왔던 이래로 222년이란 긴 세월이 지난 것이다. 건륭 연간 덕경(德慶) 지역의 과거 합격자가 비교적 많은 편으로, 60년간 3명의 진사와 17명의 거인이 배출되었고, 건륭 44년 한 번의 시험에 3명의 거인이 배출되었다. 이를 보면 풍수가 반드시 영향을 끼쳤던 것만은 아닌 것 같다.[136]

상해 가정문묘 앞에는 송 천성(天聖) 연간에 지은 유광선사(留光禪寺)가 있었는데, 지관은 공자문묘에 방해가 되는 풍수라서 과거 합격에 이롭지 않다고 판단했다. 때문에 명 천순(天順) 연간 공자문묘 앞에 못을 파고 가산(假山)을 만들어서 공자문묘 근처의 다섯 갈래 물길을 문묘 앞 못 안으로 끌어들였는데, 못은 회룡담(彙龍潭), 산은 응규산(應奎山)이라는 이름을 지었다. 가산은 못 가운데에 위치해 있어서 전체적으로 보면 오룡포주(五龍抱珠)[137]의 모양으로 되어 있다.

비교적 일반적인 현상은 각지 묘학이 문묘의 동남쪽에 높고 큰 괴성각을 지었다는 것이다. 괴성각은 문묘 건물에 속하지 않았지만, 문묘의 풍수에 영향을 줄 수 있었다고 한다. 남경부자묘 동남쪽의 괴성각은 "건륭 을미년부터 지어졌는데, 이후 과거 합격생이 나날이 늘어났다. 지관(地官)들이 말하는 이른바 손(巽) 방향의 문봉이 특히 뛰어나기 때문이다".[138] 그러나 안타깝게도 현재는 남아 있지 않다. 광동성 동완현학(東莞縣學)은 묘학 앞에 사선 방향으로 민가가 있어서 명 만력 28년(1600)에 지현 옹여우(翁汝遇)가 장벽을 새로 만들어서 시선을 차단했다.

일부 지방 관리는 풍수를 맹목적으로 믿는 바람에 문묘를 어지럽히기도 했다. 해남성 경주부학(瓊州府學) 반지에는 다리가 있었는데, 만력 39년(1611) 지부 옹여우(翁汝遇)는 이것이 적합하지 않다고 하여 돌다리를 철거했다. 100년 후 제학부사(提學副使) 신대성(申大成)은 청 강희 51년(1712)에 반지에 다리를 다시 지었다.

넷째, 풍수학은 공자문묘의 좋지 않은 풍수를 바로잡는 데 영향을 끼쳤다. 해남성 경주부학

---

136) 『光緒德慶州志·營建志』([淸], 楊文俊).

137) (옮긴이) 용 다섯 마리가 구슬을 하나 받들고 있다는 뜻이다.

138) 『金陵古跡圖考』(朱契). "建自乾隆乙未, 是後科甲日盛, 形家所謂巽方文峰特秀也."

2-3-160 가정문묘(嘉定文廟) 앞의 회룡담(匯龍潭). ⓒ 邵輝

뒤는 지세가 낮고 평평해서 명 성화 22년(1486) 첨사(簽事) 진영(陳英)이 뒤쪽에 땅을 파서 못을 만들고 그 흙으로 산을 만들었으며, 이를 삼원봉(三元峰)이라고 명하였다. 귀주성 준의부학(遵義府學)은 동쪽에 산이 없어서 청 강희 55년(1716)에 문묘 동쪽에 괴각을 지어서 보완했다. 광동성 조경부학(肇慶府學)은 동쪽에 산이 없어서 만력 9년(1581) 갑위(甲位)에 문봉탑(文峰塔)을 세웠다. 재미있는 일화를 들자면, 산서성 양릉현학(襄陵縣學)에서는 명 만력 연간 지현 양작즙(楊作楫)이 묘학의 "동남쪽이 움푹 패여서 문봉탑을 세워 보완해야만 한다(東南低凹, 宜補築文峰)"라고 생각하여 묘학 남쪽에 문봉탑을 세웠는데, 성벽과의 거리가 너무 가까워져서 40여 년 후 철거되었다. 청 강희 11년 지현 사국걸(謝國傑)은 동남쪽이 너무 낮아서 "문필(文筆)이 나오지 못하니 흙을 쌓아 이를 보완해야 한다(文筆未樹, 守土之責也)"라고 생각하여, 문필탑(文筆塔) 재건을 건의했다. 또 지관은 물꼬를 막아야 한다고 판단해서 분수(汾水)의 동안(東岸)에 탑을 세웠다. 강희 19년에는 지방 인사들이 동남쪽 "성의 모퉁이가 예전 그대로 낮고 움푹 파여서 문을 닫을 수 있는 것을 세우지 않으면 풍맥(風脈)이 어찌 모이겠는가(城隅低凹如故, 關鎖未立, 風脈奚聚)"라고 하여, 탑이 없으면 풍수의 기운을 모으기 어렵다고 생각해 지현 하소식(夏紹軾)이 명 만력 구탑이 있는 유지에 문필탑을 세웠다.

풍수의 영향을 가장 많이 받은 곳은 복건성 태녕문묘(太寧文廟)였는데, 묘학의 부지 선택뿐

2-3-161 자계제운정(慈溪梯雲亭). 묘학의 가장 뒤에 위치했으며, 역대 과거 합격자의 이름을 새겼다.

만 아니라 문묘 방향도 풍수학에 따라 정했다고 한다. 태녕현학은 원래 노봉산(爐峰山) 남록(南麓)에 세웠는데 지역에서 과거 합격자가 나오지 않자, 명 가정 2년(1523)에 성 서쪽의 맥호요(驀湖坳)으로 옮겼지만 이전(移轉) 후에도 효과는 없었다. 가정 15년 성 북쪽의 천왕사(天王寺)로 옮겼지만 역시 효과가 없었다. 가정 28년에 노봉산 옛터로 다시 옮겼으며 만력 32년(1604) 방향이 좋지 않다고 판단하여 문묘를 철거했고 문묘 방향을 동쪽으로 하였다. 80년간 다섯 번이나 옮겼고, 결국 만력 34년에 문묘를 새로 준공한 뒤 강일채(江日采), 이춘화(李春燁)가 함께 합격하게 되자, 그 후부터 이러한 일이 반복되지 않았다.

제**4**장

공자문묘의 봉사제도(奉祀制度)

역대 왕조마다 공자문묘의 건축제도에 대한 일관된 규정은 미비했지만, 제사 제도만큼은 상세하고 통일되어 있었다. 공자문묘에서 제사를 지낸 인물의 숫자, 제사 복식, 제사 방법, 심지어 제사 인물의 좌향(坐向)까지도 국가에서 일률적으로 규정하고 있었다.

1. 봉사(奉祀) 인물

중국 전통 교육의 주요 목적은 지식인과 인재 양성이었는데, 지식인에게는 지식 외에도 인격 교육 역시 중시되었다. 인격 교육의 최고 목표는 교육받은 이가 성현(聖賢)이 되게 하는 것이었다. 중국 전통에는 사람이면 누구나 성현이 될 수 있다는 관념이 있었다. 맹자(孟子)는 "사람은 누구나 요순(堯舜)이 될 수 있다(人皆可以爲堯舜)",[1] 정이(程頤)는 "사람은 누구나 성인(聖人)이 될 수 있다(人皆可以至聖人)",[2] 주희(朱熹)는 "배우기만 하면 속세를 벗어나 성인의 경지로 들어갈 수 있기 때문에 어제는 촌부에 지나지 않았지만 오늘은 성인이 될 수 있다(爲學須思所以超凡入聖, 如昨日爲鄕人, 今日便可爲聖人)"[3]고 주장했다. 이렇게 사람은 누구나 배움을 통해 성현이 될 수 있다고 생각했다. 이러한 생각은 성인과 현인 육성을 목적으로 하는 중국 교육만의

---

1) 『孟子·告子夏』(文淵閣四庫全書 電子版 참고).
2) 『二程全書』 권23 「遺書」 중 "伊川先生語" 부분을 참조.
3) 『白鹿洞書院規訓』.

2-4-1 곡부 공자문묘 대성전의 실내 모습. 대성전은 공자, 4배, 12철에 봉사하는 곳이다.

특징을 만들어냈다. 이를 위해 교육자의 직접적 교육 외에 학교에서 성현을 제사 지냄으로써 학습자가 성현이 되고자 하는 의지를 키워주는 것도 하나의 교육방법으로 채용되었다. 학교 안에 문묘를 지어 역대 선성(先聖), 선현(先賢), 선유(先儒)를 봉사하는 목적은 학습자가 성인과 현인이 되도록 교육하기 위해서였다.

공자문묘에서 봉사하는 인물은 매우 많았다. 주사(主祀)와 배사(配祀) 두 가지 종류가 있었으며, 모두 국가에서 제정한 통일된 규정에 따라 이루어졌다. 주사는 공자 한 명만을, 배사는 공자의 제자들과 역대 유가의 대표적인 인물들을 제사 지내는 것이었다. 배사 인물은 공자

2-4-2 곡부 공자문묘 대성전 신위(神位).

2-4-3 창화문묘(彰化文廟) 동무(東廡)의 실내 모습. 양무(兩廡)에서는 선현과 선유를 봉사하였다.

와의 친소(親疎) 관계와 유학에 대한 공헌도에 따라 각각 배향(配享), 배사(配祀), 종사(從祀) 세 가지로 나뉘었으며, 구체적인 명칭으로는 4배(配), 12철(哲), 선현, 선유 등 네 가지로 나눌 수 있다.

　문묘에서 봉사하는 인물은 조정에서 확정되었는데, 이는 각지 문묘에서도 마찬가지였다. 전국적인 통일을 위해서 남송 순희(淳熙) 7년(1180) 국자감에서 지사지내는 인물의 숫자, 작호(爵號), 이름을 전국 주현(州縣)에 반포하였고, 명 선덕(宣德) 3년(1428)에도 조정에서 예부(禮部)에 명을 내려 종사하는 선현의 명성을 고증하고 이를 일괄적으로 집행하도록 하였다.

1) 주사(主祀)

① 연혁

　공자문묘가 생겨나기 전 중국학교에서는 선성과 선현을 봉사하는 전통이 있었다. 그렇지만 초기 학교에서 공자를 주사한 것은 아니었다. 공자는 대략 전한(前漢) 말에 학교에서 주사했지만, 후한(後漢) 전기에 오면 주공(周公)을 선사(先師)로 배향하였으며 후기에는 학교의 주사가 되었고, 이는 당 초(唐初)까지 지속되었다. 몇 번의 변화를 거쳐 당 현경(顯慶) 2년(656)에 공자는 문묘의 주사로 최종 확정되었다. 공자의 주사 지위에 대한 학자들의 의견은 일치하지 않기 때문에 연구가 더 필요하다.

　중국은 옛날부터 학교에서 선현을 봉사하는 전통이 있었다. 『예기(禮記)』「문왕세자(文王世子)」에는 "무릇 학교에서는 봄이 되면 학관(學官)에서 선사에 석전(釋奠)을 지내고, 가을 겨울에도 이를 행하였다. 새로 지은 학교에서는 반드시 선성과 선사에게 석전을 지내야 했다(凡學, 春, 官釋奠于其先師, 秋, 冬亦如之. 凡始立學者, 必釋奠于先聖先師)"라는 구절이 있다. 주대(周代)부터 새로 개설한 학교에서는 반드시 선성과 선사에 제사를 지냈고, 그 후에도 매년 봄·가을·겨울 세 번(일부에서는 4번이라고도 한다) 선사에게 제사 지내는 규정이 이미 만들어졌다. 주대 학관(學官)에서는 선성과 선사에 제사 지낼 때 천자도 태학(太學)에 가서 예식을 참관했으며, "천자가 학교를 시찰할 때 아침 해가 뜨기 전에 북을 치고 학생들을 모아 준비시켰다. 사람들이 모두 모이면 천자가 왔다. 이에 유사(有司)에 명해 상례(常禮)에 따라 선사와 선현에 제사 지내도록 하였다".[4] 안타깝게도 책에는 선현과 선사가 누구인지에 대해서는 설명되어 있지 않다. 명대 송렴(宋濂)은 "주나라가 천하를 소유한 뒤 4대(代)의 학(學)을 세웠는데, 우상(虞庠)에서는 순(舜)을, 하학(夏學)에서는 우(禹)를, 은학(殷學)에서는 탕(湯)을, 동교(東膠)에서는 문왕(文王)을 선성으로 삼았다. 아울러 당시 큰 업적을 쌓았던 4성(四聖)[5]을 선사로 배향하도록 하였다"[6]고 했다.[7] 학교에서 봉사하는 선성은 우상(虞庠)에서는 순(舜), 하학(夏學)에서는 우(禹), 은학(殷學)에서는 탕(湯), 동교(東膠)에서는 문왕(文王)이었고 배향 인물은 주나라의 개국자로 했다는 것이 분명하지만, 출처는 알 수 없다. 자료의 부족으로 인해 현재도 초기 학교에서 봉사했던 선성과 선현을 고증하기 어렵다.

전한 때 처음으로 학교 건립을 주장한 이는 동중서(董仲舒)였다. 동중서는 그의 『대책(對策)』에서 다음과 같이 언급하면서 각급 학교의 건립을 건의했다. "신은 바라옵건대 폐하께서 태학을 일으키시고 현명한 선생을 모셔 천하의 선비들을 양성하시고 자주 살피셔서 그들이 재능을 충분히 발휘할 수 있도록 함으로써 (그중에서) 뛰어난 인재들을 얻으실 수 있을 것입니다."[8] "남면으로 앉아서 천하를 다스리는 자는 교화를 가장 중요한 일로 삼아야 하므로, 태학을 세워서 나라(백성)를 교육하고 상서(庠序)를 설치하여 읍(백성들)을 교화시켜야 합니다."[9] 한(漢) 무제(武帝)는 동중서의 건의를 받아들여 "한 무제 초기부터 …… 동중서의 대책(對策)에 이르기까지 공자의 도를 높이면서 백가(百家)를 배척했다. 아울러 학관(學官: 학교 관리자)을 세우고

---

4) 『禮記·文王世子』(文淵閣四庫全書 電子版 참고). "天子視學, 大昕鼓征, 所以警衆也. 衆至, 然後天子至, 乃命有司行事, 興秩節, 祭先師先聖焉."

5) (옮긴이) 대성전에 공자와 함께 모셔져 있는 안자(顏子)·증자(曾子)·자사(子思)·맹자(孟子)의 네 명을 4성(四聖)이라고 한다.

6) 『孔子廟堂議』([明], 宋濂). 『文憲集』 권28(文淵閣四庫全書 電子版 참고). "周有天下, 立四代之學, 其所謂先聖者, 虞庠則以舜, 夏學則以禹, 殷學則以湯, 東膠則以文王, 複各取當時左右四聖成其德業者爲之先師以配享焉."

7) (옮긴이) 『예기』에서는 우(虞)나라에서는 상상(上庠)과 하상(下庠), 하(夏)나라에서는 동서(東序)와 서서(西序), 상(商)나라에서는 우학(右學)과 좌학(左學), 주나라에서는 동교(東膠)와 우상(虞庠)이 있어서, 일반 노인과 구별하여 국가의 원로를 존숭하였다.

8) "臣願陛下興太學, 置明師, 以養天下之士, 數考問以盡其材, 則英俊宜可得也."

9) "南面而治天下者, 莫不以敎化爲大務, 立太學以敎于國, 設庠序以化于邑."

2-4-4 곡부 공자문묘의 공자 인물상. 청 옹정(雍正) 7
년에 만들어져서 1966년에 훼손되었다. 사진
은 1912년에 촬영된 것이며 현재 프랑스에 소
장되어 있다.

고을[州郡]에서 무재(茂才)와 효렴(孝廉)을 천거했는데, 이는 모두 동중서로부터 시작된 것이었다".[10] 동중서가 정책을 펼친 시기가 건원(建元) 원년(B.C. 140), 5년 (B.C. 136), 원광(元光) 원년(B.C. 134)이라는 세 가지 설이 있지만, 이 중 언제였든 공손홍(公孫弘)이 원삭(元朔) 5년(기원전 124)에 박사(博士)에게 제자를 모집하자고 건의했던 것보다는 빨랐다. 이로써 동중서의 건의로 한대의 사상문화와 정치제도가 확립되었다는 것을 알 수 있다.

한 성제(成帝) 연간 유향(劉向)은 "대학을 세우고, 학교를 설립하고, 예악을 펼치자(興辟雍, 設庠序, 陳禮樂)"라고 건의했지만, 일이 성사되기 전에 유향은 세상을 떠났다. 그 후 승상(丞相), 대사공(大司空) 등이 벽옹 건설을 건의하여 성제가 성 남쪽에 세우기로 결정하였지만, 이행되기 전에 성제는 승하하였다. 신하들은 이 때문

에 그에게 성제(成帝)라는 시호를 붙여줌으로써 "백성을 편안하게 하고 정치를 바로 세웠다(安民立政)"라고 칭송하였다. 벽옹은 평제(平帝) 원시(元始) 4년(A.D. 4)에 이르러서야 왕망(王莽)의 건의로 건설되었으며, "영대(靈台)를 짓고 명당(明堂)을 세우고 벽옹을 설립하고 태학을 펼쳤으며",[11] "학자들을 위해 건물 만 구(區)를 짓고 시장과 상만창(常滿倉)을 만드는 등 제도가 갖추어졌다. 악경을 세우고 박사원(博士員)을 늘렸는데 경(經)마다 5명이었다".[12] 왕망은 집권 당시 교육 방면에 많은 업적을 쌓았는데, 원시 3년에 그는 전국의 군국(郡國), 현읍(縣邑), 향취

10) 『漢書・董仲舒傳』(文淵閣四庫全書 電子版 참고). "自漢武初立, …… 及仲舒對策, 推明孔氏, 抑黜百家, 立學校之官, 州郡舉茂才孝廉, 皆自仲舒發之."
11) 『漢書・翟方進傳』(文淵閣四庫全書 電子版 참고). "建靈台, 立明堂, 設辟雍, 張太學."
12) 『漢書・王傳莽』(文淵閣四庫全書 電子版 참고). "爲學者築舍萬區, 作市, 常滿倉, 制度甚盛. 立樂經, 益博士員, 經各五人."

(鄕聚)에 명하여 학관을 세우도록 했다. 또한 교육 담당 관원을 두고 학교를 만들었으며, 제사도 거행했을 것이다. 옛것에 의탁해 제도를 개혁하는[托古改制] 데 온 힘을 쏟았던 왕망이 제사를 빼놓을 수는 없었던 것이다.

　봉사했던 인물에 대해 역사서에는 기록이 남아 있지 않지만, 현재 일부에서는 주공을 선현으로 주사했고 공자를 선사로 배향했다고 추정한다. 그 이유는 당시에 왕망이 본인 스스로를 주공에 빗대었기 때문이다. 그러나 필자는 당시 학교에서 봉사했던 인물은 분명 공자이지 주공이 아니라고 생각한다. 그렇게 생각하는 첫 번째 이유는 다음과 같다. 왕망이 정무를 주관하던 원시 원년(A.D. 1) 주공의 후예인 공자관(公子寬)에게 포로후(襃魯侯)라는 작위를 내려 주공을 봉사하도록 하였고, 공자 후예 공균(孔均)에게 포성후(襃成侯)라는 작위를 내려 공자를 봉사하도록 하였으며, 후에 공자를 포성선니공(襃成宣尼公)으로 추봉하였지만 주공을 추봉하지는 않았다는 점이다. 일부에서는 주공이 생전에 이미 공(公)의 작위를 받았기 때문에 다시 추봉할 필요는 없었다고 주장하지만, 공자의 봉호는 작위일 뿐만 아니라 시호(諡號)까지 추봉하였다. 『시법(諡法)』의 해석에 따르면 "백성을 편안하게 하는 정치를 세웠다면 성(成)이라는 시호를 추봉하고(安民立政曰成)", "성스럽고 선한 성품과 행동이 두루 알려졌다면 선(宣)이라는 시호를 추봉한다(聖善周聞曰宣)"라고 하는데, 이들은 모두 포양(襃揚)의 칭호이다. 학교에서 주공을 주사하였다면 주공과 공자의 후예들에게 작위를 내려 두 명 모두 봉사했을 텐데, 공자에게만 시호를 내리고 주공에게는 내리지 않았을 이유가 없었을 것이다. 두 번째 이유는 후한(後漢) 영평(永平) 2년(59)에 "군·현·도의 학교에서는 향음주례를 행했는데 모두 성사(聖師) 주공과 공자에게 개를 희생제로 하여 제사를 지낸다(郡縣道行鄕飮酒禮于學校, 皆祀聖師周公孔子, 牲以犬)"라고 했던 기록을 보아 후한 초기에 주공은 성현으로, 공자는 선사로 칭했다는 것을 알 수 있다. 이로써 후한 말기에 학교에서 주공을 주사하지 않았음을 추론할 수 있다. 만일 왕망 집권 시기에 스스로 주공이라 칭하며 그를 학교에 주사했다면, 후한(後漢) 때 계속해서 왕망 시기의 제도를 사용하면서 바꾸지 않았을 리가 없다. 세 번째 이유는 그 후 삼국 시기의 위(魏)나라 때에도 주공을 선성으로 주사했던 적이 없었다는 점이다. 문헌에 따르면 정시(正始) 2년(241)에 제왕(齊王)인 조방(曹芳)은 『논어』를 처음 통달하게 되면서 태상(太常)에게 벽옹에서 태뢰(太牢)로 공자에게 제사 지내고 안회를 배향하기를 명하였다. 이후 경서 한 권씩을 통달할 때마다 사람을 보내 제사를 지내도록 하였고, 정시 5년에는 『상서(尙書)』를, 7년에는 『예기』를 통달한 후에 태상을 파견해 태뢰로써 제사를 지내도록 했다. 만일 왕망이 주공을 자임하면서 그를 학교에서 주사했다면, 조조(曹操)도 줄곧 주공을 자임했기 때문에 조(曹)씨가 집권한 위나라도 분명 주공을 선성으로 주사했을 것이다. 위나라는 후한 황제가 양위(讓位)하도록 압박하여 황제의 자리에 올라 정권을 잡았는데, 찬탈의 방식을 사용했기 때문에 상대편의 질책을 받았다는 것을 감안하면 자신의 합법성과 정통성을 위해 자신의 조상을 추숭하고 주공을 선성으로 삼아야 했을 텐데 사실은 그렇지 않았다.

공자가 학교에서 봉사된 것에 관한 최초의 기록은『후한서(後漢書)』「예의지(禮儀志)」에 보인다. 명제(明帝) 영평 2년(59년) 3월 "상제는 군신들을 이끌고 몸소 벽옹에서 삼로오경(三老五更)에 대사(大射)의 예를 행했다. 군·현·도의 학교에서는 향음주례를 행했는데 모두 성사(聖師) 주공과 공자에게 개를 희생제로 하여 제사를 지냈다. 따라서 7교(郊)의 예악과 삼옹(三雍)의 의(義)가 모두 갖추어졌다".13) 사례(射禮)가 행해진 이후에야 7교에서는 동, 서, 남, 북, 중(中)의 5방(方)의 상제(天帝)와 천(天), 지(地)에 대한 제사를 지냈고 삼옹(三雍)에서는 벽옹, 명당(明堂), 영대(靈臺)에서 예식(禮式)을 거행하였다. 이는 벽옹에서 마지막으로 예식이 행해진 것을 보여준다. 후한 시기 삼옹이 최초로 세워진 것은 중원(中元) 원년(56)이었는데, "중원 원년 초 삼옹을 지었는데, 명제는 즉위하고 친히 그 예를 거행하였다".14) 광무제(光武帝)가 삼옹을 창건했지만 예식을 거행하지 못하고 죽었기 때문에 삼옹의 예(禮)는 명제 즉위 이후에야 거행되었다.

『후한서·예의지』에 따르면 후한에는 영평 2년부터 주공은 선성으로서 주사를, 공자는 선사로서 배향을 제사 지냈을 것이다. 그러나『후한서』,「주부전(朱浮傳)」에 따르면, 건무(建武) 7년(31) 주부(朱浮)는 "국학을 일으켜서 마땅히 많은 박사들 중에서 선택해야 합니다(以國學旣興, 宜廣博士之選)"라고 했던 상소에서 "태학은 예의의 궁이며 교화가 이루어지는 곳입니다. 폐하께서는 선성을 존중하시고 고전에 뜻을 두시며, 궁실을 장식하지 않고 무기를 갖추지 마십시오. 먼저 태학을 세우시고 학사(學舍)를 지어 날마다 수레를 타고 친히 오셔서 제사를 주관하시면, 황제의 덕이 세상에 펼쳐지고 공이 드러날 것입니다. 박사들을 찾아서 천하의 종사(宗師)로 삼으시면 공성(孔聖)의 말씀이 끊어지지 않고 전해질 것입니다"15)라고 했다. 이 글을 통해서 광무제(光武帝)는 직접 태학으로 가서 예식에 참가했다는 것을 알 수 있다. 태학은 건무 5년에 건축되었는데, "건무 5년 태학을 지었을 때 고전을 본보기로 삼았으며 변과 두, 방패와 창은 줄을 맞추어놓았다. 복장과 용태(容態)가 단정하고 예의가 바른 유생들이 (그 행렬에)

---

13) "上始帥群臣躬養三老五更於辟雍, 行大射禮郡, 縣, 道行鄕飮酒於學校, 皆禮聖師周公, 孔子, 牲以犬. 於是七郊禮樂, 三雍之義備矣."

14) "中元元年初建三雍. 明帝卽位親行其禮."

15) "夫太學者, 禮儀之宮, 教化所由興也. 陛下尊敬先聖, 垂意古典, 宮室未飾, 幹戈未休, 而先建太學, 造立橫舍, 比日車駕親臨觀饗, 以弘時雍之化, 顯勉進之功也. 尋博士之官爲天下宗師, 使孔聖之言傳而不絶."

있었다".16) 태학이 처음으로 창건되었을 때도 고전을 그대로 참고하여 제사를 거행했는데, 제기(祭器)로 변(籩)과 두(豆)를 사용했으며 무용도 행해졌다. 춤은 방패와 도끼를 손에 들고 추었던 일종의 무무(武舞)에 속했다.

이상의 기록들을 통해 한 무제가 관례했던 것은 향례(饗禮), 즉 향음주례(鄕飮酒禮)가 아니었다는 것을 알 수 있다. 향음주례는 지방학교의 예식이었으므로, 천자가 참여한 것은 명제 영평 2년 벽옹에서 거행한 것과 마찬가지로 분명 대사(大射), 향사(饗射), 양로(養老)의 예식이었을 것이다. 그때 거행했던 예식이 양로의 예식이었다면 천자가 직접 진행해야 하는 것이지 참관만 할 수는 없었을 것이다. 그래서 주부(朱浮)가 말한 관례(觀禮)는 분명 석전례(釋奠禮), 즉 태학에서 거행한 제사였다. 태학의 석전에서 선성, 선현에 봉사했다는 것은 당연한 일이지만, 안타까운 것은 봉사한 선현, 선성에 대해 기록되지 않았다는 점이다. 그러나 주부의 "박사들을 찾아서 천하의 종사(宗師)로 삼으시면 공성(孔聖)의 말씀이 끊어지지 않고 전해질 것입니다(尋博士之官爲天下宗師, 使孔聖之言傳而不絶)"라는 구절을 보면, 학교에서는 공자의 말씀이 전해져서 끊어지지 않도록 하기 위해 공자에게 제사 지냈다는 것을 알 수 있다. 이 때문에 광무제 초기에 국가에서 이미 공자를 봉사했다는 것을 알 수 있다. 이러한 추정은 「예의지」에 명제가 벽옹에서 직접 양로, 대사의 예를 행한 후 "삼옹의 의(義)가 갖추어졌다(三雍之義備)"라고 되어 있는 것과 서로 모순되지 않는다. 이 책에서 예식을 거행했던 장소가 벽옹이라고 지적하였지만, 벽옹이 생겨나기 전에 국가가 태학에서 제사를 거행했을 가능성도 배제할 수 없을 것이다.

사실 향음주례를 행한 것도 명제 영평 2년에 시작된 것은 아니다. 건무 5년, 사도(司徒)인 복심(伏湛)이 "향음주례 거행을 건의하는 상서를 올린 뒤 이를 시행하도록 하였다"17)라는 기록이 남아 있다, 이 기록을 통해 바로 이 해부터 후한에서는 향음주례가 시작되었다는 것을 알수 있다. 그러나 건무 5년 전지역이 평정된 것은 아니어서 지방까지 전부 실행되었다고 볼수는 없다. 그렇기 때문에 건무 6년 이충(李忠)은 단양(丹陽)의 태수(太守)가 되었을 때 "단양 지역에서는 배우기를 좋아하지 않는 풍속이 (다른 지역보다) 심하다. 가취(嫁娶) 예의가 중원지역보다 뒤떨어지고 있다. 이에 학교를 일으키고 올바른 예의와 옷차림을 갖추도록 하며 봄·가을에 향음례를 행하도록 해야 한다"18)라고 했다. 전 지역이 아직 완전히 평정되지 않았던 상황

---

16) 『後漢書·儒林傳』(文淵閣四庫全書 電子版 참고). "建武五年, 乃修起太學, 稽式古典, 籩豆幹戚之容備之於列, 服方領, 習矩步者委它乎其中."

17) 『後漢書·伏湛傳』(文淵閣四庫全書 電子版 참고). "奏行鄕飮酒禮, 遂實行之."

18) 『後漢書·李忠傳』(文淵閣四庫全書 電子版 참고). "以丹陽越俗不好學, 嫁娶禮儀衰於中國, 乃爲起學校, 習禮容, 春秋鄕飮."

2-4-5 한대(漢代)의 석경(石經).

에서도 건무 5년에 태학을 세우고 향음주례를 거행하라고 명한 광무제는 재능과 지략이 매우 출중한 황제라는 평을 받을 만하다. 또한 이 해 10월에 "노나라에 행차하면서 대사공(大司空)에게 공자 제사를 지내도록 명하였다".[19] 그 때문에 광무제 때 태학에서 공자 제사가 가능했던 것이다. 그렇기 때문에 필자는 후한 초에 공자가 태학에서 이미 봉사되었다고 생각한다. 명제는 "건무제의 제도를 받들어 지켜서 감히 어기는 이가 없도록 하라"[20]라고 하여, 영평 2년 "군·현·도의 학교에서는 향음주례를 행했는데 모두 성사(聖師) 주공과 공자에게 개를 희생으로 하여 제사를 지내도록 하라(郡縣道行鄕飮酒于學校, 皆禮聖師周公, 孔子, 牲以犬)"라고 명했지만, 이는 광무제의 제도를 재천명한 것일 뿐이다.

필자는 학교의 주사가 지속적인 변화를 거쳐서 후한 말기까지 공자 주사로 변화했다고 생각한다. 첫 번째 이유는 다음과 같다. 영흥(永興) 원년(153)의 『을영비(乙瑛碑)』에는 "태상사(太常祠) 소속의 조연(曹掾: 지방 하급 관직 이름)인 풍모(馮牟)와 곽현(郭玄)에게 물어봤더니 그들이

---

19) 『後漢書·光武紀上』(文淵閣四庫全書 電子版 참고). "幸魯, 使大司空祠孔子."
20) 『後漢書·明帝紀』(文淵閣四庫全書 電子版 참고). "遵奉建武制度, 無敢違者."

대답하기를, '옛날 선례(先例)에 따르면 벽옹의 예가 행해지기 전에 선성과 선사에 제사를 지내는데, 제사를 받드는 이는 공자 자손, 태뢰, 태축령 각각 한 명씩이었다' 하였다"[21]라는 구절이 있다. 제사 때에는 "하남(河南) 윤씨(尹氏)가 소, 양, 돼지, 닭 등을 보냈고(河南尹給牛羊豕雞)" "대사(大司) 농씨(農氏)가 쌀을 보냈으며(大司農給米)" 태재(太宰)와 태축(太祝)[22]에게 시사(侍祠)하도록 했다는 기록을 통해서, 경사(京師)인 낙양(洛陽)에 있는 태학의 제사라는 것을 알 수 있다. 경사 태학에서 시사한 인원 중에 태재와 태축 외에 공자 자손도 있지만 주공의 자손은 없었다는 기록을 보면 경사의 태학에서 공자만 봉사되었고 주공은 없었다는 사실을 알 수 있다.

2-4-6 을영비(乙瑛碑)의 일부.

두 번째 이유는 다음과 같다. 노나라 상국(相國)인 사신(史晨)이 건녕(建寧) 2년 조정에 국가가 출자하여 궐리(闕裏)의 공자문묘에 제사를 지내자고 요청하는 상주문에는 '신이 감히 벽옹(辟雍)에서 아뢰옵니다. 태뢰로 공자에게 제사를 지내고 장리(長吏)는 술잔을 준비하여 선사를 잘 모시고 교화를 중시해야 합니다[23]'라고 기록되어 있다. 황제는 직접 벽옹에 가서 태뢰로 주공이 아닌 공자에게 제사를 지냈다. 이는 사신(史晨)이 직접 눈으로 확인하여 조정에 보고된 것이었기 때문에 이에 대해서는 조금의 의심의 여지도 있을 수 없다. 그러나 일부에서는 『예기』에서 "모든 학교는 봄이 되면 관리들이 선사에 석전을 지내고, 가을과 겨울에도 동일하게 한다. 학교에 처음 입학한 이들은 반드시 선성과 선사에 석전을 지내야 한다[24]"라는 기록을 들어서 새로운 학교를 설립할 때만 비로소 선

21) 『乙瑛碑』[漢 永興元年(153년)]. 비석은 현 곡부 공자문묘에 있다. "太常祠曹掾馮牟, 史郭玄辭對故事 : 辟雍禮未行, 祠先聖師, 侍祠者孔子子孫, 太宰, 太祝令各一人."

22) (옮긴이) 서주(西周) 때부터 처음으로 '태재'라는 관직을 두었다. 태재는 여섯 가지 전적을 관리함으로써 왕이 나라를 다스리는 데 보좌하는 역할을 담당했으며, 중국 은, 주, 춘추 시대에 모든 관리 가운데서도 가장 높은 벼슬이었다. 태축은 주대에 제사를 주관했던 관직이었다.

23) 『史晨前碑』[漢 建寧二年(169년)]. 비석은 현 곡부 공자문묘에 있다. "臣伏見臨辟雍日, 祠孔子以太牢, 長吏備爵, 所以尊先師重教化也."

2-4-7 사천비(史晨碑)의 일부.

성과 선사를 함께 제사할 수 있었고, 매년 상제(常祭)25)를 할 때는 선사에게 제사를 지냈다고도 한다. 선사인 공자를 제사 지내는 것은 당연히 공자의 자손이 담당했을 것이다. 그러나『을영비』에서는 분명 "선성과 선사에 제사를 지내는데, 제사를 받드는 이는 공자 자손, 태뢰, 태축령 각각 한 명씩이었다(祠先聖師, 侍祠者孔子子孫, 太宰, 太祝令各一人)"라고 되어 있다. 제사를 지낸 것은 선사뿐만이 아니라 선성과 선사 모두였다. 만일 주공이 선성이었다면 주공의 자손에게 시사(侍祠)하도록 했을 텐데 이에 대한 기록은 남아 있지 않다.

세 번째 이유는 다음과 같다. 니형(禰衡)의『안자찬(顔子贊)』에는 "아성(亞聖) 안자는 덕행이 있고 (공자의) 고상한 행적을 따랐다. 수사(洙泗) 지역을 주휴하였으며, 자세가 엄숙하고 아름다운 자태를 갖추었으며 마음은 더욱 비어 있는 듯하였다. 학문이 뛰어났으나, 열매를 맺지는 못하였지만, 교화의 향기를 떨치었다. (공자문묘에) 배향되었고 벽옹에서 상이 그려져 있으며, (그의) 덕행이 기록되어 있으니 밝게 빛남이 다함이 없을 것이다26)라고 되어 있다. 니형이 이 글을 지은 시기는 분명하지 않지만 그는 173년에 태어나서 198년에 황조(黃祖)에 의해 강하(江夏)에서 살해되었다. 이때는 안회가 이미 성인으로 배향되어 벽옹에 인물상이 그려져 있을 때이다. 만일 이때 주공이 선성이었다면 공자만 배향되었을 뿐, 안회가 그의 제자로서 배향될 자격은 없었을 것이다. 안회가 성인으로 배향었음은 성인이 오직 공자였다는 것을 의미한다. 이로써 후한 말기에 벽옹에 공자가 주사되었고 안회는 배향되었다는 것을 알 수 있다.

네 번째 이유는 다음과 같다. 후한 영제(靈帝) 광화(光和) 원년(178) 2월 신설된 낙양의 홍도문학(鴻都門學)에서 "공자와 그의 제자 72명의 인물상이 그려졌다(畵孔子及七十二弟子像)"는 기록이 남아 있다. 홍도문학은 비록 문부(文賦)와 서예를 가르치는 전문적인 학교였지만 국립학

---

24) "凡學, 春, 官釋奠于先師, 秋冬亦如之. 凡始立學者, 必釋奠于先聖先師."
25) (옮긴이) 상제는 매년 고정적인 시간에 제사 지내는 것을 의미한다.
26) "亞聖德, 蹈高蹤; 遊洙泗, 肅禮容; 備懿體, 心彌沖; 秀不實, 振芳風. 配聖饋, 圖辟雍; 紀德行, 昭岡窮."

교였기 때문에, 학교 담장에 공자와 그의 제자 72명의 초상화를 그렸던 이유는 '권학(勸學)'을 위해서였지, 제사를 위해서가 아니었다. 실제 제사의 목적도 학자가 성현을 본받기를 격려하기 위해서였기 때문에, 이 두 가지는 같은 기능을 하고 있었다. 홍도문학에서 공자 초상화를 그렸고 주공 초상화를 그리지 않았던 것도 학교에서 주공이 아닌 공자를 봉사했다는 점을 보여준다.

다섯 번째 이유는 다음과 같다. 앞에서 삼국 시기의 위나라 때 공자가 학교에서 이미 주사되었다는 것을 언급하였다. 정시 2년(241), 위나라 황제 조방(曺芳)은 『논어』를 읽고 '태상(太常)에게 벽옹에서 태뢰로 공자를 제사 지내고 안회를 배사하도록 명했다'[27]는 기록이 남아 있다. 그 후 5년에는 『상서』를, 7년에는 『예기』를 숙독하여 다시 제사 지내라고 칙문(勅文)을 내렸다. 칙문의 내용을 보면 글자 하나만 달라졌는데 '祭'를 각각 '祠' 혹은 '祀'로 사용하고 있었다는 것이다. 이로써 위나라의 학교에서는 분명 공자를 주사하고 안회를 배향했다는 것을 알수 있다. 만일 주공이 주사되었다면 공자가 배향되어야지 안회가 배향되었을 리가 없다. 이시기에 공자를 주사하고 안회를 배향하는 것은 후한 시기의 제도를 계승했던 것으로 보인다.

그렇다면 왜 후한 말기에 학교에서는 주공에서 공자로 주사가 변화했는가. 필자는 주공이 저술을 남기지 않았으며 학교의 교과서인 『오경』을 공자가 산정(刪定)했던 것이 주요 원인이라고 생각한다.

진(晉)나라 때 태학에서는 여전히 선성 공자와 선사 안연을 제사 지냈다. 무제(武帝) 태시(泰始)는 3년(267) 11월 "태학 및 노나라에서는 사계절 세 가지 희생을 준비하여 공자에게 제사를 지내라고 명했다(詔太學及魯國四時備三牲以祀孔子)". 진나라 때 태자는 물론 황제까지도 경서 한 권을 읽으면 공자에게 석전을 지내는 전통을 계승하고 있었다. 서진(西晉) 시기에 무제의 황태자는 태시(泰始) 7년에 『효경』을, 함녕(咸寧) 3년(277)에 『시경』, 태강(太康) 3년(282)에 『예기』를, 혜제(惠帝)의 황태자는 원강(元康) 2년(292)에 『효경』을, 원강 3년 『논어』를, 동진(東晉)시기에 원제(元帝)의 황태자는 태흥(太興) 2년(319) 『논어』를 숙독한 이후 모두 황태자가 직접 공자를 태뢰로 제사 지내고 안회를 배사하였다. 함강(咸康) 원년(335) 성제(成帝)는 『시경』을, 승평(升平) 원년(357) 목제(穆帝)는 『효경』을, 영강(寧康) 3년(375) 효무제는 『효경』을 숙독한 후에도 황제가 직접 공자에게 제사를 지냈다. 그중 목제와 효무제는 태학에서 예식을 한 것이 아니라 명당에서 예식을 거행했다.[28] 진나라는 삼국 시기의 위나라에 비해 공자 제사를 매우 중시하

27) 『三國志·魏書·齊王芳』(文淵閣四庫全書 電子版 참고). "使太常以太牢祭孔子於辟雍, 以顏淵配."
28) 『晉書·禮上』(文淵閣四庫全書 電子版 참고).

2-4-8 산서성(山西省) 평요현(平遙縣) 금장(金莊) 공자문묘의 공자 인물상. 원대에 세워졌는데, 현재 남아 있는 중국 공자 인물상 중 가장 오래된 진흙 조각상이다.

였는데, 황제나 황태자는 경서 한 권을 통달하면 모두 직접 제사를 지내야 했다. 또한 공자 제사를 봄·가을 두 번에서 봄·여름·가을, 겨울 네 번으로 늘렸다. 태시(太始) 3년과 태녕(太寧) 3년(325)에 공자 장손인 봉성정후(奉聖亭侯)에게 1년에 네 번 제사에 드는 경비를 지급하기를 명하였다. 진나라 때 반니(潘尼)가 지은 『석전송(釋奠頌)』의 "공자는 서서(西序)에서, 안회는 북용(北墉)에서 모시고 있다(夫子位于西序, 顔回侍于北墉)"[29]라는 구절에서 공자는 동향(東向)으로 주사되었으며, 안회는 북쪽에 위치하고 남향으로 배사되었다는 점을 알 수 있다.

진(晉)나라 때부터 당대 초기까지 모든 국립학교에서는 공자를 주사하고 안회를 배향하는, 선성 공자, 선사 안회[聖孔師顔] 구도였다. 그러나 당(唐) 무덕(武德) 7년(624) 주공을 선성으로, 공자를 선사로 개정하였다. 정관(貞觀) 2년(628) 좌부사(左仆射) 방현령(房玄齡) 등은 주공과 공자 모두 성인이지만 학교의 제사는 진(晉), 송(宋), 양(梁), 진(陳) 및 수(隋)나라 대업(大業) 시기 이전까지는 모두 공자를 선성으로, 안회를 선사로 하였으므로 원래의 제도로 회복하기를 건의했다. 그러나 영휘(永徽) 연간에 선성 주공, 선사 공자로 다시 바뀌었다. 현경(顯慶) 2년(657)에 태위(太尉) 장손무기(長孫無忌)의 건의에 따라 선성 공자, 선사 안회를 회복하였고, 주공(周公)을 주무왕(周武王)의 배향으로 바꾸도록 하였다. 이때부터는 학교의 주사가 바뀌지 않았으므로 공자는 교육의 시조(始祖)가 되었다.

29) 『晉書·潘嶽傳』(文淵閣四庫全書 電子版 참고).

② 시호(諡號)

　국가에서는 공자를 봉사하는 동시에 지속적으로 공자의 시호를 추증했기 때문에 공자의 호칭은 계속 바뀌었다. 전한 원시 원년(A.D. 1) 평제(平帝)는 공자를 포성선니공(褒成宣尼公)으로 봉하였고, 북위(北魏) 태화(太和) 16년(492) 효문제는 문성니부(文聖尼父)로 존칭했으며, 북주 대상(大象) 원년(580) 정제(靜帝)는 추국공(鄒國公)으로 봉하였다. 수(隨) 개황(開皇) 원년(581) 문제는 공자를 선사니부(先師尼父)로 존칭하였고, 당 정관 2년(628) 태종은 선성으로 높였으며 11년 선부(宣父)로 개칭하였다. 건봉(乾封) 원년(666) 고종은 공자를 태사(太師)로 높였으며, 천수(天授) 원년(690) 측천무후(則天武后)는 융도공(隆道公)으로, 개원(開元) 27년(739) 현종(玄宗)은 문선왕(文宣王)으로, 대중상부(大中祥符) 원년(1008) 진종(眞宗)은 현성문선왕(玄聖文宣王)으로 봉하였고, 5년에 지성문선왕(至聖文宣王)으로 개칭하였다. 명 가정 9년(1530) 사전(祀典)을 개정하면서 공자의 왕호(王號)를 취소하고 지성선사(至聖先師)로 개칭되었다. 청 순치(順治) 2년(1645) 대성지성문선선사(大成至聖文宣先師)로 칭해졌고, 10년 지성선사(至聖先師)의 호칭을 회복하였다. 민국 연간에는 공자를 대성지성선사(大成至聖先師)로 존칭하였다. 조정에서 시호(諡號)를 추증

2-4-9 공자를 대성지성문선왕으로 봉한다는 왕의 명령이 담긴 비석.

한 경우 외에 지방 정권인 서하(西夏)에서도 인경(人慶) 3년(1146) 공자를 문선제(文宣帝)로 추증한 적이 있었다.

　공자의 시호는 『시법(諡法)』에 따라 추증되었는데, 각 글자마다 깊은 의미가 담겨 있다. 양선부간(揚善賦簡)은 '성(聖)', 경빈후예(敬賓厚禮)는 '성(聖)', 경위천지(經緯天地)는 '문(文)', 도덕박문(道德博聞)은 '문(文)', 학근호문(學勤好問)은 '문(文)', 자혜애민(慈惠愛民)은 '문(文)', 성선주문

2-4-10 사천성 자주문묘(資州文廟)의 공자 위패.
명대에 제작되었다.

(聖善周聞)은 '선(宣)'이라는 시호를 추증했다. 이들은 『시법』에서 모두 칭송을 뜻하는 글자들이다. '대성(大成)'은 맹자의 '공자를 집대성(集大成)이라 이른다'는 표현을 빌려, 공자가 옛 선성과 선현의 큰 업적을 모아놓았음을 찬양하는 말이다. '지성(至聖)'은 공자를 최고의 성인으로 높이는 의미로서, 사마천(司馬遷)의 다음과 같은 찬사(讚辭)에서 채택한 용어이다. 사마천(司馬遷)은 "천하에는 역대 군왕에서 현인에 이르기까지 많은 사람들이 있는데, 모두 생존 당시에는 영화로웠으나 일단 죽으면 그것으로 모든 것이 끝나고 말았다. 그러나 공자는 포의(布衣)로 평생을 보냈지만 10여 세대를 지나왔어도 여전히 학자들이 그를 추앙한다. 천자, 왕후로부터 나라 안의 육예를 담론하는 모든 사람들에 이르기까지 다 공자의 말씀을 판단기준으로 삼고 있으니, 그는 참으로 최고의 성인이라고 말할 수 있겠다"[30]라고 하였다.

공자 시호의 추증 역사에서 가장 큰 사건은 왕으로서의 작위를 취소한 것이다. 명 가정 9년 황제가 대학사(大學士) 장총(張璁)이 건의한 문묘 사전(祀典) 개정을 받아들인 후에 공자의 왕호는 삭제되었고, 인물상은 철거된 뒤 위패로 바뀌었다. 그리고 문묘의 사전에서 행했던 8일무를 6일무로 바꾸었을 뿐만 아니라 제사 때 사용하는 제기는 국학문묘에서 12변두를 10변두로, 지방 문묘에서는 8변두로 바꾸었다. 이처럼 제사의 등급이 많이 낮아졌다. 황제도 『어제정공자사전설(禦制正孔子祀典說)』 등을 찬술함으로써 이를 지지했다. 그러나 한림원(翰林院) 편수(編修)인 장연(張袞), 서계(徐階)와 급사중(給事中) 왕여매(王汝梅)의 반대에 부딪혔다. 세종은 그들의 관점이 궤변(詭辯)이라고 비난하면서 서

---

30) 『史記·孔子世家』([漢], 司馬遷)(文淵閣四庫全書 電子版 참고). "天下君王至於賢人眾矣, 當時則榮, 沒則已焉. 孔子布衣, 傳十餘世, 學者宗之. 自天子王後, 中國言六藝者折中於夫子, 可謂至聖矣!"

2-4-11
임기시(臨沂市) 기
주부학문묘(沂州府
學文廟) 대성전의
실내 모습.

계를 연평부(延平府) 추관(推官)31)으로 좌천시켰다. 어사(禦史) 여귀(黎貴) 등은 계속 반대 상소
를 올려 주공은 조상을 왕으로 추봉하고 태조가 위로 4대의 조상까지 왕으로 추봉했던 사실을
예로 들어 공자에게 왕호를 추봉하는 것이 정당함을 논하였다. 그는 "8일무 12변두를 사용하
는 것이 참람한 행동이라면 6일무 10변두를 사용하는 것 역시 찬란한 행위입니다. 공자상을
철거해야 할 뿐만 아니라 복묘중첨(復廟重簷)32)의 묘당(廟堂)도 철거해야 한다"33)라고 하면서
제사 등급을 낮추어서는 안 되는 이유를 제시했다. 세종은 반박할 이유를 찾지 못해 탄압할
수밖에 없어서, "공자 왕호를 추증하는 것이 간역(奸逆)한 짓이라고 분노하였다(怒其指斥追尊事
謂爲奸逆)". 상소를 올린 자는 법사(法司)로 보내져 치죄되었고 관직은 박탈되어 평민이 되었
다. 결국 공자문묘의 사전(祀典) 개정은 강행되었다.

③ 좌향

당 중기(中期) 이전까지 공자의 봉사 위치는 좌서면동(坐西面東)이었다. 후한 원화(元和) 2년
(85년), 한 장제(章帝)가 직접 공자고거(孔子故居)인 궐리(闕裏)에 가서 공자를 제사 지냈다. "황
제가 문묘에 올라 서쪽을 향하고 군신들은 뜰에서 북쪽을 향하여 모두 절을 했다"34)라는 기록

31) (옮긴이) 추관(推官)은 의금부의 특지에 의하여 중죄인을 신문하는 관원이다.
32) (옮긴이) 쌍층(雙層)의 서까래로 된 이중 처마의 묘당을 가리킨다.
33) "八佾十二籩豆爲僭, 六佾十籩豆亦爲僭矣; 非惟像当毁, 复屋重檐亦当毁矣."

이 남아 있다. 황제가 서향으로 절했다는 것은 공자가 동향이었다는 것을 보여준다. 서진(西晉) 시기 황태자가 국학에서 석전을 지낼 때 여전히 "공자는 서서(西序)에, 안회는 북용(北墉)에 모셨다"[35]라고 기록되어 있는데, 이는 당시에도 공자가 분명 동향이었다는 것을 뜻한다. 이를 통해 서쪽에서 동쪽을 향하는 방식으로 존경을 표했다는 것을 알 수 있다. 북위 시기, 곡부 공자문묘 안의 공자상도 동향이었다. "공자는 서쪽 칸에 있으면서 동향이었고, 모친 안징재(顔徵在)는 중간 칸에 있으면서 남향이었다. 부인은 동쪽으로 한 칸 떨어져 있었으며 동향이었는데",[36] 어머니를 받들어 모신다는 의미에서 어머니를 서쪽 칸에 배치해야 도리에 맞지만 이는 당시 예제와는 달랐다. 아마도 국립 학교의 제도에 따라 공자를 주사하였을 가능성이 높다. 당 초기 주공을 선성으로, 공자를 선사로 하였을 때 주공은 북쪽 담에서 남향으로 위치했으며, 공자는 서쪽 곁채에서 동향으로 되어 있었을 것이다. 이는 당 초기에 좌북면남(坐北面南)이라는 구도를 더 높이고 있었다는 것을 의미한다. 그러나 주공에서 주 무왕으로 배향을 바꾸고 학교에서는 공자를 주사하게 된 이후, 공자의 봉사하는 위치를 바꾸지 않고 계속해서 좌서면동(坐西面東) 구도를 유지하였으며, 안회는 주공을 대체하여 배향받게 되었다. 개원(開元) 20년(732)에 발간된 『대당개원례(大唐開元禮)』에서 이에 대해 명확히 규정하고 있는데, "선성신(先聖神)은 기둥 사이 서쪽에 동향으로 앉혀두고, 선사신(先師神)은 선성신 동북쪽으로 앉아서 남향으로 서쪽 위에 앉혀둔다(設先聖神坐于西楹間, 東向; 設先師神坐于先聖神坐東北, 南向, 西上)". 이처럼 여전히 좌서면동의 위치로써 존경을 표하고 있었다.

개원 27년에 이르러 공자가 문선왕으로 봉해지면서 남향으로 중간에 위치하여 공자에게 존경을 표하는 것으로 바뀌었다. "방위를 분별하여 자리를 바르게 하는 것은 예경(禮經)에 드러나 있으니, 만약 올바른 위치를 얻지 못하면 어떻게 규범을 보일 수 있겠는가. 옛날에는 주공은 남면, 공자는 좌서로 했지만 이제 자리를 구체적으로 제정해야 하니, 무엇에 근거하여 결정해야 하는가. 마땅히 폐지된 제도를 보완해야 한다. 오래도록 사용할 격식을 제정하여 북경과 남경의 국자감의 공자는 모두 남면으로 앉게 하고 10철 등은 동서로 열을 맞춰 공자를 모시고 서 있도록 하니 전국의 모든 주(州)도 이와 같이 한다."[37] 이후부터 공자의 거중면남(居中面南)의 좌향은 다시 바뀌지 않았다.

---

34) 『頖宮禮樂疏』([明], 李之藻)(文淵閣四庫全書 電子版 참고). "帝升廟西面, 群臣中庭北面, 皆再拜."

35) 『釋奠頌』([西晉], 潘尼)(文淵閣四庫全書 電子版 참고). 『晉書・潘嶽傳』 참조. "夫子位於西序, 顏回侍於北墉."

36) 『水經注』([北魏], 酈道元)(文淵閣四庫全書 電子版 참고). "夫子在西間, 東向; 顏母在中間, 南向; 夫人隔東一間, 東向."

37) "至如辨方正位, 著自禮經, 苟非得所, 何以示則, 昔緣周公南面, 夫子西坐, 今位既有殊, 坐豈宜依舊? 宜補 其墜典, 永作程式, 自今以後, 兩京國子監夫子皆 南面坐, 十哲等 東西列侍, 天下諸州亦準此."

풍수이론의 영향으로 일부 문묘의 방향은 남향을 택하지 않았다. 어떤 문묘는 좌서면동, 어떤 문묘는 좌동면서, 어떤 문묘는 좌남면북, 어떤 문묘는 좌서북면동남, 어떤 문묘는 좌동북면서남, 어떤 문묘는 좌서북면동남 구도를 택했다. 문묘 안에 있는 공자상의 좌향도 문묘의 방향과 연동되었다.

2-4-12 정정현학문묘(正定縣學文廟) 대성전의 공자 인물상. 공자의 좌북면남(坐北面南)은 가장 일반적인 구도였다.

2) 배향(配享)

배향은 공자문묘에서 이루어지는 봉사 중 2등급이자 배사(配祀) 중의 1등급이며, 후대 공자문묘에 배향된 인물이 4명이었기 때문에 항상 4배(配)라고 불렀다.

① 연혁

명대『누항지(陋巷志)』에는 한 고조(高祖) 12년(기원전 195년) 유방(劉邦)이 노나라를 지나면서 '태뢰로 공자를 제사 지내고 안회를 배향하게 했다'[38]고 하는데, 실제 초기 문헌에는 이러한 기록이 없다. 안회를 공자의 배향으로 삼았던 시기는 위(魏) 정시(正始) 2년(241)부터였다. 제왕(齊王) 조방(曹芳)은 『논어』를 통달한 후에 관리를 국학에 파견하여 공자를 주사로, 안회를 배향으로 제사 지냈다. 그 후로부터 태자가 유가 경전을 통달할 때마다 관리를 파견하여 공자를 주사로 안회를 배향으로 제사 지내는 것이 제도가 되었다. 당 총장(總章) 원년(668)에 안회, 증삼(曾參)을 배사하라고 명하면서 배사는 2명으로 늘어났다. 개원 8년(729) 10철(哲)을 종사(從祀)하도록 명하였는데, 안회는 10철 중에서는 으뜸, 증삼은 10철 끝에 자리하면서 11번째 배향의 인물이 되었다. 개원 27년(739) 공자는 문선왕, 안회는 연공(兗公)이라는 작호가 추증되었다. 그리고 10철 중 나머지 9명은 후작(侯爵), 나머지 제자들은 백작(伯爵)이라는 작호를 추증하였다. 이 기록들을 통해서 안회는 다

---

38) 『陋巷志・恩典』(陳鎬, [明 正德]). "以太牢祀孔子, 以顏子配享."

2-4-13 산서성(山西省) 평요현(平遙縣) 금장(金庄) 공자문묘의 안회(顏回) 인물상. 원대에 주조되었으며 중국에
서 현존하는 가장 오래된 4배 인물상이다.

2-4-14 산서성 평요현 금장 공자문묘의 증자(曾子) 인물상.

2-4-15 산서성 평요현 금장 공자문묘의 자사(子思) 인물상.

른 제자들보다 지위가 높았다는 것을 알 수 있다. 송(宋) 원풍(元豊) 7년(1084) 맹자를 배향하도
록 하고 안회 다음으로 하기를 명하였다. 숭녕(崇寧) 3년(1104)에 왕안석(王安石)이 추가로 배
향되면서 맹자 다음이 되었다. 건강(建康) 원년(1126) 우간의대부(右諫議大夫) 양시(楊時)는 왕안
석 학술이 엉터리라는 상소를 올려 왕안석 배향 취소를 건의하였고, 조정에서는 이를 받아들
여 왕안석의 배향 자격을 취소하였다. 남송 함순(鹹淳) 3년(1267)에 증삼, 공급(孔伋, 字 子思)을
추가로 배향하였으며 이때부터 공자문묘의 4배가 확정되었다. 그러나 그때 당시 몽고가 중국
북방을 지배했기 때문에 남송 관할 지역의 공자문묘에서만 4배 배향이 이루어졌고 북방 공자
문묘에서는 여전히 2배만이 배향되었다. 원 연우(延祐) 3년(1316), 어사중승(禦史中丞) 조세연(趙
世延)이 남북 공자문묘의 제례에 차이가 있음이 합당하지 않다는 내용의 상소를 조정에 올리면

2-4-16 산서성 평요현 금장 공자
문묘의 맹자(孟子) 인물상.

서 이때부터 전국 공자문묘에서 4배를 배향하였다. 산서
성 평요현 금장 공자문묘의 4배상은 원나라 때 조소되었
으며 중국에서 현존하는 가장 오래된 4배 인물상이다.

배향 인물의 숫자는 많지 않았지만, 역사적으로 이에 관
한 많은 논쟁이 있었다. 북송 정화(政和) 3년(1113), 채경
(蔡京)이 집권했을 때 왕안석의 신법 회복을 명목으로 왕
안석을 문묘에 다시 배향하여 안회와 맹자 다음에 위치시
키는 동시에, 왕안석의 아들인 왕방(王雱)도 문묘에서 종
사하도록 했다. 그러나 왕안석 부자를 문묘에 종사하는
것은 반대파의 반대에 부딪혔다. 정강(靖康) 원년(1126) 우
간의대부 양시가 왕안석 학술이 터무니없다고 질책하는
내용의 상소를 황제에게 올리면서 왕안석은 대성전에서
쫓겨나 양무에 종사되었다. 남송 순희(淳熙) 3년(1196)에
는 조수중(趙粹中)이, 4년에는 이도(李燾)가 지속적으로 왕
안석 종사 중지를 건의하면서 신하들의 논쟁도 계속되었
으며, 결국 왕방은 문묘에서 방출되었다. 순우(淳祐) 4년
(1244)에 송 이종(理宗)은 끝내 왕안석을 문묘에서 내보내
라고 명하였다. "왕안석은 천명은 두려워할 필요가 없고
조상은 본받을 필요가 없고 사람들의 말은 염려할 필요가
없다고 말했다. 만세의 죄인을 어찌 공자문묘에 종사하겠
는가. 그를 쫓아내도록 하라."[39]

맹자는 공식적으로 공자 이후의 가장 중요한 유학자였지만, 그 역시 문묘에서 쫓겨난 적이
있다. 명 홍무(洪武) 5년(1372) 태조 주원장(朱元璋)은 『맹자』에서 "맹자께서 제선왕(齊宣王)에
게 아뢰기를 '군주가 신하 보기를 수족(手足)과 같이 대하면 신하가 군주 보기를 배와 심장[腹
心]과 같이 여기고, 군주가 신하 보기를 개와 말처럼 대하면 신하가 군주 보기를 길 가는 사람
[國人] 정도로 여기고, 군주가 신하 보기를 흙과 풀[土芥]과 같이 대하면 신하가 군주 보기를 원
수 대하듯 하는 것입니다'[40]는 구절을 보고 주원장은 크게 분노하였고, 맹자의 이러한 언급을

39) "王安石謂天命不足畏, 祖宗不足法, 人言不足恤, 爲萬世罪人, 豈宜從祀孔子廟庭? 黜之!."
40) "孟子告齊宣王曰: '君之視臣如手足, 則臣視君如腹心; 君之視臣如犬馬, 則臣視君如國人; 君 之視臣如土芥, 則臣
視君如寇仇'."

2-4-17 강음문묘(江陰文廟)에 배향된 증삼과 맹자의 인물상.

2-4-18 곡부 공자문묘의 안자, 자사의 인물상.

"신하로서 적합한 발언이 아니다(非臣子所宜言)"라고 여겨 맹자의 배향 자격을 취소하였다.

주원장은 대신들의 반대를 염려하여 신하들에게 "간언하는 자를 불경죄로 처리하고 금오(金吾)[41]에게 명하여 화살을 쏘아 죽일 것이다(有諫者以不敬論, 且命金吾射之)"라고 했다. 형부상서(刑部尚書) 전당(錢唐)은 "수레에 관을 싣고 스스로 이를 따르며 옷을 벗고 가슴으로 화살을 받아들일 마음으로 황제의 명을 반대하고 직언을 올리노니, 신이 맹자를 위해 죽을 수 있다면 그 죽음은 영예로울 것입니다"[42]라고 했다. 주원장은 많은 이들의 분노를 샀다는 것을 알아채고 태의원(太醫院)에 명하여 전당의 전창(箭瘡, 화살에 맞아 생긴 종기)을 치료하도록 했다. 이듬해 주원장은 맹자를 "이단(異端)을 분별하고 사설(邪說)을 막아서 공자의 도(道)를 세상에 밝혔다(辨異端, 辟邪說, 發明孔子之道)"라고 드높이며, 맹자의 배향 자격을 회복시키고[43] 신하들에게 『맹자절문(孟子節文)』을 부분 편집하도록 명하였다.

② 호칭
초기의 4배 호칭은 등급이 달랐다. 안회는 당 정관 2년(628)에 선사로 존칭되었고, 개원 27년 연공으로, 송 대중상부(大中祥符) 2년(1009)에 연국공(兗國公)으로 개칭되었다. 증삼은 당 개원 27년 성백(郕伯)으로, 송 대중상부 2년 성후(郕侯)로 개칭되었다. 함순(鹹淳) 3년부터 4배의 호칭 등급은 같아져서 당시에는 각각 연국공(兗國公) 안자, 성국공(郕國公) 증자, 기국공(沂國公) 자사자(子思子), 추국공(鄒國公) 맹자로 불렸다. 원 지순 원년(1330) 안회는 연국복성공(顏回兗國複聖公)으로, 증삼은 성국종성공(郕國宗聖公)으로, 공급은 기국술성공(沂國述聖公)으로, 맹자는 추국아성공(鄒國亞聖公)으로 봉해졌다. 명 가정 9년(1530)에 이르면 공자문묘에서 봉사되는 인물들의 작위를 없애고, 4배는 각각 복성안자(複聖顏子), 종성증자(宗聖曾子), 술성자사자(述聖子思子), 아성맹자(亞聖孟子)로 불렸다.

③ 봉사 위치
4배 봉사는 대성전에서 이루어졌다. 일반적으로 공자상 앞에서 동서로 마주보고 있었는데, 안회, 자사는 왼쪽에, 증삼, 맹자는 오른쪽에 있었다. 다만 일부 공자문묘에서만 4배상(像)을 공자상 좌우 양쪽에 배치하게 되었다. 4배상은 공자상의 앞쪽에 배치되어야 했고, 제자, 손자, 후학(後學)들은 공자와 나란히 위치할 수 없었다.

---

41) (옮긴이) 대궐 문을 지켜서 비상사태를 막는 일을 맡아보는 벼슬을 이르던 말.
42) "抗疏入諫, 輿櫬自隨, 袒胸受箭, 且曰' 臣得爲孟軻死, 死有餘榮'."
43) 『闕裏志』([淸], 孔尚任). 『孔尚任新闕裏志校注』(吉林人民出版社) 12쪽 참조.

2-4-19 산서성 평요현 금장 공자문묘의 민자(閔子) 인물상.
2-4-20 산서성 평요현 금장 공자문묘의 염경(冉耕) 인물상.
2-4-21 산서성 평요현 금장 공자문묘의 염구(冉求) 인물상.
2-4-22 산서성 평요현 금장 공자문묘의 재여(宰予) 인물상.

3) 12철(哲)

12철은 배사(配祀) 중의 2등급이고, 배사된 인물이 12명이었기 때문에 12철이라고 불렀다.

① 연혁

12철은 초기에 10철이었으며, 당 개원 8년(720)부터 시작되었다. 당 정관 21년(647)에 태종은 좌구명(左丘明), 공양고(公羊高), 하휴(何休) 등 22명의 선유를 종사하도록 명하였다. 그러나 공자 제자 중 안회, 증삼을 제외하면 나머지 제자는 초상화만 묘당에 걸려 있고 제사의 대상은 아니었다. 개원 8년 국자사업(國子司業) 이원옥(李元瓘)은 공자 제자 민손(閔損) 등에 제자 지내지 않고 하휴 등 22명의 선유에 오히려 제사 지내는 것을 탐탁지 않게 여겼으며, "어찌 당에 올라 위패가 있는 곳에 입실해야만 춘추 배향의 덕을 입을 수 있다고 하는가(豈有昇堂入室之子獨不

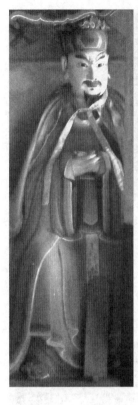

◀ 2-4-23 산서성 평요현 금장 공자문묘의 자공(子貢) 인물상.
▲ 2-4-24 정정문묘(正定文廟)의 서벽의 철인(哲人) 인물상.

沾春秋配享之餘)"라고 했다. 그는 성문(聖門) 4과(科)의 제자 10명[44]을 부사(祔祭) 지내기를 건의하였고, 조정은 4과 제자 종사에 동의하여 10철이라고 칭하였다. 10철은 후에 수차례 변화를 겪게 된다. 안회가 배향으로 승격된 후에 송 단평(端平) 2년(1235) 공급(孔伋)이 빈자리를 메꾸었고, 함순 3년(1267) 공급이 배향으로 승격된 후에 전손사(顓孫師)가 빈자리를 메꾸었다. 청 강희 51년(1712) 주희가 10철 다음의 지위로 승격된 후 11철이 되었고, 건륭 3년(1738) 공자의 제자인 유약(有若)이 주희의 윗자리로 승격되면서 12철이 되었다.

② 호칭

주희를 제외한 11철은 당대부터 작위를 가지게 되었다. 유약(有若), 전손사는 백작으로, 나머지 9명은 후작으로 호칭하였다. 이들은 송대에 각각 후작(侯爵)과 공작(公爵)으로 승격되었고, 위패에도 작위와 이름이 같이 표기되었다. 명 가정 연간의 사전 개정 이후 위패에 일률적으로 '선현'이라는 호칭 뒤에 이름을 표기하게 되었다.

③ 봉사의 위치

12철은 대성전 안에 봉사되었고 4배의 바깥쪽에 위치했다. 일반적으로 동벽과 서벽에 배치되었다. 동쪽에는 민손[자(字)는 자건(子騫)], 염옹[자(字)는 중궁(仲弓)], 단목사(字 子貢), 중유(字 子

44) 德行: 顔淵, 閔子騫, 冉伯牛, 冉仲弓 / 言語: 宰我, 子貢 / 政事: 冉有, 季路 / 文學: 子遊, 子夏.

2-4-25 민손(閔損)·구옹(冉雍)의 인물상.

2-4-26 단목사(端木賜)·중유(仲由)의 인물상.

2-4-27 복상(蔔商)·유약(有若)의 인물상.

2-4-28 염경(冉耕)·재여(宰予)의 인물상.

路), 복상(字 子夏), 유약(字 子若)이, 서쪽에는 염경(字 伯牛), 재여(字 子我), 염구(字 子有), 언언(字 子遊), 전소사(字 子張), 주희가 있었다. 송대의 이학가였던 주희를 제외하면 나머지 11명은 모 두 공자의 제자였다.

2-4-29 염구(冉求)·언언(言偃)의 인물상.　　　　　2-4-30 전손사(顓孫師)·주희(朱熹)의 인물상.

2-4-31 덕경문묘(德慶文廟) 동벽 6철의 인물상.

4) 선현(先賢)

선현은 본래 고대의 현인을 가리키는 말이었다. 고대에 선현을 학교에서 제사 지내고 "서학(西學)에서 선현에 제사를 지내는 것은 제후의 덕을 가르치는 것"[45]이었기 때문에, 선현도 공

---

45) 『禮記·祭儀』(文淵閣四庫全書 電子版 참고). "祀先賢於西學, 所以敎諸侯之德也."

자문묘에 봉사되는 인물이 되었다. 후대에 들어오면서 선현은 3등급으로 공자문묘에 배사(配祀)되었다.

① 연혁

공자문묘에서 선현 봉사는 당 개원 27년(739)에 시작되었는데, 조정에서는 공자 제자 중 이미 10철로 배사되었던 인물을 제외한 나머지 제자를 종사하도록 명하였다. 종사된 선현의 숫자는 기록마다 차이가 있다. 『당회요(唐會要)』, 『신당서(新唐書)』에는 67명으로, 두우(杜佑)의 『통전(通典)』에는 73명으로 되어 있는데, 어느 견해가 옳은지는 알 수 없다. 후대에 교체되고 증가되는 과정을 거치면서 청 함풍 7년(1875)에는 79명까지 늘어났다. 선현 중 주요 인물은 공자의 제자였다. 명·청 시대 증가되었던 주요 인물은 세 가지로 나눌 수 있는데, 첫 번째는 공자가 추숭했었던 동시대의 현인인 공손교(公孫僑)와 거원(蘧瑗)이고, 두 번째는 유가의 초기 제자로, 전손사의 제자인 공명의(公明儀)와 맹자의 제자인 낙정극(樂正克), 만장(萬章), 공도자(公都子), 공손추(公孫醜)였다. 마지막으로 송대 이학가로 소옹(邵雍), 주돈이(周敦頤), 정호(程顥), 정이(程頤), 장재(張載) 이 다섯 명이다.

선현 종사는 역사상 단 한 차례 폐지된 적이 있었는데, 바로 명 가정 9년의 사전을 개정했던 때였다. 당시 신당(申黨)을 신정(申棖)과 같은 급으로 생각하여 신당을 종사 명단에서 삭제하였다. 또한 공백료(公伯寮), 진염(秦冉), 안하(顏何), 거원(蘧瑗), 임방(林放) 등이 『공자가어(孔子家語)』에 기록되어 있는 인물이 아니라는 이유로 공자의 제자로 간주하지 않았으며, 이들도 모두 명단에서 삭제되었다. 그러나 신당, 공백료를 제외한 나머지 4명은 청 옹정 2년에 종사의 자격이 모두 회복되었다.

② 호칭

당 개원 27년 10철을 제외한 나머지 공자 제자들은 모두 백작으로 추증되었고, 송 대중상부 2년에는 후작으로 다시 승급되었다. 그들의 위패에도 '선현'이라는 호칭과 작위, 성명이 모두 기록되었다. 그러나 명 가정 9년에 이르면서 이러한 작위를 모두 취소시키고 위패에도 예외없이 '선현'이라는 호칭과 이름만 표기하였다.

③ 봉사의 위치

선현은 양무 안에 봉사되었다. 동무에서 봉사된 선현 40명은 다음과 같다. 동주 공손교(公孫僑, 1857년 종사), 임방(林放, 739년 종사, 1530년 파사(罷祀), 1724년 다시 종사), 원헌(原憲, 739년 종사, 이하 별도로 기록하지 않은 종사 시기는 모두 이 해와 동일), 남궁적(南宮適), 상구(商瞿), 칠조개(漆雕開), 사마경(司馬耕), 양전(梁鱣), 염유(冉孺), 백건(伯虔), 염계(冉季), 칠조도부(漆雕徒父), 칠조치(漆雕哆), 공서적(公西赤), 임불제(任不齊), 공량유(公良孺), 공견정(公肩定), 교단(鄡單), 한부흑(罕父黑), 영기(榮旂), 좌인영(左人郢), 정국(鄭國), 원항(原亢), 염혈(廉絜), 숙중회(叔仲會), 공서여여(公西輿如), 규손(邦巽), 진항(陳亢), 보숙승(步叔乘), 금뢰(琴牢), 진비(秦非), 안쾌(顏噲), 안하(顏何, 1530년 파사, 1724년 다시 종사), 현단(縣亶, 1724년 종사), 목피(牧皮, 위와 같음), 낙정극(樂正克, 위와 같음), 만장(萬章, 위와 같음), 송대 주돈이(周敦頤, 1241년, 1313년 선유로 종사되었고 1642년 선현으로 승격), 정호(程顥, 위와 같음), 소옹(邵雍, 1267년 선유로 종사되었고 1642년 선현으로 승격).

2-4-32 곡부 공자문묘 동무(東廡)의 실내 모습.

2-4-33 곡부 공자문묘 서무(西廡)의 실내 모습.

서무에 봉사된 선현 39명은 다음과 같다. 동주 거원(蘧瑗, 1530년 파사, 1724년 다시 종사), 담태멸명(澹台滅明), 복불제(宓不齊), 공야장(公冶長), 공석애(公晳哀), 고시(高柴), 번수(樊須), 상택(商澤), 무마시(巫馬施), 안신(顏辛), 조휼(曹卹), 공손룡(公孫龍), 진상(秦商), 안고(顏高), 양사적(壤駟赤), 석작촉(石作蜀), 공하수(公夏首), 후처(後處), 해용점(奚容蒧), 안조(顏祖), 구정강(句井疆), 진조(秦祖), 현성(縣成), 공조구

자(公祖句兹), 연급(燕伋), 악해(樂欬), 적흑(狄黑), 공충(孔忠), 공서점(公西蒧), 안지부(顔之仆), 시지상(施之常), 신정(申棖), 좌구명(左丘明 647년 선유로 종사, 1642년 공자의 제자라는 이유로 선현으로 승격), 진염(秦冉, 1530년 파사, 1724년 다시 종사), 공명의(公明儀, 1853년 종사), 공도자(公都子, 1724년 종사), 공손추(公孫醜, 위와 같음), 송대 장재(張載, 1241년 남송, 1313년 원나라 선유로 종사, 1642년 선현으로 승격), 정호(程頤, 위와 같음).

5) 선유(先儒)

일반적으로는 고대의 유자(儒者)들을 가리켰지만, 후대에는 유학의 가르침을 널리 밝힌 공으로 공자문묘에 종사되었던 유명한 인물들을 의미하게 되었다. 공자문묘에는 4등급으로 배사되었다.

① 연혁

선유 종사는 당 정관 21년(647)에 시작되었다. 태종은 좌구명, 공양고, 하휴 등 22명을 공자문묘에 종사하도록 명하였다. 후에 지속적으로 증가되거나 교체되는 과정을 거쳐 1919년에 이르면 77명으로 늘어나게 되었다.

종사되는 선유는 자주 바뀌었는데, 증사(增祀) 외에도 파사(罷祀)와 복사(復祀) 되는 경우도 있었다.[46] 제1차 파사는 남송 순희 4년(1197)에 왕안석의 아들인 왕방이 문묘에서 쫓겨난 사건이었다. 2차 파사는 명 가정 9년에 일어났는데, 정현(鄭玄), 정중(鄭眾), 노식(盧植), 복건(服虔), 범녕(範寧)이 '학문이 뛰어나지 않다'는 이유로 문묘 종사에서 쫓겨나 당지(當地)의 향현사(鄉賢祠)에 봉사되게 되었다. 순황(荀況)은 '성악설을 주장한다(性惡說)', 양웅(揚雄)은 '왕망을 섬겼다(事王莽)', 대성(戴聖)은 '부패했다(贓吏)', 유향(劉向)은 '신선 방술을 배웠다(誦神仙方術)', 가규(賈逵)는 '도참을 추숭했다(附會圖讖)', 마융(馬融)은 '유력자에게 아부하여 무리지었다(黨附勢家)', 하휴(何休)는 '『풍각(風角』 등의 책에 주석을 달았다(注〈風角〉等書)', 왕숙(王肅)은 '사마사가 찬위하는 데 계략을 꾀했다(爲司馬師畫策篡位)', 왕필(王弼)은 '노장 사상을 주장했다(宗旨老莊)', 두예(杜預)는 '상기를 줄이자고 건의했다(建短喪)', 오징(吳澄)은 '송나라을 배신하고 원나라를 섬겼다(忘宋事元)'는 이유로 파사되었다. 그러나 청대에 와서 또 다시 정현, 범녕, 오징의 문묘 종

---

46) [옮긴이] 증사(增祀)는 종사의 인물을 늘린다는 뜻이고 파사(罷祀)는 종사의 자격을 취소한다는 뜻이며, 부사(復祀)는 종사의 자격을 회복시킨다는 의미를 가리킨다.

2-4-34 대북문묘 서무에 진설된 선현, 선유의 위패.

사 자격은 회복되었다.

당대(唐代) 문묘에 종사된 인물은 모두 경학을 전수한 유학자였다. 송 원풍(元豐) 7년(1084)에 맹자 배향과 순황, 양웅, 한유(韓愈)가 종사되었을 때부터 도를 밝힌 유명한 유자들도 잇따라 종사의 자격을 갖추게 되었다. 정화(政和) 연간에 곡부 공자문묘에는 왕통(王通)이 종사된 적도 있었다. 제사 때 "특별히 황제에게 가문에서 10철, 72현, 26선유와 문중자[文中子: 국학박사 왕통(王通)]를 분리하여 제사 지내기를 요청했다"[47]라는 기록이 남아 있다. 이처럼 오현당(五賢堂)에서 봉사된 맹자 등 4명은 공자의 배향으로 승격된 후에 사적으로 제사를 지내게 되면서, 국가의 규정을 따르지 않게 되었다. 명 가정 9년 문묘 사전을 개정할 때 경학을 전수한 유학자들이 문묘에서 쫓겨났다. 청 강희 54년(1715)에 범중엄(範仲淹)이 도를 행한 유학자로 종사된 후부터 경학을 전수한 유학자들의 종사 자격이 회복되기 시작했다. 청 옹정 2년에 정강성(鄭康成)과 범녕(範寧)의 종사 자격을 회복시켰으며, 도를 행한 유학인 갈량(葛亮)도 추가로 종사의 자격을 갖추게 되었다. 이후 육지(陸贄), 문천상(文天祥), 이강(李綱), 한기(韓琦), 방효유(方孝孺) 등 도를 행한 유학자들이 연이어 추가되었다. 남송 순희 원년(1241) 이학자인 주희, 주돈이, 정호, 정이, 장재가 종사 인물이 된 후로부터 이학자들이 문묘 종사 인물의 주류가 되었다. 명 숭정 15년(1642) 송나라 이학자들인 주돈이, 정호, 정이, 장재, 주희, 소옹이 선현으로 승격되었는데, 이는 진한(秦漢) 시기 이래 처음으로 이학자들이 선현의 목록에 추가된 것이다. 강희 51년(1712) 주희는 대성전에 배사되었는데, 이는 배사된 선철 중 공자 제자를 제외한 유일한 인물이었다. 이학자들이 문묘에서의 지위가 전에 없이 높아졌으며, 이는 정주리학이 봉건사회의 지도 사상이 된 것과 상통하는 현상이었다.

---

47) 『孔氏祖庭廣記』([金], 孔元措)(中國 濟南: 山東友誼書社, 1989, p.154). "別請近上族人分奠十哲, 七十二賢, 二十六先儒, 文中子."

2-4-35
대북문묘(臺北文廟) 동무(東廡)의 송삼현(宋三賢) 패위. 선현의 뒤, 선유의 앞에 위치하고 있다.

②호칭

당 정관 21년 선유가 처음으로 종사 될 때는 작위가 없었다. 송 대중상부 2년에 백작(伯爵)이라는 작위를 추증하였고, 왕숙(王肅)과 두예(杜預)에게 후작뿐만 아니라 사공(司空), 사도(司徒)라는 봉호(封號)도 추증하였다. 그 후 추가로 종사된 선유는 대부분 백작으로 추증되었고 위패에는 작위나 관직, 이름이 같이 기록되었다. 그러나 가정 9년 이후에는 일률적으로 '선유'라는 호칭과 이름만 기록하게 되었다.

③봉사 위치

선유도 양무에 봉사되었으며, 선현의 뒤편에 위치했다.

동무에 봉사된 선유 39명은 다음과 같다. 동주(東周) 공양고(公羊高, 647년 종사), 한대(漢代) 복승(伏勝, 위와 같음), 모형(毛亨, 1863년 종사), 공안국(孔安國, 647년 종사), 모장(毛萇, 위와 같음), 두자춘(杜子春, 위와 같음), 정강성[鄭康成, 647년 종사, 1530년 향현사(鄕賢祠)로 개사(改祀), 1724년 다시 종사], 촉한(蜀漢) 제갈량(諸葛亮, 1724년 종사), 수대(隋代) 왕통(王通, 1530년 종사), 당대 한유(韓愈 1084년 종사), 송대 호원(胡瑗, 1530년 종사), 한기(韓琦, 1852년 종사), 양시(楊時, 1495년 종사), 사량좌(謝良佐, 1849년 종사), 윤돈(尹焞, 1724년 종사), 호안국(胡安國, 1437년 종사), 이통(李侗, 1619년 종사), 여조겸(呂祖謙, 1261년 남송 종사, 1313년 원나라 종사), 원섭(袁燮, 1868년 종사), 황간(黃榦, 1724년 종사), 보광(輔廣, 1877년 종사), 하기(何基, 1724년 종사), 문천상(文天祥, 1843년 종사), 왕백(王柏, 1724년 종사), 원대 유인(劉因, 1910년 종사), 진호(陳澔, 1724년 종사), 명대 방효유(方孝孺, 1863년 종사), 설선(薛瑄, 1571년 종사), 호거인(胡居仁, 1584년 종사), 나흠순(羅欽順, 1724년 종

2-4-36 대남문묘(臺南文廟) 서무(西廡)의 실내 모습.

사), 여남(呂柟, 1863년 종사), 유종주(劉宗周, 1822년 종사), 손기달(孫奇逢, 1827년 종사), 청대 황종희(黃宗羲, 1908년 종사), 장리상(張履祥, 1871년 종사), 육룡기(陸隴其, 1724년 종사), 장백행(張伯行, 1878년 종사), 탕빈(湯斌, 1823년 종사), 안원(顔元, 1919년 종사).

서무에 봉사된 선유 38명은 다음과 같다. 동주 곡량적(穀梁赤, 647년 종사), 한대 고당생(高堂生, 위와 같음), 동중서(董仲舒, 1330년 종사), 유덕(劉德, 1877년 종사), 후창(後蒼, 1530년 종사), 허신(許慎, 1875년 종사), 조기(趙歧, 1910년 종사), 진대 범녕(範寧, 647년 종사, 1530년 향현사에 개사, 1724년 다시 종사), 당대 육지(陸贄, 1826년 종사), 송대 범중엄(範仲淹, 1715년 종사), 구양수(歐陽修, 1530년 종사), 사마광(司馬光, 1267년 남송 종사, 1313년 원나라 종사), 유작(遊酢, 1892년 종사), 여대림(呂大臨, 1895년 종사), 나종언(羅從彦, 1619년 종사), 이강(李綱, 1851년 종사), 장식(張栻, 1261년 남송 종사, 1313년 원나라 종사), 육구연(陸九淵, 1530년 종사), 진순(陳淳, 1724년 종사), 진덕수(真德秀, 1437년 종사), 채침(蔡沉, 위와 같음), 위료옹(魏了翁, 1724년 종사), 육수부(陸秀夫, 1859년 종사), 원나라 조복(趙複, 위와 같음), 김리상(金履祥, 위와 같음), 허형(許衡, 1313년 종사), 오징(吳澄, 1435년 종사, 1530년 쫓겨남, 1737년에 다시 종사), 허겸(許謙, 1724년 종사), 명대 조단(曹端, 1860년 종사), 진헌장(陳獻章, 1584년 종사), 채청(蔡清, 1724년 종사), 왕수인(王守仁, 1584년 종사), 여곤(呂坤, 1826년 종사), 황도주(黃道周, 1825년 종사), 청대 왕부지(王夫之, 1908년 종사), 육세의(陸世儀, 1875년 종사), 고염무(顧炎武, 1908년 종사), 이공(李塨, 1919년 종사).

6) 숭성사(崇聖祠)에 봉사된 인물

숭성사의 본래 이름은 계성사(啓聖祠)였으며, 명 가정 9년(1530)에 증설되었던 것이다. 당 개원 27년(739)에 공자 제자들이 공자문묘에 종사되었는데. 공자 제자인 안무요(顔無繇), 안회 부자(父子)와 증점(曾蒧), 증삼 부자의 경우도 공자문묘에 종사되었다. 안회는 성문사과(聖門四科)

2-4-37 대북문묘(臺北文廟)의 숭성사.

의 으뜸으로 공자의 가장 우수한 제자였기 때문에, 공자문묘의 봉사된 인물 중에서도 지위가
가장 높았으며 공자문묘의 정전 내에서 10철 중 첫 번째에 자리하였다. 증삼 역시 효성이 지
극했기 때문에 정전내에 봉사되었으며 10철의 끝에 위치했다. 두 사람은 모두 인물 조각상으
로 전(殿) 안에 배치되었지만 그들의 부친인 안무요와 증점은 학문이나 업적 면에서 특출하지
않았기 때문에 담장에 초상화만을 그려두었다. 자처부상(子處父上: 아들이 아버지 위에 자리한다)
과 자선부식(子先父食: 아들이 아버지보다 먼저 먹는다)은 봉건예교에 어긋났기 때문에, 이러한
배치 구도는 송대부터 지속적으로 비난받았다. 이 문제를 해결하기 위해 가정 9년 장총(張璁)
은 학교 내에 계성사를 따로 지어 공자의 부친 봉사와 4배 등의 부친 배사를 건의하였다. 이러
한 건의가 조정에 받아들여져 전국 각급 학교에 일률적으로 계성사 건물 하나를 따로 건설하
였다. 계성사 안에서 공자의 부친 숙량흘(叔梁紇)을 주사하였고, 안회의 부친 안무요, 증삼의
부친 증점, 자사의 부친 공리와 맹자의 부친 맹손격(孟孫激)을 배향하였으며, 정호와 정이의
부친 정향(程珦), 주희의 부친 주송(朱松), 채침(蔡沉)의 부친 채원정(蔡元定)을 종사하였다. 명
만력 23년(1595)에는 주돈이의 부친 주보성(周輔成)도 추가로 종사되었다. 청 옹정 원년(1723)
세종은 공자의 5대 조상을 왕으로 추봉하였기 때문에 계성사를 숭성사로 개칭하였다. 숭성
사에서는 공자의 5대 조상을 주사하고, 4배의 부친 등을 배향하도록 하였다. 옹정 2년에는
장재(張載)의 부친 장적(張迪)이 추가로 종사되었다. 함풍 7년(1857) 공자의 형인 맹피(孟皮)가

2-4-38
대남문묘(臺南文廟)의
숭성사 정위(正位).

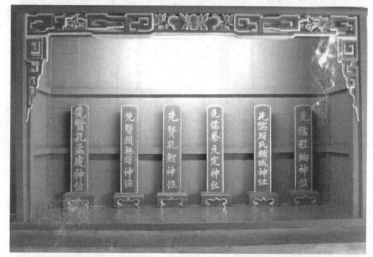

2-4-39
대남문묘 숭성사의
동배(東配).

2-4-40
대남문묘 숭성사의
서배(西配).

2-4-41
요녕성 흥성문묘
(興城文廟) 명환
사의 실내 모습.

2-4-42
흥성문묘 향현사
의 실내 모습.

추가로 배향되었는데 4배의 윗자리에 위치함으로써 5배가 되었다. 광서 23년(1897) 맹피의 아들 공충(孔忠)을 동무에서 숭성사로 옮겨 배향하도록 명하였지만 대부분의 문묘에서는 이 명령을 이행하지 않았다. 곡부 공자문묘에서는 여전히 공충을 동무에서 봉사하였다.

숭성사 정면에는 공자의 5대 조상이 봉사되었다. 5대 조상인 시조 성왕(聖王) 목금부(木金父)는 가운데에, 고조 유성왕(裕聖王) 기부(祈父)와 조부 창성왕(昌聖王) 백하(伯夏)는 동쪽에, 증조 태성왕(詒聖王) 방숙(防叔)과 부친 계성왕(啟聖王) 숙량흘은 서쪽에 위치했다. 5성왕 앞쪽의 동쪽에는 공맹피, 안회의 부친 안무요와 자사의 부친 공리가 봉사되었고, 서쪽에는 증자의 부친 증점과 맹자의 부친 맹손격이 봉사되었다. 배향된 인물의 뒤편 담장과 가까운 곳에 종사자(從祀者)들이 봉사되었는데, 동쪽에는 주보성, 정향과 채원정이, 서쪽에는 장적과 주송이 봉사되었다. 일부 문묘의 숭성사에는 양무가 딸려 있었는데, 주보성 등이 바로 양무에 봉사되었다. 숭성사에서는 조각상이 아닌 위패로 봉사하였다. 명대에는 공자 부친인 숙량흘을 계성공(啓聖公)으로 개칭하였고, 배사된 다른 인물들은 선현과 선유로 칭해졌다. 청 옹정 시기에는 공자의 5대 조상이 왕으로 추봉되면서 모두 왕호를 받았으나, 배사된 인물의 호칭은 변하지 않았다.

2. 부사(附祀) 인물

부사된 인물로는 명환(名宦), 향현(鄕賢), 충의사절지사(忠義死節之士), 열녀와 효부(孝婦), 문창제군(文昌帝君) 등이 있었다. 그들 모두 국가의 승인을 받아 일부는 학교에서, 일부는 문묘에서 봉사되었다.

1) 명환

명환은 명환사에 봉사되었다. 명 홍무 2년(1369) 선현사를 지어 선정을 베푼 관리와 모범이 되는 지역 인사들을 봉사하도록 명하였다. 문묘에서는 일반적으로 봄·가을 석전이 끝나고 명환사 제사를 지냈다. 머지않아 선현사는 명환사와 향현사로 나뉘었다. 명환은 본지에서 선정을 펼친 관리였기 때문에 각 지역마다 봉사된 인물은 상이했다.

2) 향현

향현은 향현사에 봉사되었다. 봉사된 인물은 모범이 되는 해당 지역 인사였기 때문에, 각지의 봉사된 인물은 판이했다. 일반적으로 현학에서는 자기 현의 인사들을, 부학에서는 자기 부의 인사들을 봉사했다. 다만 일부 지역의 경우 예외가 있었는데 안휘성 영국부학(寧國府學)의 향현사는 부(府)에 속한 6읍(邑)의 향현을 합하여 제사를 지냈다.

3) 충의사절지사(忠義死節之士)

충의사절지사는 충의사에 봉사되었고, 청 옹정 7년(1729)에 축조를 명받았다. 일부 학교에서는 충의효제사(忠義孝悌祠)라고도 했으며, 봉사된 인물은 더욱 많았다. 충의사절지사들은 모두 해당 지역의 인사들로 지역마다 봉사된 인물이 달랐다.

2-4-43
자계현학(慈溪縣學) 충의사의 실내 모습.

2-4-44
대남문묘(臺南文廟) 절효사의 실내 모습.

4) 열녀와 효부

열녀와 효부는 절효사(節孝祠)에 봉사되었으며, 역시 청 옹정 7년(1729)에 축조를 명받았다. 국가에서는 명환사, 향현사, 충의사는 학교에, 절효사는 시내에 지어야 된다고 규정했는데, 대부분의 관원들은 이 명령을 실행하였다. 그러나 극소수의 학교에서는 절효사를 문묘 내에 짓기도 했다. 열녀와 효녀는 모두 해당 지역의 인물이었기 때문에 각지에 봉사된 인물 역시 상이했다.

5) 문창제군

문창제군은 문창사 혹은 문창각(文昌閣)에 봉사되었다. 문창은 본래 북두성의 이름으로, '두괴대광(斗魁戴筐) 여섯 개 별을 문창궁(文昌宮)이라고 한다. 첫째는 상부(上將), 둘째는 차장(次將), 셋째는 귀상(貴相), 넷째는 사명(司命), 다섯째는 사중(司中), 여섯째는 사록(司祿)이다'.[48] 북두(北斗) 윗부분의 여섯 개 별 모양이 바구니 같아서 문창궁이라고 불렸으며, 사람의 명예와 관직을 관장하는 것으로 알려져 있다. 도가에서는 장아자(張亞子)가 문창이라고 했다. 그는 월수(越巂)[49] 사람으로 어머니의 원수를 갚기 위해서 사천성 검주(劍州)의 칠곡산(七曲山)에 살았으며 진대(晉代)에 전사하였다. 그 후에 사람들이 재동현(梓潼縣)에 사당을 세우고 그에게 제사 지냈다.

2-4-45 조양(潮陽) 공자문묘에 봉사된 문창제군의 인물상.

도가에서는 장아자를 도가의 신령으로 간주하고 옥제(玉帝)가 그에게 문창부사(文昌府事)를 관리시켰다고 설명한다. 당 현종(玄宗)은 사천성 지역으로 피난갈 때 좌승(左丞)으로, 당 희종(僖宗)은 제순왕(濟順王)으로 추봉하였다. 송 진종(眞宗)은 함평 연간에 그를 영현왕(英顯王)으로, 철종(哲宗)은 보원개화문창사록제군(補元開化文昌司祿帝君)으로 개칭하였다. 원나라 때는 보원개화문창사록홍인제군(補元開化文昌司祿弘仁帝君)으로 호칭을 새로 지었다. 청 가경(嘉慶) 5

---

48) 『史記·八書第五·天官』([漢], 司馬遷)(文淵閣四庫全書 電子版 참고). "斗魁戴筐六星日文昌宮: 一日上將, 二日次將, 三日貴相, 四日司命, 五日司中, 六日司祿."

49) (옮긴이) 월수는 월(越)나라 수(巂) 지역을 뜻한다.

2-4-46 장춘문묘(長春文廟) 괴성의 조각상.

년(1800)에 백련교(白蓮教)가 재동산(梓潼山)으로 진군했을 때 문창사 산 위에 깃발이 꽂혀 있는 것을 보고 퇴병했다는 일화도 있다. 이 때문에 인종이 특별히 '화성기정(化成耆定)'이라는 편액을 문창사에 하사하였고, 북경 문창사를 대대적으로 수리하도록 명하였다. 이듬해 준공 후 인종은 직접 제사를 지내고 9배(拜)의 큰 예를 거행하였으며, 문창사를 국가 사전의 소사(小祀)에 편입시키도록 명하였다. 함풍 6년(1856) 문창사 제사는 중사로 승격되었다.

문창사의 건물은 일반적으로 사당 하나뿐이었다. 청 함풍 연간에 문창제군 제사를 중사로 승격하는 동시에 문창제군의 조상도 추봉하였다. 그리고 문창제군의 조상을 위해 정사(正祠) 뒤에 전(殿)을 세워 봉사하기도 하였다. 이때부터 문창제군을 모시는 사당이 전국적으로 보급되었다. 그러나 문창사는 대부분 전사(專祠)였을 뿐 문묘 내에 봉사된 경우는 매우 드물었다.

문창사는 문창제군을 봉사했으며, 일반적으로 인물 조각상으로 되어 있었는데, 문창제군 양옆에는 속칭 천농지아(天聾地啞)라고도 부르는 아이를 세워놓았다.

6) 괴성(魁星)

괴성은 괴성각에 봉사되었다. 괴성은 규성(奎星)이라고도 불렸는데, 본래 북두칠성 중의 별자리 이름이다. 괴성에 대해 어떤 사람들은 북두칠성 중의 첫 번째 별이라고도 하고, 또 어떤 사람들은 네 번째 별이라고도 한다. 옛날 사람들은 괴성이 문운(文運)을 주관한다고 여겼기 때문에 일반적으로 학교 내에 괴성각을 만들어 봉사했는데, 문묘 내에 괴성각을 지은 경우는 매우 드물었다.

괴성 봉사도 조각상을 사용했는데, 이는 괴(魁)자의 자형에 따라 만들어졌다. 귀신 한 명이 두(鬥)를 차는 모습 혹은 귀신 한 명이 붓을 들고 두(鬥)를 차는 모습으로 조각되었다.

3. 봉사 방식

공자의 고향에 있는 공자문묘는 세계 최초의 공자문묘이자 봉사방식에 대한 첫 기록이 남아 있는 곳이다. 후한 영수(永壽) 3년(155)의 『한칙수공자묘후비(韓勅修孔子廟後碑)』에는 "고택을 수리하고 꾸며, 묘우에 신이 임하시길 기다린다. …… 높으신 성인은 장막을 치고 앉아 계시며, 그의 돗자리는 10중(重)으로 되어 있다. 성상을 다시 그릴 때는 옛 그림을 바탕으로 한다"[50]라는 기록이 남아 있다. "성상을 다시 그릴 때는 옛 그림을 바탕으로 한다"라는 내용은 원래 초상화가 있었다는 것을 의미한다. 이를 통해 후한 시기 공자문묘에서는 공자의 초상화를 봉사했으며 초상화에는 장막이 덮여 있었음을 알 수 있다.

남북조(南北朝) 시기, 공자문묘의 봉사 방식은 초상화에서 인물상을 사용하는 것으로 변화되었다. 역도(酈道)의 『수경주(水經注)』에서는 "문묘 건물은 3칸으로 되어 있다. 공자는 서면(西面)하여 동쪽을 향해 있고, 그의 어머니는 가운데에서 남쪽을 향해 있다. 아내는 동쪽으로 1칸 떨어져 있으며, 동쪽을 향해 있다"라고 하였다.[51] "묘당에는 공자상(像)이 있고 그의 두 제자상을 세워놓았는데 책을 가지고 모시고 서 있는 모습인데 정성스럽고 공손하게 우러러보고 있는 모양새이다"[52]라는 내용이 있다. 공자는 인물상으로 되어 있고 전면에 두 제자가 있는데, 아마도 당시 불교의 1부처 2보살 봉사 방식의 영향을 받은 것으로 보인다. 동위(東魏) 흥화(興和) 원년(539) 연주자사(兗州刺史) 이중선(李仲琁)은 "기술자에게 명하여 본 모습을 복원하도록 하여(命工人修建容像)", "공자상을 보수하고 10현을 다시 세웠으며(旣繕孔像, 復立十賢)", "열 명의 소상을 만들었다(彫素十子)". 인물상을 보수하고 난 뒤 "성스러운 용모는 더욱 엄숙해졌고 두 명씩 다섯 줄로 되어 있었다".[53] 공자 인물상 앞 양옆으로 다섯 명씩, 총 열 명의 제자들

---

50) 『韓勅修孔子廟後碑』[漢]. 『隸釋』 권1(北京: 中華書局, 1985, p.22). "修飭舊宅, 俟神廟堂. …… 崇聖帷坐, 薦席十重, 改畫聖像, 如古圖."

51) 『水經注·泗水』[北魏], 酈道元)(文淵閣四庫全書 電子版 참고). "廟屋三間. 夫子在西面, 東向; 顏母在中間, 南向; 夫人隔東一間, 東向."

52) 『水經注·泗水』[北魏], 酈道元). "廟有夫子像, 列二弟子, 執卷立侍, 穆穆有詢仰之容."

53) 『魯孔子廟碑』[東魏]. 『曲阜縣志·金石』[乾隆](濟南: 山東友誼書社, 1998, p.368). "聖容穆穆. 二五成行."

2-4-47 공자 사구상(司寇像). 당대 오도자(吳道子)
가 그린 것으로 전해오며, 당대 봉사된 공
자상이 바로 사구상(司寇像)이다.

의 조각상을 만들어 세웠다. 이를 통해 그때
부터 곡부 공자문묘의 성격이 공씨가묘에서
공식적인 공자문묘[本廟]으로 바뀌었다는 것
을 알 수 있다.

당대에는 국가에서 공자문묘의 제사 제도
를 제정한 이후 곡부 공자문묘의 제사는 국
가 제도에 따라 거행되었다. 봉사 방식도 이
에 따라 공자, 10철, 중삼의 인물상이 전(殿)
내에 앉아 있는 것으로, 공자의 다른 제자와
선유 22명은 담장에 초상화를 그리는 것으
로 바뀌었다.

당나라 이전 국립학교의 봉사 방식에 대
해서는 현재 확실한 자료가 남아 있지 않다.
한(漢) 광화(光和) 원년(178)에 국가에서 홍도
문학(鴻都門學)을 설립하였는데, 이는 일종의
예술 전문 학교였다. 공자와 72명 제자의 초
상화를 담장에 그렸지만, 이는 결코 제사를

위한 것이 아니었다. 기록에 따르면 한나라 때는 학교에 공자를 전문적으로 봉사하는 건물이
없었으며, 제사도 아마 임시로 시행되었던 것 같다. 이는 서진(西晉) 반니(潘尼)의 『석전송(釋奠
頌)』을 통해 추론할 수 있다. 『석전송』에는 진(晉) 원강(元康) 2년(292) 황태자가 『효경』을 통
달하여 태학에서 석전을 올리던 상황이 기록되어 있다. "단(壇)을 청소하여 전(殿)으로 만들고
장막을 걸어 궁(宮)으로 만들었다. 공자는 서쪽 곁채에 서 있고 안회는 북쪽 담장에 모시고 있
었다."[54] 제사는 단(壇)에서 임시로 장막을 설치하고 진행되었다. 공자는 서쪽 곁채에, 안회는
북쪽 담장에 모셔져 있다고 하는 것으로 보아 봉사되었던 것은 분명히 상(像)이지 위패는 아
니었을 것이다. 겨우 이름 하나가 적힌 위패를 두고 이처럼 인격화된 표현을 사용해 서술하기
는 어렵기 때문이다. 제사를 지낼 때는 상(像)이 있었으며, 이러한 임시 제사에서는 소장하고
전시하기 편한 초상화를 사용했지 인물상이나 조각상을 사용하지는 않았을 것이다. 인물상

---

54) 『晉書·潘嶽傳』「釋奠頌」([晉], 潘尼)(文淵閣四庫全書 電子版 참고). "乃掃壇爲殿, 懸幕爲宮, 夫子位於西序, 顏
回侍以北墉."

과 조각상은 운반하기도 불편했고 현재 남아 있는 한나라 시기의 예술품을 참고하면, 그때의 인물 조각상은 매우 투박했다. 그러나 남아 있는 같은 시기의 초상화를 보면 매우 생동감 있게 그려져 있어서 제사 때 봉사된 것은 분명 우아한 모습을 띠고 있는 초상화였지, 투박한 인물 조각상이었을 가능성은 희박하다.

진대(晉代) 이후로도 공자는 초상화로 계속 봉사되었다. 태청(太淸) 원년(549) 소역(蕭繹) 이형주자사(荊州刺史)로 있을 때 "선니묘를 지었다(起宣尼廟)"라고 기록되어 있다. 소역(蕭繹)은 "글씨와 그림 실력이 뛰어나서 직접 선니상(宣尼像)을 그렸고 그를 기리는 글을 썼다. 당시 사람들은 이를 삼절(三絶)로 꼽았다".55) 형주주학에 봉사된 공자 초상화는 아마도 소역이 그렸을 것이다.

당 정관 21년(647) 좌구명 등 22명 종사

2-4-48 정주문묘(定州文廟)의 공자상.

로 늘어났고, 개원 8년(720)에 공자 제자들이 추가로 종사된 후에야 공자, 10철과 증삼은 인물상으로, 다른 제자와 선유는 벽에 걸린 초상화로 확정되었다. 곡부 공자문묘 역시 이러한 방식으로 함통(鹹通) 10년 공온유(孔溫裕)가 곡부 공자문묘를 중수한 후 "얼굴은 자상하고 온화하여, 더욱 공손한 모습으로 보인다. (종사된 자)는 나란히 서서 더욱 엄숙한 모습으로 모시고 있다"56)라고 했는데, 이는 공자와 10철 및 증삼 모두 인물상이었다는 것을 보여준다.

송대에 국자감 문선왕묘(文宣王廟)에 "선성, 아성, 10철상을 만들고 동무와 서무의 나무로 된 벽에 72현 및 선유 21명의 인물상을 그렸다".57) 원풍 7년(1084) 순황, 양웅, 한유도 추가로 종

---

55) 『南史·梁本紀下·簡文帝』(文淵閣四庫全書 電子版 참고). "工書善畫, 自圖宣尼像, 爲之贊而書之, 時人謂之三絶."
56) 『新修廟記碑』([唐], 賈防). 『曲阜縣志·通編』[乾隆] 참조. "睟容穆若, 更表溫恭; 列侍儼然, 如將請益."
57) 『宋史·禮八·文宣王廟』(文淵閣四庫全書 電子版 참고). "塑先聖, 亞聖, 十哲像, 畫七十二賢及先儒二十一人像於

사하여 "순황 등의 인물상도 그려서 종사하는 열에 추가하였다(畵荀況等像于從祀之列)". 남송 순희 4년에는 "왕방(王雱)을 종사된 인물 초상화에서 떼어놓으라고 명하였다(詔去王雱從祀畵像)"라는 기록으로 보아 남송 국학에 종사된 인물도 역시 초상화였다. 주·현의 문선왕묘에서도 일반적으로 공자, 배향과 10철은 인물상으로 했고, 선현과 선유는 초상화로 종사했다. 송 가정 연간의 『진강지(鎭江誌)』에는 윤주주학(潤州州學)이 태평천국(太平天國) 8년(983) "가을이 되면 옛것을 버리고 새 것을 창조하기 위해 공자문묘를 이전하도록 하여, 안자, 맹자 이하의 문인과 대유(大儒)의 인물상을 만들어 자리에 두고 배향하였다"[58]라고 기록되어 있다. 맹자는 원풍 7년(1084)에 와서야 공자문묘에 배향되었는데, 이때 맹자상(像)이 공자문묘에 있을 리가 없기 때문에, 이는 잘못된 기록일 것이다. 그러나 기타 배사된 인물의 초상화가 그려졌다는 기록은 틀리지 않았으며 당시 국자감의 초상화에 따라 그려졌을 것이다. 경덕 2년(1005) 현령 이감(李堪)은 고전현학(古田縣學)을 세웠고, "선성을 세우고 10철을 배열했으며, 72자(子)와 71현 및 공급(孔伋) 이하 당대까지의 대유 한유(韓愈) 등 96명을 그려두었다(位先聖, 列十哲, 繪七十二子, 二十一賢及孔伋以下大儒至唐韓愈氏九十六人)". 이 기록에 따르면 그때 공급과 한유가 모두 종사되지 않았고 72제자, 21현인 뒤에 위치해 있었다. 이는 아마도 지방관이 자체적으로 추가했을 것이다. 대중상부 2년(1009)에 중건된 민청현학(閩淸縣學) 문선왕묘에는 "선성 10철의 인물상을 만들고 그 벽에는 60자(子) 및 대유의 그림을 그렸다(塑先聖十哲像, 其壁畵六十子及大儒)"라고 한다. 복건성 문선왕묘는 경우(景祐) 4년(1037)에 중수 후 "가운데에 공자와 그의 뛰어난 제자 10명의 인물상을 만들어놓고 60자(子) 및 선유들이 (공자의 도가) 후세에 퍼지도록 한 공을 기념하기 위해 벽에 그려놓았다(中設孔子與其徒高弟十人像, 又繪六十子及先儒以業傳世者于壁)"라고 한다. 회안현학(懷安縣學) 문선왕묘는 가우 2년(1057)에 중건 뒤 "가운데 부자전(夫子殿)을 모시고, 10철을 배향했으며 72제자와 경학을 전수했던 유학자들을 벽에 그렸다".[59] 공자와 10철은 인물 조각상으로, 다른 제자와 종사된 선유는 모두 초상화로 되어 있었는데, 이는 북송 초기에 통용되었던 방식으로 보인다. 금 원광(元光) 연간 국자감 공자문묘는 선성, 10철은 인물 조각상으로, 선현은 족자로 되어 있었다. "원광 초 경사 선성묘가 완성된 후에 선성과 10철의 인물상으로 장식했는데, 현상(賢像)은 벽에 그리려고 했지만 너무 낡아서 훼손될 가능성

<hr />

東西廡之木壁."

58) 『鎭江志』[宋, 嘉定](文淵閣四庫全書 電子版 참고). "秋乃發舊創新, 告遷夫子之廟, 其顏子孟子以下門人大儒之像, 各塑繪配享於坐."

59) 『淳熙三山志』([宋], 梁克家). 『四庫全書』484冊(上海古籍出版社版) 참조. "中尊夫子殿, 配享以十哲, 圖七十二弟子傳經諸儒於壁."

이 높았기 때문에 조정에서는 특별히 명하여 흰 비단에 그리도록 했다. 평소에는 말아서 소장하고 제사를 지낼 때만 걸어 두었다."[60] 여기서 현상(賢像)은 선현과 선유의 상이 분명하며 흰 비단[素縑]에 그려졌던 것이다.

북송 시기부터 맹자, 왕안석이 배향의 자격을 갖추게 되면서 공자문묘에서는 배향, 10철, 선현, 선유 네 등급의 배사(配祀) 진열이 이루어졌다. 남송 함순 3년(1267)에 안회, 증삼, 공급과 맹가 4배의 배향이 정해졌다. 원 연우(延祐) 3년(1316)에 이러한 4배는 원 왕조에 그대로 계승되어 명 가정 9년(1530)까지 대부분의 문묘에서는 대성전 내에 공자, 4배, 10철의 인물상을 함께 모셨으며, 양무에는 선현, 선유의 초상화를 그려서 봉사하였다. 하남성 허창시(許昌市) 허주주학(許州州學) 문선왕묘에는 원 지원(至元) 계유년(1273) "양무에 70자(子) 대유가 종사된 인물상을 그려놓았

2-4-49 온령(溫嶺) 공씨가묘에서 봉사된 공자의 동상. 5대 진 천복(天福) 5년(940) 이전하던 당시 봉해졌다고 전해온다.

다(爲兩廡及繪七十子諸大儒從祀諸賢之像)". 산서성 평요현 금장 공자문묘의 대성전에는 지금까지도 원대에 주조된 공자, 4배, 10철의 인물상이 보존되어 있다. 장주현학(長州縣學)은 명 홍무 6년(1373)에 "양무 72자(子)및 제유(諸儒)의 인물상을 다시 그려놓았다(重塑兩廡七十二子諸儒像)".

일부 공자문묘에서는 모든 봉사 인물들이 인물 조각상으로 되어 있었는데, 이는 곡부 공자 문묘가 최초였다. 금 명창(明昌) 2년(1191) 곡부 공자문묘를 대폭 확대하였고 5년에 완공하였다. 당시 "양무의 선현과 선유를 전부 초상화에서 인물 조각상으로 바꾸었다(兩廡畵像又以捏塑

60) 『孔氏祖庭廣記』([金], 孔元措)(濟南: 山東友誼書社, 1989, p.162). "元光初, 京師先聖廟成, 複妝飾先聖十哲塑像, 其賢像欲圖之於壁, 慮久而易壞, 朝廷特命以素縑繪之, 而各成以軸, 遇祭懸展."

2-4-50 산서성(山西省) 평요현(平遙縣) 금장(金庄) 공자문묘 대성전의 실내 모습.

易之)”. 명 초기에는 일부 지역문묘에서도 선현과 선유를 초상화에서 인물 조각상으로 바꾸었다. 소주부학(蘇州府學)은 영락 갑신(甲辰) 22년(1424)에 “인물상을 신추가로 조각한다(增飾塑像)”라는 기록이 남아 있는데, 누구의 인물상을 추가로 조각했는지는 기록되어 있지 않다. 성화 연간 태수(太守)는 “3일 동안 공무를 처리한 뒤, 부자 선생의 문묘를 찾아뵙고 절을 하고 다음으로 4배, 10철 및 양무의 제현을 알현하고 절을 했는데, 신상(神像)은 벌써 기울어져 있었다”[61]는 기록이 남아 있다. 이는 공자, 4배, 10철과 양무 제현(諸賢)이 모두 인물 조각상이었다는 것을 보여준다. 복건성 안계현학문묘(安溪縣學文廟)도 명 정통 연간에 봉사인물을 모두 인물 조각상으로 바꾸었다. 정통 원년(1436)에 공자, 4배와 10철상을, 정통 6년 양무의 선현상을 조각하였다.

명 가정 9년에 공자문묘의 봉사 방식은 봉사 인물이 전부 위패로 바뀌는 중요한 변화를 맞이하게 된다. 장총은 그의 사전(祀典) 개정에 관한 상소에서 세 가지 이유를 들었다. 첫째, 중국에는 본래 인물상이 없었다고 하면서, “선성은 본래 인물상은 만들지 않지만, 봄·가을 제사 때에만 사용할 수 있다(先聖本不當設像, 春秋祭時只設主可也)”라는 주희의 말과 “인물상을 만드는 것은 중국에는 없었던 일이며 불교가 중국에 들어온 이후부터 생겨났다(塑像之設, 中國無之, 自佛敎入中國始有也)”라는 구준(邱濬)의 말을 인용하였다. 둘째, 인물상의 모양이 각각 다르다는

....

61) “視篆三日, 敬謁吾夫子之廟而拜之, 次及四配十哲及兩廡諸賢, 見其神像欹側.”

2-4-51
제남부학(濟南府學)의
선현, 선유 인물상.

점이다. "(공자상이) 군마다 다르고 현마다 다르다. (각 군현의) 인물상이 서로 달라 일치되지 않는다. 어떤 것은 크지만 어떤 것은 작으며, 어떤 것은 말랐지만 어떤 것은 뚱뚱하다. 어떤 것은 나이 들었을 때이지만 어떤 것은 젊을 때이며, 어떤 것은 아름답지만 어떤 것은 못생겼다. 이 모든 것이 기술자의 솜씨에 따라 결정된다. 만일 완벽하게 만든다 하더라도 어찌 생전의 훌륭한 품덕을 담아낼 수 있겠는가."[62] 셋째, 황제의 존엄에 손상을 입힌다는 것이다. "국학 문묘의 모습은 단지 사제들이 우러러보는 장소일 뿐만 아니라 천자가 방문하여 예를 거행하는 곳이다. 성인은 영원한 스승으로 앉아서 일어나지 않아도 오히려 가능하다. 만일 종사한 제유(諸儒)들 중에 전대의 진신(搢紳)이나 당대의 신하들이 있으면 임금은 아래에서 절을 하는데 신하가 윗자리에서 절을 받는 것은 하늘에 계시는 성현의 영께서도 마음 편치 못하실 일입니다."[63] 이 때문에 남경 국자감 제도에 따라 봉사된 인물은 모두 위패로 바꿀 것을 건의했다. 정의(廷議)를 거쳐 곡부 공자문묘의 대성전에 남겨진 인물상을 제외하고 다른 각지의 문묘에서는 일률적으로 인물상을 철거하고 위패로 바꾸게 되었다. 실은 명대에 인물상에서 위패로 바꾸자는 의견은 국자감 사업 송렴에게서 시작되었다. 홍무 4년(1371)에 그는 다음과 같은 상

---

62) "郡異縣殊, 不一其狀, 長短豊瘠, 老少美惡, 惟其工之巧拙是隨. 就使盡善, 亦豈是其生時盛德之容?."
63) 『闕裏文獻考』 권14([清 乾隆], 孔繼汾)(濟南: 山東友誼書社, 1989, p.293). "國學廟貌, 非但師生瞻仰之所, 天子視學實於是乎致禮焉. 聖人百世之師, 坐而不起, 猶之可也; 若夫從祀諸儒, 皆前代搢紳或當代之臣, 君拜於下, 臣坐於上, 竊恐聖賢在天之靈亦有所不安也."

2-4-52 신채문묘(新蔡文廟)의 공자 동상.

소를 올렸다. "옛날에는 신의 영혼이 안식(安息)하도록 위패를 만들었습니다. 천자와 제후는 묘당에서 모두 위패로, 대부는 속백(束帛)으로, 사(士)는 띠(茅)를 엮은 것으로 사용하였으며 인물상을 만드는 일은 없었습니다. 지금 개원 8년의 제도로 인해 흙을 뭉쳐서 인물상을 빚는 것은 신명한 사리를 어기는 것입니다."[64] 그는 또한 주사(主祀)를 남향으로 배치하고 봄·가을 두 차례 제사 지내는 것이 예제와 맞지 않다고 주장했는데, 그의 건의가 당시 황제의 지탄을 받게 되면서 결국 안원읍(安遠邑)의 지현으로 좌천되었다. 그러나 홍무 15년 남경 국자감이 완공된 후에 송렴의 건의가 채택되어 문묘에서는 인물 조각상을 사용하지 않았고 위패

를 사용하였다.

청대 대부분의 문묘에서는 위패를 사용하였지만, 일부 문묘에서는 다시 인물 조각상을 사용했다. 제남부학(濟南府學)의 대성전 및 양무에서는 모두 인물상을 사용했는데, 인물상의 양식으로 보면 청 초기에 만들어진 것 같다. 운남성 대요현(大姚縣)의 석양문묘(石羊文廟)는 원래 백염정부(白鹽井府) 염과제거사(鹽課提舉司)의 사학문묘(司學文廟)였는데, 명 만력 37년(1609)에 완공되었다. 청 강희 47년(1708)에 제거(提舉) 정산(鄭山)이 보수할 때 공자 동상 한 기를 주조했는데, 동상의 전신에는 금박이 입혀져 있었으며 높이는 2.3m였다. 공자 머리에는 면류관이 씌워져 있었고 손에는 진규(鎭圭)[65]를 잡은 채 바로 앉아 있었으며 엄숙한 모습을 하고 있었다. 이는 현존하는 두 기의 대형 공자동상 중 하나로 알려져 있다. 다른 한 기는 하남성 신채현문묘

....
64) "古者造木主以棲神, 天子諸侯廟皆有主, 大夫束帛, 土結茅爲菆, 無像設之事. 今因開元八年之制, 搏土而肖像焉, 則失神而明之之義矣."
65) (옮긴이) 고대에 천자가 정의(廷議)할 때 손에 든 옥제(玉製) 예기(禮器)를 말한다.

(新蔡縣文廟) 내에 보존되어 있다. 이는 명 가정 연간에 곡부에서 주조된 것으로 전해지고 있다. 이 동상의 공자는 사구관모(司寇冠帽)를 쓰고 있는데, 이는 공자의 면류관복 예제에는 맞지 않다.

현재 대부분의 문묘에서는 공자, 4배, 12철은 인물 조각상으로, 선현, 선유는 위패로 바꾸었다. 일부 문묘에서는 선현, 선유도 인물상으로 바꾸었다. 그러나 대만 문묘는 여전히 예전 제도에 따라 위패로 봉사하고 있다.

2-4-53 석양문묘(石羊文廟)의 공자 동상.

4. 봉사 인물의 복식

복식은 봉건예제의 중요한 내용 중 하나이다. 관리들은 관계(官階)에 따라 다른 복식을 착용했을 뿐만 아니라, 국가 예제에 따라 문묘에서 봉사된 인물도 작위, 품급에 따라 다른 복식을 착용했다. 자료의 부족으로 당대 이전 공자문묘에서 봉사된 인물의 복식에 대해서 고증하기는 어렵다. 당 초기 공자상에는 사구관면(司寇冠冕)이 사용되었다. 개원 27년(739)에 공자가 문선왕으로 추봉되었고 그의 제자도 후작과 백작이라는 작호(爵號)를 갖게 된 동시에 북경과 남경의 국자감과 곡부 공자문묘에서는 공자상을 면복[66](冕服)으로 바꾸었다. 주·현 학교 문묘는 규모가 작아 바꾸지 않았다. 송 희녕 8년(1075) 어떤 사람이 배향된 인물과 종사된 선현·선유도 작위에 따라 면복을 바꾸자고 건의하였다. 그러나 태상예원(太常禮院)에서는 "옛날과 지금의 예제는 같지 않으니 주대의 면복을 따를 수 없다(古今禮制不一, 難以追周之冕福)"라는 이유로 "고제에 따른 품계대로 복식

---

66) (옮긴이) 면복은 천지(天池), 교제(郊祭), 종묘(宗廟), 명당(明堂)에 제사 지낼 때 착용하는 중국 한(漢)나라 이후 중국황제나 이하 백관의 대례복으로 최고의 예복이다.

해야 한다(宜如舊制, 依官品衣服)"라고 하여 송대의 관복제도를 채택하였다. 원풍 7년(1084) 공자상의 복식은 다시 면복으로 바뀌었다. 금원(金元) 시기에도 면복으로 하였고, 명 영락 8년(1410) 문묘의 인물상과 초상화 의관을 바로잡기 위하여 고제(古制)에 합하도록 명했다. 가정 9년 문묘의 사전을 개정하면서 인물상을 없애고 위패로 고쳤으나 유독 곡부 공자문묘에서만은 인물상이 보존되었다. 청 옹정 2년 곡부 공자문묘의 대성전은 벼락을 맞아 화재가 일어나 7년에 새로이 인물상을 만들었다. 공자의 "찬란한 주 문화여, 나는 주를 따르겠다(郁郁乎文哉, 吾從周)"라는 구절에 근거하여 인물상은 주대의 복식 제도를 사용했다. 공자는 현의훈상(玄衣纁裳)[67]에 12면류(冕旒),[68] 12장복(章服)[69]을, 공자의 부친인 숙량흘과 4배, 12철은 모두 9류(旒) 9장(章)을 착용하도록 하였다.

1) 공자의 복식

당대 이전 공자의 초상화와 인물상의 복식에 대해서는 기록이 남아 있지 않다. 당나라 초기에 공자는 사구관면(司寇冠冕)을 쓰고 있었고 개원 27년(739) 공자가 문선왕으로 추증된 후 공자상은 제왕 등급의 면복(冕服)으로 갈아입었으며 5대(五代) 시기에는 상공(上公)의 복장으로 바뀌었다. 송대는 5대의 제도를 계승하였다. 송 대중상부 2년(1009) 곡부 공자문묘의 공자상은 환규(桓圭)[70]를 손에 들게 하고 송대의 복식 제도에 따라 "9면류, 9장복으로 상공(上公)의 제도에 따르도록(冕九旒, 服九章, 從上公之制)" 하였다. 숭녕(崇寧) 3년(1104) 72현(賢)의 복식이 주대 면복으로 바뀌게 되자 공자와 제자들의 복식에 차이가 없어지게 되었다. 이에 국자사업(國子司業) 장정(蔣靜)이 상주하여 공자상을 12면류, 12장복, 진규 소지 형태로 바꾸자고 건의하였다. 이후 공자는 황제와 같은 등급의 예복을 사용하게 되었다. 원대에는 공자 복식을 왼쪽 여밈으로 바꾸었다가 명 정통 3년(1448)에 이르러서 일률적으로 오른쪽 여밈으로 바꾸도록 명하였다.

....

67) (옮긴이) 현의훈상(玄衣纁裳)은 검은색 상의와 붉은색 하의로 되어 있는 복식이다.
68) (옮긴이) 면류는 면류관 앞뒤에 끈으로 꿰어 늘어뜨린 주옥(珠玉)을 말한다. 일반적으로 천자는 12줄, 제후는 9줄, 上大夫는 7줄, 하대부는 5줄을 늘어뜨린다. 冕旒는 면류 12줄로 되어 있는 것이다.
69) (옮긴이) 12장복(章服)은 중국 고대의 제왕이나 품계가 높은 관리가 복식했던 12가지의 문양을 수놓은 관복을 말한다. 주로 왕의 옷은 9장복, 황제가 입는 옷은 12장복이다.
70) 주(周)나라의 육서(六瑞) 중 하나로 공작(公爵)의 작위를 가진 사람이 지니는 길이 9촌(寸)의 홀(笏)이다. 임금의 홀은 진규(鎭圭), 후(侯)는 신규(信圭), 백(伯)은 궁규(躬圭)라 하며, 신규와 궁규는 길이가 7촌이다.

2-4-54 곡부 공자문묘의
공자 인물상.

2) 배사된 제자의 복식

안회는 최초로 배향되었던 공자 제자로서 당 이전의 복식은 알려져 있지 않다. 당 개원 27
년 안회의 복식은 면복(冕服)으로 바뀌었다. 그러나 송 초기에 이르면 "72현과 21선유와 함께
조복을 사용했다(七十二賢, 二十一先儒竝用朝服)"라는 기록과 "안자(顔子) 이하는 군국후백(郡國侯
伯)의 정1품부터 정4품까지의 관복제도에 따르고 있다(顔子已下各依郡國侯伯正一品至正四品冠服
制度)"라는 기록으로 보아 그때는 송대의 복식 제도에 따라 송대의 복식 양식을 사용하였다는
것을 알 수 있다. 숭녕 3년 72현의 복식은 주대 면복으로 바뀌었다. 명 가정 9년 사전 개정 이
후 문묘의 봉사는 위패로 대체되었지만 유독 곡부 공자문묘에서만은 인물상이 유지되었다.
청 옹정 2년 화재 이후 공자, 4배, 12철과 계성(啓聖) 숙량흘만은 인물상으로 바뀌었는데, 모두
9면류, 9복장으로 되어 있었다.

2-4-55
곡부 공자문묘 4배 인물상
의 복식.

3) 종사된 선유의 복식

당 정관 21년(647)에 좌구명, 복상(卜商) 및 한(漢)·진(晉) 선유 22명을 종사하도록 명하였다. 묘당 벽에는 초상화를 그렸다고 기록되어 있는데, 자료 부족으로 구체적인 복식에 대해서는 알 수 없다. 송 대중상부 2년(1009) 종사 선유들이 백작으로 추증되었다. 왕숙, 두예는 생전에 이미 후작으로 봉해졌으며 각각 사공(司空), 사도(司徒)라는 봉호로 추증되었다. 명도(明道) 원년(1032) 종사선유의 초상화를 "각자 품계에 따라 복식을 그리도록(以本品衣冠圖之)" 명하였으며 복장은 송대 관복이었다. 숭녕 3년 72현을 주대 면복으로 고쳤지만, 종사 선유는 바꾸지 않았다. 명 영락 8년 문묘에서 봉사되는 인물의 복식을 고제에 맞도록 바꾸도록 했는데, 종사 선유의 복식은 어떤 왕조의 예법을 사용했는지 알 수 없다. 12철 중의 주희는 송대 사람이었지

2-4-56
곡부 공자문묘 계성사의
계성왕 숙량흘의 인물상.

만 인물상은 주대(周代)의 면복이 착용되었다. 제남부학문묘의 선유 인물상도 면류관복(冕旒冠服)식이었던 것으로 보면 종사된 선유의 복식도 주대의 복식을 채택했을 것이다.

4) 숭성사에 봉사된 인물의 복식

계성사는 명 가정 9년 문묘의 사전 개정 뒤에 증설되었기 때문에, 봉사된 인물은 모두 위패로 되어 있어서 복식에 대한 문제는 발생하지 않았다. 청 옹정 연간에 숭성사로 바뀐 뒤 봉사 인물이 늘어났지만 봉사 방식은 변하지 않았다. 곡부 공자문묘에는 공자 부친 숙량흘의 전사(專祠)가 있고, 사당 내에는 인물상이 있었다. 인물상은 주대의 복식 제도를 채택하여 9면류, 9장복으로 되어 있다.

국립 각급 학교에서는 반드시 공자를 봉사하는 문묘를 세웠지만 서원에 대한 규정은 없었

2-4-57 항주시(杭州市) 만송서원(萬松書院) 대성전에 봉사된 공자상과 4배상.

다. 송대에는 대부분의 서원에서도 공자 봉사 건축물을 세웠다. 명대 이후 일부 서원에서는 서원 창립자를 봉사하기도 했고, 일부에서는 본지의 향현을 봉사하기도 했으며, 본 학파의 종사를 봉사하는 서원도 있었다. 주돈이, 소옹, 정호, 정이, 장재, 양시, 윤돈, 주희, 육구연, 호굉(胡宏), 장식(張栻), 여조겸(呂祖謙), 위료옹(魏了翁), 진덕수(真德秀) 등 송대 이학가들이 가장 많이 봉사되었는데, 어떤 경우는 인물상을 어떤 경우는 위패를 사용했다. 항주에 있는 절강성 만송서원(萬松書院)은 지금도 대성전이 남아 있으며, 전 내에는 공자와 4배가 봉사되어 있다.

제**5**장

공자문묘의 제사제도

역대 왕조마다 공자문묘의 봉사 제도를 중시했던 만큼, 제사 제도가 매우 중시되었다. 국가에서는 문묘의 제사 등급 및 명칭도 명확하게 구분했을 뿐만 아니라, 제사 예식을 비롯하여 사용하는 제사 용품, 음악, 무용 등도 규범화하였다.

1. 제사 등급

한 고조 12년(B.C 195) 유방(劉邦)은 경사(京師)로 돌아오는 길에 곡부에 들러, 태뢰(太牢)로 공자에게 제사 지냈다. 그 후 후한(後漢) 광무제(光武帝), 명제(明帝), 장제(章帝)는 곡부를 지날 때마다 관리를 보내 태뢰로 치제(致祭)하였다. 원가(元嘉) 3년(153) 『을영비(乙瑛碑)』의 기록에 따르면 벽옹(辟雍)에서 공자에게 제사 지낼 때 "하남(河南) 윤(尹)씨가 보낸 소, 양, 돼지, 닭 각한 마리(河南尹給牛羊豕雞各一)"라고 되어 있다. 이는 한대의 황제가 공자에게 제사 지낼 때와 벽옹에서 공자에게 제사 지낼 때 사용했던 제물이 모두 태뢰로 동일했다는 것을 보여준다. 『한서(漢書)』「교사지(郊祀志)」에 따르면, 천(天), 지(地), 태일(太一)에 제사 지낼 때에도 모두 태뢰를 사용했다고 하는 것으로 보아, 이는 등급이 가장 높은 제사였을 것이다. 명제 영평(永平) 2년(59)에 군·현·도 학교에서 향음주례(鄉飲酒禮)를 행하며, 주공, 공자에 "개를 제물로(牲以犬)" 제사하도록 명하였다. 영흥(永興) 원년(153) 노나라 국상(國相)인 을영(乙瑛)은 퀄리 공자문묘에서 "봄·가을에 향음주례를 지내며 이에 필요한 재정은 왕가(王家)의 돈으로 개와 술의 값

제5장_ 공자문묘의 제사제도 **489**

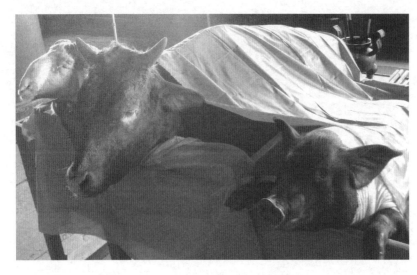

2-5-1
태뢰(太牢: 소, 돼지, 양 한 마리).
ⓒ 項春生

을 지불해야 합니다"1)라고 주청했다. 이처럼 지방학교뿐만 아니라 공자의 고거(故居)인 궐리 공자문묘에서도 개를 제사에 사용했던 것으로 보아 당시에는 제사 등급이 낮았던 것 같다. 건녕(建寧) 원년(168) 노나라 재상 사천(史晨)은 추향(秋饗)2) 제사 이후 공자문묘에 제사 지낼 때 "술과 육포를 사용하지 않는 것(無公出酒脯之祠)"을 보고 "사직에 이거하여 왕가의 곡식으로 봄·가을에 예식을 거행하며 훈사(禋祀)를 지낼 때 남은 고기는 관리자에게 주도록 하십시오"3)라고 조정에 주청했다. 이에 따라 사직 제사의 등급에 따라 예를 거행했으며 남은 고기가 있었던 것으로 보아 제사 등급이 높아졌던 것 같다.

위진(魏晉) 시기 황제와 태자는 유학 경전을 숙독한 후 황제나 태자가 직접 제사에 참여하든 관리를 보내 벽옹에서 제사를 지내든, 모두 태뢰를 희생 제물로 사용했다. 진(晉) 태시(泰始) 3년(267) 태학과 노나라에 "1년 네 번 세 가지 희생 제물로 공자에게 제사 지내라(四時備三牲祭孔子)"라고 명하였고, 공자문묘의 제사 등급을 승격시켰다.

남조(南朝) 시기는 공자문묘의 제사등급이 승격되었던 중요한 시기였다. 송(宋) 원가(元嘉) 연간 배송지(裴松之)는 학교의 석전(釋奠)이 8일무가 되어야 한다고 건의했지만, 당시에는 제사 음악이 미처 완비되지 않았기 때문에 등가(登歌)4)만이 연주되었다. 제(齊) 영명(永明) 3년

1) 『乙瑛碑』[漢]. 비석은 현 곡부 공자문묘에 있다. "春秋饗禮, 財出王家錢, 給犬酒直."
2) (옮긴이) 추향이란 초가을에 종묘사직에 지내는 큰 제사를 말한다.
3) 『史晨碑』[漢]. 비석은 현 곡부 공자문묘에 있다. "依社稷, 出王家穀, 春秋行禮, 以供禋祀, 餘胙賜先生執事."
4) (옮긴이) 등가(登歌)는 궁궐의 섬돌 위와 같이 높은 곳에서 연주하는 음악을 가리킨다. 중국의 상고시대부터 특

2-5-2 대성전 제사상의 제물 및 변두(籩豆). ⓒ 項春生.
　　　대사로 승급된 이후 공자 제사 때 12변두를 사용할 수 있었다.

(485) 학교의 석전의례에 대해 정의(廷議)할 때 "육납(陸納)과 차윤(車胤)은 공자문묘 제사는 마땅히 정후(亭侯)를 제사 지내는 등급에 따라 거행해야 한다고 했지만, 범녕(範寧)은 주공을 제사 지내는 등급에 따라 왕의 의례를 사용해야 한다고 했고, 범선(範宣)은 공자가 스승이므로 신하로 삼을 수 없으니 석전은 제왕의 예악을 갖추어야 한다고 했다".[5] 상서령(尚書令) 왕검(王儉)은 "악기와 제기에 대해서는 모두 명확한 규정이 없다. 7묘(七廟: 시조, 고조부의 부친과 조부, 고조, 증조, 조부, 부친) 제사의 규격보다는 가볍고, 5례[五禮: 공(公), 후(侯), 백(伯), 자(子), 남(男)] 제사 규격에 비하면 지나침이 있다".[6] 그리고 "육납(陸納)과 차윤(車胤)의 견해는 지나치게 부족함에 흠이 있고, 두 범씨의 견해는 너무 지나치다는 결점이 있다"[7]라고 생각했다. 따라서 배송지(裴松之)의 의견에 근거하여 "헌현(軒縣)의 음악을 사용하고, 6일무를 추며 희생제물과 기구는 모두 상공(上公)의 예에 의거하도록 한다"[8]라고 결정함으로써 공자문묘 석전의 제사 등급을 확정했다.

　　북조(北朝)에서도 공자문묘의 제사 등급을 정했다. 북위 천흥(天興) 4년(401)에는 2월 상정일(上丁日)[9]에 석채례(釋菜禮)[10]를 행하고 악무(樂舞)를 연출하도록 했다. 연흥(延興) 2년(472) 궐리 공자문묘에 "무당과 박수가 많이 출입하는 것은 예에 부합하지 않다. 살생을 하고 북 치고 춤을 추며, 창기나 광대들이 무례하게 굴었다"[11]라고 했다. 그렇기에 명확하게 "지금부터 공

히 의식에 사용되는 음악을 연주할 때는 으레 두 곳에서 연주 악대를 배치하였는데, 비교적 높은 곳인 당상과 낮은 곳인 당하가 그것이다. 등가(登歌)라는 것은 의미 그대로 해석하면 당상에 올라가 연주한다는 뜻이다.

5)　"陸納, 車胤謂宣尼廟宜依亭侯之爵, 範寧欲依周公之廟, 用王者儀, 範宣謂當其爲師, 則不臣之, 釋奠日備帝王者禮樂."

6)　"金石俎豆, 皆無明文, 方之七廟則輕, 比之五禮則重."

7)　"車陸失於過輕, 二範傷於太重."

8)　『南齐书·礼上』, "設軒縣之樂, 六佾之舞, 牲牢器用悉依上公."

9)　(옮긴이) 상정일은 음력 2월 일진(日辰)의 천간(天干)이 정(丁)이 되는 첫 번째 날을 가리킨다. 이날 공자문묘에서는 공자에게 춘계 석전제를 지낸다.

10)　(옮긴이) 석채례란 생채소와 과일로 스승을 기리는 제사를 말한다.

자문묘에서 제사 지낼 때는 술과 육포만을 사용하고 여자들이 모여 장황하게 기복하는 행위를 금지한다. 이를 어기면 법을 어긴 죄로 논죄한다. 국가적인 일에는 희생(犧牲)12)과 자성(粢盛)13)을 사용하되 풍부하고 깨끗함을 다하고 제사에 임해서는 공경함을 다하여 엄숙함이 이와 같아야 한다"14)라고 규정하였다. 개인적인 제사에서는 술과 육포만을 사용했으며, 국가 제사에서는 희생(犧牲)과 자성(粢盛)을 사용했는데, 제물이 태뢰였는지 소뢰(少牢)15)였는지는 알 수 없다. 북제(北齊)의 규정에 따르면 천자가 경전을 강론한 후 태뢰로 공자에게 제사를 드렸고, "헌헌의 음악을 연주하고, 6일무를 추며, 3헌례(三獻禮)를 거행했다".16)

2-5-3 명대 단폐대락도(丹陛大樂圖).

당나라 때 국자감 공자문묘의 제사 등급은 중사(中祀)로, 주현의 석전은 소사(小祀)로 확정되었다. 상원(上元) 원년(760)에는 가뭄으로 모든 중·소사 등급의 제사가 중단되었지만 문선왕묘의 제사는 예전대로 진행되었다. 송 건륭(建隆) 3년(962) 황제는 문선왕 공자를 일품 관원의 제례 등급에 따라 제사 지내도록 하고 문묘 앞에 16극(戟)을 세우도록 명하였는데, 이는 중사 등급에 속했다. 숭녕(崇寧) 4년(1105)

11) "女巫妖覡, 淫進非禮, 殺生鼓舞, 倡優媟狎."
12) (옮긴이) 희생(犧牲)은 산 짐승으로 제사지내는 것 혹은 그 동물을 가리킨다.
13) (옮긴이) 자성(粢盛)은 제사를 지낼 때 제기 안에 넣는 곡물이다.
14) 『魏書·高祖孝文帝紀』(文淵閣四庫全書 電子版 참고). "今後有祭孔子廟, 制用酒脯而已. 不聽婦女合雜, 以祈非望之福, 犯者以違制論. 其公家有事, 自如常禮, 犧牲粢盛, 務盡豐潔, 臨事致敬, 令肅如也."
15) (옮긴이) 소뢰란 신에게 제사를 지낼 때 소를 쓰지 않고 양이나 돼지만을 쓰는 것을 일컫는다.
16) 『隋書·禮儀四』(文淵閣四庫全書 電子版 참고). "列軒縣樂, 六佾舞, 行三獻禮."

공자문묘 제사의 등급이 격상되면서 문묘 앞도 24극(戟)으로 바꾸고 공자상의 복식도 천자 관면(冠冕)으로 바꿨지만, 제사등급은 바뀌지 않았다. 남송 소흥(紹興) 10년(1140)에는 경사(京師)의 국자감 문선왕묘의 제사를 대사로 승격시키면서 제사 때 사용하는 제기(祭器)도 12변두(籩豆)로 늘렸다. 그러나 주현의 문묘에서는 여전히 중사로 되어 있었다. 경원(慶元) 원년(1195)에 경사 국자감 공자문묘 제사 등급은 다시 중사로 되돌아갔다.

명 성화(成化) 12년(1476) 공자문묘는 대사로 승격되면서 12변두, 8일무의 제사 규모가 갖추어지게 되었다. 가정(嘉靖) 9년 공자문묘의 사전(祀典)을 개정하면서 다시 중사가 되었다. 청 광서(光緖) 32년(1906) 공자문묘의 제사는 다시 대사로 승격되었다.

2. 제사 종류

한나라 때 궐리 공자문묘에서는 매년 4회 제사를 드렸는데, 공자의 장손인 "포성후(褒成侯)는 사계절 이곳에서 제사를 지낸다"[17]라는 기록이 있다. 건녕 2년(169)에 노나라 재상 사신(史晨)은 조정에 상주하여 허가를 받았는데, 사직 의례에 따라 봄·가을 2회 왕가(王家)에서 출자한 비용으로 제사를 지냈다. 그러나 국학의 벽옹과 군·현·도의 학교에서는 모두 10월에 삼로오경(三老五更)을 모시는 예를 거행하고 향음주례를 행할 때 제사를 지냈다. 서진(西晋) 태시(太始) 3년(267) "태학과 옛 노나라 지역에서는 사계절 삼생(三牲)을 갖추어 공자에게 제사 지내도록 명한다(詔太學與魯國四時備三牲祀孔子)"라고 조서를 내렸다. 동진(東晋) 태녕(太寧) 3년(325)에 다시 "봉성정후(奉聖亭侯) 공정(孔亭)에게 사계절 태시(泰始) 연간의 옛 제도에 따라 제사를 지내도록 명한다(詔給奉聖亭侯孔亭四時祭直如泰始故事)"라고 다시 조서를 내렸다. 이는 진대(晋代)와 남조 시기 태학과 궐리 공자문묘에서는 모두 1년에 네 번 제사를 지냈다는 것을 보여준다. 북제(北齊) 시기에는 국가적으로 국학과 군학에서는 매년 봄·가을 두 차례 제사를 지내고 매월 초 한 번의 예를 행하도록 했다. 수나라 때 국가에서는 "국자사(國子寺)에서 매년 네 차례 중월(仲月) 상정일에 선성선사에 석전례를 지내고, 주학과 군학에서는 봄·가을 중월에 석전례를 지낸다"[18]라고 규정하였다. 당(唐) 무덕(武德) 2년(619)에는 매년 네 차례 제사로 정하였다가, 개원(開元) 11년(723) 봄·가을 두 차례 석전을 지내는 것으로 바꾸었다. 원 태종(太宗) 5년(1233)

---

17) 『乙瑛碑』[漢] 永興元年(153)]. "褒成侯四時來祠."
18) 『隋書·禮儀四』(文淵閣四庫全書 電子版 참고). "國子寺每歲以四仲月上丁釋奠於先聖先師", "州郡學則以春秋仲月釋奠."

에는 매월 음력 초하루에도 석전을 드리도록 공자 제사의 횟수를 늘렸다. 명 홍무(洪武) 원년(1368)에는 경사 및 부현(府縣)의 공자문묘에서는 봄·가을의 상정일에 석채례를 행하도록 명하였다. 청 순치(順治) 원년에는 매월 초하루와 새로운 진사가 석갈[19]할 때 석채례를 행하며 음력 15일에는 분향을 하도록 명하였다. 이때부터 문묘의 정기적 제사로 석전례. 석채례 그리고 행향(行香)이 시작되었다. 그 외 비정기적 제사도 있었다. 국자감문묘에서는 제고(祭告)와 헌공(獻功)[20] 의식이 있었고, 곡부 공자문묘에서는 황제가 직접 제사를 지내거나, 관원을 보내 치제나 제고를 하기도 했다. 그리고 곡부 공자문묘가 공씨가묘의 특징도 갖추고 있었기 때문에, 시향(時享)[21]·협제(祫祭)[22]·천신(薦新)[23]·제고(祭告) 등의 제사도 때에 따라 행해졌다.

1) 석전례(釋典禮)

석전례는 고대의 제사 전례(典禮)을 가리킨다. 『예기(禮記)·문왕세자(文王世子)』에는 "학교에서는 봄이 되면 관리가 스승에게 석전을 드리고, 가을과 겨울에도 이와 같이 한다. 학교에 처음 입학한 자들은 반드시 선성과 선사에 석전을 드려야 한다[24]"라고 되어 있다. 정현(鄭玄)은 이에 대해 "석전은 제물과 술만 올릴 뿐, 시동을 맞이하는 것[迎屍] 이하의 의식은 하지 않는다[25]"라고 한 것을 보면, 희생 제물로 제사를 지냈다는 것을 알 수 있다. 진(晉)나라 때부터 당초(唐初)까지 국립 학교에서는 매년 4회 제사가 거행되었다가, 당 개원 후 2회로 변경되어, 매년 봄·가을 중월(仲月)[26] 상정일, 즉 음력의 2월, 8월의 첫 번째 정일에 제사를 지냈다. 나라에 대제사가 있을 때 국학의 공자 제사는 중정일(中丁日)로 변경해야 했지만 주·현 학교에서는 모두 상정일에 제사를 지냈다. 그 이후로는 역대 왕조마다 봄·가을 중월 상정일에 석전을 지내는 것으로 확정되었다.

석전은 문묘에서 가장 높은 등급의 제사로, 정기 제사와 비정기 제사 두 종류가 있었다.

당나라 초기에 정기 석전은 4회, 즉 음력 2월, 5월, 8월, 11월의 첫 번째 정일에 거행되었다

---

19) (옮긴이) 과거에서 새로운 진사가 급제하여 벼슬을 제수 받는 것을 석갈이라고 하였다.

20) (옮긴이) 제고(祭告)는 나랏일을 보고하는 것이고 헌공(獻功)은 공적을 보고하는 것이다.

21) (옮긴이) 시향은 음력 2월, 5월, 8월, 11월에 종묘나 문묘에서 지내는 제사이다.

22) (옮긴이) 조상들의 신주를 합하여 지내는 큰 제사는 협제(祫祭)라 한다.

23) (옮긴이) 천신은 햇곡식이나 제철 음식을 사용해 조상에 지내는 제사를 말한다.

24) "凡學, 春, 官釋奠於其師, 秋冬亦如之. 凡始立學者, 必釋奠於先聖先師."

25) "釋奠者, 設薦饌酌之奠而已, 無迎屍以下之事."

26) (옮긴이) 중월은 각 계절의 중간에 해당하는 달을 말한다. 음력으로 2월을 중춘, 5월을 중하, 8월을 중추, 11월을 중동이라고 불렀다.

2-5-4
곡부 공자문묘의
석전례.

가 당 개원에 두 번으로 개정된 후에는 2월, 8월의 상정일에 거행되었다. 봄·가을의 중월 상
정일 석전은 이후에도 계승되었으며, 이 때문에 춘기, 추기 석전은 정제(丁祭)로 불리기도 했
다. 그러나 상정일에 석전이 거행된다는 관례(慣例)를 한 번도 어기지 않았다는 것은 아니었
고, 중정일(中丁日)로 바뀐 경우도 있었다. 원대에 석전은 "봄·가을 두 차례 중월(仲月) 상정일
을 사정에 따라 중정일로 바꾼다"27)라고 규정하였다. 또한 연우(延祐) 6년 "2월 정해(丁亥)일
초하루에 일식이 있기 때문에 중정일로 바꾸어 석전을 드린다28)"라는 기록이 남아 있다. 명
홍무 7년에는 2월 상정일이 일식이었기 때문에 중정일에 석전을 거행하였다.

비정기 석전은 주로 황제, 황태자 혹은 파견 관리가 제사 지낼 때 거행되었다. 이에 대한 최
초의 기록은 위(魏) 정시(正始) 2년(241) 2월에 제왕(齊王) 조방(曹芳)이 『논어(論語)』를 숙독하
고 태상(太常)에게 태뢰로 공자에게 벽옹에서 제사 지내길 명한 것이다. 그 후 정시 5년 정월
에는 『상서(尙書)』를, 7년 12월에는 『예기』를 숙독한 뒤 모두 태상을 파견하여 태뢰로 치제하
도록 하였다. 양진(兩晉) 때 공자에게 올리는 비정기 석전은 주로 황제나 황태자가 유교 경전
을 숙독한 뒤에 황제 혹은 황태자에 의해 직접 거행되었다. 무제(武帝) 태시 7년(271), 함녕(咸
寧) 3년(277), 태강(太康) 3년(282), 원강(元康) 3년(293), 원제(元帝) 대흥(大興) 2년(319) 황태자는
각각 『효경』, 『시경』, 『예기』, 『논어』를 숙독한 뒤 직접 태학으로 가서 석전을 지냈다. 황제

---

27) 『元史·祭祀五』(文淵閣四庫全書 電子版 참고). "日用春秋二仲月上丁, 有故改用中丁."
28) 『元史·仁宗三』(文淵閣四庫全書 電子版 참고). "二月丁亥朔, 日有食之, 改釋奠於中丁."

가 직접 석전을 드린 것은 진(晉) 함강(鹹康) 3년(337)에 시작되었다. 성제(成帝)는 『시경』을 숙독한 뒤 직접 태학에 가서 석전을 지냈다. 그 후 승평(後升) 원년(357) 3월 목제(穆帝)는 『효경』을, 영강(寧康) 3년(375) 7월 효(孝) 무제(武帝)는 『효경』을 숙독하고 모두 직접 공자에 석전을 지냈다. 그러나 태학까지는 거리가 너무 멀어 황제가 태학에 직접 가서 치제하지는 않았고 정당(正堂)을 임시로 태학 석전으로 간주하여 제사를 지냈다. 비정기 석전은 남조 시기부터 당대까지 주로 황태자가 행하였다. 예를 들어 당 개원 7년에는 황태자가 입학하여 치주례(齒冑禮)²⁹를 행할 때 공자에게 석전을 지냈고 홀로 3헌례(三獻禮)³⁰를 행하였다. 그러다가 송·명·청대에는 주로 황제가 직접 행하였다.

후한 시기에 "벽옹의 예는 거행되지 않고 선성과 선사에게 제사를 지냈으며 이를 집행하는 이는 공자 자손이었다(辟雍禮未行, 祠先聖師, 侍祠者孔子子孫)". 이처럼 태학의 석전은 공자 장손 포성후(襃成侯)가 제사를 주관했고, 위나라에서는 태상이, 진대부터는 학관(學官)이 제사를 주관했다. 당 초(唐初) 국학에서는 유관(儒官)이 지속적으로 제사를 주관했으며, 축문(祝文)은 박사(博士)에 의해 작성되었다. 정관(貞觀) 21년(647)에는 중서시랑(中書侍郞) 허경종(許敬宗)의 상주로 국학에서는 황제의 명의로 석전을 지내게 되었다. 좨주[祭酒]는 초헌(初獻)을, 사업(司業)은 아언(亞獻)을, 박사는 종헌(終獻)을 맡았고, 축문에서는 황제의 명에 의해 행해진 것으로 나와 있다. 주학 석전에서 자사(刺史)는 초헌을, 상좌(上佐)는 아헌을, 박사는 종헌을 올렸다. 현학 석전에서는 현령(縣令)은 초헌을, 현승(縣丞)은 아헌을 올렸는데, 박사는 품계(品階)가 없었기 때문에 주부(主簿)나 현위(縣尉)가 종헌을 올렸다. 그 이후의 역대 왕조는 당대의 제도를 토대로 하였으며, 다르게 적용되었던 시기도 있었다. 당 개원 28년(740) 국학의 봄·가을 석전은 삼공(三公)³¹이 주관하도록 명하였다. 요(遼) 신책(神冊) 3년(918)에는 황태자가 국학 석전을 지내도록 명하였다. 송 대중상부(大中祥符) 3년(1010)에는 태위(太尉), 태상(太常), 광록경(光祿卿)³²이 3헌관(三獻官) 담당을 명하였다. 명 홍무 원년 국학의 석전에서는 승상(丞相)이 초헌을, 한림학사(翰林學士)가 아헌을, 국자감 좨주[祭酒]가 종헌을 담당하고 사부주현위학(司府州縣

---

29) (옮긴이) 치주례(齒冑禮)는 황태자가 제왕(諸王)의 후손들과 같이 나이에 따라 서열을 정하는 입학례이다.
30) (옮긴이) 3헌례는 고대 제사를 지낼 때 제수를 진열한 뒤 세 번 술을 올리는 것으로 초헌례·아헌례·종헌례를 말한다. 먼저 초헌례는 초헌관이 술잔을 올리는 것으로 먼저 왕이 제주를 차리는 곳에 가서 술잔을 살피고 나서 제1태조 고황제실에 들어가 술 석 잔을 바친 뒤에 굽어 엎드렸다가 뒤로 물러나 꿇어앉으면 대축이 축문을 읽는다. 같은 순서로 모든 신실에서 예를 행한다. 아헌례는 아헌관이 각 신실에 술을 바치는 것으로 축독은 없으며 종헌례는 아헌례와 마찬가지로 종헌관이 각 신실에 술을 바치는 것으로 끝난다.
31) (옮긴이) 삼공(三公)은 태위(太尉), 사도(司徒), 사공(司空)을 가리킨다.
32) (옮긴이) 광록경은 구경(九卿)의 하나인 관직명으로, 광록훈(光祿勳)을 말한다. 궁정 안의 일을 총 관리하며 황제의 고문(顧問)이나 참의(參議), 숙위나 시종, 전달이나 접대를 맡는 모든 관리를 통솔했다.

衛學)의 석전에서는 각 제주관(提調官)이 진행하도록 했다. 만력(萬曆) 23년에 국학 봄·가을 석전을 올리기 전에 황제가 어전에서 직접 주관하여 대신들을 파견하여 공자와 4배에 제사 지내고 한림관(翰林官) 두 명은 10철에, 국자감 관리 두 명은 양무에 분헌(分獻)하도록 했다. 그러나 역사적으로 보면 국학에서는 대부분 학관이 황제의 명의로 치제했으며, 지방학교에서는 지방의 최고 행정장관이 제사를 주제(主祭)했다. 명·청 시기에 지방의 최상위 학교는 부학이었다. 성부(省府)소재지의 부학 석전은 지방의 최고 행정 장관인 총독(總督)이나 순무(巡撫)가 정헌(正獻)을 했고, 도원(道員) 두 명이 양서(兩序, 12철)에 분헌했다. 지부(知府), 동지(同知)는 양무의 선현과 선유에 분헌했으며, 독학(督學)은 숭성사의 제사를 맡았다. 감사(監司)[33]가 있었던 부학의 석전은 감사가 직접 제사를 주관했

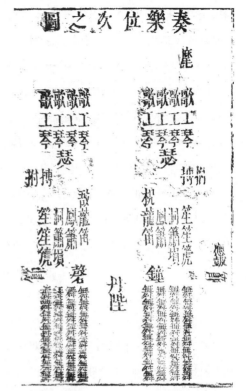

2-5-5 명 성화(成化) 연간의 대사 석전 악무순서도(樂舞位次圖). 명 『궐리지(闕里志)』에서 발췌했다.

다. 다른 부주현학의 석전은 현지 장관이 정헌했고, 부직(副職) 및 속관(屬官)은 양서나 양무에 분헌했으며, 숭성사는 교유(敎諭)로 정헌했다.

국학의 정기 석전은 때때로 황제나 황태자가 직접 주제했는데, 이는 당대부터 시작된 것이다. 당 고조와 당 태종은 각각 무덕(武德) 7년 2월의 석전과 정관 14년 2월의 석전에서 직접 행례하였으며, 송·금·청대에도 황제가 주제하는 경우도 가끔씩 있었다. 금 승안(承安) 2년(1197) 봄 중월 상정일의 석전에서 장종(章宗)이 초헌을 자임하면서 친왕(親王) 두 명이 아헌과 종헌을, 황제의 가족들이 참사(參祀)를, 문무군신(文武群臣)이 조전(助奠)하기를 명했다. 황태자가 국학 석전을 주제(主祭)한 것은 당 초(唐初)에 시작되었으며, 일반적으로 황태자는 초헌, 제주는 아헌, 사업은 종헌을 맡았다. 그러나 명대에 와서 황제가 주제한 석전은 일부러 봄·가을 중월의 상정일을 피했는데 이는 『명사(明史)』에서 확인할 수 있다. 『명사(明史)』에 따르면 명

---

33) (옮긴이) 감사는 감독하는 직능을 맡았던 관리였다.

나라 13명 황제의 16번 석전은 모두 봄·가을 중월의 상정일을 피해서 진행되었다.

석전은 학교에서 가장 등급이 높은 제사였기 때문에 역대 왕조가 매우 중시하였다. 당 개원 21년(733) 자사(剌史), 현령(縣令)이 공자의 제사를 주제하도록 했고 조정에서는 제사제도에 따라 명의(明衣)[34]를 하사하기도 하였다. 송 숭녕 4년(1105) 제복(祭服) 제도를 따로 제정하여 주·현에 제복을 하사하였으며, 제사를 지낼 때는 일률적으로 제복을 착용하여 행례하도록 명하였다. 원 지원(至元) 4년(1267)에는 봄·가을 석전 때 집사(執事) 관원이 각각 품계에 따라 공복(公服)을 착용하고 제사하도록 명하였다. 당 정관 2년(786)에는 국학 석전 때 재상(宰相) 이하의 모든 관원이 참가하고, 송 가태(嘉泰) 2년(1202) 무신(武臣)들도 공자문묘를 배알하도록 명하였다. 그리고 청 강희 49년(1710)에 직례(直隷)지역과 각 성(省)의 무신들이 본지(本地)의 문묘석전때 문신(文臣)들과 같이 일제히 문묘에 와서 행례하도록 명하였다.

2) 석채례(釋菜禮)

석채례는 생채소와 과일을 제물로 하여 거행하였던 제사이다. 『예기·문왕세자』에 "처음 입학하는 자들은 제수와 폐백을 올린 다음에 석채를 지낸다(始立學者, 旣興器用幣, 然後釋菜)"라는 구절에 대해, 공영달(孔穎達)의 소에는 "석채례의 종류가 세 가지 있다. 첫째는 봄에 입학하면 무용하고 악기를 연주하며 석채례를 올린다. 두 번째는 피를 바른 제기로 석채례를 올리는 것이다. 세 번째는 피변[皮弁: 흰 사슴가죽으로 만든 관(冠)]을 쓰고 석채례를 올리는 것이다[35]"라고 되어 있다. 이후 석채례는 학교의 제사 중 한 종류가 되었다.

정사(正史)에서 '석채'라는 용어는 남제(南齊) 승평(昇平) 2년(358)에 최초로 보이는데, 예장왕(豫章王)이 학교를 세웠을 때 "석채례를 행했다[36]"라는 기록이 있다. 영명(永明) 3년(485)에는 관리에게 명하여 석전례와 석채례 때 어떤 방식으로 예식을 진행할 것인지에 대해 상의하도록 하였다. 상서령(尚書令) 왕검(王儉)은 "중조(中朝: 한 무제 시기의 조정) 이래 석채례는 폐지되었고, 지금 행하는 것은 석전례뿐입니다[37]"라고 했는데, 이는 당시 석채례를 알지 못했다는 것을 보여준다. 북위 천흥 4년(403), 영희(永熙) 3년(534)에도 석채례가 거행되었다는 기록이 있지만 구체적인 예식에 대해서는 알지 못하는 상황이었고, 『신당서(新唐書)』와 『구당서(舊唐

---

34) (옮긴이) 옛날 사람이 재계하는 동안 목욕한 후에 입는 속옷을 명의(明衣)라 한다.

35) "釋菜有三. 春入學釋菜合舞, 一也. 此釁器釋菜, 二也. 『學記』皮弁釋菜, 三也."

36) 『南史·豫章文獻王傳』(文淵閣四庫全書 電子版 참고). "行釋菜禮."

37) "中朝以來, 釋菜禮廢, 今之所行, 釋奠而已."

書)』에서는 석전례와 석채례가 혼동되어 있다. 송대에는 사계절의 맹월(孟月)[38]에 석채례를 거행하도록 명하였고, 원풍(元豊) 7년(1084) 사맹석채의(四孟釋菜儀)라는 의식 규정도 제정했다. 대관(大觀) 원년(1107) 공사(貢士)[39]가 입학할 때 벽옹에서 석채례를 행하도록 규정하였고, 명 홍무 4년(1371) 진사가 석갈(釋褐)할 때 국학 문묘를 참배하여 석채례를 행하도록 명하였다. 홍무 17년에는 국학문묘에서 매월 음력 초하루와 보름날에 제주 이하의 관원이 석채례를 행하도록 명하였다. 청 순치 원년(1644) 매월 음력 초하루 진사에 급제한 이들이 석갈할 때 석채례를 행하고, 각급 학교문묘에서는 매월 음력 초하루에 석채례를 행하도록 명하였다. 그러나 정월 초하루는 황제가 백관의 조하(朝賀)를 받는 날이라서 석채례는 일반적으로 그다음 날인 음력 초이틀에 행해졌다.

청대에 석채례를 거행할 때는 미나리, 대추, 밤 세 가지 제수(祭需)를 두(豆)에 담아서 사용했으며, 제사시 향을 피워 헌작(獻爵)했다. 석채례를 행할 때 국자감문묘는 좨주[祭酒]가 주헌(主獻)했고, 국자감승(國子監丞), 박사, 조교(助教), 학정(學正), 학록(學錄)이 분헌했으며, 부주현학 문묘는 교수(教授), 교유, 훈도(訓導) 등의 학관이 행례했다. 곡부 공자문묘는 연성공(衍聖公)이 주헌했고, 대성전, 양무, 침전(寢殿), 숭성사, 계성사에서 동시에 행례했다. 새로운 진사가 석갈할 때 행하는 석채례는 1갑(甲) 1등이 주헌하고, 2등과 3등은 12철에 분헌했으며, 2갑 1등과 3갑 1등은 동서 양무에 분헌했다.

원 지원 4년(1267) 지방행정장관이 음력 초하루, 보름날 문묘에서 공자를 배알하도록 규정했고, 대덕(大德) 원년(1297) 지방관이 부임하면 가장 먼저 공자문묘에 배알하고 그 후 다른 신묘(神廟)에 차례로 배알하도록 규정했다.

3) 행향(行香)

행향은 본래 불교에서 행했던 의식이었다. 홍무 17년 좨주[祭酒]가 매월 두 번 씩 즉 초하루와 보름날에 국자감문묘에서 석채례를 지내고, 군현장관이 학교에서 행향을 행하도록 명하였다. 청 순치 원년(1644) 문묘에서 음력 초하루에 석채례를 행하고 보름날에 행향하도록 규정되어 있어 문묘의 행향 의식은 매월 한 번으로 바뀌었다.

행향을 할 때 제물은 사용하지 않았으며, 상향(上香)만 하였다. 국자감에서 행향례를 할 때

---

38) (옮긴이) 맹월은 음력으로 봄·여름·가을·겨울의 네 계절이 각각 시작하는 달을 가리킨다. 즉 음력으로 정월, 4월, 7월, 10월을 말한다.

39) (옮긴이) 과거시험에서 회시에 합격한 사람을 가리킨다.

사업(司業)이 정헌하고, 조교(助敎), 학정(學正)이 양서와 양무에서 분헌하였으며, 다른 조교 한 명이 숭성사에서 상향했다. 직례·성·부·주·현학문묘에서는 교수, 교유, 훈도 등 학관이 상향했다. 곡부 공자문묘에서는 연성공이 족인(族人)을 데리고 대성전, 숭성사, 계성사에서 행향을 거행했다.

4) 고제(告祭)

2-5-6 황제등극 관견고제비(官遣告祭碑).

곡부 공자문묘에서 고제라고 칭한 것은 국가에서 대사가 있을 때 황제가 문묘에 관리를 보내 고지했던 제사이다. 고제는 당대(唐代)에 시작되었는데 건봉(乾封) 원년(666)에 공자 태사(太師) 추증, 곡부 공자문묘 수리, 공자 장손 부역 면제를 위해, 사가경(司稼卿) 부여륭(扶餘隆)을 곡부 공자문묘로 파견하여 고제를 지내도록 했다. 원대에는 고제를 더 많이 지냈는데, 황제 등극, 공자 추봉, 문묘사전 개정, 문묘 수리와 같은 일들이 있을 때마다 모두 관리를 파견해 고제를 지냈다. 원 지대(至大) 4년(1311) 인종이 등극한 후 관리를 곡부 공자문묘에 보내 고제를 지냈는데, 이후에 이것이 관례가 되어 대덕(大德) 11년(1307) 공자가 대성지성문선왕으로 추봉되고, 지원 5년(1339) 공자문묘 수리가 완공

된 때에도 관리를 보내 제사를 지내도록 하였다. 명·청 시대에는 이 관례가 그대로 이어져 변하지 않았다. 명 성화(成化) 13년(1487)에 문묘는 대사로 승격되었고, 가정 9년 문묘사전이 개정된 후에도 관리를 보내 고제를 지냈다. 청대에 오면 공자문묘 고제를 지내는 횟수는 더욱 늘어나게 된다. 반란을 평정했을 때, 풍년을 기원할 때, 황제의 등극을 정기적으로 기념하는 봉십대경(逢十大慶)과 황제 및 황태후의 봉십대수(逢十大壽)를 지낼 때,[40] 황제가 순시(巡視)할

때, 황제 및 황태후가 배향하고 예를 마칠 때, 공자 5대 조상을 왕으로 추봉할 때, 황태자나 황후를 세울 때, 공자문묘 대성전의 대들보에 경운(慶雲)이 나타날 때와 같은 경우 모두 관리를 보내 고제를 지냈다. 건륭 연간만 해도 황제가 곡부에 여덟 차례나 가서 친히 고제를 지냈을 뿐만 아니라 16차례나 곡부에 관리를 파견하여 고제를 지내게 하였다.

국자감문묘에서 고제 행사가 거행된 횟수는 많지 않았다. 청 강희 51년(1712)에 주희를 선철로 승격시킬 때와 옹정 원년(1722) 공자 5대 조상까지를 추봉할 때 관리를 보내 고제 행사를 한 차례 거행하였다. 건륭 2년(1737), 3년, 32년, 34년에 각각 문묘의 기와를 황색으로 바꾸고, 유약(有若)을 선철로 승격시키고, 문묘 수리를 결정하고, 문묘 준공을 이유로 관리를 파견하여 고제를 지냈다. 건륭 3년, 32년, 34년에 파견된 관리는 대학사(大學士)였고 제물로는 녹포(鹿脯), 사슴해[鹿醢], 토끼해[兔醢], 개암, 밤, 포도, 복숭아, 연꽃 열매를 사용했으며 3헌(三獻)으로 행례한 다음에 행향하고 축문을 낭독했다. 제사 의식은 봄·가을 중월 상정일의 제사와 같았다.

5) 견관치제(遣官致祭)

황제가 직접 문묘로 갔던 제사는 많지 않았고, 대부분의 경우는 관리를 보내 대신하여 치제했다. 국자감문묘 외에 곡부 공자문묘에도 관리를 보내 치제하도록 하였다. 곡부로 견관치제하는 것은 북위 황흥(皇興) 2년(467)에 시작되었고, 헌문제(獻文帝)는 중서령(中書令) 고윤(高允)을 곡부 공자문묘로 보내 태뢰를 드러 치제하도록 하였다. 당·송·금 세 왕조에서 관리를 보내 치제한 경우는 드물었는데 원 말(元末)에 이르러서야 비교적 빈번해졌다. 혜종(惠宗)은 몇 년 만에 관리를 보내 한 번 치제했다는 기록이 남아 있다. 명·청 시대의 견관치제 역시 드물었는데 명 홍치 12년(1499)과 청 옹정 2년(1724)에 공자문묘가 낙뢰를 맞아 불타버렸다는 이유로, 견관치제를 각각 한 번씩 드린 적이 있었다.

6) 헌공(獻功)

하(夏)·상(商)·주(周) 삼대 이래 포로를 바치고[獻俘], 항복을 수락하는 일[受降] 등은 태묘나 사직에서 행하였는데, 문묘에서 공적을 바치는[獻功] 문화는 청대에 처음으로 만들어졌다. 강

---

40) (옮긴이) 봉십(逢十)은 기념일부로부터 매 10년이 되는 날을 의미한다. 봉십대경(逢十大慶)은 황제가 등극한 뒤 10주년, 20주년, 30주년 등이 되는 날을 기념하는 행사이고, 봉십대수(逢十大壽)는 황제와 황태후의 50세 이상부터 60세, 70세, 80세 등을 축하하는 행사이다.

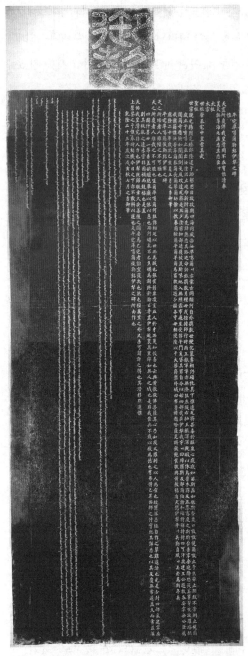

2-5-7 헌공비(獻功碑). 청 고종 때 준갈이 평정 후에 어제(禦制)한 현공비. 청대에 문묘에 헌공했던 황제들은 모두 어제비문(禦制碑文)을 만들었다.

희 35년, 43년, 옹정 2년, 건륭 14년, 20년, 24년, 도광 8년에 갈이단(噶爾丹), 삭막(朔漠), 청해(靑海), 금천(金川), 준갈이(准噶爾), 대소금천(大小金川), 회강(回疆)을 평정한 뒤 문묘에 헌공(獻功)했다. 강희, 건륭 연간에 견관치제 했으며, 도광 황제만이 직접 제사를 드렸다. 건륭제가 금천과 준갈이를 평정했다는 어제비(禦制碑)는 곡부 공자문묘 내에 세워졌다.

7) 행로(幸魯)

행로의 원래 의미는 황제가 노나라의 수도인 곡부가 있는 산동(山東) 지역에 간 것을 뜻했는데, 나중에는 황제가 곡부 공자문묘에서 공자에게 제사 지내는 것만을 특별히 지칭하게 되었다. 역사적으로 12명의 황제가 19번 곡부 공자문묘에서 제사를 지냈다. 한 고조 유방은 행로의 효시로, 그는 고조 12년(B.C. 195)에 남쪽으로 정벌을 갈 때 노나라를 지나면서 태뢰로 공자에게 제사 지냈는데, 후대 유가 사상을 추숭했던 유학자들은 한족의 역사 400년의 기초가 여기에서 기틀을 닦았다고 했다. 후한 건무(建武) 5년(A.D. 29) 광무제 유수(劉秀)가 노나라를 들르면서 사공(司空)에게 태뢰로 공자에게 제사 지내도록 명하였다. 영평(永平) 15년(72) 명제(明帝)는 노나라를 지나면서 공자의 고택(故宅)을 방문하였는데, 사공에게 태뢰로 공자

2-5-8
곡부 공자문묘의 청비정
(淸碑亭). 강희, 건륭 황제
가 직접 곡부 공자문묘로
가서 치제한 뒤에는 모두
관련 기록을 비석에 새기
고 비석정을 세웠다.

와 72명의 제자를 제사 지내도록 명하였을 뿐만 아니라 공자의 작위도 높여주었다. 제사 후에
는 직접 강당(講堂)을 주재하면서 황태자와 여러 왕들에게 경전을 강론하라고 명하였다. 원화
(元和) 2년(85) 장제(章帝)는 노나라에 가서 친히 공자와 72명 제자의 작위를 높이고 제사를 지
내고 육대지락(六代之樂)을 행했다. 유생들에게는 『논어』 강론을 명하고 공자의 후손들을 모아
돈과 비단을 하사했다. 연광(延光) 3년(124) 안제(安帝)는 노나라에 가서 공자와 그의 제자들을
제사 지내고 공자의 후예들을 만났으며 의관(衣冠)을 하사하였다. 북위 태화(太和) 19년(495) 효
문제(孝武帝)는 노나라를 지나면서 직접 공자에게 제사 지냈고, 공자 28대 후손인 공영진(孔靈
珍)을 숭성후(崇聖侯)로 봉하였다. 당 건봉(乾封) 원년(666) 고종은 곡부에 들러 공자에게 제사
지냈고, 공자를 태사로 추증하였다. 개원 13년(725) 현종(玄宗)은 곡부로 가서 직접 제사를 지
냈고, 예부상서(禮部尙書)에 명하여 공자묘(孔子墓)에도 제사 지냈다. 후주(後周) 광순(廣順) 2년
(952) 태조는 곡부에 들러 제사를 지냈는데, 좌우에서 "공자는 배신(陪臣)이므로 천자(天子)의
예를 갖추는 것은 적절하지 않다(孔子陪臣也, 不當以天子拜之)"라며 제지했다. 태조는 "공자는 성
인이서서 역대 제왕들이 그를 스승으로 모셨는데, 감히 공경하지 않을 수 있겠는가(孔子聖人, 百
世帝王師之, 敢不敬乎)"라며 사당 앞에서 엎드려 절하며 제사 지냈고 공림(孔林)으로 가서도 역시
그렇게 행례했다.

송 대중상부 원년(1008) 진종(眞宗)은 곡부 공자문묘에 가서 제사 지내고 공자에게 예를 올
리는 방식은 숙배(肅拜)[41] 한 번에서 재배(再拜)로 개정했으며, 공자묘(孔子墓)에서는 공배(恭

拜)를 했다. 청 강희 23년 성조(聖祖)는 곡부로 가서 공자에게 제사 지내면서 직접 3헌례(三獻禮)를 행했다. 영신(迎神), 송신(送神)할 때에는 세 번 절하고 아홉 번 머리를 조아리는[삼궤구고(三跪九叩)] 최고의 경의를 표했으며, 초헌 때는 한 번 절하고 세 번 머리를 조아렸다. 건륭 연간 청 고종은 건륭 13년(1748), 21년, 22년, 27년, 36년, 41년, 49년, 55년, 총 여덟 번 곡부 공자문묘에 직접 행차했는데, 그중 여섯 번은 석전례를 지냈고 두 번은 행향을 올렸다. 건륭 27년 공자문묘에서 행향을 드릴 때 2궤 6고의 예를 올리는 것 외에 모두 3궤 9고의 대례(大禮)를 행했으며, 공자묘에서는 1궤 3고의 예를 올리기도 하였다.

8) 협제(祫祭)

협제는 조상들의 신주를 태묘(太廟)에 모아 지내는 제사를 말한다. 협제는 원래 천자나 제후가 상(喪)을 마친 후에 행하는 성대한 제례(祭禮)로, 일반적으로 천자 및 제후가 3년 상을 마치고 조상의 혼령을 합제(合祭)하는 큰 제사를 가리켰다. 후대에 와서 정기적인 제사가 되었는데, 제사시기에 대해서는 공식적인 기록은 없지만 일반적으로 3년에 한 번 행해졌다. 곡부 공자문묘에서는 매년 음력 섣달 첫날에 거행되었는데 연성공(衍聖公)은 족인(族人)과 함께 가묘에서 예식을 행했다.

9) 시향(時享)

시향은 종묘에서 매년 각 계절마다 한 번씩 지냈던 제사로서, 천자와 백성들 모두 지낼 수 있는 제사였다. 『국어(國語)·초하(楚下)』에는 "모든 백성들은 길한 시간을 택하여 희생 제물을 바치고 자손들을 데리고 사계절 제사를 올린다"[42]는 기록이 있다. 곡부 공자문묘에서는 각 계절의 맹월(孟月, 음력 1, 4, 7, 10월)의 상무일[上戊日, 매달 상순(上旬)의 무일(戊日)]에 연성공이 족인과 함께 가묘에서 예식을 행했다.

10) 천신(薦新)

---

41) (옮긴이) 숙배(肅拜)는 구배(九拜) 중 가장 가벼운 절로서 두 손을 맞잡아 얼굴 앞으로 들어 올린 뒤, 허리를 앞으로 공손히 구부렸다가 몸을 펴면서 손을 내리는 식으로 절하는 것이다.
42) "百姓夫婦, 擇其令辰, 奉其犧牲…… 率其子姓, 從其時享."

2-5-9 곡부 공자문묘의 가묘.

천신은 햇곡식이나 제철 음식을 사용해 조상에 지냈던 제사를 말한다. 한 해 네 번의 시향
외에도 곡부 공자문묘에서는 2월 화조일(花朝日), 3월 한식일(寒食日), 5월 단양일(端陽日), 6월
초복일(初伏日), 8월 중추일(中秋日), 9월 중양일(重陽日), 11월 장지일(長至日)과 12월 납팔일(臘
八日)에도 천신이 거행되었다. 천신은 연성공이 족인과 함께 침묘(寢廟)에서 올렸다.

3. 석전의주[釋奠儀注: 제사(祭祀)하는 의례(儀禮) 세절목(細節目)]

최소 한대부터 학교에서 공자 제사를 지내기 시작했지만, 당 이전의 제사 예절에 관해서는
기록에 남아 있지 않고 현재 남아 있는 최초의 제사 예절은 당대의 것이다. 『대당개원례(大唐開
元禮)』에는 『황태자석전어공선부(皇太子釋奠於孔宣父)』, 『국자석전어공선부(國子釋奠於孔宣父)』,
『제주석전어공선부(諸州釋奠於孔宣父)』, 『제현석전어공선부(諸縣釋奠於孔宣父)』 이렇게 네 개의
제사 예절에 관한 기록이 있다. 국학 석전에서는 3헌(三獻), 독축, 태뢰 사용, 변(籩) 두(豆) 보
(簠) 궤(簋) 사용, 악무(樂舞) 사용을 규정하여, 공자제사의 의례를 정비하였다. 후대에 비록 증
감이 있었지만, 변화의 정도는 크지 않았다. 송 경덕(景德) 4년(1007) 각 주(州)의 장리(長吏)가
봄·가을 석전 때 직접 행례하지 않자, 국가에서는 이를 스승을 존중하고 교육을 중시하는 뜻
에 어긋났다고 판단했고, 국가적 차원에서 석전 의례를 제정하고 천하에 반포했다. 대중상부
3년 『석전의주(釋奠儀注)』와 『제기도(祭器圖)』를 각 노(路)[43]에 반포했고, 명 홍무 15년에도 석
전의주를 천하에 반포했다.

청대에는 매년 중춘(仲春) 중추(仲秋)의 상정일에 두 차례 석전을 지냈는데, 이는 음력 2월, 8일의 첫 번째 정일(丁日)이었다. 국자감에서는 좨주[祭酒], 사업, 박사가 3헌을 했으며 성(省) 정부 소재지의 부학문묘(府學文廟)에서는 총독(省會)이나 순무가 정헌했고, 도원(道員) 두 사람이 양서 12철에게, 지부(知府), 동지(同知) 각 한 명이 양무에 분헌했다. 감사(監司)가 주재한 부학문묘에서는 감사가, 그렇지 않은 부·주·현학 문묘에서는 현직 장관이 정헌했으며, 부직(副職)과 속관(屬官)은 양서, 양무에 분헌했다. 학교의 등급을 막론하고 숭성사의 제사는 일률적으로 학교의 학관(學官)이 분헌했다. 석전례를 할 때는 현지의 문무관원[성(省)에서는 현승(縣丞)과 천총(千總) 이상의 모든 문무관원]이 모두 참여하여 제사를 지내야 했다. 제사 전 승제관(承祭官), 분헌관(分獻官), 배사관(陪祀官)은 이틀 동안 재계해야 했고, 제사를 지내기 하루 전에는 깨끗하게 청소하고 희생 제물을 점검했다. 또한 정헌관은 집사 인원을 학교로 데려가서 예의를 연습하고 교관은 악생(樂生)과 무생(舞生)을 데리고 악무를 연습했다. 그다음 날 닭이 첫 홰를 울면 제사 관원은 치재소(致齋所)에 모여 동틀 무렵에 제사 지내기 시작했다.

문묘의 석전 의식에 관한 기록은 『흠정대청회전(欽定大淸會典)』, 『흠정대청회전칙례(欽定大淸會典則例)』, 『흠정대청통례(欽定大淸通禮)』에 있지만 모두 곡부 공자문묘만큼은 상세하지 않다. 근래 많은 문묘에서 석전이 회복되었지만, 의식을 지내는 방식은 각양각색이다. 아래의 내용은 곡부 공자문묘의 주요 석전 의식을 정리한 것으로, 각지 문묘에서 참고하기 바란다.

1) 개복(改服)

자시(子時)에 삼통고(三通鼓)를 울리면 제관원(祭官員)이 경의청(更衣廳)에 가서 제복으로 갈아입는다. 찬인(贊引)[44]이 정헌관을 대성문 내로 인도하여 배위(拜位)에 나아가게 한다.

2) 계호(啓戶)

통찬(通贊)이 "계호, 소제(啓戶, 掃除)"라고 창홀(唱笏)하면 예생(禮生)은 전(殿)과 무(廡)의 모든 문을 열고 뜰의 횃불을 붙이고 등을 점화한다. 집사는 신단(神壇) 앞을 청소하고 신패(神牌)를 바로 세우고 향을 피우며 1궤 3고의 절을 한 후에 전 뒤로 물러난다.

---

43) (옮긴이) 노(路)는 송대의 부주(府州) 이상의 행정 단위를 말한다.

44) (옮긴이) 찬인은 제사 지낼 때에 헌관(獻官)을 도와 인도하는 역할을 맡고 있다.

2-5-10 악무생 입장. ⓒ 項春生

3) 악무생(樂舞生) 취위[입장]

통찬이 "악무생 취위(樂舞生就位)"라고 창홀하면 악생과 무생은 고수(鼓手)가 치는 분고(鼖鼓: 큰 북)의 리듬에 따라 양쪽에서 전 앞의 노대(露台)로 올라간다.

4) 수행 인원 취위[입장]

통찬이 "집사자각사기사(執事者各司其事), 배제관 취위(陪祭官就位), 분헌관 취위(分獻官就位), 정헌관 취위(正獻官就位)"라고 창홀하면, 찬인(贊引)이 정헌관을 인도하여 배위(拜位)에 나아가고 북향으로 서게 한다.

5) 예모혈(瘞毛血)

통찬이 "예모혈"이라고 창홀하면, 장재관(掌宰官)은 공자 제사상 앞에 머리를 조아려서 한 번 절을 한 후에 희생제의 모혈반(毛血盤)을 높이 들어 정문을 나간다. 다른 제사상의 진설생(陳設生)도 모혈반을 높이 들어 전(殿)과 무(廡)를 나가서, 모혈을 요소(燎所)에 묻어둔다. 제사상의 집사자가 생갑(牲匣)의 뚜껑을 전부 연다.

2-5-11
제관의 행례 모습.
ⓒ 項春生

6) 영신(迎神)

통찬이 "영신"이라고 창홀하면 악관(樂官)도 "영신"이라고 연창한다. 휘생(麾生: 휘를 든 사람)이 휘를 들고 "악주선평지장(樂奏宣平之章)"이라고 외친다. 악공(樂工)이 축(柷)을 치면서 음악을 연주하되, 춤은 추지 않는다. 공축(工祝)이 손화로를 들고 태축생(太祝生), 태사생(太史生)을 인도하여 가운데 계단에 따라 행단 앞으로 올라가게 한다. 공축이 "구신(求神)"이라고 외치면, 정헌관 이하 모두 무릎을 꿇는다. 공축이 "번료(燔燎)"라고 외치면 태사생은 나뭇가지를, 태축생은 불을 들고, 쑥에 붙여 모닥불을 피우면서 하늘에 신을 빈다. 공축이 "관창(灌鬯)"이라고 창하면 태사생은 황이준(黃彝尊: 술을 담는 술통)[45]에서 술을 가져오고, 태축생은 화가(禾斝: 술잔)를 높이 들어 술을 모사기(茅沙器)에 부으면서 땅의 신에 빈다. 공축이 "왕영(往迎)"이라고 창하면 태축생, 태사생이 정헌관을 대성문 안쪽 복도 좌측으로 인도하여 경건하게 서서 공자의 위패를 맞이한다. 신여(神輿: 신을 모신 가마)가 대성문으로 들어오고 공축이 "신강(神降)"이

---

45) (옮긴이) 존이(尊彝)는 고대에 술을 담는 예기(禮器)인 육존(六尊)[희존(犧尊), 상존(象尊), 호존(壺尊), 저존(著尊), 태존(太尊), 산존(山尊)]과 육이(六彝)[계이(鷄彝), 조이(鳥彝), 황이(黃彝), 호이(虎彝), 유이(蜼彝), 가이(斝彝)]를 함께 이르는 말이다. 주로 제사, 조빙(朝聘), 연향(宴享) 때에 사용하였으며, 존(尊)은 준(樽)으로 쓰기도 한다.

라고 창하면 정헌관은 길 왼쪽에 무릎을 꿇고, 태축생, 태사생은 신여 앞에 가서 축문을 읽는다. 신여가 잠시 멈추면 공축이 "행렬을 나누어 신여를 인도하라(分班, 前導神輿行)"라고 창하고, 정헌관들이 모두 신여 앞으로 걸어간다. 이때 지위가 낮은 자들은 앞에, 높은 자들은 뒤에서 걸어간다. 배위 앞에 멈추고 좌우 양쪽으로 물러난다. 신여는 가운데 계단에서 단상으로 올라가서 신상(神像) 앞에 공손히 자리한다. 통찬이 "참신(參神)"이라고 창하면 정헌관 이하 모두 배위 앞으로 간다. 통찬이 "3궤 9고"라고 창하면 정헌관 이하 모두 3궤 9고의 절을 한다.

7) 초헌

통찬이 "전박, 행초헌례(奠帛, 行初獻禮)"라고 창홀하면 악관도 이를 따라 연창한다. 휘생이 휘를 들고 "악주소평지장(樂奏昭平之章)"이라고 창하면 악공이 축을 치고 음악을 연주하고 무용이 시작된다.

찬인이 "예관세소(詣盥洗所)"라고 창하고 정헌관을 중간계단 동쪽의 관세소로 인도한다. "욕수(浴手)"라고 창하면, 예생(禮生)은 금뢰(金罍: 금 세뢰)에 담긴 물을 떠서 정헌관 수중(手中)에 드리면 정헌관은 그 물에 손을 씻는다. 찬인이 "진건(進巾)"이라고 창하면 예생은 무릎을 꿇고 수건을 사(笥: 네모난 상자)에 놓고, 정헌관이 이 수건으로 손을 닦는다. 찬인이 "예수존소(詣水尊所)"라고 창하면 집작생(執爵生)은 작을 들고, 정위에 3작, 4배에 각각 1작을 차례대로 정헌관에게 드린다. 상례생(相禮生)은 소작(疏勺)으로 금뢰에 담긴 물을 떠서 정헌관에게 드리면, 정헌관이 작을 씻는다. 상례생은 무릎을 꿇은 채 관분(盥盆)을 받들어 작을 씻은 물을 받는다. 찬인이 "진건(進巾)"이라고 창하면 상례생은 무릎을 꿇고 수건을 사(笥)에 놓고 정헌관이 차례로 작을 닦는다. 인찬이 "사백자봉백(司帛者捧帛), 사향자봉향(司香者捧香), 사축자봉축(司祝者捧祝), 사작자봉작(司爵者捧爵), 각예신위전(各詣神位前)"이라고 창하면, 정헌관은 동쪽 계단에서 단상으로 올라가 전 왼쪽 문 밖에 선다. 찬인이 "예주존소(詣酒尊所)"라고 창하면 집작생은 작을 들고 주존소 앞에 선다. 찬인이 "사존자거멱작주(司尊者舉冪勺酒)"라고 창하면, 정위를 모시는 사존생(司尊生)은 용작(龍勺)으로 술을 떠서 일제히 정위의 3작에 따른다. 4배를 모시는 사존생은 포작(蒲勺)으로 술을 떠서 일제히 4작에 따른다. 정위 집작생은 주작을 높이 들고 정문에서 전으로 들어가 공자신위를 마주하여 서고, 4배의 집작생은 왼쪽 문에서 전으로 들어가 4배 신위를 마주하여 좌우 양쪽에 선다.

찬인이 "예지성선자신위전(詣至聖先師神位前)"이라고 창하면 정헌관을 인도하여 공자 신주가 있는 향안(香案) 앞으로 간다. 찬인이 "상향"이라고 창하면 사향생(司香生)은 무릎을 꿇고 향합

2-5-12 대북문묘의 제례 무용.

(香盒)을 든다. 정헌관은 단향목(檀香木) 토막을 정(鼎)에서 태운다. 찬인이 "헌백(獻帛)"이라고
창하면 사백생(司帛生)은 백비(帛篚)를 든다. 정헌관은 비단을 제상에 얹어둔 뒤 머리를 조아리
고 한 번 절한 후에 일어선다. 찬인이 "진작(進爵)"이라고 창하면 세 명의 집작생이 모두 서향
하여 잔을 받들고 무릎을 꿇는다. 찬인이 "헌작(獻爵)"이라고 창하면 정헌관이 한 명씩 작을 건
넨 후 제상 가운데의 점(坫)에 얹어두며 머리를 조아리고 한 번 절한 후에 일어선다. 통창이
"중관개궤(衆官皆跪)"라고 창하면, 분헌관(分獻官), 배제관(陪祭官)은 모두 무릎을 꿇는다. 통창
이 "고두(叩頭)"라고 창하면 중관(衆官)이 모두 머리를 조아리고 절한다. 명찬이 "평신(平身)"이
라고 창하면 중관이 모두 일어선다.

　찬인이 "예복성안자신위전(詣復聖顔子神位前)"이라고 창하면 정헌관이 안자의 신주 앞으로 간
다. 찬인이 "궤(跪)"라고 창하면 정헌관이 무릎을 꿇고 머리를 조아리고 한 번 절한다. 사백생(司
帛生)이 백비(帛篚)를 들어 정헌관 앞에 가면, 정헌관이 비단을 향안에 놓고 다시 머리를 조아리
고 절한다. "헌작(獻爵)"이라고 창하면 집작생은 남향하여 무릎을 꿇고 작을 올린다. 정헌관은
일어서서 작을 들어 제안 정 중앙의 점(坫)에 놓고, 머리를 조아리고 한 번 절한 후 일어선다.

　찬인이 "예종성증자신위전(詣宗聖曾子神位前)"이라고 창한다. 이하 의식은 안자와 동일하다.

　전 밖에서 통창이 "행분헌례(行分獻禮)"라고 창하면 찬인이 분헌관들을 각각 침전, 동서, 서
서, 숭성사, 계성사, 계성침전, 동무, 서무로 인도하여 제단에 오르게 한다. 분헌관은 관세소
(盥洗所)에서 손을 씻고 신주 앞에서 비단과 작을 올린다.

　전 안에서 찬인이 "예술성자사자신위전(詣述聖子思子神位前)"이라고 창한다. 이하 의식은 안

자와 동일하다.

찬인이 "예아성맹자신위전(詣亞聖孟子神位前)"이라고 창한다. 이하 의식은 안자와 동일하다.

찬인이 "예독축위(詣讀祝位)"라고 창하고 정헌관을 공자 신주 앞으로 인도한다. 정헌관이 축안(祝案) 앞에 무릎을 꿇는다. "중관개궤(衆官皆跪)"라고 창하면 배제관(陪祭官)들이 모두 무릎을 꿇는다. 찬인이 "독축(讀祝)"이라고 창하면 태축생이 다음과 같이 축문을 낭독한다. "모년 모월 모일, 연성공을 계승한 몇 대손은 지성선사 공자께 감히 아뢰옵니다. 조상이신 공자의 덕은 천지(天地)와 합하고 공자의 도는 고금(古今)을 관통하며, 육경을 저술하시고 만세에 법칙을 드리우셨습니다. 매년 중춘(仲春), 중하(仲夏), 중추(仲秋), 중동(仲冬)이 되면 삼가 향과 비단과 희생제물과 술과 곡식과 여러 제수로 옛 전장제도를 받들어 잘 배열하여 높이 올리옵니다. 복성(複聖), 종성(宗聖), 술성(述聖), 아성(亞聖)께 배향하오니 부디 흠향하시옵소서."46) 독축이 끝난 후에 태축생이 머리를 조아리고 한 번 절하며 자리에서 일어나면, 축판(祝板)을 공자 신안(神案) 위에 둔다. 찬인이 "일궤삼고두(一跪三叩頭)"라고 창하면 정헌관이 세 번 머리를 조아리고 절하고, 통창이 "일궤삼고두(一跪三叩頭)"라고 창하면 배제관은 모두 세 번 머리를 조아린다. 찬인이 "복위(復位)"라고 창하면 정헌관이 전의 왼쪽 문으로 나가고 전 안을 향하여 한 번 숙배한 후에 서쪽 계단에서 내려와 배위 앞으로 가 서서, 침전, 동서, 서서, 동무, 서무의 분헌관들을 기다린다. 모두 도착한 후 휘생은 휘를 내리고 역어(櫟敔)는 음악을 멈추며 무생은 북쪽을 향해 선다.

8) 아헌(亞獻)

명찬이 "행아헌례(行亞獻禮)"라고 창하면 악관이 "거아헌, 악주질평지장(擧亞獻, 樂奏秩平之章)"이라고 연창한다. 휘생이 휘를 들고 축을 치면서 음악을 연주하고 춤을 춘다. 찬인이 "승단(升壇)"이라고 창한다. 이하 제의는 축문을 읽지 않는다는 것만 제외하면 초헌례와 동일하다.

9) 종헌(終獻)

통찬이 "행종헌례(行終獻禮)"라고 창하면 악관이 "거종헌, 악주서평지장(擧終獻, 樂奏敘平之

---

46) "某年某月某日, 某代孫襲封衍聖公敢昭告於始祖至聖先師孔子曰: '維祖德配天地, 道貫古今, 刪述六經, 垂憲萬世. 茲值仲春(夏, 秋, 冬), 謹以香帛牲醴, 粢盛庶品, 祗奉舊章, 敬陳明薦. 以複聖, 宗聖, 述聖, 亞聖配, 尚饗!'"

章)"이라고 연창한다. 이하 제의는 아헌례와 동일하다.

10) 철찬(撤饌)

통찬이 "행철찬례(行撤饌禮)"라고 창하면 악관이 "철찬(撤饌)"이라고 연창한다. 휘생은 휘를 들고 "의평지장(懿平之章)을 연주"하고 축을 치면서 음악을 연주하며, 무용은 하지 않는다. 각 제단의 진설생(陳設生)은 등(登), 형(鉶), 보(簠), 궤(簋), 변(籩), 두(豆), 방(鈁), 조(俎), 존(尊), 이(彝) 등 제기의 뚜껑을 덮은 채 자리를 약간 옮긴다.

11) 음복수조(飮福受胙)

통찬이 "음복수조(飮福受胙)"라고 창하면 찬인이 "승단(升壇)"이라고 연창하고 정헌관을 인도하여 동쪽 계단에서 전으로 들어가게 한다. 찬인이 "예복조위(詣福胙位)"라고 창하고 정헌관을 향안 좌측의 복조안(福胙案) 앞으로 인도한다. 찬인이 "궤(跪)"라고 창하면 정헌관이 복조안 앞에 무릎을 꿇는다. 통찬이 "중관개궤(衆官皆跪)"라고 창하면 배제관이 모두 무릎을 꿇는다. 찬인이 "음복주(飮福酒)"라고 창하면 태사생은 신주 앞의 헌작에 담긴 술을 한 작에 합하여 태축생에게 건넨다. 태축생이 무릎을 꿇고 정헌관에게 바치면 정헌관이 복주를 마신다. 찬인이 "수조육(受胙肉)"이라고 창하면 태사생은 재인(宰人)이 미리 잘라둔 소고기 한 덩이를 큰 접시 안에 담아서 태축생에게 건넨다. 태축생은 무릎을 꿇고 정헌관에게 바치면 정헌관이 이를 받는다. 찬인이 "고두, 평신(叩頭, 平身)"이라고 창하면 중관은 모두 머리를 한 번 조아린 뒤에 일어선다. 찬인이 "복위(復位)"라고 창하면 정헌관은 서쪽 계단에서 내려와 배위로 간다. 통찬이 "사신(謝神), 궤(跪), 고두(叩頭), 재고두(再叩頭), 삼고두(三叩頭), 평신(平身)"이라고 창하면 정헌관 이하 모두 무릎을 꿇고 1궤 3고두의 절을 한 뒤 일어선다.

12) 예찬(瘞饌)

통찬이 "예찬(瘞饌)"이라고 창하면 사찬관(司饌官)이 전 안의 공자의 신안(神案) 앞으로 가서 한 번 조아리고 일어서서 찬반(饌盤)을 높이 받들고 전으로 나간다. 4배, 12철의 진설생도 한 번 조아린 후 각 단의 찬반을 높이 들고 사찬관(司饌官)을 뒤따라 노대에서 중간 계단으로 내려간다. 다른 각 단의 진설생도 제단의 찬반을 높이 들고 사찬관(司饌官)을 뒤따라 침전에서 서

액문(西掖門)으로 나가서 예소(瘞所)에 찬을 묻은 후에 배위로 돌아온다. 통찬이 "사신(辭神), 삼궤구고두(三跪九叩頭)"라고 창하면 정헌관 이하 모두 3궤 9고두의 절을 하며 휘생은 휘를 내리고 악생은 음악을 멈춘다.

13) 송신(送神)

통찬이 "송신(送神)"이라고 창하면 악관도 "송신(送神), 악주덕명지장(樂奏德平之章)"이라고 연창한다. 휘생이 휘를 들고 악생은 축을 치면서 음악을 연주하며, 무용은 하지 않는다. 집사생이 신주를 들고 전문(殿門)으로 나가면, 공자의 어린 적손(嫡孫)이 신주를 안은 채 수레 위에 앉는다. 네 명이 이 수레를 들고 예생과 악생의 인도(引導)에 따라 노대에서 중간계단으로 내려간다. 무생(舞生)은 두 행렬로 나뉘어 신주를 향해 숙배한다. 공축(工祝)은 태축생, 태사생을 인도하여 배위 앞에 서게 한다. 공축(工祝)이 "신강(神降)"이라고 창하면 태축생, 태사생은 신여(神輿) 앞으로 가서 축사를 하고, 신여는 잠시 멈춘다. 공축이 "분반(分班), 전도여행(前導輿行)"이라고 창하면 정헌관 이하 모두 신여 앞으로 가서 신여의 행진을 인도하는데, 이때 지위가 낮은 자는 앞에, 높은 자는 뒤에서 간다. 대성문 안에 이르면 길 왼쪽에 줄을 서서 신여를 문 밖으로 보낸다. 공축은 태축생, 태사생을 인도하여 돌아간다. 공축이 "신거(神去)"라고 창하면 찬인은 "복위(復位)"라고 창한다. 정헌관 이하는 순서대로 물러나서 배위로 돌아간다. 휘생은 휘를 내리고 악생은 음악을 멈춘다.

14) 망료(望燎)

통찬이 "망료(望燎)"라고 창하면[가을, 겨울에는 '망예(望瘞)'라고 함] 악관이 "악주덕평지장(樂奏德平之章)"이라고 연창한다. 휘생은 휘를 들고 악생은 축을 치면서 음악을 연주하지만, 무용은 하지 않는다. 통찬이 "분축백(焚祝帛)"이라고 창하면 태축생은 축안(祝案) 앞으로 가서 한 번 머리를 조아린다. 태사생이 축판을 태축생에게 건네면 태축생은 일어나 축문을 조심스레 들고 전으로 나간다. 사향생(司香生)과 사백생(司帛生)은 각각 향안 앞으로 가서 한 번 머리를 조아린다. 사행생은 향합을 높이 들고 사백생은 백비(帛篚)를 높이 들어 태축생과 태사생을 따라 전 밖으로 나간다. 4배, 12철의 사향백생(司香帛生)도 머리를 조아린 뒤 향합과 백비를 높이 받들고 뒤따라 전을 나가고 중간 계단으로 내려온다. 양무 사향백생은 각각 제단의 향백(香帛)을 들고 뒤를 따라 왼쪽 문으로 나가서(가을, 겨울에는 오른쪽 문으로 나간다) 요소(燎所)로 간다. 찬인이 정헌관 앞에 이르러 "예요위(詣燎位)"라고 창하면 각 찬인도 각 분헌관 앞으로 가서 "예요위(詣燎位)"라고 창한 뒤에 요소의 문 밖으로 가서 선다. 찬인이 "망료"라고 창하면 정위(正位)의 축판 하나, 향 한 개, 비단 한 폭 및 4배위(配位)의 향 네 개, 비단 네 폭을 차례로 태운다. 그것이 끝나면 찬인이 "복위(復位)"라고 창하고 정헌관을 배위로 인도한다. 침전의 찬인이 대헌관(代獻官)을, 다른 찬인이 동서(東序), 서서(西序), 동무(東廡)[三壇], 서무(西廡)[三壇]의 분헌관을 인도하여 향과 비단을 태운 후 배위로 돌아가게 한다.

15) 합호(闔戶)

통찬이 "합호(闔戶)"라고 창하면 감제관(監祭官)이 대성전의 정문을 닫는다. 통찬이 "예필(禮畢)"이라고 창하면 정헌관 이하는 모두 물러나고 악무생이 뒤로 몸돌려 차례로 철거하기 시작한다. 고공(鼓工)이 종을 울리면 이에 맞춰 악관이 빠르게 퇴장한다. 퇴장하기 전에 악무생이 4면으로 배치된 악기의 안쪽에, 악공은 악기의 바깥 쪽에 서서 대성전을 향해 세 차례 머리를 조아린다. 각 집사생은 행단 앞으로 가서 모여 동서 계단에서 정렬하고 행단을 향해 세 차례 머리를 조아린 뒤에 흩어진다.

4. 제물

1) 주사(主祀) 제물

한 고조 유방은 노나라를 지나면서 태뢰(太牢)로 공자에게 제사 지냈다. 이는 단지 조(組)에 담은 제물이었는데, 이를 제외하고도 다른 것들도 있었겠지만 기록에는 남아 있지 않아 고증하기 어렵다. 후한 영평(永平) 2년(59) 학교에 주공과 공자를 제사 지내도록 명하였고 개를 희생제로 드렸다. 원가(元嘉) 3년(153) 조정에서는 곡부 공자문묘에서 "봄·가을에 예를 올릴 때는 왕가의 돈으로 개와 술값을 지불한다(春秋享禮, 出王家錢, 給犬酒直)"라고 조서를 내렸다. 이는 한대 지방학교와 곡부 공자문묘에서 개를 주요 제물로 사용했다는 것을 보여준다. 그러나 경사(京師)의 제사에서는 여전히 태뢰를 사용했는데, "벽옹에서 예가 행해지지 않아 선성과 선사 제사를 지냈는데, 이를 주관하는 이는 공자의 자손이었다. 하남 윤씨는 소, 양, 돼지, 닭, 각한 마리를, 대사농(大司農)은 쌀을 문묘에 바쳤다"[47]라는 기록을 보면 제물로 닭, 쌀 등도 사용되었음을 알 수 있다.

당 이전의 제물에 대한 역사적 기록은 남아 있지 않고, 문헌을 통해서만 추측할 수 있다. 서진 원강 2년(292) 황태자는 공자에 석전을 지냈고, "두 기둥 사이에 존(尊)과 비(篚)를 놓고, 동쪽 계단 왼쪽에 세뢰(洗罍: 관세(盥洗)할 물을 담는 항아리)를 둔다(設尊篚于兩楹之間, 陳罍洗于阼階之左)". 예기(禮器)로 존(尊), 비(篚), 뢰(罍: 술을 담는 항아리), 세뢰(洗罍)를 사용했고 제물로는 희생제를 사용했다는 기록을 보면, 국가에서 제물에 대해 규정한 바가 있었다는 것을 알 수 있다. 그러나 제(齊) 영명(永明) 3년(485) 조정에서는 석전예악에 대해 토론할 때 "악기와 제기에 대한 명확한 규정이 없다(金石俎豆, 皆無明文)"라고 했는데 아마도 제물에 관한 제도가 진대(晉代)에는 전해오지 않았던 것 같다. 결국 "희생 동물과 제기의 사용은 모두 상공(上公)의 예에 따른다"[48]라고 결정했다. 영태(永泰) 원년(498)의 조서에서는 "사전(祀典)은 무용지물이 되고, 조두(俎豆)는 텅 비고, 희생 제물은 사용되지 않는다"[49]라고 했으며, 양(梁) 경제(敬帝)는 태평(太平) 2년(557)의 조서에서 "신을 모시는 문묘의 보와 궤가 텅 비어 있다"[50]라고 했다. 북위 연흥(延興) 2년(472) 조서에는 곡부 공자문묘는 "국가적인 일에는 희생과 자성을 사용하되 풍성하고 깨끗하게 정성을 다해 준비해야 한다"[51]라고 기록되어 있다. 이 기록을 통해 당시 제물로는 희생과 곡물[粢盛]이 있었고, 예기로는 보(簠), 궤(簋), 변(籩), 두(豆)가 있었다는 것을 알 수 있다. 이는 당대 제물, 예기와 비슷했다.

당 개원 연간의 개원례(開元禮)에는 다음과 같이 규정되어 있다. 국학은 "봄·가을에 공자에 석전을 지낼 때 선성과 선사는 변두(籩豆) 10개, 보(簠) 두 개, 궤(簋) 두 개, 등(登) 세 개, 형(鉶) 세 개, 조(俎) 세 개를 사용한다. 종사를 할 때는 변두는 모두 두 개, 보 한 개, 궤 한 개, 조 한 개를 사용한다(春秋釋奠于孔宣父, 先聖先師籩豆十, 簋二, 簠二, 登三, 鉶三. 俎三. 若從祀, 籩豆皆二, 簋一, 簠一, 俎一)". 주현의 학교에서는 봄·가을 "선성선사에게 석전을 지낼 때, 변두는 모두 여덟 개, 보 두 개, 궤 두 개, 조 세 개를 사용한다"[52]라고 규정하고 있다. 10변(籩)은 석염(石鹽), 고어(槀魚), 대추, 밤, 개암, 마름, 가시연, 녹포(鹿脯), 백병(白餠), 흑병(黑餠)이었고, 10두(豆)는 구저(韭菹), 탐해(醓醢), 청저(菁菹), 녹해(鹿醢), 근저(芹菹), 토해(兎醢), 순저(筍菹), 어해(魚醢), 비석저(脾

---

47) 『禮器碑』(漢). 비석은 현 곡부 공자문묘에 있다. "辟雍禮未行, 祠先聖先師, 侍祠者孔子子孫…… 河南尹給牛羊豕雞各一, 大司農給米祠."

48) 『南齊書·禮上』(文淵閣四庫全書 電子版 참고). "牲牢器用, 悉依上公."

49) 『南齊書·明帝紀』(文淵閣四庫全書 電子版 참고). "祀典陵替, 俎豆寂寥, 牲牢莫舉."

50) 『梁書·敬帝紀』(文淵閣四庫全書 電子版 참고). "敬神之寢, 簠簋寂寥."

51) 『魏書·高祖紀上』(文淵閣四庫全書 電子版 참고). "公家有事, 自如常禮, 犧牲粢盛, 務盡豐潔."

52) "釋奠於先聖先師, 籩豆皆八, 簋二, 簠二, 俎三."

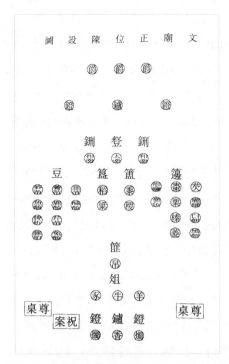
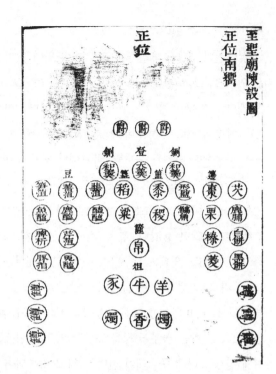

2-5-13 청대 국자감 공자 제사의 제기 및 제물 진설도.
2-5-14 청대 부주(府州)문묘 공자 제사의 제기 및 제물 진설도.

析菹), 돈박(豚胉)이었다. 8변은 백병과 흑병, 8두는 비석저와 돈박을 뺀 것이다.[53] 이후 변경된 적도 있었지만, 예기 숫자와 품록이 크게 변하지 않았다. 단지 공자 제사가 대사로 승격되었을 때 12변두로 변화되었다. 또한 금대(金代)에는 3조(俎)를 2조로 개정하였고 원대에는 3등(登) 3형(鉶)으로 늘어났다가 명·청대에는 1등 2형으로 다시 바뀌었다.

2) 배사(配祀) 제물

당·송·금·원에 이어 명대까지 배향 변두 수량은 공자와 동일했다. 다른 것이라면 조(俎)와 등(登)을 들 수 있다. 명·청 시대에는 공자에는 태뢰(소, 양, 돼지)를 사용했고, 4배에게는 소뢰(양, 돼지)를 사용했다. 명·청 시대의 배향 제물은 공자 제사 때 사용하는 제수에서 등(登)에 담은 태갱(太羹: 양념을 하지 않은 고깃국)만 없었다.

---

53) 『新唐書·禮樂二』(文淵閣四庫全書 電子版 참고).

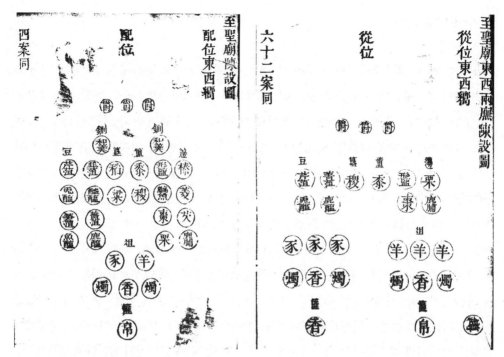

2-5-15 청대 문묘 10철 제사의 제물 및 제기 진설도.
2-5-16 양서(兩序) 선현과 선유 제사의 제물 및 제기 진설도.

　당대(唐代)에는 양서(兩序)의 철인들을 종사로 간주하여 변·두는 각각 두 개, 보·궤·조는 각각 하나였다. 송대에는 이와 동일했고, 원대에는 변·두·작이 각각 하나씩으로 바뀌었다. 명·청 시대에는 변, 두가 각각 네 개로 바뀌었고, 보·궤·조·형은 각각 하나가 되었다. 조 왼쪽에는 양고기, 오른쪽에는 돼지고기가 담겨 있었다.

　종사한 선현·선유는 당·송·원 시기 모두 변·두 각각 두 개, 보·궤·조는 각각 하나가 되었다. 금대에는 "72현인, 21선유에 각각 1변 1두 1작(七十二賢, 二十一先儒每位各籩一豆一爵一)"을 사용했다. 명대에 종사한 선현과 선유는 4명이 하나의 제단(祭壇)을 사용했는데, 각 제단에 4변, 4두, 1보, 1궤, 돼지고기를 담은 4반(盤)을 진설했다. 청대에는 2명이 하나의 제단을 사용하는 것으로 바뀌었다.

　명대 계성사에 사용된 제물은 대성전의 것과 비슷했다. 다만 계성공(啓聖公)은 공자 제사의 제물보다 태갱(太羹)과 소고기가 적었고, 배향은 10철보다 돼지머리 하나가 더 많았으며 종사는 계성공 배향보다 돼지고기 한 접시가 적었다. 청대에 오면 계성사 정위(正位)는 대성전 4배의 제물과 동일해졌고 배향과 종사는 대성전 철인(哲人)의 제물과 같아졌다.

5. 제사 악장(樂章)

곡부 공자문묘 제사에서 음악을 사용하는 것은 한 원화(元和) 2년(85)에 시작되었다. 장제(章帝)는 궐리 공자문묘에 가서 공자에게 제사 지냈는데 육대지락(六代之樂)을 연주했다. 양진(兩晉) 및 남북조 시기에 공자 석전에서는 음악을 연주하는 것이 관례가 되었다. 서진 원강 2년(292) 황태자는 공자에 석전을 지냈으며, "제사의 자리에서 종 등 악기를 나란히 걸어놓았다"[54]는 기록으로 보아 종경(鐘磬)으로 음악을 연주했다는 것을 알 수 있다. 송 원가 22년(445) 황태자는 석전에서 등가(登歌)[55] 음악을 연주했고, 남제(南齊) 영명(永明) 3년(485) 조정에서는 국학 석전에서 헌현지악(軒縣之樂)을 연주하기로 결정했다.

양(梁) 대동(大同) 7년(541)에는 공자문묘의 제사 때에만 사용할 수 있는 가사를 만들었다. 이 해 황태자는 국학에서 석전을 지낼 때 제사 음악이 없어 "그때 악부(樂府)에는 공자와 안자를 위한 등가(登歌) 가사가 없으니, 상서참의(尚書參議)는 지위(之偉)에게 명하여 가사를 만들고 영인(伶人)들에게 전하고 익히게 하였다"[56]는 기록으로 보면 두지위(杜之偉)는 우선 국학에서 공자를 제사 지낼 때 사용하는 가사를 지었다. 이 가사는 원래 전해지지 않는다고 했는데 『구당서(舊唐書)』 「예악지(音樂誌)」에는 다음 두 가사가 수록되어 있다. '영신' 때 사용하는 가사로는 "온 오나라에 그 성스러움이 드러났고 노자에게 가서 진리를 탐구하셨다. 삼천제자 오백의 현인이 그로부터 나왔고 영원한 법도가 그로부터 세워지니 영원토록 문묘에 모셔져 깨끗하게 재계하고 제사 드리고 음악을 연주하여 신으로서 그를 맞이하노라"라는 가사,[57] '송신' 때 사용하는 가사로는 "술은 넘치고 희생은 잘 준비되었으며 조와 두도 진열하였다. 노벽장서(魯壁藏書)과 같은 이야기를 사수(泗水) 근처에서도 들을 수 있으니 유생들에게 복을 내리소서, 아악과 맑은 소리로 귀신을 보내나이다"[58]라는 가사이다. 이 가사의 제목은 『우, 향공자묘악장이수(又, 享孔子廟樂章二首)』였는데 주(注)에는 "태악(太樂)은 옛날에 가사가 있었지만 상세하게 남아 있지 않다"[59]라고 되어 있다. 필자는 이 악장(樂章)이 바로 두지위의 작품이라고 생각한다.

---

54) 『晉書・潘嶽傳・釋奠頌』([晉], 潘尼)(文淵閣四庫全書 電子版 참고). "幾筵既布, 鍾縣既列."
55) (옮긴이) 등가는 악기를 배열해놓는 방식의 일종으로서 궁궐의 섬돌 위와 같이 높은 곳에서 연주하는 것을 지칭한다. 악현(樂懸)이라고도 한다.
56) 『陳書・杜之偉傳』(文淵閣四庫全書 電子版 참고). "時樂府無孔子, 顏子登歌之詞, 尚書參議令之偉製 其文, 伶人傳習以爲故事."
57) "通吳表聖, 問老探貞. 三千弟子, 五百賢人. 億齡規法, 萬載祠禋. 潔誠以祭, 奏樂迎神."
58) "醴溢犧象, 羞陳俎豆. 魯壁類聞, 泗川如覩. 裏校覃福, 胄筵承祐. 雅樂清音, 送神其奏."
59) "太樂舊有此詞, 不詳所起."

왜냐하면 『당서』,「음악지하(音樂志下)」에 "개황 9년 진나라를 평정했을 때 송나라와 제나라의 옛 음악을 확보하게 되었는데, 태상(太常)에 명을 내려 청상서(清商署)를 설치하여 이를 관리하도록 하였다. 진나라의 태악령(太樂令) 채자원(蔡子元), 어보명 등이 그 일을 다시 맡아주기를 청하였다[60]"라는 구절이 있다. 이 기록을

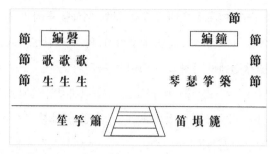

2-5-17 수나라 석전의 연주순서도.
강범(江帆), 애춘화(艾春華)의 『중국역대공자아락(中國歷代孔廟雅樂)』에서 발췌했다.

통해서 수(隋)나라가 진(陳)나라의 반란을 평정한 뒤 송(宋)·제(齊)나라의 옛 음악도 수나라에 전해지게 된 것으로 보인다. 그때 송(宋) 두지위의 공묘악장(孔廟樂章)이 "영인에 의해 전해지면서(伶人傳習以爲故事)", 개황(開皇) 9년(589)에 유입된 송·제나라의 옛 음악에 두지위의 공묘악장(孔廟樂章)도 포함되었을 것이다. 수 왕조에서는 공자문묘의 석전 때 사용하는 전문적인 악장을 지었기 때문에, 두지위의 악장이 남아 있었더라도 사용되지 않았을 것이다. 따라서 당대에 "태악에는 이 악장이 수록되어 있었지만 어디서 전해졌는지 알 수 없다(太樂舊有此詞, 不詳所起)"라고 했으며, 가사 내용을 통해 두지위의 작품이라는 것을 추정할 수 있다. '영신' 첫 구에는 '통오표성(通吳表聖)'이라고 되어 있는데, 이에 관해서는 다음과 같은 이야기가 있다. 오(吳)나라가 월나라의 회계(會稽)를 점령했을 때 수레 한 차가 가득 찰 만큼 큰 해골을 얻었다. 오나라는 사자를 보내 공자에게 무슨 뼈가 이렇게 크냐고 물었는데, 공자는 대우(大禹)가 회계산에서 여러 신을 모이도록 불렀는데 방풍씨(防風氏)가 늦게 도착하자, 대우는 그를 죽여 시체를 여러 사람에게 보였는데 그 두개골이 커서 수레에 가득 찼다는 이야기를 해주었다. 그리고는 "그 해골이 커서 수레에 가득 찼다고 했으니 그런 까닭에 큰 것일 것입니다(其節專車, 此爲大矣)"라고 했다. 오나라 사신은 "훌륭하신 성인이시구나(善哉聖人)"라고 공자를 찬양했다. 공자 지식의 해박함을 보여주는 고사가 매우 많았으나 오·월과 관계 있는 것은 매우 적었다. 양나라 수도인 건강(建康)은 옛날에 오나라에 속했기 때문에, 두지위는 일부러 이 고사를 가사에 삽입했던 것이다. 두지위의 공묘악장이 찬술됨에 따라 공자문묘의 석전에서는 '가(歌)·무(舞)·악(樂)·예(禮)'라는 완전한 예식 과정이 갖추어지게 되었다. 물론 '가(歌)'를 제외한 '무(舞)·악(樂)·예(禮)'는 모두 공자문묘 제사를 위해 별도로 만든 것은 아니었다.

....
60) "開皇九年平陳, 獲宋齊舊樂, 詔於太常置清商署以管之. 求陳太樂令蔡子元, 於普明等複居其職."

수대 이래로 역대 왕조는 문묘 제사용 음악과 가사를 별도로 만들었다. 수대 악곡(樂曲)의 이름은 함하(誠夏)였는데, 『상서』의 '지성감신(至誠感神: 지극한 정성은 하늘도 감동시킨다)'이라는 구절에서 가지고 온 것이다. 음악과 가사를 모두 지었는데, 가사는 한 장(章)으로만 되어 있었다. 국가에서는 국자사(國子寺)는 4계절의 중월 상정일에, 주·군 학교는 봄·가을 중월에 석전을 지내도록 규정했다. 이처럼 공자 석전 때에는 독자적으로 사용하는 악(樂)·가(歌)·예(禮)가 있었다.

당대의 악장은 '화(和)'자를 사용하여 이름 지었다. 공자문묘의 석전에서 사용한 음악은 '선화지악(宣和之樂)'이었다. 황태자는 공자 석전에서 영신할 때 승화지악(承和之樂)을 사용하였고 [『구당서』는 선화라고도 했으며 『대당개원례』는 고선(姑洗)61)의 운(韻)을 사용해서 영화(永和)라고 했다], 행진할 때도 승화지악(承和之樂)을 사용하였다. 등가에서 헌폐(獻幣)할 때에는 숙화지악(肅和之樂, 南呂의 운)을, 영조(迎祖), 작헌(酌獻) 때에는 옹화지악(雍和之樂)을, 문무(文舞)가 끝나고 무무(武舞)가 시작될 때는 서화지악(舒和之樂)을 사용했다. 무무는 개안(凱安)62)을 사용했는데, 가사는 동지(冬至)의 환구(圜丘)63) 제사 때 사용하는 것과 같았다. 송신 때도 승화지악을 사용했으며 가사는 영신 때 사용하는 것과 같았다. 이처럼 황태자가 공자 석전에서 사용하는 것은 5장(章) 6주(奏)였고, 개안 무무를 할 때 사용하는 악장까지 다하면 모두 6장 7주였다.

송 경우(祐元) 원년(1034) 석전에는 등가(登歌)를 연주하도록 명했다. 영신과 송신 때는 응안지곡(凝安之曲)을, 초헌(初獻)과 승강(乘降: 계단을 오르고 내리다)할 때는 동안지곡(同安之曲)을, 전폐(奠幣)할 때는 명안지곡(明安之曲), 작헌할 때는 성안지곡(成安之曲), 음복(飲福) 때는 완안지곡(綏安之曲)을 사용했고, 배사(配祀)에게 초헌할 때는 성안지곡(成安之曲, 철종 때 늘어남)을 사용했다. 공자 석전에서 사용하는 악장은 6장으로 되어 있다가 철종 때 7장으로 늘어났다. 대관(大觀) 3년(1109)에 이르면 새로운 석전 악장인 『응안구성지악(凝安九成之樂)』를 제정했다. 정화(政和) 원년(1111)에는 새로운 석전 의례를 제정하였다. 황태자는 공자 석전에서 영신할 때 숭안지악(崇安之樂)을 연주하고 '천종장성(天縱將聖)' 무용을 했다. 승강 때는 익안지악(翼安之樂)을, 전폐 때는 성안지악(成安之樂)을, 작헌 때는 공안지악(恭安之樂)을 사용했다. 연국공(兗國公) 작헌 때는 헌안지악(憲安之樂)을 연주했고, 아헌례(亞獻禮)를 행하기 전 문무가 퇴장하고 무무가 입장할 때는 선안지악(宣安之樂)을 연주했다. 아헌례를 할 때는 숙안지악을 연주하고

---

61) (옮긴이) 고선은 12율(十二律)의 다섯째 음이다. 양률(陽律)의 하나로 방위로는 진(辰), 절후로는 음력 3월에 해당한다.

62) (옮긴이) 당나라 때 무용의 이름이다.

63) (옮긴이) 동지(冬至)에 원구(圜丘)에서 하늘에 제사하는 것이다.

'무사불복(無思不服)'이라는 무용을 했다. 음복 때는 개안지악(介安之樂)을, 영신 때는 숭안지악을 연주했는데, 모두 8악 9주로 되어 있었다. 영신 때부터 초헌 때까지 '천종장성지무(天縱將聖之舞)'라는 문무를, 아헌 때부터 송신 때까지는 『무사불복지무(無思不服之舞)』라는 무무를 사용했다. 이로써 공자 석전 때 사용하는 예악무가(禮樂舞歌)의 완전한 예식 과정이 갖추어지게 되었다.

금대 초기에는 북송 석전의 악장을 사용했다가 대정(大定) 14년(1174)에 와서 금나라의 석전 악장을 제정했다. 영신 때는 내녕지곡[來寧之曲: 고선궁(姑洗宮)][64]을, 초헌, 관세 때는 정녕지곡[靜寧之曲: 고선궁]을 연주했다. 승계(昇階) 때는 숙녕지곡[肅寧之曲: 남려궁(南呂宮)]을, 전폐 때는 화녕지곡[和寧之曲: 고선궁]을, 강계(降階) 때는 안녕지곡[安寧之曲: 고선궁]을 연주했다. 아헌, 종헌 때는 함녕지곡[咸寧之曲: 고선궁]을 연주했고 송신 때는 내녕지곡을 연주했다.

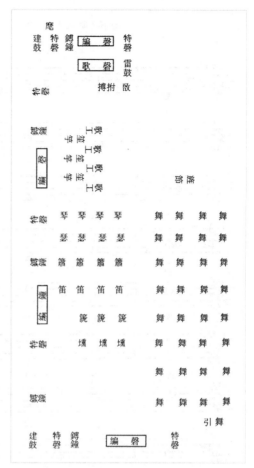

2-5-18 당대 석전의 악무순서도.
강범(江帆), 애춘화(艾春華)의 『중국역대공자아락』에서 인용하였다.

연국공의 작헌 때는 읍녕지곡[輯寧之曲: 고선궁]을, 추국공의 작헌 때는 태녕지곡[泰寧之曲: 고선궁]을 연주했으며, 모두 9장 9주로 되어 있었다. 명창(明昌) 6년(1195)에는 석전의 악장을 새로 제정하였다. 영신 때는 내녕지곡[고선궁]을, 관세 때는 정녕지곡[고선궁]을, 승계 때는 숙녕지곡[남려궁]을, 전폐 때는 박녕지곡[溥寧之曲: 고선궁]을 연주했다. 작헌, 아헌, 종헌, 연국공 작헌, 추국공 작헌 때는 모두 덕녕지곡[德寧之曲: 고선궁]을 연주했고 송신 때는 귀인지곡(歸仁之曲)과 고선궁을 연주했으며, 역시 모두 9장 9주로 되어 있었다.

원 대덕(大德) 11년(1307)에는 석전 악장인 『선성악장(宣聖樂章)』을 제정하였다. 영신 때는

64) (옮긴이) 이는 내녕지곡을 연주할 때 실제 연주하는 궁조(宮調)가 고선궁이었다는 것을 의미한다.

迎神《凝安》之曲

宋·呂夷簡作詞 、曲

大　哉　宣　聖,

道　德　尊　崇。

維　持　王　化,

斯　文　是　宗。

典　祀　有　常,

精　純　并　隆。

神　其　來　格,

於　昭　聖　容。

2-5-19
송대 영신 때 사용된 응안지곡의 악보.
강범(江帆), 애춘화(艾春華)의 『중국역대공자아락』에서 발췌했다.

응안지곡을 사용하였는데, 황종궁(黃鍾宮)은 3회, 대려각(大呂角)은 2회, 태족징(太簇徵)은 2회, 응종우(應鍾羽)는 2회를 연주했다. 초헌 과세 때는 동안지곡[고선궁]을, 초헌 승전 때 동안지곡[남려궁]을, 전폐 때는 명안지곡[남려궁]을, 봉조(捧俎) 때는 풍안지곡[고선궁]을 연주했다. 공자 작헌 때는 성안지곡[남려궁]을, 아헌 때는 문안지곡[고선궁]을 연주했다. 4배 작헌 때는 성안지곡[남려궁]을 연주했다. 음복과 수조(受胙) 때는 동안지곡[고선궁](관세 때와 동일)을, 철두(徹豆) 때는 오안지곡[娛安之曲: 남려궁]을, 송신 때는 응안지곡[황종궁]을, 망예(望瘞) 때는 동안지곡[고선궁](관세 때와 동일)을 연주했다. 이러한 석전 악장은 대성악(大成樂)이라고도 했는데, 『원사(元史)』 「예악지(禮樂志)」에는 총 16장이 실려 있다. 성국공(邸國公) 증자와 기국공(沂國公) 자사의 작헌 가사를 새로 만든 것을 제외하고 다른 14장은 거의 북송 때 대성악부(大晟樂府)에서 제정하고도 활용하지 못했던 악장을 그대로 가져왔던 것이다. 그러나 종헌 때 사용하는 악장은 활용하지 않았다. 종헌 때 사용하는 악장에 대한 언급은 없었지만, 원래부터 제정하지 않은 것은 아니었다. 송 대 성악부의 석전에서 아헌과 종헌 때 사용하는 악장이 같았다. 원대에도 이와 동일했을 것이다.

원대 대성악은 가장 내용이 많고, 궁조(宮調)도 복잡한 석전 악장이었다. 초헌 때는 9회 연주했으며, 황려궁, 대려궁, 태족징, 응종우 네 가지 궁조를 사용했다. 석전 과정에서 사용했던 궁조는 총 일곱 가지였다. 공상임(孔尚任)의 『궐리지(闕裏志)』 「악무지(樂舞志)」에는 종헌 때 아헌곡을 사용한다고 되어 있고, 아헌 때 사용하는 문안[文安之曲: 대려궁] 1장도 있었다. 그 외에도 분헌 10철에 사용되는 성안지곡[成安之曲: 남려궁]과 분헌 종사(從祀)에 사용되는 성안지곡[태족립궁(太簇立宮)] 2장이 있었다. 그러나 이 세 악장은 국가 예제에 규정된 것은 아니었다. 이 책 『예의지(禮儀志)』 중의 의주(儀注) 부분에 장수(張須)가 고증한 원대 석전의 의주(儀注)가 수록되어 있는데, 의주에 다르면 당시 종헌례를 시작하고 10철과 종사(從祀)에게 분헌할 때 성안지악(成安之樂)을 연주한다고 기록되어 있다. 장수(張須)는 지원 30년(1293)에 공안

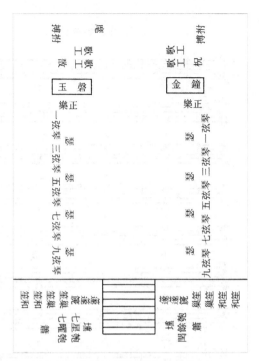

2-5-20 송대 석전의 연주 위차도(位次圖). 강범(江帆), 애춘화(艾春華)의 『중국역대공자아락』에서 인용하였다.

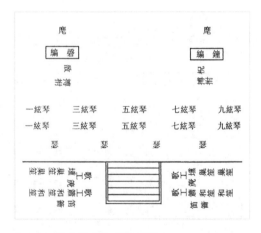

2-5-21 원대 석전의 연주 위차도.

맹(孔顔孟) 학문을 전수하는 교수로 임명되어 곡부에 왔는데, 원정(元貞) 2년(1296)에 임기 만료로 사직하였고, 당시 원나라에서는 석전 악장을 제정하지 않은 상황이었다. 따라서 곡부 공자

迎神《凝安》之曲

大　哉　宣　聖，
道　德　尊　崇。
維　持　王　化，
斯　文　是　宗。
典　祀　有　常，
精　純　并　隆，
神　其　來　格，
於　昭　聖　容。

2-5-22
원대 영신 때 사용했던 『응안지곡』 악보.
강범, 애춘화의 「중국역대공묘아악」에서 발췌했다.

```
                              麾

        柷                              柷
        敔足     博拊                  相鼓 博拊  相鼓 博拊
        鼓       敔敔                   敔敔     敔敔

     ┌──┐ ┌──┐                      ┌──┐ ┌──┐
     │特磬│ │編磬│                      │鎛鐘│ │編鐘│
     └──┘ └──┘                      └──┘ └──┘
      歌  歌  歌                        歌  和  笙
      工  工  工                        工  和  笙
      至  和  和                        工  和  笙
      古  古  古                        古  古  古
      琴  琴  琴      舞 舞 舞            琴  琴  琴
      古  古  古                        古  古  古
      瑟  瑟  瑟      舞 舞 舞            瑟  瑟  瑟
      洞  洞  洞                        洞  洞  洞
      簫  簫  簫      舞 舞 舞            簫  簫  簫
      龍  龍  龍                        龍  龍  龍
      笛  笛  笛      舞 舞 舞            笛  笛  笛
              排              舞 舞 舞        排
              簫                            簫
             篴 篴            舞 舞 舞        篴 篴
             塤              舞 舞 舞        塤
                 舞 舞 舞    舞 舞 舞
                    引 舞         引 舞
```

2-5-23
청대 석전의 연주 위차도.
강범, 애춘화의 『중국역대공묘아악』에서 발췌했다.

문묘에서는 그 나름대로 석전 악장을 제정하였던 것이다. 일부에서는 공상임의 『궐리지』에 실린 원대 곡부 공자문묘의 석전 악장을 원대 국가 석전 악장으로 간주하기도 하는데, 이는 옳지 않은 것으로 보인다.

명대 홍무 원년(1368)에는 봄·가을 상정일에 공자의 석전을 지냈는데, 이때 음악은 6주(奏)를 사용하도록 명하였다. 이듬해 봄·가을 석전은 전국적으로 실시할 필요 없이 곡부와 국자감에서만 거행하도록 명하였는데, 이는 형부상서(刑部尚書)인 전당(錢唐)과 시랑(侍郞)인 서정(徐程)의 반대에 부딪혔다. 서정은 "공자는 도로써 천하에 가르침을 펼쳤으므로 그에게 제사 지내는 것이 아니라 그의 가르침과 그의 도에 제사 지내는 것이다",[65] 전당은 "공자는 도로써 만세에 가르침을 드리웠으므로 천하가 그 가르침을 받드는 것이다. 그러므로 천하는 마땅히 그에게 제사를 지내야 하고 근본이 되는 예는 폐지될 수 없다"[66]라고 했다. 그러나 주원장은 이를 받아들이지 않다가 홍무 15년에야 전국 유학에서 공자를 제사 지내도록 명하였다. 명대 문묘의 석전 악장은 홍무 6년에 제정된 것으로 영신 때는 감화지곡(鹹和之曲)을, 전폐 때는 영화지곡(寧和之曲)을, 초헌 때는 안화지곡(安和之曲)을, 아헌, 종헌 때는 경화지곡(景和之曲)을, 철찬(徹饌)이나 송신 때는 모두 감화지곡을 연주했다. 6장 6주로 되어 있었으며, 가사는 모두 북송 때 대성악부(大晟樂府)에서 제정하고 사용하지 못한 가장(歌章)에서 몇 글자만 바꾸어서 발췌해 온 것이었다. 홍무 26년에는 "대성악(大成樂)을 전국 군·현 학교에 반포하여 모든 학교에서 음악[악장(樂章)과 가장(歌章)]을 사용하였다".[67] 이처럼 각급 학교 문묘의 석전에 일률적으로 악무를 사용하도록 명하였으며, 문묘 석전의 악무를 전국으로 확대시켰다.

청 순치 2년(1645)에는 석전 악장을 제정하였는데, 6주로 되어 있었고 악장 이름은 '평(平)'자를 사용해서 지었다. 13년에는 조정에서 문묘 석전 악장 6장을 제정하고 반포했다, 영신 때는 함평지곡(咸平之曲)을, 전폐, 초헌 때는 영평지곡(寧平之曲)을, 아헌 때는 안평지곡(安平之曲)을, 종헌 때는 경평지곡(景平之曲)을, 철찬 때는 성평지곡(成平之曲)을, 송신 때는 함평지곡을 연주했다. 강희 연간 문묘 석전 악장 이름을 중화운락(中和韶樂)으로 개정했다. 건륭 6년에 영신 때 소평(昭平)을, 전폐, 초헌 때 선평(宣平)을, 아헌 때 질평(秩平)을, 종헌 때는 서평(敍平)을, 철찬 때는 의평(懿平)을, 송신 때는 덕평(德平)을 연주하는 것으로 개정되었다. 가사는 공상임이 지은 『대성악장(大成樂章)』에서 그대로 발췌한 것으로 총 6장 6주로 되어 있다. 봄 석전 때는 협종궁(夾鍾宮)을, 가을 석전 때는 남려궁을 사용했다. 청대에는 계속해서 6장 6주를 사용했지

---

[65] "孔子以道設教天下, 祀之非祀其人, 祀其教也, 祀其道也."
[66] "孔子垂教萬世, 天下共尊其教, 故天下得通祀孔子, 報本之禮不可廢."
[67] "頒大成樂於天下郡縣之學, 於是始皆用樂."

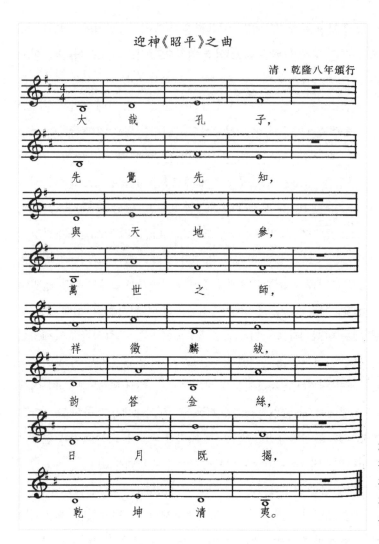

迎神《昭平》之曲

清·乾隆八年頒行

大　哉　孔　子，

先　覺　先　知，

與　天　地　參，

萬　世　之　師，

祥　徵　麟　紱，

韵　答　金　絲，

日　月　既　揭，

乾　坤　清　夷。

2-5-24
청대 영신 때 사용한 『소평지곡(昭平之曲)』악보. 강범, 애춘화의 『중국역대 공묘아악』에서 발췌했다.

만, 영신, 초헌, 아헌, 종헌, 철찬, 송신의 경우 각각 1장으로 되어 있었다. 명대에 아헌, 종헌이 1장으로 되어 있었던 것과 비교하면 보다 합리적이라고 할 수 있다.

민국 초기인 1915년에는 새로운 문묘 석전 악장을 반포하였다. 새로운 악장은 '화(和)'자로 명명했다. 영신은 시화(始和), 초헌은 옹화(雍和), 아헌은 희화(熙和), 종헌은 연화(淵和), 철찬(徹饌)은 창화(昌和), 송신 때 덕화(德和)를 연주해서 총 6장 6주로 되어 있다. 제사 규모는 대사로서, "예절과 복제(服制)와 제물은 제천(祭天)과 동일하다"[68]고 규정하였다.

....
68) "其禮節, 服制, 祭品, 當與祭天一律."

2-5-25

명대 석전 악장(樂章).

악장의 명칭은 대부분 경전(經典)에서 발췌했다. '안(安)'자는 『시경』·「대아·서(大雅·序)」
의 "화평한 세상의 음악은 편안하고 즐겁다(治世之音安以樂)"에서, '영(寧)'자는 『주역』의 "만국
이 모두 평안하다(萬國咸寧)"에서, '화(和)'자는 『예기』의 "음악은 천지와 함께 조화를 이룬다(大
樂與天地同和)"에서 가져왔다. 단지 청대의 '평(平)'은 경전에서 가져온 것이 아니라 왕조를 찬
송하는 글귀인 "반란을 평정하여 천하를 이루었다(削平寇亂以有天下)"에서 가져온 것이다.

송대 이전의 문묘 석전 악보는 현재 남아 있지 않지만 송·원·명·청과 민국 시기의 악보는
잘 보존되어 있다. 학자들은 이들을 오선지 악보에 옮겨놓았다.

문묘 석전에서 사용하는 악기는 8음[금(金), 석(石), 사(絲), 죽(竹), 포(匏), 혁(革), 토(土), 목(木)]
을 갖추고 있었다. 남제 영명 3년 헌현지악(軒縣之樂)[69]을 사용하도록 명하였다. "제후는 헌현

2-5-26
명대 석전 악장(樂章).

의 악을 사용한다(諸侯軒懸)"라는 말처럼 이는 3면에 악기를 걸어두고 연주하는 제후의 예에 속한다. 수나라 시기에는 "석전 때 오직 등가에서만 연주하며, 헌가를 설치하지 않았다".[70] 당 개원 27년(739) 공자가 문선왕으로 추봉되면서 석전 때의 음악 연주도 천자만 사용할 수 있는 '궁현(宮懸)'[71]으로 바뀌었다. 대력 원년(766) 국자감문묘에서는 3면에 악기를 걸어두고 연주하는 헌가에서 4면에 악기를 걸어두고 연주하는 궁현으로 개정하였다. 송대부터 문묘 석전

----

69) (옮긴이) 헌현(軒懸)은 궁중의 의식음악과 제례음악 연주시의 악기 배치, 즉 악현(樂懸) 제도 중 섬돌 아래인 당하(堂下)에 위치하는 악대다. 당상(堂上)에 위치하는 등가(登歌)와 짝을 이룬다. 한국에서 '헌가(軒架)'라고 부른다. 헌현지악(軒懸之樂)은 헌가에서 연주하는 음악을 가리킨다.

70) "釋奠則唯用登歌, 而不設懸."

71) (옮긴이) 아악을 연주할 때 당하악의 악기 배치법 중의 하나이며, 천자만이 쓸 수 있는 악현이다. 궁현은 4면에 편종과 편경을 배치한다.

（五）撤饌《咸和之曲》

牺 象 在 前， 豆 籩 在 列。
以 享 以 荐， 既 芬 既 洁。
礼 成 乐 备， 人 和 神 悦。
祭 则 受 福， 率 遵 无 越。

（六）送神《咸和之曲》

有 严 学 宫， 四 方 来 崇。
恪 恭 祀 事， 威 仪 雝 雝。
歆 兹 惟 馨， 神 驭 还 复。
明 禋 斯 毕， 威 膺 百 福。

2-5-27
명대 석전 악장(樂章).

에서는 다시 헌가로 바꾸었는데, 남송 소흥 10년(1140) 공자 제사가 대사로 승격되면서 국학
에서는 응안구성지악(凝安九成之樂)72)을 사용했고 군·읍에서는 그중의 3곡만을 사용했다.

6. 제사 무용

국학 석전에서 무용이 사용된 것은 후한 시기부터 처음 시작되었고, "건무 5년 태학을 지었

72) (옮긴이) '응안구성지악(凝安九成之樂)'은 황종궁 3회, 중려궁 2회, 남려궁 2회, 이칙궁 2회로 이상 9곡의 음
악을 가리킨다.

을 때 고전을 본보기로 삼았으며 변과 두, 방패와 창은 줄을 맞추어놓았다. 복장과 용태(容態)가 단정하고 예의가 바른 유생들을 (그 행렬에) 세웠다".[73] 간척(干戚: 방패와 도끼)을 들고 추는 춤은 무무(武舞)였다. 양진 남북조 때 공자 석전에서 무용을 하는 것이 일반화되었다. 진(晉) 원강 2년(292) 황태자는 공자 석전 때 '팔일육대지무(八佾六代之舞)[74]'를 사용했다. 북위 천흥(天興) 4년(401) 선성과 선사에게 석채례를 지낼 때 악사(樂師)를 부르고 춤을 추도록 했다. 제(齊) 영명 3년(485) 조정에서는 국학 선니묘(宣尼廟) 석전을 지낼 때 '6일무'를 사용하도록 정했는데, 이때부터 문묘 석전에서는 특별한 경우를 제외하면 모두 6일무를 사용했다. 당대 황태자는 공자 석전에서 문무를 춘 다음에 무무를 추도록 명하였다. 영신부터 초헌 음복까지 문무를 추었고 아헌부터 송신까지는 무무를 추었다.

송대에는 문묘 석전 때 사용하는 무용을 별도로 제정하였다. 『천종장성지무(天縱將聖之舞)』라는 이름의 문무는 영신부터 초헌 단계에서 추었고, 『무사불복지무(無思不服之舞)』라는 이름의 무무는 아헌부터 송신까지의 단계에서 추었다. 명대에는 문무만을 사용하는 것으로 바뀌었다. 성화 13년(1477) 공자 제사가 대사로 승격됨에 따라 국학에서는 8일무로 개정되었고 군현에서는 여전히 6일무가 사용되었다. 가정 9년(1530) 문묘 사전을 개정하면서 국학에서도 6일무로 바뀌었다. 청대 국학과 각급 학교의 문묘는 일률적으로 6일무를 사용했다. 광서 32년 공자 제사가 다시 대사로 승격되면서 문무와 무무를 함께 사용하는 것으로 다시 바뀌었다. 선통(宣統) 원년(1909)에 예제를 완비하면서 제사 무무보(武舞譜)를 반포했다. 1914년 민국정부는 공자 석전을 대사로 규정했고, "예절, 복제(服制), 제물은 제천(祭天)과 동일하게 한다(其禮節, 服制, 祭品, 當與祭天一律)"라고 해서 문무와 무무를 함께 사용했다. 그러나 민국 정부가 통치하는 시간이 짧아서 이 규정대로 거행되었던 석전은 단 몇 차례에 지나지 않는다.

제사 무용은 제사의 전 과정을 연결하고 있지만, 제사의 매 차례마다 사용된 것은 아니었다. 당·송대에 문무는 영신 때 시작해서 총 3회를, 무무는 아헌 때 시작해서 역시 총 3회를 추

---

73) 『後漢書·儒林』(文淵閣四庫全書 電子版 참고). "建武五年, 乃修起太學, 稽式古典, 籩豆干戚之容備之於列, 服方領, 習矩步者委它乎其中."

74) (옮긴이) 『晉書·潘嶽傳·釋奠頌』([晉], 潘尼)(文淵閣四庫全書 電子版 참고). 육대무(六代舞)는 '운문(雲門)', '함지(鹹池)', '대소(大韶)', '대하(大夏)', '대무(大武)', '대호(大濩)'이다. '운문(雲門)'은 황제가 백성들에게 곡식과 식물을 씨 뿌리고 기르는 것을 가리킨 것으로 널리 민중을 사랑하는 것을 표현한다. '함지(鹹池)'라는 두 글자는 각기 '모두' '베푼다'는 뜻으로 요 임금이 덕행을 널리 편 것을 의미한다. '대소(大韶)'는 순 임금이 요 임금의 사업을 계승한 것을 말하며 '대하(大夏)'는 하 왕조의 개국 군주인 '우(禹)' 임금이 '치수(治水)'한 공적을 찬양하는 것이다. '대무(大武)'는 주나라 무왕이 주왕을 토벌한 사건을 서술한 것이다. '대호(大濩)'는 상 왕조의 군주인 '성탕(成湯)'을 찬양하는 것이다. '팔일육대지무(八佾六代之舞)'는 '팔일(八佾)'로 추는 여섯 춤이다. '일(佾)'은 '열(列)'을 의미한다.

2-5-28 곡부 공자문묘 제사 무용.

었다. 금·원대에는 음악만 연주하고 춤은 추지 않았으며, 명대에는 전폐, 초헌, 아헌, 종헌 때 문무를 추었다. 청대에는 전폐의 초헌, 아헌, 종헌 때 춤을 추는 것으로 바뀌었으며, 민국 `시기에는 초헌 때 무무를 추고, 아헌, 종헌 때는 문무를 추는 것으로 개정되었다. 현재는 명 이전의 무보는 전승되지 않고 있으며, 명·청·민국 세 시기의 무보만이 남아 있는 상황이다.

6일무는 본래 줄마다 6명씩 6줄로 되어 있지만, 명대 6일무는 실제로 6명씩 8줄로 되어 있는 소8일무(小八佾舞)나 다름없었다. 명 성화 연간 8명씩 8줄의 팔일무로 개정되었다가 홍치 9년(1496)에 9명씩 8줄로 되어 있는 대8일무(大八佾舞)로 개정되었다.

7. 부사(附祀)된 각 사(祠)의 제사

1) 토지사(土地祠) 제사

국자감에서의 토지사 제사에는 정헌관 1명, 사향(司香)·사작(司爵)·사호(司壺) 각 한 명이 배당되었다. 토지사의 신주는 남향으로 되어 있었고, 신주 앞에 제사상 하나가 놓여 있었다. 상에는 자작(瓷爵: 도자기로 만든 작) 세 개, 자반(瓷盤: 도자기로 만든 반) 두 개가 놓여 있고, 왼쪽에는 녹포를 오른쪽에는 토해(兔醢)를 채워놓았다. 생반(牲盤) 한 개에는 소고기와 돼지고기가

2-5-29 자계문묘(慈溪文廟)의 토지사.

놓여 있었고, 그 앞에는 향이 한 대, 촛대가 두 개, 화로 한 개, 등잔 두 개가 있었는데, 재료는 녹색 유리로 된 것이었다.

2) 문창사 제사

청대에는 매년 두 번 제사를 지냈다. 봄 제사는 2월 사흗날인 문창제군의 탄신일에 지냈으며, 가을 제사는 음력 8월에 지냈다. 북경 문창사는 황제가 파견한 대신이 제사를 지냈는데 제사 의식은 관성제군(關聖帝君)의 제사 의식과 같았다. 중사로 승격된 이후에는 황제가 왕과 관원을 파견하여 제사 지내도록 했다. 일반적으로 왕은 전전(前殿)에서 제사 지냈으며 태상사장관(太常寺長官)은 후전(後殿)에서 제사를 지냈다. 제사 때는 2궤6배의 예를 행했으며, 음악은 6주, 8일무로 했다. 국가에서는 모든 성(省)에서 반드시 때에 맞춰 제사를 지내도록 규정했기 때문에 문창사가 없는 곳도 관공서 내에 당을 만들어 제사를 지내야 했다.

3) 명환사 제사

이는 매년 봄·가을 문묘 석전 후에 진행된 제사이며, 제문은 국가에서 통일적으로 제정했는데, 내용은 다음과 같다. "탁월하도다 명망가들이여 그 직무에 정진하여 은혜가 백성에게 두루 미치고 공은 사직에 드리우도다. 금년 중춘(仲春 혹은 仲秋)에 희생과 폐백과 술을 높이 올리옵니다. 흠향하시옵소서."[75]

4) 향현사 제사

이는 매년 문묘 봄·가을 석전 후에 진행되었으며, 축문은 국가에서 통일적으로 제정했는데 그 내용은 다음과 같다. "군공이시여 이 나라를 가슴에 품으셨으니 훌륭한 덕행은 후세에 대대로 전해질 것입니다. 금년 중춘(仲春 혹은 仲秋)에 희생과 폐백과 술을 높이 올리옵니다. 흠향하시옵소서."[76]

---

75) "卓哉群公, 懋修厥職. 澤被生靈, 功垂社稷. 今值仲春(秋), 謹以牲帛醴齊, 用伸明薦, 尚饗."
76) "於惟群公, 孕秀玆邦. 懿德卓行, 奕世流芳. 今值仲春(秋), 謹以牲帛醴齊, 用伸明薦, 尚饗."

중국 공자문묘의 현황

✤　✤　✤

　　1949년 중화인민공화국 건국 이전까지 전국에는 각급 학교 문묘 1740개가 세워져 있었다.
현재까지 전해져 오는 문묘는 539개이며, 그중에서 1980년대 이후 수리와 복원을 거쳐, 현재
비교적 완전하게 복구된 것은 93개, 거의 완벽하게 복구된 것은 107개, 주요 건물들 모두를 복
구한 것은 64개, 대성전(大成殿) 등 일부 건물만을 복구한 것은 275개이다. 1949년 이후 중국
광동성(廣東省) 삼수(三水)와 조양(潮陽), 광서성(廣西省) 유주(柳州), 그리고 산서성(山西省) 분양
(汾陽)에서 체계를 갖추어 공자문묘를 새로 지었고, 강서성(江西省) 남창(南昌)에서는 대성전 등
문묘 건물을 새로 지었으며, 남녕(南寧)에서는 학교와 문묘를 중건했다. 대만(臺灣)에서는 도
원(桃園), 대중(臺中), 고웅(高雄), 기산(旗山), 병동(屛東), 팽호(澎湖) 등 7곳에서 국립문묘를 새
로 지었다. 현재 학교 문묘 외에도 곡부 공자문묘 및 기타 수많은 서원 공자문묘, 공자기념묘
우와 공씨가묘가 남아 있다.

　　다행히 남아 있는 문묘와 공자문묘의 대부분은 국가급, 성급(시급이나 자치구급을 포함), 시급
[주급이나 맹(盟)급을 포함], 현급[기(旗)급을 포함]의 문화재로 지정되었고, 그중에서 국가급 지정
문화재는 45개가 있다. 중국에서 문화재로 지정된 것들 중 문묘와 관련되어 가장 먼저 문화재
로 지정된 것은 곡부 공자문묘, 번우학궁(番禺學宮: 廣州農民運動講習所), 해풍학궁(海豊學宮 혹은
海豊紅宮) 등 세 개이고, 두 번째 지정(指定) 시에는 문묘 관련 문화재는 없었다. 세 번째로 지정
된 문화재 중 문묘 관련 문화재는 북경 국자감문묘, 네 번째 지정 문화재 중에는 정정문묘(正
定文廟) 대성전, 구주(衢州) 공씨남종조묘(孔氏南宗祖廟), 덕경학궁(德慶學宮), 무위문묘(武威文廟),
영원문묘(寧遠文廟), 하얼빈문묘와 회령문묘(會寧文廟: 會寧紅軍會師의 옛터) 일곱 개가 있었으며,

3-0-1 새로 지은 광서성 남녕문묘(南寧文廟).

다섯 번째 지정 문화재 중에는 평요문묘(平遙文廟), 천주문묘(泉州文廟), 장주부문묘(漳州府文廟) 대성전, 악양문묘(岳陽文廟), 부순문묘(富順文廟), 덕양문묘(德陽文廟), 안순문묘(安順文廟), 건수문묘(建水文廟), 한성문묘(韓城文廟), 요현문묘(耀縣文廟) 등 10개, 여섯 번째로 지정된 문화재 중에는 정정부문묘(正定府文廟), 청원문묘(淸源文廟), 금장(金莊) 공자문묘, 양원문묘(襄垣文廟), 좌권요주문묘(左權文廟 혹은 遼州文廟) 대성전, 대현문묘(代縣文廟), 만천문묘(萬泉文廟 혹은 萬榮縣文廟), 길림문묘(吉林文廟), 거계공씨문묘(櫸溪孔氏文廟), 장포문묘(漳浦文廟) 대성전, 안계문묘(安溪文廟), 복주문묘(福州文廟), 니산서원(尼山書院) 공자문묘, 겹현문묘(郟縣文廟), 하남부문묘(河南府文廟), 여주문묘(汝州文廟), 태강문묘(太康文廟), 공성문묘[恭城文廟: 공성고건축물(恭城古建築物) 단지(團地)], 건위문묘(犍爲文廟), 자중문묘[資中文廟 혹은 자주문묘(資州文廟)], 안녕문묘(安寧文廟), 빈천문묘(賓川文廟), 함양문묘(咸陽文廟), 진안문묘(秦安文廟) 등 24개가 있었다. 일곱 번째 지정 문화재 중에는 하북성 평향문묘(平鄕文廟) 대성전, 정주문묘(定州文廟), 산서성 양분문묘(襄汾文廟) 대성전, 남소문묘(南召文廟), 하현문묘(夏縣文廟) 대성전, 영화문묘(永和文廟) 대성전, 강현문묘(絳縣文廟), 혼원문묘(渾源文廟), 정승문묘(靜升文廟), 진원문묘(晉源文廟), 강주문묘(絳州文廟), 태원문묘(太原文廟), 상해 가정문묘(嘉定文廟), 안휘성 동성문묘(桐城文廟), 수현문묘(壽縣文廟), 정덕문묘(旌德文廟), 복건성 선유문묘(仙遊文廟), 건구문묘(建甌文廟), 강서성 안복문묘(安福文廟), 산동성 거야문묘 (巨野文廟) 대성전, 하남성 양성문묘(襄城文廟), 정주문묘(鄭州文廟) 대성전, 호남성 풍주문묘(澧州文廟), 유양문묘(瀏陽文廟), 상음문묘(湘陰文廟), 건주문묘(乾州文廟), 광동성

3-0-2
덕경문묘(德慶文廟) 대성전의 서까래. 대성전의 네 기둥은 지붕 꼭대기에 이르지 않는다는 것이 특색이다.

게양학궁(揭陽學宮), 해남 문창학궁(文昌學宮), 애성학궁(崖城學宮), 사천성 거현문묘(渠縣文廟), 명산문묘(名山文廟), 귀주성 석천부문묘(石阡府文廟), 운남 초웅문묘(楚雄文廟), 경동문묘(景東文廟), 석병문묘(石屛文廟) 건물 단지, 섬서성 합양문묘(合陽文廟) 등 38개의 문묘 및 대성전이 있었다. 그 외에 국립학교의 문묘는 아니지만, 산서성 장야이장문묘(長冶李莊文廟)와 고평시(高平市) 석말향(石末鄕)의 선성묘도 있다. 그중 곡부 공자문묘는 1994년에 세계문화유산으로 등록되었다.

완전하거나 비교적 잘 보존된 문묘의 대부분은 이미 박물관으로 개조되었고 보존 상태도 매우 양호한 편이며, 일부는 학교나 다른 용도로 전용되고 있다. 건물 몇 개만 남아 있는 문묘는 관리자가 없는 경우가 대부분이다. 비문화재 부서에서 사용하는 문묘는 몇 가지 예외를 제외하면, 보존 상태가 좋지 못하다. 문화재 부서에서 사용하는 문묘 중 일부는 사무실이나 문화재 창고로 사용되었고, 일부는 수리 후 시민들에게 개방되어 있다. 대외적으로 개방된 공자문묘에서는 공자 등 성현의 조각상이 새로 만들어졌고, 제사, 전람회 등 다양한 문화 교육 행사가 개최되었다. 이로써 공자문묘의 기능은 강화될 수 있었다.

공자문묘는 본래 최고의 문화시설로 오랜 세월 동안 지속적으로 문화 예술 자산이 축적되었다. 모든 공자문묘는 그 자체만으로 박물관이나 다름없으며, 건물, 비석, 예기(禮器), 악기, 제사용 예의, 음악, 무용 등이 모두 소중한 문화유산이라고 할 수 있다. 중국의 공자문묘를 보다 심도 있게 연구하기 위해 이 제3편에서는 공자문묘, 국학문묘, 부주현 학교 문묘, 공씨가묘, 서원 공자문묘, 공자기념묘우 등의 사례를 중심으로 분석하고자 한다.

제**1**장
공자문묘의 보존 현황

티베트 자치구와 홍콩, 마카오 특별 행정구역 등에는 국립 공자문묘가 세워진 적이 없었으므로 이상 지역들에 대한 서술은 안 하고 나머지 31개 지역[성(省)·시(市)·자치구(自治區)·직할시(直轄市) 등 모두 포함]에 분포한 등 31개 문묘에 대해서 서술하고자 한다.

1) 북경시(北京市)

북경시 관할 구역에는 원래 국자감문묘, 순천부학문묘(順天府學文廟)와 주학 두 개, 현학 여섯 개 등 10개 문묘가 있었는데, 현재 다섯 개만이 남아 있다. 그중 국자감문묘는 지속적으로 잘 보존되어왔고, 통주문묘(通州文廟)는 거의 완전하게 복원되었으며, 양향문묘(良鄕文廟)와 밀운현학(密雲縣學)이 있던 원래 자리에는 대성전만 남아 있다. 비록 순천부학문묘(順天府學文廟)는 제대로 복원되긴 했지만, 현재까지도 학교로 사용되고 있다.

2) 천진시(天津市)

천진시 관할 구역에는 원래 천진부(天津府), 천진현(天津縣), 보저현(寶坻縣), 무청현(武淸縣), 영하현(寧河縣), 정해(靜海顯), 계주(薊州) 총 일곱 곳의 학교문묘가 있었는데, 현재 천진부학, 현학과 계주주학 세 개만이 제대로 복원되었고, 나머지 네 곳은 남아 있지 않다.

3-1-1 통주문묘의 반지(泮池) 및 대성문(大成門). 반지는 원대(元代)에 처음 만들어졌는데, 유적 보호를 위해 유리로 덮어놓았다.

3) 흑룡강성(黑龍江省)

흑룡강성 관할 구역에는 청나라 때의 문묘 여섯 개만이 있었는데, 민국 연간에 세 개를 새로 지었다. 현재 하얼빈문묘(哈爾賓文廟)는 잘 보존되어 있고, 치치하얼문묘(齊齊哈爾文廟)는 거의 완전하게 보존되어 있다. 호란문묘(呼蘭文廟)는 제대로 복원되었고, 아성문묘(阿城文廟)는 대성전과 양무만이 남아 있다.

4) 길림성(吉林省)

청대의 학교 문묘는 매우 적었다. 일부는 흑룡강성으로 편입되었기 때문에 현재 관할 구역에는 문묘 일곱 개가 있지만, 그중 길림문묘(吉林文廟)만이 완전하게 보존되어 있다. 장춘(長春) 공자문묘는 완전하게 복원되었으며, 유하문묘(柳河文廟)는 거의 복원되었다. 부여시(扶餘市) 내의 백독눌문묘(伯篤訥文廟)에는 대성전과 건물 일부가 보존되어 있다. 『중국문물지도집(中國文物地圖集)·길림분책(吉林分冊)』에 따르면, 유하문묘(柳河文廟)는 학교 예제를 엄격히 지켜서 세워진 것이다. 건립 연도는 분명하지 않지만, 1935년에 중건되었다는 것은 그 역사가 상당함을 보여주는 것이다. 유하(柳河)가 청 광서(光緖) 28년(1902)에 만들어진 현이라는 점을 감안하면, 유하문묘(柳河文廟)는 현이 만들어진 지 얼마 되지 않아 지어졌을 것이다. 그 외 중화민국 시기에 조선족 공교회(孔敎會)에서 세웠던 연길 공자문묘는 규모가 매우 작지만, 보존 상태는 양호한 편이다.

5) 요녕성(遼寧省)

요녕성 관할 구역에는 원래 문묘 13개가 있었는데, 완비된 상태로 보존된 것은 홍성시의 영원주학문묘(寧遠州學文廟)와 신설된 신빈현(新賓縣)의 허투아라성(赫圖阿拉城) 문묘 두 개밖에 없다. 해성문묘(海城文廟)에는 숭성사(崇聖祠) 등 건물이, 영해현학(寧海縣學) 문묘는 반지와 반교가 남아 있다. 요양(遼陽)에는 영성문과 반지 등이 중건되었다.

6) 내몽고(內蒙古)

내몽고자치구 관할 구역에는 원래 문묘가 네 개 있었는데, 하나는 요녕성에 편입되었고, 나머지 중 투모터(土默特)와 후허하오터(呼和浩特) 두 문묘에는 대성전이 남아 있다.

7) 하북성(河北省)

하북성 관할 구역에는 원래 131개의 문묘가 있었는데 현재 약 20개가 남아 있다. 그중 완벽하게 보존된 것은 정주(定州), 승덕(承德), 정정(正定), 평산(平山), 기주(祁州) 다섯 개이고, 대성전과 양무가 모두 남아 있는 곳은 창주(滄州) 한 곳뿐이다. 나머지 14개 문묘 대부분은 대성전만이 남아 있다. 정정부학문묘(正定府學文廟)는 대성문만 있으며, 일부 문묘에는 숭성사나 반지가 있기도 하다. 다행히 남아 있는 건물 대부분 수리를 했지만, 정정부학문묘의 극문과 천장문묘(天長文廟)는 심하게 낡아 있다. 형대(邢臺)의 순덕부학(順德府學) 대성전은 공원 안으로 이전되었다.

8) 산동성(山東省)

산동성 관할 구역에는 원래 115개의 문묘가 있었는데, 현재 약 21개 건물이 남아 있다. 그 외에 곡부 공자문묘와 니산서원(尼山書院), 수사서원(洙泗書院), 태산(泰山) 공자문묘 네 개를 제외하면, 산동성 내에 완전하게 보존된 문묘는 거의 없고, 대부분 대성전만 남아 있는 상황이

3-1-2 수사서원(洙泗書院). 공자가 말년에 문헌을 정리했던 곳으로 전해온다. 한대(漢代)까지 잘 보존되었다가 원 지원 3년(1337)에 서원으로 개칭되었다.

다. 잘 보존되어왔던 평음문묘(平陰文廟)는 많이 훼손되었고, 기주(현재 臨沂), 문상(汶上), 영양(寧陽), 악릉(樂陵), 당읍(堂邑), 해양(海陽) 등 여섯 곳은 중심 건물들을 복원하였다. 제남부학문묘(濟南府學文廟)는 산동성에서 가장 완벽하게 수리된 문묘이다.

9) 강소성(江蘇省)

원래 각급 학교 문묘 56개가 있었는데 현재 24개가 남아 있다. 가장 보존이 잘 된 곳은 남경의 강녕부학문묘(江寧府學文廟)이다. 거의 완벽하게 복원된 문묘는 상원현(上元縣)과 강녕현(江元縣)의 남경 부자묘, 소주부학문묘(蘇州府學文廟), 강음문묘(江陰文廟), 숙천문묘(宿遷文廟), 강포문묘(江浦文廟), 육합문묘(六合文廟) 등 여섯 개이다. 중심 건물들이 남아 있는 곳은 풍현문묘(豊縣文廟)와 남통문묘(南通文廟) 두 곳이며, 나머지 15개의 문묘는 대성전이나 대성문 등 한 두 개의 건물만이 남아 있다.

10) 상해시(上海市)

상해시 관할 구역에는 원래 부·현급의 학교 문묘가 아홉 개 있었는데, 20년 동안 지속적인 보수 사업을 통해, 상해현학, 가정현학(嘉定縣學), 숭명현학(崇明縣學)과 송강부학(松江府學) 이

3-1-3 만송서원(萬松書院)의 대성전.

상 네 개는 거의 원래 모습대로 복구되었다. 그 외 보산현학(寶山縣學)과 남회현학문묘(南滙縣學文廟)에는 대성전이 남아 있다.

11) 절강성(浙江省)

절강성 관할 구역에는 원래 부(府), 주(州), 청(廳), 현 급의 학교 문묘 90개가 있었는데, 현재는 대략 26개만 남아 있다. 완전하게 복원된 것은 자계현학문묘(慈溪縣學文廟) 하나뿐이고, 중심 건물들을 복원한 곳은 항주부학(杭州府學), 제기(諸暨), 황암(黃巖), 정해(定海) 네 개이다. 나머지 21개 중 반지만 남아 있는 문묘 두 개, 반지와 다리가 남아 있는 문묘 세 개, 대성전만 남아 있는 문묘 다섯 개, 건물 두 개 정도만 남아 있는 문묘가 여덟 개이다. 비교적 온전하게 남아 있는 곳으로 극문, 의문(儀門), 반지가 있는 소흥부학문묘(紹興府學文廟), 대성전, 동무(東廡), 반지가 있는 상우현학(上虞縣學)을 들 수 있다. 그 외 학교 두 곳에는 존경각(尊經閣)만이 남아 있지만 모두 이전하여 보호되고 있는데, 그중 하나는 규광각(奎光閣)만이 있다. 학교외 문묘[1]인 구주(衢州) 공씨남종가묘(孔氏南宗家廟)와 거계공씨가묘(欅溪孔氏家廟)는 잘 보존되어 있으며, 항주의 만송서원문묘(萬松書院文廟)도 완전하게 복원되었고, 항주부학문묘(杭州府學文廟)는 영성문, 대성문, 양무, 반지 등을 복원하였다.

---

1)　(옮긴이) 문묘만 있고 강학당이 없는 곳을 말한다.

3-1-4 계양문묘의 대성문과 반지.

12) 복건성(福建省)

관할 구역에는 원래 부·주·현급의 학교 문묘 69개가 있었는데, 현재 18개가 남아 있다. 복건성 내에 남아 있는 문묘의 숫자는 그리 많지 않지만, 보존 상태는 비교적 좋은 편이다. 복원했거나 보존 상태가 양호한 문묘로는 복주(福州), 동안(同安), 안계(安溪), 정주(汀州), 민청(閩清), 선유(仙遊), 천주(泉州), 영안(永安), 건녕(建寧), 상항(上杭), 영춘(永春), 병남(屛南) 등 12개가 있고, 중심 건물들이 남아 있는 문묘로는 혜안(惠安)과 장주(漳州) 두 곳이 있다. 나머지 다섯 개 중 네 개는 대성전이, 하나는 영성문만 남아 있다. 그 외에도 복안현학(福安縣學)에는 괴광각(魁光閣)이 잘 보존되어 있다.

13) 광동성(廣東省)

광동성 관할 구역에는 원래 부·주·청·현급의 학교 문묘 81개가 있었는데, 현재까지 남아 있는 것은 약 31개이다. 그중 덕경(德慶), 번우(番禺), 신회(新會), 해풍(海豊), 해양(海陽), 게양(揭陽), 홍녕(興寧), 가응(嘉應, 현재 梅州) 등 여덟 개 문묘는 보수를 거쳐 완벽에 가깝게 복원되었다. 개평(開平), 뢰주(雷州), 요평(堯平), 보녕(普寧), 나정(羅定), 장락(長樂) 등 여섯 개 문묘에는 중심 건물들이 모두 남아 있고, 나머지 14개 문묘 대부분은 대성전만 남아 있다. 향산문묘(香山文廟)과 진평문묘(鎭平文廟)에는 반지와 다리만 남아 있다. 건물이 비교적 많이 남아 있는 신의문묘(信宜文廟)의 경우, 대성전, 영성문, 그리고 현관방(賢關房) 등이 보존되어 있다. 삼수문

3-1-5 가의(嘉義) 공자문묘의 대성전. 1686년과 1706년에 각각 학교와 문묘가 설립되었는데 이후 지진으로 인해 파괴되었다가 1961년에 대성전 등을 중건했다.

묘(三水文廟)가 훼손되자, 1997년 10월 삼수 지역에 적(籍)을 둔 홍콩 등지의 호상(豪商)들이 2500여만 원을 기부하여 새로 지었는데, 재건된 삼수문묘의 규모는 매우 컸다. 2009년 조양 (潮陽)의 기업가 정입평(鄭立平)은 조양 공자문묘를 새로 세우기도 했다.

14) 대만(臺灣)

대만은 일본에 할양되었던 당시 부 한 개, 주 한 개, 현 11개, 청 한 개를 새로 만들었는데, 그중 세 개의 부[대만(臺灣), 대북(臺北), 대남(臺南)], 10개의 현[대만(臺灣), 제라(諸羅), 봉산(鳳山), 창화(彰化), 신죽(新竹), 의란(宜蘭), 항춘(恒春), 담수(淡水), 묘률(苗栗), 운림(雲林)]에 학교와 문묘를 세웠다. 일제강점기에는 중국과의 관계 단절을 위해 노예화 교육을 실시하고 공자문묘를 마구 파괴하였다. 1895년 일본군이 대북부학(臺北府學)의 공자문묘에 주둔하면서 위패, 신주와 제기(祭器)들을 파괴하였고, 1907년에는 대북문묘를 허물고 일본어학교를 설립하기도 했다. 신죽문묘는 처음에는 일본군의 병영으로 사용되었다가 1906년에 소학(小學)으로 사용되면서, 묘학의 건물 대부분이 파괴되었다. 봉산현학(鳳山縣學)도 소학으로 용도가 변경되면서, 건물 이 오랫동안 수리되지 못했을 뿐만 아니라 병충해를 입어 대성전만이 겨우 남아 있다[일각에서 는 숭성사(崇聖寺)라고도 한다]. 의란(宜蘭) 현학문묘는 일본군의 식량창고로 사용되었는데 미 항 공기의 폭격으로 파괴되었다.

일제강점기에 중국인들은 민족문화 보존을 위해, 민족문화의 상징인 공자문묘를 적극적으 로 보호했다. 일본군이 대북 부학문묘를 철거한 뒤, 전통문화 보존에 뜻이 있는 문화계 인사

3-1-6 고웅(高雄) 공자문묘의 대성전.

들은 1925년에 공자문묘 중건을 제안했고, 지식인과 상인들이 연이어 토지와 자금을 기부하여 현재의 대북 공자문묘를 만들었다. 팽호(澎湖)에는 원래 문묘가 없고 문석서원(文石書院)만이 있었는데, 이곳은 공자가 아닌 송대 오현(五賢)과 문창제군(文昌帝君)을 모시는 곳이었다. 일본군이 주둔하고 나서 지역인사들이 서원을 공자문묘로 개칭하고 강당을 대성전으로 바꾸어 공자에게 제사 지냈다. 나동(羅東) 지식인들은 청 동치 원년(1861)에 문종사(文宗社)를 세웠는데, 공자를 모시는 문묘가 없어서 일제강점기인 1900년에 공자문묘를 세우고 공자와 송대 오현에 제사 지냈다. 묘율(苗栗)[2] 지식인들은 일제강점기에 민족문화를 보존하기 위해 옥형궁(玉衡宮)을 빌려 상산(象山) 한학서원을 만들어 유가경전을 전수하고 문묘에서 공자에게 제사 지냈으며, 항일운동의 근거지로 삼기도 했다. 포리(埔里)[3] 지식인들은 1926년에 육화당(育化堂)을 만들어 공자를 주사(主祀)하고 그 옆에 관공서를 지어 제사를 지냈다.

　대만 공자문묘의 복구 및 신설 작업은 주로 광복 이후에 이루어졌다. 1947년 팽호에서 공자문묘를 복원하자, 각지에서 연달아 공자문묘 수리와 중건, 신축 사업이 전개되었다. 1948년에 대남문묘, 1952년에는 창화문묘(彰化文廟)를 수리하였고, 1953년에 의란문묘, 1957년에 신죽문묘를 이전하여 중건했으며, 1961년에는 가의문묘[원래 제라현(諸羅縣)]를 중건했다. 1974년 대중(臺中) 공자문묘, 1976년 고웅(高雄) 공자문묘를 새로 지었다.

....
2)　(옮긴이) 묘율(苗栗)은 대만 북서부의 현 이름.
3)　(옮긴이) 대만 중부 푸리 분지(盆地)에 있는 도시.

3-1-7
일월담 문무묘의
대성전.

1977년 병동(屛東) 공자문묘를 개건하고, 2001년에는 기산(旗山) 공자문묘를 새로 지었다. 이로써 대만에는 대북, 의란, 도원(桃園), 신죽, 대중, 창화, 가의, 대남, 고웅, 기산, 병동, 팽호, 그리고 좌영구성(左營舊城)의 봉산문묘(鳳山文廟) 등 총 13개의 관립문묘가 존재하게 되었다.

정부뿐만 아니라, 열성적인 사회 인사들도 문묘와 공자문묘의 수리 및 신설 사업에 적극적이었다. 1952년 묘율(苗栗)에서 공자문묘를 개건했고, 1960년 포리에서는 원래의 문무묘(文武廟)와 분리하여 공자문묘만을 지었다. 1966년에는 나동에서 공자문묘를 새로 지었으며, 1969년에는 일월담(日月潭) 문무묘를 확장하여 전(殿)에서는 공자에게만 제사 지냈다.

일제강점기에 일본은 대만에 일본 신사(神社)를 많이 만들었는데, 대부분은 광복 이후에 철거되었다. 일부 지역에서는 그곳에 공자문묘를 짓기도 했다. 이러한 공자문묘로 대남의 남안소학(南安小學), 병동동항(屛東東港)의 해빈소학(海濱小學), 화련(花蓮)의 봉림소학(鳳林小學) 세 개가 있다. 이들 공자문묘는 대부분 한 칸 정도의 작은 규모이다.

대만사람들은 복건성이나 광동성 등 남쪽 지역 사람들만큼이나 사찰이나 사당에서 참배하는 것을 좋아했고, 대만 법률에도 개인적으로 사당을 짓는 것이 허락되어 있었다. 일부 사람들은 일제강점기에도 공자를 모시는 묘우를 많이 지었는데, 이러한 공자문묘가 대략 30개 정도이며 규모는 작은 편이다. 사립 공자문묘는 두 가지로 나눌 수 있다. 하나는 공자와 선현선유(先賢先儒)만 모시고 신들은 모시지 않는 것이고, 다른 하나는 난당(鸞堂) 계열로 공자와 문창제군(文昌帝君), 괴성(魁星) 등 도교 신들과 같이 모시는 것이다. 후자의 경우 신상(神像)을 조각하고, 문신(門神)을 그리며, 첨통(籤筒)을 만들고, 향환(香環)을 피우고, 제물을 올려놓고, 지전

3-1-8
나동(羅東) 공자문묘의 실내 모습.

3-1-9
대룡동보안궁(大龍峒保安宮) 공자문묘.

3-1-10 대롱동보안궁(大龍峒保安宮) 공자문묘의 공자상.

(紙錢)을 태운다. 먼저 하늘에 제사 지낸 뒤 그다음에 공자에게 제사 지내고 독경을 하는데, 이러한 것은 민간신앙에 속한다고 할 수 있다.

대부분의 관립문묘는 청대 부·현 학교 문묘부터 내려온 것이며, 대부분 원래 제도를 그대로 유지하고 있다. 신설된 공자문묘의 규모는 매우 큰 편이며 건축 등급도 높은 편이다. 고웅, 대중, 도원 공자문묘의 대성전은 일곱 칸, 겹처마 황색 기와 지붕으로 되어 있다. 대중, 고웅 문묘의 대성전은 단이 높고 계단이 5폐(陛)로 되어 있다(崇基五陛). 사립 공자문묘 중에서는 일월담 문무묘의 대성전이 제일 크고, 병동현 동항진의 해빈소학과 안정의 남안소학의 공자문묘는 1칸으로 되어 있어서 가장 작은 공자문묘라 할 수 있다.

독자적인 공자문묘 외에 대만의 일부 묘우에서는 그 묘우의 신을 모시는 동시에 특별히 공자 사당을 따로 만들거나, 공자상을 모시기도 했다. 대북문묘 근처의 대룡동보안궁(大龍峒保安宮)은 종합적인 묘우로, 보생대제(保生大帝)를 봉사(奉祀)하는 동시에 후전(後殿)에서는 신농(神農)과 공자 등을 봉사하는 전문 사당을 별도로 두었다. 그리고 보생대제의 비승(飛昇) 제사, 우란분회(盂蘭盆會), 양황보천(梁皇寶懺) 법회, 삼조경성초(三朝慶成醮) 등 민속 축제와 불교, 도교 등의 종교 의식을 거행했다. 이는 대만 민간신앙이 얼마나 폭넓었는지를 잘 보여준다. 공자문묘와 신농사당(神農祠堂)은 모두 한 칸으로 되어 있고, 공자 조각상 양쪽에 제자들이 한 명씩 서 있는데 이것은 분명 불교사원의 1불 2보살의 영향으로 볼 수 있다.

대만의 공자문묘 및 공자 봉사 건물

소재지	건축 연대	내 용
대북문묘(臺北文廟)	청 광서 1년 (1875)	부학문묘. 1907년에 일본군에 의해 훼손되었다가 1925년 지방 유지들이 부지를 마련하여 따로 만들었다. 현재 대만에서 공자 제사 때 사용되는 최고의 문묘로, 완벽하게 보존되어 있다.
대남문묘(臺南文廟)	명 영력 19년 (1665)	정경(鄭經)이 세움. 1685년 대만의 부학문묘가 되었고 1948년 전면적으로 수리하였으며, 현재까지 완벽하게 보존되어 있다.
고웅 공자문묘[高雄孔子廟]	1976년	규모가 웅장하고 예제 건물 잘 갖추어져 있다. 명륜당은 문묘의 동남쪽에 있다.
봉산문묘(鳳山文廟)	청 강희 23년 (1684)	일제강점기에 소학으로 변경되었다. 현재 숭성사만 남아 있고, 고웅의 좌영 구성에 위치한다.
창화문묘(彰化文廟)	청 옹정 4년 (1726)	1786년 전쟁으로 파괴되었다가 1797년 중건되었다. 1976년 전면적인 수리를 거쳐 현재는 완전하게 보존되어 있다.
의란문묘(宜蘭文廟)	청 동치 8년 (1869)	1943년 일본군에 의해 창고로 점용되었다가 미 항공기의 폭격을 당하였다. 1953년 이전하여 중건하였고, 현재까지 완전하게 보존되어 있다.
병동 공자문묘[屛東孔子廟]	청 광서 21년 (1895)	병동서원에서 1895년에 공자문묘로 변경되었다. 1938년 이전하여 1977년 수리했다. 현재까지 완전하게 보존되어 있다.
일월담 문무묘(日月潭文武廟)	1932년	1969년 장소를 이전하여 확장하였다. 전전(前殿)에는 관공(關公), 악비(岳飛)가 모셔져 있고, 후전(後殿)에는 공자를 모시고 있다. 규모가 매우 웅장하다.
신죽문묘(新竹文廟)	청 가경 22년 (1817)	원래 담수청학(淡水廳學)이었다가 일제강점기에 학교로 변경되면서 건물들이 점차 철거되었다. 1957년 이전하여 중건했다.
나동 공자문묘[羅東孔子廟]	청 광서 26년 (1900)	1966년 이전하여 중건되었지만 전(殿)과 문(門)만 남아 있다.
포리 공자문묘[埔里孔子廟]	1926년	1911년 무성묘(武聖廟)로 세웠다가 1926년 공자를 주사하고 관공을 배사하는 건물로 변경되었다. 1960년부터 문관과 무관을 분리하여 제사지냈다.
가의문묘(嘉義文廟)	청 강희 43년 (1704)	1686년 제라현학(諸羅縣學)을 만들고 1704년 문묘를 세웠다. 1753년 이전하였지만, 후에 지진으로 훼손되었다. 1961년에 이전하고 대성전을 중건했다.
대중 공자문묘[臺中孔子廟]	1974~1976년	규모가 웅장하고, 형태와 구조가 완벽하다.
묘율 공자문묘[苗栗孔子廟]	청 광서 27년 (1901)	일제강점기에 중화문화를 전파하기 위해 상산한학서원을 설립했다. 1952년과 1972년 두 차례 증축했다.
묘율 상산 공자문묘[苗栗象山孔子廟]		개인이 설립한 것으로, 두옥향 상산촌(頭屋鄕 象山村)에 위치하고 있다.
기산 공자문묘[旗山孔子廟]	1984년	
도원 공자문묘[桃園孔子廟]	1985년	
녹항 공자문묘[鹿港孔子廟]	청 가경 11년 (1806)	
팽호 공자문묘[澎湖孔子廟]		청 건륭 31년(1766) 문석서원(文石書院)으로 설립되었다가, 일제강점기에 공자문묘로 변경되었다. 1963년에 개수하고 1999년 중건했다.
남투 공자문묘[南孔投子廟]	청 도광 11년 (1831)	개인이 설립한 것이다. 공자, 문창제군, 관공, 괴성, 금갑신인(金甲神人) 등을 모신다. 남투시 숭문리 문창가(南投市 崇文里 文昌街)에 위치한다.
대성리 성묘(大成里聖廟)	청 옹정 연간	개인이 돈을 모아 설립했으며, 창화시 대성리 공문로(彰化市 大成里 孔門路)

		에 있다.
대남돈원성묘(臺南敦源聖廟)		개인이 설립했으며 대남현 귀인향(臺南縣 歸仁鄉)에 있다.
남안 소학의 공자문묘(南安國小孔子祠)		개인이 설립했으며 대남현 안정향 남안촌(臺南縣 安定鄉 南安村)에 있다.
해빈 소학의 공자문묘(海濱國小孔子祠)		개인이 설립했으며 병동현 동항진 풍어리(屏東縣 東港鎮 豊漁里)에 있다.
봉림 소학의 공자문묘(鳳林國小孔子祠)		개인이 설립했으며 화련현 봉림진(花蓮縣 鳳林鎮)에 있다.
가리 소청궁(佳里昭清宮)		개인이 설립했으며 대남현 가리진 안서리(臺南縣 佳里鎮 安西里)에 있다.
해미촌 지성당(海尾村 智成堂)		개인이 설립했으며 대북현 삼지향 해미촌(臺北縣 三芝鄉 海尾村)에 있다.
삼교 자운궁(三教紫雲宮)		개인이 설립했으며 도원현 중력시 신흥리(桃園縣 中壢市 新興里)에 있다.
사담촌 오성궁(獅潭村五聖宮)		개인이 설립했으며 묘율현 두옥향 사담촌(苗栗縣 頭屋鄉 獅潭村)에 있다.
사호촌 수성궁(四湖村修省宮)		개인이 설립했으며 묘율현 서호향 사호촌(苗栗縣 西湖鄉 四湖村)에 있다.
이호촌 중화당(二湖村重華堂)		개인이 설립했으며 묘율현 서호향 이호촌(苗栗縣 西湖鄉 二湖村)에 있다.
신주 대명궁(神洲大明宮)		개인이 설립했으며 대중현 신강향 신주로(臺中縣 神岡鄉 神洲路)에 있다.
복흥리 찬천궁(復興里贊天宮)		개인이 설립했으며 창화현 전중진 복흥리 통산항(彰化縣 田中鎮 復興里 通山巷)에 있다.
문무성묘 감수당(文武聖廟感修堂)		개인이 설립했으며 운림현 두남진 명창리(雲林縣 斗南鎮 明昌里)에 있다.
남창리 덕화당(南昌里德化堂)		개인이 설립했으며 운림현 두남진 남창리 중산로(雲林縣 斗南鎮 南昌里 中山路)에 있다.
부야 문무성전(富野文武聖殿)		개인이 설립했으며 고웅시 염정구 부야로(高雄市 鹽埕區 富野路)에 있다.
비자두 계명당(埤子頭啓明堂)		개인이 설립했으며 고웅시 좌영구 비자두 동항(高雄市 左營區 埤子頭 東巷)에 있다.
묘전 문무성묘(廟前文武聖廟)		개인이 설립했으며 고웅시 기진구 묘전로(高雄市 旗津區 廟前路)에 있다.
화흥리 거선당(和興里舉善堂)		개인이 설립했으며 고웅현 봉산시 화흥리 오갑로 선공항(高雄縣 鳳山市 和興里 五甲路 仙公巷)에 있다.
흥인리 영선당(興仁里靈善堂)		개인이 설립했으며 고웅현 봉산시 흥인리 오갑로(高雄縣 鳳山市 興仁里 五甲路)에 있다.
서죽리 계선당(瑞竹里啓善堂)		개인이 설립했으며 고웅현 봉산시 서죽리(高雄縣 鳳山市 瑞竹里)에 있다.
서화 환선당(瑞和喚善堂)		개인이 설립했으며 고웅현 봉산시 서화가(高雄縣 鳳山市 瑞和街)에 있다.
문산리 낙선당(文山里樂善堂)		개인이 설립했으며 고웅현 봉산시 문산리(高雄縣 鳳山市 文山里)에 있다.
신장촌 지성묘(新莊村至聖廟)		개인이 설립했으며 고웅현 삼림향 신장촌(高雄縣 杉林鄉 新莊村)에 있다.
관정 췌문서원(觀亭 萃文書院)		개인이 설립했으며 고웅현 내문향 관정촌(高雄縣 內門鄉 觀亭村)에 있다.
염수촌 계성사(鹽樹村啓聖祠)		개인이 설립했으며 병동현 고수향 염수촌 일신신촌(屏東縣 高樹鄉 鹽樹村 日新新村)에 있다.
건농리 제화전(建農里濟化殿)		개인이 설립했으며 대동현 대동진 건농리(臺東縣 臺東鎮 建農里)에 있다.
대포촌 천덕궁(大埔村闡德宮)		개인이 설립했으며 대동현 지상향 대포촌(臺東縣 池上鄉 大埔村)에 있다.

3-1-11 광서장족자치구 북류문묘(北流文廟).

15) 해남성(海南省)

원래는 경주부(瓊州府)였으며 관할 구역에는 부에 한 곳, 주에 세 곳, 현에 10곳, 모두 14곳의 문묘가 있었지만, 현재 여섯 곳가량 남아 있다. 그중에 문창현학문묘는 완전하게 복원되었고, 애주주학(崖州州學), 임고현학(臨高縣學) 문묘는 거의 완전하게 복원되었다. 경주부학(瓊州府學) 문묘와 감은현학(感恩縣學), 징매현학(澄邁縣學) 문묘에는 대성전이 남아 있다.

16) 광서장족자치구(廣西壯族自治區)

관할 구역에는 원래 부·주·청·현의 학교 문묘가 75곳 있었지만, 현재는 24곳만 남아 있다. 완전히 복원된 문묘는 공성현학(恭城縣學), 사성부학(泗城府學), 북류학현학(北流學縣學), 무선현학(武宣縣學) 등 5곳이 있고, 중심 건물들이 모두 남아 있는 문묘는 석남진(石南鎭) 흥업현학(興業縣學) 문묘와 염주부학(廉州府學) 문묘가 있다. 나머지 문묘는 대부분 대성전이나 영성문 등만이 남아 있다. 합포현(合浦縣) 산구진(山口鎭) 영안고성(永安故城) 밖에는 명대 세워진 문묘가 하나 있다. 명 홍무(洪武) 초년에는 영안 천호소(千戶所)를 만들었는데, 그 전신이 천호소(千戶所) 학교의 문묘였을 가능성이 높다. 2003년 남녕시(南寧市)에서는 원래 대성전이었던 건물을 숭성사로 복원하여 대성전 등 문묘와 학교의 모든 예제 건물을 중건했다. 2009년 유주시

(柳州市)에서는 부학문묘를 중건했다.

17) 운남성(云南省)

관할 구역에는 원래 부·주·청·현·토사(土司)의 학교 90곳이 있었는데, 현재는 60곳이 남아 있다. 그중 완전하게 보존된 문묘는 등월진(騰越鎭)의 주학문묘(州學文廟), 건수현(建水縣)의 임안부학문묘(臨安府學文廟), 의량현(宜良縣)의 현학문묘(縣學文廟), 흑정염정(黑井鹽井)과 염정향(鹽井鄕)의 사학문묘(司學文廟), 묵강현(墨江縣)의 타랑청학문묘(他郎廳學文廟) 등 7곳이다. 비교적 잘 보존된 문묘는 대요석양(大姚石羊)의 염정백정사(鹽井白井司) 사학문묘, 징강(澄江)의 징강부학문묘(澂江府學文廟), 봉경현(鳳慶縣)의 순녕부학문묘(順寧府學文廟), 학경주학문묘(鶴慶州學文廟), 검천주학문묘(劍川州學文廟), 보산현학문묘(保山縣學文廟), 신평현학문묘(新平縣學文廟), 노서(瀘西)의 광서주학문묘(廣西州學文廟), 외산(巍山)의 몽화부학문묘(蒙化府學文廟), 통해현학문묘(通海縣學文廟), 초웅부학문묘(楚雄府學文廟), 옥계(玉溪)의 신흥주학문묘(新興州學文廟), 강천현학문묘(江川縣學文廟), 석병주학문묘(石屛州學文廟), 부원(富源)의 평이현학문묘(平彝縣學文廟), 경동청학문묘(景東廳學文廟), 하서현학문묘(河西縣學文廟)와 구북현학문묘(丘北縣學文廟) 등 17곳 있다. 건물 일부가 보존된 문묘는 여강부학문묘(麗江府學文廟), 정공현학문묘(呈貢縣學文廟), 부민현학문묘(富民縣學文廟), 문산현학문묘(文山縣學文廟), 회택현학문묘(會澤縣學文廟), 미륵현학문묘(彌勒縣學文廟), 녹풍현학문묘(祿豊縣學文廟), 역문현학문묘(易門縣學文廟), 조주주학문묘(趙州州學文廟), 빈천주학문묘(賓川州學文廟), 개원(開遠)의 아미주학문묘(阿迷州學文廟), 광남부학문묘(廣南府學文廟), 안녕주학문묘(安寧州學文廟), 진성(晉城)의 진녕주학문묘(晉寧州學文廟), 모정(牟定)의 정원현학문묘(定遠縣學文廟), 서주현(西疇縣)의 양종문묘(陽宗文廟)와 안녕시(安寧市)의 팔가문묘(八街文廟) 등 모두 18곳이다. 대성전만 남아 있는 문묘는 석림(石林)의 노남주학문묘(路南州學文廟), 아산(峨山)의 습아현학문묘(嶍峨縣學文廟), 곡정부학문묘(曲靖府學文廟), 점익주학문묘(沾益州學文廟), 선위주학문묘(宣威州學文廟), 영이현학문묘(寧洱縣學文廟), 소통부학문묘(昭通府學文廟), 사모청학문묘(思茅廳學文廟), 교가청학문묘(巧家廳學文廟), 영창부학문묘(永昌府學文廟) 등 10곳이다. 건물 일부만 남아 있는 문묘는 대리부학문묘(大理府學文廟), 나평주학문묘(羅平州學文廟), 곤명(昆明)의 운남부학문묘(雲南府學文廟), 영주주학문묘(寧州州學文廟), 육수서원(毓秀書院)으로 개칭된 남간현(南澗縣) 정변읍 定邊邑)의 현학문묘(縣學文廟)와 서주서쇄문묘(西疇西灑文廟) 등 여덟 개가 있다. 이 외에는 개원시(開遠市) 노마채향(老馬寨響) 마가촌(馬街村) 안에 소용담문묘(小龍潭文廟)가 잘 보존되어 있다. 운남성은 우리나라에서 가장 많은 문묘

3-1-12 사천성 관현문묘(灌縣文廟) 영성문.

를 가장 잘 보존해온 곳이다.

18) 귀주성(貴州省)

관할 구역에는 원래 부·주·청·현의 학교 문묘 62곳이 있었는데, 현재 아홉 곳만이 남아 있다. 그중 사남부학문묘(思南府學文廟)와 미담현학문묘(湄潭縣學文廟)는 완전하게 보존되어 있고, 안순부학(安順府學), 안화현학(安化縣學), 석천부학(石阡府學), 보안현학(普安縣學), 정풍주학문묘(貞豊州學文廟) 등 다섯 개는 잘 보존되어 있는 편이다. 여평부학문묘(黎平府學文廟)와 안평현학문묘(安平縣學文廟)는 대성전만 남아 있다. 이미 알려진 문묘의 보존 상태는 매우 양호하지만 그 외에는 일부 건물이라도 남아 있는 문묘는 두 개뿐이다. 보존 상태가 이렇게 차이가 나는 것이 바람직스럽지는 않은데, 이러한 현상의 이유는 다른 성(省)과는 달리 잘 정비된 문묘만을 중시하고 일부 건물만 남아 있는 경우는 그다지 중시하지 않았기 때문이다.

19) 사천성(四川省)

중경시(重慶市)가 사천성에서 분리된 이후 관할 구역에는 부·주·청·현·토사(土司)의 학교문묘 62곳이 있었는데, 현재 약 43곳만이 남아 있다. 그리 많은 숫자는 아니지만, 보존 상태는 양호한 편이다. 덕양(德陽), 자주(資州), 안악(安岳), 건위(犍爲), 부순(富順), 가정(嘉定), 관현(灌縣), 명산(名山), 중강(中江), 거현(渠縣), 온강(溫江) 등 13개 문묘는 수리를 거쳐 비교적 완전하

3-1-13 풍도문묘(豊都文廟)의 대성전.

게 보존되어 있고, 숭경(崇慶), 낭중(閬中), 의롱(儀隴), 서충(西充) 등 여섯 개의 문묘도 잘 보존되어 있는 편이다. 광안(廣安), 영현(榮縣), 악지(岳池), 한주(漢州) 등 네 개의 문묘는 대성전을 비롯한 중앙의 정원이 잘 남아 있다. 그중에서 영현과 악지에는 반지가, 한주에는 영성문이 남아 있다. 성도(成都), 숭녕(崇寧), 십방(什邡), 순경(順慶), 의빈(宜賓), 월휴(越巂), 동천(潼川), 사홍(射洪), 포강(蒲江), 강안(江安), 청계(淸溪), 천전(天全) 등의 문묘에는 대성전이 남아 있는데, 그중 숭녕문묘(崇寧文廟)에는 반지와 다리가, 사홍문묘(射洪文廟)에는 반지와 존경각이 남아 있다. 반지만 있는 합강문묘(合江文廟)는 남아 있는 것이 가장 적은 문묘이기도 하다. 이를 종합하면 사천성의 문묘는 비교적 잘 보호되어왔다고 볼 수 있다.

20) 중경시(重慶市)

관할 구역에는 부·주·청·현·향(響)의 학교문묘 32곳이 있었는데, 현재 거의 완비된 문묘는 충주문묘(忠州文廟) 하나 정도로 알려져 있다. 그 외 남아 있는 것은 봉절(奉節), 벽산(壁山), 개현(開縣), 풍도현학(豊都縣學), 그리고 안거향학(安居響學)의 다섯 개 문묘이다. 풍도현학(豊都縣學)은 양자강의 삼협(三峽) 저수지 공사로 인해 쌍계산(雙桂山)으로 옮겨졌고 많은 건물이 지어졌는데, 다른 문묘들은 건물들이 적은 편이다. 개현문묘(開縣文廟)에는 예문(禮門)과 의로패방(義路牌坊), 벽산과 봉절문묘(奉節文廟)에는 대성전만이 남아 있다.

21) 호남성(湖南省)

호남성에는 원래 부·주·청·현의 학교문묘 83곳이 있었는데, 현재 약 24곳이 남아 있다. 그중 본래의 모습을 가지고 있는 곳은 풍주주학문묘(澧州州學文廟), 상향현학문묘(湘鄉縣學文廟, 상향 제1중학교 안에 위치), 영원현학문묘(寧遠縣學文廟) 세 개이며, 잘 보존된 문묘는 악주부학문묘(嶽州府學文廟, 숭성사 없음), 석문현학문묘(石門縣學文廟, 숭성사 없음), 상음현학문묘(湘陰縣學文廟, 숭성사, 종고루 없음), 류양현학문묘(瀏陽縣學文廟, 반지는 없고 영성문은 변경되었음), 안화현학문묘(安化縣學文廟, 대성전과 양무 없음), 성보현학문묘(城步縣學文廟, 숭성사 없음), 신전현학문묘(新田縣學文廟, 양무 없음), 강화현학문묘(江華縣學文廟, 대성전과 양무 없음), 건주주학문묘(乾州州學文廟, 심하게 파괴됨) 10개이다. 중요한 곳이 보존되어 있는 문묘로는 상담현학문묘(湘潭縣學文廟, 대성전 한 세트와 뒤쪽에 아성전 보유. 湘潭師範大學에 위치), 원주부학문묘(沅州府學文廟, 대성전과 양무, 숭성사 보유), 영릉현학문묘(零陵縣學文廟, 대성전과 양무 보유) 등 세 개가 있다. 대성전만 남아 있는 문묘는 봉황현학문묘(鳳凰縣學文廟, 중학교 안에 위치), 예릉현학문묘(醴陵縣學文廟, 예릉 제1중학교 안에 위치), 무강주학문묘(武岡州學文廟, 문화관 정원에 위치), 영흥현학문묘(永興縣學文廟), 상식현학문묘(桑植縣學文廟), 소양현학문묘(邵陽縣學文廟) 여섯 개이다. 도관고금방(道冠古今坊)만 남아 있는 문묘는 장사부학문묘(長沙府學文廟)이다. 학교 공자문묘 외 악록서원(岳麓書院)의 공자문묘도 잘 보존되어 있다. 호남성에 남아 있는 문묘는 그리 많지 않지만 보존 상태는 양호한 편이어서, 성보문묘와 건주문묘를 제외하면 대부분의 문묘 건물들은 수리되어 있다.

22) 호북성(湖北省)

원래는 부·주·현의 학교 문묘 78곳이 있었는데, 현재 약 22곳이 남아 있다. 그중 거의 완전하게 보존된 것은 기수(蘄水, 현재 浠水) 현학문묘, 주요 건물들 모두가 남아 있는 곳은 통산(通山) 현학문묘 각각 하나씩이다. 덕안(德安), 안륙(安陸), 운몽(云夢), 응성(應城), 양양(襄陽), 조양(棗陽), 운양(鄖陽), 방현(房縣), 죽산(竹山), 보강(保康), 흥국(興國), 효감(孝感), 황주(黃州), 나전(羅田), 마성(麻城) 등 16개 문묘에는 대성전만 남아 있다. 대성전을 제외하면 형주문묘(荊州文廟)에는 영성문 등 세 개 패방이, 강릉문묘(江陵文廟)에는 영성문이, 장락문묘(長樂文廟)에는 양무와 반지가, 건시문묘(建始文廟)에는 금성(金聲), 옥진(玉振) 두 개의 누각이, 광화현학(光化縣學)에는 명륜당이 남아 있다. 국립학교의 문묘 외에 호북성에는 문진서원(問津書院)과 공안(公安) 공자문묘가 있는데, 문진서원의 공자문묘에는 사합원(四合院) 두 개, 대성전, 좌우 편전(便殿),

3-1-14
무호문묘(蕪湖文
廟) 대성전.

강당, 공탄교(孔嘆橋) 등 건물이 남아 있어서 비교적 형식을 잘 갖추었다고 할 수 있다.

23) 강서성(江西省)

관할 구역에는 원래 부·주·청·현의 학교 문묘 92곳이 있었는데, 현재 약 13곳이 남아 있다. 강서성에 남아 있는 문묘는 그 수가 적을 뿐만 아니라 보존 상태도 좋지 않다. 현재 보존 상태가 양호한 문묘는 안복문묘(安福文廟) 하나밖에 없다. 거의 완전하게 남아 있는 문묘로는 평향문묘(萍鄉文廟)와 감현문묘(贛縣文廟)가 있으며, 주요 건물들이 남아 있는 문묘로는 신유문묘(新喩文廟)가 있다. 봉신(奉新), 풍성(豊城), 회창(會昌), 의춘(宜春), 요주(堯州) 이상 다섯 개 문묘에는 대성전 등이 남아 있고, 여릉문묘(廬陵文廟)에는 대성문이 남아 있다. 위에서 언급한 10개 문묘 외에도 낙평현학(樂平縣學)에는 명륜당이 남아 있으며, 남창(南昌)에서는 최근 몇 년 동안 대성전을 새로 짓기도 하였다.

24) 안휘성(安徽省)

관할 구역에는 원래 부·주·현·향의 학교 문묘 60곳이 있었는데, 현재 약 17곳이 남아 있다. 동성문묘(桐城文廟), 적계문묘(績溪文廟), 정덕문묘(旌德文廟)는 잘 보존되어 있는 편이며, 수주문묘(壽州文廟)는 양호한 편이지만 많이 훼손되었다. 몽성문묘(蒙城文廟), 곽구문묘(霍丘文廟), 곽산문묘(霍山文廟)에는 중심 건물이, 안경문묘(安慶文廟), 망강문묘(望江文廟), 건덕문묘(建德文廟), 무호문묘(蕪湖文廟), 영상문묘(潁上文廟), 사주문묘(泗州文廟), 홍향문묘(虹鄉文廟)에는 대

3-1-15
허창문묘(許昌文廟) 신축된 하읍(下邑) 환향사.

성전만이 남아 있다. 휘주학교(徽州學校)에는 반지와 패루, 명륜당이 남아 있고, 태화문묘(太和文廟)와 육안문묘(六安文廟)에는 대성전 외에도 각각 존경각과 명륜당이 남아 있다.

25) 하남성(河南省)

관할 구역에는 원래 부·주·청·현·향의 학교 문묘 119곳이 있었는데, 현재 45곳이 남아 있다. 그중 대부분은 대성전만 남아 있으며, 그러한 문묘로는 상부현(祥符縣), 준현(浚縣), 봉구(封丘), 안양(安陽), 임현(林縣), 언성(郾城), 임영(臨潁), 노씨(盧氏), 민지(澠池), 상구(商丘), 부구(扶溝), 록읍(鹿邑), 신채(新蔡), 평여(平輿), 여양(汝陽), 신양(信陽), 남양현학(南陽縣學), 진평(鎭平), 동백(桐柏), 유주(裕州) 등 20개가 있다. 대성전을 비롯해 다른 건물도 남아 있는 문묘는 양성(襄城), 노산(魯山), 신향(新鄕), 확가(穫嘉), 남락(南樂), 기현(淇縣), 남양부학(南陽府學), 태강문묘(太康文廟) 등 여덟 개이다. 장갈현학(長葛縣學)에는 극문만이, 개봉부학(開封府學)에는 영성문만이 남아 있으며, 주요 건물들이 남아 있는 문묘로는 겹현(郟縣), 신안(新安), 낙녕(洛寧, 원래 永寧縣學文廟), 탕음문묘(湯陰文廟)가 있다. 거의 완전하게 남아 있는 문묘로는 여주(汝州), 휘현(輝縣), 허창(許昌), 남소(南召), 내향(內鄕), 밀현(密縣), 하남부학河南府學, 낙양 洛陽), 등봉(登封), 당하(唐河) 아홉 개가 있고, 수리를 거쳐 비교적 양호한 문묘로는 정주문묘(鄭州文廟)와 엽현문묘(葉縣文廟)가 있다. 하남성에 남아 있는 공자문묘 수는 적지 않지만, 남아 있는 건물도 많지 않고 보존 상태도 그리 좋지 못하다. 학교 문묘를 제외하고도 하남성에는 상원현(上垣縣)의 학당강성묘(學堂岡聖廟), 노씨현(盧氏縣)의 연거당(燕居堂)과 전도당(傳道堂), 영성(永城) 망탕산(芒碭山)의 공자문묘, 회양현(淮陽縣)의 현가대성묘(弦歌臺聖廟), 엽현(葉縣)의 성인각(聖人閣), 하읍

3-1-16 평요문묘(平遙文廟)의 대성전.

(夏邑)의 환향사(還鄕祠) 등 공자기념묘우가 많이 남아 있다. 하읍(夏邑)의 환향사(還鄕祠)는 최근 몇 년 동안 확장 공사를 하기도 했다.

26) 산서성(山西省)

관할 구역에는 원래 부·주·현·향의 학교 문묘 114곳이 있었는데, 현재 약 39곳만이 남아 있다. 산서성에 남아 있는 문묘 수는 많지 않지만, 보존 상태는 양호한 편이다. 태원부(太原府), 태원현(太原縣), 유차(楡次), 강주(絳州), 강현(絳縣), 태평(太平), 평요(平遙), 대주(代州), 문희(聞喜) 등 아홉 개 문묘는 수리를 통해 복원되었고, 기현(祁縣), 서구(徐溝), 문수(文水), 청원(淸源), 임현(臨縣), 혼원(渾源), 정락(靜樂), 곽현(崞縣), 강주(絳州) 등 10개 문묘는 거의 복구되었다. 장치(長治), 장자(長子), 노성(潞城), 요주(遼州) 등 네 개의 문묘에는 주요 건물들이 남아 있고, 14개의 문묘에는 일부 건물이 남아 있다. 부산(浮山), 악양(岳陽), 임진(臨晉), 영향(寧鄕), 녕무(寧武), 영화(永和) 이상 여섯 개 문묘에는 대성전이, 대동현문묘(大同縣文廟)에는 조벽이, 나머지 일곱 개 문묘에는 두 개 혹은 두 개 이상의 건물이 남아 있다. 예를 들어 양원문묘(襄垣文廟)에는 대성전과 양무, 태원현문묘(太原縣文廟)에는 대성전, 반지, 영성문 등이 남아 있다. 그 외에 금대와 원대에 개인적으로 지은 평요금장(平遙金莊)과 노성이장(潞城李莊) 등 공자문묘도 있다. 2009년 공상생(孔祥生) 선생이 사비를 들여 분주부문묘(汾州府文廟)를 재건하였는데, 규모가 매우 커서 현재 중국에서도 규모가 큰 공자문묘 중 하나로 꼽힌다. 산서성은 문묘가 잘 보존되어 있는 지역 중의 하나라고 할 수 있다.

27) 섬서성(陝西省)

관할 구역에는 원래 부·주·현·향의 학교 문묘 94곳이 있었고, 현재 32곳만이 남아 있으며 보존 상태가 그리 좋지 않다. 완전한 형태의 문묘는 한성문묘(韓城文廟) 하나밖에 없고, 비교적 양호한 편인 문묘로는 서안(西安) 부학문묘, 포성(蒲城) 현학문묘(대성전은 훼손되었음), 약남(略南) 현학문묘, 함양(咸陽) 현학문묘, 요주(耀州) 주학문묘, 남전(藍田) 현학문묘, 포성(蒲城) 현학문묘 등 일곱 개가 있다. 부곡문묘(府穀文廟)는 핵심 건물만이 남아 있고, 호현(戶縣) 현학문묘, 경양(涇陽) 현학문묘, 남전(藍田) 현학문묘, 미지(米脂) 현학문묘 등 네 개 문묘는 주요 건물들이 남아 있다. 동관(同官) 현학문묘[위남시(渭南市)에 위치], 봉현(鳳縣) 현학문묘, 순읍(旬邑)의 삼수(三水) 현학문묘, 홍평(興平) 현학문묘, 위남(渭南) 현학문묘, 진안(鎮安) 현학문묘, 합양(合陽) 현학문묘, 화음(華陰) 현학문묘, 화주(華州) 주학문묘, 부평(富平) 현학문묘, 낙천(洛川) 현학문묘, 성고(城固) 현학문묘, 안강(安康) 현학문묘, 한음(漢陰) 청학문묘(廳學文廟) 이상 14개는 대성전만 남아 있다. 청간(淸澗) 현학문묘에는 양무만이, 서향(西響) 현학문묘에는 조벽과 반지가, 한중(漢中) 부학문묘에는 영성문과 반지가, 주지(周至) 현학문묘에는 조벽과 토대가, 양현(洋縣) 현학문묘에는 대성전과 영성문이 남아 있다. 순양(旬陽) 현학문묘에는 대성전만 있었는데, 최근에 와서 대청(大廳)과 양무를 새로 지었다. 일부 문묘는 남아 있는 건물이 있었지만 다른 곳으로 이전되었다. 예를 들어, 삼원(三原) 현학문묘에 유일하게 남아 있던 패루는 중왕보촌(中王步村)으로, 임동(臨潼) 현학문묘의 대성전은 화청지(華淸池)로 이전되어 비상전(飛霜殿)으로 변경되었다. 예제문묘 외에도 섬서성 상주(商州) 효의향(孝義鄕) 왕감촌(王堪村) 북쪽에는 아직도 공씨 사당이 남아 있으며, 위남(渭南) 양곽진(陽郭鎭) 탕방촌(湯房村)에도 공자문묘 하나가 남아 있다.

28) 감숙성(甘肅省)

관할 구역에는 원래 부·주·청·현·향의 학교 문묘 55곳이 있었는데, 현재는 18곳이 남아 있다. 완전하게 보존된 문묘는 원래 위무(威武)였던 양주(涼州) 부학문묘와 최근 장소를 이전하여 중건한 고란(皐蘭) 현학문묘 두 곳이 있다. 거의 복원된 문묘는 란주문묘(蘭州文廟), 정녕문묘(靜寧文廟), 진원문묘(鎭原文廟) 세 개가 있다. 나머지 13개 문묘는 대부분 대성전만이 남아 있고, 공창부학(鞏昌府學), 진주부학(秦州府學), 진안현학(秦安縣學) 세 개의 문묘에는 각각 영성문, 대성문, 숭성사가 남아 있다.

29) 영하회족자치구(寧夏回族自治區)

관할 구역에는 원래 부·주·현 학교에 문묘 다섯 개가 있었지만, 현재 남아 있는 문묘에 관한 자료는 찾을 수 없다. 남아 있는 문묘가 하나도 없을 리는 없으나, 아마도 문묘의 중요성에 대해 인식하지 못했기 때문일 것이다.

30) 청해성(青海省)

역사적으로 이 지역에는 학교 문묘가 적은 편이었고, 서녕부(西寧府), 서녕현(西寧縣), 대통현(大通縣), 연백현(碾伯縣, 현재 樂都), 귀덕청(貴德廳) 다섯 개의 학교 공자문묘만이 남아 있다. 현재에는 서녕부학(西寧府學), 귀덕청학(貴德廳學), 대통현학(大通縣學)에만 건물이 남아 있는데, 그중 서녕부학에는 주요 건물들이 남아 있다. 귀덕청학문묘(貴德廳學文廟)에는 대성전과 대성문만 남아 있다가 최근 몇 년 동안 패방과 동서 양무를 새로 지으면서, 거의 완벽하게 복원되었다. 대통문묘에는 대성전만 남아 있다.

31) 신강자치구(新疆自治區)

신강에는 원래부터 학교가 별로 없었다가 청 말기부터 지속적으로 학교를 설립하면서 현재 23개 학교가 있는 상황이다. 그러나 현재에는 우루무치문묘(烏魯木齊文廟)에 관한 자료만이 남아 있고, 이 문묘는 이미 복구되었다. 신강의 문묘가 대부분 늦은 시기에 지어졌기 때문에 원래대로라면 당연히 자료가 남아 있어야 하지만, 관련 자료를 찾을 수 없는 것은 문묘 보호의 중요성에 대해 인식하지 못해서일 것이다.

오랜 역사 동안 공자문묘는 국가의 숭유중도(崇儒重道)와 공자 사상 보급의 상징으로서, 중화민족의 발전과 다민족국가의 통일성과 토대 형성, 민족문화 및 경제 발전에 중요한 역할을 해왔다. 오늘날 전통문화의 중요성이 점점 부각되면서, 중국 전통문화의 상징으로서의 공자문묘는 역시 많은 사람들에게 주목받고 있다. 공자문묘는 현대 사회에서도 그 나름의 역할과 기능을 지속적으로 수행해나갈 것이라 생각된다.

제2장

공자문묘의 이용

현존하는 공자문묘는 크게 세 가지로 구분할 수 있다. 첫째, 공자문묘의 시설을 복원하여, 제사 및 악무 공연이나 공자 생애와 사상에 관한 전시회 또는 과거제도(科擧制度) 등에 관한 역사 문화 전시회를 개최하고 시민들이 참관하도록 개방하는 등 사회 교화적인 역할을 수행하는 공자학당이다. 둘째, 다른 용도로 사용되고 있는 공자문묘이다. 문물부서 관리하에 일부 공자문묘는 문물 관리부서의 사무실이나 문물창고 등으로 사용되고 문물부서 이외의 기관에 의해서는 일부 공자문묘가 학교의 기숙사나 작업장으로 사용되고 있다. 셋째, 누구도 사용하지 않는 공자문묘이다. 일부 공자문묘는 문물 보호 단위로 지정되었지만, 해당 부서에서 현재 보수할 여력이 없어서 비바람에 방치되고 있는 유형이다.

비록 공자문묘가 건물로 사용되는 것도 활용되는 것이기는 하지만, 이는 저차원적인 활용일 뿐이지 공자문묘의 본래 기능을 제대로 발휘하는 것은 아니다. 따라서 이 글에서는 사회 교화적 역할이 이루어지고 있는 공자문묘에 한해서 서술하고자 한다.

건물이 많이 남아 있는 공자문묘 대부분은 박물관으로 변경되었다. 예를 들면, 하얼빈문묘(哈爾濱文廟), 길림문묘(吉林文廟), 가정문묘(嘉定文廟), 태원문묘(太原文廟), 대주문묘(代州文廟), 한성문묘(韓城文廟), 양성문묘(陽城文廟), 건구문묘(建甌文廟), 황암문묘(黃岩文廟), 안계문묘(安溪文廟), 동안문묘(同安文廟), 요주문묘(耀州文廟), 순양문묘(旬陽文廟), 위무시(威武市)에 있는 양주(凉州) 부학문묘, 예주문묘(澧州文廟) 등이다. 그런데 이러한 박물관의 구체적인 상황을 살펴보면 차이가 있다. 하얼빈문묘는 민족박물관으로, 가정문묘는 과거박물관(科擧博物館)으로 변경되었으나 대부분은 문물박물관으로 변경되었다. 이처럼 박물관으로 개조된 공자문묘는 대부

3-2-1 호남성(湖南省) 석문문묘(石門文廟)의 대성전.

분 시민들에게 개방되었는데, 문물 전시회를 열기도 했지만 일급 문화재가 많지 않아서 관광객을 유치하는 데는 부족하다. 따라서 문화재 이외의 문화 전시회나 문화 행사를 거행함으로써 공자문묘가 제대로 기능할 수 있도록 해야 한다.

극소수 공자문묘는 기념관으로 개조되었는데, 이는 두 가지로 나눌 수 있다. 하나는 역사적으로 유명한 인물이 이곳에서 활동한 적이 있었던 경우이다. 예를 들면 1926년 5월부터 9월까지 광동성 번우현학문묘(廣東番禺縣學文廟)에서 당시 소장을 맡고 있던 모택동(毛澤東)은 제6차 농민운동강습소(農民運動講習所)를 만들었는데, 이를 기념하기 위해 신중국 건국 이후 기념관을 세웠다. 다른 하나는 문묘와 아무 상관없는 유명 인사의 기념관을 설립한 경우이다. 예를 들면, 상해시 보산문묘(寶山文廟)의 대성전은 진화성(陳化成) 기념관으로 변경되었다.

일부 공자문묘는 문묘 내 시설을 복원하여 문물고적(文物古迹)들을 대외적으로 개방한다. 해남 문창, 요녕성 홍성(興城), 운남성 건수(建水) 등 문묘는 원래 모습대로 복원하여 시민에게 개방했다.

대부분의 공자문묘는 공자문묘 그 자체로 개방되거나 박물관 또는 기념관으로 개조되어 개방되었는데, 개방할 때에는 공자문묘 자체의 특징을 부각시키기 위해 공자문묘의 진열품도 복원하였다. 곡부 공자문묘는 1978년 하반기에 국가의 허가를 받아 1979년 5월 1일부터 다시 대외적으로 개방했고, 당시 공자문묘의 전면 복원을 시작했다. 곡부 공자문묘는 '문화대혁명'의 충격으로 70여 개의 감실, 18개의 조각상, 200개에 달하는 위패, 다섯 쌍의 대련, 40여 개의 사각형 편액은 외진 곳에 위치한 극소수 편액과 감실을 제외하고 전부 소각되었다. 다행히 남은 것들도 파괴되어 전혀 다른 모습으로 바뀌었다. 석각 방액은 부술 수가 없어서 일부는 시멘트로 덮어버렸고, 일부는 뚫어버려서 글자를 알아볼 수 없게 되어 큰 공자문묘가 텅 비어버렸다. 개방 직전까지도 보존에 대한 인식이 바뀌지 않아 복원을 요청했음에도 회답이 없어, 대성전 안에 공자 초상화만 걸어놓고 한·위(魏) 비석과 화상석(畵像石)을 양무 안에 옮겨놓은 채 개방했다. 1982년말 호요방(胡耀邦) 총서기의 구두 지시가 있은 후에야 관광 서비스를 위해 대성전 진열품을 복원하였고, 공자, 4배, 12철의 조각상을 다시 제작하고 대성전의 감실, 편액, 대련도 복원하였다. 2년간 발 빠르게 공사가 진행되는 동안 48만 원의 자금과, 48냥의 황

3-2-2 해남성(海南省) 문창문묘(文昌文廟)의 대성전.

금을 들여 드디어 1984년 공자 탄신일에 정식으로 개방하였다. 그 후 지속적으로 문방의 편액, 양무의 감실, 위패를 복원하면서 공자문묘의 원래 모습을 거의 회복하였다. 다른 지역에서 공자문묘를 수리 및 개방할 때는 대부분 곡부 공자문묘를 기준으로 문묘 안의 감실, 편액, 대련을 복원하고 공자 등 인물상을 제작하였다. 일부 공자문묘의 공자상은 비교적 이른 시기에 만들어진 것이기 때문에 공자상만 있었고 감실은 없었다. 그 후 점차 4배, 12철, 72현상 등으로 확대 제작하면서 감실도 만들었으며, 공자상도 초기의 학자 입상(立像)에서 황제의 면류관을 쓴 좌상(坐像)으로 바뀌었다.

현재 공자문묘에서 이루어지는 봉사(奉祀)는 각 지역마다 다르다. 우선 봉사하는 대상이 다르다. 어떤 공자문묘에서는 공자만을, 어떤 공자문묘에서는 안회(顔回)와 증삼(曾參)까지도 배향하지만, 대부분은 공자와 안회, 증삼, 자사, 맹자에 대한 이른바 4배 배향과 12철 배사를 하고, 선현선유까지 종사하는 경우는 드물다. 현재 곡부 공자문묘와 자계문묘(慈溪文廟), 건수문묘(建水文廟)는 양무 위패까지도 복원한 것으로 알려져 있다. 다음으로 봉사하는 방식이 다르다. 현재 대부분의 공자문묘에서는 곡부 공자문묘를 따라, 공자, 4배, 12철은 조각상으로 만들었으며, 일부는 공자는 조각상으로 4배와 12철은 위패를 사용하거나, 공자와 4배는 조각상으로 12철은 위패를 사용하기도 한다. 조각상의 경우 무명옷을 입은 입상이거나 면류관을 쓴 좌상으로 되어 있다. 감실 내에 공자 입상을 만들어놓은 경우도 있는데 이는 이도 저도 아닌 듯하다. 공자문묘의 봉사는 무조건 전통방식을 따라야 한다. 명 가정 9년에 곡부 공자문묘를

3-2-3
곡부 공자문묘
대성전 공자상.

제외하고 나머지는 모두 공자상을 없애고 위패로 변경하도록 법령을 제정하였다. 그러나 현재에는 모든 지역에서 공자상을 제작하는 것이 허락되어 있다. 명대 각지 공자문묘의 공자상을 없애도록 했던 이유는 지역마다 공자상의 모습이 서로 다를 경우 공자의 이미지를 훼손할 수 있었기 때문이다. 촬영기술이 매우 발달한 오늘날에는 이러한 문제는 쉽게 해결될 수 있는

데, 각지 공자문묘는 곡부 공자문
묘의 조각상을 본떠서 제작할 수
있다. 현재 대성전의 규모를 보면,
거의 대부분의 대성전은 공자상은
물론, 4성(四聖), 12철의 조각상을
모두 수용할 수 있을 정도의 규모
이다. 양무는 일반적으로 그리 크
지 않아서 종사하는 선현선유는
156명이고, 조각상은 실물보다 작
게 만든 것을 보면 그들에 대한 존
경심도 그리 크지 않은 듯하다. 실
물만큼 만들면 수용이 불가능하기
때문에 전통적인 위패 형식을 따른
것이다. 가능하다면, 양무에서도
선현선유의 형상에 종사할 수 있으
면 보다 바람직할 것이다. 제남 부

3-2-4 감실(龕室)의 공자 입상.

학문묘에서는 최근 양무 선현선유의 일부 조각상을 복원하였고, 중건한 분주부학(汾州府學),
수리한 도강언(都江堰) 관현문묘(灌縣文廟)에서는 초상화를 사용했다.

대만문묘는 여전히 전통적인 방식에 따라 봉사하는 인물들 모두 위패를 사용한다. 대성전
에서는 공자, 4성, 12철을, 양무에서는 12철을 봉사하며, 숭성사에서는 오왕을 봉사하고 배향
과 종사를 행하고 있다.

많은 공자문묘에서는 공자 제사를 회복시켰다. 1984년 곡부 공자문묘에서는 최초로 석전
제(釋奠祭) 악무 공연을 재현했지만 공자문묘에서는 할 수 없어서 먼저 공부(孔府)[1]에서 시험
적으로 곡부사범대학의 학생들이 공부 안에서 관광객을 위해 공연했다. 1985년부터 매년 대
성전 앞에서 제사악무 공연을 했으며, 1992년부터 공자탄신일마다 공자 후손들이 정식으로
제사를 지냈다. 2005년 지방 정부에서는 공제(公祭)를 지냈고, 공자탄신일에 대규모 공자 제
사를 지내기 시작했다. 운남성 건수(建水), 감숙성 위무(威武), 사천성 덕양(德陽), 길림성 등의

----

1) (옮긴이) 중국 산둥성(山東省) 곡부(曲阜)의 공묘 동쪽에 있는 공자(孔子)의 직계 장자와 장손들이 살던 저택
이다.

3-2-5 길림문묘(吉林文廟)의 제사 현장.

문묘에서도 동시에 제사를 진행했고, 중국중앙방송(CCTV)에서는 실황을 중계하였다. 2006년 중국 대륙과 대만 양쪽에서 공동 석전을 지내고 곡부, 대북, 대남에서는 동시에 공자문묘에서 제사를 거행했는데, 이 역시 중국 중앙방송에서 실황 중계했다. 2007년 공자문묘에서의 제사 가 대전(大典)으로 승격되면서, 문화부, 교육부, 국가관광국, 산동성 인민정부에서 연합하여 공자문화제를 공동 개최하였고, 공제 때 산동성 대리성장(代理省長)은 제문을 낭독했다. 북경 국자감문묘에서는 1989년에 청대 석전제 의식을 복원하고 대성전 앞에서 공개적으로 제사 악무를 공연했다. 1996년에는 스페인을 비롯한 다섯 개 국가의 중국 주재대사들에게 석전제 악무 특별공연을 거행하기도 했고, 해남성 문창(海南文昌), 산서성 평요(山西平遙), 복건성 복주 (福建福州), 길림성(吉林省) 등의 지방 문묘에 사람을 파견하여 제사 악무 공연을 지도하기도 했 다. 사천성 덕양 현학문묘는 1990년 청대 의례를 복원하여 제사 악무를 공연했고, 절강성 구 주의 공씨가묘, 광동성 덕경주학문묘, 운남성 건수문묘는 근래 정식으로 제사를 지내기 시작 했으며, 흑룡강성 하얼빈, 강소성 강음, 복건성 복주, 해남성 애주, 길림성 장춘, 요녕성 흥성, 산서성 평요, 상현문묘 역시 제사 공연을 거행했다. 호남성 유양(瀏陽) 현학문묘에서는 제사를 진행할 때 부성장(副省長)이 직접 향을 피우기도 했다. 2006년 스승의 날, 하남성 정주(鄭州)에 서는 성대한 제사 의식을 거행했는데, 교사 300명과 학생대표 200명이 전통 3헌례와 새로 새긴 5배[五拜: 자강부식(自强不息), 후덕재물(厚德載物), 진충보국(盡忠報國), 효친존사(孝親尊師), 대동촉진(大同促進)을 의미]에 따라 제사와 기념행사를 진행했다.

각 지역의 문묘에서는 공자, 공자문묘, 전통사상과 관련된 전시회를 많이 개최한다. 곡부공자문묘에서는 1989년에 공자 생애 기념 전시회를, 상해 가정문묘에서는 최초로 '과거(科擧)문물 전시회'를 개최하였다. 개방적인 자세로 타 문묘와 협력하여 해당 전시회를 타 문묘에서 개최하거나, 타 문묘와 공동 개최하기도 하고, 타 문묘에서 새로운 전시회를 개최할 수 있도록 도와주기도 하면서, 사회 각계로부터 호평을 받았다. 1984년 북경 국자감문묘는 건륭 연간의 양식대로 대성전의 시설을 복원하였고, 1989년에는 '공자 생애사 전시회'를, 1992년에는 '공자와 유학 전시회', 2007년부터는 지속적으로 공자 기념, 과거제, 북경공자문묘에 관한 전시회를 개최하였다. 번우문묘는 모택동이 농민운동강습소를 열었다는 이유로 기념관이 되었는데, 기념관은 대성전과 대성문의 사랑채에 농민운동강습소의 원형을 복원하였고, 명륜당에서는 '공자와 유학', '광동성 각지의 학궁(學宮)' 전시회를 개최했다. 길림문묘에서는 '공자 생애사'와 '중국 과거제도' 등 전시회를, 남경 부자묘에서는 '중국 예의문화전'을 개최하면서, 중국의 예의문화를 간단하게나마 소개하였다. 천진문묘에서는 '효덕전(孝德展)'을 열어 노인 공경 교육을 하기도 했다.

많은 문묘들에 관람을 위한 콘텐츠가 증가했다. 요녕성 홍성 공자문묘 뒤의 학교에서는 문사(文史) 전시관을 설립하고, '공자성적도(孔子聖跡圖)'와 100여 개의 『논어』 경구를 조각했다. 하남성 허주시(許州市)의 허주부학에서는 '공자육예도(孔子六藝圖)'와 '공자주유열국도(孔子周遊列國圖)'라는 두 폭의 대형 벽화를 제작하였다. 사천성 숭경문묘에서는 계성사에 공자 부모상을 조각하고, 양무에는 '고산앙지(高山仰止)'와 '원원유장(源遠流長)'을 상징하는 여러 조각상을 제작했다. '고산앙지'는 공자의 사학 창시를 반영하는 '행단강학(杏壇講學)', 안회 부자가 각고의 노력으로 공부하는 '안빈낙도(安貧樂道)', 염옹이 가난과 병에 시달리는 동창을 방문하는 '귀불망우(貴不忘友)', 민손과 증삼의 효제에 관한 '공행효제(恭行孝悌)', 자공과 재여가 사명을 잘 해낸 '견리사의(見利思義)', 자로가 위(衛)나라에서 두려워하지 않고 정의를 위해 희생하는 '살신성인(殺身成仁)', 자유 등이 음악을 연마하는 '작락숭덕(作樂崇德)' 이상 일곱 개로 구성되어 있다. '원원유장'은 맹자와 순자가 유학을 발전시키는 '맹순동원(孟荀同源)', 한 무제가 동중서의 건의를 받아들여 실시한 '독존유술(獨尊儒術)', 한유가 공맹의 도(道)를 수호하는 '회굉원도(恢宏原道)', 주희가 이학(理學)을 집대성한 '신유굴기(新儒崛起)', 범중엄과 문천상의 늠름한 자태를 담은 '호연정기(浩然正氣)', 청 초기 새로운 경학의 '조기계몽(早期啓蒙)'과 강유위, 양계초의 변법을 반영하는 '탁고개제(托古改制)' 이상 일곱 개로 구성되어 있다. 명환사와 향현사에

'공자성적도(孔子聖跡圖)'를 전시하고, 영성문 양측 벽에는 100여 장(章)의 공자 어록을 선택하여 『논어집수(論語集粹)』라는 50개의 석각을 조각하였다. 산서성 노성 현학문묘의 대성전 벽 3면에는 '절충육예(折衷六藝)', '부자박학(夫子博學)', '공문수업(孔門授業)', '제자삼천(弟子三千)' 등 대형 벽화가 제작되었다. 평요문묘는 양무에 선현선유의 조각상을 만들고, 조각상 뒤에는 벽화를 만들었다. 하남성 여주문묘(汝州文廟)는 대성전 벽에 공자 생애와 사적을 담은 100여 평방미터의 벽화를 새로 그렸고, 양무 벽에 공야장, 맹자, 한유, 범중엄 등이 열심히 공부하는 모습을 담은 200여 평방미터의 벽화를 제작했다. 중건한 산서성 분주문묘는 신도(神道) 양측의 복도에 「성적도(聖跡圖)」와 서예가 100명이 쓴 『논어(論語)』를 조각했다.

현재 많은 문묘들은 애국주의를 교육하는 곳으로 지정되었고, 각지의 공자문묘는 이에 발맞추기 위해 친자독경(親子讀經), 개필례(開筆禮), 성인례(成人禮) 등 다양한 행사를 개최하고 있다. 1990년 북경 국자감문묘에서는 춘절문화묘회(春節文化廟會)를, 1999년에는 '공자와 유학에 관한 퀴즈대회'를 열었다. 상해 현학문묘에서는 18세 성인식, 대학생과 초중고생들의 졸업식, 신입교사의 선서식 등과 상해시 제1차 유학 세미나와 제 3차 국제유상(儒商) 세미나를 개최하기도 했다.

많은 문묘들은 전통 사상과 문화를 보급하기 위한 활동을 적극적으로 전개했다. 북경 국자감문묘에서는 2002년 4월에 국학계몽관(國學啓蒙館)을 설립하여, 전통 사상과 문화를 전수했고, 같은 해 7월에는 '국학문화의 뿌리를 찾다 — 제1회 국학 여름 캠프'의 개막식을 개최하여, 대만, 홍콩, 마카오 및 중국 대륙에서 200여 명의 학생들이 참여하도록 했다. 또한, 길림성 사회과학연합회(社會科學聯合會)에서 주최하고, 길림성 공자학회와 장춘문묘 등의 부서들이 공동 주관하는 국학대강당(國學大講堂)이 장춘문묘에서 거행되었고, '사서(四書)'에 관한 강좌가 개설되었다. 2006년 하남성 정주문묘와 하남소년선봉학교(河南少年先鋒學校)는 문묘의 존경각 동쪽 사랑채에서 국학반(國學班)을 개설하기로 합의하였다. 1997년 길림문묘에서는 공자문화주(孔子文化周)를 개최하여, 대학생들의 공자에 관한 논제 답변, 초중고생의 공자 퀴즈대회 및 논어서예전 등의 행사를 진행했다. 해남성 문창문묘에서는 공자문화상식 경연대회, 해남성 문과장원(文科狀元)[2] 경연대회, 해남 이과장원(理科狀元) 경연대회 등 다양한 행사를 열어서, 공자문묘의 보수 자금을 모았을 뿐만 아니라, 영향력도 키웠다. 많은 문묘에서는 어린이 독경 활동을 하기도 한다. 이러한 모든 활동을 통해 공자문묘는 우수한 민족문화를 전파하고 사회

----

2) (옮긴이) 대학 수능 시험에서 문과(文科) 1등을 한 사람을 문과 장원이라고 부르며 이과(理科) 1등을 한 사람을 이과 장원이라 부른다.

3-2-6
중국공묘보호협
회(中國孔廟保護
協會)의 연례 회
의.

교화 역할을 하였으며, 사회적으로 큰 반향을 불러일으키면서 각계의 호평을 받았다.

공자문묘 간의 네트워크를 강화 공자문묘의 보호와 이용에 관한 경험들을 교류하기 위해, 1994년 곡부 공자문묘는 북경 국자감문묘, 하얼빈문묘, 소주문묘, 덕양문묘, 구주 공씨가묘와 연합하여 중국공묘보호협회(中國孔廟保護協會) 설립을 발기했고, 1995년 민정부(民政部)[3]의 허가를 받으면서 정식으로 설립되었다. 중국공묘보호협회는 공자문묘들의 지지로 각 문묘들이 앞다투어 참가했고 회원수는 날로 늘어나 현재 100여 개에 달한다. 협회는 공자문묘를 제대로 보호하고 이용하는데 중요한 역할을 했고, 각지 공자문묘의 수리와 이용에 대해서도 건의하였다. 곡부, 구주, 덕양, 북경, 길림, 천진, 홍성, 덕경, 평요, 항주, 조양, 하얼빈, 장춘 등에서도 협회 연례 회의를 열어, 2013년에는 문묘제사 강습반을 개최했으며, 덕양문묘에서는 공자문묘 보호와 이용에 관한 국제 학술대회를, 천주문묘에서는 제1회 민대(閩臺) 지역 공자문묘 보호를 위한 학술대회를 개최하도록 지원하였다. 아울러 회원 공자문묘를 조직하여 공자문묘 보호와 이용에 관한 경험을 공유하고 보호와 이용에 관한 방법을 토론하면서, 각지 공자문묘가 이 나름의 역할을 수행하면서 현대 사회에서 그 기능을 더욱 확장시킬 수 있는 방안들을 모색하고 있다.

각지의 문묘들은 지식을 보급하고 사회교화 측면에서 어느 정도 역할을 하고 있기는 하지만, 공자문묘 전체의 보호와 이용에 대해서는 아직 충분한 역할을 하지 못하고 있다. 일부 문묘는 어떠한 보호 조치도 없이 건물들이 심각하게 파괴되거나 아직까지도 개방하지 못한 채

----

3) (옮긴이) 한국의 내무부와 유사한 기능을 지닌 중국의 관청.

3-2-7
다른 용도로 바뀌어버린 휘현문 묘의 대성문.

그 역할을 제대로 수행하지 못하고 있다. 어떤 문묘의 조각상은 4배나, 심지어 12철까지도 공자상과 나란히 배열함으로써 어떤 경우에도 제자는 스승과 나란히 앉고 설 수 없다는 예제조차도 어기고 있다. 어떤 문묘는 문묘의 특성을 소홀히 여겨, 공자문묘와 무관한 전시회나 행사를 진행하기도 한다. 심지어 일부 문묘에서는 국가에서 금지하는 봉건적 미신 활동과 건물 안에서는 향이나 종이를 태우면 안 된다는 규정을 무시하고 있으며, 공자문묘에서는 제사 외에는 분향하지 않는다는 전통을 위배하면서까지, 경제적 이익만 추구하고자 향과 종이를 태워 신성한 문화의 전당을 엉망으로 만들어놓기도 했다. 어떤 문묘는 원래 모습대로 복원하지 않고, 제멋대로 건물을 늘렸으며, 어떤 문묘는 불교와 도교의 신상(神像)까지 만들어서 삼교(三敎)가 한데 있도록 만들기까지 하였다. 또한 일부 문묘는 용도를 변경하여 학교 교실이나 비석 및 문물 진열관으로 만들어버려, 공자상은 결국 정원 가운데 방치되어 비바람에 노출되어 있다. 결국 이러한 과정을 거치면서 공자문묘의 본래 의미와 역할 및 신성성(神聖性)도 사라지게 되었다.

문묘는 문묘의 원래 역사적 모습대로 보호되어야 한다. 만일 그 용도를 변경해 버리면, 문묘의 내용도 사라지게 된다. 수리를 아무리 그럴듯하게 해도 겉모습만 남을 뿐, 알맹이가 없는 생기 없는 건물이 될 수밖에 없다. 공자문묘는 자고이래로 민족의 전통 사상과 문화를 전파하는 상징으로, 그 이용에서도 절대로 이 같은 취지를 벗어나서는 안 된다.

제**3**장

대표적인 공자문묘

중국의 공자문묘는 크게 궐리 공자본묘(孔子本廟), 기념을 위한 공자문묘, 국립학교의 문묘, 공자후손의 가묘와 서원 공자문묘 이상 다섯 가지로 나눌 수 있다. 국립문묘는 행정 등급에 따라 국학, 부학, 주학, 청학, 현학, 향학 이상 6등급으로 나눈다. 사실 국립학교 문묘 중에서 향학은 향학이 소속되어 있던 현이 폐지된 이후 현학으로 개칭된 것이기 때문에 실제 현학과는 아무런 차이가 없으며, 부학문묘, 청학문묘, 주학문묘 간의 차이도 그리 크지 않다. 따라서 이 책에서는 곡부 공자문묘, 국자감문묘, 건수임안부학문묘, 자계현학문묘, 대남부학문묘, 악록서원문묘, 하얼빈문묘를 각각 본묘, 국학, 현학, 서원, 민국문묘의 대표로서 연구하고자 한다. 이를 통해 북쪽 관방식 건물, 강소성 절강성 지역·서남 지역·민남(閩南) 지역·중부 지역 건물의 차이에 대해서도 살펴보겠다.

1. 곡부 공자문묘

곡부 공자문묘는 가장 오래된 역사와 웅장한 규모를 자랑하는, 세계 제일의 공자문묘며 세계 공자문묘의 원조이다. 곡부 공자문묘의 역사, 제도, 건물에 대한 연구는 각국의 공자문묘를 연구하는 데에도 큰 도움이 될 것이다.

1) 곡부 공자문묘의 연혁

곡부 공자문묘는 역사적으로 공자에 대한 존경이 커질수록 더욱 발전해갔다. 한 고조가 최초로 직접 공자에게 제사 지냈던 것이 효시가 되어, 한 무제 때 백가를 배척하고 유가만을 중시하는 정책을 실시하였지만[罷黜百家, 獨尊儒術], 한대 이후 현학과 불교가 성행하면서 공자 사상의 사회적 지위는 떨어지게 되었다. 중국 사회가 장기적인 동란에 휩쓸리다가 당나라의 통일이후 사회가 안정되면서, 공자 사상의 지위는 다시 상승하였으며 공자문묘도 본격적으로 발전기에 접어들게 된다.

사마천은 "공자가 살던 집과 제자들이 쓰던 집은 훗날 공자의 묘로 만들어져, 공자가 사용하던 의관과 금(琴), 수레, 서적 등이 소장되었는데, 그것은 한나라에 이르기까지 200여 년 동안이나 그대로 있었다"[1]라고 했다. 이는 공자의 고거(故居)를 "후손들이 문묘로 만들었(後世因廟)"으며 공자가 죽은 후에 바로 문묘를 지은 것이 아니라는 것을 말해준다. 따라서 필자는 공자의 손자인 공급이 세상을 떠난 후에 공자의 고거를 문묘로 만들었을 것이라 생각한다. 공자 고거를 재건한 문묘는 역대 왕조를 거치면서 보호와 수리를 받아오면서 북위 시대까지 지속적으로 사용되었다. 북위 역도원(酈道元)은 『수경주(水經注)』에서 다음과 같이 언급하고 있다. "주공이 이르기를 서남쪽 4리 되는 곳에 공자문묘가 있었는데 이는 공자의 고택이다. 집 크기는 1경(頃)이었으며 공자가 살았던 곳을 후세 사람들이 문묘로 만들었다. …… 문묘 건물은 세 칸으로 이루어져 있다. 공자는 서쪽 칸에 모셔져 있고, 동쪽을 향하고 있다. 공자의 어머니 안징재는 중간에 봉사되었으며 남쪽을 향하고 있다. 공자의 부인은 동쪽으로 한 칸 떨어져 동쪽을 향하고 있다. …… 문묘 안에 공자상이 있고 제자 두 명이 책을 손에 들고 양쪽에 서 있는데, 스승을 공경하는 겸손한 모습을 하고 있다. 한(漢), 위(魏) 이래로 문묘에는 일곱 개의 비석이 진열되었는데 두 개는 글자가 없으며, 전나무와 측백나무는 지금도 무성하다."[2] 역도원이 효창(孝昌) 3년(527)에 사망했다는 것을 감안하면, 공자문묘는 북위(北魏) 말기까지도 공자 고거의 옛 모습을 그대로 유지하고 있었다는 것을 알 수 있다. 동위(東魏) 흥화(興和) 3년(541) 연주자사(兗州刺使) 이중선(李仲琁)은 "성스럽고 엄숙한 용모의 조각상 열 개를 조각하고(修建容

---

1) 『史記·世家第十七·孔子』([漢], 司馬遷)(文淵閣四庫全書 電子版 참고). "故所居堂, 弟子内, 後世因廟, 藏孔子衣冠琴車書, 至於漢二百餘年不絶."

2) "台西南四裡許則孔子廟, 即夫子之故宅也. 宅大一頃, 所居之堂, 後世以為廟. …… 廟屋三間, 夫子在門, 東向; 顏母在中間, 南向; 夫人隔東一間, 東向. …… 廟有夫子像, 列二弟子, 執卷立侍, 穆穆有詢仰之容. 漢魏以來廟列七碑, 二碑無字, 栝柏猶茂."

像, 雕塑十子)", 열 개의 조각상을 다섯 개씩 두 줄로 배치했다(聖容肅穆, 二五成行)"라고 했지만, 문묘 건축에 관한 기록은 없다. 이로써 문묘 제도에 대해서는 특별한 변화가 없었다는 것을 알 수 있다. 북제 천보(北齊天保) 원년(550)에는 "노나라에서 제때에 공자문묘를 수리하여 공자에 대한 존경을 다 해야 한다"[3]고 명했지만, 건명(乾明) 원년(560)의 『부자묘비(夫子廟碑)』에 남아 있는 글에서 확장에 대한 언급을 찾아볼 수는 없다. 수(隋) 대업(大業) 7년(611)에는 곡부현령 진숙의(陳叔毅)가 "공자를 존경하여 공씨 종족을 설득, 문묘를 수리했는데", 이후 "종묘는 웅장해지고 문묘는 빛나고 성대해졌으며, 사각형 안에 둥근 못을 그린 천장[圓淵方井]이 있고 창에 무늬를 만들고 벽에 그림을 그렸다"[4]고 하였으나 확장했다는 기록은 없다.

당대부터 원 말까지의 700여 년은 곡부 공자문묘의 확장기이다. 당대는 통일 제국을 견고히 하기 위해 석가모니와 노자를 숭상하는 동시에 유학을 추앙하고 과거제도를 실시하면서, 유학의 정통적 지위가 강화되었다. 무덕(武德) 2년(619) 국학에 "주공의 사당과 공자의 문묘를 각각 하나씩 지으라(立周公, 孔子廟各一所)"라고 명했고, 정관(貞觀) 4년(630) 모든 주·현 학교에 공자문묘를 지으라는 조령을 내리면서, 공자문묘는 전국적으로 확대되었다. 측천무후(則天武后)와 당 현종(唐玄宗)을 전후로 공자를 융도공(隆道公)과 문선왕으로 추봉하였다.

공자 사상의 위상이 높아지면서 곡부 공자문묘의 규모도 확대되어갔다. 당 건풍(乾封) 원년(666) "문묘가 누추하다(廟宇制度卑陋)"라는 이유로 고종은 "문묘를 수리하고(改制神宇)", "확장해서 지으라(更加修造)"라는 명을 내렸다. 연주도독(兗州都督)이자 곽왕(霍王) 이원궤(李元軌)는 명령대로 "대규모로 확장했는데(大啟藩維)", 그 이후의 공자문묘는 "붉은 자줏빛이 화려하고 아름다우며, 검푸른 빛의 글자가 힘차게 쓰여 있다. 겹겹으로 된 두공 다발에, 봄에는 창문을 가을에는 휘장을 만들었으며 자욱한 안개 속에서 겹겹의 처마와 누각은 은근하게 보인다. 건물 몇 개는 교실로 사용되는데, 강학하는 자리가 마련되어 있다. 문묘는 의연하고 엄숙한 모습이다".[5] "큰 대들보는 자유롭게 들어서 있고, 오색 깃의 꿩이 숲을 날아다닌다. 창틀과 서까래에는 조각을 새겼으며, 사각형 안에 둥근 못을 그려놓은 조정(藻井)을 만들었다"[6]라고 표현되어 있다. 이는 공자 고택의 옛 모습은 아니다. 그 후 개원 6년(718)에 다시 "나무로 담을 둘러쌓아 방어 시설로 삼고, 큰 돌에 글을 새겨서 표식으로 삼았다(樹繚垣以設防, 刊豐石以為表)",

---

3) "魯郡以時修崇廟宇, 務盡褒崇之至."

4) "敬先師, 勸孔宗, 修靈廟", "寢廟孔碩, 靈祠赫奕, 圓淵方井, 綺窗畫壁."

5) 『贈太師魯國孔宣公碑』([唐], 崔行功). 비석은 현 곡부 공자문묘에 있다. "禎紫施絢, 黝黛飛文, 遝栱重櫨, 春窗秋幌, 陰欄積霧, 複閣懷煙. 幾仍度室, 席遵函丈; 壽宮澹然, 睟容有穆."

6) "洪梁野構, 翬翼林舒, 雕櫨繡栴, 圓井方疏."

3-3-1 당대 문묘 건축을 기념하는 비각.

이처럼 담장을 세우고 큰 비석을 만들었다. 대력 8년(773)에 "문묘 문을 닫을 즈음 노을이 하늘을 수놓으며, 정전은 산처럼 우뚝 서 있다. 주변에는 담이 둘러싸여 있고 웅장한 문은 깊숙하게 세워져 있다. 자연과 조화를 이루고 있는 문묘는 높이 솟아 있고 위풍당당하다".[7] 이 해에는 대문을 새로 만들었다. "문묘가 가로 걸쳐 있고 문짝이 두 개 열려 있다(大屋橫亙, 雙扉洞開)." "비첨은 자욱한 안개 속에서 나란히 붙어 있다(飛簷駢逼而棲霧)."[8] 이렇게 함으로써 공자 고택의 원래 모습은 완전히 바뀌었다.

송대에는 문치를 표방하면서 특히나 유학을 중시하였다. 건국되던 그해에 태조 조광윤(趙匡胤)은 공자문묘에 배알하여, "요순을 조술하셨다(祖述堯舜)"라는 찬시(讚詩)를 지었다. 그리고 공자문묘 수리를 명하고, 3년에는 공자문묘에서 1품례를 사용하도록 하면서 문에 16극을 세웠다. 대중상부 원년(1008) 진종은 직접 곡부에 가서 공자에게 제사를 지냈으며, 공자를 현성문선왕(玄聖文宣王)으로 추봉하고 5년에는 다시 지성문선왕(至聖文宣王)으로 개칭하였다. 공자에게 아홉 개의 술을 드리운 면류관을 쓰고 9장복을 입고 환규를 들게 하였는데, 이는 상공(上公)의 체제와 완전히 같은 것이었다.

송대에 궐리 공자문묘에 대한 큰 수리가 다섯 차례나 있었는데, 그중 규모가 가장 컸던 것은 태평흥국(太平興國) 8년(983)과 천희 5년(1021)에 있었던 수리였다. 태평흥국 8년, 태종은 친히 말했다. "짐이 왕위에 오른 이래 모두 질서에 따라 문란하지 않도록 여러 사찰과 사당을 수리했는데(朕嗣位以來, 咸秩無文, 遍修群祀)", "노나라의 부자묘만 보수되지 않았으니 모자람이 이보

7) "閟宮霞敞, 正殿岌立, 繚以環堵, 邃其臺門, 巍若化造, 嶷如＿動."("＿"은 중간에 한 글자가 빠져 있다는 뜻).
8) 『修文宣王廟新門記』碑([唐], 裴孝智). 비석은 현 곡부 공자문묘에 있다.

다 심할 수는 없다. 조각상과 진열품은 작고 예에 맞지 않으며, 안채와 곁채는 허름하고 초라하다. 눈길이 닿는 곳은 황량하고 가시덤불만 가득하다. 계단은 학습활동에 방해가 되고 벽장에는 책을 꽂아둘 수 없다. 높이 솟아 있으나 웅장한 기운이 없다. 건물이 무너진 지 오래되었으니 백성들에게 어찌 보일 수 있겠는가?"[9] 그러므로 "구제도를 혁파하고 새로운 법규를 수립하여(鼎新規, 革舊制)" 수리하고 증축했다. 대대적인 수리를 거친 공자문묘는 "담에 둘러싸여 우뚝 솟아 있으며 비첨은 날개를 편 듯하다. 겹겹이 있는 문은 활짝 열려 있고, 층층이 세워진 건물은 우뚝 서 있다".[10] "회랑과 복전은 새로 바꾸었고(回廊複殿, 一變維新)", "겹친 두공에 단청은 햇빛과 달빛처럼 빛난다. 용무늬의 서까래와 구름문의 문미(門楣)는 황금빛과 푸른 빛으로 밝으면서도 은근하게 비춘다. 웅장하고 화려한 모습은 유례가 없었고, 그 수선의 공이 오늘날까지도 매우 크다".[11] 천희 연간의 수리에 대한 자세한 기록은 없지만, 대성전은 북쪽으로 이전되었고 옛터를 행단으로 변경했다는 것으로 미루어 보아 대규모의 확장 공사였음이 분명하다. 정화 원년(1114) 공자가 진규(鎮圭)를 쥐고, 문묘 문을 24극으로 세웠는데, 이는 태묘의 예의와 같은 것으로 공자문묘의 등급을 격상시킨 것이었다.

금나라가 곡부를 점령한 지 100년밖에 지나지

3-3-2 송대 곡부 공자문묘의 건립을 기념하기 위해 세워진 비각.

---

9) "唯魯夫子廟堂未加營葺, 闕孰甚焉. 況像設庫而不度, 堂廡陋而毀頹, 觸目荒涼, 荊棘勿剪, 階序有妨於函丈, 屋壁不可以藏書, 既非大壯之規, 但有嵼然之勢. 傾圮已久, 民何以觀."

10) 『大宋重修兗州文宣王廟碑』([宋], 呂蒙正). 비석은 현 곡부 공자문묘에 있다. "繚垣雲矗, 飛簷翼張, 重門呀其洞開, 層闕郁其特起."

11) "重櫨疊栱, 丹青晃日月之光; 龍桷雲楣, 金碧焜煙霞之色. 輪奐之制, 振古莫儔, 營繕之功於, 今為盛."

않았지만, 공자문묘는 대대적인 훼손과 수리의 과정을 거쳐야 했다. 건염(建炎) 2년(1128) 금의 군대가 곡부를 함락한 뒤 공자문묘가 화재를 당하면서 "묘우와 서적들이 모두 잿더미로 변했다(廟宇與書籍俱爲灰燼)". 그러나 총명한 통치자들은 중원에서 입지를 굳히기 위해 반드시 공자를 추앙했고, 공자 사상을 필요로 했다. 황통(皇統) 원년(1141)에 금 희종(金熙宗)은 직접 상경(上京)12) 공자문묘에 가서 제사를 드렸다. 그는 "북면하여 다시 절을 하고, 유신들을 둘러보며 말했다. '선(善)을 행함에 최선을 다하지 않을 수 없다. 공자는 비록 지위를 얻지 못하였지만, 그의 도는 존숭되고 있으며, 만세에 걸쳐 우러름을 받음이 이와 같다'".13) "행대(行臺)에 조서를 내려 1만 4000여 관(貫)의 돈을 주어 선성전(宣聖殿)을 수리하도록 했다(敕行臺支撥錢一萬四千余貫修蓋宣聖殿)". "4년에는 행성(行省)에서 1만 4500관의 돈을 남경 입작사(入作司: 목재의 유통을 관리하는 관서)로 보내 목재를 구입하고 보관하도록 하며, (그 목재로) 본묘의 수리를 완료하고 대성전을 짓도록 했다. 정융 2년에 남은 자금으로 양무(兩廡)와 제국공전(齊國公殿)을 수리했다."14) 대정(大定) 19년(1179) 연성공 공총(孔摠)은 문묘의 하인들을 데리고 동몽산(東蒙山)에 가서 목재를 구해 침전을 중건했다. 금 장종(金章宗)은 어릴 적부터 유가 경서를 학습했고, 즉위 이듬해(明昌 원년, 1190)에 공자문묘 대수리를 명하면서 8만 3000관을 지급했다. 대대적으로 수리를 했는데 "삼분법으로 하면 옛날 문묘를 수리한 경우가 1할을 차지하고 문묘를 새로이 짓거나 증축한 경우는 2할을 차지했다(三分其役, 因舊以完葺者才居其一, 而增創者倍之)". 공자문묘 확장을 통해 "전당, 낭무, 문청(門廳), 재주(齋廚), 횡사(黌舍)를 합하여 모두 360여 채(殿堂廊廡門廳齋廚黌舍合三百六十餘楹)"15)의 규모를 갖추게 되었다.

금 정우(金 貞祐) 2년(1214) 공자문묘는 두 번째 큰 전란을 겪게 된다. "2월 24일 전화(戰禍)가 문묘에까지 미쳐 전당과 낭무의 절반 정도가 잿더미가 되었다(二月二十四日, 兵災及本廟, 殿堂廊廡灰燼什五)". 이 병화(兵火)의 발발에 대해서는, 금 공원조(孔元措)의 『공씨조정광기(孔氏祖庭廣記)』, 원 조병문(趙秉文)의 『수식회각상기(手植檜刻像記)』 모두 명확한 언급이 없고, 오직 『공정찬요(孔庭纂要)』에서만 다음과 같은 기록을 찾을 수 있다. "정우 2년에 북로(北虜)가 문묘에 침입하여 전당과 낭무를 반정도 잿더미로 만들어버렸다(貞祐二年, 北虜犯本廟, 殿堂廊廡灰燼什五)". 결국 수리 및 확장된 지 20년밖에 안 된 공자문묘가 몽고군의 기병(騎兵)들에 의해 파괴된 것

---

12) (옮긴이) 현재의 흑룡강성 아성현(阿城縣) 부근.

13) 『金史·志第十六·禮八』(文淵閣四庫全書 電子版 참고). "北面再拜, 顧儒臣說,' 爲善不可不勉, 孔子雖無位, 以其道可尊, 使萬世高仰如此'."

14) 『孔氏祖庭廣記』([金], 孔元措). "四年行省降錢一萬四千五百貫, 發南京入作司見材, 修完本廟, 創蓋大成殿, 至正隆二年以羨錢修兩廡及齊國公殿."

15) 『重修至聖文宣王廟碑』([金], 党懷英). 비석은 현 곡부 공자문묘에 있다.

이다.

몽고 귀족들은 "공자의 가르침
은 제왕의 통치가 아니면 멀리까
지 이를 수 없고, 제왕의 통치는
공자의 가르침이 아니면 풍속을
아름답게 할 수 없다. 가르침이
멀리 이르지 못하더라도 도(道)
에 손해를 입히는 것은 아니지
만, 통치로 풍속을 아름답게 하
지 못하면 반드시 나라에 위기가

3-3-3 일부분만 남아 있는 금대 곡부 공자문묘 평면도.

찾아온다".16) "공자의 가르침은 만세에 드리우는 법으로, 나라를 다스리는 자는 마땅히 숭상
하고 받들어야 한다"17)는 것을 잘 알고 있었다. 따라서 원 세조(元世祖) 때부터는 공자문묘 보
호에 관해 계속해서 조서를 내렸다. 원 무종(元武宗)은 즉위 후 공자를 대성지성문선왕(大成至
聖文宣王)으로 추봉하였는데, 조서를 통해 "공자를 신격화하는 것이 황제인 짐에게도 도움이
된다(尙資神化, 祚我皇元)"라며 그 목적을 명확히 밝혔다.

태종 9년(1237)에 자금을 들여 연성공 공원조(孔元措)에게 공자문묘를 수리하도록 명하였다.
정종(定宗) 3년(1248)부터 침전을 정전으로 사용할 수 있도록 수리에 들어갔기 때문에, "선성,
안회, 맹자 및 10철의 조각상을 임시로 다른 곳에 두었다(暫寓先聖, 顏, 孟及十哲像)". 지원(至元)
4년(1267)과 19년 두 번에 걸쳐 남은 건물들을 수리하고 대덕(至元) 6년(1302)에는 대성전을 수
리하면서, 공자문묘의 옛 모습을 회복하였다. 지순(至順) 2년(1331) 연성공 공사회(衍聖公 孔思
晦)는 전대(前代)의 고사(故事)에 따라 왕궁의 제도를 모방하여 문묘 주변에 돌담을 세우고 네
개의 모퉁이에 각루(角樓)를 짓고자 주청을 올렸다.

명대와 청대는 공자 사상이 유례없이 추앙되었던 시기이며, 곡부 공자문묘가 규격화된 시
기이기도 하다.

명 태조 주원장(朱元璋)은 초야에서 태어나 문화적 수준이 높지는 않았지만, 공자를 매우 숭
상하고 공자의 사상을 통해 "국가를 안정시키고 민심이 통합되기(淑海內, 治人心)"를 바랐다.
그리하여 "전쟁이 끝나기도 전에 제사를 먼저 지냈다(武功未戢, 已事俎豆)". 직접 공자에게 제사

---

16) 『代祀孔子廟碑』([元], 曹元用). 비석은 현 곡부 공자문묘에 있다. "孔子之教非帝王之政不能及遠, 帝王之政非
孔子之教不能善俗. 教不能及遠, 無損於道; 政不能善俗, 必危其國."
17) 『重建至聖文宣王廟碑』([元], 閻復). 비석은 현 곡부 공자문묘에 있다. "孔子之道垂憲萬世, 有國家者所當崇奉."

3-3-4
원대의 비각.

를 지내고 연성공 공극견(孔克堅)을 남경으로 불러 알현하도록 하여, 그에게 "세상 유학자들의 지도자가 되어 이 시대에 성인의 도를 펼치도록" 명했다.[18] 아울러 원대 연성공의 특권을 대부분 인정해주었는데, 연성공의 관등을 정1품으로 승격시키고 2000여 경의 전답을 하사했으며, 공자문묘를 몇 차례에 걸쳐 수리했다. 명 성조는 다음과 같이 공자를 칭송했다. "천지와 함께 서서 만물의 화육을 돕는다. 왕도를 밝히고 영원한 이치를 바룬다. 임금은 임금답게, 신하는 신하답게, 부모는 부모답게, 자녀는 자녀답게, 남편은 남편답게, 아내는 아내답게 각자의 역할을 다하게 한다."[19] 한당(漢唐)이래로 군주가 천하를 잘 다스림은 공자 사상을 널리 드러내고 칭찬했기 때문이다.[20] 명 헌종(明憲宗)은 "공자의 도가 천하에 있음은 입을 것과 먹을 것과 같아 백성의 생활에서 잠시라도 없어서는 안 되고(孔子之道之在天下, 如布帛粟菽, 民生日用不可暫缺)", "백성의 화복(禍福)이 이에 달려 있고, 국가의 치란(治亂)도 이와 관련이 있으니(生民之休戚系焉, 國家之治亂關焉)", "나라를 다스리는 자가 …… 어찌 공자의 도에 힘입지 않고서 국사를 다스릴 수 있겠는가(有天下者…… 孰不賴孔子之道以爲治)", "천하를 다스리는 자는 진실로 하루라도 공자의 도가 없을 수 없다(有天下者誠不可一日無孔子之道也)"[21]고 생각했다. 즉위한 날에 바

----

18) 『明史·列傳第一百七十二·儒林三·孔希學』(文淵閣四庫全書 電子版 참고). "領袖世儒, 益展聖道之用於當時."
19) "參天地, 贊化育, 明王道, 正彝倫, 使君君臣臣, 父父子子, 夫夫婦婦各得以盡其分."
20) 『禦制重修孔子廟碑』[明 成祖]. 비석은 현 곡부 공자문묘에 있다.

로 태학으로 가서 공자문묘에서 제사를 지냈
는데, 얼마 지나지 않아 곡부 공자문묘를 수리
하고 공자문묘의 제사를 대사로 승격시켜 12
변두와 8일무를 하도록 명했다.

명대는 궐리 공자문묘에 대한 수리 공사가
양적·질적으로 가장 활발했던 시기였다. 태
조, 성조, 헌종, 효종이 모두 관심을 가졌는데,
헌종 때는 큰 수리가 두 번이나 있었다. 규모
가 제일 큰 공사는 성화 19년과 홍치 13년에
있었다.

성화(成化) 19년(1483) 연성공 공홍태(孔弘泰)
는 "궐리는 천하 문교(文敎)의 본원이니, 문묘
의 모습이 웅장하고 아름답지 않으면 세상 사
람들이 어찌 우러러 보겠으며 후학의 존경을
어찌 받을 수 있겠는가"[22]라고 하며, 공자문묘
중수를 주청했고, 헌종은 윤허했다. "유사에게
새롭게 짓기를 명하니, 전당, 낭(廊), 무(廡), 문
(門), 청(廳), 재(齋), 주(廚), 횡(廥), 사(舍) 등 모
두 358채의 건물이 지어지고 전체가 새롭게
되었다."[23] 이 공사는 매우 정교하게 시행되

3-3-5 성화비(成化碑).

어, "들보와 서까래는 규거준승(規矩準繩: 컴퍼
스와 자, 그리고 수평자와 먹줄로 측정함)에 의해 규범이 잘 지켜졌고, 기둥과 주춧돌에는 용과 봉
황의 형상을 새겼으며, 황금빛과 푸른빛으로 웅장하고 화려하게 그려 넣었다".[24] "사용된 공
금(公金)과 재물을 합하면 10여만 금(金)이나 된다(耗公帑貨財十余萬金)." 이 공사는 성화 23년에
와서야 준공하게 되었다. 이러한 큰 공사로 건물 규모가 대폭 확장되어 대성전의 경우 아홉

21) 『禦制重修孔子廟碑』[明 憲宗]. 비석은 현 곡부 공자문묘에 있다.
22) 『重修宣聖廟記』([明], 劉珝). 비석은 현 곡부 공자문묘에 있다. "闕里乃天下文敎之本源也, 使廟貌不極其壯麗,
　　將何以聳四方之觀瞻, 起後學之尊仰."
23) "命有司作新, 凡殿堂廊廡門廳齋廚廥舍等三百五十八楹, 規模一新."
24) 『落成紀功碑』([明], 王珙). 비석은 현 곡부 공자문묘에 있다. "梁棟榱桷, 圓中規而方中矩, 平中准而直中繩, 柱
　　石鏤以龍鳳之形, 輪奐繪以金碧之色."

칸으로 증축되었다.

성화 연간의 공사 12년 이후(1499) 공자문묘는 처음으로 벼락을 맞아 대성전, 침전, 양무, 가묘, 계성왕전 등 123칸이 불타버렸고, 대성문 북쪽의 행단과 동서로의 대문과 몇 개의 작은 건물들만 겨우 남게 되었다. 이 소식이 수도에 도착하자 황제는 사람을 보내 문묘의 상황을 조사한 뒤, 은 15만 2600여 냥을 들여 화재를 입은 건물을 중건하고 남은 건물들도 수리했으며 일부 건물을 증축했다. 이 역시 매우 큰 공사였다. "목재는 초촉(楚蜀)의 여러 지역에서 구입했으며, 석재(石材)는 추사(鄒泗)의 여러 산에서 구하고, 벽돌은 관요(官窯)에서 보급(補給)하고, 각종 물감이나 도료(塗料)는 시장에서 모으고, 깎고 다듬고 점토를 빚는 목수와 화공(畫工)은 경사(京師)나 지방에서 우수한 자들을 징발하였다."[25] 사용된 물자와 인력은 "형주(荊州), 무호(蕪湖), 항주(杭州)에서 징수한 목재 추분(抽分),[26] 강서(江西), 구강(九江), 소주(蘇州), 호서(滸墅), 임청

3-3-6 홍치(弘治) 연간 재건된 공자문묘의 비석.

(臨淸) 지역의 선료(船料) 세금 및 산동(山東)에서 하세절초(夏稅折鈔),[27] 장정(壯丁), 식염(食鹽), 각 사부(司府)의 창고에 쓰지 않고 방치한 양식과 돈"[28]으로 충당했다. 이 공사는 전국의 인력과 물자를 동원했다고 해도 과언이 아니다.

홍치(弘治) 연간 이후 공자문묘를 재건하는 데에 큰 공사가 더는 없었다. 그러나 곡부현성

25) 『重修闕裡廟圖敍』([明], 李東陽). 비석은 현 곡부 공자문묘에 있다. "木則市之楚蜀諸境, 石則取之鄒泗諸山, 瓴甓則官為之陶冶, 丹堊髹彩則集之于商, 斲削搏埴雕琢繪飾之工則征之京畿及藩府之良者."
26) (옮긴이) 추분(抽分)은 송나라, 원나라, 명나라 시기에 외국의 화물이나 본국 특수 화물에 대해 징수한 세금을 말한다.
27) (옮긴이) 여름에 부역을 대신하여 돈으로 내는 세금을 말함.
28) 『落成題本』([明], 徐源). 『闕裡志』(陳鎬) 참조. "荊州, 蕪湖, 杭州各抽分廠木植, 江西, 九江, 蘇州滸墅並臨淸鈔關船料錢鈔及山東起運夏稅折鈔, 戶口, 食鹽並各司府在庫無礙錢糧."

(曲阜縣城)을 새로 짓는다는 것은 공자문묘와 직결된 중요한 일이었다. 공자문묘는 원래 노성 (魯城) 안에 있었다가 이후 노성이 다른 곳으로 이전하면서, 공자문묘만이 넓은 땅에 덩그러니 남게 된 것이다. 명대에는 관군(官軍) 400명을 보내 이곳을 보호하도록 했지만, 정덕 6년(1511) 에 유육(劉六)과 유칠(劉七)이 주도한 농민봉기군이 곡부를 함락했을 때 관군들은 소문만 듣고 도망가 버렸다. 농민군이 공자문묘에 주둔하면서 "정원 안에서 말을 먹이고 책을 연못에 빠뜨 려 못 쓰게 만들었다(秣馬於庭, 汙書于池)". 지방관은 "현도(縣都)를 이전하여 문묘를 보호해달라 고(移縣城衛廟)" 건의했고, 황제의 허락을 받아 공자문묘를 중심으로 하여 새로운 현성(縣城)를 만들었다. 만력 5년(1577)에 문묘 정문 앞에 정남문(正南門)을 새로 만들었고, 22년에는 "황궁 과 유사한 중성(重城)을 구축하고 고문(皐門)를 세웠다(立重城皐門, 以像朝闕)". 이는 공자문묘가 곡부성의 중심에 자리 잡았다는 것을 보여준다.

만주족 귀족은 공자문묘의 중요성을 잘 알고 있었기 때문에, 산해관을 넘어오기 전에, 성경 (盛京)에 공자문묘를 짓고 봄·가을로 제사를 지냈다. 산해관을 넘어온 이후 "성학 숭상"[崇聖 學]을 나라를 다스리는 중요한 책략의 하나로 삼았다. 순치 원년(1644) 산동순부(山東巡府)인 방대유(方大猷)는 조정에 다음과 같이 주청했다. "선성 공자는 만세 도통(道統)의 조상이 되시 니(先聖孔子為萬世道統之宗)", 공자를 추앙하면 "국가의 명맥을 유지하고 인류 문화의 번성을 기 대할 수 있습니다(可卜國脈靈長, 人文蔚起)". (그러니) "우리 왕조는 건국 초기부터 왕조의 규범을 내내 이것으로써 만들어야 합니다"[29] 조정은 방대유의 건의를 받아들여 공자 장손의 모든 특 권을 인정해주고 순치 2년에 공자를 대성지성문선선사(大成至聖文宣先師)로 봉했다.

강희(康熙) 황제는 "왕성(往聖)을 위하여 절학(絕學)을 잇고, 만세를 위하여 인심을 바룬다(為 往聖繼絕學, 為萬世正人心)"라며 공자를 칭송했다. 강희(康熙) 23년(1684) 황제는 특별히 곡부로 행차하여 공자에게 제사를 지내고 삼궤구고두(三跪九叩頭)의 대례를 거행하면서, '만세사표(萬 世師表)'라고 직접 쓴 현판을 대성전 안에 걸고 같은 현판을 전국 문묘에 하사했다. 연성공(衍聖 公)이 문묘 수리를 청하자 공부(工部)에서는 "일이 많고 번거롭다(事物繁多)"라는 이유로 임시 로 중지하려 했는데, 강희제는 "궐리 성묘(聖廟)는 선사를 받들어 모시고 만세토록 참배하는 곳이다. 오늘날 심각하게 훼손되었으니 마땅히 수리해야 한다. 공부(工部)와 내무부(內務府) 관리를 파견하여 확인 및 평가를 거친 뒤에 다시 상의하도록 하겠다"[30]라고 했다. 조사 후 은 (銀) 8만 6000여 냥을 들여 중수했다. 완공 후에 강희제는 직접 다음과 같은 글을 비문으로 내

29) 『孔府檔案』 0079권. "本朝開國之初, 一代綱常培植於此."
30) "闕里聖廟崇奉先師, 萬代瞻仰, 今旣日漸毀敝, 理宜修葺. 着差工部, 內務府官員前往確估, 到日再議."

3-3-7 강희어제비(康熙御製碑).

렸다. "우리나라의 백성들이 궁장(宮墻)을 우러러보고, …… 덕을 돈후히 하고 의를 숭상하며 강상 윤리를 권면할 것을 생각하게 함으로써, 짐이 스승을 존경하고 도를 중시하는 뜻을 저버리지 않도록 하라."31) 이처럼 공자를 존경하고 문묘를 수리하려는 의도를 숨김없이 보여주었다.

옹정(雍正) 2년(1724)에 퀼리 공자문묘는 역사상 두 번째로 낙뢰를 맞는 재난을 당했다. 대성전에서 화재가 시작되어 침전(寢殿), 양무(兩廡), 대성문(大成門) 등 132칸에 불길이 번지면서, 명 홍치(弘治) 12년의 비극이 재현되었다. 이 소식이 경성에 이르자 옹정(雍正)제는 반성했다. "짐이 생각건대 공자는 도와 덕이 높고 두터워 만세의 모범이 되시니, 세상의 가르침을 보존하고 인생의 표준을 세운 것이 천지와 더불어 오래되었다. 짐이 황제가 된 이래로 존경을 표하고 공경하는 마음을 표현하기 위해 정성을 다했다. 그런데 오늘날 퀼리성묘가 재난을 당하고 말았으니 짐이 스승을 높이고 도를 중시하는 마음이 아직도 부족한 것인가."32) 소복을 차려입고 거처에 머무르며, 음악을 듣지 않고 음식 수를 줄이며 이틀 동안 재계했다. 황제의 행렬을 갖추지 않고 소복을 입은 채 직접 국자감에 가서 제사를 지내고, 예부시랑(禮部侍郎)을 보내 퀼리 공자문묘에서 위제(慰祭)를 지내도록 했으며, 서공부시랑(署工部侍郎)을 보내 산동순무(山東巡撫)와 함께 조사하고 수리하도록 했다. 수리 작업에 옹정제는 깊은 관심을 보였다. "전과 무 등 건물을 짓는 제도와 규모 및 제사용 기구까지도 모두 그림을 그려서 미리 보이도록 하여 짐의 지시를 따르도록 하라. 좋은 장인을 선택하고 재료를 제대로 갖추어 건물을 짓도록 하라."33) 5년에 걸친 공사에

31) "凡我臣民, 瞻仰宮墻, …… 益思敦德崇義, 砥礪倫常, 以不負朕尊師重道之意."
32) "朕惟孔子道德高厚, 爲萬世師表, 所以維世敎, 立人極者, 與天地同其悠久. 朕臨御以來, 思極尊崇之典, 用申仰止之忱. 今闕里聖廟被災, 豈朕尊師重道之心誠有未至歟?"
33) 『孔府檔案』 4991권. "凡殿廡制度規模以至祭器儀物皆令繪圖呈覽, 朕親爲指授. 遴選良工, 庀材興造."

유리와 비용은 책정되지 않았으며, 15만 7600여 냥의 은을 들여 불타버린 건물을 중건하고 남은 건물들도 수리했으며, 악기고(樂器庫)와 비각 두 개도 증축했다. 정전과 정문은 모두 황색 유리기와를 사용하고 금룡화새(金龍和璽)로 채색하여, 공자문묘의 예제 등급을 승격시켰다.

건륭(乾隆) 연간 동안에는 공자문묘의 공사는 거의 없었지만, 건륭(乾隆)제는 곡부에 여덟 차례나 방문하여 제사를 지내면서 삼궤구고(三跪九叩) 혹은 이궤육고(二跪六叩)를 했다. 10여 개의 비석을 새기고 100편에 달하는 시를 쓰기도 했는데, 이 모두 황제가 공자에게 예를 갖추는 방식에서 새로운 전례를 남기는 것이었다.

옹정 연간의 큰 수리 이후 가경(嘉慶) 13년(1808)에 은 15만 9300여 냥을 들여 전면적으로 수리를 한 적이 있었고, 동치(同治) 연간에는 은 6만 4000여 냥을, 광서(光緒) 23년(1897)에는 은 2만여 냥을 들여 수리하기도 했다. 광서 32년에는 공자문묘의 중사(中祀)를 대사(大祀)로 승격시키면서, 모든 건물을 황색 기와로 바꾸고, 대성전을 무전정(廡殿頂)으로 바꾸었다. "물자 구하기가 어렵고, 좋은 목재 얻기가 어려워서 새로 개조한다면 공사를 한다 해도 예전만 못할 것이다. 차라리 중요한 부분만 수리함으로써 존경함을 표현하는 것이 나을 것이다."[34] 그리하여 5만 냥을 들여 청대 비각 아홉 개를 수리하였고, 덕모천지방(德侔天地坊)과 도관고금방(道冠古今坊), 관덕문(觀德門), 육수문(毓粹門), 규문각(奎文閣)을 황색 기와로 바꾸었다.

2) 역대(歷代) 곡부 공자문묘의 규모

당대(唐代) 이전에는 가옥 정도의 규모로 문묘를 세웠기 때문에 문묘 구조는 단순한 편이었다. 한(漢)대 비석과 『수경주(水經注)』를 살펴보면, 주위에는 담장이 둘러싸고 있는데 남쪽 담장 가운데에는 망루가 있었고, 담장 안쪽으로 창고[庫], 복도[廊], 백석졸사(百石卒史)의 관사와 못이 있었으며, 건물은 세 채가 있었다. 그래도 부지 면적은 큰 편이었다. 『종정기(從征記)』에는 다음과 같은 내용이 있다. "궐리 뒤쪽에는 주수강과 사수강이 흐르고, 담장은 남북으로 120보(步), 동서로 60보이다. 네 문에는 각각 돌로 만든 문지방이 있는데, 북문은 주수강에서 약 100보정도 떨어져 있다."[35] 한(漢)대부터 남북조(南北朝) 시기까지 1보(步)는 6척(尺), 1척은 0.231~0.246m였다. 이를 토대로 계산해보면, 궐리는 남북으로 약 170m, 동서로는 약 85m, 면적은 약 1만 4450m²이다. 『수경주(水經注)』에는 "건물 크기는 1경(頃)이다(宅大一頃)"라고 되

---

34) 『孔府檔案』5011권. "物力維艱, 良材難得, 若從新改造, 工程鞏固恐不及前. 不如擇要修理, 以示尊崇."
35) "闕里背洙泗, 墻南北一百二十步, 東西六十步, 四門各有石闔, 北門去洙水百步余."

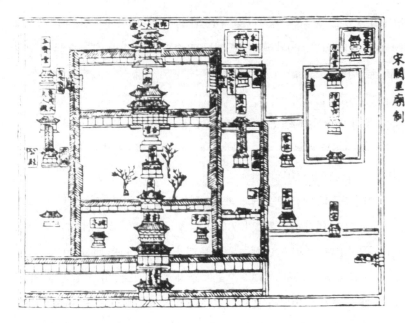

3-3-8
송대 곡부 공자문
묘 평면도.

어 있으며, 1경은 100묘(畝), 1묘는 240보, 1보는 6척이다. 그런데 북위(北魏) 이후부터는 1척
은 0.295m이고 1경은 약 7만 5200m²였다. 두 수치가 차이 많은 것을 보면, 『수경주』의 기록
이 잘못된 것 같다. 아마도 『사기(史記)』의 "공자 무덤의 크기가 1경(孔子冢大一頃)"이라는 내용
을 "집 크기가 1경(宅大一頃)"으로 잘못 이해하였을 것이다.

당(唐) 초기에 확장된 규모에 대해서는 공상임(孔尙任)의 『궐리지(闕里志)』에서만 볼 수 있는
데, 이 책의 「사묘지(祠廟志)」에는 다음과 같은 내용이 있다. "당나라의 정묘(正廟)는 다섯 칸으
로 되어 있는데, 남쪽을 향해 앉아 있는 문선왕에 제사를 지낸다. 안자(顔子)는 서쪽을 향하고,
민자(閔子) 이하 십철(十哲) 및 증자(曾子)는 동서로 위치하고 있으며, 모두 조각상으로 되어 있
다. 양무는 20여 칸으로 현인 72명의 제사를 지내며, 벽에는 초상화가 그려져 있다. 뒤쪽에 있
는 침묘(寢廟)에서는 공자의 부인인 개관씨(開官氏) 제사를 지낸다. 앞쪽에 있는 묘문은 세 칸
으로 되어 있고 매우 웅장하며 아름답다."[36] 그리고 당시에 이미 겹집 구조로 증축되어 있는
상태였다.

송대 공자문묘의 규모에 대해서는 남송 공전(孔傳)의 『동가잡기(東家雜記)』의 「택도(宅圖)」
에 기록으로, 금(金)대 공원조(孔元措)의 『공씨조정광기(孔氏祖庭廣記)』에 그림으로 남아 있는

---

36) "唐: 正廟五間, 祀文宣王, 南向坐, 顔子面西配, 閔子以下十哲及曾子東西列坐, 皆爲塑像; 兩廡二十余間, 祀七十
二賢, 圖繪于壁上; 後爲寢廟, 祀開官夫人; 前爲廟門, 三間, 甚壯麗."

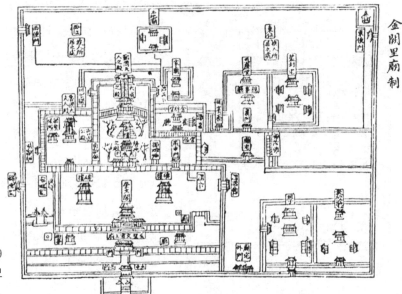

3-3-9
금대 궐리묘
(闕里廟) 평면도.

데, 두 곳의 내용이 완전히 동일하다. 글과 그림을 보면 공자문묘는 동쪽에 부속된 습봉시사청(襲封視事廳) 이외에 동쪽, 중간, 서쪽 세 열로 배치되어 있고, 앞뒤로 정원이 네 개 있으며, 공씨 자손의 주택 외에 "조묘(祖廟), 전정(殿庭), 낭무(廊廡) 등 모두 316칸으로 되어 있다(祖廟殿庭廊廡共三百一十六間)".

금대 공자문묘의 규모는 송대와 거의 비슷하면서도, 대중문(大中門), 영성문(欞星門) 등을 증축하고 일부 건물의 규모를 확장시켰다. 이때 전무(殿廡)는 청기와로 푸른색 그림을 그렸으며, 난간과 커튼, 창문을 주칠하고, 처마 기둥에 돌로 용의 도안을 장식하여 공자문묘의 품격을 높였다.

원대 공자문묘의 규모에 대해서는 남아 있는 기록이 없다. 공상임(孔尙任)의 『궐리지(闕里志)』를 참고하면, 명 홍무(洪武) 10년의 문묘 규모가 바로 원대와 동일한 이유는 당시 3개월 동안, 정전 양쪽의 회랑, 동서 양무, 세 성씨[三氏: 공씨, 안씨, 맹씨]의 생원 숙소 70여 칸만 수리했을 뿐, 문묘 구조는 바꾸지 않았기 때문이다. 금(金)대와 비교해보면, 문묘 앞에는 대문을 증축했고, 동로(東路)에는 연신당(燕申堂)을 새로 짓고, 서로(西路)에는 육성후전(毓聖侯殿)을 철거하였으며 오현당(五賢堂)을 가운데 남쪽을 향하도록 옮겨서, 금(金)대처럼 난잡하지 않고 한결 더 정돈되었다.

명대는 변화가 가장 많은 시기였다. 영락(永樂) 15년(1417)에 영성문(欞星門), 동문[洞門: 대문. 현재의 성시문(聖時門)], 덕모천지방(德侔天地坊)과 도관고금방(道冠古今坊)을 증축했고, 대문 밖

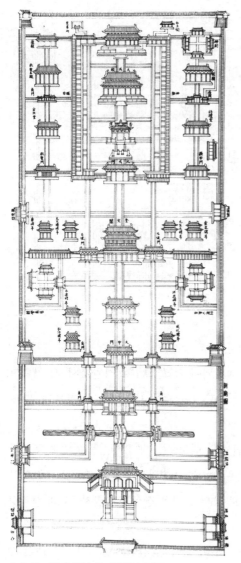

3-3-10 명대 곡부 공자문묘 평면도.

에는 담장과 동서 하마비(下馬碑), 대문 안에는 돌다리 세 개를 늘렸으며, 공자문묘 앞에 정원을 길이 180m로 확장시켰다. 성화(成化) 18년에도 크게 수리를 했다. "광정전(廣正殿) 기둥은 아홉 개로 하고, 양무와 가묘를 확대시켰으며, 담장과 누각 등은 모두 새로 만들어서 규모가 대단히 커졌다."[37] 홍치(弘治) 12년(1499)에는 화재 후에 중건했는데, 대문, 이문(二門), 대중문(大中門) 모두 세 칸에서 다섯 칸으로 확장시키고 앙고문(仰高門), 쾌도문(仰高門)을 증축했다. 이 공사에서 주요 건물은 모두 녹색 유리기와로 바꾸고 고급 청록색과 금색을 이용하여 채색함으로써, 공자문묘의 예제 등급을 격상시켰으며 현재의 규모를 완성했다.

홍치(弘治) 공사 이후 명대 공자문묘에 큰 공사가 더는 없었다. 정덕(正德) 연간 "현성(縣城)을 이전하여 문묘를 보호한다(移縣城衛廟)"라는 명분으로 공자문묘를 중심으로 새 현성을 건설했다. 만력(萬曆) 5년(1577)에 문묘 대문 앞에 정남문(正南門)을 새로 지었고, 22년에는 "궁궐과 비슷한 모양으로 중성(重城)을 구축하고 고문(皐門)을 세워서(立重城皐門, 以像朝闕)"공자문묘가 당당히 도시 중심에 위치함을 더욱 분명히 보여주었다. 가정(嘉靖) 17년(1538)에는 문묘 대문 앞에 금성옥진방(金聲玉振坊)을, 23년에는 영성문(欞星門) 안에 태화원기방(太和元氣坊)을 증축함으로써 문묘 문앞의 기세를 드높였다. 만력(萬曆) 22년에 침전(寢殿) 뒤에 증축한 성적전(聖迹殿)과 성적도(聖迹圖)는 공자문묘를 더욱 풍성하게 했다.

....

37) "廣正殿爲九楹, 展兩廡, 家廟, 以及門墻樓閣一皆重新鼎建, 規制有加."

명대 이후 문묘 구조는 크게 변하지 않아서, 청대 비각 10개를 증축하고 가묘를 숭성사(崇聖祠)로 바꾸었을 따름이다. 그러나 옹정(雍正) 연간의 화재 이후 정전을 중건하고 정문은 황색 유리기와 양각으로 된 금운룡지복오색장안(金雲龍地伏五色粧顔)으로 채색했으며, 양무는 황색 유리기와로 지붕을 두름으로써 공자문묘의 건축 등급을 격상시켰다. 광서(光緒) 연간에는 여러 비각, 규문각(奎文閣)과 덕모천지(德侔天地), 도관고금(道冠古今) 두 방(坊)을 황색 유리기와로 바꾸었으며, 1925년에는 침전(寢殿), 동문문(同文門)도 기와 색깔을 바꾸었다.

3) 문묘의 구조와 건축물

곡부 공자문묘는 세계 공자문묘의 원조이지만, 공자 고거를 토대로 발전해왔으며 공자 장손이 제사를 지내는 장소이므로 다른 예제 문묘와 많은 부분에서 차이가 있다. 문묘의 성격과 구성요소, 구조, 규모 면에서 독특한 특징을 가지고 있다.

곡부 공자문묘는 줄곧 공자의 자손이 제사를 주관해왔는데, 이는 공씨 가묘이면서 동시에 국가 사전(祀典)에 포함되는 예제 문묘이기도 하다. 한(漢) 영광(永光) 원년(B.C 43) 공자 13대손 포성군(襃成君) 공패(孔霸)에게 식읍으로써 공자에게 제사 지내도록 명하였고, 이후 대대로 제사를 주관하는 이에게 작위를 내렸다. 순서대로 나열해보면 포성후(襃成侯, 漢), 종성후(宗聖侯, 三國의 魏) 봉성정후(奉聖亭侯, 晉~陳) 숭성후(崇聖侯, 北魏), 공성후(恭聖侯, 北齊), 추국공(鄒國公, 北周), 소성후(紹聖侯, 隨), 포성후(襃成侯), 문선공(文宣公, 唐), 연성공(衍聖公, 宋)과 같다. 이 중 연성공(衍聖公)은 송·금·원·명·청·민국을 거쳐 880년 동안이나 지속되어왔는데, 명(明)·청(淸) 시대에는 관직이 일품(一品)에까지 오르면서 조정에서 백관 중 가장 첫 번째 반열에 오르기도 했다. 1934년에 와서야 대성지성선사봉사관(大成至聖先師奉祀官)으로 이름이 바뀌면서 특별 임무를 맡게 되었다. 대대로 공자 장손에게 작위를 내렸던 목적은 바로 국가를 대표하여 곡부 공자문묘에 제사를 지내기 위함이었다. 때문에 관서(衍聖公府, 속칭 孔府)를 세우고, 관리(연성공에게 속한 관리는 3품부터 9품까지 모두 70여 명이 있었다)를 두고, 제사 경비(당 이전에는 봉호를, 이후에는 땅을 하사했으며, 명 태조(太祖)는 한 번에 제천(祭田) 2000 대경(大頃)을 하사한 적이 있었다)를 지원했다. 그 외에도 국가에서는 곡부 공자문묘를 위해 제사 악장(樂章)을 제정하고, 예기, 악기, 무용 도구를 제작했으며, 황제가 직접 궐리에 가거나 자주 관리를 파견하여 제사를 지냈다. 청대에는 황제가 즉위하거나 태자와 정궁(正宮)을 세울 경우, 그리고 반란을 평정하거나 풍년을 기원하는 등의 일이 있을 때 관리를 보내 제사를 지냄으로써 조상에게 알렸다. 곡부 공자문묘의 가묘의 성격은 주로 가묘, 침전 등의 건물과 협제(祫祭)나 천신(薦新: 햅

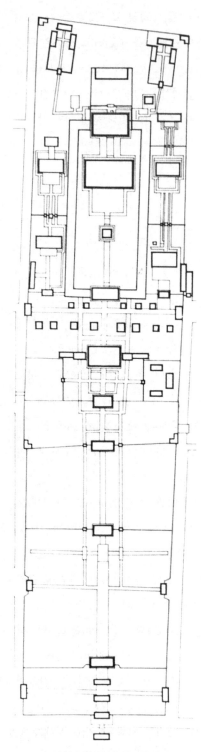

3-3-11 청대 곡부 공자문묘 평면도.

쌀이나 제철 과일을 제물로 올리는 것) 등 제사 활동에서 나타난다. 그러나 건물과 제사 규모가 모두 작은 편이어서 국가 예제에 부속된다.

곡부 공자문묘의 두 번째 특징은 여러 요소로 이루어진 복합체라는 것이다. 공자고택, 공씨가묘, 제왕 종묘 및 궁실 등 여러 가지로 이루어져 있다.

공자고택은 현재 문묘 위치에서 중간 지점의 동쪽 편에 있었으나 계속된 확장으로 인해 고거의 자취는 일찌감치 사라졌지만, 후대에 공자를 기념하기 위해 여러 기념물을 만들었다. 공자의 강학을 기념하는 행단(杏壇), 공자가 시와 예를 가르치던 시례당(詩禮堂), 공자고택과 진시황(秦始皇)의 분서갱유(焚書坑儒) 당시 공부(孔鮒)가 유가 경서를 보존했던 것을 기념하는 노벽비(魯壁碑), 공자고택의 표지인 공자고택문, 공자가 친히 심었다고 전해지는 향나무, 그리고 당시 마시던 우물 등 이러한 기념물은 규모는 크지 않지만, 문묘에서 중요한 위치를 차지하고 있으며 곡부 공자문묘에만 있는 것들이다.

곡부 공자문묘에서는 공자의 장손이 제사를 지냈는데, 국가를 대표하는 석전(釋奠), 석채(釋菜), 행향(行香) 이외에도 시향(時享), 협제(祫祭), 천신(薦新), 제고(祭古) 등의 제사도 지냈다. 대성전과 양무 외에 공자 부인을 봉사하는 침전과 공자 부모를 봉사하는 계성왕전(啓聖王殿) 및 침전, 공자와 공리(孔鯉), 공급(孔伋), 중흥조(中興祖) 부부를 봉사하는 가묘도 지었다. 이 모든 것이 전부 공씨 가묘를 이루고 있었다.

공자문묘의 제사 등급은 역사적으로 대부분 중사(中祀)에 속했는데, 청 광서(光緒) 32년에 오면 대사(大祀)로 승격됐으나 청 정부는 재정적인 어려움으로 이에 걸맞게 개조하지는 못했다. 그래도 황색 유리기와,

3-3-12 노벽(魯壁)과 옛 우물.

금룡화새(金龍和璽) 채색화, 네 모퉁이의 각루는 제왕의 궁실 제도에 맞추었으며, 정전 앞의 다섯 대문[성시문(聖時門), 홍도문(弘道門), 대중문(大中門), 동문문(同文門), 대성문(大成門)]도 천자의 궁실 5문(五門)과 비견할 수 있었다. 이러한 것들 모두 제왕궁실 및 종묘의 요소이다. 공자는 당(唐)대부터 문선왕[文宣王: 후왕(侯王)이 아닌 주천자문왕(周天子文王)과 무왕(武王)의 왕]으로 추봉되었으며, 송대로 오면 12면류관, 12복장을 하고 진규(鎭圭)를 쥐게 되었으며, 문묘 문에 24극을 세우게 된다. 명 성화(成化) 13년(1477)에는 8일무(佾舞)와 12변두(籩豆)[嘉靖 9년에 다시 6일무, 10변두로 개정로 바뀌었다. 이들 모두는 제왕종묘의 요소이다.

공자는 평생 교육에 종사했고, 사후에도 교육과는 떼려야 뗄 수 없는 인연을 맺게 된다. 한(漢) 영평(永平) 2년(59)에는 학교 안에서 제사를 지냈고, 군현에서는 향음주(鄕飮酒)를 하면서 태뢰(太牢)로 제사를 지냈다. 당 정관(貞觀) 4년에는 주현의 모든 학교에 공자문묘를 세우도록 했는데, 학교와 함께 문묘를 세우는 것은 예제 공자문묘의 정례가 되었다. 중국의 영향으로 베트남, 조선, 일본에서도 대체로 이와 같은 구조를 채택하게 된다. 그러나 곡부 공자문묘에는 문묘만 있고 학교는 없었는데, 그것이 바로 세 번째 특징이다.

광서(光緖) 연간에 공자문묘가 대사(大祀)로 승격된 이후에도 곡부 공자문묘를 비록 대사 규모에 걸맞게 전면적으로 개조하지는 않았지만, 대성전도 국자감 공자문묘처럼 면적 아홉 칸,

3-3-13
공자문묘 조감도.

무전정(廡殿頂)으로 하지 않았지만, 궐리 공자문묘의 오문(五門), 모퉁이, 황색 유리기와 천장, 금룡화새(金龍和璽) 채색화는 모두 제왕궁실의 규모와 같아서 세계에서 규모가 가장 큰 공자문묘라고 할 수 있다. 이것이 궐리 공자문묘의 네 번째 특징이다.

　곡부 공자문묘의 다섯 번째 특징은 큰 규모이다. 신도(神道)까지 포함해서 남북 총길이는 약 1300m, 부지면적은 약 13만 m²이고, 건물 100여 개, 460여 칸이 있으며, 건축 면적은 1만 5890m²로, 세계 최대 규모의 공자문묘이다. 문묘 앞 신도(神道) 길이는 512m로, 공자문묘의 가장 긴 신도일 뿐 아니라 중국 묘우 중에서도 가장 긴 신도일 것이다. 문묘만의 세로길이는 651.7m, 가로길이는 141~153m로, 앞뒤로 정원이 아홉 개 있고, 가운데는 중심선이 관통하고 있으며, 좌우가 대칭이어서 구조가 엄밀하고 웅장하다.

문묘 앞 신도(神道) 양쪽에 향나무를 심어서 신성하고 장엄한 분위기를 자아내고 있으며, 방문객들에게도 엄숙한 정서를 갖게 한다. 문묘 뒤에 우뚝 솟은 성문, 높이 보이는 '만인궁장(萬仞宮墻)' 현판, 깊은 현관은 방문객들이 문묘 입구로 들어서기 전부터 경건한 마음을 절로 갖게 한다. 문묘 문에 이르러 보니 각각 거리에 높이 걸리는 '금성옥진(金聲玉振)', '영성문(欞星門)', '태화원기(太和元氣)', '지성묘(至聖廟)', '성시문(聖時門)' 등의 현판이 각각 적색, 녹색, 황색으로 되어 있어서 한눈에 띄며, 방문객들이 경모하는 마음을 갖게 된다. 문묘에 들어서서 높이 솟은 오

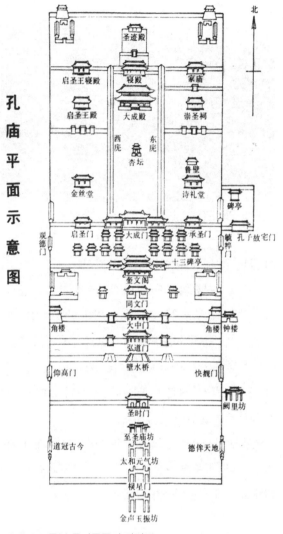

3-3-14 곡부 공자문묘의 평면도.

래된 향나무로 뒤덮인 화살같이 쭉 뻗은 통로를 천천히 걷다 보면 이따금 '덕모천지(德侔天地)', '도관고금(道冠古今)', '홍도문(弘道門)', '대중문(大中門)', '동문문(同文門)' 등 뚜렷한 현판이 보여서 방문객들의 공경심을 자아낸다. 대성문에 들어서면 길이가 170여 m에 달하는 화려한 대성전의 처마가 높이 솟아 있고 역대 유가 선인들에게 제사 드리는 양무(兩廡)가 둘러싸고 있어서, 방문객들은 공자 사상이 넓고도 깊음을 느낄 수 있다. 공자의 위대한 업적, 유가의 유구한 역사는 방문객들의 정서를 고양시켜서 숭앙하는 마음이 절로 생겨나게 한다. 컬리 공자문묘의 공간이 방문객들의 정서를 지속적으로 고양시키는 점은 다른 공자문묘에 비할 수 없다. 이것

3-3-15 앙성문(仰聖門).

이 곡부 공자문묘의 여섯 번째 특징이다.

곡부 공자문묘의 일곱 번째 특징으로 문묘를 중심으로 하나의 도시를 세웠다는 점을 들 수 있다. 곡부현은 공자문묘 보호를 위해 만들어졌는데, 공자문묘가 도시 중심에 자리 잡고 있어서 일부에서는 곡부를 묘성(廟城)으로 부르기도 한다. 공자문묘는 곡부 정남문 안에 위치하고 있으며 남북으로 문묘의 총길이는 800m이다. 그런데 도시의 남북 길이가 1000m 정도인 데다가 도시의 동서, 남북을 관통하는 도로가 없어서, 공자문묘의 지위는 돋보일지 모르지만, 도시 교통에는 불편한 점이 있다.

곡부 공자문묘에는 크고 작은 건물 100여 채가 있어서, 가장 많은 건물을 보유한 공자문묘기도 하다. 곡부 공자문묘는 각 지방의 공자문묘가 모방하는 모델이기 때문에, 이 건물들에 대해서는 상세한 연구가 필요하다.

① 앙성문(仰聖門)

앙성문은 본래 곡부 공자문묘의 정남문(正南門)에 위치하고 있으며 특별히 공자문묘 문앞에 세웠는데, 명목상으로는 곡부 공자문묘의 정남문이지만 실제 공자문묘의 입구와 다름없다. 문에는 '만인궁장(萬仞宮墻)'이란 글자를 돌 현판에 상감해놓았는데, 원본은 명 가정(嘉靖) 연간 산동순무(山東巡撫) 호찬종(胡纘宗)이 쓴 것으로 문묘 문앞 성벽에 새겨져 있던 것이다. 만력(萬曆) 5년 성벽에 새로 남문을 만든 후에 성문에 이것으로 다시 상감했는데, 청 건륭(乾隆)제가 곡부에 가서 공자에게 제사를 지내면서 자신이 쓴 글자로 바꾸어놓았다. 이것이 바로 여러 공자문묘 문병에 '만인궁장(萬仞宮墻)'이라는 글자가 새겨지게 된 유래이다. 명 만력(萬曆) 12년에는 성문에 숭첨문루(崇簷門樓)를 세우고 '만대첨앙(萬代瞻仰)'이라는 현판을 달았다.

② 금성옥진방(金聲玉振坊)

이 패방은 공자문묘의 제일 앞에 위치하고 있으며, 명 가정(嘉靖) 17년(1538)에 산동순무 호찬종(胡纘宗)이 세웠다. 돌로 만든 3칸 4주(柱) 3문루(門樓)의 충천주(沖天柱)식 구조로, 높이는 5.6m, 길이는 13.5m이다. 팔각형의 돌기둥 앞뒤로 석고(石鼓)가 있고, 기둥머리는 앙련좌(仰蓮座)로 되어 있으며, 정상에는 딱딱한 껍데기를 가진 해태가 입체로 장식되어 있다. 바깥으로 직접 통하는 방[明間]은 조금 높고 방(坊) 현판에는 이름을 음각했다. 끝방[稍間]에는 운룡(雲龍) 그림을 평삽(平鈒)[38]했는데, 선이 매끈하고 아름답다. 방 현판에는 지붕을 씌우고, 돌 전체는 기왓골 형태로 되어 있다. 방명(坊名)은 맹자의 공자에 대한 찬사에서 따온 것이다. "공자는 집대성이라 할 수 있다. 집대성이란 금(金)으로 소리를 퍼뜨리고, 옥(玉)으로 거두는 것이다. 금으로 소리를 퍼뜨린다는 것은 조리를 시작함이요, 옥으로 거둔다는 것은 조리를 끝내는 것이다. 조리를 시작하는 것은 지혜로운 일이요, 조리를 끝내는 것은 성스러운 일이다."[39] 음악을 연주하고 종을 쳐서 소리를 내는 것과 경쇠를 쳐서 아름다운 음을 거두는 것에 비유하여 공자가 옛 성인과 선현들을 집대성했던 것을 찬양한 것이다. 곡부 공자문묘에서 이 방을 만든 후에 여러 공자문묘에서도 건물에 '금성옥진(金聲玉振)'이란 이름을 붙여 공자를 찬양했다.

③ 반교(泮橋)

반교는 영성문(欞星門) 뒤에 위치하고 있다. 곡부 공자문묘에 반원형 못은 없지만, 영성문 앞에 궁형의 배수구를 팠다. 이 배수구는 문묘 동쪽의 노국(魯國) 반지(泮池)와 연결되어 있어서 물도 거기서 온 것이다. 청 강희(康熙) 16년(1677)에 다리를 만들었는데, 이 다리는 단공(單孔) 아치형이고 중간에는 저부조(淺浮彫)로 된 용 모양의 계단과 양쪽에는 돌난간이 있었다. 다리를 건너면 뒤쪽으로 바깥으로 뻗어 나가다가 북쪽에서 끊겨 문묘 담장과 연결되어 있어 영성문 앞에 반폐쇄형 공간이 형성되었다. 곡부 공자문묘는 후한(後漢)시기부터 방형(方形)의 연못이 있었는데 공자문묘가 점차 확장되면서 연못도 메워졌다. 금대 공자문묘에는 대중문과 문묘 문 중간에 선형(線形)의 못이 있었고 못 위로 다리 세 개를 짓기도 했다. 명 홍무(洪武) 10년 공자문묘는 남쪽으로 확장되어 오늘날 홍도문(弘道門)까지에 이르렀고, 영락(永樂) 연간에는

---

38) (옮긴이) 평삽(平鈒)은 조각 방법의 하나로 평면에 선을 새겨서 도안으로 만드는 것이다.

39) 『孟子·萬章 下』(文淵閣四庫全書 電子版 참고). "孔子之謂集大成. 集大成也者, 金聲而玉振之也. 金聲也者, 始條理也; 玉振也者, 終條理也. 始條理者, 智之事也; 終條理者, 聖之事也."

3-3-16 영성문(欞星門).

홍도문(弘道門) 앞에 벽수(璧水)를 팠다. 명 정덕(正德) 연간에는 성벽 앞까지 확대되었고 청 강희 연간에는 영성문 앞에 반지(泮池)를 팠다. 물이 부족한 북방 지역에 위치해 있었기 때문에 곡부 공자문묘는 늘 못을 만드는 것을 염두에 두었다.

④ 영성문(欞星門)

금(金) 대 공자문묘 맨 앞에 2주 1칸의 오두문(烏頭門)을 세웠는데, 문헌에서 이 문의 이름을 찾을 수는 없지만 영성문(欞星門)인 것은 분명하다. 명 영락(永樂) 13년 공자문묘를 확장하면서 문묘 문앞에 영성문을 중건했다. 명 정덕(正德)의 문묘도(文廟圖)를 참고하면, 3칸 4주 충천(沖天)식으로 된 방(坊)으로 오늘날 지성묘방(至聖廟坊) 근처에 있는데, 아마도 가정(嘉靖) 연간 도시 정비 후 지금의 위치로 옮긴 것 같다. 원래 목재로 되어 있었는데 청 건륭 19년(1794)에 석재로 바꾸었다. 문 모양은 3칸 4문 4주 화염충천주식(火焰沖天柱式)으로 높이는 10.34m, 넓이는 13m이다. 두 마디로 된 돌기둥은 앞뒤로 석고(石鼓)가 있고, 마디 교차점에 석창주(石戧柱)로 서까래를 삼고 있다. 창주(戧柱) 위는 구름 모양으로 되어 있고, 기둥 머리에는 운관(雲罐)을 조각했으며, 각각 입체로 된 사대천왕이 있다. 철로 된 작은 액방(額坊)은 네 개 용두(龍頭) 공훈을 주조해서 돌로 된 액방을 받치고 있다. 돌로 된 액방은 명간에 2층, 초간에 1층이 있고, 꼭대기에 화염보주(火焰寶珠)를 놓았다. 액방은 저부조(淺浮彫)로 장식되어 있고, 바깥으로 통하는 방 윗층과 끝방 양쪽은 조환(條環)으로 장식되어 있으며, 가운데 바깥으로 통하는 방은 이룡희주(二龍戲珠)로 되어 있다. 끝방과 바깥으로 통하는 방 아래층 양쪽은 운학(云鶴)으로 되어 있다. 가운데 방은 양각으로 이름을 새겼는데, 이는 건륭제가 쓴 것이다. 석방의 모양은 매우 아름답고, 구조는 균형을 갖추고 있으며, 조각은 섬세하다. 방 아래 서서 고개를 들고 기둥 끝을 바라보면 푸른 하늘을 향해 뻗어가는 듯한 느낌이 든다.

3-3-17
지성묘방
(至聖廟坊).

⑤ 하마패(下馬牌)

하마패는 영성문(欞星門) 동서쪽 문묘 담장에서 북쪽을 바라보는 모퉁이에 있다. 금(金) 명창 (明昌) 2년(1191)에 처음 세워졌는데, 이것이 현재까지 알려진 바로는 공자문묘에 세워진 최초의 하마패(下馬牌)이다. 현재 석패는 명 영락(永樂) 15년에 다시 새긴 것이다.

⑥ 태화원기방(太和元氣坊)

이 패방은 영성문 안에 위치하고 있다. 명 가정 23년(1544)에 산동순무 증광(曾銑)이 쓴 것으로, 모양과 구조는 금성옥진(金聲玉振)과 동일하다.

⑦ 지성묘방(至聖廟坊)

이 패방은 태화원기방(太和元氣坊) 뒤에 위치하고 있다. 처음 세워진 시기는 분명하지 않으나 대략 명 홍치(弘治) 연간 문묘를 수리할 때 만들어진 듯하다. 재질은 한백옥(漢白玉)이며 모양과 구조가 단순하다. 3칸 4주 충천주식이고 한 층으로 된 액방이며, 바깥으로 통하는 방에만 화염주보를 만들었는데, 여기에 전서로 음각된 '지성묘(至聖廟)'란 글자는 누가 썼는지 알 수 없다. 끝방에는 운룡(雲龍) 도안이 평삽되어 있다. 돌기둥은 팔각형에 앞뒤로 석고(石鼓)가 있고, 기둥머리는 앙련좌(仰蓮座)가 되어 있으며, 윗부분의 웅크리고 있는 해태 아래를 구름이

3-3-18 도관고금방(道冠古今坊).

받치고 있다.

⑧ 덕모천지방(德侔天地坊)과 도관고금방(道冠古今坊)

　두 방은 영성문과 성시문(聖時門)으로 구성된 첫 번째 정원의 동서 방향으로 있는 담장에 있는데, 실제로는 공자문묘에서 동서방향으로 있는 첫 번째 옆문이다. 목조로 된 두 방은 명 영락(永樂) 13년(1415)에 완성되었다. 3칸 4주 5루 형식에 기둥은 튀어나오지 않았고, 황색 유리기와로 된 지붕이 덮여 있으며 여의두공(如意斗栱)이다. 명루(明樓)는 무전정(廡殿頂)에 두공 13채, 차루(次樓)는 헐산정(歇山頂)에 두공 9채로 되어 있다. 명루와 차루 사이의 협루(夾樓)는 두공 5채이다. 앞뒤로 협간석(夾桿石)이 둘러싸고 있으며, 협간석에는 돌사자, 천록(天祿)을 입체로 만들었다. 수수한 모양에 소박한 동물이 원기둥에 앉아 있고, 권초(卷草) 조각은 시원시원하고 호방하다. 액방은 크지만 웅장하지는 않으며 평판방(平板坊)은 납작하고 넓어서 모두 명 초기의 건축양식을 보여준다.

⑨ 성시문(聖時門)

　성시문은 공자문묘의 대문으로 명 영락 13년에 처음 만들어졌으며, 3칸이었다가 홍치(弘治) 13년에 5칸으로 확대되었다. 벽돌 - 목재 구조물로, 회색 기와에 가장자리가 녹색으로 된 헐

산정(歇山頂)이다. 처마 밑은 5
포 두공으로 되어 있고, 명간
과 차간에는 평신과(平身科: 두
공이 있는 건물에 기둥 간의 액방
위에 있는 두공을 가리킨다) 4찬
(欑)이 있고, 초간에는 2찬이
있다. 초간의 평신과가 너무
적어서 두공 길이는 거의 명
간, 차간 길이의 두 배였기 때
문에, 격식에 맞지 않으며, 주
로 지방에서 사용했던 방식이
다. 가운데 3칸은 아치형으로
되어 있고, 계단은 3폐 6계(三
陛六階)이며, 가운데 칸 앞뒤로

3-3-19 성시문(聖時門).

용폐(龍陛)를 만들었다. 부조로 된 이룡희주(二龍戱珠)로 용은 꿈틀거리며 튀어 오르고 파도는
높고 산은 험준하다. 생동감 있는 도안과 정교하고 아름다운 조각으로, 명 중기 석조예술의
진수를 보여준다. 이 문은 명대에는 대문으로 사용되었고, 청 강희 연간에는 선성문(宣聖門)으
로 불렸다가 옹정 8년에 황제가 성시문(聖時門)으로 개칭했다. 이는『맹자』의 "공자는 성인 중
에서도 때에 맞게 행동하신 분이시다(孔子, 聖之時者也)"라는 내용을 근거로 지은 것이며, 편액
은 건륭제가 직접 썼다.

⑩ 앙고문(仰高門) 및 쾌도문(快覩門)

두 문은 성시문(聖時門)과 홍도문(弘道門)으로 구성된 두 번째 정원의 동서 방향 담장에 있으
며 공자문묘의 두 번째 동서 방향 편문(偏門)이다. 명 홍치 연간 문묘를 공사할 때 증축되었다.
3칸으로 되어 있고, 가장자리가 녹색으로 된 회색 기와의 현산정(懸山頂)으로, 작은 규모의 건
물이다. 5름(檁) 3주(柱) 분심식(分心式)의 목조건물이고 두공은 없으며 과거 공자문묘를 출입
하던 주요 통로였다.

⑪ 벽수교(壁水橋)

벽수교는 홍도문(弘道門) 앞에 위치하고 있다. 명 영락 13년에 세 개를 만들었고, 홍치 연간

3-3-20 벽수(壁水).

문묘를 공사할 때 돌난간을 추가했으며 강가에 돌을 쌓아 작은 담장을 만들었으며, 청 강희 6
년에 이 담장을 돌난간으로 바꾸었다. 원형의 연못에만 벽수라는 이름을 사용하기 때문에 선
형(線形)으로 된 이곳을 벽수라고 하는 것은 적절하지 않다. 천자의 학수지(學水池)는 "둘러싸
고 있는 모양이 옥과 같과(雍繞如壁)"라는 의미로, 지속적인 교화를 상징한다. 그리고 역사적
으로 공자 사상으로 백성을 교화했기 때문에 곡부 공자문묘에서는 띠형 연못의 이름을 벽수
라고 지었다.

⑫ 홍도문(弘道門)

홍도문은 공자문묘의 두 번째 문으로 명 홍무(洪武) 10년(1377)에 증축되면서 대문이 되었
고, 홍치 연간 문묘를 공사할 때 5칸으로 확대되었다. 청 초기에는 천계문(天階門)이라 했다가
옹정 8년 황제가 홍도문으로 반포했고, 이후 건륭제가 편액을 썼다. 문방은 5칸이고, 홑처마
에 가장자리가 녹색으로 된 회색 기와 헐산정(歇山頂)이며, 7름 3주 분심식(分心式) 목조건물에
처마 밑에는 중앙오채 두공을 사용했다. 액방은 넓고 웅장한 반면에 평판방은 크고 좁아 모
두 청대 건축의 특징을 보여준다. 이는 광서(光緖) 23년 대수리를 거치면서 만들어진 것인데,
앞뒤 처마의 돌기둥 측각(側脚)이 솟아 있는 것은 명대의 특징이기에 명대의 유산으로 보기도
한다.

3-3-21
동문문(同文門)
두공.

⑬ 대중문(大中門)

대중문은 공자문묘의 세 번째 정문으로 금(金)대 문묘도에 처음 보인다. 1칸이었다가 명 홍무 연간 3칸이 되었다가 홍치 연간에 5칸으로 확장되었다. 홑처마 현산정(懸山頂)으로 가장자리가 녹색으로 된 회색 기와에 5름 3주 분심식의 목조건물이고, 처마 아래와 대들보 두공은 모두 1두(斗) 3승(升)으로 되어 있어 공자문묘 정문 중에서 가장 등급이 낮은 두공이다. 목재가 가는 편이고 건축 방식이 단순한 것으로 보아, 청 동치(同治) 11년(1872)에 중건된 것으로 보인다. 처마 기둥의 받침은 보장연판(寶裝蓮瓣)으로 되어 있어 균형 있는 구도에 연꽃이 가득 핀 것으로 보아 당시에 처음 만들어져 지금까지 남아 있는 것이 분명하다. 편액은 청 건륭 13년(1748)에 쓴 것이다. '대중(大中)'이라는 용어는 『주역』의 "유(柔)가 존위(尊位)를 얻고 크게 중(中)하며 상하(上下)가 응하므로 대유(大有)라 하였다"[40]라는 구절에서 따온 것으로, 본래는 귀한 자리에 올라 가운데 위치한다는 의미였는데 후에 지나침도 모자람도 없이 상황에 맞는 매우 적절한 도리나 원칙을 가리키는, 즉 '대중지도(大中之道)', '중도(中道)'의 의미로 바뀌었다. 공자문묘에서 대중을 문의 이름으로 한 것은 본래 의미와 파생된 의미 모두에 적합하다.

⑭ 동문문(同文門)

동문문은 공자문묘의 네 번째 정문으로 송대 공자문묘의 대문이기도 했다. 당시에 문방은 3

---

40) 『周易·大有』(文淵閣四庫全書 電子版 참고). "柔得尊位, 大中而上下應之曰大有."

칸으로 되어 있었고 문선왕묘문(文宣王廟門)이라고 했다. 공자문묘가 남쪽으로 계속 확장되면서 문 위치의 중요성이 갈수록 저하되었다. 청 초기에 참동문(參同門)이라고 했다가 옹정 8년 황제가 『예기』에 나온 '서동문(書同門)'에 근거해 동문문으로 이름 지었고, 건륭 13년 고종(高宗)은 편액의 글을 직접 썼다. 문방은 5칸으로 되어 있고, 홑처마 헐산정에 7름 3주 분심식의 목조이며, 대들보 아래는 1두 2승 두공을 사용했고 처마 아래는 이중 앙서 5포 두공을 사용했다. 명간(당), 차간(거실), 초간(이방)의 평신과(平身科)는 2찬(攢)으로 되어 있는데 칸 넓이가 달라서 시각적인 효과를 위해 두공 사이의 거리를 동일하게 했다. 그래서 명간과 차간의 두공을 좀 더 길게 만들었는데, 가장 독특한 점은 기둥머리의 두공으로 안쪽으로 향한 것은 길고 바깥쪽으로 향한 것은 짧아서 동일한 찬의 두공도 좌우가 대칭되지 않는다. 이 문은 정원 가운데 홀로 서 있고 주위 담장과는 연결되어 있지 않다. 1927년에 황색 기와로 바뀌었다.

⑮ 명비정(明碑亭)

명 홍치 연간 공자문묘를 중수할 때 대성문 앞에 비각이 몰려 있는 것을 줄이기 위해, 중건된 홍무비, 영락비, 성화비와 새로 세워진 홍치비 모두 동문문 주변으로 옮겨서 네 모퉁이에 하나씩 두었다. 네 비석은 원래 모두 비각이었지만, 청 중기에 철거되었다가 민국 연간에 홍무비와 영락비가 중건되었다. 비각은 회색 기와, 겹처마 헐산정이었으며 두공은 없다. 비문은 다음과 같은 내용으로 공자와 공자 사상을 크게 찬양하고 있다. "하늘이 공자를 낳지 않았다면, 영원히 기나긴 밤과 같았을 것이다(天不生孔子, 萬古如長夜)." "하늘이 공자를 낳아서 진실로 천지를 위해서 마음을 세우고 백성을 위해서 명을 세우고 성인을 위해서 끊어진 학문을 잇고 만세를 위해서 태평시대를 열었도다."[41] "공자의 도는 마치 입을 것과 먹을 것[布帛粟菽]처럼 온 세상 백성들이 살아가는 데 잠시라도 없어서는 안 된다."[42] "백성의 화복이 공자에 달려 있고, 국가의 존망이 공자와 관련되니, 천하를 다스리는 자에게 공자의 도는 하루라도 없어서는 안되는 것이다."[43] 명 헌종(憲宗)이 태자에 오르던 날에 찾아뵈었던 스승 두 명 중, 한 명은 공자의 58대손 공공순(孔公恂)이었고, 다른 한 사람은 사마광(司馬光)의 후손 사마순(司馬恂)이었다. 그는 어릴 적부터 공자 사상의 영향을 받았으며, 즉위 당일에 공자문묘에 참배하러 갔다. 때문에 그가 공자와 공자 사상을 적극적으로 칭송한 것은 이상한 일이 아니다.

---

41) "天生孔子, 實所以爲天地立心, 爲生民立命, 爲往聖繼絶學, 爲萬世開太平."
42) "孔子之道之在天下, 如布帛粟菽, 民生日用不可暫缺."
43) 『御製重修孔子廟碑』[明, 成化]. 비석은 현 곡부 공자문묘에 있다. "生民之休戚系焉, 國家之治亂關焉, 有天下者 誠不可一日無孔子之道焉."

⑯ 재숙소(齋宿所)

재숙소는 동문문(同文門) 뒤에 위치하고 있다. 명 홍치 17년에 증축된 것으로, 동서쪽에 각각 하나씩 있었는데 동쪽은 연성공이 전용했고, 서쪽은 곡부 지현(知縣) 등 관리가 사용했지만 현재는 동쪽의 것만 남아 있다. 동쪽 재숙(齋宿)은 독립된 정원으로 본채와 남북 사랑채가 각 5칸씩 있고, 대문 1칸, 중문 하나가 있다. 모두 청대 관방식으로 세워진 작은 건물로, 현산정에 대청은 모두 7름 4주, 앞뒤 회랑은 목조로 되어 있다. 유독 본채 처마 아래만 1두 2승 두공을 사용했다. 중문은 건륭 23년에 증축된 것으로 패루(牌樓)식에 2주 1칸이고, 회색 기와 현산권붕(懸山捲棚)으로 되어 있으며 처마 아래는 주심첨차 하나에 이중앙서 7포 두공을 사용했다. 당시에 건륭제가 공자 제사를 지낼 때 탈의장으로 사용했던 곳이라서, 들보 가운데에 용과 봉황을 그려 넣어 역분으로 모든 윤곽을 칠하고 두공은 금탁묵(金琢墨)을 사용했으며 대청과 회랑도 금박을 입히고 채색을 했다. 현재는 채색 등급이 모두 낮아져서, 중문 액방은 일부만 금을 사용하고 두공은 연탁묵(煙琢墨), 대청은 아오묵(雅五墨)으로 바뀌었다.

⑰ 규문각(奎文閣)

규문각은 원래는 공자문묘의 장서각(藏書閣)이었는데 처음 만들어진 시기는 분명하지 않다. 송 지도(至道) 3년(997)에 "곡부현 문선왕묘에는 서각은 있지만 고서가 없다(曲阜縣文宣王廟有書樓而無典籍)"라는 기록이 있는 것을 보면, 태평흥국 8년(983) 대수리 때 증축된 것이 분명하다. 송대에는 겹처마에 5칸이 있었고, 아래 처마 위에는 평좌(平座)가 있다. 금 명창(明昌) 6년(1195)에는 처마 세 겹에 평좌가 있는 것으로 확장되었다. 명 홍치 13년 문묘를 공사할 때 현재 모습으로 확대되었고, 청 광서(光緒) 34년에는 황색 기와로 바뀌었다. 누각의 가로는 7칸에 30.10m, 세로는 5칸에 17.62m이며, 삼중비첨(三重飛檐)에 평좌가 있고 높이는 24.35m이다. 총 4층의 두공에서 1층은 윗처마를 받치고 있고 중심 첨차 하나에 이중앙서 7포 두공이다. 2층은 부첨(附檐)을 받치고 있고 단앙서 3포 두공이며, 3층은 평좌(平座)를 받치고 있고 이중앙서 5포 두공이다. 4층은 아랫처마를 받치고 있고 이중앙서 5포 두공으로 되어 있다. 평신과 명간은 4찬(攢)으로, 차간과 초간, 진(盡)간끝의 칸은 모두 2찬(攢)으로 되어 있는데, 각 칸의 넓이와 두공의 길이도 달라 주두과(柱頭科)도 동문문(同文門)과 같은 상황이다.

규문각은 밖에서 보면 2층이지만 실내는 3층으로 되어 있는데, 평좌 아래에 사이 층이 있기 때문이다. 구조는 중첩(重疊)식으로 1층 기둥은 높이가 같고, 바깥 처마는 팔각 돌기둥 24개, 안쪽에는 나무기둥 22개가 있다(내부 공간을 편하게 사용할 수 있도록 명간 앞 금 기둥 두 개 제외). 기둥머리는 액방으로 연결되어 있는데 윗부분은 두공을 사용했다. 실내는 5포 품자과(品字科:

3-3-22 규문각(奎文閣).

내부처마의 두공 양식 중의 하나l 두공으로 되어 있고, 승중량(承重梁)이나 도첨량(桃尖梁: 복숭아 끝 부분과 같은 모양의 들보)으로 받치고 있으며 들보 위는 천화(天花)로 장식했다. 1층 이상의 기둥은 통주(通柱)인데 바깥쪽 금 기둥은 윗 처마 두공까지 통하고 안쪽 금 기둥은 삼가량(三架梁) 밑까지 통한다. 높이는 13m에 달하고, 동주(童柱)는 평좌를 관통하여 부첨 두공 밑까지 다다르며, 평좌 두공은 동주 위로 뻗어 나간다. 이러한 제작 방식은 고대 건축물 중에서도 보기 드문 것이다. 누각 하층에 제사에 앞서 사용할 공자, 4배, 12철의 빈자리를 만들어두고 제사에 참여하는 인

원이 제사의례를 연습하도록 했다. 사이 층에는 현판을 보관하고, 맨 윗층에는 서적을 보관했다. 비각 이름은 금 장종(章宗)이 지은 것으로 규는 28수(宿) 중 하나로 16개별로 이루어져 있다. "갈고리 모양으로 굽은 것이 마치 글자와 같다(屈曲相鉤, 似文字之畵)"라고 하여 옛사람들은 "규(奎)가 문장을 주재한다(奎主文章)"라고 생각해서 공자문묘의 장서각 이름을 규문각으로 지었다. 현재의 편액은 청 고종(高宗)이 쓴 것이다.

⑱ 십삼비정(十三碑亭)

십삼비정은 규문각 뒤, 대성문 앞에 위치하고 있다. 좁고 긴 정원에 비각 13개가 우뚝 서 있는데, 남쪽에 여덟 개, 북쪽에 다섯 개가 있다. 송대 정원에는 비각 두 개가 있었고, 원 대에는 두 개를 더 늘렸으며, 명 초기에 두 개를 다시 늘렸다. 홍치(弘治) 연간 화재 후 명대 비각을 정원 앞으로 옮겼으며, 청대에 아홉 개를 다시 증축했는데, 그중 북쪽에 다섯 개, 남쪽 동서 양쪽 끝에 각 두 개씩이 있었다. 재미있는 것은 13개 비각 모두를 금, 원, 청, 모두 소수민족이 세운 왕조에서 만들었다는 점이다. 이는 단지 우연의 일치가 아니라 소수민족 정권에서 공자 사상을 더욱 존숭해야 할 필요성이 있었음을 보여준다.

십삼비정원(十三碑亭院)은 문묘 전체의 중요 통로로 문 아홉 개로 되어 있다. 북쪽에 문 다섯 개가 나란히 서 있고, 한 가운데의 대성문과 양쪽 옆에 있는 금성문, 옥진문은 주 전(殿)의 뜰

3-3-23
십삼비정(十三碑亭).

과 통한다. 동쪽 승성문(承聖門)은 공자의 조상을 제사 지내는 동로(東路)와, 서쪽 계성문(啓聖門)은 공자의 부모를 제사 지내는 서로(西路)와 통하고, 동서쪽 문묘 담장에 있는 육수문(毓粹門)과 관덕문(觀德門)은 서로 마주하고 있는 공자문묘의 세 번째 옆문이다. 남쪽 규문의 동서쪽 옆문은 공자문묘의 앞부분과 통한다.

십삼비정원은 송대 초기에는 비각 두 개만 있었는데, 현재 남쪽의 동쪽에서 세 번째, 서쪽에서 세 번째가 바로 그것이며, 매우 합리적으로 설계되었다. 원대에 송대와 금대 비각에 두 개를 추가로 짓는 바람에 정원의 조화를 깨뜨리고 말았다. 명은 현명하게도 비각을 정원에 세우지 않고 새로 만든 비석은 규문각 앞에 두고 동문문(同文門) 네 모퉁이에 각각 하나씩 세웠다. 청대 통치자들은 무지막지하게도 아홉 개나 증축하는 바람에, 특히 북쪽의 다섯 개는 동서쪽 통로를 차지하여 대성문 정면을 막아버려서, 건축 디자인의 관점에서 보면 큰 실패라고 할 수 있다.

⑲ 금(金)대의 비정(碑亭)

금대의 비정은 남쪽의 동쪽에서 세 번째, 서쪽에서 세 번째, 두 개로, 서쪽 비정에는 당대의 비석이 두 개, 동쪽 비정에는 송대, 금대의 비석이 각각 하나씩 보존되어 있다. 그렇기에 두 비정은 송대 문묘도에도 보인다. 모두 홑처마에 십자형 마루, 네 면은 현산정으로 되어 있다. 현존하는 건물은 겹처마에 헐산정으로, 윗처마 두공은 주심첨차 하나에 이중앙서 6포이다. 내

3-3-24
금대 비정의 꼭
대기 구조

출목은 포수 하나가 적고, 중공(重栱)은 계심조(計心造)로 되어 있으며, 앙미(昂尾)에는 직접 지붕 골조를 받치는 단방(槫枋)이 있다. 아랫처마 두공은 주심첨차 하나에 단앙서 5포이다. 이는 금 명창(明昌) 2년(1191)부터 6년까지 만들어진 것이 분명하며, 현존하는 공자문묘 건물 중에서 가장 먼저 만들어진 것이다.

⑳ 육수문(毓粹門) 및 관덕문(觀德門)

육수문과 관덕문은 공자문묘의 세 번째 옆문으로, 십삼비정원(十三碑亭院)의 동서쪽 담장에 있다. 금대 문묘도에서 최초로 보이는 것으로 보아 금 명창 연간 문묘를 공사할 때 증축되었을 것이다. 현존하는 건물은 황색 기와에 현산정이고, 가로 3칸, 세로 3칸이며, 5름 3주 분심식 목조로 되어 있다. 두공이 없고 기둥에 측각이 있으며 액방이 위쪽으로 뻗어 있어 초기 건축의 특징을 그대로 갖고 있다.

㉑ 대성문(大成門)

대성문은 공자문묘의 다섯 번째 정문으로 북송(北宋)대 건축 당시 3칸으로 되어 있었고 밑받침이 있었다. 금대에도 여전히 3칸이었지만 양쪽에 액문을 증축했으며, 원 대덕(大德) 6년에 5칸으로 확대했다. 현재 건물은 청 옹정(雍正) 2년 화재 후 재건된 것으로, 높은 단에 단폐육계(單陛六階)로 되어 있고, 홑처마 황색 기와 헐산정이며, 가로 24.68m, 세로 11.20m, 높이는 13.53m이다. 7름 3주 분심식의 목조 건물이다. 경첨주(擎檐柱)는 돌로 되어 있고 명간 앞뒤네 기둥에는 운룡(雲龍)이 고부조(高浮彫)로 되어 있으며, 나머지 팔각 돌기둥 여덟 개는 소폭의 운룡이 감저평삽(減底平鈒)[44]으로 되어 있다. 처마 아래는 금박을 입힌 이중앙서 5포의 두

공에 금룡화새(金龍和璽)로 채색했다. 용
을 조각한 돌기둥과 돌계단은 매우 아름
답다. 편액은 옹정제가 쓴 것이며 양쪽 대
련의 "先覺先知爲萬古倫常立極, 至誠至聖
與兩間功化同流"[45]라는 글귀도 옹정제가
직접 쓴 것이다. 양쪽 액문은 각각 금성
(金聲), 옥진(玉振)이라 명명했으며, 모두 3
칸으로 되어 있으나 독립되어 있지 않다.
이는 양무(兩廡)와 연결되어 있어서 대성
문의 정문으로서의 지위를 돋보이게 하
기도 하고 단독으로 세운 문이 전체와 연
결되지 못하는 단점을 해결할 수 있는 매
우 오묘한 설계였다. 아쉽게도 정면은 청
대에 증축된 비각에 의해 가려졌다.

3-3-25 대성문 편액과 대련.

㉒ 행단(杏壇)

행단은 대성전 앞에 있으며 원래 공자문묘 정전의 위치에 있었다. 송 천희(天禧) 5년(1021)에
정전을 북쪽으로 옮기면서 원래 터를 행단으로 바꾸었다. "벽돌로 단을 쌓고 주변에 은행나무
를 심었기 때문에, 노나라 사람은 행단이라고 했는데",[46] 공자의 학교 설립과 교육 진흥을 기
념하기 위한 것이었다. 이는 『장자』에서 "공자가 치유(緇帷)의 숲에서 노닐고 행단 위에 앉아
서 휴식을 취하자, 제자들이 글을 읽고 공자가 노래하며 금(琴)을 탔다"[47]라는 내용에 출처를
두고 있다. 송대 문묘도를 참고하면 당시에 세 층으로 된 대(臺)가 있었는데, 이것이 명실상부
한 단이라고 할 수 있다. 금대 단에는 정자를 세웠는데 홑처마에 십자형 등마루, 4면의 현산
(懸山)으로 되어 있었다가, 명 융경(隆慶) 3년(1569)에 겹처마에 십사형 등마루, 4면의 현산(懸
山)에, 황색 기와 지붕으로 된 현재의 모습으로 확장되었다. 평면은 정방형에 매 면은 3칸으로

----

44) (옮긴이) 감저평삽(減底平鈒)이란 조각 방법의 하나로 평면에서 음각선으로 도형을 새겨서 도형의 주변을
    얇게 한 층을 제거하여 도형을 더 뚜렷하게 보이게 하는 것이다.
45) (옮긴이) 선각선지는 만고(萬古)의 윤리강상을 위해 기준을 세우고, 지성지성(至誠至聖)은 하늘과 땅의 공화
    (功化)와 같다.
46) 『東家雜記』([宋], 孔傳)(文淵閣四庫全書 電子版 참고). "瓴甓爲壇, 環植以杏, 魯人因名曰杏壇."
47) "孔子遊乎緇帷之林, 休坐乎杏壇之上, 弟子讀書, 孔子弦歌."

되어 있고 사방이 열려 있으며, 처마 기둥은 석재로, 금주는 목재로 되어 있다. 상하 처마는 모두 중앙오채 두공을 사용했고, 명간의 평신과는 이찬(二攢)으로 되어 있다. 정자의 내부 상하에는 모두 천화(天花)를 장식하고, 지붕 가운데는 팔각추형 조정으로 장식되어 있으며 정교하고 아름답다. 채색화는 금룡화새(金龍和璽), 두공은 금탁묵으로 되어 있다. 행단은 공자 강학을 기념하는 건물인데, 원대와 명대에 이를 모방해서 세운 공자문묘가 많았지만, 청대에 오면서 매우 적어졌다. 이는 곡부 공자문묘는 공자의 고택이어서 행단을 세울 수 있었지만, 다른 지역은 공자가 가지 않은 곳이어서 굳이 세울 필요가 없었기 때문이다.

3-3-26 행단(杏壇).

㉓ 대성전(大成殿)

대성전은 공자문묘의 정전으로 당대에는 문선왕전(文宣王殿)이라고 했다가 송 인종(仁宗) 가우(嘉佑) 6년(1061)에 맹자가 "공자는 집대성한 사람이다(孔子之謂集大成)"라고 칭송한 말에 근거해서 공자문묘 정전의 이름을 지었고, 선성묘(宣聖廟)과 대성전(大成殿)의 편액을 직접 써서 하사했다. 정화(政和) 4년(1114) 휘종(徽宗)은 직접 쓴 대성전 액방을 다시 하사했다. 당대 공자문묘의 정전은 5칸으로 되어 있었다가 송대 천희(天禧) 5년(1021)에 7칸 겹처마로 확장됐고, 명 성화(成化) 19년(1483)에 9칸으로 다시 확장되었다. 현존하는 건물은 청 옹정 2년 화재 후 중건된 것으로 청 옹정 7년에 준공되었다. 대성전은 겹처마에 황색 기와, 헐산정으로 되어 있고, 가로는 9칸 45.69m(기둥 중간에서 기둥 중간까지), 세로는 5칸 24.85m(기둥 중간에서 기둥 중간까지), 높이는 24.85m(대성전 내부 지면에서 중간 마루까지)로, 세계 공자문묘 중에서 규모가 가장 큰 건물이다. 금용과 새력분의 채색화 또한 최고 등급이다.

대성전의 전기(殿基: 건물 아래 맷돌)는 높이 2.1m에 수미(須弥)단이고, 3폐 6계 6급이며, 남쪽

3-3-27
대성전(大成殿).

3-3-28
대성전 노대(露臺).

에는 용폐(龍陛)를 부조했다. 전기 앞은 노대(露臺)와 연결되고, 2층으로 된 난간이 있는데, 윗층 난간 기둥은 화염보주정(火焰寶珠頂), 아랫층은 2층으로 된 복련반정(覆蓮瓣頂)이다. 기둥 아래에는 이무기의 머리를 만들어놓았는데, 소박한 모양이며, 대부분 명대의 유물이다.

대성전의 기둥들은 질서정연하게 놓여 있다. 바깥쪽에는 높이 6m에 가까운 기둥 28개가 있는데, 회랑을 두르고 있으며 아랫처마 두공과 회랑의 천화를 받치고 있다. 중간의 내금주(內金柱) 16개는 목재로 이루어져 있고, 높이는 약 15m이며, 상층 두공과 안팎의 홈에 있는 천화를 받치고 있다. 안쪽의 목조 금주(金柱) 16개는 높이가 약 18m이고 안쪽 홈의 천화를 받치고 있다. 건물을 지을 때 돌기둥을 사용했던 것은 곡부 공자문묘의 특징이며, 주요 건물의 돌기둥에 용을 새겨 넣는 것도 오래된 전통이다. 금 황통(皇統) 9년(1149) 중건할 때 "바깥쪽 기둥은

3-3-29
대성전 기둥.

돌로 하고 용무늬를 새겼다".⁴⁸⁾ 정우(貞祐) 2년(1214)에 공자문묘가 몽고 전화(戰火)에 파괴되었는데 원 대덕(大德) 4년(1300)에 중건된 후 "안팎을 모두 돌기둥으로 하고, 바깥쪽 기둥 26개에는 모두 용 모양을 새겼다(內外皆石柱, 外柱二十六, 皆刻龍形)". 명 성화(成化) 19년에 확장한 후 "돌기둥에 용과 봉황 모양을 새겼으며(柱石鏤以龍鳳之形)" 홍치(弘治) 12년 화재 후 중건되었는데 "앞에 세워진 돌에는 반룡주(盤龍柱)를 만들고, 정전 양쪽 끝부분 및 뒷처마는 모두 화석주(花石柱)로 만들었다".⁴⁹⁾ 청 옹정 2년의 화재 후 중건할 때 휘주(徽州) 지역의 장인들을 소집하여 새로 새겼다. 현존하는 돌기둥은 옹정 연간에 다시 만든 것으로, 정전 양쪽 끝부분과 뒷처마에 있는 18개 기둥은 팔릉형(八稜形)에 직경이 75cm이며, 소폭의 운룡(雲龍)을 감저평삽(減底平鈒)했다. 돌기둥은 팔면으로 되어 있는데, 한 면에 9조, 한 기둥에는 72조가 있다. 세심한 장인은 18개 기둥에 있는 용의 총숫자가 '1296'이란 것을 기둥 하나에 새겨놓기도 했다. 앞 처마의 10개 돌기둥의 직경은 80cm이고, 이룡희주(二龍戱珠) 도안을 고부조(高浮彫)로 만들었지만, 도안은 각기 다르고 둘씩 짝을 이루고 있으며 하나도 같은 부분이 없다. 두 마리 용 중 한 마리는 올라가고 한 마리는 내려오고 있어서, 위아래 용이 대조적으로 날면서 휘감으며 솟아오른다. 주변에는 구름이 받쳐주고 아래쪽은 산수와 파도가 그려져 있다. 비룡은 거의 입체로

48) 『孔氏祖庭廣記』([金], 孔元措). "外柱以石, 刻爲龍文."
49) 『闕里志』([淸], 孔尙任). "前面石盤龍柱, 兩山及後檐俱鐫花石柱."

되어 있는데 조각이 매우 정교하고 아름다우며 모양이 우아하고 생생해서 용이 마치 살아 있어서 바다에서 솟아오르고 하늘을 향해 구름을 뚫고 날아다니는 듯하다.

대성전의 아랫처마 두공은 주심첨차 하나에 이중앙서 7포이고 바깥쪽 회랑 돌기둥의 위에, 윗처마 두공은 주심첨차 하나에 3겹의 앙서 9포이고 중간 금주 위에 설치되었다. 평신과 명간은 4찬(攢), 차간과 초간은 3찬(三攢), 아랫처마 진간(盡間)은 1찬(攢)이 있다. 대성전 안의 내액방(內額枋)과 내소액방(內小額枋) 간의 두공은 1두 6승(一斗六升)으로, 내액방을 받치는 천화는 7포의 품자과(品字科) 두공으로 되어 있다. 두공에 사용된 재료는 매우 큰 편으로, 평신과의 두구(斗口)는 평균 12.5cm라서 태화전의 9cm짜리 두구(斗口)보다도 크다. 이처럼 청대의 '공정주법(工程做法)'에서 4촌(寸)짜리에 해당되는 두공은 보통 성루(城樓)에 사용되는데 전당에 사용된 경우는 매우 드물다. 대성전은 매우 드문 예이다.

대성전 내부 공간은 가로 7칸, 세로 3칸이고 전정 한 가운데는 두팔조정(斗八藻井)으로 되어 있다. 그 중심에 금룡을 입체로 만들었는데 입에는 여의주를 물고 있다. 안에는 다음과 같은 편액 아홉 개가 걸려 있다. 청 강희(康熙)제가 쓴 '만세사표(萬世師表)', 건륭제(乾隆帝)가 쓴 '여천지참(與天地參)', '시중입극(時中立極)'과 '화성유구(化成悠久)', 가경제(嘉慶帝)가 쓴 '성집대성(聖集大成)', 도광제(道光帝)가 쓴 '성협시중(聖協時中)', 함풍제(咸豊帝)가 쓴 '덕제주재(德齊幬載)', 동치제(同治帝)가 쓴 '성신천종(聖神天縱)', 광서제(光緒帝)가 쓴 '사문재자(斯文在玆)'가 그것이다. 명간 앞뒤 내금주 위에는 다음과 같은 내용의 건륭제가 쓴 대련이 결려 있다. '覺世牖民詩書易象春秋永垂道法, 出类拔萃河海泰山麐鳳莫喩聖人',[50] '氣備四時與天地鬼神日月合其德, 敎垂萬世繼堯舜禹湯文武周公作之師'[51]가 그것이다. 대성전 밖 정문에는 옹정제가 쓴 '生民未有'[백성이 생겨난 후로 공자의 가름침과 같은 것은 있지 않았다. 곧 '최초'란 의미]란 현판과 '德冠生民遡地闢天開咸尊首出, 道隆群聖統金聲玉振共仰大成)'[52]이란 대련이 결려 있다. 편액 중 일부는 특별히 곡부 공자문묘에 하사한 것이다. '만세사표(萬世師表)'라는 편액은 강희제가 강희 23년에 곡부에 직접 가서 공자 제사를 지낼 때 쓴 것인데, 하사 후 연성공을 통해 그 비석 탁본을 전국 문묘에 반포하도록 했다.

대성전의 공자와 4배, 12철은 모두 소상으로 모셔놓았다. 명 가정(嘉靖) 9년에 사전(祀典)을

---

50) (옮긴이) 세상과 백성을 깨우치고 『시』, 『서』, 『예』, 『역』, 『춘추』 등을 남겨 세상에 도와 법을 드리웠으니 그 뛰어남이 바다와 태산 기린과 봉황조차도 성인의 깨우침만 같지 않다.

51) (옮긴이) 공자는 항상 그 기가 예비되어 있어 그의 덕은 천지 귀신 해와 달의 덕에 부합하며, 그 가르침은 만세에 드리워졌고 요, 순, 우, 탕, 문, 무, 주공의 덕을 계승하여 만세의 스승이 되기에 족하다.

52) (옮긴이) 공자의 덕은 최상이기에 땅과 하늘이 열린 이래로 모두가 존숭하여 으뜸으로 드러난다. 그 도가 모든 성인들 중의 으뜸이고 모든 도를 집대성하여 모두가 그 대성(大成)함을 우러른다.

개혁하면서 곡부 공자문묘를 제외한 전국 각 지방 문묘의 공자소상을 철거하고 모두 위패로 바꾸라고 명하였다. 대성전의 소상은 원래 옹정 7년 황가내무부(皇家內務府) 소속 장인이 제작한 도료를 칠하지 않은 상이었는데 1966년 초겨울 전부 불타버렸다가, 1983년 옹정 연간의 소상에 근거하여 다시 제작했다. 공자상은 높이 3.5m에, 12면류, 12복장에 진규를 들고 있다. 양쪽 4배상은 높이 2.6m, 12철상은 높이 2m이며, 모두 9면류, 9복장을 하고 있고 궁규(躬圭)를 들고 있다. 공자는 홀로 한 감실에, 4배와 12철은 함께 한 감실에 있고, 모두 목조로 되어 있다. 공자 감실은 여섯 겹의 앙서 13포의 두공을 사용했고, 4배와 12철 감실은 네 겹의 앙서에 9포의 두공으로 금으로 채색을 해서 매우 정교하고 아름답다. 공자상은 정중앙에서 남쪽을 향하고 있고, 4배와 12철은 동서쪽에 배사되어 있는데 각각 동서쪽을 바라보며 공자를 향하고 있다.

㉔ 양무(兩廡)

양무는 대성전 동서 양쪽에 위치하고 있으며, 침전 양무와 대성문 액문(掖門), 그리고 문묘 뒤쪽으로 이어지는 옆문과 처마로 연결된다. 모퉁이까지 포함하면 각 무는 50칸, 길이 170m로 되어 있다. 건물 등급은 낮은 편으로, 황색으로 가장자리를 칠한 녹색 기와로 되어 있다. 7름 앞뒤는 회랑식 목조로 되어 있고, 앞에는 복도가 있으며, 처마 밑은 1두 2승의 두공을 사용했다. 아오묵(雅五墨)으로 채색하고, 앞처마는 문헌에 따르면 대점금이라고 되어 있는데, 현재는 아오묵에 황선(黃線)을 더하는 것으로 바뀌었다. 양무는 대성전 좌우 문을 열면, 각각 동로, 서로와 통한다. 선현선유를 모시는 건물은 각각 28칸인데, 칸마다 감실 하나가 있고, 감실마

3-3-31
침전(寢殿).

다 세 명에서 다섯 명까지 봉안되어 있다. 선현선유는 원래 초상화로 되어 있었다가 금대 소
상으로, 후에 다시 위패로 바뀌었다.

㉕ 침전(寢殿)

침전은 대성전 뒤에 위치하고 있는데 곡부 공자문묘에만 있는 건물이다. 곡부 공자문묘는
한대부터 국가가 관리했지만, 북위(北魏) 시기까지는 공자후손의 가묘로서의 성격도 가지고
있었다. 역도원(酈道元)의 『수경주(水經注)』에 따르면 당시 공자와 공자 아내, 그리고 공자의
어머니를 봉사했다는 것을 알 수 있다. 동위(東魏)의 이중선(李仲琁)이 십자(十子)를 조각했던
일이 곡부 공자문묘의 가묘로서의 성격을 바꾼 것은 분명하지만, 침전과 가묘의 존재는 공자
문묘가 그러한 성격을 여전히 유지하고 있다는 점을 상징적으로 보여준다.

공자의 부인은 한(漢)대 비석에 병관씨(幷官氏)로, 송대 비석에도 병관씨(幷官氏)로 되어 있지
만, 『송사(宋史)・예지(禮志)』에는 어떤 이유에서인지 개관씨(開官氏)로 바뀌었고, 후에 다시 기
관씨(亓官氏)로 바뀌었다. 후한(後漢) 영수(永壽) 2년(156년)에 만들어진 '예기비(禮器碑)'에는 다
음과 같은 내용이 있다. "공자의 외삼촌 안씨(顔氏)의 집은 노친리(魯親里)이고, (공자의 부인인)
성비(聖妃) 병관씨(幷官氏)의 집은 안락리(安樂里)에 있다. 공자의 이런 친척들은 예의상 (보통사
람과) 다르게 대우해야 한다. 그러므로 안씨(顔氏)와 병관씨(幷官氏) 족인(族人)들에게 공역(工
役)과 병역(兵役)을 면제함으로써 공자에 대한 공경의 마음을 표해야 한다."[53] 이를 통해 공자
부인이 병관씨이며 그의 가족은 후한 시대 노나라의 안락리(安樂里)에 살았다는 것을 알 수 있

---

53) "顔氏聖舅家居魯親里, 幷官聖妃在安樂里, 聖族之親, 禮所宜異, 復顔氏, 幷官氏邑中繇發, 以尊孔心."

3-3-32 침전 내경.

다. 병관씨라는 것은 의심할 필요 없이 정확한 것이고, 개관씨, 기관씨는 모두 잘못된 것이다. 병관씨는 송나라 사람으로 공자가 19살 때 결혼했으며 그가 66살 때 세상을 떠났다. 생애 사적에 관해 문헌에는 극히 일부만 남아 있다. 송 대중상부 원년(1008)에 운국부인(鄆國夫人)으로 추봉되었고, 원대부터 공자의 봉호를 따르기 시작해서 공자 봉호 뒤에 부인을 덧붙여 추봉되었다. 송대에는 전문적으로 제사 지내는 묘우가 있었는데, 5칸에 겹처마로 되어 있었지만, 금나라 군대가 남하할 때 불타버렸다. 금 대정(大定) 18년(1178)에 중건되었지만 금 정우(貞祐) 2년(1214)에 다시 전화(戰火)로 파괴되었다. 원 정종(定宗) 3년(1248)에 중건된 후 정전으로 사용되었다가, 대덕(大德) 6년(1302)에 대성전이 중건된 후 다시 침전으로 바뀌었다. 명 성화(成化) 19년에 7칸으로 확장되었으나, 명 홍치 12년, 청 옹정 2년 두 차례 벼락으로 파괴되었다가 모두 중건되었다.

현존하는 건물은 옹정 연간의 화재 후 중건된 것으로 가로 7칸에 33.44m, 길이 4칸에 17.86m, 높이 약 20m로 되어 있다. 겹처마에 황색 기와, 헐산정으로 되어 있고, 두공 윗처마는 주심첨차 하나에 이중앙서 7포이고, 아랫처마는 이중앙서 5포의 두공으로 되어 있다. 용과 봉황은 역분금(瀝粉金) 채색화이며, 방심(枋心)에는 용을, 천화에는 바람을 그려 넣었다. 전 내부는 삼주 분심식에 주위에 회랑을 한 바퀴 둘렀는데, 이는 전당 분심조식에서 발전해온 것으로, 특이한 목조식이라 할 수 있다. 이런 목조 형식은 일반적으로 출입문에 사용되는데, 가운데에 기둥을 설치하는 것은 문을 만드는 데는 편리하지만, 전당 가운데 기둥이 있어 실내 공간 사용에 불편해 적절하지 않다.

침전 명간 북쪽에는 감실을 만들어두었다. 원대에는 병관씨도 소상을 사용했는데, 후에 여성의 모습을 구경거리로 삼는 게 좋지 않다고 판단해 위패로 바꾸었다.

3-3-33 성적전
(聖跡殿) 내경 1.

3-3-34 성적전
(聖跡殿) 내경 2.

㉖ 성적전(聖跡殿)

성적전은 침전 뒤에 위치한 독립된 정원으로, 명 만력(萬曆) 20년(1592)에 성적도(聖跡圖)를
보관하기 위해 만들어진 곳이며 곡부 공자문묘에만 있는 건물이기도 하다. 건물은 가로 5칸
에 30.69m, 세로 3칸에 10.22m이며, 홑처마에 녹색 기와, 헐산정으로 되어 있고 높이는
12.55m이다. 목조는 7름 4주 앞뒤 회랑식에, 회랑은 밖으로 나와 있지 않고, 처마 아래는 불
출랑(不出廊)이며 처마 밑은 이중앙서 5포 두공을 사용했다. 평신과 명간은 6찬(攢), 차간과 초
간은 4찬(攢)으로 되어 있다. 평판방은 액방보다 약간 넓고 액방은 높고 좁다. 이는 명대 건축
의 특징을 그대로 보존하고 있는 것이다. 곡부 공자문묘에서는 송대부터 공자의 생애를 그림
으로 만들었는데, 이후 지속적으로 보완되지만 모아서 보관하지는 않았다. 만력 20년에 산동
순안어사(巡按御史) 하출광(何出光)은 공자 그림을 돌에 제작토록 명하였다. 곡부의 생원 모봉

3-3-35 승성문(承聖門).

우(毛鳳羽)는 판본을 모아 검토하고, 유양(維揚)의 화공 양지(楊芝)에게 그림을 그리라 하였으며 오군(吳郡)의 석공 장초(章艸)가 돌에 새기는 과정을 거쳐 120폭의 공자 성적도(聖跡圖)를 완성하였다.

곡부 공자문묘의 성적도의 영향으로 소주(蘇州) 문묘에서도 이를 제작했는데 지금까지도 보존되어 있다. 최근 몇 년간 공자문묘의 관람물을 늘리기 위해 여러 공자문묘에서 성적도를 새기거나 그리기도 하고, 성적도를 통해 공자의 생애와 사상을 소개하는 전시회를 열기도 했는데, 대부분은 이 성적도를 참고로 한 것이다.

㉗ 승성문(承聖門)

승성문은 공자문묘 동로의 정문으로 송대에 최초로 나타났고, 금대에는 연신문(燕申門)이었다가 청 옹정 7년에 황제가 직접 승성문으로 명명했다. 출입구 건물은 회색 기와에 가장자리가 녹색으로 된 현산정으로 되어 있고, 3칸 3쿤, 5름 3주 분심식 목조이며, 처마 밑은 1출목 3포 두공을 사용했다. 처마 기둥에는 측각(側脚)이 있고 높이는 약 3.10m, 기둥 직경은 0.36m에 짧고 굵으며, 액방은 높고 후리후리하다. 이들은 초기 건축물의 특징을 가지고 있어서 금대, 원대의 건축일 가능성이 크다. 청 옹정 연간에는 아오묵으로 채색하고, 두공은 연탁묵을 사용했다가 현재는 선자점금(旋子點金)으로 바뀌었다.

3-3-36 시례당(詩禮堂)의 편액.

　동로의 주요 건물은 숭성사(崇聖祠)지만 공자고거를 기념하여 지은 건물인 시례당(詩禮堂)과 옛 우물, 노벽(魯壁), 그리고 가묘도 있어서 동로는 공자고거와 공씨가묘의 특성도 지닌다.

㉘ 시례당(詩禮堂)

　시례당은 숭성문 뒤에 위치하며 공자고거를 기념하는 대표적인 건물이다. 『논어』에 따르면 공자의 아들 공리(孔鯉)가 뜰 앞을 지나갈 때 공자가 그를 불러 세우고 처음에는 그에게 『시경』을 공부하느냐고 묻고서 "『시』를 공부하지 않으면 대화를 나눌 수 없다(不學『詩』, 無以言)"라고 가르쳤고, 그다음에는 『예』를 공부하느냐고 묻고서 "『예』를 공부하지 않으면 설 자리가 없다(不學『禮』, 無以立)"라고 또 가르쳤다. 공리(孔鯉)가 그제야 돌아가서 『시』와 『예』를 공부하기 시작했다고 한다. 그로부터 『시』와 『예』를 공부하는 것이 공자 후손에게는 조상의 유훈이 되었다. 시례당의 위치는 원래 공자고거가 있던 곳이었지만, 공자고거는 이미 남아 있지 않다. 송 진종(眞宗)이 공자 제사를 지낼 때 전용으로 사용하는 주필(駐蹕: 임금이 거동하는 중간에 어가를 멈추고 머무르거나 숙박하는 것)을 만들었는데, 제사 후에 진종이 문수(吻獸: 용마루 끝에 있는 동물 조각품)를 없애도록 명령하여 공자의 후손이 사용하도록 했다. 제사 전에는 재계하는 곳으로, 평소에는 강당으로 사용되었다. 명 홍치 연간 시례당으로 이름을 바꾸면서 동쪽으로 옮겨 중건하였다. 현존하는 건물은 자주색 중심에 녹색 기와, 현산정으로 되어 있고, 가로

3-3-37 예기고(禮器庫).

5칸, 세로 3칸에 남쪽으로 열려 있으며, 문과 창이 없다. 9름 앞뒤로 회랑식 목조로 되어 있고, 비례가 섬세하며, 앞 처마 밑으로 두공은 1두 2승으로 되어 있다. 시례당(詩禮堂) 안에는 건륭제가 공자에게 제사를 지낸 뒤 공자의 후손을 접견할 때 남긴 훈시가 걸려 있다. 여기에서 "參天地, 贊化育, 立人極, 爲萬世師表[54]"라는 내용으로 공자를 찬양하고, "務學道敦倫, 修身愼行, 克秉先師之遺訓[55]"며 공자후손을 독려하고 있다. 원래는 건륭제가 직접 썼던 "則古稱先(칙고칭선: 고인을 본보기로 하고 선인을 칭찬한다)"이라고 쓰인 편액과 "紹緖仰斯文識大識小, 趨庭傳至敎學詩學禮[56]"라고 쓰인 편액이 걸려 있었다. 명·청 시대 시례당은 공자 후손이 제사 전에 의례를 연습하던 곳이었는데, 청 강희제와 건륭제가 직접 곡부 공자문묘에서 제사 지낼 때 예식이 끝난 뒤 이곳에서 공자 후손의 유가경전 강의를 들었다. 공상임(孔尙任)은 바로 이곳에서 강희제에게 경전을 강의하면서 황제의 눈에 들어 파격적으로 관리에 올랐던 것이다.

㉙예기고(禮器庫)

예기고는 시례당의 동쪽 사랑채로 제사용 예기를 보관하던 창고이다. 건물은 9칸에 녹색 가장자리가 있는 회색 기와 경산정(硬山頂)이고, 5름 4주 앞뒤로 회랑이 있는 목조식이었으며, 앞쪽으로 복도가 나와 있다. 당심간(當心間)에서 문을 열고 서남쪽으로 돌면 공자고택의 문을

---

54) (옮긴이) 우주의 질서에 참여하고 그 변화를 도우며 인도의 표준을 세워 만세의 스승이 되셨다.
55) (옮긴이) 힘써 도를 배워 인륜을 두텁게 하고, 몸을 닦고 신중히 행동해야 스승의 유훈을 계승할 수 있다.
56) (옮긴이) 사문(斯文)을 이어받고 크고 작은 지혜·품행을 배우며 지극한 가르침을 전하여 예와 시를 배우도다.

통해 문묘 밖으로 나갈 수 있다.

㉚ 공택고정(孔宅故井)

공택고정은 시례당 뒤에 위치하고 있으며, 공자가 당시 물을 마시던 우물이라고 전해온다. 명 정덕(正德) 연간에 돌난간으로 보호하기 위해 '공택고정(孔宅故井)'이란 돌비석을 세웠다.

㉛ 노벽비(魯壁碑)

노벽비는 고정(故井) 동쪽에 위치하고 있으며 명대 공부(孔鮒)의 장서(藏書)를 기념하기 위해 세운 것이다. 진시황의 분서갱유 때 공자의 9대손 공부(孔鮒)가 『논어』, 『상서』, 『효경』, 『예기』, 『춘추』 등 유가의 경서를 공자고택의 벽장 안에 숨긴 뒤 남하하여 진승(陳勝), 오광(吳廣)의 농민봉기군에 참가했는데 결국 객사했다. 숨겨둔 유가 경전은 전한(前漢) 경제(景帝) 연간 때, 노(魯) 공왕(恭王) 유여(劉餘)가 궁실을 확장하는 과정에서 공자고택을 허물다가 죽간들을 발견하였다. 이 경서는 모두 전서(篆書)로 쓰였기 때문에 고문경(古文經)으로 불린다. 공자 11대손 공안국(孔安國)이 정리한 후 후한(後漢) 시기에 와서 학관(學官)이 되었으며 후세에 매우 큰 영향을 끼쳤다.

㉜ 숭성사(崇聖祠)

숭성사는 공자문묘 동로에 있는 주요 건물로, 대성전 동쪽에 위치하고 있다. 지방의 모든 공자문묘에서는 명 가정(嘉靖) 9년에 계성사(啓聖祠)를 증축하고 청 옹정 원년에 숭성사(崇聖祠)로 개칭했지만, 곡부 공자문묘는 그렇지 않았다. 송대 초기에 곡부 공자문묘에는 이미 공자의 아버지 숙량흘(叔梁紇)을 전문적으로 제사 지내는 숙량흘사(叔梁紇祀)가 있었고, 송 진종(眞宗)이 숙량흘을 제국공(齊國公)으로 추봉한 뒤에는 제국공전(齊國公殿)으로 명칭을 변경했다. 명 가정에 계성사(啓聖祠)를 세우라고 명한 뒤에 곡부 공자문묘에서는 계성사 안의 위패를 늘렸지만, 건물을 새로 짓지는 않았다. 청 옹정 연간에 공자의 5대 조상을 왕으로 추봉했는데, 곡부 공자문묘는 다른 공자문묘처럼 숭성사로 이름을 바꾸지 않았지만 가묘를 숭성사로 바꾸고 서로(西路)의 계성사와 동서 양쪽으로 마주보도록 했다.

숭성사는 원래 명 홍치 연간 문묘를 공사할 때 새로 지은 가묘였는데, 공자 조손인 3대손과 43대손인 중흥조(中興祖) 공인옥(孔仁玉)을 봉사하던 곳으로 모두 부부끼리 한 감실에 모셨다. 건물은 5칸, 홑처마 녹색 기와 무전정에, 9름 4주 앞뒤로 회랑식 목조로 되어 있고, 앞쪽으로 복도가 나와 있다. 앞뒤 복도의 길이는 다 다른데, 앞쪽 복도의 길이는 1.95m, 뒤쪽 복도의 길

3-3-38 숭성사.

이는 3.26m이다. 이렇게 만든 이유는 뒤쪽에 감실을 안치해서 더 많은 공간이 필요했기 때문
이다. 앞뒤의 길이가 달라지면서 구조도 이에 따라 달라졌는데, 앞쪽은 단보량(單步梁)을, 뒤
쪽은 쌍보량(雙步梁)을 사용했고, 앞금주는 노첨방(老簷枋)으로, 뒷금주는 하금방(下金枋)으로
받쳐두었다. 처마 밑 두공은 이중앙서 5포로, 명간과 차간은 평신과 4찬(攢)으로, 초간은 2찬
으로 되어 있다. 앞처마 기둥은 돌기둥이고, 중간 두 기둥은 구름과 용의 무늬가 고부조(高浮
彫)로, 옆 네 기둥에는 꽃을 감지평급(減地平級)으로 만들었고, 모란꽃, 국화꽃, 연꽃, 시계꽃 등
의 무늬가 있다. 부조와 용기둥의 구도가 조화롭고, 선이 거침없다. 용의 입은 돼지 모양이고
목이 가늘고 몸이 굵으며 용 갈기가 앞쪽으로 뻗쳐 있는 것은 모두 명대의 특징을 보여준다.
일부에서는 숭성사가 청대 옹정 원년에 처음 만들어졌기 때문에 청대의 건물이라고 주장하기
도 하지만, 옹정 연간에는 숭성사를 새로 지은 것이 아니라 원래 있던 가묘의 이름을 바꾸었
을 뿐이다. 공부(孔府) 문서의 명확한 기록에 따르면, 당시에 단지 "신주와 제사 용기 등을 수
리하거나 제작했다"[57]라고 할 뿐이다. 옹정 2년에 공자문묘가 벼락으로 화재를 당했을 때 숭
성사는 다행히 화를 면했기 때문에, 옹정 연간 문묘를 공사할 때 "풀을 뽑고 칠을 다시 하였으
며, 처마를 수선하고 기왓장을 보수했"[58]을 따름이었다.
　　명대 숭성사가 가묘였을 때 건축 등급은 그리 낮지 않았다. 무전정에 용을 조각한 돌기둥과

---

57)『孔府檔案』4985권. "將神牌祭器等項修制."
58)『孔府檔案』4998권. "拔草捉節, 夾隴齊檐, 添補瓦片."

3-3-39 가묘 내경.

앞쪽에 노대가 있었으며, 높은 단은 3폐4계로 되어 있었다. 채색화는 대성전과 같이 상급의 청록간금(靑綠間金)이었는데, 청대에 한 등급 떨어져서 선자대점금(旋子大點金)으로 바뀌었다.

㉝ 가묘(家廟)

송대 곡부 공자문묘에서는 별도로 가묘를 만들어서, 국가를 대표하는 제사와 가족의 사제(私祭)를 분리했다. 송·금·명·청대의 문묘도에는 모두 가묘가 있는데, 모두 공자문묘의 동로에 자리 잡았다. 현재의 가묘는 옹정 2년 벼락으로 일어난 화재로 중건된 것으로, 넓이는 7칸, 회색 기와에 녹색 가장자리의 경산정, 아오묵의 채색화와 7름 4주 앞뒤의 회랑식 목조로 되어 있다. 앞쪽에 복도가 나와 있고 두공이 없으며 건물 등급은 매우 낮고 규모도 작은 편이지만, 곡부 공자문묘가 가묘의 특징을 갖추었다는 중요한 상징 중 하나이다. 실내에는 감실 네 개가 있어서 각각 공자, 공리(孔鯉), 자사(子思)와 43대손 공인옥(孔仁玉)을 모시고 있으며, 한 감실에 부부가 함께 모셔져 있다.

㉞ 계성문(啓聖門)

계성문은 공자문묘 서로(西路)의 정문이다. 송대 곡부 공자문묘는 3로로 배열되어 있었는데, 그중 서로에서는 주로 공자의 부모를 봉사했다. 계성문은 3칸, 회색 기와에 녹색 가장자리가 있는 현산정으로, 건축 형식과 건축 시기가 승성문(承聖門)과 동일하다.

3-3-40 금사당(金絲堂).

㉟ 금사당(金絲堂)

금사당은 금대에는 공자문묘의 동로(東路)에 위치하고 있었으며, 고문경서 발견을 기념하기 위해 만들어졌다. 노공왕(魯恭王)이 공자고거를 허물었을 때 갑자기 금석사죽(金石絲竹: 옛날의 중요한 네 가지 악기. 즉 종·경쇠·현악기류·관악기류)의 소리가 들려와서 더는 허물지 못했고 벽 속에서 고문경서가 발견되었다. 금대에는 공자고거에 금사당(金絲堂)을 만들었지만, 명 홍치 연간 문묘를 공사하면서 금사당을 서로로 옮겨 시례당과 마주보도록 했다. 현존하는 건물은 옹정 연간의 화재 이후 중건된 것으로 가로 5칸, 세로 3칸에 녹색 기와 현산정이고, 7름 앞뒤로 회랑이 있는 목조 건물이다. 앞쪽으로 회랑이 나와 있지 않고, 편리하게 사용하기 위해 감주법(減柱法)을 사용했으며 가운데 전금주(前金柱) 두 개를 뺐다. 처마 밑에는 1두 2승 두공을 사용하고 아오묵으로 채색했다. 금사당은 제사 전 악무(樂舞) 연습에 사용되었고, 제사 후에는 가족들이 모여서 연회를 베풀었다.

㊱ 악기고(樂器庫)

악기고는 금사당의 바로 서쪽 사랑채이며, 옹정 7년에 강희제가 하사했던 중화소락(中和韶樂) 악기를 보존하기 위해서 황제의 동의를 거쳐 증축된 곳이다. 가로 9칸, 세로 1칸에 복도가 밖으로 나와 있고, 홑처마 녹색 가장자리의 검은색 기와 경산정으로 되어 있다. 처마 밑에는 1두 2승 두공을 사용했으며, 아오묵으로 채색했다.

3-3-41
계성사.

㊲ 계성사(啓聖祠)

계성사는 공자 아버지 숙량흘(叔梁紇)을 봉사하는 전문 사당으로, 송대 중상부 원년(1008)에 숙량흘(叔梁紇)을 제국공(齊國公)으로 추봉한 뒤에 제국공전으로 이름이 바뀌었다. 원 지순(至順) 원년(1330)에 계성왕(啓聖王)으로 추봉된 후에는 계성왕전으로, 명 가정 9년(1530) 계성왕으로 추봉된 후에는 계성왕전(啓聖王殿)으로 개칭되었는데, 배사 인물을 늘리면서 청 옹정 연간에는 문묘의 계성사를 숭성사(崇聖祠)로 바꾸도록 했다. 곡부 공자문묘에서는 가묘를 숭성사로 바꾸고 계성사를 유지시켜서, 숙량흘만을 제사 지내는 문묘로 회복시켰으므로 곡부 공자문묘의 가묘로서의 성격이 살아났다. 현존 건물은 옹정 연간 화재 후 중건된 것으로 가로 5칸, 세로 3칸에 7름 4주 앞뒤 회랑이 있는 목조 건물이며 복도가 밖으로 나와 있다. 건물 등급이 높은 편이어서 홑처마 녹색 기와의 무전정이고, 이중앙서 5포 두공을 사용했으며, "횡목, 도리, 들보, 방심은 역분금(瀝粉金)으로 운룡을 그리고, 바닥은 오색 물감으로 채색했다(枋檁柁梁枋心瀝粉金雲龍地伏五色粧顏彩畵)". 전 안에는 숙량흘의 소상을 모시고 있는데, 9면류, 9복장을 하고 있으며 궁규(躬圭)를 쥐고 있다.

㊳ 계성왕(啓聖王) 침전(寢殿)

계성왕 침전은 계성사 뒤에 있으며 공자 어머니 안징재(顏徵在)의 전문 사당이다. 송 대중상부 원년에 안징재(顏徵在)를 노국태부인(魯國太夫人)으로 추봉하여 남편과 같은 사당에서 봉사하도록 했다. 경력(慶歷) 8년(1048)에 가묘의 수리를 감독하던 45대손 공언보(孔彦輔)는 "후전(後殿)으로 옮겨서 봉사(遷于後殿奉安)"하기를 상주했고, 이에 따라 전문 사당에서 봉사하기 시작했다. 명 천순(天順) 4년(1460)에 중건한 뒤 홍치 연간 공사 때 이전했으며, 청 옹정 연간 벼락

3-3-42 분백소(焚帛所).

3-3-43 분백지(焚帛池).

을 맞았을 때도 다행히 화를 입지 않았다. 현존하는 건물은 가로 5칸, 녹색 가장자리가 있는 회색 기와에 흘처마 헐산정으로 되어 있고, 7름 4주 앞뒤로 회랑이 있는 목조식 건물이며, 중앙 오채 두공을 사용했다.

㊴ 후토사(後土祠)

후토사는 금대의 문묘도에서 최초로 보이며 당시에는 토지묘(土地廟)라 했다. 공자문묘 뒤쪽에 위치하던 독립된 사합원(四合院: 가운데 마당을 중심으로 사방이 모두 집채로 둘러싸인 전통 주택 양식)이었다. 현존하는 후토사(後土祠)는 성적전(聖迹殿) 동쪽에 있으며, 분백소(焚帛所)와 동서 양쪽으로 마주하고 있는 독립된 작은 정원이다. 문 1칸에 벽돌담으로 하중을 견디고 상인방(上引枋)은 목재로 되어 있다. 사당은 3칸, 회색 기와 경산정이며, 7름 앞뒤로 복도가 있는 목조 건물이며, 복도가 바깥쪽으로 나와 있다.

㊵ 분백소(焚帛所)

분백소는 명 홍무(洪武) 연간에 문묘의 건축 제도에 처음으로 등장하였다. 침전 뒤에 위치하고 있으며, 명 홍치 연간에 현재 장소에 세워졌다. 독립된 작은 정원으로 벽돌담만으로 하중을 받치는 작은 문 1칸으로 되어 있으며 다른 건물은 없다. 안쪽으로 예감(瘞坎)과 분백지(焚帛池)가 있는데 각각 제사에 사용된 소, 돼지, 양 등 제물용 가축을 매장하거나 제사에 쓰인 비단, 축문을 태우는 데 사용된 곳이다.

④ 신포(神庖)와 신주(神廚)

신포와 신주는 각각 공자문묘의 동북쪽과 서북쪽 구석에 위치하고 있으며, 제물용 가축을 도살하거나 제물을 만드는 데 사용된 곳이었다. 건물은 완전히 동일하며, 대문, 본채, 동서 사랑채가 있다. 대문은 1칸에 회색 기와의 현산정으로 되어 있고, 5름 분심식 목조 건물이며 처마 밑에는 1두 2승 두공을 사용했다. 본채와 사랑채는 모두 5칸에 회색 기와 경산정, 5름 3주 목조 건물이고 복도가 바깥쪽으로 나와 있으며 두공이 없다.

④ 공자고택의 문

공자고택의 문은 공자문묘와 공부(孔府) 가운데 위치하고 있으며 궐리가(闕里街) 바로 맞은편에 있다. 문에 들어가면 예기고(禮器庫)를 거쳐 공자문묘의 동로에 들어갈 수 있다. 문은 송대의 문묘도에 처음 보이지만, 당시 이름은 묘택(廟宅)으로 문묘에 살던 공자 후손들이 출

3-3-44 안채[內宅]의 건륭제 찬비(贊碑).

입한 통로였다. 명 홍무 10년(1377) 황제의 명으로 연성공부(衍聖公府)를 지은 후에 공자 후손은 공자문묘에서 다른 곳으로 이사했는데, 이 문을 고택문이라 했다. 현존하는 문은 1칸에 홑처마 회색 기와의 현산정으로 되어 있고, 두공이 없으며, 기둥은 짧으면서도 굵다. 문 안으로 깊이 들어가면 작은 정원이 있다. 정원 맨 끝에 건륭제의 '고택문찬(故宅門贊)'이라고 쓰인 비정(碑亭)이 있다. 1칸으로 된 정방형의 비정은 황색 기와 헐산정으로 되어 있으며, 처마 밑에 1두 2승 두공을 사용했다.

2000여 년 동안 곡부 공자문묘는 비록 여러 차례 전쟁으로 파괴되었지만, 훼손당하면 곧바로 수리했기 때문에 일시라도 폐쇄되지 않았다. 오히려 공자에 대한 존경심이 커지면서 공자문묘의 규모는 갈수록 커졌고 전 세계에서 가장 오래된 문묘가 되었다. 게다가 공자 사후에는 생전에 사용했던 의복, 모자, 금(琴), 수레, 서적 등 문화재를 진열하고, 지속적으로 건물, 비각, 예기, 악기 등 문화유산을 늘리면서, 세계에서 가장 오래된 박물관이 되었다. 역사적·문

화적·예술적으로 대단히 큰 가치를 가진 곡부 공자문묘는 1994년 유네스코 세계문화유산에 선정되었다.

2. 북경 국자감문묘(國子監文廟)

북경(北京) 국자감은 원·명·청 삼대에 걸쳐 최고의 교육기관이었으며, 국자감문묘 역시 최고 등급의 공자문묘였다.

1) 문묘의 연혁

북경에 태학과 공자문묘가 설립된 것은 요(遼)나라 시기부터였다. 회동(會同) 원년(938)에 요나라 군대는 연운십육주(燕雲十六州)를 점령하여 유주(幽州)를 남경유도부(南京幽都府)로 승격시킨 뒤 남경 태학과 문묘를 설립했다. 설립 시기에 대해서는 기록으로 남아 있지 않지만, 통화(統和) 13년(995) 9월 "남경 태학의 생원이 점점 많아져서 특별히 수애장(水磑庄)을 하사했다(以南京太學生員浸廣, 特賜水磑庄一區)"라는 기록이 있다. 학교를 세우고 발전시키기 위해서는 일정 시간이 필요한데, 통화(統和) 13년에 생원이 갈수록 많아졌다는 것을 보면 남경 태학이 설립된 지 어느 정도 시간이 지났다는 것을 알 수 있다. 요대 건국초인 신책(神冊) 3년(918) 상경(上京)에 국자감과 부설 기관으로 태학을 설립한 점을 감안하면, 남경을 설치한 후 얼마 지나지 않아 남경태학과 공자문묘를 설립했을 가능성이 매우 크다.

북경에 국자감과 공자문묘가 설립된 시대는 금(金)대였다. 천덕(天德) 3년(1151)에 금나라 사람이 요대의 남경을 중도(中都)로 확장하고, 정원(貞元) 원년(1153)에 남경으로 수도를 옮기면서 중도(中都)국자감과 공자문묘를 세웠다. 안타깝게도 몽고 군대가 중도(中都)를 함락하면서 국자감과 문묘는 모두 파괴되고 지금은 흔적도 찾아볼 수 없다.

몽고 군대가 북경을 점령한 후 태종(太宗) 6년(1234)에 금(金)대의 추밀원(樞密院)을 국자감으로 변경하고 공자문묘도 설립했다. 지원(至元) 4년(1267)에 수도를 확장하면서 새 수도의 동북쪽 한 켠에 새 국자감과 공자문묘를 건설하기로 계획했었다. 그러나 통일 전쟁과 통일 후의 갖가지 일들을 처리하기에도 바빴기 때문에 원정(元貞) 원년(1295)에 내려진 선성묘(先聖廟)를 세우라는 명령은 대덕 6년(1302)에 와서야 공사에 들어가 4년 후에나 준공되었다. 아울러 문묘 서쪽에 국자감도 세우기 시작하여 지대(至大) 원년(1308)에 국자감이 준공되면서, 원대 최

3-3-45
묘문(廟門) 두공.
원대 건축물의 특
징을 보여준다.

3-3-46
벽옹(辟雍). 고대
예제에 맞는 세
계 유일한 국가
최고 등급 학교
건물로, 청 건륭
48년(1783)에 증
축되었다.

고 등급의 학교가 전부 완성되었다.

명대 초기에 수도를 남경에 정하고 대도(大都)를 북평부(北平府)로, 국자감을 부학(府學)으로 개칭하면서 문묘는 부학(府學)문묘가 되었다. 영락(永樂) 원년(1403)에 북평부(北平府)는 북경으로, 2년에 원(元)의 국자감을 북경 행부(行部)국자감으로 개칭했다. 영락 19년에는 북경으로 천도하면서 경사(京師)로, 북경 행부국자감을 경사국자감으로 이름을 바꾸었는데, 문묘도 이에 따라 경사문묘라고 개칭되었다.

명대에는 국자감문묘의 공사를 그리 많이 하지 않았다. 영락 9년, 선덕(宣德) 4년(1429), 정통(正統) 8년(1443)에 수리한 적이 있고, 정통 8년에 비각 하나와, 홍치 14년(1501)에 문병을 증축했다. 가정 9년(1530)에는 대성전을 선사묘(先師廟)로, 대성문도 묘문으로 개칭했으며, 만력

28년(1600)에는 회색 기와를 녹색 유리기와로 바꿨다. 명대에는 대체로 원대의 제도를 답습했기 때문에 문묘의 구조에도 큰 변화는 없었다. 기록에 따르면, 명대 국자감문묘의 중요도는 곡부 공자문묘에 훨씬 못 미쳤던 것 같다.

청대 국자감문묘는 명대보다 훨씬 더 중시되었다. 순치(順治) 8년(1651)과 14년에 두 차례 중수되있는데, 14년의 수리는 공부(工部)에 재정이 없어서 특별히 국고에서 3만 냥을 지원했다. 강희 6년, 18년, 42년, 52년에 총 다섯 번을 수리했고, 옹정 원년, 8년, 11년에 세 번 수리를 했다. 건륭 연간은 문묘들이 많은 변화를 겪은 시기였다. 건륭 2년에 대성전, 대성문을 황색 유리기와로 바꾸고, 숭성사를 녹색 기와로 바꾸는 큰 수리를 했고, 32년에 다시 수리를 해서 청대에는 비각을 모두 황색 기와로 바꾸었다. 33년에는 전문(殿門)을 모두 대성(大成)으로 바꾸면서 황제가 직접 편액을 써주었다. 광서 32년(1906)에 문묘 제사를 대사(大祀)로 승격한 후 문묘도 이에 합당한 개조와 수리를 거치게 되는데, 청이 멸망하고 5년이 지난 후인 1916년에 비로소 준공되었다.

2) 문묘의 형태와 구조

국자감문묘는 원(元)대 설립 이후 대체로 원대의 모양과 구조를 유지했는데, 명·청대 일부 건물을 증축한 것과 청 광서(光緖) 연간에 대성전을 확장한 것 외에 별다른 변화는 없었다.

원대 국자감 공자문묘의 모양과 구조에 관한 안내도는 남아 있지 않다. 원 오징(吳澂)은 다음과 같이 말했다. "전은 4아(阿), 숭(崇)은 17인(仞: 8자 혹은 7자를 말함), 남북으로 5심(尋: 1심은 8척), 좌우로 약 30연(筵: 좌석) 정도의 길이가 동서 양쪽으로 뻗어 양무에 이르며, 넓이는 이러하다. 양무는 북쪽에서 남쪽까지 70보(步: 1步는 5척)이다. 중문은 높이가 7인 4척, 길이는 그의 반이며, 넓이는 11보이다. 문의 동서쪽에 있는 무의 넓이는 각각 52보이다. 바깥문 좌우에는 재계하고 머물 수 있는 건물이 있는데, 각 15칸이다. 신주(神廚), 신고(神庫)는 남직전(南直殿)의 좌우 양쪽에 있고, 각각 7칸으로 되어 있다. 전과 무, 무와 문, 밖으로는 바깥문, 안으로는 주고까지 모두 478채가 있다."[59] 기록에 따르면 문묘의 앞뒤로 정원 두 개가 있고, 대성전은 사아정(四阿頂), 즉 무전정(廡殿頂)에, 높이 68척, 길이 40척, 넓이 130척으로 되어 있고, 좌우에

---

59) 「賈侯修廟學序」(吳澂), 『欽定國子監志』 79권 참조. "殿四阿, 崇十有七仞, 南北五尋, 東西十筵者三, 左右翼之, 廣亦如之, 衡達于兩廡, 兩廡自北以南七十步. 中門崇七仞有四尺, 修半之, 廣十有一步. 門東, 門西之廡, 各廣五十有二步. 外門左右爲齋宿之室, 以間計各十有五. 神廚, 神庫, 南直殿之左右翼, 以間計各七, 殿而廡, 廡而門, 外之于外門, 內之于廚庫, 凡四百七十八楹."

각각 130척의 액방과 양무가 서로 연결되어 있다. 양무의 길이는 70보, 대성문 높이는 32척, 길이 16척, 가로 11보이고, 양무 길이는 70보, 대성문 높이는 32척, 길이는 16척, 가로는 11보이며 동서쪽에 각 길이 52보의 액방이 있다. 묘문 좌우에 재계하고 숙박하는 공간이 15칸으로, 신주(神廚)와 신고(神庫)는 각 7칸으로 되어 있으며, 문묘 건물은 모두 478칸이다. 그러나 안타깝게도 기록이 그다지 상세하지 않아 대부분 건물의 칸 수가 나와 있지 않다.

명대의 기록은 상세한 편이다. 대성전은 7칸, 전당 앞 노대(露臺)는 가로 88척, 길이 45척, 계단 3층에 돌난간이 있다. 동측 제기고(祭器庫)는 11칸, 서측 악기고(樂器庫)는 11칸이며, 각 가로는 143척이다. 전 앞 동서 양무는 각 19칸, 넓이 247척이다. 명 정통 연간에 문묘에 비각 하나를 세웠다. 전 앞 대성문은 5칸 3문에 계단 3층이 있다. 대성문 동서 양서(兩序)는 각 11칸, 가로 143척이다. 대성문 동쪽 사랑채의 신주는 5칸이고, 재생정(宰牲亭)은 3칸이며 정정(井亭) 하나가 있다. 서쪽 사랑채의 신고는 5칸, 지경문(持敬門)은 1칸, 치재소(致齋所)는 3칸이다. 맨 앞의 영성문은 3칸이고 그 앞은 조벽으로 되어 있다. 새로 지은 계성사는 5칸, 동서 종사당(從祀堂)은 각 3칸이며 명 정통(正統) 연간에 문묘 비각 하나를 만들었다.

서로 비교해보면, 대성전 정원은 별다른 변화가 없고 다만 비각 하나만 늘렸을 뿐이다. 첫 번째 정원의 경우 변화가 큰 편이었다. 대문 양쪽의 재숙실(齋宿室)을 없애고 신주와 신고는 모두 7칸에서 5칸으로 바꾸었으며, 대문 앞에 담장 즉 문병을 증축했다. 가장 큰 변화를 꼽으면 세 번째 정원을 늘린 것, 즉 계성사(啓聖祠)와 양측 사랑채를 증축한 것이다.

청대는 변화가 가장 적었던 시기로, 첫 번째 정원에 비각 세 개만을 늘렸을 뿐이다. 그중 명 정통(正統) 비각을 대성전 정원에서 대성문 앞뜰로 옮겨왔을 뿐이었다. 두 번째 정원에는 비각 10개와 분백노(焚帛爐) 한 개를 늘렸다. 광서(光緒) 32년 문묘 제사 등급을 대사로 승격시킨 후 대성전을 확장하면서 두 번째 정원에 큰 변화가 있었다. 대성전을 9칸으로 확대하고 대성전 동서 양측의 예기고와 악기고를 축소시켰다.

북경 국자감문묘는 대사로 승격된 후 개조되었지만, 모두 대사의 예제를 따르지는 않았다. 대성전을 가로 9칸, 세로 5칸의 무전정(廡殿頂)으로 바꾼 것은 대사의 예제에 걸맞지만, 노대 1층의 난간과 실내의 선자(旋子) 채색화는 대사의 예제에는 맞지 않다.

국자감문묘의 부지 면적은 2만 2000m²로, 면적은 그리 크지 않지만 건물 밀도는 높은 편이다. 건물이 많고 규모가 커서 빽빽해 보인다. 예제에 따르기 때문에 건물의 규모, 지붕 양식, 기와 색깔, 채색과 무늬 등은 각각 다르다. 선사문(先師門), 대성문(大成門), 대성전(大成殿), 어비정(御碑亭)은 황색 유리기와, 숭성사(崇聖寺), 지경문(持敬門)은 녹색 유리기와, 양무(兩廡)는 회색 기와에 녹색 가장자리(회색 기와 바깥쪽으로 녹색 유리기와)이고, 숭성사 양무는

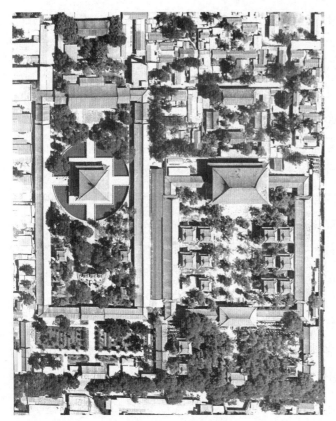
3-3-47 북경 국자감문묘 전경.

회색 기와, 대성전, 대성문, 숭성사는 무전정, 선사문, 비각은 헐산정, 숭성사 양무와 치재소(致齋所)는 현산정으로 되어 있다. 문묘의 모든 건물의 높이와 크기가 달라서 큰 것과 작은 것이 섞여 있으며, 기와 색깔도 다양하고 붉은 담장, 푸른 나무, 황색 기와가 어울려 대단히 조화롭고 아름답다.

3) 문묘의 건축물

국자감문묘에는 건축물이 총 30여 개가 있는데, 현존하는 건물은 원·명·청 3대 동안 보존되어온 것이다. 다른 문묘와 달리 연못이 없는 것은 천자는 벽옹에서 공부를 했고 원형의 연못은 태학 안에 있어서 문묘에는 못을 만들지 않았기 때문이다.

① 병장(屛墻)

병장은 문묘 문 밖에 위치하고 있다. 명 홍치 14년(1501)에 문 밖의 골목에 "횡구(橫溝)에 더러운 것이 쌓여 있어서(橫溝積穢)", "병장을 높이 세워서 막으려고 했다(高築屛墻以爲障蔽)". 당시에는 청색 유리기와였는데 청대에 황색 기와로 바꿨다. 이곳의 병장은 각 지방 문묘의 조벽과 달리 양옆에 팔(八)자 담장도 있어서 팔(八)자 문병이 되었다.

② 선사문(先師門)

선사문은 영성문(欞星門)이라고도 하며 문묘의 대문이다. 출입구 건물은 3칸이고 문 세 개가 있다. 중문에는 '선사문'이란 편액이 걸려 있는데 이는 청 고종(高宗)이 쓴 것이다. 황색 기와

3-3-48
대성문(大成門).

혈산정에, 5름 분심식 목조 건물이고, 선자대점금(旋子大点金)의 채색화이다. 두공은 홑처마에 주심첨차 하나에 5포의 두공이고 뒷부분은 가짜 앙서로, 가운데 칸[明間]은 평신과(平身科) 2찬(欑), 양쪽 칸[次間]은 1찬(欑)으로 장식되어 있다. 재료는 굵고 크며 배치는 성기고 기둥은 굵다. 수리와 개조를 거쳤지만, 여전히 원대의 특징을 가지고 있다. 수선과 개조를 해도 원나라 건물의 특징을 그대로 가지고 있다. 문 동서 양측에 각각 하마패(下馬牌)를 세웠는데, 패는 소형 병풍식이고 돌로 새겨져 있다.

③ 대성문(大成門)

대성문은 5칸 3문, 황색 기와 무전정으로 되어 있으며, 청 고종(高宗)이 편액을 썼다. 실내에 평기(平棊) 천화를 만들고, 금단룡(金團龍)을 그렸다. 바깥 처마에는 금선대점금(金線大点金)을 채색하고, 두공은 금탁묵(金琢墨)으로 했으며, 안 처마에는 묵선소점금(墨線小点金)을 사용했다. 두공을 묵선으로 한 것은 건물 등급에 맞지 않는데 언제 바뀌었는지는 분명하게 알 수 없다. 분심식 목조 건물이며 위쪽에서 실내의 천화를 받치도록 3중앙서 7포의 두공을 사용했다. 처마 밑의 두공은 주심첨차 하나에 이중앙서 7포이고, 명간은 평신과 5찬, 차간과 초간[梢間]은 4찬으로 되어 있다. 목조 형식은 청대의 건축 특징을 보여주지만, 기둥 직경이 50cm나 되는 것으로 보아 초기 건물의 구조임이 분명하다. 문지방 높이는 6.5척, 약 2.08m이고, 주위에 돌 난간이 둘러싸고 있으며, 앞뒤에는 모두 3층 계단이 있는데 중간에 용폐(龍陛)를 만들었고, 계단은 14층이다. 채색화는 규격에 맞지는 않지만, 문묘 중에 등급이 가장 높은 대성문이다. 안타깝게도 국자감문묘는 세로 길이가 너무 짧고 대성문 앞뒤로 두 정원에 건물이 너무 많으며

3-3-49
진사제명비(進士
題名碑).

모든 부속 건물들이 앞쪽 정원에 집중되어 있는 데다가, 정원에는 원·명·청 세 시대의 진사
제명비(進士題名碑)와 비각들이 가득 있어서 더욱 조밀한 느낌을 준다.

④ 제기고(祭器庫) 및 악기고(樂器庫)

제기고(祭器庫) 및 악기고(樂器庫)는 각각 대성문 동서 양옆에 위치하고 있으며, 가로 9칸, 모
퉁이까지 포함해서 12칸인 것은 문헌 기록과 일치한다. 대성문과 가까이 있는 1칸의 문을 열
면 정전의 정원으로 들어갈 수 있는 작은 문이 있다. 5름 3주 목조 건물로, 북쪽을 향해 복도가
나와 있고, 처마 밑에 3포의 교마엽(交麻葉) 평신과식 두공 6찬을 사용하였다. 복도 밖에는 묵
선대점금(墨線大点金), 안에는 묵선소점금(墨線小点金), 실내에는 아오묵(雅五墨)으로 되어 있다.

⑤ 진사제명비(進士題名碑)

진사제명비는 대성문 앞 복도 동서쪽에 모두 198개가 있다. 원대 비석 세 개, 명대 비석 77
개, 청대 비석 118개가 있는데, 198회 동안의 과거시험에 합격한 5만 1624명 진사들의 이름,
출생지, 순위가 기록되어 있다. 전 세계의 문묘 중에 중국의 북경 국자감문묘, 베트남의 하노
이 국자감문묘와 순화(順化)의 국자감문묘에서만 진사제명비(進士題名碑)를 세웠다. 하노이 국
자감문묘에는 82개가, 순화(順化)의 국자감문묘에는 36개가 있어서, 둘을 합해도 북경국자감
만큼 많지 않고 비석도 훨씬 작다.

⑥ 지경문(持敬門)

지경문은 국자감에서 문묘로 들어갈 수 있는 옆문으로 대성문 앞 서쪽 담장에 있다. 1칸 녹색 기와 현산정에, 선자소점금(旋子小点金) 채색화로 되어 있다.

⑦ 치재소(致齋所)

치재소는 국자감 관리들이 제사 전 재계했던 곳으로, 지경문(持敬門) 남쪽에 위치하고 있다. 세 칸 녹색 기와로 되어 있고, 남산은 현산정, 북산은 지경문의 용마루 밑에 있다.

⑧ 갱의정(更衣亭)

갱의정은 한 칸으로 되어 있으며, 제사 관리들이 제사 전에 옷을 갈아입던 곳이다. 치재소(致齋所) 남쪽에 있으며 회색 기와에 경산정이다.

⑨ 신주(神廚) 및 신고(神庫)

신주 및 신고는 각각 다섯 칸으로 되어 있으며, 대성문 앞 정원의 동서 양옆에 위치하고 있다. 녹색 기와의 현산정으로 되어 있고, 앞뒤로 복도가 있는 목조 건물로 청나라식 소형 건물이다. 원대에는 일곱 칸이었는데 명대에 다섯 칸으로 바뀌었다.

⑩ 재생소(宰牲所)

대성문 앞 정원의 동쪽에 위치하고 있으며, 가로 세 칸, 세로 한 칸으로 되어 있다. 1두 2승의 두공을 사용했으며 녹색 기와에 헐산정이다.

⑪ 정정(井亭)

정정은 희생제물을 보존하고 제물을 만들기 위한 물을 공급하는 곳으로 육각형에 녹정(盝頂)으로 되어 있다. 녹정(盝頂)은 매우 드문 양식으로 문묘에는 더더욱 드물다.

⑫ 갱방(更房)

갱방은 재생소 남쪽에 있고 한 칸에 회색 기와 경산정으로 되어 있다. 이름 그대로 야간 당직자가 사용했던 방이다.

⑬ 명정통비정(明正統碑亭)

명정통비정은 대성문 앞 동쪽에 있다. 명 정통 원년(1436)에 이현(李賢)이 사원을 짓기 위한 비용으로 태학 문묘를 복구하자고 주청했다. 8년에 공사를 시작해서 9년에 준공되었으며, 명 영종(英宗)은 비석을 세워 이를 기록했다. 명대 문묘의 양식과 구조에 대한 기록에 따르면, 비정은 대성문 뒤 통로 동쪽에 있다고 되어 있지만 현재는 대성문 앞에 있는데, 청대 이전된 것으로 보인다. 비정은 겹처마에 녹색 기와, 헐산정이다.

⑭ 건륭수묘유지비정(乾隆修廟諭旨碑亭)

이 비정은 대성문 앞 정원의 서쪽에 있는 남정(南亭)이다. 겹처마에 황색 기와의 헐산정이고, 윗처마는 이중앙서 5포, 아랫처마는 주심첨차에 3포의 두공으로 되어 있다. 비석에는 건륭 32년(1767) 고종이 문묘를 중수하라고 명령했던 내용이 만주어와 한자로 새겨져 있다.

⑮ 도광평정회강고성태학비정(道光平定回疆告成太學碑亭)

이 비정은 대성문 앞의 서쪽에 있는 북정(北亭)이다. 도광 9년(1829)에 세운 것으로, 비문은 도광제(道光帝)가 지은 『평정회강초금역예고성태학비문(平定回疆勦擒逆裔告成太學碑文)』이다. 비정은 역시 겹처마에 황색 기와의 헐산정이며, 윗처마는 이중앙서에 5포, 아랫처마는 주심첨차 하나에 5포의 두공으로 되어 있다.

⑯ 대성전(大成殿)

대성전은 원대 처음 세웠을 때에는 무전정이었다. 오징(吳澄)은 높이 68척, 세로 40척, 가로 130척, 정거부(程鉅夫)는 높이 65척, 세로 75척, 가로 130척이라고 했지만, 모두 칸 수는 언급하지 않았다. 명대의 기록에는 넓이 7칸, 높이 36척, 세로 71척, 가로 130척이라 되어 있다. 청 광서 연간에 확장 공사를 하기 전에도 7칸이었고, 높이 76.3척, 세로 80척, 가로 110.5척이었다. 이상의 네 가지 설명에서 넓이는 거의 차이가 없지만 세로 길이는 오징(吳澄)의 기록만 차이가 너무 큰 것을 보면, 그의 기록이 틀린 듯하다. 가로와 세로 길이 차이가 너무 커서, 명대의 높이는 문제가 있는 듯하다. 높이 36척이라는 것은 명대 영조척(營造尺)에 따라 계산해보면 11.52m이기 때문에 가로 세로 비율과 맞지 않다. 명·청대 모두 넓이가 7칸이었고 그 외에 중건에 관한 다른 기록이 없는 것을 보면, 원대의 건물을 계속 사용했던 것 같다.

현존하는 건물은 청 광서 32년에 문묘가 대사로 승격된 후 확장된 것으로, 넓이 9칸, 세로 5칸에 황색 기와 무전정이다. 윗처마는 주심첨차 하나에 이중앙서 7포, 아랫처마는 이중앙서 5

3-3-50
대성전.

3-3-51
대성전 내경.

포의 두공을 사용했다. 두공의 양식은 평신과며, 명간에는 6찬, 차간은 5찬, 초간은 4찬, 진간(盡間)은 2찬이다. 대성전 양쪽 끝의 두공은 역시 평신과며 명간에는 8찬, 차간은 6찬, 초간은 2찬이다. 바깥 처마는 금룡화새(金龍和璽) 채색화, 안쪽 처마는 선자(旋子) 채색화이고, 평기 천화(天花)를 만들었으며, 승진(承塵)에 단룡(團龍)을 그렸다. 전 바깥쪽 위아래 처마 사이에 걸린 '대성전' 편액은 청 고종이, 정문에 걸린 '만세사표(萬世師表)' 편액은 청 성조(聖祖)가 쓴 것이다. 대성전 편액 중 한가운데에 대통령 여원홍(黎元洪)이 1916년에 썼던 '도흡대동(道洽大同)' 외에 다른 것도 청 황제가 쓴 것이다. 유일하게 다른 것은 청 고종(高宗)이 쓴 '덕관생민(德冠生民)' 대련은 없고 '齊家治國平天下, 信斯言也布在方策; 率性修道致中和, 得其門者譬之宮墻'[60]이라는

3-3-52 북경 국자감문묘 대성전 용폐.

대련을 쓴 것이다. 공자, 4배, 12철 모두 감실이 있는데 위패를 사용하고 소상은 사용하지 않는다.

⑰ 전기(殿基)

전기는 높이가 6.5척, 약 2.08m로, 앞쪽 노대와 연결되어 있고, 노대가 3폐, 17계단으로 되어 있다. 남쪽 방향 한 가운데로 용폐가 있는데, 세로 7m, 가로 2m이다. 용폐 중간에 단룡(團龍)이 있는데 위아래로 행룡(行龍)이 이룡희주(二龍戲珠)로 있어서, 조각이 대단히 아름답다.

대성전은 황색 기와, 겹처마의 무전정으로 되어 있고, 바깥처마의 금룡화새(金龍和璽) 채색화는 모두 대사 예제에 부합하지만, 안쪽 처마의 선자 채색화, 1층으로 된 노대 난간, 계단 3폐는 모두 대사에 맞지 않다.

⑱ 동서무(東西廡)

동서무는 대성전 동서 양쪽에 있으며 모두 19칸으로 되어 있다. 홑처마에 녹색 기와 헐산정이고, 처마 밑에는 주심첨차 하나에 이중앙서 5포의 두공을 사용했으며, 앞뒤 복도는 목조로 되어 있지만, 밖으로 나와 있지는 않다.

⑱ 청비정(淸碑亭)

청비정은 대성전 앞 정원에는 비각 11개가 있는데, 동쪽에 여섯 개, 서쪽에 다섯 개가 있어서 매우 복잡하다. 비문은 각각 청 성조(聖祖) 강희 25년의 『어제지성선사공자찬(御製至聖先師

---

60) (옮긴이) "집안을 돌보고 나라를 다스린 후에야 천하를 평정하는 것이니, 이 말을 신뢰하여 방책에 기록했다. 성을 따르고 도를 닦고 중화에 이르는 것은 문이 있어야 궁 안으로 들어갈 수 있는 것과 같다."

3-3-53
어비정(御碑亭).

3-3-54
청비정(淸碑亭)의
조정(藻井).

孔子贊)』, 강희 28년의 『어제안증사맹사자찬(御製顔曾思孟 四子贊)』, 강희 42년의『어제평정삭막
고성태학비(御製平定朔漠告成太學碑)』, 세종(世宗) 옹정 3년의 『어제평정청해고성태학비(御製平
定靑海告成太學碑)』, 옹정 6년의 『어제중정예제문묘경성시(御製仲丁詣祭文廟敬成詩)』, 고종(高宗)
건륭 3년의 『어제문묘이개황와임옹기사비(御製文廟易蓋黃瓦臨雍紀事碑)』, 건륭 14년의 『어제평
정금천고성태학비(御製平定金川告成太學碑)』, 건륭 24년의 『어제평정준가얼고성태학비(御製平
定准噶尔告成太學碑)』, 『어제평정회부고성태학비(御製平定回部告成太學碑)』, 건륭 34년의 『어제
중수문묘비(御製重修文廟碑)』, 건륭 41년의 『어제평정량금천고성태학비(御製平定兩金川告成太學
碑)』이다. 강희, 옹정, 건륭 세 황제의 어제비는 지방의 문묘에 세운 경우는 드물고, 곡부 공자

문묘에도 드물게 세웠는데, 곡부 공자문묘의 경우 건륭제가 준가얼(准噶尔)과 금천(金川) 지역을 평정했을 때 두 개만을 세웠을 뿐이다.

비각들은 모두 황색 기와 겹처마 헐산정으로 되어 있고, 형태와 구조는 거의 비슷하다. 옹정 6년의 『중정예제문묘경성시(仲丁詣祭文廟敬成詩)』비각은 통로 서쪽 편에서도 남쪽 끝에 있는데, 비각 중에서도 가장 작은 편에 속한다. 바깥으로 보이는 아랫처마는 모두 3칸, 윗처마는 1칸으로 되어 있다. 정자 안의 공간을 늘리기 위해 중간의 금주 네 개를 없애고 네 모퉁이에 들보를 가설한 방법으로 서로 인접한 초간의 액방에 말각량(抹角梁)을 가설하고 그 위에 기둥을 세워서 윗처마를 받쳤다. 윗처마의 두공은 평신과식이며 바깥쪽에는 이중앙서 5포로, 안쪽에는 주심첨차 두 개에 5포, 모두 4찬으로 되어 있다. 아랫처마 두공은 역시 평신과식이며 바깥쪽에는 주심첨차 하나에 3중앙서로, 안쪽에는 가짜 앙서로 장식되어 있다. 명간에는 2찬, 초간에는 1찬의 두공을 사용하였다. 황색 기와 겹처마 헐산정이고, 정자 안에 평기천화를 설치하고 장막에 꽃을 그렸다. 외첨 채색화는 금룡선자점금, 내첨은 묵선(墨線)으로 되어 있다.

지형의 제약으로 비각의 면적이 너무 작은데다가 비석은 높아서 비각 건물은 높고 좁아 보인다. 게다가 정자의 기반이 너무 높고 밀도가 지나치게 커서 비각이 별로 아름답지 않다. 청대 통치자는 공을 과시하기 좋아했는데, 문묘의 전체적인 구조를 고려하지 않은 채 마음대로 건물을 증축하는 바람에 문묘의 조화를 파괴했다. 곡부 공자문묘와 북경 국자감문묘 모두 그렇게 되었는데, 다행히도 곡부 공자문묘는 정원이 많아서 늘어난 비각을 정원 안에 모아두었기 때문에 정전의 풍경을 해치지는 않았다.

⑲ 요로(繚爐)

요로는 제사 축문과 헌백(獻帛)을 태우는 데 사용되었다. 대성전 정원 서남쪽 구석에 위치하고 있으며, 건륭 48년(1783)에 새로 만들어졌다. 등마루는 돌로 되어 있고, 대좌 위로는 모두 녹색 유리이며 방목(仿木) 구조로 되어 있어서 정교하고 아름답다. 1칸, 헐산정이다. 동쪽을 향하고 있고 정문에는 비조(飛罩)가 있으며, 양쪽에는 문 두 개를, 좌우 양쪽에는 문 네 개를 세웠다.

⑳ 숭성사(崇聖祠)

숭성사는 5칸, 녹색 기와 헐산정이고 처마 밑에는 이중앙서 5포의 평신과 두공을 사용했으며, 명간에는 6찬, 차간에는 4찬으로 되어 있다. 앞뒤로 복도가 있는 목조 건물인데 복도가 바깥으로 나와 있지는 않으며, 선자대점금 채색화이다. 앞에 노대가 있고, 난간은 없으며 3폐, 계단은 10층이다.

3-3-55
숭성사(崇聖祠)의
정원.

㉑ 숭성문(崇聖門)

숭성문은 3칸, 홑처마 녹색 기와 혈산정으로 되어 있고 분심식 목조 건물이며 주심첨차 하나에 3포의 두공을 사용했다. 양쪽에 팔(八)자형 담장을 설치했으며 담장 밑받침은 수미단이다.

㉒ 종사상방(從祀廂房)

종사상방은 각 3칸, 회색 기와 현산정으로 되어 있고 5름 대량식(擡梁式) 목조 건물이며 1두 2승 좌두(座斗)식 두공을 사용했으며 명간은 6찬, 차간은 4찬으로 되어 있다. 방의 기단은 매우 높고 계단은 5층이다.

3. 대만(臺灣) 대남부학문묘(臺南府學文廟)

대만은 2000여 년 전부터 대륙과 관계를 맺어왔다. 황룡(黃龍) 2년(230)에 손권(孫權)은 병사 1만 명을 바다 건너 대만으로 파견했다. 대업(大業) 6년(610)에 수양제(隋煬帝)도 진릉(陳稜)에게 1만 명을 주고 대만으로 파견했다. 송·원(宋元) 시대에는 팽호(澎湖)에 군사를 주둔시켰다. 원명(元明) 시대에는 팽호(澎湖) 순검사(巡檢司)를 설치하여 대팽(臺澎) 지역을 관리하도록 했다. 1624년에는 네덜란드의 식민지 개척자들이 대만을 침범했는데, 1661년에 정성공(鄭成功)이 대만 내 여러 민족들의 지지하에 그들을 쫓아내면서 대만은 조국을 되찾았다.

남송(南宋)대부터 팽호에 군사를 파견하고 대팽(臺澎)을 관리하긴 했지만, 대만의 마을이 분립되어 있고 문화가 낙후되어 있어 줄곧 학교와 공자문묘가 설립되지는 않았다. 그러다가 명

영력(永曆) 19년(1665)에 와서 정경(鄭經)이 대남에 문묘를 세우게 된다. 강희 22년(1683)에 정극상(鄭克塽)이 귀순하자 청은 대만에 관청과 현을 설치하고 문묘와 학교를 세웠고, 이후 대만의 문묘는 빠르게 발전하게 된다.

1) 문묘의 연혁

명 영력(永曆) 19년(1665)에 대만을 차지했던 정경(鄭經)은 자의참군(諮議參軍) 진영화(陳永華)의 제의로 지금의 대남에 대만의 첫 번째 공자문묘인 선사성묘(先師聖廟)를 지었다. 강희 23년에 중수하면서 대만부학으로, 선사성묘도 선사묘로 개칭하고, 강희제가 직접 써서 하사한 만세사표 편액을 만들었으며, 반지(泮池)

3-3-56 전대수학(全臺首學). 옛날에 대만에는 대만부(臺灣府) 하나만 있었고 관청은 대남에 있었기 때문에, 대남부학이 대만의 수학(首學), 즉 첫 번째 학교이다.

와 아재(衙齋)를 증축했다. 강희 39년에 중수하면서 문묘 동쪽에 명륜당(明倫堂)과 용정고(龍亭庫)를 새로 만들었다. 강희 51년에는 문묘 앞에 반원형의 엔담, 예문(禮門), 의로(義路), 대성방(大成坊)을, 동쪽에는 주자사(朱子祠)와 문창각(文昌閣)을 증축하면서 묘학의 모습을 제법 갖추었다. 강희 58년에는 대성전을 확장하면서, 겹처마의 헐산정으로 바꾸었다. 건륭 14년(1749)에 다시 중수했고, 2년 후에 완공하였다. 건륭 17년에는 다시 반궁방(泮宮坊)을 만들었다.

건륭 이후 가경, 동치 연간에 대지진이 잇달아 발생하면서 문묘가 점차 파괴되었고, 광서 15년에는 행정구역이 재편되면서 대남부학문묘로 개칭되었다. 1917년에는 대남 지역의 유력 인사가 앞장서서 중수하면서 지금의 규모로 완성되었다. 1945년 3월에는 대남문묘가 미군 비행기에 폭격을 당하여 많이 훼손되었는데, 전쟁 후 수리가 시작되어 1953년에는 대부분 복구되었다.

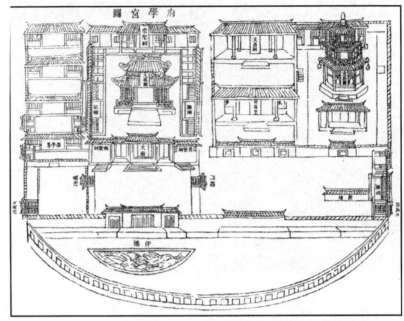

3-3-57
대만부학도
(臺灣府學圖).

2) 문묘의 형태와 구조

건륭 연간에는 대남부학이 가장 잘 정리되어 있었다. 동서쪽에 네 길로 구성되어 있었는데, 서쪽에서 동쪽으로 차례대로 학아(學衙), 문묘, 학교, 부사(附祀) 건물이 있었다. 그중에서도 가장 크고 눈에 띄는 것은 문묘 건물이었다. 1917년 중건 후 전면에 있는 활모양의 담장을 낮추고 무늬가 없는 붉은 벽돌로 바꾸었으며 중간에는 구멍이 드러난 무늬 있는 시멘트 벽돌을 설치했다. 영성문과 대성문 앞에 동서 방향으로 있던 담장을 철거하고 대성문 앞을 광장으로 만들어서 예문과 의로 건물을 독립시켰다. 이런 변화는 적절하지 않은 것으로, 문묘의 완전성을 훼손할 뿐만 아니라 장중하고 엄숙한 이미지도 사라졌다.

대남부학 건물은 모두 황색 기와로 되어 있는데, 문창각, 명륜당 및 앞문까지도 황색 기와로 바꾼 것은 적절하지 않다. 문창각은 청대 중사(中祀)로 승격되면서 녹색 기와를 사용할 수 있었다. 만일 학교가 계속 회색 기와로 되어 있다면 문창각에 녹색 기와를 사용하는 것은 예제에 부합되고 부학 건물들 전체 색깔에도 변화를 가져오기 때문에, 전체적으로 보면 좋은 일이다.

대남문묘의 형태와 구조는 전형적인 것으로, 특이한 점이 있다면 모든 부사 건물을 대성문 양쪽에 배치했다는 것이다. 동쪽 3칸에는 명환사(名宦祠)와 향현사(鄕賢祠), 서쪽 3칸에는 절효사(節孝祠)와 효자사(孝子祠)가 있었다. 그러나 효자사는 국가에서 지정한 부사 건물은 아니었

3-3-58
대남문묘(臺南文
廟)의 반지.

고, 예제 규정에 부합하는 건물은 충효사(忠孝祠)였다.

3) 문묘의 건축물

대남문묘 건물은 모두 10여 채로, 민남(閩南) 지역 양식으로 되어 있다.

① 대성방(大成坊)

대성방은 원래 학교 건물이었지만, 1917년 수리 중 영성문과 뒤에 대성문과 정원으로 이루어진 담장을 철거하여 대성방이 문묘에 직접 출입하는 옆문이 되었기 때문에, 문묘 건물로 간주해야 한다. 대성방은 학교의 동서 엔담에 설치되어 있는데 양 방은 서로 마주하고 있다. 건물은 한 칸이고 벽돌로 하중을 받치고 있으며 황색 기와의 현산정이다. 동문에는 '전대수학(全臺首學)' 편액이 가로로 걸려 있는데, 제작 연대와 글쓴이에 대해서는 알 수 없다. 전대수학이라고 불렸다면, 당연히 대만부학이었던 시기인 광서 15년 이전에 대성방 처마 아래의 문에 걸렸던 것이며, 이는 강희 51년 방을 증축한 이후였을 것이다. 방 북쪽에는 하마패를 세웠는데, 만주어와 한자 두 가지 언어로 새겼으며, "문무관원, 군민 등은 여기서 말에서 내린다(文武官員軍民人等至此下馬)"라는 내용으로 되어 있다. 서방문(西坊門)에는 '대성방(大成坊)' 편액이 가로로 걸려 있다.

3-3-59
명환사(名宦祠)와
향현사(鄕賢祠).

② 예문(禮門)·의로(義路)

예문·의로는 강희 51년에 증축된 것으로 문묘의 동서 엔담에 위치하고 있으며 문묘에 들어 갈 수 있는 옆문이다. 1917년 수리 때 엔담을 철거하면서 두 문을 독립시켰다. 문은 한 칸이 고, 벽돌로 하중을 견디고 있으며, 황색 기와의 경산정이다. 처마 아래의 문에 각각 '예문(禮門)', '의로(義路)' 편액이 가로로 걸려 있다.

③ 대성문(大成門)

대성문은 세 칸으로 되어 있고 문 세 개가 있으며, 황색 기와의 경산정이다. 삼천척(三川脊)[61]이고 중간에는 여의주, 양 끝은 매 꼬리 모양으로 장식했다. 문 한 쌍에는 큰 못 108개, 한 짝에는 54개가 있고, 12줄로 되어 있으며, 위에는 네 개, 아래에는 다섯 개가 엇갈리게 간 격을 두고 있어서 매우 독특하지만 예제에는 맞지 않다. 7름 분심식 목조 구조에 민남(閩南) 지역의 특징을 가지고 있으며 조각과 채색화가 정교하고 아름답다.

④ 명환사(名宦祠)·향현사(鄕賢祠)

명환사와 향현사는 한 건물에 있으며, 대성문 동쪽에 위치하고 있다. 건물은 세 칸으로 되어 있고, 황색 기와의 경산정이며 앞뒤로 복도가 있는 목조 건물이다. 실내에는 명환 두 개, 향

---

61) 삼천척(三川脊)은 민남 지역의 건축 용어이다. 지붕 용마루는 3단으로 나뉘고, 명간은 약간 높고 차간은 약 간 낮아서 중간이 높고 옆이 낮은 용마루가 형성된다. 연미 네 개가 보이며 지붕의 변화를 많이 주어서 겉 모양이 훨씬 아름답다.

3-3-60
대성전(大成殿).

현 한 개로 총 세 개의 감실이 있다.

⑤ 절효사(節孝祠)・효자사(孝子祠)

절효사와 효자사는 한 건물에 있으며, 대성문 서쪽에 위치하고 있다. 건물은 세 칸으로 되어 있고, 황색 기와의 경산정이며 앞뒤로 복도가 있는 목조 건물이다. 실내에는 감실 세 개가 있는데, 위패 배열을 살펴보면 절효와 효자를 분리하지 않은 것 같다.

⑥ 대성전(大成殿)

대성전은 세 칸 겹처마 황색 기와의 헐산정으로, 앞뒤 복도가 있는 목조 건물이며 채색화가 없다. 기둥은 정두공(丁科栱), 투심조(偸心造)이며 평신과가 없다. 전 안은 철상노명조(徹上露明造: 천화 천장이 없는 것)로 되어 있다.

대성전 내부 한가운데에 공자를 봉사하고, 양쪽에는 4배, 12철을 봉사하는데, 4배는 한 명당 감실 한 개, 12철은 여섯 명당 감실 한 개를 사용했으며, 모두 위패로 모셨다. '만세사표(萬世師表)', '여천지참(與天地參)', '성신천종(聖神天縱)', '사문재자(斯文在玆)', '덕제주재(德齊幬載)', '성집대성(聖集大成)', '성협시중(聖協時中)' 등 청대 황제들이 쓴 편액과 최근에 쓴 편액이 걸려 있으며 대련은 없다.

전 앞에는 노대와 3폐가 있다. 노대는 적고 또 낮으며, 노대의 계단은 세 개뿐이다. 앞 계단의 용폐는 가로로 놓을 수밖에 없었으며, 정룡(正龍) 한 마리만 조각했다.

민남(閩南) 지역에서는 건물에 점토로 된 소조로 장식하는 것을 선호했다. 정척(正脊)에는 쌍

3-3-61
서무(西廡).

룡배탑(雙龍拜塔), 등마루 끝에는 치미(鴟尾)가 아닌 통천통(通天筒)[62]을 설치했다. 서시척(西施脊)은 화조(花鳥)로 되어 있고, 봉황과 모란꽃 등 무늬가 있다. 박척(博脊) 중간 편액을 걸어놓은 곳에는 이룡회호(二龍回護)를 설치하고, 그 외에는 동물, 화초, 옛날 기물 등의 도안으로 되어 있다. 수척(垂脊)에는 비둘기를 장식하고 아래쪽 끝은 인물로 장식했다. 사척(斜脊) 끝에는 용머리와 잉어가 물을 뿜어내고 있는 모습을 장식했다.

⑦ 양무(兩廡)

양무는 각 다섯 칸이고 북쪽의 숭성사 양쪽 행랑과 연결되어 있으며 등마루가 높은 편이다. 7름의 앞뒤로 복도가 밖으로 나와 있는 목조 건물이다. 선현선유의 위패가 단 위에 있고 뒤쪽 담장에 배열되어 있으며 감실이 없다. 뒷기둥의 사이에 목판을 매단 것은 적절한 방식이다. 황득시(黃得時)의 『대만의 공자문묘』에서는 대남문묘의 양무에 149명을 봉사한다고 했는데, 이는 예제의 숫자와 맞지 않다. 1995년에 필자가 대만에 갔을 때 특별히 대남문묘를 자세히 살펴보았는데, 거기서 육롱기(陸隴其)를 육롱기(陸隴其)와 육롱(陸隴) 두 명으로 잘못 기록했다는 것을 발견했다. 당시 해당 직원을 찾아서 잘못을 알려 주었는데 그 직원은 민정국(民政局)에 가서 보고해달라고 했지만, 여정이 촉박했던 탓에 시간이 없었다. 1997년에 사천성(四川省) 덕양(德陽)에서 열린 공자문묘 보호 협회의 총회에서 대남 민정국의 임(林) 선생을 만나서 이

---

62) 통천통(通天筒)은 민남 지역에서 정문 용마루에 사용되었던 장식물이다. 주희(朱熹)는 공자의 덕이 천지와 짝을 이루고 공자의 도는 예나 지금이나 으뜸이 된다고 생각해서, 대성전의 정문 용마루에 원형통을 설치하고 통천통이라고 명명했다고 전해온다. 통천통은 장경통(藏經筒)이라고도 하며, 진시황이 분서를 할 때 경서를 보존했던 일을 기념하기 위해 지은 이름이다.

3-3-62
숭성사(崇聖祠) 신주 위패.

에 대해 알려주었고, 이후 그들은 산동성문화청(山東省文化廳)을 통해 양무의 종사 명단을 요
청해왔다. 필자가 156명의 선현선유 명단을 보냈으니 지금은 수정되었기를 바란다.

⑧ 숭성사(崇聖祠)

숭성사는 대성전 뒤에 위치하고 있으며 세 칸으로 된 건물이다. 앞뒤로 복도가 있는 목조
건물로, 남쪽에는 담장 문이 없다. 명간에는 성인 다섯 명을 봉사하고 있으며, 감실 한 칸이 있
다. 동쪽의 감실 한 곳에는 선현 공맹피(孔孟皮), 안무요(顔無繇), 공리(孔鯉)와 선유 채원정(蔡元
定), 주보성(周輔成), 정향(程珦)을, 서쪽의 감실 한 곳에는 선현 맹격(孟激), 증점(曾点), 주송(朱
松), 장적(張廸)을 봉사했는데, 실수로 맹격(孟激)과 증점(曾点)의 위치를 바꾸어놓았다.

⑨ 예기고(禮器庫)·악기고(樂器庫)

예기고와 악기고는 각각 숭성사의 동서 양쪽에 위치하고 있으며, 외관상으로는 모두 다섯
칸이며, 황색 기와 현산정으로 되어 있다. 앞뒤로 복도가 밖으로 나와 있는 목조 건물이다.

⑩ 전적고(典籍庫)

전적고는 숭성사 서쪽에 위치하고 있으며 숭성사와 처마로 연결되어 있으며 약간 낮은 편
이다. 방 면적은 세 칸이고, 황색 기와 현산정이다. 세로는 네 칸이고 분심식 목조 건물이며
복도가 밖으로 나와 있다.

3-3-63
대성전의 정원.

⑪ 이성서원(以成書院)

이성서원은 숭성사 동쪽에 위치하고 있으며, 건물은 전적고(典籍庫)와 완전히 동일하다. 서원은 학교가 아니라 제사 예악생(禮樂生)을 양성하던 기관이었는데, "八音齊鳴, 以集大成"63)이라는 말을 근거하여 지어진 이름이다. 실내에는 감실을 만들어서 문창신 5명을 모시고 있다. 대만 사람들은 재동제군(梓橦帝君), 관성제군(關聖帝君)[관공(關公)], 괴두성군(魁斗星君), 부우제군[孚佑帝君: 여동빈(呂洞賓)]과 주의신군[朱衣神君: 주희(朱熹)]을 다섯 문창이라고 한다.

4. 운남성(云南省) 건수임안 부학문묘(建水臨安府學文廟)

1) 문묘의 연혁

건수(建水)는 천보(天寶) 말년에는 남조(南詔)에 속했으며, 원화(元和) 연간에 혜력성(惠歷城: 물가에 있는 성)을 만들었는데 한자로 건수라고 번역했다. 원 헌종(憲宗) 6년(1256)에 귀속되면서 건수 천호소(千戶所)를 설치했고, 지원(至元) 13년(1276)에 다시 건수주(建水州)를 설치했으며, 청 건륭 35년(1770)에 건수현으로 개칭되었다. 원대에는 임안(臨安), 광서(廣西), 원강(元江) 등에 선위사(宣慰司)를 설치했는데, 명·청대에 임안(臨安)은 부청 소재지였다.

....
63) (옮긴이) "여덟 개의 악기 소리가 함께 어울려 집대성한다."

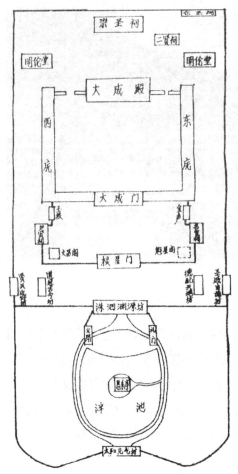

3-3-64 건수묘학의 평면도.

건수문묘는 지원(至元) 22년(1283)에 최초로 만들어졌는데 당시에는 건수주학의 공자문묘였다가, 명 홍무(洪武) 16년(1383)에 건수가 임안의 부청 소재지가 된 후 임안부학으로 바뀌었다. 만력(萬曆) 43년(1615) 건수주학을 다시 만들면서 문묘는 세우지 않았고 주학은 부학 안에 만들었다. 청 건륭 연간에 주를 현으로 바꾼 후에 현학도 마찬가지였다.

건수묘학은 명 홍무 16년과 청 강희, 건륭 연간 등 40여 차례에 걸친 확장 및 중수 공사를 거치면서 부지 면적이 114묘(畝)나 되었고, 이로써 부지 면적이 가장 큰 묘학과 문묘 중 하나가 된 것이다.

2) 문묘의 형태와 구조

건수주(현)학이 줄곧 부학 안에 부설되었기 때문에, 임안부학은 두 학교가 하나의 문묘를 공유하는 구조가 되었다. 가운데 문묘가 있고, 부학은 동쪽에, 현학은 서쪽에 있다.

건수문묘의 건물은 북쪽에서 남쪽을 향하고 있으며, 앞에는 조벽이 있고 가운데 중심선을 관통하여 건물은 좌우로 대칭을 이룬다. 남북으로 길이는 625m이며 앞뒤로 여섯 개의 정원이 있다.

첫 번째 정원의 길이가 가장 길며, 앞에는 태화원기방(太和元氣坊)이, 뒤에는 주사연원방(洙泗淵源坊)이 있다. 정원은 3만 m²에 달하는 반지(泮池)가 주 면적을 차지하고 있는데, 이 연못은 방형에 가까우며 학해(學海)라고도 불렸다. 북쪽 끝에 작은 섬이 있는데 이 섬에는 작은 정자도 있다. 주사연원방(洙泗淵源坊) 앞의 동서 양쪽에는 예문과 의로 석방(石坊)이 있으며, 하마패가 세워져 있다. 하마패가 있는 것으로 보아 이곳은 분명 초기의 문묘 입구였을 것이다.

두 번째 정원은 영성문 앞에 위치하고 있으며, 동서쪽 문묘 담장에는 덕배천지방(德配天地坊)과 도관고금방(道冠古今坊)이 있다. 두 방 밖으로 부학과 현학이 있고 각각 성역유자방(聖域由玆

3-3-65
덕배천지방
(德配天地坊).

坊)과 현관근앙방(賢關近仰坊)이 세워져 있는데 덕배천지방과 도관고금방은 서로 마주하고 있다.

세 번째 정원은 대성문 앞에 위치하고 있으며 정원 한가운데에 행단정(杏壇亭)이 있다. 북쪽 끝 문묘의 담장 가까이 금성문(金聲門)과 옥진문(玉振門)이 있는데, 이는 부학과 현학으로 통하는 출입구로서 두 문의 약간 남쪽으로 벽을 따라 명환사(名宦祠)와 향현사(鄕賢祠)가 있다. 정원의 남쪽 끝의 영성문 가까이 원래 규성각(奎星閣)과 문창각(文昌閣)이 있었는데 현재 문창각은 남아 있지만 규성각은 남아 있지 않다.

네 번째 정원은 문묘의 가운데 위치하고 있으며, 대성문 안에 대성전과 동서 양무가 있고, 대성전 동서 양쪽으로 비각 두 개가 있다.

다섯 번째 정원의 건물이 가장 적어서 숭성사(崇聖祠)만이 있다. 숭성사 동쪽으로 경현사(景賢祠)와 창성사(倉聖祠)가 있는데, 각각 명 홍무 연간에 임안으로 좌천된 후 문화와 교육을 크게 일으켰던 유명한 문인 왕규(王奎), 한의가(韓宜可)와 한자를 창제했다고 전해오는 창힐(倉頡)을 봉사했던 곳이다. 그러나 이는 명륜당(明倫堂) 뒤에 있어서 학교 건물이었던 것이 분명하다.

여섯 번째 정원에는 원래 전남(滇南) 최초의 장서각이었던 존경각(尊經閣)이 있었지만 지금은 파괴되어 문묘에는 다섯 개의 정원만 남아 있다.

3) 문묘의 건축물

건수문묘에는 총 전 일곱 개, 사당 일곱 개, 무 두 개, 정자 여섯 개, 누각 세 개, 패방 여덟 개 등이 있어서 건물이 비교적 많은 문묘 중 하나이다.

① 태화원기방(太和元氣坊)

태화원기방(太和元氣坊)은 4주(柱) 3칸 3루이고, 회색 기와 헐산정이며, 가운데 건물 처마 밑의 두공은 5중앙서 11포에, 양쪽 건물은 4중앙서 9포에 각각 45도 각도의 사공(斜栱)을 사용했다. 목재 기둥 앞뒤에 석포고(石抱鼓)가 있는데, 이 석포고는 매우 높아서 상하 액방까지 이른다. 석포고에는 기린옥서(麒麟玉書)와 운봉(雲鳳) 도안을 천부조(淺浮雕)로 만들었다. 아래쪽은 수미단으로 되어 있고, 가운데는 돌사자를 입체로 만들었으며, 돌사자 위에는 운룡을 고부조(高浮雕)로 만들었다. 작체(雀替)에는 금룡채운(金龍彩雲)을 고부조로 만들어서 매우 정교하고 아름답다. 중심 건물의 주마판(走馬板)에는 '태화원기(太和元氣)'가 새겨져 있고, 그 주변 건물은 옹정 4년(1726)에 중수했던 관리의 직함이 새겨져 있는데, 문관은 동쪽, 무관은 서쪽에 있다. 패방 양쪽은 각각 조벽과 연결되어 있고, 조벽 꼭대기도 회색 기와 헐산정으로 되어 있다. 멀리서 보기에 패방은 5칸인 듯하다. 조벽은 일봉서별산(一封書撇山) 문병과 동일하고, 양쪽으로 일(一)자 문병이 팔(八)자 문병을 바깥으로 접하고 있는데, 일(一)자 문병과 팔(八)자 문병의 결합 부위에 직각으로 앞쪽을 향해 나와 있는 동서 방향의 짧은 문병이다. 이러한 제작 방법은 매우 보기 드문 것으로, 지방에서 제작하는 방식 중 하나였다.

② 반지(泮池)

반지는 학해(學海)라고도 불리며 명 홍치 연간에 타원형으로 확장했다. 면적은 약 3만 m²로 중국 최대의 반지이지만, 안타깝게 정확한 반원형 모양으로 만들어지지는 못했다.

③ 사락정(思樂亭)

사락정은 반지 북쪽의 작은 섬에 세워졌는데, 섬은 동쪽 편에서 아치가 세 개 있는 돌다리로 이어져 있다. 정자 이름은 '사락'이며 『시경(詩經)·반수(泮水)』의 '사락반수(思樂泮水)'라는 구절에서 따온 것으로 조오정(釣鰲亭)이라고도 불렸다. 이는 명예를 얻는 것이 마치 깊은 바다에서 큰 자라를 낚는 것과 같다는 의미를 담고 있어서 생원들이 학습에 더욱 매진하도록 격려하였다. 정자는 방형에 한 칸이고, 회색 기와의 찬첨정(攢尖頂)이며, 연못을 사이에 두고 주사연원방(洙泗淵源坊)과 마주하고 있다.

④ 예문방(禮門坊)·의로방(義路坊)

두 패방의 형태는 동일하며 동서로 마주보고 있다. 4주 3칸 3층으로 된 석조 패방으로 석포고가 매우 높아서 위쪽 액방까지 이르고, 가운데 기둥 중간에는 돌사자가 입체로 되어 있으

3-3-66
반지(泮池).

3-3-67
의로방(義路坊).

며, 주변 기둥의 수미단 위쪽은 협간석(夾杆石)으로 되어 있다. 패방은 원래 목조 건물이었는데 청 순치(順治) 4년(1647)에 전쟁으로 파괴되었다가 건륭 29년(1764) 중건 당시 석조로 바꾸었다. 패방 옆에는 "관리, 병사, 백성 등은 이곳에서 말에서 내려야 한다(官員兵民人等于此下馬)"라고 새겨진 비석이 있어서 본래 통행을 위한 패방이었다는 것을 알 수 있다.

⑤ 주사연원방(洙泗淵源坊)

주사연원방(洙泗淵源坊)은 4주 3칸 3층으로 된 목조 패방으로 회색 기와 헐산정이다. 한가운

3-3-68
주사연원(洙泗淵
源) 및 조벽.

3-3-69
도관고금방(道冠
古今坊)

데 건물의 처마 밑 두공은 3중앙서 7포, 주변 건물은 2중앙서 7포로 되어 있으며, 모두 45도 기울어진 경사공(傾斜栱)이다. 좌두(座斗)는 코끼리 머리 모양으로 지방 특색을 띠고 있다. 기둥 앞뒤에 석포고가 있고 중간 기둥은 액방까지 이르며 옆 기둥도 주마판(走馬板)만큼 높다. 석포고 아래는 수미단이고 중간에 입체로 된 돌사자가 있으며 돌사자 위에 강룡(降龍)을 고부조로 만들었으며 형태와 구조가 태화원기방(太和元氣坊)과 비슷하다. 중간 기둥의 돌사자 머리는 처마를 받치고 있고, 처마를 받치고 있는 기둥 위에 입체로 된 강룡 한 마리가 있으며 아래쪽에는 돌로 된 수화(垂花)가 사자 머리와 맞닿아 있다. 패방 양쪽에는 조벽이 있는데, 동서쪽 조벽은 두 개로 되어 있으며, 회색 기와의 헐산정이다. 주사연원방(洙泗淵源坊)의 주 건물과 양옆의 건물은 점점 낮아지는데, 두 개의 조벽 사이에 수직으로 된 조벽이 앞으로 나와 있고, 팔(八)자 조벽은 맨 끝에 있는 동서 방향의 조벽 하나와 맞닿아 있다. 맨 끝 조벽의 지붕은 거의 다 가려져서 멀리서 보면 패방은 5층으로 되어 있는 듯하다. 조벽은 돌로 된 수미단이 있고, 일(一)자형 벽 중심에 운수쌍룡(雲水雙龍)과 쌍봉모란(雙鳳牡丹)을 저부조로 만들었으며, 처마 아래는 벽돌로 두공을 조각했다. 다시 밖으로 나오면 팔(八)자형 담이 있는데, 회색 기와로 된 지붕이고 동서쪽에 각각 '연비(鳶飛)'와 '어약(魚躍)'이란 글자를 상감했다. 『시경(詩經)·한록(旱麓)』의 '연비려천, 어약우연(鳶飛戾天, 魚躍于淵)' 구절에서 따온 것으로, 조조(曹操)가 직접 쓴 것이라고 한다. 글자는 해서(楷書)체로 되어 있는데 한(漢)대 말기에는 그런 서체가 없었기 때문에 전설은 믿기 어렵다. 패방 남쪽에는 '주사연원(洙泗淵源)', 북쪽에는 '만세종사(萬世宗師)'라고 새겼다. 패방 앞에 있는 반원형의 월대(月臺) 앞쪽으로 반지(泮池)와 맞닿아 있어서 돌난간으로 주변을 보호하였고 동서 양쪽에 석조로 된 예문(禮文)과 의로(義路) 패방을 설치하여 웅장한 느낌을 준다. 월대(月臺)에서 낮에는 멀리 바라볼 수 있고, 밤에는 달을 구경할 수 있어 건수 10경 중 '학해문란(學海文瀾)'과 '환산도영(煥山倒影)'은 모두 이곳에서 나온 말들이다. 현존하는 건물은 청 건륭 43년(1778)에 중수된 것이다.

⑥ 덕배천지방(德配天地坊)·도관고금방(道冠古今坊)

이 두 패방은 모두 4주 3칸 3층으로 된 건물로 바깥쪽에는 일(一)자형 조벽이 있고, 네 기둥은 석포고가 아닌 앞뒤로 벽돌을 쌓아 담장을 보호하고 있다. 중간 기둥과 옆 기둥은 벽돌담으로 이어지고 두 차간도 벽돌담으로 막혀 있어서 건물 미관에는 좋지 않은 영향을 주고 있다. 현존하는 건물은 청 건륭 57년(1792)에 중건된 것이다.

⑦ 성역유자방(聖域由妓坊)·현관근앙방(賢關近仰坊)

이 두 패방은 모두 2주 1칸 1층식 건물로 회색 기와 헐산정이고 좌우 조벽으로 이어지는데[우측 조벽은 이미 훼손되었음] 역시 회색 기와 헐산정으로 되어 있다. 멀리서 보면 3칸과 같고 청 건륭 58년에 만들어졌다. 건수문묘의 여섯 개 목조 패방은 모두 패방 바깥으로 조벽과 이어지는 방법으로 만들어졌는데 조벽의 지붕은 패방과 비슷하지만 조금 낮다. 멀리서 보면 패방의 변루(邊樓)와 같아서 패방의 칸 수를 늘리는 좋은 방법이다. 일(一)자형 조벽의 바깥쪽 끝부분도 직각 모양으로 앞으로 나와 있는 짧은 조벽이다.

⑧ 영성문(欞星門)

영성문은 3칸 3문이 있는 회색 기와 헐산정이고 출입구식 건물이다. 영성문임을 나타내기 위해 네 기둥은 모두 2m가량의 용마루가 지나가고 있어서 충천식 패방 방식을 사용한 듯하다. 기

3-3-70
현관근앙방(賢關近仰坊).

둥머리에는 명 청화운룡(靑花雲龍)의 자기 항아리를 덮고 그 아래를 가로지르는 기둥에 비룡을 장식한 것은 매우 보기 드문 제작 방식이다. 현존하는 건물은 청 건륭 50년에 중건된 것이다.

⑨ 문창각(文昌閣)

문창각은 세 칸으로 되어 있고 겹처마 회색 기와 헐산정이다. 윗처마의 두 차간이 대폭 축소되었고, 양쪽 벽이 앞으로 밀려나면서 앞처마로 앞쪽 복도를 가리는 바람에 미관을 해치고 있다. 명 만력 3년(1575)에 증축하고, 청 옹정 13년(1735)에 중건했다. 동쪽에는 원래 이곳과 마주하고 있던 규성각(奎星閣)이 있었지만 안타깝게도 지금은 남아 있지 않다. 문묘 안에 문창각과 규성각(奎星閣)을 만든 곳은 많지 않을 뿐만 아니라, 지금까지 보존되어 있는 곳은 더욱 적어서, 건수문묘의 규성각을 하루 빨리 복원할 필요가 있다.

⑩ 행단(杏壇)

행단은 원대에 처음으로 만들어져 명 천순(天順) 6년(1462), 청 건륭 57년(1792) 두 차례 중건했다. 현존하는 건물은 2000년에 중건된 것이다. 정자 모양의 건물로 면적과 세로 길이는 모두 세 칸이고, 홑처마에 황색 기와, '십(十)'자 형의 용마루로 되어 있으며, 지붕이 현산정(懸山頂)이다. 처마 밑에는 7포의 두공을 사용했고, 정자 안쪽 천정에는 두팔조정(斗八藻井)을 설치했다. 행단은 원래 공자가 강학했던 곳으로 곡부 공자문묘 외에 다른 지방 문묘에 있어서는 안 되는 것인데, 이 정자 안에는 명대의 공자 강학도(講學圖)를 돌에 새겨놓았는데, 그런대로 괜찮은 편이다. 석각 도안은 공자가 바닥에 앉아서 금(琴)을 연주하고 네 제자가 모시고 서 있는 모습으로 되어 있다. 위에 새겨진 찬시(讚詩)는 송 고종이 지은 것이지만, 일부 글자가 문헌의 기록과는 다르다.

3-3-71 행단.

⑪ 명환사(名宦祠)·향현사(鄉賢祠)

명환사와 향현사는 모두 세 칸으로 되어 있는 회색 기와 헐산정 건물로, 앞뒤로 복도가 밖으로 나와 있는 목조 건물이다. 명 가정(嘉靖) 20년(1541)에 처음으로 만들었으며, 청 강희 22년(1683)에 중건했다.

⑫ 금성문(金聲門)·옥진문(玉振門)

금성문과 옥진문은 모두 회색 기와 헐산정으로 되어 있고, 한 칸이며, 부학과 현학에서 문묘로 들어갈 수 있는 옆문이었다. 현존하는 건물은 청 가경(嘉慶) 18년(1813)에 중건된 것이다.

3-3-72 행단 설교도(設敎圖). 송 고종이 쓴 찬시.

3-3-73 대성문의 용폐(龍陛).

⑬ 대성문(大成門)

대성문은 세 칸으로, 황색 기와 헐산정으로 되어 있고, 숭기(崇基)와 돌난간이 있으며, 앞뒤로 폐(陛)가 나와 있다. 계단은 아홉 개가 있고 어로(御路)에 정룡(正龍) 한 마리를 부조로 만들어놓았다. 현존하는 건물은 청 건륭 37년(1772)에 중건된 것이다.

⑭ 선사묘(先師廟)

선사묘는 대성전을 가리킨다. 가로 다섯 칸, 세로 세 칸에 복도가 밖으로 나와 있으며, 홑처마 황색 기와 헐산정으로 되어 있다. 처마의 익각(翼角)이 매우 길게 뻗어 있어서 노각량(老角梁) 아래에 조룡석주(彫龍石柱)로 이를 받치고 있다. 돌기둥의 조각이 매우 정교롭고 아름답지만 미관상 그다지 좋지 않다. 처마 밑에 걸린 선사묘(先師廟) 편액은 글자마다 하나의 편액으로 되어 있는데, 청대 유명한 서예가 왕문치(王文治)가 임안지부(臨安知府)로 부임하면서 쓴 것이다. 전의 내부는 철상노명조(徹上露明造)로 되어 있고 천화가 없다. 현재는 모두 평민차림을 한 공자, 4배, 12철의 소상을 모시고 있다. 전 한가운데는 청대 강희제의 '만세사표(萬世師表)', 옹정제의 '생민미유(生民未有)', 건륭의 '여천지참(與天地參)', 가경제의 '성집대성(聖集大成)', 도광제의 '성협시중(聖協時中)', 함풍제의 '덕제주재(德齊幬載)', 동치제의 '성신천종(聖神天縱)'과 광서제의 '사문재자(斯文在玆)'가 걸려 있는데, 모두 오래된 물건으로 매우 귀한 것이다. 현존하는 건물은 청 가경(嘉慶) 9년(1804)에 중건된 것이다.

대성전 앞에는 노대와 돌로 만든 수미단이 있고, 앞쪽에는 폐가 나와 있으며 계단은 9층으로 되어 있는데 어로에 용폐가 부조로 설치되어 있다. 노대 주변은 돌난간으로 둘러싸여 있고 난간 기둥머리에는 돌사자가 입체로 되어 있으며 난간은 부조로 되어 있는데, 매우 아름답다.

건수문묘는 조각을 많이 사용했는데, 대성전 실내에는 작체(雀替)에 유룡(游龍) 모양을 조각

3-3-74
대성전 내경.

3-3-75
대성전의 정문.

했고, 각배(角背)에 덩굴풀 무늬를 장식했으며, 실외에는 작체에 용봉(龍鳳)을 투조(透彫)했다. 가장 아름다운 것은 정면의 22짝 장지문이다. 명간(明間) 6짝 문의 군판(裙板)에는 운수누각(雲水樓閣)을, 조환판(條環板)에는 박고도(博古圖)를 조각했고, 격심(格心)에는 각각 용 한 마리를 부조했다. 가운데 2짝은 정룡(正龍), 그 밖의 2짝은 항룡(降龍), 가장 바깥쪽 2짝은 승룡(昇龍)으로 되어 있고, 운수파도(雲水波濤)로 받쳐주고 있으며, 6짝은 "육룡봉성(六龍捧聖)"을 뜻한다. 차간과 초간의 문마다 중국 민간 전통의 길상도(吉祥圖)를 조각했는데, 까치가 매화나무에 떠들썩하다는 의미의 희작료매(喜鵲鬧梅), 좋은 일이 있을 것이라는 의미의 삼양개태(三羊开泰),

3-3-76
동무(東廡) 내경.

두 사자가 물의 흐름을 가른다는 의미의 쌍사분수(雙獅分水), 아침 해가 동쪽에서 솟아오른다는 의미의 욱일동승(旭日東昇), 대나무가 평안을 알린다는 의미의 죽보평안(竹報平安), 녹봉과 복을 탄다는 의미의 녹녹유복(祿祿有福), 과거시험 길에 순조롭다는 의미의 일로연과(一路連科) 등이 있다. 모두 100여 개의 크고 작은 동물과 깃털, 화초 등을 조각했는데 아주 정교하고 아름다워서 마치 살아 있는 듯하며, 귀한 목조 예술품이라 할 만하다.

⑮ 동무(東廡)·서무(西廡)

동무와 서무는 각 15칸, 회색 기와 지붕으로 되어 있고, 복도가 밖으로 나와 있다. 현관에 각각 비조(飛罩)가 장식되어 있는데 조각이 간단하지만 독특해서 다른 문묘에서 는 볼 수 없는 것들이다. 동무에 선현 40명과 선유 39명, 서무에 선현 39명과 선유 38명의 위패를 모시고 있는데, 철저히 제도에 근거하여 복구한 것이다.

⑯ 비정(碑亭)

비정은 정전 정원의 북쪽에 위치하고 있으며 동서 양쪽으로 하나씩 두 개가 있다. 명칭은 정자이지만, 실제로는 방이 있는 건물로 3칸에 회색 기와의 경산정으로 되어 있고, 앞쪽에 둥근 문이 있어서 작은 뜰이 되었다. 동서쪽 정에 따로 옹정제의 『평정청해고성태학비(平定青海告成太學碑)』와 건륭제의 『어제평정회부고성태학비(禦制平定回部告成太學碑)』를 세웠는데, 다른 지방학교 문묘에는 이 두 비석이 없는 것으로 보아 건수문묘에만 새긴 것은 깊은 뜻이 있는 듯하다.

3-3-77 숭성사(崇聖祠).

3-3-78 '천개문운(天開文運)' 기와.　3-3-79 '대도간성(大道干城)' 기와.　3-3-80 '계성흥문(啓聖興文)' 기와.

⑰ 숭성사(崇聖祠)

숭성사는 5칸, 회색 기와의 헐산정으로 되어 있고 복도가 밖으로 나와 있다. 앞에 노대가 있고 돌로 만들어진 수미단이 있으며 앞쪽으로 나와 있는 폐와 7층으로 된 계단이 있다. 돌난간으로 주위를 둘러싸고 있으며, 24개 난간 판에 서호(西湖) 24경(景)을 조각했다. 이러한 형태와 구조는 매우 보기 드문 것이다.

건수문묘의 모두와(冒頭瓦)는 매우 독특하며, 위쪽에 복제한 글자가 있다. 대성전 정원 모두에는 '대도간성(大道干城)', '천개문운(天開文運)'이라는 글자가 있는데, '천개문운'은 두 가지 글자체로 되어 있다. 계성사 모두에는 '계성흥문(啓聖興文)'이라는 글자가 있는데, 이는 청 옹정 원년에 계성사를 숭성사로 개칭한 것이다. 이는 모두와(冒頭瓦)가 청 옹정 이전에 제작된 것이며, 명 가정 연간에 새로 지었을 때의 원래 물건이었을 가능성을 시사하는 것이다.

5. 절강성(浙江省) 자계현학문묘(慈溪縣學文廟)

1) 문묘의 연혁

북송 옹희(雍熙) 원년(984)에 현령(縣令) 이소문(李昭文)이 현청 소재지에서 서쪽으로 40보 떨어진 곳에 만들었는데, 경력(慶歷) 8년(1048)에 현령 임조(林肇)가 현재의 장소로 이전했다. 건염(建炎) 4년(1130)에 금(金) 군대가 남쪽으로 침략하면서 공자문묘를 불태워버렸다. 소흥(紹興) 12년(1142)에 현령 필서(畢瑞)는 전당과 재계소를 세웠고, 거액을 모금하여 대성전, 재계소, 문무를 중수하고 동서 양무를 확장했다. 원·명·청대에 여러 차례 중수를 거쳐 청대에 이르러 전성기를 맞게 된다. 부지 면적은 18.59묘(畝)이며, 전당, 누각과 재계소, 곁채 등 건물은 모두 137칸이었다. 2002년에 전면적인 수리를 하면서 대성전을 중건했고, 2003년 7월에 대외적으로 개방했다. 현재 부지 면적은 6900m²이다.

2) 문묘의 형태와 구조

자계현학(慈溪縣學)은 가로로는 앞뒤 두 부분으로 나누어지는데, 앞쪽은 문묘이고 뒤쪽은 학교인 전묘후학식(前廟後學式)에 속한다. 세로로는 동로, 서로, 중로의 세 부분으로 나누어진다. 중로 앞부분에는 영성문, 반지와 다리, 대성문과 이방, 대성전과 양무가, 뒷부분에는 명륜당, 제운정(梯雲亭) 그리고 양쪽 사랑방 순서로 있다. 서로 앞부분에는 절효사방(節孝祠坊), 절효사문(節孝祠門), 절효사, 충의효제사(忠義孝悌祠), 명환향현사(名宦鄕賢祠) 등의 순서이며, 뒷부분에는 훈도소(訓導署)와 훈도내택(訓導內宅)이 있다. 동로 앞부분은 유학문(儒學門, 위층은 규성각), 문창사, 재생소, 토지사와 숭성사의 순서이고, 뒷부분은 교유서(敎諭署)와 교유내택(敎諭內宅)이 있다.

자계현학에는 예제(禮制)건물, 부사(附祀)건물, 민속신앙건물이 있어서 건물이 많은 편이지만, 기능의 구분은 아주 명확해서 예제건물과 문묘는 연결되어 있고 비예제(非禮制) 건물은 문묘와 떨어져 있다. 절효사, 규성각, 문창사는 모두 문묘와 연결되지 않은 봉사 건물이라서 문묘와 분리되어 있다. 절효사에는 문방, 대문, 사당이 있는데 문묘의 부사건물이 아니기 때문에 따로 문을 설치하여 묘학 밖으로 통하게 했다. 마찬가지로 규성각과 문창사도 문묘의 부사건물이 아니기 때문에 역시 직접 묘학 밖으로 통하게 했다. 문묘 부사에 속한 충의효제사, 명환향현사는 서로(西路)에 있는데, 별도의 정원이 있고 동쪽을 향해 문을 설치하여 서쪽 통로와 문묘 안의 첫 번째 정원과 연결되어 있다. 마찬가지로 토지사와 재생소, 숭성사도 동로에 설치되어 있는

데, 역시 별도의 정원이 있
고 서쪽을 향해 문을 설치하
여 동쪽 통로와 문묘 안의
첫 번째 정원과 연결되어 있
다. 자계묘학의 구조는 매우
독특하고 독창적이며 성공
적이라고 볼 수 있다.

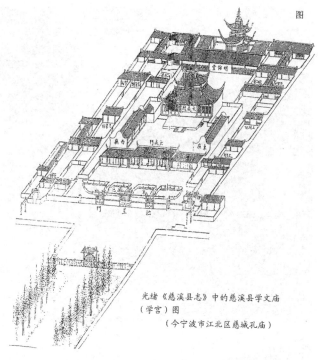

3) 문묘의 건축물

자계현학에 현존하는 건
물은 30여 채가 있고 건축
면적은 1886m²이며 대부분
은 청 중기와 말기에 세워진
것이다.

光绪《慈溪县志》中的慈溪县学文庙
（学宫）图
（今宁波市江北区慈城孔庙）

3-3-81 자계문묘(慈溪文廟) 위치도.
광서 연간의 『자계현지(慈溪縣誌)』에서 발췌했다.

① 등교방(騰蛟坊)·기봉
방(起鳳坊)

이 두 패방은 문묘 앞의 거리에 위치하고 있으며 길을 가로지르는 양식의 패방이다. 형태와
구조는 매우 간단하다. 돌로 만든 사각형의 두 기둥은 충천식으로 되어 있고 1층이며 회색 기
와 지붕으로 되어 있다.

② 영성문(欞星門)

영성문은 대로와 인접해 있기 때문에 사실상 문묘의 대문이나 다름없다. 3채로 되어 있는
데 모두 기둥 두 개 1칸이며 충천주식이다. 기둥은 사각형, 패방은 2층으로 되어 있고, 위쪽은
용문방, 아래는 액방, 중간은 석판으로 받치고 있으며, 마름모 두 개가 교차하고 있다. 용문방
위쪽 기둥은 구름송이로, 액방 아래쪽 작체는 삼각형 모양으로 되어 있다. 모양은 매우 단순
하고, 기둥머리는 입체로, 운룡, 작체, 구름송이는 저부조로 되어 있다. 용문방에는 간단한 구
름무늬만 만들고 중방도 관례대로 방 이름을 새기지 않았다. 세 방 사이에 있는 격벽과 양쪽
에는 각각 '궁장만인(宮墻萬仞)'이라는 네 글자를 상감했다.

3-3-82
영성문(欞星門).

3-3-83
반지, 대성문 및
경의정(更衣亭).

③ 반지(泮池)

반지는 세로의 공간이 충분하지 않아서 그 모양이 일반적인 반원형이나 반달형이 아니라, 남북 양쪽은 직선이고 좌우는 호형(弧形)이다. 반지에 아치 모양의 다리 세 개를 놓았는데 석판이 공중에 가설되어 있어 두 개는 기울어져 있고 하나는 수평을 이루고 있다. 반지 주변으로 돌난간이 있고, 난간 기둥은 방형(方形)이며, 난간 판자에 약간의 조각을 더했는데 매우 깔끔하다.

3-3-84
대성문 내경.

④ 대성문(大成門)

대성문은 3칸 3문으로 되어 있고, 회색 기와의 경산정이며 분심식 목조 건물이다. 처마 밑은 두공으로, 액방 아래는 비조(飛罩)형 나무 조각으로 장식했는데 조각이 매우 정교하고 아름답다. 문 양쪽에 석포고를 놓았지만 기둥 사이에 놓지는 않았다. 중문이 크게 열려 있어서 기둥 양측에 석포고를 놓았는데 기둥을 끼우지 않았다. 중문이 크게 열려 있고 문턱이 높아서 통행에 방해가 된다.

⑤ 경의정(更衣亭)

경의정은 대성문 양쪽에 위치하고 있는데, 각 3칸으로 되어 있고 앞뒤로 밖으로 나와 있는 복도가 있는 목조 건물이며 회색 기와 경산정이다.

3-3-85 대성전.

3-3-86 대성전 내경.

⑥ 대성전(大成殿)

대성전은 가로 5칸, 세로 5칸으로 되어 있고, 복도가 밖으로 나와 있으며 회색 기와 겹처마 헐산정으로 두공이 없다.

윗처마와 경산은 안으로 1칸 들어가 있고 정척만 1칸 남겼기 때문에, 전통적인 제작 방식에 부합하지 않을 뿐만 아니라 비례도 맞지 않아서 미관상 좋지 않다. 대성전 안에 공자, 4배, 12철

3-3-87
숭성사의 정원.

의 소상을 모시고 있으며 모두 감실을 설치했다. 공자 감실은 겹처마 무전정이고, 기둥, 문, 액방 등은 모두 금을 입혀서 아주 화려하다. 4배는 2명이 감실 하나를 사용하며 홑처마 무전정이다. 전당식(殿堂式) 건물을 모방한 감실은 매우 보기 드문 것이다.

⑦ 양무(兩廡)

양무는 각 3칸으로 홑처마 회색 기와 경산정이고 앞쪽으로 복도가 나와 있다. 실내마다 감실 1칸이 있어서 선현선유의 위패를 모시고 있다.

⑧ 숭성사(崇聖祠)

숭성사는 대성전에서 동북쪽으로 약간 떨어진 곳에 위치하고 있는데, 별도의 정원이 있고 서쪽으로 문을 설치하여 문묘의 동쪽 통로로 통하게 되어 있다. 담에는 열 수 있는 문이 있고, 문틀, 상인방, 문턱을 돌로 만들었으며, '숭성사'란 석조 편액을 상감했다. 가운데 건물은 3칸에 5름이 있고 앞뒤 복도가 있는 목조 건물이며 대청이 있지만 앞쪽에 창문을 만들지는 않았다. 다섯 성인이 있는 감실은 홑처마 헐산정이고, 배향하는 5명은 비석에 성과 이름을 새겼다. 다섯 성인의 감실이 한 처마의 헐산 지붕이고 배향하는 다섯 분은 비석에 성씨와 이름을 썼다. 그런데 예를 들어 '증씨석(曾氏晳)' 같은 경우는 위패에 없는 문구이기 때문에 제도에는 맞지 않다. 사랑채는 각 3칸, 길이는 1칸이고 대량식(擡梁式) 목조 건물이며, 다섯 선유를 배사하는데 봉사 방식은 배향(配享)과 동일하다.

3-3-88
명환향현사(名宦
鄕賢祠)의 정원.

⑨ 충의효제사(忠義孝悌祠)

충의효제사는 서무 뒤에 위치하고 있으며, 문묘의 서쪽 통로로 통하는 문이 있다. 사당의 문은 담장과 연결되어 있는데 돌로 된 문틀, 상인방, 문턱이 있고, '충의효제사'라는 석조 편액을 상감했다. 정원의 사당은 여섯 칸이며, 문과 창문이 없고 대청이 있다. 동쪽 세 칸은 '충관일월(忠貫日月)'과 '의박운천(義薄雲天)' 편액이 걸려 있고 위패 세 개가 있는 것으로 보아 충의사(忠義祠)가 분명하다. 서쪽 세 칸은 '효관륜상(孝冠倫常)'과 '제유후곤(悌裕後昆)' 편액이 있는 것으로 보아 효제사(孝悌祠)가 분명하다. 위패 다섯 개에는 각각 인(仁), 의(義), 충(忠), 효(孝), 제(悌)라고 쓰여 있으며, 이름만 있고 위패 글씨가 아니어서 역시 관례에 맞지 않다.

⑩ 명환향현사(名宦鄕賢祠)

명환향현사는 충의효제사(忠義孝悌祠) 뒤에 위치하고 있으며 형태와 구조가 충의효제사와 동일하다. 동쪽 3칸은 명환사이고, '선정혜민(善政惠民)' 등의 편액이 걸려 있으며, 서쪽 3칸은 '덕급상재(德及桑梓)' 등의 편액이 걸려 있다.

⑪ 토지사(土地祠)

숭성사 앞에 위치하고 있으며 정원 대문에도 석조 편액이 있는데 "토지사" 세 글자가 적혀 있다. 정원 안의 북쪽은 토지사(土地祠)인데 3칸에 회색 기와 경산정이며, 앞뒤로 복도가 있는 목조 건물이다. 문과 창문이 없으며 대청이 있다. 사당 안에 토지 소상을 모시고 있다.

3-3-89
재생소(宰牲所).

⑫ 재생소(宰牲所)

재생소는 토지사와 앞뒤로 마주하고 있으며, 건물 양식도 토지사와 동일하다.

6. 흑룡강(黑龍江)성 하얼빈문묘(哈尔濱文廟)

1) 문묘의 연혁

1922년에 중국 정부는 중동(中東) 철도에 빼앗겼던 중국 주권을 되찾았고, 1926년에 하얼빈 특별시를 성립시켰다. 하얼빈을 통제했던 군벌들은 공맹의 도를 숭상했는데, 도시가 지나치게 서구화되어 민족적 특색이 사라지는 것을 안타깝게 여겨서 꾸준히 문묘, 보육(普育) 중학교, 극락사(極樂寺) 등 중국식 건물들을 세웠다. 이국적인 하얼빈에 중국의 전통적 분위기를 조성하려고 노력했던 것이다.

하얼빈 문묘는 이와 같은 배경에서 만들어졌다. 1926년 10월에 공사가 시작되어서 1929년에 준공되었다. 동성(東省) 특별구 행정장관 장경혜(張景惠)가 쓴『동성특별구 창건문묘비지(東省特別區創建文廟碑志)』에 따르면 이것이 당시 동성 특별구의 문묘라는 것을 알 수 있다. 문묘 공사는 장학량(張學良) 장군의 전폭적인 지지를 받았는데, 그는 직접『하얼빈문묘비기(哈尔濱文廟碑記)』를 쓰기도 했다. 여기에는 문묘 건설이 민족문화 발전과 인민의 애국심 고취에 이바지하기를 바란다는 내용이 적혀 있다.

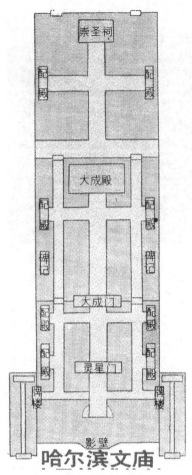

3-3-90 하얼빈문묘의 평면도.

1985년 문묘에 흑룡강성 민족박물관을 설립한 후로 문묘의 모든 건물을 전반적으로 수리했다.

2) 문묘의 형태와 구조

문묘 건설 기념비문에는 다음과 같은 내용이 적혀 있다. "청 광서 32년 공자를 대사로 승격시켰지만, 수도 외의 학구에서는 여전히 옛 관례대로 제사를 지냈으며 개정하지 않았다. 지금 동성특별구에서 하는 대대적인 공사는 옛 모습을 고집하지 않고 새로 짓는 것이나 다름없기 때문에 대사의 예제에 부합하도록 했다."[64] 즉 하얼빈문묘는 대사의 예제에 따라 만들어진 것이다. 그렇지만 현존하는 건물을 보면 중심선에 있는 건물은 황색 기와의 무전정, 정전은 아홉 개의 전당에 두 개의 협실로 되어 있고, 정전과 영성문의 금룡화새(金龍和璽) 채색화 등은 모두 대사의 예제에 부합하기는 하지만, 철저하게 준수한 것은 아니다. 예를 들어 정문 선자대점금의 채색, 정전 노대의 단층 계단 등은 모두 대사의 예제에 미치지 못한다.

하얼빈문묘는 과거(科擧) 폐지 이후의 민국 연간에 건설되어 문묘는 있지만 학교는 없다. 문묘 앞뒤로 정원 세 개가 있는데, 첫 번째 정원은 남쪽에 조벽이 있고, 중심선에 반지, 영성문 및 동서 양쪽으로 덕배천지방, 도관고금방과 명환사, 향현사 등이 있다. 두 번째 정원에는 대성문과 그 뒤로 대성전 그리고 동서 양무가 있다. 세 번째 정원에는 숭성사와 동서 사랑방이 있다. 문묘의 원래 면적은 6만 m²이었지만 현재는 담장 안쪽으로 2.3만 m²만이 남아 있다.

---

64) "自淸光緖三十二年升孔子爲大祀, 而京外學宮猶仍舊貫, 未之改作. 今東省特別區宏觀大起, 創而非固, 故其締造合乎大祀之儀."

3-3-91
영성문(欞星門).

3) 문묘의 건축물

하얼빈문묘는 건물은 많지 않아도 문묘에 있어야 하는 필수 건물은 다 갖추고 있다.

① 조벽(照壁)

하얼빈문묘는 정문을 만들지 않았지만, 정면으로 조벽을 만들어 문묘의 담장과 연결되도록
했다. 조벽 높이는 5.9m, 길이는 44.85m이며, 가운데가 밖으로 돌출되어 있어 안쪽으로 향해
있는 팔(八)자형 조벽에 속한다. 황색 기와 무전정이고 담장은 붉은 색이며 조벽 네 모퉁이와
가운데에는 녹색 유리 모란꽃을 상감했으며 글자를 새기지는 않았다.

② 반지(泮池)

반지는 조벽 안 영성문 앞에 위치하고 있다. 반원형이고 한백옥(漢白玉)의 석조 난간으로 둘
러싸여 있으며 가운데 아치 하나가 있는 돌다리가 있는데, 격식을 잘 따른 편이다.

③ 영성문(欞星門)

영성문은 3칸 3주 3층으로 된 목조 건물로, 황색 기와 무전정이며 옆 건물은 안쪽으로 한쪽
이 절단되어 있다. 본 건물은 9포, 옆 건물은 7포의 두공을 사용하며 모두 금룡화새 채색화로
그려져 있다. 네 기둥의 협간석(夾杆石)이 낮은 편이며 앞뒤에는 목창주(木戧柱)로 일정 각도를
유지하고 있다. 두 차간은 너무 넓은 나머지 수려한 미관을 해치고 있다.

3-3-92
명환사(名宦祠).

④ 덕배천지방(德配天地坊)·도관고금방(道冠古今坊)

두 패방은 건축 등급에는 영성문과 거의 동일하지만 채색화에서만 차이가 있다. 채색화는 한 등급이 낮은 선자대점금이다.

⑤ 명환사(名宦祠)·향현사(鄕賢祠)

두 사당은 대성문 앞에 위치하고 있다. 각 넓이는 세 칸, 녹색 기와의 헐산정이며 선자대점금 채색화로 되어 있다. 전국 문묘에서 동명(同名)의 건축물로는 등급이 가장 높다.

⑥ 관청(官廳)

관청은 명환사와 선현사(先賢祠) 남쪽에 각각 넓이가 일곱 칸으로 된 동서 배전인데 녹색 기와의 헐산정이다. 관청은 바로 동서 배전의 남쪽에 있는데 각각 두 칸으로 되어 있다.

⑦ 악기고(樂器庫)

악기고는 두 칸으로 되어 있으며 서쪽 배전의 북쪽에 위치하고 있다. 하얼빈문묘 대성문 앞 동서 배전의 설계가 가장 특이하다. 동서 배전은 세 곳으로 나뉘어 있고 문은 세 개가 있다. 남쪽 두 칸은 모두 관청이라고 명했는데, 이곳은 제사 전에 관리가 옷을 갈아입던 곳이었다. 동쪽 배전 가운데 세 칸은 재생청(宰牲廳), 서쪽 배전 가운데 세 칸은 신주(神廚), 동쪽 배전의 북쪽 세 칸은 제기고(祭器庫), 서쪽 배전의 북쪽 두 칸은 악기고이다.

3-3-93
동배전(東配殿).

3-3-94
대성문.

⑧ 재생청(宰牲廳)

재생청은 동쪽 배전의 가운데 위치하고 있으며 세 칸으로 되어 있다.

⑨ 신주(神廚)

신주는 서쪽 배전의 가운데에 위치하고 있으며 세 칸으로 되어 있다.

⑩ 제기고(祭器庫)

제기고는 세 칸이며, 동쪽 배전의 북쪽에 위치하고 있다.

⑪ 대성문

대성문은 황색 기와 무전정이고 다섯 칸을 갖춘다. 가운데 세 칸은 문이 열리며 두 초간 앞뒤로 감창(檻窓)이 있다. 출입구는 숭기(崇基)가 있고, 앞뒤로 한백옥(漢白玉) 돌난간이 있으며, 정면에는 3폐 9층 계단이 있다. 중폐는 용폐가 부조되어 있는데 등급이 높은 편이다. 예제에

3-3-95 숭성사.

맞지 않는 것은 채색화인데 선자대점금이 오히려 영성문보다 한 등급 떨어지는 점은 적절하지 않다. 정문과 정전은 같은 예제에 따라야 하기 때문에 금룡화새 채색화를 사용했다. 대성문 양쪽에 각문(角門)이 있고 황색 기와 권붕정(卷棚頂) 한 칸으로 되어 있다. 소식(蘇式) 채색을 사용한 것은 예제에 부합하지 않는다.

⑫ 명환사 · 향현사

이 두 사당은 대성문 앞 동서 양쪽에 위치하고 있으며 각각 일곱 칸, 회색 기와 헐산정이며 앞쪽으로 복도가 나와 있다.

⑬ 대성전

대성전은 가로 11칸, 세로 다섯 칸이며 앞쪽으로 복도가 나와 있다. 황색 기와 무전정이며 바깥 처마에 금룡화새 채색화를 사용했다. 앞쪽에 월대가 있고, 한백옥(漢白玉)으로 된 난간이 있으며 5폐 11층 계단이 있다. 중폐는 부조로 된 용폐를 사용했다.

⑭ 양무

양무는 각각 9칸이고 녹색 기와 헐산정이며 앞쪽으로 복도가 나와 있다.

⑮ 숭성사

숭성사는 다섯 칸이며, 황색 기와 헐산정이다. 앞쪽으로 노대가 있으며 난간이 없다. 정면에 수대(垂帶)가 있는 공간이 있는 것 외에 3폐가 연결되어 있으며 7층으로 되어 있다.

7. 악록서원(岳麓書院) 공자문묘

1) 악록서원의 연혁

악록서원(岳麓書院)은 초기에 세워진 유명한 4대 서원 중 하나로, 북송 개보(開寶) 9년(976)에 처음으로 창립되었다. 담주태수(潭州太守) 주동(朱洞)이 5대(五代) 말 승려 지선(智璿)이 만든 서당을 토대로 "옛것을 바탕으로 확장하면서(因襲增拓)" 정식으로 서원을 창립했는데, "강당은 다섯 칸, 학사는 52칸이 있었다(講堂五間, 齋舍五十二間)". 함평(咸平) 2년(999)에 태수(太守) 이윤칙(李允則)이 중수할 때 "선사, 10철의 소상을 만들고 72현인을 그렸다. 황제와 관리, 유학자들의 모습은 모두 옛 제도를 따르고 있는데 마치 살아 있는 듯하다. 개간할 수 있는 논을 제공하여 춘추 석전에 사용할 수 있게 해달라고 청하면서"[65] 공자 제사를 지내기 시작했다. 대중상부 5년(1012)에 확장했고, 8년 송 진종이 '담주악록서원(潭州岳麓書院)'이란 편액을 하사했다. 소흥초 금군이 남하하면서 서원은 전화로 파괴되었다가 건도(乾道) 원년(1165)에 중건되었는데, 장식(張栻)을 초청하여 강의했다. 2년 후 주희(朱熹)가 복건을 방문하러 오면서 서원은 크게 발전했다. 순희(純熙) 15년(1188)에 다시 확장했고, 소희(紹熙) 5년(1194)에 당시 호남안무사(湖南安撫使)였던 주희(朱熹)가 다시 서원에서 강학할 때 학사를 확장했다. 순우(淳祐) 6년(1246)에 송 리종(理宗)이 직접 쓴 '악록서원' 편액을 하사하자 서원은 더욱 발전했다. 그러나 덕우(德祐) 원년(1275)에 장사(長沙)가 원(元) 군대에게 점령되면서 파괴되었다.

원 지원(至元) 23년(1286)에 학정(學政) 유필대(劉必大)가 중건했고, 연우(延祐) 원년(1314)에 예전을 중건하여 재계하고 제사를 지냈지만, 지정(至正) 28년(1368)에 서원은 다시 전쟁으로 파괴되었다.

명 선덕(宣德) 7년(1432)에 강당을 중수했고, 성화(成化) 5년(1469)에 예전을 중건했으며, 홍치(弘治), 정덕(正德), 가정(嘉靖), 만력(萬曆), 천계(天啓), 숭정(崇禎) 연간에 여러 차례 수리와 확장을 하였다. 정덕 연간에는 반지를 만들고 영성문을 증축했지만, 숭정16년(1643)에 서원은 다시 전쟁으로 파괴되었다.

청 강희 7년(1668)에는 중건한 지 6년 만에 오삼계(吳三桂)의 난으로 파괴되었다. 강희 23년에 중수했고 옹정11년(1733)에 호남성(湖南省) 서원이 되었다. 강희 26년, 건륭 9년(1744)에 연이어 강희제와 건륭제가 직접 쓴 '학달성천(學達性天)'과 '도남정맥(道南正脈)' 편액을 하사했다.

---

65) "塑先師, 十哲之像, 畫七十二賢, 華袞珠旒, 縫掖章甫, 畢按舊制, 儼然如生, 請辟水田, 供春秋之釋奠."

3-3-96
이문(二門). 원래 예전(禮殿)이었지만 문묘를 따로 지은 후에 이문으로 개칭했다.

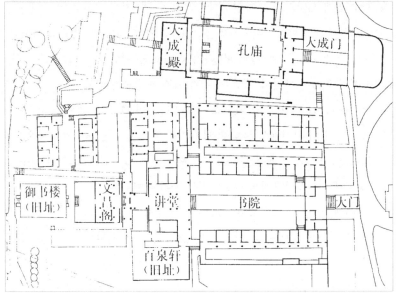

3-3-97
악록서원의 평면도.

1941년 악록서원은 일제 비행기에 폭격을 당하면서 건물 대부분이 파괴되었다가 1945년에 중건되었다.

1) 서원의 형태와 구조

악록서원은 처음 세워질 때 강당 앞에 공자를 봉사할 예전을 만들었다. 함평 2년 예전 안에 공자와 10철의 소상, 그리고 72현인의 초상화를 걸어두면서 국립학교의 제도를 모방하기 시작했다. 건도 원년 중건할 때 예전을 선성전으로 개칭했고, 명 홍치 18년에 다시 대성전으로 바꾸면서, 전묘후학의 양식이 되었다. 정덕 2년(1507)에 공자문묘를 서원의 왼쪽으로 옮기면서 좌묘우학(左廟右學)의 양식이 되었고, 국가 예제에 따라 선성과 선현선유를 봉사했다. 천계 4년(1624)이 되면서 직접적으로 문묘라 부르게 되었고, 건물도 국립학교와 동일한 방식으로 만들었다.

2) 문묘의 건축물

3-3-98 덕배천지방(德配天地坊).

문헌에 따르면 악록서원문묘는 원래 조벽, 영성문, 반지, 반교, 대성문, 대성전, 숭성전과 덕배천지방, 도관고금방, 동서 양무 등의 건물이 있었다고 한다. 그러나 1941년에 대부분의 건물이 일제 비행기의 폭격으로 파괴되었고 1945년에 중건할 때 영성문, 반지, 숭성전 등은 복원하지 않았다. 현재에는 정원 두 개만 남아 있다. 문묘는 동쪽을 향하고 있고 정문이 없으며 앞쪽으로 조벽이 있다. 좌우에 덕배천지방과 도관고금방을 출입구로 하고 있으며 두 번째 정원의 대성문 안에 대성전과 양무가 있다.

3) 덕배천지방(德配天地坊) · 도관고금방(道冠古今坊)

두 패방은 모두 석조로 되어 있고, 4주 3칸 3층이며 가운데 칸에는 문이 있고 나머지는 벽으로 막혀 있다. 건물은 목조를 모방한 석조이며, 가운데 기둥은 대액방을 기준으로 둘로 나뉘며, 용문방 윗쪽으로 돌을 층층이 쌓아서 마치 블록 쌓기와 비슷하다. 이러한 건물은 매우 보기 드문 것이다. 조각이 적은 편이고 액방에 장식도 많지 않으며 치문(鴟吻)은 원형의 입체 조각으로 되어 있다. 명간의 칸막이 바깥쪽에 각각 '덕배천지'와 '도관고금'이 새겨져 있으며, 안쪽에 각각 '성역(聖域)'과 '현관(賢關)'이 새겨져 있다.

3-3-99 대성문.

① 대성문

대성문은 다섯 칸으로 구성되고 황색 기와 경산정이며 봉화산장(封火山墙)이 있다. 가운데 세 칸 담에 문을 만들었고, 초간은 밀폐시켜 방이 되었다. 중문 앞뒤로 9층짜리 돌계단이 있고, 문에 대성문 편액이 걸려 있다. 양쪽에 '道若江河, 隨地可成洙泗',[66] '聖如日月, 普天皆有春秋[67]'라는 내용의 대련이 걸려 있다. 문 옆에 세운 한 쌍의 돌 사자는 명대에 조각한 것이다.

② 대성전

대성전은 다섯 칸으로 구성되고 겹처마 황색 기와 헐산정이며 두공을 사용하지 않았다. 정면 세 칸에는 함창(檻窓)을 설치하는데 나머지는 모두 벽돌담이다. 앞쪽에 노대가 있고 1층으로 된 난간이 있으며 3폐의 9층 계단이 있다. 중폐 어로에는 반룡(盤龍)이 부조로 설치되어 있다. 대성전은 1941년에 일본군의 폭격으로 파괴되어서 현존하는 전당은 1945년에 중건된 것이다.

③ 양무(兩廡)

양무는 다섯 칸으로 구성되고 녹색 기와 경산정이며 봉화산장(烽火山墻)[68]이 있다. 앞쪽으

---

66) (옮긴이) "도는 강물과 같으며 강물이 흐르는 데서 공자의 학풍이 일어날 것이다."
67) (옮긴이) "성스러움은 일월과 같아서 세상 어디에나 공자의 학문[춘추]이 있다."
68) (옮긴이) 봉화산장은 지붕과 담장이 결합해서 만든 것이며 중국 강남(江南) 지역에서 흔한 건식 양식이다.

3-3-100 대성전.

3-3-101 북무(北廡).

로 복도가 밖으로 나와 있고 서쪽으로 산으로 오르는 회랑이 연결되어 있어서 대성전 양쪽으로 직접 통할 수 있다.

담장이 지붕보다 높게 지어져서 화재의 번짐을 최소화하는 역할을 한다.

부록

부록 1

중국 공자문묘 대사기[中國孔子廟大事記]

기원전 551년	주(周) 영왕(靈王) 21년, 노(魯) 양공(襄公) 22년 8월 27일(서력 9월 28일)에 공자가 탄생했다.
기원전 479년	주 경왕(敬王) 41년, 노 애공(哀公) 16년 2월 16일에 공자가 사망했다.
기원전 402년	주 위열왕(威烈王) 24년에 공자의 손자 자사(子思) 사망. 같은 해 혹은 조금 후에 공자의 고택(古宅)이 문묘로 개조되었다.
기원전 213년	진(秦) 시황(始皇) 34년, 협서율(挾書律)을 실시하고 분서(焚書)를 명했다. 개인적으로 소장하고 있는 시(詩), 서(書) 및 백가의 책은 모두 소각시켰으며, 시, 서에 대해 논하는 자는 거리에서 사형을 집행했다.
기원전 212년	진 시황 35년, 후생(侯生)과 노생(盧生)이 황제를 풍자한 일로 유생 460여 명을 생매장했다.
기원전 195년	전한(前漢) 고조(高祖) 12년에 유방(劉邦)은 회남(淮南)에서 돌아와 궐리에 이르러, 태뢰(太牢)로 공자에게 제사를 지냈다. 이는 최초로 제왕이 직접 공자에게 제사를 드린 것이었다.
기원전 188년	전한 혜제(惠帝) 7년, 노나라에 처음 공자문묘를 세웠다. 제후와 재상들은 노나라에 오면 항상 먼저 공자문묘에서 배알한 뒤에 정사(政事)를 보았다.
기원전 140년	전한 건원(建元) 원년, 동중서(董仲舒)는 형벌을 폐지하고 유술(儒術)을 추앙하며 태학을 발전시킬 것을 청하였다.
기원전 43년	전한 영광(永光) 원년, 한(漢) 원제(元帝)는 태사(太師)인 포성군(褒成君) 공패(孔霸)의 소청에 따라, 식읍(食邑) 800호를 하사하여 공자에게 제사를 지내도록 조서를 내렸다. 이것이 공자 후손들에게 작위를 내리고 제사를 받게 했던 시작이다.
1년	전한 원시(元始) 원년, 한 평제(平帝)는 공자에게 포성선니공(褒成宣尼公)이라는 시호를 내렸는데, 이것이 최초로 공자에게 내려진 시호였다. 공자 제16대손 공균(孔均)을 포성후(褒成侯)로 봉했다.

부록 1_ 중국 공자문묘 대사기[中國孔子廟大事記] **681**

3년	전한 원시 3년, 전국 모든 군·현·향·취에 학관(學官) 설립을 명하였다.
29년	후한(後漢) 건무(建武) 5년, 광무제(光武帝)는 궐리에 가서 대사공(大司空)에게 공자 제사를 지내도록 명했다. 사도(司徒) 복잠(伏湛)은 상주하여 허가를 받은 뒤 향음주례(鄕飮酒禮)를 거행했다.
59년	영평(永平) 2년 겨울, 한 명제(明帝)는 벽옹(辟雍)에서 삼로오경(三老五更)을 양성하여, 군현마다 학교에서 향음주례를 거행하고 개를 희생제로 하여 주공(周公)과 공자에게 제사지낼 것을 명하였다. 이는 국학(國學)과 군현 학교의 공자 제사에 관한 최초의 기록이다.
72년	영평 15년, 한 명제는 노나라에 들러 공자 및 제자 72명에게 제사지냈다. 이는 공자 제자들에 대한 첫 번째 종사였다.
85년	원화(元和) 2년, 한 장제(章帝)가 동순(東巡)하는 길에 노나라에 들러 공자와 제자 72명에게 제사를 지냈고, 육대지악(六代之樂)을 연주했다.
124년	연광(延光) 3년, 한 안제(安帝)가 동순하는 길에 노나레에 들러 공자와 제자 72명에게 제사를 지냈다.
149년	건화(建和) 3년, 공주(孔疇)는 하남성 녹읍(鹿邑) 노자묘 동쪽에 있는 공자문묘 앞에 비석을 세웠다. 이는 최초의 공자기념묘우이다.
153년	원가(元嘉) 2년 3월, 궐리 공자문묘에 백석관리(百石卒史) 1명을 두고 공자문묘를 관리하라는 조서를 내렸다. 이는 최초로 공자문묘에 관리자를 둔 것이다.
156년	영수(永壽) 2년, 노 재상 한칙(韓勅)은 궐리 공자문묘를 수리하고 예기를 제작하였으며 수레를 갈아 주었다.
168년	건녕(建寧) 원년, 노 재상인 사신(史晨)은 사직례(社稷禮) 따라 왕실의 곡식으로 공자에게 춘추 제사를 지낼 것과 궐리 공자문묘 수리를 상주하여 허가받았다.
178년	광화(光和) 원년, 홍도문학(鴻都門學)에다가 공자와 72제자의 초상화를 그려놓았다.
221년	위(魏) 황초(黃初) 2년, 군수(郡守)에게 궐리 공자문묘 수리하고, 백석졸사를 두어 관리하며 공자 21대손 공선(孔羨)을 종성후(宗聖侯)로 봉하도록 명하였다. 그리고 문묘 밖에서 학자들을 위한 집을 지으라고 명하였다. 이는 문묘 밖에 학교를 설립한 것에 관한 최초의 기록이다.
241년	위 정시(正始) 2년, 제왕(齊王) 조방(曹芳)은 처음으로 『논어』를 이해한 뒤 태상(太常)에게 태뢰로 벽옹에서 공자 제사를 지내고 안연을 배사하라고 명하였다. 이는 국가에서 공자는 학교에서 주사(主祀)하고 안연은 배사했던 것에 관해 최초로 연대가 정확히 기록된 것이다. 그러나 후한 중기부터 학교에서 이미 공자 주사를 지냈다. 5년과 7년에는 각각 『상서』와 『예기』를 읽은 이후 태상에게 제사를 명했다.
267년	서진(西晉) 태시(泰始) 3년, 태학과 노나라에서는 계절마다 세 가지 희생물을 준비하여 공자에게 제사지내라는 조서를 내렸다. 공자 제22대손 공진(孔震)을 봉성정후(奉聖亭侯)로 봉하였다.
292년	서진 원강(元康) 2년, 태자(太子)는 『효경』을 강통(講通)한 후 태뢰로 공자 제사를 지내고, "제단을 쓸고 궁에 휘장을 드리웠다". 이로써 공자문묘 건립 전에 제사를 지낼 때 임시로 전에 장막을 친다는 것을 알 수 있다.
332년	후조(後趙) 건평(建平) 3년, 석륵(石勒)은 "군국(郡國)에 학관을 세우고 군마다 박사, 좨주 각 2명, 제자

150명을 두도록 명한 것"이 대략 이 해였다. 이것이 지방학교에 학생 정원수를 둔 시초였다.

335년 동진(東晉) 함강(咸康) 원년, 성제(成帝)는 『시경』을 강통한 뒤 직접 공자 석전을 지냈다. 이것이 황제가 경서를 처음 습득한 뒤 직접 공자 제사를 지내게 된 시초이다.

376년 동진 태원(太元) 원년, 태학에 공자문묘를 지었다. 이는 국학에서 최초로 공자문묘를 지은 것이다.

386년 동진 태원 11년, 수도에서 공자 장손 봉성정후(奉聖亭侯)를 위해 가묘를 지었다. 이는 곡부 이외 지역에서 공자 자손을 위해 가묘를 지은 시초이다.

426년 북위(北魏) 시광(始光) 원년, "성 동쪽에 태학을 세우고 공자에게 제사를 지내고 안연을 배사했다".

442년 송(宋) 원가(元嘉) 19년, 궐리 공자문묘를 수리하여 학사를 복원하고 생도를 모집하라고 명하였다.

445년 송 원가 22년 황태자가 등가(登歌)로 공자 석전을 지냈다. 이는 국학에서 공자 제사를 지낼 때 음악을 사용한 시초이다.

454년 송 효건(孝建) 원년, 공자문묘의 제도를 제후의 예와 동일하게 만들 것을 명했다. 처음 만든 곳은 분명 수도 공씨가묘였을 것이다.

472년 북위(北魏) 연흥(延興) 2년, 국가적인 제사는 희생과 자성(粢盛)을, 개인적인 제사는 술과 육포를 사용하며, 문묘 안에서는 무당, 박수, 광대의 기복 활동을 금지하는 등 궐리 공자문묘의 제사 제도를 제정했다.

473년 북위 연흥 3년, 공자 27대손 공승(孔乘)을 숭성대부(崇聖大夫)로 봉했다. 당시는 북종(北宗) 연간이었을 것이다.

474년 북위 연흥 4년, 헌문제(獻文帝)가 관리를 파견하여 회주(懷州) 공자문묘에서 제사지내도록 했다. 회주 공자문묘의 건립 시기는 명확하지 않다. 공자가 진(晉)으로 갔다가, 황하 강변에서 조간자(趙簡子)가 현인(賢人)을 죽였다는 소문을 듣자마자 되돌아갔던 사건을 기념하기 위해 세워진 것이라고 한다. 이는 공자가 활동했던 지역을 기념하기 위해 세워진 문묘에 대한 최초의 기록이다.

485년 제(齊) 영명(永明) 3년, 공자 제사에서 "헌현악(軒懸樂)과 6일무(六佾舞)를 하고, 희생은 상공(上公) 등급에 따라 하라"라고 명하였다. 이는 최초로 국학 공자문묘에서 무용을 사용하는 것이었다.

489년 북위 태화(太和) 13년, 국도(國都) 공자문묘를 지었다.

492년 북위 태화 16년, 공자를 문성니부(文聖尼父)로 개칭했다.

495년 북위 태화 19년, 효문제(孝文帝)는 궐리 공자문묘에서 제사를 지냈고, 공자 제28대손 공영진(孔靈珍)을 숭성후(崇聖侯)로 봉했다.

499년 제 영원(永元) 원년, 강사(江祀)가 피살되었는데, 남동해태수(南東海太守) 시절에 공자문묘를 수리했다. 이는 지방 최초의 공자문묘이지만, "황폐해진 지 오래되어도 수리되지 못했다". 전대인 송대나 동진 때 세워진 것으로 추측된다.

500년 북위 경명(景明) 2년, 이평(李平)은 상주자사(相州刺史)로 취임하면서, 학교에 "공자와 72제자 그림을 당(堂)에 걸어놓았다".

약 520년 북위 정광(正光) 원년 즈음, 유도빈(劉道斌)은 항농태수(恒農太守) 시절에 "학관을 세우고 공자문묘를 지었다". 이는 지방의 학교 공자문묘에 관한 최초의 기록이다.

526년   양(梁) 보통(普通) 7년, 소역(蕭繹, 梁 元帝)은 형주자사(荊州刺史)에 부임하여 형주에 "주학 공자문묘"
          를 세우고, 공자 초상화를 그리고 공자 찬서(贊書)를 편찬했다. 당시 사람들은 이를 삼절(三絶)이라고
          불렀다. 이는 지방학교에 세워진 최초의 공자문묘 중 하나이다.

539년   동위(東魏) 효정제(孝靜帝) 흥화(興和) 원년, 연주자사(兗州刺史)인 이중선(李仲琁)은 수리공에게 명하
          여 공자상을 수리하고, 10명의 제자들이 옆에서 시중들도록 했다. 이는 공자 조각상과 10철의 종사
          에 관한 최초의 기록이다.

540년   양 대동(大同) 7년, 두지위(杜之偉)는 국학에서는 공자 제사에 사용할 가사를 제작했는데, 이는 『구당
          서(舊唐書)·음악지(音樂志)』에 수록된 "기원은 알 수 없는" "향공자묘악장이수(享孔子廟樂章二首)"이
          다. 이는 최초로 공자문묘 제사 때 전문적으로 가사가 사용된 것이다.

550년   북제(北齊) 천보(天寶) 원년 6월, 노군(魯郡)에 "최선을 다하여 제때에 공자문묘를 수리하라"라는 조서
          를 내렸다. 공자 제31대손 공장(孔長)을 공성후(恭聖侯)로 봉하였다.
          8월 "군국(郡國)에서 횡서(黌序)를 세우라는 명을 내렸다". 군국 학교에 공자문묘를 짓도록 명한 시
          기가 대략 이때쯤인 듯하다. 이는 최초로 지방학교에 공자문묘를 세운 것이다.

580년   북주(北周) 대상(大象) 2년, 공자를 추국공(鄒國公)으로 봉하여 후손이 계승하도록 하고, 수도에도 문
          묘를 세워서 제향했다. 당시 국학에 있었던 공자문묘는 분명 공씨가묘일 것이다.

585년   수(隋) 개황(開皇) 5년, 현학에서는 1년에 한 번씩 향음주례(鄕飮酒禮)를 거행하라고 명하였다.

601년   수 인수(仁壽) 원년, 공자 제사 때 사용할 아악(雅樂) 가사를 제정했다.

608년   수 대업(大業) 4년, 공자 제32대손 공사철(孔嗣悊)을 소성후(紹聖侯)로 봉하였다.

619년   당(唐) 무덕(武德) 2년, 국자학에 주공묘(周公廟)와 공자문묘를 세우라는 조서를 내렸다.

621년   당 무덕(武德) 4년, 주·현·향에 모두 학교를 설립하라고 명했다.

624년   당 무덕 7년, 학교 봉사(奉祀)에서는 주공을 선성주사(先聖主祀)로, 공자는 선사배향(先師配享)으로 변
          경했다.

626년   당 무덕 9년, 공자 제33대손 공덕륜(孔德倫)을 포성후로 봉하였다.

628년   당 정관(貞觀) 2년, 공자를 다시 선성주사로 회복하고 안회를 선사배향으로 변경했다.

630년   당 정관 4년, 주·현 학교마다 공자문묘를 세우라고 조서를 내렸다. 이는 전국 각지에 공자문묘를
          세우게 된 시초이다.

647년   당 정관 21년, 좌구명(左丘明) 등 22명의 선유(先儒)들을 공자문묘에 종사하도록 명했다. 이는 선유
          종사의 시초이다.
          국학에서는 황제가 파견한 관리의 명의로 공자석전을 지내고 좨주(祭酒), 사업(司業), 박사(博士)가 3
          헌(三獻)을, 주학에서는 자사(刺史), 상좌(上佐), 박사가 삼헌을, 현학에서는 현령(縣令)이 초헌(初獻)을
          하는 것으로 제정했다. 국학의 제사에서는 태뢰를 사용하고 음악은 헌현악(軒懸樂)과 등가(登歌)를,
          무용은 6일무(六佾舞)를 사용한다. 제사 시기는 봄·가을 중월(仲月) 상순의 정일(丁日)로 하며, 대제
          사(大祭祀)일 경우 중순의 정일로 변경한다. 주현학의 제사에는 악무가 없고 소뢰를 사용하며, 시기
          는 봄·가을 상정일(上丁日)이다.

| 650-655년 | 당 영휘(永徽) 연간, 주공을 다시 선성으로, 공자를 선사로 변경했다. |

650-655년　당 영휘(永徽) 연간, 주공을 다시 선성으로, 공자를 선사로 변경했다.

657년　당 현경(顯慶) 2년, 공자를 다시 선성으로, 안회를 선사로 변경했다. 이후 다시 바뀌는 경우는 없었다.

　　　　선성과 선사의 석전례를 최초로 제정했다.

666년　당 건봉(乾封) 원년, 고종(高宗)은 곡부 공자문묘를 순행하면서 공자를 태사로 임명하였고, 연주도독(兗州都督)이자 곽왕(霍王) 이원궤(李元軌)에게 곡부 공자문묘를 수리하라는 조서를 내렸다.

670년　당 함흥(鹹興) 원년, 주현마다 공자문묘를 수리하라는 조서를 내렸다.

690년　주(周) 천수(天授) 원년, 공자를 융도공(隆道公)으로 추봉했다.

720년　당 개원(開元) 8년, 십철(十哲)을 공자문묘에 배사하고, 제자 70명과 현인 21명의 초상화를 벽에 그려놓도록 하였다.

725년　당 개원 13년, 현종(玄宗)은 곡부 공자문묘에 가서 관리를 보내 공자 묘지에서 태뢰로 제사지내도록 했다.

726년　당 개원 14년, 향음주례(鄉飲酒禮)를 정했다.

　　　　남조(南詔)에서 공자문묘를 지었다.

732년　당 개원 20년, 주현에서 석전 의례를 정했다.

733년　당 개원 22년, 석전 악장을 편찬하고, 고세지균(姑洗之均) 중의 3곡만 연주하라는 조서를 내렸다.

737년　당 개원 26년, 주·현·리 모두 학교를 설립하라고 명하였다.

739년　당 개원 27년, 공자를 문선왕으로 시호를 내리고, 남면하여 앉고(이전에는 주공이 남면하고 공자는 서유(西牖) 아래 동면하여 앉아 있었다. 정관 연간에 주공의 주사 지위를 취소하고 공자의 지위는 바뀌지 않았다. 이 시기에 와서야 양경 국자감과 전국 주현공자문묘의 공자 모두 남면하게 되었다.), 왕의 곤룡포와 면류관을 착용하고, 제사 음악으로 궁현(宮懸)을 사용했다. 안자를 연공(兗公)이라는 직위를 하사하고 서향하여 배사했다. 민자건 등 9명은 후(侯)로, 증삼 등 제자들은 백(伯)으로 종사했다. 이는 최초로 문선왕 시호를 사용하고, 공자 제자를 공후백(公侯伯)으로 봉하여 종사한 것이다.

　　　　공자 제35대손 공수(孔璲)를 문선공으로 봉하였다.

740년　당 개원 28년, 국자감에서는 봄·가을 두 번째 달 상정일에 삼공(三公)이 의식을 집행하라는 조서를 내렸다. 대사(大祀)일 경우 중정일로 변경한다.

755년　당 천보(天寶) 14년, 안록산(安祿山)이 범양(範陽)에서 출병하였고, 8년 후에 반란이 평정되었다. 학교와 공자문묘는 이로 인해 상당히 훼손되었다.

760년　당 상원(上元) 원년, 가뭄으로 인해 중소사(中小祀)는 폐지되었고, 공자문묘의 제사만 평소대로 유지되었다.

766년　당 영태(永泰) 2년 2월, 공자 제사를 지내면서 궁현 사용을 회복시켰다.

918년　요 신책(神冊) 3년, 수도의 상경 국자감에 공자문묘를 세웠다.

931년　후당(後唐) 장흥(長興) 2년, 공자문묘의 제사를 복원했다.

952년　후주(後周) 광순(廣順) 2년, 태조가 궐리를 지나갈 때 직접 공자 임묘(林廟)에서 제사를 지냈고, 연주

(연주(兗州)에 궐리 문묘를 보수하라는 칙령을 내렸다.

960년 송 건륭(建隆) 원년, 태조는 공자문묘에서 직접 제사를 지냈으며, 선성, 선현, 선유의 초상화를 그리고 석전 때 영안지악(永安之樂)을 사용하라고 명하였다.

962년 송 건륭 3년, 문선왕묘의 정문 앞에 16개의 극(戟)을 세우고 정1품(正一品) 예를 갖추라는 조령을 내렸다.

1005년 송 경덕(景德) 2년, 권학(勸學)에 관한 조령을 내렸다.

1006년 송 경덕 3년, 왕흠약(王欽若)은 각 노(路)의 전운사(轉運使)가 주, 부, 군(軍), 감(監)의 공자문묘 수리를 담당하도록 명했다.

1007년 송 경덕 4년, 각 주에서 석전을 지낼 때 관리들이 직접 예를 행하지 않아서, 석전의 예절 규범을 전국적으로 반포했다.

1008년 송 대중상부(大中祥符) 원년 11월, 진종(眞宗)은 곡부 공자문묘에 가서 공자 제사를 지내고, 공자를 현성문선왕(玄聖文宣王)으로, 공자 부인 병관씨(幷官氏)를 운국부인(鄆國夫人)으로 추봉했다.
안회는 연국공(兗國公)으로 봉하고, 십철은 공(公)으로, 다른 제자들은 후(侯)로 하며 선유는 백(伯)으로 임명했다.

1010년 송 대중상부 3년, 국자감 공자문묘의 제사에서 태위(太尉), 태상위(太常尉), 광록경(光祿卿)을 3헌관(三獻官)으로 정하였다.
각 노(路)의 석전 의례 규범 및 제기도(祭器圖)를 반포했다.

1011년 송 대중상부 4년, 주성(州城)에 공자문묘 설립에 관한 조령을 내렸다.

1012년 송 대중상부 5년, 공자의 시호를 지성문선왕(至聖文宣王)으로 변경했다.

1032년 송 명도(明道) 원년, 국자감에 72현당(賢堂)을 중건하고, 좌구명(左丘明) 등 21명 선유의 초상화는 모두 본품(本品)의 의관을 갖추도록 명하였다.

1033년 송 경우(景祐) 원년, 공자문묘의 석전에서 등가(登歌)를 사용하라고 명하였다. 이듬해, 석전에서 응안구성지악(凝安九成之樂)을 사용하라고 명하였다.

1044년 송 경력(慶曆) 4년, 모든 주현에 학교 설립을 명하였다.

1055년 송 지화(至和) 2년, 공자 제46대손 공종원(孔宗願)을 연성공(衍聖公)으로 봉했다.
요 청녕(淸寧) 원년, 흥학령(興學令)을 반포하여 "학교를 세워 학자를 양성하며 오경전소(五經傳疏)를 하사하고 박사와 조교 한 명씩을 둔다"라는 조서를 내렸다.

1060년 요 청녕 6년, 중경 국자감을 설립하고, 때마다 선성선사 제사를 지내라고 명했다.

1061년 송 가우(嘉祐) 6년, 곡부 공자문묘에 황제가 직접 쓴 선성묘 현판과 대성전 편액을 하사했다.

1071년 송 희녕(熙寧) 4년, 각 노(路)에 학관을 두고 제2차 흥학을 시작했다.

1084년 송 원풍(元豊) 7년, 맹자를 공자문묘에 배향하고, 순황(荀況), 양웅(揚雄), 한유(韓愈) 종사하도록 명했다.
공자문묘에서 1년에 4번 맹월(孟月)마다 석채례를 추가로 드렸다.

1085년 송 원우(元祐) 원년, 연성공에서 봉성공(奉聖公)으로 변경했다.

1101년 서하 정관(貞觀) 원년, 국학을 설립하고 한학(漢學)을 국학으로 정했다.

1102년   송 숭녕(崇寧) 원년, 제3차 흥학을 시작했다.

1104년   송 숭녕 3년, 문선왕전(文宣王殿)을 대성전으로 바꾸라는 조서를 내렸다.

1105년   송 숭녕 4년, 전국 주현마다 문선왕묘를 세우고, 공자 초상화는 왕의 관복을 갖추며, 문묘 문에는 24극을 세우라는 조서를 내렸다.

1107~1110년   송 대관(大觀) 연간, 다시 봉성공에서 연성공으로 변경된 후 금대, 원대, 명대, 청대를 거쳐 1935년까지 사용되었다.

1111년   송 정화(政和) 원년, 공자 이름을 피휘하고 공자 제자들 중에서 봉호를 사용하는 경우 이를 변경했다.

1113년   송 정화 3년, 왕안석(王安石)을 공자와 배향하고 왕방(王雱)은 종사하도록 명했다.

1114년   송 정화 4년, 곡부 공자문묘에 황제가 직접 쓴 대성전 편액을 하사했다.

1116년   송 정화 6년, 곡부 공자문묘에 정성(正聲) 대악기(大樂器) 한 세트와 예기(禮器) 한 세트, 석전 악장을 하사했다.

1126년   송 정강(靖康) 원년, 왕안석의 배향을 중지했다.

1128년   송 건염(建炎) 2년, 금 군대가 남하하면서 곡부 공자문묘는 전화(戰火)로 파괴되었다. 많은 문묘들이 송과 금의 전쟁으로 인해 훼손되었다.

1137년   금 천회(天會) 15년, 상경에 공자문묘를 세웠다.

1140년   남송 소흥(紹興) 10년, 경사 공자문묘의 제사를 대사(大祀)로 변경하고 12변두를 사용하였다.
         금 천권(天眷) 3년, 공자 제50대손 공번(孔璠)을 연성공으로 봉했다.

1144년   서하 인경(人慶) 원년, 주현에 소학(小學)을 설립했는데, 학생 정원은 3000명이었다.

1146년   서하 인경 3년, 공자를 문선제(文宣帝)로 추봉했다.

1151년   금 천덕(天德) 3년, 연경(燕京) 경사 국자감 및 공자문묘를 건립했다.

1174년   금 대정(大定) 14년, 제전(祭典) 악장을 제정했다.

1176년   금 대정 16년, 경부학(京府學) 17개, 29년, 부학 24개를 설립했다. 그 후 절진학(節鎭學) 39개와 방어주학(防禦州學) 22개를 설립했다.

1191년   금 명창(明昌) 2년, 문선왕묘 수리를 명하는 조서를 내렸다.

1195년   남송 경원(慶元) 원년, 경사(京師) 공자문묘의 제사를 중사(中祀)로 변경했다.

1197년   금 승안(承安) 2년, 선현선유(先賢先儒) 중 공(公)은 국공(國公)으로, 후(侯)는 국후(國侯)로, 백(伯)은 후(侯)로 작위(爵位)를 봉했다.

1204년   금 태화(泰和) 4년, "자사주군(刺史州郡)에 선성묘학이 없는 경우 증축하라"라고 명하였다.

1214년   금 정우(貞祐) 2년, 몽고군이 남하하면서 곡부 공자문묘는 파괴되었다. 수많은 문묘가 금 - 원, 송 - 원 전쟁 중에 훼손되었다.

1215년   몽골 칭기즈칸 10년, 금 중도(中都)가 함락되면서 금 추밀원(樞密院)을 공자문묘로 삼았다.

1237년   몽골 태종 8년, 최초로 과거제를 실시했다.

1241년   남송 순우(淳祐) 원년, 왕안석 종사를 폐지하고 주돈이, 정호, 정이, 장재, 주희를 추가로 종사했다.

이는 최초로 송대 이학자들이 종사된 것이다.

1261년 몽골 중통(中統) 2년, 선성묘 및 서원에서 세시(歲時) 제사 때, 관원과 군대의 침입을 금지하는 조서를 내렸다.

1267년 남송 함순(鹹淳) 3년, 4배와 10철을 추가하고, 소옹과 사마광 종사를 명하였다.
몽골 지원(至元) 4년, 수령관(首領官)은 삭망일마다 공자문묘에 배알하는 예식을 정하였다. 상도 공자문묘를 중건하라는 칙명을 내렸다.

1284년 원 지원 23년, 운남 지역의 각 노(路)에 학교를 세워 공자 제사를 지내라고 명했다.

1285년 원 지원 24년, 유학제거사(儒學提擧司)를 두었다.

1302년 원 대덕(大德) 6년, 현재 북경 공자문묘인 경사 공자문묘를 새로 지었다.

1307년 원 대덕 11년 7월, 원 무종(武宗)은 공자를 대성지성문성왕(大成至聖文宣王)으로 봉했다.

1311년 원 지대(至大) 4년, 인종(仁宗)은 즉위한 뒤 관원을 파견하여 곡부 공자문묘에 고제(告祭)를 지내도록 했다. 그 후 황제가 즉위하고 공자제사에서 고제를 지내는 것이 관례가 되었다.

1368년 명 홍무(洪武) 원년, 매년 춘추 상정일에 공자 제사를 지낼 때 승상은 초헌, 한림학사는 아헌, 좨주는 종헌을 올리며, 희생은 태뢰, 음악은 육주(六奏), 무용은 6일무를 사용하기로 정했다.

1369년 명 홍무 2년, 부주현 모두 학교를 설립하라는 조서를 내렸다.「황명입학설과분교격식(皇明立學設科分校格式)」을 반포하여 부주현마다 이듬해 정월에 개교하도록 했다.
춘추 석전은 곡부에서만 거행하도록 명했다.

1370년 명 홍무 3년, 공자를 제외한 모든 신의 봉호를 폐지했다.

1382년 명 홍무 15년, 전국 유학자들은 봄·가을 중월(仲月)에 공자를 제사지내라는 조서를 내리고, 석전 예제를 반포하여 부주현 모두 8변두를 사용하도록 했다.

1384년 명 홍무 17년, 군대에서 유학과 공자문묘를 설립하기 시작했는데, 이는 역사적으로 유례가 없었던 것이었다.

1392년 명 홍무 25년, 귀주선위사(貴州宣慰司)에서 유학과 공자문묘를 설립했는데, 이는 최초로 소수민족자치지역에서 학교를 세운 것이다.

1393년 명 홍무 26년, 전국에 대성악(大成樂)을 반포하여 군·현 학교의 문묘에서는 이에 따라 모두 음악과 무용을 사용했다.

1410년 명 영락(永樂) 8년, 문묘 조각상과 초상화의 의관을 수정하여 고제(古制)에 맞도록 했다.

1415년 명 영락 13년,『오경』,『사서』,『성리대전』을 전국 학교에 반포했다.

1438년 명 정통(正統) 3년, 불교와 도교 사원의 공자 제사를 금지했다.

1440년 명 정통 5년, 하동섬서(河東陝西) 지역에서는 모든 전운사(轉運司)에 유학 교수를 두었는데, 이는 최초로 염운사에 학교와 문묘를 세운 것이다.

1476년 명 성화(成化) 12년, 공자문묘의 변두와 악무 수를 늘려서, 8일무와 12변두를 사용했다. 이는 천자에 대한 예와 같은 것이었다.

1480년 명 성화 16년, 곡부 공자문묘의 제도를 수정하여, 정전은 7칸에서 9칸으로 늘렸다. 나머지는 제도에 따라 모두 새 것으로 개축하였다. 공자문묘를 지날 때 반드시 말에서 내리도록 명했다.

1499년 명 홍치(弘治) 12년, 곡부 공자문묘가 벼락을 맞고 훼손되었는데, 국가에서 은 157200냥을 들여 중건에 들어가서 17년에 완공했다.

1529년 명 가정(嘉靖) 8년 12월, 전국 공자문묘의 조각상을 철수하고 위패는 문선왕이라는 칭호 대신 지성선사(至聖先師)로 바꾸도록 했다. 제사 때는 10변두와 6일무를 사용하고, 대성전을 선사묘로, 대성문을 묘문으로 이름을 변경했다. 주현유학의 공자문묘 내에 계성사(啓聖祠)를 세워, 숙량흘 및 4배의 부친 등을 제사지내고 순황과 대성(戴聖) 등 13명은 파사(罷祀) 했으며, 향에서는 정강성(鄭康成) 등 7명의 제사를 지냈다.

1549년 명 가정(嘉靖) 28년, 양경(兩京) 국자감 선사묘를 회색와에서 청기와로 바꾸었다.

1607년 누르하치는 허투아라(赫圖阿拉)에 공자문묘를 지었다.

1640년 청 숭덕(崇德) 5년, 봄 가을 둘째 달 상정일 문묘에서 석전례를 행하도록 결정했다.

1642년 명 숭정(崇禎) 15년, 주돈이, 정호, 정이, 장재, 소옹, 주희를 선현(先賢)으로 승격했다.

1644년 청 순치(順治) 원년, 문묘에서 음력 초하루에 급제한 진사는 관직에 처음 임관하는 석채례를 올리고, 보름에 향의(香儀)를 지내도록 결정했다.

1645년 청 순치 2년, 공자를 대성지성문선선사(大成至聖文宣先師)로 개칭했다.

1657년 청 순치 14년, 공자를 지성선사로 다시 개칭했다.

1684년 청 강희(康熙) 23년 11월, 황제는 곡부 공자문묘에서 세 번 절하고 아홉 번 머리를 조아리는 석전례를 지냈다. 황제가 직접 '만세사표(萬世師表)'라고 쓴 편액을 곡부 공자문묘에 하사하고, 이듬해에는 전국 공자문묘에 하사했다. 이후 즉위하는 황제마다 공자문묘에 편액을 하사했다.

1710년 청 강희(康熙) 49년, 성 직할 같은 성(城)의 대소 문무관들은 제사 때 함께 공자문묘에 가서 예를 거행하라는 조서를 내렸다.

1712년 청 강희 51년, 주희의 지위를 승격하여 대성전에 모셨다.

1723년 청 옹정(雍正) 원년, 공자 5대 조상을 각각 조성왕(肇聖王), 유성왕(裕聖王), 이성왕(詒聖王), 창성왕(昌聖王), 계성왕(啓聖王)으로 추봉했다. 곡부 공자문묘는 숭성사를 새로 지어 봉사했고, 각지 문묘의 계성사는 숭성사로 개칭했다.

1724년 청 옹정 2년, 명 가정 연간에 파사 및 개사(改祀)되었던 임방(林放), 정강성 등 11명의 지위를 회복시키고, 또한 제갈량, 육지(陸贄), 한기(韓琦) 등 18명을 종사 명단에 추가했다.

청 옹정 2년 6월, 공자문묘가 벼락을 맞은 뒤, 황제는 관리를 파견하여 위제를 지내고 음악을 듣지 않으며 음식 수를 줄인 채 재계하였다. 소복을 입고 국자감문묘에 가서 직접 제사를 지냈으며, 은 157600냥을 들여 중수했다. "짐의 지시에 따라 전무(殿廡)의 제도 규모는 제기와 예물까지 적용하여 그림으로 보여주라"라는 조서를 내렸다. 곡부 공자문묘의 정전 정문은 황색 유리기와, 양무는 녹색 유리기와를 사용하고, 황색 기와를 용마루에 끼워 넣어 쌓으며, 성상(聖像)은 내무부(內務府) 장인이 곡부에 가서 탈태법(脫胎法)으로 만들라고 명했다. 1730년에 완공했다.

1725년 청 옹정 3년, 공자 이름을 피휘하기 위해, 사서오경 외 모든 '구(丘)'자는 부수 'ß(고을 읍)'를 추가하도록 규정했다.

1726년 청 옹정 4년, 공자문묘에 황제가 직접 '생민미유(生民未有)'라고 쓴 편액을 하사했다.
공자 탄신일 하루 동안 내외 문무관원, 군인 및 백성들은 재계하고, 형명(刑名)을 처리하지 않았으며 도축을 금지했다.

1729년 청 옹정 7년, 황제는 선성묘방(宣聖廟坊)을 지성묘방(至聖廟坊)으로, 참동문(參同門)을 동문문(同文門)으로, 연신문(燕申門)을 승성문(承聖門)으로 변경했다.

1729년 청 옹정 8년, 황제는 곡부 공자문묘의 대문을 성시문(聖時門)으로, 두 번째 문을 홍도문(弘道門)으로 명명했다.
공자문묘에 집사관 40명을 두었다. 그중 3품은 2명, 4품은 4명, 5품은 6명, 7품은 8명, 8품과 9품은 각 10명이었다.

1736년 청 건륭(乾隆) 원년, 길림주학과 문묘 건립을 명했다. 길림의 학교 건립은 옹정 2년에 있었던 건의에 따른 것이었다. 황제는 만주족의 말타고 활쏘는 전통을 보호한다는 이유로 반대했지만, 학교와 문묘를 세우는 것을 막을 수 없었다.

1737년 청 건륭 2년, 국자감문묘의 전문(殿門)은 황색 기와로 바꾸고, 숭성사는 녹색 기와를 사용하라고 명했다.

1738년 청 건륭 3년, 황제가 직접 '여천지참(與天地參)'이라고 쓴 편액을, 13년, '시중입극(時中立極)'이라고 쓴 편액을, 36년, '화성유구(化成悠久)'라고 쓴 편액을 하사했다.

1744년 청 건륭 9년, 삼교당(三敎堂)을 헐고 관리인이 없는 공공지를 서원과 의학(義學)으로 개발하라고 명했다.

1748년 청 건륭 13년, 황제는 곡부 공자문묘에 가서 공자 제사를 지냈다. 그 후 21년, 22년, 27년, 36년, 41년, 49년, 55년을 포함해 모두 여덟 차례 곡부 공자문묘에 가서 공자 제사를 지냈다. 세 번째, 네 번째 분향을 제외하면, 나머지는 석전을 지냈다. 세 번째, 네 번째 공자문묘에서 이궤육고(二跪六叩)한 것을 제외하면, 나머지는 삼궤구고(三跪九叩)의 예를 갖추었다.

1756년 청 건륭 21년, 국학과 전국 문묘에서는 태뢰, 10변두를 사용하고, 6일무, 3헌, 삼궤구고의 예를 행하도록 결정했다. 황제는 학교를 방문하여 이궤육고의 예로 석전을 지냈고, 곡부 공자문묘에서는 삼궤육고의 예를 갖추었다.

1779년 청 건륭 44년, 황제는 열하문묘(熱河文廟)를 방문하여 예를 행했다. 이후 45년, 50년, 55년, 56년, 57년, 58년, 59년에 직접 가서 예를 행했다.

1798년 청 가경(嘉慶) 3년, '성집대성(聖集大成)'이라고 쓴 편액을 전국 문묘에 하사했다.

1820년 청 가경 25년, 선종(宣宗)은 즉위한 뒤 '성협시중(聖協時中)'이라고 쓴 편액을 전국 문묘에 하사했다.

1836년 청 도광(道光) 16년, 삼교묘(三敎廟)를 정정하도록 명했다.

1850년 청 도광 30년, 문종(文宗)은 즉위한 뒤 '덕제주재(德齊幬載)'라고 쓴 편액을 전국 문묘에 하사했다.

1861년 청 함풍(咸豊) 11년, 목종(穆宗)은 즉위한 뒤 '성신천종(聖神天縱)'이라고 쓴 편액을 전국 문묘에 하사했다.

1875년 청 광서(光緖) 원년, '사문재자(斯文在慈)'라고 쓴 편액을 전국 문묘에 하사했다.

1905년 청 광서 31년, 1906년의 병오과(丙午科)부터 과거제를 중지하라고 명했다.

1906년 청 광서 32년, 공자문묘의 제사는 대사로 승격되었다.

1912년 민국(民國) 원년, 국무원(國務院)은 각 성에 전보를 쳐서 공자 제사에 관한 의견을 수렴했다.

1913년 민국 2년, 대통령은 성철 후예가 전대에 이어 계속해서 영전(榮典)을 받도록 명했다.

1914년 민국 3년, 대통령은 백관(百官)을 거느리고 공자 제사를 지냈다. 각 성의 공자문묘의 지방행정장관이 제사를 주관하도록 명했다.

1917년 민국 6년, 강유위(康有爲)는 대통령에게 전보를 통해 전국적으로 공자 제사를 지낼 때 궤배례(跪拜禮)를 행할 것을 청했다.

1919년 민국 8년, 안원과 이공(李塨)을 문묘의 종사 명단에 추가했다. 이는 마지막으로 문묘 종사 인물을 추가한 것이다.

1935년 민국 24년, 공자 장손의 봉호를 대성지성선사봉사관(大成至聖先師奉祀官)으로 변경하고 특임관(特任官)으로 대우했다.

1948년 해방군(解放軍)이 곡부를 함락했을 때 전쟁 중에 발포를 금지하고, 공자문묘 부근에서 수류탄 사용도 금지했다.

1950년 정무원(政務院)에서는 고대 문화재 보호와 관련된 지시 사항을 발표했다.
     이때부터 해마다 양식과 돈을 지급하여 곡부 공자문묘를 수리했다.

1959년 곡부 공자문묘를 크게 수리했다. 10월부터 대외적으로 정식 개방했다.

1961년 국무원에서는 〈문물보호관리임시시행조례(文物保護管理臨時施行條例)〉를 발표했다.
     국무원에서는 곡부 공자문묘, 공림, 공부를 첫 번째 전국 주요 문화재 보호 그룹으로 지정했다.

1966년 '문화대혁명(文化大革命)' 발발 후 공자문묘는 심하게 파괴되었다. 북경사범대학교의 홍위병(紅衛兵)들은 곡부 공자문묘의 초상화, 감실, 편액, 대련을 훼손시켰고, 주은래(周恩來) 총리의 개입으로 담후란(譚厚蘭)을 소환하고 나서야 곡부 공자문묘는 더 큰 파괴를 모면했다.

1971년 주은래 총리는 사람을 파견하여 곡부 공자문묘의 훼손 상황을 조사했고, 12만 5000원을 지급하여 대성전과 비석을 수리했다.

1978년 곡부 공자문묘를 크게 수리했고, 이듬해 3월부터 대외적으로 개방했다.

1982년 '중화인민공화국문물보호법(中華人民共和國文物保護法)'을 발표했다.
     호요방(胡耀邦)의 허가로 곡부 공자문묘는 공자 등의 조각상을 다시 만들고, 대성전 감실, 편액, 대련 등도 다시 만들었다.

1985년 국무원은 1290만 원의 특별비용을 들여 곡부 문화재를 전반적으로 수리했고, 국가문물국(國家文物局)은 110만 원을 지급하여 규문각(奎文閣)을 크게 수리했다. 전체 공사는 1990년에 마무리 되었다.

1987년 국무위원 곡목(穀牧)은 곡부에서 역사문화명성(歷史文化名城)을 보호하기 위한 좌담회를 개최했다.

1994년 곡부 공자문묘, 공림, 공부가 세계문화유산으로 지정되었다.

부록 2

양무에 배향된 선현 일람표

1) 동무(東廡) 봉사 인물 일람표

봉사(奉祀) 인물	시대	비고
공손교(公孫僑)	동주(東周)	청 1857년부터 종사되었다. 공자와 같은 시대의 정(鄭)나라 사람이다.
임방(林放)	동주(東周)	739년부터 종사되었고, 1530년에 중지되었다가 1724년에 회복되었다.
원헌(原憲)	동주(東周)	당 739부터 종사되었다. 공자 제자이다.
남궁적(南宮适)	동주(東周)	상동. 공자의 조카사위이자 제자이다.
상구(商瞿)	동주(東周)	당 739년부터 종사되었다. 공자 제자이다.
칠조개(漆雕開)	동주(東周)	상동
사마경(司馬耕)	동주(東周)	상동
양전(梁鱣)	동주(東周)	상동
염유(冉孺)	동주(東周)	상동
백건(伯虔)	동주(東周)	상동
염계(冉季)	동주(東周)	상동
칠조도부(漆雕徒父)	동주(東周)	상동
칠조치(漆雕哆)	동주(東周)	상동
공서적(公西赤)	동주(東周)	상동
임불제(任不齊)	동주(東周)	상동
공양유(公良孺)	동주(東周)	상동
공견정(公肩定)	동주(東周)	상동
초단(鄡單)	동주(東周)	상동
한부흑(罕父黑)	동주(東周)	상동
영기(榮旂)	동주(東周)	상동
좌인영(左人郢)	동주(東周)	상동
정국(鄭國)	동주(東周)	상동

원항(原亢)	동주(東周)	상동
염혈(廉絜)	동주(東周)	상동
숙중회(叔仲會)	동주(東周)	상동
공서여여(公西輿如)	동주(東周)	상동
규손(邽巽)	동주(東周)	상동
진항(陳亢)	동주(東周)	상동
보숙승(步叔乘)	동주(東周)	상동
금장(琴張)	동주(東周)	상동
진비(秦非)	동주(東周)	상동
안쾌(顔噲)	동주(東周)	상동
안하(顔何)	동주(東周)	739년부터 종사되었는데, 1530년에 중지되었다가 1724년에 회복되었다.
현단(縣亶)	동주(東周)	1724년부터 종사되었다. 공자 제자이다.
목피(牧皮)	동주(東周)	1724년부터 종사되었다. 공자 제자이다.
락정극(樂正克)	동주(東周)	1724년부터 종사되었다. 맹자 제자이다.
만장(萬章)	동주(東周)	상동
주돈이(周敦頤)	송	송 1241년, 원 1313년 선유로 종사되었다가 명 1642년에 선현으로 승격되었다.
정호(程顥)	송	
소옹(邵雍)	송	송 1267년부터 선유로 종사되었다가 명 1642년에 선현으로 승격되었다.

2) 서무(西廡) 봉사 인물 일람표

봉사 인물	시대	비고
거원(蘧瑗)	동주(東周)	739년부터 종사되었는데 1530년에 중지되었다가 1724년에 회복되었다.
담대멸명(澹臺滅明)	동주(東周)	당 739년부터 종사되었다. 공자 제자이다.
복부제(宓不齊)	동주(東周)	상동
공야장(公冶長)	동주(東周)	상동. 공자의 사위이자 제자이다.
공석애(公晳哀)	동주(東周)	당 739년부터 종사되었다. 공자 제자이다.
고시(高柴)	동주(東周)	상동
번수(樊須)	동주(東周)	상동
상택(商澤)	동주(東周)	상동
무마시(巫馬施)	동주(東周)	상동
안신(顔辛)	동주(東周)	상동
조휼(曹卹)	동주(東周)	상동
공손룡(公孫龍)	동주(東周)	상동
진상(秦商)	동주(東周)	상동
안고(顔高)	동주(東周)	상동
양사적(壤駟赤)	동주(東周)	상동
석작촉(石作蜀)	동주(東周)	상동
공하수(公夏首)	동주(東周)	상동
후처(後處)	동주(東周)	상동
해용전(奚容蒧)	동주(東周)	상동

안조(顔祖)	동주(東周)	상동
구정강(句井疆)	동주(東周)	상동
진조(秦祖)	동주(東周)	상동
현성(縣成)	동주(東周)	상동
공조구자(公祖句慈)	동주(東周)	상동
연급(燕伋)	동주(東周)	상동
락해(樂欬)	동주(東周)	상동
적흑(狄黑)	동주(東周)	상동
공충(孔忠)	동주(東周)	상동. 공자의 조카.
공서전(公西蒧)	동주(東周)	당 739년부터 종사되었다. 공자 제자이다.
안지박(顔之僕)	동주(東周)	상동
시지상(施之常)	동주(東周)	상동
신정(申棖)	동주(東周)	상동
좌구명(左丘明)	동주(東周)	당 647년부터 선유가 되었다가 명 1642년에 선현으로 승격되었다.
진염(秦冉)	동주(東周)	739년부터 종사되었는데, 1530년에 중지되었다가 1724년에 회복되었다.
공명의(公明儀)	동주(東周)	청 1853년부터 종사되었다. 전손사(顓孫師)의 문인이다.
공도자(公都子)	동주(東周)	청 1724년부터 종사되었다. 맹자 제자이다.
공손추(公孫醜)	동주(東周)	청 1724년부터 종사되었다. 맹자 제자이다.
장재(張載)	송	송 1241년, 원 1313년부터 선유가 되었다가 명 1642년에 선현으로 되었다.
정이(程頤)	송	

양무에 배향된 선유 일람표

1) 동무(東廡) 봉사인물(奉祀人物) 일람표

봉사인물	시 대	비고
공양고(公羊高)	동주(東周)	당 647년부터 종사되었다.
복승(伏勝)	한	상동
모형(毛亨)	한	청 1863년부터 종사되었다.
공안국(孔安國)	한	당 647년부터 종사되었다. 공자 제11대손.
모장(毛萇)	한	당 647년부터 종사되었다.
두자춘(杜子春)	한	상동
정현(鄭玄)	한	647년부터 종사되었는데, 1530년에 중지되었다가 1734년에 회복되었다.
제갈량(諸葛亮)	촉한	청 1724년부터 종사되었다.
왕통(王通)	수	명 1530년부터 종사되었다.
한유(韓愈)	당	송 1084년부터 종사되었다.
호원(胡瑗)	송	명 1530년부터 종사되었다.
한기(韓琦)	송	청 1852년부터 종사되었다.
양시(楊時)	송	명 1495년부터 종사되었다.
사양좌(謝良佐)	송	청 1849년부터 종사되었다.
윤돈(尹焞)	송	청 1724년부터 종사되었다.
호안국(胡安國)	송	명 1437년부터 종사되었다.
이동(李侗)	송	명 1619년부터 종사되었다.
여조겸(呂祖謙)	송	남송 1261년, 원1313년부터 종사되었다.
원섭(袁燮)	송	청 1868년부터 종사되었다.
황간(黃榦)	송	청 1724년부터 종사되었다.
보광(輔廣)	송	청 1877년부터 종사되었다.
하기(何基)	송	청 1724년부터 종사되었다.

문천상(文天祥)	송	청 1843년부터 종사되었다.
왕백(王柏)	송	청 1724년부터 종사되었다.
유인(劉因)	원	청 1910년부터 종사되었다.
진호(陳澔)	원	청 1724년부터 종사되었다.
방효유(方孝孺)	명	청 1863년부터 종사되었다.
설선(薛瑄)	명	명 1571년부터 종사되었다.
호거인(胡居仁)	명	명 1584년부터 종사되었다.
나흠순(羅欽順)	명	청 1724년부터 종사되었다.
여남(呂柟)	명	청 1863년부터 종사되었다.
유종주(劉宗周)	명	청 1822년부터 종사되었다.
손기봉(孫奇逢)	명	청 1827년부터 종사되었다.
황종의(黃宗義)	청	청 1908년부터 종사되었다.
장이상(張履祥)	청	청 1871년부터 종사되었다.
육롱기(陸隴其)	청	청 1724년부터 종사되었다.
장백행(張伯行)	청	청 1878년부터 종사되었다.
탕빈(湯斌)	청	청 1823년부터 종사되었다.
안원(顏元)	청	민국 1919년부터 종사되었다.

2) 서무(西廡) 봉사인물(奉祀人物) 일람표

봉사인물	시대	비고
곡량적(谷梁赤)	동주(東周)	당 647년부터 종사되었다.
고당생(高堂生)	한	상동
동중서(董仲舒)	한	원 1330년부터 종사되었다.
유덕(劉德)	한	청 1877년부터 종사되었다.
후창(后蒼)	한	명 1530년부터 종사되었다.
허신(許愼)	한	청 1875년부터 종사되었다.
조기(趙歧)	한	청1910년부터 종사되었다.
범녕(范寧)	진	당 647년부터 종사되었는데, 1530년에 중지되었다가 1734년에 회복되었다.
육지(陸贄)	당	청 1826년부터 종사되었다.
범중엄(范仲淹)	송	청 1715년부터 종사되었다.
구양수(歐陽脩)	송	명 1530년
사마광(司馬光)	송	송 1267년, 원 1313년부터 종사되었다.
유초(游酢)	송	청 1892년부터 종사되었다.
여대림(呂大臨)	송	청 1895년부터 종사되었다.
나종언(羅從彦)	송	명 1619년부터 종사되었다.
이강(李綱)	송	청 1851년부터 종사되었다.
장식(張栻)	송	송 1261년, 원 1313년부터 종사되었다.
육구연(陸九淵)	송	명 1530년부터 종사되었다.
진순(陳淳)	송	청 1724년부터 종사되었다.
진덕수(眞德秀)	송	명 1437년부터 종사되었다.

채침(蔡沉)	송	상동
위료옹(魏了翁)	송	청 1724년부터 종사되었다.
조복(趙復)	원	상동
김이상(金履祥)	원	상동
육수부(陸秀夫)	송	청 1859년부터 종사되었다.
허형(許衡)	원	원 1313년부터 종사되었다.
오징(吳澄)	원	1435년부터 종사되었는데, 1530년에 중지되었다가 1734년에 회복되었다.
허겸(許謙)	원	청 1724년부터 종사되었다.
조단(曺端)	명	청 1860년부터 종사되었다.
진헌장(陳獻章)	명	명 1584년부터 종사되었다.
채청(蔡清)	명	청 1724년부터 종사되었다.
왕수인(王守仁)	명	명 1584년부터 종사되었다.
여곤(呂坤)	명	청 1826년부터 종사되었다.
황도주(黃道周)	명	청 1825년부터 종사되었다.
왕부지(王夫之)	청	청 1908년부터 종사되었다.
육세의(陸世儀)	청	청 1875년부터 종사되었다.
고염무(顧炎武)	청	청 1908년부터 종사되었다.
이공(李塨)	청	민국 1919년부터 종사되었다.

부록 4

숭성사(崇聖祠)의 봉사인물 일람표

지위	성명	호칭	봉사 시기	비고
주사 (主祀)	목금부(木金父)	조성왕(肇聖王)	청 옹정 원년(1723)	공자 제5대조. 목금부는 가운데, 기부와 백하는 왼쪽, 방부와 숙량흘은 오른쪽에 위치한다.
	기부(祈父)	유성왕(裕聖王)	상동	공자 고조부.
	방부(防父)	이성왕(飴聖王)	상동	공자 증조부.
	백하(伯夏)	창성왕(昌聖王)	상동	공자 조부.
	숙량흘(叔梁紇)	계성황(啓聖王)	상동	공자 부.
배향 (配享)	맹피(孟皮)	선현(先賢)	청 함풍 7년(1857)	공자의 형. 맹피, 공충, 안무유, 공리는 왼쪽, 증점과 맹손격은 오른쪽에 위치한다.
	공충(孔忠)	선현(先賢)	청 광서 22년(1896)	공자의 조카이자 맹피의 아들이며, 공자의 제자이기도 하다. 당 개원 27년(739)에 공자가 종사된 이래, 청 광서 연간에 숭성사로 옮겨 종사했다.
	안무유(顔無繇)	선현(先賢)	명 가정 9년(1530)	안회의 부친이자 공자의 제자이다. 당 개원 27년(739)에 공자가 종사된 이래, 명 가정 연간에 계성사로 옮겨 종사했으며, 청 옹전 원년에는 숭성사로 개칭하였다.
	증점(曾点)	선현(先賢)	상동	증삼의 부친이자 공자의 제자이다. 당 개원 27년(739)에 공자가 종사된 이래, 명 가정 연간에 계성사로 옮겨 종사했다.
	공리(孔鯉)	선현(先賢)	상동	공급의 부친이자 공자의 아들이다. 송 숭녕 원년(1102)에 사수후(泗水侯)로 추봉되었고, 침전 동무(寢殿東廡)에서 봉사되었다. 명 가정 연간에 계성사로 옮겨 종사했다.
	맹손격(孟孫激)	선현(先賢)	상동	맹자의 부친. 원 연우 3년(1316)에 주국공(邾國公)으로 추봉되었다.
종사 (從祀)	정향(程珦)	선유(先儒)	상동	송대 유학자 정이와 정호의 부친. 정향과 주보성은 왼쪽, 장적과 주송은 오른쪽에 위치한다.
	장적(張迪)	선유(先儒)	청 옹정 2년(1724)	송대 유학자 장재의 부친.
	주보성(周輔成)	선유(先儒)	명 만력 23년(1595)	송대 유학자 주돈이의 부친.
	주송(朱松)	선유(先儒)	명 가정 9년(1530)	송대 유학자 주희의 부친.

부록 5

중국 학교문묘 일람표

1) 북경(北京)·직례(直隸)[府學 11; 直隸 州學1) 6]·성경(盛京)

성(省)	부학(府學)	주학(州學)	청학(廳學)	현학(縣學)	향학(鄕學)	건축 연대	중수·보수의 역사, 생원 정원수 및 현황
북경						원 대덕(大德) 6년(1302)	국자감(國子監)은 국가의 최고 학부(學府)이다.
직 례(直隸) 府學 11; 直隸州學62)	순천(順天) 州學 5; 縣學 19; 문묘 23					명 홍무(洪武) 초기	원래 대흥현학(大興縣學)이었지만 영락(永樂) 초기에 부학으로 변경되면서, 대흥(大興)과 원평(宛平) 두 현학이 이에 부속되었다3). 생원 정원수는 25명이었으며(이하 정원으로 통칭), 만주(滿洲)와 몽골 60명, 한족 군대 30명이었다. 건물이 잘 보존되어 있어 학교로 사용하고 있다. 북경 동성부학(東城府學) 골목에 위치한다.
				대 흥(大興)			정원은 25명이었다. 부학에 부속되어 건물을 공유했다. 문묘가 없었다4).
				완 평(宛平)			정원은 25명이었다. 부학에 부속되어 건물을 공유했다. 문묘가 없었다.
				양 향(良鄕)		명 홍무(洪武) 5년(1372)	정원은 12명이었다. 대성전(大成殿)이 남아 있다.
				고 안(固安)		명 홍무(洪武) 3년(1370)	강희(康熙) 연간, 1774년, 1816년에 수차례 보수되었다. 정원은 15명이었다.
				영 청(永淸)		금 명창(明昌) 초기	1812년에 중수되었다. 정원은 12명이었다.
				동 안(東安)		명 홍무(洪武) 5년(1372)	강희(康熙) 연간에 중수되었다. 정원은 12명이었다.

....

1) (옮긴이) 주(州)는 보통 세 가지 종류로 나누어졌다. 하나는 직례주(直隸州)였는데 보통 현(縣)을 관할했으며 성(省)에 직속했다. 하나는 직례주에 비추어 말할 때 산주(散州)라 불렸는데 현을 관할하지 않았으며 부(府)에 직속했다. 나머지는 토주(土州)라 불렸는데 소수민족 자치 구역이었다. 이 도표에 나온 주학(州學)의 수량은 직례주만 대상으로 한 것이고 산주(散州)와 토주(土州)는 통계의 대상에서 제외시켰다. 또한, 이 도표는 중국 학교문묘를 통계한 것이므로 실제로 학교문묘를 설치하지 않았던 청학(廳學)·주학(州學)·현학(縣學)들은 역시 통계의 대상에서 제외시켰다(실제로 학교문묘를 설치하지 않았던 경우를 밑의 각주에서 상세히 보인다).

성(省)	부학(府學)	주학(州學)	청학(廳學)	현학(縣學)	향학(鄉學)	건축 연대	중수·보수의 역사, 생원 정원수 및 현황
				(東安)			
				향 하(香河)			1782년에 중수되었다. 정원은 15명이었다. 대성전(大成殿)이 남아 있다.
				평 곡(平谷)		원 지원(至元) 연간	1811년에 중수되었다. 정원은 8명이었다.
				삼 하(三河)		금 태화(泰和) 연간	1690년에 중수되었다. 정원은 15명이었다.
				무 청(武淸)			명 홍무(洪武) 초년인 1537년에 이전되었다. 정원은 12명이었다. 1952년에 철거되었다.
				보 저(寶坻)		원 대덕(大德) 연간	1754년과 1816년에 중수되었다. 정원은 12명이었다.
				녕 하(寧河)		청 옹정(雍正) 12년(1734)	1759년에 중수되었다. 정원은 12명이었다.
				보 정(保定)		명 홍무(洪武) 15년(1382)	1809년에 보수되었다. 정원은 15명이었다.
				순 의(順義)		명 홍무(洪武) 8년(1375)	정원은 15명이었다.
				밀 운(密雲)		원 지원(至元) 연간	1712년, 1795년, 1812년에 중수되었다. 정원은 12명이었다. 대성전(大成殿)이 남아 있다.
				회 유(懷柔)		명 홍무(洪武) 15년(1382)	1721년과 1767년에 중수되었다. 정원은 8명이었다.
				대 성(大城)		원 지원(至元) 연간	건륭(乾隆) 연간인 1806년에 중수되었다. 정원은 15명이었다.
				방 산(房山)		원 연우(延祐) 연간	1663년과 1784년에 중수되었다. 정원은 8명이었다.
				문 안(文安)		송	북송(北宋) 대관(大觀) 8년에 수축되었다는 기록은 잘못된 것이다. 원 황경(皇慶) 초기에 재건되었다. 정원은 23명이었다.
		통 주(通州)				원 대덕(大德) 연간	강희(康熙) 연간, 1781년에 수차례 보수되었다. 정원은 15명이었다. 중심 건물은 복원되었다.
		패 주(霸州)				명 홍무(洪武) 3년(1375)	1683년, 1761년, 1777년에 중수되었다. 정원은 15명이었다.
		탁 주(涿州)				요 통화(統和) 연간	1890년에 중수되었다. 정원은 15명이었다. 극문(戟門)과 대성전(大成殿)이 남아 있다.
		계 주(薊州)				금 천회(天會) 연간	1692년, 1803년, 1841년에 중수되었다. 정원은 8명이었다. 완전하게 복원되었다.
		창 평(昌平)					명 1452년에 이전되었다. 정원은 8명이었다.
	보정(保定) 州學 2; 縣學 15; 문묘 18					원 중통(中統) 2년(1261)	청대에 수차례 보수되었다. 정원은 20명이었다.
				청 원(淸苑)		명 홍무(洪武) 8년(1375)	순치(順治) 연간 이후 증축되었고, 1810년에 보수되었다. 정원은 23명이었다.
				만 성(滿城)		원 지대(至大) 2년(1309)	정원은 12명이었다.
				안 숙(安肅)		명 홍무(洪武) 3년(1370)	1660년에 중수되었다. 정원은 15명이었다.
				정 흥(定興)		원 지원(至元) 3년(1266)	1672년에 중수되었다. 정원은 12명이었다.
				신 성(新城)		원	순치(順治)와 강희(康熙) 연간에 수차례 보수되었다. 정원은 15명이었다.
				당 현(唐縣)		당 개원(開元) 연간	금 태화(泰和) 연간에 재건되었고, 순치(順治) 연간 이후 증축되었다. 정원은 12명이었다. 대성전(大成殿)과 반지(泮池)가 남아 있다.

성 (省)	부학 (府學)	주학 (州學)	청학 (廳學)	현학 (縣學)	향학 (鄕學)	건축 연대	중수·보수의 역사, 생원 정원수 및 현황
				박 야 (博野)		명 홍무(洪武) 2년(1369)	1663년에 중수되었다. 정원은 11명이었다.
				망 도 (望都)			명 홍무(洪武) 원년(1381)에 옛터에 재건되었다가 강희(康熙) 연간에 재건되었다. 정원은 8명이었다.
				용 성 (容城)			명 홍무(洪武) 원년(1381)에 이전되었다. 정원은 12명이었다.
				완 현 (完縣)		원 지중(至中) 연간	명 홍무(洪武) 2년(1369)에 재건되었고, 1669년에 중수되었다. 정원은 12명이었다.
				려 현 (蠡縣)		원 천력(天曆) 3년(1330)	1660년에 중수되었다. 정원은 22명이었다.
				웅 현 (雄縣)			1375년에 이전되었다. 정원은 15명이었다.
		기 주 (祁州)				금 대정(大定)	1369년에 재건되었다. 정원은 18명이었다. 원래 모습은 거의 복원되었다.
				속 록 (束鹿)		명 홍무(洪武) 2년(1369)	1410년과 1649년에 중수되었다. 정원은 18명이었다.
		안 주 (安州)					원대에는 주치(州治)의 동쪽에 있었는데, 1375년에 주치(州治)의 서쪽으로 이전되었다. 1665년에 중수되었다. 정원은 18명이었다.
				고 양 (高陽)		명 홍무(洪武) 13년(1380)	1663년에 보수되었다. 정원은 13명이었다.
				신 안 (新安)		원 지원(至元) 초기	정원은 18명이었다.
영평(永 平) 州學 1; 縣學 6; 문묘 8							원 지중(至中) 연간에 옛터에 증축되었다. 정원은 23명이었다.
				노 룡 (盧龍)		명 홍무(洪武) 2년(1369)	정원은 18명이었다.
				천 안 (遷安)		명 홍무(洪武) 2년(1369)	정원은 18명이었다.
				무 녕 (撫寧)		명 홍무(洪武) 11년(1378)	정원은 18명이었다.
				창 려 (昌黎)		원 대덕(大德) 연간	명 영락(永樂) 연간에 보수되었다. 정원은 18명이었다.
		란 주 (灤州)				요 청녕(清寧) 4년(1059)	명 홍무(洪武) 연간에 보수되었다. 정원은 15명이었다.
				락 정 (樂亭)		금 천회(天會) 연간	정원은 18명이었다.
				임 유 (臨楡)		명 정통(正統) 1년(1436)	명대에는 산해위학(山海衛學)이었다가 1737년에 변경되었다. 정원은 18명이었다.
하간(河 間) 州學 1; 縣學 10; 문묘 12						원 지중(至中)6년(1272)	1651년, 1664년, 1748년, 1753년에 보수되었다. 정원은 20명이었다. 주학 한 개, 현학 10개를 관할했다.
				하 간 (河間)			명 1491년에 이전되었고, 1651년, 1678년, 1752년에 보수되었다. 정원은 23명이었다.
				헌 현 (獻縣)		원	1622년, 1732년, 1740년, 1747년에 보수되었다. 정원은 18명이었다.
				부 성 (阜城)		명 영락(永樂) 4년(1406)	1670년, 1710년, 1734년에 보수되었다. 정원은 18명이었다. 대성전(大成殿)만 남아 있지만 심각하게 파괴되었다.
				숙 녕 (肅寧)		원 대덕(大德) 6년 (1302)	1684년, 1713년, 1733년, 1740년, 1746년에 보수되었다. 정원은 12명이었다.
				임 구 (任邱)		명 홍무(洪武)30년(1397)	1691년과 1729년에 보수되었다. 정원은 23명이었다.
				교 하 (交河)		명 홍무(洪武) 연간	1771년에 보수되었다. 정원은 15명이었다.

성 (省)	부학 (府學)	주학 (州學)	청학 (廳學)	현학 (縣學)	향학 (鄉學)	건축 연대	증수·보수의 역사, 생원 정원수 및 현황
				교하 (交河)			
				녕 진 (寧津)		명 홍무(洪武) 초기	강희(康熙) 연간에 보수되었다. 정원은 18명이었다.
		경 주 (景州)				명 홍무(洪武) 초기	1670년, 1698년, 1741년에 보수되었다. 정원은 23명이었다.
				동 광 (東光)			1651년, 1671년에 보수되었다. 정원은 15명이었다.
				오 교 (吳橋)		원 원정(元貞) 2년(1296)	1651년에 보수되었다. 정원은 15명이었다.
				고 성 (故城)		명 융경(隆慶) 1년(1567)	1667년에 보수되었다. 정원은 15명이었다.
	천진(天津) 州學 1; 縣學 6; 문묘 8					명 정통(正統) 1년(1436)	원래 위학(衛學)이었으며, 1733년에 중수되었다. 정원은 25명이었고 상학(商學)은 15명이었다. 온전하게 남아 있다.
				천 진 (天津)		청 옹정(雍正) 12년(1734)	정원은 18명이었다. 문묘는 완전하게 보존되어 있지만 학교는 남아 있지 않다.
				정 해 (靜海)		명 홍무(洪武) 초기	정원은 18명이었다.
				청 현 (靑縣)			명 1371년, 1585년에 이전되었다. 정원은 15명이었다.
		창 주 (滄州)				명 홍무(洪武) 초기	순치(順治) 연간에 보수되었다. 정원은 15명이었다. 대성전(大成殿) 중심 건물 일부와 명륜당(明倫堂)이 남아 있다.
				남 피 (南皮)		원 지원(至元) 3년	순치(順治) 연간에 보수되었다. 정원은 12명이었다.
				염 산 (鹽山)		명 홍무(洪武) 9년(1376)	1652년에 보수되었다. 정원은 15명이었다.
				경 운 (慶雲)		명 홍무(洪武) 6년(1373)	강희(康熙) 연간에 보수되었다. 정원은 12명이었다. 대성전(大成殿) 등이 남아 있다.
	정정(正定) 州學 13; 縣學 13; 문묘 15					송 희녕(熙寧) 연간	1746년에 보수되었다. 정원은 25명이었다. 극문(戟門)과 동서편문(東西便門)이 남아 있지만 심각하게 파괴되었다.
				정 정 (正定)		명 홍무(洪武) 7년(1374)	정원은 18명이었다. 중심 건물 일부가 남아 있다.
				정 형 (井陘)		금 명창(明昌) 2년(1191)	강희(康熙)와 옹정(雍正) 연간에 보수되었다. 정원은 15명이었다. 천장진(天長鎭) 문묘의 전문(殿門)은 심각하게 파괴되었다.
				확 록 (穫鹿)		원 지원(至元) 연간	1735년에 보수되었다. 정원은 18명이었다.
				원 씨 (元氏)		송 원우(元祐) 연간	순치(順治), 강희(康熙), 옹정(雍正) 연간에 보수되었다. 정원은 15명이었다.
				영 수 (靈壽)		원 지원(至元) 연간	1658년, 1669년, 1685년에 보수되었다. 정원은 15명이었다.
				란 성 (欒城)			명 홍무(洪武) 28년에 노화됐기 때문에 재건되었고, 강희(康熙) 연간에 보수되었다. 정원은 15명이었다. 대성전(大成殿)이 남아 있다.
				평 산 (平山)		당 개원(開元) 29년(741)	송 숭녕(崇寧) 연간에 현재의 위치로 이전되었고, 1658년에 보수되었다. 정원은 15명이었다. 중심 건물 일부와 정문(正門)이 남아 있다.
				부 평 (阜平)		명 홍무(洪武) 3년(1370)	정원은 15명이었다.
				행 당 (行唐)		명 홍무(洪武) 7년(1374)	강희(康熙) 연간과 1727년에 보수되었다. 정원은 18명이었다. 대성전(大成殿)이 남아 있다.
				찬 황 (贊皇)			송 가우(嘉祐) 연간에 이전되었다. 정원은 15명이었다.
		진 주				원 중통(中統) 연간	강희(康熙) 연간에 보수되었다. 정원은 15명이었다.

성 (省)	부학 (府學)	주학 (州學)	청학 (廳學)	현학 (縣學)	향학 (鄕學)	건축 연대	중수·보수의 역사, 생원 정원수 및 현황
		(晉州)					
				무 극 (無極)			명 홍무(洪武) 28년 옛터에 재건되었다. 정원은 15명이었다.
				고 성 (藁城)		송 원우(元祐) 연간	1697년에 보수되었다. 정원은 15명이었다.
				신 락 (新樂)		송 대관(大觀) 연간	정원은 15명이었다. 대성전(大成殿)과 숭성사(崇聖祠)가 남아 있다.
	순덕(順德) 縣學 9; 문묘 10				원 초기		1735년에 보수되었다. 정원은 20명이었다. 대성전(大成殿)이 남아 있으며, 공원 안으로 이전되었다.
				형 대 (刑臺)		명 홍무(洪武) 3년(1370)	1737년에 보수되었다. 정원은 18명이었다.
				사 하 (沙河)		송 대관(大觀) 초기	순치(順治) 연간, 강희(康熙) 연간, 1750년에 수차례 보수되었다. 정원은 12명이었다.
				남 화 (南和)		명 홍무(洪武) 9년(1376)	1651년에 재건되었다. 정원은 15명이었다.
				평 향 (平鄕)		명 홍무(洪武) 6년(1373)	정원은 15명이었다. 대성전(大成殿)이 남아 있다.
				거 록 (巨鹿)		원 원정(元貞) 연간	정원은 12명이었다.
				광 종 (廣宗)		원 중통(中統) 연간	강희(康熙) 연간에 보수되었다. 정원은 15명이었다.
				당 산 (唐山)		원 지정(至正) 3년(1343)	순치(順治) 연간, 강희(康熙) 연간, 1735년에 수차례 보수되었다. 정원은 15명이었다.
				내 구 (內邱)		명 홍무(洪武) 3년(1370)	정원은 15명이었다.
				임 현 (任縣)		명 홍무(洪武) 3년(1370)	순치(順治), 강희(康熙) 연간에 보수되었다. 정원은 12명이었다.
	광평(廣平) 州學 1; 縣學 9; 문묘 11				금		원 말기에 황폐해졌으며, 명 1371년에 재건되었다. 정원은 20명이었다.
				영 년 (永年)			명 1378년에 이전되었다. 정원은 15명이었다.
				곡 주 (曲周)		금 대정(大定) 연간	1733년에 보수되었다. 정원은 15명이었다.
				비 향 (肥鄕)		송 천성(天聖) 연간	1656년에 이전되었다가, 1731년에 다시 원래 위치로 이전되었다. 정원은 15명이었다.
				계 택 (鷄澤)		금 승안(承安) 3년(1198)	1733년에 보수되었고 1744년에 재건되었다. 정원은 18명이었다.
				광 평 (廣平)		명 홍무(洪武) 3년(1370)	1703년 이전되었다가, 1711년에 다시 원래 위치로 이전되었다. 정원은 12명이었다.
				한 단 (邯鄲)			명 1377년에 이전되었고, 1657년과 1728년에 보수되었다. 정원은 11명이었다.
				성 안 (成安)		원	명 1370년에 재건되었고, 1731년에 보수되었다. 정원은 18명이었다.
				위 현 (威縣)		금	1375년에 재건되었고, 1661년과 1736년에 중수되었다. 정원은 12명이었다.
				청 하 (清河)		금 대정(大定) 4년(1164)	순치(順治), 강희(康熙) 연간에 보수되었다. 정원은 18명이었다.
		자주 (磁州)					명 1372년에 이전되었다. 정원은 18명이었다.
	대명(大						송대에는 벽옹(辟雍)이 있었는데, 1403년과 1672년에 보수되었다. 정

성(省)	부학(府學)	주학(州學)	청학(廳學)	현학(縣學)	향학(鄕學)	건축 연대	증수·보수의 역사, 생원 정원수 및 현황
名)							원은 20명이었다.
	州學 1; 縣學 6; 鄕學 1; 문묘 8			대 명 (大名)		명 홍무(洪武) 3년(1370)	1758년 현(縣)이 부성(府城)으로 이전되었고, 학서(學署)는 원성현학(元城縣學)으로 편입되었다. 정원은 15명이었다. 문묘는 없었다.
					대 명 (大名)		원래 우나라 현학이었다가 1758년에 대명향학(大名鄕學)으로 개칭되었다. 정원은 16명이었다.
				원 성 (元城)		명 영락(永樂) 1년(1403)	정원은 15명이었다.
				남 락 (南樂)		명 홍무(洪武) 3년(1370)	정원은 16명이었다. 대성전(大成殿)과 침전(寢殿)이 남아 있다.
				청 풍 (淸豊)		송	원 말기에 황폐해졌다가 1374년에 재건되었다. 정원은 23명이었다.
				동 명 (東明)		명 홍치(弘治) 연간	정원은 23명이었다. 대성전(大成殿)이 남아 있다.
		개 주 (開州)				원 대덕(大德) 연간	정원은 23명이었다.
				장 원 (長垣)		명 홍무(洪武) 1년(1368)	정원은 23명이었다.
	선화(宣化) 州學3; 縣學7; 鄕學2; 문묘 13					명 선덕(宣德) 7년(1432)	정원은 12명이었다.
				선 화 (宣化)		명 경태(景泰) 5년(1454)년	정원은 15명이었다.
				적 성 (赤城)		명 경태(景泰) 5년(1454)년	정원은 8명이었다.
				만 전 (萬全)		명 정덕(正德) 5년(1510)	정원은 18명이었다.
				용 문 (龍門)		명 홍치(弘治) 초기	정원은 8명이었다.
				회 래 (懷來)		명 만력(萬曆) 연간	정원은 12명이었다.
		울 주 (蔚州)				원 지원(至元) 연간	정원은 15명이었다. 이미 파괴되었다.
					울 주 (蔚州)		본래 울주현학(蔚州縣學)이었다가 울주향학(蔚州鄕學)으로 개칭되었다. 정원은 18명이었다.
				서 녕 (西寧)		명 천순(天順) 연간	정원은 15명이었다.
				회 안 (懷安)		명 정덕(正德) 3년(1508)	정원은 15명이었다.
		연 경 (延慶)				명 홍희(洪熙) 1년(1425)	정원은 15명이었다. 순치(順治) 초기에 보수되었다.
					연 경 (延慶)		본래 연경위학(延慶衛學)이었는데 1755에 연경향학(延慶鄕學)으로 개칭되었다. 정원은 10명이었다.
		보 안 (保安)				명 경태(景泰) 2년(1451)	정원은 18명이었다. 1703년에 보수되었다.
	승덕(承德) 州學1; 縣學5; 문묘 1						본래 열하도학(熱河道學)이었는데 1778년에 변경되었다. 정원은 6명이었다. 완전하게 복원되었다.
				난 평 (灤平)			정원은 4명이었다. 부학에 부속되어 건물을 공유했다. 따로 지은 묘학이 없었다.5)
				풍 녕 (豊寧)			정원은 4명이었다. 부학에 부속되어 건물을 공유했다. 따로 지은 묘학이 없었다.
		평 천 (平泉)					정원은 4명이었다. 부학에 부속되어 건물을 공유했다. 따로 지은 묘학이 없었다

성 (省)	부학 (府學)	주학 (州學)	청학 (廳學)	현학 (縣學)	향학 (鄕學)	건축 연대	중수·보수의 역사, 생원 정원수 및 현황
				적 봉 (赤峰)			정원은 4명이었다. 부학에 부속되어 같은 건물을 사용했다. 따로 지은 묘학이 없었다.
				건 창 (建昌)			정원은 4명이었다. 부학에 부속되어 건물을 공유했다. 따로 지은 묘학이 없었다.
				조 양 (朝陽)			정원은 4명이었다. 부학에 부속되어 건물을 공유했다. 따로 지은 묘학이 없었다.
		준 화 (遵化) 縣學 2; 문묘 3		금 정륭(正隆) 초기			원 1297년에 보수되었고, 순치(順治) 4년 이후 수차례 보수되었다. 정원은 18명이었다.
				옥 전 (玉田)		요 건통(乾統) 연간	명 가정(嘉靖) 연간에 이전되었으며, 1578년에 다시 이전되었다. 정원은 15명이었다.
				풍 윤 (豊潤)		금 대정(大定) 연간	명 홍무(洪武) 연간에 보수되었다. 정원은 13명이었다.
		역 주 (易州) 縣學 2; 문묘 3		원 지중(至中) 연간			정원은 18명이었다.
				래 수 (淶水)		원 지원(至元) 초기	정원은 8명이었다.
				광 창 (廣昌)		원	정원은 10명이었다.
		기 주 (冀州) 縣學 5; 문묘 6		명 영락(永樂) 19년(1421)			정원은 23명이었다.
				남 궁 (南宮)		명 홍무(洪武) 8년(1375)	정원은 23명이었다.
				신 하 (新河)		원 지원(至元) 연간	정원은 15명이었다.
				조 강 (棗强)			명 정통(正統) 연간에 이전되었으며, 1667년에 보수되었다. 정원은 23명이었다.
				무 읍 (武邑)		원 연우(延祐) 7년(1320)	정원은 15명이었다.
				형 수 (衡水)		명 영락(永樂) 12년(1414)	정원은 15명이었다. 대성전(大成殿)이 남아 있다.
		조 주 (趙州) 縣學 5; 문묘 6					노화하기 때문에 1380년에 재건되었다. 정원은 20명이었다.
				백 향 (柏鄕)			명 홍무(洪武) 연간에 이전되었다. 정원은 12명이었다.
				융 평 (隆平)			명 1381년에 이전되었다. 정원은 18명이었다.
				고 읍 (高邑)		송 경력(慶曆) 연간	1682년과 1777년에 중수되었다. 정원은 15명이었다.
				임 성 (臨城)			명 1444년에 구지(舊址)의 대문에 중건되었다. 정원은 8명이었다.
				녕 진 (寧晉)		송 숭녕(崇寧) 연간	1648년에 보수되었다. 정원은 8명이었다.
		심 주 (深州) 縣學 3; 문묘 4		명 영락(永樂) 연간			1669년, 1790년, 1815년에 보수되었다. 정원은 15명이었다.
				무 강 (武强)		원 지정(至正) 연간	순치(順治)와 강희(康熙) 연간에 보수되었다. 정원은 12명이었다.
				요 양 (饒陽)		원 원정(元貞) 연간	정원은 15명이었다.
				안 평 (安平)		원 지원(至元) 연간	1687년에 보수되었다. 정원은 18명이었다. 일부 건물이 남아 있다. 향하현(香河縣) 안평진(安平鎭)에 속한다.
		정 주				당 대중(大中) 2년(848)	1050년에 증축되었다. 정원은 23명이었다. 온전하게 남아 있다.

성(省)	부학(府學)	주학(州學)	청학(廳學)	현학(縣學)	향학(鄕學)	건축 연대	중수·보수의 역사, 생원 정원수 및 현황
		(定州) 縣學: 2; 문묘: 3			심택(深澤)	송 원우(元祐) 3년(1088)	정원은 15명이었다. 대성전(大成殿)이 남아 있다.
					곡양(曲陽)	송 원우(元祐) 연간	정원은 15명이었다.
성 경(盛京)	봉천(奉天) 州學 2; 廳學 3; 縣學 6; 문묘 8				청 천총(天聰) 3년(1629)	1666년에 계성사(啓聖祠)가 증축되었다. 1684년에 명륜당(明倫堂)이 증축되었다. 정원은 6명이었다. 만주 묘학(廟學)이었다.
			승 덕(承德)				부학에 부속되어 건물을 공유했다. 정원은 7명이었다. 따로 지은 묘학이 없었다.
				해 성(海城)		청 순치(順治) 11년(1654)	1727년에 신성(新城) 안으로 이전되었다. 정원은 5명이었다. 계성사(啓聖祠)와 명륜당(明倫堂) 등이 남아 있다.
				개 평(蓋平)		청 강희(康熙) 11년(1672)	1715년에 성 동남쪽으로 이전되었다. 정원은 3명이었다.
				녕 해(寧海)		청 건륭(乾隆) 18년(1753)	현도(縣都)의 남쪽에 위치했다. 정원은 4명이었다. 반지(泮池)와 반교(泮橋)가 남아 있다.
				개 원(開原)			명대의 위학(衛學)이었다. 1665년 성 동남쪽으로 이전되었다. 정원은 2명이었다. 원대의 문묘비가 남아 있다.
				철 령(鐵嶺)		명 정통(正統) 1년(1436)	원래 위학(衛學)이었다. 청 강희 37년(1698)에 성 안 동남쪽에 재건되었다. 정원은 2명이었다.
		요 양(遼陽)				명 홍무(洪武) 연간	원래 도사학(都司學)이었는데 1688년에 중건되었다. 정원은 5명이었다. 영성문과 반지 등이 재건되었다.
		복 주(復州)				명 홍무(洪武) 8년(1375)	원래 위학(衛學)이었는데 1747년에 증축되었다. 성의 동남쪽에 위치했다. 정원은 5명이었다.
	금주(錦州) 州學 2; 縣學 2; 문묘 4					명 정통(正統) 1년(1436)	명대의 중둔위학(中屯衛學)이었으며, 1666년에 재건되었다. 부치(府治) 서쪽에 위치했다. 정원은 9명이었다. 주학 두 개, 현학 두 개를 관할했다.
				금 현(錦縣)			정원은 7명이었다. 부학에 부속되어 건물을 공유했다. 따로 지은 묘학이 없었다.
				광 녕(廣寧)		명 정통(正統) 6년(1441)	1731년에 재건되었다. 현치(縣治) 진동당(鎭東堂) 오른쪽에 위치했다. 정원은 3명이었다.
		녕 원(寧遠)				명 선덕(宣德) 5년(1430)	1697년에 보수되었다. 주치(州治) 동쪽에 위치한다. 정원은 5명이었다. 완전하게 남아 있다. 흥성시(興城市)에 위치한다.
		의 주(義州)				청 건륭(乾隆) 9년(1744)	주치(州治)에 위치했다. 정원은 4명이었다.

....

2) (옮긴이) 지면의 한정으로 부록 5에 나온 이런 표기는 "부학(府學) 11개, 직례(直隷) 주학(州學) 여섯 개"를 의미한다.

3) (옮긴이) 이 도표에 등장한 "부속되다"라는 말은 부속되면서 건물을 같이 공유했다는 뜻이다.

4) (옮긴이) "문묘가 없었다"라는 말은 문묘를 설립하라는 발령만 있었으나 실제로 문묘를 건설하지 않았다는 뜻이다.

5) (옮긴이) "묘학이 없다[無廟學]"라는 말은 묘학(廟學)을 설립하라는 발령이 있었으나 실제로 묘학을 건설하지 않았다는 경우를 말한다. 이럴 때 한 등급 높은 묘학에 부속되어 같은 건물을 사용한 경우가 많다. 이하 동일.

2) 길림성(吉林省) · 흑룡강성(黑龍江省)

성(省)	부학(府學)	주학(州學)	청학(廳學)	현학(縣學)	향학(鄕學)	건축 연대	중수·보수 역사, 생원 정원수, 현황
길림성(吉林省)	길림(吉林)					청 건륭(乾隆) 7년(1742)	원래 영길주학(永吉州學)이었는데, 정원은 4명이었다. 1907년에 길림행성(吉林行省)이 설치되면서 재건되었다. 완전하게 남아 있다.
		백도나(伯都訥)				청 동치(同治) 13년(1874)	
		빈주(賓州)				청 광서(光緒) 19년(1893)	
		쌍성(雙城)				청 동치(同治) 13년(1874)	
			녕고탑(寧古塔)			청 강희(康熙) 32년(1693)	진성(鎭城)
			삼성(三姓)				진성(鎭城)
			아륵초객(阿勒楚喀)				진성(鎭城)
			백도나구(伯都訥舊)			청 도광(道光) 2년(1822)	진성(鎭城). 대성전(大成殿) 등이 남아 있다. 부여시(扶餘市)에 위치한다.
	장춘(長春)					청 동치(同治) 11년(1872)	중심 건물만 남아 있었는데, 지금 완벽하게 복원되었다.
			유하(柳河)				1902년에 현(縣)을 설치한 지 얼마 후에 수축되었고, 1935년에 보수되었다. 거의 완전하게 남아 있다.
흑룡강성(黑龍江省)	하얼빈(哈爾濱)					1926년	완전하게 남아 있다.
			아성(阿城)			청 도광(道光) 연간	1851년과 1896년에 보수되었다. 주요 건물이 복원되었다.
			경성(慶城)			1919년	1904년에 여경현(餘慶縣)을 설치했는데, 1914년에는 경성(慶城)으로, 1944년에는 경안(慶安)으로 변경되었다. 이미 파괴되었다.
	치치하얼[齊齊哈爾]					청 함풍(咸豊) 1년(1851)	비교적 완전하게 남아 있다.
			호란(呼蘭)			1927-1936년	완전하게 복원되었다.

3) 강소성(江蘇省)[府學 8; 州學 3; 廳學 1]

부학(府學)	주학(州學)	청학(廳學)	현학(縣學)	향학(鄕學)	건축 연대	중수·보수 역사, 생원 정원수 및 현황
강녕(江寧) 縣學 7; 문묘 7					명 홍무(洪武) 14년(1381)	명대는 국자감(國子監), 청대는 부학이었다. 1652년과 1735년에 보수되었다. 정원은 25명이었다. 완전하게 남아 있다.
			상원(上元)		송 경우(景祐) 연간	송대에는 부학이었는데, 명 홍무(洪武) 초기에는 국학(國學)으로, 후에는 응천부학(應天府學)으로 변경되었다. 1649년에 다시 현학으로 변경되었고 1869년에 재건되었다. 정원은 25명이었다. 1984년에 재건되었으며, 이것이 바로 남경부자묘(南京夫子廟)이다.
			강녕(江寧)			상원현학(上元縣學)과 학교를 공유했고, 문묘는 없었다. 정원은 25명이었다.
			구용(句容)			송 원풍(元豊) 연간에 이전되었고, 명 영락(永樂) 연간에 재건되었다. 정원은 15명이었다. 대성전(大成殿)과 반지(泮池)가 남아 있다.
			율수(溧水)		송 희녕(熙寧) 연간	명 가정(嘉靖) 39년(1560)에 옛터에 개축되었다. 정원은 20명이었다.

부학 (府學)	주학 (州學)	청학 (廳學)	현학 (縣學)	향학 (鄕學)	건축 연대	중수·보수 역사, 생원 정원수 및 현황
			강포(江浦)		명 홍무 (洪武) 9년 (1376)	1392년에 이전되었고, 1662년, 1684년, 1726년에 보수되었다. 정원은 16명이었다. 거의 완전하게 복원되었다.
			육합(六合)		당 함통 (咸通) 연간	1695년에 이전되었고, 1713년, 1725년, 1773년, 1807년에 보수되었다. 정원은 16명이었다. 거의 완전하게 남아 있다.
			고순(高淳)		명 홍치(弘治) 6년 (1493)	1699년, 1719년, 1750년, 1778년, 1799년에 보수되었다. 정원은 20명이었다.
소 주 (蘇州) 縣學 9; 문묘 9					송 경우(景祐) 1년 (1034)	1134년 전쟁의 불길에 파괴되었다. 1141년에 재건되었다. 정원은 20명이었다. 건물이 비교적 온전하게 남아 있다.
			오현(吳縣)			명 선덕(宣德) 7년(1432)에 현치(縣治) 서남쪽으로 이전되었다. 정원은 25명이었다.
			장주(長洲)		원 대덕(大德) 연간	명 가정(嘉靖) 20년(1541) 정원은 13명이었다.
			원화(元和)		명 가정(嘉靖) 20년 (1541)	정원은 12명이었다.
			곤산(昆山)		송 원우(元祐)초기	정원은 10명이었다.
			신양(新陽)		송 원우(元祐)초기	곤산현(昆山縣)과 학교를 공유했고, 문묘는 없었다. 정원은 13명이었다.
			상숙(常熟)		송 단평(端平) 연간	정원은 13명이었다. 대성문(大成門)과 언자사(言子祠)가 남아 있다.
			소문(昭文)		송 단평(端平) 연간	정원은 12명이었다.
			오강(吳江)		송 소흥(紹興) 연간	정원은 13명이었다.
			진택(震澤)		송 소흥(紹興) 연간	정원은 12명이었다.
송 강 (松江) 縣學 7; 문묘 6					송 원풍(元豐) 7년 (1084)	원래 화정현학(華亭縣學)이었는데, 원대에 부학으로 변경되었다. 정원은 25명이었다. 거의 온전하게 남아 있다.
			화정(華亭)		원대에 개축되었다.	1655년, 1680년, 1768년, 1805년에 보수되었다. 정원은 16명이었다. 늙은 측백나무(古柏)만 남아 있다.
			루현(婁縣)		원대에 개축되었다.	화정현(華亭縣)과 학교를 공유했고, 문묘는 없었다. 정원은 16명이었다.
			봉현(奉賢)		청 건륭(乾隆) 26년 (1761)	1725년에 학교를 설치했고, 화정(華亭) 현학에 부속되었다. 1784년과 1792년에 보수되었다. 정원은 13명이었다.
			금산(金山)		명 정통(正統) 7년 (1442)	원래 금산위학(金山衛學)이었으며, 1658년과 1788년에 보수되었다. 정원은 13명이었다. 1940년에 일제에 의하여 훼손되었다.
			상해(上海)		원 연우(延祐) 1년 (1314)	순치(順治), 강희(康熙) 연간인 1781년, 1808년에 보수되었다. 정원은 14명이었다. 온전하게 남아 있다.
			남회(南匯)		청 옹정(雍正) 5년 (1727)	1771년과 1793년에 보수되었다. 정원은 15명이었다. 대성전(大成殿)이 남아 있다.
			청포(靑浦)		명 만력(萬曆)초기	순치(順治) 연간, 강희(康熙) 연간인 1788년, 1803년에 보수되었다. 정원은 25명이었다.
				천 사 (川沙)		학교가 없었다.
상 주 (常州) 縣學 8; 문묘 7					송 태평흥국(太平興國) 초기	송 덕우(德祐) 연간에 병화로 파괴되었다가, 원 지원(至元) 연간에 재건되었다. 정원은 25명이었다. 대성문(大成門)과 명륜당(明倫堂)이 남아 있다.
			무진(武進)			송 태평흥국(太平興國) 연간에 이전되었고 원 천력(天曆) 연간에 재건되었다. 정원은 13명이었다. 대성전(大成殿)과 반지(泮池) 등이 남아 있다.
			양호(陽湖)			원 천력(天曆) 연간에 재건되었다. 정원은 12명이었다. 대성전(大成殿), 문(門) 반지(泮池) 등이 남아 있다.
			무석(無錫)		송 가우(嘉祐) 3년 (1058)	강희(康熙) 연간에 보수되었다. 정원은 13명이었다. 극문(戟門), 명륜당(明倫堂), 강당(講堂)이 남아 있다.
			금궤(金匱)		송 가우(嘉祐) 연간	무석현학(無錫縣學)과 학교를 공유했고, 문묘는 없었다. 정원은 12명이었다.
			강음(江陰)		송 경우(景祐) 3년 (1036)	1341년과 1860년에 병화로 파괴되었다. 1867~75년에 중수되었다. 정원은 25명이었다. 온전하게 남아 있다.
			의흥(宜興)		송 경덕(景德) 연간	순치(順治) 연간과 강희(康熙) 연간에 수차례 보수되었다. 정원은 13명이었다

부학 (府學)	주학 (州學)	청학 (廳學)	현학 (縣學)	향학 (鄉學)	건축 연대	증수·보수 역사, 생원 정원수 및 현황
			형계(荊溪)		송 경덕(景德) 연간	의흥현(宜興縣)과 학교를 공유했고, 문묘는 없었다. 정원은 12명이었다.
			정강(靖江)		명 성화(成化) 연간	1668년에 보수되었다. 정원은 20명이었다.
진강 (鎭江) 縣學 4; 문묘 5					송 태평흥국(太平興國)	순치(順治) 연간과 강희(康熙) 연간에 수차례 보수되었다. 정원은 25명이었다.
			단도(丹徒)		송 소흥(紹興) 연간	순치(順治) 연간, 강희(康熙) 연간, 옹정(雍正) 연간에 보수되었다. 정원은 25명이었다
			단양(丹陽)		송 경력(慶曆) 연간	순치(順治) 연간과 강희(康熙) 연간에 보수되었다. 정원은 25명이었다.
			율양(溧陽)			송 황우(皇祐) 연간에 이전되었고, 1666년과 1696년에 보수되었다. 정원은 25명이었다.
			금단(金壇)		송 소흥(紹興) 초기	순치(順治) 연간, 강희(康熙) 연간, 옹정(雍正) 연간에 보수되었다. 정원은 25명이었다. 모두 파괴되었다.
회안 (淮安) 縣學 6; 문묘 7					송 경우(景祐) 2년 (1035)	건염(建炎) 연간에 화재로 훼손되었다가 순희(淳熙) 연간에 재건되었다. 강희(康熙), 옹정(雍正), 건륭(乾隆) 연간에 수차례 보수되었다. 정원은 23명이었다. 대성전(大成殿)과 영성문(欞星門)이 남아 있다.
			산양(山陽)		명 홍무(洪武) 4년 (1371)	원대에 몽골학교로 건설되었다. 강희(康熙), 옹정(雍正), 건륭(乾隆) 연간에 수차례 보수되었다. 정원은 21명이었다. 대성전(大成殿)과 숭성사(崇聖祠) 등이 남아 있다.
			부녕(阜寧)			전(前) 묘만진학(廟灣鎭學)이었다. '관란서원(觀瀾書院)'이었다가 1768년에 보수되면서 개칭되었다. 정원은 8명이었다.
			염성(鹽城)		송 소흥(紹興) 27년 (1157)	순치(順治) 연간, 강희(康熙) 연간, 1747년에 보수되었다. 정원은 21명이었다.
			청하(淸河)		송 덕우(德祐) 연간	정원은 20명이었다.
			안동(安東)		송	명 천순(天順) 3년(1459)에 재건되었고 1659년과 1725년에 보수되었다. 정원은 20명이었다.
			도원(桃源)		원 지원(至元) 연간	명 홍무(洪武) 초기에 재건되었고, 강희(康熙) 연간, 옹정(雍正) 연간, 1737년에 보수되었다. 정원은 20명이었다.
양주 (揚州) 州學 2; 縣學 6; 문묘 8					송	1680년, 1683년과 1736년에 보수되었다. 정원은 25명이었다. 문창각(文昌閣)만 남아 있다.
			강도(江都)			1374년에 이전되었고, 1680년, 1684년, 1736년에 보수되었다. 정원은 13명이었다.
			감천(甘泉)		명 홍무(洪武) 7년 (1374)	강도현(江都縣)과 학교를 공유했고, 문묘는 없었다. 정원은 12명이었다.
			의정(儀征)			명 1585년에 개축되어, 순치(順治) 연간, 강희(康熙) 연간, 1756년과 1805년에 보수되었다. 정원은 25명이었다.
			동대(東臺)		청 건륭(乾隆) 32년 (1767)	정원은 10명이었다.
			흥화(興化)		송 천성(天聖) 연간	범중엄(范仲淹)이 세운 것으로, 1672년, 1683년, 1745년에 보수되었다. 정원은 25명이었다.
			보응(寶應)		송	명 1369년에 송 구지(舊址)에 개축되었다. 1657년에 보수되었다. 정원은 20명이었다.
	태 주 (泰州)				송	명 홍무(洪武) 연간에 송 구지(舊址)에 개축되었다. 순치(順治) 초기와 1726년에 보수되었다. 정원은 25명이었다.
	고 우 (高郵)				송	명 1534년에 송 구지(舊址)에 개축되었다. 순치(順治) 연간, 강희(康熙) 연간, 1723년에 보수되었다. 정원은 25명이었다.
서주 (徐州) 州學 1; 縣學 7; 문묘 8						청 1682년에 이전되었다. 정원은 25명이었다. 대성전(大成殿)과 대성문(大成門)이 남아 있다.
			동산(銅山)			정원은 20명이었다. 부학에 부속되어 건물을 공유했다. 따로 지은 묘학이 없었다.
			소현(蕭縣)			송대에 소자성(蕭子城) 안에 위치했다. 원 지원(至元) 연간, 1618년에 이전되었다. 정원은 16명이었다. 대성전(大成殿) 등이 남아 있다.

부학 (府學)	주학 (州學)	청학 (廳學)	현학 (縣學)	향학 (鄉學)	건축 연대	중수·보수 역사, 생원 정원수 및 현황
			탕산(碭山)			원 대덕(大德) 연간에는 현치(縣治) 동쪽으로, 명 만력(萬曆) 연간에는 이전되었다. 1722년에 보수되었다. 정원은 16명이었다.
			풍현(豊縣)			1373년에 구지(舊址)에 재건되었다. 1727년과 1755년에 보수되었다. 정원은 16명이었다. 중심 건물 일부가 보존되어 있다.
			패현(沛縣)			금 대정(大定) 연간에 이전, 개축되었다. 1748년에 보수되었다. 정원은 16명이었다.
			숙천(宿遷)	원		명 홍무(洪武) 초기에 재건되었다. 정원은 20명이었다. 비교적 완전하게 복원되었다.
			휴녕(睢寧)	원		명 홍무(洪武) 초기에 재건되었다. 순치(順治) 연간, 강희(康熙) 연간 및 1737년에 보수되었다. 정원은 20명이었다.
	비 주 (邳州)				송 융흥(隆興)초기	청 강희(康熙) 29년(1690)에 이전되었다. 정원은 25명이었다. 대성전(大成殿)과 영성문(欞星門)이 남아 있다.
	태 창 (太倉) 縣學4; 문묘4				명 정통(正統) 1년 (1436)	원래 위학(衛學)이었다가 1487년에 주학(州學)으로 변경되었다. 1651년, 1660년, 1684년, 1763년에 보수되었다. 정원은 18명이었다.
			진양(鎭洋)			정원은 12명이었다. 주학에 부속되었다. 문묘는 없었다.
			숭명(崇明)	송 가희(嘉熙) 연간		1622년에 성 밖의 동남쪽으로 이전되었다. 정원은 20명이었다. 비교적 완전하게 복원되었다.
			가정(嘉定)	송 가정(嘉定) 11년 (1218)		1655년, 1667년, 1734년에 보수되었다. 정원은 13명이었다. 온전하게 남아 있다.
			보산(寶山)	청 건륭(乾隆) 12년 (1747)		가정(嘉定) 현학과 학교를 공유했다. 정원은 12명이었다. 대성전(大成殿)이 남아 있다.
	해 주 (海州) 縣學2; 문묘3				송		송 황경(皇慶) 연간에 보수되었다. 1369년, 1741년, 1769년에 또 보수되었다. 정원은 20명이었다. 대성문(大成門)이 남아 있다.
			감유(赣榆)	원		숭정(崇禎) 말기에 화재로 훼손되었다가 1651년에 재건되었다. 1668년과 1769년에 보수되었다. 정원은 16명이었다.
			술양(沭陽)	원 초기		1663년에 보수되었다. 1751년에 이전되었다. 정원은 20명이었다.
	통 주 (通州) 縣學2; 문묘3				원 지원(至元) 연간		강희(康熙), 옹정(雍正), 건륭(乾隆) 연간에 보수되었다. 정원은 26명이었고, 해문향학(海門鄉學)은 10명이었다. 중심 건물 일부가 보존되어 있다.
			여고(如皐)	남당(南唐) 보대(保大) 10년(952)		1131년과 1540년에 이전되었다. 강희(康熙) 연간과 1750년에 보수되었다. 정원은 22명이었다. 대성전(大成殿)이 남아 있다.
			태흥(泰興)	송 소흥(紹興) 연간		명 가정(嘉定) 연간에 이전되었다. 강희(康熙)와 옹정(雍正) 연간에 수차례 보수되었다. 정원은 25명이었다.
		해 문 (海門)		송		원 지정(至正) 연간에 이전되었고, 1776년에 보수하기 시작했는데 1778년에 문묘가 완공되었다. 정원은 4명이었다. 1938년에 훼손되었다.

4) 안휘성(安徽省)[府學 8; 州學 5]

부학 (府學)	주학 (州學)	청학 (廳學)	현학 (縣學)	향학 (鄉學)	건축 연대	중수·보수 역사, 생원 정원수 및 현황
안 경 (安慶) 縣學 6; 문묘 7					명 초기	1651년에 재건되었고, 1719년, 1721년, 1729년에 보수되었다. 정원은 25명이었다. 대성전(大成殿)이 남아 있다.
			회녕(懷寧)			명 홍무(洪武) 초기와 청 순치(順治) 3년(1646)에 재건되었다. 강희(康熙) 연간에 수차례 보수되었다. 정원은 25명이었다.
			동성(桐城)		원 연우(延祐) 1년 (1314)	명 홍무(洪武) 초기에 재건되었다. 정원은 25명이었다. 거의 온전하게 남아 있다.
			잠산(潛山)			명 홍무(洪武) 초기에 보수되었다. 1653년, 1719년, 1730년에 보수되었고, 1780년에 재건되었다. 정원은 20명이었다.
			태호(太湖)			1649년에 재건되었고 1672년과 1730년에 보수되었다. 정원은 20명이었다.

부학 (府學)	주학 (州學)	청학 (廳學)	현학 (縣學)	향학 (鄕學)	건축 연대	중수·보수 역사, 생원 정원수 및 현황
			숙송(宿松)			명 초기에 원 구지(舊址)에 재건되었다. 순치(順治), 강희(康熙), 옹정(雍正) 연간에 수차례 보수되었다. 정원은 20명이었다.
			망강(望江)			송 구지(舊址)였다. 1649년, 1682년, 1726년에 보수되었다. 정원은 16명이었다. 대성전(大成殿)이 남아 있다.
휘 주 (徽州) 縣學 6; 문묘 7					송 덕우(德祐) 연간	명 초기에 송 구지(舊址)에 재건되었다. 순치(順治), 강희(康熙), 옹정(雍正), 가경(嘉慶) 연간에 중수되었다. 정원은 25명이었다. 패루(牌樓)와 반지(泮池)가 남아 있다.
			흡현(歙縣)		송 순우(淳祐) 연간	명 초기에 송과 원 구지(舊址)에 재건되었다. 순치(順治), 강희(康熙), 옹정(雍正), 가경(嘉慶) 연간에 수차례 중수되었다. 정원은 20명이었다.
			휴녕(休寧)		송 경력(慶歷) 연간	소흥(紹興) 6년(1136)에 재건되었고, 1651년, 1678년, 1731년에 보수되었다. 정원은 20명이었다.
			무원(婺源)		송 단평(端平) 연간	1672, 1687, 1718년에 보수되었다. 정원은 20명이었다. 현재 남아 있지 않다.
			기문(祁門)		송 순희(淳熙) 연간	1658년에 보수되었다. 정원은 16명이었다.
			이현(黟縣)		송 경력(慶歷) 연간	원대에 화재로 훼손되었고, 명대에 이전되었다. 1670년, 1691년, 1730년에 보수되었다. 정원은 20명이었다.
			적계(績溪)			송 초기에 이전 및 개축되었으며, 원대에 화재로 훼손되어 또 다시 이전, 개축되었다. 순치(順治), 강희(康熙), 건륭(乾隆) 연간에 보수되었다. 정원은 16명이었다. 거의 완전하게 복원되었다.
녕 국 (寧國) 縣學 6; 문묘 7					명 초기	순치(順治), 강희(康熙), 옹정(雍正), 가경(嘉慶) 연간에 수차례 보수되었다. 정원은 25명이었다.
			선성(宣城)			1432년에 이전되었고 1673년에 재건되었다. 강희(康熙), 건륭(乾隆), 가경(嘉慶) 연간에 수차례 보수되었다. 정원은 25명이었다.
			경현(涇縣)		송 순희(淳熙) 연간	원래 대안사(大安寺)의 구지(舊址)였다. 명 정통(正統) 연간에 재건되었고, 순치(順治), 강희(康熙), 옹정(雍正), 건륭(乾隆) 연간에 수차례 보수되었다. 정원은 25명이었다.
			남릉(南陵)		명 가정(嘉靖) 연간	원래 숭교사(崇教寺)의 구지(舊址)였다. 순치(順治), 강희(康熙), 옹정(雍正), 건륭(乾隆), 가경(嘉慶) 연간에 수차례 보수되었다. 정원은 20명이었다.
			녕국(寧國)			송대에 동문 밖에 수축되었다가 명 홍무(洪武) 연간에 다시 성(城)의 서문 밖으로 이전되었다. 1709년과 1780년에 보수되었다. 정원은 25명이었다.
			정덕(旌德)		송 숭녕(崇寧) 2년 (1103)	명 홍무(洪武) 연간에 재건되었고, 1702년에 개축되었다. 정원은 20명이었다. 거의 온전하게 남아 있다.
지 주 (池州) 縣學 6; 문묘 7			태평(太平)			명 홍무(洪武) 연간에 송 구지(舊址)에 재건되었다. 강희(康熙)와 옹정(雍正) 연간에 수차례 보수되었다. 정원은 20명이었다.
					송 개보(開寶) 연간	지화(至和) 연간과 명 융경(隆慶) 연간에 이전되었다. 순치(順治), 강희(康熙), 옹정(雍正), 건륭(乾隆) 연간에 보수되었다. 정원은 25명이었다.
			귀지(貴池)		명 홍무(洪武)3년 (1370)	명 1500년에 이전되었고, 순치(順治), 강희(康熙), 옹정(雍正), 건륭(乾隆) 연간에 보수되었다. 정원은 20명이었다.
			청양(青陽)		송 융흥(隆興)2년 (1164)	원 대덕(大德) 연간에 이전되었고 명 홍무(洪武) 연간에 다시 원래 자리로 이전되었다. 순치(順治), 강희(康熙), 옹정(雍正), 건륭(乾隆) 연간에 보수되었다. 정원은 20명이었다.
			동릉(銅陵)		송 순희(淳熙) 연간	원 정덕(正德) 연간에 이전되었다가 1538년에 다시 원래 자리로 이전되었다. 순치(順治) 연간에 재건되었다. 정원은 16명이었다.
			석태(石埭)		명 홍무(洪武) 초기	명 1537년에 이전되었고, 순치(順治) 연간과 강희(康熙) 연간, 그리고 1755년에 보수되었다. 정원은 16명이었다.
			건덕(建德)		당 지덕(至德) 2년 (757)	송 가정(嘉定) 연간과 1631년에 이전되었고 1662년에 다시 원래 자리로 이전되었다. 정원은 20명이었다. 대성전(大成殿)이 남아 있다.
			동류(東流)		명 홍무(洪武) 1년 (1368)	성화(成化) 연간에 이전되었고 순치(順治) 연간에 재건되었다. 1722년에 이전되었다. 정원은 16명이었다.
태 평 (太平)					송 치평(治平) 연간	송 1143년에 이전되었고, 순치(順治), 강희(康熙), 옹정(雍正), 건륭(乾隆) 연간에 수차례 보수되었다. 정원은 25명이었다.

부학(府學)	주학(州學)	청학(廳學)	현학(縣學)	향학(鄉學)	건축 연대	중수·보수 역사, 생원 정원수 및 현황
縣學 3; 문묘 4			당도(當塗)			명 정통(正統) 6년(1441)에 이전되었고, 강희(康熙) 연간, 1745년, 1756년에 보수되었다. 정원은 20명이었다.
			무호(蕪湖)		송 원부(元符) 3년(1100)	1143년, 지원(至元) 연간, 명 홍무(洪武) 연간, 순치(順治), 강희(康熙), 옹정(雍正), 건륭(乾隆) 연간에 수차례 보수되었다. 정원은 10명이었다. 대성전(大成殿)이 남아 있다.
			번창(繁昌)		송	명 홍무(洪武) 연간에 재건되었고, 명 가정(嘉靖) 연간, 청 순치(順治), 강희(康熙), 옹정(雍正) 연간, 그리고 1751년에 보수되었다. 정원은 16명이었다.
여주(廬州) 州學 1; 縣學 4; 문묘 6					당	명 선덕(宣德) 연간에 당과 송의 구지(舊址)에 재건되었다. 1651년 또 다시 재건되었고 강희(康熙), 옹정(雍正), 건륭(乾隆) 연간에 수차례 보수되었다. 정원은 22명이었다.
			합비(合肥)		송 순희(淳熙) 연간	경현서원(景賢書院)의 구지(舊址)였다. 순치(順治) 연간에 재건되었고 1731년과 1779년에 보수되었다. 정원은20명이었다.
			여강(廬江)		명 홍무(洪武) 7년(1374)	1667년에 재건되었다. 1731년, 1762년, 1794년에 보수되었다. 정원은 16명이었다.
			서성(舒城)			원 지원(至元) 연간에 이전되었고, 1664년에 재건되었다. 1758년과 1793년에 보수되었다. 정원은 16명이었다.
			소현(巢縣)		송 소희(紹熙) 연간	명 홍무(洪武) 연간에 송 구지(舊址)에 재건되었다. 1782년에 개축되었다. 정원은 16명이었다.
	무 위(無爲)				송 황우(皇祐) 연간	명 홍무(洪武) 연간에 송 구지(舊址)에 재건되었다. 순치(順治), 강희(康熙), 건륭(乾隆) 연간에 수차례 보수되었다. 정원은 20명이었다.
봉양(鳳陽) 州學 2; 縣學 5; 鄉學 1; 문묘 8					명 홍무(洪武) 3년(1370)	처음에는 중도국자감(中都國子監)이었다. 강희(康熙) 연간에 두 차례 보수되었다. 정원은 23명이었다.
			봉양(鳳陽)		명 홍무(洪武) 13년(1380)	1686년에 개축되었다. 정원은 25명이었다.
			회원(懷遠)		명 홍무(洪武) 3년(1370)	1655년, 1717년, 1723년에 보수되었다. 정원은 16명이었다.
			정원(定遠)		명 홍무(洪武) 3년(1370)	1654년과 1681년에 보수되었다. 정원은 16명이었다.
			봉대(鳳臺)		청 옹정(雍正) 11년(1733)	수주주학(壽州州學)에 부속되어 학교를 공유했다. 문묘가 없었다. 정원은 8명이었다.
			영벽(靈璧)			명 홍무(洪武) 2년(1369)에 원 구지(舊址)에 재건되었다. 1673년과 1731년에 보수되었다. 정원은 12명이었다.
				임 회(臨淮)	명 홍무(洪武) 연간	임회현학(臨淮縣學)이었다. 1684년에 향학으로 변경되었다. 1754년에 봉양(鳳陽)과 합병되었다. 정원은 16명이었다.
	수 주(壽州)				원 태정(泰定) 1년(1324)	명 홍무(洪武) 초기에 재건되었고, 1655년과 1679년에 보수되었다. 정원은 12명이었다. 주요 건물은 남아 있지만 심각하게 파괴되었다.
	숙 주(宿州)				원 태정(泰定) 연간	명 1369년 원 구지(舊址)에 재건되었다. 1714년에 보수되었다. 정원은 20명이었다.
영주(潁州) 州學 1; 縣學 5; 문묘 6					명 홍무(洪武) 10년(1377)	1650년, 강희(康熙), 옹정(雍正) 연간에 수차례 보수되었다. 정원은 20명이었다.
			부양(阜陽)		청 옹정(雍正) 13년(1735)	부학에 부속되어 묘학이 없었다. 정원은 15명이었다.
			곽구(霍邱)		명 홍무(洪武) 5년(1372)	1772년에 보수되었다. 정원은 12명이었다. 주요 건물이 남아 있다.
			영상(潁上)			명 홍무(洪武) 4년(1371)에 이전되었고, 1730년에 보수되었다. 정원은12명이었다. 대성전(大成殿)이 남아 있다.
			태화(太和)		원	강희(康熙), 옹정(雍正) 연간에 수차례 보수되었다. 정원은 12명이었다. 대성전(大成殿)과 존경각(尊經閣) 남아 있다.
			몽성(蒙城)		원 지원(至元) 21년(1284)	순치(順治)와 강희(康熙) 연간에 수차례 보수되었다. 정원은16명이었다. 중심 건물 일부가 남아 있다.

부학 (府學)	주학 (州學)	청학 (廳學)	현학 (縣學)	향학 (鄉學)	건축 연대	중수·보수 역사, 생원 정원수 및 현황
	박 주 (亳州)				명 홍무(洪武) 5년 (1372)	명 정덕(正德) 연간에 이전되었고 1680년에 보수되었다. 정원은 20명이었다.
	저 주 (滁州) 縣學2 ; 문묘 3					송 경우(景祐) 연간에 이전되었고, 원 대덕(大德) 연간, 1677년에 보수되었다. 정원은 20명이었다.
			전초(全椒)			송 숭녕(崇寧), 명 1512년에 두 차례 이전되었고 1682년에 보수되었다. 정원은 20명이었다.
			내안(來安)	송 숭녕(崇寧) 초기		1381년에 재건되었고, 강희(康熙)와 옹정(雍正) 연간에 수차례 보수되었다. 정원은 12명이었다.
	화 주 (和州) 문묘 2			송 개희(開禧) 연간		순치(順治) 초기에 이전 및 보수되었다. 정원은 20명이었다.
			함산(含山)	송 숭녕(崇寧) 초기		강희(康熙)와 옹정(雍正) 연간에 수차례 보수되었다. 정원은 20명이었다.
	광 덕 (廣德) 문묘 2			송 천성(天聖) 연간		치평(治平) 연간에 이전되었고 1370년에 재건되었다. 정원은 25명이었다.
			건평(建平)	송 소흥(紹興) 연간		명 홍무(洪武) 3년(1370)에 재건되었다. 정원은 20명이었다.
	육 안 (六安) 縣學 2; 문묘 3			원 대덕(大德) 4년 (1300)		1370년에 원 구지(舊址)에 개축되었고, 순치(順治) 연간에 증축되었다. 정원은 23명이었다. 대성전(大成殿)과 명륜당(明倫堂) 남아 있다.
			영산(英山)	원 지원(至元)15년 (1278)		명대에 가끔씩 이전되었고 1701년에 개축되었다. 정원은 12명이었다.
			곽산(霍山)	명 홍치(弘治) 5년 (1492)		순치(順治) 연간과 옹정(雍正) 연간에 수차례 보수되었다. 정원은 12명이었다. 대성문(大成門) 뒷부분이 남아 있다.
	사 주 (泗州) 縣學 3; 鄉學 1; 문묘 5			원 지치(至治) 연간		1685년에 이전되었다. 정원은 22명이었다. 대성전(大成殿)이 남아 있다.
			우이(盱眙)	명 홍무(洪武) 5년 (1372)		강희(康熙) 연간에 재건되었다. 정원은 16명이었다.
			천장(天長)			명 홍무(洪武) 15년(1382)년 개축되었다. 정원은 16명이었다.
			오하(五河)			명 1370년에 구지(舊址)에 개축되고 1670년에 보수되었다. 정원은 16명이었다.
				홍 향 (虹鄉)	명 홍무(洪武) 3년 (1370)	원래 홍현현학(虹縣縣學)이었다. 1777년에 현(縣)이 철거됨에 따라 생원들이 주(州)에 가서 응시(應試)해야 했다. 정원은 12명이었다. 대성전(大成殿)이 남아 있다.

5) 산서성(山西省)[府學 9; 州學 10; 廳學 6]

부학 (府學)	주학 (州學)	청학 (廳學)	현학 (縣學)	향학 (鄉學)	건축 연대	중수·보수 역사, 생원 정원수 및 현황
태 원 (太原) 州學 1; 縣學 10; 鄉學 1; 문묘 13				금 천회(天會) 연간		원 말기에 훼손되었고, 명 홍무(洪武)초기에 재건되었다. 정원은 17명이었다. 완전하게 보존되어 있다.
			양곡(陽曲)	금 대정(大定) 연간		명 성화(成化) 연간에 보수되었고 1654년에 재건되었다. 1680년에 보수되었다. 정원은 20명이었다.
			태원(太原)			원래 평진(平晉) 옛 성에 위치했는데 1373년에 이전되었다. 정원은 12명이었다. 온전하게 남아 있다.
			유차(榆次)	송 함평(咸平) 연간		명 홍치(弘治) 연간에 재건되었다. 1656년과 1673년에 보수되었다. 정원은 20명이었다. 온전하게 남아 있다.
			기현(祁縣)	금 대정(大定) 연간		명 가정(嘉靖) 초기에 이전되었고, 1649년, 1718년에 보수되었다. 정원은 12명이었다. 비교적 온전하게 남아 있다.
			서구(徐溝)	금 대정(大定) 연간		명 선덕(宣德) 초기에 재건되었고, 1690년과 1710년에 보수되었다. 정원은 12명이었다. 비교적 온전하게 남아 있다.
			교성(交城)	금 태화(泰和) 연간		원 대덕(大德) 연간, 1548년에 재건되었다. 1661년, 1701년에 보수되었다. 정원은 12명이었다.

부학 (府學)	주학 (州學)	청학 (廳學)	현학 (縣學)	향학 (鄉學)	건축 연대	중수·보수 역사, 생원 정원수 및 현황
			문수(文水)		송 원부(元符) 연간	명 홍치(弘治) 연간에 재건되었다. 1655년에 보수되었다. 정원은 20명이었다. 비교적 온전하게 남아 있다.
			람현(嵐縣)		송 원풍(元豊) 연간	명 성화(成化) 초기에 증축되었고, 1729년에 보수되었다. 정원은 8명이었다.
			흥현(興縣)			원 지원(至元) 연간에 이전되었고 명 홍치(弘治) 연간에 다시 원래 자리로 이전되었다. 1671년, 1697년에 보수되었다. 정원은 12명이었다.
			태곡(太谷)		송 숭녕(崇寧) 연간	1523년에 재건되었다. 1645년, 1698년에 보수되었다. 정원은 12명이었다.
				청 원 (清源)	금 태화(泰和) 초기	1763년에 현(縣)이 철거되어서 서구현학(徐溝縣學)과 병합했다. 정원은 12명이었다. 중심 건물은 비교적 완전하게 남아 있지만 심각하게 파괴되었다.
	가 람 (岢嵐)				명 홍무(洪武) 19년(1386)	성화(成化) 초기에 훼손되었고 가정(嘉靖) 연간에 재건되었다. 1672년에 보수되었다. 정원은 12명이었다.
평 양 (平陽) 州學 1; 縣學 10; 문묘 12					송 소성(紹聖) 연간	명 가정(嘉靖) 연간에 이전되었고 1695년에 재건되었다. 정원은 17명이었다.
			임분(臨汾)			원대에 이전되었고 1378년에 현재 위치로 이전되었다. 1695년에 재건되었다. 정원은 20명이었다.
			홍동(洪洞)			원 지원(至元) 연간에 현치(縣治) 뒤에 위치했다. 명 가정(嘉靖) 초기에 이전되었고 1679년에 재건되었다. 정원은 20명이었다.
			부산(浮山)		원 지원(至元) 2년(1265)	명 만력(萬曆) 초기에 수차례 보수되었다. 1716년에 재축되었다. 정원은 12명이었다. 대성전(大成殿)이 남아 있다. 성 동쪽에 위치한다.
			악양(岳陽)		원 황경(皇慶) 2년(1313)	명 홍무(洪武) 연간에 증축되었고 1655년과 1690년에 보수되었다. 정원은 8명이었다. 대성전(大成殿)이 남아 있다.
			곡옥(曲沃)		후당 장흥(長興) 연간	송 경력(慶曆) 연간에 현(縣) 동남쪽에 위치했다. 원 대덕(大德) 연간에 이전되었고 명 성화(成化) 연간에 증축되었다. 정원은 20명이었다.
			익성(翼城)		후당 장흥(長興) 연간	송 1030년에 이전되었고 명 홍치(弘治) 연간에 증축되었다. 정원은 20명이었다.
			태평(太平)		당 정관(貞觀) 연간	원 지원(至元) 연간에 양서(兩序)가 증축되었고, 명 홍무(洪武) 연간에 재건되었다. 정원은 20명이었다. 대성전(大成殿)이 남아 있다. 현재는 양분현(襄汾縣) 분성(汾城)에 위치한다.
			양릉(襄陵)			금 대정(大定) 초기에 이전되었고, 1695년에 보수되었다. 정원은 20명이었다.
			분서(汾西)		원 지원(至元) 연간	1606년에 증축되었고, 1657년, 1674년에 보수되었다. 정원은 8명이었다.
			향녕(鄉寧)		송 황우(皇祐) 초기	명 가정(嘉靖) 연간에 재건되었다. 정원은 8명이었다.
	길 주 (吉州)				원 연우(延祐) 1년(1314)	명 말기에 화재로 훼손되었다. 순치(順治)초기에 재건되었다. 강희(康熙) 연간에 처음으로 보수되었다. 정원은 12명이었다.
포 주 (蒲州) 縣學 6; 문묘 6						원 초기에 이전되었다. 1659년, 1678년에 보수되었다. 정원은 15명이었다.
			영제(永濟)			부학에 부속되어 학교를 공유했다. 문묘는 없었다. 정원은 20명이었다.
			임진(臨晉)		원 지원(至元) 연간	명 성화(成化) 연간에 재건되었다. 1660년, 1699년에 보수되었다. 정원은 15명이었다. 대성전(大成殿)이 남아 있다.
			우향(虞鄉)		청 옹정(雍正) 9년(1731)	정원은 10명이었다.
			영하(榮河)			명 홍무(洪武) 연간에 구지(舊址)에 재건되었다. 1660년, 1672년에 보수되었다. 정원은 12명이었다.
			만천(萬泉)		송 지화(至和) 초기	1660년에 보수되었다. 정원은 12명이었다. 대성전(大成殿)과 조벽(照壁)이 남아 있다.
			의씨(猗氏)			금 승안(承安) 연간에 이전되었고, 명 만력(萬曆) 연간에 재건되었다. 1658년, 1670년에 보수되었다. 정원은 20명이었다.
로 안 (潞安) 縣學 7; 鄉學 1;				당		원 초기에 화재로 훼손되었다. 명 홍무(洪武) 연간에 재건되었다. 1656년에 보수되었다. 정원은 20명이었다.
			장치(長治)		명 가정(嘉靖) 연간	명 만력(萬曆) 초기에 이전되었고, 1656년, 1664년에 보수되었다. 정원은 20명이었다. 주요 건물이 남아 있다.
			장자(長子)		송 건중정국(建中靖國) 초기	명 말기에 화재로 훼손되었다. 1656년에 재건되었다. 정원은 12명이었다. 대성전(大成殿), 명륜당(明倫堂)과 명륜당 부속 건물이 남아 있다.

부학 (府學)	주학 (州學)	청학 (廳學)	현학 (縣學)	향학 (鄕學)	건축 연대	중수·보수 역사, 생원 정원수 및 현황
문묘 9			둔류(屯留)	송		명 홍무(洪武) 초기에 구지(舊址)에 재건되었다. 성화(成化) 연간과 청대에 보수되었다. 정원은12명이었다.
			양원(襄垣)		금 천회(天會) 9년(1131)	원 초기에 화재로 훼손되었는데, 원정(元貞) 연간에 재건되었다. 명 가정(嘉靖) 연간에 확장 및 보수되었다. 정원은 12명이었다. 대성전(大成殿)과 양무(兩廡)가 남아 있다.
			로성(潞城)		당	926년, 금 천회(天會) 연간에 재건되었다. 정원은 8명이었다. 비교적 완전하게 복원되었다.
			호관(壺關)		송	원 지원(至元) 연간에 재건되었다. 1656년, 1678년에 보수되었다. 정원은 12명이었다.
			려성(黎城)		송	금대와 원대 말기에 화재로 훼손되었다. 명 홍무(洪武) 연간에 재건되었다. 1657년에 보수되었다. 정원은 12명이었다. 대성전(大成殿) 등 건물이 남아 있다.
			평 순(平順)			명 가정(嘉靖) 연간에 현동(縣東)에 위치했는데 만력(萬曆) 연간에 이전되었다. 현학(縣學)이었다가 1764년에 향학(鄕學)으로 변경되었다. 정원은 8명이었다.
분 주(汾州) 州學 1; 縣學 7; 문묘 9				청 순치(順治) 초기		명 경성왕부(慶成王府)를 개축한 것이다. 2008년에 완전하게 재건되었다. 정원은 20명이었다.
			분양(汾陽)		명 홍무(洪武) 8년(1375)	원래는 주학(州學)이었는데, 명 만력(萬曆) 연간에 부학으로 변경되면서 동관(東關)에 현학이 별도로 설립되었다. 정원은 20명이었다.
			효의(孝義)		송 대관(大觀) 연간	원대와 명대에 수차례 보수되었고, 청대에 증축되었다. 정원은 12명이었다.
			평요(平遙)		원	명 홍무(洪武) 연간, 1675년, 1700년에 보수되었다. 정원은 15명이었다. 완전하게 복원되었다.
			개휴(介休)		당 함형(咸亨) 연간	원 초기에 화재로 훼손되었다. 지원(至元) 연간에 이전되었고 1657년과 1696년에 보수되었다. 정원은 20명이었다.
			석루(石樓)		금	명 말기에 화재로 훼손되었다. 1656년에 재건되었다. 1689년에 보수되었다. 정원은 8명이었다.
			임현(臨縣)		원 지원(至元) 연간	명 영락(永樂) 연간과 가정(嘉靖) 연간에 이전되었고 숭정(崇禎) 연간에 화재로 소실되었다. 1646년에 재건되었다. 정원은 15명이었다. 기본적으로 완전하다.
			녕향(寧鄕)			명 홍무(洪武) 5년에 이전되었고 1651년에 재건되었다. 정원은 8명이었다. 대성전(大成殿)이 남아 있다. 현재는 중양현(中陽縣)에 위치한다.
	영 녕(永寧)			명 홍무(洪武) 연간		홍치(弘治) 연간과 정덕(正德) 연간에 재건되었다. 1680년과 1727년에 보수되었다. 정원은 12명이었다.
택 주(澤州) 縣學 5; 문묘 5				송 지화(至和) 연간		원대에 화재로 훼손되었고, 명 홍무(洪武) 연간에 재건되었다. 1728년에 부학으로 변경되었다. 정원은15명이었다.
			봉대(鳳臺)			부학과 학궁(學宮)을 공유했다. 정원은 20명이었다. 문묘가 없었다.
			고평(高平)			원대 지정(至正) 연간에 송 구지(舊址)에 재건되었다. 1514년, 1651년에 중수되었다. 정원은 20명이었다.
			양성(陽城)		송	1369년에 재건되었다. 1658년, 1669에 보수되었다. 정원은 20명이었다. 대성전(大成殿)과 숭성사(崇聖祠) 등이 남아 있다.
			룽천(陵川)			금 천회(天會) 연간, 명 가정(嘉靖) 연간, 천계(天啓) 연간 세 차례 이전되었고, 1675년에 다시 성 밖의 원래 자리로 이전되었다. 정원은 12명이었다.
			심수(沁水)		송	금 정융(正隆) 연간에 보수되고, 원 말기에 화재로 소실되었다. 명 1370년에 재건되었다. 강희(康熙) 연간에 보수되었다. 정원은 12명이었다.
대 동(大同) 州學 2; 廳學 1; 縣學 7				요 , 금 , 서경(西京) 국자감(國子監)		명 홍무(洪武) 연간에 개축되었다. 정원은 17명이었다. 대성전(大成殿)과 대성문(大成門) 등이 남아 있다. 풍진청학(豊鎭廳學)에 부속되었다. 학교는 없었다.
			대동(大同)		명 홍무(洪武)13년(1380)	원래 부학과 같은 지역에 위치했다가 만력(萬曆) 초기에 이전되었다. 1717년에 보수되었다. 정원은 15명이었다. 조벽(照壁)이 남아 있다.
			회인(懷仁)			명 홍무(洪武) 13년(1380)에 이전되었고 순치(順治), 강희(康熙) 연간에 수차례 보수되었다. 정원은 8명이었다.
			산음(山陰)		송	명 홍무(洪武) 28년(1395)에 재건되었다. 가정(嘉靖) 연간에 증축되었고, 청대 초기에 중수되었다. 정원은 8명이었다.

부학 (府學)	주학 (州學)	청학 (廳學)	현학 (縣學)	향학 (鄉學)	건축 연대	중수·보수 역사, 생원 정원수 및 현황
			양고(陽高)		명 성화(成化) 연간	원래 위학(衛學)이었는데, 명 만력(萬曆) 연간에 이전되었다. 1725년에 현학으로 변경되었다. 정원은 8명이었다.
			천진(天鎭)		명 성화(成化) 연간	1669년, 1716년에 보수되었다. 위학(衛學)이었다가 1725년에 현학으로 변경되었다. 정원은 8명이었다.
			광령(廣靈)		명 홍무(洪武) 초기	처음에 현치(縣治) 서쪽에 위치했다가 이후에 이전되었다. 1657년에 보수되었다. 정원은 8명이었다.
			영구(靈邱)		금 정우(貞祐) 연간	1660년과 1678년에 보수되었다. 정원은 8명이었다.
	혼 원 (渾源)				원 황경(皇慶) 초기	1649년에 보수되었다. 정원은 12명이었다. 비교적 완전하게 남아 있다.
	응 주 (應州)				요 청녕(淸寧) 연간	명 홍무(洪武) 연간에 이전되었고, 1654년, 1701년에 보수되었다. 정원은 12명이었다.
녕 무 (寧武) 縣學 4; 문묘 5					청 웅정(雍正) 9년 (1731)	정원은 15명이었다.
			녕무(寧武)		명 가정(嘉靖) 연간	명대에 녕무소학(寧武所學)이었다가 웅정(雍正) 3년에 현(縣)으로 변경되었다. 정원은 8명이었다. 대성전(大成殿)이 남아 있다.
			편관(偏關)		명 홍치(弘治) 연간	명대에 편관소학(偏關所學)이었다가 웅정(雍正) 13년에 현(縣)으로 변경되었다. 순치(順治), 강희(康熙) 연간에 수차례 보수되었다. 정원은 15명이었다.
			신지(神池)		청 웅정(雍正) 9년 (1731)	정원은 8명이었다.
			오채(五寨)		청 웅정(雍正) 9년 (1731)	정원은 8명이었다.
삭 평 (朔平) 州學 1; 廳學 1; 縣學 3; 향학 1; 문묘 6					명 가정(嘉靖) 연간	위학(衛學)이었다가 1725년에 부학(府學)으로 승격되었다. 정원은 12명이었다.
			우옥(右玉)		명 성화(成化) 초기	위학(衛學)이었다가 현학으로 변경되었다. 만력(萬曆) 연간에 이전되었고 1721년에 보수되었다. 1725년에 개축되었다. 정원은 12명이었다.
			좌운(左雲)		명 성화(成化) 연간	위학(衛學)이었다가 현학으로 변경되었다. 만력(萬曆) 연간에 이전되어 청대에 중수되었다. 1725년에 보수되었다. 정원은 8명이었다.
			평노(平魯)		명 가정(嘉靖) 연간	위학(衛學)이었다가 현학으로 변경되었다. 1724년에 보수되었고, 1725년에 개축되었다. 정원은 8명이었다.
		녕 원 (寧遠)				학교가 없었다.
	삭 주 (朔州)				명 홍무(洪武)10년 (1377)	성화(成化) 연간에 재건되었다. 1658년에 보수되었다. 정원은 15명이었다.
			마 읍 (馬邑)		원 지원(至元) 연간	원래 현학이었는데, 강희(康熙) 연간에 보수되었고 1796년에 향학(鄉學)으로 변경되었다. 정원은 8명이었다.
	평 정 (平定) 縣學 2; 鄉學 1; 문묘 4				송 원풍(元豊) 연간	금 태화(泰和) 연간에 보수되었고 명 홍무(洪武) 초기에 이전되었다. 1651년, 1714년에 또한 보수되었다. 정원은 15명이었다.
			우현(盂縣)		원 지치(至治) 연간	1655년, 1684년에 보수되었다. 정원은 15명이었다.
			수양(壽陽)		송 원우(元祐) 연간	원 지원(至元) 연간에 송 구지(舊址)에 개축되었다. 명 홍무(洪武) 연간에 재건되었다. 정원은 12명이었다.
				락 평 (樂平)	금 태화(泰和) 연간	명 천순(天順) 연간에 확장 및 보수되었다. 1672년에 또 보수되었다. 현학(縣學)이었다가 1796년에 향학(鄉學)으로 변경되었다. 정원은 12명이었다.
	흔 주 (忻州) 縣學 2; 문묘 3				진(晉)　천복(天福) 초기	명 홍치(弘治) 연간에 이전되었고 1677년, 1688년, 1719년에 보수되었다. 정원은 20명이었다.
			정양(定襄)		원 대덕(大德) 연간	명 홍무(洪武) 연간에 이전되었고 1707년에 보수되었다. 정원은 12명이었다.
			정락(靜樂)		송 대관(大觀) 초기	명 홍무(洪武) 초기에 이전되었고 만력(萬曆) 연간에 다시 원래 자리로 옮겨졌다. 1685년에 보수되었다. 정원은 8명이었다. 비교적 완전하게 보존되었다.
	대 주 (代州) 縣學				원 지화(至和) 1년 (1328)	1652년에 보수되었다. 정원은 20명이었다. 온전하게 남아 있다.
			오대(五臺)		금 정융(正隆) 연간	1673년, 1683년에 보수되었다. 정원은 15명이었다.

부학 (府學)	주학 (州學)	청학 (廳學)	현학 (縣學)	향학 (鄉學)	건축 연대	중수·보수 역사, 생원 정원수 및 현황
	3; 문묘 4		곽현(崞縣)		원 태정(泰定) 연간	명 홍무(洪武) 연간에 재건되었다. 정원은 15명이었다. 주요 건물은 남았지만 심각하게 파괴되었다. 현재의 원평(原平)이다.
			번치(繁峙)		원 지정(至正) 초기	1708년에 보수되었다. 정원은 12명이었다.
	보 덕 (保德) 문묘 2				송 희녕(熙寧) 초기	금 대정(大定) 연간에 이전되었고 1653년, 1673년, 1693년에 보수되었다. 정원은 12명이었다.
			하곡(河曲)		명 홍무(洪武) 14년 (1381)	숭정(崇禎) 연간에 재건되었다. 정원은 8명이었다.
	곽 주 (霍州) 縣學 2; 鄉學 1; 문묘 4				원 지원(至元) 연간	대덕(大德) 연간에 재건되었다. 순치(順治), 강희(康熙) 연간에 수차례 보수되었다. 정원은 12명이었다.
			조성(趙城)		원 지원(至元) 연간	1659년, 1705년에 보수되었다. 정원은 12명이었다. 대성전(大成殿), 명륜당(明倫堂), 존경각(尊經閣)이 남아 있다.
			영석(靈石)		원 대덕(大德) 연간	순치(順治), 강희(康熙) 연간에 수차례 보수되었다. 정원은 15명이었다.
				정 승 (靜升)	원 지순(至順) 3년 (1332)	정원(庭園) 두 개가 있었는데 온전하게 남아 있다.
	해 주 (解州) 縣學 4; 運司 學6) 1; 문묘 6				금 대정(大定) 연간	명 가정(嘉靖) 연간에 이전되었고 1656년, 1700년에 보수되었다. 정원은 20명이었다.
			안읍(安邑)	송		원 지정(至正) 연간에 재건되었다. 명 천순(天順) 연간, 1687년, 1763년에 보수되었다. 정원은 20명이었다.
			운성염운사 (運城鹽運司)	원 대덕(大德) 초기		명 홍무(洪武) 연간에 폐쇄되었고, 정통(正統) 연간에 복원되었다. 순치(順治)와 강희(康熙) 연간에 보수되었다. 정원은 10명이었다.
			하현(夏縣)		원 지원(至元) 연간	명대에 수차례 보수되었다. 1657년, 1683년, 1757년에 또한 보수되었다. 정원은 15명이었다. 대성전(大成殿)이 남아 있다.
			평륙(平陸)	송 대중상부(大中祥符) 연간		원 대에 무너졌는데, 명 홍무(洪武) 연간에 재건되었다. 순치(順治), 강희(康熙), 건륭(乾隆) 연간에 수차례 보수되었다. 정원은 12명이었다.
			예성(芮城)		금 천회(天會) 연간	금 천회(天會) 연간에 이전되었고, 순치(順治) 초기, 1695년, 1752년에 보수되었다. 정원은 12명이었다.
	강 주 (絳州) 縣學 5; 문묘 6				송 경우(景祐) 연간	명대, 순치(順治) 연간, 1667년, 1680년에 보수되었다. 정원은 20명이었다. 비교적 완전하게 복원되었다.
			원곡(垣曲)			원 지원(至元) 연간에 이전되었고, 1644년에 화재로 훼손되었다. 1656년에 중수되었다. 정원은 12명이었다.
			문희(聞喜)	송 함평(咸平) 4년 (1001)		1101년, 1491년에 재건되었다. 정원은 20명이었다. 비교적 완전하게 복원되었다.
			강현(絳縣)	후당 장흥(長興) 연간		명 정덕(正德) 연간에 증축되었고, 1649년에 화재로 훼손되었다가 1651년에 재건되었다. 정원은 15명이었다. 비교적 완전하게 복원되었다.
			직산(稷山)	당 정원(貞元) 연간		금 정우(貞祐) 연간에 화재로 훼손되었다. 원 지원(至元) 연간에 재건되었고 1680년과 1699년에 보수되었다. 정원은 15명이었다.
			하진(河津)		원 황경(皇慶) 초기	명 정덕(正德) 연간에 재건되었고, 1670년에 보수되었다. 정원은 12명이었다.
	습 주 (隰州) 縣學 3				원 지원(至元) 연간	명 가정(嘉靖) 연간에 안국사(安國寺)가 학교로 변경되고, 이후에 다시 이전되었다. 정원은 12명이었다.
			대녕(大寧)		금 정융(正隆) 연간	원 대덕(大德) 초기에 이전되었고, 이후에 다시 이전되었다. 1656년과 1694년에 보수되었다. 정원은 8명이었다.
			포현(蒲縣)			원 대덕(大德) 연간에 재건되었다. 명 천계(天啓) 연간에 이전되었고, 1672년과 1753년에 보수되었다. 정원은 8명이었다.
			영화(永和)	당 정관(貞觀) 초기		원 지정(至正) 연간에 이전되었고, 순치(順治)와 강희(康熙) 연간에 수차례 보수되었다. 정원은 8명이었다. 대성전(大成殿)이 남아 있다.
	심 주 (沁州)				명 홍무(洪武) 2년 (1369)	홍치(弘治) 연간, 1652년, 1670년, 1681년에 보수되었다. 정원은 15명이었다.
			심원(沁源)		원 대덕(大德) 연간	명 천계(天啓) 연간과 숭정(崇禎) 연간에 두 차례 이전되었고, 1458년, 1664년,

부학 (府學)	주학 (州學)	청학 (廳學)	현학 (縣學)	향학 (鄉學)	건축 연대	중수·보수 역사, 생원 정원수 및 현황
	縣學 2					1678년에 보수되었다. 정원은 8명이었다.
			무향(武鄉)		원 대덕(大德) 연간	명 가정(嘉靖) 연간에 이전되었고, 1672년과 1685년에 보수되었다. 정원은 12명이었다.
	요 주 (遼州) 縣學 2				원 지원(至元) 초기	명 홍무(洪武) 연간에 이전되었고, 1673년에 보수되었다. 정원은 15명이었다. 대성전(大成殿)이 남아 있고, 주요 건물이 복원되었다. 현 좌권현(左權縣)에 위치한다.
			화순(和順)		원 지정(至正) 연간	1659년과 1669년에 보수되었다. 정원은 8명이었다.
			유사(楡社)		원 중통(中統) 연간	1647년과 1657년에 보수되었다. 정원은 12명이었다.
귀화성 청학문묘(歸化城 廳學文廟)					청 광서(光緒) 11년(1885)	
			투모터[土默特]		청 옹정(雍正) 2년(1724)	관학(官學)이었는데, 후에 귀화성(歸化城)에서 계수서원(啓秀書院)을 설립했다. 대성전(大成殿)이 남아 있는데, 이것이 오늘날의 남문묘(南文廟)이다.
			후허하오터[呼和浩特]		청 광서(光緒) 3년(1877)	대성전(大成殿)이 남아 있다. 원래 고풍서원(古豊書院) 문묘였는데, 오늘날의 북문묘(北文廟)이다.
			허투아라성[赫圖阿拉城]		명 만력(萬曆)35년(1607)	비교적 완전하게 복원되었다. 현재 요녕성(遼寧省) 신빈현(新賓縣)에 위치한다.

6) 산동성(山東省)[府學 10; 州學 2]

부학 (府學)	주학 (州學)	청학 (廳學)	현학 (縣學)	향학 (鄉學)	건축 연대	중수·보수 역사, 생원 정원수 및 현황
제 남 (濟南)					송 희녕(熙寧) 연간	성화(成化) 연간에 증축되었고, 1685년에 보수되었다. 정원은 28명이었다. 대성전(大成殿)과 묘문(廟門)이 남아 있다. 완전하게 복원되었다.
	州學 1; 縣學 15		역성(歷城)		명 홍무(洪武) 8년(1375)	명 성화(成化) 연간에 이전되었고, 1682년에 보수되었다. 정원은 20명이었다.
			장구(章邱)		송 가우(嘉祐) 5년(1060)	청대에 수차례 보수되었다. 정원은 20명이었다.
			추평(鄒平)		원 지원(至元) 7년	청대에 수차례 보수되었다. 정원은 15명이었다.
			치천(淄川)		원 지원(至元) 연간	1665년에 보수되었다. 정원은 15명이었다.
			장산(長山)		송 소성(紹聖) 1년(1094)	원 장양호(張養浩)에 의한 관련 기록이 있다. 청대에 수차례 보수되었다. 정원은 15명이었다.
			신성(新城)		원 대덕(大德) 10년(1306)	1680년과 1688년에 수축되었다. 정원은 15명이었다.
			제하(齊河)			명 홍무(洪武) 3년(1370)에 구지(舊址)에 재건되었다. 1656년에 보수되었다. 정원은 15명이었다.
			제동(齊東)		원 대덕(大德) 연간	1684년에 보수되었다. 정원은 15명이었다.
			제양(濟陽)		금 대정(大定) 연간	원 조맹부(趙孟頫)에 의한 관련 기록이 있다. 1719년에 보수되었다. 정원은 15명이었다. 전전(前殿)과 배전(配殿)이 남아 있다.
			우성(禹城)		원 지원(至元) 연간	청대에 수차례 보수되었다. 정원은 12명이었다.
			임읍(臨邑)		송 숭녕(崇寧) 연간	순치(順治)와 강희(康熙) 연간에 수차례 보수되었다. 정원은 12명이었다.
			장청(長淸)		송 천희(天禧) 2년(1018)	청대에 수차례 보수되었다. 정원은 15명이었다. 대성전(大成殿)이 남아 있다.
			릉현(陵縣)		원 지원(至元) 연간	1673년에 보수되었다. 정원은 12명이었다. 영성문(欞星門)이 남아 있다.

6) (옮긴이) "운사학(運司學)"은 운사(運司)에 설치한 묘학을 말하며 향학과 같은 등급이었다. 운사(運司)는 "도전염운사사(都轉鹽運使司)"의 약칭이다.

부학(府學)	주학(州學)	청학(廳學)	현학(縣學)	향학(鄉學)	건축 연대	중수·보수 역사, 생원 정원수 및 현황
			덕평(德平)			원 지원(至元) 연간에 재건되었다. 한대의 녜형노부자(禰衡魯夫子) 비문(碑文)이 있다. 정원은 12명이었다.
			평원(平原)		송 명도(明道) 연간	정원은 12명이었다.
	덕 주(德州)					명 홍무(洪武) 10년(1377)에 이전되었다. 정원은 20명이었다. 위학(衛學) 정원은 15명이었다.
연 주(兗州) 縣學 10; 문묘 10					당 대중(大中) 연간	송 경우(景祐) 연간에 공도보(孔道輔)에 의하여 보수되었다고, 1385년에 이전되었으며, 1684년에 또 보수되었다. 정원은 20명이었다. 현학(縣學) 10개를 관할했다.
			자양(滋陽)		명 홍무(洪武) 18년(1385)	원대의 연국공(兗國公)의 문묘가 되었다. 1642년에 보수되었다. 정원은 20명이었다. 이미 파괴되었다.
			곡부(曲阜)			1372년, 1514년, 1527년에 이전되었다. 정원은 12명, 악무생(樂舞生)은 4명이었다. 문묘는 없었다.
				사씨학(四氏學)	위황초(魏黃初) 2년(221)	정원은 40명이었다. 문묘는 없었다.
			녕양(寧陽)		원 지원(至元) 연간	1671년에 재건되었다. 정원은 15명이었다. 중심 건물 일부가 잘 보존되어 있는데 나머지 부분은 복원 중이다.
			추현(鄒縣)			원 1295년에 개축되었다. 명 천계(天啓) 연간과 1694년에 보수되었다. 정원은 15명이었다. 이미 파괴되었다.
			사수(泗水)		송 원풍(元豊) 연간	1375년에 이전되었고, 순치(順治)와 강희(康熙) 연간에 보수되었다. 정원은 8명이었다. 이미 파괴되었다.
			등현(滕縣)		송 대관(大觀) 연간	1369년에 재건되었다. 1623년과 1714에 보수되었다. 정원은 20명이었다. 이미 파괴되었다.
			역현(嶧縣)		송 초기	원대에 파괴되었고 1390년에 재건되었다. 강희(康熙) 연간에 보수되었다. 정원은 15명이었다.
			문상(汶上)		원 지원(至元) 연간	명 홍무(洪武) 연간 이후 수차례 복원되었다. 1712년에 보수되었다. 정원은 15명이었다. 완전하게 복원되었다.
			양곡(陽谷)		송 숭녕(崇寧) 연간	원 지원(至元) 연간, 명 성화(成化) 연간, 1672년에 보수되었다. 정원은 15명이었다. 대성전(大成殿)이 남아 있다.
			수장(壽張)		명 홍무(洪武) 14년(1381)	정통(正統) 연간, 1716년에 보수되었다. 정원은 12명이었다.
래 주(萊州) 州學 2; 縣學 5; 문묘 8					송 명도(明道) 연간	명 성화(成化) 초기, 1658년, 1666년에 보수되었다. 정원은 20명이었다.
			액현(掖縣)			명 성화(成化) 연간에 이전되었고, 1657년, 1688년, 1709년, 1746년에 보수되었다. 정원은 20명이었다.
			유현(濰縣)		원 연우(延祐) 원년(1314)	1370년, 1670년, 1741년에 보수되었다. 정원은 15명이었다.
			창읍(昌邑)		금 대정(大定) 연간	1370년, 1646년, 1660년, 1741년에 보수되었다. 정원은 15명이었다.
			고밀(高密)		원 지정(至正) 3년(1266)	홍무(洪武) 초에 재건되었고, 1687년에 보수되었다. 정원은 15명이었다.
			즉묵(卽墨)		원 지원(至元) 연간	1376년에 재건되었다. 1670년, 1673년에 보수되었다. 정원은 15명이었다. 오산(鰲山) 위학(衛學)은 8명이었다.
	평 도(平度)				원 원통(元統) 연간	1383년, 순치(順治) 연간에 수차례 보수되었다. 정원은 15명이었다.
	교 주(膠州)				금 승안(承安) 연간	원 말기에 화재로 훼손되었다. 1375년에 재건되었다. 정원은 20명이었다. 영산위학(靈山衛學)은 5명이었다.
무 정(武定) 州學 1; 縣學					송 대중상부(大中祥符) 연간	금, 원, 명대에 수차례 보수되었다. 1734년에 보수되었다. 정원은 20명이었다.
			혜민(惠民)			부학에 부속되어 학교를 공유했다. 따로 지은 묘학이 없었다. 정원은 20명이었다.
			청성(靑城)		원 지원(至元) 연간	1457에 재건되었다. 그 이후로 수차례 보수되었다. 정원은 12명이었다.

부학 (府學)	주학 (州學)	청학 (廳學)	현학 (縣學)	향학 (鄕學)	건축 연대	중수·보수 역사, 생원 정원수 및 현황
9; 문묘 10			양신(陽信)	원		1370년, 1659년, 1742년에 보수되었다. 정원은 15명이었다.
			해풍(海豊)	원		1370년에 재건되었다. 정원은 15명이었다.
			낙릉(樂陵)	명 홍무(洪武) 2년 (1369)		1577년에 이전되었다. 정원은 15명이었다. 대성전(大成殿), 양무(兩廡), 숭성사(崇聖祠)가 남아 있다.
			상하(商河)	원 지원(至元) 4년 (1267)		1370년에 개축되었다. 1667년과 1756년에 보수되었다. 정원은 15명이었다.
			이진(利津)	원 지원(至元) 30년 (1293)		명대에 수차례 보수되었다. 1652년, 1674년, 1728년, 1741년에 또한 보수되었다. 정원은 15명이었다.
			점화(粘化)	명 홍무(洪武) 3년 (1370)		1468년에 증축되었다. 1702년, 1734년, 1757년에 보수되었다. 정원은 15명이었다.
			포대(蒲臺)	원 대덕(大德) 6년 (1302)		1479년에 개축되었다. 1682년과 1687년에 보수되었다. 정원은 12명이었다.
	빈 주 (濱州)				원 지원(至元) 연간	1395년, 1679년, 1740년에 보수되었다. 정원은 20명이었다.
기 주 (沂州) 州學 1; 縣學 6					금 정우(貞祐) 연간에 개축되었다. 1734년에 보수되었다. 정원은 20명이었다. 중심 건물 일부가 남아 있다.
			난산(蘭山)			부학에 부속되었다. 정원은 15명이었다. 묘학이 없다.
			담성(郯城)	명 홍무(洪武) 2년 (1369)		1670년에 개축되었다. 정원은 12명이었다.
			비현(費縣)	금 황통(皇統) 연간		1379년에 금 구지(舊址)에 재건되었다. 정원은 12명이었다.
			몽음(蒙陰)	금 황통(皇統) 연간		1379년에 금 구지(舊址)에 재건되었다. 정원은 12명이었다.
			기수(沂水)	원 천력(天歷) 연간		1383년에 개축되었다. 1669년과 1672년에 보수되었다. 정원은 12명이었다.
			일조(日照)	원 지정(至正) 연간		1557년에 개축되었다. 1656년과 1670년에 보수되었다. 정원은 15명이었다.
	거 주 (莒州)				원 지원(至元) 연간	원 지원(至元) 연간에 송 구지(舊址)에 재건되었다. 1368년에 재건되었다. 정원은 15명이었다.
태 안 (泰安) 州學 1; 縣學 6; 문묘 7					송 개보(開寶) 연간	명 홍무(洪武) 연간, 천계(天啓) 연간, 성화(成化) 연간, 가정(嘉靖) 연간, 1649년에 보수되었다. 정원은 20명이었다.
			태안(泰安)			부학에 부속되었다. 정원은 20명이었다. 묘학이 없었다.
			비성(肥城)	원 지원(至元) 12년 (1275)		홍무(洪武) 연간, 홍치(弘治) 연간, 가정(嘉靖) 연간, 1738년, 1669년에 보수되었다. 정원은 12명이었다. 대성전(大成殿)이 남아 있다.
			신태(新泰)	원 지원(至元) 연간		명대에 수차례 보수되었다. 1651년에 또한 보수되었다. 정원은 12명이었다.
			래무(萊蕪)	송 숭녕(崇寧) 연간		1369년에 재건되었다. 1667년에 보수되었다. 정원은 20명이었다.
			동아(東阿)	명 홍무(洪武) 8년 (1375)		성화(成化) 연간, 홍치(弘治) 연간, 만력(萬曆) 연간, 1708년에 보수되었다. 정원은 15명이었다.
			평음(平陰)			송 원부(元符) 연간에 이전되었고, 1370년에 재건되었다. 1647년에 보수되었다. 정원은 8명이었다. 비교적 완전하게 남아 있다.
	동 평 (東平)				송 경우(景祐) 연간	원 황경(皇慶) 연간에 이전되었다. 명 영락(永樂) 연간, 청 강희(康熙) 연간, 1742년에 보수되었다. 정원은 20명이었다.
조 주 (曹州) 州學 1; 縣學 10; 문묘 11					명 정통(正統) 11년 (1446)	순치(順治)와 강희(康熙) 연간에 재건되었다. 정원은 20명이었다.
			하택(荷澤)			부학에 부속되어 묘학을 공유했다. 정원은 20명이었다.
			선현(單縣)	명 홍무(洪武) 3년 (1370)		1673년에 보수되었다. 정원은 20명이었다.
			성무(成武)			원 지원(至元) 연간에 송 구지(舊址)에 재건되었다. 1688년에 재건되었다. 정원은 15명이었다. 대성전(大成殿)이 남아 있다.
			거야(巨野)			1371년에 이전되었고, 성화(成化) 연간과 정덕(正德) 연간에 보수되었다. 1701년에 재건되었다. 정원은 15명이었다. 대성전(大成殿)이 남아 있다.
			운성(鄆城)	송 원우(元祐) 연간		명 성화(成化) 연간, 만력(萬曆) 연간에 증축되었다. 정원은 15명이었다.

부학 (府學)	주학 (州學)	청학 (廳學)	현학 (縣學)	향학 (鄉學)	건축 연대	중수·보수 역사, 생원 정원수 및 현황
			조현(曹縣)		명 홍무(洪武) 2년 (1369)	1547년에 보수되었다. 정원은 20명이었다.
			정도(定陶)		명 홍무(洪武) 4년 (1371)	1537년, 1655년, 1752년에 보수되었다. 정원은 15명이었다.
			범현(范縣)		명 홍무(洪武) 13년 (1380)	정원은 20명이었다.
			관성(觀城)		금 태화(泰和) 3년 (1203)	1570년, 강희(康熙) 연간, 1743년에 보수되었다. 정원은 12명이었다.
			조성(朝城)		송 경력(慶曆) 연간	명 홍치(弘治) 초기, 1658년에 보수되었다. 정원은 12명이었다.
	복 주 (濮州)				명 정통(正統) 연간	홍치(弘治) 초기에 보수되었다. 정원은 20명이었다.
	제 녕 (淸寧) 縣學 3; 문묘 4				원 지원(至元) 연간	명 홍무(洪武) 연간, 정통(正統) 연간, 청 순치(順治) 연간, 강희(康熙) 연간에 보수되었다. 정원은 20명이었다. 이미 파괴되었다.
			금향(金鄉)		금 대정(大定) 연간	1666년에 보수되었다. 정원은 15명이었다.
			가상(嘉祥)		원 지원(至元) 3년 (1266)	1370년에 재건되었다. 1530년과 1555년에 이전되었고, 1651년에 다시 재건되었다. 정원은 12명이었다.
			어대(魚臺)		원 태정(泰定) 연간	명 홍무(洪武) 2년(1369), 1691년에 보수되었다. 정원은 20명이었다. 대성전(大成殿)이 남아 있다.
	임 청 (臨淸) 縣學 3; 문묘 4				명 정덕(正德) 연간	강희(康熙) 연간에 보수되었다. 정원은 18명이었다.
			무성(武城)		송 대관(大觀) 연간	명 홍무(洪武) 초기에 재건되었다. 천순(天順) 연간, 강희(康熙) 연간, 옹정(雍正) 연간에 보수되었다. 정원은 12명이었다.
			하진(夏津)		금 대정(大定) 연간	명 홍무(洪武) 3년, 홍치(弘治) 연간, 강희(康熙) 연간, 옹정(雍正) 연간에 보수되었다. 정원은 12명이었다. 대성전(大成殿)이 남아 있다.
			구현(邱縣)		원 대덕(大德) 4년 (1300)	명 홍무(洪武) 연간, 청 강희(康熙) 연간에 보수되었다. 정원은 12명이었다.
동 창 (東昌) 州學 1; 縣學 9						송대에 박주(博州)에 위치했다가 금대에 도감(都監) 위치로 옮겼다가 1370년에 다시 이전되었다. 정원은 20명이었다.
			료성(聊城)			명 성화(成化) 연간에 이전되었다. 1712년에 보수되었다. 정원은 20명이었다.
			당읍(堂邑)		송	금 대정(大定) 연간에 이전되었고 1373년에 재건되었다. 정원은 15명이었다. 전(殿)과 문(門) 등이 남아 있고, 완전하게 복원되었다.
			박평(博平)			명 홍무(洪武) 3년(1370)에 옛터에 재건되었다. 1482년에 재건되었다. 정원은 12명이었다.
			치평(茌平)			금 승안(承安) 연간에 이전되었고, 1455년에 재건되었다. 1584년에 보수되었다. 정원은 15명이었다.
			청평(淸平)		금 대정(大定) 13년 (1173)	원 지정(至正) 12년(1352)에 보수되었으며, 정원은 15명이었다. 대성전(大成殿)과 조벽(照壁)이 남아 있다. 현 고당(高唐)에 위치한다.
			신현(莘縣)			명 홍무(洪武) 3년(1370)에 이전되었고 정원은 15명이었다. 대성전(大成殿)이 남아 있다.
			관현(冠縣)		금 정원(貞元) 연간	원대와 명대에 수차례 보수되었다. 정원은 12명이었다.
			관도(館陶)		금 황통(皇統) 연간	홍수로 훼손되고, 1370년에 재건되었다. 1655년과 1664년에 보수되었다. 정원은 15명이었다.
			은현(恩縣)			명 홍무(洪武) 7년(1374)에 이전되었고, 정원은 15명이었다.
	고 당 (高唐)				원 지원(至元) 24년 (1287)	명 성통(成統) 연간, 1671년에 보수되었다. 정원은 20명이었다. 대성전(大成殿)이 남아 있다.
청 주 (靑州) 縣學 11						1372년에 원 태허궁(太虛宮) 터로 이전되었다. 정원은 20명이었다.
			익도(益都)			1377년에 이전되었고, 1671년과 1717년에 보수되었다. 정원은 15명이었다.
			박산(博山)			1734년에 옛터에 재건되었다. 정원은 8명이었다.
			임치(臨淄)			명 가정(嘉靖) 연간에 이전되었다. 정원은 15명이었다.

부학 (府學)	주학 (州學)	청학 (廳學)	현학 (縣學)	향학 (鄕學)	건축 연대	중수·보수 역사, 생원 정원수 및 현황
			박흥(博興)		송 희녕(熙寧) 연간	1370년에 재건되었고 1686년에 보수되었다. 정원은 12명이었다.
			고원(高苑)		송 지화(至和) 3년 (1056)	1686년에 보수되었다. 정원은 12명이었다.
			낙안(樂安)		송 희녕(熙寧) 연간	화재로 파괴되었다. 1276년에 재건되었고 강희(康熙) 연간에 보수되었다. 정원은 12명이었다.
			수광(壽光)		원	1273년에 재건되었다. 1810년에 보수되었다. 정원은 20명이었다.
			창락(昌樂)		명 홍무(洪武) 3년 (1370)	정원은 15명이었다.
			임구(臨朐)			송 소성(紹聖) 연간에 이전되었고 1646년에 보수되었다. 정원은 12명이었다.
			안구(安邱)		원 지원(至元) 초기	명 홍무(洪武) 2년(1369), 1668년, 1719년에 보수되었다. 정원은 20명이었다.
			제성(諸城)		금 정원(貞元) 연간	명 홍무(洪武) 초기에 보수되었다. 정원은 20명이었다.
등 주 (登州) 州學 1; 縣學 9					송 대관(大觀) 연간	1659년에 보수되었다. 정원은 20명이었다.
			황현(黃縣)		원 대덕(大德) 연간	1655년에 재건되었다. 정원은 12명이었다.
			복산(福山)		금 천회(天會) 연간	명 천순(天順) 연간에 증축되고, 1726년에 중수되었다. 정원은 12명이었다.
			서하(棲霞)		금 대안(大安) 1년 (1085)	1370년에 재건되었다. 정원은 15명이었다.
			초원(招遠)		원 지정(至正) 연간	명 홍무(洪武) 연간에 보수되었다. 정원은 12명이었다.
			래양(萊陽)			원 지원(至元) 4년(1267)에 이전되었고 1555년에 증축되었다. 정원은 12명이었다. 명륜당(明倫堂)이 남아 있다.
			봉래(蓬萊)			명 홍무(洪武) 연간, 정덕(正德) 연간, 만력(萬曆) 연간에 이전되었다. 정원은 12명이었다.
			해양(海陽)		명 영락(永樂) 연간	원래 대숭위학(大嵩衛學)이었고, 1735년에 현학(縣學)으로 승격되었다. 정원은 16명이었다. 대성전(大成殿), 무(廡), 영성문(欞星門)이 남아 있다.
			영성(榮城)			원래 성산위학(成山衛學)이었다가 1735년에 현학으로 변경되면서 증축되었다. 정원은 12명이었다.
	녕 해 (寧海)				금 황통(皇統) 연간	명 가정(嘉靖) 연간, 순치(順治) 연간, 강희(康熙) 연간에 보수되었다. 정원은 15명이었다.
			문등(文登)			금 대정(大定) 9년(1169)에 이전되었고, 강희(康熙) 연간과 옹정(雍正) 연간에 보수되었다. 정원은 15명이었다.

7) 하남성(河南省){府學 9; 州學 4}

부학 (府學)	주학 (州學)	청학 (廳學)	현학 (縣學)	향학 (鄕學)	건축 연대	중수·보수 역사, 생원 정원수 및 현황
개 봉 (開封) 州學 2; 廳學 1; 縣學 14; 鄕學 1; 문묘 19						1391년에 이전되었고 1652년에 재건되었다. 영성문(欞星門)이 남아 있다. 정원은 20명이었다.
			상부(祥符)		명 홍무(洪武) 5년 (1372)	1654년에 이전되었고 정원은 20명이었다. 대성전(大成殿)이 남아 있다.
			진류(陳留)			명 홍무(洪武) 13년(1380)에 이전되었고 1651년에 보수되었다. 정원은 15명이었다.
			기현(杞縣)			명 홍무(洪武) 3년, 1659년 옛터에 두 차례 중건되었다. 정원은 20명이었다. 대성전(大成殿)과 영성문(欞星門)이 남아 있다.
			통허(通許)			명 홍무(洪武) 3년(1370)에 옛터에 중건되었다. 1653에 보수되었다. 정원은 15명이었다
			위씨(尉氏)			명 홍무(洪武)3년(1370)에 옛터에 중건되었다. 1683년에 보수되었다. 정원은 12명이었다.
			유천(洧川)		금 정대(正大) 연간	명 1370년에 옛터에 중건되었다. 1649, 1673, 1691년에 보수되었다. 정원은 12명이었다.

부학 (府學)	주학 (州學)	청학 (廳學)	현학 (縣學)	향학 (鄉學)	건축 연대	중수·보수 역사, 생원 정원수 및 현황
			언릉(鄢陵)			명 홍무(洪武) 3년(1370)에 옛터에 중건되었다. 순치(順治)와 강희(康熙) 연간에 보수되었다. 정원은 15명이었다.
			중모(中牟)			명 홍무(洪武) 3년(1370)에 옛터에 중건되었다. 1683년에 보수되었다. 정원은 1 5명이었다.
			난양(蘭陽)			명 홍무(洪武) 3년(1370)에 옛터에 중건되었다. 순치(順治)와 강희(康熙) 연간에 수차례 보수되었다. 정원은 12명이었다.
		의 봉 (儀封)			명 홍무(洪武) 22년 (1389)	1646년에 보수되었다. 정원은 12명이었다.
			형양(滎陽)		금 승안(承安) 연간	1370년에 재건되었다. 1657년에 보수되었다. 정원은 12명이었다.
			형택(滎澤)			1370년에 재건되었다. 1479년에 이전되었고 1699에 보수되었다. 정원은 12명이었다.
				하 음 (河陰)		명 홍무(洪武) 3년(1370)에 재건되었다. 1653년에 보수되었다. 1765년에 향학(鄉學)으로 변경되었다. 정원은 8명이었다.
			사수(氾水)			명 홍무(洪武) 3년(1370)에 재건되었고 1702년에 보수되었다. 정원은 8명이었다.
			밀현(密縣)		원 지정(至正) 연간	1370년에 재건되었다. 1646년에 보수되었다. 정원은 12명이었다. 비교적 온전하게 남아 있다.
			신정(新鄭)			1370에 재건되었고 1653년에 보수되었다. 정원은 12명이었다.
	정 주 (鄭州)			원		1370년에 재건되었고, 1649년에 보수되었다. 정원은 16명이었다. 비교적 완전하게 복원되었다.
	우 주 (禹州)					금 정원(貞元) 연간에 이전되었고 1370년에 재건되었다. 1659년에 보수되었다. 정원은 15명이었다.
진 주 (陳州) 縣學 7; 문묘 7					송 희녕(熙寧) 8년 (1075)	1370년에 재건되었다. 1658년에 보수되었다. 정원은 20명이었다.
			회녕(淮寧)		청 옹정(雍正) 12년 (1734)	부학에 부속되어 묘학을 공유했다. 정원은 15명이었다.
			상수(商水)		송 대관(大觀) 2년 (1108)	1371년에 재건되었다. 순치(順治) 연간에 보수되었다. 정원은 20명이었다.
			서화(西華)		원 대덕(大德) 연간	1370년에 재건되었다. 1650년과 1745년에 보수되었다. 정원은 15명이었다.
			항성(項城)		명 홍무(洪武) 31년 (1398)	1661년, 1744년에 보수되었다. 정원은 12명이었다.
			심구(沈邱)		명 홍치(弘治) 11년 (1498)	강희(康熙) 연간, 옹정(雍正) 연간, 1747년에 보수되었다. 정원은 12명이었다.
			태강(太康)			1379년에 재건되었다. 순치(順治) 연간, 강희(康熙) 연간, 옹정(雍正) 연간, 건륭(乾隆) 연간에 수차례 보수되었다. 정원은 20명이었다. 영성문(欞星門), 배전(拜殿), 대성전(大成殿)이 남아 있다.
			부구(扶溝)		원 연우(延祐) 연간	1650년과 1762년에 보수되었다. 정원은 12명이었다. 대성전(大成殿)이 남아 있다.
귀 덕 (歸德) 州學 1; 縣學 7; 문묘 9						송 초기에는 응천서원(應天書院)이었다가, 대관(大觀) 연간에 남경국자감(南京國子監)으로 변경되었다. 금대와 원대에 부학이었다. 1370년에 재건되었다. 홍치(弘治) 연간에 이전되었고 정원은 20명이었다. 대성전(大成殿)과 명륜당(明倫堂)이 남아 있다.
			상구(商邱)		명 홍무(洪武) 3년 (1370)	1634년, 1649년, 1728년에 보수되었다. 정원은 20명이었다. 대성전(大成殿)이 남아 있다.
			녕릉(寧陵)		명 홍무(洪武) 3년 (1370)	1478년에 개축되었다. 1649년, 1678년, 1691년에 보수되었다. 정원은 12명이었다.
			녹읍(鹿邑)			1370년에 원대의 옛터에 재건되었다. 정원은 20명이었다. 대성전(大成殿)이 남아 있다.
			하읍(夏邑)			1370년에 금대의 옛터에 재건되었다. 1525년, 순치(順治) 연간에 보수되었다. 정원은 15명이었다.
			영성(永城)		원 연우(延祐) 3년	1370년에 재건되었다. 가정(嘉靖) 연간, 1658년, 1660년에 보수되었다. 정원

부학 (府學)	주학 (州學)	청학 (廳學)	현학 (縣學)	향학 (鄕學)	건축 연대	증수·보수 역사, 생원 정원수 및 현황
					(1316)	은 20명이었다.
			우성(虞城)			원대(元代)의 구지(舊址)였다. 1371년에 재건되었다. 명대와 청대에 수차례 보수되었다. 정원은 12명이었다.
			자성(柘城)		금 대정(大定) 초기	1370년과 1467년에 재건되었다. 1645년과 1653년에 보수되었다. 정원은 12명이었다.
	휴 주 (睢州)				명 홍무(洪武) 3년 (1370)	1542년에 보수되었고 1645년에 이전되었으며 1671년에 또한 보수되었다. 정원은 20명이었다.
창 덕 (彰德) 縣學 7; 문묘 9				송		한기(韓琦)에 의해 보수되었다. 1370년에 재건되었고 1658년에 또한 보수되었다. 정원은 12명이었다.
			안양(安陽)	원 지원(至元) 연간		1370년과 1692년에 보수되었다. 정원은 20명이었다. 대성전(大成殿)이 남아 있다.
			임장(臨漳)			1394년에 개축되었다. 1651년과 1728년에 보수되었다. 정원은 15명이었다.
			탕음(湯陰)	송 대관(大觀) 1년 (1107)		1370년에 재건되었다. 1658년에 보수되었다. 정원은 12명이었다. 대성전(大成殿), 양무(兩廡), 성적전(聖跡殿) 등이 남아 있다.
			임현(林縣)	원 지원(至元) 연간		1374년에 재건되었다. 정원은 12명이었다. 대성전(大成殿)만 남아 있다.
			무안(武安)	금 천회(天會) 연간		1372년에 재건되었고 1661년에 보수되었다. 정원은 12명이었다.
			섭현(涉縣)	명 홍무(洪武) 3년 (1370)		강희(康熙) 연간에 보수되었다. 정원은 8명이었다.
			내황(內黃)	원 지원(至元) 연간 말기		강희(康熙) 연간에 보수되었다. 정원은15명이었다.
위 휘 (衛輝) 縣學 10; 문묘 11				원 지원(至元) 연간		명 말에 이전되었고 1654년에 보수되었다. 정원은 20명이었다.
			급현(汲縣)	명 홍무(洪武) 3년 (1370)		홍치(弘治) 연간에 이전되었고 1684년, 1741년에 보수되었다. 정원은 15명이었다.
			신향(新鄕)	송 원우(元祐) 5년 (1090)		1397년에 재건되었다. 1655년, 1746년에 보수되었다. 정원은 15명이었다. 대성전(大成殿)과 명륜당(明倫堂)이 남아 있다.
			획가(獲嘉)	송 초기		1397년에 재건되었다. 1653년, 1753년에 보수되었다. 정원은 12명이었다. 극문(戟門)과 대성전(大成殿)이 남아 있다.
			기현(淇縣)	원 지원(至元) 9년 (1272)		1370년에 재건되었다. 1649년, 1686년에 보수되었다. 정원은 8명이었다. 극문(戟門)과 대성전(大成殿)이 남아 있다.
			휘현(輝縣)	원 지원(至元) 13년 (1276)		1376년에 재건되었다. 1651년에 보수되었다. 정원은 12명이었다. 중심 건물이 남아 있지만 많이 훼손되었다.
			연진(延津)	명 홍무(洪武) 3년 (1370)		순치(順治) 연간과 1702년에 보수되었다. 정원은 15명이었다
			준현(浚縣)	명 홍무(洪武) 3년 (1370)		강희(康熙) 연간에 보수되었다. 정원은 18명이었다. 대성전(大成殿)만 남아 있다.
			활현(滑縣)	1375년		금대(金代)의 구지(舊址)였다. 1647년, 강희(康熙) 연간, 옹정(雍正) 연간, 건륭(乾隆) 연간에 보수되었다. 정원은 20명이었다.
			봉구(封邱)	원 지정(至正) 연간		명 홍무(洪武) 5년(1372)에 재건되었다. 1658년에 보수되었다. 정원은 12명이었다. 대성전(大成殿)이 남아 있다.
			고성(考城)			1391년에 재건되었다. 1783년에 수몰되어 새 성안에 개축되었다. 정원은 12명이었다.
회 경 (懷慶) 縣學8; 문묘9				원 지원(至元) 8년 (1271)		1373년에 재건되었다. 순치(順治) 연간, 강희(康熙) 연간, 건륭(乾隆) 연간에 보수되었다. 정원은 20명이었다.
			하내(河內)	명 홍무(洪武) 14년 (1381)		1657년, 1699년, 1745년, 1760년에 보수되었다. 정원은 20명이었다.
			제원(濟源)	원 지원(至元) 10년 (1273)		1397년에 재건되었다. 1657년, 1710년, 1744년, 1754년에 보수되었다. 정원은 15명이었다.
			수무(修武)	금 천회(天會) 연간		원 지원(至元) 연간에 재건되었다. 1667년, 1740년, 1768년에 보수되었다. 정원은 12명이었다.

부학 (府學)	주학 (州學)	청학 (廳學)	현학 (縣學)	향학 (鄕學)	건축 연대	중수·보수 역사, 생원 정원수 및 현황
			무척(武陟)		원 지정(至正) 10년 (1350)	1370년에 재건되었다. 1655년, 1676년, 1750년, 1754년에 보수되었다. 정원은 15명이었다.
			맹현(孟縣)		금 대정(大定) 연간	1370년에 재건되었다. 1675년에 보수되었고 1762년에 증수한다. 정원은 15명이었다.
			온현(溫縣)		원 지원(至元) 12년 (1275)	1531년에 이전되었고 1658년, 1742년에 보수되었다. 정원은 15명이었다.
			원무(原武)		원 지원(至元) 연간	1371년에 재건되었다. 1649년과 1739년에 보수되었다. 정원은 12명이었다.
			양무(陽武)			명 1370년에 옛터에 재건되었다. 1689년에 보수되었다. 정원은 15명이었다.
하 남 (河南) 縣學 10; 문묘 11						송대에는 서경국자감(西京國子監)이었는데, 금대에 부학으로 변경되었다. 원대에 화재로 파괴되었다가 홍무(洪武) 연간에 재건되었다. 1651년, 1694년, 1730년에 보수되었다. 정원은 20명이었다. 대성전(大成殿)과 극문(戟門) 등이 남아 있으며, 복원 중이다. 현재 낙양(洛陽)에 위치한다.
			낙양(洛陽)		명 홍무(洪武) 5년 (1372)	1649년, 1730년, 1763년에 보수되었다. 정원은 10명이었다.
			언사(偃師)		원 연우(延祐) 4년 (1317)	1689년과 1763년에 보수되었다. 정원은 15명이었다.
			의양(宜陽)			1370년에 이전되었고 1724년, 건륭(乾隆) 연간에 보수되었다. 정원은 12명이었다.
			신안(新安)			송 숭녕(崇寧) 연간에 병화로 파괴되었고, 원 지원(至元) 연간에 이전되었다. 정원은 12명이었다. 대성전(大成殿), 후전(後殿), 상방(廂房)이 남아 있다.
			공현(鞏縣)		원 대덕(大德) 11년 (1307)	1656년, 1684년, 1736년, 1765년에 보수되었고 정원은 8명이었다.
			맹진(孟津)			1379년에 재건되었고, 1537년에 개축되었다. 1656년, 1745년에 보수되었다. 정원은 12명이었다.
			등봉(登封)		원 대덕(大德) 5년 (1301)	1652년, 1725년, 1738년에 보수되었다. 정원은 12명이었다. 비교적 온전하게 남아 있다.
			영녕(永寧)		송 함평(咸平) 연간	1368년에 재건되었다. 정원은 12명이었다. 현재 낙녕현(洛寧縣)에 위치한다. 대성전(大成殿) 중심 건물 일부와 숭성사(崇聖祠)가 남아 있다.
			면지(澠池)			명 홍무(洪武) 5년에 옛터에 재건되었다. 1668년, 1745년에 보수되었다. 정원은 8명이었다. 대성전(大成殿)이 남아 있다.
			숭현(嵩縣)		금 명창(明昌) 5년 (1194)	1369년에 개축되었다. 1646년, 1680년, 1749년에 보수되었다. 정원은 12명이었다.
남 양 (南陽) 州學 2; 縣學 11; 문묘 14				명 영락(永樂) 7년 (1409)	1653년에 보수되었다. 정원은 20명이었다. 대성전(大成殿), 서무(西廡), 조벽(照壁)이 남아 있다.
			남양(南陽)			1376년에 원대의 옛터에 재건되었다. 순치(順治) 연간, 강희(康熙) 연간, 옹정(雍正) 연간에 수차례 보수되었다. 정원은 15명이었다. 대성전(大成殿)이 남아 있다.
			남소(南召)		명 성화(成化) 12년 (1476)	1521에 재건되었다. 1726년, 1742년에 보수되었다. 정원은 12명이었다. 비교적 온전하게 보존되었다. 현재 운양진(云陽鎭)에 위치한다.
			당현(唐縣)		명 홍무(洪武) 3년 (1370)	1655년, 1667년에 보수되었다. 정원은 15명이었다. 비교적 온전하게 보존되었다.
			비양(泌陽)			1381년에 원대의 옛터에 재건되었다. 1656년과 1686년에 보수되었다. 정원은 12명이었다.
			동백(桐柏)		명 성화(成化) 연간	1654년, 1673년, 1675년에 보수되었다. 정원은 8명이었다. 대성전(大成殿)이 남아 있다.
			진평(鎭平)		원 지원(至元) 초기	명 만력(萬曆) 연간에 이전되었고 1651년, 1684년에 보수되었다. 정원은 12명이었다. 대성전(大成殿)이 남아 있다.
			석천(淅川)		명 성화(成化) 연간	1594년에 재건되었다. 1656년과 1687년에 재건되었다. 정원은 8명이었다.

부학 (府學)	주학 (州學)	청학 (廳學)	현학 (縣學)	향학 (鄉學)	건축 연대	중수·보수 역사, 생원 정원수 및 현황
			신야(新野)			1373년에 이전되었고, 1689년과 1744년에 보수되었다. 정원은 15명이었다.
			내향(內鄉)		원 대덕(大德) 8년 (1304)	1374년에 재건되었다. 1658년과 1687년에 보수되었다. 정원은 15명이었다. 비교적 온전하게 보존되었다.
			무양(舞陽)			1372년에 송대의 구지(舊址)에 재건되었다. 1647년과 1691년에 보수되었다. 정원은 15명이었다.
			엽현(葉縣)			1370년에 금대의 구지(舊址)에 재건되었다. 정원은15명이었다. 비교적 완전하게 복원되었다.
	유 주 (裕州)				명 홍무(洪武) 3년 (1370)	1658년, 1689년, 1724년, 1737년에 보수되었다. 정원은 15명이었다. 대성전(大成殿)이 남아 있다.
	등 주 (鄧州)					1372년에 원대의 구지(舊址)에 재건되었다. 1580년에 이전되었다. 정원은 15명이었다.
여 녕 (汝寧) 州學 1; 縣學 8; 문묘 10					금 황통(皇統) 연간	원대에 이전되었다. 1373년에 재건되었다. 청대에 수차례 보수되었다. 정원은 16명이었다.
			여양(汝陽)		원	1375년에 재건되었다. 1473년에 이전되었다. 청대에 수차례 보수되었다. 정원은 16명이었다. 대성전(大成殿)만 남아 있다.
			정양(正陽)		명 정덕(正德) 2년 (1507)	1660년, 1686년, 1760년에 보수되었다. 정원은 8명이었다.
			상채(上蔡)		명 홍무(洪武) 4년 (1371)	1686년에 보수되었다. 정원은 15명이었다.
			신채(新蔡)		원 대덕(大德) 8년 (1304)	1554년에 이전되었다. 1648년, 1688년에 보수되었다. 정원은 12명이었다. 대성전(大成殿)과 공자 동상(銅像)이 남아 있다.
			서평(西平)		명 홍무(洪武) 3년 (1370)	1763년에 보수되었다. 정원은 12명이었다.
			수평(遂平)		원 대덕(大德) 연간	1370년, 1650년, 1671년에 보수되었다. 정원은 12명이었다.
			확산(確山)		원 지원(至元) 22년 (1285)	1374년에 재건되었다. 1650년과 1658년에 보수되었다. 정원은 8명이었다.
			나산(羅山)		원 연우(延祐) 4년 (1317)	1371년에 재건되었다. 1647년, 1747년, 1754년에 보수되었다. 정원은 12명이었다.
	신 양 (信陽)					1371년에 개축되었다. 1649년에 보수되었다. 정원은 15명이었다. 대성전(大成殿)이 남아 있다.
	허 주 (許州) 縣學 4; 문묘 5				당 개성(開成) 1년 (836)	금 명창(明昌) 연간에 이전되었고 1242년에 재건되었다. 1830년과 1842년에 보수되었다. 정원은 20명이었다. 비교적 온전하게 보전되었다.
			임영(臨穎)		송	1370년에 재건되었다. 1653년에 보수되었다. 정원은 12명이었다. 대성전(大成殿)이 남아 있다.
			양성(襄城)		당 정관(貞觀) 2년 (628)	1370년에 재건되었다. 순치(順治), 강희(康熙), 옹정(雍正) 연간에 수차례 보수되었다. 정원은 15명이었다. 대성전(大成殿)과 유리조벽(琉璃照壁)이 남아 있다.
			언성(鄢城)			1370년에 옛터에 재건되었다. 1656년과 1745년 에 보수되었다. 정원은 15명이었다. 대성전(大成殿)이 남아 있다.
			장갈(長葛)		원 태정(泰定) 5년 (1328)	태정(泰定) 연간은 5년간이었기 때문에, 15년에 보수되었다는 기록은 잘못된 것이다. 1370년에 재건되었다. 정원은 12명이었다. 극문(戟門)이 남아 있다.
	섬 주 (陝州) 縣學 3; 문묘 4					1370년에 원 구지(舊址)에 수축되었다. 1648년과 1740년에 보수되었다. 정원은 15명이었다.
			영보(靈寶)			명 홍무(洪武) 3년(1370)에 옛터에 재건되었다. 1684년과 1709년에 보수되었다. 정원은 15명이었다.
			문향(閡鄉)			명 홍무(洪武) 3년(1370)에 옛터에 재건되었다. 1653년에 보수되었다. 정원은 12명이었다.
			로씨(盧氏)		원 원통(元統) 2년 (1334)	명 홍무(洪武) 원년에 원 구지(舊址)에 재건되었다. 1727년에 보수되었다. 정원은 11명이었다. 대성전(大成殿)이 남아 있다.
	광 주				원 태정(泰定) 연간	명 홍무(洪武) 연간에 재건되었다. 강희(康熙)와 옹정(雍正) 연간에 보수되었

부학 (府學)	주학 (州學)	청학 (廳學)	현학 (縣學)	향학 (鄉學)	건축 연대	중수·보수 역사, 생원 정원수 및 현황
	(光州)					다. 정원은 15명이었다.
	縣學 4; 문묘 5		광산(光山)			명 홍무(洪武) 7년(1374)에 원 구지(舊址)에 재건되었다. 1670년에 보수되었다. 정원은 15명이었다.
			고시(固始)			명 홍무(洪武) 8년(1375)에 원 구지(舊址)에 재건되었다. 1690년에 보수되었다. 정원은 15명이었다.
			식현(息縣)		명 홍무(洪武) 8년 (1375)	1656년과 1688년에 보수되었다. 정원은 15명이었다.
			상성(商城)		명 성화(成化) 11년 (1475)	1650년과 1686년에 보수되었다. 정원은 15명이었다.
	여 주 (汝州)					1405년에 원 구지(舊址)에 재건되었다. 1624년에 이전되었다. 정원은 15명이었다. 온전하게 남아 있다.
	縣學 4; 문묘 5		노산(魯山)		당 정관(貞觀) 4년 (630)	송 숭녕(崇寧) 연간, 금 흥정(興定) 연간, 1795년에 보수되었다. 정원은 12명이었다. 대성전(大成殿)과 숭성사(崇聖祠)가 남아 있다.
			겹현(郟縣)		금 태화(泰和) 6년 (1206)	1370년에 재건되었다. 1648년에 보수되었다. 정원은 12명이었다. 중심 건물 일부가 남아 있다.
			보풍(寶豊)		명 성화(成化) 12년 (1476)	1659년과 1663년에 보수되었다. 정원은 8명이었다.
			이양(伊陽)		명 성화(成化) 12년 (1476)	1700년과 1727년에 보수되었다. 정원은 8명이었다.

8) 호북성(湖北省)[府學 10; 州學 1]

부 학 (府學)	주학 (州學)	청학 (廳學)	현학 (縣學)	향학 (鄉學)	건축 연대	중수·보수 역사, 생원 정원수 및 현황
덕안 (德安)					송 순희(淳熙) 초기	명 가정(嘉靖) 연간에 부치(府治) 동쪽으로 이전되었고 순치(順治) 연간에 보수되었다. 정원은 20명이었다. 대성전(大成殿)이 남아 있다.
州學 6; 縣學 4; 문묘 6			안륙(安陸)		명 홍무(洪武) 연간	가정(嘉靖) 연간에 현치(縣治) 동쪽으로 이전되었고 강희(康熙) 연간에 보수되었다. 정원은 15명이었다. 현재 대성전(大成殿)만 남아 있다.
			운몽(雲夢)		송	강희(康熙) 연간에 중수되었다. 현재 대성전(大成殿)만 남아 있다.
			응성(應城)		명 홍무(洪武) 연간	옹정(雍正) 연간에 보수되었다. 정원은 15명이었다. 현재 대성전(大成殿)만 남아 있다.
			응산(應山)		원	강희(康熙) 연간에 보수되었다. 정원은 12명이었다.
	수 주 (隨州)				송	순치(順治) 연간에 재건되었다. 정원은 15명이었다.
형 주 (荊州)					원 지정(至正) 연간	명 홍무(洪武) 연간에 원 구지(舊址)에 재건되었다. 순치(順治) 연간에 재건되었다. 정원은 20명이었다. 대성전(大成殿)과 영성문 삼방(櫺星門三坊)이 남아 있다.
縣學 7; 문묘 8			강릉(江陵)			명 홍무(洪武) 12년, 1721년에 두 차례 이전되었다. 정원은 20명이었다. 대성전(大成殿)과 영성문(櫺星門)이 남아 있다.
			공안(公安)		송	원 말기에 화재로 파괴되었다. 명 숭정(崇貞) 연간에 현치(縣治) 남쪽으로 이전되었다. 1652년에 재건되었다. 정원은 20명이었다. 대성전(大成殿)이 남아 있다.
			석수(石首)			원 대덕(大德) 연간에 이전되었고, 명 홍무(洪武) 3년에 재건되었다. 1725년과 건륭(乾隆) 연간에 보수되었다. 정원은 20명이었다.
			감리(監利)		송	1374년, 1650년에 재건되었다. 강희(康熙)와 옹정(雍正) 연간에 보수되었다. 정원은 20명이었다.
			송자(松滋)		송	명 홍무(洪武) 원년에 재건되었다. 강희(康熙) 연간에 보수되었다. 정원은 12명이었다. 호원(胡瑗)과 장식(張栻)이 남긴 기록이 있다.
			지강(枝江)		송	명 홍무(洪武) 원년에 재건되었다. 1701년에 이전되었고, 1713년, 1719년, 1723년에 보수되었다. 정원은 12명이었다.

부 학 (府學)	주학 (州學)	청학 (廳學)	현학 (縣學)	향학 (鄕學)	건축 연대	중수·보수 역사, 생원 정원수 및 현황
			의도(宜都)		송 건도(乾道) 연간	강희 연간에 수차례 보수되었다. 정원은 8명이었다.
양 양 (襄陽) 州學 1; 縣學 6; 문묘 8					당	원대에 화재로 훼손되었다. 1372년에 재건되었다. 순치(順治), 옹정(雍正) 연간에 보수되었다. 정원은 20명이었다. 대성전(大成殿)이 남아 있다.
			양양(襄陽)		명 홍무(洪武) 4년 (1371)	순치(順治), 강희(康熙), 옹정(雍正), 건륭(乾隆) 연간에 수차례 보수되었다. 정원은 20명이었다.
			의성(宜城)			명 선덕(宣德) 연간에 송대와 원대의 구지(舊址)에 재건되었다. 순치(順治)와 강희(康熙) 연간에 보수되었다. 정원은 15명이었다.
			남장(南漳)			명 선덕(宣德) 연간에 송대와 원대의 구지(舊址)에 재건되었다. 옹정(雍正)과 건륭(乾隆) 연간에 보수되었다. 정원은 8명이었다.
			조양(棗陽)		금 대정(大定) 초기	순치(順治) 연간, 건륭(乾隆) 초기에 보수되었다. 정원은 15명이었다. 지성전(至聖殿)만 남아 있다.
			곡성(谷城)		송	지현(知縣) 적율(狄栗)에 의해 보수되었다. 명 초기에 재건되었다. 순치(順治)와 강희(康熙) 연간에 수차례 보수되었다. 정원은 12명이었다.
			광화(光化)		송	명 만력(萬曆) 초기에 개축되었다. 순치(順治) 연간, 1740년에 보수되었다. 정원은 8명이었다. 대성문(大成門)과 명륜당(明倫堂)이 남아 있다.
	균 주 (均州)				송 함평(咸平) 연간	원대에 화재로 파괴되었다. 명 홍무(洪武) 4년에 재건되었다. 순치(順治) 연간, 강희(康熙) 연간, 1750년에 보수되었다. 정원은 12명이었다.
운 양 (鄖陽) 縣學 6; 문묘 7					명 가정(嘉靖) 연간	순치(順治) 연간, 강희(康熙) 연간, 옹정(雍正) 연간, 건륭(乾隆) 연간, 1796년, 1805년에 보수되었다. 정원은 20명이었다. 대성전(大成殿)이 남아 있다.
			운현(鄖縣)		명 홍무(洪武) 6년 (1373)	강희(康熙) 연간에 보수되었다. 정원은 15명이었다.
			방현(房縣)			1375년, 가정(嘉靖) 연간에 이전되었고, 1802년에 연무장(演武場)으로 이전되었다. 정원은 12명이었다. 정전(正殿)이 남아 있다.
			죽산(竹山)			원 말기에 화재로 파괴되었다가, 명 성화(成化) 연간에 개축되었다. 후대에 화재로 훼손되었다가 강희(康熙)와 건륭(乾隆) 연간에 수차례 보수되었다. 정원은 8명이었다. 대성전(大成殿)이 남아 있다.
			죽계(竹溪)		명 성화(成化) 연간	강희(康熙) 연간, 옹정(雍正) 연간, 1780년에 보수되었다. 정원은 8명이었다.
			보강(保康)		명 홍치(弘治) 연간	강희(康熙) 연간에 재건되었다. 1775년에 보수되었다. 정원은 8명이었다. 대성전(大成殿)이 남아 있다.
			운서(鄖西)		명 성화(成化) 연간	화재로 훼손되었다가 순치(順治)와 강희(康熙) 연간에 재건되었다. 정원은 12명이었다.
의 창 (宜昌) 州學 2; 縣學 5; 문묘 8					청 건륭(乾隆) 연간	정원은 20명이었다.
			동호(東湖)		명 홍무(洪武) 초기	명 말기에 화재로 파괴되었다가 순치(順治) 연간에 재건되었고 강희(康熙) 연간에 보수되었다. 정원은 15명이었다.
			장양(長陽)		명 홍무(洪武) 3년 (1370)	청 순치(順治) 연간에 현치(縣治) 서쪽으로 이전되었다. 강희(康熙), 옹정(雍正), 건륭(乾隆) 연간에 수차례 보수되었다. 정원은 8명이었다.
			흥산(興山)			명 정덕(正德) 연간에 현치(縣治) 동쪽으로 이전되었다. 1697년에 보수되었다. 정원은 8명이었다.
			파동(巴東)		명 홍무(洪武) 2년 (1369)	융경(隆慶) 연간에 수안사(壽安寺)로 이전되었고 만력(萬曆) 연간에 다시 현치(縣治) 동쪽으로 이전되었다. 1672년에 재건되었다. 정원은 8명이었다.
			장락(長樂)		청 건륭(乾隆)32년 (1767)	정원은 7명이었다. 대성전(大成殿), 양무(兩廡), 반지(泮池)가 남아 있다.
	학 봉 (鶴峯)				청건륭(乾隆) 32년 (1767)	정원은 8명이었다.
	귀 주 (歸州)					1379년에 구지(舊址)에 재건되었다. 만력(萬曆) 연간에 주치(州治)로 이전되었다. 1665에 재건되었다. 정원은 12명이었다.
시 남 (施南) 縣學					청 건륭(乾隆) 연간	1801년에 보수되었다. 정원은 8명이었다.
			은시(恩施)		송·원대 주학(州學)	명 홍무(洪武) 연간에 위학(衛學)으로 변경되었다. 1685년에 재건되었다. 1728년에 현학으로 변경되었다. 정원은 12명이었다. 모두 파괴되었다.

부 학 (府學)	주학 (州學)	청학 (廳學)	현학 (縣學)	향학 (鄉學)	건축 연대	중수·보수 역사, 생원 정원수 및 현황
6; 문묘 7			의은(宜恩)		청 건륭(乾隆) 5년 (1740)	정원은 3명이었다.
			내봉(來鳳)		청 건륭(乾隆) 5년 (1740)	정원은 3명이었다.
			함풍(咸豊)		청 건륭(乾隆) 연간	정원은 3명이었다.
			이천(利川)		청 건륭(乾隆) 5년 (1740)	정원은 4명이었다.
			건시(建始)		원 대덕(大德) 연간	1374년에 재건되었다. 1674년에 다시 현치(縣治) 서쪽으로 이전되었다. 정원은 8명이었다. 대성전(大成殿), 금성루(金聲樓), 옥진루(玉振樓)가 남아 있다.
	형 문 (荊門)				송	1369년에 송대와 원대의 구지(舊址)에 수축되었다. 1749년에 보수되었다. 정원은 17명이었다.
			당양(當陽)		원 지원(至元) 연간	1546년, 1580년에 이전되었고, 1607년에 현치(縣治) 서쪽으로 이전되었다. 정원은 13명이었다.
			원안(遠安)		명 홍무(洪武)7년 (1374)	청 1666년에 현치(縣治) 북쪽으로 이전되었다. 1701년에 보수되었다. 정원은 8명이었다.
무 창 (武昌)					송 경력(慶歷) 연간	원 연우(延祐) 연간, 1678년, 1733년, 1798년에 보수되었다. 정원은 20명이었다.
			강하(江夏)		명 홍무(洪武) 연간	1677년, 1719년, 1771년, 1803년에 보수되었다. 정원은 20명이었다.
州學 1; 縣學 9; 문묘 11			무창(武昌)		송 순희(淳熙) 연간	1654년, 강희(康熙) 연간에 보수되었다. 정원은 20명이었다.
			가어(嘉魚)		송	명 1399년에 보수되었고 1447년에 재건되었다. 1671년과 1729년에 보수되었다. 정원은 15명이었다.
			포기(蒲圻)		송 소성(紹聖) 초기	1672년, 1687년, 1729년에 보수되었다. 서향에서 남향으로 변경되었다. 정원은 15명이었다.
			함녕(咸寧)		송 경력(慶歷) 연간	순치(順治) 초기, 1792년에 보수되었다. 정원은 12명이었다.
			숭양(崇陽)			원 말기에 화재로 파괴되었다. 명 홍무(洪武) 초기에 개축되었다. 1655년, 1728년에 보수되었다. 정원은 12명이었다.
			통성(通城)		명 홍무 (洪武) 5년 (1372)	1725년, 1730년, 1790년에 보수되었다. 정원은 12명이었다.
			대야(大冶)		송	1379년에 재건되었고 1729년에 보수되었다. 정원은 15명이었다.
			통산(通山)		송 경력(慶歷) 4년 (1044)	1449년, 1727년에 보수되었다. 정원은 8명이었다. 중심 건물 일부가 남아 있다.
	흥 국 (興國)				송	명 정통(正統) 13년에 재건되었다. 정원은 20명이었다. 대성전(大成殿)이 남아 있다. 현재의 양신(陽新)이다.
한 양 (漢陽)						명 홍무(洪武) 초기에 송 구지(舊址)에 수축되었다. 순치(順治), 강희(康熙) 연간에 증축되었다. 정원은 20명이었다.
			한양(漢陽)		명 영락(永樂) 초기	1443년에 파괴되었고 1587년에 재건되었다. 순치(順治), 강희(康熙) 연간에 증축되었다. 정원은 15명이었다.
州學 1; 縣學 4			한천(漢川)		원 지원(至元) 26년 (1289)	1546년, 1563년에 이전되었고, 순치(順治)와 강희(康熙) 연간에 증축되었다. 정원은 15명이었다.
			효감(孝感)			1380년에 송대와 원대의 구지(舊址)에 재건되었다. 순치(順治)와 강희(康熙) 연간에 보수되었다. 정원은 20명이었다. 대성전(大成殿)이 남아 있다.
			황피(黃陂)			명 홍무(洪武) 15년에 송대와 원대의 구지(舊址)에 재건되었다. 강희(康熙)와 옹정(雍正) 연간에 수차례 보수되었다. 정원은 20명이었다.
	면 양 (沔陽)					명 홍무(洪武) 초기에 주치(州治) 동북쪽으로 이전되었고 1665년과 1716년에 보수되었다. 정원은 20명이었다.
황 주 (黃州)						원대에 화재로 파괴되었다. 명 홍무(洪武) 초기에 하동서원(河東書院)의 옛터에 재건되었다. 정원은 20명이었다. 현재는 대성전(大成殿)만 남아 있다.
州學 1;			황강(黃岡)			송대에 부성(府城) 남쪽에 재건되었다. 1648년, 1672년, 옹정(雍正) 연간에 보수되었다. 정원은 20명이었다.

부 학 (府學)	주학 (州學)	청학 (廳學)	현학 (縣學)	향학 (鄕學)	건축 연대	중수·보수 역사, 생원 정원수 및 현황
縣學 7			황안(黃安)		명 융경(隆慶) 3년 (1569)	1722년에 보수되었다. 정원은 15명이었다.
			기수(蘄水)		송	원대에 파괴되었고 1374년에 재건되었다. 정원은 20명이었다. 비교적 완전하다. 현재의 희수문묘(浠水文廟)이다.
			나전(羅田)			송대에 현치(縣治) 동쪽에 수축되었다. 1702이 이전되었고 1711년에 다시 원래 위치에 이전되었다. 정원은 12명이었다. 현재는 성전(聖殿)만 남아 있다.
			마성(麻城)			명 홍무(洪武) 초기에 송대와 원대의 구지(舊址)에 재건되었고, 명 말기에 병화로 훼손되었다. 순치(順治) 연간에 다시 재건되었다. 정원은 15명이었다. 정전(正殿)이 남아 있다.
			광제(廣濟)			송대에 현치(縣治) 동북쪽에 수축되었다. 1384년에 다시 동남쪽으로 이전되었다. 1667년과 1795년에 보수되었다. 정원은 15명이었다.
			황매(黃梅)			명 1370년에 원 구지(舊址)에 재건되고, 1649년, 옹정(雍正) 연간, 건륭(乾隆) 연간에 보수되었다. 정원은 20명이었다.
	기 주 (蘄州)					명 1369년에 송대와 원대의 구지(舊址)에 재건되고, 1712년과 1729년에 보수되었다. 정원은 15명이었다.
안 육 (安陸)				송		원 말기에 화재로 파괴되었다. 1382년에 다시 부(府)의 동북쪽에 수축되었다. 순치(順治) 연간에 보수되었다. 정원은 20명이었다.
縣學 4; 문묘 5			종상(鍾祥)			1715년에 현치(縣治) 동쪽으로 이전되었다. 정원은 15명이었다.
			경산(京山)			송대에 각릉역(角陵驛)에 위치하였다가 숭녕(崇寧) 연간에 하남(河南)으로 이전되었다. 원대에 화재로 파괴되었다. 1372년에 현치(縣治) 서쪽으로 이전되었다. 정원은 20명이었다.
			잠강(潛江)			원 지원(至元) 23년(1286)에 현치(縣治) 동쪽으로 이전되었고 강희(康熙) 연간에 보수되었다. 정원은 15명이었다.
			천문(天門)			명 가정(嘉靖) 연간에 성(城)의 북문 밖으로 이전되었다. 정원은 20명이었다.

9) 강서성(江西省)[府學 13; 州學 1]

부학 (府學)	주학 (州學)	청학 (廳學)	현학 (縣學)	향학 (鄕學)	건축 연대	중수·보수 역사, 생원 정원수 및 현황
무 주 (撫州)				송 경력(慶曆) 4년 (1044)	1539년에 재건되었다. 1684년과 1718년에 보수되었다. 정원은 20명이었다.
縣學 6; 문묘 7			임천(臨川)		송 함평(咸平) 초기	1532년에 현치(縣治) 서남쪽으로 이전되었고, 1665년에 재건되었다. 정원은 20명이었다.
			숭인(崇仁)		송 경력(慶曆) 3년 (1043)	명 홍무(洪武) 초기에 재건되었다. 1710년에 보수되었다. 정원은 12명이었다.
			금계(金溪)		송 황우(皇祐) 초기	1209년에 현치(縣治) 동쪽으로 이전되었고, 1375년에 재건되었다. 1714년에 보수되었다. 정원은 20명이었다.
			의황(宜黃)		송 황우(皇祐) 초기	1150년에 현치(縣治) 북쪽으로 이전되었고, 1649년과 1698년에 보수되었다. 정원은 15명이었다.
			낙안(樂安)		송 소흥(紹興)26년 (1156)	명 홍무(洪武) 초기에 재건되었다. 1652년, 1674년, 1709년, 1719년에 보수되었다. 정원은 12명이었다.
			동향(東鄕)		명 정덕(正德) 9년 (1514)	1662년에 재건되었다. 1678년과 1693년에 보수되었다. 정원은 15명이었다.
임 강 (臨江)				송		명 가정(嘉靖) 연간에 부치(府治)의 동남쪽으로 이전되었고, 순치(順治)와 강희(康熙) 연간에 보수되었다. 정원은 20명이었다.
縣學 4; 문묘 5			청강(淸江)		송 가정(嘉定) 연간	명 만력(萬曆) 연간에 부성(府城) 동문 밖으로 이전되었고 후대에 화재로 훼손되었다. 순치(順治)와 강희(康熙) 연간에 보수되었다. 정원은 20명이었다.
			신감(新淦)		송 건도(乾道) 연간	명 홍무(洪武) 초기에 구지(舊址)에 재건되었다. 순치(順治)와 강희(康熙) 연간에 보수되었다. 정원은 12명이었다.

부학 (府學)	주학 (州學)	청학 (廳學)	현학 (縣學)	향학 (鄕學)	건축 연대	중수·보수 역사, 생원 정원수 및 현황
			신유(新喩)		당 대력(大歷) 8년 (737)	원 말기에 화재로 훼손되었다. 명 홍무(洪武) 초기에 재건되었다. 순치(順治)와 강희(康熙) 연간에 보수되었다. 정원은 12명이었다. 중심 건물 일부가 남아 있다.
			협강(峽江)		명 가정(嘉靖) 5년 (1526)	숭정(崇禎) 연간에 이전되었고, 순치(順治) 연간에 다시 현치(縣治) 서쪽으로 이전되었다. 정원은 12명이었다.
서 주 (瑞州) 縣學 3; 문묘 4					송 소흥(紹興) 21년 (1151)	원 말기에 화재로 훼손되었다. 명 홍무(洪武) 연간에 재건되었다. 강희(康熙) 연간에 보수되었다. 정원은 20명이었다.
			고안(高安)			송대에 군학(郡學)의 강당 오른쪽에 세워졌다. 1371년에 현치(縣治) 동쪽으로 이전되었고, 순치(順治)와 강희(康熙) 연간에 보수되었다. 정원은 20명이었다.
			상고(上高)		송 원풍(元豊) 연간	명 말기에 무너지고, 강희(康熙) 연간에 재건되었다. 정원은 12명이었다.
			신창(新昌)		송	1482년에 현치(縣治) 북쪽으로 이전되었고, 순치(順治)와 강희(康熙) 연간에 보수되었다. 정원은 15명이었다.
원 주 (袁州) 縣學 4; 문묘 5					당 천보(天寶) 5년 (746)	남당(南唐) 952년에 이전되었고, 송 1053년에 부치(府治)의 동쪽으로 이전되었다. 정원은 20명이었다.
			의춘(宜春)		송 순희(淳熙) 연간	송 순희(淳熙) 연간에 원산문(袁山門) 밖으로 이전되었고, 명 홍무(洪武) 연간에 재건되었다. 정원은 12명이었다. 대성전(大成殿)이 남아 있다.
			분의(分宜)		송 초기	송 단평(端平) 초기 현치(縣治) 동쪽으로 이전되었고, 1665년에 재건되었다. 정원은 15명이었다.
			평향(萍鄉)		당 무덕(武德) 연간	명 가정(嘉靖) 연간에 현치(縣治) 서쪽 근처로 이전되었고, 1653년에 재건되었다. 정원은 12명이었다. 완전하게 복원되었다
			만재(萬載)		송 경력(慶曆) 연간	숭녕(崇寧)와 건도(乾道) 연간에 두 차례 이전되었고 명 초기에 재건되었다. 1656년과 강희(康熙) 연간에 보수되었다. 정원은 16명이었다.
길 안 (吉安) 廳學 1; 縣學 9; 문묘 11					송 경력(慶曆) 4년 (1044)	명 홍무(洪武) 연간, 가정(嘉靖) 연간, 순치(順治) 연간, 강희(康熙) 연간에 보수되었다. 정원은 20명이었다.
			노릉(盧陵)		송 경력(慶曆) 4년 (1044)	1571년에 현동(縣東) 인수산(仁壽山)으로 이전되었고, 순치(順治)와 강희(康熙) 연간에 보수되었다. 정원은 20명이었다. 대성문(大成門) 등 건물이 남아 있다.
			태화(泰和)		송 함평(咸平) 연간	원·명, 순치(順治) 연간, 강희(康熙) 연간에 보수되었다. 정원은 15명이었다.
			길수(吉水)		송 천성(天聖) 4년 (1026)년	강희(康熙) 연간, 1737년에 보수되었다. 정원은 20명이었다.
			영풍(永豊)		송 지화(至和) 연간	명 홍무(洪武) 초기에 개축되었는데, 후대에 화재로 파괴되었다. 1650년에 재건되었다. 1677년에 보수되었다. 정원은 12명이었다.
			안복(安福)		송 원풍(元豊) 4년 (1081)	1142년에 현치(縣治) 서쪽으로 이전되었고, 순치(順治) 연간에 재건되었다. 정원은 15명이었다. 완전하게 복원되었다.
			용천(龍泉)		송 소흥(紹興) 연간	지원(至元) 연간에 성의 동남쪽으로 이전되었고, 홍무(洪武) 초기에 재건되었다. 후대에 화재로 훼손되었다가, 1655년에 재건되었다. 정원은 8명이었다.
			만안(萬安)		송 희녕(熙寧) 연간	원 말기에 화재로 훼손되었다가, 홍무(洪武) 초기에 재건되었다. 후대에 다시 화재로 파괴되었으며, 1664년에 재건되었다. 정원은 12명이었다.
			영신(永新)		송 경력(慶曆) 4년 (1044)	1552년에 현치(縣治) 서남쪽으로 이전되었다가, 후대에 화재로 파괴되었다. 1659년에 재건되었다. 정원은 12명이었다.
			영녕(永寧)		명 홍무(洪武) 5년 (1372)	후대에 화재로 파괴되었다가, 1651년에 재건되었다. 강희(康熙) 연간에 수차례 보수되었다. 정원은 8명이었다.
		연 화 (蓮花)			청 건륭(乾隆) 10년 (1745)	정원은 8명이었다.
감 주 (贛州) 廳學 1; 縣學 8; 문묘					송 경력(慶曆) 연간	치평(治平) 연간에 풍낙사(豊樂寺)로 이전되었고, 1468년과 1452년에 경덕사(景德寺) 자금관(紫金觀)으로 이전되었다. 정원은 20명이었다. 현재 남아 있는 건물이 없다.
			감현(贛縣)		송 황우(皇祐) 2년 (1050)	명 1468년에 경덕사(景德寺)에 위치했다가 1640년에 현치(縣治) 서쪽으로 이전되었다. 정원은 20명이었다. 완전하게 복원되었다.
			우도(雩都)		송 천성(天聖) 연간	1540년에 성의 서쪽 부근으로 이전되었고, 순치(順治)와 강희(康熙) 연간에 보수되었다. 정원은 20명이었다.

부학 (府學)	주학 (州學)	청학 (廳學)	현학 (縣學)	향학 (鄉學)	건축 연대	중수·보수 역사, 생원 정원수 및 현황
10			신풍(信豊)		송 경덕(景德) 연간	순치(順治) 연간에 재건되었다. 현치(縣治)의 동남쪽에 위치했다. 정원은 12명이었다.
			흥국(興國)		송 초기	1143년에 현치(縣治) 북쪽으로 이전되었고 가정(嘉靖) 연간에 다시 원래 위치로 이전되었다. 1681년에 재건되었다. 정원은 12명이었다.
			회창(會昌)		송	명 가정(嘉靖) 초기에 현치(縣治)의 동북쪽으로 이전되었고, 1669년에 재건되었다. 정원은 12명이었다. 대성전(大成殿) 등이 남아 있다.
			안원(安遠)		송 경력(慶歷) 4년 (1044)	1133년에 홍자사(興慈寺)로 이전되었고, 원 대덕(大德) 연간에 현치(縣治) 동쪽으로 이전되었다. 청대에 수차례 보수되었다. 정원은 12명이었다.
			장녕(長寧)		명 만력(萬曆) 4년 (1576)	1679년에 이전되었다가 1687년에 원래 위치로 이전되었다. 1705년에 보수되었다. 정원은 12명이었다.
			용남(龍南)		송	1571년에 도읍의 동남쪽으로 이전되었고, 1655년에 보수되었다. 정원은 12명이었다.
		정 남 (定南)			명 융경(隆慶) 3년 (1569)	1657년에 처음으로 보수되었고, 후대에 또한 수차례 보수되었다. 정원은 8명이었다.
남 안 (南安) 縣學 4; 문묘 5					송 순화(淳化) 연간	1729년에 부성(府城) 안(濂溪書院의 옛터)으로 이전되었다. 정원은 20명이었다. 괴성각(魁星閣)이 남아 있다.
			대유(大庾)		송 경력(慶歷) 연간	원대에 부성(府城) 동쪽으로 이전되었고, 1700년에 재건되었다. 1733년에 보수되었다. 정원은 15명이었다.
			남강(南康)			송 경우(景祐) 연간에 현치(縣治)의 동남쪽에서 동북쪽으로 이전되었고, 건중정국(建中靖國) 연간에 원래 위치로 이전되었으며, 1669년에 보수되었다. 정원은 12명이었다
			상유(上猶)		송 경력(慶歷) 연간	소흥(紹興) 연간과 순희(淳熙) 연간에 이전되었고, 1605년에 현(縣)의 서쪽으로 다시 이전되었다. 1694년에 재건되었다. 정원은 8명이었다.
			숭의(崇義)		명 정덕(正德) 연간	1682년에 재건되었다. 후대에 수차례 보수되었다. 정원은 8명이었다.
	녕 도 (寧都) 縣 學 2; 문 묘3				송 숭녕(崇寧) 연간	소정(紹定) 연간에 주(州)의 서성(西城) 밖으로 이전되었고, 1604년에 다시 원래 위치로 이전되었다. 정원은 22명이었다.
			서금(瑞金)		송	1524년에 현치(縣治)의 서쪽으로 이전되었고, 1681년과 1729년에 보수되었다. 정원은 14명이었다.
			석성(石城)		후당	1491년에 현치(縣治)의 서남쪽으로 이전되었는데, 1649년에 다른 곳으로 옮겨졌다가 1707년에 다시 원래 위치로 이전되었다. 정원은 14명이었다.
남 창 (南昌) 州學 1; 縣學 7; 문묘 9				진 예장태수(豫章太守) 호연(胡淵)에 의해 수축되었다.	당 광계(光啓) 연간에 보수되었다. 송 치평(治平) 2년에 이전되었고, 명 홍무(洪武) 연간과 정덕(正德) 연간에 재건되었다. 정원은 20명이었다. 2004년에 대성전(大成殿)이 재건되었다.
			남창(南昌)		원 원통(元統) 초기	명 홍무(洪武) 초기에 현치(縣治)의 서남쪽으로 이전되었다. 1658년에 재건되었다. 정원은 20명이었다.
			신건(新建)			명홍무(洪武) 초기에 남창현학(南昌縣學)에서 서쪽의 종렴서원(宗濂書院)으로 이전되었다. 1661년에 재건되었다. 정원은 20명이었다.
			풍성(豊城)		당 영휘(永徽) 2년 (651)	1143년, 1655년에 재건되었다. 정원은 20명이었다. 대성전(大成殿)이 남아 있다.
			진현(進賢)		송 숭녕(崇寧) 3(1104)년	명 홍무(洪武) 연간에 현치(縣治)의 남쪽으로 이전되었다. 1688년에 재건되었다. 정원은 15명이었다.
			봉신(奉新)		송 함평(咸平) 초기	순우(淳祐) 연간에 개축되었고, 명 홍무(洪武) 연간에 재건되었다. 순치(順治)와 강희(康熙) 연간에 수차례 보수되었다. 정원은 15명이었다. 대성전(大成殿)이 남아 있다.
			정안(靖安)		송 소흥(紹興) 연간 말기	명 홍무(洪武) 초기에 재건되었다. 강희(康熙) 연간에 보수되었다. 정원은 8명이었다.
			무녕(武寧)		송 소흥(紹興) 초기	1717년에 현치(縣治)의 서쪽으로 이전되었다. 정원은 8명이었다.
		의 녕 (義寧)			송 원우(元祐) 8년 (1093)	1725년에 재건되었다. 정원은 12명이었다.
요 주					송 경력(慶歷) 연간	명 초기에 보수되었는데 후대에 화재로 훼손되었다. 1650년에 부학으로 변경

부학 (府學)	주학 (州學)	청학 (廳學)	현학 (縣學)	향학 (鄕學)	건축 연대	중수·보수 역사, 생원 정원수 및 현황
(饒州)						되었다. 정원은 20명이었다. 대성전(大成殿) 등이 남아 있다.
縣學 7; 문묘 8			파양(鄱陽)		송 경력(慶曆) 연간	명 홍치(弘治) 연간에 이전되었고 보수되었다. 강희(康熙) 연간에 또한 보수되었다. 정원은 20명이었다.
			여간(餘干)		당	송 소흥(紹興) 연간에 현치(縣治)의 동쪽으로 이전되었다. 1557년에 이전된 후에 화재로 훼손되었다. 1667년에 재건되었다. 정원은 15명이었다.
			낙평(樂平)		송 희녕(熙寧) 5년 (1072)	1489년, 1651년에 재건되었다. 강희(康熙) 연간에 수차례 보수되었다. 정원은 12명이었다. 명륜당(明倫堂)이 남아 있다.
			부양(浮梁)		송 원풍(元豊) 연간	후대에 화재로 훼손되었는데, 명 홍무(洪武) 초기에 재건되었다. 강희(康熙) 연간에 수차례 보수되었다. 정원은 12명이었다.
			덕흥(德興)		송 치평(治平) 연간	명 1370년에 재건되었다. 순치(順治)와 강희(康熙) 연간에 수차례 보수되었다. 정원은 12명이었다.
			안인(安仁)		송 건염(建炎) 연간	1654년에 재건되었고 1725년에 보수되었다. 정원은 12명이었다. 대성전(大成殿)이 남아 있지만, 본래 모습은 많이 변화되었다.
			만년(萬年)		명 만력(萬曆) 43년 (1615)	명 말기에 화재로 훼손되었다. 1652년과 1665년에 이전되었고, 1674년에 다시 현치(縣治)의 동쪽으로 이전되었다. 정원은 12명이었다.
광 신 (廣信)					송 경덕(景德) 3년 (1006)	1680년에 재건되었다. 1708년과 1717년에 보수되었다. 정원은 20명이었다. 현학(縣學) 일곱 개를 관할했다.
縣學 7; 문묘 8			상요(上饒)		송 순희(淳熙) 연간	1374년에 이전되었고 보수되었다. 1685년에 재건되었고 1707년에 보수되었다. 정원은 20명이었다.
			옥산(玉山)			송대에 현치(縣治)의 동쪽에 위치했는데, 원 대덕(大德) 연간에 현치(縣治)의 남쪽으로 이전되었다. 1726년에 재건되었다. 정원은 12명이었다.
			익양(弋陽)		송 소흥(紹興) 2년 (1132)	1370년에 현치(縣治)의 동쪽으로 이전되었다. 1679년에 재건되었다. 정원은 12명이었다.
			귀계(貴溪)		송 경력(慶曆) 4년 (1044)	1679년에 재건되었다. 1718년에 보수되었다. 정원은 15명이었다.
			연산(鉛山)		원 황경(皇慶) 연간	1600년에 재건되었고 명 말기에 훼손되었다. 1668년에 재건되었다. 1674년 전쟁 이후 다시 재건되었다. 정원은 12명이었다.
			광풍(廣豊)		송 희녕(熙寧) 연간	강희(康熙) 연간에 수차례 보수되었다. 정원은 12명이었다.
			흥안(興安)		명 가정(嘉靖) 14년 (1535)	순치(順治)와 강희(康熙) 연간에 수차례 보수되었다. 정원은 12명이었다.
남 강 (南康)					송 소흥(紹興) 연간 [주희(朱熹)가 지군 (知軍)이었을 때]	원 말기에 화재로 파괴되었다. 명 초기에 재건되었다. 정원은 20명이었다.
縣學 4; 문묘 5			성자(星子)		송 소흥(紹興) 연간	1371년에 이전되었다. 1613년에 현치(縣治)의 동쪽에 개축되었다. 1717년에 보수되었다. 정원은 15명이었다.
			도창(都昌)		당 함통(咸通) 연간	명 만력(萬曆) 연간, 1672년에 이전되었고 1715년에 현치(縣治)의 서쪽으로 이전되었다. 정원은 15명이었다.
			건창(建昌)		송 숭녕(崇寧) 연간	경원(慶元) 연간에 이전되었고, 1621년에 현치(縣治)의 동북쪽으로 이전되었다. 1666년과 1672년에 보수되었다. 정원은 15명이었다.
			안의(安義)		명 정덕(正德) 13년 (1518)	1672년과 1712년에 보수되었다. 정원은 12명이었다.
구 강 (九江)						명 홍무(洪武) 초기에 송대와 원대의 구지(舊址)에 재건되었다. 순치(順治), 강희(康熙), 옹정(雍正) 연간에 수차례 보수되었다. 정원은 20명이었다.
縣學 5; 문묘 6			덕화(德化)		송 숭녕(崇寧) 연간	명 홍무(洪武) 연간과 성화(成化) 연간에 재건되었다. 1659년과 1718년에 보수되었다. 정원은 15명이었다.
			덕안(德安)			송 숭녕(崇寧) 연간에 이전되었고 1581년에 현치(縣治)의 동쪽으로 이전되었다. 1670년에 재건되었다. 정원은 12명이었다.
			서창(瑞昌)		송 경력(慶曆) 연간	1203년과 1658년에 이전되었고 1673년에 현치(縣治)의 서쪽으로 이전되었다. 정원은 12명이었다.

부학 (府學)	주학 (州學)	청학 (廳學)	현학 (縣學)	향학 (鄉學)	건축 연대	중수·보수 역사, 생원 정원수 및 현황
			호구(湖口)			송대에 종산(鍾山) 옆에 수축되었고 명 1369년에 현치(縣治)의 동쪽으로 이전되었다. 1663년에 재건되었다. 정원은 15명이었다.
			팽택(彭澤)		송 경력(慶曆) 연간	명 1503년에 현치(縣治)의 서쪽으로 이전되었다. 1655년에 재건되었다. 정원은 12명이었다.
건 창 (建昌) 縣學 5; 문묘 6					송 태평흥국(太平興國) 4년(979)	1492년에 이전되었고 1682년에 다시 부치(府治)의 서쪽으로 이전되었다. 정원은 20명이었다.
			남성(南城)		송 소흥(紹興) 12년(1142)	명 말기에 화재로 훼손되었다. 1658년에 재건되었다. 정원은 20명이었다.
			신성(新城)		송 소흥(紹興) 13년(1143)	1655년에 재건되었고 1725년에 다시 재건되었다. 정원은 20명이었다.
			남풍(南豊)		송 경력(慶曆) 연간	1674년에 화재로 훼손되었다. 1680년에 재건되었다. 정원은 15명이었다.
			광창(廣昌)		송 가태(嘉泰) 2년(1202)	강희(康熙) 연간에 보수되었다. 정원은 15명이었다.
			호계(滸溪)		명 만력(萬曆) 15년(1587)	강희(康熙) 연간에 보수되었다. 정원은 8명이었다.

10) 섬서성(陝西省)[府學 7; 州學 5]

부학 (府學)	주학 (州學)	청학 (廳學)	현학 (縣學)	향학 (鄉學)	건축 연대	중수·보수 역사, 생원 정원수 및 현황
한 중 (漢中) 州學 1; 廳學 2; 縣學 8; 문묘 11					송 경력(慶曆) 연간	1340년에 현재의 주소로 이전되었고 1686년에 보수되었다. 정원은 20명이었다. 영성문(欞星門)과 대성전(大成殿) 등이 남아 있다.
			남정(南鄭)		원	1375년에 재건되었고, 1473년에 이전되었으며 1684년에 보수되었다. 정원은 15명이었다.
			포성(褒城)		송 경력(慶曆) 연간	명 홍무(洪武) 연간에 현재의 주소로 이전되었고, 1709년과 1813년에 보수되었다. 정원은 12명이었다.
			성고(城固)		송 숭녕(崇寧) 2년(1103)	원대와 명대에 수차례 보수되었다. 1684년과 1706년에 또한 보수되었다. 정원은 15명이었다. 대성전(大成殿)이 남아 있다.
			양현(洋縣)			1530년에 이전되었고, 1664년과 1689년에 보수되었다. 정원은 15명이었다. 대성전(大成殿)과 영성문(欞星門)이 남아 있다.
			서향(西鄉)		원 연우(延祐) 2년(1315)	1449년에 이전되었다. 정원은 8명이었다. 1648년과 1684년에 보수되었다. 조벽(照壁)과 반지(泮池)가 남아 있다.
			봉현(鳳縣)		원	명 홍무(洪武) 4년(1371), 1779년, 1805년에 보수되었다. 정원은 8명이었다. 대성전(大成殿)이 남아 있다.
			면현(沔縣)		원	명 홍무(洪武) 4년(1371), 1653년, 1685년, 1778년에 보수되었다. 정원은 12명이었다.
			략양(略陽)		송 경력(慶曆) 연간	1250년에 현재의 주소로 이전되었고, 1520년에 재건되었다. 강희(康熙) 연간, 1810년에 보수되었다. 정원은 8명이었다.
		정 원 (定遠)			청 가경(嘉慶) 24년(1819)	정원은 4명이었다.
		유파 (留壩)				정원은 없었다. 봉현현학(鳳縣縣學)에 부속되어 따로 지은 묘학이 없었다.
	녕 강 (寧羌)				명 정통(正統) 4년(1439)	원래 위학(衛學)이었다가 주학으로 변경되었다. 1703년에 이전되었고 1724년에 다시 이전되었다. 정원은 12명이었다.
유 림 (榆林) 州學 1; 縣學					명 성화(成化) 8년(1472)	원래 위학(衛學)이었다. 1653년, 1781년에 보수되었다. 정원은 12명이었다.
			유림(榆林)			부학에 부속되어 따로 지은 묘학이 없었다. 정원은 8명이었다.
			회원(懷遠)		청 건륭(乾隆) 8년	1797년에 보수되었다. 정원은 8명이었다.

부학 (府學)	주학 (州學)	청학 (廳學)	현학 (縣學)	향학 (鄕學)	건축 연대	중수·보수 역사, 생원 정원수 및 현황
4; 문묘 5					(1743)	
			신목(神木)		명 홍무(洪武) 14년 (1381)	1651년, 1715년에 보수되었다. 정원은 8명이었다.
			부곡(府谷)		명 홍무(洪武) 14(1381)년	1651년, 1685년, 1769년에 보수되었다. 정원은 8명이었다. 대성전(大成殿) 건물 일부, 반지(泮池), 영성문(欞星門)이 남아 있다.
	가주 (葭州)				명 홍무(洪武) 17년 (1384)	명 성화(成化) 연간에 개축되었다. 1652년, 1700년, 1784년, 1807년에 보수되었다. 정원은 12명이었다.
흥안 (興安) 廳學 1; 縣學 6; 문묘 7					원 지원(至元) 연간	1372년에 재건되었다. 순치(順治)와 강희(康熙) 연간에 보수되었다. 정원은 12명이었다.
			안강(安康)		청 건륭(乾隆) 48년 (1783)	정원은 9명이었다. 현재는 대성전(大成殿)만 남아 있다.
			평리(平利)		명 홍무(洪武) 5년 (1372)	청 가경(嘉慶) 8년(1803)에 보수되었고 정원은 7명이었다.
			순양(洵陽)		명 홍무(洪武) 5년 (1372)	명 성화(成化) 연간에 현재의 주소로 이전되었다. 정원은 7명이었다. 비교적 잘 복원되었다.
			백하(白河)		명 성화(成化) 12년 (1476)	1708년, 1780년에 보수되었다. 정원은 7명이었다.
			자양(紫陽)		청 순치(順治) 10년 (1653)	1708년에 재건되었고, 1729년에 보수되었다. 정원은 7명이었다.
			석천(石泉)		명 홍무(洪武) 4년 (1371)	1679년, 1784년에 보수되었다. 정원은 6명이었다.
		한음 (漢陰)			청 건륭(乾隆) 55년 (1790)	가경(嘉慶) 초기에 보수되었다. 정원은 7명이었다. 대성전(大成殿)이 남아 있다.
동주 (同州) 州學 1; 廳學 1; 縣學 8; 문묘 10					송 경력(慶歷) 연간	1370년에 재건되었고 1737년에 보수되었다. 정원은 20명이었다.
			대려(大荔)			부학에 부속되어 따로 지은 묘학이 없었다. 다. 정원은 20명이었다.
			조읍(朝邑)		명 홍무(洪武) 3년 (1370)	1726년에 보수되었다. 정원은 16명이었다.
			합양(郃陽)		송 원우(元祐) 6년 (1091)	1369년에 재건되었다. 1649년과 1737년에 보수되었다. 정원은 20명이었다. 중심 건물 일부와 학교가 남아 있다.
			징성(澄城)		송 대관(大觀) 연간	1599년에 현재의 주소로 이전되었다. 1648년에 재건되었고 1737년에 보수되었다. 정원은 15명이었다.
			한성(韓城)			명 홍무(洪武) 4년(1371)에 원대의 옛터에 중수되었다. 1679년에 보수되었다. 정원은 25명이었다. 온전하게 남아 있다.
			화음(華陰)		명 홍무(洪武) 2년 (1369)	1684년, 1779년에 보수되었다. 정원은 15명이었다. 현재는 대성전(大成殿)만 남아 있다.
			포성(蒲城)		당 정관(貞觀) 연간	1369년에 재건되었다. 1665년, 1737년에 보수되었다. 정원은 20명이었다. 대성전(大成殿)을 제외한 나머지 건물이 남아 있다.
			백수(白水)		원 지원(至元) 연간	명 홍무(洪武) 3년(1370), 1754년에 보수되었다. 정원은 8명이었다.
		동관 (潼關)			명 정통(正統) 4년 (1439)	명대에 위학(衛學)이었다가 청학(廳學)으로 변경되었다. 1475년에 이전되었고 1727년에 보수되었다. 정원은 9명이었다.
	화주 (華州)				원 황경(皇慶) 연간	1370년에 재건되었다. 1737년, 1780년에 보수되었다. 정원은 20명이었다. 현재는 대성전(大成殿)만 남아 있다.
상주 (商州) 縣學 4; 문묘 5					금 승안(承安) 3년 (1198)	1381년과 1658년에 보수되었다. 정원은 15명이었다.
			진안(鎮安)		명 홍무(洪武) 3년 (1370)	1669년, 1737년, 1776년에 보수되었다. 정원은 7명이었다. 대성전(大成殿)이 남아 있다.
			낙남(洛南)			1370년에 이전되었고 1661년에 재건되었다. 1741년과 1778년에 보수되었다. 정원은 8명이었다. 비교적 완전하게 남아 있다.
			산양(山陽)		명 성화(成化) 13년	1685년에 재건되었다. 1730년과 1773년에 보수되었다. 정원은 8명이었다.

부학 (府學)	주학 (州學)	청학 (廳學)	현학 (縣學)	향학 (鄉學)	건축 연대	중수·보수 역사, 생원 정원수 및 현황
					(1477)	
			상남(商南)		명 성화(成化) 13년 (1477)	1712년에 이전되었고, 1738년에 보수되었다. 정원은 8명이었다.
	건 주(乾州)				명 홍무(洪武) 4년 (1371)	1717년에 보수되었다. 정원은 16명이었다.
	縣學 2; 문묘 3		무공(武功)		송 숭녕(崇寧) 1년 (1102)	1369년에 재건되었다. 1686년과 1709년에 보수되었다. 정원은 16명이었다.
			영수(永壽)		원 연우(延祐) 연간	1583년에 이전되었고, 1669년에 다시 이전되었다. 정원은 8명이었다.
	빈 주(邠州)				송 경력(慶曆) 연간	명 1373년에 이전되었고 1659년에 보수되었다. 정원은 8명이었다.
			삼수(三水)		명 성화(成化) 14년 (1678)	1671년에 보수되었고 정원은 12명이었다. 대성전(大成殿)이 남아 있다. 현재는 순읍현(旬邑縣)이라고 한다.
	縣學 3; 문묘 4		순화(淳化)			명 홍무(洪武) 26년에 이전되었고 정덕(正德) 연간에 다시 이전되었다. 1686년에 보수되었다. 정원은 8명이었다.
			장무(長武)		명 만력(萬曆) 연간	정원은 8명이었다. 현재 터만 남아 있다.
	부 주(鄜州)				원 지정(至正) 연간	1661년에 재건되었다. 1780년과 1814년에 보수되었다. 정원은 13명이었다.
			낙천(洛川)		명 홍무(洪武) 6년 (1373)	청 건륭(乾隆) 31년(1766)에 보수되었다. 정원은 16명이었다. 대성전(大成殿)만 남아 있다.
	縣學 3; 문묘 4		중부(中部)		명 홍무(洪武) 6년 (1373)	명 성화(成化) 초기, 1632년, 1718년에 이전되었고 1780년에 보수되었다. 정원은 8명이었다.
			의군(宜君)		명 홍무(洪武) 8년 (1375)	1706년에 보수되었다. 정원은 8명이었다.
	수 덕(綏德)					금 1199년에 이전되었고 1375년에 재건되었다. 정원은 20명이었다.
			미지(米脂)		명 홍무(洪武)16년 (1383)	1681년, 1727년, 1786년에 보수되었다. 정원은 12명이었다. 현재는 전전(前殿), 대성전(大成殿), 양무(兩廡)가 남아 있다.
	縣學 3; 문묘 4		청간(清澗)		명 홍무(洪武)6년 (1373)	1666년에 보수되었다. 정원은 20명이었다. 현재는 양무(兩廡)만 남아 있다.
			오보(吳堡)		명 홍무(洪武)14년 (1381)	1698년에 개축되었다. 정원은 8명이었다.
서 안(西安)					당송대의 옛터	1473년에 송대와 원대의 옛터에 재건되었다. 정원은 20명이었다. 대성전(大成殿)을 제외한 다른 건물들은 대체로 완전하다.
州學 1; 廳學 2; 縣學 15; 문묘 19			장안(長安)			1371년과 1473년에 이전되었고 1651년에 보수되었다. 정원은 15명이었다.
			함녕(咸寧)			1389년과 1471년에 이전되었고 1664년에 보수되었다. 정원은 15명이었다.
			함양(咸陽)			1371년에 이전되었고 당대(當代)에 수차례 보수되었다. 정원은 15명이었다. 비교적 완전하다.
			흥평(興平)		명 홍무(洪武) 4년 (1371)	1658년에 재건되었다. 정원은 15명이었다. 현재는 대성전(大成殿)만 남아 있다.
			임동(臨潼)		명 홍무(洪武) 2년 (1369)	1703년에 재건되었다. 정원은 15명이었다. 대성전(大成殿)만 남아 있으며, 1959년에 화청지(華清池)를 이전하여 비상전(飛霜殿)으로 했다.
			고릉(高陵)		송 소성(紹聖) 초기	원 중통(中統) 2년에 재건되었다. 당대(當代)에 수차례 보수되었다. 정원은 12명이었다.
			호현(鄠縣)			1374년에 남문 밖에서 현치(縣治) 서쪽으로 이전되었고 당대(當代)에 수차례 보수되었다. 정원은 15명이었다. 중심 건물 일부가 남아 있다.
			람전(藍田)		명 홍무(洪武) 10년 (1377)	1653년에 보수되었다. 정원은 8명이었다. 비교적 잘 보존되어 있다.
			경양(涇陽)		송 원우(元祐) 5년 (1090)	1369년에 재건되었고 1648년에 보수되었다. 정원은 15명이었다. 중앙의 정원만 남아 있다.
			삼원(三原)		원 대덕(大德) 10년 (1306)	1369년에 재건되었고 1682년에 보수되었다. 정원은 20명이었다. 현재는 패루(牌樓) 하나만 남아 있고 다른 곳으로 이전되었다.

부학 (府學)	주학 (州學)	청학 (廳學)	현학 (縣學)	향학 (鄉學)	건축 연대	중수·보수 역사, 생원 정원수 및 현황
			주질(盩厔)			1371년에 원 구지(舊址)에 재건되었다. 1660년에 재건되었고 1781년에 보수되었다. 정원은 15명이었다. 조벽(照壁)이 남아 있다.
			위남(渭南)		명 홍무(洪武) 2년 (1369)	순치(順治)와 강희(康熙) 연간에 보수되었다. 정원은 15명이었다. 대성전(大成殿)만 남아 있다
			부평(富平)			1370년에 이전되었고 1680년에 보수되었다. 정원은 15명이었다. 현재는 대성전(大成殿)만 남아 있다.
			예천(醴泉)		송 황우(皇祐) 연간	1371년과 1497년에 이전되었다. 강희(康熙) 연간과 1779년에 보수되었다. 정원은 15명이었다.
			동관(同官)			1375년에 송 구지(舊址)에 재건되었다. 1780년에 보수되었다. 정원은 7명이었다. 대성전(大成殿)만 남아 있다. 현재의 동천(銅川)에 위치한다.
		효의 (孝義)			청 가경(嘉慶) 19년 (1814)	정원은 6명이었다.
		녕섬 (寧陜)			청 가경(嘉慶) 18년 (1813)	정원은 6명이었다.
	요주 (耀州)				송 가우(嘉祐) 3년 (1058)	1369년에 재건되었다. 당대(當代)에 수차례 보수되었다. 정원은 8명이었다. 비교적 완전하다.
연안 (延安) 縣學 10; 문묘 11					명 홍무(洪武) 11년 (1378)	1649년에 보수되었다. 정원은 18명이었다.
			부시(膚施)		명 홍무(洪武) 10년 (1377)	순치(順治) 연간, 1722년에 보수되었다. 정원은 15명이었다.
			안새(安塞)		원 대덕(大德) 3년 (1299)	명대에 수차례 보수되었다. 강희(康熙) 연간, 1762년에 또한 보수되었다. 정원은 8명이었다.
			감천(甘泉)		명 홍무(洪武) 7년 (1374)	1594년에 이전되었고 1726년과 1770년에 보수되었다. 정원은 7명이었다.
			안정(安定)		원 지원(至元) 4년 (1267)	명대에 수차례 보수되었다. 1651년, 1699년, 1724년에 보수되었다. 정원은 12명이었다.
			보안(保安)		원 연우(延祐) 3년 (1316)	명 가정(嘉靖) 연간, 1658년에 보수되었다. 정원은 8명이었다.
			의천(宜川)		원 지원(至元) 2년 (1265)	명 가정(嘉靖)에 이전되었다. 1647년과 1725년에 보수되었다. 정원은 12명이었다.
			연천(延川)			송대에 이전되었고, 원 지치(至治) 초기에 현재의 주소로 이전되었다. 1370년과 1652년에 보수되었다. 정원은 8명이었다.
			연장(延長)		송 숭녕(崇寧) 연간	명대에 수차례 보수되었다. 1679년에 보수되었다. 정원은 8명이었다.
			정변(定邊)		청 옹정(雍正) 9년 (1731)	정원은 8명이었다.
			정변(靖邊)		명 만력(萬曆) 1년 (1573)	1730년에 보수되었다. 정원은 8명이었다.
봉상 (鳳翔) 州學 1; 縣學 7; 문묘 9					송 경력(慶曆) 연간	금 명창(明昌) 연간과 1371년에 보수되었다. 정원은 20명이었다.
			봉상(鳳翔)			명 홍무(洪武) 초기에 현(縣)의 남쪽에서 부학의 서쪽으로 이전되었다. 1653년에 보수되었다. 정원은 15명이었다.
			기산(岐山)		당 무덕(武德) 연간	원 지원(至元) 연간에 재건되었다. 명대에 수차례 보수되었다. 1657년, 1685년, 1779년에 보수되었다. 정원은 12명이었다.
			보계(寶鷄)		원 태정(泰定) 연간	명 홍무(洪武) 연간에 보수되었다. 정원은 15명이었다.
			부풍(扶風)		당 대력(大歷) 2년 (767)	송·원·명대에 수차례 보수되었다. 1646년과 1807년에 또한 보수되었다. 정원은 12명이었다.
			미현(郿縣)		원 지정(至正) 초기	1495년에 이전되었고 1535년에 다시 원래 자리로 이전되었다. 1671년과 1733년에 보수되었다. 정원은 12명이었다.
			린유(麟遊)		송	명 홍무(洪武) 초기에 현치(縣治) 서쪽에서 동문 밖으로 이전되었다. 1703에 보수되었다. 정원은 8명이었다.

부학 (府學)	주학 (州學)	청학 (廳學)	현학 (縣學)	향학 (鄕學)	건축 연대	중수·보수 역사, 생원 정원수 및 현황
			견양(汧陽)			명 가정(嘉靖) 연간에 이전되었고 1780년에 보수되었다. 정원은 12명이었다.
	룽주 (隴州)			명 홍무(洪武) 초기		명 선덕(宣德) 연간에 이전되었고 1654년에 보수되었다. 정원은 12명이었다.

11) 복건성(福建省)[府學 10; 州學 2]·대만(臺灣)

부학 (府學)	주학 (州學)	청학 (廳學)	현학 (縣學)	향학 (鄕學)	건축 연대	중수·보수 역사, 생원 정원수 및 현황
복 주 (福州) 縣學 10; 문묘 11					당 대력(大曆) 8년 (773)	1672년에 재건되었다. 정원은 20명이었다. 팔기(八旗) 아동 생원 대여섯 명 중에서 한 명가량 선발하여 부학 생원으로 보충했다. 완전하게 복원되었다.
			민현(閩縣)		송 경력(慶曆) 연간	1681년, 1731년, 1737년에 보수되었다. 현(縣)의 동남쪽 구선산(九仙山) 산기슭에 위치했다. 정원은 20명이었다.
			후관(侯官)		송 경력(慶曆) 연간	1680년, 1730년, 1737년에 보수되었다. 현치(縣治) 동쪽에 위치했다. 정원은 20명이었다
			장락(長樂)		당 건부(乾符) 연간 4년(877)	송 원우(元祐) 연간에 확장되었고 1649년에 재건되었다. 현치(縣治) 동쪽에 위치한다. 정원은 20명이었다.
			복청(福淸)		송 원풍(元豊) 초기	1678년, 1699년, 1739년에 보수되었다. 현치(縣治) 동쪽에 위치했다. 정원은 20명이었다.
			연강(連江)		송 소흥(紹興) 7년 (1137)	1672년에 재건되었다. 1725년과 1737년에 보수되었다. 현치(縣治) 동남쪽에 위치했다. 정원은 15명이었다.
			나원(羅源)		송 원우(元祐) 6년 (1091)	1706년과 1760년에 보수되었다. 현치(縣治) 동쪽에 위치했다. 정원은 8명이었다.
			고전(古田)		송 경덕(景德) 2(1005)	1154년에 현치(縣治) 서쪽으로 이전되었고 1648년에 재건되었다. 정원은 12명이었다.
			병남(屛南)		청 옹정(雍正) 12년 (1734)	현치(縣治) 동쪽에 위치한다. 정원은 4명이었다. 비교적 완전하게 남아 있지만 건물 자체가 많이 훼손되었다.
			민청(閩淸)		송 경덕(景德) 4년 (1007)	1724년과 1735년에 보수되었고 1750년에 재건되었다. 현치(縣治) 동남쪽에 위치했다. 정원은 8명이었다. 비교적 완전하다.
			영복(永福)		송 숭녕(崇寧) 초기	1674년, 1725년, 1737년, 1744년에 보수되었다. 현치(縣治) 동쪽에 위치했다. 정원은 8명이었다.
흥 화 (興化) 縣學 2; 문묘 3					송 함평(咸平) 초기	강희(康熙), 옹정(雍正), 건륭(乾隆) 연간에 걸쳐 네 차례 보수되었다. 현치의 동남쪽에 위치했다. 정원은 20명이었다.
			포전(蒲田)		원 지순(至順) 연간	송대에 흥화군학(興化軍學)에 부속되었다. 지순(至順) 연간에 현(縣) 서남쪽의 설공사(薛公祠) 옆으로 이전되었다. 정원은 20명이었다.
			선유(仙游)		송 함평(咸平) 5년 (1002)	1678년, 1730년, 1740년에 보수되었다. 현치(縣治) 남쪽에 위치한다. 정원은 20명이었다. 비교적 완전하다.
천 주 (泉州) 縣學 5; 문묘 6					당 개원(開元) 말기	송 태평흥국(太平興國) 초기에 현재의 주소로 이전되었다. 정원은 20명이었다. 기본적으로 복원되었다.
			진강(晉江)		송 순희(淳熙) 4년 (1177)	명 홍무(洪武) 초기에 현치(縣治) 동쪽으로 이전되었다. 1668년, 1713년, 1749년에 보수되었다. 정원은 20명이었다.
			남안(南安)		송 소흥(紹興) 연간	순치(順治) 연간, 1734년, 1762년에 보수되었다. 도읍 동쪽에서 2리 떨어진 곳에 위치했다. 정원은 20명이었다.
			혜안(惠安)		송 희녕(熙寧) 연간	1735년에 보수되었다. 현치(縣治) 동쪽에 위치했다. 정원은 20명이었다. 중심 건물 일부가 남아 있다.
			동안(同安)		송 소흥(紹興) 10년 (1140)	1662년, 1716년, 1731년, 1745년, 1755년에 보수되었다. 현치(縣治) 동쪽에 위치했다. 정원은 20명이었다. 온전하게 남아 있다.
			안계(安溪)		송 함평(咸平) 4년 (1001)	1686년에 재건되었다. 1723년과 1755년에 보수되었다. 정원은 20명이었다. 묘학은 온전하게 남아 있다.
장 주					송 경력(慶曆) 4년	1682년, 1704년, 1743년에 보수되었다. 부치(府治)의 동남쪽에 위치했다. 정원

부학 (府學)	주학 (州學)	청학 (廳學)	현학 (縣學)	향학 (鄉學)	건축 연대	중수·보수 역사, 생원 정원수 및 현황
(漳州) 縣學 7; 문묘 8					(1044)	은 20명이었다. 중심 건물 일부가 남아 있다.
			용계(龍溪)		송 가우(嘉祐) 연간	1682년에 재건되었다. 1687년, 1743년, 1771년에 보수되었다. 현치(縣治) 남쪽에 위치했다. 정원은 20명이었다.
			장포(漳浦)		송 초기	1070년에 현치(縣治) 남쪽으로 이전되었고, 1680년과 1699년에 보수되었다. 정원은 20명이었다. 대성전(大成殿)이 남아 있다.
			해징(海澄)		명 융경(隆慶) 초기	1671년에 재건되었다. 1726년, 1746년, 1757년에 보수되었다. 서구도성(西九都城)에 위치했다. 정원은 20명이었다.
			남정(南靖)		원 지원(至元) 연간	명 만력(萬曆) 연간에 현치(縣治) 동쪽으로 이전되었다. 1681년, 1696년, 1743년, 1769년에 보수되었다. 정원은 20명이었다.
			장태(長泰)		송 소흥(紹興) 3년 (1133)	1233년 현치 동쪽으로 다시 이전되었고, 1660년에 재건되었다. 정원은 15명이었다.
			평화(平和)		명 정덕(正德) 14년 (1519)	1661년, 1692년, 1760년에 보수되었다. 현치(縣治)의 남쪽에 위치했다. 정원은 20명이었다. 대성전(大成殿)과 명륜당(明倫堂)이 남아 있다.
			조안(詔安)		명 가정(嘉靖) 10년 (1531)	1660년에 재건되었다. 1678년, 1704년, 1747년에 보수되었다. 현치(縣治)의 남쪽에 위치했다. 정원은 15명이었다.
연 평 (延平) 縣學 6; 문묘 7					송 천성(天聖) 연간	1618년, 1659년, 1669년, 1683년에 보수되었다. 부치(府治)의 동쪽에 위치한다. 정원은 20명이었다.
			남평(南平)		송 소흥(紹興) 연간	1370년, 1724년, 1737년에 보수되었다. 현(縣) 서호두(西虎頭) 산기슭에 위치했다. 정원은 20명이었다.
			순창(順昌)			송 황우(皇祐) 연간에 현치(縣治)의 서쪽에서 동쪽으로 이전되었고, 1631년에 현치(縣治)의 왼쪽으로 이전되었다. 정원은 15명이었다. 모두 파괴되었다.
			장락(將樂)		송	명 천계(天啓) 연간에 현치(縣治)의 동남쪽으로 이전되었다. 1656년에 재건되었다. 1728년에 보수되었다. 정원은 15명이었다.
			사현(沙縣)		송 경력(慶曆) 연간	명 만력(萬曆) 연간에 현치(縣治)의 동쪽으로 이전되었다. 1672년, 1683년, 1698년에 보수되었다. 정원은 15명이었다.
			우계(尤溪)		송 경력(慶曆) 연간	명 만력(萬曆) 연간에 서문변(西門邊) 산기슭으로 이전되었다. 1679년과 1759년에 보수되었다. 정원은 11명이었다. 대성전(大成殿)이 남아 있다.
			영안(永安)		명 경태(景泰) 3년 (1452)	순치(順治) 초기, 1726년에 보수되었다. 현치(縣治)의 동쪽에 위치했다. 정원은 15명이었다. 이미 완전하게 복원되었다.
건 녕 (建寧) 縣學 7; 문묘 8					송 보원(寶元) 연간	1650년에 재건되었다. 정원은 20명이었다. 건물이 비교적 온전하다. 현재 건구시(建甌市)에 위치한다.
			건안(建安)		송	명 1522에 부성(府城) 안으로 이전되었고 1664년에 재건되었다. 1672년에 보수되었다. 정원은 20명이었다. 모두 파괴되었다.
			구녕(甌寧)			명 정통(正統) 12년에 교외에서 부성(府城) 안으로 이전되었다. 1692년에 재건되었다. 정원은 20명이었다. 모두 파괴되었다.
			건양(建陽)			송 주희(朱熹)에 의하여 이전되었고, 명 만력(萬曆)초기에 부치(府治)의 동쪽으로 이전되었다. 1681년에 재건되었다. 정원은 20명이었다.
			숭안(崇安)		송 소성(紹聖) 연간	1690년에 수축되었다. 현치(縣治)의 서북쪽에 위치했다. 정원은 20명이었다. 영성문(欞星門)이 남아 있다.
			포성(浦城)		송	1701년에 현치(縣治) 북쪽의 황화산(皇華山) 기슭으로 이전되었고 1741년에 재건되었다. 정원은 15명이었다.
			송계(松溪)		명 가정(嘉靖) 24년 (1545)	1663년과 1677년에 보수되었다. 현치(縣治)의 동쪽에 위치했다. 정원은 12명이었다
			정화(政和)		송 소흥(紹興) 연간	1580년에 보수되었고 1657년에 재건되었다. 현치(縣治)의 동쪽에 위치했다. 정원은 8명이었다.
수 무 (紹武) 縣學 4; 문묘					송 천성(天聖) 연간	송대에 초서서원(樵西書院)이었고 이강(李綱)에게 제사를 지냈는데, 1369년에 학교로 변경되었다. 1676년에 재건되었다. 정원은 20명이었다.
			소무(邵武)		송 천성(天聖) 연간	1665년, 1725년, 1754년에 보수되었다. 현치(縣治) 남쪽 구룡관(九龍觀)의 옛 터에 위치했다. 정원은 20명이었다.
			광택(光澤)		원 지정(至正) 6년	1584년에 성 안으로 이전되었고, 1665년과 1756년에 보수되었다. 정원은 8명

부학 (府學)	주학 (州學)	청학 (廳學)	현학 (縣學)	향학 (鄕學)	건축 연대	증수·보수 역사, 생원 정원수 및 현황
5					(1346)	이었다.
			건녕(建寧)		송 가우(嘉祐) 연간	1625년에 재건되었다. 1670년, 1682년, 1741년에 보수되었다. 현치(縣治) 남쪽에 위치했다. 정원은 15명이었다.
			태녕(泰寧)		송 경원(慶元) 연간	명 만력(萬曆) 연간에 현치(縣治)의 서쪽으로 이전되었고 1712년에 재건되었다. 건륭(乾隆) 연간에 두 차례 보수되었다. 정원은 8명이었다.
정 주 (汀州) 縣學 8; 문묘 9					송 함평(咸平) 2년 (999)	1681년, 1749년, 1759년에 보수되었다. 현치(縣治) 동쪽 와룡산(臥龍山) 기슭에 위치했다. 정원은 20명이었다. 건물이 온전하게 남아 있다.
			장정(長汀)		송 소흥(紹興) 연간	1472년, 1682년, 1743년에 보수되었다. 현치(縣治) 동북쪽에 있는 부학 왼쪽에 위치했다. 정원은 20명이었다.
			녕화(寧化)		송 순희(淳熙) 연간	송 순희(淳熙) 연간에 이전되었고 정덕(正德) 연간에 현치(縣治) 뒤쪽으로 이전되었다. 1661년과 1767년에 보수되었다. 정원은 15명이었다.
			청류(淸流)		송 원부(元符) 연간	1664년, 1680년, 1734년에 보수되었다. 현치(縣治)의 북쪽에 위치했다. 정원은 15명이었다.
			귀화(歸化)		명 성화(成化) 연간	1672년에 현치(縣治) 동쪽에서 30리 떨어진 용호(龍湖)로 이전되었다. 1725년과 1758년에 보수되었다. 정원은 15명이었다.
			연성(連城)		송 건도(乾道) 연간	1648년에 재건되었다. 1663년과 1702년에 보수되었다. 현치(縣治)의 동북쪽에 위치했다. 정원은 15명이었다.
			상항(上杭)		송 가정(嘉定) 16년 (1223)	1561년에 이전되었고 1653년, 1700년, 1728년, 1738년에 보수되었다. 정원은 20명이었다. 건물이 비교적 완전하게 남아 있다.
			무평(武平)		송 건도(乾道) 연간	1474년에 현치(縣治)의 서쪽으로 이전되었고, 1656년에 재건되었다. 정원은 15명이었다.
			영정(永定)		명 성화(成化) 15년 (1479)	1679년에 보수되었다. 현치(縣治)의 서남쪽에 위치했다. 정원은 20명이었다.
복 녕 (福寧) 縣學 5; 문묘 6						송 경력(慶曆) 연간에 성의 동남쪽으로 이전되었다. 1734년에 부학으로 변경되었다. 정원은 20명이었다.
			하포(霞浦)		청 건륭(乾隆) 1년 (1736)	1754년에 보수되었다. 현치(縣治)의 동쪽에 위치했다. 정원은 8명이었다.
			복정(福鼎)		청 건륭(乾隆) 6년 (1741)	1754년에 보수되었다. 현(縣)의 남교(南郊)에 위치했다. 정원은 7명이었다.
			복안(福安)		송	1534년에 현치(縣治) 남쪽의 중금산(重金山) 기슭으로 이전되었다. 1672년에 재건되었다. 정원은 15명이었다. 괴광각(魁光閣)만 남아 있다.
			녕덕(寧德)		송 가우(嘉祐) 3년 (1058)	강당이 세워졌고 가정(嘉定) 연간에 모든 것이 완비되었다. 명 홍무(洪武) 연간에 재건되었다. 현치(縣治)의 남쪽에 위치했다. 정원은 12명이었다.
			수녕(壽寧)		명 경태(景泰) 6년 (1455)	1746년에 증축되었다. 현치(縣治)의 동쪽에 위치했다. 정원은 8명이었다.
대 만 (臺灣) 廳學 1; 縣學 4; 문묘 6					명 영력(永曆) 19년 (1665)	1749년에 보수되었다. 부치(府治)의 서남쪽에 위치했다. 민남(閩南) 출신 생원은 21명, 광동(廣東) 출신 생원은 9명이었다. 온전하게 남아 있다. 현재 대남(臺南)에 위치한다.
			대만(臺灣)		청 강희(康熙) 23년 (1684)	1703년, 1734년, 1749년에 보수되었다. 현치(縣治)의 동쪽에 위치했다. 정원은 13명이었다.
			봉산(鳳山)		청 강희(康熙) 23년 (1684)	1719년 등에 보수되었다. 북문 밖에 위치했다. 정원은 13명이었다. 숭성사(崇聖祠)가 남아 있다. 현재 고웅좌영(高雄左營)에 위치한다.
			가의(嘉義)		청 강희(康熙) 45년 (1706)	1753년에 성(城)의 서문 밖으로 이전되었다. 정원은 13명이었다. 1760년대에 대성전(大成殿)이 재건되었다.
			창화(彰化)		청 옹정(雍正) 4년 (1726)	1752년, 1759년에 보수되었다. 현치(縣治)의 동북쪽에 위치했다. 정원은 13명이었다. 온전하게 남아 있다.
		담 수 (淡水)			청 가경(嘉慶) 23년 (1818)	동문 안에 위치했다. 정원은 13명이었다. 1957년에 이전 및 재건되었다. 현재 신죽(新竹)의 공자문묘이다.
	영 춘 (永春)				송 대관(大觀) 연간	1492년에 주치(州治)의 동쪽으로 이전되었고 1734년에 주학(州學)으로 변경되었다. 정원은 18명이었다. 비교적 완전하게 남아 있다.

부학 (府學)	주학 (州學)	청학 (廳學)	현학 (縣學)	향학 (鄉學)	건축 연대	중수·보수 역사, 생원 정원수 및 현황
	縣學 2; 문묘 3		덕화(德化)		송 건염(建炎) 연간	1573년에 현치(縣治)의 서북쪽으로 이전되었다. 1647년, 1716년, 1730년, 1761년에 보수되었다. 정원은 12명이었다.
			대전(大田)		명 가정(嘉靖) 연간	1684년에 재건되었다. 1730년과 1762년에 보수되었다. 현치(縣治) 동쪽 봉황산(鳳凰山) 기슭에 위치했다. 정원은 12명이었다.
	용 암 (龍岩)				송 개희(開禧) 2년 (1206)	1653년에 재건되었다. 1734년에 증축되었고 주학(州學)으로 승격되었다. 정원은 18명이었다. 현학(縣學) 두 개를 관할했다.
	縣學 2; 문묘 3		장평(漳平)		명 성화(成化) 7년 (1471)	1672년, 1683년, 1725년, 1762년에 보수되었다. 현치(縣治)의 서쪽에 위치했다. 정원은 15명이었다. 대성전(大成殿)이 남아 있다.
			녕양(寧陽)		명 융경(隆慶) 연간	1578년에 현치(縣治)의 서쪽으로 이전되었다. 1655년에 재건되었다. 1683년과 1713년에 보수되었다. 정원은 8명이었다.

12) 광동성(廣東省)[府學 9; 州學 4; 廳學 2]

부학 (府學)	주학 (州學)	청학 (廳學)	현학 (縣學)	향학 (鄉學)	건축 연대	중수·보수 역사, 생원 정원수 및 현황
조 경 (肇慶) 州學 1; 縣學 12; 문묘 14						송 숭녕(崇寧) 초기에 이전되었고 명 홍무(洪武) 초기에 재건되었다. 1534년에 다시 성의 동쪽으로 이전되었고, 1658년, 1667년, 1672년에 보수되었다. 정원은 30명이었다. 개평객동(開平客童) 2명이 있다. 주학(州學) 한 개, 현학(縣學) 12개를 관할했다.
			고 요 (高要)			송 정화(政和) 연간에 현학으로 변경되었다. 1592년에 부서(府署)의 동쪽으로 이전되었다. 정원은 15명이었다. 대성전(大成殿)이 남아 있다.
			사 회 (四會)		송 함순(咸淳) 1년(1265)	1659년, 1679년, 1737년에 보수되었다. 현치(縣治)의 동남쪽에 위치했다. 정원은 12명이었다.
			신 흥 (新興)		송 천희(天禧) 연간	명 홍무(洪武) 연간에 현학으로 변경되었다. 1671년, 1757년, 1815년에 보수되었다. 현치(縣治)의 동남쪽에 위치했다. 정원은 12명이었다.
			양 춘 (陽春)			1369년에 이전되었고, 1670년, 1729년, 1756년, 1798년에 보수되었다. 현치(縣治)의 서쪽에 위치했다. 정원은 12명이었다.
			고 명 (高明)		명 성화(成化) 12년 (1476)	1651년, 1662년, 1724년, 1746년, 1807년에 보수되었다. 현치(縣治)의 동쪽에 위치했다. 정원은 12명이었다.
			양 강 (陽江)			소흥(紹興) 연간에 이전되었고, 1465년, 1649년, 1711년, 1800년에 보수되었다. 정원은 15명이었다. 대성전(大成殿)이 남아 있다.
			은 평 (恩平)			1712년에 동문 밖으로 이전되었고, 1727년, 1740년, 1748년에 보수되었다. 정원은 8명이었다.
			광 녕 (廣寧)		명 가정(嘉靖) 39년(1560)	1658년, 1667년, 1732년, 1794년에 보수되었다. 현치(縣治)의 동남쪽에 위치했다. 정원은 8명이었다.
			개 평 (開平)		청 강희(康熙) 6년(1667)	1762년에 보수되었다. 성의 동쪽에 위치했다. 정원은 9명이었다. 동무(東廡)를 제외한 주 건물이 온전하게 남아 있다.
			학 산 (鶴山)		청 옹정(雍正) 9년(1731)	현치(縣治)의 동남쪽에 위치한다. 정원은 8명이었다. 대성전(大成殿)이 남아 있다.
			봉 천 (封川)			송대에 이전되었고 1414년에 재건되었다. 1699년과 1785년에 보수되었다. 성 밖 동북쪽에 위치했다. 정원은 8명이었다.
	덕 경 (德慶)				송 원풍(元豊) 4년(1081)	1376년에 주학(州學)으로 변경되었다. 주치(州治)의 동쪽에 위치했다. 정원은 8명이었다. 완전하게 복원되었다.
			개 건 (開建)			1375년에 이전되었고, 1647년, 1735년, 1812년에 보수되었다. 현(縣)의 동쪽에서 반 리 떨어진 곳에 위치했다. 정원은 8명이었다.
고 주 (高州) 州學 1;					원 대덕(大德) 연간	1658년에 재건되었다. 1729년과 1819년에 보수되었다. 정원은 23명이었다.
			무 명 (茂名)		명 홍무(洪武) 14년 (1381)	1510년에 성 안 서북쪽으로 이전되었다. 1683년과 1818년 등에 보수되었다. 정원은 15명이었다.
			전 백 (電白)		명 홍무(洪武) 1년(1368)	1468년, 1660년, 1688년, 1713년, 1725년에 보수되었다. 현치의 동남쪽에 위치

부학 (府學)	주학 (州學)	청학 (廳學)	현학 (縣學)	향학 (鄕學)	건축 연대	중수·보수 역사, 생원 정원수 및 현황
縣學 5; 문묘 7			(電白)			했다. 정원은 12명이었다.
			신 의 (信宜)		원 지원(至元) 연간	1666년에 현치(縣治)의 동쪽으로 이전되었다. 정원은 10명이었다. 대성전(大成殿), 영성문(欞星門), 현관(賢關) 이방(二坊)이 남아 있다.
			오 천 (吳川)		원 지정(至正) 연간	1727년에 분사서(分司署) 옛터에 개축되었다. 현치(縣治)의 동쪽에 위치했다. 정원은 12명이었다. 대성전(大成殿)이 남아 있다.
			석 성 (石城)		원 천력(天曆) 연간	명대에 수차례 이전되었고, 1674년에 다시 현치(縣治)의 왼쪽으로 이전되었다. 1686년, 1739년, 1757년에 보수되었다. 정원은 8명이었다.
	화 주 (化州)					1209년에 이전되었고 1748년에 다시 남문 밖으로 이전되었다. 정원은 12명이었다. 중심 건물 일부와 학교가 남아 있다. 이미 복원되었다.
염 주 (廉州)					송 소흥(紹興) 연간	1538년, 1674년, 1720년, 1739년, 1816년에 보수되었다. 정원은 23명이었다. 중심 건물 일부가 남아 있다.
州學 1; 縣學 2; 문묘 5			합 포 (合浦)		명 홍무(洪武) 14년 (1381)	1701년에 개축되었고 1817년에 보수되었다. 현치(縣治)의 남쪽에 위치했다. 정원은 8명이었다. 대성전(大成殿)이 남아 있다.
				영 안 (永安)	명	영안(永安)의 유학문묘였다. 비교적 완전하게 남아 있다.
			영 산 (靈山)		명 홍무(洪武) 4년(1371)	1703년에 현치(縣治)의 서쪽으로 이전되었고, 1706년, 1716년, 1728년에 보수되었다. 정원은 8명이었다.
	흠 주 (欽州)				송 소흥(紹興) 연간	1625년에 다시 주치(州治)의 서쪽으로 이전되었고, 1662년, 1717년, 1793년, 1817년에 보수되었다. 정원은 8명이었다.
뢰 주 (雷州)					송 건도(乾道) 6년(1170)	1665년, 1725년, 1763년에 보수되었다. 부치(府治)의 서쪽으로 이전되었다. 정원은 21명이었다. 대성전(大成殿)과 양무(兩廡)가 남아 있다.
縣學 3; 문묘 4			해 강 (海康)		송	명 1524년에 현치(縣治)의 동쪽으로 이전되었고, 1665년, 1723년, 1750년, 1797년에 보수되었다. 정원은 12명이었다.
			수 계 (遂溪)		송	명 1384년에 현치(縣治)의 서북쪽으로 이전되었고, 1660년, 1684년, 1723년, 1799년에 보수되었다. 정원은 8명이었다.
			서 문 (徐聞)		원 대덕(大德) 1년(1297)	1491년에 현치(縣治)의 서쪽으로 이전되었고, 1670년, 1724년, 1789년에 보수되었다. 정원은 8명이었다. 대성전(大成殿)이 남아 있다.
경 주 (瓊州)					송 경력(慶曆) 4년(1044)	1771년에 부치(府治)의 동쪽으로 이전되었다. 정원은 24명이었다. 대성전(大成殿)이 남아 있다.
州學 3; 縣學 10; 문묘 14			경 산 (瓊山)		명 홍무(洪武) 1년(1368)	1770년에 고루(鼓樓)의 동쪽으로 이전되었다. 정원은 15명이었다.
			징 매 (澄邁)		송	1653년에 재건되었다. 1701년, 1712년, 1729년, 1771년에 보수되었다. 정원은 12명이었다. 대성전(大成殿)이 남아 있다.
			정 안 (定安)		원 천력(天曆) 2년(1329)	1668년, 1715년, 1724년, 1785년에 보수되었다 성 밖 동남쪽에서 1리 떨어진 곳에 위치했다. 정원은 12명이었다. 아무것도 남아 있지 않다.
			문 창 (文昌)		송 경력(慶曆) 연간	1375년에 보수되었다. 1802년에 현치(縣治)의 동쪽으로 이전되었고, 정원은 12명이었다. 온전하게 남아 있다.
			회 동 (會同)		명 홍무(洪武) 3년(1370)	1663년에 재건되었다. 1713년과 1759년에 보수되었다. 현치(縣治)의 동쪽에 위치했다. 정원은 12명이었다.
			낙 회 (樂會)		원 연우(延祐) 3년(1316)	1667년에 재건되었다. 1726년, 1739년, 1807년에 보수되었다. 현치(縣治)의 동쪽에 위치했다. 정원은 12명이었다.
			임 고 (臨高)		송	1703년에 재건되었다. 현치(縣治)의 동쪽에 위치했다. 정원은 12명이었다. 중심 건물 일부가 남아 있다. 이미 복원되었다.
			창 화 (昌化)		원	1478년, 1658년, 1667년, 1736년에 보수되었다. 현치(縣治)의 동쪽에 위치했다. 정원은 8명이었다.
			릉 수 (陵水)		송	1684년에 이전되었다. 현치(縣治)의 북쪽에 위치했다. 1729년, 1736년, 1775년, 1792년에 보수되었다. 정원은 8명이었다.
			감 은 (感恩)		송	1597년, 1703년, 1766년에 보수되었다. 현치(縣治)의 동쪽에 위치했다. 정원은 8명이었다. 대성전(大成殿)이 남아 있다. 현재 동방시(東方市)에 속한다.
	담 주				송	1305년, 1661년에 재건되었다. 1684년과 1736년에 보수되었다. 주치(州治)의

부학 (府學)	주학 (州學)	청학 (廳學)	현학 (縣學)	향학 (鄉學)	건축 연대	중수·보수 역사, 생원 정원수 및 현황
	(儋州)					동쪽에 위치했다. 정원은 15명이었다.
	만 주 (萬州)			송		1575년에 이전되었고, 1629년에 다시 남성 밖으로 이전되었다. 1668년과 1763년에 보수되었다. 정원은 12명이었다.
	애 주 (崖州)			송		1732년에 다시 주치(州治)의 동쪽으로 이전되었다. 정원은 12명이었다. 완전하게 복원되었다.
남 웅 (南雄) 문묘 2				송 경력(慶歷) 연간		1368년에 부(府)로 변경되고, 1806년에 주학(州學)으로 변경되었다. 정원은 29명이었다. 소동문(小東門) 밖에 위치한다. 대성전(大成殿)이 남아 있다.
			시 흥 (始興)	송 가정(嘉定) 연간		원 천력(天歷) 연간에 이전되었고, 1587년에 현치(縣治)의 동쪽에서 재건되었다. 정원은 12명이었다. 대성전(大成殿)이 남아 있다.
연 주 (連州) 문묘 2				송 단평(端平) 1년(1234)		1388년에 재건되었다. 1655년, 1671년, 1721년, 1757년에 보수되었다. 정원은 10명이었다. 현학(縣學) 한 개를 관할했다.
			양 산 (陽山)	송 숭녕(崇寧) 연간		원 1336년에 이전되었고, 1381년에 다시 현치(縣治)의 동쪽으로 이전되었다. 1654년에 재건되었다. 정원은 8명이었다.
가 웅 (嘉應) 縣學 4; 문묘 5				명 홍무(洪武) 3년(1370)		원래 정향현학(程鄉縣學)이었다. 1733년에는 주학(州學)으로, 1807년에는 현학으로 변경되었다. 1811년에 다시 주학(州學)으로 변경되었다. 정원은 32명이었다. 중심 건물 일부가 남아 있다.
			흥 녕 (興寧)	명 성화(成化) 18년(1482)		1686년에 재건되었다. 1734년에 보수되었다. 현(縣)의 동남쪽에 위치했다. 정원은 15명이었다. 비교적 완전하게 남아 있다.
			장 락 (長樂)	명 성화(成化) 4년(1468)		1661년, 1686년, 1727년에 보수되었다. 성 동쪽의 자금산(紫金山)에 위치했다. 정원은 15명이었다. 중심 건물 일부가 남아 있다.
			평 원 (平遠)	명 가정(嘉靖) 42년(1563)		1655년, 1701년, 1727년, 1801년에 보수되었다. 현치(縣治)의 동쪽에 위치했다. 정원은 15명이었다.
			진 평 (鎮平)	명 숭정(崇禎) 6년(1633)		1656년, 1663년, 1727년에 보수되었다. 현치(縣治)의 서쪽에 위치했다. 정원은 15명이었다.
나 정 (羅定) 縣學 2; 문묘 3				원 대덕(大德) 연간		1557년에 주성(州城) 남쪽에서 3리 떨어진 곳에 다시 이전되었다가, 1647년에 재건되었다. 정원은 12명이었다. 중심 건물이 온전하게 남아 있다.
			동 안 (東安)	명 만력(萬曆) 6년(1578)		1740년, 1760년, 1800년에 보수되었다. 현치(縣治)의 동쪽에 위치했다. 정원은 12명이었다.
			서 녕 (西寧)	명 만력(萬曆) 6년(1578)		1659년, 1662년, 1723년, 1779년, 1817년에 보수되었다. 현치(縣治)의 오른쪽에 위치했다. 정원은 12명이었다.
		연 산 (連山)		송 순희(淳熙) 8년(1181)		현학이었다가 청학(廳學)으로 변경되었다. 1727년에 청치(廳治)의 동쪽으로 다시 이전되었다. 1816년에 청학(廳學)으로 변경되었다. 정원은 8명이었다.

13) 절강성(浙江省)[府學11; 廳學 1]

부학 (府學)	주학 (州學)	청학 (廳學)	현학 (縣學)	향학 (鄉學)	건축 연대	중수·보수 역사, 생원 정원수 및 현황
소 흥 (紹興) 縣學 8; 문묘 9				송 가우(嘉祐) 연간		송 가우(嘉祐) 연간에 이전되었고, 강희(康熙) 연간과 옹정(雍正) 연간에 수차례 보수되었다. 정원은 25명이었다. 극문(戟門), 의문(儀門), 반지(泮池)가 남아 있다.
			산음(山陰)	송 숭녕(崇寧) 연간		정원은 25명이었다.
			회계(會稽)	송 숭녕(崇寧) 연간		정원은 25명이었다.
			소산(蕭山)	송 소흥(紹興) 연간		정원은 25명이었다. 원 조맹부(趙孟頫) 비석이 남아 있다.
			제기(諸塈)	송 순희(淳熙) 연간에 이전되었다.		정원은 25명이었다. 주요 건물이 남아 있다.
			여요(餘姚)	송 원풍(元豊) 초기		1652년에 재건되었다. 정원은 25명이었다.
			상우(上虞)	송 경력(慶歷) 연간		정원은 20명이었다. 대성전(大成殿), 동무(東廡), 반지(泮池)가 남아 있다.
			승현(嵊縣)	송 경력(慶歷) 연간		명 가정(嘉靖) 연간에 이전되면서 새로 수축되었다. 정원은 20명이었다.
			신창(新昌)	송 소흥(紹興) 연간		정원은 20명이었다.
대 주				송 강정(康定) 2년		강희(康熙) 연간과 옹정(雍正) 연간에 보수되었다. 정원은 25명이었다. 대성전

부학 (府學)	주학 (州學)	청학 (廳學)	현학 (縣學)	향학 (鄉學)	건축 연대	중수·보수 역사, 생원 정원수 및 현황
(臺州)					(1041)	(大成殿), 계성사(啓聖祠), 명륜당(明倫堂) 등이 남아 있다.
縣學 6; 문묘 7			임해(臨海)		송 보경(寶慶) 초기	1708년에 재건되었다. 정원은 25명이었다. 대성전(大成殿)이 남아 있다.
			황암(黃岩)		송 원풍(元豊) 6년 (1083)	1708년에 재건되었다. 정원은 20명이었다. 중심 건물이 완전하게 복원되었다.
			천대(天臺)		송 경력(慶曆) 7년 (1047)	1659년에 재건되었다. 정원은 20명이었다. 대성전(大成殿)이 남아 있다.
			선거(仙居)		송 천성(天聖) 연간	1679년에 재건되었다. 정원은 12명이었다.
			녕해(寧海)		송 소흥(紹興) 6년 (1136)	정원은 16명이었다. 반지(泮池)와 다리만 남아 있다
			태평(太平)		명 성화(成化) 7년 (1471)	정원은 16명이었다.
금 화 (金華)					송 대관(大觀) 2년 (1108)	1648년에 재건되었다. 정원은 25명이었다.
縣學 8; 문묘 9			금화(金華)		원 지원(至元) 연간	정원은 25명이었다.
			란계(蘭溪)		송 숭녕(崇寧) 연간	정원은 25명이었다.
			동양(東陽)		송 경력(慶曆) 연간	정원은 20명이었다.
			의오(義烏)		송 경력(慶曆) 연간	정원은 20명이었다.
			영강(永康)		송 숭녕(崇寧) 연간	1654년에 재건되었다. 정원은 20명이었다.
			무의(武義)		송 숭녕(崇寧) 연간	1144년에 보수되었다. 정원은 16명이었다.
			포강(浦江)		송 황우(皇祐) 연간	1647년에 재건되었다. 정원은 16명이었다.
			탕계(湯溪)		명 성화(成化) 8년 (1472)	정원은 16명이었다.
구 주 (衢州)					송 경력(慶曆) 연간	순치(順治) 연간과 강희(康熙) 연간에 수차례 보수되었다. 정원은 25명이었다.
縣學 5; 문묘 6			서안(西安)			원대에 화재로 훼손되었다. 명 가정(嘉靖) 23(1544)년에 이전되면서 재건되었다. 정원은 25명이었는데, 그중 서안현(西安縣)의 공자 후예는 2명 있었다. 반지(泮池)가 남아 있다.
			용유(龍游)		송 지화(至和) 초기	원 말기에 훼손되었다. 명 홍무(洪武) 연간에 재건되었다. 정원은 20명이었다. 반지(泮池)가 남아 있다.
			강산(江山)			송 지원(至元) 연간에 이전되면서 새로 수축되었다. 정원은 16명이었다. 주희(朱熹)에 의한 기록이 있다. 영성문(欞星門), 반지(泮池), 조벽(照壁)이 남아 있다.
			상산(常山)		송 소성(紹聖) 연간	명 1530년에 이전되면서 재건되었다. 정원은 20명이었다.
			개화(開化)			송 정화(政和) 연간에 이전되었고, 명 홍무(洪武) 연간에 재건되었다. 청 1722년에 이전되었다. 정원은 16명이었다.
엄 주 (嚴州)						송 옹희(雍熙) 연간에 이전되었다. 1374년, 강희(康熙) 연간, 건륭(乾隆) 연간에 수차례 보수되었다. 정원은 25명이었다.
縣學 6; 문묘 7			건덕(建德)		송 가정(嘉定) 연간	명 융경(隆慶) 연간에 개축되었다. 1723년에 재건되었고 1746년에 보수되었다. 정원은 25명이었다.
			순안(淳安)		송 지도(至道) 연간	순치(順治) 연간에 재건되었다. 강희(康熙), 옹정(雍正) 연간에 수차례 보수되었다. 정원은 25명이었다.
			동로(桐廬)		송 가우(嘉祐) 연간	1660년에 재건되었다. 1741년과 1753년에 수차례 보수되었다. 정원은 16명이었다. 비석 하나만 남아 있다.
			수안(遂安)		송 가우(嘉祐) 연간	송 소희(紹熙) 연간에 개축되었다. 1654년에 재건되었다. 1753년에 보수되었다. 정원은 20명이었다.
			수창(壽昌)		송 숭녕(崇寧) 연간	명 1502년에 개축되었다. 1655년에 재건되었다. 강희(康熙) 연간에 수차례 보수되었다. 정원은 16명이었다.
			분수(分水)		송 치평(治平) 연간	명 1536년에 개축되었다. 1659년에 재건되었다. 강희(康熙)와 옹정(雍正) 연간에 보수되었다. 정원은 12명이었다.

부학 (府學)	주학 (州學)	청학 (廳學)	현학 (縣學)	향학 (鄕學)	건축 연대	중수·보수 역사, 생원 정원수 및 현황
온 주 (溫州) 縣學 5; 문묘 6					송 천희(天禧) 3년 (1019)	1684년에 재건되었다. 1737년에 보수되었다. 정원은 25명이었다.
			영가(永嘉)		송 원우(元祐) 3년 (1088)	강희(康熙) 연간에 수차례 보수되었다. 1743년에 보수되었다. 정원은 25명이었다.
			서안(瑞安)		송 정화(政和) 6년 (1116)	강희(康熙)와 옹정(雍正) 연간에 수차례 보수되었다. 정원은 20명이었다.
			낙청(樂淸)		송 치평(治平) 연간	송 1135년에 이전되었고 1673년에 재건되었다. 옹정(雍正)과 건륭(乾隆) 연간에 수차례 보수되었다. 정원은 16명이었다.
			평양(平陽)		송 원우(元祐) 연간	순치(順治)와 강희(康熙) 연간에 수차례 보수되었다. 1748년에 재건되었다. 정원은 20명이었다. 반지(泮池), 등교(騰蛟), 기봉문(起鳳門)이 남아 있다.
			태순(泰順)		명 경태(景泰) 5년 (1454)	명 1601년에 개축되었다. 1721년에 재건되었고 1740년에 보수되었다. 정원은 12명이었다.
처 주 (處州) 縣學 10; 문묘 11					송 경우(景祐) 연간	1725년에 재건되었다. 정원은 25명이었다.
			려수(麗水)		송 강정(康定) 연간	1679년에 재건되었다. 정원은 25명이었다. 고대 비석이 두 개가 남아 있다.
			청전(靑田)		송 숭녕(崇寧) 연간	1681년에 재건되었다. 정원은 16명이었다.
			진운(縉云)		송 치평(治平) 연간	1650년에 재건되었다. 정원은 20명이었다. 반지(泮池)와 다리가 남아 있다.
			송양(松陽)		당 무덕(武德) 연간	1679년에 재건되었다. 정원은 16명이었다.
			수창(遂昌)		송 황우(皇祐) 연간	정원은 12명이었다.
			용천(龍泉)		송 천희(天禧) 연간	정원은 16명이었다.
			경원(慶元)		명 홍무(洪武) 14년 (1381)	명 1630년에 개축되었다. 정원은 12명이었다.
			운화(雲和)		명 경태(景泰) 7년 (1456)	정원은 12명이었다.
			선평(宣平)		명 경태(景泰) 5년 (1454)	정원은 12명이었다.
			경녕(景寧)		명 경태(景泰) 3년 (1452)	정원은 12명이었다. 건물이 개축되었다. 담장이 온전하게 남아 있다.
		옥 환 (玉環)			청 건륭(乾隆) 43년 (1778)	정원은 8명이었다. 반지(泮池)와 다리가 남아 있다.
항 주 (杭州) 州學 1; 縣學 8; 문묘 10						송 소흥(紹興) 연간에 봉황산(鳳凰山) 오른쪽에서 현치(縣治) 북쪽으로 이전되었다. 정원은 25명이었는데 그중에서 상적[商籍: 장사하는 집안] 생원은 20명이었다. 비교적 잘 복원되었다.
			전당(錢塘)			1370년에 이전되었고 1656년에 보수되었다. 강희(康熙)와 옹정(雍正) 연간에 수차례 보수되었다. 정원은 25명이었는데 그중에서 상적(商籍) 생원은 15명이었다.
			인화(仁和)			1378년에 이전되었고 1459년에 개축되었다. 순치(順治), 강희(康熙), 옹정(雍正) 연간에 수차례 보수되었다. 정원은 25명이었는데 그중에서 상적(商籍) 생원은 15명이었다.
			부양(富陽)		당 무덕(武德) 연간	명 홍무(洪武) 1년(1368)에 보수되고 강희(康熙) 연간에 수차례 보수되었다. 정원은 20명이었다.
			여항(餘杭)		송 경덕(景德) 연간	명 1551년에 이전되었고, 1661년에 중수되었다. 정원은 20명이었다.
			임안(臨安)		송 함평(咸平) 연간	순치(順治) 연간에 재건되었고, 1670년에 보수되었다. 정원은 20명이었다.
			우잠(于潛)			송 숭녕(崇寧) 연간에 이전되었고, 명 1613년에 개축되었다. 강희(康熙)와 옹정(雍正) 연간에 수차례 보수되었다. 정원은 16명이었다.
			신성(新城)		당 장수(長壽) 연간	명 1632년에 개축되었다. 강희(康熙)와 옹정(雍正) 연간에 수차례 보수되었다. 정원은 16명이었다. 비석 몇 개만 남아 있다.
			창화(昌化)		송 희녕(熙寧) 연간	1677년에 보수되었다. 정원은 16명이었다.
	해 녕 (海寧)				송 소흥(紹興) 5년 (1135)	강희(康熙) 연간에 수차례 보수되었다. 정원은 25명이었다.

부학 (府學)	주학 (州學)	청학 (廳學)	현학 (縣學)	향학 (鄉學)	건축 연대	중수·보수 역사, 생원 정원수 및 현황
가 흥 (嘉興)					송 소흥(紹興) 연간	순치(順治), 강희(康熙) 연간에 수차례 보수되었다. 정원은 25명이었다. 18개의 비석이 남아 있다.
縣學 8; 문묘 9			가흥(嘉興)		송 함순(咸淳) 연간	명 1535년에 이전되었고 1656년에 보수되었다. 강희(康熙) 연간에 수차례 보수되었다. 정원은 20명이었다. 명륜당(明倫堂)이 남아 있다.
			수수(秀水)		명 선덕(宣德) 5년 (1430)	1657년에 보수되고 강희(康熙) 연간에 또한 수차례 보수되었다. 정원은 25명이었다.
			가선(嘉善)		명 선덕(宣德) 5년 (1430)	강희(康熙) 연간에 세 차례 보수되었다. 정원은 25명이었다. 늙은 측백나무[古桕] 2 그루가 남아 있다.
			해염(海鹽)			원 원정(元貞) 연간에 개축되었다. 강희(康熙) 초기에 중수되었다. 정원은 25명이었다.
			석문(石門)			원 지정(至正) 연간에 개축되었다. 1655년에 재건되었다. 1723년과 1728년에 보수되었다. 정원은 20명이었다.
			평호(平湖)		명 선덕(宣德) 5년 (1430)	1727년에 재건되었다. 1743년에 보수되었다. 정원은 25명이었다.
			동향(桐鄉)		명 선덕(宣德) 5년 (1430)	1667년에 재건되었다. 1676년과 1695년에 보수되었다. 정원은 20명이었다. 대성전(大成殿)이 남아 있다.
			숭덕(崇德)		송 원풍(元豊) 8년 (1085)	1361년에 현재 주소로 이전되었다. 대성전(大成殿)이 남아 있다. 현재 동향현(桐鄉縣)에 편입되었다. 『청일통지(淸一統志)』에는 관련 기록이 없다.
호 주 (湖州)				당대 삽계(霅溪)에 공자문묘가 있었다.		명 홍무(洪武) 연간에 원대 옛터에 개축되었다. 순치(順治), 강희(康熙), 옹정(雍正) 연간에 수차례 보수되었다. 정원은 25명이었다.
縣學 7; 문묘 8			오정(烏程)		원 지정(至正) 연간	1478년에 보수되었고 1681년에 재건되었다. 1739년에 보수되었다. 정원은 25명이었다.
			귀안(歸安)		원 태정(泰定) 연간	1669년과 1738년에 보수되었다. 정원은 25명이었다.
			장흥(長興)			남송대에 현 동쪽으로 이전되었다. 1744년에 재건되었다. 정원은 25명이었다. 대성전(大成殿)과 명륜당(明倫堂)이 남아 있다.
			덕청(德清)			명 1441년에 현 동쪽으로 이전되었다. 1655년과 1732년에 보수되었다. 정원은 25명이었다.
			무강(武康)		송 천성(天聖) 연간	명 1496년, 강희(康熙), 옹정(雍正) 연간에 보수되고, 1741년에 중수되었다. 정원은 16명이었다.
			안길(安吉)			명 홍무(洪武) 연간에 이전되었고 1659년에 재건되었다. 1733년과 1747년에 보수되었다. 정원은 16명이었다.
			효풍(孝豊)			1668년에 재건되었다. 정원은 12명이었다.
녕 파 (寧波)					송 천희(天禧) 2년 (1018)	순치(順治), 강희(康熙) 연간에 수차례 보수되었다. 1727년에 재건되었다. 정원은 25명이었다. 존경각(尊經閣)이 이전되어 남아 있다.
縣學 6; 문묘 7			은현(鄞縣)		송 경력(慶曆) 연간	송 가정(嘉定) 13년(1220)에 보수되었고 1727년에 재건되었다. 정원은 25명이었다. 존경각(尊經閣)이 이전되어 남아 있다.
			자계(慈溪)		송 경력(慶曆) 8년 (1048)	강희(康熙), 옹정(雍正) 연간에 수차례 보수되었다. 정원은 25명이었다. 완전하게 복원되었다.
			봉화(奉化)		송 치평(治平) 초기	1673년에 보수되었고 1723년에 중수되었다. 정원은 20명이었다. 대성전(大成殿), 반지(泮池), 괴성각(魁星閣)이 남아 있다.
			진해(鎮海)		송 소흥(紹興) 연간	1678년에 재건되었다. 정원은 20명이었다. 반지(泮池)와 대성전(大成殿)이 남아 있다.
			상산(象山)		당 회창(會昌) 6년 (846)	1654년에 재건되었다. 정원은 12명이었다. 비석과 늙은 측백나무가 남아 있다.
			정해(定海)		송 옹희(雍熙) 연간	청 강희(康熙) 26년(1687)에 보수되고 1716년에 중수되었다. 정원은 12명이었다. 규광각(奎光閣)이 남아 있다.

14) 감숙성(甘肅省)[府學 9; 州學 6]

부학 (府學)	주학 (州學)	청학 (廳學)	현학 (縣學)	향학 (鄉學)	건축 연대	중수·보수 역사, 생원 정원수 및 현황
난 주 (蘭州) 州學 2; 廳學 1; 縣學 4; 문묘 7					원 지원(至元) 5년(1268)	1666년에 증축되었다. 정원은 20명이었다. 2003년에 이전되었다. 비교적 온전하게 남아 있다.
		순 화 (循化)			청 건륭(乾隆) 50년(1785)	정원은 4명이었다. 부학에 부속되었다. 묘학이 없었다.
			고란(皐蘭)		청 건륭(乾隆) 3년(1738)	정원은 15명이었다. 2000년에 구주대남(九州臺南) 기슭으로 이전 및 재건되었고, 영성문(欞星門) 등이 중수되었다. 온전하게 남아 있다.
			금현(金縣)		원 지치(至治) 2년(1322)	원대에 주학(州學)이었다. 1377년에 현학으로 변경되었다. 현치(縣治) 서쪽에 위치했다. 정원은 8명이었다.
			위원(渭源)		명 홍무(洪武) 4년(1371)	1682년에 중수되었다. 정원은 8명이었다.
			정원(靖遠)		명 정통(正統) 3년(1438)	정원은 8명이었다.
	적 도 (狄道)				명 홍무(洪武) 5년(1372)	1641년에 재건되었다. 정원은 15명이었다.
	하 주 (河州)				원 연우(延祐) 2년(1315)	원주(元州)인 장덕재(張德載) 서당에서 변경된 것이다. 1715년에 이전되었다. 정원은 12명이었다.
공 창 (鞏昌) 州學 1; 廳學 1; 縣學 8; 문묘 11					원 중통(中統) 초기	1663년에 중수되었다. 정원은 17명이었다. 대성전(大成殿)과 영성문(欞星門)이 남아 있다.
	조 주 (洮州)				명 영락(永樂) 17년(1419)	명대의 위학(衛學)이었다가 청학(廳學)으로 변경되었다. 1729년에 재건되었다. 정원은 8명이었다.
			룽서(隴西)		명 홍무(洪武) 4년(1371)	명 성화(成化) 연간 말기에 이전되었다. 정원은 15명이었다. 대성전(大成殿)이 남아 있다.
			안정(安定)		원 지정(至正) 17년(1357)	명 홍무(洪武) 연간에 중수되었다. 정원은 15명이었다.
			회녕(會寧)		원	명 홍무(洪武) 6년(1373)에 보수되었다. 정원은 15명이었다. 대성전(大成殿)이 남아 있다.
			통위(通渭)		명 홍무(洪武) 6년(1373)	가경(嘉慶) 연간에 재건되었다. 정원은 15명이었다.
			장현(漳縣)		원	명 홍무(洪武) 4년(1371)에 보수되었다. 정원은 18명이었다.
			녕원(寧遠)		원 지원(至元) 5년(1268)	정원은 12명이었다.
			복강(伏羌)		원	명 1627년에 이전되었다. 정원은 15명이었다. 대성전(大成殿)이 남아 있다. 현재의 감곡(甘谷)에 위치한다.
			서화(西和)		원	명 홍무(洪武) 26년(1393)에 중수되었다. 정원은 8명이었다. 대성전(大成殿)이 남아 있다.
	민 주 (岷州)				명 홍무(洪武) 17년(1384)	명대에 위학(衛學)이었다. 정원은 8명이었다.
평 량 (平凉) 州學 2; 縣學 3; 鄉學 2; 문묘 6					명 홍무(洪武) 4년(1371)	강희(康熙) 초기에 보수되었다. 정원은 20명이었다. 고원(固原)과 융덕(隆德)은 현재는 녕하(寧夏)에 속한다.
			평량(平凉)		명 홍무(洪武) 6년(1373)	1435년에 중수되었다. 정원은 12명이었다. 부학과 문묘를 공유했다.
			화정(華亭)		원 태정(泰定) 2년(1325)	1373년 순치(順治) 초기에 재건되었고, 강희(康熙) 연간에 보수되었다. 정원은 8명이었다.
			융덕(隆德)		명 홍무(洪武) 2년(1369)	1707년에 이전되었다. 정원은 8명이었다.
	고 원 (固原)				명 성화(成化) 6년(1470)	정원은 15명이었다.
	정 녕 (靜寧)				명 홍무(洪武) 6년(1373)	강희(康熙) 연간에 보수되었다. 정원은 12명이었다. 비교적 온전하게 남아 있다.
				장 랑 (庄浪)		1778년에 현(縣)으로 변경되었다. 정원은 8명이었다.
				만 영 (滿營)	청 가경(嘉慶) 4년(1799)	사람 수에 따라 정원을 정했다. 군학(軍學)이었는데, 묘학이 없었다.

부학 (府學)	주학 (州學)	청학 (廳學)	현학 (縣學)	향학 (鄕學)	건축 연대	중수·보수 역사, 생원 정원수 및 현황
경 양 (慶陽) 州學 1; 縣學 4; 문묘 5					명 홍무(洪武) 초기	1703년에 보수되었다. 정원은 20명이었다.
			안화(安化)		명 홍무(洪武) 7년(1374)	순치(順治) 연간 이래 수차례 보수되었다. 정원은 15명이었다. 부학과 문묘를 공유했다.
			합수(合水)		원 지원(至元) 연간	1657년에 재건되었다. 정원은 8명이었다.
			환현(環縣)		명 홍무(洪武)초기	정원은 8명이었다.
			정녕(正寧)		원 지정(至正) 초기	1659년에 보수되었다. 정원은 12명이었다. 대성전(大成殿)이 남아 있다.
	녕 주 (寧州)				명 홍무(洪武) 2년(1369)	순치(順治) 연간에 보수되었다. 정원은 12명이었다.
녕 하 (寧夏) 州學 1; 縣學 4; 鄕學 2; 문묘 6					명 홍무(洪武) 29년(1396)	명대의 위학(衛學)이었다가 청 옹정(雍正) 2년에 부(府)가 설치되고 부학으로 변경되었다. 정원은 20명이었다. 모두 파괴되었다.
				상 학 (商學)	청 옹정(雍正) 3년(1725)	명륜당(明倫堂) 뒤쪽에 위치했다. 정원은 8명이었다. 학교가 있었지만 문묘가 없었다.
				만 영 (滿營)	청 가경(嘉慶) 4년(1799)	정원은 정해져 있지 않고, 응시자 수에 따라 결정되었다. 묘학이 없었다.
			녕하(寧夏)		청 옹정(雍正) 3년(1725)	정원은 17명이었다.
			녕삭(寧朔)		청 옹정(雍正) 3년(1725)	정원은 17명이었다.
			평라(平羅)		청 옹정(雍正) 3년(1725)	정원은 8명이었다.
			중위(中衛)		명 정통(正統) 4년(1439)	명 녕하(寧夏)의 위학(衛學)이었다가 1724년에 현(縣)이 설치됨에 따라 현학으로 변경되었다. 정원은 15명이었다.
	영 주 (靈州)				명 정덕(正德) 13년(1518)	명대의 소학(所學)이었다가 1724년에 주학(州學)으로 승격되었다. 순치(順治), 강희(康熙), 가경(嘉慶) 연간에 중수되었다. 정원은 14명이었다.
감 주 (甘州) 縣學 2; 문묘 3					명 홍무(洪武) 28년(1395)	명대의 행도사학(行都司學)이었다가 1724년에 부(府)가 설치되면서 부학으로 승격되었다. 정원은 20명이었다.
			장액(張掖)		청 옹정(雍正) 3년(1725)	정원은 15명이었다.
			산단(山丹)		명 정통(正統) 5년(1440)	명대의 위학(衛學)이었다가 1724년에 현학(縣學)으로 변경되었다. 정원은 12명이었다.
량 주 (凉州) 縣學 5; 鄕學 1; 문묘 6					명 정통(正統) 2년(1437)	명대의 위학(衛學)이었다가 1724년에 부학(府學)으로 승격되었다. 정원은 20명이었다. 온전하게 남아 있다. 현 무위시(武威市)에 위치한다.
				만 영 (滿營)	청 가경(嘉慶) 4년(1799)	정원은 따로 없었다. 응시자 수에 따라 결정되었다. 묘학이 없었다.
			무위(武威)		청 옹정(雍正) 2년(1724)	정원은 15명이었다.
			진번(鎭番)		명 성화(成化) 11년(1475)	명대의 위학(衛學)이었다가 1724년에 현학으로 변경되었다. 정원은 15명이었다.
			영창(永昌)		명 선덕(宣德) 연간	명대의 위학(衛學)이었다가 1724년에 현학으로 변경되었다. 정원은 12명이었다. 현재는 대성전(大成殿)만 남아 있다.
			고랑(高浪)		청 옹정(雍正) 3년(1725)	정원은 8명이었다.
			평번(平番)			1680년에 이전되었다. 정원은 12명이었다. 명대의 장랑위학(庄浪衛學)이었다가 1724년에 평번현학(平番縣學)으로 변경되었다.
서 녕 (西寧) 州學 1; 縣學 3; 문묘 5					명 선덕(宣德) 3년(1428)	명대에 서녕(西寧) 위학(衛學)이었다가 1724년에 부학으로 승격되었다. 정원은 12명이었다. 중심 건물 일부가 남아 있다. 현 청해성(靑海省)에 속하게 된다.
	귀덕 (貴德)				청 가경(嘉慶) 1년(1796)	1867년에 파괴되었고 1877년에 재건되었다. 정원은 4명이었다. 패방(牌坊) 등이 재건되었고, 비교적 완전하게 남아 있다.
			서녕(西寧)		청 건륭(乾隆) 26년(1761)	정원은 8명이었다.
			연백(碾伯)		청 옹정(雍正) 3년(1725)	정원은 8명이었다.
			대통(大通)		청 건륭(乾隆) 26년(1761)	정원은 4명이었다. 대성전(大成殿) 등이 남아 있다.
진 서 (鎭西)					청 건륭(乾隆) 38년(1773)	정원은 3명이었다. 현재는 신강(新疆)에 속한다.

부학 (府學)	주학 (州學)	청학 (廳學)	현학 (縣學)	향학 (鄉學)	건축 연대	중수·보수 역사, 생원 정원수 및 현황
縣學 2; 문묘 3			의화(宜禾)		청 건륭(乾隆) 38년(1773)	정원은 4명이었다.
			기대(奇臺)		청 건륭(乾隆) 42년(1777)	정원은 4명이었다.
	경 주 (涇州) 縣學 3; 문묘 4				명 홍무(洪武) 3년(1370)	1655년에 중수되었다. 정원은 15명이었다. 1795년에 귀덕(貴德)에서 인원을 1명 삭감하여 여기에 편입시켰다.
			숭신(崇信)		명 홍무(洪武) 4년(1371)	1651년에 중수되었다. 정원은 8명이었다.
			영대(靈臺)		송 대관(大觀) 3년(1109)	1656년, 1774년에 보수되었다. 정원은 10명이었다. 1795년에 귀덕청(貴德廳)의 1명이 편입되었다. 대성전(大成殿)이 남아 있다.
			진원(鎭原)		명 홍무(洪武) 2년(1369)	순치(順治) 연간에 재건되었고, 강희(康熙) 연간에 중수되었다. 정원은 15명이었다. 비교적 온전하게 남아 있다.
	진 주 (秦州) 縣學 5; 문묘 6				원 대덕(大德) 6년(1302)	1675년에 보수되었다. 정원은 20명이었다. 대성전(大成殿)과 대성문(大成門) 등이 남아 있다. 현재 천수시(天水市)에 위치한다.
			진안(秦安)		원 지정(至正) 연간	정원은 20명이었다. 대성전(大成殿)과 숭성사(崇聖祠) 등이 남아 있다.
			청수(淸水)		명 홍무(洪武) 4년(1371)	1540년, 1795년에 보수되었다. 정원은 9명이었다. 귀덕청(貴德廳)의 한 명이 편입되었다.
			예현(禮縣)		명 성화(成化) 연간	1656년에 이전되었고 보수한다. 정원은 12명이었다. 대성전(大成殿)이 남아 있다.
			휘현(徽縣)		원	명 홍무(洪武) 초기에 보수되었다. 정원은 12명이었다. 대성전(大成殿)이 남아 있다.
			양당(兩當)		원	1515년에 이전되면서 재건되었다. 강희(康熙)와 건륭(乾隆) 연간에 수차례 보수되었다. 정원은 8명이었다. 대성전(大成殿)이 남아 있다.
	계 주 (階州) 縣學 2; 문묘 3				원	1654년에 이전되었고 재건되었다. 정원은 13+4명이었다. 현학(縣學) 두 개를 관할했다.
				서고성 (西固城)		주학(州學)에 부속되었다. 정원은 4명이었다. 묘학이 없었다.
			문현(文縣)		명 홍치(弘治) 3년(1490)	정원은 15명이었다.
			성현(成縣)		송 원풍(元豊) 연간	1374년에 보수되었다. 명 말기에 이전되었고 강희(康熙) 연간에 원래 자리로 이전되었다. 정원은 13명이었다. 1795년에 귀덕(貴德)의 1명이 편입되었다.
	숙 주 (肅州) 문묘 2				명 성화(成化) 3년(1467)	정원은 12명이었다. 현학(縣學) 한 개를 관할했다.
			고대(高臺)		명 가정(嘉靖) 23년(1544)	명대의 소학(所學)이었다가 1724년에 현학(縣學)으로 변경되었다. 정원은 15명이었다.
	안 서 (安西) 縣學 2; 문묘 3				청 건륭(乾隆) 24년(1759)	정원은 6명이었다.
			돈황(敦煌)		청 옹정(雍正) 6년(1728)	원래 사주위서(沙州衞署)이었다. 정원은 6명이었다.
			옥문(玉門)		청 건륭(乾隆) 24년(1759)	정원은 6명이었다.

15) 신강(新疆)

부학(府學)	주학(州學)	청학(廳學)	현학(縣學)	향학	건축 연대	중수·보수 역사, 생원 정원수 및 현황
적화(迪化) 縣學 4; 문묘4					청 건륭(乾隆) 34년(1769)	정원은 4명이었다. 청 말기와 중화민국 초기에 소충사(昭忠祠)가 문묘로 변경되었다. 완전하게 복원되었다.
			창길(昌吉)		청 건륭(乾隆) 34년(1769)	정원은 4명이었다.
			적화(迪化)		청 건륭(乾隆) 38년(1773)	
			부강(阜康)		청 건륭(乾隆) 42년(1777)	정원은 4명이었다.
			수래(綏來)		청 건륭(乾隆) 44년(1779)	정원은 4명이었다.
이리(伊犁)					청 광서(光緒) 18년(1892)	
온숙(溫宿)					청 광서(光緒) 34년(1908)	
			가평(柯坪)		청 광서(光緒) 30년(1904)	분현(分縣)7) 묘학이었다.
			배성(拜城)		청 광서(光緒) 13년(1887)	
언기(焉耆)					청 광서(光緒) 34년(1908)	
소륵(疏勒)					청 광서(光緒) 15년(1889)	
사차(莎車)					청 광서(光緒) 18년(1892)	
	진서(鎮西)				청 동치(同治) 11년(1872)	
	합밀(哈密)				청 광서(光緒) 18년(1892)	
	오소(烏蘇)				청 광서(光緒) 25년(1899)	
	토로번(吐魯番)				청 광서(光緒) 18년(1892)	
			선선(鄯善)		청 광서(光緒) 6년(1880)	
	정하(精河)				청 광서(光緒) 26년(1900)	
	오십(烏什)				청 광서(光緒) 33년(1907)	
		고차(庫車)			청 광서(光緒) 26년(1900)	
		화전(和闐)			청 광서(光緒) 4년(1878)	
			낙포(洛浦)		청 광서(光緒) 31년(1905)	

16) 운남성(云南省)[府學 14; 州學 4; 廳學 4]

부학 (府學)	주학 (州學)	청학 (廳學)	현학 (縣學)	향학 (鄕學)	건축 연대	중수·보수 역사, 생원 정원수 및 현황
운 남 (雲南) 州學 4; 縣學 7; 문묘 12					원 지원(至元) 13년(1276)	원래 왕희지(王羲之)에게 제사지내는 곳이었다. 1690년에 현 주소로 이전되었다. 정원은 20명이었다. 현재는 영성문(欞星門) 세 개와 반지(泮池)가 남아 있다.
			곤 명 (昆明)		명 영락(永樂) 1년(1403)	1690년에 개축되었고, 1760년에 보수되었다. 부학의 오른쪽에 위치했다. 정원은 20명이었다.
			부 민 (富民)		청 강희(康熙) 21년(1682)	나차현학(羅次縣學)과 묘학을 공유했고, 1733년에 보수되었다. 정원은 12명이었다. 대성전(大成殿)과 숭성사(崇聖祠) 일부 건물이 남아 있다.
			의 량 (宜良)			1624년에 현치(縣治) 남쪽의 치산(雉山)으로 이전되었다. 정원은 20명이었다. 대성전(大成殿), 숭성사(崇聖祠), 문명방(文明坊)이 남아 있다.
			정 공 (呈貢)		명 홍치(弘治) 7년(1494)	1663년에 이전되었고 1704년에 재건되었다. 정원은 15명이었다. 대성전(大成殿)과 숭성사(崇聖祠)가 남아 있다.
			나 차 (羅次)		명 만력(萬曆) 21년(1593)	1693년에 현치(縣治)의 동쪽으로 이전되었다. 정원은 12명이었다.

7) (옮긴이) 분현(分縣)은 신강 자치구역에 설치된 현(縣)보다 작은 행정 단위였다.

부학 (府學)	주학 (州學)	청학 (廳學)	현학 (縣學)	향학 (鄉學)	건축 연대	중수·보수 역사, 생원 정원수 및 현황
				록 풍 (祿豊)	명 융경(隆慶) 1년(1567)	안녕주학(安寧州學)에 부속되었다가 1672년에 서쪽 성곽 밖으로 이전되었다. 정원은 12명이었다. 현재 대전(大殿)과 중전(中殿)이 남아 있다.
				역 문 (易門)	명 만력(萬曆) 연간	현치(縣治)의 동쪽에 위치했다. 1695년, 1756년에 보수되었다. 정원은 12명이었다. 대성전(大成殿)과 대성문(大成門)이 남아 있다.
			숭 명 (嵩明)		원 지정(至正) 8년(1348)	1733년에 주치(州治) 북쪽의 황룡산(黃龍山) 왼쪽으로 이전되었다. 정원은 15명이었다. 반지(泮池)가 남아 있다.
			진 녕 (晉寧)		명 홍무(洪武) 16년(1383)	1436년에 현치(縣治)의 남쪽으로 이전되었다. 1702년과 1734년에 보수되었다. 정원은 20명이었다.
			안 녕 (安寧)		원 대덕(大德) 10년(1306)	1669년과 1727년에 보수되었다. 주치(州治)의 북쪽에 위치했다. 정원은 20명이었다. 대성전(大成殿)과 명륜당(明倫堂)이 남아 있다.
			곤 양 (昆陽)		명 영락(永樂) 1년(1403)	만력(萬曆) 연간, 1626년에 이전되었고, 1662년에 다시 주치(州治)의 남쪽으로 이전되었다. 정원은 15명이었다. 문명방(文明坊)만 남아 있다.
대 리 (大理) 州學 4; 縣學 3; 문묘 8					원 지원(至元) 22년(1285)	강희(康熙) 연간에 보수되었다. 부치(府治)의 남쪽에 위치했다. 정원은 20명이었다. 현재 대성문(大成門)만 남아 있다.
			태 화 (太和)		명 홍무(洪武) 27년(1394)	순치(順治) 연간, 강희(康熙) 연간, 1730년에 보수되었다. 현치(縣治)의 동쪽에 위치했다. 정원은 20명이었다.
			운 남 (雲南)		명 홍무(洪武) 18년(1385)	명 성화(成化) 연간에 옛 이해위치(洱海衛治) 왼쪽으로 이전되었다. 1700년에 중수되었다. 정원은 15명이었다.
			랑 궁 (浪穹)		명 홍무(洪武) 17년(1384)	명 홍치(弘治) 연간에 현치(縣治)의 서쪽으로 이전되었다. 1662년, 1689년 등에 보수되었다. 정원은 20명이었다. 대성전(大成殿)이 남아 있다.
	조 주 (趙州)				명 홍무(洪武) 18년(1385)	1672년에 개축되었다. 정원은 20명이었다. 거의 복원되었다. 동향이다.
	등 천 (鄧川)				명 홍무(洪武) 17년(1384)	1687년에 남문 안쪽으로 이전되었다. 정원은 20명이었다. 대성전(大成殿)과 반지(泮池)가 남아 있다.
	빈 천 (賓川)				명 홍치(弘治) 7년(1494)	1712년에 보수되었다. 주치(州治)의 서쪽에 위치했다. 정원은 15명이었다. 비교적 온전하게 남아 있다. 서향이다.
	운 룡 (雲龍)					1685년에 주치(州治)의 서북쪽으로 이전되었다. 1703년에 보수되었다. 현 뒤뜰만 보존되었다. 정원은 12명이었다.
임 안 (臨安) 州學 3; 縣學 5; 문묘 9					원 지원(至元) 22년(1285)	명 홍무(洪武) 16년과 강희(康熙) 연간에 보수되었다. 부치(府治)의 서쪽에 위치했다. 정원은 20명이었다. 온전하게 남아 있다. 현 건수(建水)에 위치한다.
			건 수 (建水)		명 만력(萬曆) 43년(1615)	부학에 부속되었다가 1770년에 현학으로 변경되었다. 학교는 있고 문묘는 없었다. 정원은 20명이었다.
			통 해 (通海)		명 홍무(洪武) 25년(1392)	1690년과 1733년에 보수되었다. 성 남쪽에 위치했다. 정원은 20명이었다. 비교적 온전하게 남아 있다. 북향이다.
			하 서 (河西)		원 태정(泰定) 연간	강희 연간, 1729년에 보수되었다. 현치(縣治)의 남쪽에 위치했다. 정원은 20명이었다. 서향이다. 문명방(文明坊)과 중심 건물 일부가 남아 있다.
			습 아 (蜡峨)		명 영락(永樂) 11년(1413)	1627년에 성 북쪽으로 이전되었고, 1695년과 1735년에 보수되었다. 대성전(大成殿)과 반지(泮池)가 남아 있다. 정원은 20명이었다.
			몽 자 (蒙自)		명 홍무(洪武) 27년(1394)	1681년과 1712년에 보수되었다. 현치(縣治)의 동쪽에 위치했다. 정원은 18명이었다.
	석 병 (石屛)				원 지원(至元) 연간	1389년에 재건되었다. 1723년에 보수되었다. 주치(州治)의 동쪽에 위치했다. 정원은 20명이었다. 비교적 완전하게 남아 있다.
	아 미 (阿迷)				명 홍무(洪武) 22년(1389)	1725년에 현치(縣治)의 동북쪽으로 이전되었다. 1882년에 재건되었다. 정원은 15명이었다. 대성전(大成殿)과 후전(後殿)만 남아 있다.
	녕 주 (寧州)				명 홍무(洪武) 26년(1393)	강희(康熙) 연간에 수차례 보수되었다. 주치(州治)의 동쪽에 위치했다. 정원은 15명이었다. 대성문(大成門)만 남아 있다.
초 웅 (楚雄) 州學					명 홍무(洪武) 17년(1384)	1527년에 보수되고 1683년에 재건되었다. 부치(府治) 동쪽에 위치했다. 정원은 20명이었다. 비교적 완전하게 남아 있다.
			초 웅 (楚雄)		명 영락(永樂) 1년(1403)	1620년에 성(城)의 서문 밖으로 이전되었고, 순치(順治) 초기에 부학 왼쪽으로 이전되었다. 1746년에 보수되었다. 정원은 20명이었다.

부학 (府學)	주학 (州學)	청학 (廳學)	현학 (縣學)	향학 (鄕學)	건축 연대	중수·보수 역사, 생원 정원수 및 현황
3; 縣學 4; 鄕學 3; 문묘 11			정 원 (定遠)		명 가정(嘉靖) 26년(1547)	1683년과 1733년에 보수되었다. 현치(縣治)의 동남쪽에 위치했다. 정원은 15명이었다. 비교적 온전하게 남아 있다. 현 모정현(牟定縣)에 속한다.
			광 통 (廣通)		명 가정(嘉靖) 25년(1546)	1664년, 1715년, 1747년에 보수되었다. 현치(縣治)의 동쪽에 위치했다. 정원은 12명이었다. 대성전(大成殿)과 문(門)이 남아 있다.
			대 요 (大姚)		명 가정(嘉靖) 25년(1546)	1691년에 보수되었다. 현치(縣治)의 동북쪽에 위치했다. 정원은 20명이었다.
	진 남 (鎭南)				명 영락(永樂) 7년(1409)	1683년에 보수되었다. 주치(州治)의 남쪽에 위치했다. 정원은 15명이었다. 반지(泮池)만 남아 있다. 현재 남화현(南華縣)에 위치한다.
	남 안 (南安)				명 홍무(洪武) 7년(1409)	1686년과 1733년에 보수되었다. 주치(州治)의 동쪽에 위치했다. 정원은 12명이었다.
	요 주 (姚州)				명 영락(永樂) 1년(1403)	원래 요안부학(姚安府學)이었다. 1690년에 보수되었다. 주치(州治)의 남쪽에 위치했다. 정원은 20명이었다.
				흑 정 사 (黑井司)	명 천계(天啓) 연간	1699년에 보수되었다. 사치(司治)의 동남쪽에 위치했다. 정원은 8명이었다. 흑염정 염과제거사학(黑鹽井鹽課提擧司學)에 소속되었다. 온전하게 남아 있다.
				랑 정 사 (琅井司)	명 천계(天啓) 연간	1665년에 보수되었다. 사치(司治)의 동쪽에 위치했다. 정원은 8명이었다. 랑정염과제거사학(琅井鹽課提擧司學)에 소속되었다. 양무(兩廡)가 남아 있다.
				백 정 사 (白井司)	명 만력(萬曆) 37년(1609)	백염정염과제거사사학(白鹽井井鹽課提擧司學)에 소속되었다. 정원은 12명이었다. 비교적 완전하게 남아 있다. 동향이다. 현 대요현(大姚縣) 석양진(石羊鎭)에 위치한다.
징 강 (澂江) 州學 2; 縣學 2; 문묘 5					원 대덕(大德) 연간	1603년에 다시 금련산(金蓮山) 기슭으로 이전되었다. 비교적 완전하게 남아 있다. 정원은 20명이었다. 주학(州學) 두 개, 현학(縣學) 두 개를 관할했다.
			하 양 (河陽)		명 천계(天啓) 6년(1626)	부치(府治)의 서북쪽에 위치했다. 정원은 20명이었다. 정전(正殿)과 양무(兩廡)가 남아 있다.
			강 천 (江川)			1693년에 개축되었다. 현치(縣治)의 동쪽에 위치했다. 정원은 12명이었다. 비교적 온전하게 남아 있다.
	신 흥 (新興)					1709년에 성 동쪽에서 주치(州治)의 동남쪽으로 이전되었다. 정원은 20명이었다. 비교적 잘 복원되었다. 현 옥계(玉溪)에 위치했다.
	로 남 (路南)				명 가정(嘉靖) 35년(1556)	동관(東關) 밖에 위치했다. 정원은 12명이었다. 대성전(大成殿) 일부 건물이 남아 있다. 현 석림(石林)에 위치한다.
광 남 (廣南) 州學 1; 縣學 1; 문묘 1					청 강희(康熙) 2년(1663)	1733년, 1747년에 보수되었다. 정원은 15명이었다. 비교적 온전하게 남아 있다. 현학(縣學) 두 개, 토주학(土州學) 두 개를 관할했다.(학교는 없었다)
		보 녕 (寶寧)				부학에 부속되었다.
	부 주 (富州)					토주학(土州學)이었는데 학교가 없었다.
순 녕 (順寧) 州學 1; 縣學 1; 문묘 1					명 만력(萬曆) 34년(1606)	1874년에 성 안쪽으로 이전되었다. 정원은 12명이었다. 비교적 온전하게 남아 있다. 동향이다. 현 봉경현(鳳慶縣)에 위치한다.
		순 녕 (順寧)				부학에 부속되었다. 정원은 8명이었다. 묘학이 없었다.
	운 주 (雲州) (土)				청 강희(康熙) 연간	원래 부학에 부속되었으나, 이후 수차례 보수되었다. 현재 남아 있지 않다. 정원은 12명이었다.
곡 정 (曲靖) 州學 6; 縣學 2; 문묘 8					명 홍무(洪武) 17년(1384)	후대에 화재로 훼손되었다. 1660년에 개축되었다. 성 동쪽에 위치했다. 정원은 20명이었다. 대성전(大成殿)이 남아 있다.
		남 녕 (南寧)				부학에 부속되었다. 정원은 20명이었다. 묘학이 없었다.
		평 이 (平彛)			명 정덕(正德) 12년(1517)	평이위학(平夷衛學)이었다가 1695년에 현학으로 변경되었다. 정원은 12명이었다. 대성문(大成門)이 남아 있지 않다. 현재 부원현(富源縣)에 위치한다.
	첨 익 (沾益)					원래 선위(宣威)에 위치했는데, 1627년에 이전되었다. 강희(康熙)와 옹정(雍正) 연간에 수차례 보수되었다. 정원은 15명이었다. 대성전(大成殿)만 남아 있다.

부학 (府學)	주학 (州學)	청학 (廳學)	현학 (縣學)	향학 (鄕學)	건축 연대	중수·보수 역사, 생원 정원수 및 현황
	육 량 (陸凉)				명 가정(嘉靖) 21년(1542)	1669년에 주치(州治)의 서쪽으로 이전되었다. 1734년에 보수되었다. 정원은 15명이었다.
	나 평 (羅平)				명 만력(萬曆) 15년(1587)	1691년에 이전되었고, 1755년에 주치(州治)의 서북쪽으로 이전되었다. 정원은 12명이었다. 반지(泮池)가 남아 있다.
	마 룡 (馬龍)				명 가정(嘉靖) 21년(1542)	1725년과 1747년에 보수되었다. 주치(州治)의 남쪽에 위치했다. 정원은 12명이었다.
	심 전 (尋甸)				명 정덕(正德) 9년(1514)	원래 부학이었는데, 1668년에 주학(州學)으로 변경되고 주치(州治)의 서북쪽으로 이전되었다. 옹정(雍正)과 건륭(乾隆) 연간에 두 차례 보수되었다. 정원은 20명이었다.
	선 위 (宣威)					원래 점익주학(沾益州學)이었다. 1730년에 재건되었다. 성남에 위치했다. 정원은 12명이었다. 대성전(大成殿)만 남아 있다.
여 강 (麗江) 州學 2; 縣學 1; 문묘 4					청 강희(康熙) 36년(1697)	1725년에 복흥화북(復興和北)으로 이전되었다. 정원은 8명이었다. 주학 두 개, 현학 한 개를 관할했다. 정전(正殿)과 동무(東廡)가 남아 있다.
			여 강 (麗江)		청 건륭(乾隆) 35년(1770)	현치(縣治)에 위치했다. 정원은 7명이었다. 대성전(大成殿)과 동무(東廡)가 남아 있다.
	학 경 (鶴慶)				원 지원(至元) 8년(1271)	1631년에 재건되었다. 1770년에 부학에서 주학(州學)으로 변경되었다. 정원은 20명이었다. 비교적 완전하게 남아 있다.
	김 천 (劍川)				명 홍무(洪武) 23년(1390)	강희(康熙) 연간에 보수되었다. 1746년에 성 밖 서북쪽 근처로 이전되었다. 정원은 20명이었다. 비교적 온전하게 남아 있다.
보 이 (普洱) 廳學 2; 縣學 1; 문묘 4					청 옹정(雍正) 9년(1731)	부치(府治) 남쪽에 위치했다. 정원은 15명이었다.
		녕 이 (寧洱)			청 광서(光緒) 22년(1896)	후대에 광원서원(宏遠書院)으로 변경되었다. 대전(大殿)만 남아 있다.
		타 랑 (他郞)			청 도광(道光) 1년(1821)	동북쪽에 위치했으며 서남향이었다. 완전하게 남아 있다. 현재는 묵강현(墨江縣)에 위치한다.
		사 모 (思茅)			청 도광(道光) 23년(1843)	대성전(大成殿)과 반지(泮池)만 남아 있다.
영 창 (永昌) 縣學 2; 문묘 3						1547년에 개축되었다. 강희(康熙) 연간에 보수되었다. 부치(府治) 서쪽에 위치했다. 정원은 15명이었다. 대성전(大成殿)이 남아 있다. 현학(縣學) 두 개, 토부학(土府學) 한 개, 안무사학(按撫司學) 두 개를 관할했다.
			보 산 (保山)		명 가정(嘉靖) 11년(1532)	1670년에 보수되었다. 현치(縣治)의 북쪽에 위치했다. 정원은 20명이었다. 대성전(大成殿)이 남아 있다. 동향이다.
			영 평 (永平)			1533년에 개축되었으며, 1669년에 이전되었고, 1692년에 다시 폐수어소(廢守御所)로 이전되었다. 정원은 12명이었다.
개 화 (開化) 縣學 1; 문묘 2					청 강희(康熙) 7년(1668)	1734년, 1755년, 1756년, 1757년에 보수되었다. 정원은 20명이었다.
			문 산 (文山)		명 만력(萬曆) 45년(1617)	대전(大殿) 및 양무(兩廡)가 남아 있다.
동 천 (東川) 廳學 1; 縣學 1; 문묘 3					청 강희(康熙) 42년(1703)	남문 밖에 위치했다. 정원은 15명이었다.
			회 택 (會澤)			강희(康熙)52년에 중수되었다. 현재는 대성전(大成殿)과 숭성사(崇聖祠)가 남아 있다.
		교 가 (巧家)				대성전(大成殿)만 남아 있다.
소 통 (昭通) 州學 1; 縣學					청 옹정(雍正) 6년(1728)	남문 안에 위치했다. 정원은 12명이었다. 반지(泮池)만 남아 있다.
			은 안 (恩安)			부학에 부속되어 따로 지은 묘학이 없었다. 정원은 8명이었다.
			영 선		청 옹정(雍正)	현성(縣城) 안에 위치했다. 정원은 10명이었다.

부학 (府學)	주학 (州學)	청학 (廳學)	현학 (縣學)	향학 (鄉學)	건축 연대	중수·보수 역사, 생원 정원수 및 현황
2; 문묘 3		(永善)			6년(1728)	
	진 웅 (鎮雄)				명 가정(嘉靖) 연간	부학이었다가 1728년에 주학(州學)으로 변경되었다. 1747년에 보수되었다. 남문 안에 위치했다. 정원은 10명이었다.
	진 원 (鎮沅) 縣學 1; 문묘 2				청 옹정(雍正) 10년(1732)	부학이었다가 1770년에 주학(州學)으로 변경되었다. 주치(州治)에 위치했다. 정원은 8명이었다.
		은 락 (恩樂)			청 옹정(雍正) 10년(1732)	현성(縣城) 안에 위치했다. 정원은 8명이었다.
	광 서 (廣西)				명 성화(成化) 17년(1481)	1665년에 다시 이전되었고, 1770년에 주학(州學)으로 변경되었다. 정원은 20명이었다. 비교적 완전하게 남아 있다. 현 노서현(瀘西縣)에 위치한다.
		사 종 (師宗)	縣學 3; 문묘 4		명 숭정(崇貞) 3년(1630)	1671년에 성 동쪽에서 남문 밖으로 이전되었다. 1770년에 주학(州學)에서 현학으로 변경되었다. 정원은 12명이었다.
		미 륵 (彌勒)			명 숭정(崇貞) 7년(1634)	1770년에 주학(州學)에서 현학으로 변경되었다. 현(縣)의 남쪽에 위치한다. 정원은 15명이었다. 영성문(欞星門)이 남아 있다.
			구 북 (丘北)			1840년에 현학(縣學)으로 변경되었다. 비교적 온전하게 남아 있다.
	무 정 (武定)				명 융경(隆慶) 3년(1569)	1676년과 1723년에 보수되었다. 부학이었다가 1770년에 현학으로 변경되었다. 정원은 20명이었다. 이미 소실되었다.
		원 모 (元謀)	縣學 2; 문묘 3		명 천계(天啓) 3년(1623)	1715년, 1730년, 1747년에 보수되었다. 현치(縣治) 동쪽에 위치했다. 정원은 12명이었다.
		록 권 (錄勸)			명 숭정(崇貞) 3년(1630)	1712년에 보수되었다. 주학이었다가 1770년에 현학으로 변경되었다. 현치(縣治)의 남쪽에 위치했다. 정원은 14명이었다.
	원 강 (元江)				청 순치(順治) 17년(1660)	원래 건수주학(建水州學)에 부속되었다가 1770년에 주학(州學)으로 변경되었다. 정원은 15명이었다.
		신 평 (新平)	縣學 1		명 만력(萬曆) 20년(1592)	원래 부학에 부속되었다가, 이후에 숭아현학(嵩峨縣學)에 부속되었다. 1692년과 1731년에 보수되었다. 정원은 8명이었다. 대성전(大成殿), 숭성전(崇聖殿), 동무(東廡), 대성문(大成門) 등이 남아 있다.
	경 동 (景東)				명 정통(正統) 7년(1442)	원래 위학(衛學)이었는데, 1596년에는 부학으로, 1770년에는 청학(廳學)으로 변경되었다. 청성(廳城) 남쪽에서 3리 떨어진 금병산(錦屏山)에 위치했다. 정원은 20명이었다. 비교적 완전하게 남아 있다. 동향이다.
	몽 화 (蒙化)				명 홍무(洪武) 연간	주학이었다가 경태(景泰) 연간에 주(州)에서 부학으로, 1770년에 청학으로 변경되었다. 비교적 완전하게 남아 있다. 정원은 20명이었다. 현 외산현(巍山縣)에 위치한다.
				정 변 (定邊)		후대에 육수서원(毓秀書院)으로 변경되었다. 현재는 대문(大門)이 남아 있다.
		영 북 (永北)				1685년에 이전되었다. 부학이었다가 1770년에 청학(廳學)으로 변경되었다. 성의 동북쪽에 위치했다. 정원은 20명이었다.
		등 월 (騰越)			명 성화(成化) 16년(1480)	원래 등충위학(騰沖衛學)이었다가 1524년에는 주학(州學)으로, 1819년에는 청학(廳學)으로 변경되었다. 정원은 25명이었다. 비교적 완전하게 남아 있다. 북향이다. 선무사학(宣撫司學) 다섯 개, 안무사학(按撫司學) 두 개, 장관사학(長官司學) 두 개를 관할했다.

17) 사천성(四川省)[府學 12; 州學 8; 廳學 5; 屯務廳[8] 1]

부학 (府學)	주학 (州學)	청학 (廳學)	현학 (縣學)	향학 (鄉學)	건축 연대	중수·보수 역사, 생원 정원수 및 현황
성 도 (成都)					한문옹강당(漢文翁 講堂)	1669년에 보수되었다. 정원은 20명이었는데, 보통 주둔한 기인(旗人)들 5~6명 중 1명가량 뽑았다. 대성전(大成殿)은 금당(金堂)으로 이전되었다.

8) (옮긴이) '둔무청(屯務廳)'은 청대에 사천성에 직속(直屬)한 관청이었다.

부학 (府學)	주학 (州學)	청학 (廳學)	현학 (縣學)	향학 (鄕學)	건축 연대	중수·보수 역사, 생원 정원수 및 현황
州學 3; 縣學 13; 문묘 17			성도(成都)		송 정화(政和) 연간	명 홍무(洪武) 연간에 재건되었고, 강희(康熙) 연간 초기와 1799년에 중수되었다. 정원은 12명이었다. 현치(縣治)의 동쪽에 위치했다.
			화양(華陽)			송 초기에 맹촉태학(孟蜀太學)으로 개축되었다. 1731년에 현치(縣治) 동쪽으로 이전되었다. 정원은 12명이었다.
			쌍류(雙流)	한		명 홍무(洪武) 초기와 1733년에 재건되었다. 1779년에 보수되었다. 정원은 8명이었다. 현치(縣治)의 서남쪽에 위치했다.
			온강(溫江)		송 함평(咸平) 연간	1669년, 1732년, 1745년, 1812년에 보수되었다. 정원은 12명이었다. 완전하게 복원되었다.
			신번(新繁)		송 건덕(乾德) 3년 (965)	강희(康熙) 초기에 재건되었다. 1704년, 1716년, 1740년에 보수되었다. 정원은 8명이었다.
			금당(金堂)		송 가우(嘉祐) 초기	강희(康熙) 초기, 1751년 등에 보수되었다. 현치(縣治)의 동쪽에 위치했다. 정원은 9명이었다. 대성전(大成殿), 문(門), 숭성사(崇聖祠) 등이 남아 있다.
			신도(新都)	송		1757년에 재건되었다. 1806년에 보수되었다. 현치(縣治)의 동쪽에 위치했다. 정원은 8명이었다.
			비현(郫縣)	당 원화(元和) 초기		1764년에 현치(縣治)의 동남쪽 근처로 이전되었다. 1801년에 재건되었다. 정원은 8명이었다. 대성전(大成殿)과 반지(泮池)가 남아 있다.
			관현(灌縣)	5대(五代)		1662년에 재건되었다. 1726년, 1778년, 1790년에 보수되었다. 정원은 8명이었다. 완전하게 복원되었다.
			팽현(彭縣)	송		1730년에 재건되었다. 1779년과 1790년에 보수되었다. 현치(縣治)의 동남쪽에 위치했다. 정원은 8명이었다.
			숭녕(崇寧)	송		1730년에 재건되었다. 현치(縣治)의 서쪽에 위치했다. 정원은 8명이었다. 대성전(大成殿), 반지(泮池) 및 다리 등이 남아 있다.
			신진(新津)	송 명도(明道) 초기		1686년에 재건되었다. 1778년에 보수되었다. 현치(縣治)의 동쪽에 위치했다. 정원은 8명이었다.
			십방(什邡)	송 대중상부(大中祥符) 2년(1009)		1682년에 재건되었다. 1777년에 보수되었다. 현치(縣治)의 동쪽에 위치했다. 정원은 8명이었다. 대성전(大成殿)만 남아 있다.
	간 주 (簡州)			당		송 개보(開寶) 초기에 재건되었다. 1670년에 주치(州治) 옛 성의 동북쪽으로 이전되었다. 정원은 15명이었다.
	숭 경 (崇慶)			송 지화(至和) 연간		송 개보(開寶) 초기에 재건되었다. 1670년에 주치(州治) 옛 성의 동북쪽으로 이전되었다. 정원은 15명이었다
	한 주 (漢州)			송 가우(嘉祐) 연간		1667년에 재건되었다. 1785년에 보수되었다. 주치(州治)의 동쪽에 위치했다. 정원은 15명이었다. 완전하게 복원되었다.
중 경 (重慶)				송 소흥(紹興) 연간		1371년에 재건되었다. 강희(康熙)와 옹정(雍正) 연간에 보수되었다. 정원은 20명이었다.
州學 2; 廳學 1; 縣學 11; 鄕學 1; 문묘 16			파현(巴縣)	송 소흥(紹興) 연간		1664년에 재건되었다. 현치(縣治)의 동쪽에 위치했다. 정원은 11명이었다.
			강진(江津)	송 치평(治平) 연간		1683년에 재건되었다. 1777년과 1804년에 보수되었다. 현치(縣治)의 남쪽에 위치했다. 정원은 12명이었다.
			장수(長壽)	원 지정(至正)연간		명 말기에 화재로 훼손되었다. 1662년에 재건되었다. 강희(康熙)와 가경(嘉慶) 연간에 보수되었다. 현치(縣治)의 서북쪽에 위치했다. 정원은 8명이었다.
			영천(永川)	송 가우(嘉祐) 연간		청 1685년, 1725년, 1758년에 보수되었다. 현치(縣治)의 서쪽에 위치한다. 정원은 8명이었다.
			영창(榮昌)	명 홍무(洪武) 7년 (1374)		1684년과 1778년에 보수되었다. 현치(縣治)의 동북쪽에 위치했다. 정원은 8명이었다.
			기강(綦江)	송 덕우(德祐) 연간		1661년에 재건되었다. 1717년과 1794년에 보수되었다. 현치(縣治)의 서남쪽에 위치했다. 정원은 8명이었다.
			남천(南川)	송 지화(至和) 연간		1535년에 보수되고, 1683년에 재건되었다. 현치(縣治)의 동쪽에 위치했다. 정원은 8명이었다
			동량(銅梁)	명 홍무(洪武) 7년 (1374)		1722년에 재건되었다. 현치(縣治)의 서쪽에 위치했다. 정원은 7명이었다. 안거향학(安居鄕學)의 정원은 역시 7명이었다.
				안 거	명 성화(成化) 16년	현학이었다가 1728년에 향학으로 변경되었다. 정원은 7명이었다. 문묘 유적

부학 (府學)	주학 (州學)	청학 (廳學)	현학 (縣學)	향학 (鄉學)	건축 연대	중수·보수 역사, 생원 정원수 및 현황
				(安居)	(1480)	지 남아 있다.
			대족(大足)		원 지순(至順) 연간	1730년에 재건되었다. 1744년에 보수되었다. 현치(縣治)의 동북쪽에 위치했다. 정원은 8명이었다.
			벽산(壁山)		당 지덕(至德) 2년 (757)	1686년과 1731년에 보수되었다. 현치(縣治)의 서쪽에 위치했다. 정원은 8명이었다. 대성전(大成殿) 등이 남아 있다.
			정원(定遠)		명 가정(嘉靖) 연간	1733년과 1795년에 보수되었다. 현치(縣治)의 서쪽에 위치했다. 정원은 8명이었다. 중심 건물 일부가 남아 있다.
		강 북 (江北)			청 가경(嘉慶) 16년 (1811)	청치(廳治)의 서북쪽에 위치했다. 정원은 6명이었다.
	합 주 (合州)				송 가우(嘉祐) 연간	1684년에 재건되었다. 주치(州治) 서쪽에 위치했다. 정원은 12명이었다.
	부 주 (涪州)				송 소흥(紹興) 연간	1707년에 재건되었다. 1725년과 1774년에 보수되었다. 주치(州治) 남쪽에 위치했다. 정원은 12명이었다.
보 녕 (寶寧) 州學 2; 縣學 7; 문묘 10					송 대관(大觀) 4년 (1110)	명 홍무(洪武) 연간, 청 순치(順治) 연간에 보수되었다. 부치(府治) 서남쪽에 위치했다. 정원은 20명이었다. 아무것도 남아 있지 않다.
			랑중(閬中)		송	명 숭정(崇禎) 연간에 동문 밖으로 이전되었다. 1664년과 1809년에 보수되었다. 정원은 15명이었다. 비교적 완전하게 복원되었다.
			창계(蒼溪)		송 소흥(紹興) 연간	1720년과 1783년에 보수되었다. 현치(縣治)의 서북쪽에 위치했다. 정원은 8명이었다.
			남부(南部)		수 개황(開皇) 1년 (581)	강희(康熙)초기에 보수되었다. 현치(縣治)의 서쪽에 위치했다. 정원은 15명이었다. 중심 건물, 반지(泮池), 조벽(照壁)이 남아 있다.
			광원(廣元)		당	1666년에 재건되었고, 1694년에 보수되었다. 현치(縣治)의 동남쪽에 위치했다. 정원은 12명이었다.
			소화(昭化)		송 경력(慶歷) 연간	1754년에 북문 밖으로 이전되었다. 정원은 8명이었다.
			통강(通江)		송 가우(嘉祐) 연간	1684년과 1723년에 보수되었다. 현치(縣治)의 서북쪽에 위치했다. 정원은 8명이었다. 중심 건물 일부가 남아 있다.
			남강(南江)		명 정덕(正德) 연간	1660년에 현(縣) 동쪽에서 1리 떨어진 곳으로 이전되었다. 정원은 8명이었다. 중심 건물 일부가 남아 있다.
	파 주 (巴州)				수 개황(開皇) 연간	1690년에 주(州) 동쪽의 파강(巴江) 북쪽으로 이전되었다. 정원은 12명이었다.
	검 주 (劍州)				송 경력(慶歷) 연간	1659년과 1793년 등에 보수되었다. 동문밖에 위치했다. 정원은 12명이었다. 대성전(大成殿) 일부 건물이 남아 있다.
순 경 (順慶) 州學 2; 縣學 6; 문묘 9					송 경력(慶歷) 연간	1670년에 보수되었다. 부치(府治)의 남쪽에 위치했다. 정원은 15명이었다. 대성전(大成殿)과 숭성사(崇聖祠) 등이 남아 있다.
			남충(南充)		명 초기	1796년에 현치(縣治)의 남쪽으로 이전되었다. 정원은 12명이었다.
			서충(西充)		송 순우(淳祐) 연간	1685년에 보수되었다. 남문밖에 위치했다. 정원은 12명이었다. 비교적 온전하게 남아 있다.
			영산(營山)		원 지순(至順) 연간	1667년, 1731년, 1742년, 1802년에 보수되었다. 현치(縣治)의 서쪽에 위치한다. 정원은 12명이었다.
			의롱(儀隴)		송 가정(嘉定) 연간	순치(順治) 연간에 재건되었다. 강희(康熙), 건륭(乾隆), 가경(嘉慶) 연간에 중수되었다. 현치(縣治) 북쪽의 금산성(金山城)에 위치했다. 정원은 8명이었다. 비교적 완전하게 남아 있다.
			린수(隣水)		송	1662년과 1811년에 보수되었다. 현치(縣治)의 동쪽에 위치했다. 정원은 8명이었다.
			악지(岳池)		송 태평흥국(太平興國) 연간	1661년, 1721년, 1788년에 보수되었다. 정원은 8명이었다. 완전하게 남아 있다.
	봉 주 (蓬州)				송 순우(淳祐) 연간	원 지정(至正) 연간에 주치(州治) 북쪽으로 이전되었고 1772년에 보수되었다. 정원은 12명이었다. 중심 건물 일부가 남아 있다.
	광 안 (廣安)				송 가우(嘉祐) 연간	1663년, 1711년, 1730년, 1807년에 보수되었다. 정원은 12명이었다. 중심 건물 일부가 남아 있다.

부학 (府學)	주학 (州學)	청학 (廳學)	현학 (縣學)	향학 (鄉學)	건축 연대	중수·보수 역사, 생원 정원수 및 현황
서 주 (敍州) 廳學 2; 縣學 11; 문묘 14					송 경력(慶歷) 연간	만력(萬歷) 연간에 부치(府治) 동쪽으로 이전되었고, 1684년과 1783년에 보수되었다. 정원은 20명이었다. 대성전(大成殿)이 남아 있다.
			의빈(宜賓)		송 경력(慶歷) 연간	1686년에 재건되었다. 1717년과 1806년에 보수되었다. 정원은 20명이었다. 대성전(大成殿)이 남아 있다.
			경부(慶符)		원 대덕(大德) 연간	1398년에 현치(縣治)의 뒤쪽으로 이전되었다. 1686년, 1741년, 1797년에 보수되었다. 정원은 12명이었다.
			부순(富順)		송 경력(慶歷) 4년 (1044)	1682년과 1755년에 보수되었다. 현치(縣治)의 동쪽에 위치했다. 정원은 12명이었다. 완전하게 복원되었다.
			남계(南溪)		송 희녕(熙寧) 연간	1575년에 현치(縣治)의 서북쪽으로 이전되었다. 1685년과 1779년에 보수되었다. 정원은 8명이었다.
			장녕(長寧)		송 순우(淳祐) 연간	1668년, 1754년, 1807년에 보수되었다. 현치(縣治)의 서남쪽에 위치했다. 정원은 8명이었다. 대성전(大成殿)이 남아 있다.
			고현(高縣)		명 홍무(洪武) 8년 (1375)	1717년에 현치(縣治)의 동쪽으로 이전되었다. 1761년에 보수되었다. 정원은 8명이었다.
			균련(筠連)		명 홍무(洪武) 7년 (1374)	1715년에 재건되었다. 1807년에 보수되었다. 현치(縣治)의 서쪽에 위치했다. 정원은 8명이었다.
			공현(珙縣)		원	1689년과 1739년에 보수되었다. 현치(縣治)의 동남쪽에 위치했다. 정원은 8명이었다.
			흥문(興文)		원 지원(至元) 연간	1719년에 현치(縣治)의 남쪽으로 이전되었다. 1793년과 1812년에 보수되었다. 정원은 8명이었다.
			융창(隆昌)		명 융경(隆慶) 연간	1686년, 1719년, 1801년에 보수되었다. 현치(縣治)의 서쪽에 위치했다. 정원은 8명이었다.
			병산(屏山)		원 말기	1669년에 재건되었다. 1734년과 1808년에 보수되었다. 현치(縣治)의 동북쪽에 위치했다. 정원은 8명이었다. 대성전(大成殿)이 남아 있다.
		마 변 (馬邊)			명 만력(萬歷) 연간	1737년과 1780년에 보수되었다. 청치(廳治)의 남쪽에 위치했다. 정원은 5명이었다.
		뢰 파 (雷波)			청 가경(嘉慶) 3년 (1798	청치(廳治) 안에 위치했다. 정원은 3명이었다.
기 주 (夔州) 縣學 6; 문묘 7					송	1371년에 보수되었고, 1685년에 재건되었다. 부치(府治) 동쪽에 위치했다. 정원은 10명이었다.
			봉절(奉節)		명 홍무(洪武) 4년 (1371)	1474년에 부학으로 편입되고 1685년에 재건되었다. 정원은 8명이었다. 대성전(大成殿) 등이 남아 있다.
			무산(巫山)		원 지정(至正) 연간	1682년에 보수되었다. 현치(縣治)의 서북쪽에 위치했다. 정원은 7명이었다.
			운양(雲陽)		원 지대(至大)초기	1685년, 1725년, 1729년에 보수되었다. 현치(縣治)의 동북쪽에 위치했다. 정원은 7명이었다.
			만현(萬縣)		원 지원(至元) 연간	1683년에 보수되었다. 현치(縣治)의 북쪽에 위치했다. 정원은 8명이었다.
			개현(開縣)		원 지원(至元) 연간	1667년에 현치(縣治)의 서쪽으로 이전되었다. 1685년과 1812년에 보수되었다. 정원은 4명이었다. 예문(禮門)과 의로방(義路坊)이 남아 있다.
			대녕(大寧)		송 가정(嘉定) 2년 (1209)	1667년에 봉절현학(奉節縣學)으로 편입되었다. 1730년에 재건되었다. 현치(縣治)의 남쪽에 위치했다. 정원은 8명이었다.
용 안 (龍安) 縣學 4; 문묘 5					송	융경(隆慶) 연간에 재건되었다. 1683년과 1806년에 보수되었다. 정원은 15명이었다. 부치(府治)의 남쪽에 위치했다.
			평무(平武)		명 만력(萬歷) 연간	1683년과 1806년에 보수되었다. 현치(縣治)의 왼쪽에 위치했다. 정원은 8명이었다.
			강유(江由)		원 지원(至元) 연간	1751년에 현치(縣治)의 서남쪽으로 이전되었다. 1796년에 보수되었다. 정원은 8명이었다.
			석천(石泉)		송	1718년에 현(縣) 동쪽 망숭산(望崇山) 기슭으로 다시 이전되었다. 1752년에 보수되었다. 정원은 8명이었다.
			창명(彰明)		당 대중(大中) 12년	1659년에 면주(綿州) 주학(州學)으로 편입되었다가 1730년에 다시 현학으로 변

부학(府學)	주학(州學)	청학(廳學)	현학(縣學)	향학(鄕學)	건축 연대	중수·보수 역사, 생원 정원수 및 현황
					(858)	경되었다. 1768년에 현치(縣治)의 서북쪽으로 이전되었다. 정원은 5명이었다.
녕 원(寧遠) 州學 1; 廳學 1; 縣學 3; 문묘 6					청 가경(嘉慶) 14년 (1809)	부치(府治)의 서쪽에 위치했다. 정원은 8명이었다. 현(縣) 세 개, 주(州) 한 개, 청(廳) 한 개를 관할한다.
			서창(西昌)		원	건창위학(建昌衛學)이었다. 1386년에 보수되고, 1728년에 현학으로 변경되었다. 1730년에 재건되었다. 정원은 12명이었다.
			면녕(冕寧)		청 강희(康熙) 26년 (1687)	평번위학(平番衛學)이었다. 1728년에 현학으로 변경되었다. 현치(縣治)의 서쪽에 위치했다. 정원은 8명이었다.
			염원(鹽源)		명 홍무(洪武) 29년 (1396)	염정위학(鹽井衛學)이었다. 1728년에 현학으로 변경되었다. 현치(縣治)의 서쪽에 위치했다. 정원은 10명이었다.
		월 수(越嶲)			명 홍무(洪武) 28년 (1395)	월수위학(越嶲衛學)이었다. 1728년에 청학(廳學)으로 변경되었다. 청치(廳治)의 서남쪽에 위치했다. 대성전(大成殿)이 남아 있다.
	회 리(會理)				명 홍무(洪武) 연간	예전에 회천위학(會川衛學)이었다. 1690년에 재건되었다. 1728년에 주학(州學)으로 변경되었다. 정원은 10명이었다.
아 주(雅州) 州學 1; 縣學 5					송 소흥(紹興) 연간	강희(康熙) 연간에 새 부치(府治)로 이전되었다. 1696년과 1722년에 보수되었다. 정원은 8명이었다.
			아안(雅安)		청 가경(嘉慶) 3년 (1798)	현치(縣治)의 서쪽에 위치했다. 정원은 12명이었다.
			명산(名山)		송 소흥(紹興) 연간	가정(嘉靖) 연간에 1701년과 1736년에 보수되었다. 정원은 8명이었다. 완전하게 남아 있다.
			영경(榮經)		당 무덕(武德) 2년 (619)	1694년에 현치(縣治)의 서쪽으로 다시 이전되었다. 1736년에 보수되었다. 정원은 8명이었다.
			로산(蘆山)		송 보원(寶元) 연간	강희(康熙)초기에 보수되었다. 현치(縣治)의 동쪽에 위치했다. 정원은 8명이었다.
			청계(淸溪)			청 1730년에 북문 밖에 수축되었다. 1799년에 현치(縣治)의 뒷 쪽으로 이전되었다. 정원은 6명이었다. 비교적 온전하게 남아 있다.
	천 전(天全)				청 건륭(乾隆) 18년 (1753)	주치(州治)의 서쪽에 위치했다. 정원은 8명이었다. 대성전(大成殿)이 남아 있다.
가 정(嘉定) 廳學 1(실제로 학교 없었음); 縣學 7; 문묘 8					당 무덕(武德) 초기	1734년에 부학으로 변경되었다. 정원은 15명이었다. 온전하게 남아 있다.
			락산(樂山)		청 건륭(乾隆) 6년 (1741)	정원은 16명이었다. 묘학이 없었다.
			아미(峨眉)		송 경력(慶歷) 2년 (1042)	1732년에 현치(縣治)의 남쪽으로 다시 이전되었다. 정원은 8명이었다.
			홍아(洪雅)		명 성화(成化) 19년 (1483)	1780년 등에 보수되었다. 현치(縣治)의 동쪽에 위치했다. 정원은 12명이었다. 대성전(大成殿), 영성문(欞星門), 반지(泮池)가 남아 있다.
			협강(夾江)		수 개황(開皇) 연간	1672년과 1768년에 보수되었다. 현치(縣治)의 동남쪽에 위치했다. 정원은 12명이었다. 대성전(大成殿)이 남아 있다.
			건위(犍爲)		송 대중상부(大中祥符) 연간	1670년에 재건되었다. 현치(縣治)의 남쪽에 위치했다. 정원은 12명이었다. 온전하게 남아 있다.
			영현(榮縣)		당 무덕(武德) 연간	1684년에 재건되었다. 현치(縣治)의 동쪽에 위치했다. 정원은 6명이었다. 중심 건물 일부와 반지(泮池)가 남아 있다.
			위원(威遠)		수 개황(開皇) 연간	1667년에 제거되고, 1730년에 재건되었다. 1751년과 1813년에 보수되었다. 정원은 6명이었다.
동 천(潼川) 縣學 8					송 대관(大觀) 초기	강희(康熙) 초기, 1761년, 1785년에 보수되었다. 정원은 15명이었다. 대성전(大成殿)과 반지(泮池)가 남아 있다.
			삼대(三臺)		청 건륭(乾隆) 6년 (1741)	부학에 부속되어 묘학을 공유했다. 따로 지은 묘학이 없었다. 정원은 12명이었다.
			사홍(射洪)		송 원부(元符) 연간	1667년에 재건되었다. 현치(縣治)의 남쪽에 위치했다. 정원은 12명이었다. 반지(泮池), 대성전(大成殿), 존경각(尊經閣)이 남아 있다.
			염정(鹽亭)		당 정관(貞觀) 연간	1538년에 현치(縣治)의 서북쪽으로 이전되었다. 강희(康熙) 연간, 건륭(乾隆) 연간, 가경(嘉慶) 연간에 수차례 보수되었다. 정원은 10명이었다.

부학 (府學)	주학 (州學)	청학 (廳學)	현학 (縣學)	향학 (鄕學)	건축 연대	중수·보수 역사, 생원 정원수 및 현황
			중강(中江)		진(晉)	1695년과 1718년에 보수되었다. 현치(縣治)의 남쪽에 위치했다. 정원은 10명이었다. 온전하게 남아 있다.
			수녕(邃寧)		당 정원(貞元) 연간	1667년에 재건되었다. 1691년에 보수되었다. 현치(縣治)의 서남쪽에 위치했다. 정원은 12명이었다.
			봉계(蓬溪)		당 개원(開元) 연간	송 대중상부(大中祥符) 연간과 순치(順治) 연간에 재건되었다. 1672년과 1799년에 보수되었다. 성 북쪽에 위치했다. 정원은 8명이었다.
			안악(安岳)		송 원우(元祐) 연간	1662년에 제거되고 1728년에 재건되었다. 남문 밖에 위치했다. 정원은 8명이었다. 온전하게 남아 있다.
			낙지(樂至)		명 정덕(正德) 연간	1757년에 현치(縣治)의 북쪽으로 이전되었다. 1773년에 보수되었다. 정원은 8명이었다.
수 녕 (綏寧) 縣學 5; 문묘 5					명 홍무(洪武) 4(1371)년	달주주학(達州州學)이었다가 1802년에 부학으로 변경되었다. 부치(府治)의 동남쪽에 위치했다. 정원은 20명이었다.
			달현(達縣)		원 대덕(大德) 연간	청 가경(嘉慶) 7년(1802)에 보수되었다. 현치(縣治)의 동남쪽에 위치했다. 정원은 8명이었다.
			동향(東鄕)		명 만력(萬曆) 초기	1685년에 보수되었다. 가경(嘉慶) 초기에 화재로 소각된 후 더는 보수되지 않았다. 정원은 8명이었다. 묘학이 없었다.
			신녕(新寧)		송 순희(淳熙) 연간	1668년에 량산현학(梁山縣學)으로 편입되었다가 1730년에 복원되었다. 현치(縣治)의 동쪽에 위치했다. 정원은 8명이었다.
			거현(渠縣)		송 가정(嘉定) 연간	만력(萬曆) 연간에 재건되었다. 1702년과 1737년에 보수되었다. 현치(縣治)의 서쪽에 위치했다. 정원은 12명이었다. 온전하게 남아 있다.
			대죽(大竹)		송 가정(嘉定) 연간	1670년에 재건되었다. 1791년과 1809년에 보수되었다. 현치(縣治)의 남쪽에 위치했다. 정원은 8명이었다.
	미 주 (眉州) 縣學 3; 문묘 4				송	1663년에 재건되었다. 1778년에 보수되었다. 주치(州治)의 남쪽에 위치했다. 정원은 12명이었다.
			단릉(丹稜)		송 소흥(紹興) 12년 (1142)	강희(康熙) 초기에 현치(縣治)의 남쪽으로 이전되었다. 정원은 8명이었다.
			팽산(彭山)		원 천력(天曆) 2년 (1329)	1622년에 미주학(眉州學)으로 편입되었다. 1730년에 재건되었다. 현치(縣治)의 서남쪽에 위치했다. 정원은 6명이었다.
			청신(青神)		청 옹정(雍正) 8년 (1730)	현치(縣治)의 서남쪽에 위치했다. 정원은 6명이었다. 대성전(大成殿)이 남아 있다.
	공 주 (邛州) 縣學 2; 문묘 3				당 무덕(武德) 연간	1667년에 재건되었다. 건륭(乾隆) 연간에 두 차례 보수되었다. 주치(州治)의 남쪽에 위치했다. 정원은 15명이었다.
			대읍(大邑)		당 함형(咸亨) 연간	강희(康熙) 초기에 재건되었다. 1747년에 보수되었다. 현치(縣治)의 남쪽에 위치했다. 정원은 8명이었다.
			포강(蒲江)		수	1695년에 현치(縣治)의 동쪽으로 이전되었다. 정원은 8명이었다. 대성전(大成殿)이 남아 있다.
	로 주 (瀘州) 縣學 3; 土司 學鄕 學 1; 문묘 5				당 함형(咸亨) 연간	명 말기에 화재로 훼손되었다. 1682년에 주치(州治)의 남쪽으로 이전되었다. 정원은 15명이었다.
			납계(納溪)		원 지정(至正) 연간	1699년에 현치(縣治)의 서쪽으로 이전되었다. 1750년에 보수되었다. 정원은 8명이었다.
			합강(合江)		송 원우(元祐) 연간	1376년에 재건되었다. 1667년과 1747년에 보수되었다. 현치(縣治)의 서쪽에 위치했다. 정원은 8명이었다. 반지(泮池)가 남아 있다.
			강안(江安)		송 대관(大觀) 연간	1694년에 현치(縣治)의 남쪽으로 이전되었다. 1744년에 보수되었다. 정원은 8명이었다. 대성전(大成殿), 향현사(鄕賢祠) 등이 남아 있다.
				구 성 (九姓)	명 홍무(洪武) 4년 (1371)	1704년에 재건되었다. 1744년에 보수되었다. 사치(司治)의 서남쪽에 위치했다. 정원은 8명이었다. 토사학(土司學)이 남아 있다.
	자 주 (資州) 縣學				송 옹회(雍熙) 연간	1829년에 북문 밖으로 이전되었다. 정원은 12명이었다. 온전하게 남아 있다. 현재는 자중현(資中縣)에 위치한다.
			자양(資陽)		송 가우(嘉祐) 초기	1725년에 보수되었다. 현치(縣治)의 남쪽에 위치했다. 정원은 9명이었다.

부학 (府學)	주학 (州學)	청학 (廳學)	현학 (縣學)	향학 (鄉學)	건축 연대	중수·보수 역사, 생원 정원수 및 현황
4; 문묘 5			내강(內江)		송 건덕(乾德) 초기	1664년에 재건되었다. 현치(縣治)의 서쪽에 위치했다. 정원은 12명이었다.
			인수(仁壽)		송 순화(淳化) 초기	1667년에 재건되었다. 1752년과 1802년에 보수되었다. 현치(縣治)의 동남쪽에 위치했다. 정원은 9명이었다.
			정연(井研)		송 건덕(乾德) 초기	1664년, 1714년, 1734년에 보수되었다. 현치(縣治)의 동남쪽에 위치했다. 정원은 10명이었다.
	면 주 (綿州) 縣學 5; 문묘 6				당 정관(貞觀) 3년 (629)	1685년에 주치(州治)의 서남쪽으로 이전되었다. 1800년과 1812년에 보수되었다. 정원은 10명이었다.
			덕양(德陽)		송 개희(開禧) 2년 (1206)	순치(順治) 연간에 재건되었다. 1705년과 1740년에 보수되었다. 현치(縣治)의 남쪽에 위치했다. 정원은 9명이었다. 온전하게 남아 있다
			나강(羅江)		송 희녕(熙寧) 3년 (1070)	1769년에 면주주학(綿州州學)에 편입되었다. 1802년에 복원되었다. 현치(縣治)의 동쪽에 위치했다. 정원은 6명이었다.
			안현(安縣)		송 희녕(熙寧) 초기	명 가정(嘉靖) 연간에 북문 밖으로 이전되었다. 1699년, 1726년, 1789년에 보수되었다. 정원은 8명이었다.
			면죽(綿竹)		송 경덕(景德) 초기	1373년 현치(縣治)의 동쪽으로 이전되었다. 강희(康熙) 연간에 보수되었다. 정원은 8명이었다.
			재동(梓潼)		송 순희(淳熙) 연간	순치(順治) 초기에 재건되었다. 강희(康熙)와 건륭(乾隆) 연간에 네 차례 보수되었다. 현치(縣治)의 동쪽에 위치했다. 정원은 8명이었다.
	무 주 (茂州) 縣學 1; 문묘 2				명 홍무(洪武) 8년 (1375)	1659년에 재건되었다. 주치(州治)의 남쪽에 위치했다. 정원은 6명이었다. 현학(縣學) 한 개, 토사학(土司學)[9] 아홉 개를 관할했다.
			문천(汶川)		명 가정(嘉靖) 2년 (1523)	1795년과 1800년에 보수되었다. 현치(縣治)의 남쪽에 위치했다. 정원은 6명이었다.
	충 주 (忠州) 縣學 3; 문묘 4				원 원통(元統) 연간	1806년에 주치(州治)의 동쪽으로 이전되었다. 정원은 12명이었다.
			풍도(豊都)		원 지정(至正) 연간	현치(縣治)의 서쪽에 위치했다. 정원은 8명이었다. 1988년에 쌍계산(雙桂山)으로 이전되었다. 이전된 후에 완전하게 복원되었다.
			점강(墊江)		송 순우(淳祐) 초기	1709년에 보수되었다. 현치(縣治)의 서쪽에 위치했다. 정원은 8명이었다.
			양산(梁山)		송 보경(寶慶) 연간	1666년에 재건되었다. 1686년, 1721년, 1804년에 보수되었다. 현치(縣治)의 남쪽에 위치했다. 정원은 8명이었다.
	유 양 (酉陽) 縣學 3; 문묘 4				명 영락(永樂) 6년 (1408)	1786년에 주치(州治)의 서쪽으로 이전되었다. 정원은 8명이었다.
			수산(秀山)		청 건륭(乾隆) 59년 (1794)	현치(縣治)의 동쪽에 위치했다. 정원은 8명이었다.
			검강(黔江)		송	1793년에 현치(縣治)의 동북쪽으로 이전되었다. 정원은 8명이었다.
			팽수(彭水)		송 소흥(紹興) 연간	1664년에 현치(縣治)의 동쪽으로 이전되었다. 1683년, 1711년, 1811년에 보수되었다. 정원은 8명이었다.
		서 영 (敍永) 문묘2			원 지원(至元) 연간	명대에 선무사학(宣撫司學)이었다. 1683년에 현치(縣治)의 서쪽으로 이전되었다. 정원은 12명이었다.
				영녕(永寧)	명 정통(正統) 8년 (1443)	위학(衛學)이었다가 옹정(雍正) 연간에 현학으로 변경되었다. 1660년과 1686년에 보수되었다. 현치(縣治)의 동쪽에 위치했다. 정원은 12명이었다.
		송 반 (松潘)			명 경태(景泰) 3년 (1452)	원래 지휘사사학(指揮使司學)이었다. 강희(康熙) 연간에 보수되었다. 청치(廳治)의 동쪽에 위치했다. 정원은 6명이었다.
		석 주 (石砫)			청 건륭(乾隆) 46년 (1781)	청치(廳治)의 동쪽에 위치했다. 정원은 6명이었다. 토사학(土司學) 하나를 관할한다.
		잡 곡 (雜穀)			명 홍무(洪武) 연간	현학(縣學)이었다가 1801년에 청학(廳學)으로 변경되었다. 1723년에 현치(縣治)의 남쪽으로 이전되었다. 토사학(土司學) 네 개를 관할했다.
		태 평 (太平)			명 정덕(正德) 10년 (1515)	원래 현학(縣學)이었는데, 1685년에 재건되었고, 1802년에 청(廳)으로 변경되었다. 청치(廳治)의 동쪽에 위치했다. 정원은 8명이었다.

18) 광동성(廣東省)

부학 (府學)	주학 (州學)	청학 (廳學)	현학 (縣學)	향학 (鄕學)	건축 연대	중수·보수 역사, 생원 정원수 및 현황
광 주 (廣州) 縣學 14; 문묘 15					송 소성(紹聖) 3년(1096)	1656년과 1793년에 보수되었다. 부치(府治)의 남쪽에 위치한다. 정원은 36명이었다. 그중에서 동완(東莞)와 신안(新安) 지역의 객동(客童)[10]은 각 2명씩 있었다.
			남해(南海)		원 지원(至元) 30년(1293)	1650년, 1683년, 1737년, 1816년에 보수되었다. 부치(府治)의 서쪽에 위치했다. 정원은 20명이었다.
			반우(番禺)		명 홍무(洪武) 3년(1370)	1655년, 1684년, 1747년 등에 보수되었다. 부치(府治)의 동쪽에 위치했다. 정원은 20명이었다. 비교적 온전하게 남아 있다.
			순덕(順德)		명 경태(景泰) 3년(1452)	1672년, 1723년, 1743년에 보수되었다. 현치(縣治)의 동남쪽에 위치했다. 정원은 20명이었다.
			동완(東莞)		송 순희(淳熙) 13년(1186)	1680년과 1729년에 보수되었다. 현(縣)의 동성(東城) 밖에 위치했다. 정원은 20명이었다.
			종화(從化)		명 홍치(弘治) 8년(1495)	1665년과 1673년에 보수되었다. 현치(縣治)의 왼쪽에 위치했다. 정원은 8명이었다. 대성전(大成殿)이 남아 있다.
			용문(龍門)		명 홍치(弘治) 9년(1496)	1666년에 보수되었다. 현치(縣治)의 서쪽에 위치했다. 정원은 8명이었다.
			증성(增城)		송 개희(開禧) 1년(1205)	1370년에 현치(縣治)의 서북쪽으로 이전되었다. 정원은 15명이었다. 대성전(大成殿)이 남아 있다.
			신회(新會)		송 경력(慶曆) 연간	후대에 화재로 훼손되었다. 1370년에 다시 수축되었다. 정원은 18명이었다. 비교적 온전하게 남아 있다.
			향산(香山)		송 소흥(紹興) 26년(1156)	1671년, 1712년, 1725년에 보수되었다. 성 동쪽에서 1리 떨어진 런봉산(蓮峰山) 기슭에 위치했다. 정원은 20명이었다.
			삼수(三水)		명 가정(嘉靖) 6년(1527)	1685년과 1740년에 보수되었다. 현치(縣治) 서쪽의 봉황강(鳳凰岡)에 위치했다. 정원은 15명이었다. 1997년에 재건되었다.
			신녕(新寧)		명 홍치(弘治) 연간	1661년과 1685년에 보수되었다. 현치(縣治)의 동쪽에 위치했다. 정원은 12명이었다. 객동(客童)은 2명이었다.
			청원(淸遠)		송 순우(淳祐) 연간	원대 이후에 수차례 이전되었으며, 1755년에 성남 봉황대(鳳凰臺) 뒤쪽으로 이전되었다. 정원은 8명이었다.
			신안(新安)		명 만력(萬曆) 초기	1642년에 동문 밖으로 이전되었다. 1671년과 1782년, 1784년에 보수되었다. 정원은 8명이었다.
			화현(花縣)		청 강희(康熙) 25년(1686)	1736년과 1820년에 보수되었다. 현치(縣治)의 동쪽에 위치했다. 정원은 8명이었다. 하마비(下馬碑)만 남아 있다.
소 주 (韶州) 縣學 6; 문묘 7					송 지화(至和) 2년(1055)	만력(萬曆) 연간에 재건되었다. 1673년과 1727년에 보수되었다. 부치(府治)의 남쪽에 위치했다. 정원은 21명이었다. 대성전(大成殿)이 남아 있다.
			곡강(曲江)		송 소흥(紹興) 초기	1580년에 현치(縣治)의 서쪽으로 이전되었다. 1659년, 1671년, 1683년에 보수되었다. 정원은 15명이었다.
			낙창(樂昌)		송	1580년에 동문 밖으로 이전되었다. 1715년에 보수되었다. 정원은 8명이었다.
			인화(仁化)		송 가정(嘉定) 3년(1210)	1241년에 현치(縣治)의 서쪽으로 이전되었다. 1651년과 1681년에 보수되었다. 정원은 8명이었다.
			유원(乳源)		송 건도(乾道) 3년(1167)	1661년에 이전되었고, 1710년에 동문 밖 오당(吳塘)으로 다시 이전되었다. 1721년에 보수되었다. 정원은 8명이었다.
			옹원(翁源)			원대에 폐허가 되고 명 홍무(洪武) 연간에 현치(縣治)의 동쪽으로 이전되었다. 1671년과 1727년에 보수되었다. 정원은 8명이었다.
			영덕(英德)		송	만력(萬曆) 연간에 정양(湞陽)에서 성 안으로 이전되었다. 1763년에 이전되었고, 1814년에 원래 위치로 이전되었다. 정원은 15명이었다.

....

9) (옮긴이) 토사(土司)는 소수민족 자치구역을 말한다.

부학 (府州)	주학 (州學)	청학 (廳學)	현학 (縣學)	향학 (鄉學)	건축 연대	중수·보수 역사, 생원 정원수 및 현황
혜 주 (惠州)					송 순희(淳熙) 2년(1175)	1375년에 재건되었다. 순치(順治) 연간과 1738년에 보수되었다. 정원은 27명이었다.
州學 1; 縣學 9; 문묘 11			귀선(歸善)		원 태정(泰定) 연간	1659년과 1685년에 보수되었다. 동문 밖 백학봉(白鶴峰) 밑에 위치했다. 정원은 15명이었다. 대성전(大成殿)과 문(門)이 남아 있다.
			박라(博羅)		송 함순(咸淳) 연간	명 홍무(洪武) 연간에 송대와 원대 옛터에 수축되었다. 1668년에 보수되었다. 현치(縣治)의 동쪽에 위치했다. 정원은 15명이었다.
			장녕(長寧)		명 만력(萬曆) 6년(1578)	1679년에 재건되었다. 1746년에 보수되었다. 현치(縣治)의 동쪽에 위치했다. 정원은 8명이었다.
			영안(永安)		명 만력(萬曆) 11년(1583)	1683년에 재건되었다. 현치(縣治)의 동북쪽에 위치했다. 정원은 12명이었다.
			해풍(海豊)			송 1041년에 이전되었고, 1380년에 재건되었다. 1647년에 보수되었다. 정원은 10명이었다. 비교적 온전하게 남아 있다.
			육풍(陸豊)		청 옹정(雍正) 11년(1733)	동문 안에 위치했다. 정원은 10명이었다.
			용천(龍川)			1542년에 현치(縣治)의 동쪽으로 이전되었다. 1668년에 재건되었다. 정원은 15명이었다. 대성전(大成殿), 각(閣), 당(堂)이 남아 있다.
			하원(河源)		명 홍무(洪武) 초기	1701년에 옛 성의 동남쪽으로 이전되었다. 1731년과 1742년에 보수되었다. 정원은 12명이었다.
			화평(和平)		명 정덕(正德) 16년(1521)	1669년, 1703년, 1727년에 보수되었다. 현치(縣治)의 서쪽에 위치했다. 정원은 12명이었다. 대성전(大成殿)과 명륜당(明倫堂)이 남아 있다.
	연 평 (連平)				명 숭정(崇貞) 6년(1633)	1671년에 재건되었다. 1691년과 1781년에 보수되었다. 주치(州治) 동쪽에 위치했다. 정원은 12명이었다.
조 주 (潮州)					송 경력(慶曆) 연간	1141년에 현치(縣治)의 동쪽으로 이전되었다. 1661년에 재건되었고 1762년에 보수되었다. 정원은 25명이었다.
縣學 9; 문묘 10			해양(海陽)			송 소흥(紹興) 연간에 부치(府治) 서쪽으로 이전되었다. 1681년과 1739년에 보수되었다. 정원은 16명이었다. 비교적 완전하게 남아 있다.
			조양(潮陽)		송 소정(紹定) 3년(1230)	1664년과 1686년에 보수되었다. 현치(縣治)의 동남쪽에 위치했다. 정원은 18명이었다. 2010년에 재건되었다.
			게양(揭陽)		송 소흥(紹興) 10년(1140)	만력(萬曆) 연간에 증축되었다. 1660년, 1728년, 1751년에 보수되었다. 현치(縣治)의 동쪽에 위치했다. 정원은 18명이었다. 온전하게 남아 있다.
			요평(饒平)		명 성화(成化) 14년(1478)	1659년에 재건되었다. 현치(縣治)의 동쪽에 위치했다. 정원은 15명이었다. 중심 건물 일부와 영성문(欞星門), 각당(閣堂)이 남아 있다.
			혜래(惠來)			1540년에 현치(縣治)의 동쪽으로 이전되었다. 1680년, 1736년, 1819년에 보수되었다. 정원은 12명이었다.
			대포(大埔)		명 가정(嘉靖) 6년(1527)	1659년, 1685년, 1725년, 1739년에 보수되었다. 현치(縣治)의 서쪽에 위치했다. 정원은 12명이었다.
			징해(澄海)		명 가정(嘉靖) 43년(1564)	1683년에 재건되었다. 1725년, 1739년, 1767년, 1816년에 보수되었다. 현치(縣治)의 동쪽에 위치했다. 정원은 20명이었다.
			보녕(普寧)		명 가정(嘉靖) 42년(1563)	현치(縣治)의 남쪽에 위치했다. 정원은 10명이었다. 대성전(大成殿), 숭성사(崇聖祠), 영성문(欞星門), 연못, 조벽(照壁)이 남아 있다.
			풍순(豊順)		청 건륭(乾隆) 10년(1745)	태평공관(太平公館) 구지(舊址)에 재건되었다. 북문 밖에 위치했다. 정원은 10명이었다.

---

10) (옮긴이) 객동(客童)은 타 지방에서 이사 온 집안의 아동 생원을 말한다.

부학 (府學)	주학 (州學)	청학 (廳學)	현학 (縣學)	향학 (鄕學)	건축 연대	중수·보수 역사, 생원 정원수 및 현황
장 사 (長沙)					송	홍무(洪武) 연간에 재건되었다. 순치(順治), 강희(康熙), 건륭(乾隆) 연간에 보수되었다. 남문 오른쪽에 위치했다. 정원은 25명이었다. 패방(牌坊) 하나가 남아 있다.
	州學 1; 縣學 11; 문묘 13		장 사 (長沙)		송	예전에 상춘문(湘春門) 밖에 위치했다. 순치(順治) 연간에 역보문(驛步門) 밖으로 이전되었다가, 강희(康熙) 연간에 신개문(新開門) 안으로 이전되었다. 정원은 20명이었다.
			선 화 (善化)			원대에 병화로 훼손되었다. 순치(順治) 연간에 재건되었다. 건륭(乾隆) 연간과 1801년에 보수되었다. 현치(縣治)의 왼쪽에 위치했다. 정원은 20명이었다.
			상 담 (湘潭)		송	명 정덕(正德) 연간에 이전되었고, 1654년에 재건되었다. 정원은 20명이었다. 대성전(大成殿) 중심 건물 일부와 아성전(亞聖殿)이 남아 있다.
			상 음 (湘陰)		송 숭녕(崇寧) 연간	명 홍무(洪武) 초기에 현치(縣治)의 동쪽으로 이전되었다. 강희(康熙) 연간, 1723년, 1743년에 보수되었다. 기본적으로 완전하다. 정원은 15명이었다.
			녕 향 (寧鄕)		송	명 홍무(洪武) 초기에 송대와 원대 옛터에 수축되었다. 순치(順治), 강희(康熙), 옹정(雍正), 가경(嘉慶) 연간에 보수되었다. 동문 밖에 위치했다. 정원은 15명이었다.
			류 양 (瀏陽)		송	순치(順治), 강희(康熙), 1747년에 보수되었다. 현치(縣治)의 서쪽에 위치했다. 정원은 12명이었다. 비교적 완전하게 남아 있다.
			예 릉 (醴陵)		송	명 홍무(洪武) 초기에 재건되었다. 강희(康熙)와 옹정(雍正) 연간에 보수되었다. 1743년에 현치(縣治)의 북쪽으로 이전되었다. 정원은 12명이었다. 대성전(大成殿)이 남아 있다.
			익 양 (益陽)		송	명 홍무(洪武) 초기에 송대와 원대 옛터에 재건되었다. 순치(順治), 강희(康熙), 옹정(雍正), 건륭(乾隆), 가경(嘉慶) 연간에 수차례 보수되었다. 정원은 20명이었다.
			상 향 (湘鄕)		송 대중상부(大 中祥符) 2년 (1009)	명 가정(嘉靖) 연간에 이전되었고 재건되었다. 1739년에 현치(縣治)의 서남쪽으로 이전되었다. 정원은 15명이었다. 비교적 완전하게 남아 있다.
			유 현 (攸縣)			명 홍무(洪武) 초기에 송대와 원대의 옛터에 재건되었다. 순치(順治), 강희(康熙), 옹정(雍正), 건륭(乾隆) 연간에 수차례 보수되었다. 정원은 20명이었다.
			안 화 (安化)		송 희녕(熙寧) 연간	명 말기에 옛터에 재건되었다. 강희(康熙) 연간과 1747년에 보수되었다. 정원은 12명이었다. 완전하게 복원되었다.
	다 릉 (茶陵)				송	송대와 원대의 구학(舊學)이었다가, 후대에 병화로 훼손되었다. 명 홍무(洪武) 연간에 재건되었다. 1792년에 현치(縣治)의 남쪽으로 이전되었다. 정원은 15명이었다.
악 주 (岳州)					송 치평(治平) 연간	순치(順治), 강희(康熙), 건륭(乾隆) 연간에 수차례 보수되었다. 정원은 15명이었다. 비교적 온전하게 남아 있다.
	縣學 4; 문묘 5		파 릉 (巴陵)		송	강희(康熙), 옹정(雍正), 건륭(乾隆) 연간에 수차례 보수되었다. 정원은 20명이었다. 오현당(五賢堂)에서 주돈이(周敦頤), 이정(二程), 장재(張載), 주희(朱熹)의 제사를 지낸다.
			임 상 (臨湘)		송	강희(康熙) 연간에 수차례 보수되었다. 1738년에 중수되었다. 정원은 15명이었다.
			화 용 (華容)			원대에 현치(縣治)의 남쪽에 위치했다. 강희(康熙)와 옹정(雍正) 연간에 수차례 보수되었다. 1747년에 중수되었다. 정원은 20명이었다.
			평 강 (平江)		송 소흥(紹興) 연간	강희(康熙), 옹정(雍正), 건륭(乾隆) 연간에 수차례 보수되었다. 1810년에 중수되었다. 정원은 12명이었다. 대성전(大成殿)만 남아 있다.
보 경 (寶慶)					송 치평(治平) 4 년(1067)	가정(嘉靖) 연간에 부치(府治)의 서쪽으로 이전되었다. 명 홍무(洪武) 초기에 재건되었다. 정원은 20명이었다.
	州學 1; 縣學 4; 문묘 6		소 양 (邵陽)			주돈이(周敦頤)에 의해 이전되었다. 1757년에 소수(邵水)의 동쪽으로 이전되었다. 정원은 20명이었다. 신동(新童)[11]은 1명이었다. 대성전(大成殿)이 남아 있다.
			신 화 (新化)		송 희녕(熙寧) 연간	명 성화(成化) 연간에 이전되었고, 순치(順治), 강희(康熙), 옹정(雍正), 건륭(乾隆) 연간에 수차례 보수되었다. 정원은 20명이었다.
			성 보 (城步)		명 정덕(正德) 연간	1719년에 북문 밖으로 이전되었고, 1889년에 현재의 위치로 이전되었다. 정원은 8명이었다. 건물이 비교적 온전하게 남아 있다.
			신 녕 (新寧)		송 소흥(紹興) 초기	명대에 수차례 이전되었다. 1811년에 동문 안으로 이전되었다. 정원은 12명이었다. 신동(新童)은 3명이었다.

부학 (府學)	주학 (州學)	청학 (廳學)	현학 (縣學)	향학 (鄉學)	건축 연대	증수·보수 역사, 생원 정원수 및 현황
	무 강 (武岡)					명 홍무(洪武) 초기에 송대와 원대 옛터에 재건되었다. 1761년에 이전되었다. 정원은 20명이었다. 신동(新童)은 3명이었다. 대성전(大成殿)이 남아 있다.
형 주 (衡州)						송 개경(開慶) 연간에 병화로 훼손되었다. 성화(成化) 연간에 현치(縣治)의 서남쪽으로 이전되었다. 정원은 17명이었다.
縣學 7; 문묘 8			형 양 (衡陽)	송 개희(開禧) 연간	명 홍무(洪武) 초기에 송대의 옛터에 재건되었다. 1622년에 재건되었다. 정원은 12명이었다.
			청 천 (清泉)	청 건륭(乾隆) 21년(1756)		정원은 12명이었다.
			형 산 (衡山)	당	명 홍무(洪武) 초기에 재건되었다. 만력(萬曆) 연간에 현치(縣治)의 왼쪽으로 이전되었다. 강희(康熙)와 건륭(乾隆) 연간에 중수되었다. 정원은 20명이었다.
			뢰 양 (耒陽)		1369년과 융경(隆慶) 연간에 두 차례 이전되었다. 1709년에 현치(縣治)의 남쪽으로 이전되었다. 정원은 20명이었다. 이미 파괴되었다.
			상 녕 (常寧)	송	강희(康熙) 연간에 개축되었다. 현치(縣治)의 북쪽에 위치했다. 옹정(雍正), 건륭(乾隆), 가경(嘉慶) 연간에 중수되었다. 정원은 15명이었다. 신동(新童)은 3명이었다.
			안 인 (安仁)	송 가정(嘉定) 연간	명 홍치(弘治) 연간에 개축되었다. 1727년에 현치(縣治)의 동쪽으로 이전되었다. 정원은 12명이었다.
			령 현 (酃縣)	원 지정(至正) 연간	순치(順治)와 강희(康熙) 연간에 수차례 보수되었다. 1739년에 중수되었다. 정원은 8명이었다. 현치(縣治)의 동쪽에 위치했다.
상 덕 (常德)					송 함순(咸淳) 8 년(1272)	순치(順治) 연간에 재건되었다. 강희(康熙)와 건륭(乾隆) 연간에 보수되었다. 1800년에 증축되었다. 정원은 20명이었다. 현학 네 개를 관할했다.
縣學 4; 문묘 5			무 릉 (武陵)	송 소희(紹熙) 2 년(1191)	육구연(陸九淵)에 의한 기록이 있다. 명 홍무(洪武) 초기와 1666년에 재건되었다. 정원은 20명이었다. 성의 서북쪽 근처에 위치했다.
			도 원 (桃源)	송 경력(慶曆) 연간	1373년과 1664년에 재건되었다. 1799년과 1804년에 중수되었다. 정원은 20명이었다. 성 남쪽에 위치했다.
			용 양 (龍陽)		명 홍무(洪武) 초기에 송대와 원대 옛터에 중수되었다. 1668년에 재건되었다. 정원은 12명이었다. 성 동쪽에 위치했다.
			원 강 (沅江)		1369년, 만력(萬曆) 연간, 1730년에 이전되었고, 1754년에 현치(縣治)의 동쪽으로 이전되었다. 정원은 8명이었다.
신 주 (辰州)						송대에 주학(州學)이었다. 강희(康熙) 연간에 개축되었다. 현치(縣治)의 동쪽에 위치했다. 정원은 15명이었다.
縣學 4; 문묘 5			원 릉 (沅陵)		원대에 성 서쪽에 위치하였다가 1372년에 현치(縣治)의 동북쪽으로 이전되었다. 강희(康熙)와 옹정(雍正) 연간에 수차례 보수되었다. 정원은 15명이었다.
			로 계 (瀘溪)	원 지정(至正) 연간	순치(順治)와 옹정(雍正) 연간에 수차례 보수되었다. 1753년에 중수되었다. 정원은 8명이었다.
			진 계 (辰溪)	송 보우(寶祐) 초기	강희(康熙)와 옹정(雍正) 연간에 수차례 보수되었다. 건륭(乾隆) 연간에 중수되었다. 정원은 12명이었다. 요족(瑤族) 생원은 인원수에 따라 적당하게 선발되었다.
			서 포 (漵浦)	송	원대에 화재로 소실되었다. 홍무(洪武) 연간에 재건되었다. 강희(康熙)와 옹정(雍正) 연간에 수차례 보수되었다. 1759년에 중수되었다. 정원은 15명이었다. 신동(新童)은 3명이었다.
원 주 (沅州)				송 대관(大觀) 연간	주학이었다가 1737년에 부학으로 승격되었다. 정원은 14명이었다. 대성전(大成殿) 일부 건물과 숭성사(崇聖祠)가 남아 있다.
縣學 3; 문묘 4			지 강 (芷江)		1737년에 주학(州學)이 변경되었고, 1797년에 성 남쪽으로 이전되었다. 정원은 15명이었다. 비교적 완전하게 남아 있다.
			검 양 (黔陽)	송	원대와 명대에 수차례 이전되었다. 1747년에 현치(縣治)의 동쪽으로 이전되었다. 정원은 12명이었다. 신동(新童)은 3명이었다.
			마 양 (麻陽)	송 경력(慶曆) 연간	원대와 명대에 수차례 이전되었다. 1755년에 현치(縣治)의 서쪽으로 이전되었다. 1797년에 보수되었다. 정원은 8명이었다.
영 주 (永州)				당 대중(大中) 연간	송대에 호인(胡寅)에 의해 중수되었다. 1773년에 현치(縣治)의 서남쪽으로 이전되었다. 정원은 20명이었다.
			령 릉	송 가정(嘉定)	1775년에 성 동쪽으로 이전되었다. 정원은 20명이었다. 신동(新童)은 3명이었다. 현재

부학 (府學)	주학 (州學)	청학 (廳學)	현학 (縣學)	향학 (鄉學)	건축 연대	중수·보수 역사, 생원 정원수 및 현황
州學 1; 縣學 7; 문묘 9			(零陵)		초기	는 대성전(大成殿) 및 양무(兩廡)가 남아 있다.
			기 양 (祁陽)			송대의 구학(舊學)이었는데, 1657년에 이전되었고, 후대에 화재로 훼손되었다. 1680년에 재건되었다. 정원은 20명이었다. 신동(新童)은 3명이었다.
			동 안 (東安)		송	명 만력(萬曆) 초기에 이전되었고, 1801년에 현치(縣治)의 왼쪽으로 이전되었다. 정원은 12명이었다. 신동(新童)은 1명이었다.
			녕 원 (寧遠)		당	1547년에 송대의 옛터에 재건되었다. 1681년에 재건되었다. 정원은 12명이었다. 신동(新童) 5명이었다. 온전하게 남아 있다.
			영 명 (永明)		송	명 홍무(洪武) 초기에 송대의 옛터에 재건되었다. 1653년에 재건되었다. 정원은 12명이었다. 신동(新童)은 1명이었다.
			강 화 (江華)		당 신룡(神龍) 1년(705)	1793년에 현치(縣治)의 왼쪽으로 이전되었다. 정원은 8명이었다. 신동(新童)은 3명이었다. 대성전(大成殿)과 양무(兩廡)를 제외한 다른 건물이 모두 남아 있다.
			신 전 (新田)		명 숭정(崇禎) 12년(1639)	1824년에 현치(縣治)의 왼쪽으로 이전되었다. 정원은 8명이었다. 신동(新童)은 3명이었다. 중추선 상의 건물들은 잘 보존되어 있다. 동쪽에 위치하여 서쪽을 향하고 있다.
	도 주 (道州)				당 유종원(柳宗元)이 지은 문묘 비문이 있다.	명 홍무(洪武) 초기에 당대의 옛터에 재건되었다. 1651년에 재건되었다. 정원은 15명이었다. 신동(新童)은 3명이었다. 이미 파괴되었다.
영 순 (永順) 縣學 4; 문묘 5					청 옹정(雍正) 11년(1733)	1759년, 1783년, 1810년에 수차례 보수되었다. 정원은 12명이었다.
			영 순 (永順)		청 옹정(雍正) 11년(1733)	1759년과 1816년에 중수되었다. 정원은 8명이었다.
			용 산 (龍山)		청 옹정(雍正) 11년(1733)	1741년, 1779년, 1811년에 중수되었다. 정원은 8명이었다.
			보 정 (保靖)		청 옹정(雍正) 11년(1733)	1754년, 1762년, 1810년에 보수되었다. 정원은 8명이었다. 신동(新童)은 한 명이었다.
			상 식 (桑植)		청 옹정(雍正) 7년(1729)	1756년, 1763년, 1799년에 수차례 보수되었다. 정원은 8명이었다. 대성전(大成殿)만 남아 있다.
	예 주 (澧州) 縣學 5; 문묘 6				송	원대에 재건되었다. 지원(至元) 연간과 명 말기에 파괴되었다가, 1649년에 재건되었다. 정원은 25명이었다. 온전하게 남아 있다.
			석 문 (石門)		원	1708년에 명 홍치(弘治) 연간에 옛터의 성(城)의 서문 밖으로 이전되었다. 정원은 8명이었다. 중심 건물 일부가 남아 있다.
			안 향 (安鄉)		당 정관(貞觀) 연간	1196년에 이전되었고 1660년에 재건되었다. 정원은 15명이었다. 현치(縣治)의 남쪽에 위치했다. 이미 파괴되었다.
			자 리 (慈利)		명 홍무(洪武) 23년(1390)	자주 이전되었다. 1720년에 현치(縣治)의 서쪽으로 이전되었다. 옹정(雍正)과 건륭(乾隆) 연간에 수차례 보수되었다. 정원은 8명이었다. 이미 파괴되었다.
			안 복 (安福)		청 옹정(雍正) 10년(1732)	1746년, 1786년, 1806년에 수차례 보수되었다. 정원은 12명이었다. 이미 파괴되었다.
			영 정 (永定)		명 정통(正統) 6년(1441)	명대에 위학(衛學)이었다. 1681년에 재건되었고, 1736년에 개축되었다. 1779년에 이전되었다. 정원은 8명이었다. 이미 파괴되었다.
	계 양 (桂陽) 縣學 3; 문묘 4				송 건도(乾道) 4년(1168)	청 강희(康熙) 연간에 주치(州治)의 동쪽으로 이전되었다. 정원은 15명이었다.
			임 무 (臨武)		송	명 홍무(洪武) 초기에 송대와 원대의 옛터에 재건되었고, 강희(康熙) 연간에 재건되었다. 건륭(乾隆)과 가경(嘉慶) 연간에 중수되었다. 정원은 12명이었다.
			남 산 (藍山)		송	원 태정(泰定) 연간, 강희(康熙) 연간, 건륭(乾隆) 연간에 수차례 보수되었다. 정원은12명이다. 신동(新童)은 3명이었다.
			가 화 (嘉禾)		명 숭정(崇禎) 연간	1737년에 동문 밖으로 이전되었다. 1814년에 증수되었다. 정원은 8명이었다.
	정 주 (靖州) 縣學 3;				송 대관(大觀) 연간	1689년에 주치(州治)의 왼쪽으로 이전되었다. 정원은 20명이었다. 신동(新童)은 2명이었다.
			회 동 (會同)		송	1624년과 1663년에 이전되면서 재건되었다. 1734년에 현치(縣治)의 동쪽으로 이전되었다. 정원은 20명이었다.

부학 (府學)	주학 (州學)	청학 (廳學)	현학 (縣學)	향학 (鄕學)	건축 연대	증수·보수 역사, 생원 정원수 및 현황
	문묘 4		통 도 (通道)		송	후대에 화재로 훼손되었다. 1681년에 재건되었다. 1735년, 1754년에 보수되었다. 정원은 8명이었다. 신동(新童)은 3명이었다.
			수 녕 (綏寧)		송	청 1733년에 현치(縣治)의 남쪽으로 이전되었다. 1750년에 증수되었다. 정원은 15명이었다. 신동(新童)은 3명이었다.
	침 주 (郴州) 縣學 5; 문묘 6				송	장식(張栻)에 의한 기록이 있다. 1710년에 성(城)의 서문 밖으로 이전되었다. 정원은 20명이었다. 신동(新童)은 1명이었다.
			영 흥 (永興)		송	명 성화(成化) 연간에 재건되었고, 1765년에 증수되었다. 정원은 15명이었다. 현치(縣治)의 서북쪽으로 위치한다. 대성전(大成殿)이 남아 있다
			의 장 (宜章)		송 순희(淳熙) 5년(1178)	육구연(陸九淵)에 의한 기록이 있다. 1782년에 성 밖의 동북쪽으로 이전되었다. 정원은 15명이었다. 신동(新童)은 3명이었다.
			흥 녕 (興寧)		송	명 홍무(洪武) 연간에 송대와 원대 옛터에 재건되었다. 정원은 12명이었다. 신동(新童)은 3명이었다. 성 서쪽에 위치한다. 비교적 온전하게 남아 있다.
			계 양 (桂陽)		송	1668년에 재건되었고, 1810년에 증수되었다. 정원은 15명이었다. 신동(新童)은 3명이었다. 성 안에 위치한다.
			계 동 (桂東)		송	1653년에 재건되었다. 강희(康熙) 연간에 현치(縣治) 동쪽으로 이전되었고, 옹정(雍正)과 가경(嘉慶) 연간에 보수되었다. 정원은 8명이었다.
		건 주 (乾州)			청 강희(康熙) 54년(1715)	진계소학(鎭溪所學)이었다가 1734년에 주(州)가 되고, 1796년에 청(廳)이 되었다. 정원은 4명이었다. 신동(新童)은 2명이었다. 비교적 완전하게 남아있지만 건물 자체가 심각하게 파괴되었다.
				봉 황 (鳳凰)	명 만력(萬曆) 연간	1703년에 오채사(五寨司)에서 봉황영(鳳凰營)으로 변경되었고, 1713년에 청(廳)으로 변경되었다. 신동(新童)은 2명이었다. 대성전(大成殿)이 남아 있다.
				영 수 (永綏)	청 옹정(雍正) 11년(1733)	1756년에 이전되었고, 1802년에 성 서쪽 부근으로 이전되었다. 정원은 4명이었다. 신동(新童)은 2명이었다.
				황 주 (晃州)	청 가경(嘉慶) 22(1817년)	직례청(直隸廳)으로 승격된 이후 마양훈도(麻陽訓導)를 이곳으로 이전 및 주둔시켰다. 정원은 8명이었다. 묘학이 없었다.

20) 광서성(廣西省)[府學 11; 州學 1]

부학 (府學)	주학 (州學)	청학 (廳學)	현학 (縣學)	향학 (鄕學)	건축 연대	증수·보수 역사, 생원 정원수 및 현황
계 림 (桂林) 州學 2; 廳學 1; 縣學 7; 문묘 10					송 건도(乾道) 초기	강희(康熙), 옹정(雍正), 건륭(乾隆), 가경(嘉慶) 연간에 수차례 보수되었다. 정원은 20명이었다. 영성문(欞星門)이 남아 있다.
			임 계 (臨桂)		원 황경(皇慶) 연간	1685년, 1742년, 1799년에 중수되었다. 부치(府治)의 남쪽에 위치한다. 정원은 20명이었다.
			흥 안 (興安)		송	수차례 이전되었다. 1731년에 현치(縣治)의 서쪽으로 이전되었다. 1788년에 중수되었다. 정원은 15명이었다.
			영 천 (靈川)		원 지원(至元) 연간	원래 남문 밖에 있었다가 1764년에 다시 현(縣)의 동쪽 거리로 이전되었다. 정원은 15명이었다.
			양 삭 (陽朔)		송 순희(淳熙) 연간	강희(康熙) 연간에 보수되었다. 현치(縣治)의 동쪽에 위치했다. 정원은 12명이었다.
			영 복 (永福)		송 순희(淳熙) 6년(1179)	1663년에 재건되었다. 1767년에 중수되었다. 현치(縣治)의 동북쪽에 위치했다. 정원은 8명이었다.
			의 녕 (義寧)		원 원정(元貞) 초기	1729년, 1745년, 1780년에 중수되었다. 현치(縣治)의 서쪽에 위치했다. 정원은 8명이었다.
			관 양 (灌陽)		수 대업(大業) 13년(617)	강희(康熙) 연간에 수차례 보수되었다. 1783년에 성(城)의 서문 밖으로 이전되었다. 정원은 15명이었다. 대성문(大成門)과 반지(泮池)가 남아 있다.

11) (옮긴이) 신동(新童)은 타 지방에서 이사 온 지 얼마 안 된 집안의 아동 생원을 말한다.

부학 (府學)	주학 (州學)	청학 (廳學)	현학 (縣學)	향학 (鄉學)	건축 연대	중수·보수 역사, 생원 정원수 및 현황
	영 녕 (永寧)				명 만력(萬曆) 8년(1580)	1662년에 재건되었다. 1735년과 1737년에 중수되었다. 주치(州治)의 서북쪽에 위치했다. 정원은 9명이었다.
	전 주 (全州)				송 소흥(紹興) 13년(1143)	1681년, 1712년, 1765년에 중수되었다. 정원은 20명이었다.
유 주 (柳州)					당대와 원대에 류종원(柳宗元)에 의해 수축되었다.	정원은 20명이었다. 2009년에 류강(柳江) 동쪽에 재건되었다. 주학 하나와 현학 일곱 개를 관할했다.
州學 1; 縣學 7; 문묘 9			마 평 (馬平)		명 홍무(洪武) 4년(1371)	명 홍무(洪武) 연간에 성 밖 나지(羅池) 거리 동쪽에 수축되었다. 강희(康熙), 옹정(雍正), 건륭(乾隆) 연간에 수차례 보수되었다. 정원은 12명이었다.
			낙 용 (雒容)		원 지원(至元) 연간	명 초기에 현치(縣治)의 서쪽으로 이전되었다. 1683년, 1743년, 1768년, 1780년에 중수되었다. 정원은 12명이었다.
			나 성 (羅城)		명 홍무(洪武) 초기	1622에 동문 밖으로 이전되었고, 1744년에 보수되었다. 정원은 8명이었으며, 1798년에 묘족(苗族) 생원 2명이 추가되었다.
			유 성 (柳城)		명 홍무(洪武) 3년(1370)	명 가정(嘉靖) 초기에 현치(縣治)의 서쪽으로 이전되었다. 1681년에 재건되었다. 1729년과 1774년에 보수되었다. 정원은 12명이었다.
			회 원 (懷遠)		명 홍무(洪武) 2년(1369)	명 만력(萬曆) 연간에 현치(縣治)의 동쪽으로 이전되었다. 1695년, 1729년, 1777년에 중수되었다. 정원은 8명이었으며, 그중 묘족 생원은 2명이었다.
			융 현 (融縣)		송 건도(乾道) 연간	명 정통(正統) 연간에 현치(縣治)의 서쪽으로 이전되었다. 1661년에 재건되었다. 강희(康熙), 옹정(雍正), 건륭(乾隆) 연간에 세 차례 보수되었다. 정원은 12명이었다.
			내 빈 (來賓)		송 개보(開寶) 연간	1690년에 재건되었다. 현치(縣治)의 북쪽에 위치했다. 1727년과 1785년에 중수되었다. 정원은 8명이었다.
	상 주 (象州)				당 대력(大曆) 12년(778)	1369년에 주치(州治) 동남쪽 부근으로 이전되었다. 정원은 15명이었다. 대성전(大成殿)이 남아 있다.
경 원 (慶遠)					송 순희(淳熙) 4년(1177)	명 말기에 화재로 소실되었다. 1664년에 재건되었다. 옹정(雍正), 건륭(乾隆) 연간에 세 차례 보수되었다. 정원은 20명이었다.
州學 2; 縣學 3; 문묘 6			의 산 (宜山)			명 홍무(洪武) 초기에 송대 옛터에 재건되었다. 숭정(崇禎) 연간 말기에 화재로 소실되었다. 1710년에 재건되었다. 정원은 15명이었다.
			천 하 (天河)		명 홍무(洪武) 7년(1374)	1442년에 현치(縣治)의 북쪽으로 이전되었다. 1723년에 보수되었다. 정원은 8명이었다.
			사 은 (思恩)		명 만력(萬曆) 연간	숭정(崇禎) 연간 말기에 화재로 훼손되었다. 1663년에 재건되었다. 1740년과 1786년에 보수되었다. 남문 밖에 위치했다. 정원은 6명이었다.
	하 지 (河池)				명 홍치(弘治) 17년(1504)년	숭정(崇禎) 연간 말기에 화재로 훼손되었다. 1684년에 재건되었다. 주치(州治)의 동쪽에 위치했다. 정원은 9명이었다. 숭성사(崇聖祠)가 남아 있다.
	동 란 (東蘭)				청 옹정(雍正) 11년(1733)	1729년에 지역 족장을 폐하고 중앙관리를 임명하는 개토귀류(改土歸流) 정책이 시행되었다. 주치(州治)의 동쪽에 위치했다. 정원은 4명이었다.
사 은 (思恩)					명 만력(萬曆) 6년(1578)	1672년, 1723년, 1795년에 중수되었다. 부치(府治) 동쪽에 위치했다. 정원은 20명이었다.
州學 1; 縣學 3; 문묘 5			무 연 (武緣)		명 홍무(洪武) 2년(1369)	1700년과 1723년에 중수되었다. 남문 밖에 위치했다. 정원은 20명이었다. 예전에 15명이었다가, 1765년에 5명이 증가되었다.
			천 강 (遷江)		명 홍무(洪武) 초기	1652년과 1730년에 보수되었다. 현치(縣治)의 서쪽에 위치했다. 정원은 8명이었다.
			상 림 (上林)		명 홍무(洪武) 3년(1370)	1704년에 재건되었다. 1723년에 보수되었다. 현치(縣治)의 북쪽에 위치했다. 정원은 20명이었다.
	빈 주 (賓州)				원 황경(皇慶) 연간	1665년에 재건되었다. 1723년과 1771년에 중수되었다. 주치(州治) 동쪽에 위치했다. 정원은 20명이었다.
사 성 (泗城)					청 강희(康熙) 20년(1681)	1723년과 1740년에 보수되었다. 정원은 10명이었다. 2008년에 재건되어 온전하게 남아 있다.
州學 1; 縣學 2; 문묘 3			능 운 (凌雲)			부학에 부속되어 묘학을 공유했다. 따로 지은 문묘가 없었다.
			서 림 (西林)		청 옹정(雍正) 2년(1724)	현성(縣城)에 위치했다. 정원은 4명이었다.

부학 (府學)	주학 (州學)	청학 (廳學)	현학 (縣學)	향학 (鄕學)	건축 연대	중수·보수 역사, 생원 정원수 및 현황
				(西林)		
	서 융 (西隆)				청 강희(康熙) 15년(1676)	1737년에 동관(東關) 밖으로 이전되었고, 1799년에 보수되었다. 정원은 4명이었다. 예전에 6명이었다가, 1792년에 2명이 삭감되었다.
평 락 (平樂) 州學 1; 縣學 7; 문묘 9						송대 선화(宣和) 연간에 이전되었다. 1525년에 성곽 서쪽 봉황산(鳳凰山) 기슭으로 이전되었다. 정원은 20명이었다. 반지(泮池) 및 대성전(大成殿) 토대가 남아 있다.
			평 락 (平樂)		명 홍무(洪武) 4년(1371)	원래 부학에 부속되었는데, 1703년에 재건되었다. 1726년과 1777년에 보수되었다. 현치(縣治)의 북쪽에 위치했다. 정원은 15명이었다.
			공 성 (恭城)		명 영락(永樂) 8년(1410)	명 가정(嘉靖) 연간에 이전되었고, 1842년에 재건되었다. 현치(縣治)의 서쪽에 위치했다. 정원은 12명이었다. 완전하게 복원되었다.
			부 천 (富川)		명 홍무(洪武) 29년(1396)	1506년에 개축되었다. 현치(縣治)의 북쪽에 위치했다. 1665년에 보수되었다. 정원은 15명이었다. 대성전(大成殿)과 양무(兩廡)가 남아 있다.
			하 현 (賀縣)		송	1544년에 현치(縣治)의 서남쪽으로 이전되었다. 1670년과 1729년에 보수되었다. 정원은 15명이었다. 훼손된 영성문(欞星門)이 남아 있다.
			여 포 (荔浦)			송대에 현치(縣治)의 동쪽에서 서쪽으로 이전되었고, 1456년에 다시 현치(縣治)의 서쪽으로 이전되었다. 강희(康熙) 연간에 중수되었다. 정원은 8명이었다.
			수 인 (修仁)			홍무(洪武) 초기에 재건되었다. 성화(成化) 연간에 현치(縣治)의 동남쪽으로 이전되었다. 정원은 8명이었다. 영성문(欞星門), 반지(泮池) 및 반교가 남아 있다.
			소 평 (昭平)		청 강희(康熙) 1년(1662)	1717년에 남관(南關) 밖으로 이전되었다. 정원은 12명이었다.
	영 안 (永安)					만력(萬曆) 초기에 남문 밖으로 이전되었다. 1666년에 재건되었다. 정원은 15명이었다.
오 주 (梧州) 縣學 5; 문묘 6					송 소흥(紹興) 22년(1152)	1656년에 재건되었다. 1663년, 1696년, 1769년에 보수되었다. 정원은 23명이었다. 대성전(大成殿) 등이 남아 있다.
			창 오 (蒼梧)			명 성화(成化)에 이전되었고 1700년에 다시 동문 안으로 이전되었다. 1719년에 재건되었다. 정원은 20명이었다.
			등 현 (藤縣)		원 지순(至順) 3년(1332)	강희(康熙) 25년에 보수되었다. 옹정(雍正) 8년, 건륭(乾隆) 31년에 중수되었다. 정원은 12명이었다.
			용 현 (容縣)			명 초기에 원대 옛터에 재건되었다. 1715년과 1761년에 보수되었다. 현치(縣治)의 서남쪽에 위치했다. 정원은 8명이었다.
			잠 계 (岑溪)			명 1621년에 현치(縣治)의 북쪽으로 개축되었다. 1658년과 1763년에 보수되었다. 정원은 8명이었다. 비교적 온전하게 남아 있다.
			회 집 (懷集)			명 초기에 송대의 옛터에 재건되었다. 1657년, 1679년, 1725년, 1763년에 보수되었다. 정원은 20명이었다. 보존된 것이 남아 있다.
심 주 (潯州) 縣學 4; 문묘 5						송대의 주학(州學)이었는데 1438년에 성의 서쪽으로 이전되었다. 1658년에 재건되었다. 정원은 20명이었다.
			계 평 (桂平)		명 홍무(洪武) 4년(1371)	1667년에 현치(縣治)의 서쪽으로 이전되었다. 1725년과 1744년에 중수되었다. 정원은 15명이었다.
			평 남 (平南)		명 홍무(洪武) 초기	강희(康熙) 초기에 재건되었다. 현치(縣治)의 동쪽에 위치한다. 1733년과 1793년에 보수되었다. 정원은 12명이었다.
			귀 현 (貴縣)		송	1717년에 재건되었다. 1730년과 1780년에 보수되었다. 현(縣)의 동문 밖에 위치했다. 정원은 15명이었다.
			무 선 (武宣)		명 홍무(洪武) 연간	1668년, 1711년, 1729년에 중수되었다. 현치(縣治)의 동쪽에 위치한다. 정원은 8명이었다. 완전하게 복원되었다.
남 녕 (南寧) 州學 3; 縣學 3; 문묘 7					송 황우(皇祐) 연간	1227년에 이전되었다. 정원은 20명이었다. 2008년에 성 동쪽의 옹강(邕江) 북쪽에 재건되었다.
			선 화 (宣化)			순치(順治) 초기에 재건되었다. 1701년, 1730년, 1771년에 중수되었다. 부학 옆에 위치했다. 정원은 20명이었다.
			융 안 (隆安)		명 가정(嘉靖) 연간	강희(康熙) 연간에 수차례 보수되었다. 1728년과 1759년에 중수되었다. 현치(縣治)의 동쪽에 위치했다. 정원은 15명이었다.

부학 (府學)	주학 (州學)	청학 (廳學)	현학 (縣學)	향학 (鄉學)	건축 연대	중수·보수 역사, 생원 정원수 및 현황
				영 순 (永淳)	청 강희(康熙) 21년(1682)	1729년에 보수되었다. 현치(縣治)의 서쪽에 위치했다. 정원은 15명이었다.
	신 녕 (新寧)				명 융경(隆慶) 6년(1572)	순치(順治) 연간, 1720년, 1799년에 중수되었다. 주치(州治)의 동쪽에 위치했다. 정원은 20명이었다.
	횡 주 (橫州)				원	1657년과 1724년에 중수되었다. 성(城)의 서문 밖에 위치한다. 정원은 20명이었다.
	상 사 (上思)				명 가정(嘉靖) 연간	1659년과 1717년에 중수되었다. 주치(州治)의 동쪽에 위치했다. 정원은 15명이었다. 전(殿), 사(祠) 및 양무(兩廡)가 남아 있다.
태 평 (太平) 州學 4; 廳學 2; 縣學 1; 土州學 2; 土縣學 2; 土司學 1; 문묘 8					명 홍무(洪武) 30년(1397)	1793년 등에 보수되었다. 부치(府治)의 북쪽에 위치했다. 정원은 20명이었다. 동향이다. 숭성사(崇聖祠) 및 양무(兩廡)가 남아 있다.
		숭 선 (崇善)			청 옹정(雍正) 1년(1723)	원래 부학에 부속되었다. 정원은 12명이었다. 예전에 8명이었고, 1765년에 4명이 증가되었다.
	좌 주 (左州)				명 가정(嘉靖) 연간	1686년, 1722년, 1800년에 보수되었다. 현치(縣治)의 북쪽에 위치했다. 정원은 9명이었다. 예전에 12명이었고, 1765년에 3명이 삭감되었다.
	양 리 (養利)					1693년에 재건되었고, 1766년에 성 동쪽 부근으로 이전되었다. 정원은 9명이었다. 예전에 12명이었고, 1765년에 3명이 삭감되었다.
	영 강 (永康)				명 만력(萬曆) 30년(1602)	1686년, 1706년, 1719년, 1748년에 보수되었다. 주치(州治)의 남쪽에 위치했다. 정원은 15명이었다. 대성전(大成殿)이 남아 있다.
	녕 명 (寧明)				청 강희(康熙) 26년(1687)	원래 사명(思明) 토부학(土府學)이었다가 1733년에 주학(州學)으로 변경되었다. 주성(州城) 안에 위치했다. 정원은 15명이었다.
	태 평 (太平)				청 옹정(雍正) 2년(1724)	주성(州城) 안에 위치했다. 정원은 4명이었다.
	토 사 (土思)				청 강희(康熙) 37년(1698)	주성(州城) 안에 위치했다. 정원은 20명이었다.
진 안 (鎮安) 州學 2; 縣學 1; 문묘 3					청 강희(康熙) 7년(1668)	1799년에 동쪽 교외에 재건되었다. 정원은 12명이었다. 현재는 대성전(大成殿)만 남아 있다. 청학 한 개, 주학 한 개, 현학 한 개를 관할했다.
		천 보 (天保)			청 건륭(乾隆) 57년(1792)	부학에 부속되어 묘학을 공유했다. 따로 지은 묘학이 없었다. 정원은 4명이었다.
	봉 의 (奉議)				청 옹정(雍正) 2년(1724)	1741년에 주서(州署)의 동남쪽에서 개축되었다. 정원은 별도로 정해지지 않았다. 부학에 부속되었다.
	귀 순 (歸順)				청 옹정(雍正) 11년(1733)	주(州)의 동쪽에 위치했다. 정원은 4명이었다.
	욱 림 (郁林) 縣學 4; 문묘5				송 지도(至道) 2년(996)	1343년 강희(康熙) 초기에 재건되었다. 정원은 20명이었다. 대성전(大成殿)이 남아 있다. 현재 옥림시(玉林市)에 위치한다.
			박 백 (博白)		송 소흥(紹興) 연간	명 가정(嘉靖) 연간에 현치(縣治)의 서남쪽에 이전되었다. 1664년과 1792년에 보수되었다. 정원은 12명이었다.
			북 류 (北流)		당	1662년에 재건되었다. 현치(縣治)의 동쪽에 위치했다. 정원은 12명이었다. 비교적 완전하게 남아 있다.
			육 천 (陸川)		송	명 가정(嘉靖) 연간에 현성(縣城)의 북쪽으로 이전되었다. 1659년과 1759년에 보수되었다. 정원은 12명이었다가 1792년에 4명이 추가되었다.
			홍 업 (興業)			원 말기에 파괴되었고, 1474년에 현치(縣治)의 동쪽으로 이전되었다. 정원은 8명이었다. 대성전(大成殿)이 남아 있다. 현학 네 개를 관할했다.

21) 귀주성(貴州省)[府學 12; 州學 1; 廳學 3]

부학 (府學)	주학 (州學)	청학 (廳學)	현학 (縣學)	향학 (鄕學)	건축 연대	중수·보수 역사, 생원 정원수 및 현황
귀양 (貴陽) 州學 3; 縣學 4; 문묘 8					명 만력(萬曆) 21년(1593)	1692년과 1729년에 보수되었다. 부치(府治)의 북쪽에 위치했다. 정원은 20명이었다. 주학 세 개, 현학 네 개, 토사학(土司學) 19개를 관할했다.
			귀 축 (貴築)		청 강희(康熙) 38년(1699)	1727년에 보수되었다. 부치(府治)의 동쪽에 위치했다. 정원은 20명이었다.
			귀 정 (貴定)		명 성화(成化) 18년(1482)	원래 신첨위학(新添衛學)이었다가 1687년에 현학으로 변경되었다. 현치(縣治)의 서북쪽에 위치했다. 정원은 20명이었다.
			용 리 (龍里)		명 선덕(宣德) 8년(1433)	원래 용리위학(龍里衛學)이었다가 1674년에 현학으로 변경되었다. 1671년에 재건되었다. 현치(縣治)의 남쪽에 위치했다. 정원은 8명이었다.
			수 문 (修文)		명 숭정(崇禎) 2년(1629)	원래 부용위학(敷勇衛學)이었다가 1687년에 현학으로 변경되었다. 현치(縣治)의 북쪽에 위치했다. 정원은 12명이었다.
	정 번 (定番)					원래 정번부학(程番府學)이었다가 1586년에 주학으로 변경되었다. 1536년에 중봉서원(中峯書院)의 위치로 이전되었다. 정원은 8명이었다.
	개 주 (開州)				청 강희(康熙) 38년(1699)	예전에 부용위학(敷勇衛學)에 부속되었다. 1699년에 이전되었다. 주치(州治)의 동쪽에 위치했다. 정원은 8명이었다.
	광 순 (廣順)				청 강희(康熙) 38(1699)년	예전에 정번주학(定番州學)에 부속되었다. 1699년에 이전되었다. 주치(州治)의 동북쪽에 위치했다. 정원은 8명이었다.
안순 (安順) 州學 2; 縣學 3; 문묘 6					명 홍무(洪武) 연간	1668년과 1716년에 중수되었다. 정원은 20명이었다. 비교적 온전하게 남아 있다.
			보 정 (普定)		청 강희(康熙) 38년(1699)	예전에 부학에 부속되었다. 1699년에 이전되었다. 부치(府治)의 동쪽에 위치했다. 정원은 12명이었다.
			청 진 (清鎮)		명 선덕(宣德) 8년(1433)	위청위학(威清衛學)이었다가, 1687년에 현학으로 변경되었다. 1725년에 보수되었다. 현치(縣治)의 서쪽에 위치했다. 정원은 12명이었다.
			안 평 (安平)		명 선덕(宣德) 8년(1433)	평파위학(平坝衛學)이었다가 1687년에 현학으로 변경되었다. 성의 동북쪽에 위치했다. 정원은 12명이었다. 전전(前殿)이 남아 있다.
	영 녕 (永寧)				청 강희(康熙) 38년(1699)	원래 부학에 부속되었다가 1699년에 이전되었다. 주성(州城) 밖에 위치했다. 정원은 8명이었다.
	진 녕 (鎮寧)				명 홍희(洪熙) 1년(1425)	원래 안장위학(安庄衛學)이었다가 1533년에 주학(州學)으로 변경되었다. 1667년과 1733년에 보수되었다. 정원은 12명이었다.
도균 (都勻) 州學 2; 縣學 3; 문묘 6					명 홍무(洪武) 28년(1395)	원래 위학(衛學)이었다가, 1493년에 부학으로 변경되었다. 정원은 18명이었다. 주학 두 개, 현학 세 개, 토사학(土司學) 일곱 개를 관할했다.
			도 균 (都勻)		청 강희(康熙) 38년(1699)	원래 부학에 부속되었다. 1699년에 이전되었다. 부성(府城)의 동쪽에 위치했다. 정원은 8명이었다.
			청 평 (清平)		명 선덕(宣德) 7년(1432)	원래 위학(衛學)이었다. 1672년에 현학으로 변경되었다. 1687년에 재건되었다. 현성(縣城)의 북쪽에 위치했다. 정원은 8명이었다.
			여 파 (荔波)		청 강희(康熙) 21년(1682)	1724년에 보수되었다. 현성(縣城)의 남쪽에 위치했다. 정원은 4명이었다.
	마 하 (麻哈)				청 강희(康熙) 58년(1719)	북문 밖에 위치했다. 정원은 8명이었다.
	독 산 (獨山)				청 강희(康熙) 38년(1699)	주성(州城)의 북쪽에 위치했다. 정원은 8명이었다.
진원 (鎮遠) 州學 1; 縣學 3; 문묘 5					명 영락(永樂) 13년(1415)	1682년에 보수되었다. 부치(府治)의 동쪽에 위치했다. 정원은 16명이었다. 주학 한 개, 현학 세 개, 토사학 세 개를 관할했다.
			진 원 (鎮遠)		청 강희(康熙) 38년(1699)년	원대에 부학에 부속되었다가 1699년에 이전되었다. 현치(縣治)의 남쪽에 위치했다. 정원은 8명이었다.
			시 병 (施秉)			원래 편교위학(偏校衛學)이었다가, 1687년에 현학으로 변경되었다. 현성의 서북쪽에 위치했다. 정원은 12명이었다.
			천 주 (天柱)		청 강희(康熙) 13년(1674)	현성(縣城) 북쪽에 위치했다. 정원은 12명이었다.

부학 (府學)	주학 (州學)	청학 (廳學)	현학 (縣學)	향학 (鄕學)	건축 연대	중수·보수 역사, 생원 정원수 및 현황
	황 평 (黃平)					원래 흥륭위학(興隆衛學)이었다가, 1681년에 주학(州學)으로 변경되었다. 1707년에 보수되었다. 주치(州治)의 서쪽에 위치했다. 정원은 15명이었다.
사남 (思南) 縣學 3; 土司學 3; 문묘 4					명 영락(永樂) 12년(1414)	1671년과 1734년에 보수되었다. 정원은 20명이었다. 토사학 두 개를 관할했다. 학교는 없었다. 온전하게 남아 있다. 동향으로 서쪽에 위치하고 있다.
			안 화 (安化)		청 강희(康熙) 38년(1699)	1727년에 보수되었다. 부치(府治)의 북쪽에 위치했다. 정원은 12명이었다. 비교적 완전하게 남아 있다.
			무 천 (婺川)		명 가정(嘉靖) 연간	1577년에 현치(縣治)의 남쪽에서 동쪽으로 이전되었다. 1716년에 보수되었다. 정원은 8명이었다.
			인 강 (印江)		명 만력(萬曆) 연간	1660년에 재건되었다. 1671년과 1692년에 보수되었다. 현치(縣治)의 남쪽에 위치했다. 정원은 8명이었다.
석천 (石阡) 문묘 2					명 영락(永樂) 13년(1415)	1664년에 보수되었다. 부치(府治)의 남쪽에 위치했다. 정원은 17명이었다. 비교적 온전하게 남아 있다. 서향으로 동쪽에 위치하고 있다.
			용 천 (龍泉)		청 강희(康熙) 38년(1699)	1709년에 보수되었다. 현성(縣城)의 서쪽에 위치했다. 정원은 8명이었다.
사주 (思州) 縣學 2; 문묘 3					명 영락(永樂) 11년(1413)	동향이었는데, 성화(成化) 연간에 남향으로 변경되었다. 1667년에 보수되었다. 정원은 16명이었다. 현학 두 개, 토사학 세 개를 관할했다.
			옥 병 (玉屛)		명 가정(嘉靖) 1년(1522)	원래 평계위학(平溪衛學)이었다가 1727년에 현학으로 변경되었다. 1661년에 보수되었다. 정원은 8명이었다.
			청 계 (靑溪)		청 강희(康熙) 38년(1699)	원래 청랑위학(淸浪衛學)이었다가 1727년에 현학으로 변경되었다. 현성의 북쪽에 위치했다. 정원은 8명이었다.
동인 (銅仁) 문묘 2					명 영락(永樂) 13년(1415)	1663년에 보수되었다. 부치(府治)의 동쪽에 위치했다. 정원은 12명이었다. 현학 한 개, 토사학 두 개를 관할했다.
			동 인 (銅仁)		청 강희(康熙) 38년(1699)	원래 부학에 부속되었다. 1699년에 이전되었다. 부성(府城)의 동북쪽에 위치했다. 정원은 8명이었다.
려평 (黎平) 縣學 3; 문묘 4					명 영락(永樂) 11년(1413)	부흥하(復興河)의 동쪽에 위치했다. 정원은 20명이었다. 대성전(大成殿)이 남아 있다. 현학 세 개, 토사학 10개를 관할했다.
			개 태 (開泰)			원래 개태위학(開泰衛學)이었다가, 1727년에 현(縣)으로 변경되었다. 현성의 동쪽에 위치했다. 정원은 12명이었다. 1807년에 1명이 추가되었다.
			금 병 (錦屛)		명 정통(正統) 11년(1446)	원래 동고위학(銅鼓衛學)이었다가 1727년에 현학으로 변경되었다. 현성의 동북쪽에 위치했다. 정원은 8명이었다.
			영 종 (永從)		청 강희(康熙) 57년(1718)	현성의 북쪽에 위치했다. 정원은 원래 8명이었는데, 1807년에 2명이 삭감되었다.
대정 (大定) 州學 3; 縣學 1; 문묘 5					청 강희(康熙) 6년(1667)	부치(府治)의 남쪽에 위치했다. 정원은 18명이었다. 1776년에 3명, 1802년에 2명이 추가되었다.
			필 절 (畢節)		명 정통(正統) 3년(1438)	원래 위학(衛學)이었다. 1687년에 현학으로 변경되었다. 1692년에 재건되었다. 현성의 남쪽에 위치했다. 정원은 15명이었다.
	평 원 (平遠)				청 강희(康熙) 4년(1665)	주치(州治)의 북쪽에 위치했다. 정원은 원래 15명이었다가 1776년에 3명이 삭감되었다.
	검 서 (黔西)				청 강희(康熙) 4년(1665)	1726년에 보수되었다. 주치(州治)의 동쪽에 위치했다. 정원은 15명이었다.
	위 녕 (威寧)				명 정통(正統) 8년(1443)	원래 오살위학(烏撒衛學)이었다가 1623년에 오추(烏酋) 병화로 훼손되었고, 1629년에 성남에 재건되었으며, 1664년에는 부학으로, 1729년에는 주학(州學)으로 변경되었다. 주성(州城)의 동남쪽에 위치했다. 정원은 원래 22명이었다가, 1802년에 2명이 삭감되었다.
흥의 (興義) 州學 1; 縣學 3; 문묘 4					청 강희(康熙) 39(1700)년	1730년과 1734년에 보수되었다. 부치(府治)의 북쪽에 위치했다. 정원은 12명이었다.
			보 안 (普安)		청 강희(康熙) 38년(1699)	1729년과 1733년에 보수되었다. 현성의 북쪽에 위치했다. 정원은 8명이었다. 비교적 완전하게 남아 있다. 서쪽에 위치하고 동향이다.
			안 남 (安南)		명 가정(嘉靖) 18년(1539)	원래 위학(衛學)이었다가, 1669년에 보수되었고, 1687년에 현학으로 변경되었다. 현치(縣治)의 서쪽에 위치했다. 정원은 8명이었다.

부학 (府學)	주학 (州學)	청학 (廳學)	현학 (縣學)	향학 (鄉學)	건축 연대	중수·보수 역사, 생원 정원수 및 현황
			홍 의 (興義)			정원은 8명이었다. 묘학이 없었다.
	정 풍 (貞豊)					정원은 4명이었다. 비교적으로 완전하게 남아 있다.
준의 (遵義) 州學 1; 縣學 4; 문묘 6					명 홍무(洪武) 연간	1662년과 1678년에 보수되었다. 도성 동쪽 봉산(鳳山) 앞에 위치했다. 정원은 20~22명이었다.
			준 의 (遵義)		청 강희(康熙) 8년(1669)	1685년에 증축되었다. 1716년에 보수되었다. 현성의 서쪽에 위치했다. 정원은 15명이었다.
			동 재 (桐梓)		청 강희(康熙) 60년(1721)	1723년과 1734년에 보수되었다. 현치(縣治)의 동쪽에 위치했다. 정원은 8명이었다.
			수 양 (綏陽)		청 강희(康熙) 28년(1689)	1718년과 1725년에 보수되었다. 현성의 동쪽에 위치했다. 정원은 12명이었다.
			인 회 (仁懷)		청 옹정(雍正) 11년(1733)	현성의 동북쪽에 위치했다. 정원은 원래 8명이었다가, 1776년에 2명이 삭감되었다.
	정 안 (正安)				명 만력(萬曆) 30년(1602)	1745년에 보수되었다. 주치(州治)의 서쪽에 위치했다. 정원은 12명이었다.
	평 월 (平越) 縣學3 ; 문묘4				명 정통(正統) 8년(1443)	원래 위학(衛學)이었다가 1760년에 부학으로, 1798년에 주학(州學)으로 변경되었다. 주치(州治)의 서남쪽에 위치했다. 정원은 28명이었다.
			옹 안 (甕安)		청 강희(康熙) 33년(1694)	1717년과 1722년에 보수되었다. 현치(縣治)의 서쪽에 위치했다. 정원은 12명이었다.
			미 담 (湄潭)		청 강희(康熙) 38년(1699)	현치(縣治)의 서쪽에 위치했다. 정원은 12명이었다. 온전하게 남아 있다.
			여 경 (餘慶)		청 강희(康熙) 38년(1699)	1714년에 보수되었다. 주성(州城)의 남쪽에 위치했다. 정원은 8명이었다.
		송 도 (松桃)			청 가경(嘉慶) 4년(1799)	청성(廳城)안에 위치했다. 정원은 4명이었다. 토사학 두 개를 관할했다.
		보 안 (普安)			명 영락(永樂) 15년(1417)	1668년에 보수되었다. 주학이었다가 1811년에 청학(廳學)으로 변경되었다. 정원은 12명이었다. 1798년에 2명이 삭감되었다.
		인 회 (仁懷)			청 건륭(乾隆) 41년(1776)	청성(廳城)의 서쪽에 위치했다. 정원은 4명이었다.

제2편

제1장

제3편

제1장

지은이

공상림(孔祥林, 1951~)

중국 산동성(山東省) 곡부시(曲阜市) 출신으로 공자의 75대손이다. 곡부 문화재 관리위원회 주임, 공자박물원(孔子博物院) 원장, 공자연구원 부원장을 역임했다. 2007년부터 2017년까지 세계 유학대회 사무국 사무장을 역임했으며, 현재 공자연구원 2급 연구원, 국제 유학연합회 이사, 중국공자 기금회(基金會) 이사, 중국 공자문묘 보호협회 명예 회장, 국제 제공(祭孔)연맹 주석, 한국 유도회(儒道會) 고문, 홍콩 공교(孔教)학원 고문, 곡부사범대학교 특별 초빙교수 등으로 활동하고 있다.

1997년 중국 국무원의 특별 지원금을 받았고, 1999년 산동성 전문기술 첨단 인재로 선발되었으며, 2018년 산동성 사회과학 특별 공헌상을 수상한 동시에 산동성 사화과학 명가(名家)로 선정되었다. 연구 분야는 공자사상, 공씨 가문, 공자 관련 문화유산 등이며, 주요연구로『世界孔子廟硏究』[중국 국가사회과학기금(國家社會科學基金) 연구 프로젝트의 연구 성과로『國家哲學社會科學成果文庫』로 선정됨],『孔府文化硏究』,『孔子誌』,『圖說孔子』,『衍聖公與衍聖公府』등 10여 권의 저서가 있다.

유네스코 파리 본부, 미국, 프랑스, 호주, 한국, 일본, 싱가포르, 말레이시아 등 10여 개국과 중국 상해, 흑룡강성, 하북성, 요녕성, 내몽고 등 성시(省市) 도서관에서 200여 차례 강연을 했다.

공 철(孔喆, 1978~)

중국 산동성 곡부시 출신으로 현재 공자문묘와 국자감 박물관 부연구원으로 활동하고 있다.
『圖說孟子』,『圖說國子監』,『孔子廟建築制度硏究』등 저서를 저술했고, 주요 연구로「先秦儒家思想的核心價値」,「孔子廟附享的歷史演變」,「大數據時代下儒學的生存與發展」등 20여 편의 논문이 있다.

옮긴이

임　려(林　麗) (中) 중국 노동대학교(魯東大學校) 한국어과 부교수
장윤정 (張允瀞) (韓) 중국 북경대학교(北京大學校) 박사 수료
이향화(李向華) (中) 중국 노동대학교(魯東大學校) 한국어과 강사
왕위령(王爲玲) (中) 중국 노동대학교(魯東大學校) 한국어과 강사